Michael Labahn

Jesus als Lebensspender

Untersuchungen zu einer Geschichte
der johanneischen Tradition
anhand ihrer Wundergeschichten

Walter de Gruyter · Berlin · New York

1999

∞ Gedruckt auf säurefreiem Papier,
das die US-ANSI-Norm über Haltbarkeit erfüllt.

Die Deutsche Bibliothek – CIP-Einheitsaufnahme

[Zeitschrift für die neutestamentliche Wissenschaft und die Kunde der älteren Kirche / Beihefte]
Beihefte zur Zeitschrift für die neutestamentliche Wissenschaft und die Kunde der älteren Kirche. – Berlin ; New York : de Gruyter
Früher Schriftenreihe
Reihe Beihefte zu: Zeitschrift für die neutestamentliche Wissenschaft und die Kunde der älteren Kirche
Bd. 98. Labahn, Michael: Jesus als Lebensspender. – 1999
Labahn, Michael:
Jesus als Lebensspender : Untersuchungen zu einer Geschichte der johanneischen Tradition anhand ihrer Wundergeschichten / Michael Labahn. – Berlin ; New York : de Gruyter, 1999
(Beihefte zur Zeitschrift für die neutestamentliche Wissenschaft und die Kunde der älteren Kirche ; Bd. 98)
Zugl.: Göttingen, Univ., Diss., 1998
ISBN 3-11-016301-2

ISSN 0171-6441

Printed in Germany
Druck: Werner Hildebrand, Berlin
Buchbinderische Verarbeitung: Lüderitz & Bauer-GmbH, Berlin

Beihefte zur Zeitschrift für die neutestamentliche Wissenschaft

und die Kunde der älteren Kirche

Band 98

Walter de Gruyter · Berlin · New York
1999

Michael Labahn
Jesus als Lebensspender

Walter de Gruyter · 1749 250 1999 · Berlin · New York

Vorwort

Μνημονεύετε τῶν ἡγουμένων ὑμῶν, οἵτινες
ἐλάλησαν ὑμῖν τὸν λόγον τοῦ θεοῦ, ὧν
ἀναθεωροῦντες τὴν ἔκβασιν τῆς ἀναστροφῆς
μιμεῖσθε τὴν πίστιν (Hebr 13,7).

Dem Andenken an Herrn Prof. Dr. Georg Strecker,
einem aufrichtigen Lehrer des Wortes Gottes.

Die vorliegende Untersuchung, die im August 1997 abgeschlossen worden ist,
wurde im Wintersemester 1997/98 von der Theologischen Fakultät der
Georg-August-Universität zu Göttingen unter dem Titel *Jesus als Lebensspender. Exemplarische Untersuchungen zu einer Formgeschichte des vierten
Evangeliums anhand der johanneischen Wundergeschichten* als Dissertation
angenommen. Für den Druck wurden eine Reihe von Kürzungen vorgenommen. Insbesondere die ursprünglich exemplarische Untersuchung von Joh 6
wurde gekürzt in die Analyse der joh. Wundergeschichten eingereiht. Eine
umfangreichere Darstellung von Joh 6 mit ausführlichen Belegen und besonderer Beachtung der synoptischen Speisungsgeschichten ist als separate Publi-
kation geplant. Die Rezeption der Literatur war weitgehend Mitte 1997 abgeschlossen; seither erschienene Literatur habe ich vereinzelt nachgetragen und
soweit möglich in den Fußnoten berücksichtigt.

Diese Untersuchung hat mein verehrter exegetischer Lehrer Prof. Dr.
Georg Strecker angeregt, der mich als seine wissenschaftliche Hilfskraft für
die Literaturwerdung ntl. Schriften im Kontext der zeitgenössischen hellenistischen und hellenistisch-jüdischen Literatur interessierte. Zugleich ging von
ihm ein entscheidender Impuls aus, dieses Interesse am vierten Evangelium zu
konkretisieren; seinem Gedenken sei diese Arbeit daher gewidmet. Die Entstehung dieser Dissertation wurde auch durch meine Tätigkeit als Repetent
der Evangelisch-Lutherischen Landeskirche in Braunschweig ermöglicht.

Nach dem Tod von Prof. Dr. Strecker übernahm in selbstloser Weise Prof.
Dr. Eduard Lohse, Landesbischof i.R., die Betreuung meiner Dissertation und
stand mir in dieser Zeit mit Rat und Tat zur Seite. Er erwies sich in seiner
umsichtigen Betreuung des Opus bis hin zur Veröffentlichung im besten Sinne
als Doktorvater, der die vorliegende Konzeption durch seine Fragen und Hinweise mit geprägt und die Fertigstellung entscheidend gefördert hat. Herrn
Prof. Dr. Dr. Hartmut Stegemann danke ich für die Übernahme des Korrefe-
rats zu dieser Arbeit. Gerne habe ich seine Beobachtungen und Rückfragen
berücksichtigt.

Besonders danken möchte ich auch Herrn Prof. Dr. Udo Schnelle, der mich als Assistenten an die Theologische Fakultät der Martin-Luther-Universität Halle-Wittenberg geholt hat. Seinem Assistenten gab er dabei den Freiraum zu eigenen Wegen des Forschens und Nachdenkens über das Evangelium, zu dem uns beide eine besondere Liebe verbindet.

Dem Verlag Walter de Gruyter, vor allem Herrn Dr. Hasko von Bassi, danke ich für den Einsatz und die Betreuung der Veröffentlichung dieser umfangreichen Arbeit. Dem Herausgeber Herrn Prof. Dr. Michael Wolter schulde ich Dank für die Übernahme meiner Dissertation in die Reihe der *Beihefte zur Zeitschrift für die Neutestamentliche Wissenschaft und die Kunde der älteren Kirche*.

Die Arbeit ist zugleich in freundschaftlicher Verbundenheit zwei Exegeten verpflichtet, die in je eigener Weise ihre Entstehung gefördert haben: Herrn Dr. Ismo Dunderberg, Helsinki, der zahlreiche Vorarbeiten mitlas und kritisch kommentierte, sowie Herrn Prof. Dr. Johannes Beutler, SJ, dessen fachlicher und menschlicher Rat der Arbeit bei allen verbleibenden fachlichen Differenzen einen entscheidenden Stempel aufdrückte. Auch Herr Prof. Dr. Hans Hübner begleitete die Entstehung dieser Arbeit mit kritischer Sympathie und großem Interesse; er stand stets mit Rat und Tat zur Seite.

Für die Mühen des Korrekturlesens habe ich den verschiedensten Damen und Herren zu danken; neben meiner Frau und meinem verehrten Doktorvater habe ich vor allem meiner Schwiegermutter, Frau Herma Korn, die in manchen Nachtstunden nach Versehen geforscht hat, zu danken. Zuletzt überprüften Frau Hortense Glücklich und Herr Helmut Lorenz die Letztfassung der Arbeit; ihnen sei ein besonderer Dank gesagt.

Neben vielen anderen, die durch Förderung, Gespräche und Rückfragen das Entstehen des Werkes gefördert haben, den Eltern und den Freunden nah und fern, möchte ich einem Menschen in ganz besonderer Weise meinen Dank aussprechen: Denn zuletzt und zuerst gilt mein Dank meiner lieben Frau Antje; obgleich sie selbst mit der Anfertigung einer Promotion beschäftigt war, hat sie mir stets freundlich und mit Kraft in den Höhen und Tiefen, die bei der Entstehung einer solchen Arbeit zu erleben sind, zur Seite gestanden, mir ihre Aufmerksamkeit gewidmet und in Liebe und Geduld mich begleitet.

Halle (Saale), im Oktober 1998   Michael Labahn

Inhaltsverzeichnis

A Einleitung

Wer sich gegenwärtig an der Rekonstruktion eines Teilbereichs der ‚Geschichte der johanneischen Tradition' als Beitrag zur frühchristlichen Literatur- und ‚Theologie'-Geschichte versucht, und zwar im Sinne der *formgeschichtlichen Methodik*, tut dies angesichts einer weitgehend fehlenden Berücksichtigung des vierten Evangeliums in der (älteren) formgeschichtlichen Forschung. Nachdem Rudolf Bultmann sich pointiert der „synoptischen Tradition" widmete und Martin Dibelius seine „Formgeschichte des Evangeliums" durch eher sporadische Hinweise auf Material des vierten Evangeliums anreicherte,[1] belegt ein Abschnitt der von 1966 bis 1985 reichenden Bibliographie zum JE von Gilbert Van Belle lediglich eine geringe Anzahl von Literatur zum Thema.[2] Der bei der Methodendiskussion einsetzende Forschungsartikel von Jürgen Becker[3] blendet dieses Problem sogar aus, wenngleich sein eigener Kommen-

---

[1] Auf elf joh. Perikopen verweist Martin Dibelius in seinem Stellenregister (Formgeschichte 320–322); dazu gehören die sekundäre Perikope von der Ehebrecherin Joh 7,53ff und die sieben joh. Wunderberichte; vgl. auch programmatisch aaO. 2: „Wer die Formgeschichte des Evangeliums untersuchen will, hat es zunächst und zumeist nur mit e i n e r Erscheinung der urchristlichen Literaturgeschichte zu tun, *mit den synoptischen Evangelien*" (die erste Hervorhebung v. Dibelius, die zweite v. Vf.). Den Grund findet er in dem unterschiedlichen Anteil der Evangelisten an der Stofformung; für Dibelius sind die synoptischen Evangelisten primär „Sammler, Tradenten, Redaktoren" (ebd.), anders das vierte Evangelium: „Seinem Verfasser ist es gelungen, den überlieferten Stoff selbständiger zu verarbeiten und zu durchleuchten" (Geschichte 67); ein weiteres Argument, das allerdings mit dem ersten weitgehend korreliert, fügt Dibelius in dem für sein Verständnis der Formgeschichte außerordentlich wichtigen Rezensionsartikel „Zur Formgeschichte der Evangelien" von 1929 an: „die Frage, wie der vierte Evangelist seinen Stoff umgestaltet und für Stoffe er benutzt hat" (43). Mit einem Zitat von Walter Bauer (Johannesevangelium 157) wird für das JE die Klärung dessen, was wir heute unter der redaktionsgeschichtlichen Fragestellung subsummieren, „die Ideen- und Stimmungswelt ..., die seinen Verfasser trägt und in die dieser auch das von ihm angeeignete Traditionsgut eintaucht", als Vorbedingung einer joh. Formgeschichte eingemahnt (ebd.). Erst „auf dem Wege der *Subtraktion* des eigentlich Johanneischen" seien die „Überlieferungselemente" zu isolieren (ebd.; Hervorhebung v. Vf.).

[2] Die Bibliographie von G. van Belle umfaßt 6300 Titel; lediglich 133 Titel stehen in der unterschiedliche methodische Zugänge zur Exegese des JE vereinenden Rubrik „Form Criticism, Rhetorical Criticism, and Narrative Criticism". Den momentan besten Überblick über die form*kritische* Arbeit am vierten Evangelium bietet J. Beutler, Gattungen; hier sind jedoch gleichermaßen Untersuchungen aufgelistet, die sich um die literarischen Formen im überlieferten Evangelium bemühen, wie auch der klassischen Fragestellung verpflichtete Arbeiten, die nach der Geschichte und Form der Überlieferung in der Vorgeschichte des Evangeliums fragen.

[3] J. Becker, JE[1+3] *passim*.

tar neben der vorherrschenden literarkritischen Arbeitsweise eine Reihe von (mündlichen) Einzelüberlieferungen benennt und analysiert. Angesichts solcher Forschungslage, auf die an geeigneter Stelle noch einmal ausführlicher eingegangen werden wird (→ B 4.2), ist in einem ersten größeren Abschnitt dieser Arbeit zu fragen, *ob eine formgeschichtliche Fragestellung für das vierte Evangelium angemessen und aussichtsreich ist.* Dabei wird auch das Recht der formgeschichtlichen Methode angesichts der gegenwärtigen allgemeinen exegetischen Methodendiskussion und der Kritik der formgeschichtlichen Analyse insbesondere ausgewiesen werden müssen.

Bevor dies jedoch im einzelnen geleistet werden kann, muß zunächst eine begriffliche Klärung vorausgeschickt werden. Was bedeutet der Terminus ,*Formgeschichte*'[4], und wie steht es mit seinem Verhältnis zur Konzeption der *Form-* und *Gattungskritik*?

Mit dem Begriff ,Formgeschichte' verbinden sich unterschiedliche methodische Konzeptionen.[5] Die Problematik der methodischen Nomenklatur ist auch in den gegenwärtigen Methodenlehrbüchern weiter zu verfolgen. Der von Wilhelm Egger eingeführte Begriff für die Analyse der mündlichen Vorgeschichte eines Textes, also des Bereiches der Analyse, den die ältere deutschsprachige Forschung als ,Formgeschichte' bezeichnet, lautet ,Traditionskritik';[6] nach Jürgen Roloff firmiert aber die ,Traditionsgeschichte' als Teilaspekt der ,Formgeschichte', der auf die Analyse der im Text verwendeten Begriffe und Motive zielt.[7] Zudem verwendet Klaus Berger den Begriff ,Formgeschichte' für sein primär deskriptives Unternehmen der Analyse der literarischen Formen des Neuen Testaments mit Hilfe rhetorischer Terminologie.[8] Daß eine grundsätzliche Einigung über die Terminologie nach wie vor folglich ein Desiderat der Forschung ist, kann somit kaum bestritten werden. Daher könnte es nicht unproblematisch erscheinen, wenn in der Grundlegung der methodischen Fragestellung dieser Arbeit ein derart umstrittener Begriff verwendet wird, mit dem unterschiedliche Exegetenschulen differente Vorstellungen verbinden. Der Verzicht auf den Begriff ,Formgeschichte' und die Einführung eines neuen Kunstbegriffs scheinen mir jedoch ebensowenig eine Lösung des terminologischen und methodischen (!) Verwirrspiels zu sein wie die Verwendung der angebotenen Alternativbegriffe. Die terminologische Klärung, die mit der Offenlegung des methodischen Vorgehens einhergeht, sollte vielmehr für eine hermeneutische Verstehensbasis des Vorgehens dieser Arbeit sorgen, das eine Nachvollziehbarkeit einerseits und eine kritische Nachprüfung

---

[4]   Zur älteren Geschichte des Begriffs vgl. K. Berger, Form- und Gattungsgeschichte 433.

[5]   Dies beklagt zu Recht W. Richter, Formgeschichte 216f; s.a. M. Labahn, Rez. Rein 416.

[6]   W. Egger, Methodenlehre 170ff; vgl. F.F. Segovia 181: „it was the task of tradition criticism to trace the various stages of 'tradition' present in the text …from the ground to the surface, from the earliest stage of the text to its final and existing version".

[7]   J. Roloff, Neues Testament 15

[8]   K. Berger, Formgeschichte *passim*; hierzu z.B. G. Strecker, Literaturgeschichte 39f.

der Ergebnisse andererseits gewährleistet. Zudem stellt sich diese Arbeit mit dem Festhalten an dem Begriff bewußt kritisch in eine methodische Ausle-gungstradition.

Werden die Begriffe Form- und Gattungsgeschichte oft undifferenziert verwendet, so bahnt sich eine, wenngleich im einzelnen unterschiedlich akzentuierte, Unterscheidung von *Form* und *Gattung* an. Als ‚Gattungen' werden entweder „durch mehrere Einzeltexte ver-tretene Texttypen" bezeichnet;[9] eine Gattung wäre also eine idealtypische „theoretische Größe, die Einzelformen vorausliegt und sie prägt".[10] Sie wird „gewonnen durch Vergleich und Abstraktion aus literarisch voneinander unabhängigen Formen".[11] Oder es werden als ‚Gattungen' im Gegensatz zu den mündlichen Formen die „Großformen, die im Bereich der frühchristlichen Schriften in der Regel Formen oder Vorformen der Literatur sind,"[12] be-zeichnet. Im Kontrast zur letztgenannten Sicht würde ‚Form' „die kleinere – mündlich oder schriftlich fixierte – Einheit" darstellen.[13] Andererseits kann ausgehend von Wolfgang Richters „Exegese als Literaturwissenschaft"[14] „die Beschreibung eines Einzeltextes auf-grund der formalen Analyse" mit diesem Begriff unternommen werden.[15] Damit ist oftmals eine textorientierte synchrone Betrachtung der literarischen Einheiten eines Schriftwerkes intendiert.[16]

Was ist also in dieser Studie mit dem Begriff „Formgeschichte" gemeint? Basis dieser Geschichte ist die Analyse des vorliegenden Textes des vierten Evangeliums und seiner inneren Struktur; aufgrund dieser synchronen Des-

---

[9] G. Strecker/U. Schnelle 78; s.a. K. Berger, Form- und Gattungsgeschichte 431, der sich auch zu den gattungsbildenden Merkmalen äußert: „‚Gattung' ist dagegen eine Gruppe von Texten aufgrund gemeinsamer Merkmale verschiedener Art. Solche Merkmale kön-nen formal, semantisch, rhetorisch (Wirkintention) oder strikt soziologisch (Funktion in einer Gruppe) sein."

[10] G. Fohrer et al. 84f; auch J. Beutler, Gattungen 2508; K. Koch, Formgeschichte 6. H.-P. Müller 276 unterscheidet zwischen dem phänomenologischen und dem geschichtlichen Aspekt dieser Terminologie; erstere ist mit dem Gattungsbegriff, letztere mit dem der Form verbunden.

[11] K. Berger, Form- und Gattungsgeschichte 431.

[12] H. Köster, Formgeschichte/Formenkritik 287; ähnlich H. Zimmermann/K. Kliesch 133.

[13] H. Zimmermann/K. Kliesch 133.

[14] W. Richter, Exegese 74; s.a. die Ankündigung dieses Programms bei dems., Formge-schichte 219. Vgl. hierzu z.B. R. Smend, Rez. Wolfgang Richter *passim*.

[15] G. Fohrer et al. 84; das diachrone Verhältnis der Formen sollte durch den Ausdruck „Form*en*geschichte" bezeichnet werden (aaO. 87 [Hervorhebung v. Vf.] ebenfalls mit W. Richter, Formgeschichte 220). Richter, aaO. 219, selbst spricht von der ‚Form' als dem „im Aufbau greifbare(n) Gewand des Inhalts". Auch solche „Formkritik" hat die kleinen Einheiten als Gegenstand ihres Fragens bestimmt (aaO 220).
Grundsätzlich skeptisch äußert sich K. Koch, Formgeschichte 6 Anm. 5, gegen die Differenzierung zwischen Form und Gattung. Er unterscheidet Formel und Gattung; je-ne ist eine eigenständige ‚geprägte Wortverbindung' – zumeist ein Satz –, die Teil einer Gattung sein kann. Wenn die Grenzen als fließend angesehen werden, so nähert sich die Vorstellung von der Formel dem älteren Verständnis von ‚Form' an. Die Differenzie-rung von Koch ist aber nicht in der Forschung aufgenommen worden.

[16] So vor allem in der 1984 erschienenen Formgeschichte von Klaus Berger, deren Theo-rieansatz er in weiteren Publikationen auszubauen und gegen Kritik zu verteidigen ge-sucht hat. W. Richter, Formgeschichte 220, benennt als Ergebnis der synchronen Analy-se jedoch die „Beachtung der relativen Chronologie".

kription wird zu begründen sein, ob die formgeschichtliche Fragestellung zu Recht auf diesen Text angewendet werden kann. Intendiert ist mit der formgeschichtlichen Analyse die Eruierung einer *Geschichte der hinsichtlich ihrer Form analysierten Einzeltexte*, soweit diese im letztlich nur hypothetisch zugänglichen Stadium *vor der Fixierung in das vierte Evangelium* erkennbar ist, *bis hin zu ihrer Fixierung in das schriftliche Evangelium durch den vierten Evangelisten*.[17] Das letzte Stadium dieser Geschichte ist das durch den Evangelisten der Tradition beigelegte Verständnis (*redaktionsgeschichtliche Fragestellung*[18]); dieses ist nicht allein durch die Interpretation möglicher redaktioneller Zusätze, sondern auch durch die Analyse des vorliegenden Erzählzusammenhangs einschließlich der aufgenommenen Tradition zu untersuchen.[19] Damit kehrt die Analyse an ihren Ausgangspunkt, *das Verständnis des Textes als vorliegender Erzählgröße* zurück, nur wird jetzt nach dem einleitenden deskriptiven Schritt, dem Trennungs- und Wachstumssignale entnommen werden können, der Text auch in seinem Gewachsensein und im Gegenüber zu seinen Vorformen gelesen.

Wie die Beachtung der Wirkungsgeschichte ein hermeneutisches Instrument zum Verständnis eines Textes darstellt,[20] so dient auch die Aufmerksamkeit gegenüber der Vorgeschichte zur Vertiefung seines Verständnisses. Zudem sind antike Texte, wenn sie einer Gemeinschaft entstammen und zunächst für diese geschrieben sind, wie wir es im Falle der Evangelien annehmen können, auch deren Traditionen verpflichtet. Auch bei der anzunehmenden grundsätzlichen Zustimmung zu dieser Überlieferung durch den rezipierenden Autor ist bereits hier ein Auslegungs- und Veränderungsprozeß wahrzunehmen, der der redaktionsgeschichtlichen Analyse zu beachten anzuraten ist.

Als Hilfsmittel zur Analyse der Aussageabsicht der Überlieferung, ihres ‚Sitzes im Leben' und der (möglichen) Entwicklung des Einzeltextes wird der Vergleich mit den Gattungsmerkmalen herangezogen. Gilt dies Unternehmen zunächst den mündlichen Traditionen,[21] so werden auch schriftliche Einzelquellen berücksichtigt, wenn nicht erkennbar ist, daß hier wesentliche literarische Veränderungen gegenüber der mündlichen Überlieferung vorgenommen wurden, oder wenn diese Quelle sich nicht selbst als ein ‚schriftstellerisches' Zeugnis zu erkennen gibt.

---

[17] Vgl. auch die Definition von G. Strecker/U. Schnelle 78: „Die Formgeschichte fragt nach dem Weg der in den Evangelien verarbeiteten Traditionen von ihren vorliterarischen Ursprüngen bis zur literarischen Fixierung."
[18] Zur Methodik vgl. die unten S. 45 Anm. 7 genannte Literatur.
[19] Vgl. F. Hahn, Formgeschichte 467.
[20] Vgl. U. Luz, Mt I, 78ff; Exegese *passim*.
[21] Zu diesem Aspekt der methodologischen Definition von Formgeschichte vgl. z.B. H. Köster, Formgeschichte/Formenkritik 286.

Gelegentlich wird in dieser Arbeit im Unterschied zur Formgeschichte der Begriff ‚*Formkritik*' benutzt;[22] damit soll der *deskriptive Aspekt* hervorgehoben werden: In welche Form kleidet sich eine analysierte Überlieferung und wie verhält sich diese Form zu den Gattungsmerkmalen? Diese Erwägungen werden vorgenommen, ohne daß damit unmittelbar die geschichtliche Rückfrage verbunden wird. Die *formkritische* Arbeit repräsentiert den *synchron-betrachtenden* Aspekt dieser Arbeit, die *formgeschichtliche* Analyse den *diachron-historischen*.

Sinnvolle Ergebnisse kann diese Annäherung an das JE nur dann erbringen, wenn sie den Gesamtzusammenhang der traditionell als joh. bezeichneten Schriften in ihre Reflexion einbezieht. Wird eine formgeschichtliche Untersuchung auch nähere Rückschlüsse auf die geschichtlichen Grundlagen des JE und seines Verhältnisses zu den anderen joh. Schriften zulassen, so würde hingegen kontext- und geschichtslos gearbeitet, wenn kein Vorverständnis über den historischen Ort und Rahmen dieser Schriften, also der geschichtlichen Sphäre vorausgesetzt wäre, in der dieser Traditionsprozeß stattgefunden hat.

Damit soll der *konstruktiven* Methodik von Martin Dibelius, die eine Annäherung an den Text und seine Vorgeschichte aufgrund eines bestimmten Verständnisses der frühchristlichen Traditionsbildung bezeichnet, ihr relatives Recht eingeräumt werden. Dies wird auch von Rudolf Bultmann anerkannt,[23] der seinerseits die *analytische* Methode, die von dem im überlieferten Text belegten Traditionsmaterial ausgeht und von hieraus zur Beschreibung der ‚Form' gelangt, bevorzugt.[24] Es ist nicht zu vergessen, daß es in dieser Kontroverse um zwei entscheidende Momente der Formgeschichte geht, um den Stoff und um die Tradenten der Überlieferung.[25] Für unsere Fragestellung ist dieser Hinweis folgendermaßen zu konkretisieren. Es kann keine Geschichte der Tradition geben, ohne daß mögliche Tradenten des Stoffes benannt werden können; arbeitet also der vierte Evangelist oder eine umfangreiche ihm vorauslaufende Quelle innovativ als Erzähler und sind sie nicht gebunden an Überlieferungen einer Gemeinde (oder einer ähnlichen Traditionen schaffenden oder bewahrenden Größe), so ist die Frage nach einer Geschichte der joh. Tradition lediglich im Sinne einer ‚Begriffs- und Motivgeschichte'[26] möglich und die Frage nach der Vorgeschichte durch die literarkritische Analyse abgegolten. Andererseits kann es keine Theorie über die Tradenten und damit über den möglichen *Sitz im Leben* der Überlieferung geben, die jenseits der Stoffe entwickelt wird.

Über Dibelius und Bultmann hinaus ist festzustellen – und die methodische Arbeit beider Exegeten belegt dies auch –, daß *Analyse und Rekonstruktion in*

---

[22] Zum Begriff s.a. F. Hahn, Formgeschichte 468.

[23] R. Bultmann, Geschichte 6: Es „schwebt mir bei meinen Analysen ein freilich noch vorläufiges Bild von der urchristlichen Gemeinde und ihrer Geschichte vor, das seine Bestimmtheit und Gliederung eben durch die Untersuchung gewinnen soll"; hierzu s.a. F. Hahn, Formgeschichte 447.

[24] Zur formgeschichtlichen Methodik von Dibelius und Bultmann vgl. G. Strecker/U. Schnelle 84.85.

[25] Vgl. J. Beutler, Gattungen 2513.

[26] Vgl. zur Methodik G. Strecker/U. Schnelle 106ff; J. Roloff, Neues Testament 15.25, bezeichnet diesen methodischen Schritt als „Traditionsgeschichte", die einen Aspekt der formgeschichtlichen Untersuchung darstellt.

einem progressiven Wechselverhältnis stehen, in dem die historische Rekonstruktion von den auszulegenden Texten herkommt und in bleibender Verantwortung gegen diese, die unsere Primärquelle für die historische Arbeit ist, ständig neu zu verändern und zu verbessern ist.[27] Andererseits profitiert die Analyse der Texte und wird zudem beeinflußt von den Daten und Überlegungen der historischen Rekonstruktion, den Befunden aus der Textüberlieferung, Nachrichten aus der frühen Kirche, dem historischen und geographischen Umfeld, der frühchristlichen Kirchen- und ‚Theologie'-Geschichte allgemein u.a. m.; so verändert ein anderes Gesamtbild der Geschichte des ‚joh. Kreises' auch die Einordnung und das Verständnis der Einzeltradition und umgekehrt.

Der erste Hauptteil dieser Arbeit, der Abschnitt B, will jedoch nicht allein den vor den Texten verantworteten Rahmen der Geschichte der joh. Tradition darlegen, sondern der Exeget muß hierin um der „Möglichkeit einer gewissen Objektivität für den Historiker" willen über seine „Voraussetzungen und Methoden Rechenschaft" geben,[28] um hierdurch die Analyse zu befruchten und auf eine methodisch reflektierte Basis zu stellen.

Dabei ist der „Streit der Methoden",[29] der über die sachgemäße Exegese des JE in der Ära nach dem klassischen Entwurf von Rudolf Bultmann in seinem Johanneskommentar geführt wird, zu beachten; es muß der Strittigkeit des historischen Zugangs zum JE selbst nachgegangen werden (B 2). Die Tragfähigkeit dieses Ausgangspunktes läßt sich unter Hinweis auf Sprünge, Wiederholungen und Brüche des JE erweisen, die die Rückfrage nach seiner Vorgeschichte seinem Leser geradezu aufnötigen. Die bisherigen literarkritischen Ansätze suchen diese Fragen zu beantworten. In der Praxis bedeutete dies häufig einen Verzicht auf die formgeschichtliche Fragestellung; wenigstens der literarkritisch ermittelte Stoff blieb in der Regel weiteren Rückfragen entzogen. Daß nunmehr umfassende literarkritische Operationen selbst Einsprüche fraglich geworden sind (B 3), soll zumindest im Zusammenhang ausgewählter Forschungsbeispiele und in Zuspitzung auf die Wunderberichte gezeigt werden; dies ergibt eine neue Dringlichkeit der Frage nach der Vorgeschichte der joh. Traditionen. Solcher Nachdruck kann nicht durch den Hinweis auf eine mögliche Abhängigkeit des JE von den Synoptikern zurückgewiesen werden. Allerdings stellt diese wieder verstärkt favorisierte Möglichkeit, komplexe Anforderungen an eine Erklärung des Werdens des JE. Die

---

[27] Diese Verantwortung fordert für die Analyse des vierten Evangeliums programmatisch J.D.G. Dunn, John 317: „It will be clear by now that I wish to tackle the whole question of *Traditionsgeschichte* with reference to John from the *other* end – by attempting to understand the finished product of the Fourth Gospel in its own terms, within its own context.

[28] F. Vouga 2.

[29] J. Becker, Johannesevangelium 1; vgl. auch das Urteil von G.R. Beasley-Murray, JE xxxii: „Everything we want to know about this book is uncertain, and everything about it that is apparently knowable is matter of dispute".

Formgeschichte der joh. Wunder wird diese Hinweise aufzunehmen und dabei die soziologischen Voraussetzungen (→ B 1.2) sowie die Integration, Umformung und Überarbeitung des Überlieferungsgutes durch die redaktionelle Arbeit des Evangelisten[30] und – wohl zu einem geringeren Teil – durch direkten Einfluß der Synoptiker zusammenzudenken haben.

Angesichts der disparaten Forschungslage läßt sich kaum eine ‚Formgeschichte' des gesamten JE schreiben; dies verhindert die komplexe und uneinheitliche Diskussionslage, die weder hinsichtlich der Theologie des vierten Evangelisten noch hinsichtlich seiner Sprache einheitliche und hinlänglich konsensfähige Paradigmen bereitstellt (→ B 4.4) und damit auch die Rekonstruktion der mündlichen oder schriftlichen Vorgeschichte des JE belastet. So wird eine Textauswahl notwendig. Aufgrund theologischer, formkritischer und formgeschichtlicher Erwägungen wurden die Wundererzählungen des vierten Evangeliums ausgewählt (vgl. zur Begründung → B 5).

Der weite Raum, der im ersten Hauptteil dieser Studie mit der Diskussion des historischen Rahmens und den methodischen Vorerwägungen durchschritten wird, mag für die formgeschichtliche Analyse von Wundergeschichten als Umweg erscheinen. Für die Analyse der *johanneischen* Wundergeschichten, die in einer bestimmten forschungsgeschichtlichen Problemlage exegesiert werden müssen, ist dieser Weg unumgänglich, um den formgeschichtlichen Zugang zum JE im Spannungsfeld gegenwärtiger Exegese durchsichtig zu verorten und damit eine sachgemäße Vorarbeit für die *Textanalyse* zu leisten.[31]

Aufgrund der methodischen und kriteriologischen Überlegungen wird die Exegese jeweils in dem Viererschritt erfolgen:

---

[30] Mit dem Terminus ‚(vierter) Evangelist' wird diejenige Person bezeichnet, die für die Entstehung von Joh 1–20 verantwortlich ist (zum Problem von Joh 21 s.u. S. 54). Davon ist der Prozeß zu unterscheiden, in dem die Texte in Kap. 21 angefügt worden sind (und wohl auch weitere Texte). – Gegen die Kritik von J. Kügler 22 halte ich an diesem Terminus fest, da diese Person für den Aufbau des vierten Evangeliums als ‚Evangelium' verantwortlich zeichnet, was sich in der Begrifflichkeit widerspiegeln soll. Eine inhaltliche Wertung bzw. Abwertung (des integrierten oder des sekundären [gemessen am Werk des Evangelisten] Stoffes) ist damit nicht impliziert.

[31] Es sei nochmals an die Forderung der Analyse der joh. „Ideen- und Stimmungswelt" (M. Dibelius mit W. Bauer [s.o.]) erinnert; dann muß vor allem auf die m.E. weitergehende methodische Forderung von James D.G. Dunn verwiesen werden: Nur durch das Verständnis des historischen Bezugsrahmens des vierten Evangeliums und seines Charakters als Primärkontext „will we be able to undertake any systematic study of its earlier forms. If the evangelist has used his material to address contemporary needs and concerns, and if that usage has shaped and moulded the material in any degree, we need to be aware of these needs and concerns and how they may have shaped the material ..." (Tradition 351; s.a. ders., John 310f).

(a) Kontext- und narrative Textanalyse als Voraussetzung für den Nachweis des Traditionsmaterials,[32]

(b) Unterscheidung von Tradition, Erweiterung (soweit differenzierbar), Redaktion und gegebenenfalls späteren Ergänzungen,

(c) strukturelle, inhaltliche und historische Analyse der rekonstruierten Überlieferung und schließlich

(d) Interpretation der Integration der Überlieferung in das vierte Evangelium durch den Evangelisten.

Die Ergebnisse werden gebündelt im Blick auf die Frage nach der Überlieferung der Wundergeschichten und ihrer Gesetze im joh. Kreis aber auch hinsichtlich der Problematik der Bedeutung der Wunderüberlieferung für das vierte Evangelium, die immer wieder in den Verdacht geriet, so etwas wie ein Fremdkörper zu sein.[33]

---

[32] Dabei werden vor allem sprachlich-syntaktische und narrative Fragestellungen beachtet, wie sie beispielsweise in der Methodenlehre von Wilhelm Egger vorgestellt werden. Die Ergebnisse der deskriptiven Analyse werden in ihrer Bedeutung für die Frage nach dem Textwachstum vorgeführt.

[33] Z.B. R. Bultmann, Theologie 409: Zugeständnis an die menschliche Schwachheit (vgl. dazu unten S. 209. 487), aber auch Jürgen Becker, der eine dem vierten Evangelisten fremde Wunderchristologie im JE korrigiert sieht (vgl. zu Beckers Sicht vor allem ders., Wunder 454ff [= NTS 143ff]).

B Historische und methodische Vorerwägungen

1 Vorbemerkungen zum historischen Rahmen der johanneischen Tradition[1]

1.1 Das johanneische Schrifttum

1.1.1 Bestand

Obwohl außer der Apokalypse (Apk 1,1.4.9; s.a. 22,8) keine ntl. Schrift den Namen „Johannes" in ihrem ursprünglichen Textbestand enthält[2], wurden in der kirchlichen Überlieferung aufgrund der Zeugnisse der alten Kirche die Abfassung des JE, 1–3 Joh und der Apk mit dem Apostel *Johannes* in Verbindung gebracht.[3] Wird man dieser Identifikation nicht mehr folgen,[4] so sind die sprachlichen und theologischen Gemeinsamkeiten von JE und 1–3 Joh bei unterschiedlicher Verfasserschaft festzuhalten, so daß von einem gemeinsamen theologischen Ursprungsmilieu auszugehen ist. Die Klärung der Relation der joh. Schriften zueinander kann der Formgeschichte des JE wesentliche Informationen und Kriterien für die Rekonstruktion, die Chronologie und die soziologische Einordnung der Traditionen bieten. Sie kann damit auch über den

---

[1] Für eine ausführliche Diskussion des historischen und soziologischen Rahmens vgl. auch die Kommentare und Lexikonartikel zu den joh. Schriften. Zur Lit. s.a. G. Van Belle, Bibliography; E. Malatesta; zu den JohBr bes. H.-J. Klauck, Johannesbriefe. Die Diskussion über die strittigen Probleme der joh. Literatur- und Theologiegeschichte kann im folgenden nur angezeichnet werden, und zwar einerseits, soweit es die formgeschichtliche Fragestellung verlangt, und andererseits, insofern über die historischen Voraussetzungen dieser Arbeit und ihrer Position im Zusammenhang der joh. Forschungsgeschichte Rechenschaft zu geben ist.

[2] Die *Inscriptiones* der joh. Briefe sind sekundäre Ergänzungen, die die kirchliche Tradition über den Zebedaiden Johannes voraussetzen; zur Vermutung einer späteren Tilgung des Namens des Absenders in 2Joh 1; 3Joh 1 vgl. H.-J. Klauck, Johannesbriefe 117.

[3] Zur Tradition von Johannes, dem Zebedaiden als Verfasser des vierten Evangeliums s.u. S. 14ff; als Verfasser der Apk: z.B. *Justin*, Dial 81,4; s.a. *Canon Muratori* Z. 57–59; auch *Papias* (Frgm. V = U.H.J. Körtner, Papias Nr. 11) wird für die Glaubwürdigkeit (τὸ ἀξιόπιστον) ins Feld geführt (zum Authentizitätsproblem vgl. z.B. W.R. Schoedel 239f); dagegen z.T. mit deutlicher dogmatischer Tendenz schon die ‚Aloger' (nach *Epiphanius*, Haer 51,3; zu den Alogern vgl. S.G. Hall *passim*); *Dionysius v. Alexandrien* (bei *Euseb*, HistEccl VII 25,7ff); später *Euseb*, HistEccl III 39,6: Offenbarung wahrscheinlich vom Presbyter Johannes geschaut. Zur Diskussion in der Alten Kirche: A. Heinze 16–96; zur neueren Diskussion um die Person des ‚Johannes' als Verfasser der Apokalypse vgl. die Kommentare; z.B. D.E. Aune, Apk xlviiff; U.B. Müller, Apk 43ff; s.a. U. Schnelle, Einleitung 587f.

[4] S.u. S. 14ff.

sozialen und religions- wie traditionsgeschichtlichen Hintergrund sowie den geographischen Entstehungsort informieren.

Von den genannten Schriften ist allein die *Zugehörigkeit der Johannes-Apokalypse zum joh. Schrifttum* umstritten. Werden gegen diese Zuordnung vor allem Differenzen in der Eschatologie und der apokalyptischen Orientierung namhaft gemacht,[5] so stehen dieser Beobachtung Übereinstimmungen in der Motivik und der Terminologie gegenüber.[6] Gleichzeitig lassen eigenständige Ausformungen und einschneidende sprachliche Differenzen[7] eine gemeinsame Verfasserschaft ausschließen.[8] Gelegentlich wird auch die Zuschreibung an Johannes aufgrund der Annahme apokalyptischer Pseudepigraphie[9] für die

---

[5]   Vgl. exemplarisch: U.B. Müller, Apk 47f; E. Schüssler Fiorenza, Quest 426; kritisch z.B. auch E. Lohse, Offenbarung 326; D.E. Aune, Apk lvf. Dagegen protestiert Jens-W. Taeger, wenn er Parallelen zu den eschatologischen Aussagen des 1JohBr und den redaktionellen Partien des vierten Evangeliums zieht (Johannesapokalypse 120ff). Es ist einseitig, von der Redaktionsebene des JE ausgehend, der präsentisch orientierten Eschatologie die beherrschende Rolle im joh. Schriftenkreis zuzurechnen. Spuren futurischer Eschatologie im joh. Kreis belegt zudem das vierte Evangelium selbst (Joh 11,24 [auch der Zusatz 21,22]; s.a. 14,2f; 12,25f; 17,24). Auch der 1Joh (2,18 [ἐσχάτη ὥρα ἐστιν]. 28; 3,2; 4,17) zeigt futurisch-eschatologische und apokalyptische Elemente, so daß diese Faktoren kein eindeutiges Differenzkriterium darbieten; vgl. z.B. S. Schulz, Mitte 249ff, der allerdings die futurische Eschatologie allein in der redaktionellen Nachgeschichte des JE verankert; s.a. G. Klein 291; R.E. Brown, Community 138 Anm. 264.

[6]   Z.B. die Bezeichnung Jesu als ‚Lamm‘, allerdings mit einem je unterschiedlichen griechischen Terminus (ἀμνός: Joh 1,29.36; ἀρνίον: Apk 5,6 u.ö.; im NT nur noch 1Petr 1,19; vgl. 1Kor 5,7); die spezifisch joh. Zeugnisterminologie (vgl. z.B. die Häufung des Begriffes μαρτυρία und seiner Derivate im JE [1,7.19; 3,11.32f u.ö.] und in der Apk [1,2.9; 6,9 u.ö.]. Nach C. Burchard, Formen 333, markiert die Zeugnis-Vorstellung der Apokalypse „ein frühes Stadium der Entwicklung des johanneischen Begriffs"; auch A. Heinze 291ff arbeitet ohne Burchard zu nennen, Parallelen heraus.) und die allerdings religionsgeschichtlich breiter belegte *Lebenswasser*-Thematik (z.B. Apk 21,6; 22,1.17; Joh 4,10.13f; 7,38); s.a. die Betitelung Jesu als Logos im JE (Joh 1,1.14); ihr steht im NT nur die Bezeichnung Jesu als Wort (λόγος) Gottes (Apk 19,13) nahe; vgl. P. Stuhlmacher, Biblische Theologie 54ff, der die Logos-Titulatur nutzt, um die Entwicklung der joh. Christologie exemplarisch zu entfalten: Die atl. und apokalyptisch geprägte Logos-Christologie der Apk 19,11–16(–21) bildet demnach die älteste christologische Schicht der joh. Christologie; Logos Gottes bezeichnet hier den Parusie-Christus, der zum Gericht erscheint. Die Entwicklung führt über 1Joh 1,1–4 (Jesus als ὁ λόγος τῆς ζωῆς) zu dem im ‚Prolog‘ Joh 1,1–18 enthaltenen Hymnus. In dem als Logos schlechthin bezeichneten Christus „offenbart sich Gott der Welt als Schöpfer und Erlöser, sodaß die Welt in dem Logos Gott begegnen und ewiges Leben empfangen darf." (aaO. 56). Weiteres Material allerdings unterschiedlicher Wertigkeit enthalten die Zusammenstellungen bei O. Böcher, Johanneisches; Verhältnis, die zudem das Problem traditionsgeschichtlicher Entwicklungen nicht immer völlig befriedigend beachten; jetzt in ausführlicher Breite auch J. Frey, Erwägungen 383ff. S.a. J. Sickenberger, Apk 34f; D.M. Smith, Theology 60f.

[7]   Noch immer wichtig: R.H. Charles, Apk XXIXff.

[8]   Z.B. E. Lohmeyer, Apk 194f. 198f. 202f; W. Hadorn, Apk 225; J. Sickenberger, Apk 33.

[9]   Zum Phänomen vgl. P. Vielhauer/G. Strecker, Apokalypsen und Verwandtes 494; Strecker, Literaturgeschichte 261f; zur Apk: Joachim Becker 101f; U. Vanni 28 Anm.

Verbindung mit dem joh. Schrifttum ins Feld geführt.[10] Aufgrund der Parallelen kann die Apk als eine Randerscheinung des joh. Kreises verstanden werden.[11] Ist diese Deutung richtig, so können durch die Apk Rückschlüsse auf die joh. Tradition, ihre Geschichte und vielleicht auch über ihren Aufbau gezogen werden. Für das im folgenden verhandelte Problem der joh. Wundertradition und ihrer Überlieferung lassen sich aus der möglichen Nähe der Apk zum joh. Schrifttum weniger theologische Parallelen und Entwicklungen ins Gespräch aufnehmen als Informationen über die Gemeindesituation, die der Abfassung der Apk zugrunde liegt. Insbesondere Apk 2–3 setzt einen Kreis von Gemeinden voraus, an die der Apokalyptiker sein Schreiben richtet. Dies koinzidiert mit der Situation der JohBr, die ihrerseits einen Gemeindebezug erkennen lassen. Besonders deutlich ist dies in den Presbyterbriefen.[12] Werden diese Bemerkungen mit dem vierten Evangelium und Beobachtungen an sei-

---

26; vgl. schon C. Weizsäcker 487f; dagegen z.B. H. Ritt, Apk 13; P. Stuhlmacher, Biblische Theologie 52f. Schon Erasmus wirft ein, daß das ‚ich Johannes‘ der Apk zu betont sei (*Deinde nec in sententiis esse quod Apostolica megistate dignum videatur. Ut de his interim nihil dicam, me nonnihil moverent cum aliae conjecturae, illae, quod revelationes scribens, tam sollicite suum inculcat nomen, Ego Joannes, ego Johannes.* Hervorhebung v. Vf.); dies wird jedoch von dem als echt anerkannten JE (und 1Joh) sowie Paulus (1 Kor 12,2) hergeleitet (1123f, Zitat 1123; vgl. zu Erasmus: J. Leipoldt 16).

[10] G. Strecker, Literaturgeschichte 274f; Art. Literaturgeschichte 352; P. Vielhauer/Strekker, Apokalyptik des Urchristentums 529; ders., Chiliasmus 33; ders./M. Labahn 102; s.a. J. Frey, Erwägungen 425ff; M. Hengel, Frage 5f. Ist die Identifikation des Presbyters von 2/3 Joh mit dem Presbyter Johannes zutreffend (hierzu s.u. S. 16), so kann eine pseudepigraphe Beziehung vorliegen Allerdings spricht gegen diesen Bezug das Fehlen des Presbytertitels in Apk 1,1.4.9 sowie 22,8. Die augenscheinlich authentischen Angaben wie die der Verbannung nach Patmos haben als Eigenbericht des Verfassers keine pseudepigraphe Qualität. Zudem ist ‚Johannes‘ ein häufiger jüdischer und auch frühchristlicher Name (H. Thyen, Ἰωάννης 518; W. Bauer/K. u. B. Aland, Wb 780.). Die Unsicherheiten lassen folglich die Annahme eines uns aus der frühchristlichen Geschichte sonst unbekannten ‚Johannes‘, dessen Beziehung zum joh. Kreis aus seiner Schrift selbst gewonnen werden muß, historisch jedoch ungefährdeter erscheinen (z.B. U.B. Müller, Apk 51; ähnlich R.H. Charles, der allerdings zwischen Autor [Apk 1,1–20,3] und Herausgeber [Apk 20,4–22,21] unterscheidet; jener sei ein unbekannter palästinischer Judenchrist [XLIII]; s. jetzt auch D.E. Aune, Apk xlixf. lvi.) Der Bezug auf den Apostel Johannes ist auszuschließen, da Apk 21,14 die ‚zwölf Apostel‘ als eine eigenständige, vom Verfasser getrennte Größe (s.a. Apk 18,20) der zurückliegenden christlichen Geschichte zeigen (vgl. H. Ritt, Apk 13; H. Kraft, Apk 9; Müller, Apk 46).

[11] Vgl. G. Strecker, Chiliasmus 31; ders./M. Labahn 102; J.P. Meier 1017 Anm. 230 (zu S. 943): „the Book of Revelation belonged in the broad sense to the Johannine stream of early Christianity"; J.-W. Taeger, Johannesapokalypse, 205; aufgrund des Siegesmotivs ders., Musik 42. S.a W.J. Bittner 206; D.M. Smith, Christianity 10.18; Judaism 88; vorsichtige Erwägungen bei R.E. Brown, Community 6 Anm. 5; W. Vogler, JohBr 12. P. Stuhlmacher, Biblische Theologie 53f, erkennt die Beziehungen an und stellt die Apk als einen Strang der joh. Schultradition dar (53f). Von „einer mittelbaren Verbindung zu den anderen joh. Schriften", die von einem unmittelbaren Zusammenhang zu unterscheiden sei, geht U. Schnelle, Einleitung 497f. 588–591.

[12] Im folgenden werden die beiden kleinen JohBr aufgrund ihrer Absenderangabe ὁ πρεσβύτερος (2Joh 1; 3Joh 1) als Presbyterbriefe bezeichnet.

nem Text kombiniert, so läßt sich auch für die Entstehung und Entwicklung der Tradition des JE mit christlich-joh. Gemeinden rechnen.[13]

1.1.2 Das Verhältnis der johanneischen Schriften zueinander

1.1.2.1 Die Frage der Verfasserschaft

Theologische und sprachliche Differenzen zwischen den einzelnen Schriften legen es nahe, nicht mit einer gemeinsamen Verfasserschaft für die drei Briefe und das Evangelium zu rechnen.[14] Es ist einerseits der Verfasser des vierten Evangeliums von dem der Johannesbriefe, andererseits der der kleinen Johannesbriefe (2–3 Joh) von dem des 1Joh zu unterscheiden. Neben den sprachlichen und stilistischen Unterschieden[15] fallen besonders die theologischen *Differenzen zwischen dem vierten Evangelium und dem 1JohBr* auf. Daher wird in der Forschung der Unterscheidung zwischen den Verfassern des JE und der JohBr weithin gefolgt.[16] Ich nenne im folgenden einige charakteristische Punkte: Unterschiedliche Konzeption des *Parakleten*,[17] unterschiedliche Verwendung der Licht-Terminologie,[18] das Fehlen der im vierten Evangelium typischen Formulierung οἱ Ἰουδαῖοι im 1Joh, die charakteristische Umformulie-

---

[13] S.a. D.M. Smith, Theology 61.

[14] So wieder M. Hengel, Question *passim*: gemeinsame Abfassung von Apk, JohBr und JE, das nach dem Tod von seinen Schülern herausgegeben wird; für JE und JohBr auch E. Ruckstuhl/P. Dschulnigg 44–54; s.a. P. Stuhlmacher, Biblische Theologie 51. – Für die Apk nimmt Hengel, Frage 5f, jetzt eine pseudepigraphe Abfassung im Gefälle der joh. Schule an.

[15] Vgl. z.B. schon H.J. Holtzmann, Problem 1882, 128ff; C.H. Dodd, JohBr xlvii-lvi; H.-J. Klauck, Johannesbriefe 91ff; U. Schnelle, Einleitung 517f; W. Vogler, JohBr 7f.

[16] Vgl. z.B. die bei U. Schnelle, Einleitung 518f Anm. 59, genannten Autoren sowie Schnelle selbst; von den neueren Kommentaren seien exemplarisch genannt: H.-J. Klauck, 1Joh 45; G. Strecker, JohBr 53; W. Vogler, JohBr 9f; s.a. D.M. Smith, JohBr 14.

[17] 1Joh 2,1 greift mit der Vokabel παράκλητος auf eine offensichtlich ältere Vorstellung zurück (vgl. H.-J. Klauck, 1JohBr 105; s.a. W. Vogler, JohBr 68) in der Jesus selbst mit dem Parakleten gleichgesetzt wird, der beim Vater fürbittend für seine Gemeinde eintritt. Im JE geht der von Jesus unterschiedene Paraklet (ἄλλος παράκλητος; 14,16) vom Vater (14,16.26) bzw. vom Vater und von Jesus gemeinsam aus (15,26).

[18] In 1Joh 1,5 wird Gott selbst als das Licht bezeichnet. Auch in 1Joh 2,7–11 ist der Begriff, obgleich er von der Präsenz des wahren Lichtes und dem Im-Licht-Sein der joh. Christen spricht, nicht christologisch verwendet. Das Licht steht für die durch Gott in der Sendung und Dahingabe seines Sohnes inaugurierte Heilszeit (vgl. 1Joh 2,1f). Anders jedoch schon der Logos-Hymnus, der in Joh 1,5 eine christologische Beschreibung des dauerhaften soteriologischen Gegenübers zur Finsternis ausspricht, die mit dem inkarnierten Logos als φῶς gegeben ist (vgl. O. Schwankl 111). Diese Aussage wird im Evangelium durch die Selbstidentifikation Jesu als Licht überboten: 8,12; beide christologischen Spitzenaussagen fehlen im 1JohBr; s.a. H.-J. Klauck, 1JohBr 83.

rung der an die *frühchristlichen Sühneaussagen*,[19] erinnernden Sühneaussage von 1Joh 1,7; 2,2; 3,5; 4,10 (s.a. 1,9) im vierten Evangelium,[20] unterschiedliche Bewertung der Gebote,[21] Differenzen in den eschatologischen Vorstellungen,[22] das Fehlen von AT-Zitaten[23] und theologischer Zentralbegriffe des JE im 1JohBr (z.B. das Fehlen des Doxa-Begriffs, des Verbums πέμπειν sowie des Zeichenbegriffs)[24].

Doch wie verhält es sich mit der *Aufsplitterung der Verfasserschaft zwischen dem 1Joh und den beiden kleinen joh. Briefen?*[25] Verbietet die Kürze der Presbyterbriefe nicht diese Differenzierung als eine vor dem geringen Textbestand nicht mehr zu rechtfertigende Schlußfolgerung?[26] M.E. stellt sich eher das gegenteilige Problem: Kann anhand des vorhandenen Textbestandes von 2/3 Joh mit hinreichender Sicherheit auf die Verfasseridentität mit dem 1Joh geschlossen werden? Dagegen spricht zunächst die Differenz der Form zwischen diesen Schriften.[27] Wichtiger noch ist die Absenderangabe in 2/3 Joh. Daß ein und derselbe Verfasser sich in einer Schrift mit der Bezeichnung ὁ πρεσβύτερος einführt (2Joh 1; 3Joh 1) und durch diese Würdebezeichnung auch Autorität ableitet, in einer anderen Schrift aber diese offensichtlich ihn identifizierende und mit Autorität ausstattende Bezeichnung unterläßt, um an-

---

[19] Zu vergleichen sind insbesondere die frühchristlichen Dahingabeformeln: (Röm 4,25; 8,32 u.ö.) und die Sterbeformeln (z.B. 1Kor 15,3); vgl. W. Vogler, JohBr 69; H.-J. Klauck, 1JohBr 108; zu den Formeln vgl. K. Wengst, Formeln 55ff. 78ff.

[20] Der vierte Evangelist spricht von der ‚Gabe des Sohnes‘ (Joh 3,16); s.a. die ὑπέρ-Aussagen in 11,50–52 und 18,14. Die ungewollte Weissagung des Hohenpriesters Kaiphas wird charakteristischerweise in 11,52 als Eins-Werden der Kinder Gottes des gesamten Kosmos in Gott gedeutet. Die Rückkehr des Offenbarers nach seinem Tod hat insofern Heilsbedeutung, als sie in die einende Gemeinschaft mit Gott zum Leben führt. Den Begriff ἱλασμός (1Joh 2,2; 4,10) vermeidet der vierte Evangelist völlig. Die Aussage über das ‚Tragen der Sünde der Welt‘ durch das ‚Lamm Gottes‘ (Joh 1,29; s.a. V.36) kommt dieser Motivik am nächsten, fehlt, obgleich aus Tradition stammend, jedoch im 1Joh. Zur Rolle der Sühneaussagen im vierten Evangelium vgl. jetzt die Überlegungen von C. Dietzfelbinger *passim*.

[21] Im 1Joh wird die ‚Erkenntnis Gottes‘ spezifisch mit dem ‚Halten seiner Gebote‘ (τηρεῖν τὰς ἐντολὰς αὐτοῦ; 1Joh 2,3.4) verbunden; diese Beziehung fehlt im vierten Evangelium (christologisch wird nur das Halten des Wortes des Vaters in Joh 8,55 ausgesagt [hier οἶδα]).

[22] Dem Prae der präsentischen Eschatologie im vierten Evangelium stehen futurische Vorstellungen im 1Joh gegenüber (z.B. 1Joh 2,28; 3,3); vgl. U. Schnelle, Christologie 64.

[23] Vgl. H. Hübner, Interpretation 362.

[24] S.a. U. Schnelle, Einleitung 518; Christologie 63.

[25] Für eine Differenzierung z.B. H. Balz, JohBr 159; K. Wengst, JohBr 230f; anders z.B. H.-J. Klauck, 2/3 JohBr 21f; Johannesbriefe 124; D.M. Smith, JohBr 14f; sowie die bei U. Schnelle, Einleitung 516, aufgeführten Autoren.

[26] So H.-J. Klauck, Johannesbriefe 124; 2/3 JohBr 17.

[27] Unabhängig von der Frage, ob 1Joh ein Brief oder eine Homilie ist (vgl. den Überblick bei G. Strecker, Literaturgeschichte 67f), fallen die Differenzen in Form und Aufbau zu den Presbyterbriefen auf, die der Form des antiken privaten Papyrusbriefes nahestehen; vgl. U. Schnelle, Einleitung 517.

dererseits Augenzeugenschaft zu beanspruchen, ist unwahrscheinlich.[28] Deshalb muß doch wohl bei den genuin joh. Schriften von drei unterschiedlichen Verfassern ausgegangen werden. Versuche, einen der Verfasser der joh. Schriften mit dem *Zebedaiden Johannes* zu identifizieren,[29] wie es dem bei *Irenäus* klassisch bezeugten altkirchliche Zeugnis entspricht,[30] werden in der gegenwärtigen Forschung zu recht abgelehnt.[31]

Hinreichend sicher kann die altkirchliche Zuschreibung an den Apostel allerdings nicht vor *Irenäus* verfolgt werden, so daß wir eine relativ späte und wohl sekundäre Zuschreibung vor uns haben,[32] die die scheinbar intime Nähe des Verfassers zu Jesus aufgrund der Identifikation mit dem Lieblingsjünger (21,24f),[33] mit den Angaben über den engsten Jüngerkreis bei den Synoptikern (Mk 1,19parr; 3,17parr; 1,29; 5,37 par Lk 8,51; Mk 9,2 parr; Mk 9,38 par Lk 9,49; Lk 9,54; Mk 10,35ff par Mt 20,20ff; Mk 13,3; 14,33 par Mt 26,37) sowie dem weitgehenden Fehlen des Zebedaiden (außer Joh 21,2) im vierten Evangelium kombiniert. Zudem ist zu beachten, daß, wie Eduard Schwartz noch immer gültig ausführte,[34] hinter Mk 10,35ff ein *vaticinium ex eventu* steht. Dies verbindet das Schicksal der Zebedaiden mit dem ihres Lehrers (V.39: τὸ ποτήριον ὃ ἐγὼ πίνω πίεσθε καὶ τὸ βάπτισμα ὃ ἐγὼ βαπτίζομαι βαπτισθήσεσθε) und informiert damit über den frühen Tod von Jakobus und Johannes. Tatsächlich belegt Apg 12,2 das Martyrium des Jakobus (etwa um 44). Hingegen scheint sein Bruder diesem Gewaltstreich entgangen zu sein, da er nach Gal 2,9 zu den Säulen der Jerusalemer Gemeinde gerechnet und bei der Jerusalemer Missionssynode als Gegenüber des Paulus aufgeführt wird (Ἰάκωβος καὶ Κηφᾶς καὶ Ἰωάννης, οἱ δοκοῦντες

---

28 Vgl. U. Schnelle, Einleitung 517, der weitere theologische und terminologische Differenzmerkmale benennt.

29 Vgl. für die Gegenwart: z.B. L. Morris, JE 4ff; B. Schwank, Rez. Hengel 340f (s.a. ders., JE 506–508: Lieblingsjünger); E.E. Ellis, Background *passim* (vgl. bes. 2ff); G. Voigt, JE 9ff; E.A. Wyller 167; vorsichtig G. Østenstad 51f; s.a. noch H. Strathmann, JE 10. 20ff; zumindest für die früheste Schicht des späteren JE erwägen M.-É. Boismard/A. Lamouille, JE 68 [deutlicher z.B. noch Boismard, Baptême 9.24], den Zebedaiden als Verfasser; „an eyewitness source", die konservativ verarbeitet wird, beansprucht M.W.G. Stibbe, JE 18; dabei handele es sich um „historical reminiscences of the beloved disciple", der mit Lazarus zu identifizieren sei (vgl. Stibbe, John 78ff).

30 „Schließlich gab Johannes, der Jünger des Herrn, der auch an seiner Brust lag, ebenfalls das Evangelium heraus, als er sich in Ephesus in Asien aufhielt." (*Irenäus*, Haer III 1,1 = *Euseb* HistEccl V 8,4 [Übers.: N. Brox III, 25]). S. noch *Irenäus*, Haer III 11; vgl. II,22,5 (*Euseb*, HistEccl III 23,3). Zur Bezeugung neben und nach Irenäus vgl. W. Schmithals, Johannesevangelium 19f; R.A. Culpepper, John 107ff; zur relativ breiten Bezeugung der Johannestradition am Ende des 2.Jh. s.a. M. Hengel, Frage 28–30 mit Belegen: z.B. *Theophilus von Antiochien*, Ad Autol II 22; hier wird der Text von Joh 1,1 zitiert (s.a. aaO. 2,10; 1,14) und mit dem Apostel Johannes verbunden.

31 Zu dem in dieser Arbeit vertretenen Urteil vgl. z.B. P. Vielhauer, Geschichte 411–413; E. Lohse, Entstehung 111–114.

32 S.a. R.A. Culpepper, John 131. Anders M. Hengel, Frage 21ff, der die Johannes-Tradition als eine feste und Irenäus bereits vorgegebene Größe auszuweisen sucht.

33 Daß diese Identifikation keinen historischen Anhalt hat, wurde hinreichend gezeigt; vgl. z.B. R. Schnackenburg, JE III, 459f.

34 E. Schwartz, Tod 202ff mit Bezug auf J. Wellhausen, Mk 84; von dem teils durch das traditionelle Zeugnis, teils durch die schwierige Überlieferungslage provozierten Widerspruch sei jetzt G. Zuntz, Papiana 242ff, genannt; ausführlich antwortet M. Hengel, Frage 90 Anm. 286, auf die Kritik von Zuntz; s.a. H. Thyen, Ἰωάννης 522.

στῦλοι εἶναι; in Apg 15,7.13 wird Johannes allerdings nicht genannt); eine Kenntnis seines Ablebens läßt Paulus auch bei Abfassung des Gal nicht erkennen. Wir schließen daher ein gemeinsames Martyrium der Zebedaiden aus,[35] halten aber dennoch als wahrscheinlichste Deutung von Mk 10,35ff am frühen (vor der Abfassung des Mk und damit auch des JE) Märtyrertod des Apostels Johannes fest. Auch hierfür lassen sich Belege aus der Tradition beibringen;[36] daß kein stärkerer Strom nachweisbar ist, ist angesichts der Präponderanz der altkirchlichen Tradition über das vierte Evangelium seit dem Wechsel des 2. auf das 3. Jh. wenig verwunderlich.[37] Auch die schon bei *Justin* belegte Zuschreibung der Apk an den Apostel Johannes[38] war der Tradition vom frühen Märtyrertod nicht günstig und hat daher zu Überlagerungen und Eliminationen geführt.

Daß schon Papias als Zeuge apostolischer Verfasserschaft gelten kann, wird mit Hilfe späterer Papias-Zeugnisse nachzuweisen gesucht: eine Epitome[39] der Χριστιανικὴ ἱστορία von *Philippus von Side*[40] und das Papias-Zeugnis bei *Georgius Monachus*. Beide Texte sind von der späteren kirchlichen Tradition übermalt.[41] Möglich ist angesichts des Charakters seines Berichtes, daß *Philippus* diese Information nicht aus eigener Papiaslektüre hat, zumal gegen die Authentizität das Schweigen über diese Bemerkung bei *Irenäus* und *Euseb* eingebracht werden kann.[42] Daß die Deutung von Mk 10,39ff auf den (frühen!) Märtyrertod des Johannes (und Jakobus) bei *Georgius Monachus*, die mühsam, aber phantasievoll in die überlieferte geschichtliche Vorstellung integriert wird, wird als unecht oder als „Entstellung" gedeutet werden muß,[43] ist ebensowenig überzeugend, wie die subtilen Emandations-

---

[35] Vgl. H. Conzelmann, Geschichte 139; M. Hengel, Frage 91. Das Entscheidende merkt bereits W. Bousset, Verfasser 226 Anm. 1, an. Anders Eduard Schwartz, der Papias, Frgm. XI [= U.H.J. Körtner, Papias Nr. 10; s.a. Frgm. XII = Körtner, Papias Nr.17], große Bedeutung beimißt, das den gemeinsamen Tod der Zebedaiden um 44 [vgl. Apg. 12,2] annehmen läßt [Schwartz, Tod 204f; hierzu: W.R. Schoedel 241]). Schwartz seinerseits vermutet hinter dem Johannes der Jerusalemer ‚Säulen' *Johannes Markus* (aaO. 205f).

[36] Vgl. neben dem indirekten Zeugnis des Gnostikers *Herakleon* (*Clemens Alexandrinus*, Strom. IV 71,3), bei dem Johannes in der Aufzählung der Apostel, die das Martyrium nicht erlitten haben, fehlt, *Aphrahat* XXI 23 (nach den Martyrien von Stephanus [Apg 7,54ff], Simon [Petrus] und Paulus schreibt er: „Jakobus und Johannes wandelten in der Spur unseres Meisters Jesus" [Übers.: P. Bruns]) sowie einzelne Martyriologien vgl. W. Bousset, Apk 37; Verfasser 229f; die vereinzelten Zeugnisse für das Martyrium der Zebedaiden legt noch einmal gründlich M. Hengel, Frage 88ff, vor.

[37] S.a. das Urteil von W. Bousset, Verfasser 228.

[38] S.o. S. 9 Anm. 3.

[39] Ca. 7./8.Jh.; zur Datierung vgl. C. de Boor 168.

[40] Nach allgemeinen Aussagen über Papias bietet die Epitome die spezifische Angabe: Παπίας ἐν τῷ δευτέρῳ λόγῳ λέγει, ὅτι Ἰωάννης ὁ θεολόγος (= Zebedaide; Vf.) καὶ Ἰάκωβος ὁ ἀδελφὸς αὐτοῦ ὑπὸ Ἰουδαίων ἀνῃρέθησαν (Papias, Frgm. XI [= U.H.J. Körtner, Papias Nr. 10]; vgl. C. de Boor 170f).

[41] Vgl. die Bezeichnung des Johannes als ‚der Theologe' bei *Philippus*. Für die Epitome ist dies ein stehender Titel, wie es die Verwendung schon mehrere Zeilen zuvor zeigt (U.H. J. Körtner, Papias Nr. 10 Z. 1f). Keineswegs kann diese Zuschreibung für *Papias* reklamiert werden (gegen E. Schwartz, Tod 207ff; für die späte Nachweisbarkeit des Beinamens z.B. W. Bousset, Verfasser 227 Anm. 2; vgl. auch M. Hengel, Frage 88). *Georgius Monachus* weiß um die Abfassung des Evangeliums als letzter der Apostel in Ephesus und um das Patmos-Exil (vgl. Apk 1,9).

[42] W.R. Schoedel 241; U.H.J. Körtner, Papias 80; vgl. dagegen W. Bousset, Apk 36 Anm. 2; Verfasser 228.

[43] U.H.J. Körtner, Papias 80. – Eine Abhängigkeit zwischen dem Sidetes-Text und dem Georgius-Text ist aufgrund mangelnder textlicher Parallelität unwahrscheinlich; für un-

thesen zum Philippus-Text, die einen der traditionellen Überlieferung über das vierte Evangelium entsprechenden Text herstellen wollen.[44]

Scheiden für die Identifikation eines Verfassers der joh. Schriften Joh 1–20 (jeglicher Hinweis auf einen Verfasser fehlt im Primärtext), die späte Notiz Joh 21,24, die den Lieblingsjünger zum Verfasser des JE stilisiert,[45] und das unkonkrete ‚wir‘ des 1Joh aus, so bleibt als eine Möglichkeit zu einer Identifikation lediglich die *Selbstbezeichnung* ὁ πρεσβύτερος *des Absenders* von 2Joh 1 und 3Joh 1. Diese Bezeichnung wurde neuerlich wieder einerseits von Georg Strecker sowie seinem Schüler Udo Schnelle und andererseits von Martin Hengel mit dem im Papias-Zeugnis, das bei *Euseb* (HistEccl III 39,3f) überliefert ist, genannten Presbyter Johannes in Verbindung gebracht.[46]

Zum Problem: *Papias*, der Bischof von Hierapolis,[47] weiß der Darstellung bei *Euseb* zufolge von einem Presbyter Johannes zu berichten, der vom Zebedaiden Johannes deutlich unterschieden wird[48] und als dessen Schüler Papias angesprochen wird.[49] Nimmt man das über die Grenzen der eigenen Gemeinde hinaus Autorität beanspruchende Auftreten des Presbyters von 2/3 Joh, das ihn als eine über diese hinaus bekannte Größe denken läßt, seine mit Papias gemeinsame chiliastische Orientierung[50] sowie die begriffliche Überein-

---

entscheidbar gehalten bei W. Bousset, Verfasser 227; zu diesem Text jetzt auch M. Hengel, Frage 89 mit Anm. 282.

[44] Vgl. die bei U.H.J. Körtner, Papias 79f (mit Anm. 7f) genannte Literatur.

[45] Gegen diese Charakteristik interveniert vehement H. Thyen, Johannes 21, 169.

[46] G. Strecker, Anfänge 34ff; JohBr 22ff; U. Schnelle, Christologie 60f; Einleitung 502f; M. Hengel, Question *passim*; Frage *passim*; z.B. 96ff. S.a. C. Colpe, Johannes 1428; P. Stuhlmacher, Biblische Theologie 50; H. Thyen, Ἰωάννης 523; als Vermutung bei H. Balz, JohBr 159. Dies läßt sich einer auslegungsgeschichtlichen Linie zuordnen, die sich von *Hieronymus* (de viris illustribus 9. 18) über Erasmus von Rotterdam (hierzu J. Leipoldt 16), Joseph Justus Scaliger, seinem Schüler Hugo Grotius in die Gegenwart verfolgen läßt (z.B. auch A.v. Harnack, Geschichte 675ff). Anders z.B. H.-J. Klauck, Johannesbriefe 124; J.M. Lieu, Epistles 52, bes. 63.

[47] Zu Papias vgl. z.B. B. Altaner/A. Stuiber 52f; M. Hengel, Frage 76–80; U.H.J. Körtner, Papias *passim*; W.R. Schoedel.

[48] *Papias*, Frgm. II ([= U.H.J. Körtner, Papias Nr.5] = *Euseb*, HistEccl III 39,4): „Kam einer, der den Älteren gefolgt war, dann erkundigte ich mich nach den Lehren der Älteren und fragte: ‚Was sagte Andreas, was Petrus, was Philippus, was Thomas oder Jakobus, was Johannes oder Matthäus oder irgendein anderer von den Jüngern des Herrn, was dann ja auch Aristion und der Presbyter Johannes, ebenfalls Jünger des Herrn, sagen‘...“ (Übers.: H. Kraft 189); kaum zureichend sind die Argumente für eine Identität zwischen Apostel und Presbyter Johannes, vgl. W.R. Schoedel 252; M. Hengel, Frage 79f; schon W. Bousset, Verfasser 238.

[49] *Irenäus*, Haer 5,33,4 = *Euseb*, HistEccl III 39,1: Papias als Hörer des Johannes; ähnlich *Papias*, Frgm. XIII: Papias als Schreibgehilfe des Joh. (setzt *Euseb*, HistEccl III 39 und das patristisches Zeugnis über das JE voraus). Vgl. jetzt M. Hengel, Interpretation 101 Anm. 67: „One could cum grano salis call him a later ‚peripheral figure‘ in the Johannine circle“; ders., Frage 92ff; U. Schnelle, Einleitung 503.

[50] Vgl. *Papias*, Frgm. I ([= U.H.J. Körtner, Papias Nr. 1] hierzu s.a. W.R. Schoedel 248); zur Fragestellung G. Strecker, Anfänge 35.

stimmung zwischen joh. Vokabular und Papias-Zeugnis[51] zusammen, so ist es wohl nicht zu kühn, den Verfasser von 2/3 Joh mit dem Presbyter ‚Johannes' gleichzusetzen.

Für die Fragestellung dieser Arbeit sind zwei Aspekte entscheidend. Die Identifikation des Verfassers des vierten Evangeliums mit einem Augenzeugen, die zugleich die Erzählung des Evangeliums als Augenzeugenbericht auszeichnen würde, ist nicht haltbar. Zudem sind mehrere Verfasser der joh. Schriften anzunehmen; dies erfordert eine Erklärung der bestehenden Koinzidenz zwischen den joh. Schriften (→ 1.2) und damit einen Hintergrund der Schriften, auf dem verantwortliche Tradenten für joh. Überlieferungen benannt werden können.

1.1.2.2 Zur Chronologie der Johannesschriften

Die chronologische Abfolge der joh. Schriften gemäß ihrer kanonischen Reihung JE – 1Joh – 2/3Joh[52] wird gegenwärtig hinterfragt. Mit neueren einleitungswissenschaftlichen Überlegungen könnten die Presbyterbriefe als die frühesten literarischen Zeugnisse der joh. Schule, möglicherweise als Originaldokumente des Schulgründers, angesehen werden.[53]
Unklar ist das *zeitliche Aufeinanderfolgen von 1Joh und JE*. Ein Vorschlag sieht das vierte Evangelium als Vorläufer der im 1Joh gespiegelten christologischen Streitigkeiten, die der mißverständliche Gebrauch herrlichkeitschristologischer Aussagen des Evangeliums auslöst.[54] Diese Abfolge spiegelt sich

---

[51] Z.B. der absolute Gebrauch von ἀλήθεια; vgl. G. Strecker, JohBr 23; U. Schnelle, Einleitung 503 Anm. 27.

[52] Diese Reihenfolge schlagen z.B. H. Balz, JohBr 159; K. Wengst, JohBr 230f, vor. Aufgrund der Klassifikation von 2Joh als Brieffiktion votieren R. Bultmann, JohBr 10.103; G. Schunack, JohBr 107ff, für die Abfolge 1Joh – 3Joh – 2Joh. Unterschiedliche Modelle bei J.C. Thomas, Order 68f mit Anm. 2–6; s.a. R.E. Brown, JohBr 30.

[53] Vgl. G. Strecker, JohBr 22; Anfänge 41: 2Joh – 3 Joh – 1Joh. Strecker verweist beispielsweise auf den Dualismus der Presbyterbriefe, der sich als eine Vorstufe des im 1Joh und im JE ausgebildeten verstehen läßt; Strecker, JohBr 371; weitere Beobachtungen, die den 1Joh gegenüber den Presbyterbriefen als sekundär ausweisen, bei dems., Rez. Vouga, 283f. Diesem Vorschlag folgt U. Schnelle, Christologie 65; Einleitung 519ff; s.a. W. Langbrandtner 402; W. Vogler, JohBr 31f. Vgl. schon P.W. Schmiedel, RV I.12, 38f; H.H. Wendt, Johannesbriefe 3f.6f; ders., Beziehung *passim*: Vorordnung des 2Joh vor 1Joh unter Annahme derselben Abfassungssituation aufgrund von 1Joh 2,12–14.21(.26); hier beziehe sich der Verfasser auf den 2Joh zurück. 3Joh als ältesten Brief erwägt dagegen B. Olsson, History 39; jetzt auch J.C. Thomas, Order 70ff: 3Joh zeige keine Spuren der Auseinandersetzung mit Irrlehrern, mit denen auch Diotrephes nicht zu identifizieren ist. 2Joh stamme aus der Anfangszeit der Auseinandersetzung, 1Joh dagegen aus späterer Zeit, in der die Irrlehrer die Gemeinde bereits verlassen haben, die Gemeinde allerdings mit den von ihnen aufgeworfenen Problemen zu ringen hatte: aaO. 73). Das Schreiben dient der Ermutigung zum Festhalten an der überkommenen joh. Lehre.

[54] Vgl. z.B. M.J.J. Menken, Christology 308.

auch in der Bezeichnung des 1Joh als „johanneischer Pastoralbrief",[55] als „Lesehilfe für das richtige Verständnis des Evangeliums"[56] oder als ,relecture' des vierten Evangeliums.[57] Dennoch spielt der 1Joh wohl nur allgemein auf die joh. Überlieferung an, und eine literarische Abhängigkeit vom vierten Evangelium ist bestenfalls nur „wenig … im einzelnen nachzuweisen",[58] wie jetzt auch Werner Vogler, ohne die Abfolge JE – 1Joh aufzugeben, anerkennt.[59]

Für die Verhältnisbestimmung des joh. Evangeliums zum 1Joh kann das Nebeneinander doketischer und antidoketischer Traditionen im vierten Evangelium von Bedeutung sein. Die Spuren der wahrscheinlich zu Recht als protodoketisch zu bezeichnenden Herrlichkeitschristologie im JE sind nicht als ,naiv' zu bezeichnen, sondern wurden – wie diese Arbeit noch zeigen wird – reflektiert, interpretiert und der Darstellung der ,vita' Jesu dienend integriert. So scheint das vierte Evangelium anders als 1Joh nicht ein Dokument akuter Auseinandersetzung mit doketischer Christologie zu sein,[60] auch kein mißverständlicher und mißverstandener Vorgänger des im 1Joh akuten Streites, sondern ein Zeugnis der Selbstreflexion des joh. Kreises am Ende der doketischen Streitigkeiten. Daher kann an eine Abfolge 1Joh und JE gedacht werden;[61] damit ist allerdings keine literarische Abhängigkeit beider Schriften voneinander impliziert.

Bei dem Problem der absoluten Datierung des vierten Evangeliums handelt es sich um eine Fragestellung, die für das Verhältnis der joh. Wundergeschichten und ihrer Traditionen zu synoptischen Texten von einigem Gewicht ist. In der gegenwärtigen Johannesforschung herrscht eine weitreichende Tendenz, das JE an das Ende des 1. Jh. zu datieren.[62]

---

[55] H. Conzelmann, Anfang 214; schon A. Neander 590: „Cirkular-Pastoralschreiben". Dieser Charakterisierung wird vielfach gefolgt; vgl. z.B. M.M. Thompson, JohBr 21.

[56] H.-J. Klauck, Gemeinde 195. Ähnlich versteht auch Franz Overbeck den Zusammenhang beider Schriften in seiner im Sommersemester 1878 gelesenen „Erklärung der johanneischen Briefe". 1Joh ist ein „Seitenstück zum Evangelium", in dem „der Verf(asser) … den Zweck des Evangeliums, Jesus als den irdische Erscheinung des himmlischen Quells, des ewigen Lebens darzustellen, verfolgte und im Briefe nur seine im Evangelium dargelegte Auffassung der evangelischen Geschichte *auf das Leben der an Jesus gläubigen Gemeinde anwenden* und an diesem durchführen wollte" (OVERBECKIANA 59 A 101; Hervorhebungen v. Vf.).

[57] J. Zumstein, Prozeß 398–400.

[58] W. Vogler, JohBr 24 Anm. 23.

[59] W. Vogler, JohBr 23f.

[60] Zur Charakterisierung der christologischen Differenzen im 1Joh als Teil der Geschichte der Tradition s.u. S. 31ff.

[61] Mit anderer Argumentation auch K. Berger, Anfang 261.

[62] Vgl. z.B. J. Becker, JE I, [1]51; mit Hinweis auf die Abfolge JE – JohBr und deren Kenntnis bei Polykarp um 100 bleibt er auch in der dritten Auflage bei dieser Datierung trotz der Beachtung der Datierungsprobleme von $\mathfrak{P}^{52}$ und *P. Egerton 2*: JE I, [3]65; s.a. J. Gnilka, JE 8; W.G. Kümmel, Einleitung 211; E. Lohse, Entstehung 114f; U. Wilckens, JE 11–14. J. Beutler, Johannes-Evangelium 648, nennt als spätesten Zeitraum die Zeit Hadrians; dies würde bis 117 n.Chr. hinab reichen.

Sofern sich dies nicht auf unsichere historische Konstruktionen beruft[63], wird die frühe zeitliche Ansetzung des JE mit der Datierung von $\mathfrak{P}^{52}$ (P. Ryl 457)[64] und P. Egerton 2 begründet. Diese Argumentation ist keineswegs so zwingend, wie die Verbreitung dieser These suggeriert. Wurde die paläographische Nähe von P. Egerton 2, der als wesentlicher Vergleichstext für $\mathfrak{P}^{52}$ herangezogen wird, zu P. Bodmer II ($\mathfrak{P}^{66}$) betont[65], so ist dieser jedoch eher um 200 zu datieren[66], d.h. auch für P. Egerton 2 kann an eine Datierung um 200 gedacht werden.[67] Damit aber ist für $\mathfrak{P}^{52}$ ebenfalls eine Revision seiner Datierung nötig.[68]

Für das JE ergibt sich daraus, daß eine Datierung an das Ende des 1. Jh. keineswegs zwingend ist. Eine zuverlässige patristische Bezeugung des JE setzt erst in der zweiten Hälfte des 2. Jh. ein (*Irenäus, Tatian* u.a.).[69]

Eine Kenntnis des vierten Evangeliums schon bei *Papias* ist hingegen m.E. nicht beweisbar.[70] Dies ist auch gegen Folker Siegert festzuhalten, der den *Erläuterungen aus der Heiligen Schrift* des armenischen Schriftstellers *Vardan Vardapet* (13. Jh.) einen Kommentar des Papias zu Joh 19,39 entnimmt;[71] doch ist der genannte ‚Papias‘ nicht zu Joh 19,39 zu ziehen, sondern entsprechend seiner parallelen Stellung zum Geographen (wohl *Moses Chorenatsi*), so daß beide als Quellen für die 15 Sorten Aloe in Indien anzusehen sind.

---

63 Insbesondere das im vierten Evangelium strittige Verhältnis zum Judentum, das als aktuelle Auseinandersetzung mit der jüdischen Muttersynagoge des joh. Kreises interpretiert wird, wird in Kombination mit zeitgenössischen Begebenheiten (hierzu s.u. S. 34ff) zur Datierung dieser frühchristlichen Schrift verwendet: K. Wengst, Gemeinde[2] 96 = Gemeinde[4] 182: zwischen 80 und 90 n.Chr, „wobei ... die erste Hälfte dieses Jahrzehnts eher in Frage zu kommen scheint als die zweite".

64 Zur Datierung in die erste Hälfte des 2. Jh., näherhin um 125 vgl. bes. K. Aland, Text 1; ders./B. Aland 97. 109 u.ö; s.a. B.M. Metzger, Manuscripts 62. Frühere Vergleichstexte bevorzugt C.P. Thiede 18f, wenngleich er selbst keine eindeutige Entscheidung trifft und die Kritik der frühen Datierung ignoriert.

65 M. Gronewald 136f.

66 K. Aland/B. Aland 110; B.M. Metzger, Manuscripts 66; E.G. Turner 108: 200–250; anders H. Hunger, Datierung 23; Schriftwesen 82: „nicht ... später als Mitte des 2 Jh.".

67 M. Gronewald 137, der P. Köln 6, 255 als Fragment von P. Egerton 2 ausmacht; s.a. W. Schmithals, Johannesevangelium 9. Gemeinsamkeiten mit P. Egerton 2 weist auch $\mathfrak{P}^{90}$ auf, der in das 2. Jh. datiert wird (T.C. Skeat 3; Abbildung: Plate If). Die Datierung der wesentlichen Vergleichsschriften reicht bis in das 3. Jh. (Lit. ebd.), so daß auch $\mathfrak{P}^{90}$ nicht in die erste Hälfte des 2. Jh. datiert werden sollte (s.a. G. Strecker/M. Labahn 101).

68 So erwägt A. Schmidt 11, gestützt auf einen Vergleich mit aus dem Anfang des 3. Jh. stammenden P. Chester Beatty X, eine Datierung um 170; s.a. G. Strecker, JohBr 28 Anm. 27; zustimmend J. Becker, JE I, [3]65; D. Lührmann, Fragment 2246f; F. Neirynck, Gospels 754. Anzumerken bleibt, daß die Genauigkeit paläographischer Datierungen, wie die Differenzen im einzelnen zeigen, nicht zu hoch angesetzt werden darf. Sie kann nur ein Kriterium neben anderen sein.

69 Zum Problem der frühen Bezeugung des JE vgl. auch W. Schmithals, Johannesevangelium 3ff; s.a. J. Beutler, Johannes-Evangelium 646f; er weist allerdings mit A. Meredith 663 schon auf Ignatius hin (Beutler, aaO. 646: IgnRom 7,2f; IgnPhil 7,1; Meredith: IgnMagn 7,1; 8,2).

70 Vgl. U.H.J. Körtner, Papias 197; W. Schmithals, Johannesevangelium 5. Anders z.B. A. Harnack, Geschichte, 658 (hierzu W. Bousset, Verfasser 283); M. Hengel, Probleme 247f mit Anm. 59.

71 F. Siegert 607ff.

Dann ist der bei *Vardan* genannte *Papias* entweder als der Geograph *Pappos* oder mit dem Lexikographen *Papias* zu identifizieren.[72]

Zudem markiert das vierte Evangelium eine gegenüber den Synoptikern fortgeschrittenere traditionsgeschichtliche Überlieferungsphase, wie es z.B. das entwickeltere und gesteigerte Wunderverständnis im JE belegt.[73] Formgeschichtlich ist die schon bei den Synoptikern zu beobachtende Tendenz zur Bildung größerer Einheiten zu beachten ([Offenbarungs-]Reden und Dialoge). Es fällt zudem die gesteigerte theologische Durchdringung des Stoffes und seiner Darstellung auf. Zweifelsohne unterstreicht „the reflective, retrospective character of the Gospel's narrative ... that it is a relatively late Gospel".[74] Auch die Bezeichnung Jesu als (μονογενὴς) θεός Joh 1,18 (mit 𝔓[66], ℵ*, B, C* [auch 𝔓[75], ℵ[1]: ὁ μ. θ.] u.a.); 20,28 (ὁ θεός μου) und die Erfüllungsformeln, die das Eintreten der Vorhersagen des Offenbarers mit der Erfüllung der Schrift parallelisieren (ἵνα πληρωθῇ ὁ λόγος [sc. τοῦ Ἰησοῦ] ὃν εἶπεν: 18,9;[75] s.a. V.32 mit 13,18; 17,12; 19,24.36; s.a. 12,38 u.a.),[76] sind äußerst beachtenswert; beide Aspekte weisen ebenfalls in eine spätere Phase der frühchristlichen Theologiegeschichte.[77] Ergänzt werden kann außerdem die Umdeutung der Jahwe-Epiphanie von Jes 6,1–3 zur Epiphanie des (präexistenten) joh. Jesus (Joh 12,41), die insofern über 1Kor 10,4 hinausgeht, als der Präexistente hier die Rolle Jahwes übernimmt; als Katalysator wird nicht die κύριος-Bezeichnung, sondern der δόξα-Begriff zu werten sein.

Instruktiv ist das Verhältnis zu den Synoptikern. Ist es wahrscheinlich, daß das JE im 2. Jh. abgefaßt wurde, so ist aufgrund des zeitlichen Abstandes die Benutzung der Synoptiker denkbar, wie umgekehrt auch der Nachweis einer solcher Benutzung eine Abfassung des JE im 1. Jh. nahezu ausschließt.[78] Die

---

[72] Mit U.H.J. Körtner, Papias 34, und W.R. Schoedel 260.

[73] Vgl z.B. auch H.J. Holtzmann, Theologie II, 461; anders jetzt vor allem K. Berger, Anfang 166–169, bes. 168f

[74] D.M. Smith, Theology 6.

[75] Vgl. hierzu G. Van Belle, Accomplissement *passim*; zum Nachweis des joh. Charakters von Joh 18,9 s.a. M. Lang 58.

[76] Vgl. hierzu die feine Beobachtung von Hans Peter Rüger: „Das bedeutet aber nichts anderes, als daß Worte Jesu in derselben Weise zitiert werden wie das Alte Testament, daß Jesustradition und heilige Schrift gleiche Autorität haben"; zitiert bei P. Stuhlmacher, Glauben 137f.

[77] Dies erkennt auch J. Becker, JE II, [1]541. 564 ([3]645. 670f), an, der diese Verse allerdings der KR (s.a. R. Bultmann, JE 495.505) zuschreibt: „Schrift und Jesustradition sind schon von gleicher Autorität (vgl. 2,22) – ein Zeichen allgemeiner theologischer Entwicklung der dritten Generation des Urchristentums"; neutraler R. Schnackenburg, JE III, 255. Anders jedoch E.E. Ellis, Background 9ff, der die Betrachtung Jesu als Gott bereits für das frühe christologische Bekenntnis reklamiert; s.a. M. Barth 80.

[78] Anders neuerdings z.B. M. Barth 53ff (vor 66: aaO. 54); J.A.T. Robinson 265ff (tabellarische Übersicht: 318): joh. Protoevangelium zwischen 30 und 50 n. Chr. in Jerusalem (vgl. aaO. 314); endgültige Form bald nach 65 n.Chr. („kurz nach dem Tode des Petrus: aaO. 293). K. Berger, Theologiegeschichte 707ff: Berger sucht das JE nach dem Tod des

Summe der genannten Einzelbeobachtungen läßt eine Abfassung zu Beginn des 2. Jh. sehr wahrscheinlich erscheinen.[79]

Auch die anderen joh. Schriften werden in diesem Zeitraum abgefaßt worden sein. Die frühesten Zeugnisse des joh. Kreises, die *Presbyterbriefe*, stehen in zeitlicher Distanz zum später abgefaßten JE; eine Datierung um 100 scheint möglich.[80]

Die Überlegungen hinsichtlich der relativen und der absoluten Chronologie belegen, daß das vierte Evangelium bereits eine diffizile Geschichte joh. Theologie voraussetzt. Hinweise auf unterschiedliche theologische Vorstellungen und Motive lassen einen lebendigen Hintergrund der Schriften vermuten, in dem Traditionen und Überlieferungen entstehen, bewahrt und verändert werden konnten. Ein zeitlicher und theologischer Abstand zu den synoptischen Evangelien stellt die Frage nach dem Verhältnis zu diesem Schrifttum, umso mehr sich in den joh. Wundererzählungen frappante Parallelen zu einigen der joh. Wunder finden.

1.2 Die Annahme einer Schule als soziologischer Hintergrund der johanneischen Schriften

Den Differenzen zwischen den joh. Schriften, die uns diese drei verschiedenen Verfassern zuweisen ließen (→ 1.1.2.1), stehen auffällige Gemeinsamkeiten in sprachlichen und theologischen Aspekten[81] gegenüber.

Petrus (ca. 66 n.Chr.) und vor die Zerstörung Jerusalems, also vor 70 n. Chr. zu datieren, da das vierte Evangelium von dieser Zerstörung nichts berichtet. Ausgearbeitet wurde diese These in einer breiten Monographie, die hier nicht im einzelnen diskutiert werden kann: Anfang *passim*; es bleibt festzuhalten, daß es mit diesem Werk um ein herausforderndes Opus handelt. Das Ziel, den Beitrag des vierten Evangeliums für die Frage nach dem historischen Jesus neu zu bewerten und damit auch dessen Geschichte neu bzw. anders zu schreiben und damit andere Schwerpunkte in Jesu Denken zu setzen (vgl. die programmatischen Äußerungen aaO. 12f), vermag mich grundsätzlich aber ebensowenig zu überzeugen wie die Frühdatierung des vierten Evangeliums.
S.a. E.E. Ellis, Background 24 Anm. 117; aufgrund einer konsequenten und darin fragwürdigen politisch-sozialen Interpretation datiert auch T. Veerkamp 40f in die Zeit vor der Tempelzerstörung, wohl in die „frühen Sechziger". In diesem Versuch wird die Problematik des kirchlichen Zeugnisses ebensowenig integriert wie die entwickelte Theologie des vierten Evangeliums.

[79] G. Strecker, JohBr 28; Neues Testament 72; U. Schnelle, Einleitung 541; JE 8: 100–110.
[80] G. Strecker, JohBr 27, hält eine spätere Abfassung für möglich. M.E. könnte auch an eine etwas frühere Abfassung gedacht werden, doch hängt dies an dem Zeitraum, den man für die Entwicklung joh. Theologie von den Presbyterbriefen zum JE veranschlagt.
[81] Vgl. das einschlägige Material bei H.J. Holtzmann, Problem *passim* und bei A.E. Brooke, JohBr iff. S.a. R.E. Brown, JohBr 755–759 (Liste textlicher Gemeinsamkeiten zwischen den einzelnen Schriften); U. Schnelle, Christologie 53f; H.-J. Klauck, Johannesbriefe 89ff.94ff. Im folgenden kann auf diese Materialsammlungen zurückgegriffen werden, wobei allerdings nur eine Auswahl an signifikanten Gemeinsamkeiten geboten werden kann.

Zunächst sind *stilistische Übereinstimmungen* zu nennen. Charakterisieren paratakti-
scher und asyndetischer Satzbau sowie die Stilfiguren des Parallelismus und der Antithese
weite Passagen des 1Joh,[82] so gelten diese Beobachtungen auch weitgehend für das vierte
Evangelium. Beide Schriften entsprechen sich auch im Hang zum Wiederholen eines Gedankens in divergierender Art und Weise.[83]

Aber auch auf der *idiomatischen Ebene*, die sich mit den *theologisch-inhaltlichen Gemeinsamkeiten* berührt, fallen Parallelen auf: z.B. Aus-Gott-Sein (ἐκ τοῦ θεοῦ εἶναι: 3Joh
11; 1Joh 3,10; 4,1–6; Joh 8,47), Aus-der-Wahrheit-Sein (ἐκ τῆς ἀληθείας [οὐκ] εἶναι:
1Joh 3,19; Joh 18,37), ,Bleiben in' (μένειν ἐν; Belege s.u.; dazu 1Joh 2,10 [Finsternis];
3,14 [Tod]). Eine Reihe von Vokabeln mit theologischer Signalwirkung gehören zum gemeinsamen Vorzugsvokabular des joh. Schrifttums (ich nenne in Auswahl die theologisch
bedeutsamen Begriffe ἀλήθεια; ζωή;[84] μαρτυρεῖν und μαρτυρία[85]; ἀγάπη; γινώσκειν;
σκοτία[86] und φῶς; σωτήρ als christologischer Titel[87]).[88] Zentrale theologische Themen
begegnen in den vier joh. Schriften komparabel;[89] das gemeinsame Gedankengut verbindet
diese Schriften, ohne daß Akzentverschiebungen bei der Verwendung der joh. Zentralge-
danken ausgeschlossen werden können. Wichtig ist insbesondere die Herausstellung der
Einheit von Vater und Sohn (2Joh 9; 1Joh 1,3; 2,22ff; 4,14; Joh 5,20; 10,30; 14,10 u.ö.);
die Inexistenz der Christen in Gott bzw. Jesus (z.B. 1Joh 2,5); eng verwandt ist das *Bleiben*
in Gott bzw. Jesus oder auch das Bleiben Gottes im Glaubenden (1Joh 2,6; 3,6; 4,12–16;
Joh 14,10 [das Bleiben Gottes in Jesus] u.ö.; vgl. die wechselseitige Immanenz-Formel Joh
6,56; s.a. 1Joh 4,13; Joh 15,4f), aber auch das Bleiben der Glaubenden in der Wahrheit, in
der Lehre, im vom Anfang Gehörten, in den Worten Jesu, im Geist oder im χρῖσμα (2Joh
9; 1Joh 2,24.27; Joh 8,31; 14,17). Daneben ist, wenngleich auch im Traditionsverständnis
Wandlungen erkennbar sind, auf den Rückbezug auf die ἀρχή zu verweisen (2Joh 5.6; 1Joh
1,1; 2,7.13f.24; 3,8.11; Joh 1,1.2; 8,44; 15,27; 16,4; s.a. 6,64) sowie auf die Mahnung zum
Halten der Gebote (1Joh 2,3f; 3,22.24; 5,3; Joh 14,15.21; 15,10) und den Hinweis auf das
Liebesgebot (2Joh 4–6; 1Joh 2,7f; Joh 13,34f).[90] Bedeutsam sind weiterhin die Vorstellung
von Erkennen Gottes und Jesu (1Joh 2,3–5.13f; 3,1.6; Joh 1,10; 8,55; 14,7 u.ö.), von der

---

82   Vgl. z.B. H.-J. Klauck, Johannesbriefe 41f, mit C.H. Dodd, First Epistle of John 130.

83   Vgl. z.B. H.-J. Klauck, Johannesbriefe 89 mit weiteren stilistischen Parallelen; z.B. in
     der Benutzung von Partizipialkonstruktionen (vgl. z.B. Joh 3,16 und V.18 mit 1Joh
     5,1.10) oder von ,Definitionssätzen' (vgl. z.B. Joh 1,19; 3,19 mit 1Joh 2,22 sowie 2Joh
     7); W. Vogler, JohBr 7. Parataxe und Asyndese werden als Stilcharakteristika der SQ
     ausgemacht (s.u. S. 69 mit Anm. 140), sind jedoch kaum auf diese Texte zu begrenzen.
     Zum Problem der Stilanalyse mit Rücksicht auf Verfasserfragen vgl. den „Exkurs: Stil
     und Sprache des vierten Evangeliums und der Johannesschule".

84   Zur Begründung s.u. S. 200.

85   Zur Charakteristik vgl. G. Strecker, JohBr 277; s.a. C. Burchard, Formen 329ff.

86   Von den 16 ntl. Belegen begegnen 14 im joh. Schrifttum, davon sechs im 1Joh und acht
     im JE. Signifikant ist der Gegensatz *Licht – Finsternis* als theologische (1Joh 1,5) und
     christologische Kategorie (Joh 1,5 [bis; trad.; beide Belege in Opposition zu φῶς]; auch
     8,12; 12,35 [bis].46 steht im JE christologisch im Gegenüber zum Licht, das Jesus selbst
     ist. Anders lediglich 6,17 und 20,1). Nochmals zu unterscheiden ist die Relation Licht –
     Finsternis in 1Joh 2,7–11.

87   1Joh 4,14; Joh 4,42.

88   Vgl. die Auflistung z.B. bei U. Schnelle, Christologie 54 Anm. 24.

89   Nicht ohne Grund stellt Udo Schnelle dies Argument, das die Behauptung abweichender
     Verfasserschaft zwischen JE und den Briefen voraussetzt, an den Anfang seiner Aufli-
     stung der Beobachtungen, die zur begründeten Annahme der Existenz der joh. Schule
     führen (Schule 199).

90   Vgl. G. Strecker, JohBr 328ff.

Zeugung aus Gott (1Joh 2,29; 3.9; 4.7; Joh 1,13) bzw. aus dem Geist (3,6.8; s.a. 3,4ff).[91]
Ekklesiologisch beachtenswert ist die Bezeichnung τέκνα bzw. τέκνα (τοῦ) θεοῦ (vgl. z.B.
Joh 1,12 [trad.]); 11,52 [die vom vierten Evangelisten als ungewollte, aber theologisch und
historisch treffende Prophezeiung dargestellte Anklagerede des Hohenpriesters Kaiphas];
1Joh 3,1.2; s.a. 3,10; 5,2; 2Joh 1.4.13; 3Joh 4) und τεκνία (im NT nur Joh 13,33 [Anrede
auf der literarischen Ebene der Jünger, auf der textpragmatischen der joh. Gemeinde als erste Leser, damit aber zugleich jedes Lesers, der im joh. Sinne zum Vernehmen bereit ist];
1Joh 2,1.12.28; 3,7.18; 4,4; 5,12 [Anrede der Adressaten der briefliche Züge tragenden
Homilie, d.h. der joh. Gemeinde]).
    Der sprachlichen Präferenz für die dialektische Ausdrucksweise entspricht die sog. *joh.*
Dualismus oder, neutraler formuliert, die „semantischen Oppositionen"[92] beispielsweise
von Gott und Welt (2Joh 7; 1Joh 2,15–17; 4,3–6; Joh 14. 15–17), Wahrheit und Lüge (1Joh
1,6.8.10), Licht und Finsternis (1Joh 1,5f; Joh 1,4f; 3,19; 8,12; 12,35f.46)[93]. Auffällig im
frühchristlichen Schrifttum sind auch die θεός-Identifikationen Joh 4,24 (πνεῦμα ὁ θεός),
1Joh 1,5 (ὁ θεὸς φῶς ἐστιν); 4,8 (ὁ θεὸς ἀγάπη ἐστίν).

So ist eine Erklärung des sprachlichen und wohl auch soziologischen Zu-
sammenhanges des JE mit den anderen joh. Schriften ohne den Rückgriff auf
einen gemeinsamen Verfasser[94] notwendig.[95] Daher sah man sich in der Forschung zu der Annahme einer gemeinsamen Wurzel der joh. Schriften genö-
tigt.

An dieser Stelle treten Beobachtungen hinzu, die hinter den joh. Texten selbst die Existenz einer zusammengehörenden Gruppe erkennen lassen. Hier ist die spezifische Ethik
des joh. Schrifttums zu nennen, die in einer Bruder- (bzw. Geschwister-)Liebe kulminiert.
Eine innerhalb dieses Kreises erkennbare ,Wir'-Gruppe (1Joh 1,1ff; im Nachtrag: 21,24),
die offensichtlich lehrende und leitende Funktionen wahrnimmt,[96] wie auch die ekklesiologische Terminologie weisen ebenfalls in die Richtung eines Kreises, dem dieses Schrifttum
zuzuordnen ist. Daß sich im Evangelium zudem das Bewußtsein einer Gemeinschaft spiegelt, die sich im Gegenüber zu anderen, vor allem der sich dem Auftreten des Offenbarers
verweigernden Welt versteht, zeigen andere Belege, in denen die Gemeinde als Wir-Gruppe
spricht: vgl. 1,14.16; 3,11 (im Munde Jesu)[97]. Auf Diskussionen und Differenzen innerhalb
dieses Kreises weisen insbesondere die ausgeprägten Streitigkeiten, die die JohBr zeigen.

---

[91] Vgl. G. Strecker, JohBr 148ff.
[92] H.-J. Klauck, Johannesbriefe 90.
[93] Zu Licht und Finsternis im joh. Schrifttum vgl. jetzt die luzide Darstellung von O.
      Schwankl *passim* (hierzu F.W. Horn, Rez. Schwankl).
[94] Anders E. Ruckstuhl, Antithese 231f, und M. Hengel, Question *passim*; Frage *passim*:
      Die Johannesbriefe und das JE werden als Schriften der schulgründenden Autorität auf-
      gefaßt. Aber die Hand einer Schule wird bei Hengel allein durch die Herausgabe der
      Schriften des Schulgründers greifbar (z.B. Question. 81; Schriftauslegung 261 Anm. 41).
[95] Hält man jedoch die sogenannten joh. Schriften für das Werk eines einziges Verfassers,
      so mag die Aussage, „daß die Formel ,johanneische Schule' für mein Auge völlig phan-
      tastisch" ist, nicht verwundern; so A. Schlatter, JE X.
[96] Anders A. von Harnack, ,Wir' *passim*, der in Auseinandersetzung mit Versuchen, in
      diesem ,wir' einen Kreis von Augenzeugen zu rekonstruieren, eine autoritative Wir-
      Gruppe bestreitet und dort, wo sich der Verfasser nicht mit der Gemeinde oder den
      Christen überhaupt zusammennimmt, an eine Einzelperson denkt.
[97] Vgl. jetzt H. Merklein 293.

Zur Erklärung wurde neben Bezeichnungen wie „Kreis"[98] und „Gemeinde"[99] der soziologisch geprägte, aber kaum zutreffende Begriff der „Sekte" eingeführt.[100] Frühzeitig wurde auch ein *Schul*zusammenhang postuliert, der hinter den joh. Schriften oder ihrer Entstehung zu erkennen ist.[101]

Auch die bei einigen Kirchenvätern zu findende Rede von Johannes und seinen Schülern begünstigte die Schul-These.[102] Für die konservative Forschung ergab sich so die Möglichkeit, unter Rückgriff auf altkirchliche Tradition zumindest einen apostolischen Ursprung der joh. Tradition zu bewahren: Die Schüler redigierten und gaben das Werk des apostolischen Augenzeugen heraus.[103]

Für die Annahme einer joh. Schule lassen sich in den hellenistischen Philosophenschulen Parallelen beibringen. Interessant ist vor allem der Vergleich mit der epikuräischen Schule.[104] Aufgrund der hohen Wertschätzung gegen-

---

[98]　O. Cullmann, Kreis *passim*.

[99]　Vgl. z.B. D.M. Smith, Christianity 19ff.

[100]　W.A. Meeks, Funktion 280ff; ähnlich H. Leroy, Rätsel 157ff; W. Rebell 112–123; zuletzt auf die eschatologischen Aussagen konzentriert A. Stimpfle, Blinde 273ff, der eine bewußte Verschleierung der eigenen theologischen Akzentuierung nach außen behauptet: „Um die prädestinierte Zugehörigkeit in ihrer Exklusivität zu gewährleisten, wird daher das Wort des Offenbarers verschlüsselt in Diktion und literarischer Darstellungsweise. Der Ruf des Gesandten wird in Vorstellungen gekleidet, die ob ihrer je traditionell belegten Bedeutung den Hörer bzw. Leser in je seinem Verstehenshorizont bestätigen und ihn so – subjektiv ist er überzeugt, mit dem Offenbarerwort übereinzustimmen – am eigentlichen Offenbarerruf vorbeiführen.". Ähnliches besagt das Verständnis des joh. Kreises als „antisociety" und seiner Sprache als „antilanguage" bei B.J. Malina/R.L. Rohrbaugh, JE 7ff.9f u.ö. Zur Bestimmung des JE als Sekte s.a. B. Lindars, John 58f: „The sharpness of the debate in John suggests that the Johannine church is a beleaguered sect, alienated from the local society, intensely loyal internally, but hostile to those outside." Hier werden wesentliche Kriterien für die Charakterisierung einer Sekte genannt. Kritisch wenden sich gegen die Beschreibung des joh. Kreises als ,Sekte' z.B. auch R.E. Brown, Community 88ff; H.-J. Klauck, Johannesbriefe 173f; Brudermord 168f.
　　　Ohne explizit von der soziologischen Klassifikation als Sekte zu sprechen, ist in diesem Zusammenhang auch an die Behauptung zu erinnern, daß das vierte Evangelium „nach innen" gewendet einen „esoterischen Charakter" trägt (z.B. H. Strathmann, JE 12). Auch hierin spricht sich der Gedanke einer konventikelhaften Verengung des joh. Kreises aus.

[101]　In der neueren Exegese vor allem Georg Strecker und sein Schüler Udo Schnelle (vgl. jetzt ders., JE 1–3) in einer Reihe von Arbeiten zu den joh. Schriften. S.a. W. Marxsen 243.253ff; J. Becker, JE I, [1]40–43. [3]47–50; J. Beutler, Johannes 868; Johannes-Evangelium 648; R.E. Brown, Community 99ff (im Kontext johanneischer Gemeinden; aaO. 98f); C. Colpe, Johannes 1428: 1Joh als Produkt der joh. Schule (ähnlich schon R. Bultmann, JohBr 48 mit Anm. 2); R.A. Culpepper, John 102; J. Gnilka, JE 8; H. Conzelmann(/A. Lindemann), Theologie 360; H.-J. Klauck, 1JohBr 45f; E. Lohse, Theologie 144; P. Stuhlmacher, Biblische Theologie 48ff; H. Weder, Menschwerdung 364 (= ZThK 326); J. Zumstein, Geschichte 420 u.ö. Zur Forschung vgl. Culpepper, School 1–38.

[102]　Vgl. die Bezeichnung des ephesinischen Johannes bei *Polykrates von Ephesus* in seinem Brief an Viktor (*Euseb*, HistEccl. III 31.3) als διδάσκαλος.

[103]　Vgl. hierzu kenntnisreich W. Schmithals, Johannesevangelium aaO. 85ff. 208f.

[104]　Zur epikuräischen Schule und den an ihr sichtbar werdenden Schulmerkmalen vgl. kurz H.-J. Klauck, Umwelt II, 115f. Neben der Verehrung Epikurs als Kultheros und Heiland

über Epikur hat dieser die Rolle eines weisen Gottesmannes inne und nimmt quasi göttliche Verehrung entgegen. Gleichzeitig werden von den philosophischen Schulgründern auch Wundertaten berichtet.[105] Die Parallelen zur joh. Jesusdarstellung liegen auf der Hand, ist es doch der lehrende (und offenbarende) Jesus, auf den sich die joh. Schule zuerst gegründet weiß (6,59; 7,14. 28; 8,20.28; 18,20; s.a. 7,35). Von Interesse sind auch Analogien aus dem atl.-jüdischen Kontext. So wird in der atl. Forschung für die dtn/dtr Bewegung auf eine Schule am Jerusalemer Hof verwiesen;[106] interessant ist fernerhin die wohl berechtigte Annahme von Prophetenschulen (z.B. Amos,[107] Ezechiel[108] oder Jesaja[109]).[110] Für das zwischentestamentliche Judentum werden priesterliche Schulen genannt; auch die rabbinischen Schulen (Gamaliel, Hillel, Schamai) werden als parallele soziologische Einheiten genannt. Daneben lassen sich aus der frühen Kirchengeschichte[111] Analogien anführen.[112]

Für eine Schule ist in antikem Verständnis der Verweis auf eine *Gründerfigur* entscheidend und gemeinschaftsstiftend.

In den spätesten Texten des joh. Schriftenkreises erkennen wir demzufolge eine Personifizierung des joh. Traditionsbewußtseins und eine Identifizierung dieses Bewußtseins mit der Person des Lieblingsjüngers, der zuletzt zum Verfasser des vierten Evangeliums wird (21,24f). Man kann begründet annehmen, daß diese Personifizierung durch die Erinnerung an eine originale Gründerfigur ermöglicht wurde, die mit Georg Strecker, Udo Schnelle und Martin Hengel im Verfasser der kleinen Johannesbriefe gesehen werden kann.[113] Diese Briefe verdanken ihre Aufbewahrung und Weitertradierung gerade der Tatsache, daß ihr Verfasser, der Presbyter, die verantwortliche Gründerfigur der Johannesschule war.

---

bilden vor allem die Traditionspflege sowie das Freundschaftsideal (zum epikuräischen Freundschaftsideal jetzt z.B. R. Müller 110ff; zum Zusammenhang Freundschaft und Schule: aaO. 126ff; zum Terminus φίλοι als Selbstbezeichnung in der joh. Schule U. Schnelle, Christologie 55) interessante Parallelen zur joh. Schule, ohne daß freilich die Differenzen zu übersehen wären.

[105] Vgl. H.D. Betz, Gottmensch 255ff.

[106] Vgl. z.B. H.D. Preuß 20.32f.44.72 u.ö.

[107] Vgl. H.W. Wolff, Joel · Amos, 131ff; neuerdings auch V. Fritz 33–35.38–43.

[108] Vgl. z.B. W. Zimmerli 769.

[109] H. Wildberger, Jes III, 1548, zur Bedeutung von Jes 8,16: „S c h ü l e r k r e i s ..., den er (der Prophet; Vf.) mit der Verwaltung seiner Botschaft betraute".

[110] Gegen eine Überproportionierung des Schulbegriffs protestiert N. Lohfink 66.

[111] Z.B. die alexandrinische Schule: vertreten durch z.B. Patänus, Clemens Alexandrinus; ferner Didymos von Alexandrien, dessen Psalmen- und Koheletkommentar als „Schulprodukte" wahrscheinlich gemacht werden können (vgl. G. Binder/L. Liesenborghs X–XIII; s.a. A. Kehl 39ff). Für das *NT* läßt sich z.B. begründet eine *Paulus-Schule* annehmen, wie es insbesondere die deuteropaulinischen Schriften anzeigen, die eine verändernde und aktualisierende Traditionspflege mit dem Rückbezug auf eine Stifterpersönlichkeit verbinden (vgl. z.B. H. Conzelmann, Paulus *passim*; Schule *passim*; G. Strecker, Literaturgeschichte 111–114 [Lit.]; U. Schnelle, Einleitung 45ff.

[112] Vgl. die von verschiedenen antiken Schulen abgeleiteten Kriterien bei R.A. Culpepper, School 258f (z.B. Hervorhebung einer schulgründenden Autorität). Sie berechtigen zu der Annahme eines Schulzusammenhangs, besitzen aber unterschiedliche Beweiskraft.

[113] S.o. S. 16.

Als weitere Gründe neben den sprachlichen (und theologischen) Konvergenzen wird bei R. Alan Culpepper die joh. Verwendung des Alten Testaments angefügt, die schriftgelehrte Arbeit vermuten lasse.[114] Zu ergänzen ist gegenüber Culpepper die Begründung des Schulzusammenhanges aufgrund der literarischen Sprünge des vierten Evangeliums, wie sie beispielsweise bei Wilhelm Bousset und Wilhelm Heitmüller gegeben worden ist.[115] Daher gelangt Walter Schmithals zu folgender Differenzierung in der neueren Forschung. Einerseits wird die sukzessive Entstehung des JE, also das literarkritisch ermittelte Werden durch die Schul-These erklärt (JE als „*Schulbuch*") oder der gemeinsame Ursprung in einer autoritativen Lehrergestalt gefunden („*Schulmeister*").[116] Beide Annäherungsversuche müssen sich nicht ausschließen. Steht eine Lehrautorität am Anfang der joh. Schule, so *werden mündliche (möglicherweise auch schriftliche) Einheiten, die Leben und Denken der Gemeinschaft spiegeln und reflektieren, eine wichtige Bedeutung für die Entstehung des vierten Evangeliums gespielt haben.*

Schmithals selbst beurteilt dieses Schlußverfahren kritisch.[117] Ähnlich urteilt auch Hartwig Thyen, wenn er „die Existenz solcher Träger und ihrer aktuellen Probleme" als „reines Konstrukt der Ausleger der Texte und bloßes Spiegelbild des Typs der jeweiligen Auslegung" begreift, da es „keinerlei externe Evidenz" gäbe.[118] Wird man ihnen zustimmen, daß noch nicht alle Fragen hinsichtlich der Beurteilung des joh. Schulzusammenhangs hinreichend geklärt sind, so stellt jedoch das Verhältnis von Einheit und Vielfalt in einer Schule nur vordergründig ein Problem dar.[119] Ein Vergleich mit Paulus und seiner Schule lehrt, daß sein Denken Wandlungen ausgesetzt ist.[120] Aktualisierungen, Veränderungen, aber auch neue theologische Einflüsse sind in den Deuteropaulinen zu beachten, die trotz Differenzen durch paulinische Begrifflichkeit und Denken geprägt sind und somit begründet als Produkte von Paulusschülern verstanden werden können.[121] Auch die Frage nach Einschüben in die joh. Schriften, wie sie aus dem paulinischen Schulbetrieb wahrscheinlich gemacht werden konnten, stellt keine wesentliche Schwierigkeit dar.[122] Auch *literarische* Einsprengsel und Ergänzungen lassen das Wirken einer Schule glaubhaft erscheinen; solche Arbeit findet sich z.B. in Joh 6,51c–58; 15–17 und verschiedenen glossierenden Bemerkungen sowie im Nachtrag Kap. 21).[123]

Es ist jedoch hervorzuheben, daß wir mit dem Hinweis auf einen Schulzusammenhang das Problem des soziologischen Mutterbodens der joh. Schriften

---

[114] R.A. Culpepper, School xvii.

[115] W. Bousset, Evangelium 64; W. Heitmüller, Tradition 207.

[116] Vgl. W. Schmithals, Johannesevangelium 210ff.

[117] Zu W. Schmithals, Johannesevangelium 208ff, bes. 213f; Rez. Strecker 344, mit Hinweis auf Franz Overbeck, dessen spitze Feder für fast jede Kritik der Auslegung des vierten Evangeliums das passende Bonmot bietet. Daß die Vielfalt keinen Widerspruch gegen die Schulthese bietet, stellt z.B. auch J. Becker, Johannesevangelium 15, heraus; er versichert, daß neben „formalen Brüche(n), Disfunktionalitäten" „Mehrstimmigkeit im Werk für den Gebrauch in der Gemeinschaft nicht hinderlich sein müssen".

[118] H. Thyen, Johannes und die Synoptiker 81; Erzählung 2050; Johannes 21, 170.

[119] Zu W. Schmithals, Rez. Strecker 344.

[120] Vgl. z.B. H. Hübner, Biblische Theologie II, 232–234; Rechtfertigung und Sühne bei Paulus, in: ders., Biblische Theologie als Hermeneutik 272–285, 275f. 278; U. Schnelle, Wandlungen *passim*; J. Becker, Paulus 3f; hinsichtlich der Elemente der Rechtfertigungslehre auch F.W. Horn, Paulusforschung, in: Bilanz 51ff; anders allerdings W. Schmithals, Paulus *passim*.

[121] Diese Analogie beansprucht z.B. auch J. Gnilka, JE 8.

[122] Zu W. Schmithals, Johannesevangelium 213.

[123] Vor allem ein Kriterium für W. Bousset, Schulbetrieb; Bousset versteht allerdings auch die im 2/3Joh benannten Wanderlehrer als ein Indiz für eine Johannes-Schule (316).

noch nicht ausreichend gelöst haben, sondern noch am Anfang der Klärung stehen, da unter den Begriff ‚Schule' sehr unterschiedliche Größen subsumiert werden können.[124] Auch der Blick auf spätere christliche Schulen des 2./3.Jh. deutet auf dieses Problem hin. Nach dem Vorbild der Diskussion um die alexandrinische Schule im Wechsel der theologischen Lehrer[125] kann gefragt werden, ob es sich bei der joh. Schule um *gemeindliche* ‚Lehrer'-Ausbildung[126] oder um eine den antiken Philosophenschulen vergleichbare *private* christliche Entwicklung[127] handelt.

Im folgenden wird die joh. Schule im Gegenüber zu mit ihr sympathisierenden Gemeinden verstanden.[128]

Es muß offen bleiben, wie die Verbindung zwischen Gemeinden und Schule genau gefaßt werden kann. Der Presbyter beansprucht zwar Autorität, die Gemeinden treten ihm jedoch durchaus eigenständig gegenüber und sind nicht schlicht Weisungsempfänger; dem entspricht, daß dem Presbyter in der Auseinandersetzung mit Diotrephes (3Joh 9f) keine disziplinarischen Mittel zur Verfügung stehen. Andererseits bleibt zu beachten, daß der Presbyter in naher Verbindung mit einer Gemeinde steht, wie die von ihm vermittelten Grüße der Schwester-Gemeinde (2Joh 13) zeigen. Zudem läßt 3Joh missionarische Aktivitäten des Presbyters erkennen, die zu den dort verhandelten Auseinandersetzungen geführt haben. Diesem recht komplizierten Zusammenhang kommt es vielleicht nahe, wenn man von durch die Schule ‚betreuten' joh. Gemeinden spricht.[129]

Für das vierte Evangelium wäre stärker die Beziehung auf die *Gemeinde(n)* einzurechnen.[130] *Formgeschichtlich* heißt dies, daß auch Traditionen der Gemeinde aufgenommen werden und diese für die Frage nach dem *Sitz im Leben* zu beachten ist.[131] Somit lassen sich unterscheiden: Schule, Gemeinde und Kreis. Joh. Schule und joh. Gemeinde stellen die soziologischen Größen dar,

---

[124] Vgl. die Übersicht bei R.A. Culpepper, School 39–246.

[125] Vgl. die Diskussion bei W.A. Bienert 81–87.

[126] Angenommen wird „eine Art Schriftgelehrten- oder Theologenstand in der Gemeinde" bei H.-J. Klauck, Gemeinde 196 u.ö.

[127] Dieser Typ des Lehrers begegnet nach H. v. Campenhausen, Amt 212ff, erst „im späteren zweiten Jahrhundert"; doch ist es sicher erwägenswert, ob nicht der Presbyter schon hierzu zu rechnen wäre. Die Analogie einer Philosophenschule läßt nicht allein an eine ortsgebundene Schulform denken, sondern auch an Wanderlehrer (W. Bousset, Schulbetrieb 316). Zumindest jedoch werden ἀδελφοί von dem Presbyter ausgesendet (3Joh 3.5.10).

[128] Auch U. Schnelle, Schule 201, hebt inzwischen dieses Nebeneinander hervor; dafür, daß das vierte Evangelium eine Gemeindesituation voraussetzt, vgl. z.B. auch L. Schenke, Johannesevangelium 113–115.

[129] J. Gnilka, JE 8. Aufgrund der Briefe schließt J. Zumstein, Geschichte 420 auf einen „Bund von Kirchen"; den Autorenkreis der Briefe rechnet er vorsichtig wägend der joh. Schule zu.

[130] Das JE ist als *Evangelienschrift*, d.h. als Schrift für Gemeinde[n] zu verstehen; zur Form des Evangeliums G. Strecker, Neues Testament 57.

[131] Anders J. Zumstein, Geschichte 426, der für joh. Überlieferung, wie sie im Evangelium rezipiert ist, die joh. Schule verantwortlich macht. Es ist jedoch wohl eher zutreffend, mit dem Einfluß und der bildenden Kraft beider Größen, der Gemeinde(n) wie der Schule zu rechnen.

die hinter den joh. Schriften zu entdecken sind und für ihre Entstehung verantwortlich zeichnen; der Zusammenhang von joh. Schule und Gemeinde wird im folgenden mit der Bezeichnung ,joh. Kreis' umschrieben.[132]
Verbunden mit der Schulthematik ist die *topographische Frage*, die die Lokalisierung der joh. Schule zum Gegenstand hat. Wählt man als Ausgangspunkt dieser Frage das vierte Evangelium, so ist festzustellen, daß es insbesondere aufgrund der je unterschiedlichen Beurteilung seiner Ortskenntnis, seines Verhältnisses zum Judentum, zu den mandäischen Schriften, zu älterer Jesustradition, zur Täufertradition u.ä. in unterschiedliche geographische Nähe zu Palästina gebracht wird.[133]

Genannt werden in der Diskussion um den Entstehungsort des vierten Evangeliums das *Ostjordanland*,[134] näherhin die *Gaulanitis*,[135] oder allgemeiner *Syrien*.[136] Auch wichtige antike Großstädte werden genannt: neben dem frühchristlichen Zentrum in Syrien *Antiochia*,[137] insbesondere das hellenistische geistige Zentrum Ägyptens *Alexandria*.[138]

Einige Exegeten vermuten aufgrund der angenommenen Auseinandersetzung mit dem Judentum eine *Wanderbewegung (wenigstens eines Teiles) der joh. Gemeinde nach Kleinasien*; deren Situation spiegele sich in den JohBr.

---

[132] Anders die Unterscheidung von W. Schmithals, Johannesevangelium 208: Bei dem Terminus ,joh. Kreis' „geht es um Herkunft und Verbreitung jenes theologischen Typs, der uns zwar vornehmlich aus JohEv und JohBr bekannt, aber keineswegs auf die johanneischen Schriften beschränkt oder von ihnen abhängig ist". Bei der Bezeichnung ,joh. Schule' gehe vor allem um die Erklärung der Entstehung des JE „unter Zuhilfenahme der Anschauung vom schulbildenden Einfluß eines theologischen Lehrers oder maßgeblichen Lehrschrift".

[133] Vgl. z.B. S. Panimolle 49ff.

[134] Z.B. H. Thyen, Johannesevangelium 215; O. Cullmann, Kreis 102f.

[135] Z.B. K. Wengst, Gemeinde [2]80ff; [4]160ff; L. Schenke, Johannesevangelium 125f, als Ausgangspunkt der joh. Gemeinde; s.a. G. Reim, Lokalisierung *passim*, mit z.T. abweichender Argumentation.

[136] Z.B. J. Becker, JE I, [1]50. [3]64; J. Gnilka, JE 8; W.G. Kümmel, Einleitung 212 mit weiterer Lit. [Anm. 224]; P. Vielhauer, Geschichte 458; neben Palästina auch bei H. Koester, Ephesos 138, genannt; s.a. ders., Einführung 616.

[137] J.H. Charlesworth 136 nennt aufgrund des Vergleichs mit den *Oden Salomos* neben der allgemeinen Angabe *Syrien* speziell Antiochia als möglichen Entstehungsort, der zugleich die Nähe beider Werke zu den Schriften des *Ignatius von Antiochien* erkläre.

[138] Z.B. J.J. Gunther (581: Lit.!); s.a. J.L. Martyn, History 58 Anm. 94. Neben dem (unabhängig von der Problematik der exakten Datierung) frühen Papyrus-Fund von $\mathfrak{P}^{52}$ in Ägypten könnte das religiöse Umfeld von Alexandrien durchaus als Entstehungsgrund für das vierte Evangelium oder seinen Kreis gedacht werden; vgl. z.B. die Kenntnis dionysischer Motive bei Philo (s.u. S. 148), die für das Verständnis von Joh 2,1ff Bedeutung haben. Scharf ablehnend W.G. Kümmel, Einleitung 212. Als eine Variante dieser These, die die *Entstehung* des Evangeliums in Alexandria annimmt, kann die Behauptung der *Herkunft des Verfassers aus* Alexandrien angesehen werden: K. Berger, Anfang 55–62, mit einer langen, aber nicht durchweg zwingenden Indizienkette. Der Evangelist wandert dieser Hypothese nach von Alexandrien über Palästina (Syrien) nach Kleinasien, um im hohen Alter nach Alexandrien zurückzukehren (mit Hinweis auf die frühen Papyri; aaO. 54).

Trifft dies zu, so sollten sich in den Überlieferungen des vierten Evangeliums Spuren finden lassen, die aufgrund der Realien, topographischer Kenntnisse, literaturgeschichtlicher Analogien, dem Vergleich mit anderen aus den genannten Gegenden stammenden Materialien sowie möglicherweise Überresten von Lokalkolorit, die in den palästinschen Raum oder sein Umland verweisen. Die Untersuchung der einzelnen Überlieferungen wird in der Tat zeigen, daß dies im einzelnen wahrscheinlich gemacht werden kann.

Doch bleibt die Frage nach der Lokalisierung der Evangelienschrift und ihrer Gemeinde(n) trotz dieser Zwischenüberlegung weiterhin aufgegeben, so ist dem altkirchlichen Zeugnis, das die Entstehung des vierten Evangeliums im kleinasiatischen Raum belegt,[139] größeres Zutrauen zu schenken und die Entstehung des vierten Evangeliums im kleinasiatischen Raum wahrscheinlich; hierfür sprechen auch zahlreiche Einzelbeobachtungen (z.B. die Nähe der joh. Schriften zur Apk → 1.1.1[140]) und die älteste Bezeugung des 1Joh bei *Polykarp von Smyrna*.[141] Ist also das Zentrum joh. Theologie bzw. der joh. Schule in Ephesus zu suchen?[142]

Zwar finden sich aus späterer Zeit neben den schriftlichen Zeugnissen auch archäologische Spuren der Johannesverehrung,[143] aber es ist zweifelhaft, ob den joh. Briefen oder dem JE selbst hinreichend sichere Nachrichten zu entnehmen sind, die eindeutig auf Ephesus als Ursprungsort schließen lassen.[144] Daß sich Christen in der Stadt, die das wirtschaft-

---

[139] Vgl. *Irenäus*, Haer. III 3,4; *Clemens Alexandrinus* (bei *Euseb*, HistEccl VI 14,7); *Polykrates* (bei *Euseb*, HistEccl III 31,3); hierzu auch U. Schnelle, Einleitung 499. S.a. die Verwerfung des JE und der Apk durch die ursprünglich wohl in Kleinasien beheimateten Aloger (hierzu S.G. Hall *passim*); weitere Belege bei K. Schäferdiek, Herkunft 258. Die ausgebildete ephesinische Johannestradition ist auch in den apokryphen Johannesakten belegt (hierzu Schäferdiek, aaO. 261f.263; Johannesakten 152. 155).

[140] Als Kriterium auch bei U. Schnelle, Einleitung 500; s.a. B. Witherington, III, JE 29.

[141] Polyc 7,1: 1Joh 4,2.3; 2Joh 7; vgl. G. Strecker, JohBr 11; s.a. W. Bauer, Briefe 290f, der auf weitere joh. Stellen verweist.

[142] So vor allem in der älteren Forschung, nicht nur auf Seiten der Anhänger der kirchlichen Tradition, sondern auch bei den kritischen Exegeten; vgl. H.J. Holtzmann/W. Bauer, JE 13f mit weiteren Forschern. Positiv aufgenommen z.B. bei G. Strecker, JohBr 27; s.a. J. Beutler, Johannes-Evangelium 648; M. Hengel, Frage 99 u.ö.; U. Schnelle, Einleitung 499; P. Stuhlmacher, Biblische Theologie 51. 53; B. Witherington, III, JE 29. Mit einer Reihe problematischer Konsequenzen P. Trudinger 287f. Als Ziel einer *Wanderungsbewegung der joh. Christen*: M.É. Boismard/A. Lamouille, JE 69; R.E. Brown, JohBr 102f; JE I, CIIIf; Community 67; L. Schenke, Johannesevangelium 127f; R. Schnackenburg, Ephesus 59; K. Wengst, JohBr 30.235; J. Zumstein, Geschichte 423; s.a. H.-J. Klauck, Gemeinde, 201.203; 1JohBr 48f; B. Lindars, John 63; vgl. weiterhin U.H.J. Körtner, Papias 201, der „eine syrische und eine kleinasiatische Entwicklungsgeschichte" der joh. Theologie unterscheidet. Ausdrücklich abgelehnt durch H. Koester, Ephesus 135–139, der die Verbindung von Ephesus mit dem Apostel und Evangelisten Johannes *Irenäus von Lyon* zuschreibt.

[143] So z.B. die Johannesbasilika; vgl. zu dieser E. Akurgal 145f; W. Elliger 200f (mit Abb. 14.15 [199]); S. Erdemgil/M. Büyükkolanci 105–107; Büyükkolanci, in: Ephesos 192ff.

[144] Doch vgl. immerhin J. Beutler, Martyria 368: ‚hellenistisches Großstadtmilieu'; s.a. K. Berger, Anfang 55.

liche und politische Zentrum der römischen Provinz Asia war[145] und die (zumindest im 1.Jh.) als die „dritte Hauptstadt der Christenheit" neben Antiochien und Jerusalem bezeichnet werden konnte,[146] mit apostolischer Dignität schmückten, ist nicht singulär. Ob dies jedoch zur These verdichtet werden kann, daß Ephesus *der* Ort der Johannesschule bzw. der joh. Hauptgemeinde gewesen sei, muß offen bleiben. Auch das westkleinasiatische Umland von Ephesus stand unter dem Einfluß dieser mächtigen Metropole,[147] so daß, wenn hier nach den joh. Gemeinden zu suchen ist, es leicht zum Hinweis auf Ephesus als Entstehungsort in der kirchlichen Tradition kommen konnte.

Unabhängig von der Frage nach dem Zentrum der Schule in Ephesus oder seinem westkleinasiatischen Umland, ist es deutlich, daß die Wirkung des joh. Kreises nicht auf einen Ort begrenzt werden kann, da einerseits mit verschiedenen joh. Gemeinden zu rechnen ist, andererseits die Presbyterbriefe die Notwendigkeit schriftlicher Korrespondenz erkennen lassen.

1.3 Konflikte um die johanneische Theologie im Spiegel der Johannesschriften

Der geschichtliche Hintergrund der joh. Schriften ist, wie ein breiter Strom der joh. Forschung annimmt, durch Auseinandersetzungen mit Gegnern geprägt.

Setzt sich schon der *Presbyter* in den beiden kleinen Johannesbriefen (2/3Joh) mit Gegnern auseinander, so ist umstritten, ob die in 2Joh 7f bekämpften und mit dem Antichristen gleichgesetzten πλάνοι (2Joh 7f) eine andere Gegnergruppe voraussetzen als der 1Joh.[148]

Georg Strecker denkt an eine andersgeartete Gegnergruppe als im 1Joh, die sich durch die Leugnung der realistischen Parusieerwartung des Christus im Fleisch auszeichnet. Dies zeigt das Bekenntnis des Presbyters, das die Dissidenten nicht teilen: Ἰησοῦς Χριστὸς ἐρχόμενος ἐν σαρκί (V.7). Strecker versteht das *Partizip Präsens* als eine futurische Aussage.[149] Die Gegner des Presbyters würden dieser Deutung zufolge die *Parusie Jesu im*

---

[145] So der Titel Μετρόπολις τῆς Ἀσίας für Ephesus, der unter Kaiser Domitian nachweisbar ist (IvE [= Inschriften von Ephesus] 799), den die Bewohner selbst gerne durch das Attribut ‚erste und größte' ergänzten. Vgl. z.B. W. Elliger 61ff; S. Karwiese 90 mit 78; s.a. R.E. Oster, Art. Ephesus 543.544. – Weitere Lit. zu Ephesus bei R. Schnackenburg, Ephesus 41 Anm. 2; vgl. auch Oster, Bibliography; wichtige seither zu Ephesus erschienene Lit. bei Karwiese 156. Eine Anzahl bedeutender Beiträge zur politischen, kulturellen und religiösen Geschichte und der Archäologie von Ephesus finden sich jetzt in dem von Helmut Koester herausgegebenen Symposiumsband *„Ephesos: Metropolis of Asia".*

[146] A. von Harnack, Mission 82.

[147] R.E. Oster, Art. Ephesus 543.

[148] Vgl. die Darstellung bei H.-J. Klauck, Johannesbriefe 113f.

[149] Zur Interpretation dieses Abschnitts, bes. zur futurischen Deutung des Verbs vgl. G. Strecker, Anfänge 34–36; JohBr 332ff; ihm folgt in der futurischen Interpretation W. Vogler, JohBr 189. Zur Deutungsbreite des Partizips vgl. J. Frey, Eschatologie 357.

Fleisch bestreiten. Diese Deutung ist nicht unproblematisch, da die Wiederkunft des Erhöhten zumeist als eine Parusie in Doxa vorgestellt wird.[150]

Allerdings stellen sich auch Fragen gegenüber den anderen Deutungen dieses Verses. Eine *präsentische* Deutung des Partizips, die an das Kommen Jesu in den Sakramenten denken läßt, wird durch den unmittelbaren Kontext ebensowenig gedeckt wie durch die anderen joh. Schriften. Auch gegenüber der *vergangenheitlichen* Interpretation stellen sich ernstzunehmende Rückfragen. Diese Interpretation des Partizips stützt sich auf 1Joh 4,2 als Kronzeugen und findet die im 1Joh bekämpfte gegnerische Christologie auch im Hintergrund von 2Joh 7 kritisiert.[151] Das abweichende Tempus (ἐληλυθότα) bleibt ein nicht übersehbares Problem. Dennoch ist die historisch wohl plausiblerere Lösung diejenige Sicht, die zwischen den Auseinandersetzungen des 2Joh und des 1Joh nicht zu sehr trennt und damit keine weitere Gegnergruppe in der Geschichte des joh. Kreises einträgt.[152]

Mangelnde Unterstützung bzw. Widerstände gegen die missionarische Arbeit liegen dem 3Joh zugrunde, wobei es wahrscheinlich ist, daß diese Renitenzen ihre Begründung in der theologischen Position des Presbyters haben.[153]

Die für die Gegnerfrage von *1Joh* zentralen Texte finden sich 1Joh 2,19ff bes. in V.22f. Jeder, der sich diesem Bekenntnis nicht anschließen kann, gibt sich als Lügner (2,22), als Falschprophet (4,1) oder gar als Antichristus (4,3) zu erkennen. Weitere Passagen kritisieren ausdrücklich das Verhalten der Gegner aus der Sicht des Briefverfassers (vgl. 5,6–8), so daß sich die Frage stellt, ob das Schreiben insgesamt für die Rekonstruktion der gegnerischen Theologie offen ist oder ob Gegnerpolemik und Gemeindeparänese wechseln.[154] Die Beantwortung hat Konsequenzen für die Rekonstruktion der gegnerischen theologischen Ansichten.[155]

---

[150] Zur Kritik vgl. z.B. H.-J. Klauck, Johannesbriefe 114.

[151] Z.B. U.B. Müller, Menschwerdung 87; U. Schnelle, Einleitung 506; D.M. Smith, JohBr 144; K. Wengst, JohBr 240; dagegen z.B. J.M. Lieu, Epistles 85; Frau Lieu sieht ihrerseits in der Variation gegenüber 1Joh 4,2 lediglich eine Bezeichnung für die Gegner, die Jesus nicht entsprechend der joh. Christologie bekennen (aaO. 87).

[152] S.a. J. Frey, Eschatologie 358.

[153] So vermutet U. Schnelle, Einleitung 512f, unterschiedliche Verständnisse über die Mission. A.J. Malherbe *passim* benennt das Problem mit der Verweigerung der Gastfreundschaft durch Diotrephes, dem Vorsteher einer Hausgemeinde; dogmatische und machtpolitische Kontroversen vermutet J.-W. Taeger, Rebell *passim*, bes. 287. Eine Übersicht über die Bewertung des Problems bietet H.-J. Klauck, Johannesbriefe 158–163.

[154] Ausdrücklich wehrt sich auch H.-J. Klauck, Johannesbriefe 130, dagegen, „die Gegnerfrage zum einzigen hermeneutischen Schlüssel für das Verständnis des 1Joh zu machen". Noch skeptischer äußert sich J.M. Lieu, Theology 16.

[155] Umstritten ist vor allem, inwieweit die ethischen Mahnungen mit einer konkreten gegnerischen Ethik verbunden werden können (vgl. bes. 1Joh 3,12–17); so nimmt es beispielsweise J. Beutler, Johannes-Evangelium 660ff, an. M.E. muß insbesondere von einer vorschnellen Rekonstruktion einer libertinistischen Ethik Abstand genommen werden. Das Verhalten der Gegner, die die Gemeinschaft der Johannes-Christen verlassen, zerstört die Liebesgemeinschaft; damit vergehen sich die Gegner gegen die Mahnung zur Einheit, die aber jedem Christen der Gemeinschaft in gleicher Weise gilt.

Akzentuierung und Bestimmung des geistigen Milieus, dem die gegnerischen Vorstellungen entstammen, sind umstritten.[156]

Die These einer messianologischen Auseinandersetzung mit einer *jüdischen Gegnergruppe* wurde grundlegend von Alois Wurm vorgestellt und ausgearbeitet.[157] Die These Wurms wird gerade auch in der neueren Forschung wieder rezipiert: z.B. bei Hartwig Thyen.[158] Variiert wird die These bei Ludger Schenke, der an *judenchristliche* Gegner denkt: Nach Schenke verstehen die Gegner in strengem Monotheismus Jesus als bloßen Menschen.[159] Der zweite wichtige Deutungsansatz der Gegner des 1Joh, der mit dem in dieser Arbeit vertretenen Modell oft kombiniert wird, ist der Hinweis auf eine *gnostische Christologie*.[160] Dieser Vorstellung stehen allgemeine Hinweise auf hellenistische Einflüsse auf die gegnerische Christologie zur Seite.[161]

Nimmt die Rekonstruktion der gegnerischen Christologie bei 1Joh 2,22f und 4,2 ihren Ausgang, so wird die Position in der Leugnung des hier vorgestellten Bekenntnisses liegen. Es wird also bestritten, daß Jesus der Christus bzw. der Gottessohn ist (2,22f). Konkret geht es um die Leugnung des Ge-kommen-Seins Jesu ἐν σαρκί; setzen wir diese Bestreitung zu Ἰησοῦν Χριστόν in Beziehung, so ergibt sich die ansprechende Überlegung, daß die im Plural genannten ἀντίχριστοι die Identität von irdischem Jesus und himmlischem Christus, d.h. die Inkarnation[162] leugnen.[163] Möglich ist aber auch, daß die wirkliche Fleischwerdung Jesu Christi bestritten wird, so daß der Christus nur von Zeit zu Zeit als Jesus erscheint.[164] In solchen christologischen Konzeptionen könnte sich leicht eine Fortentwicklung von herrlichkeitschristologischen Vorstellungen ausmachen lassen, die die göttlichen Züge im verkündigten Bild des irdischen Jesus betonen.

Religionsgeschichtliche Analogien zu solcher doketischen Christologie lassen sich bei den *von Ignatius von Antiochien bekämpften Gegnern* (vgl. IgnTrall 10; Sm 2; 4,1f; 5,2 u.ö.), bei *Kerinth* (vgl. z.B. *Irenäus*, Haer I 26,3; III 11) oder dem *Doketismus* (z.B. Basilides [vgl. *Irenäus*, Haer I 24,4]) fin-

---

[156] Zur Übersicht über die Debatte der Gegnerfrage vgl. z.B. J. Beutler, Johannesbriefe 121ff; H.-J. Klauck, Johannesbriefe 127–151, bes. 141ff zur Forschungsgeschichte (neuere Lit. bei auch bei L. Schenke, Schisma 105f Anm. 1).

[157] A. Wurm *passim*.

[158] H. Thyen, Johannesbriefe 192–195.

[159] L. Schenke, Schisma *passim*; Johannesevangelium 121f.

[160] Z.B. R. Schnackenburg, JohBr 16.

[161] J. Painter, Messiah 437ff, beachtet den heidnischen Hintergrund der Gegner, die von der Mysterienfrömmigkeit beeinflußt sind, so daß sie die Taufe Jesu als Initiationsakt deuten; daraus schließen sie: „the human Jesus was distinguished from the divine Christ" (aaO. 464). Diese christologische Vorstellung entspricht dem Modell einer doketischen Christologie.

[162] H.-J. Klauck, Johannesbriefe 136 u.ö., gebraucht hierfür den Begriff „Trennungschristologie".

[163] Dagegen J.M. Lieu, Theology 14. 76.

[164] Diese Vorstellung steht möglicherweise hinter der christologischen Konzeption der Tradition von Joh 2,1ff; s.u. S. 159.

den.[165] Da die joh. Textbasis denkbar schmal ist und lediglich polemisch die christologische Konzeption der Gegner referiert, läßt sich nicht mehr gewinnen als eine mögliche Kritik der Inkarnation. Liegen die nächsten Analogien in doketischen christologischen Vorstellungen, so kann man an Doketen als Gegner denken;[166] für eine gnostische Christologie fehlen weitergehende Hinweise auf ein von den Gegnern vertretenes gnostisches Erlösungssystem.[167]

Der Terminus ‚Doketen' oder ‚doketische Christologie' verlangt nach einer Verhältnisbestimmung zu den späteren und entwickelteren doketischen Christologien des 2.Jh.s. Alois Grillmeier hat in seinem monumentalen Werk zur Zurückhaltung bei der Verwendung dieses Begriffes gemahnt, der die bekämpfte Christologie mit den anderen bekannten doketischen Christologien identifiziert. Er warnt daher davor, die 1Joh bekämpften Gegner als „Doketen im strengen Sinn" zu werten. „Es handelt sich wohl um eine ‚doketische' Lehre im weiteren Sinn, die jedoch eine Unterbewertung oder gar Auflösung des wahren Menschseins Christi (als Grund unseres Heils) bedeutet."[168]

Um deutlich zu machen, daß die im 1Joh kritisierte und ausgegrenzte joh. Gruppe in ihrer Herrlichkeitschristologie nach dem Zeugnis dieses Briefes tatsächlich die Inkarnation oder wenigstens ihre christologische Relevanz bestreitet, wird im folgenden der Begriff ‚protodoketisch' verwendet. Diese Bezeichnung ermöglicht auch die Abgrenzung zu den späteren doketischen Systemen, da eine genaue Verhältnisbestimmung hierzu aufgrund der Quellenbasis nicht hinreichend möglich ist. Gemeint sind christologische Gedanken, die ihren Ursprung möglicherweise in der Herrlichkeitschristologie einer θεῖος-ἀνήρ-Konzeption haben.[169]

---

[165] Vgl. ausführlicher H.-J. Klauck, Johannesbriefe 133–141; U. Schnelle, Christologie 76–80; G. Strecker, JohBr 133–137; jeweils mit weiteren Belegen und Lit.

[166] Vgl. z.B. D.M. Smith, Theology 58; U. Schnelle, Christologie 80–82; Einleitung 529; G. Strecker, JohBr 131ff; Chiliasmus 40ff; U.B. Müller, Geschichte 59ff. Zurückhaltender urteilt J. Beutler, Johanneische Briefe 865. Anders M.C. de Boer, Death passim, der ἐν σαρκὶ ἐληλυθότα (1Joh 4,2) auf Jesu Tod bezieht. Damit sind die Gegner nicht als Doketen zu identifizieren: „the secessionists ... completely deny (or ignore) the ethical relevance of Jesus Christ's death and believe they can do so by identifying the presence of 'eternal life' ..." (Death 345; Hervorhebung v. Vf.).

[167] S.a. G. Strecker/F.W. Horn, Theologie 460.

[168] A. Grillmeier 188; eine kurze Übersicht über die mit dem Terminus doketisch zu belegende Christologien bietet T. Hainthaler 301f. Vgl. auch die Vorbehalte von J. Beutler, Johanneische Briefe 865; noch schärfer K. Berger, Anfang 215. 219. Auch W.A. Meeks, God 310, mahnt zur Vorsicht gegenüber der Benutzung von Terminologie, die ihren Gebrauch späteren Auseinandersetzungen verdankt. In diesem Sinne kann schon auf das abgewogene Urteil Franz Overbecks hinsichtlich der in den joh. Briefen bekämpften Gegner verwiesen werden: „Insbesondere führen auch die polemischen Stellen des Briefs gegen gewisse Irrlehrer ... zu keinen genaueren Bestimmungen, da selbst wenn der doketische Charakter der hier bestrittenen Lehren zugestanden wird, hierbei Formen des Doketismus sich voraussetzen lassen, welche zu den frühesten noch in den Beginn des 2. Jahrhunderts fallenden Erscheinungen des Gnosticismus gehören" (OVERBECKIANA 60 A 101; Overbeck verweist auf Kerinth).

[169] Zum Begriff θεῖος ἀνήρ bzw. θεῖος ἄνθρωπος vgl. H.D. Betz, Gottmensch 235f; s.a. H.-J. Klauck, Umwelt I, 145f, der die neuere Diskussion um diesen Topos differenzie-

Auch wenn der *vierte Evangelist* ein eigenes theologisches Profil entwik-
kelt, so ist seine integrative Kraft, die sich in der Aufnahme einander entge-
gengesetzter theologischer Traditionen zeigt, ein ernstzunehmender Aspekt
der Interpretation. Neben dem Problem, ob und wie der vierte Evangelist
möglicherweise unterschiedliche christologische Konzeptionen seiner Gemeinde rezipiert,[170] wird weitergehend gefragt, ob seine Schrift Dokument
einer massiven Auseinandersetzung ist, die die joh. Gemeinde in ihrem Bestand bedroht. Ein ernstzunehmender, gegenwärtig geradezu *der* (scheinbar)
konsensfähigste Vorschlag zur Rekonstruktion der joh. Gemeindegeschichte
ist der Versuch, das vierte Evangelium mittel- oder unmittelbar durch den
Ausschluß der judenchristlichen-joh. Gemeinde aus der im syro-palästinischen
Raum beheimateten ‚Mutter'-Synagoge zu erklären.[171] Neben der auffallend
häufigen Identifikation der Gegner des Offenbarers mit ‚*den Juden*' (οἱ

---

rend aufnimmt (kritischer H. Koskenniemi, Forschungsbericht 115ff.206ff; ΘΕΙΟΣ
ANHP 456ff.467; D. du Toit *passim* [insbesondere terminologisch orientiert: die „θεῖος
ἄνθρωπος-Terminologie <war; Vf.> in der Kaiserzeit keine Bezeichnung für einen
Gottmenschen oder charismatischen Wundertäter"; 405]; B. Blackburn *passim*; vgl. bes.
263–266). Als Gottmensch versteht die Antike in einem weiten Sinn „solche Personen,
die kraft besonderer charismatischer Begabung über das allgemein menschliche Maß
hinausragen" (Betz, aaO. 236) und die deshalb von sich selbst oder von ihrer Umwelt
der göttlichen Sphäre zugeordnet werden.

[170] In dieser Arbeit wird angenommen, daß das vierte Evangelium die Konflikte der joh.
Briefe voraussetzt (→ 1.1.2.2). Auch wenn man hinsichtlich der Zusammenhänge der
joh. Schriften anders urteilt, so sollte nicht ausgeschlossen werden, daß sich in der Tradition, die das vierte Evangelium aufnimmt, Ansätze, mehr noch Voraussetzungen und
Positionen für die späteren christologischen Streitigkeiten finden (vgl. z.B. R.E. Brown,
Relationship *passim*; vor allem seine These „Both the adversaries in 1John and the author knew the Johannine proclamation of Christianity and professed to accept it." [58;
gedacht ist an das joh. Gedankengut, das im JE fixiert wurde]; J. Zumstein, Geschichte
420 fragt an, „ob die Spaltung und die Feindschaft der Gruppen, welche die joh. Tradition im 2. Jh. überliefern, ihren Ursprung im joh. Milieu selbst" haben.).

[171] So nach dem Vorgang insbesondere von J.L. Martyn, History *passim*; Glimpses *passim*,
bes. 102ff (D.M. Smith, Contribution 292 Anm. 14 [zu S. 280], nennt Vorgänger und
Parallelarbeiten); vgl. weiterhin beispielsweise K. Wengst, Gemeinde[2+4] *passim*; Dar-
stellung *passim*; F. Porsch, JE 16ff.100f; L. Schenke, Johannesevangelium 64; W.
Schmithals, Konflikt 368.378ff (für die joh. GS; hierzu s.u. S. 64); H. Thyen, Heil 180ff:
Auseinandersetzung mit dem zeitgenössischen Judentum; weitere Lit. bei U. Schnelle,
Christologie 37 Anm. 163. Für U.B. Müller, Eigentümlichkeit 27f, ist das „Trauma der
Trennung der johanneischen Gemeinde von der Synagoge" die entscheidende hermeneutische Voraussetzung der joh. Christologie, die gerade in Auseinandersetzung mit ihren
jüdischen Opponenten die göttliche Legitimität des am Kreuz zu Tode gekommenen
Christus zu verteidigen hat. Allerdings stellt Müller, aaO. 35, das im Evangelium ge-
führte „kontroverse(.) Gespräch mit den Juden" nicht in einen unmittelbaren Zusammenhang der Trennungserfahrung, da „der Konflikt mit dem Judentum, der zum Synagogenausschluß geführt hat, geschichtlich bereits zurückliegt"; eine Spannung zwischen beiden Äußerungen ist auffällig.

Ἰουδαῖοι: Joh 2,18.20; 3,25 u.v.a.)[172] scheint sich der Synagogenausschluß auch begrifflich durch die vor dem vierten Evangelium nicht bekannte Wendung ἀποσυνάγωγος mit einem Verbum der Durchführung (Joh 9,22 und 12,42: γίνεσθαι; 16,2: ποιεῖν) belegen zu lassen. Die Deutung dieser Wendung auf einen aktuellen Konflikt wird dadurch unterstützt, daß als Anlaß zum *Aposynagogos* das Bekenntnis zu Jesus als Christus genannt wird.[173]

Historisch wird der postulierte Ausschluß der joh. Gemeinde aus der Synagoge mit dem Datum der jüdischen Geschichte in Verbindung gesetzt, mit dem sich das Judentum nach der Katastrophe von 70 n.Chr. im Kontext der römischen Unterdrückung zu rekonstituieren sucht.[174] Diese Rekonstituierung unter rabbinisch-pharisäischer Führung wird insbesondere mit der sog. ‚Synode‘ von Jabne bzw. Jamnia verbunden.[175] Vor allem laut J. Louis Martyn soll der ἀποσυνάγωγος aus der Aufnahme des ‚Ketzersegens‘ bzw. der Ketzerverwünschung (בִּרְכַּת הַמִּינִים) in das ‚Achtzehn(bitten)gebet‘ zwischen 85 und 90 n.Chr. erklären;[176] diese Einfügung sei nach Ber 28b–29a auf Veranlassung von *Gamaliel II* durch *Samuel den Kleinen* vorgenommen worden.[177] Andere Exegeten urteilen zurückhaltender und beziehen beide Ereignisse auf eine vergleichbare historische Situation zurück.

Doch ergeben sich bei dieser Interpretation eine Reihe von Fragen und Problemen.[178] Die ‚Verfluchung‘ der מִינִים im Achtzehngebet[179] verdankt sich

---

[172] Zum Spektrum der Verwendung dieses Terminus, der durchaus auch in neutraler Bedeutung gebraucht wird (10,19; 11,19 u.ö.), ohne daß letzterer durchgehend dem vierten Evangelisten abgesprochen werden kann, vgl. H. Kuhli 479f. Daher steht die Definition „‚The Jews‘ is, then, a term used of a group of *Jewish leaders* who exercise great authority among their compatriots and are especially hostile to Jesus and his disciples" in der Gefahr, den inkriminierenden Gebrauch des Begriffs zu stark zu generalisieren (zu D.M. Smith, Judaism 82).

[173] Vgl. Joh 9,22: ... ἐάν τις αὐτὸν (sc. Jesus) ὁμολογήσῃ χριστόν; s.a. 12,42.

[174] Auf diesen Druck als äußeren Rahmen für das spannungsvolle Verhältnis Synagoge – Jesusjünger weist z.B. K. Wengst, Darstellung 22; s.a. aaO. 30: In dieser historischen Situation seien „diese Abgrenzungsbemühungen gegenüber Judenchristen als messianisch und illoyal geltende Bewegung schon aus politischen Überlebensgründen geboten" gewesen.

[175] Zu dem in der Forschung oft benutzten Begriff ‚Synode‘ vgl. z.B. die Kritik bei J.P. Lewis 256f; G. Stemberger, Judentum 18.

[176] J.L. Martyn, History 34ff; Martyns Beitrag zur Johannesforschung analysiert und würdigt D.M. Smith, Contribution 279ff; s.a. J. Blank, JE 1b, 201f, R.E. Brown, Community 22; C.H. Hunzinger 164; B. Lindars, John 54; F.J. Moloney, JE 1, 15f; Reader 26; S. Pancaro 247; R. Schnackenburg, JE II, 317; W. Schrage, ἀποσυνάγωγος 847f; S. Schulz, JE 145; s.a. J.D.G. Dunn, John 318ff. Vgl. auch die Sicht von I. Elbogen 36. 252f: Trennung der Religionen und Ausschluß der Judenchristen aus der synagogalen Gemeinschaft.

[177] Vgl. den Text in Übersetzung und die Interpretation bei P. Schäfer, Synode 46f.

[178] Vgl. U. Schnelle, Christologie 37ff; zur Ketzerverwünschung s.a. P. Schäfer, Synode 46ff; J. Maier, Auseinandersetzung 136ff; die Schwierigkeiten werden auch kritisch referiert bei B. Wander 273–275; s.a. K. Niederwimmer, Did 168 Anm. 3–4.

nicht erst der Versammlung von Jamnia, sondern wurde hier bestenfalls neu formuliert.[179] Weiterhin mag die Verfluchung der *mînîm*,[181] die ihrer Intention nach zunächst ausschließlich gegen abtrünnige bzw. nicht mit Lehre und Leben der Zentrallinien der jüdischen Religion (im Sinne rabbinisch-pharisäischer Deutung) konforme innerjüdische Gruppierungen gerichtet war,[182] bereits in der Zeit von Jamnia,[183] wahrscheinlich aber eher in der Folgezeit – wie es auch *Justin*, Dial 16,4 (s.a. 47,5; 93,4; 95,4; 96,2; 108,3; 123,6; 133,6) zu belegen scheint[184] – gelegentlich *auch* antichristlich verstanden worden sein.[185] Solche antichristliche Deutung entspricht aber noch nicht einem rechtlichen Ausschlußakt. Die ausdrückliche Verfluchung der Christen aber durch die Hinzufügung von נוֹצְרִים, die sich lediglich in zwei Handschriften der Kairoer Geniza finden, datiert wesentlich später.[186]

Auch in der Problematik, ob die Hervorhebung der Pharisäer als leitende jüdische Gruppe im vierten Evangelium als Indiz für das vorstehende Modell zu werten ist,[187] wird anders geurteilt werden können.[188] Ist zudem der joh.

---

[179] Für die unterschiedlichen Textvarianten der Bitte gegen die Häretiker vgl. jetzt vor P. Schäfer, Synode 48ff.

[180] Vgl. z.B. D. Flusser 229–233; P. Schäfer, Geschichte 154; Synode 53 Anm. 7 (zu S. 47); doch s. hierzu auch die Bemerkungen bei S.T. Katz 67f.

[181] Betroffen waren von der 12. Benediktion des Achtzehngebetes auch zwei weitere Gruppen: einerseits die äußere feindliche politische Macht und andererseits mit ihr kollaborierende Personen und Gruppen; vgl. z.B. P. Schäfer, Synode 51.

[182] J. Maier, Zwischen den Testamenten 288; Auseinandersetzung 136f; T.S. Katz 72f; s.a. R. Kimelman 232, der Judenchristen als eine (wichtige) Gruppe der implizierten jüdischen Sektierer ausmacht.

[183] So vermutet es z.B. D. Flusser 229.233.

[184] So z.B. D. Flusser 229; H. Conzelmann, Heiden 282 Anm. 377; T.S. Katz 69.73f; dagegen jedoch U. Schnelle, Christologie 41, der die καταρώμενοι, also die, die Christusgläubigen verfluchen, mit *Justin*, Dial 16,4 mit 137,2 kombiniert, wo die Verspottung (λοιδορῆτε) nach dem Gebet (μετὰ τὴν προσευχήν) vorgestellt wird. – In der Tat ist zu fragen, ob die Formulierungen *Justins* wirklich den Wortlaut des ‚Ketzersegens‘ voraussetzen (vgl. R. Kimelman 235f; B. Wander 274 mit Anm. 59), immerhin ist der ‚Ketzersegen‘ erst ab dem 4. Jh. in griechischer Sprache belegt (vgl. J. Maier, Auseinandersetzung 138).

[185] Sicher ist dies erst ab 180–200 n.Chr. anzunehmen; vgl. z.B. K.G. Kuhn, Giljonim 39.

[186] Vgl. S.T. Katz 74; R. Kimelman 233f. Für unsere begrenzte Fragestellung ist es unerheblich, ob man mit D. Flusser 229 unter Hinweis auf *Epiphanius* (Pan 29,9) und *Hieronymus* (In Amos 1,11f; In Esaiam 5,18f) „vor dem Jahr 400“ datiert oder mit J. Maier, Auseinandersetzung 137f (s.a. ders., Zwischen den Testamenten 288) an eine Übernahme des Terminus aus dem Griechischen in das mittelalterliche Hebräisch „700–800 Jahre“ nach den Debatten von Jamnia denkt. Die gegen die Ursprünglichkeit votierende Literatur wird bei U. Schnelle, Christologie 40 Anm. 180, aufgelistet; für die Ursprünglichkeit votierende Verfasser sind bei Katz 64f Anm. 81 genannt.

[187] Vgl. D.M. Smith, Judaism 83: „The language of John's Gospel apparently reflects this state of affairs when the Pharisees are equated with the Jewish authorities, precisely the authorities who are able to say who belongs within the synagogue and who must be excluded"; s.a. J.D.G. Dunn, John 320; K. Wengst, Gemeinde [4]71.

Aposynagogos als repressiver Rechtsakt bzw. als eine feindliche, die Existenz der joh. Gemeinde gefährdende Maßnahme zu verstehen, so zielt die *birkat hamminîm* auf die innerjüdische Befestigung und kann damit mit Johann Maier als „innerreligiöses Verhaltensmuster" verstanden werden,[189] so daß beide Phänomene auch hinsichtlich ihrer soziologischen Funktion zu unterscheiden sind.[190] Dies bedeutet zunächst, daß das *Lehrhaus von Jamnia* und seine Entscheidungen weder für eine Datierung des vierten Evangeliums noch für die Kombination mit dessen Aposynagogostexten taugt.[191]

Neben dem Problem der Formulierung, Ausrichtung und Deutung des sogenannten Ketzersegens im Kontext der jamnischen Schule stellt sich aber auch die Frage nach der jüdischen *Bann*praxis, die als Hintergrund des joh. *Aposynagogos* ebenfalls thematisiert wird. Zu unterscheiden sind zwei verschiedene Arten der Bannpraxis, *Niddui* und *Herem*.[192] Der erstgenannte ist ein zeitlich begrenzter Bann, der auf die Gemeindedisziplin geht und zur Unterstützung halakhischer Entscheidungen eingesetzt wird. Der zweite *Herem* zielt hingegen auf die Exkommunikation, d.h. den dauerhaften Ausschluß des Gemeindegliedes aus der Gemeinschaft. Diese Form der Bannpraxis beherrscht die Deutung des joh. Aposynagogos, wenn mit dem Synagogenausschluß der dauerhafte Ausschluß der joh. Judenchristen aus dem jüdischen Synagogalverband durch einen rechtlichen Akt gedacht wird. Nach Steven T. Katz lassen sich für diesen dauerhaften Bann (*Herem*) keine Belege vor 200 n.Chr. nachweisen (erstmalig MQ 16a); deshalb ist die Verbindung zwischen der jüdischen Bannpraxis und dem Ausschluß von Judenchristen in den ersten beiden nachchristlichen Jahrhunderten ausgeschlossen: „Its implausibility derives from the fact that all sources that use this term to mean 'permanent exclusion,' that is, full excommunication from Judaism and the Jewish community have a post-mishnaic provenance."[193] Claus-Hunno Hunzinger macht zudem darauf aufmerksam, daß diese abgestufte Bannpraxis nur im babylonischen Raum nachzuweisen ist.[194]

---

[188] Vorsichtig votiert beispielsweise G. Stemberger, Pharisäer 38: „Es ist wohl besser, sich mit der Aussage zu begnügen, daß Joh aus der Jesus-Tradition die Chiffre ‚Pharisäer' übernommen hat, um damit global die jüdischen Kräfte zu bezeichnen, die sich unter Berufung auf die Bibel und ihre richtige Auslegung gegenüber christlichen Missionsversuchen abdichten."

[189] J. Maier, Auseinandersetzung 132; s.a. P. Schäfer, Synode 51.

[190] Vgl. B. Wander 274.

[191] Für die Gegenposition vgl. Walter Schmithals, der annimmt, daß Jamnia zu einer „weltweiten Reorganisation des Judentums" führte, in der „der bis dahin pluralistische Synagogenverband zu einer einseitig pharisäisch (rabbinisch) bestimmten Gemeinschaft umgestaltet" wird, die ihre Mitte in der „pharisäisch aufgefaßten Tora" fand. Wer sich diesem Gesetz nicht beugte, für den kam es zum Aposynagogos, und er wurde von der Synagoge bekämpft. Davon sind besonders die Christen betroffen. „Die Verfluchung der Häretiker (Birkath ha-Minim), *namentlich der Nazarener*, am Ende des 1. Jahrhunderts in das Achtzehnbittengebet ... aufgenommen, bildete den innersynagogalen Höhepunkt dieser Entwicklung ...". Die antijüdische Polemik ntl. Schriften wird als Antwort auf den universell gesetzten jüdischen Aposynagogos gedeutet. (Konflikt 372.373.374ff; Hervorhebungen v. Vf.). Die genannten Schwierigkeiten hinsichtlich der Deutung und der *Bedeutung* von Jamnia für das antike Judentum werden unterschätzt; das Problem der Zielgruppe des sog. Ketzersegens an der Wende vom 1. zum 2. Jh. wird ignoriert.

[192] Hierzu kurz S.T. Katz 48f; s.a. C.H. Hunzinger 163f.

[193] S.T. Katz 49; s.a. C.H. Hunzinger 164.

[194] C.H. Hunzinger 164.

Weiterhin ist grundsätzlich zu bedenken, daß das vierte Evangelium eine griechisch-sprachige Gemeinde voraussetzt, die *birkat ham-mînîm* zunächst aber ein palästinisches, aramäischsprachiges Phänomen ist.[195] Die Problemlage wird noch zugespitzt, wenn man mit Johann Maier festhält, daß das „frührabbinische, aramäischsprachige Judentum Palästinas ... in dieser formativen Periode, in der das griechische Neue Testament literarische Gestalt gewann, voll mit internen Problemen befaßt" war.[196]

Schließen diese Erwägungen aus, daß die *birkat ham-mînîm* der historische Fixpunkt der Trennung von Judentum und joh. Christentum ist, so bedeutet dies nicht gleichermaßen, daß es in jener Zeit Konflikte zwischen jüdischen Synagogen und christlichen Gruppen gegeben hat, möglicherweise auch dort, wo die allmähliche Ablösung des Christentums von der jüdischen Synagoge zwischen jüdischen und in ihrer Nähe bzw. unter ihrem Dach befindlichen judenchristlichen Gruppen noch nicht vollzogen war. Mit Udo Schnelle läßt diese Beobachtung jedoch keine geographische Lokalisierung des Konfliktes zu: „die im JE durchschimmernden Auseinandersetzungen mit den Juden ... (können; Vf.) sich sowohl im syrisch-palästinischen Raum als auch in Kleinasien ereignet haben".[197] So sieht Johann Maier gar die „entscheidende Konfrontation mit ‚dem Judentum' in der Diaspora", wo sie „von den Anfängen her in scharfer und grundsätzlicherer Form stattgefunden" hat.[198]

Auch die Unmittelbarkeit der Auseinandersetzung, auf die beispielsweise Klaus Wengst weist,[199] kann wenigstens nicht die beständig gebrauchte Wendung ‚*die Juden*' erklären.[200] Diese Terminologie spricht „wie von einer fernen, fremden Größe, zu der keine persönliche Beziehung hinüberführt":[201] D.h. m.E. spricht der Verfasser das Bewußtsein eines Christentums aus, das seine eigenen jüdischen Wurzeln wohl kennt, aber als Größe, die die eigene Existenz begründet, hinter sich gelassen hat. ‚*Die Juden*' sind so zur Repräsentation des Gott abgewandten und sich ihm beständig verweigernden Kosmos geworden.[202] Damit ist schon angedeutet, daß *die* joh. Gemeinde – also die Gemeinde, der unser Verfasser aus des vierten Evangeliums entstammt – nicht als eine ausschließlich oder zumindest primär judenchristliche Gemeinde, die bis zu einem unmittelbar zurückliegenden genau datierbar und historisch wie lokal exakt fixierbaren Aposynagogos im Synagogenverband gelebt hat, gedeutet werden sollte. Der religionsgeschichtliche Hintergrund ist differenzierter, der theologische und historische Mutterboden zu unterschiedlich, als daß man dieser einseitigen Ableitung zustimmen könnte.[203] Spuren jüdischen oder judenchristlichen Denkens bleiben ebenso aufweisbar (z.B. das chiliastische Denken des Presbyters) wie das samaritanische Problem (Joh 4) oder hellenistisch-jüdische wie auch hellenistisch-synkretistische religiöse und philosophische Elemente (z.B. Logos-Christologie; Dionysos-Mythos etc.). Zudem

---

[195] Vgl. B. Wander 274.
[196] J. Maier, Zwischen den Testamenten 288.
[197] U. Schnelle, Christologie 39 Anm. 169.
[198] J. Maier, Zwischen den Testamenten 288f.
[199] Z.B. K. Wengst, Gemeinde [4]82. 88; D.M. Smith, Theology 73; H Strathmann, JE 11.
[200] So auch H. Strathmann, JE 11.
[201] So richtig H. Strathmann, ebd., der trotz dieser Einsicht eine noch lebendige Auseinandersetzung zwischen jüdischer und christlicher Gemeinde annimmt; auch K. Wengst, Gemeinde [4]137, betont die Distanz, die sich in diesen Formulierungen zeigt, meint aber, daß dies „keineswegs (beweist; Vf.), daß der Evangelist dem Judentum fernstand".
[202] Vgl. hierzu R. Bultmann, JE 59: „Das für den Evglisten charakteristische οἱ Ἰουδαῖοι faßt die Juden in ihrer Gesamtheit zusammen, so wie sie als Vertreter des Unglaubens (und damit, wie sich zeigen wird, der ungläubigen ‚Welt' überhaupt) vom christlichen Glauben aus gesehen werden."; s.a. J. Ashton, Understanding 134f; Identity 59f; E. Gräßer 147. 150f. 153; G. Strecker/F.W. Horn, Theologie 519f.
[203] Vgl. U. Schnelle, Einleitung 576: „Die religionsgeschichtliche Stellung des Johannesevangeliums läßt sich ebensowenig wie sein traditionsgeschichtlicher Hintergrund monokausal erklären"; ders., JE 20.

müssen der wohl primär heidenchristlichen Gemeinde Grundbegriffe der jüdischen Religion erläutert werden (z.B. das Reinheitsgebot: Joh 2,6; s.a. 4,9; 19,40 sowie die Übersetzung aramäischer bzw. hebräischer Fremdwörter, die auch einem jüdisch-hellenistischen Leser bekannt sein dürften: 1,38; 4,25 u.ö.).[204] Das unmittelbare Miteinander jüdischer und (ju-den-)christlicher Gruppen gehört der Vergangenheit an.[205]

Geht der Aposynagogos auf ein geschichtliches Ereignis zurück – darauf weist der Hinweis auf das Messias-Bekenntnis in Joh 9,22 –, so stellt dies für den Verfasser des Evangeliums eine zurückliegende Erfahrung dar,[206] die eine Gruppe innerhalb der joh. Christen in den Konflikt mit der Synagoge geführt hatte.[207] Tatsächlich zeigen aber bereits die Verfolgertätigkeit des Paulus (vgl. Gal 1,13; Phil 3,6) sowie die Hinweise auf Verfolgungen christlicher Gruppen durch jüdische Gegenüber (1Thess 2,14ff; Lk 6,22[208]), daß die Aposynago-gos-Erfahrung der (joh.) Judenchristen, die in 9,22.34 reflektiert ist, in den schmerzhaften *Ablösungsprozeß des entstehenden Christentums von seiner Mutterreligion, dem Judentum,* gehört und somit chronologisch nur äußerst unsicher bestimmt werden kann.[209] Vielleicht mag diese Erfahrung in das Ge-fälle der jüdischen Bemühung in der Diaspora um die Bewahrung der relativen religiösen Freiheit gegenüber dem römischen Staat nach dem Krieg von 70 n.Chr. gehören, mehr kann jedoch kaum sicher behauptet werden.

Man wird zugestehen müssen, daß sich auch *akute Verfolgungs*erfahrungen in die Dar-stellung des Aposynagogos mischen. Ein christliches Erlebnis einer (zumindest begrenzten) Verfolgung durch den römischen Staat spiegelt sich in der *Johannesapokalypse,* die zu-gleich auch eine scharfe Polemik gegen die jüdische Synagoge in Philadelphia ausstößt (Apk 3,9). Darf man die Nachrichten über den Aposynagogos und die Bedrückung in der Apk kombinieren,[210] so könnte sich in der Darstellung des Aposynagogos die gegenwärtige

---

[204] S.a. jetzt z.B. J. Frey, Heiden 232f; anders z.B. L. Schenke, Johannesevangelium 116f, der zwar auch das heidenchristliche Element sowie das von Samaritanern in der joh. Gemeinde anerkennt, aber primär an eine judenchristliche Gemeindekonstellation denkt. Zu den unterschiedlichen religions- und theologiegeschichtlichen Beurteilungen der joh. Gemeinde(n) vgl. z.B. S. Panimolle 41–49.

[205] Vgl. U. Schnelle, Christologie 42.

[206] Vgl. z.B. E. Haenchen, JE 380; U. Schnelle, Christologie 135f; s.a. E. Stegemann, Tra-gödie 115. Besonders J. Frey, Heiden 232, macht darauf aufmerksam, daß der vierte Evangelist für die Aposynagogos-Aussagen „von Traditionen abhängig sein und zurück-liegende Ereignisse im Blick haben" dürfte. S.a. R.E. Brown, Community 23.64 (für die Zeit, in der der Hauptteil des Evangeliums geschrieben wurde, ist der Ausschluß ein Er-eignis der Vergangenheit, wenngleich die Verfolgungen noch anhalten [Hinweis auf 16,2f]). Besonders entschieden auch Georg Richter, der die Ausschlußerfahrung auf der Ebene der vom ihm postulierten GS der JE (s.u.) verortet.

[207] Vgl. die Analysen von Joh 5 und Joh 9 in dieser Arbeit.

[208] Hierzu z.B. G. Strecker, Makarismen 123.

[209] Vgl. z.B. M. Hengel, Question 114f; Frage 288ff; J. Frey, Heiden 232; R. Kimelman 244.

[210] Für eine Kombination plädiert auch D.M. Smith, Judaism 88f, allerdings reflektiert nach Smith Apk eine ältere Periode als das vierte Evangelium; mit anderen Schlüssen als im Text auch R.E. Brown, Community 66f. P. Stuhlmacher, Biblische Theologie 52 stellt die Aposynagogostradition und die hinter der Apk liegenden Auseinandersetzun-gen auf eine Zeitlinie. Über Johannes den *auctor Apocalypsis* schreibt er: „Den Grund

Bedrückung der joh. Gemeinde in ihrer kleinasiatischen Umwelt spiegeln.[211] Wenn am Ende des *1.JohBr* vor den εἴδωλα (1Joh 5,21) gewarnt wird, so könnte diese in der Interpretation allerdings sehr umstrittene Aussage[212] als Warnung vor der Teilnahme an heidnischen Opferhandlungen in eine ähnliche Richtung deuten.[213] Dann ist es wahrscheinlich, daß der Haftpunkt für die Verbindung der Ausschlußerfahrung joh. Christen einerseits auf der gegenwärtigen Verfolgungserfahrung der joh. Gemeinde, andererseits auf einem örtlich begrenzten Konflikt zwischen joh. Gemeinde und synagogalem Verband unter römischem Druck lag, in dessen Folge es zu Denunziationen o.ä. als jüdischer Selbstschutzmaßnahme gekommen sein mag. Dies ist gut in einer Situation denkbar, in der das Christentum dem römischen Staat oder der römischen Herrschaft in einzelnen Provinzen suspekt war und daher bekämpft wurde. Die jüdische Synagoge mußte sich, um nicht selbst mit der christlichen Gemeinde in eins gesetzt zu werden, die für den römischen Staat durch ihren Christusglauben erkennbar war, scharf von diesen unterscheiden.[214] Jedenfalls spielt der Aposynagogos nicht auf eine aktuelle, grundlegende Trennung des Christentums vom Judentum an, sondern bewertet die Verfolgungserfahrung in Entsprechung zu frühchristlichen Traditionen (vgl. z.B. Mt 5,10–12 ≈ Lk 5,22; Mt 10,17ff; 23,34f par Lk 11,49f; Mk 13,9 parr) als eine grundlegende Bedingung des Christentums, der jedoch entscheidende Zusagen gegenüberstehen, die die Bewältigung dieses Konflikts ermöglichen.

Fassen wir zusammen, so kann festgehalten werden, daß der vierte Evangelist zurückliegende und gegenwärtige Erfahrungen seiner Gemeinde in Einklang mit der in den Passionsgeschichten ausgeführten Tendenz, das jüdische Volk für den Tod Jesu verantwortlich zu machen,[215] historisierend und ins Grundsätzliche kehrend in die *vita Jesu* hinein stilisiert; damit werden *„die Juden'* zu Repräsentanten des *„Kosmos'*, der den Offenbarer ablehnt (vgl. Joh 8,21–24; bes. V.23). Die Auseinandersetzung mit der jüdischen Synagoge, die zwar tatsächlich als traumatische Erfahrung im Hintergrund joh. Tradition steht, kann nicht als entscheidende Deutungschiffre des vierten Evangeliums gesetzt werden. Zudem ist diese Auseinandersetzung nicht unmittelbar mit der

---

für sein Exil auf der Insel Patmos (vgl. Apk 1,9) könnte man in Auseinandersetzungen suchen, die zum Ausschluß des Johanneskreises aus der Synagoge geführt haben (vgl. 9,22; 12,42; 16,2).“ Diese zeitliche Folge begründet er auch damit, daß „viele (christologische) Traditionen von der Johannesoffenbarung in einer Form dargeboten (werden; Vf.), die älter zu sein scheint als die entsprechenden Aussagen im Evangelium und den Briefen.“

[211] In geographischer Hinsicht legt U.B. Müller, Eigentümlichkeit 37, ähnliche Erwägungen vor. Die Bedrängnis durch die römische Obrigkeit wird, allerdings als zweite Flanke der joh. Bedrohung neben den Angriffen der Synagoge, auch bei H. Thyen, Johannes 10, 122, anerkannt. A.Y. Collins, Crisis 315ff weist zur Erklärung von Joh 16,2 auf Denunziationen gegenüber der römischen Behörde (s.a. E. Stegemann, Tragödie 116f).

[212] Deutungsversuche z.B. bei R.E. Brown, JohBr 627f; G. Strecker, JohBr 311f. J. Frey, Heiden 234, denkt an dogmatisch motivierte ethische Indifferenzen der joh. Sessionisten im heidnischen Umfeld des joh. Kreises.

[213] Vgl. z.B. J.-W. Taeger, Johannesapokalypse 198f; K. Wengst, JohBr 225f; mit zu weitreichenden Folgen für das Briefkorpus: E. Stegemann, Kindlein *passim*.

[214] Vgl. J. Maier, Auseinandersetzung 135. Nur in diesem begrenzten Sinn scheinen mir Schmithals' Ausführungen (Konflikt 366) angesichts der historischen Kenntnis und der literarischen Überlieferungen erwägenswert.

[215] Vgl. jetzt exemplarisch die Bemerkungen bei W. Reinbold 318f; zu dieser Tendenz in der Passionsgeschichte s.a. D.M. Smith, Theology 172.

Aufnahme des ‚Ketzersegens' bzw. der Ketzerverwünschung (בִּרְכַּת הַמִּינִים) in das ‚Achtzehn(bitten)gebet' gleichzusetzen.

Exkurs: Methodische Überlegungen zum Verhältnis von historischem Geschehen und seiner Rekonstruktion zur Erzählwelt des vierten Evangeliums

Mit kritischen Stimmen der Forschung kann nach dem Recht und der Möglichkeit historischer Rekonstruktion gefragt werden. Zunächst ist festzustellen, daß die ntl. Schriften nicht als überzeitliche Texte an den Gedanken, Fragen und Problemen ihrer Zeit vorbeigehen. Neben grundsätzlichen Anweisungen für das Leben der Gemeinden, die die zeitgeschichtlichen Gegebenheiten voraussetzen, werden für spezielle Konstellationen Ratschläge und Anweisungen erteilt. Dabei wird freilich das besprochene Problem nicht referiert; Sender und Empfänger teilen das gemeinsame Wissen um das verhandelte Thema.[216] Daher muß, wollen wir die Antworten der ntl. Autoren oder der von ihnen oft verändert aufgenommenen Tradition verstehen und von ihnen her auch zu Antworten auf die gegenwärtigen Fragen christlicher Existenz gelangen, der verloren gegangene Hintergrund rekonstruiert werden. Ohne ihn ist ein kritisches Verstehen der ntl. Schriften unmöglich.

Auch Erzähltexte wollen Antworten auf zeitgenössisches Fragen geben, wollen Glauben stärken; d.h. mit modernen ‚*Sprechakt*'-Theorien ist das vierte Evangelium als ein *perlokutiver Akt* zu verstehen, mit dem der Verfasser bei seinem Publikum eine bestimmte Wirkung erzielen will.[217] Diese ist nach der programmatischen Äußerung Joh 20,30f in der Stärkung des Glaubens angesichts zeitgenössischer Anfechtungen zu suchen.[218] Damit wird bei der Abfassung des Evangeliums die zeitgenössische Wirklichkeit vorausgesetzt. Doch

---

[216] Zum Phänomen des ‚institutionellen' Kontinuums zwischen Autor und Leserschaft s.a. F. Watson 100; s.a. 106 (als Voraussetzung der Sprechakt-Theorie: 117f).

[217] Zur Unterscheidung von lokutiven, illokutiven und perlokutiven Sprechakt vgl. J.L. Austin 94ff; ein perlokutiver Akt intendiert folgendes: „what we bring about or achieve *by* saying something, such as convincing, persuading, deterring, and even, say, surprising or misleading" (109); hierzu s.a. S.J. Schmidt 54; B. Sowinski 74.

[218] S.a. J. Zumstein, Geschichte 424; Johannesevangelium *passim*. Vgl. sein Votum zur Gesamtintention des Evangeliums: „Das *Evangelium nach Johannes* bietet ein hervorragendes Beispiel eines solchen Unternehmens insofern es einerseits, unter einem rhetorischen Gesichtspunkt, explizit Glauben zu erwecken sucht und andererseits, unter einem argumentativen Gesichtspunkt, eine gut erkennbare Strategie in Bewegung setzt, dieses Ziel zu erreichen." (aaO. 350). Zumstein bedient sich hierbei der Konzeption der „Stufenhermeneutik" (aaO. 355ff), der ein Wachsen vom Glauben zum christologisch gefüllten joh. Glauben entspricht. Der Evangelist verfolgt sicherlich seine eigene christologische Linienführung; ob dies aber die Annahme der sukzessiven Vertiefung des Glaubens wird im einzelnen zu bewähren sein; vgl. meine skeptischen Bemerkungen zu Joh 4,46ff (s.u. S. 175–175; 179) und Joh 9 (s.u. S. 314 Anm. 47; 364 Anm. 310).

die erzählte Welt ist nicht mit der realen Welt, die der Verfasser und seine Gemeinde teilen, identisch.[219]

Beide angemerkten Probleme wirken sich auf die häufig diskutierte Gegnerfrage in den ntl. Schriften und damit auch auf die joh. Schriften aus.[220] Wird der Exeget/die Exegetin durch eine Schrift gezwungen, sich der Analyse einer in dieser Schrift hinterfragten Position zuzuwenden, so steht er vor einer Reihe von Problemen. Zunächst stellt sich die Frage, in welchem Maß tatsächlich die reale Situation der Leser und Leserinnen gespiegelt ist. Gerade in Erzähltexten muß mit dem Aspekt der Fiktion gerechnet werden. So datieren die ntl. Evangelien eine Reihe von Fragestellungen ihrer eigenen Zeit in das Leben Jesu zurück, so daß die Ereignisse und Fragestellungen der Evangelien Jesuserzählung und ihre eigene Wirklichkeit vermengen. Als bekanntes Beispiel ist für das vierte Evangelium auf die Konzentration der Darstellung der Gegner Jesu auf die Pharisäer zu verweisen: Das pharisäisch geprägte Judentum ist aber ein Produkt der historischen Rekonstiuierung des Judentums nach der Katastrophe von 70 n.Chr.

Neben der Vermischung dieser beiden Ebenen, des Lebens Jesu und der nachösterlichen Gemeindesituation, ist auch das Element der theologischen Reflexion und seiner narrativen Umsetzung zu beachten. Programmatisch stellt das vierte Evangelium durch die Voranstellung im Prolog die Ablehnung des Offenbarers an den Anfang seiner Wirklichkeit (Joh 1,5.10.11). Daß sich in dieser theologischen Grundentscheidung Gemeindeerfahrung spiegelt, ist wohl keine unbegründete Vermutung. Angesichts solcher hermeneutisch-programmatischen Äußerung kann die joh. Darstellung der Jesus-vita als Erzählung von dieser Ablehnung gelesen werden. Dann aber stellt sich die Frage, wo wirkliche Konflikte der vor- und der nachösterlichen Gemeindeerfahrung gespiegelt sind und wo theologische Reflexion und narrative Fiktion vorliegen. Gerade im Konflikt des Offenbarers mit der Welt und mit dem Judentum nach dem vierten Evangelium fließen beide Aspekte ineinander, so daß eine hohe Sensibilität hinsichtlich der historischen Ebene wie hinsichtlich der theologisch-dramatischen Gestaltung gefordert ist.

Ähnlich gilt es auch hinsichtlich der Auseinandersetzungen in den joh. Briefen, deren Spuren oder deren Entwicklung auch in der joh. Überlieferung gefunden werden kann. Keiner der Briefe sucht diese Positionen darzustellen; sie lassen sich nur aus der Kritik erheben. Damit aber ist nicht das Element der Subjektivität zu beachten, sondern das Mittel der Polemik und das Problem des Mißverstehens durch den die Gegner bekämpfenden Autoren. Wo sind reale Inhalte genannt und wo wird lediglich das eigene Verständnis vom geg-

---

[219] S.a. für JE: L. Schenke, Johannesevangelium 118, der seinerseits allerdings ein hohes Maß an Transparenz für die Gemeindewirklichkeit postuliert.

[220] Hierzu vgl. bes. K. Berger, Gegner *passim*; s.a. K. Backhaus, Täuferkreise 279ff. 286ff; H.-J. Klauck, Johannesbriefe 128.

nerischen Denken diesem unterlegt? Ferner treten das Element der Fiktion und der Erzählabsicht nebeneinander und verdunkeln den historischen Zugang. Dennoch können diese Konflikte nicht ignoriert werden, bilden sie doch den Horizont, vor dem sich die joh. Tradition entwickelt und in dem sie überliefert wird.

1.4 Die Bedeutung des historischen Rahmens für eine Formgeschichte des vierten Evangeliums

Die formgeschichtliche Annäherung an das JE kann ihr Recht aus der Beobachtung ableiten, daß das JE keinen Augenzeugenbericht darstellt, sondern in den Zusammenhang einer Schule und Gemeinde gehört. Dies läßt begründet nach Traditionen fragen, die im JE aufgenommen worden sind. Theologische Entwicklungen und Konflikte sind vor dem Hintergrund der joh. Schriften ablesbar und ermöglichen Rückschlüsse auf die (relative) Datierung rekonstruierter Traditionen.

Jenseits der Frage nach dem Autor bzw. richtiger nach den Autoren der joh. Schriften (→ 1.1.2.1) und ihrer historischen Abfolge (→ 1.1.2.2) ist zu berücksichtigen – und dies scheint mir auch gegenwärtig noch nicht hinreichend beachtet worden zu sein –, daß die einzelnen Schriften Traditionsstoffe und Überlieferungen des joh. Kreises aufgenommen haben.[221] Letzteres gilt zwar nicht im gleichen Maß für die Briefe, aber auch hier ist älteres Material der mündlichen (weniger der schriftlichen) Tradition der Gemeinde zu belegen (z.B. die Sendungsformel hinter 1Joh 4.9.10.14). Die Rekonstruktion der Reihenfolge der Schriften sollte nicht vorschnell zu einem Vergleich auf der literarischen Ebene voranschreiten, ohne daß zuvor konsequent das Werkzeug form- und traditionsgeschichtlicher Methodik in Anschlag gebracht wird.[222] Angesichts der Parallelen und der Differenzen in diesen Texten ist eher nach traditionsgeschichtlichen Berührungen oder formgeschichtlichen bzw. literarkritischen Überlieferungen, die vorliterarisch zu lokalisieren sind, zu fragen.

---

[221] S.a. F.J. Moloney, JE I, 3: „Yet whoever may have been responsible for the final shape of the Gospel consciously took stories from the recorded memory of the community and laid them side by side to form the Gospel." (s.a. aaO. 2: „The author selected from the many Jesus-traditions that would have been present in the Johannine community and arranged them as the narrative of a Gospel.").

[222] Grundsätzlich richtig ist das Problem bei P. Stuhlmacher, Biblische Theologie 56, erkannt, der nicht mit literarischer Abhängigkeit, sondern mit der Entwicklung der christologischen Vorstellungen operiert.

2 Diachrone oder synchrone Exegese. Ein Plädoyer für ein historisches Verständnis des vierten Evangeliums[1]

Daß der *Text* Ausgangspunkt jeglicher Auslegung und jeglichen Verstehens ist, ist Allgemeingut.[2] Dennoch, so lehren gegenwärtige Diskussionen, die sich wenigstens bis in die zweite Hälfte der sechziger Jahre unseres Jahrhunderts zurückverfolgen lassen, daß dieser Satz unterschiedlich interpretiert wird und daß das Verständnis, wie der Text methodisch und historisch zutreffend in seinem Mittelpunkt-Sein exegesiert werden kann, differiert. Der Text ist die Basis der Auslegung, ihre Primärquelle, und vor ihm hat sich die Auslegung zu verantworten. So ist es ein wesentlicher Grundsatz *historisch-kritischer Forschung*, von dem überlieferten biblischen Text auszugehen,[3] um von hier aus, wenn es dieser Text aufgibt, seine historische Tiefendimension zu eruieren. Dem Text verpflichtet wissen sich aber auch methodische Neuorientierungen, die die synchrone Textebene des Literaturwerkes zu dem eigentlichen Gegenstand der Exegese erklären. Hiermit werden Ansätze der *Linguistik* in die ntl. Exegese aufgenommen.[4] Trotz einzelner integrativer Ansätze entsteht noch immer der Eindruck, daß beide methodische Orientierungen in einem Streit um das den Texten angemessene Vorgehen liegen.[5] Die folgenden Überlegungen suchen die Position des vorgelegten formgeschichtlichen Ansatzes dieser Arbeit im Gespräch mit den Neuorientierungen zu verorten und berechtigte Anliegen für die eigene exegetische Analyse aufzunehmen.

Johannes Beutler stellt die gegenwärtige ‚synchrone Textauslegung' in eine forschungs-geschichtliche Linie, die im Gefolge der *redaktionsgeschichtlichen Fragestellung* liegt: „Sie

---

[1] Vgl. zur methodischen Aufbruchsbewegung z.B. A. Link, Bestandsaufnahme *passim*, grundsätzlich kritisch J. Hainz 166. Einen aufschlußreichen Überblick vermittelt auch M. Gourgues 264ff. Im folgenden werden nicht berücksichtigt die *tiefenpsychologische Interpretation* (vgl. H.-J. Klauck, Zugänge *passim*) und die *feministische Exegese*; für letztere gilt mit Link, daß „angemessener von einer ‚feministischen Perspektive' als von einem eigenen methodischen Ansatz zu sprechen" ist (Link, aaO. 277), so daß diese Perspektive hier nicht behandelt werden kann und muß.

[2] Einprägenswert ist das Diktum von Umberto Eco: „Zwischen der mysteriösen Entstehungsgeschichte eines Textes und dem unkontrollierbaren Driften künftiger Lesarten hat die bloße Präsenz des Textes etwas tröstlich Verläßliches. Verläßliches als ein Anhaltspunkt, auf den wir stets zurückgreifen können." (97)

[3] Vgl. L. Perlitt, Deuteronomium 1–3, 150f; s.a. M.C. de Boer, Narrative Criticism 42f.

[4] Dabei werden unterschiedliche methodische Ansätze kombiniert und angewendet. „Ansätze zur Integration der Linguistik" bei W. Schenk 887f; vgl. den Bericht aus den Anfängen der Rezeption linguistischer Methodik von H. Frankemölle (zur Situation bis 1974: 3f); s.a. R. Kysar, Gospel 2395; J. Beutler, Gattungen 2542f; R. Schnackenburg, Entwicklung 29f; vgl. die Lehrbücher zur ntl. Methodik von H. Zimmermann/K. Kliesch 267ff; W. Egger, Methodenlehre.

[5] Die Beobachtung, mit der D. Marguerat, Textlektüren 41, 1985 diese Auseinandersetzung (rückblickend) wiedergibt, als einen Streit „bis zum gegenseitigen Anathema", ist heute nur noch bedingt gültig; als endgültig ausgefochten kann die Kontroverse aber noch nicht gelten.

ist die letzte Konsequenz aus einer Entwicklung, die in der Mitte der fünfziger Jahre mit der Redaktions- und Kompositionskritik einsetzte und schrittweise zu dem Bemühen führte, neutestamentlichen Texten zunächst einmal in der vorliegenden Gestalt gerecht zu werden."[6] Dennoch ist m.E. der Begriff *Neu*orientierung gerechtfertigt, da er einerseits die moderne Anwendung linguistischer Terminologie und Methoden herausstellt und andererseits auch die redaktionsgeschichtliche Fragestellung eine Aufnahme bei Exegeten gefunden hat, die diesen methodischen Schritt als konsequente Ergänzung der diachronen Analyse betrachten.[7]

Die synchrone Hermeneutik bedient sich der Methodologie und Terminologie der relativ jungen Disziplin der *Textlinguistik*,[8] die unterschiedliche Theorien vereinigt.[9] Ihre Aufgabe besteht „in der Beschreibung der Konstitution von Texten, in der Angabe von allgemeinen Prinzipien des Textaufbaus und insbesondere in der Spezifizierung der Bedingungen ..., unter denen *Textkohärenz* entsteht."[10] Ein *Text* im Sinne „eine[r] kohärente[n] Folge von sprachlichen Zeichen und/oder Zeichenkomplexen, die nicht in eine andere (umfassendere) sprachliche Einheit eingebettet ist",[11] wäre das JE insgesamt.

Mit diesen methodischen Neuansätzen soll „dem Text seine horizontale Wirklichkeit, seine ‚synchrone Wahrheit'" wiedergegeben[12] werden. Synchrone,[13] also (primär) der Textebene verpflichtete Exegese liegt auch in der *narrativen*[14] und der *rhetorischen* Analy-

---

6   J. Beutler, Rhetorikkritik 233f.
7   Z.B. G. Strecker, Redaktionsgeschichte *passim*; ders./U. Schnelle 120ff, bes. 121; H. Conzelmann/A. Lindemann, Arbeitsbuch §§9f, bes S. 110; hierzu G. Schelbert 17, der mit Recht feststellt: „Tatsächlich haben ja schon die Begründer der Formgeschichte den Blick auf die Aufnahme der Einzelelemente der Überlieferung in die Evangelien ausgeweitet ..."; s.a. J.R. Donahue 29 (Hinweis auf R. Bultmann, Geschichte).
8   So z.B. B. Olsson, Structure *passim* (neben Einflüssen der deutschen und der amerikanischen Textlinguistik auch der französischen Strukturanalyse verpflichtet; hierzu A. Link, Bestandsaufnahme 253ff; sowie die ausführliche Rezension von J. Beutler, Rez. Olsson *passim*. Olsson sucht die Textstruktur durch die Einteilung in „statement units" bzw. in „event units" je nach Textsorte (er wählt einen narrativen und einen dialogischen Text) zu erheben.
9   Zur ‚Textlinguistik' vgl. B. Sowinski *passim*; s.a. W. Abraham 872; T. Lewandowski 1111f; B. Olsson 10–13.
10   T. Lewandowski 1111; vgl. K. Brinker 6; s.a. die Liste methodischer Fragen der Textlinguistik bei W. Dressler 1–3.
11   K. Brinker 3.
12   F. Bovon, Strukturalismus 18; zur strukturalistischen Methodik s.a. K. Berger, Exegese 63ff; D. Marguerat, Textlektüren *passim*.
13   Das Termini-Paar synchronisch – diachronisch wurde von Ferdinand de Saussure in die Linguistik eingebracht; der erstgenannte Begriff beschreibt den „Zustand" einer Sprache, letzterer die historische Entwicklung einer Sprache durch die Zeit hindurch; vgl. hierzu und zur Verhältnisbestimmung J. Lyons 47ff; s.a. J.J. Bridges 70ff. Die Begrifflichkeit wird in der exegetischen Diskussion auch auf Texte angewendet; dabei geht die synchrone Betrachtung auf den vorfindlichen Text, der diachrone Ansatz fragt nach seinem Werden.
14   Einer der Pioniere ist R. Alan Culpepper, der mit seiner Arbeit „Anatomy of the Fourth Gospel" von 1983 die narrative Fragestellung in der joh. Forschung etablierte; zur Methodik ders., Application 98–104 (vgl. zu Culpepper J.-P. Lemonon 99); s.a. W. Egger 119ff. Narrative Kommentare zum JE wurden inzwischen vorgelegt von Mark W.G.

se[15] vor. Dabei geht es darum, der erzählerischen ‚Anatomie‘ bzw. dem rhetorischen Aufbau des Textes zu folgen, dem jeder Text unterworfen ist, der sich um eine Strukturierung des Gedankens bemühen muß.[16] Im Zusammenhang der sog. ‚neuen Rhetorik‘ (New Rhetoric),[17] die sich besonders mit den Namen Chaim Perelman und L. Olbrechts-Tyteca verbindet, werden daher beide Anliegen verbunden und so nach dem argumentativen Textaufbau gefragt.[18] Die neueren exegetischen Ansätze versuchen wenigstens zum Teil den Text als Kommunikationsprozeß zu verstehen.[19]

Kommen wir nun zu einer Bewertung dieser Neuansätze, insbesondere für die Arbeit am vierten Evangelium und für den hier vorgelegten Versuch einer joh. Formgeschichte. Synchrone Textanalyse hat dort eine Berechtigung, wo sie dem Nachspüren der strukturalen Probleme der ntl. Texte dient.[20] So dienen, wenn das erzählerische und das theologische Anliegen einer ntl. Schrift aus dem Blick geraten, (text-)linguistische Methoden als „Korrektiv"[21] der Exegese. Dies gilt um so mehr, da sich im JE neben zahlreichen Nahtstellen, Wiederholungen und Widersprüchen im Text eine *überwiegend* einheitliche Sprache[22] und durchgehende Komposition, die die Arbeit und Bedeutung seines Verfassers ausweisen, erkennen läßt. Damit sind das Problem der Stoffgestaltung durch den Evangelisten sowie die Frage nach seiner Methode der Traditionsverarbeitung aufgeworfen. Sein Vorgehen, wie auch das der übrigen neutestamentlichen Evangelisten, läßt sich nicht hinreichend als *Sammler*tätigkeit bewerten,[23] vielmehr zeigt schon der sogenannte Prolog, Joh 1,1–18, daß der Verfasser die Traditionen auf sein Werk hin orientiert und aktualisiert hat

---

Stibbe und Francis J. Moloney, eine ausführliche und sorgsam begründete Arbeit (JE I und II; vgl. vor allem die Einleitung zur Methodik: JE I 1ff; zum ersten Band von Moloneys Kommentierung vgl. die Würdigung und Kritik von U. Schnelle, Suche *passim*); vgl. jetzt auch die Kommentierung von Ludger Schenke.

[15] Zu unterscheiden ist eine Analyse mit Hilfe der antiken rhetorischen Termini von der ‚neuen Rhetorik‘, die einen argumentationstheoretischen Ansatz verfolgt.

[16] So G.A. Kennedy 3.

[17] Vgl. B.L. Mack, Rhetoric 13.19f.

[18] Das wichtige Standardwerk ist C. Perelman/L. Olbrechts-Tyteca *passim*; vgl. zur Methodik B.L. Mack, Rhetoric; J. Lambrecht 244f (Lit.!); hierin kann eine Berührung mit der Aufgabe der Textlinguistik gesehen werden; vgl. W. Dressler 5.

[19] Allerdings nicht im Sinne eines Dialoges zwischen dem Evangelisten und seiner Tradition, wie es mit der redaktionsgeschichtlichen Fragestellung verbunden ist (vgl. z.B. J.R. Donahue 31), sondern im Sinne des ‚reader response criticism‘ (hierzu kurz Donahue 44; zur Anwendung des reader's response criticism auf das JE vgl. P.P.A. Kotzé *passim*; eine ausführliche und sorgfältige Diskussion und Bewertung findet sich bei J. Frey, Leser *passim*).

[20] Vgl. G. Strecker, Neues Testament 130.

[21] R. Schnackenburg, Redaktionsgeschichte 101; s.a. W. Klaiber, Aufgabe 305.

[22] Ein solches Urteil muß allerdings beachten, daß zwischen Soziolekt und Idiolekt zu differenzieren ist (s.u. S. 108).

[23] Den souveränen Umgang mit seinen Traditionen betont z.B. P. Vielhauer, Geschichte 428, mit ausdrücklichem Hinweis auf den Erzählstoff; s.a. U. Schnelle, Abschiedsreden 64.

und so zu einem erzählerischen Gesamtwerk gestaltet.[24] Insofern die neueren
Ansätze der Klärung der Erzählabsicht und theologischen Intention dienen, erfüllen sie eine wichtige Funktion im Zusammenhang der *redaktionsgeschichtlichen Fragestellung*, die selbst allerdings bedeutende Impulse der Offenlegung der mündlichen oder literarischen Vorgeschichte des Textes verdankt.[25]

Demgegenüber steht bei der Aufnahme (text-)linguistischer Methoden die
Frage nach der Vorgeschichte des Textes in der Gefahr, zu Lasten des Postu-
lats der Textkohärenz an den Rand gedrängt oder gänzlich aufgegeben zu
werden. Wird diese Forderung als Instrument verstanden, das die Exegese auf
die synchrone Ebene des Textes beschränkt oder die Einheitlichkeit des Textes
beweist, verkehrt sie ihre Voraussetzung zum Ergebnis.[26] Erst, wenn jedes
Element des Textes im dem Literaturwerk allein durch die Tendenz und die
Absicht des Textes erklärt werden muß, es sprachlich dem bevorzugten Vokabular des Verfassers entspricht bzw. aus der jeweiligen Erzählsituation erklärbar ist und wenn die beobachteten Sprünge und Brüche im Schriftwerk als
erzählstrategische Mittel des Verfassers wahrscheinlich sind, erst dann sollte
von einem *kohärenten Text* gesprochen werden; dieses Werk wäre dann der
diachronen Rückfrage als Frage nach der Benutzung eines älteren Textes entzogen.

Erinnert sei noch einmal an die im Eingang dieser Bewertung genannte Übereinstimmung mit der historisch fragenden Exegese: Gelingt dem linguistisch inspirierten Fragen
eine erhöhte Evidenz in der Textinterpretation und damit eine größere hermeneutische
‚claritas‘? Die große Divergenz der Ergebnisse, die weder hinsichtlich ihres Methodenin-
ventars noch hinsichtlich ihrer Einzelergebnisse eine größere Einheitlichkeit als z.B. die literarkritische Arbeit zeigen, läßt vielmehr nach dem Ertrag solchen Bemühens fragen.[27]
Die verwendete Terminologie ist oftmals nicht genügend eindeutig gefaßt.[28] Ein gewichtiges Problem ist zudem die Frage der Voraussetzungen der linguistischen Hermeneutik; ihre

---

[24] Vgl. z.B. Joh 1,6–8.15 mit 1,19ff: Täuferbezug. Es ist bezeichnend, daß Klaus Berger
mit den von ihm beschrittenen „neue(n) Wege(n)" diese offensichtlichen und nahezu
unumstrittenen Ergänzungen einer Vorlage bestreitet und einen einheitlichen, dreige-
gliederten Text postuliert (Exegese 27f).

[25] Vgl. den Vermittlungsversuch von W.C. de Boer, Narrative Criticism *passim*; s.a. H.
Zimmermann/K. Kliesch 279f. Insofern ist es sinnvoll gegenüber dem informativen Artikel von John R. Donahue, terminologisch deutlich zwischen ‚literary criticism‘ und
‚redaction criticism‘ im Sinne der redaktionsgeschichtlichen Methode zu unterscheiden.
Beide methodischen Ansätze mögen einander fördern, werden aber in der gegenwärtigen Exegese auch einander ausschließend benutzt.

[26] Vgl. auch die Kritik von A. Link, Bestandsaufnahme 276.

[27] So z.B. auch H.-J. Klauck, Analyse 224, wenn er in der Auseinandersetzung mit der
rhetorischen Analyse der JohBr betont, daß diese die Zuordnung des Einzeltextes zum
Gesamttext „schwerlich befriedigender gelöst" habe als die herkömmlichen Zugangs-
weisen.

[28] Vgl. z.B. den Vergleich der Linguistik mit „einem unfaßbaren und vielköpfigen Unge-
heuer", den H. Zimmermann/K. Kliesch 274 anführen, freilich *nicht* als Argument, sich
von der Beschäftigung mit der Linguistik bei der Auslegung des Neuen Testaments ab-
zuwenden.

unkritische Übernahme muß problematisiert werden.[29] Zudem zeigt sich teilweise eine unreflektierte Übernahme von Methoden, die an einem kulturell und historisch andersartigen Schrifttum gewonnen worden sind.[30] Diese Beobachtung läßt sich zur Frage verdichten, ob in der Gegenwart gewonnene Sprachtheorien dem antiken Sprach- und Erzählverständnis gerecht werden können.

Trotz solcher Rückfrage ist die Berücksichtigung synchroner Fragestellungen im gegenwärtigen Methodeninstrumentarium unaufgebbar, wenngleich ihre Berücksichtigung im Gesamtkontext der historisch-kritischen Methode erfolgen sollte.[31] Einen literar- oder formkritischen Zugang zum biblischen Text kann das synchrone Verstehen des Textes nicht ersetzen. Die Wahrnehmung der Tiefendimension des biblischen Textes ist auch unumgänglich, um die Theologie des Evangelisten hinsichtlich ihrer geschichtlichen Voraussetzungen zu erfassen. So ist die Notwendigkeit geschichtlicher, d.h. *diachroner* Interpretation als Voraussetzung eines sachgemäßen Verständnisses des vorliegenden Textes einzumahnen, da der Text des JE in seinem geschichtlichen Zusammenhang und, wie Jürgen Becker zu Recht feststellt, nicht im Sinne einer „zufälligen, isolierten Momentaufnahme" zu verstehen ist.[32]

Somit ist auch die in deutlicher Abgrenzung zur Voraussetzung der klassischen formgeschichtlichen Methodik am Axiom der Textkohärenz[33] orientierte These Hartwig Thyens, daß

> „jede Einzelheit im überlieferten Johannesevangelium ... ihren ‚Sitz im Leben' allein in dem literarischen Werk, das vor uns liegt, und nicht in irgendeiner vormaligen Situation oder Institution der Gemeinde"

hat,[34] zu kritisieren. Die auch von Thyen zumindest in seinen früheren Arbeiten noch anerkannte Traditionsnutzung des Evangelisten stellt die Aufgabe,

---

[29] Vgl. z.B. die bei J. Beutler, Rhetorikkritik 246, angesprochenen theologischen Probleme.

[30] Vgl. zur Aufnahme von Modellen durch E. Güttgemanns (Analyse 32ff), die an russischen Zaubermärchen gewonnen wurden, K. Berger, Exegese. 66f.

[31] S.a. R. Kysar, Gospel 2395.

[32] J. Becker, Literatur 295; s.a. U. Schnelle, Abschiedsreden 64; Suche 65f; H. Weder, Menschwerdung 369 (= ZThK 331), der vom „*Werdegang*" des Textes in einer „Geschichte von Tradition und Interpretation" spricht. Auch H. Zimmermann/K. Kliesch 276 plädieren trotz der logisch-zeitlichen Priorität der Synchronie für die wechselseitige Ergänzungsbedürftigkeit: „die Synchronie eines Textes (ist; Vf.) ein Moment innerhalb der Geschichte eines Textes und die Diachronie eine Folge von Synchronien".

[33] H. Thyen, Johannesevangelium 211; vgl. ders., Liebe 469; s.a. E. Ruckstuhl/P. Dschulnigg 18 u.ö. Zur ‚Textkohärenz' vgl. T. Lewandowski 1110 (Lit.!).
Die Fragwürdigkeit des methodischen Axioms der Textkohärenz heben z.B. M.C. de Boer, Narrative Criticism 43f und J. Becker, Johannesevangelium 20f, hervor. Differenziert werden kann zwischen *Kohärenz*, die die thematische Einheit bezeichnet, und narrativer *Kohäsion*, die als Ausdruck einer einheitlichen konzeptionellen Struktur steht (so nach der Terminologie von de Boer 43f mit Anm. 42); beides kann in einem Text gegeben sein, darf aber nicht axiomatisch vorausgesetzt werden.

[34] H. Thyen, Johannesevangelium 210; Johannes 10, 116: „Alle seine Textteile und Teiltexte bis hinunter zur Satzebene müssen aus dem Ganzen des Evangeliums und als dessen Konstituenten begriffen werden." Selbst wenn man mit einer Vorgeschichte einzelner

die Botschaft der Tradition zu vernehmen und von hier aus ihre Benutzung durch die Redaktion zu erklären, was dem Verständnis des überlieferten *Text*-Zusammenhangs dient. Hierzu ist es jedoch nötig, diese Traditionen (möglicherweise in ihrer Geschichte) zu erkennen, wozu literar- und formgeschichtliche Ansätze nutzbar zu machen sind.[35] Mit den ntl. Evangelien treten wir jedoch nicht in eine Welt ein, in der nach der epochalen Erfindung Gutenbergs und seiner am Umgang mit dem Computer geschulten Urenkel der drucktechnische Fortschritt Autor und Leser weitgehend auseinandertreten läßt. Zudem ist der literaturwissenschaftlich begründete Primat des Textes am modernen Autorenbegriff entwickelt, zu dem es zwar antike Parallelen gibt, allerdings auch entscheidende Differenzen. Insbesondere ist der Zusammenhang zwischen der Gemeinschaft und dem für sie konzipierten Werk entscheidend zu bedenken; dieser äußert sich z.B. in der Verpflichtung des Verfassers gegenüber den Traditionen seiner Gemeinschaft.[36] Wird das Postulat eines autonomen Textes auch für gegenwärtige schriftstellerische Arbeit kaum das Absehen von den Bedingungen, unter denen und in denen diese Schriftstellerei geschieht, begründen können, so gilt dies mehr noch für einen gegenüber seiner Gemeinschaft verpflichteten Text. Solche gemeinschaftsorientierte Textproduktion geht eben nicht, wie es die heutige Massenproduktion von Schriftwerken mit sich bringt, auf ein zumeist anonymes Publikum, sondern reflektiert sich als ein Teil der Gemeinschaft, für die das Werk zunächst einmal konzipiert ist und in der diese Werke auch zunächst verlesen worden sind. Daher findet sich auch gelegentlich eine Durchbrechung der Autor und sein Auditorium bzw. seine Lesergemeinde separierenden Schreibsituation.

Die relativ geschlossene Komposition des JE sollte folglich nicht zu der These ausgeweitet werden, sein Verfasser sei ein innovativer Autor, der sein Werk nahezu unabhängig von Traditionen geschaffen hat.[37]

Traditionen rechnen wollte, wäre ihre ältere Funktion verloren, „damit sie fortan allein der autosemantischen Textwelt des Johannesevangeliums als Bausteine dienen können" (ders., Johannes und die Synoptiker 91; Johannes 10, 116f); s.a. B. Hinrichs 14f.

[35] Dies erkennt auch U. Schnelle bei seiner Kritik an den „methodologischen Insuffizienzen extensiver Literarkritik" an (Perspektiven 61 mit Anm. 18; vgl. 71).

[36] Vgl. J. Becker, Johannesevangelium 15; s.a. U. Schnelle, Schule 206: „Sowohl die Autoren der ntl. Schriften als auch ihre Gemeinde waren traditionsorientiert, so daß sich Intention und Rezeption eines Werkes nur in Kontinuität und/oder Differenz zu den jeweiligen Traditionen als dem vorgegebenen Verstehenshorizont erschließen.".

[37] H. Strathmann, JE 8 (= Geist und Gestalt 14); diese Formulierung erinnert an Überlegungen von H. Windisch, Erzählungstil 175 (s.a. 211f; Style 26. 62f). S.a. E. Fascher, Methode 2, dem zufolge sich die Formgeschichte nicht dem JE zu stellen hat, da es die „bewußte Arbeit eines reflektierenden Schriftstellers" darstellt. Solche Interpretation des Evangelisten wird gelegentlich auch mit der Grundschrifthypothese verbunden; vgl. M. Dibelius, Geschichte 67: „Seinem Verfasser (sc. des JE; Vf.) ist es gelungen, den überlieferten Stoff selbständig zu verarbeiten und zu durchleuchten"; er ist „im eigentlichen Sinne Schriftsteller" (s.a. 70); J. Wellhausen, JE 102; ähnlich E. Hirsch, Stilkritik 130.

Bedacht werden sollte gegenüber einer ausschließlichen Beachtung der synchronen Ebene zudem, daß benutzte Traditionen auch den Gemeinden bekannt sind, dessen Exponenten die neutestamentlichen Verfasser sind, bzw. den Gemeinden, an die sich die neutestamentlichen Schriften richten oder für die diese Schriften abgefaßt sind.[38]

Michael Theobald hingegen weist den Dialogcharakter zurück.[39] Dies ist zunächst die berechtigte Korrektur einer schematischen Gegenüberstellung von Tradition und Redaktion. Indem ein Verfasser eine Tradition in einen Text integriert, verwandelt er auch die Bedeutung der Überlieferung und macht sie (im einzelnen Fall mehr oder weniger) für seine Darstellung fruchtbar; d.h. die Tradition verschmilzt mit dem redaktionellen Rahmen zu einer ‚Einheit‘[40] Der Überlieferungsstoff kann zunächst nicht anders als ein Teil dieses literarischen Kontextes verstanden werden. Wird der Verfasser aber im Kontext seiner Gemeinde gesehen, so ist der Dialog mit dieser Gemeinschaft implizit vorausgesetzt; erst wenn das Literaturwerk in seiner Überlieferungsgeschichte das Auditorium seiner unmittelbaren Leser verläßt, fällt *dieser* Dialogcharakter fort.

Eine den frühen (realen) Leser reflektierende Exegese wird die Eigenbedeutung der Überlieferung bedenken, auch wenn sie die einzelnen Stoffe im aktuellen Textkontext zu interpretieren sucht.

Um den berechtigten Anliegen synchroner und diachroner Exegese zu genügen,[41] wird in dem in dieser Arbeit favorisierten methodischen Vorgehen zunächst dem Text synchron nachgespürt und werden sein Aufbau und seine Verflechtung mit dem Kontext dargestellt. Methodisch werden dabei vor allem dreierlei Arbeitsschritte angewendet. Zunächst wird der sprachlich-syntaktischen Struktur Aufmerksamkeit geschenkt. Daneben wird die Analyse besonderes Interesse den Ortsangaben und den genannten Personengruppen zuwenden. Schließlich tritt als weiteres Element die Kontextanalyse hinzu. Diese sucht der Position der untersuchten Episode im unmittelbaren Erzählgefälle nachzuspüren und fragt aber auch nach der Stellung der Erzähleinheit im überlieferten Gesamtwerk. Dies mag den Ansprüchen einer narrativen Analyse in ihren unterschiedlichen methodischen Entfaltungen und Diskussionen nur unzureichend genügen, soll aber die folgende Scheidung von Tradition und

---

[38] Vgl. auch R.T. Fortna, Predecessor 8f; M.C. de Boer, Narrative Criticism 46.

[39] M. Theobald, Primat 162f. „Daß die Intention eines Redaktors erst aus einem imaginären Dialog erhellt werden könne, dessen *beide* Partner (in Gestalt von Tradition und redaktionellen Kommentierungen) in der Rekonstruktion doch erst wieder zu neuem Leben erweckt werden müssen, ist in dem Maß kritisch zu betrachten, als ein Redaktor zur Übermittlung seiner Intention die Kenntnis der von ihm rezipierten und korrigierten Traditionen beim Hörer als Bezugspunkt nicht voraussetzt und eine kritische Dialogsituation auch nicht eigens kenntlich macht" (Zitat: aaO. 163).

[40] Vgl. z.B. J. Beutler, Rhetorikkritik 234. Daß dies oft genug eine spannungsvolle Größe ist, die sich nicht durch die Geschlossenheit einer schriftstellerischen Innovation auszeichnet, zeigt, daß beides, diachrone und synchrone Interpretation, durch die Evangelien-Texte des Neuen Testaments aufgegeben ist.

[41] Vgl. auch die Forderung nach der Integration beider Fragerichtungen „in einem einheitlichen Methodenkonzept" bei F. Hahn, Überlegungen 197.

Redaktion vorbereiten, indem der Text, wie er überliefert ist, einerseits in seinen Erzählelementen begriffen werden soll, andererseits ihm durch die Analyse seiner erzählerischen Struktur Signale entnommen werden sollen, die er für diese Scheidung bereitstellen oder auch entziehen kann. Der Versuch einer Formgeschichte dient somit zugleich dem Ziel, die Geschichte der joh. Gemeinde als auch das Verständnis des JE selbst weitergehend zu erhellen.

3 Das Problem der Einheitlichkeit des vierten Evangeliums

3.1 Sprünge und Brüche im Text des Johannesevangeliums[1]

Die Wundergeschichten im vierten Evangelium sind Teil eines Evangeliums, das sich gerade hinsichtlich seiner Einheitlichkeit eine Reihe von Fragen stellen lassen muß; diese haben im Verlauf der Auslegungsgeschichte des Evangeliums die unterschiedlichsten Antworten erhalten. Dabei spielen die Wundergeschichten selbst eine eindrückliche Rolle. Gerade deshalb muß auch die formgeschichtliche Fragestellung das Gespräch mit den Problematisierungen der Einheitlichkeit des Evangeliums suchen.

Zunächst werden wir zumindest schlaglichtartig textliche Probleme benennen, die zur literarkritischen Diskussion und zur Infragestellung der Einheitlichkeit des Evangeliums geführt haben; danach werden verschiedene Antworten auf das literarkritische Problem vorgestellt. Dies muß aus zweierlei Gründen erfolgen. Einerseits geben die literarkritischen Modelle selbst eine Antwort auf die Herkunft der Wunderüberlieferungen, andererseits ist in der Diskussion mit diesen Exegeten deren jeweilige literarhistorische Gesamtkonzeption von Bedeutung.

Sprünge und Ungereimtheiten in der Handlungsfolge, wie sie z.B. Eduard Schwartz als *‚Aporien'* des JE aufgezeigt hat,[2] lassen, trotz im einzelnen interessanter redaktionsgeschichtlicher Erklärungsversuche, begründet mit der Aufnahme vorgeformter Einheiten rechnen.[3]

Zum exemplarischen Nachweis von Nahtstellen und Traditionsbenutzung kann z.B. auf augenfällige Differenzen bei den Abschiedsreden gewiesen werden. Joh 13,1–14,31 erweist sich als abgeschlossener, aber nicht spannungsloser Abschnitt, der mit einer Aufforderung zum Heraustreten beschlossen wird. Ihre natürliche Fortsetzung findet diese Notiz in 18,1 (Ἰησοῦς ἐξῆλθεν...).[4] Kap. 15f.17 setzen dagegen abrupt ein und bilden erneut eine Abschiedsrede und schließlich ein Abschiedsgebet Jesu.[5]

---

[1] Noch immer wichtig sind die Beobachtungen (weniger die Lösungen) zu den sog. ‚Aporien' des JE von J. Wellhausen, Erweiterungen; JE und E. Schwartz, Aporien.

[2] Zu den Aporien vgl. die Auflistung bei H. Thyen, Johannesevangelium 203–205.

[3] Vgl. auch das Votum von U. Busse/A. May 35: „... das JE hat eine ähnliche Entwicklungsgeschichte durchlaufen wie schon vor ihm die Synoptiker, da es auch aus älterem Überlieferungsmaterial besteht".

[4] Nicht überzeugend hingegen z.B. H. Thyen, Johannesevangelium 216: Joh 14,31 sei zum Wecken der Aufmerksamkeit des Lesers verfaßt (s.a. ders., Liebe 474; vgl. C. Hoegen-Rohls 122); C.H. Dodd, Interpretation 409: „movement of the spirit, an interior act of will". U. Schnelle, Abschiedsreden 71f, erklärt diesen Bruch unter Hinweis auf Mk 14,43 (ἔτι αὐτοῦ λαλοῦντος). Es sei bereits zuvor in Joh 14,30b.31b auf Mk 14,42b.a angespielt worden, nunmehr werde das Signal Mk 14,43 zum Anlaß, weitere joh. Traditionen als Rede einzuführen.

[5] Vgl. exemplarisch J. Becker, Abschiedsreden 215ff, mit Hinweisen und Kritik unterschiedlicher Lösungs- und Erklärungsmodelle.

Auch der unvermittelte Sprung in der Darstellung zwischen Joh 5 (in Jerusalem) und Kap. 6 (auf der anderen Seite des galiläischen Sees) ist zu nennen;[6] dies erklärt sich sicher nicht aus der (mehrfach bemühten) Annahme einer *Blattvertauschung*, da letztere Mutmaßung z.B. an der Unwahrscheinlichkeit scheitert, daß einer solchen postulierten Unordnung immer nur vollständige Sätze und Abschnitte mit allerdings unterschiedlichem Umfang zum Opfer gefallen sein sollen.[7]

Beide exemplarisch genannten Belege, 14,31 als Ende der ersten Abschiedsrede und der geographische Sprung zwischen Kap. 5 und 6, werden als Aporien gedeutet, beide Belege zeigen aber zugleich, daß jede dieser Aporien gesonderte Aufmerksamkeit verdient und womöglich unterschiedliche Erklärungen verlangt; die Aporien der Abschiedsreden benötigen eine andere Deutung als die von Joh 6,1. Zu bedenken ist zudem auch, daß in Elementen der Unbestimmtheit, der Diskontinuität und in Ambiguitäten gerade Momente der Kommunikation zwischen Autor und Leserschaft ausgemacht werden können.[8]

Es wurde auch versucht, die Aporien ganz oder teilweise mit Hilfe der These, das vierte Evangelium sei ein unvollendetes Werk, zu erklären.[9] Seine Herausgeber (vgl. Kap. 21) hätten ihre Arbeit auf „das Unerläßlichste beschränkt".[10] Allerdings wird diese These kaum dem antiken Umgang mit Gemeinschaftswerken gerecht. Wäre das Werk unvollendet, so hätte es die Gemeinschaft fort- oder fertiggeschrieben; diese Arbeit wäre im besten Fall für

---

[6] Es ist zu fragen, ob der geographisch abrupte Wechsel durch die redaktionelle Tätigkeit des Evangelisten zustande gekommen ist, der die Brotrede mit den sie präludierenden Wundern am See Genezareth gruppiert und mit der Bezeichnung *jenseitiges Ufer* ein Signal an den Leser in den Text einfügt. Zudem hat schon R.T. Fortna, Source 7 Anm. 1, darauf hingewiesen, daß ähnliche Brüche auch an anderen Stellen im JE begegnen, die mit Blattvertauschungen in Verbindung gebracht werden; so der plötzliche Aufbruch in 2,13 oder 3,22.

[7] Vgl. z.B. H. Thyen, ThR 39, 302ff (Lit.); schon P.W. Schmiedel, RV I.8/10, 60f; anders z.B. P. Vielhauer, Geschichte 422f; E. Lohse, Entstehung 108f; zu den Textumstellungen s.a. R. Kysar, Gospel 2391f. Antike und moderne Beispiele für Blattvertauschungs-Hypothesen bieten H. Conzelmann/A. Lindemann, Arbeitsbuch 311. Als prominentes Beispiel sei hier nur die Voranstellung von Sir 33,13b–36,16a vor 30,25–33,13a in der griechischen Textüberlieferung genannt, die der originalen Abfolge im hebräischen Text, die auch in der altlateinischen Überlieferung bewahrt ist, widerspricht (vgl. ed. A. Ziegler 27 [Einleitung]; sowie jetzt kurz A.A. Di Lella 935). Dieses Beispiel belegt jedoch zugleich die aporetische Situation, in der sich die Rekonstruktion im Falle des JE befindet. Eine Vertauschung ist in der Antike möglich, aber zur Verifikation fehlt im JE eine ‚korrekte' Textgestaltung in der Überlieferung der Schrift als eine Basis zur Verifikation.

[8] Vgl. F.J. Moloney, JE I, 5; J. Frey, Leser 282f.

[9] Als Beispiel für diese häufiger genannte These vgl. H. Strathmann, JE 10 = Geist und Gestalt 17.

[10] H. Strathmann, JE 10 = Geist und Gestalt 17.

den Exegeten erkennbar, und es gibt nicht wenige Exegeten, die gerade in den Aporien solche Fort- oder Umschreibung erkennen.

Der vorliegende Text des Johannesevangeliums, z.B. in der 27. Auflage des „Nestle-Aland", läßt also begründet die Frage nach seiner Vor- und Nachgeschichte stellen. Er enthält jedoch sekundäre Ergänzungen, die unterschiedlich zu erklären sind; wichtig ist vor allem das Nachtragskapitel Joh 21,[11] das als *redaktionelle* Ergänzung zu erklären ist.[12]

Unsicherer sind demgegenüber die z.B. von Rudolf Bultmann angenommenen Ergänzungen der *kirchlichen Redaktion* als einer umfassenden Redaktionsschicht,[13] die insbesondere *futurisch-eschatologische* (z.B. Joh 5,28f),[14]

---

[11] So urteilt die Mehrheit der Kommentare und Monographien: vgl. z.B. U. Schnelle, Christologie 24–32; Einleitung 556. Es ist nicht unmöglich, daß dieses Kapitel selbst ein Wachstum durchlaufen hat, wie z.B. P. Hofrichter, Joh 21, 311ff, wahrscheinlich zu machen suchte. Doch sind die Gegenstimmen gegen die Annahme eines sekundären Zuwachsens von Joh 21 nicht verstummt: vgl. vor allem P.S. Minear; s.a. W.S. Vorster; G. Østenstad 48f u.ö.; nach C. Welck 313ff markiert 20,30f „den *Abschluß der Darstellung* (nicht des Buches) und den *Einsatz des Buchschlusses*" (307). Anders K. Berger, Anfang 21–25, der ebenfalls die Einheitlichkeit von Joh 1–21 verficht; Joh 21 schließt das Evangelium mit der Legitimation der Nachfolger ab (bes. 22ff).
      Eine Entwicklungslinie zeichnet Hartwig Thyen aus: In seinem noch literarkritisch und redaktionsgeschichtlich fragenden Vortrag „Entwicklungen innerhalb der johanneischen Theologie und Kirche im Spiegel von Joh. 21 und der Lieblingsjüngertexte des Evangeliums" (Entwicklungen 267f) stilisiert er bereits den Verfasser von Joh 21 zum vierten Evangelisten (auch aaO. 259f u.ö.; s.a. seinen Forschungsbericht, z.B. ThR 39, 52; ThR 42, 218; Heil 163f; Liebe 469f.473), bis er schließlich in seinem Vortrag vor dem *Colloquium Biblicum Lovaniense 1990* die literarkritische Frage endgültig aufgibt und von der ursprünglichen Einheit Joh 1–21 ausgeht (Johannes und die Synoptiker 84f; Johannes 10, 116f und jetzt Johannes 21, *passim*).

[12] Daneben ist ein textgeschichtliches Wachstum zu unterscheiden, das beispielsweise in Joh 5,3b–4 (spätere Erläuterungen zu V.3a; vgl. u. S. 218f.) und 7,53–8,11 (Jesus und die Ehebrecherin; vgl. z.B. B.M. Metzger, Commentary [1]219–222. [2]187ff; D.B. Wallace; s.a. die Einfügung bei den Texten des Sigels f^{13} nach Lk 21,38, bei der Minuskel 1333ᶜ nach Lk 24,53) zu finden ist; die Beurteilung der Perikope von der Ehebrecherin ist jedoch zunehmend umstritten; z.B. R. Staats 746: „Wahrscheinlicher als die Annahme ihrer Erdichtung durch die Großkirche ist die ihrer Eliminierung während der montanistischen Krise". S.a. Udo Borse, der in seinem erfrischenden Beitrag sucht sowohl die Probleme dieses Stückes im Kontext, als auch die Textgeschichte und das Entfernen zu bedenken. Der Evangelist habe die Passage in einer Überarbeitung seines Evangeliums eingefügt, in der frühen Handschriftenüberlieferung sei die Episode aufgrund ethischrechtlicher Vorbehalte wieder getilgt worden (65ff). Probleme bereitet allerdings weiterhin die zumeist unjoh. Sprache dieser kurzen Episode, die deshalb nicht zum Redaktionsprozeß des JE zu rechnen ist.

[13] Vgl. z.B. R. Bultmann, Johannesevangelium 841; zum 1Joh: ders., Johannesbriefe 837. Auch in dieser Frage entfaltet Alexander Faure, der für die Entwicklung der These von der joh. Wunderquelle von Gewicht ist, mit Bultmann vergleichbare Gedanken in ähnlicher Terminologie: aaO. 119–121.

[14] Damit soll nicht bestritten werden, daß in Joh 5,28f eine Joh 5,26f ergänzende Glosse vorliegt. Die Nachahmung der vorangehenden Verse spricht für eine Korrektur im

sakramentale Texte, die in das eigentlich gegen Sakramente ausgerichtete Evangelium und den 1Joh eingetragen worden seien (Joh 3,5 [Taufwasser]; 6,51–58 [Herrenmahl]; 19,34f),[15] sowie Angleichungen an die synoptischen Evangelien umfassen soll.[16]

Immerhin ist aufgrund literarischer und sprachlicher Beobachtungen aber die sakramentale Deutung der Brotrede (vor allem 6,51c–58) als eine sekundäre Interpretation zu verstehen. Diese Deutung scheint aber keine unjoh.-kirchlichen Vorstellungen in das Evangelium einzutragen, sondern formuliert Gedanken der Brotrede weiter und spitzt sie sakramental zu. Im Verdacht, sekundäre Erweiterungen zu sein, stehen auch die *Lieblingsjüngertexte*;[17] doch ist zunächst das Postulat einer einheitlichen Lieblingsjüngerschicht oder -theologie zu hinterfragen, so daß in bezug auf die Ausscheidung dieser Abschnitte ebenfalls Zurückhaltung anzuraten ist.

Die Notwendigkeit, mit einer *redaktionellen Nachgeschichte* am JE zu rechnen, läßt sich mit dem Hinweis auf Joh 21 hinreichend begründen. Dennoch führt eine Überproportionierung des ergänzten Stoffes in methodische Unsicherheiten, zumal auch die Textgeschichte keinen Anhalt hierfür bietet.

Andererseits scheint aber die Bewahrung und Weitergabe des vierten Evangeliums nicht ohne Ergänzungen, vornehmlich als Anhang und durch allmählich in den Text geratene ,Anmerkungen' bzw. ,Glossen' sich aus dem Schulzusammenhang erklären zu lassen.[18] Es ist geradezu ein Zeichen der Bedeutung und Beschäftigung mit dieser Schrift, daß sich Spuren solcher Reflexion finden. Beachtenswert ist, daß glossare Bemerkungen Teil eines kommunikativen Prozesses sind, mit dem chirographische Texte der Oralität näherstanden, in der eine Rede weniger Monolog als Interaktion mit ihrem Publikum war.[19] Somit ist zwar primär *mit einer komplexen Entstehungsgeschichte des JE zu rechnen*, die sehr unterschiedlichen Traditionsstoff zu einer nicht immer spannungsfreien Einheit führend rezipiert hat, aber auch mit Anmerkungen

---

Sinne der ,klassischen', späterhin ,kirchlichen' Eschatologie, wobei der Text des Evangeliums nicht gestrichen, sondern uminterpretiert wird.

[15] Das Postulat einer antisakramentalen Ausrichtung des joh. Kreises vermag nicht zu überzeugen; eine Kenntnis und Praxis (!) der Taufe sowie des Herrenmahls ist im joh. Schrifttum nicht zu bestreiten (Joh 3,3.5; 1Joh 5,6b.8 [vgl. z.B. U. Schnelle, Taufe 664; anders auch hier R. Bultmann, JohBr 83f]; s.a. Joh 3,22; 4,1.3).

[16] S. auch u. S. 65.

[17] Schon E. Schwartz, Aporien I, 342ff; IV, 514, wies die Lieblingsjüngertexte der Redaktion des JE zu; H. Thyen, Entwicklungen 267.274ff: Einträge des Verfassers von Kap. 21 (ähnlich schon J. Weiß/R. Knopf 611; jetzt auch J. Kügler, bes. 418–420); s.a. z.B. J. Becker, JE II, [1]436. [3]518f; anders R. Bultmann, JE 369 u.z.St.: außer 19,34bf; 21,20–23. 24 Einträge des Evangelisten in seine Quelle; s.a. T. Lorenzen 12ff, bes. 73; u.a.

[18] Zu diesem Phänomen als Lektüre des Evangeliums durch die joh. Schule s.a. J. Zumstein, Prozeß 405. Für diese Praxis im antiken Schrifttum vgl. z.B. W. Schubart 93ff. Vgl. die Angleichung der johanneischen Darstellung in 4,1.3 an das synoptische Jesusbild durch Joh 4,2 (vgl. z.B. J. Wellhausen, JE 20); s.a. theologisch reflektierend Joh 4,50b (s.u. S. 184).

[19] S.a. W.J. Ong 132, der im Versehen von Manuskripten mit Bemerkungen einen „Dialog mit der Welt außerhalb ihrer Grenzen" erkennt.

und Ergänzungen, mit denen das vierte Evangelium während der Tradierung im joh. Kreis wie andere antike Schriften auch versehen wurde. Die JohBr (und Apk) geben ein Kriterium neben anderen für den Nachweis *älterer* Stoffe im JE ab.

3.2 Die Literarkritik.[20] Ein Lösungsversuch[21]

3.2.1 Anfänge der Literarkritik im Horizont der Verfasserfrage

Die Erklärung der joh. ‚*Aporien*' wurde in der Forschung mit der Annahme einer *Grundschrift* oder durch *Quellenhypothesen* versucht; ihre Wurzeln liegen in der Bemühung des letzten Jahrhunderts, wenigstens für einen Teil des Stoffes die Verfasserschaft durch den Apostel Johannes zu retten[22] und durch diesen Augenzeugen Informationen zur Rekonstruktion der Lehre oder der Geschichte Jesu zu erhalten.[23]

Zu nennen sind z.B.[24] die Arbeiten von Christian Hermann Weiße,[25] Daniel Schenkel,[26] Alexander Schweizer, Ernest Renan,[27] Heinrich Karl Hugo Delff,[28] Hans Hinrich Wendt[29] und Friedrich Spitta.[30]

---

[20] Zur literarkritischen Methodik vgl. jetzt O. Merk 222ff.

[21] Vgl. zum folgenden auch die Bibliographien von E. Malatesta und G. van Belle sowie die Forschungsberichte von J. Becker, Literatur 294ff; R. Kysar, Evangelist 10–54; U. Schnelle, Christologie 12–36; H. Riedl 19–104; s.a. die exemplarischen Darstellungen bei W. Lütgehetmann, Wundererzählung 41ff (zu Joh 2,1ff) und J. Wagner 42ff (zu Joh 11).

[22] Allerdings stammen die ältesten Versuche literarkritischer Differenzierung von denen, die die apostolische Verfasserschaft des JE als erste hinterfragten: J.C.R. Eckermann, Ueber die eigentlich sichern Gründe des Glaubens an die Hauptthatsachen der Geschichte Jesu; und über die wahrscheinliche Entstehung der Evangelien und der Apostelgeschichte, in: ders., Theologische Beyträge V.2, 1796/97, 106–256, der einen apostolische Aufsätze nutzenden Verfasser annahm; eine ausgeführte Quellenscheidung jedoch führte er nicht durch (ähnlich z.B. G.K. Horst, Ueber einige anscheinende Widersprüche in dem Evangelium des Johannis, in Absicht auf den Logos, oder das Höhere in Christo, in: MRW 1, 1803/04, 20–46: 41ff: Quellen; H.H. Cludius, Uransichten des Christenthums nebst Untersuchungen über einige Bücher des neuen Testaments, 1808: Überarbeitungen). – Vgl. zu den Genannten: W.G. Kümmel, Das Neue Testament 101.

[23] Z.B. H.H. Wendt, Lehre 32f. Vgl. das Urteil bei W. Bousset, Evangelium, bes. 1ff.

[24] Vgl. zum folgenden W. Bousset, Evangelium 1–11; E. Schürer 7.8f.11f.

[25] C.H. Weiße, Geschichte I, 183ff; in kritischer Aufnahme des eigenen Ansatzes: ders., Evangelienfrage 56–58. 111–118.

[26] D. Schenkel, Über die neuesten Bearbeitungen des Lebens Jesu, in: ThStKr 13, 1840, 736–808, 752ff; dem Fortgang der Forschung trägt sein ‚*Charakterbild Jesu*' Rechnung: Zunächst wird unter grundsätzlicher Anerkennung der Tübinger Kritik mit (auch von Paulus beeinflußten) Erinnerungen des Apostels gerechnet (Das Charakterbild Jesu, 1864, 33ff; [3]1864, 24ff); schließlich löst er das JE gänzlich vom Zebedaiden ab (Das Christusbild der Apostel und der nachapostolischen Zeit, 1879, 188f).

3.2.2 Grundschrift–Hypothesen

Die klassische Antwort auf die Quellenfrage des vierten Evangeliums ist die
Annahme einer Grundschrift, die durch einen oder mehrere Autoren überarbeitet worden ist.[31]

So unterzog zu Beginn dieses Jahrhunderts Julius Wellhausen in zwei Untersuchungen das JE einer gründlichen Analyse.[32] Seinen Beobachtungen und
denen von Eduard Schwartz über die ,Aporien des JE' muß sich auch heute
die Exegese stellen, wenn sie das joh. Problem einer Klärung zuführen will. Ihre Beobachtungen bilden daher die Grundlage für die Mehrzahl der literarkritischen Entwürfe.

Anders als sein jüngerer Zeitgenosse Hermann Gunkel zeigte Wellhausen wenig Interesse an einer mündlichen Vorgeschichte der biblischen Dokumente.[33] So entwickelte er
ausgehend von der Beobachtung verschiedener Brüche, Einfügungen und Sprünge in den
Erzählungen des vierten Evangeliums sowie von Disharmonien und Varianten in den Reden[34] eine am Primat der Literarkritik orientierte Lösung der joh. Probleme in der Annahme einer *Grundschrift* (mit dem Buchstaben „A" gekennzeichnet). Formal bestand diese

---

27 Ernest Renan, der nicht den Rede-, sondern den Erzählstoff als joh. klassifiziert (ders.,
    Das Leben Jesu, Geschichte der Anfänge des Christentums 1, 1864; Les évangiles et se-
    conde génération chrétienne, Histoire des origines du Christianisme 5, 1877, 428f;
    L'église chrétienne, Histoire des origines du Christianisme 6, 1879, 47ff).
28 H. Delff, Die Geschichte des Rabbi Jesu von Nazareth, 1889; Das vierte Evangelium, ein
    authentischer Bericht über Jesus von Nazareth, 1890.
29 H.H. Wendt, Johannesevangelium; Lehre 33–44; Schichten *passim*; s.a. ders., Johannes-
    briefe. Charakteristisch ist, daß Wendt die chronologische Priorität des Redestoffs ge-
    genüber dem Erzählstoff vertritt. Diese schriftlich verfaßte Redeschicht, die Jesusreden
    aus Jerusalem oder vom Weg dorthin enthält, stamme vom Zebedaiden Johannes (bes.
    aaO. 103–106; Lehre 39.40f). Die Wundergeschichten spiegeln demgegenüber das Den-
    ken der nachapostolischen Zeit wider, da sie die Messianität herausstellen und den
    Glauben daran hervorrufen (aaO. 34). In der Komposition sind die Reden und die unge-
    schichtlichen Erzählstücke jedoch aufeinander bezogen: „Die geschichtlichen Thaten Je-
    su erscheinen in diesen Fällen wie sinnbildliche Veranschaulichungen der höheren Vor-
    gänge, von denen er redet." (aaO. 35).
30 F. Spitta: *Grundschrift* des Augenzeugen und Zebedaiden Johannes, die der späteren
    Dogmatik noch fern steht, und spätere *Bearbeitung* durch einen Heidenchristen, der
    auch aus den Synoptikern schöpft.
31 Einfache GS-Hypothesen finden sich z.B. auch bei E. Hirsch, Studien; Evangelium; W.
    Langbrandtner (unter Nutzung der religionsgeschichtlichen Methodik); H. Thyen, Ent-
    wicklungen: Verfasser von Joh 1–21 als Evangelist, der eine GS verarbeitet.
32 J. Wellhausen, Erweiterungen; JE; hierzu s.a. die Darstellungen bei U. Schnelle, Chri-
    stologie 12ff; W. Schmithals, Johannesevangelium 103ff. Zu Wellhausens Beitrag für
    die ntl. Exegese insgesamt vgl. N.A. Dahl *passim* (zu JE: 220–222.225); M. Hengel,
    Einleitung *passim*; s.a. die Würdigung durch R. Smend, Beziehungen 8–10.
33 Vgl. z.B. R.C. Culley 32f; L. Perlitt, Julius Wellhausen 36. Die Lösungsvorschläge für
    das vierte Evangelium bedeuteten keine grundsätzliche Bestreitung der Bedeutung der
    mündlichen Tradition für Markus; vgl. z.B. J. Wellhausen, Einleitung 37. 45; hierzu s.a.
    F. Hahn, Formgeschichte 436 mit Anm. 29; J. Timmer 20, der Wellhausen hinsichtlich
    seiner Analyse der synoptischen Evangelien als „form-critic" anspricht.
34 J. Wellhausen, JE 3f.

Evangelienschrift, deren Aufbau dem MkEv ähnelte, im wesentlichen aus Erzählstoff. Dieses Werk ist eine „originale Schöpfung einer ausgesprochenen Persönlichkeit, eines wirklichen Autors".[35] Ein wichtiges Hilfsmittel der Rekonstruktion der Ergänzungen ist 1907 der Hinweis auf die Nähe zum 1Joh.[36] Doch in seinem Kommentar zum JE sieht sich Wellhausen zu weiterer Differenzierung gezwungen; die GS sei durch – und darin ist er den modernen Varianten schon sehr nahe – *mehrere* „Epigonen" überarbeitet.[37] Neben dem Festreiseschema sowie Eintragungen und damit Angleichungen an die synoptischen Evangelien stehen auf dem Konto der Überarbeitungen insbesondere die Erweiterungen und Gestalt der Rede- und Dialogpassagen.

Wenn Wellhausen dennoch das JE insgesamt als „Einheit" bezeichnen kann, so ist dies terminologisch von gegenwärtigen Versuchen, die Einheit des vierten Evangeliums zu fixieren, streng zu trennen; die Einheit wird von Wellhausen gerade nicht in der Bedeutung für die Exegese gesehen, sondern für die historische Frage, insofern „die Erweiterungen zumeist aus demselben Kreis stammen".[38]

Der Gedanke, daß hinter der heutigen Gestalt des Evangeliums die Arbeit mehrerer Hände zu sehen ist, führt zu einer besonderen Ausformung der GS-Hypothese, die eine durch mehrere Schichten überarbeitete GS annimmt; hier *Mehr-Schichten-Hypothese* genannt.[39]

Vier Phasen umgreift die Hypothese der französischen Exegeten Marie-Émile Boismard und Arnaud Lamouille.[40]

---

[35] J. Wellhausen, JE 102.

[36] So könnten nach J. Wellhausen, Erweiterungen 30–32, Joh 19,34f.37 sowie 6,53–56 vom Verfasser des 1Joh stammen; s.a. aaO. 38.

[37] J. Wellhausen, JE 100; vgl. 6: „Produkt eines literarischen Prozesses, der in mehreren Stufen vor sich ging"; s.a. E. Schwartz, Aporien IV, 559.

[38] J. Wellhausen, JE 119.

[39] Vgl. z.B. auch J. Ashton, Understanding 162–166. 246: „successive editions and reworkings", die zur Entstehung des vierten Evangeliums geführt haben (vgl. die Darstellung bei G. van Belle, Signs Source 287–299; die kritischen Bemerkungen von H. Riedl 106 beziehen sich auf van Belles Bewertung Ashtons; dazu folgendes: Ashton rechnet mit einer SQ, der Verhältnis zum Passionsbericht in der Schwebe gehalten wird: Ashton, Interpretation 164.); R.E. Brown, JE I, XXXIVff (vgl. die Auflistung bei W. Lütgehetmann, Wundererzählung 74f Anm. 3); L. Schenke (vgl. die im Literaturverzeichnis genannten Beträge dieses Verfassers zum JE; z.B. Brotvermehrung 152ff); W. Wilkens, Entstehungsgeschichte *passim*: GS und zweifache Überarbeitung aus einer Hand (s.a. ders., Abendmahlszeugnis 368f mit Anm. 52; vgl. die Darstellungen bei R. Kysar, Evangelist 42ff, Lütgehetmann, aaO. 67 mit Anm. 2–4); 1969 vereinfacht Wilkens seine Annahme zu einer GS-Hypothese mit Ergänzungen (Zeichen *passim*; zum Ganzen s.a. W. Schmithals, Johannesevangelium 189f); B. Lindars, JE 46–54; John 39 (in die zweite Edition gehören beispielsweise der Prolog, Joh 1,1–18, die Kap. 6; 15f; 17 sowie die Auferweckung des Lazarus, Joh 11,1–44, die die Umstellung der Tempelreinigung nach 2,13ff veranlaßt haben soll); zu den Schichten s.a. die Tabelle bei Kysar, aaO. 49.

[40] M.-É. Boismard/A. Lamouille, JE 9–70; zu den Rekonstruktionen vgl. z.B. J. Becker, Johannesevangelium 31; F. Neirynck et al. 9–21; J. Murphy-O'Connor 92–98, bes. 94f. Aus der Zahl der tabellarischen Übersichten, die das Verständnis dieser komplexen Theorie zu erleichtern suchen, ist D.M. Smith, John among the Gospels 143, als gut les-

Diese These besagt, daß ein wohl noch aramäisch abgefaßtes *„Document C"*, das um 50 n.Chr. vom Zebedaiden Johannes oder von Lazarus (Joh 11) in Palästina verfaßt ist, durch drei andere Schichten erweitert wurde. Dieses Document C ist zugleich eine Vorlage von Proto-Lukas, so daß nach der Theorie von Boismard und Lamouille auch das Verhältnis Johannes – Synoptiker in einem neuen und sehr diffusen Licht erscheint. Zunächst ergänzt den Text der *Presbyter Johannes*,[41] ein palästinischer Jude, zwischen den Jahren 60 und 65 noch in Palästina zu *Jean IIA*; in diese Phase fällt die Ergänzung zweier Wundergeschichten: 6,1ff (die Speisung der 5000); 5,1ff (die Heilung des Lahmen).[42] Danach erweitert derselbe Verfasser diese Schrift zu *Jean IIB*, das nun den typischen joh. Evangelienaufriß erhält. In diese Phase (zwischen 90 und 125; wahrscheinlich um 100[43]), in der auch erste Ergänzungen aus den Synoptikern vorgenommen werden (so der wesentliche Stoff des Seewandels Jesu: Joh 6,16ff, der in Jean C lediglich Joh 6,19b–20 umfaßt hat und zu den Ostererscheinungen Jesu vor den Jüngern gerechnet wird[44]),[45] fällt in Ephesus auch die Abfassung der Johannesbriefe. Die letzte Schicht *Jean III* sei bereits im 2. Jh. durch einen *anonymen Judenchristen* der joh. Schule ebenfalls in Ephesus unter erneuter Einbeziehung synoptischen Stoffes ergänzt worden.[46] Die Abgrenzungskriterien der einzelnen literarischen Schichten sind einerseits stilkritische, andererseits theologische Beobachtungen.

Statt einer detaillierten Kritik können hier nur einige Probleme aufgezeigt werden. Kritisch muß der frühe Ansatz von *Doc. C* betrachtet werden, der eine autoptische Verbindung zur Jesustradition zieht, wie sie sich aus dem Text des JE kaum absichern läßt. Daß dieses Dokument selbst auf vorsynoptische Quellen eingewirkt hat,[47] bleibt eine methodisch kaum zu sichernde Behauptung. Im einzelnen nehmen die Verfasser zudem umfangreiche Dislozierungen zwischen den einzelnen Schichten vor, die sich weder methodisch kontrollieren noch rechtfertigen lassen. Insgesamt kann die These durch zahlreiche historisch nicht belegbare Annahmen und Verbindungslinien nicht überzeugen.[48]

Als Mehr-Schichten-Hypothese läßt sich auch die GS-Hypothese des ehemaligen Freiburger Jesuiten Georg Richter bezeichnen.[49] Zu unterscheiden sind in diesem Modell drei bzw. fünf Schichten,[50] die sich anhand unterschied-

---

bar zu nennen; hier werden auch die angenommenen Seiteneinflüsse auf Jean II-B kenntlich gemacht (Paulus und Qumran).

[41] M.-É. Boismard/A. Lamouille, JE 69f.

[42] M.-É. Boismard/A. Lamouille, JE 26f.

[43] M.-É. Boismard/A. Lamouille, JE 68.

[44] M.-É. Boismard/A. Lamouille, JE 186ff.

[45] M.-É. Boismard/A. Lamouille, JE 47; hierzu auch I. Dunderberg, Johannes 19.

[46] M.-É. Boismard/A. Lamouille, JE 48. 70.

[47] M.-É. Boismard/A. Lamouille, JE 67. 303. u.ö.; vgl. „Schéma 2 (tome III)" bei F. Neirynck et al. 9; Belege: aaO. 9ff; Jean II A → MtEv.

[48] Vgl. zur Kritik z.B. F. Neirynck et al. *passim*; J. Becker, Johannesevangelium 31.

[49] Da ein geplanter Kommentar zum JE am vorzeitigen Tod Richters scheiterte (vgl. J. Hainz im Vorwort zu Richter, Studien, VII; A.J. Mattill 294; s.a. Richter, Fleischwerdung 193 Anm. 242), ist diese These aus seinen einzelnen Aufsätzen zu rekonstruieren (gesammelt in: ders., Studien). Ein wichtiges Hilfsmittel stellen die Darstellung von A. Dauer, Schichten, sowie die Analyse der christologischen Kontroversen, wie sie Richter anhand des JE entwickelt hat, von Mattill 297ff dar; s.a. R.E. Brown, Community 174ff; U. Schnelle, Christologie 33ff; J. Hainz 172–176; J. Wagner 89–92. Eine intensive Einzelanalyse aufgrund dieser Theorie wurde für Joh 11 von Wagner vorgelegt (dazu s.u.).

[50] Die Traditionen der GS bilden nach G. Richter, Eschatologie 354 Anm. 39, keine Schicht, sondern setzen eine eigene „Vorgeschichte" voraus; Ähnliches ist wohl auch zu den späteren Ergänzungen zu sagen (aaO. 357 Anm. 50).

licher, einander bisweilen ausschließender, *christologischer Vorstellungen* differenzieren lassen:

Ausgangsbasis bildet eine *judenchristliche Grundschrift* (= GS), in die *ältere*, z.T. schriftliche *Traditionen* (beispielsweise eine Zeichen-Quelle[51])[52] eingearbeitet wurden. Die GS trägt einen doppelten apologetischen Charakter, indem sie sich, vor allem mit den in ihr berichteten Wundergeschichten, gegen die Leugnung der Messianität Jesu durch die Synagoge (so zeige es z.B. der Abschluß Joh 20,30–31a), die die judenchristliche Gruppe aus ihren Reihen ausgeschlossen habe (9,22; 12,42; s.a. 16,2 [stammt aber vom sekundären Redaktor]),[53] und gegen Anhänger des Täufers wendet. Jesus ist für sie der Mensch, ein Sohn des Joseph aus Nazareth, den Gott zu seinem Messias erwählt hat.[54] Ihre Christologie sei durch die Vorstellung des Messias als des *Propheten wie Mose* (Dtn 18,16.18) geprägt, der Zeichen wirkt (vgl. bes. Joh 1,29–34.[55]45.46; 6,14; 7,31).[56] Lokalisiert wird diese Gruppe im nördlichen Palästina, Syrien oder im Transjordangebiet.[57] Wohl unter gnostischem Einfluß[58] sagt sich eine Gruppe von der judenchristlichen Gemeinde los. Der Redaktor der GS, der aus jenem Kreis stammt, wird als *Evangelist* angesehen (Ergänzung z.B. des Prologs 1,1–13; Ergänzungen von Reden). Er widerspricht jedoch der ihm vorgegebenen judenchristlichen Tradition teilweise äußerst massiv.[59] Christologisches Proprium dieser Schicht ist, daß der *präexistente Gottessohn* (charakteristisch wäre die Einfügung in 20,31: ὁ υἱὸς τοῦ θεοῦ, καὶ ἵνα πιστεύοντες ζωὴν ἔχητε ἐν τῷ ὀνόματι αὐτοῦ) vom Vater gesandt wurde und aus dem Himmel herabgestiegen ist, um den Menschen Heil zu bringen; er ist „der eschatologische Heilbringer".[60] So stellt der Evangelist Jesus in den Rahmen seiner *präsentischen Eschatologie* (vgl. auch die Korrekturen futurisch-eschatologischer Aussagen [5,24ff; 11,24ff][61]). Am Glauben oder Unglauben gegenüber dem Gottessohn entscheidet sich des Menschen Heil bzw. Unheil (z.B. 1,1–13; 8,27f; 12,16).

Gegen doketischen oder gnostischen Einfluß und Spaltungen (wobei man sich auf den Evangelisten berufen zu können glaubte; dies Geschehen ist gespiegelt in den JohBr: z.B. 1Joh 2,1.18f; 4,1.5.)[62] wird dieses Evangelium durch einen *antidoketischen Redaktor* überarbeitet (z.B. 1,14–18; 6,51c–58; 19,34f; 20,24–29 [diese antidoketische Geschichte dient wiederum als Absicherung für die antidoketische Interpretation des Abschlusses 20,30f]).[63] Daß dieser Redaktor, der aus dem Umkreis des Verfassers des 1Joh oder 2Joh kommt, zur

---

[51] G. Richter, Semeia-Quelle 287.

[52] G. Richter, Element 404 Anm. 79. Zum Umfang der Grundschrift s.a. ders., Semeia-Quelle 287 Anm. 18.

[53] Damit blicken die Aposynagogos-Aussagen in der Perspektive Richters bereits auf den vollzogenen Ausschluß zurück.

[54] Z.B. G. Richter, Element 397.401; Eschatologie 355.

[55] Hierzu z.B. G. Richter, Element 387f mit Anm. 26; als Begründung wird eingebracht, daß „Sühne und Sündentilgung ... ein mosaisches Motiv" ist.

[56] G. Richter, Vater 267f; Tradition 288f; Eschatologie 355; Tauferzählungen 324f; Element 388 mit Anm. 26. 401f. 404.

[57] G. Richter, Element 402.

[58] Vgl. G. Richter, Eschatologie 371f; Element 405f: Einfluß des „häretisch-gnostizierenden Judentums" der Täufersekte.

[59] Vgl. etwa G. Richter, Tradition 289; u.ö.

[60] G. Richter, Eschatologie 356.

[61] Vor allem G. Richter, Eschatologie 365ff.

[62] Hierzu G. Richter, Fleischwerdung *passim*; Eschatologie 374; Element 410f; u.ö. Bei A. J. Mattill 306 als Phase 3 bezeichnet; diese Phase hinterläßt jedoch keine Spuren im vierten Evangelium, so daß sie in der Betrachtung der *literarischen* Entstehung keine eigene Schicht repräsentiert.

[63] G. Richter, Fleischwerdung, bes. 184; s.a. ders., Eschatologie 359; Element 409f.

Gemeinde gehört, macht seine Arbeit ebenfalls zu einem *innerjoh. Phänomen*; dies unterscheidet Richters Arbeit wiederum von der Vorstellung einer Kirchlichen Redaktion, obgleich auch seiner Ansicht nach das vierte Evangelium erst durch diese Ergänzungen für die Rezeption der Großkirche befähigt wurde. Von diesem Redaktor oder aus seiner Anhängerschaft stammen denn auch die JohBr. Zu dieser letzten Schicht werden *spätere Ergänzungen* hinzugefügt (z.B. Kap. 21).[64]

Hervorstechend an der Deutung Richters ist, daß er die Quellen und ihre Redaktionen konsequent in die frühchristliche Geschichte und insbesondere in die Auseinandersetzungen der joh. Schule verortet. Theologische und christologische Differenzen werden anerkannt und mit der Auseinandersetzung eines frühchristlichen Gemeindeverbandes um die rechte Interpretation des Christusgeschehens und seiner Bedeutung für das Leben und das Heil der Gemeinde in Beziehung gesetzt. Richter erkennt auch, daß der Konflikt mit der Synagoge kein gegenwärtiges Problem des Evangelisten ist, sondern ein Problem der aufgenommenen Tradition (der verwendeten GS). Die Analyse der theologischen bzw. christologischen Gegensätze ist in der joh. Kritik auch auf den Spuren von Richter zu einem Kriterium der Quellenscheidung bzw. der Differenzierung zwischen Tradition und Redaktion geworden. Dies ist jedoch nicht unwidersprochen geblieben; so bestreitet diesen Gegensatz zwischen Tradition und Redaktion besonders Raymond E. Brown: „The material that came from origins of the community was taken over because it was agreed with, and the new Johannine ideas were understood (correctly or incorrectly) as the true interpretation of the original material."[65] Der Einwurf ist insofern berechtigt, als der absolute Gegensatz zwischen Tradition und Redaktion, der in Richters Analyse gesetzt ist, eher eine Unterdrückung des Materials provoziert hätte. Andererseits muß gegen Brown daran erinnert werden, daß das vorausgesetzte Muster einer orthodoxen Gruppe und nichtorthodoxer Widersacher für die Zeit der Entstehung der neutestamentlichen Schriften zu schematisch ist. Die Auseinandersetzungen um das richtige Verständnis des Christusgeschehens fanden in den Gemeinden selbst statt. Diese Kontroversen schließen im einzelnen nicht die kritische Übernahme der Traditionen, die oft in den ‚umkämpften' bzw. umworbenen Gemeinden bekannt oder anerkannt waren, aus; die Uminterpretation des Traditionsgutes bewahrt trotz Neu-(oder auch Rück-) Interpretation ein gemeinsames Fundament. Es ist allerdings zu fragen, ob hinter der Tradierung eines Textes nicht ein Einverständnis zu erwarten ist. Wären dann nicht antidoketische und doketische Traditionen im vierten Evangelium literarisch gegeneinanderzustellen, sondern theologisch ins Verhältnis zu setzen? Problematisch ist das theologische Argument für die Rekonstruktion der Quellen, das gleichartige Theologie ohne weitergehende literarkritische Kriterien derselben Schicht zuordnet.[66] Eine gleichartige Theologie bzw. Christologie ist noch kein Beleg für eine Zuordnung eines Traditionsstücks zu einer Quelle. Dies Problem wird insofern forciert, als Richter konzediert, daß der antidoketische Redaktor „(p)raktisch … eine Rückbildung mancher Anschauungen des Evangelisten in Richtung auf die Tradition des Judenchristentums" vorlegte.[67] Verwässert die Annahme solcher Rückbildung nicht die Entscheidungskriterien um ein methodisch kaum erträgliches Maß?

Da Richters Aussagen oftmals nur indirekt erschlossen werden können und die Durchführung seiner Grundlegungen in einem Kommentar ihm verwehrt

---

[64] G. Richter, Eschatologie 357 Anm. 50.
[65] R.E. Brown, Community 28. S.a die m.E. allerdings zu apodiktischen Überlegungen von K. Backhaus, Täuferkreise 279: „… die Geltungsansprüche solcher Antagonisten (mit denen sich der ntl. Text auseinandersetzt; Vf.) erscheinen der ‚orthodoxen' Überlieferung naturgemäß nicht tradierfähig" (vgl. 290; s.a. K. Berger, Gegner 375). Gelegentliche „Traditionssplitter" will allerdings zu Recht auch Backhaus nicht ausschließen (Täuferkreise 279).
[66] Vgl. A. Dauer, Schichten 72.
[67] G. Richter, Element 411.

geblieben ist, ist ein Seitenblick auf die in den Spuren Richters wandelnde Arbeit von Josef Wagner angebracht, und zwar in Hinblick auf die Fragestellung unserer Untersuchung, d.h. die Wundererzählungen des vierten Evangeliums.

Anders als Richter zeigt sich Wagner bei der Ausarbeitung der Richterschen Grundschrifthypothese skeptisch gegenüber der Annahme einer vorgrundschriftlichen Wunderquelle:[68] „... man (wird; Vf.) sagen dürfen, daß es eine reine Wundersammlung, die der Grundschrift vorlag und alle Wunder des Johannesevangeliums enthielt, wohl kaum gegeben haben dürfte ...; höchstens die beiden Kana-Wunder waren schon verbunden – für Joh 6,1–21 ist die traditionelle Verbundenheit zweier Wunder ohnehin kaum umstritten."[69] Wagner sieht in der Ausweitung des Stoffes, der der Wunderquelle zugerechnet wird, bereits einen Schritt in Richtung der Annahme einer Grundschrift; es wird von ihm als inkonsequent bewertet, daß formal abweichende Stoffe der Wunderquelle zugerechnet werden. Zudem reiche auch der Hinweis auf die formale Einheitlichkeit des Stoffes kaum für die Annahme einer Wunderquelle aus. Als Analogie werden in der Forschung die mk. Wundersammlungen genannt, allerdings bewegt sich nach Wagner die Forschung in einem exegetischen Zirkel, wenn sie die Existenz der frühchristlichen Sammlungen jeweils durch die Behauptung der Existenz der in der anderen Schrift rekonstruierten Quellen zu erweisen sucht. Weiterhin fehle eine überzeugende gattungsgeschichtliche Analogie für diese Wundersammlungen. Hinweise auf die Existenz der GS und ihrer Interpretation und Sammlung der Wunder findet er in der Schlußbemerkung Joh 20,30f und der Interpretation durch den σημεῖα-Begriff, die er bis auf 4,48 dem Verfasser der Grundschrift zuschreibt.[70] Die Zählung der beiden Kanawunder weise bestenfalls auf die Zusammenstellung dieser beiden Geschichten. Daß erst der Evangelist die Wundergeschichten aufgenommen habe, verbiete sich, da er „mit deren Theologie ... nicht einverstanden sein konnte".[71]

Anstelle einer aufgenommenen Wunderquelle stellt sich Wagner der Frage nach der vorgrundschriftlichen Vorgeschichte der joh. Wunder, d.h. im Kontext seiner Untersuchung der Vorgeschichte der Auferweckung des Lazarus, um deren Freilegung er sich bemüht.[72] Die judenchristliche Grundschrift sei für eine gemeinsame prophetisch-messianische Interpretation der Wundergeschichten verantwortlich.[73] Über Richter hinausgehend wird diese Grundschrift mit der These von Klaus Wengst in Einklang gebracht: In den Gebieten Gaulanitis und Batanäa betreibt die Gemeinde der Grundschrift in Konkurrenz mit Täuferkreisen oder Pharisäern Mission (ca. 60–70 n.Chr.). Dies findet gegen Richter noch unter dem Dach des Judentums statt,[74] so daß das „Trauma" des johanneischen Kreises, der Synagogenausschluß, „die Theologie des Evangelisten prägend bestimmt".[75] Wie Richter sieht Wagner in der abschließenden Redaktion eine antignostische und antidoketische Korrektur gegen eine gnostische Rezeption des Evangeliums.[76]

Die von Wagner genannten Kritikpunkte an der SQ-Hypothese sind beachtenswert und berühren sich in mancher Hinsicht mit der ein Jahr früher gedruckten Habilitationsschrift von Udo Schnelle. Der entscheidende Unterschied zwischen beiden Arbeiten liegt in der Beurteilung der Interpretation der Wunder als σημεῖα: Denkt Wagner an den Verfasser der Grundschrift, so geht diese nach Schnelle auf den Evangelisten zurück (außer Joh 2,18;

---

68 J. Wagner 347–361.
69 J. Wagner 360f.
70 S.a. J. Wagner 402f.
71 J. Wagner 402.
72 Vgl. J. Wagner 335ff.
73 J. Wagner 417.
74 J. Wagner 458f.
75 J. Wagner 459.
76 J. Wagner 459f.

6,30).[77] Wagners Überlegungen verbleiben im wesentlichen auf der Stufe der Wunderinterpretation von Rudolf Bultmann und Jürgen Becker stehen, die die Wundergeschichten als einen Fremdkörper gegenüber der Theologie des vierten Evangelisten ansehen. Die Abwertung der Wunder für die Theologie und Christologie des vierten Evangeliums ist ein wesentliches Problem dieser durch ihre geschlossene Argumentation ausgezeichneten Arbeit. Ist beim Evangelisten aber keine theologisch wertende Ablehnung der Wundertradition zu entdecken, sondern, wie mir scheint, ein positiver, wenngleich auch differenzierender Gebrauch der Wunderüberlieferung, und ist die σημεῖα-Interpretation dem Evangelisten nicht abzusprechen, so verliert die Grundschrifthypothese von Wagner zu einem wichtigen Teil ihre Umrisse und kann in dieser Arbeit nicht als Arbeitsgrundlage akzeptiert werden.

Es bleiben also auch im Zusammenhang der Hypothese von Richter und Wagner eine Reihe von Fragen offen, so daß auch sie keine überzeugende Lösung der ‚Aporien‘ bietet.

Einen Versuch, die bisher vorgestellten Lösungsansätze zu integrieren, legt Walter Schmithals in seinem Buch „*Johannesevangelium und Johannesbriefe*‘ vor.[78] Da sich das quellenkritische System der Johannesinterpretation von Rudolf Bultmann „nicht bewährt" habe,[79] bezieht sich Schmithals besonders auf die Analysen von Julius Wellhausen und Eduard Schwartz sowie andererseits den Überlegungen von Georg Richter.[80] Die Einheit steht für das literarische Modell von Schmithals am Beginn der Entstehungsgeschichte des vierten Evangeliums. Sie wird durch den „etwa eine Generation nach der Grundschrift, also um 140" schreibenden *Evangelisten* aufgebrochen,[81] der mehr oder minder geschickt die antijüdische *(Grund-)Schrift* einer theologisch hervorragenden Schriftstellerpersönlichkeit aktualisiert.[82] Joh 1–20 in seinem vorliegenden Text ist weitgehend dieser Hand zuzuschreiben, die GS ein daraus destilliertes Konstrukt.

Das theologische Interesse des Evangelisten zeigt der „*antignostische Charakter und Anlaß* der JohBr"[83], das aufgrund der Identität der Verfasser mit dem des *Evangeliums* parallelisiert wird.[84] Aufgrund seines antignostischen Interesses habe der vierte Evangelist das dem Aufbau der Synoptiker folgende Grundevangelium umgestellt.[85] Dabei fällt auf, daß

---

[77] U. Schnelle, Christologie 161ff.
[78] Vgl. zum Ganzen G. Strecker/M. Labahn *passim*; bes. 104ff; s.a. U. Schnelle, Rez. Schmithals *passim*.
[79] W. Schmithals, Johannesevangelium 218; vgl. aaO. 164ff; zur Literarkritik: aaO. 167ff.
[80] W. Schmithals, Johannesevangelium 294.
[81] Die Johannesbriefe, die Schmithals dem Evangelisten zuschlägt, werden in diesem Modell auf eine deskriptive Funktion reduziert, die insbesondere der Illustration der antidoketischen Motivation des Evangelisten dient (vgl. Johannesevangelium 294). – Zur Datierung: aaO. 422.
[82] Grundlage ist ein an einzelnen Texten und Textkomplexen entwickelter Kriterienkatalog (W. Schmithals, Johannesevangelium 220ff: Joh 21; Prolog; Johannesbriefe) insbesondere theologisch inhaltlicher, aber auch literarkritischer Provenienz (aaO. 292–319). Philologische und stilkritische Erwägungen treten trotz aaO. 317 zurück (vgl. aaO. 293).
[83] W. Schmithals, Johannesevangelium 219.
[84] Zu den Briefen: W. Schmithals, Johannesevangelium 278ff; zum Evangelium: aaO. 431f.
[85] W. Schmithals, Johannesevangelium 300f.306.

zwar bisweilen die Akoluthie des Grundevangeliums erhalten bleibt (vgl. die Perikopenfol-ge vom Prolog bis zum Kanawunder), die Angabe: „Generell folgt der Evangelist dem Auf-bau und der Stoffanordnung des Grundevangeliums",[86] aber angesichts der Umstrukturie-rungen der Stoffblöcke durch die Rekonstruktion von Schmithals ein Euphemismus ist.[87] Die vom Evangelisten gestaltete *Grundschrift*[88], die an das Ende des ersten Jh. gehört,[89] „diente in Auseinandersetzung mit den Juden der Sammlung und Befestigung der aus der Synagoge vertriebenen Christen".[90] Damit setzt die Grundschrift den sog. *Aposynagogos*, also die historisch unsichere Ausweisung der joh. Christen aus der Synagoge, voraus.[91] Ihr theologisches Profil wird im Vergleich mit dem Prolog[92] erarbeitet, der zum Textbestand der Grundschrift gehört.[93] Als *cantus firmus* wird „das Interesse an der Exklusivität der Christusoffenbarung" herausgestellt.[94] Die Grundschrift setzt wie der Evangelist eine Kenntnis der Synoptiker voraus.[95] Diese Überlegung ist mit der theoretisch-methodischen Voraussetzung verbunden, die die Existenz mündlicher Tradition skeptisch beurteilt: Der aus den Synoptikern bekannte Stoff kann allein literarisch,[96] d.h. durch die Abhängigkeit von der synoptischen Textebene, vermittelt sein. Dies schließt nicht nur die These außer-synoptischer (älterer) Tradition aus, sondern auch die Vermittlung des synoptischen Mate-rials im mündlichen Tradierungsprozeß. Damit bleibt das Problem der beachtenswerten Differenzen zu den Synoptikern in Sprache und Aufbau ungelöst, die sich unter der Voraus-setzung einer erneuten mündlichen Traditionsstufe wahrscheinlich hinreichend erklären lassen könnten. Als letzte Ergänzung am Text des vierten Evangeliums wird die *LJ-Redak-tion*[97] ermittelt, eine montanistische Ergänzung zwischen 160 und 180, um das JE für die Aufnahme in den Kanon zu legitimieren.[98]

Diese anregenden Überlegungen provozieren eine Reihe kritischer Fragen. Die notwen-digen Umstellungen zur Rekonstruktion der GS belasten die These von Schmithals stark. Ist es denn wahrscheinlich, daß ein Evangelist, dessen nur geringe literarische Fähigkeiten an-

---

[86]   W. Schmithals, Johannesevangelium 418.

[87]   Vgl. die Tabelle W. Schmithals, Johannesevangelium 419, die allerdings verschleiert, daß keiner der Blöcke des Grundevangeliums in dieser Reihenfolge in Joh 1–20 wieder-kehrt.

[88]   Zum folgenden s.a. W. Schmithals, Bedeutung 153f.

[89]   W. Schmithals, Johannesevangeliun 421; bei Kenntnis auch des lk. Doppelwerkes: An-fang des 2. Jh (319 mit 421).

[90]   W. Schmithals, Johannesevangelium 219; vgl. aaO. 276 (Prolog-Bearbeitung). 427.

[91]   Zum Problem s.o. S. 34ff.

[92]   Grundlage der Analyse des Prologs ist der überarbeitete Aufsatz *Der Prolog des Johan-nesevangeliums* von 1979; neu ist der Bezug auf den Grundevangelisten, der als Bear-beiter des Prologs namhaft gemacht wird. Schmithals rekonstruiert nunmehr die Vorla-ge in V.14 anders. Bedeutend ist, daß jetzt V.14d dem Grundevangelisten zugerechnet wird (vgl. Johannesevangelium 263.270.272.275 mit Prolog 22.32). Auch werden nun-mehr statt zwei drei Strophen (vgl. Johannesevangelium 271 u.ö. mit Prolog 32 u. ö.) unterteilt.

[93]   W. Schmithals, Johannesevangelium 274ff, bes. 277.

[94]   W. Schmithals, Johannesevangelium 219; vgl. aaO. 275 (zu V.14d) u.ö.

[95]   W. Schmithals, Johannesevangelium 318f. Daneben vermutet Schmithals entsprechend seinem umstrittenen Modell zur synoptischen Frage die GS des Markusevangeliums (möglicherweise aber das Markusevangelium selbst) als Quelle der joh. Grundschrift (Johannesevangelium 421.319. 405f). – Zum Evangelisten: aaO. 319.

[96]   Z.B. W. Schmithals, Johannesevangelium 318.421.

[97]   W. Schmithals, Johannesevangelium 220–259; Texte: aaO. 258.

[98]   W. Schmithals, Johannesevangelium, bes. 249–259. Letzteres begründet er insbesondere durch das Petrusbild, das dem Vormachtsanspruch der römischen Kirche entspräche (aaO. 239ff).

gezeigt werden[99] und der die Autorität seiner Grundschrift anerkennt,[100] massiv in seine Quelle eingreift, so daß sie regelrecht zu einem Steinbruch wird, dessen Material der vierte Evangelist für seine Darstellung nutzt? Wäre es nicht methodisch ratsam, mit einer Zahl von Einzeltraditionen zu rechnen, die sich partiell den synoptischen Evangelien verdanken, statt diese zum Axiom der Rekonstruktion der Struktur des Grundevangeliums, die das vorliegende Werk kaum noch erkennen läßt, zu machen? Was bleibt bei einer Imitation des Stils des Grundevangeliums durch den Evangelisten,[101] die nicht auf stilistische Momente begrenzt ist,[102] an sicheren Kriterien für eine derart umfassende Rekonstruktion und Relozierung? Wird nicht durch sie die GS „ein purer gelehrter Evangelienhomunkulus"[103]? Auch die abschließende Redaktion birgt eine Reihe von Problemen. So wird trotz der wohl zutreffend hervorgehobenen Bedeutung Roms für die Kanonwerdung nicht von einem normativen Akt[104] zu handeln sein. Den im wesentlichen unumstrittenen Elementen des Kanons am Ende des 2 Jh. stehen nicht unerhebliche Differenzen im einzelnen gegenüber,[105] die gegen eine derartige Maßnahme sprechen, für den zudem die entscheidenden frühchristlichen Belege fehlen. Weiterhin sind Sprachgestalt und Vorstellungswelt der Lieblingsjüngertexte johanneisch. Zudem kann die Darstellung des Lieblingsjüngers in Joh 1–20 nicht mit der des komplexen Abschnitts Joh 21 identifiziert werden; dies läßt sich an der uneinheitlich dargestellten Relation Lieblingsjünger – Petrus ablesen.[106]

3.2.3 Die Drei-Quellen-Hypothese Rudolf Bultmanns[107]

Einen anderen literarkritischen Ansatz zur Erklärung der ‚Aporien' stellt die sogenannte „Drei-Quellen-Hypothese"[108] von Rudolf Bultmann dar. Dieser These zufolge ist der vorliegende Text des JE im wesentlichen aus der Benutzung umfangreicher *Quellen* und einer späteren (bewußt gestaltenden, [ver-] *kirchlich*[end]-*redaktionellen*) *Überarbeitung* zu erklären. Letzterer verdanken wir nach Bultmann die futurisch-apokalyptischen und die sakramentalen Texte[109] sowie etliche Angleichungen an die synoptischen Evangelien.[110]

Eine besondere Ausarbeitung erfährt die Annahme der *kirchlichen Redaktion* in dem Johanneskommentar von Jürgen Becker, der umfangreiches Material dieser sekundären Überarbeitungsschicht zurechnet. Diese Überarbeitung wird als mehrschichtiger Prozeß

---

[99] W. Schmithals, Johannesevangelium 288.294.

[100] W. Schmithals, Johannesevangelium 293.

[101] W. Schmithals, Johannesevangelium 294.

[102] Vgl. W. Schmithals, Johannesevangelium 295: Benutzung der christologischen Hoheitstitel der Vorlage; s.a. aaO. 296 u.ö.

[103] F. Overbeck, Johannesevangelium 243.

[104] W. Schmithals, Johannesevangelium 237: „förmliche Übereinstimmung"; vgl. aaO. 238.

[105] Vgl. z.B. W. Schneemelcher 39ff.

[106] S.a. die Kritik von U. Schnelle, Rez. Schmithals 841.

[107] Zusammengestellt wurden die Elemente dieser Theorie nach R. Bultmann, Johannesevangelium; JE; vgl. zu Bultmanns Quellentheorie D.M. Smith, Composition 15ff; Sources 40ff.

[108] So prägnant P. Vielhauer, Geschichte 423.

[109] Hierzu jeweils s.a. oben S. 54.

[110] Zur Kritik des „Verkirchlichungs"-Modells im Blick auf die Synoptiker vgl. I. Dunderberg, Johannes 20f.

dargestellt.[111] In dieser Gestalt nähert sich die literarkritische Hypothese von Becker einer *GS-Hypothese* an.

Auch das nach der Herausschälung der sekundären Redaktion rekonstruierte Evangelium entspricht noch nicht dem Werk des vierten Evangelisten, vielmehr bringt Bultmann als weitere Hilfsthese eine Zerstörung der ursprünglichen Einheit in Anschlag, die er auf frühe *Blattvertauschungen*[112] zurückführt und der er mit einer Reihe von Textumstellungen begegnet (z.B. Neuordnung von Kap. 13–17; weitere größere Umstellungen in Kap. 3 und von 4,43 bis Joh 12; daneben sind aber auch Neuordnungen auf Perikopenebene vorgenommen worden: z.B. das ‚*Zeugnis des Täufers*‘[113] oder die Rekonstruktion der Brotrede[114]).[115] Erst das solchermaßen vom Exegeten wiederhergestellte Evangelium ist Objekt der Kommentierung Bultmanns.

Von den drei von Bultmann rekonstruierten Quellenschriften stand besonders die Annahme einer *Quelle der Offenbarungsreden* in der Kritik, die als eine Sammlung vorchristlicher gnostischer Offenbarungsreden verstanden und mit Hilfe des Prologs rekonstruiert wurde.[116]

Der Evangelist, selbst ein ehemaliger Anhänger der gnostisierenden Täufersekte, der dieses Material entstamme, habe diesen Stoff als Christ uminterpretiert. Schon die Behauptung einer dieser Quelle nahestehenden Vorlage im *1Joh*, wo Bultmann seine am JE gewonnene Annahme bestätigt fand,[117] kann nicht überzeugen.[118] Außerdem ist es nicht gelungen, die Offenbarungsreden-Quelle im vierten Evangelium durch stilkritische Argumente von der Hand des Evangelisten abzugrenzen.[119] Daß der in dieser Quelle (auch für den Evangelisten) vorausgesetzte gnostische Erlösermythos[120] als ein vorchristliches Phänomen sehr zweifelhaft ist,[121] kann als weiterer Einwand nur angedeutet werden.[122] Tatsächlich

---

[111] J. Becker, JE I, [1]35f. [3]40f; s.a. das Schema [1]46. [3]60.

[112] Hierzu s.o. S. 53.

[113] R. Bultmann, JE 57f: Joh 1,19–21.25.26*.31*.33f.28.29f.

[114] R. Bultmann, JE 161–163: Joh 6,27.34.35.30–33.47–51a. 41–46.36–40.

[115] Kritisch gegen diese ingeniöse Textrekonstruktion schon E. Käsemann, Rez. Bultmann 185; s.a. W.G. Kümmel, Einleitung 170ff; U. Schnelle, Einleitung 552ff; zu den Abschiedsreden auch J. Becker, Abschiedsreden 216.

[116] Vorarbeiten finden sich in R. Bultmann, Bedeutung (bes. zum Erlösermythos; s.a. zur Quellenfrage: 99); ausgeführt in seinem Kommentar: vgl. JE 5 u.ö.; weitergeführt von seinem Schüler H. Becker; bes. 60ff; Annahme einer Redenquelle auch bei H.-M. Schenke/K.-M. Fischer 181f.

[117] R. Bultmann, Analyse *passim*.

[118] Vgl. z.B. R. Schnackenburg, JohBr 11–13; G. Strecker, JohBr 53f.

[119] Dies gezeigt zu haben, ist im wesentlichen das Verdienst der Arbeiten von E. Schweizer, EGO EIMI, und E. Ruckstuhl, Einheit.

[120] Z.B. R. Bultmann, Theologie 362–366; s.a. 169ff; Urchristentum 183ff; eine Verbindung zwischen gnostischen und joh. Reden zieht auch z.B. J.D. Dubois 84f.87.

[121] Vgl. G. Strecker, JohBr 77; Judenchristentum und Gnosis 266f; U. Schnelle, Einleitung 88; C. Markschies 869; M. Hengel, Ursprünge 205 (vgl. 203ff zur fehlenden historischen Evidenz einer vorchristlichen Gnosis). Zur Kritik der verwendeten Terminologie und Phänomenologie vgl. C. Colpe, Schule, bes. 170ff.

[122] Weitere Kritik z.B. bei H. Conzelmann/A. Lindemann, Arbeitsbuch 310f; E. Käsemann, Rez. Bultmann 187f; D.M. Smith, Composition 110ff; R. Schnackenburg, JE I, 39f.

werden die Reden heute zumeist dem Evangelisten selbst zugeschrieben, der diese um einzelne Jesus-Logien herum gebildet habe.[123]

Die Annahme einer besonderen *Quelle der Passions- und Ostergeschichte* weist auf grundsätzliche Fragen, die das Gesamtverständnis des JE betreffen. Sie können in dieser Arbeit nicht behandelt werden, so daß nicht mehr als die Möglichkeit ihrer Existenz anerkannt werden kann, wenngleich diese in ausdrücklicher Diskussion um das Verhältnis des vierten Evangeliums zu den Synoptikern auszuweisen wäre.

Die wichtigste und insgesamt wirksamste literarkritische Überlegung stellt die Annahme der sogenannten *Semeia-Quelle* (= SQ) dar.[124]

Bultmann griff bei der Erarbeitung seiner Quellenhypothese insbesondere auf Alexander Faure zurück.[125] Faure sucht aufgrund der Isolierung von 12,37 und 20,30f als Schluß der Quellenschrift des ersten Teiles des JE ein dem Verfasser des vierten Evangeliums abgeschlossen vorliegendes Wunderbuch einsichtig zu machen. Diesem Wunderbuch haben außer dem Speisungswunder (und dem Seewandel?[126]) alle im JE berichteten Wundergeschichten angehört. Es handelte sich um „kurze, schlicht sachliche Berichte", die aufgenommen wurden „von Jemandem, dem es darum zu tun war, den Christus-Glauben auf die Wunder Jesu zu gründen."[127] Auch über die Pragmatik dieser Quellenschrift gibt Faure Auskunft: Ihr Ziel sei es, „Jesu Messiaswürde vielleicht jüdischen, etwa von Johannesjüngern erhobenen Einwendungen gegenüber als durch seine Wunder legitimiert" darzulegen.[128] Dem stehe der Glaube aus dem Wort Jesu im gesamten Evangelium gegenüber, das den Wunderglauben „ausdrücklich als das Mindere, als eine Art Behelfsglauben zweiten Ranges" darstellt.[129] Diese Überlegungen bieten, durchaus verschieden variiert, bis heute die Ausgangsbasis für die Rekonstruktion einer umgreifenden joh. Wunderquelle.

Die Annahme einer *Semeia-Quelle*, die in unterschiedlichem Umfang in der joh. Forschung übernommen wurde,[130] ist für das Thema dieser Arbeit von

---

[123] Vgl. z.B. F. Neirynck, Semeia-bron 5; jetzt ders., Signs Source 651; H. Conzelmann/A. Lindemann, Arbeitsbuch 311; J.D.G. Dunn, Tradition 351. S.a. N. Walter, Auslegung 95 (Ich-bin-Worte als „Kristallisationskern" der jeweiligen Komposition); B. Lindars, John 36f.
Anders die Annahme einer Dialogquelle bei L. Schenke, Dialog *passim*; Joh 7–10, 189f. Im wesentlichen ergeben sich aber für die Rekonstruktion Schenkes ähnliche Probleme wie bei der Quellen-Hypothese von Bultmann. Zudem begegnet das Thema der hypothetischen Einheit „Wer ist Jesus?" (ders., Dialog 595) auch im übrigen JE: Joh 1,49; 4,19.26.29.42 u.ö.

[124] R. Bultmann, JE, 78f (zu Joh 2,1ff). 540–542 (zu 20,30f) u.ö.; vgl. das Register II s. v. Quellen: σημεῖα-Quelle (559f); die Gründe für die Annahme der SQ sind auch in übersichtlicher Geschlossenheit bei J. Becker, JE I, [1]113f. [3]135f, aufgelistet.

[125] A. Faure 107ff. Weitere Wegbereiter der SQ-Theorie bei G. van Belle, Semeia-bron 9.10ff; Signs Source 1ff; s.a. D. Marguerat, „Source des Signes" 70 Anm. 3.

[126] A. Faure 109 Anm. 1.

[127] A. Faure 110.

[128] A. Faure 111.

[129] A. Faure 111f; Zitat: aaO. 112.

[130] Zur Reaktion auf Bultmanns SQ-Hypothese in Aufnahme, Modifikation oder Ablehnung durch die Forschung: J. Becker, Wunder 437f Anm. 9 (= NTS 132 Anm. 1); F. Neirynck, Semeia-Bron 4 Anm. 5; G. van Belle, Semeia-bron 47ff; Signs Source 41ff *et passim*; R.T. Fortna, Source 20f; U. Schnelle, Christologie 106 Anm. 105.

vorrangiger Bedeutung, da der Inhalt dieser Quellen*schrift* im wesentlichen
aus den *sieben* im JE überlieferten Wundergeschichten bestanden haben soll
(Joh 2,1ff; 4,46ff; 5,1ff; 6,1ff.16ff; 9,1ff; 11,1ff; gelegentlich wird auch 21,1ff
genannt[131]). In dieser Quellenschrift seien die berichteten Wundergeschichten
in ihrer Massivität gegenüber den bei den Synoptikern überlieferten Wundergeschichten charakteristisch gesteigert.[132] Dieser steigernden Tendenz zum
Trotz werden gewöhnlich die den Synoptikern nahestehenden Wunderberichte
(Joh 4,46ff; sowie 6,1ff.16ff) durch eine Abhängigkeit des SQ-Materials von
den vorsynoptischen Traditionen erklärt; andererseits wird neuerdings gar ein
Rückbezug der synoptischen Texte auf die SQ erwogen.[133]

So lautet die These von Lamar Cope: „It is possible that the Signs Gospel was well
enough known among Christian Jews even beyond Johannine circles to have provided some
of the impetus for the production of the earliest Synoptic Gospel ... And it is highly likely
that Luke had access to an edition of the Signs Gospel and that that fact accounts for the
presence on the strong parallels between John and Luke."[134] Mit der Annahme des Signs
Gospel ist auf die Verbindung mit der joh. Wunderquelle mit der joh. Passionsgeschichte angespielt. Diese Verknüpfung ist umstritten und kann nicht aus der Existenz der synoptischen Evangelien, die dieses frühe Werk als Vorbild benutzt haben könnten, deduziert werden. Tatsächlich ist solche Annahme nur durch einen Einzelnachweis wahrscheinlich zu
machen. Diesen führt Cope ebensowenig für diese Annahme wie dafür, daß „Luke also had
access to an edition of the Signs Gospel".[135] Gegen die Richtigkeit seiner These spricht,
daß einzelne joh. Wunder, insbesondere das Weinwunder und die Auferweckung des Lazarus, nur im vierten Evangelium tradiert sind.

Der Umgang des Evangelisten mit seiner Quelle wird weitgehend als recht
konservativ gewertet, so daß es aussichtsreich erscheint, ihren Wortlaut wie-
derherzustellen, und man annimmt, daß diese Schrift in der Gemeinde des
Evangelisten Ansehen genoß.[136] Den Anfang der SQ rekonstruierte Bultmann
in 1,35–50,[137] ihr Ende in der das eigentliche Evangelium (ohne den Nachtrag
Kap. 21) beschließenden Bemerkung 20,30f.[138] Beide genannten Texte, der
Beginn mit der Täuferperikope einerseits und der Abschluß des Evangeliums
durch eine summierende Formulierung andererseits, lassen erkennen, daß die
Quelle eine mehr oder weniger ausgeführte, aber bewußte redaktionelle Ge-

---

[131] Z.B. R.T. Fortna, Gospel 87f u.ö. (in seinem *Gospel of Signs* zwischen der Heilung des
Sohnes des Königlichen und der Speisung der 5000 lokalisiert; aaO. 103ff); R.
Schnackenburg, Traditionsgeschichte 87; JE III, 413; zurückhaltender ders., JE I, 51
(vgl. zu Schnackenburg H. Riedl 33).

[132] Vgl. z.B. J. Becker, JE I, [1]113f. [3]135; s.a. N. Walter, Auslegung 94.

[133] L. Cope *passim*, vgl. 17 (These); s.a. R.T. Fortna, Source 19.

[134] L. Cope 24.

[135] L. Cope 23.

[136] Z.B. R.T. Fortna, Source 18.

[137] R. Bultmann, JE 68. Anders z.B. J. Becker, Wunder 442 (= NTS 135); JE I, [1]89ff.114.
115. [3]107ff.136.137: Anfang in Joh 1,19ff.

[138] R. Bultmann, JE 541; s.a. J. Becker, JE I, [1]113. [3]135; Wunder 440. 442 (= NTS 133.
135).

staltung erfahren hat.[139] Als ein wesentliches Indiz für ihre Existenz wurde neben *stilistischen Merkmalen* (semitisierendes Griechisch)[140] und *formalen Erkennungszeichen* (die massive Steigerung des Wunders)[141] die *Zählung der ersten beiden Wunder* (Joh 2,11; 4,54; Hans-Peter Heekerens: auch 21,14[!][142]) angesehen.[143]

Zwei *neuere Varianten* der Bultmann'schen Semeia-Quellen-Hypothese sollen noch genannt werden, da sie nicht alle sieben (bzw. einschließlich Joh 21 acht) joh. Wunder der Quelle zuordnen.[144] Einerseits ist die primär an der Zählung orientierte *Zeichen-Quelle* zu nennen, mit der Hans-Peter Heekerens ältere Quellenhypothesen wiederum in die Diskussion einbrachte. Nur die drei gezählten Zeichen (2,1ff; 4,46ff und 21,1ff) bilden eine früh zu datierende („um die Mitte des 1. Jahrhunderts"),[145] aramäisch in Samaria entstandene SQ, die von Heekerens zur Unterscheidung von der bekannten Semeia-Quelle „Zeichen-Quelle" (= „ZQ") genannt wird; sie sei „von der letzten Redaktion des JohEv" in die GS eingefügt worden.[146] Anders die Rekonstruktion von Burton L. Mack; hier wird der Vergleich mit Markus zum bestimmenden Kriterium.[147] Zwei mk. Wundersequenzen bestehen aus fünf Geschichten, die Mack mit dem ‚pattern' der joh. Zeichen-Quelle vergleicht, die aus Joh 4,46–54; 5,1–9; 6,1–14; 6,16–21; 9,1–34 bestanden habe. Außerhalb dieser Sammlung werden die Weinwandlung auf der Hochzeit zu Kana (Joh 2,1–11) und die Auferweckung des Lazarus (Joh 11,1–44) gestellt.[148]

Als weiteres Indiz für die Annahme der Semeia-Quelle wird 2,11 und 4,54 ins Feld geführt; beide Stelle werden als Hinwies auf eine Zählung der joh. Wundergeschichten gedeutet. Allerdings findet sich in Joh 1–20 keine Fortset-

---

[139] J. Becker, JE I, [1]115. [3]137; s.a. R.T. Fortna, Predecessor 205.

[140] Als Merkmale werden insbesondere die Stellung des Verbs am Satzanfang, kurze Sätze mit primitiven, oft asyndetischen Satzverbindungen, Redundanz des αὐτοῦ in Entsprechung zum semitischen Suffix genannt: vgl. R. Bultmann, JE 68 Anm. 7; 131 Anm. 5; 155 Anm. 5, sowie die Belege ‚Register II' s.v. Stil der σημεῖα-Quelle. Zustimmung auch von J. Becker, Wunder 453 Anm. 53 (= NTS 142 Anm. 1); hierzu s.a. G. van Belle, Semeia-bron 32; Signs Source 26–28.

[141] Vgl. J. Becker, Wunder 445f (= NTS 137f).

[142] H.-P. Heekerens 45ff. Auch R.T. Fortna, Gospel 87ff, rechnet aufgrund stilistischer Überlegungen und der Zählung Joh 21,1ff*.14* zur SQ; die Wunderzählung stellen auch U. Busse/A. May 59 in den Kontext von Joh 21.

[143] R. Bultmann, JE 78; s.a. J. Becker, Wunder 440f (= NTS 134); JE I, [1]114. [3]135f; H. Koester, Gospels 203f.251; S. Schulz, JE 7; H. Wöllner 23.

[144] Auch Vorschläge, die nur Joh 2,1ff und 4,46ff einer Wundersammlung zuordnen, werden hier nicht genannt, da es sich hierbei nicht um eine größere Wundersammlung handelt und diese Fragestellung zudem später (→ D. 2.1) noch besprochen wird.

[145] H.-P. Heekerens 120; dies entspricht in etwa der Datierung der SQ durch R.T. Fortna, Predecessor 206 Anm. 487: „from the late 40s to the mid-60s of the first century"; was später auf den Anfang dieses Zeitraumes präzisiert wird: „in the 40s or possibly the 50s"; aaO. 216. S.a. auch L. Cope 19.

[146] H.-P. Heekerens 43; 45–47 u.ö.

[147] Auch H. Koester, Gospels 202ff, bedient sich dieses Vergleichs als Ausweis für die Existenz umfangreicherer schriftlicher Wunderquellen im frühen Christentum, vermeidet aber einen Schluß aus dem Umfang der mk. Quellen auf die postulierte joh. SQ.

[148] B.L. Mack, Myth 216–222.

zung dieser Zählung, so daß die verschiedenen Erklärungsversuche mit unterschiedlichen Aporien zu kämpfen haben.

Will man die Zählung einerseits der SQ zusprechen,[149] so bleibt unbefriedigend, warum nur für diese zwei Wunder die Zählung übernommen wurde.[150] Eine textimmanente Erklärung wird durch den summarischen Hinweis auf die Wundertätigkeit Jesu in Jerusalem in 2,23 und 4,45 belastet.[151] Dagegen trägt auch der Hinweis, daß nur 2,1ff und 4,46 erzählte, d.h. ausgeführte Wundergeschichten sind,[152] nicht weiter, wenn es nicht gelingt, zugleich zu klären, warum die restlichen Wunder nicht gezählt wurden. Dies gilt auch, wenngleich eine weitere Differenz zwischen Wundersummarium und ausgeführter Wunderzählung in Kap. 2–4 zu beobachten ist: 2,23 und 4,45 setzen jeweils eine Volksmenge voraus (πολλοί bzw. οἱ Γαλιλαῖοι), nicht jedoch die geschilderten Wunder, in denen das typische Motiv der Volksmenge fehlt (in 2,1ff findet das Wunder geradezu geheimnisvoll verborgen statt; in 4,46ff wird zunächst nur der Basilikos genannt).

Die Zählung ist lediglich an Kana (in Galiläa) interessiert (2,11 und 4,54 mit 4,46);[153] somit bildet der Evangelist mit Hilfe der Ortsangaben und der Wunderzählung die literarische Form der ‚inclusio'[154] und kennzeichnet den Anfang und das Ende seines ersten Erzählkreises, der die Wirksamkeit unter soteriologischem Interesse exemplarisch abbildet.[155]

Einen anderen Lösungsvorschlag unterbreitet Frans Neirynck,[156] indem er sich gegen eine Deutung von ἀρχὴ τῶν σημείων (2,11) einerseits und πάλιν δεύτερον σημεῖον (4,54) andererseits als Elemente einer Zählung ausspricht. Joh 2,11 steht nicht für das erste

---

[149] Schon A. Faure 110.

[150] Vgl. D.A. Carson, Criticism 421; U. Schnelle, Christologie 106. Umstritten ist jedoch, ob nur diese beiden Wunder in der Quelle gezählt (so J. Becker, JE I, [1]114. [3]136) oder die Wunderberichte ursprünglich bis sieben durchnummeriert worden sind (vgl. R.T. Fortna, Gospel 98ff).

[151] Dies merkt z.B. R. Bultmann, JE 78, an.

[152] H. Conzelmann(/A. Lindemann), Theologie 386; ders./A. Lindemann, Arbeitsbuch 309.

[153] S.a. K. Berger, Gattungen 1231 Anm. 204.

[154] Zur ‚inclusio' in Kap. 2–4 vgl. M.W.G. Stibbe, JE 12; J. Painter, Messiah 187. 188. 211; J.P. Meier 860 Anm. 107; F.J. Moloney, Mary 423, sieht in beiden Wundern einen literarischen Rahmen um diese Kapitel, die dem Leser das Wesen des rechten Glaubens erläutern (hierzu s.a S. 170). So gehört nach Moloney die Zählung zu einem „comment from the Evangelist which shows he is anxious that his reader notice that these two accounts of miracles performed at Cana are a statement and a re-statement of the same themes" (aaO. 423f). S.a. U. Schnelle, Christologie 100.107f; für eine redaktionelle Erklärung der Zählung der Wunder plädieren auch H. Conzelmann/A. Lindemann (Arbeitsbuch 309; dies., Theologie 386). Die Orientierung an Galiläa gegenüber den Jerusalemer Zeichen nennt W.J. Bittner 5f.10 als Begründung für die Zählung dieser beiden Wunder.

[155] Anders deutet Christian Welck: Er sieht den „Sinn dieser eigentlich einzigen Zählung von σημεῖα (Welck beachtet, daß Joh 2,11 erst durch 4,54 als Element einer Zählung einsichtig wird; Vf.) darin, den Leser auf den besonderen Charakter der Wundergeschichten als ‚Zeichen' aufmerksam zu machen" (147). Doch dafür ist die uninterpretierte Zählung denkbar ungeeignet; vielmehr entnimmt der Leser die besondere Qualität der ‚Zeichen' den Erzählungen selbst und gegebenenfalls ihren Interpretationen durch Worte Jesu.

[156] F. Neirynck, Semeia-bron 12–17; jetzt ders., Signs Source 660–665.

Zeichen, „maar als de ἀρχή, prefiguratie van alle andere σημεῖα".[157] Dies entspricht einer Deutung, die ἀρχὴ τῶν σημείων als „Anfang der Zeichen" versteht.[158] Πάλιν δεύτερον setzt nicht eine Zählung fort, kann also nicht als Ordinalie verstanden, sondern soll als „adverbial phrase" interpretiert werden, in dem pleonastisch formuliert πάλιν seine Bedeutung durch δεύτερον erhält (vgl. 21,16);[159] Joh 4,54 besagt, daß Jesus ein Zeichen „for the second time" ausführe.[160]

Sehr schön sieht Neirynck die Verbindung beider Wunder im Erzählgefüge des vierten Evangeliums und die Verbindung mit Galiläa. Ob man allerdings, gerade wenn Joh 2,1ff und 4,46ff zusammengenommen werden,[161] ἀρχή und δεύτερον auseinanderziehen und mit einer unterschiedlichen Bedeutung gegen eine Zählung interpretieren kann, erscheint mir zweifelhaft. Andererseits dürfte der Begriff mit Bedacht benutzt sein, so daß in der Interpretation beachtet werden muß, daß nicht das eindeutige πρῶτον gewählt wurde. Ἀρχὴ τῶν σημείων wird also folgendermaßen zu paraphrasieren sein: ‚erstes der Zeichen, das die sinngebende Einleitung zu den im vierten Evangelium aufgezeichneten Zeichen bildet,[162] die dem Glauben an Jesus den Christus und Gottes Sohn dienen, der zum Leben schlechthin führt' (mit 20,30f).[163]

Der textliche Umfang der Semeia-Quelle wurde in verschiedenen Arbeiten durch das Material einer traditionellen Passionsgeschichte erweitert und damit bis zu der These eines „Gospel of Signs" ausgeweitet; so vor allem schon Robert T. Fortna[164] sowie jetzt insbesondere Urban C. von Wahlde[165] und, terminologisch modifiziert, Heinz Wöllner.[166]

Fortna kann seinerseits noch einmal die Wunderquelle von der Passionsgeschichte selbst trennen, so daß das von ihm angenommene Zeichenevangelium bereits eine entwickeltere

---

[157] F. Neirynck, Semeia-bron 16; Signs Source 665; s.a. ders. et al. 160–174.

[158] J. Breuss 26; W. Lütgehetmann, Anfang 185ff; A. Smitmans, Exegese 80.

[159] F. Neirynck, Signs Source 663f mit Anm. 48; ähnliche Überlegungen bei C.H. Giblin, Suggestion 198 Anm. 7.

[160] F. Neirynck, Signs Source 665; vgl. 663. L. Morris, JE 259, deutet δεύτερον von πάλιν und übersetzt daher, daß Jesus wieder ein Zeichen ausführe.

[161] F. Neirynck, Signs Source 665: „For him (der vierte Evangelist; Vf.) the two form a seperate pair." Ähnlich auch F.J. Moloney, Cana 189–191; zur Zählung vgl. bes. aaO. 190.

[162] S.a. W. Wilkens, Entstehungsgeschichte 40: „ἀρχήν qualifiziert dieses *erste* Zeichen vielmehr *zugleich* als *grundlegendes* Zeichen …, insofern nämlich hier Jesus seine Herrlichkeit offenbart." (Hervorhebungen v. Vf.); vgl. W. Nicol 114.

[163] B. Olsson, Structure 67, betont zu Recht, daß ἀρχή gleichermaßen „*initium* and *principum* (sic!)" umfaßt. S.a. H. Riedl 196f.

[164] Durch Addition einer Passions- und Auferstehungsgeschichte rekonstruiert R.T. Fortna, Gospel (s.a. ders., Source 20; D.M. Smith, Setting 86ff) ein Grundevangelium („Gospel of Signs"; der mutmaßliche Text wird in: ders., Gospel of Signs 235–245, geboten); schon Wilhelm Wilkens nannte seine joh. (!) Grundschrift ein Zeichenevangelium, das in seinem Aufbau den synoptischen Evangelien entsprochen haben soll (Entstehungsgeschichte 91).

[165] U.C. von Wahlde, Version *passim*.

[166] H. Wöllner *passim*; vgl. bes. 1. Wöllner spricht in dezidierter Abgrenzung gegen den Quellen-Begriff von dem Semeia-Buch (SB), da er Terminus ‚Quelle' „dem Umfang und der Bedeutung dieses Buches (= SB; Vf.) nicht gerecht" werde.

Phase widerspiegelt.[167] Mit fortgeschrittener theologischer Diskussion konnte die allein an der Mission von Juden orientierte SQ[168] ohne die Berücksichtigung und Deutung des Faktums des Kreuzes Jesu nicht überstehen: „A Signs Source by itself, without giving a hint of the way Jesus' life had ended, would then either become useless or would have to be expanded to recount the death and explain it in a way consistent with his self-evident messiahship. In short, the passion tradition would have to be incorporated into the miracle-working source to keep it theologically relevant."[169]

Dieses Dokument hat die Form eines Evangeliums und wird daher von diesen Autoren auch gattungsgeschichtlich als solches ,Evangelium' bestimmt.[170] In dieser Zeichen- bzw. Wunder-Evangelium-Theorie nähert sich die Rekonstruktion der Semeia-Quelle der Gestalt einer GS-Hypothese an. Zu einer Art ,Halbevangelium'[171] wird die SQ in der Form, in der sie Jürgen Becker vertritt.[172] Diese Beurteilung ergibt sich daraus, daß auch bei dieser Variante der klassischen SQ-Hypothese die textliche Basis entscheidend erweitert wird, aber dabei der Passionsstoff ausgeklammert bleibt.

Das Erklärungsmodell der SQ für die joh. Wunderüberlieferung ist nicht unwidersprochen geblieben.[173]

Im folgenden werden die Einwände gegen die SQ-Hypothese noch einmal kritisch geprüft, wobei es insbesondere um die Frage gehen wird, welche Konsequenzen sich für die eingangs genannte formgeschichtliche Fragestellung ergeben. Daß dabei Beobachtungen und Ergebnisse der erst im folgenden dargestellten Analyse einfließen, ist eine notwendige Voraussetzung dieser Kritik, da die Kritik lediglich durch die Auslegung der Texte selbst erfolgen kann.

Schwierigkeiten bereiten die recht unterschiedlichen Rekonstruktionsvorschläge der SQ,[174] die hinsichtlich des über die Wundererzählungen hinausge-

---

[167] R.T. Fortna, Predecessor 137. 207. 208ff.

[168] Ähnlich qualifiziert auch W. Nicol 77–79 den ‚Sitz im Leben' der joh. Wunderquelle.

[169] R.T. Fortna, Predecessor 211; der Kreuzestod wurde zu einem umstrittenen Problem der missionsorientierten Wunderquelle mit der jüdischen Synagoge: aaO. 215.

[170] Z.B. L. Cope 19: „rudimentary gospel". R.T. Fortna, Predecessor 205ff, allerdings schon für die Wunderquelle ohne die Passionsgeschichte; eine nicht ganz unproblematische Designation.

[171] Diese Kennzeichnung verwendet auch J. Wagner 350 in seiner Kritik der SQ-Hypothese, wie sie von Jürgen Becker vorgelegt wird. Der Terminus selbst stammt m. W. von Adolf Jülicher; dieser charakterisiert damit die Logienquelle als eine Schrift, die hinsichtlich ihrer Gattung zwischen Spruchsammlung und Erzählung steht (A. Jülicher/ E. Fascher, Einleitung 347). Die Verwendung des Begriffes im Text geht demgegenüber auf das Fehlen einer Passionserzählung in Q wie in SQ, bei gleichzeitigem versuchten Erzähllaufriß einer *vita* Jesu.

[172] Vgl. J. Becker, JE I, [1]112ff (Textumfang: aaO. 114 bzw. 115 [Gliederung der SQ]). [3]134ff. 136 (Textumfang). 137 (Gliederung); Wunder *passim*, zum Aufbau: aaO. 441f (= NTS 135). Anders als Fortna rechnet er den Passionsstoff nicht zur SQ; daß die SQ „eine evangelienähnliche Struktur besaß", behauptet ausdrücklich J. Gnilka, JE 6. Gnilka äußerte sich zuletzt allerdings gegenüber der SQ-Hypothese kritisch: Theologie 227.

[173] Auch hierzu ist grundlegend G. van Belle, Signs Source 41ff.251ff, zu vergleichen. Der mit dieser sorgfältigen Arbeit unterbreitete Forschungsbericht erübrigt im folgenden eine Geschichte der Kritik der SQ-Hypothese.

[174] Die Unterschiede sind insbesondere in dem über die Wundergeschichten hinausgehenden Stoff zu belegen. Daneben lassen sich Differenzen hinsichtlich der Zugehörigkeit von Joh 21,1ff* zur SQ belegen. Vgl. G. van Belle, Signs Source 370.

henden Stoffes, des religionsgeschichtlichen Milieus, der zeitlichen Ansetzung, der Absicht u.ä. nur in begrenztem Maß einen Konsens ahnen lassen.[175] Schwerer als die ohnehin unumgänglichen Differenzen bei der Rekonstruktion einer dem literarischen Text vorauslaufenden Quelle wiegt, daß der der Quelle zugewiesene Stoff weder formal[176] noch stilistisch, traditionsgeschichtlich[177] oder religionsgeschichtlich[178] einheitlich ist;[179] die Differenzen der Rekonstruktionsvorschläge weisen bereits signifikant auf diese Probleme hin.

Daß Übereinstimmung der Gattung als Wundergeschichten ein nicht hinlängliches Kriterium für die Rekonstruktion einer Quelle ist, lehrt der Blick auf die synoptischen Evangelien;[180] Überzeugungskraft gewinnt dieser Hinweis erst in Kombination mit Beobachtungen des Verhältnisses der Wundergeschichten untereinander.

Analoges ist auch über das Postulat einer dem Evangelisten fremden, diesem Stoff gemeinsamen theologischen Orientierung auszuführen, und zwar unabhängig davon, ob man eine hellenistische θεῖος-ἀνήρ-Christologie der SQ von der Christologie des Evangelisten abhebt[181] oder einen einheitlichen, primär judenchristlichen Hintergrund der SQ erschließt;[182] überhaupt sind eingehende Differenzen hinsichtlich der Christologie der rekonstruierten SQ zu beachten.[183] Die folgende Analyse wird zeigen, daß die joh. Wundertradition aus den unterschiedlichen Traditionsströmen, die den joh. Kreis in seiner Geschichte beeinflußt haben, schöpft. Zudem stellt sich die Frage, ob der postulierte Gegensatz zwischen wundergläubiger Semeia-Quelle und wunderkriti-

---

[175] Vgl. z.B. R. Kysar, Evangelist 26f; R.T. Fortna, Source 19f; D.A. Carson, Criticism 416f.
[176] Neben dem einleitenden Epiphaniewunder (2,1ff) sind Heilungen (Joh 4,46ff; 5,1ff; 9,1ff), Naturwunder (6,16ff; s.a. 21,1ff) ein Geschenk- (6,1ff) und ein Totenerweckungswunder (11,1ff) berichtet, die sich jeweils im Aufbau spezifisch unterscheiden.
[177] So beklagt auch H.-P. Heekerens 34 die „traditionsgeschichtliche Inhomogenität des Materials", um allerdings selbst wenig konsequent die Wunder in Joh 5; 6; 9; 11 einer zusammengehörenden Sammlung zuzuordnen (zu aaO. 42f).
[178] So lassen sich palästinisch-jüdische, hellenistisch-jüdische und profan-hellenistische Einflüsse unterscheiden.
[179] Damit wird der Ansicht von W. Nicol 6 pointiert widersprochen; dieser meinte feststellen zu können: „... the miracle stories form a unity under the aspect of the history of tradition. They all seem to reflect the same state of development, environment, purpose, and Christology."
[180] Vgl. H.-P. Heekerens 33f. Kritisch auch W.J. Bittner 8; G. van Belle, Signs Source 375.
[181] Charakteristisch ist das souveräne Handeln des Wundertäters Jesu (z.B. Joh 6,5), unbeeinflußt von anderen Menschen (z.B. Joh 2,4), sowie sein übernatürliches (Vorher-) Wissen (z.B. Joh 1,40–42). Vgl. R. Bultmann, JE 71.75 (sowie die Belege „Register III Christologie" s.v. Jesus als θεῖος ἀνήρ); J. Becker, Wunder 445–451 (= NTS 137–141); N. Walter, Auslegung 94. In Aufnahme von E. Koskenniemi, Forschungsbericht, lehnt H. Riedl 270 diese christologische Deutungskategorie als aufzugeben ab.
[182] Z.B. R.T. Fortna, Gospel 223f; Predecessor 214ff: „early Jewish-Christian Gospel". Ausschließlich einen jüdischen Charakter ohne hellenistische Spuren: W. Nicol 53–68; zum religionsgeschichtlichen Hintergrund s.a. J. Beutler, Gattungen 2545f.
[183] Darauf rekurriert bes. Hermann Riedl in seinem Forschungsüberblick: 19ff.

scher, distanzierter Rezeption durch den Evangelisten, der ein wichtiges Kriterium zur Rekonstruktion der Quelle bildet,[184] so pauschal gültig ist.[185]

Unklar ist auch die formgeschichtliche Klassifizierung der SQ insgesamt.[186] In der Mehrzahl der Rekonstruktionsvorschläge enthält die vorgeschlagene Quelle gattungsspezifisch differenten Stoff; die Bezeichnung als Wundersammlung trifft das stoffliche Konglomerat also nicht. Zudem wurde auch die Existenz der als Analogie beanspruchten Erzählgattung der Aretalogie grundsätzlich problematisiert.[187] Tatsächlich scheint die nächste Parallele in inschriftlichen Kontexten, wie beispielsweise den Wunderberichten der epidaurischen Iamata, zu liegen, die allerdings formale Differenzen zu den neutestamentlichen Wunderberichten aufweisen. Die Existenz von Wundersammlungen in der Umwelt des NT ist nicht auszuschließen, aber die Differenz zwischen solchen auf Stelen angebrachten ortsorientierten Sammlungen und schriftlichen Sammlungen der Jesuswunder bleibt eine offene Frage, keineswegs schon ein Negativargument. Das belegt die traditionelle Verbindung von Speisung und Seewandel (Joh 6,1–25*). Aber auch Joh 2,1ff und 4,46ff lassen sich als vorjoh. Einheit ansprechen, so daß wenigstens *Kleinsammlungen* vorliegen.

Diese Schwierigkeit betrifft aber mehr noch den ansprechenden Vorschlag von Jürgen Becker, der einen chronologischen Aufriß (vom Täufer bis zur Ablehnung in Jerusalem) und einen geographischen (von Galiläa nach Judäa/Jerusalem) befürwortet[188] und damit einen Evangelienaufriß ohne Passion und Auferstehung projiziert. Dieser Vorschlag unterscheidet sich jedoch deutlich von den vermeintlichen Wundersammlungen des MkEv oder aber von den Wunderlisten, z.B. in Epidauros. Zudem bleibt in einem derart ,biographischen' Aufbau das Fehlen eines Hinweises auf Passion und Auferstehung erklärungsbedürftig, insbesondere da einerseits erzählerisch die Ablehnung Jesu in Jerusalem auf die Passion zusteuert, andererseits in einer traditionsgeschichtlich späteren Zeit, in der sich die SQ formalisiert der Christustitel bedient,[189] das Ignorieren des Kerygmas von Tod und Auferstehung schwerlich erklärbar ist.

Als Kriterium für die SQ-Hypothese wurde zudem auf Joh 20,30f hingewiesen. Als störend wurde in diesem Buchschluß[190] insbesondere der σημεῖα-Begriff kritisiert, der als Abschluß des JE den gewichtigen Redestoff als auch die Passion Jesu übergehe.[191] Daher wurde nach dem Vorgang von Rudolf

---

[184] J. Becker, JE I, [1]113f.119f. [3]135.142; s.a. W. Nicol 6.

[185] Vgl. G. van Belle, Signs Source 376.

[186] Vgl. G. van Belle, Signs Source 371; U. Schnelle, Christologie 177–179; diese Kritik betrifft auch das von Robert T. Fortna rekonstruierte Wunderevangelium; vgl. E. Schweizer, Entstehung 626.

[187] H.C. Kee, Aretalogy 402. 411f; auch K. Berger, Gattungen 1218ff; D. Esser 101; U. Schnelle, Christologie 177ff.

[188] Z.B. J. Becker, JE I, [1]115. [3]137.

[189] J. Becker, JE I, [1]118f. [3]141f.

[190] Gegen diese Charakteristik L. Hartman 30 und P.S. Minear, Function 87ff; bes. 88 (s.a. ders., John 155ff), die diese Worte nur auf die Thomasgeschichte (20,29) oder das Auferstehungskapitel bezogen wissen wollen; jetzt auch H.-C. Kammler 201ff, der den Bezug auf die Ostergeschichten eingrenzt; dagegen zu Recht H. Thyen, Johannes 21, 149f. Im Rahmen seiner Gesamtanalyse ist der folgende Abschnitt Joh 21 ein Epilog, der dem Prolog entspricht (aaO 155), und nicht ein literarkritisch ermittelter Anhang; insofern wertet Thyen das Stichwort Buchschluß wesentlich anders aus als es in dieser Arbeit geschieht.

[191] Vgl. z.B. R. Bultmann, JE 540ff; J. Becker, JE I, [1]113. [3]135; II, [1]632. [3]753f; dagegen J. Beutler, Gebrauch 307f; Johannes-Evangelium 649, der den Semeia-Begriff in 20,30f

Bultmann[192] die Schlußformulierung bzw. ein rekonstruierter Grundbestand (außer ἵνα πιστεύοντες κτλ.) für die SQ reklamiert; dies wird zugleich als Argument für diese Quelle gewertet. Ein vergleichbarer Text sei in Joh 12,37f zu finden: Das öffentliche Wirken wird als Tun vieler Zeichen (σημεῖα ποιεῖν) beschrieben.[193] Dieser Text wäre der Abschlußformulierung in Kap. 20 unmittelbar vorausgelaufen.

Doch ist dies glaubhaft? Zwar stellt sich die Frage, ob und wie der Semeia-Begriff der Passion und der Auferstehung Jesu zugeordnet werden kann, da er in Kap. 18–19/20 fehlt. Allerdings muß beachtet werden, daß Joh 2,18.19–22 durchaus einen Zusammenhang zwischen Semeia-Begriff und Auferstehung Jesu herstellen,[194] der für den restlichen Text Signalwirkung haben wird. Die Sprache unserer Abschnitte ist gut johanneisch,[195] ebenso der σημεῖα-Begriff.[196] Entscheidend ist zudem die Frage, ob ein antiker Schriftsteller – auch wenn er von Traditionen abhängig ist – gerade an exponierter Stelle seines Werkes einen Text zitiert, der seiner Schrift widerspricht oder doch wenigstens von ihr korrigiert wird.[197]

---

ausdrücklich auch auf ‚Passion, Tod und Auferstehung/Erhöhung' bezogen wissen will. Eine differenzierte Sichtweise wird in dieser Arbeit entfaltet, wenn die Kontextstellung des Lazaruswunders, Joh 11,1–44, neu bewertet wird (s.u. S. 462 und 465).

[192] R. Bultmann, JE 540f.

[193] R. Bultmann, JE 346 mit 78; schon A. Faure 108 klammert den Schluß 20,30 mit 12,37 literarkritisch zusammen: „In dieser ihrer Zusammenstellung bilden die Verse 12₃₇ + 20₃₀f einen wirksamen Abschluß." S.a. J. Becker, JE II, ¹408f. ³475f; S. Schulz, JE 7. 169; N. Walter, Auslegung 94.
Anders z.B. W. Kraus, Johannes 8 mit Anm. 43, unter Aufnahme von J. Blank, Krisis 298 Anm. 4 (vgl. ders., JE 1b, 334); hier werden die Semeia in einem weiteren Sinne verstanden, indem sie auf die „gesamte öffentliche Wirksamkeit bezogen" werden (Zitat: Kraus, aaO. 8).

[194] Vgl. W. Lütgehetmann, Wundererzählung 218f.

[195] Vgl. z.B. J. Konings, Sequence 174; U. Schnelle, Christologie 153f (zu 20,30f); G. van Belle, Signs Source 373; s.a. M.J.J. Menken, Use 382 mit E. Ruckstuhl/P. Dschulnigg 193 und R. Kühschelm 126f (zu 12,37f).

[196] Für eine redaktionelle Interpretation des σημεῖα-Begriffs vgl. H. Conzelmann(/A. Lindemann), Theologie 386; U. Schnelle, Christologie 161ff.

[197] S.a. M. Hengel, Interpretation 92: „How can one expect that such a theologically wilful evangelist ... should have mechanically taken over such statements as 2:11 or 20:30f (which are decisive for the construction and structure of his Gospel) from a source which was entirely theologically alien?" Ähnlich argumentiert auch J. Wagner 402 gegen die Semeia-Quellen-Hypothese. Der ‚sprachgewaltige Evangelist' würde kaum an das Ende seines Evangeliums diese ihm fremde Notiz der Wunderquelle stellen. Richtig, aber in Wagners eigener Sichtweise, ergibt sich keine Spannung, wenn dies aufgrund der vorgegebenen Grundschrift geschieht. Dies ist ebenfalls schwer nachvollziehbar. Wenn man sich dem Gedanken verweigert, daß der Evangelist eine notdürftig korrigierte, aber ihm grundsätzlich fremde Formulierung an exponierter Stellung plaziert, dann wird auch im Kontext einer GS-Hypothese an exponierter Position die Darstellung seiner eigenen redaktionellen theologischen Konzeption zu erwarten sein. Anders allerdings J. Becker, JE II, 756, der überraschend lakonisch feststellt: „Er (der Evangelist; Vf.) achtete nicht darauf, ob 20,30a auch sein Evangelium angemessen wiedergab".

Sieht man einmal das Problem, so greift die nächste Frage tiefer; stehen nicht σημεῖα und Glaube in einem wenngleich differenzierten Wechselverhältnis im vierten Evangelium selbst, so daß das Schlußstück in der Tat der Theologie des vierten Evangelisten entspricht? Dann bleibt es methodisch sicherer, den σημεῖα-Begriff von Joh 20,30 in seinem Verhältnis zu Kap. 1–20 zu betrachten und aufgrund des redaktionellen Zeichenverständnisses zu interpretieren, als ihn der SQ zuzuweisen und als Indiz ihrer Existenz in Anschlag zu bringen. In eine ähnliche Richtung geht auch ein weiterer wichtiger Einwand von Udo Schnelle, der auf die Einheit von „Doxa und Wunder" beim vierten Evangelisten verweist. Sie umgreift auch die ,Zeichen' Jesu, so daß die Annahme einer SQ wohl aufgegeben werden muß.[198] Entsprechend dieser Uneinheitlichkeit und der unterschiedlichen Form der Wunder[199] ist eher mit Einzeltraditionen oder kleineren Sammlungen zu rechnen,[200] die unter Berücksichtigung der Frage nach dem Verhältnis zu den Synoptikern Gegenstand der formgeschichtlichen Betrachtung werden sollten.

3.3 Ergebnis

Die Verteilung des Stoffes des JE auf verschiedene Quellenschriften hat die Grenzen der GS-Hypothese aufgewiesen; der Evangelist verarbeitet differente Traditionen, nicht eine durchgehende in sich geschlossene GS. So ist in der Tat mit Rudolf Bultmann zu konstatieren, „daß die Einheit am Schluß steht, dh daß der Organismus des Evangeliums ... die eigentliche Schöpfung des Evangelisten ist, der für seine Komposition verschiedene Quellen benutzt hat, seien es schriftliche Quellen, sei es mündliche Tradition".[201] Daß Bultmann diese Einheit freilich durch eine Reihe von Umstellungen herstellen muß, belastet seine eigene Hypothese, doch sollte dies seine Einsicht selbst nicht grundsätzlich in Frage stellen. So ist der vierte Evangelist weniger von übergreifen-

---

[198] U. Schnelle, Christologie 168ff (zu Doxa und Wunder aaO. 182ff); D. Marguerat, „Source des Signes" 75–89, bes. 87–89; auch W.J. Bittner 4ff.289f (vgl. den Zusammenhang 274ff und *passim*): Einheit von Zeichen und Glaube (vgl. Schnelle, Forschungsbericht 2702f; M.M. Thompson, Signs 96: *„Jesus' signs lead to faith when one discerns in them the manifestations of the character of God as life-giving and responds to Jesus as mediating that life."* [Hervorhebung im Original]); K. Berger, Gattungen 1231 Anm. 204; F. Neirynck, Signs Source *passim*. Zu 12,37f vgl. auch M.J.J. Menken, Eyes 106f.

[199] Vgl. D. Marguerat, „Source des Signes" 78. Kritisch gegen das hier applizierte Schlußverfahren äußert H. Riedl 59 sich in Auseinandersetzung mit Joachim Gnilka.

[200] S.a. E. Lohse, Miracles 55 Anm. 4 (zu S. 46): „The hypothesis that such a source (=SQ; Vf.) existed remains uncertain ... It must at least be allowed for that the evangelist has made use of, and joined together, different traditions or groups of traditions."

[201] R. Bultmann, Johannesevangelium 842; s.a. 843. Auch die stilistische Analyse von E. Schweizer, EGO EIMI, sucht nicht grundsätzlich eine Vorgeschichte des JE zu bestreiten, sondern will zeigen, daß seine Einheit am Ende, nicht am Anfang in Form einer Grundschrift stand (aaO. 108); s.a. 87.

den Quellen oder gar einer Grundschrift, vielmehr von einzelnen schriftlichen und mündlichen Überlieferungen abhängig.

Doch auch die Literarkritik des JE, nicht nur in der durch zahlreiche Hilfskonstruktionen belasteten Form von Bultmann, hat berechtigte Kritik erfahren. So sind die literarkritisch postulierten Einheiten sowohl zu umfangreich als auch zu uneinheitlich.[202] Angesichts der Schwierigkeiten drängt sich vor dem Horizont der joh. Aporien die Frage nach der Vorgeschichte mit neuer Dringlichkeit auf. Ein „agnosticism",[203] wenn er sich dem Versuch, die Frage nach der mündlichen oder literarischen Vorgeschichte des vierten Evangeliums zu klären, entzieht, trägt jedenfalls den Hinweisen im Text des vierten Evangeliums selbst auf diese Vorgeschichte nicht genug Rechnung.

---

[202] Vgl. die grundsätzliche Kritik bei U. Schnelle, Christologie 17ff; für die ältere Forschung z.B. F. Overbeck, Johannesevangelium 243–245; s.a. W.G. Kümmel, Einleitung 176–180.
[203] D.A. Carson, Cristicism 428f.

4 Der formgeschichtliche Ansatz

4.1 Zusammenfassung der bisherigen Ergebnisse und ihre Bedeutung für eine Formgeschichte des vierten Evangeliums

Sind eine joh. Schule und mit ihr assoziierte joh. Gemeinde(n) anzunehmen (→ 1.2), so kann die Frage einer mündlichen Vorgeschichte des in den joh. Schriften enthaltenen Materials mit einiger Dringlichkeit gestellt werden. Ferner konnte festgestellt werden, daß der Text des vierten Evangeliums, wie Sprünge und Widersprüche zeigen, nicht aus einem Guß ist. Auch wenn seinem Verfasser ein ernstzunehmender Anteil an der Stofformung und an der Komposition des Stoffes zuzubilligen ist, kann er nicht als innovativer Schriftsteller gewertet werden, der seine Erzählung nicht *de novo* geschaffen hat. Die Erklärung dieses Sachverhalts aufgrund der Annahme übergreifender, umfangreicher Quellentexte hat begründeten Widerspruch erfahren. Auch der Hinweis auf eine eventuelle Benutzung der synoptischen Evangelien kann den Text des vierten Evangeliums insgesamt oder wenigstens die Mehrzahl des Materials nicht direkt erklären.

Dazu einige exemplarische Beispiele und Überlegungen anhand der *außersynoptischen Jesusüberlieferung*. Wie z.B. die (wenigen) aus den λογίων κυριακῶν ἐξηγήσεως συγγράμματα πέντε (*Euseb*, HistEccl. III 39,1)/ʹλ. κ. Ἐξηγήσεις[1] des *Papias von Hierapolis* erhaltenen Texte[2] (s.a. die in Evangelientexten sekundären Einheiten Lk 6,5D[3]; Joh 7,53–8,11[4]; vgl. auch den Stoff des EvThom[5]) zeigen, sind die Entwicklung und Ent-

---

[1] Vgl. W.R. Schoedel 245.

[2] Zu den ‚Exegesen' des Papias vgl. z.B. U.H.J. Körtner, Papias 25ff; W.R. Schoedel 245–247; P. Vielhauer, Geschichte 757–765.

[3] Vgl. zum Problem der Agrapha, zu denen Lk 6,5D gerechnet wird, O. Hofius, Herrenworte 76ff, mit weiteren Beispielen.

[4] S.a. S. 54 Anm. 12. Diese Tradition ist keine alte, im Leben Jesu lokalisierbare Geschichte (so U. Becker 165–174; dagegen H. von Campenhausen, Perikope, bes. 175; s.a. D. Lührmann, Geschichte 303f), sondern gehört in den Zusammenhang der Frage nach der zweiten Buße (von Campenhausen, aaO. 172–174), wie sie im 2 Jh. n. Chr. akut war (hierzu vgl. I. Goldhahn-Müller 225ff). Die Identifikation dieser Geschichte mit einer bei Papias bezeugten Erzählung (*Euseb*, HistEccl III 39,17) über eine wegen ihrer Sünden vor Jesus angeklagte Frau (U. Becker 92ff), ist „nur eine mögliche Hypothese" (P. Vielhauer/G. Strecker, Judenchristliche Evangelien 117) und kein Indiz für ihre Echtheit. Als mögliche Vorform jener Erzählung versucht D. Lührmann eine bei Didymus von Alexandrien zitierte apokryphe Jesustradition (EcclT IV 222,19-223,13) wahrscheinlich zu machen, die dem HebrEv zuzurechnen und dem Papias (*Euseb*, HistEccl III 39,17) bekannt wäre (bes. Lührmann, aaO. 311). Darf man dieser Rekonstruktion folgen, so wäre diese Perikope ein überzeugendes Beispiel für Neubildung und Wachstum einer Überlieferung im Wechsel der Zeiten außerhalb der Evangelientradition.

[5] Auf das beispielsweise von Helmut Köster reklamierte hohe Alter der Traditionen des EvThom bzw. einer frühen Schicht dieser Schrift kann hier nicht eingegangen werden (z.B. Köster, Gospels 84ff; bes. 85f; weitere Lit. bei C. Tuckett 137f; kritisch z.B. M. Hengel, Ursprünge 210f). Allerdings ist zu beachten, daß dieser Stoff teilweise wohl aus der Abhängigkeit von den Synoptikern verstanden werden kann; vgl. W. Schrage, Ver-

stehung von Jesusüberlieferungen nicht mit der Abfassung der synoptischen Evangelien beendet[6]. Dabei handelt es sich zudem nicht nur um ein literarisches, sondern auch um ein mündliches Geschehen, so daß, nach einer primär aber keineswegs ausschließlich mündlichen Überlieferungsphase, eine Periode (sich wohl gegenseitig beeinflussender) mündlicher *und* schriftlicher Tradierung anzunehmen ist.[7]

Ein Teil der im vierten Evangelium aufgenommenen Jesusüberlieferung wird dem postsynoptischen Überlieferungsstrom entstammen;[8] ,Überlieferungsstrom' meint dabei keinesfalls eine bruchlose Kontinuität in der Weitergabe einzelner Texte, sondern eine produktive, d.h. auch *neu*-schöpferische Tradierung des Jesusstoffes in der glaubenden Verantwortung vor den aktuellen gemeindlichen Bedürfnissen. Verantwortlich hierfür wird primär der joh. Kreis zeichnen.

Anders urteilt hingegen Rudolf Bultmann, der einen Bezug zwischen vorsynoptischer und vorjoh. Tradition annimmt;[9] dies entspricht seinem Verständnis, daß das im joh. Schrifttum sichtbare Christentum in der synkretistisch-täuferischen Bewegung wurzelt und damit „einen älteren Typos darstellt als der synoptische".[10] Diese Sicht gründet in seiner heute nicht mehr geteilten These, die einen geschichtlichen Zusammenhang von *Johannes dem Täufer* über dessen Jüngerschaft bis schließlich zu der Mandäer-Sekte zieht, zu deren Gedanken er im JE Parallelen sieht.[11]

---

hältnis *passim*, und jetzt M. Fieger, EvThom 6f mit dem differenzierenden Hinweis auf die Vermittlung durch Erinnerung, Handschriften und Florilegien. In diese Richtung weist auch Risto Uro, wenn er anhand von EvThom 14 mit guten Gründen auf die Möglichkeit von *secondary orality*, also den Wechsel eines Logions in die mündliche Überlieferung mit anschließender Verschriftlichung hinweist (bes. 323f).

6 Beispiele für solche Traditionen ließen sich weiter ergänzen; vgl. H. Köster, Überlieferungen; s.a. das Votum von P.J. Achtemeier 7.

7 Für dies Nebeneinander von mündlicher und schriftlicher Überlieferung in nachsynoptischer Zeit zeugt auch *Papias*, Frgm. II (*Euseb*, HistEccl III 39,4 = U.H.J. Körtner, Papias Nr. 5 Z. 27–29); vgl. P. Vielhauer, Geschichte 760. Anders W. Schmithals, Einleitung 35. Nach Schmithals beansprucht diese Notiz die Aufmerksamkeit des Lesers, weil die folgende Schrift selbständig Erfragtes reproduziert; so entspräche es dem Anspruch des zeitgenössischen Historikers.

8 S.a. M. Dibelius, Geschichte 70 u. ö.

9 S.a. H. Weder, Wende 128; aufgrund der Benutzung von Stoff, der der vormk. Tradition (Speisung und Seewandel Jesu) entstammt, und andererseits von Material, das der Tradition der Logienquelle (Heilung des Sohnes/Knechtes des Hauptmanns/Königlichen) zuzurechnen ist, schließt Weder, daß eine „Abspaltung schon sehr früh stattgefunden haben muß" (s.a. ders., Menschwerdung 369 [= ZThK 331]).

10 R. Bultmann, Bedeutung 102; auch nach R. Gyllenberg, Anfänge, und S. Schulz, Komposition 186f, repräsentiert das joh. Christentum eine ebenso alte Form des Christentums wie der Synoptiker. S.a. O. Cullmann, der die Wurzeln des joh. Kreises über Jesus bis zu den Täuferjüngern und dem „heterodoxen Randjudentum" zurückverfolgt (Kreis 90).

11 Vgl. R. Bultmann, JE 4f Anm. 7. Zur Kritik vgl. z.B. M. Hengel, Ursprünge 205–207; s.a. K. Rudolph, Mandäer 66ff. Gegen einen einheitlichen Täuferkreis, mit dem das frühe Christentum ringt und der bis zur mandäischen Literatur sich erstreckt, votiert auch K. Backhaus, der lediglich eine „gesicherte Basis zur Rekonstruktion des Jüngerkreises des Täufers Johannes wie einer späteren ‚Johannes-Sekte' im Umkreis des vierten Evangeliums" für erreichbar hält (Jüngerkreise 313ff; Zitat: 313; vgl. die Textanaly-

Zu Recht ist diese Sicht im Blick auf das joh. Schrifttum heute differenzierter. Eine Überlieferungskontinuität für das *gros* des joh. Stoffes bis in die
praesynoptische Überlieferung hinein ist jedoch wohl kaum wahrscheinlich zu
machen. Wird man dennoch gegenüber der Frage vorsynoptischer Überlieferung im einzelnen aufmerksam bleiben müssen,[12] so ist vorab der Versuch,
umfangreiche vorsynoptische Tradition im JE als historisch zuverlässiges Material zu eruieren, als problematisch zu kennzeichnen.[13] Es muß vielmehr im
einzelnen für jede Tradition deutlich gemacht werden, warum sie alt und historisch wertvoll ist, wie und vor allem durch welche Trägergruppen, die der
Geschichte des joh. Kreises einsichtig zugeordnet werden können, sie auf das
vierte Evangelium gekommen sind. Insgesamt wird es sicherlich richtiger sein,
das joh. Schrifttum und seine Tradition als ein *Spätphänomen der frühchristlichen Theologiegeschichte* anzusehen.

4.2 Skizze der bisherigen Forschung[14]

Schon zu Beginn dieser Arbeit wurde auf ein relativ geringes Interesse der älteren Formgeschichte für das vierte Evangelium hingewiesen. Dies läßt sich
mit Hilfe der „Untersuchungen zur Menschensohn-Christologie im Johannesevangelium" von Siegfried Schulz aus dem Jahr 1957 veranschaulichen; gemäß diesem Urteil stellt „die Formgeschichte im Joh-Ev einen toten Zweig"
dar.[15] So muß Ferdinand Hahn feststellen, „daß die formgeschichtliche Arbeit

---

sen: aaO. 114ff). Übereinstimmung besteht zwischen Bultmann und Backhaus allerdings
insofern, als die Täufer-Sekte Einfluß auf die Genese des vierten Evangeliums ausübt
(Backhaus, Jüngerkreise 247–249. 359–365; Praeparatio 211ff: die SQ wird als die
„Dokumentation einer breiten Übergangsbewegung" von Gliedern der Täuferbewegung
in die Gruppe, die hinter der SQ steht, gedeutet [Zitat: Jüngerkreise 365]). Backhaus
vermerkt ausdrücklich, daß für „eine Kontinuität mit der Prophetenschule um den Jor-
dantäufer ... kein Indiz" aufzuweisen sei (ebd.); die Unableitbarkeit der Mandäergruppe
aus der Täufer-Sekte wird mit der maßgeblichen Literatur nochmals herausgestellt
(ders., Jüngerkreise 310f).

12   Insbesondere in bezug auf die Frage nach den geographischen Details des JE wurde häufig eine positive Antwort gegeben: z.B. J.D.G. Dunn, Tradition 352f; John 315.

13   Zu C.H. Dodd, Tradition 423; s.a. z.B. J. Blinzler 72ff (mit Lit.); R. Gyllenberg, Johan-
nesevangeliet *passim*; M.W.G. Stibbe, JE 18. Methodisch problematisch ist m.E. der
Versuch von G. Maier, Johannes, parallele Überlieferungen des MtEv und des JE als Er-
leichterung für „die Annahme der Historizität des gemeinsam Überlieferten" oder als
Stärkung des historischen Zutrauens zu den jeweils überlieferten Stoffen zu bewerten
(Zitat: aaO. 287).

14   Vgl. R. Schnackenburg, Entwicklung 27f, R. Kysar, Evangelist 22–27; Gospel 2407ff;
sowie den grundlegenden Forschungsüberblick von J. Beutler, Gattungen *passim*.

15   S. Schulz, Untersuchungen 75f; Zitat: 76. In seiner Analyse der joh. Reden von 1960
verweist Schulz lediglich allgemein auf das „vorjohanneische(.) Überlieferungsgut" bzw.
auf „vorgefundenes Logiengut": ders, Komposition 72–85 (Analyse der joh. Bildworte
und Bildreden sowie das zusammenfassende Ergebnis; Zitat. 85). 130.

am Johannesevangelium fast gar nicht fortgeführt wurde".[16] „Selbst die Untersuchung der johanneischen Wunderüberlieferung steht weithin einseitig unter
dem Vorzeichen der Umfangsbestimmung einer ‚Semeia-Quelle‘".[17]

Wird der vierte Evangelist entweder als innovativer Autor[18] oder primär aus einem frei-
en Umgang mit seinen Quellen heraus verstanden, so betrachtet die Forschung oftmals mit
dem Aufweis einer Grundschrift oder von Quellen ihre Aufgabe als erfüllt und beendet: „A
strictly form-critical approach is not appropriate; while an oral tradition undoubtedly lies
behind whatever sources John used, a literary method must be used to deal with tradition
once it becomes literary."[19] Dies liegt nicht zuletzt in dem diesen Quellen zugerechneten
schriftstellerischen Charakter.[20] Allerdings sollte die literarkritische Ermittlung von Quellen kein Hindernis für die formgeschichtliche Frage darstellen. Sie verschiebt vielmehr das
Problem auf eine andere Ebene: Zu fragen wäre dann nach der Geschichte der Tradition vor
der Verschriftlichung auf der Ebene der Quelle.[21] Solche Arbeit wurde, wie anzuerkennen
ist, auch immer deutlicher als Aufgabe der primär literarkritisch arbeitenden Exegeten betrachtet; zwei vorbildliche Beispiele sind m.E. der Johannes-Kommentar von Jürgen
Becker, der einerseits eine extensive Literarkritik betreibt, andererseits die ermittelten Formen bis in ihre vorliterarische Überlieferung zurückzuverfolgen sucht.[22] Auch Josef Wagners Analyse der literarischen Vorgeschichte der Lazarus-Perikope endet nicht auf der
Ebene der Grundschrift, sondern sucht die Linien der ältesten mündlichen Überlieferung zu
erhellen.[23] Besonders entschieden hat Ernst Haenchen am Ende seiner Auslegung der joh.
Speisungsgeschichte auf dieses Problem aufmerksam gemacht: „Die Vorstellung der Semeia-Quelle … verführt dazu, in der vom JE benutzten Form der Vorlage zugleich die Ur-
form zu erblicken und die Entwicklungsgeschichte dieser Tradition zu vergessen."[24]

---

[16] F. Hahn, Vorwort VIII.

[17] F. Hahn, Vorwort VIIIf Anm. 6; als formgeschichtliche Vorarbeiten anerkennt er die
Beiträge von Bent Noack und Charles Harold Dodd, die uns im folgenden noch zu beschäftigen haben.

[18] S.o. S. 49.

[19] R.T. Fortna, Gospel 22 Anm. 1; vgl. ders., Source 19.

[20] Z.B. zur joh. Grundschrift Walter Schmithals; s.o. S. 63; zur Semeia-Quelle A. Faure
109; s.a. R. Kysar, Gospel 2391.

[21] S.a. D.M. Smith, Christianity 11f; R. Kysar, Gospel 2410; J. Beutler, Gattungen 2545.
So finden sich auch bei R. Bultmann, Geschichte 242f, Überlegungen zur Geschichte
der joh. Wundererzählungen.

[22] J. Becker, JE I, [1]35. [3]39: „E hat verschiedene kleine mündliche Einheiten (u.a. den
Hymnus in Joh 1,1–18) aufgegriffen, die er in die von ihm komponierten Reden einar-
beitete"; sowie *passim*; als Beispiel vgl. ders., J 3,1–21, 86f; Abschiedsreden 221f (14,2f
als „‚Offenbarungswort‘ der johanneischen Gemeindetradition"). Auch die ursprüngliche Eigenständigkeit der Wundertraditionen als „gattungsgeschichtlich ehedem selb-
ständig(..)" wird gegenüber der SQ ausdrücklich anerkannt; Becker, Wunder 445 (=
NTS 137). S.a. die Diskussionen mit Becker in den Analysen der Wundergeschichten in
dieser Arbeit.

[23] J. Wagner 335ff. Vgl. im Rahmen von Grundschrifthypothesen auch L. Schenke, Dialog
573: JE als Komposition aus „Grundevangelium und mündlichen und schriftlichen Traditionen". Primär dem mündlichen Überlieferungsstrom schreibt hingegen W. Langbrandtner 106 den Stoff seiner GS zu: „Von einer schriftlichen Quelle kann man wahrscheinlich nur bei der Prologvorlage innerhalb von 1,1–13 sprechen … Ansonsten dürften eher Traditionen vorliegen…, denen der VerfGs verpflichtet ist, so der christlichen
Gemeindetradition …".

[24] E. Haenchen, JE 309.

Schon diese Aufbrüche zeigen, daß der Hinweis auf Einzeltraditionen, aus denen das JE gespeist wird, nicht neu ist.[25] Unumstritten ist jedenfalls die Benutzung einzelner (wohl mündlicher) Traditionen;[26] Skepsis herrscht hingegen gegenüber der quantitativen Bedeutung neben den literarkritisch ermittelten Quellen.

Darüber hinaus liegen genuin an der Form orientierte Auslegungsmodelle vor, bei denen zu unterscheiden ist zwischen Untersuchungen von literarischen Formen im vierten Evangelium und einer Untersuchung der Geschichte von (mündlichen) Einzeltraditionen.

Für die Analyse der literarischen Formen ist der von Johannes Beutler als „neue Epoche der Gattungskritik" positiv gekennzeichnete Zeitraum bis 1980 von Gewinn, der allerdings im Blick auf die *Vorgeschichte* der joh. Tradition wenig weiterführt;[27] den Gattungen im JE sind eine Reihe z.T. bedeutsamer Darstellungen gewidmet.[28]

Daneben ist auch die Erklärung der joh. Tradition ohne umfassende Quellenschriften aus Einzelüberlieferungen und vor allem aus der mündlichen Tradition versucht worden. Einen bedeutenden Vorstoß in diese Richtung stellt die Arbeit von Bent Noack dar. Im Gegensatz zu den Quellenhypothesen Bultmanns[29] leitet er den Stoff des JE aus der mündlichen Tradition ab.[30] Denkt er als Trägergruppe berechtigterweise an die joh. Gemeinde,[31] so wird die Deduktion des joh. Stoffes allein aus mündlicher Überlieferung als zu einlinig bezeichnet werden müssen. Auch die formkritische Beschreibung des Redestoffes als ‚Logien' ist zu uniform; zudem zerstört die Rekonstruktion solcher „Logien" z.T. zusammenhängende Einheiten oder übersieht deren redaktionellen Charakter.[32]

Auch die englischsprachige Forschung zeigte ein eingehendes Interesse an der Freilegung älterer Einzeltraditionen, die der vierte Evangelist seiner mündlichen Tradition entnehmen und seinem Evangelium einfügen konnte. Wirkungsgeschichtlich interessant ist der englische Exeget Charles Harold Dodd,[33] der einen der herausragenden Gegenspieler zum literarkritischen Programm von Rudolf Bultmann darstellt. Er sucht in seinem 1963 erstmalig erschienenen klassischen Werk ‚*Historical Tradition in the Fourth Gospel*', das

---

[25] Lit. auch bei D.M. Smith, Christianity 13 Anm. 27.
[26] Z.B. R. Bultmann, Johannesevangelium, 842; D.M. Smith, Christianity 12.
[27] J. Beutler, Gattungen 2532,
[28] Vgl. hierzu J. Beutler, Gattungen *passim*.
[29] Vgl. B. Noack, Tradition 18ff.
[30] B. Noack, Tradition 157: „Das Joh. ist ohne Benutzung irgendeiner schriftlichen Quelle geschrieben"; s.a. aaO. 108f u.ö.
[31] B. Noack, Tradition 124: Stoff „aus der mündlichen Tradition seiner Kirche".
[32] Zu B. Noack, Tradition 47–53; vgl. auch die Methodenkritik bei R. Bultmann, Tradition *passim*.
[33] Zu Person, Werk und Wirkung vgl. G. Strecker, Dodd *passim*.

„zu den bedeutendsten exegetischen Arbeiten" der Johannesforschung gehört,[34] die mündliche Vorgeschichte des JE freizulegen.[35]

Er rechnet mit der lebendigen mündlichen Überlieferung, von der er sagen kann: „...it
was still very much alive at the time when the Fourth Gospel was written and in the region
where ... it was written".[36] Die Wurzeln der vom vierten Evangelisten aufgenommenen
Tradition findet er in der vorsynoptischen Jesusüberlieferung, deren einer Strom in die
Synoptiker, deren anderer in das vierte Evangelium mündet. Daraus erklärt sich auch der
Titel seines Werkes: „Historical Tradition", da eine Kontinuität in die Frühzeit der christlichen Überlieferung angenommen wird. An die Prämissen Dodds hinsichtlich des Verhältnisses des vierten Evangeliums zu den Synoptikern und der historischen Qualität des Stoffes sind kritische Fragen zu stellen.[37] Eine Kontinuität zu präsynoptischen Tradenten ist ein
Postulat, demgegenüber Zweifel angebracht sind (→ 4.1.1). Aussichtsreicher ist es, zwischen im Gedächtnis bewahrender Tradierung und Überlieferung sowie literarischer Abhängigkeit differenzierend den synoptikernahen Stoff auf die Synoptiker selbst zurückzuführen und darüber hinaus die soziologische Einheit der joh. Schule und Gemeinden für
Bildung, Tradierung und Veränderung des dem JE zugrundeliegenden Stoffes verantwortlich zu machen.

Auch Percival Gardner-Smith ist in diesem Zusammenhang zu nennen, der
im Gegensatz zur älteren Forschung, in der das Material des vierten Evangeliums teils aus Augenzeugenschaft, teils aus Synoptikerbenutzung erklärt
wurde,[38] die Bedeutung der mündlichen Tradition für die Entstehung des vierten Evangeliums betonte.

Ausgehend von der Meinung, daß „... the Church of the first century was largely de-
pendent upon oral tradition for its knowledge of the life of Christ",[39] begründet Gardner-
Smith die Überlieferungsvarianten zwischen dem vierten Evangelium und den Synoptikern
damit, daß „... in oral teaching variants would long survive, and there would be a natural
tendency for every man to tell a story in the form in which he had learnt it".[40] So kann er
als Lösung der Frage nach dem Verhältnis dieses Evangeliums zu den Synoptikern und auf
die Frage nach der Herkunft seiner Traditionen antworten, daß „the existence of oral tradition at the time when the Gospel was written renders the argument for dependence of St
John upon the synoptic writers much less compelling". Vielmehr gelte, daß „the author of
the Fourth Gospel must have been a member of some local congregation, and as such he
must have been instructed in the traditions of the Church".[41] Der Evangelist hat diesen
Überlegungen zufolge die mündliche Tradition aufgenommen, bearbeitet und seiner evangelischen Geschichte dienstbar gemacht.[42] Zweifelsohne ist wichtig, daß Gardner-Smith die
Bedeutung der mündlichen Tradition und damit auch die Tragweite von Einzelüberlieferungen erkannt hat. Gut ist auch die Betonung der Verbindung des Evangeliums und seines

---

34   G. Strecker, Dodd 56.
35   C.H. Dodd, Tradition *passim* (z.B. 8f).
36   C.H. Dodd, Tradition 7.
37   S.a. R. Kysar, Evangelist 65f.
38   Zur Bedeutung von P. Gardner-Smith für die Johannesforschung vgl. J. Blinzler 19–21;
     J. Verheyden *passim*; D.M. Smith, John Among the Gospels 37–43; zur Wirkung aaO.
     45ff.
39   P. Gardner-Smith x.
40   P. Gardner-Smith xi.
41   Ebd.
42   P. Gardner-Smith 25.

Verfassers mit einer Gemeinde. Gefragt werden muß allerdings, ob damit die Parallelen zu den Synoptikern hinreichend geklärt werden können oder ob der Hinweis auf mündliche Traditionen nicht noch andere Lösungsmodelle zuläßt, wie des erneuten Wechsels eines verschriftlichten Textes in die mündliche Kommunikation. Hier wäre jedoch das Gespräch mit der Einzelexegese von Gardner-Smith zu führen, das an diesem Ort nicht zu leisten ist. Interessant ist die Offenheit gegenüber altertümlichen, teilweise auch historisch wertvollen Traditionen,[43] obgleich auch in dieser Fragestellung seine Überlegungen nicht über jeden Zweifel erhaben sind. Immerhin mag altertümliches Material ins vierte Evangelium hinein vermittelt worden sein; im einzelnen sind für diese Annahme Tradenten und Tradierung freizulegen und wahrscheinlich zu machen.

Parallelen zu den vorausgenannten Überlegungen lassen sich auch in methodisch anders ansetzenden Arbeiten aufzeigen. Eugen Ruckstuhl bestreitet aufgrund seiner Stilanalyse die Benutzung schriftlicher Quellen,[44] sieht aber andererseits einen möglichen Zusammenhang mit der „mündlich überlieferten festgeformten Urkatechese".[45] Es kann Ruckstuhl entgegengehalten werden, daß auch schriftliche Quellen überarbeitet und umgeprägt werden können;[46] damit aber ist der Unterschied zwischen mündlicher Tradition und schriftlicher Überlieferung weniger scharf zu fassen.[47] Unterschiedlichen Raum gestehen der mündlichen Tradition auch die Überlegungen zur Vorgeschichte des vierten Evangeliums von Barnabas Lindars[48] und Raymond E. Brown[49] zu; beide rechnen mit einem homiletischen Werdegang des Stoffes vor der schriftlichen Fixierung. In diesem Prozeß werden mündliche Traditionen aufgenommen. Dabei ist jedoch nicht nur an einen gottesdienstlichen Zusammenhang gedacht; auch die Lehre aktualisiert die Tradition der Gemeinde. Zutreffend wird eine mündliche Phase, in der Traditionen bewahrt und aktualisiert werden, anerkannt. Probleme bereitet jedoch die Predigttheorie, da nicht nur der homiletische oder targumische Charakter einzelner Einheiten des JE ein unbewiesenes Postulat ist, sondern überhaupt eine differenzierende Gattungsangabe notwendig ist.[50] Sehr beachtlich ist es aber, wenn Brown über den Entwicklungsgang der joh. Wundergeschichten hin zu den dramatischen Szenen des vierten Evangeliums nachdenkt: „Eventually in Johannine history Synoptic-like miracles and sayings were woven into unique Johannine scenes and discourses, but that very fact suggests that there was a continuity between Johannine origins and the later development of the community. The sacred material from the tradition of the original community became the source of reflection and expanded teaching in a later period as the community moved toward a higher christology and the promised ‚greater things.'"[51] Sicherlich stellt sich die Frage, ob die Linie zwischen der alten Tradition und dem Material so gradlinig gezogen werden kann. Gibt es nur *die* Quelle der joh. Tradition für die joh. Tradition und damit

---

43 Vgl. programmatisch P. Gardner-Smith 96f; s.a. 55 zu Joh 16,32 („pre-synoptic tradition"); 56f zu Joh 18,2 („a genuine historical reminiscence" [Zitat: aaO. 57]); 65 zu Joh 19,1 („a better historical account"). Zurückhaltend interpretiert diese Position D.M. Smith, John among the Gospels 39 (s.a. 41), der sich darauf berufen kann, daß die Hinweise auf historisches Gut in Gardner-Smiths Studie nicht sehr zahlreich und dann zurückhaltend und zumeist eher moderat vorsichtig urteilend sind.

44 Hierzu s.u. S. 107f.

45 E. Ruckstuhl, Einheit 219.

46 S.u. S. 94.

47 Vgl. auch die Kritik bei N. Zwergel 22.

48 B. Lindars, JE 51ff; Traditions *passim*; Discourse: Formierung der Reden unter Nutzung von traditionellem Redegut. Ähnliche Überlegungen unterbreitet jetzt M. Theobald, Liebe, bes. 316 (Formulierung der Aufgabe) und *passim* (exemplarische Durchführung des Programms anhand von Joh 6,44f.

49 R.E. Brown, JE I, XXXIVf; Community 172.

50 Vgl. auch H. Thyen, ThR 43, 338ff; G. Strecker, Art. Literaturgeschichte 349.

51 R.E. Brown, Community 28.

doch lediglich eine joh. Entwicklungslinie? Oder ist nicht eher mit verschiedenen Quellen zu rechnen, die den joh. Strom speisen? Einen Strom, um im Bild zu bleiben, der breiter wird, und zwar – wir verlassen nunmehr das Bild – durch Interpretation, Erweiterung und Deutung. Auch ist der Begriff „sacred material" zu statisch; demgegenüber ist die Veränderlichkeit der Überlieferung als Problem der Rekonstruktion der joh. Überlieferungsgeschichte zu beachten. Auf den Spuren Dodds bewegt sich auch James D.G. Dunn, der das Dodds Werks geradezu in den Rang von Prolegomena zur joh. Formgeschichte erhebt.[52] Auch Dunn sucht durch einen Vergleich mit der synoptischen Tradition und/oder aufgrund geographischer Details eine Anzahl joh. Überlieferungsstücke zu rekonstruieren.[53] Wichtige Parallelen zu einem formgeschichtlichen Ansatz finden sich auch im Kommentar von Josef Blank; Blank bringt hier, ich beziehe mich vorzugsweise auf die Analyse der Wundergeschichten, den joh. Kreis, seine Diskussionen um die theologisch angemessene Interpretation des Christusgeschehens und das adäquate ethisch-soziale Verhalten der Gemeinde als gestaltende Größe in die Diskussion ein.[54] Diese gestalterische Fähigkeit, die er übrigens auch dem Erzähler des vierten Evangeliums selbst zubilligen kann,[55] kann für die Gestalt der Tradition, die dem Evangelisten vorliegt, verantwortlich gemacht werden.[56]

Im deutschsprachigen Raum machte Ernst Haenchen bereits in seinem Forschungsbericht in der *Theologischen Rundschau* von 1956 auf die Bedeutung der mündlichen Tradition für die Ausformung des vierten Evangeliums aufmerksam.[57] Wichtiger ist, daß Haenchen auch im Laufe seiner exegetischen Arbeit am vierten Evangelium die Einheit der postulierten Quellenschrift selbst fraglich geworden ist. In einer von James M. Robinson mitgeteilten brieflichen Äußerung Haenchens von 1969 findet sich folgende Bemerkung, die ich ausführlich zitieren möchte:

„Freilich ist nicht gesagt, daß der Evangelist nur eine einzige Vorlage zur Verfügung hatte. Wahrscheinlich wird das Verständnis der Sem ia als überzeugende Wunder damals das eigentlich Übliche gewesen sein. Darum ist es mir sehr fraglich, ob man à la Bultmann die Vorlagen im Erzählgut ... die ‚Quelle' bis in die Halbverse hinein rekonstruieren kann. Deshalb muß ich oft ‚Tradition' schreiben, ohne mich näher auf die genaue Abgrenzung und Herkunft dieser Überlieferung einlassen zu können."[58]

---

52 J.D.G. Dunn, Tradition 354: C.H. Dodds *Historical Traditions in the Fourth Gospel* „remains the basic starting point for any discussion of the earliest forms of the Johannine tradition". S.a. Dunn, John 315.
53 Vgl. die Liste J.D.G. Dunn, Tradition 355–358; s.a. ders., John 314ff.
54 Vgl. z.B. J. Blank, JE 1b, 17: Diskussion um das Verhalten des joh. Kreises am Sabbat (ad Joh 5,10ff).
55 Vgl. J. Blank, JE 1b, 192, zu Joh 9,1ff.
56 Vgl. J. Blank, JE 1b, 12 zu Joh 5,1ff; 256 zu Joh 11,1ff: „Vor allem wird die rekonstruierte Wundergeschichte der ‚Zeichenquelle' überaus problematisch, und man wird eher dafür plädieren, daß in der mündlichen Tradition des johanneischen Kreises verschiedene Traditionselemente aufgegriffen und zu einer neuen ‚Zeichengeschichte' zusammenmontiert wurden.".
57 E. Haenchen, Literatur 303; allerdings weist Haenchen hier sogleich auf ein schriftliches Evangelium der joh. Gemeinde, so daß diese Äußerung nicht wirklich die Linie des besprochenen Werkes von Bent Noack fortsetzt, sondern den literarkritischen Ansatz variiert.
58 Zitiert nach J.M. Robinson, Vorwort VIII.

Dies ist ein deutlicher Schritt weg von einer schriftlich fixierten und die sieben Wunder umfassenden Wunderquelle; erkannt wird zudem das Problem der Rekonstruierbarkeit des Traditionsbestandes. Kann eine formgeschichtliche Untersuchung sich in der Konsequenz des erstgenannten Bedenkens Haenchens bewegen, so wird sie auch dem zweiten, dem der Rekonstruierbarkeit der Überlieferung im Gespräch mit der neueren Kritik der Formgeschichte nachzugehen haben (→ 4.2.1).

In seinen verschiedenen Arbeiten zum vierten Evangelium, insbesondere in seiner Kritik der klassischen Semeia-Quelle, hat Udo Schnelle auf die Bedeutung der joh. Schule für die joh. Tradition und seine Geschichte vor der Verschriftlichung im JE aufmerksam gemacht.[59] Gerade seine Göttinger Habilitationsschrift kann daher als eine wichtige Vorarbeit für eine Formgeschichte des JE betrachtet werden, mit der insbesondere die Analyse der joh. Wundergeschichte in einen fruchtbaren Dialog eintreten kann und muß.

4.3. Grundprobleme der Theorie und Methodik der Formgeschichte in der gegenwärtigen Diskussion

Die klassische Formgeschichte[60] beschäftigt sich mit der mündlichen Vorgeschichte des synoptischen Stoffes und sucht seine *Formen und Gattungen* sowie seine *Stilgesetze* zu eruieren.[61] Wenn im folgenden versucht wird, den formgeschichtlichen Ansatz auf das JE zu übertragen, so gilt es, den Fortgang der formgeschichtlichen Diskussion bis in die Gegenwart hinein zu berücksichtigen, da sich nicht zuletzt aufgrund der Infragestellung zahlreicher Überlegungen und Postulate der klassischen formgeschichtlichen Forschung einer Formgeschichte des JE gewichtige Probleme stellen.[62]

---

[59] Z.B. U. Schnelle, Christologie *passim*; Abschiedsreden, bes. 65ff. Eine Berücksichtigung findet das JE bei H. Köster, Formgeschichte 292f (nur Redestoff), und K. Berger, Formgeschichte *passim*; Gattungen.

[60] Vgl. hierzu z.B. E.E. Ellis, Directions 237f; H. Köster, Formgeschichte 297ff; G. Strecker, Literaturgeschichte 27ff. Zur Erforschung der *mündlichen Tradition* in den beiden biblischen Disziplinen s.a. R.C. Culley *passim*; zu gegenwärtigen Beiträgen und Tendenzen der Formgeschichte (der Synoptiker) vgl. A. Lindemann, Literatur 56–66.

[61] Vgl. z.B. die programmatischen Ausführungen von K.L. Schmidt, Formgeschichte 124f.

[62] Zur Auseinandersetzung um die Formgeschichte vgl. z.B. G. Schelbert, der Zustimmung und Kritik für den Zeitraum seit dem Erscheinen der dritten Auflage von Martin Dibelius' ‚Formgeschichte' (1959) bis 1984 sammelt und in zwei Abschnitten einander gegenüberstellt (kurz 11f).

4.3.1 Die Infragestellung nennenswerter mündlicher Tradition
im Neuen Testament

Nach dem Vorgang von Howard M. Teeple[63] wurde mit einem anderen Hintergrund besonders durch den Bultmann-Schüler Walter Schmithals die ‚Mündlichkeit‘ des wesentlichen Teils der synoptischen Tradition selbst problematisiert.[64] Daher sieht er die Formgeschichte „in eine fundamentale Krise geraten".[65]

Howard M. Teeples Aufsatz von 1970, der primär gegen den Ansatz von Harald Riesenfeld und Birger Gerhardsson,[66] aber ebenso gegen die Überlegungen der *Formgeschichte* sowohl der Synoptiker[67] wie auch des vierten Evangeliums[68] gerichtet ist, trägt denn auch den signifikanten Titel „The Oral Tradition that never Existed"; Teeple geht davon aus, daß mündliche Überlieferung, die Jesus-Stoff enthielt, eine marginale Erscheinung im frühen Christentum darstellt. Daß es mündliche Tradition gab, bestreitet damit Teeple nicht, aber diese ist auf das *apostolische Kerygma*, wie es in den Reden Apg 1–5. 10 und 13 entfaltet ist, beschränkt. Die wenigen bekannten Fakten aus dem Leben des historischen Jesus sind nicht notwendig der mündlichen Überlieferung zuzurechnen.[69]

Der Hinweis auf Bultmann ist für das Verständnis von Schmithals entscheidend, da ein systematisches Interesse die leitende Basis seiner Überlegungen bildet; so formuliert Schmithals: „Kirchliche Überlieferung des sogenannten historischen Jesus hat es nie gegeben. Damit behält Bultmann – wie Karl Barth – mit seiner Ablehnung der Frage nach dem historischen Jesus gegen seine ‚Geschichte der synoptischen Tradition‘ theologisch und historisch Recht."[70] Schmithals will allerdings nicht grundsätzlich den Konsens bestreiten, daß es eine mündliche Überlieferung im frühen Christentum gegeben hat,[71] doch streitet er gegen die Anwendung der formgeschichtlichen Methode auf die synoptische Tradition[72] und hier wiederum dem „für Mk eigentümlichen, im wesentlichen erzählenden Stoff".[73] Dennoch verliert man den Eindruck nicht, daß die mündliche Tradition in die Bedeutungslosigkeit für die neutestamentliche Exegese gedrängt wird.

Unter Rückgriff auf verschiedene Exegeten des letzten Jahrhunderts (z.B. Bruno Bauer, Gustav Volkmar)[74] versteht Schmithals die mk. Erzählungen als das dichterische Werk

---

[63] Vgl. die zustimmende Aufnahme Teeples durch W. Schmithals, Einleitung 312f.
[64] W. Schmithals, Einleitung 93ff. 311ff u.ö.; Kritik *passim*; Ursprung *passim*.
[65] W. Schmithals, Ursprung 288.
[66] H.M. Teeple, Oral Tradition 57f; zu den beiden schwedischen Exegeten s.u. S. 95 mit Anm. 122 und 123.
[67] H.M. Teeple, Oral Tradition 58f.
[68] H.M. Teeple, Oral Tradition 59–61.
[69] H.M. Teeple, Oral Tradition 56.
[70] W. Schmithals, Kritik 185; vgl. die Ausgangsüberlegungen: aaO. 154f.
[71] W. Schmithals, Kritik 150; zu diesem Grundkonsens z.B. R.C. Culley 56.
[72] W. Schmithals, Kritik 150.
[73] W. Schmithals, Kritik 154.
[74] W. Schmithals, Kritik 180.

eines innovativen Schriftstellers: „Der Verfasser dieser Grundschrift des Markusevangeliums ist der Schöpfer der synoptischen Tradition außerhalb von Q. Er ist ein religiöser Erzähler, sein Werk im ganzen wie im einzelnen ein poetisches Werk, welches das christliche Kerygma in die Sprache symbolischer, zeichenhafter Erzählung übersetzt. Am Anfang der synoptischen Tradition steht insoweit Literatur, und zwar hohe Literatur ...".[75] Mit Hinweis z.B. auf Christian Hermann Weiße[76] wird die Frage nach der evangelischen Tradition in der außerevangelischen, sonderlich der Briefliteratur gestellt.[77] Richtig erkannt ist dabei, daß sich nur einige wenige Belege der Herrenworttradition hinlänglich sicher bei Paulus kennzeichnen lassen.[78] Dennoch wird gefragt werden müssen, ob der von Schmithals als „petitio principii" diskreditierte Hinweis auf gattungsspezifische Gründe für das Fehlen von Jesusüberlieferungen[79] nicht stärkere Berücksichtigung verdient;[80] ebenso wären kompositions- und traditionsgeschichtliche Überlegungen einzubringen. D.h. die Frage, in welchem Umfang insbesondere der Erzählstoff – sieht man von der liturgischen Überlieferung in 1Kor 11,23bff einmal ab – überhaupt in den Argumentationsgang der Briefe integrierbar war, muß ebenso gestellt werden. Man kann sogar noch weiter gehen und anfragen, inwieweit überhaupt die Jesustradition als Argumentationshilfe für den Apostel in der Auseinandersetzung mit aktuellen Problemen seiner Gemeinden oder aber mit dem Streit mit seinen Gegnern geeignet war.[81] Weiterhin muß bedacht werden, welcher evangelische Stoff vor- und welcher nachpaulinisch ist. Rechnet man mit Georg Strecker mit „zu einem nicht geringen Teil nachpaulinisch(er)" Stoffbildung,[82] was historisch nicht unumstritten ist, so erklärt sich die geringe Kenntnis noch zwangloser. Eine große Hypothek der Überlegungen von Schmithals liegt neben der Schwierigkeit, die theologische und literarische Einheitlichkeit der dem kanonischen MkEv vorgegebenen Grundschrift aufzuzeigen, darin, daß der zweite Evangelist der Struktur dieser Grundschrift eine Reihe von Veränderungen und Umstellungen zuteil werden ließ.[83]

Auch der zuvor vorgestellte integrative Lösungsvorschlag von Schmithals für die joh. Frage ist nicht von dem Problem einer joh. Formgeschichte zu trennen. Seine Kritik an der Existenz einer joh. Schule[84] stellt zugleich die Annahme möglicher Überlieferungsträger der joh. Tradition in Frage. Der Lösungsvorschlag selbst argumentiert analog der Überlegungen zum MkEv allein literarkritisch und sieht damit ein die formgeschichtliche Methodik exkludierendes prae redaktions-geschichtlicher Fragestellung als Methodik zur Analyse unterschiedlicher Redaktionsschichten. Dem tritt der Hinweis auf die Abhängigkeit von wenigstens einem synoptischen Evangelium an die Seite.[85] Dieser Argumentation wird je-

---

[75] W. Schmithals, Kritik 183; s.a. 176 u.ö.

[76] C.H. Weisse, Geschichte I, 22f.

[77] W. Schmithals, Einleitung 96ff. 99-126.

[78] Die Versuche, weitere Kenntnis und Anspielungen an frühchristliche Jesusüberlieferung bei Paulus nachzuweisen, können im Rahmen dieser Arbeit nicht dokumentiert werden; für diese Überlegungen nenne ich nur ein Beispiel: J.D.G. Dunn, Knowledge, bes. 200ff.

[79] W. Schmithals, Einleitung 123.

[80] Z.B. G. Strecker, Literaturgeschichte 120f; Schriftlichkeit 166f; P. Stuhlmacher, Thema 18f; von W. Schmithals, Ursprung 294 Anm. 26, als „alberne Behauptung" tituliert.

[81] Vgl. G. Strecker, Schriftlichkeit 167.

[82] G. Strecker, Schriftlichkeit 166; s.a. 167.

[83] Zu Kritik ist vor allem U. Luz, Markusforschung 651ff, zu vergleichen; s.a. G. Strecker, Schriftlichkeit 168ff, der zu Recht die Formen der mündlichen Überlieferung direkt der mündlichen Tradierung und nicht der Nachahmung dieser Formen durch den Verfasser der Grundschrift zuweisen möchte (aaO. 169 gegen W. Schmithals, Mk 44. 46).

[84] S.o. S. 26.

[85] Vgl. W. Schmithals, Ursprung 291 Anm. 14: „Indessen ist das Unterfangen, das synoptische Material im Johannesevangelium auf mündliche Einzelüberlieferung zurückzu-

doch entgegengehalten werden können, daß die Anerkenntnis des Einflusses synoptischer Texte nicht die Stofferklärung des vierten Evangeliums insgesamt leisten kann. Zudem ist der ausschließlich literarkritische Lösungsversuch nur ein mögliches Erklärungsmodell für die Entstehungsgeschichte, der sehr wohl hinterfragt werden kann. Die Argumentation von Schmithals weist mustergültig auf Probleme einer joh. Formgeschichte hin, auf die verschiedene Antworten und Orientierungen bereits vorgelegt wurden und die damit m.E. die Berechtigung dieses Unternehmens nicht wirklich in Frage stellen.

Bei Schmithals wird also beides, Literarkritik und die Annahme des literarischen Schaffens eines einzelnen ingeniösen Autors, pointiert gegen das formgeschichtliche Ansinnen eingebracht; berechtigte methodische Arbeitsschritte und Überlegungen, die jedoch nicht gegen die formgeschichtliche Fragestellung zu verabsolutieren sind. Die Wirksamkeit der frühchristlichen Gemeinde und ihrer Dienste und Repräsentanten ist gegenüber dem einzelnen Verfasser nicht zu restriktiv zu beurteilen; in ihnen wird der Stoff bewahrt, geschaffen und überliefert.[86] So ist gegenüber diesen primär am MkEv entwickelten Einwänden an der Existenz mündlicher Einheiten festzuhalten,[87] wenn sich solche aus dem Text isolieren lassen und sie formal wie soziologisch mündlicher Überlieferung zuzuordnen sind.[88]

4.3.2 Der Hiatus von Kontinuität und Diskontinuität mündlicher Tradition als Aufgabe formgeschichtlicher Theoriebildung

Die Aufgabe der Herausschälung mündlicher Überlieferung aus einem schriftlichen Text und die Rekonstruktion seiner Vorgeschichte setzen die Auseinandersetzung mit einer zweifach problematisierten Kontinuität der Traditionsüberlieferung voraus. Zu klären ist, ob die Verschriftlichung der Tradition einen Kontinuitätsbruch bedeutet, bei dem die Überlieferung völlig in das schriftliche Opus aufgelöst wird und sich damit jeder Rekonstruktion entzieht. Umstritten ist aber auch eine kontrollierbare Kontinuität für eine mündliche Weitertradierung der Tradition selbst.

Gerhard Sellin weist darauf hin, „daß ... jede Neuerzählung nicht eine Reproduktion, sondern eine Neuschöpfung mittels eines eigenen sozialen kerygmatischen Filters darstellt", so daß „das Medium der Schrift den mündlich-literarischen Produkten eine neue Gestalt gibt, die die alte mündliche Gestalt

---

führen, selbst ein Kind der Formgeschichte und schon deshalb nicht geeignet, deren Krise abzuhelfen."
[86] Vgl. G. Strecker, Schriftlichkeit 160. 161.
[87] Vgl. z.B. G. Theißen, Lokalkolorit 2–4.4f; s.a. H. Conzelmann/A. Lindemann, Arbeitsbuch 81.
[88] Für die Erforschung der Vorgeschichte des joh. Stoffes ist zudem die Konfliktgeschichte des joh. Kreises einzurechnen (→ 1.3). Überlegungen zum Lokalkolorit (G. Theißen, Lokalkolorit, bes. 5ff; Lokalkoloritforschung 482f; zur Methodik: aaO. *passim*) können sich dabei als hilfreich erweisen.

vollkommen auslöscht".[89] Diese Bemerkung nimmt Beobachtungen auf, die
die *oral-tradition*-Forschung in verschiedenen kulturellen und ethnischen
Kontexten gewonnen hat. Neuschöpfung meint nicht die Invention einer neuen
Geschichte, sondern eine aufgrund der Interaktion mit dem Publikum, das in
der Erzählsituation interveniert, entsprechende Anpassung an die Erzählsituation.[90] So wird jeder Vortrag zu einem einmaligen Akt, der ausgestattet mit
einem dieser Situation entsprechenden Tonfall und Gestik im Moment der
Aussprache unwiderruflich verloren ist. Mit der Veränderung des Publikums
oder präziser mit Veränderung der sozialen und kulturellen Umwelt verändert
sich auch das Erzählte. „Tradition serves the present and is modified accord-
ingly."[91] Ähnlich formuliert Werner H. Kelber im Anschluß an Albert Bates
Lord.[92] Da nach Kelber „jede Wiedergabe eines Herrenwortes oder einer Pa-

---

[89] G. Sellin 318.313; s.a. K. Koch 110, der von einem „(Z)erschrieben"-Werden der
    mündlichen Überlieferung handelt: „Die Niederschrift einer bis dahin nur mündlichen
    Einheit verändert sie in der Regel grundlegend." Ähnlich wie Sellin formuliert schon E.
    Güttgemanns, Fragen 197 (s.a. 88f. 148. 187. 257; kritisch hierzu z.B. P. Vielhauer, Ge-
    schichte 351f); s.a. W. Kelber, Markus *passim*, bes. 15f.21.39.40–44, und C. Breyten-
    bach, Problem *passim*, der aber zumindest dem für den Lehrbetrieb zusammengetrage-
    nen Stoff eine Kontinuität zuerkennen will (aaO. 57; dies korreliert mit Beobachtungen
    der ‚oral-tradition'-Forschung, die in rituellen Stoffen bisweilen wortwörtliche Konti-
    nuität finden kann [vgl. W.J. Ong 68]).
        Ausdrücklich schließt sich auch M. Wolter 164 an das Stichwort „Neuschöpfung" an
    und sieht durch seine Untersuchung der Iamata des Asklepius und ihrer Sammlung in
    den ihm gewidmeten Heiligtümern die vorgenannte These grundsätzlich gestützt: „Die
    Neufassung eines individuellen Heilungsberichts innerhalb der Sammlungen ist keine
    Reproduktion, sondern interessegeleitete Neuschöpfung." Dies leitet Wolter von der Be-
    obachtung ab, daß aus der Sammlung weder die Formvariante noch die sprachliche Rea-
    lisierung zu erfassen sind (164; s.a. 174). Er folgert daraus, daß nicht „das hypothetische
    Konstrukt einer Differenz zwischen Tradition und Redaktion" den Sinn einer Erzählung
    erschließt. Dieser ist vielmehr der konkreten Auswahl aus dem Inventar der Formva-
    rianten zu entnehmen, die die individuelle Erzählgestalt eines Textes prägen (175).
    Wird damit zweifelsohne zu Recht das Bemühen um das Verständnis des Gesamttextes
    und nicht eines als redaktionell rekonstruierten Teilaspektes bestimmt, so bleibt die
    Frage, ob das Verdikt über die Rekonstruierbarkeit von Einheiten in dieser Grundsätz-
    lichkeit von den Iamata auf andere Texte, und insbesondere auf die ntl. Wunderge-
    schichten, auszudehnen ist.
[90] Vgl. W.J. Ong 47. Als Ergebnis der gegenüber der schriftlichen Sender – Empfänger-Si-
    tuation andersartigen ‚oralen Situation' formuliert Ø. Andersen 20: „The implication is
    that an oral traditional ‚text' is always part of a context and so may enter a new stage at
    any point" (S.a. 29).
[91] Ø. Andersen 22. Es ist die jeweilige Gegenwart, die die Verantwortung für das oral Be-
    wahrte und Erinnerte trägt. Das, was etwas für die Gegenwart austrägt oder was zur Il-
    luminierung der jeweiligen Gegenwart Verwendung finden kann, wird im oralen Ge-
    dächtnis bewahrt und tradiert (vgl. J. Vansina 92; Andersen 23; s.a. J. Assmann 52).
    Die jeweilige Gegenwart wirkt also selektiv auf die mündliche Tradition ein.
[92] A.B. Lord, Singer *passim*; zu Lords Funktion und Bedeutung in der oral-tradition-For-
    schung vgl. z.B. D. Boedecker 44ff.

rabel ... einen Akt authentischer Kommunikation" konstituiert,[93] muß er „in der mündlichen Wirklichkeit mit einer Pluralität von authentischen Worten rechnen".[94] D.h. es läßt sich zwischen den Erzählereignissen keine Linie ziehen, mit deren Hilfe ein älteres, ein Urwort, zu rekonstruieren sei.

Unter Verwendung eines Terminus von Martin Heidegger spricht Kelber von der „Gleichursprünglichkeit" eines Wortes Jesu mit jedem anderen von ihm gesprochenen Wort.[95] Sieht Kelber zudem in der „Mündlichkeit ... kein ihren Sprechakt überdauerndes linguistisches Eigenleben",[96] so ergibt sich als Konsequenz: „Mündlichkeit als solche läßt sich nicht analysieren".[97] Zahlreiche Mittel zur Ausschmückung und Verzierung, zu Einbau und Anfügung stehen als Variationsmöglichkeiten für die erzählte Grundstrukur zur Verfügung.[98] Dies hat wohl auch für die Nachfolger Jesu zu gelten, da „Jesu Identität als Sprecher aphoristischer und parabolischer Weisheitsworte in die Persönlichkeiten seiner prophetisch charismatischen Nachfolger und die Lebenswelt ihrer Zuhörer verlängert werden konnte".[99]

Basieren diese Beobachtungen auf dem Vergleich der Bedingungen der Überlieferung mündlicher Traditionen des Neuen Testaments mit anderen ähnlichen ethnologischen Phänomenen, so stellt dies eine Weiterführung des Anliegens der älteren Formgeschichte dar, die in jenen Bereichen nach Analogien gesucht hat, um die hinter den neutestamentlichen Evangelien liegende mündliche Tradition zu erhellen.[100] Allerdings darf dies nicht dazu führen, daß bestehende Differenzen, z.T. durch den unterschiedlichen kulturellen Kontext begründet, z.T. hinsichtlich der formalen Natur der Traditionsstücke, übersehen werden: „Die Gesetze mündlicher Komposition sind nicht immer universal, sondern verschieden je nach soziologischem Kontext (Stellung des literarisch Schaffenden oder Tradierenden zu seinem Publikum) und literarischer Gattung."[101]

---

[93] W.H. Kelber, Anfangsprozesse 15; kritisch hierzu J. Halverson 184f, der auf unterschiedliche Kommunikationsprozesse mündlicher Rede hinweist, die nicht notwendig die von Kelber beschriebene Interaktion freisetzen.

[94] W.H. Kelber, Anfangsprozesse 17. Gegen das Originaltätsprinzip in der mündlichen Tradition votiert auch J. Vansina 51f.

[95] W.H. Kelber, Anfangsprozesse 17: Hinweis auf den Terminus bei M. Heidegger 131.

[96] W.H. Kelber, Anfangsprozesse 18; s.a. aaO. 37: Mündliche Prozesse „bestehen aus jeweils diskreten, authentischen Sprechakten, welche, getrennt durch Intervalle des Nichtsprechens, weder als eine durch zeitliche noch als eine durch räumliche Verbindungslinien kontinuierliche Entwicklungsgeschichte denkbar ist". In einer anderen Argumentationslinie hebt auch K. Koch 111 die Veränderlichkeit der mündlichen Überlieferung heraus: „Dort wirkte jede Generation wie ein ‚Schmelzofen', ja jeder einzelne Traditionsträger änderte ein klein wenig." Anders als Kelber argumentiert Koch *personal* und nicht *existential* und *situations*gebunden.

[97] W.H. Kelber, Anfangsprozesse 19.

[98] W.H. Kelber, Anfangsprozesse 38.

[99] W.H. Kelber, Anfangsprozesse 21.

[100] Z.B. R. Bultmann, Geschichte 7f.

[101] (H.L. Strack/)G. Stemberger 48. Neuere Beobachtung der *oral-tradition*-Forschung warnen vor Pauschalisierungen und mahnen verstärkt die Berücksichtigung des jeweiligen kulturellen und soziologischen Kontextes an.

So kann gegen die vorgenannten Überlegungen eingewendet werden, daß die mündliche Überlieferung auch knappe und einprägsame Formen bereitstellt, die eine beachtenswerte Stabilität bieten.[102]

Ähnlich faßt auch James D.G. Dunn seine Überlegungen über „John and the Oral Gospel Tradition" zusammen: „We can speak of a degree of fixity in such tradition – in the broad outline of the narrative or theme of the saying, and often too in particular points in the narrative. This suggests that there were fixed points in the oral tradition process, around which a story or the teaching drawn from such fixed points was constructed in the retelling." Läßt sich diese ‚Festigkeit‘ nicht zunächst durch theologische Interessen begründen, so kann erschlossen werden, „that such fixing of structural elements was simply part of the normal ‚technique‘ of oral tradition".[103]

Weiterhin sind die oft kurzen neutestamentlichen Erzählstoffe kaum mit Liedern und Erzählungen vergleichbar, die serbo-kroatische[104] oder orientalische Sänger bzw. Erzähler häufig über Stunden vortragen bzw. vorgetragen haben. Auch der Hinweis auf die *inhaltliche* Differenz zwischen Folklore-Stoffen und den neutestamentlichen Überlieferungen. Damit ist Entscheidendes gesagt; die Differenzen der Gattungen und des ‚Sitzes im Leben‘ sind auch für die mündliche Tradition und ihren Überlieferungsprozeß zu beachten.[105] Mündliche Poesie kann als vollendete Kunstform betrachtet werden, in der sich der individuelle Erzähler oder Sänger mit Gestenreichtum und Situationsgewandtheit auszeichnet. Daneben existieren aber andere Gattungen, die zudem in anderen Überlieferungsprozessen weitergereicht werden. An eine unveränderlichere oder wenigstens konservativere Überlieferung ist bei Rechtsmaterialien ebenso wie bei Sprichworten, religiösen, insbesondere liturgischen Formeln und religiösem Lehrstoff zu denken.[106] So ist beachtenswert, daß gerade religiöse Texte *in der Regel* sorgfältiger überliefert zu werden scheinen.[107]

---

[102] In verschiedenen Arbeiten, die Stoffe unterschiedlicher kultureller Provenienz (Mittelamerika, Afrika und Japan, auch Indien) untersuchten, konnten Beispiele für wörtliche Wiederholung im oralen Medium festgestellt werden (vgl. W.J. Ong 66f mit der einschlägigen Lit. [zu den indischen, wedischen Hymnen aaO. 69]). Dieser Hinweis votiert gegen eine vorschnelle Aufnahme von einzelnen Beobachtungen der oral-tradition-Forschung. Die frühchristliche Überlieferung selbst muß untersucht werden und kann daraufhin auf ihr Verhältnis zu bekannten oralen Phänomenen befragt werden; eine wichtige Sondierung legt beispielsweise C. Breytenbach, Problem *passim* vor; in diese Richtung geht auch eine Reihe von Beobachtungen der Arbeit von J.D.G. Dunn, Tradition *passim*.

[103] J.D.G. Dunn, Tradition 378.

[104] Von Albert B. Lord in seiner richtungsweisenden Studie „The Singer of Tales" von 1960 zugrundegelegt (deutsch ders., Sänger); eine Auswahl von Arbeiten, die die Mündlichkeit in anderen z.B. afrikanischen Kulturen untersuchen, bei W.J. Ong 34f.

[105] Weitere Parameter, die für die Analyse der ‚oral tradition‘ von Bedeutung sind und nicht zuletzt auf die Kontigenz der Überlieferung Einfluß üben, liefert Ø. Andersen 33–37.

[106] Vgl. zur notwendigen Differenzierung auch Ø. Andersen 28f.

[107] Ø. Andersen 35.

Zudem ist für die ntl. Zeit der Gegensatz von mündlicher Tradition und
schriftlicher Jesusüberlieferung als Gegensatz zwischen instabiler und stabiler
Überlieferung zu einfach; es sollte heute nicht mehr absolut zwischen einer
Phase mündlicher Überlieferung und einer Phase schriftlicher Traditionsbildung unterschieden werden.[108]

Lassen sich orale und chirographische Phänomene in der frühchristlichen Geschichte
wie in ihrer jüdischen und ihrer hellenistischen Umwelt gleichermaßen nachweisen,[109] so
läßt sich kaum mit einem einfachen Gegensatz zwischen Oralität und Literalität operieren.
Das Nebeneinander beider Phänomene in der ntl. Umwelt betont auch Paul J. Achtemeier,
allerdings indem er eine Präponderanz der Oralität betont.[110] Das schriftliche Wort ist in
beiden Prozessen, dem Schreiben wie dem Lesen, ein überwiegend auf das Sprechen hin
orientiertes Phänomen.[111] Allerdings sollte dies nicht das Phänomen und die Bedeutung der
Schriftlichkeit für die antike Welt und ihre Kultur zu gering veranschlagen; der Wert der
Schriftlichkeit wird durchaus anerkannt.[112] Dem Schriftwerk kommt, auch wenn es gelese-
nes Wort ist und wenn es auf den Vortrag zielt, eine anerkennenswerte Bedeutung zu, die
für ihre Rückwirkung auf die Oralität zu bedenken ist. Diese Beobachtungen unterstreichen
m.E. das Ineinander oraler und chirographischer Phänomene, ohne freilich die Differenz
zwischen beiden aufzulösen. Richtig führt daher Peter Müller aus: „Die handschriftliche
Kultur der Antike ... ist dagegen zwar eine zweifellos literalisierte, aber die Mündlichkeit
ist in ihr kein zu vernachlässigendes Überbleibsel auf dem Rückzug, sondern prägt die
Schriftlichkeit in starkem Maß mit, *wie umgekehrt auch die Schriftlichkeit die Oralität beeinflußt.*"[113]
Die Problematik dieses Gegensatzes kann an Untersuchungen des sowjetischen Soziolo-
gen Aleksandr Romanovich Luria exemplarisch verdeutlicht werden.[114] Konnte im Blick
auf nicht literalisierte, orale Personen in experimentalen Fragestellungen ein primär situati-
ver Bezugsrahmen der Sprache und des Denkens festgestellt werden, so begegnen differenzierte Antworten schon bei schwach literalisierten Personen, d.h. z.B. Personen mit kurzer
Schulausbildung. Es bilden sich gewissermaßen Mischformen, die auf Spuren der primären
Oralität oder auf Berührung mit der Welt der Schrift hin analysiert werden können. Deut-

---

[108] Vgl. H. Koester, Written Gospels 294, für die Frühzeit: „There was no need for the production of authoritative written documents. ... The only written authority to which one
could appeal was the scriptures of Israel, the Law and the Prophets." Allerdings rechnet
er auch schon für die frühe Zeit mit Material, „which may occasionally been com-
mitted to writing" (aaO. 293). Deutlicher spricht W.H. Kelber, Anfangsprozesse 41, von
einer „doppelten Loyalität gegenüber dem mündlichen und dem schriftlichen Wort", die
auch für frühchristliche Überlieferung zu beachten ist und die zur Interaktion beider
Medien geführt habe. Zu dem kulturgeschichtlichen Hintergrund von Schriftlichkeit und
Mündlichkeit zur Zeit des Frühchristentum vgl. Kelber, aaO. 4–8; s.a. K. Koch 106f.

[109] S.a. Ø. Andersen 47.

[110] P.J. Achtemeier *passim*; s.a. J. Halverson 181ff.

[111] Vgl. P.J. Achtemeier 9ff; s.a. R. Uro 310; H.-J. Klauck, Briefliteratur 167, weist demgegenüber mit Beispielen und Literatur auch für die Antike auf das Phänomen des ‚stillen
Lesens', insbesondere von Briefen, hin.

[112] Vgl. P. Müller 170 mit Anm. 57.

[113] P. Müller 169; Hervorhebung v.Vf. Über das JE führt Müller aus: „Mündlichkeit und
Schriftlichkeit stehen offenbar im Austausch miteinander, es gibt Beziehungen zwischen
beiden, und es besteht vom Johannesevangelium aus betrachtet keinerlei Anlaß, sich
einseitig auf die eine oder andere Seite zu stellen" (ebd.).

[114] Vgl. das Referat bei W.J. Ong 54ff.

lich ist aber, daß die Alternative Oralität – Literalität phänomenologisch nicht völlig greift.[115]

Für die ntl. Überlieferung ist dann aber zu fragen, ob die stabilere schriftliche Überlieferung nicht auch Einfluß auf die mündliche Überlieferungspraxis hatte.[116] Freilich muß dies nicht für eine wortwörtliche Tradierung sprechen, dennoch erscheint es auch nicht ratsam, die Betonung ausschließlich auf das Element der Diskontinuität zu legen. Außerdem darf nicht übersehen werden, daß in der frühchristlichen Geschichte auch gegenteilige Bewegungen erkennbar sind; so votiert *Papias*, der Bischof von Hierapolis, für die theologische Wertigkeit mündlicher Tradition, obgleich er diese dann doch schriftlich fixiert.[117] Gerade dies warnt aber vor zu klaren Alternativen und vorschnellem Urteil.

Doch ist die Frage nach Kontinuität und Stabilität auch auf die schriftliche Überlieferung auszudehnen. So ist gegenwärtig auch im Blick auf kleinere schriftliche Einheiten nicht mehr unhinterfragt akzeptiert, daß darin eine gegenüber der mündlichen Tradition wesentlich unterschiedene Stabilität vorliegt.[118]

So formuliert David E. Aune aufgrund seiner Untersuchung der Logien Jesu (Aune spricht von „Aphorisms of Jesus"): „The analysis ... suggests that it (the written tradition; Vf.) was as flexible and variable as one might suppose oral tradition to be."[119] Stabilität sei allerdings dem sakralen Status zu verdanken, der diesen Schriften zugemessen wurde.[120] Veränderungen und Anpassungen von Überlieferung an die jeweilige Situation sind dementsprechend beiden Überlieferungsweisen, der mündlichen wie der schriftlichen, zuzuerkennen; dies ruft zu Recht Aune in Erinnerung.

Es ist aber kaum ein Anachronismus, wenn man das gegen Veränderungen resistentere Medium in der Schrift findet, die aber, man denke auch an die dif-

---

[115] So plädiert auch R. Finnegan 142f, für die Aufgabe der idealtypischen Unterscheidung von ausschließlich oraler oder schriftlicher Kultur; zum Problem s.a. D. Boedeker 52. F. Watson 98ff arbeitet eine Reihe von Parallelen zwischen mündlichem und schriftlichem Kommunikationsakt heraus, die trotz der beachtenswerten Differenzen von Bedeutung sind. Anders W.J. Ong 61.

[116] Zu einer solchen Beeinflussung s.a. Ø. Andersen 47; mit m.E. zu weitreichenden Schlüssen B. Gerhardsson, Tradition 32f.

[117] Vgl. U.H.J. Körtner, Papias 182–184.

[118] Es sei erinnert, daß keineswegs der Gegensatz Oralität und Literalität synonym zu denken ist mit dem Gegensatz Instabilität und Stabilität; vgl. vor allem D.E. Aune, Oral Tradition 240. Wenn beispielsweise *Dio Chrysostomus* Texte von *Euripides* oder *Homer*, die er zitiert (Hinweis und Nachweise bei P.J. Achtemeier 27), ändert und seinem Kontext anpaßt, so muß dies nicht auf eine Zitation aus dem Gedächtnis weisen, sondern scheint eher eine größere Bereitschaft zur Veränderung vorgegebener Stoffe, auch schriftlicher Quellen, zu implizieren.

[119] D.E. Aune, Oral Tradition 240.

[120] D.E. Aune, Oral Tradition 240: „In early Christianity, it is probable that texts became relatively fixed and unchanging only by attributing sacred status to them, and by the increasing role which Christian scholars educated in Greco-Roman schools played in the writing and transmission of the intellectual tradition of early Christianity."

ferenten Rezensionen der Logienquelle bei den beiden Seitenreferenten oder
an mögliche Veränderungen im Markusevangelium, zunächst ein Objekt des
ergänzenden, interpretierenden und aktualisierenden Handelns bleibt. Der fe-
stere und bewahrendere Umgang mit der Schrift dürfte nicht am Anfang der
frühchristlichen Literaturwerdung stehen, ist aber auch nicht zu spät anzusetzen.

Alles in allem müssen für die mündliche Überlieferung Diskontinuität *und*
Kontinuität beachtet werden. Die Frage, welcher dieser Aspekte dominiert,
kann nicht ohne Beachtung des *„Sitzes im Leben'* beantwortet werden. Unbestritten gilt aber, daß die wörtliche Rekonstruierbarkeit nicht mit gleicher Zuversicht wie bei der literarkritischen Quellenrekonstruktion beansprucht werden kann; daß auch bei letztgenannter Rekonstruktion Unsicherheiten bleiben,
ist eine weitere Warnung. Dennoch bleibt die mündliche Vorgeschichte nicht
gänzlich der historisch-rekonstruierenden Nachfrage entzogen. Unterschiedliche Tendenzen, Mischformen, Mischmotive und sekundäre Interpretationen
einer dem mündlichen Überlieferungsstadium zugeschriebenen Tradition lassen weiterhin begründet nach einem Wachstum fragen.

Zur Absicherung des Ergebnisses einer relativen Kontinuität mündlicher
Überlieferung ist die Auseinandersetzung mit einer anders gearteten Kritik der
Formgeschichte und ihrer Prämissen zu führen, die gerade auf die Kontinuität
und Stabilität der Tradition abhebt und zwar bis hinab zum historischen Jesus.
Wird in der *oral-tradition*-Forschung zumeist auf die fundamentalen Differenzen des oralen Memorierens gegenüber dem schriftlicher Kulturen verwiesen,
das gerade nicht im wörtlichen Auswendiglernen bestehe,[121] nehmen indes vor
allem die skandinavischen Exegeten Harald Riesenfeld[122] und sein Schüler
Birger Gerhardsson[123] ein die Tradition exakt bewahrendes Überlieferungsverfahren in Analogie zu dem der Rabbinen an.[124]

Sie begründen dies mit dem Hinweis, daß Jesus in allen Stufen der urchristlichen Tradition als Lehrer und Rabbi dargestellt wird. Das jüdische Überlieferungsverfahren zerfiele in
zwei Aspekte: fixierte Weitergabe des Textes einerseits und – davon getrennt – eine Interpretation des Textes, mit der freier umgegangen wurde. Für die Evangelien heißt dies, daß
einerseits der lehrende Jesus seine Schüler/Jünger Lehrtexte auswendig lernen ließ, andererseits diese Lehrtexte interpretierte, ohne daß diese Deutung in gleichem Maße memoriert
wurde. Unterstützung bekam diese Überlegung durch die Tübinger Dissertation von Rainer
Riesner „Jesus als Lehrer".[125] Die These dieser Arbeit, die Jesus als messianischen Weis-

---

[121] Vgl. zu diesem Komplex exemplarisch W.J. Ong 61–71.

[122] H. Riesenfeld *passim*, bes. 22ff.

[123] Z.B. B. Gerhardsson, Memory; Anfänge; Weg (Präzisierung des Verhältnisses zum rabbinischen Schulwesen: aaO. 90f); Tradition.

[124] Der bewahrende Charakter der Überlieferung wird auch von anderen Exegeten herausgestellt; vgl. die Hinweise bei E.E. Ellis, Directions 241f: bes. auf H. Schürmann, Anfänge; s.a. R. Blank 193ff.

[125] R. Riesner, Jesus *passim;* die Thesen werden gebündelt aaO. 499f und in ders., Ursprung *passim.*

heitslehrer versteht, hebt nicht auf das rabbinische Traditionswesen ab, sondern zeigt Analogien für die frühchristlichen Überlieferungstechniken im zeitgenössischen jüdischen Bildungswesen auf. Ähnlich optiert Alfred F. Zimmermann, der die Frage nach der Überlieferung des Jesusstoffes in der frühen christlichen Gemeinde stellt und mit Hinweis auf christlich-pharisäische διδάσκαλοι beantwortet. Nach dem Muster pharisäischer Gelehrsamkeit sei für den Stoff, solange sich das frühe Christentum „noch ganz im Verband mit dem Judentum bewegt, ... mit bewußter und sorgfältiger Überlieferungstätigkeit zu rechnen".[126] E. Earle Ellis geht in seinem Artikel über ,New Directions in Form Criticism' noch einen Schritt weiter, indem nicht nur eine weitgehende Kontinuität der Tradition bis in die vorösterliche Zeit zurückverfolgt wird, sondern Ellis seinerseits einen vorösterlichen ,Sitz im Leben' für schriftliche Jesustradition in der Aussendungstradition zu finden sucht.[127]

Aus historischen Gründen ist über diese Möglichkeit skeptisch zu urteilen. Daß Jesus kein rabbinischer Lehrer war, braucht vielleicht kaum noch wiederholt zu werden. Wenigstens für die Anfänge des Urchristentums muß weiterhin auch gelten, daß diese „nicht in einem derartigen literarischen (d.h. schriftgelehrten; Vf.) Bereich oder Schulbetrieb" liegen.[128] Auch die Erwartung baldiger Parusie war sicherlich zunächst der Traditionsfixierung ebensowenig geneigt wie die charismatische Grundorientierung des frühen Christentums. Zudem wird bedacht werden können, daß auch die Gedächtnisleistung einer nicht durchgehend literalisierten Gesellschaft nicht überbewertet werden darf.[129] Bestritten werden sollte auch nicht, daß der Stoff im mündlichen Überlieferungsprozeß Veränderungen ausgesetzt gewesen ist. Schon die ältere Formgeschichte sah es als erwiesen an, „daß ,die Redaktion des Traditionsgutes ... nicht erst mit der schriftlichen Fixierung' einsetzt".[130]

Sicherlich darf, wenn die zuvorgenannten Beobachtungen ernst genommen werden, der Begriff ,Redaktion', der einen schriftlichen Text voraussetzt, nicht unmittelbar auf die orale Überlieferung angewendet werden. Aspekte, die beispielsweise in der Evangelienredaktion gefunden werden, wie Aktualisierung, theologische Aneignung, sprachliche Anpassung an die eigenen Erzählnotwendigkeiten, sind aber beiden Überlieferungsstationen gemein. Eine Differenz liegt in der Reflexion des Stoffes auf einen Kontext hin,[131] der getrennt von einer konkreten direkten Kommunikationssituation stattfindet, d.h. ohne eine Möglichkeit der Zuspitzung auf ein anwesendes Auditorium oder die Eventualität einer realen Intervention des Publikums. Daß die Evangelien von der oralen Situation so weit getrennt sind wie ein

---

[126] A.F. Zimmermann 219. Ein „jüdisch-pharisäischer Kreis von διδάσκαλοι" zeigt sich „für die entscheidende Phase der Ueberlieferung der Evangelienstoffe, für die Jahre vor 50" verantwortlich: „In dieser entscheidenden ersten Phase der Urgemeinde, als sich diese noch ganz im Verband des Judentums bewegte, ist mit bewusster und sorgfältiger Ueberlieferungstätigkeit zu rechnen.".

[127] E.E. Ellis, Directions 242–247; bes. 245.

[128] G. Schelbert 34; s.a. die Kritik von K. Koch 109f.

[129] Hierzu (H.L. Strack/)G. Stemberger 49f.

[130] G. Strecker, Schriftlichkeit 164 (Zitat: R. Bultmann, Geschichte 347) mit Anm. 18 (Lit.).

[131] D.h. geographische wie chronologische Verankerung der Traditionen im Text; Eintragung literarischer Techniken, wie beispielsweise die der Rückverweise im JE; vor allem aber stärkere Reflexion des Integrierten, da eine in der Interaktion mit dem Publikum gegebene Korrigierbarkeit des Gesagten für das geschriebene Wort entfällt.

gegenwärtiger Schriftsteller, der für ein ihm unbekanntes tausendfaches Publikum schreibt, ist jedenfalls zu bezweifeln.

Überhaupt ist für das NT zu unterscheiden zwischen der Mündlichkeit des Verkündigers und der Mündlichkeit der Verkündigung vom Verkündiger, in der dieser zum Verkündigten wird. Zwar spricht der Verkündiger als Erhöhter noch zu seiner Gemeinde, die ihn verkündigt, doch liegt die Originalität bei der Erinnerung an die Verkündigung des historischen Jesus oder auf Seiten der Verkündigung der sich im Einklang mit dem Willen des Erhöhten wissenden Gemeindeworte. Die Verkündigung der Gemeinde bewahrt eine Paradosis (vgl. 1Kor 15,3), in der sie sich gegenüber ihrem Ursprung verantwortet. Wie sie diese Paradosis verkündigt, diese Tradition zum mündlichen Sprachereignis wird, in dem jedes Sprachereignis dem anderen ‚gleichursprünglich‘ genannt werden kann, ist tatsächlich nicht mehr im Detail greifbar. Greifbar ist jedoch die Paradosis, in der die Gemeinde Worte und Erzählungen des Verkündigten bewahrt, um den Verkündiger selbst zu verkündigen.

Erhardt Güttgemanns[132] und Werner H. Kelber weisen auf das *Problem des Übergangs der mündlichen Überlieferung in das schriftliche Medium*.[133] Sie bezweifeln, daß die Traditionen ohne massive Veränderungen in den Text eingestellt wurden.[134]

So allerdings wurde es weitgehend von der älteren Formgeschichte vorausgesetzt. ‚Markus‘ als der älteste Evangelist ist primär ein Sammler von Traditionen, die er mit einem geographischen „Rahmen" versehen aneinandergereiht und in sein Evangelium eingliedert.[135] Andererseits wurde, wie jüngst Helmut Koester in Erinnerung rief, auch in der älteren Formgeschichte mit ihrem methodischen Instrumentarium eine Veränderung der Tradition durch ihre Eingliederung in den schriftlichen Kontext wahrgenommen.[136]

Wies Güttgemanns auf die Andersartigkeit des Charakters der Mündlichkeit hin, der gegenüber die Schriftlichkeit eine Größe *sui generis* sei, so geht Werner H. Kelber weiter, wenn er Markus in Auseinandersetzung mit mündlicher Tradition begreift und das Markusevangelium als Gegenentwurf zur mündlichen Hermeneutik skizziert.[137]

Eine pauschale Entscheidung ist zu vermeiden. Immerhin ist unbestritten, daß im schriftlichen Text der Evangelien vielfach Merkmale der mündlichen Überlieferung nachzuweisen sind: Man denke etwa an das Gesetz der Dreiheit.

---

[132] Zu E. Güttgemanns, seinen Veröffentlichungen, seiner Theorie und seiner Wirkung vgl. die Darlegungen von G. Schelbert 21ff.

[133] Das Problem der Diskontinuität entfaltet auch Ø. Andersen 48f. Dennoch kommt die Forschung kaum umhin, schriftliche Texte auf mündliche Tradition hin zu untersuchen, da das gesamte Gebiet der antiken ‚*oral tradition*‘ nur auf diesem (unwegsamen) Pfad zugänglich ist; zum Problem s.a. Andersen 30.

[134] S.a. Ø. Andersen 49.

[135] Vgl. K.L. Schmidt, Rahmen *passim*.

[136] H. Koester, Written Gospels 296.

[137] W.H. Kelber, Anfangsprozesse 51ff u.ö.

Die Schriftlichkeit selbst partizipiert an der Mündlichkeit der Sprache.[138] Dies mag sich einerseits darin begründen, daß die Evangelien selbst zunächst weniger Literatur-, d.h. *Lese*-Werke waren, sondern wohl doch eher *Vorlese*-Werke, d.h. Schriften, die in Gemeindeversammlung und Gottesdienst zur Erbauung verlesen wurden.[139] Doch ist wohl ebensowenig bestreitbar, daß diese Gesetzmäßigkeiten erkennen lassen, wie sehr der in das Evangelium integrierte Stoff noch in der Kontinuität der mündlichen Überlieferung steht,[140] d.h. das Problem verlagert sich hin zu der Argumentation am konkreten Einzeltext.

Schließen wir nunmehr den Diskurs um die Kontinuität und die Stabilität der mündlichen Überlieferung ab, der eine Reihe kontroverser Beobachtungen und Thesen erkennen ließ, so bleibt noch einmal festzuhalten, daß das Frühchristentum gerade nicht in einem unliterarischen Vakuum aufwuchs. Die Diskrepanz zwischen Oralität und Schriftlichkeit, die in der Kritik der formgeschichtlichen Prämissen thematisiert wird, wird in dieser Argumentation zu schematisch angewendet.[141] Die Differenz zwischen Oralität und Literalität ist durchführbar allein dort, wo wir ‚primär oralen Kulturen‘ begegnen. Walter J. Ong, dem ich diesen Begriff entnehme, definiert: „Kulturen, die keine Berührung mit dem Schreiben hatten".[142] Dies trifft aber schwerlich für das frühe Christentum oder seine jüdische oder hellenistische Umwelt zu. Somit wird differenziert geurteilt werden müssen, wie es beispielsweise bei Gerd Theißen vorbildlich geschieht: „Verschriftlichte mündliche Überlieferung hat sowohl an Momenten der Schriftlichkeit wie der Mündlichkeit teil."[143]

Dies ergibt komplexe Ansprüche an eine Theorie der frühchristlichen Literaturbildung, die hier allerdings nicht geleistet werden kann. Für das Thema dieser Arbeit ist eine wesentlich engere Ergebnisformulierung von Bedeutung. Die Frage nach der Rekonstruierbarkeit und der Kontinuität mündlicher Überlieferung wird zwar zurückhaltender beurteilt werden als in der älteren Formgeschichte, in der zwischen mündlicher und schriftlicher Tradition wenig

---

[138] Vgl. G. Strecker, Schriftlichkeit 165.

[139] Vgl. G. Strecker, Schriftlichkeit 165: Die Evangelien sind „für den mündlichen Vortrag in der Gemeinde konzipiert worden". S.a. grundsätzlich W.H. Kelber, Anfangsprozesse 7f: „Weil die überwiegende Mehrheit der Bevölkerung auf den Umgang mit dem mündlichen Wort angewiesen war, mußte vieles in einer Weise niedergeschrieben werden, daß es vorgelesen und gehört werden konnte. Texte waren in der Regel hörerfreundlich." Dies entspricht dem *grundsätzlichen Bezug des geschriebenen Wortes auf die Oralität*: „Geschriebene Texte müssen stets in irgendeiner Weise direkt oder indirekt auf die Welt des Klanges, des natürlichen Gewandes der Sprache, bezogen werden, um ihre Bedeutung zu erschließen. … Niemals kann Schreiben auf die Oralität verzichten." (W.J. Ong 15f)

[140] Vgl. G. Strecker, Schriftlichkeit 165.

[141] S.a. R. Uro 309f.

[142] W.J. Ong 37.

[143] G. Theißen, Wundergeschichten 195

scharf differenziert wurde.[144] Dies liegt aber nicht ausschließlich an der Veränderlichkeit mündlicher Überlieferung; zu beachten ist vielmehr, daß man
auch mit einem gewissen Maß an Veränderlichkeit im schriftlichen Medium
rechnen muß. Allerdings zeigen z.B. die mit den Synoptikern verwandten
Wundergeschichten des JE zwar Differenzen, jedoch sind diese nicht gänzlich
unkontrollierbar.[145] Zu untersuchen bleibt der Einzeltext. Dabei wird ebenfalls
von Fall zu Fall zu fragen sein, ob Wachstumsringe des Textes als Spuren
eines literarischen oder eines mündlichen Hintergrunds[146] des vorliegenden
Textes anzusehen sind. Zuversicht ist wohl angebracht, daß zumindest Auf-
bauschemata und theologische Aussagen einer Tradition zum Kontinuum der
Tradition zu rechnen sind; auch die sprachliche Gestalt muß nicht völlig aus-
gelöscht werden.[147] Insgesamt scheint mir folglich die form*geschichtliche*
Analyse noch immer ein wichtiges Instrument ntl. Exegese zu sein,[148] wenngleich im einzelnen stärker das Element der Diskontinuität bei der Überlieferung und Verschriftlichung einzurechnen ist.

4.3.3 Formgeschichte als deskriptive Funktion der Exegese. Eine Herausforderung durch die neuere linguistische Methode[149]

Ein anderer gegenüber der älteren Formgeschichte kritischer Versuch ist die
Adaption der ‚Formgeschichte' im Sinne der neueren linguistischen Exegese,[150] die in der Offenlegung des strukturellen Aufbaus einer Form besteht, da

---

[144] So R. Bultmann, Geschichte 7; s.a. 91.
[145] Dies anerkennen auch Kritiker der älteren Formgeschichte. So sieht K. Berger, Einführung 120, eine Kontinuität bei der Verwendung derselben Gattung; er bestreitet aber
grundsätzlich den sicheren Rückschluß, da die „Realisierung von Gattungsstrukturen
immer mit einem hohen Maß von Freiheit verbunden" seien. M. Rein 281ff schließt sich
grundsätzlich solcher Kritik an, meint aber Berger als Zeugen für eine „Kontinuität des
strukturellen Rahmens" zu gewinnen und betont seinerseits den identitätsstiftenden
Charakter des *Plot*. Dieser lasse sich bis in die mündliche Vorgeschichte zurückverfolgen.
[146] Hierauf verweist z.B. M. Rein 166 Anm. 3.
[147] Auf das Element der Kontinuität im Diskontinuität erzählerischer Freiheit, das er in
der Tradition selbst sieht, hebt J. Vansina 35 ab: „Of course, the same tale handled by
different talents and for different audiences becomes something quite different, even if
the plot, settings, personalities, and the sequence of episodes remains the same. ... So
every performance is new, but every performance presupposes something old: the tale itself."
[148] S.a. das Urteil von F. Hahn, Überlegungen 196f, der der Formgeschichte ein fortbeste-
hendes Recht und Notwendigkeit zur Interpretation frühchristlicher Texte einräumt.
[149] Vgl. zum folgenden auch F. Hahn, Formgeschichte 475f; G. Strecker, Literaturgeschichte 39f; ders./U. Schnelle 87.
[150] Vgl. W. Schenk 888f.891f.

„die sprachliche Oberflächengestalt ... die Form eines jeden Textes ausmacht".[151]

Wenden wir uns dem insbesondere in seiner „*Formgeschichte des Neuen Testaments*"
ausgeführten Programm von Klaus Berger zu, das auf synchronem Wege „zur wirklichen
Gemeindegeschichte"[152] gelangen will. ‚Form' wird in diesem Zusammenhang definiert als
„die Summe der stilistischen, syntaktischen und strukturellen Merkmale eines Textes".[153]
Daß durch den deskriptiven Akt solcher ‚Formgeschichte' sich das Pendel zu Ungunsten
der historischen-soziologischen Fragestellung der älteren Formgeschichte bewegt, wird ausdrücklich betont: „Auf das Ästhetische fällt wegen der Formbeschreibung größeres Gewicht
..., das Soziologische liegt weniger in der Ermittlung der mündlichen Vorgeschichte als in
der Lokalisierung der beabsichtigten Wirkung eines Textes in der Geschichte des Urchristentums".[154] Dem korreliert ein an den Kommunikationsstrukturen orientiertes Interesse
an der neuen Rhetorik; Rhetorik als Argumentationsstrategie eines schriftlichen Textes läßt
eine Intention erkennen, die auf die frühchristliche Geschichte wirken soll: „Die Form bestimmt sich von der beabsichtigten rhetorischen Intention her. Rhetorik ist in diesem Sinne
das Bindeglied zwischen Form und Geschichte."[155] So begründet Berger seine nach den
rhetorischen Gattungen gegliederte ‚Formgeschichte' mit der „Schlüsselfunktion zwischen
der rein literarischen Formbeschreibung und der soziologischen Analyse der Situation in
der Geschichte, auf die der Text einwirken soll".[156] Unterschieden werden die *forensische*,
deliberative und *epideiktische* Gattung,[157] die sich nach *Aristoteles* an dem unterschiedlichen Auditorium ausrichten und somit eine antike Kommunikationstheorie freilegen (*Aristoteles*. Rhet I 3,1ff [1358a–1359a]). Es kann bei der Arbeit von Berger allerdings nicht
übersehen werden, daß eine Reihe von Mischgattungen die Problematik der argumentati-
ons-rhetorischen Klassifizierung des NT anzeigen.[158]

Auch wenn Form und Inhalt nicht zu trennen sind, so ist positiv wahrzunehmen, daß den formalen Gesichtspunkten stärkeres Gewicht zugemessen
wird.[159] Allerdings vermißt man im Unterschied zur klassischen Formgeschichte die sie konstituierende diachrone Orientierung,[160] was Walter Schmithals zu dem Urteil bringt, daß Bergers Buch mit der „klassischen Formgeschichte nur noch den Namen gemeinsam" hat.[161] Hierin berührt sich der lin-

---

[151] K. Berger, Form- und Gattungsgeschichte 431 mit Bezug auf W. Richter 120.
[152] K. Berger, Formgeschichte 12.
[153] K. Berger, Formgeschichte 9.
[154] K. Berger, Form- und Gattungsgeschichte 432; in diese Richtung weist auch Bergers
     Kritik und Neufassung des ‚*Sitzes im Leben*': „Wichtiger ist ... welche Wirkung und
     Funktion der vorliegende, formulierte Text haben konnte und sollte, welches Interesse
     darin sichtbar wird und wo das im Text Formulierte sich wiederum auswirken sollte. ...
     Es geht also um eine gemeinschaftliche Problematik, die im Laufe der Geschichte des
     Urchristentums relevant wurde." (aaO. 436).
[155] K. Berger, Form- und Gattungsgeschichte 437; vgl. deutlicher aaO. 442f.
[156] K. Berger, Form- und Gattungsgeschichte 442.
[157] Hierzu kurz M. Fuhrmann 81ff.
[158] Sogenannte „Sammelgattungen": Berger, Formgeschichte 25ff; kritisch z.B. G. Strecker,
     Literaturgeschichte 40.
[159] H. Zimmermann/K. Kliesch 279.
[160] Vgl. z.B. die Kritik von F. Hahn, Formgeschichte 476f. Dies übersieht auch der Versuch
     von G. Schille 91f.
[161] W. Schmithals, Ursprung 290.

guistische Ansatz Bergers mit dem ästhetischen Verständnis von Formgeschichte vornehmlich im anglophonen Sprachraum,[162] verfolgt aber ein Ziel, daß sich nur bedingt mit der in dieser Arbeit vertretenen Fragestellung berührt.

4.4 Überlegungen zur Scheidung von Tradition und Redaktion im vierten Evangelium. Zur Kriteriologie der Rekonstruktion der im vierten Evangelium aufgenommenen Tradition

Eine Sachvoraussetzung der literarkritischen, aber auch formgeschichtlichen Arbeit ist die *Unterscheidung von Tradition und Redaktion*, die die Rekonstruktion der dem Evangelisten vorgegebenen Vorlage zum Ziel hat.[163] Solcher Rekonstruktion muß eine reflektierte Kriteriologie zugrunde liegen. Sie ist vor Beginn der Analyse der Texte offenzulegen und hinsichtlich ihrer Möglichkeiten, eine ältere mündliche oder schriftliche Überlieferung aufzuweisen, zu diskutieren.

Die Untersuchung des Textes selbst, seiner – möglichen – Spannungen und Erzählbrüche, des verwendeten Personeninventars, seiner geographischen und zeitlichen Informationen, der Affinität zum Kontext des übrigen Schriftwerkes wird am Anfang der Analyse stehen; dies steht gleichsam für eine vor dem Text als der auszulegenden Größe zu verantwortende zeitlich-methodische Priorität der Synchronie ein,[164] meint aber keine sachliche Priorität, insofern keine literarhistorische Vorentscheidung gefällt ist. Die Entscheidung zwischen Synchronie und Diachronie hat aufgrund von Signalen des Textes selbst zu fallen; hier sind nach Möglichkeit eine Mehrzahl von Kriterien einzubringen.

Ein wichtiges, aber unter der Voraussetzung eines dem vierten Evangelisten und seiner Tradition gemeinsamen Mutterbodens auch ambivalentes Argument liegt in der Berücksichtigung des *theologischen Propriums des vierten Evangeliums.*

Ambivalent ist dieses Kriterium deshalb, da das theologische Denken des vierten Evangelisten gegenüber seiner Tradition herausgestellt werden muß; dies führt jedoch in einen argumentativen Zirkel.[165] Die Verwendung des theologischen Arguments setzt das eigentliche Ziel der Formgeschichte (aber auch der Literarkritik), den „redaktionellen Zusammenhang des ganzen Evangeliums" zu verstehen,[166] voraus. D.h., daß das, was durch die Re-

---

[162] Hierzu G. Strecker/U. Schnelle 103.

[163] Vgl. K.L. Schmidt, Formgeschichte 124.

[164] Zur Diskussion um das „Primat der Synchronie" s.o. S. 50f.

[165] S.a. die Kritik von R.T. Fortna, Gospel 16.

[166] H. Conzelmann/A. Lindemann, Arbeitsbuch 78; diese Aufgabe kommt der redaktionsgeschichtlichen Methodik zu (vgl. G. Strecker, Redaktionsgeschichte). Diese den gegenwärtigen Text und seine Aussage thematisierende Methode wird neuerdings durch

konstruktion der Traditionen zu gewinnen ist, in der es um die Erfassung der theologischen Intention des Verfassers geht, als Kriterium der Rekonstruktion selbst verwendet wird, nämlich die theologische Intention.[167] Diesem Zirkel ist nicht zu entgehen; doch wird in dieser Arbeit versucht, wenn das theologische Argument eingesetzt wird, dies durch Beobachtungen an anderen Stellen zu überprüfen und durch weitere Indizien zu unterfüttern. Eine andere Erschwernis des theologischen Kriteriums liegt darin, daß sich das theologische Denken des vierten Evangelisten als Glied seiner Gemeinde bzw. seines Kreises nicht notwendig von seiner Gemeindetradition abheben läßt.

Zudem läßt sich eine Diskordanz der Forschung in bezug auf das theologische Proprium des JE feststellen (beispielsweise in der Frage nach der Christologie [doketisch oder antidoketisch[168]], der Eschatologie [das Problem des Verhältnisses der futurischen Passagen zu den präsentischen Formulierungen[169]] oder der Bedeutung der Sakramente[170]). Nicht zuletzt ist auch eine der Ausgangsbeobachtungen, die zur SQ-Theorie führten, der vom vierten Evangelisten kritisierte Zusammenhang von ‚Zeichen' (σημεῖον) und ‚Glaube' einer tiefgreifenden Kritik unterzogen worden.[171] Die als Zeichen verstandenen gesteigerten Wunder Jesu haben auch für den vierten Evangelisten eine positive Bedeutung für den Glauben, so dieser nicht irdisch orientiert am äußerlichen Wundergeschehen haftet.

Äußere Gründe für die Analyse bieten der *Zusammenhang mit den anderen joh. Schriften* und die an ihnen ablesbare *Geschichte joh. Theologie*.[172] Die

---

,literary critical' (nicht ‚literarkritisch') arbeitende Methoden vorangetrieben (vgl. z.B. die Übersicht und Bewertung bei J.R. Donahue 41ff.48); sie ergänzen jene Ansätze, sind aber terminologisch zu unterscheiden, da letztere nicht an der literarischen Vorgeschichte orientiert sind.

Problematisch ist der Versuch von Rudolf Schnackenburg, der zwischen einer Redaktionsgeschichte des JE und der redaktionsgeschichtlichen Methode bei den Synoptikern unterscheiden möchte; letzteres sei durch die Durchdringung der übernommenen Tradition von joh. Theologie nur in geringem Umfang zu leisten (Redaktionsgeschichte 91). Dagegen stellt er eine Geschichte der Redaktionen, die fragt: „Welche ‚Entwicklungslinie' johanneischer Theologie und johanneischen Gemeindelebens läßt sich daraus erkennen?" (ebd.). Dieses Modell eignet sich für Grundschrifthypothesen, bewertet aber die Durchdringung des Stoffes mit joh. Gedanken in der joh. Schule oder den Gemeinden zu gering.

[167] Deutlich erkennbar ist diese Gefahr in der gelehrten Arbeit von W. Schmithals, Johannesevangelium 292ff. Eine nicht unerhebliche Anzahl der Kriterien zur Unterscheidung von GS, ‚Evangelium' und LJ-Redaktion (→ 3.2.2) sind theologischer Natur; die rekonstruierten Texte selbst werden zur Bestätigung der eigenen literarkritischen Optionen und historischen Rekonstruktionen herangezogen.

[168] Exemplarisch M.J.J. Menken, Christology 303ff; zu den sich gegenüberstehenden Grundpositionen von Rudolf Bultmann und seinem Schüler Ernst Käsemann vgl. auch R.E. Brown, Introduction 196ff.

[169] Gegen die verbreitete Ansicht der sekundären Ergänzung der futurisch-eschatologischen Passagen (vgl. die kritische Darstellung bei J. Frey, Eschatologie 123f.266ff u.ö.) jetzt G. Strecker/F.W. Horn, Theologie 521; zum Problem s.a. den Beitrag von H. Weder, Gegenwart 77ff.

[170] Vgl. z.B. die Forschungsüberblicke bei H. Klos 11ff; zur Eucharistie bes. L. Wehr 9–17.

[171] Insbesondere ist hier Udo Schnelle zu nennen; s.o. S. 76 mit Anm. 198

[172] Dieses historisch argumentierende Kriterium kann bei Walter Schmithals als leitendes Differenzierungsmerkmal hinter den theologisch-inhaltlichen Argumenten (Johannesevangelium 294–319) erkannt werden. Damit drohen die einzelnen Kriterien zu einer *petitio principii* zu werden, die von der umstrittenen historischen Grundthese abhängig ist.

hier gewonnenen Einsichten sollten für das Erkennen und das Verständnis der Tradition nutzbar gemacht werden. Dies kann jedoch nur in Kombination mit den Beobachtungen auf der literarischen Ebene selbst geschehen, wobei jenen die Priorität zuzugestehen ist.

In der kritischen Argumentation spielen insbesondere seit Rudolf Bultmanns Artikel „Das Johannesevangelium in der neuesten Forschung" von 1927[173] *sprachliche und stilistische Merkmale* eine wichtige, aber nicht unumstrittene Rolle (→ Exkurs: Stil und Sprache des vierten Evangeliums und der Johannesschule). Gerade unter der Berücksichtigung eines gemeinsamen Milieus vom Verfasser des vierten Evangeliums und seiner Tradition wird das sprachliche Kriterium brüchig, da der Überlieferung wie dem Evangelisten ein gemeinsamer Soziolekt zuzutrauen ist. Dennoch bleibt das stilkritische Argument unverzichtbar, wenn es gelingt, auf Vorzugsvokabular des vierten Evangeliums hinzuweisen, das sich durch häufigere Belege im Evangelium, möglichst im Unterschied zu anderen Schriften, ausweisen läßt. Wichtig ist auch bei diesem Kriterium, daß mehrere sprachliche Merkmale zusammentreten und, wenn möglich, andere Kriterien die jeweilige Argumentation abstützen.

Von den sprachlich-stilistischen Beobachtungen inhaltlich und hinsichtlich ihrer Bedeutung zu unterscheiden sind die *literarischen Techniken* des vierten Evangelisten, mit denen er seine Traditionen in den Text einbaut bzw. die Traditionen zu einer ‚vita' Jesu verschmilzt. Die seinem Evangelium eigene Strukturierung mit Hilfe des *Festreiseschemas* und *des geographischen Wechselspiels zwischen Galiläa und Jerusalem* ist ebenso zu beachten wie das Interesse des vierten Evangelisten an der *Bildung von längeren Dialogen, die oft in Monologen enden.* Die Tendenz zur Bildung dialogischer Passagen läßt sich auch bei der Aufnahme von Traditionen verifizieren (z.B. durch die Einfügung von Joh 2,4; 4,48 und 6,6ff in den jeweiligen Kontext). Charakteristisch ist die Verwendung von Materialien (zumeist des Vokabulars) der Tradition zur Formulierung von Einleitungspassagen (z.B. Joh 2,1; 6,1–4) oder Überleitungen (z.B. 4,49). So entsteht eine Anzahl der als Aporien bekannten literarkritischen Signale im vierten Evangelium: *Wiederholungen und Wiederaufnahmen.* Daß diese Wiederholungen sodann auch eine rhetorische und textpragmatische Funktion haben und im Einzelfall als bewußte Markierungen und Verstehenshinweise des Verfassers zu deuten sind,[174] ist damit nicht bestritten. Vielmehr muß auch hier die Untersuchung des Einzelfalls die jeweilige Entscheidung belegen; hilfreich ist es wiederum, wenn es gelingt, mehrere Kriterien für die Entscheidung zu benennen.

Auffällig sind auch andere *Kompositionstechniken*[175] wie die redaktionellen Vor- oder Rückgriffe[176] oder die sogenannten „Anmerkungen", d.h. parenthe-

---

[173] R. Bultmann, Forschung 503 (s.u. S. 106 mit Anm. 191).
[174] Vgl. z.B. J. Frey, Leser 276.
[175] S.a. die Auflistung bei A. Dauer, Passionsgeschichte 16.

tische Erklärungen und Kommentare, die sehr wahrscheinlich mehrheitlich auf den Evangelisten zurückgehen.[176] Als weitere Beispiele kann auf Steigerungen, z.T. sehr subtil durch retardierende Eingriffe, und die *johanneischen Mißverständnisse* hingewiesen werden.[178]

Eindeutiger erscheint wiederum der Ansatz bei den sogenannten *Aporien*[179] des vierten Evangeliums.[180] Gemeint sind hiermit *textliche Ungereimtheiten* wie die Sperrung gegen den Kontext, Brüche im Handlungs- (zeitliche und räumliche Verknüpfungen) bzw. Dialogablauf, inhaltliche Sprünge, Wiederholungen[181], Wiederaufnahmen,[182] Widersprüche und Varianten mit je neuer Interpretation.

Zunächst muß der Einwand bedacht werden, daß es sich hierbei um literarkritische Beobachtungen handelt. Wie bereits ausgeführt, ist in der frühchristlichen Überlieferung eine gewisse Konstanz und Festigkeit der mündlichen Einheiten nicht zu bestreiten (→ 4.3.2). Rechnet man zudem ein, daß sich der vierte Evangelist bei der Übernahme schriftlicher Einheiten, trotz offenkundiger Korrekturen und Veränderungen gegenüber seiner Überlieferung, gelegentlich konservativ gebärdet und die eigene Aussageintention in Einleitungen, Einfügungen, Überleitungen oder der redaktionellen Kompositionen zeigt, so wird man diese Kriterien grundsätzlich auch für die mündlichen Vorgaben annehmen dürfen.

Zudem zeigen sich Spannungen zum Kontext auch dann, wenn die Überlieferung sprachlich vom Evangelisten adaptiert und bewältigt wird, aber dennoch Erzählzüge mitgeführt werden, die weder vom Kontext des Evangeliums noch von der Erzählintention und dem Erzählgefälle der Episode selbst getragen werden. Gerade dann, wenn die Kontinuität primär in der Übernahme von Strukturen der rezipierten Form besteht, kommen also die Kriterien zum Anschlag, da sprachlich-stilistische Argumente hier versagen.

Gelegentlich weisen *Varianten in der Textgeschichte* auf Anomalien des Textes hin, wie besonders Robert T. Fortna zu beachten lehrt.[183]

Diese Beobachtung dient nicht als *Kriterium* zur Erschließung redaktioneller Passagen, kann aber als Indikator darauf hinweisen, wo bereits in der Textüberlieferung Probleme im

---

[176] Beispiele für Rückverweise: Joh 1,30; 6,65; 13,33; (15,20;) 18,9 u.ö. Vgl. auch die Liste bei A. Jülicher/E. Fascher, Einleitung 376; A. Dauer, Johannes 52.

[177] Z.B. Joh 1,41; 2,9; vgl. R.T. Fortna, Gospel 20f; s.a. G. van Belle, Parenthèses 206–210.

[178] Vgl. R. Bultmann, Johannesevangelium 842.

[179] Vgl. Die Definition von R.T. Fortna, Predecessor 4: „These are the roughnesses and tensions – the interruptions and sudden turns, non sequiturs and even contradictions, passages with dense or overloaded wording, the doublets ...".

[180] Anders z.B. D.A. Carson, Criticism 423–425, der auf die Grenzen dieses Arguments hinweist. Kritisch urteilt auch M. Rein 80ff, um dann allerdings seine Analyse selbst bei den Sprüngen und Brüchen ansetzen zu lassen (86ff; hierzu auch M. Labahn, Rez. Rein 414). Auch wenn er an den analysierten Stellen zu einem differenzierenden Urteil gelangt, zeigt dieser Ansatz doch, daß auf die Beachtung der Sprünge und Wiederholungen nicht verzichtet werden kann.

[181] Vgl. z.B. die Übersicht zu Joh 1,19ff bei L. Schenke, Entstehungsgeschichte 34f.

[182] Vgl. L. Schenke, Entstehungsgeschichte 36; J. Blinzler 12f.

[183] R.T. Fortna, Gospel 21.

Erzählgefälle gesehen wurden; z.B. Joh 2,6: Die Einfügung des Evangelisten[184] ‚*für die Reinigung der Juden*‘ trennt das Partizip κείμεναι, das mit ἦσαν und den Steinkrügen zusammengehört, von diesem Versteil ab; dies führte in der Textüberlieferung zur Auslassung des Partizips (א* *pc* a e) oder zu Wortumstellungen.[185]

Im Blick auf die rekonstruierte Einheit ist die Beachtung *gattungskritischer Vergleichstexte* ein notwendiges Hilfskriterium mit einem allerdings eher heuristischen Wert. Die ‚Gattung‘ ist ein aus den literarisch begegnenden Formen erreichter Extrakt. Eine konkrete Form kann einzelner Gattungsmerkmale entbehren oder auch in gewandelter Formung präsentieren. Der Vergleich jedes einzelnen Überlieferungsstücks und seiner Form mit der Gattung kann dennoch als ein Katalysator für die älteste Überlieferung dienen, insofern vorhandene oder fehlende Gattungsmerkmale Zeichen einer möglichen Entwicklung sein können.

Die rekonstruierte Einheit muß *inhaltlich sinnvoll* und durchsichtig sein. Gemeinhin dürfte am Anfang eine *einfachere Erzählstruktur* stehen. Das Postulat der einfachen Form[186] ist ein Konstrukt, das einem formgeschichtlichen Purismus entspricht, nicht jedoch der lebendigen Sprache und Erzählgewohnheit.[187] Andererseits kann die heuristische Qualität des Wachstumskriteriums nicht außer acht gelassen werden. Zumindest wenn die Ergänzung eines weiteren Erzählaspekts begründet werden kann, wie die Ergänzung des Maßstabs der großen Quantität des Weins in Joh 2,6 als Angleichung an ein Merkmal

---

[184] Zur Begründung s.u. S. 139.

[185] Cf. apparatus criticus post NT Graece ed. C. Tischendorf ad loc.

[186] Vgl. M. Dibelius, Formgeschichte 57.

[187] So belegt z.B. die *oral-tradition*-Forschung bei Geschichtstraditionen eine Tendenz des Überlieferungsprozesses hin zur Vereinheitlichung; vgl. J. Vansina 167f; zum Problem s.a. Ø. Alexander 23f. Eine sukzessive Vereinfachung würde aber den entgegengesetzten Effekt belegen, so daß eine zunehmende Anpassung an die Idealform einen Abschleifungsprozeß voraussetzen würde. Betrachtet man diese Vereinheitlichung, so könnte man es mit Stefan Heym, Der König David Bericht. Roman, Fischer-Tb 1508, ND Frankfurt 1996, halten, dessen drei Sagenerzähler die gleiche Geschichte vom Kampf Davids gegen Goliath zu erzählen wissen (51ff; 53: „Und nachdem alle drei geendet hatten und ihre Berichte verglichen worden waren, siehe, da stimmten sie genau überein, vom ersten bis zum letzten Wort ...“ Es ist wohl auch im Sinne der *oral-tradition*-Forschung etwas Wahres daran, wenn es schließlich heißt: „Da konnte sich der Prophet Nathan gar nicht genug tun über das Wunder der gleichlautenden Berichte; er vergaß aber, daß die Zuhörer dieser Geschichtenerzähler auf den Marktplätzen und in den Toren der Städte gleich Kindern waren, welche stets auf dem genauen Wortlaut ihrer Märchen bestehen" [aaO. 54]. Hinweis von Frau Stefanie Rieke in einer von Prof. Dr. Georg Strecker und mir verantworteten ntl. Übung über ‚Probleme der johanneischen Literatur‘ an der Georg-August-Universität Göttingen im Sommersemester 1994). Zur Kritik an der Konzeption der *reinen Form* s.a. z.B. K. Berger, Form- und Gattungsgeschichte 440; K. Haacker, Leistung 64ff; R. Blank 201; B. Gerhardsson, Weg 98; G. Strecker, Schriftlichkeit 161f mit Anm. 6.

der Speisungsgeschichten,[188] wird die einfachere Erzählform die ältere Traditionsstufe repräsentieren.

Das *Verhältnis zu den Synoptikern* wurde verschiedentlich ebenfalls in die Diskussion um die vom vierten Evangelisten benutzte Überlieferung eingebracht.[189]

Hierzu vorweg eine methodische Vorbemerkung: Parallelen zu den Synoptikern sind *a priori* kein Kriterium zur Scheidung von Tradition und Redaktion. Hält man eine Kenntnis der Synoptiker für den vierten Evangelisten für möglich, so muß man diese für seine Tradition ebenfalls offen lassen. Andererseits läßt sich vorab die Kenntnis der synoptischen Evangelien beim vierten Evangelisten nicht ausschließen, so daß sich der Schluß verbietet, eine Parallele zu den Synoptikern müsse notwendig auf Tradition oder auf eine bestimmte Gestalt der Überlieferung weisen.

Der Vergleich mit Parallelen zu den synoptischen Traditionen läßt neben den Übereinstimmungen vor allem Differenzen erkennen. Diese sind für die Analyse wichtig. Zunächst muß die Möglichkeit zugestanden werden, daß die Tradition des JE gegenüber dem synoptischen Stoff jünger, aber auch älter sein kann. Die Entscheidung wird berücksichtigen, ob die Differenzen im Stoff eine ältere Stufe, eine Parallelentwicklung oder eine Fortentwicklung bzw. eigenständige Entwicklung des in den Synoptikern Überlieferten darstellen. Insofern ist der Vergleich hilfreich für die Rekonstruktion der Geschichte dieser Traditionen, gelegentlich auch für das Verständnis der Aussageabsicht der joh. Traditionen. Weiterhin ist die Möglichkeit gegeben, daß im differenten Material die Hand des Evangelisten zu finden ist (z.B. Joh 4,48), wenngleich auch sekundäre Angleichungen des Evangelisten an die Synoptiker nicht ausgeschlossen werden dürfen.

Grundsätzlich dürfte die Bedeutung des Vergleichs mit den Synoptikern weniger für die Ermittlung der Tradition liegen, als in der historischen Bewertung.

Exkurs: Stil und Sprache des vierten Evangeliums und der Johannesschule.
Ein Ansatz zur Scheidung von Tradition und Redaktion?

Mit je unterschiedlicher Intention und Zielsetzung wurde das *sprachliche Kriterium*, als die Analyse von Vokabular und Satzbau des vierten Evangeliums, in die Diskussion um seine Entstehung und seine Traditionsbenutzung eingebracht.

Schon die kritische Forschung des 19. Jh. setzte zur Klärung der Verfasserfrage von Evangelium und Briefen das sprachlich-stilistische Argument ein.[190] Rudolf Bultmann benutzte dies Instrumentarium sodann zum Aufweis von Traditionen im JE selbst.[191] In der

---

[188] S.u. S. 166.

[189] Z.B. R.T. Fortna, Gospel 21f. 84; Predecessor 6, als Indikator für ältere Traditionen; s.a. J.P. Meier 959; gegen das Synoptikerargument votiert pointiert I. Dunderberg, Johannes 35.

[190] Für ältere Belege zum Gebrauch einer stilkritischen Methodik s.a. G. van Belle, Semeiabron 50 Anm. 191.

[191] Rudolf Bultmann machte schon *1927* die Möglichkeit quellenkritischer Operationen von der Sammlung „stilistische(r) Merkmale" abhängig (Forschung 503); durchzuführen

Folgezeit wurde dieser Ansatz jedoch umgekehrt. So diente diese Methodik nunmehr zum Aufweis einheitlicher Stofformung des Evangelisten gegenüber Quellenhypothesen.[192] Die Kritik gegen das statistische und stilvergleichende Verfahren von Eduard Schweizer und Eugen Ruckstuhl bemängelte, daß nur das ntl. Schrifttum zum Vergleich herangezogen worden ist.[193] In der neuen Arbeit von Eugen Ruckstuhl/Peter Dschulnigg[194] wurden demgegenüber weitere Vergleichstexte aufgenommen.

Das gewichtigere Gegenargument gegen die literarhistorische Verwendung des sprachlichen Kriteriums liegt in der Frage, inwieweit mit der Nachahmung des Quellenstils durch den Evangelisten gerechnet werden muß.[195] So zeigt sich, daß der vierte Evangelist Material seiner Traditionen zur Formulierung eigener Übergangspassagen verwendet. Die Nachahmung des Quellenstils läßt sich aber auch – vielleicht sogar treffender – in der *Bestimmung des Verhältnisses von Soziolekt und Idiolekt* fassen,[196] da das dem Evangelisten vorliegende Überlieferungsmaterial zu einem beachtlichen Teil aus seinem ‚Kreis‘ stammen dürfte und damit durch eine mit dem Evangelisten geteilte Sprache ausgezeichnet sein wird. Soziolekt meint hier die sprachlichen Eigenmerkmale einer soziologisch isolierbaren Gruppe oder Gesellschaftsschicht.[197]

---

suchte er diesen Ansatz in seinem Johanneskommentar, in dem er nach stilistischen Merkmalen die *SQ* (hierzu s.o. S. 69 Anm. 140), die *Redenquelle* (hierzu s.o. S. 66 mit Anm. 119) und die *Passionsgeschichte* (vulgäre, semitisierende griechische Sprache, simpler Stil: einfacher Satzbau, schlichte Satzverbindungen, häufig asyndetisch und semitisierende Strukturen [JE 491f]) separierte.

Hiermit sind auch Versuche zu vergleichen, die bisweilen mit einem subtil gesteigerten stilkritischen Instrumentarium die (z.T. von einem Verfasser stammenden) Schichten des JE zu unterscheiden suchen: so beispielsweise M.-É. Boismard/A. Lamouille, JE 491–514; es ist jedoch fraglich, ob die sprachlich-stilistische Methodik sichere Kriterien für solche Differenzierungen bei ein und demselben Autor bereitstellt.

[192] So E. Schweizer, EGO EIMI; E. Ruckstuhl, Einheit; Language; jetzt ders./P. Dschulnigg; s.a. die Darstellung bei G. van Belle, Semeia-bron 50–59; Signs Source 45–54.

[193] E. Hirsch, Stilkritik 135; E. Haenchen, JE 66–69.73f; s.a. die kritischen Bemerkungen von E. Lorenzini *passim*.

[194] Eine kritische Einzelprüfung der genannten Sprachmerkmale kann hier nicht erfolgen. Allerdings ist auf zwei Probleme aufmerksam zu machen. Die stilstatistischen Untersuchungen veranlassen Eugen Ruckstuhl und Peter Dschulnigg anscheinend nicht dazu, literarkritisch mit großer Wahrscheinlichkeit sekundäre Texte wie Joh 1,1ff* und 21 als solche zu kennzeichnen (vgl. 235.250; zum Problem von Joh 21 angesichts der stilkritischen Argumentation vgl. J. Frey, Eschatologie 446–451). Außerdem werden der Analyse der „Verteilung der Stilmerkmale" oftmals größere Texteinheiten zugrundegelegt (z.B. Joh 4,4–42), in denen allerdings Tradition und Redaktion zu unterscheiden wären, und die Frage von Fall zu Fall zu klären ist, in welchem Teil diese Merkmale begegnen und wie sie dort zu erklären sind.

[195] E. Hirsch, Stilkritik 129–131.135; s.a. R. Bultmann, Tradition 522f.

[196] Vgl. zu dieser Differenzierung H. Thyen, ThR 42, 214; F. Porsch, JE 18; H.-J. Klauck, Johannesbriefe 103f; J. Frey, Eschatologie 439–442 (zu den Begriffen: T. Lewandowski s.v. Idiolekt; Soziolekt [zum Soziolekt auch H. Kubczak 94ff; W. Steinig 11ff]); s.a. W. Klaiber, Zeuge 206, der diese Unterscheidung auch auf die Tradition anwendet (221 u.ö.).

[197] H. Kubczak 95f bevorzugt für die Bestimmung den Begriff der sozialen „Schicht"; gemeint ist „eine Gruppe von Personen, die in einer durch Bewertungen der Gesellschaftsmitglieder etablierten Ranghierarchie (Schichtung) auf demselben Rang lokali-

Ulrich Busse unterscheidet im Blick auf die Kommunikationssituation des Evangeliums
– folgendermaßen: „Gerade das Johannesevangelium mit seiner stark eingeschränkten, auch
wortstatistisch nachweisbaren, Individualsprache gibt sich mit seinem ausgeprägten Soziolekt als der urchristlichen Gruppe und ihrer Kommunikationsinfrastruktur verpflichtet zu
erkennen.“[198] Den soziologischen Hintergrund der joh. Schule sucht zwar auch Ruckstuhl
zu bedenken, aber letztlich setzt er den Soziolekt mit dem Idiolekt in eins;[199] damit verliert
die eben eingeführte Differenzierung sogleich an heuristischem Wert.

Allerdings ist eine gewisse Vorsicht geboten in der Berücksichtigung des
Terminus ‚Soziolekt' in der ntl. Forschung, speziell in der johanneischen.
Nicht, daß es unangemessen ist, spezielle Sprachphänomene im Hintergrund
der joh. Schriften auszumachen und mit soziolinguistischer Terminologie zu
analysieren; zumal dann, wenn die Verteilung der joh. Schriften auf verschiedene Verfasser wirklich zutrifft (→ 1.1.2.1). Zu bedenken ist jedoch, daß hinsichtlich der Verwendung und der Deutung des Terminus ‚Soziolekt' keine
einheitliche linguistische Sprachregelung vorliegt.[200] Tatsächlich wird in der
Aufnahme dieses Begriffes zur Beschreibung des Phänomens des joh. Kreises
beachtet werden müssen, daß die soziolinguistischen Begriffe durch das Phänomen selbst neu definiert werden müssen.

Die Sprache einer Gruppe (*Soziolekt*) prägt ein Individuum,[201] d.h. übertragen auf das vierte Evangelium: Joh. Spracheigentümlichkeiten werden sowohl in der Tradition, sofern diese im joh. Kreis entstanden ist, bzw. in der
joh. Überarbeitungsstufe einer von diesem Kreis aufgenommenen Überlieferung als auch in der Redaktion zu belegen sein und geben daher eine gewisse
Einheitlichkeit vor.[202] Insbesondere wird dies aber für die theologischen
Schlüsselworte gelten müssen.[203] Dieser gemeinsame Soziolekt kann kein unbedingter Maßstab weder für die gemeinsame Verfasserschaft noch für die
Einheitlichkeit eines literarischen Werkes sein.[204]

---

siert sind" (Zitat: 96). Diese gegenüber W. Steinig 14 („Sprachverhalten einer gesellschaftlich abgrenzbaren Gruppe von Individuen") präzisere soziologische Qualifizierung
des Soziolekts entspricht nicht dem Phänomen des joh. Schrifttums. In dieser Definition
wird der Soziolekt allein zur Beschreibung des sprachlichen Ausdrucks gesellschaftli-
cher Schichtensysteme geht aber nicht auf schichtenübergreifende soziale Gruppenphä-
nomene ein, denen ebenfalls das Potential zur Bildung einer Sondersprache innewohnt.

[198] U. Busse, Johannes 284.

[199] E. Ruckstuhl, Antithese 262; dem entspricht es, daß diese Differenzierung bei E.
Ruckstuhl/P. Dschulnigg keine tragende Bedeutung in der Untersuchung der Sprachmerkmale erhält.

[200] Vgl. H. Kubczak 13ff, sowie die Zusammenfassung: 161.

[201] Daß sie ihrerseits individuell abgeleitet werden muß als Sprache einflußreicher Individuen wie z.B. einer Gründungsfigur, soll nicht bestritten werden; vgl. J. Frey, Eschatologie 439f.

[202] J. Becker, Wunder 439 (= NTS 133). Der Einwand von A. Dauer, Schichten 77, daß
dem Soziolekt nicht „sprachliche Floskeln, Redewendungen etc." zuzuordnen sind, sondern „am ehesten ... eine gemeinsame (theologische) Sprache", ist zu bedenken.

[203] Vgl. die Auflistung solcher sprachlicher Gemeinsamkeiten der joh. Schriften o. S. 21f.

[204] Gegen E. Ruckstuhl, Antithese.

Davon zu scheiden ist aber die sprachliche Originalität, der *Idiolekt*, des einzelnen Exponenten der sozialen Gruppe bzw. der sozialen Schicht, die auch trotz der Beeinflussung des sprachlichen Milieus seiner Gruppe zu beachten ist.[205] Diese Sprache des einzelnen, die auch durch andere (Umwelt-)Einflüsse außerhalb der Gruppenzugehörigkeit[206] genährt sein kann, läßt sich anhand wiederkehrender Besonderheiten transparent machen.[207]

Einschränkend ist jedoch anzumerken, daß ähnlich dem modernen Autorenbegriff aktuelle soziolinguistische Differenzierungen nicht unmittelbar auf antike Verhältnisse übertragen werden können. Nicht die Entfaltung des Individuellen, sondern die Nachahmung der übergeordneten Größe (hier der joh. Schule und ihrer Sprache) stehen für den einzelnen voran.[208] Allerdings sind es die sprachlichen Fähigkeiten und Mittel sowie der historische und soziologische Ort des einzelnen, von dem aus die übergeordnete Größe nachgeahmt wird. Es soll also nicht Ruckstuhls Abweisung der Differenzierung von Idiolekt und Soziolekt zugestimmt werden, sondern auf ein methodisches Problem gewiesen und vor zu großem Enthusiasmus hinsichtlich der Möglichkeit, den Idiolekt der einzelnen Verfasser zu eruieren, gewarnt werden. Erschwerend tritt hinzu, daß der Soziolekt einer Gruppe auch Veränderungen ausgesetzt sein kann. Solche Wandlungen lassen sich z.B. durch geschichtliche Ereignisse sowie Konflikte und ihre theologische Reflexion begründen.

Sprachliche Merkmale sind somit nur bedingt zum Aufweis der Einheitlichkeit des Evangeliums oder der Verfasserschaft der joh. Schriften oder auch zur Scheidung von Tradition und Redaktion in Anschlag zu bringen.[209]

Es ist deutlich geworden, daß für die Rekonstruktion traditioneller Einheiten nicht einlinig argumentiert werden kann; es muß vielmehr Vers für Vers nach einer Mehrzahl von Kriterien[210] gesucht werden, die den traditionellen Charakter des Stoffes einsichtig machen.

---

[205] Auf die Heteroginität der Sprecher und Sprecherinnen der Sprachgemeinschaft macht auch H. Kubczak 97f aufmerksam.

[206] Ältere der Gruppenzugehörigkeit vorauslaufende Einflüsse wie Elternhaus, Erziehung, Bildung u.a.m.

[207] Vgl. die Hinweise von J. Frey, Eschatologie 439.

[208] Dies wurde eindrücklich von Jürgen Becker herausgestellt: „Geschlossenheit und relative Einheitlichkeit des Stils sind keineswegs selbstverständlich Kennzeichen nur eines Autors, sondern lassen sich viel besser soziologisch erklären, d.h. als Sprachgemeinsamkeit einer relativ geschlossenen Gemeinschaft." (JE I, [1]34. [3]38). Anders W. Schmithals, der die Existenz eines joh. Kreises/Schule entschieden bestreitet, dennoch aber den Evangelisten in stilistischer Abhängigkeit sieht („der Evangelist [schließt; Vf.] sich durchweg auch an die Sprache seiner Vorlage" an; Johannesevangelium 294) und somit ebenfalls die Möglichkeiten einer sprachlich-stilistischen Differenzierung begrenzt (aaO. 293f).

[209] Vgl. auch J. Frey, Eschatologie 440–442, dessen Gesamturteil in der prinzipiellen Zustimmung zu E. Ruckstuhl/P. Dschulnigg m.E. zu weit geht.

[210] Betont z.B. von R.T. Fortna, Source 20: „...in any case one must look for an intersection of as many criteria as possible to locate an aporia and assign strata".

4.5 Bemerkungen zum „*Sitz im Leben*' der johanneischen Überlieferung

Entscheidend für die formgeschichtliche Methode ist das, was im ntl.-wissen-schaftlichen Sprachgebrauch als „*Sitz im Leben*' bezeichnet wird[211]; dieser sucht den typischen Ort einer Form in den frühchristlichen Gemeinden aufzu-zeigen.[212]

> So wird davon ausgegangen, „daß unter formgeschichtlicher Perspektive der ‚Sitz im Leben' sich auf den überlieferungsgeschichtlichen Ort einer Textgattung bezieht und ihre Ätiologie auch an den verschiedenen Phasen der gattungsgeschichtlichen Entwicklung ... erkennbar ist, dagegen nur in einem weiteren uneigentlichen Sinn dieser Terminus auf die Funktion von einzelnen Überlieferungsstücken angewendet werden sollte".[213]

Der wahrscheinlichste Erklärungsversuch stellt die Annahme einer joh. Schule dar, die nicht nur für die literarischen Zeugnisse, sondern auch für die mündliche Vorgeschichte verantwortlich ist. Daneben ist mit joh. Gemeinde(n) zu rechnen, die für Stoffwerdung, Gestaltung und Überlieferung verantwort-lich sind (→ 1.2). Typische Situationen beider soziologischer Einheiten kön-nen zur Erklärung des ‚Sitzes' herangezogen werden (z.B. katechetische Un-terweisung der Gemeinde; schulmäßige Disputationen; erlernte Lehrvorträge; missionarische Propaganda etc.).

Damit lassen sich Träger und typische Situationen für Bewahrung, For-mung und Veränderung der joh. Tradition benennen. Für die Frage nach einer theologischen Begründung für ein solches kreatives Verändern und Neuschaf-fen von Jesusüberlieferung im joh. Kreis kann auf die Bedeutung und Funktion des *Parakleten* gewiesen werden, die nach Joh 14,26 zweierlei umfaßt: διδάσκειν und ὑπομιμνῄσκειν. Mit beiden Begriffen sind das vergangene Christusgeschehen und die gegenwärtige Christusverkündigung umfaßt.[214]

---

[211] H. Gunkel, Formen 269: „Zum Begriff einer antiken Gattung gehört nun, daß sie einen ganz bestimmten ‚Sitz im Leben' hat"; vgl. auch die grundlegenden Ausführungen bei R. Bultmann, Rez. Fascher 317; G. Strecker, Schriftlichkeit 162f; F. Hahn, Formge-schichte 450; zur Methodik G. Strecker/U. Schnelle 81, die Gunkels Fragestellungen re-pristinieren: Zu beantworten sind die Fragen nach Redner, nach Zuhörern, Stimmung der Erzählung und beabsichtigter Wirkung (Hinweis auf Gunkel, Grundproblem 33). Streng genommen finden wir hier bereits berücksichtigt, was moderne Überlegungen hinsichtlich der Kommunikationsabsicht ebenfalls zu erhellen suchen, bei diesen aller-dings im Blick auf die Schriftwerke. Daß der ‚Sitz im Leben' „keine beliebige techni-sche Formel" ist, sondern „auf die Basis religiöser Praxis und religiöser Vorstellungen verweist", hat zu Recht M. Josuttis 130 betont; den typischen Ort wird man deshalb je-doch nicht allein im kultischen Raum suchen dürfen.

[212] Nur in diesem Sinn wird in dieser Arbeit vom ‚Sitz im Leben' gesprochen; d.h. der ‚Sitz im Leben' wird auf seinen Ort in der Gemeinde (Kreis/Schule) bezogen.

[213] G. Strecker, Schriftlichkeit 163.

[214] So besagt auch die Wendung ἐκεῖνος μαρτυρήσει περὶ ἐμοῦ (15,26), daß die Verkün-digung der Gemeinde (V.27a; nicht auf spezielle Verfolgungen zu reduzieren; hierzu R. Bultmann, JE 426 mit Anm. 5) vom Zeugnis des Parakleten lebt; wird dieser aber vom Offenbarer Jesus gesandt (s.a. 16,7; anders 14,26 [s.a. V.17]), so schließt die Sendung

Der Paraklet, der die „Kontinuität der Kirche in ihrer Geschichte zu gewährleisten" hat,[215] erhält die Tradition lebendig und begründet ihre Aktualisierung.[216] Erfolgt aber die aktualisierte διδαχή vollmächtig durch den Parakleten, so wird darin das Werk des Offenbarers Jesu fortgesetzt; mehr noch, auch
wenn der Paraklet eine von Jesus zu unterscheidende eigene Größe ist (Joh
14,16: ἄλλος παράκλητος),[217] so spricht in ihm der Offenbarer Jesus selbst
(Joh 16,15).[218] Dürfen wir in diesem Zusammenhang auch an die joh. Geist-
aussagen erinnern, so wird weiterhin gesehen werden, daß im Geistparakleten
der Offenbarer Leben vermittelt.[219] So stellt auch die in der Autorität des Erhöhten begründete joh. Überlieferung ihre Hörerschaft vor den Anspruch des
Offenbarers und führt in die Krisis, aber damit auch zur Vermittlung göttlichen
Lebens durch den zu ihr sprechenden Offenbarer.

Pointiert ließe sich das JE bezeichnen als „nichts anderes als eine Auslegung des Christusgeschehens durch den Parakleten, in dem wiederum der ver-
herrlichte Christus spricht und die johanneische Tradition legitimiert".[220] Dem
so schriftlich fixierten Wort von und über Jesus eignet nun der Anspruch Jesu
selbst zu: „der Anspruch Jesu als Schrift" tritt, wie Peter Müller herausgear-

---

des Parakleten zugleich das Zeugnis des Gekommenen in Wort (vgl. 5,31ff) und Tat
(10,25) als auch des Erhöhten ein. Die gegenwärtig das Krisis wirkende Wort des Offenbarers verkündende Gemeinde wird folgerichtig als die Gemeinde, die von Anfang
mit dem Offenbarer war, angesprochen (V.27b; vgl. 1Joh 1,1ff).

[215] G. Strecker, JohBr 91.

[216] S.a. J. Zumstein, Prozeß 409ff; zum Parakleten aaO. 410f; s.a. U. Schnelle, Geisttheologe 21. Mit E. Franck 48 ist festzuhalten, daß die Erinnerung durch den Parakleten
nicht „to retain the exact wording of the historical Jesus" bedeutet, sondern „to penetrate
deeper into the deeds of Jesus". S.a. 51. Allerdings ist damit weniger gemeint, daß die
Gemeinde ihre Lage betrachtet „as both foreseen and predicted by Jesus", sondern sich
von der Sendung und Lehre des Offenbarers her in der Zeit der Gemeinde zu verant-
wortlichem Glauben anleiten läßt.

[217] S.a. U. Schnelle, Anthropologie 161 Anm. 50; Geisttheologe 20; R. Schnackenburg,
Präsenz 57.

[218] Dennoch geht es zu weit, will man den Parakleten zum „Christus praesens" stilisieren
(zu E. Franck 126).

[219] S.a. H. Hübner, Geist 225. 228.

[220] U. Schnelle, Anthropologie 162; s.a. E. Franck 48. 51; J. Gnilka, JE 9. Zum „Ineinander
von gegenwärtiger Glaubensbezeugung und der Fiktion historischer Augenzeugenschaft" vgl. Schnelle, Perspektiven 64f; Ekklesiologie 43f. Die Bedeutung der Paraklet-
Aussagen für die Entstehung von Worten des erhöhten Christus betont auch D.M.
Smith, Christianity 15f.
Wenn Franck 128 den Lieblingsjünger als „head of the group through which the
function of the P are realized" betrachtet und das Evangelium somit zugleich als Werk
des Lieblingjüngers und als „result of the P's (P=Paraclete; Vf.) activity" deutet, so entspricht dies seiner Rekonstruktion einer „didactic triad", die Jesus, den Lieblingsjünger
und den Parakleten umfaßt (bes. 15. 79ff); doch nicht allein die Überbetonung der didaktischen Funktion des Parakleten ist ein Problem, auch lassen sich die drei genannten
Größen nicht im Sinne Francks parallelisieren; vgl. im einzelnen H. Hübner, Rez.
Franck 520f.

beitet hat, im Evangelium lebendig gegenüber und sucht so den Leser „in eine Beziehung zu dem zu setzen, von dem sie (die Schrift; Vf.) zentral handelt, oder um sie in dieser Beziehung zu bestärken".[221]

---

[221] P. Müller 165.

5 Begründung der Textauswahl für die exemplarische formgeschichtliche Untersuchung

Wie bereits eingangs angezeigt, läßt sich angesichts der Forschungslage keine ‚Formgeschichte' des gesamten vierten Evangeliums schreiben; dies verhindert die komplexe und uneinheitliche Diskussionslage, die weder hinsichtlich der Theologie des vierten Evangelisten noch hinsichtlich seiner Sprache einheitliche und hinlänglich konsensfähige Paradigmen bereitstellt und damit auch die Rekonstruktion seiner mündlichen oder schriftlichen Vorgeschichte belastet. Da das Gespräch mit der Forschung und die notwendigen Begründungen nicht in problematischer Weise verkürzt werden sollen, ist eine Textauswahl nötig. Es stellt sich die Frage, welche Gattung sich im Kontext des JE für eine formgeschichtliche Analyse im eingangs beschriebenen Sinne anbietet. Als ein gewichtiges Beispiel des Erzählstoffs im ersten Hauptteil des vierten Evangeliums – herkömmlich unterscheidet man in der Grobgliederung Kap. 1–12 und 13–20 – bieten sich die *Wundererzählungen* für diese Analyse an.[1]

Das vierte Evangelium in der vorliegenden Form überliefert acht Geschichten, die in der Forschung weithin als ‚*Wundergeschichten*' klassifiziert worden sind: Joh 2,1ff; 4,46ff; 5,1ff; 6,1ff.16ff; 9,1ff; 11,1ff und 21,1ff.[2]

Daneben werden weitere *wunderhafte* Ereignisse wie das mirakulöse Vorherwissen Jesu in Joh 1,42.47f und Joh 4,17f geschildert. Häufig wird auf die Nähe dieser Texte zu den joh. Wundergeschichten hingewiesen; die Parallele besteht vor allem im wunderbaren Vorherwissen Jesu, das ihn zum Souverän des erzählten Geschehens macht. Exegeten, die die Parallele herausstellen und zudem mit der Existenz einer joh. Wunderquelle, der sogenannten Semeia-Quelle rechnen, schlagen jene Texte zumeist ebenfalls dieser Quelle zu.[3]

Diese Beobachtung nötigt sogleich dazu, die Textauswahl hinsichtlich des Gattungsbegriffs ‚Wundergeschichte' zu präzisieren und damit zu einer heuristisch tragfähigen Definition dieser Gattung zu gelangen.

Werner H. Kelber handelt differenzierend von ‚*heroischen Geschichten*'.[4] Es ist zu fragen, ob von dieser Bezeichnung her sich möglicherweise die Gattung ‚Wundergeschichte' genauer greifen läßt. Eine Wundergeschichte wäre dennoch nicht vom wunderhaften Ereignis – diese werden in einer Reihe antiker Gattungen berichtet –, sondern vom wunderwirkenden Heros definiert. Dieser steht in den unterschiedlichen Subkategorien immer im Vordergrund und prägt tatsächlich eine Reihe der Gattungsmerkmale, indem Personen, Gesten, Bewegungen und Reaktion auf die Hauptperson und ihr Handeln ausgerichtet werden.

---

[1] S.a. J. Beutler, Johannes-Evangelium 650f.

[2] Zu abweichenden Beurteilungen vgl. die Einzelanalysen; dort werden auch die allfälligen Subkategorisierungen diskutiert.

[3] Z.B. J. Becker, JE I, [1]100.115.118.173. [3]120.137.141.205; R. Bultmann, JE 78; R.T. Fortna, Gospel 180ff. 190f; H.-J. Kuhn 69ff, zusammenfassend 160f; W. Nicol 39f; G. Richter, Semeia-Quelle 287 Anm. 18; S. Schulz, JE 40.42f (zu 1,35ff); H. Wöllner 39ff. 46ff; kritisch gegen die Ableitung aus der Wunderquelle bes. R. Schnackenburg, JE I, 54; vgl. auch den Forschungsüberblick bei Kuhn 39–65.

[4] W.H. Kelber, Anfangsprozesse 11f.

Damit fallen einige narrative Texte, die als Wundergeschichten verstanden werden könnten, aus einer am Heros orientierten Definition der Wundergeschichte heraus oder sind als
Sonderfall zu analysieren.

Mit Kelber sind Wundergeschichten strukturierte Erzählungen, die sich auf
einen Heros konzentrieren und zumeist dessen Handeln an hilfsbedürftigen
Personen zeigen. Dieses Handeln durchbricht die immanenten Möglichkeiten.
Die Geschichten haben eine bestimmte Struktur, die die ntl. Erzählungen mit
zeitgenössischen Wunderberichten verbinden.[5] Die Geschichten erweisen die
Würde und Hoheit der handelnden Person. Der Gedanke, daß diese Hoheit
aus göttlicher Verantwortung stammt, ist jeweils mitgedacht. Dabei ist zu differenzieren, ob der Handelnde die göttliche Würde selbst beanspruchen kann
oder schlicht durch die Petition des Handelnden Gott selbst eingreift. Wundergeschichten partizipieren an anderen Erzählmodellen, insofern sie beispielsweise Gebete, itinerarische Notizen, Monologe oder Dialoge aufnehmen können. Zudem ist zu beachten, daß sich Wundergeschichten in weitere Subkategorien untergliedern lassen. Daß auch inhaltliche Kriterien diese Kategorisie-
rung mit beeinflussen, ist vertretbar, da Form und Inhalt nicht gegeneinander
auszuspielen sind.

Sind die oben genannten Erwähnungen des wunderbaren Vorherwissens Jesu dieser
Gattung zuzurechnen? In diese Richtung könnte die Differenzierung weisen, die Hans-Jürgen Kuhn vornimmt. Er sieht in Joh 1,42.47f „wegen der erheblichen Unterschiede keine
Berufungsgeschichte synoptischen Typs" vorliegen, sondern eine „christologische Erweisle-
gende", in der ein Wunder berichtet wird.[6] Doch das wunderbare Vorherwissen Jesu ist
eher ein Sujet der Berufung oder des Nachfolgerufs, denn ein Hinweis auf die Gattung
‚Wundergeschichte'.

Grundsätzliche Kritik an der formgeschichtlichen Klassifikation ‚Wundergeschichte' wurde von Klaus Berger formuliert. ‚*Wunder*' sind danach eine
„moderne Beschreibung eines antiken Wirklichkeitsverständnisses"; nicht als
formgeschichtliche Beschreibung, sondern „religionsphänomenologisch ... als
staunenswerter Erweis charismatischer Macht in erzählter Geschichte" sei daher das Wunder zu beschreiben.[7]

Das Wunder nimmt er mit Hilfe des Vergleichs mit antiken Tribunal- und Audienzszenen mit „anderen Erweisen der Hoheit und Vollmacht" zusammen;[8] es ist dann „Ausdruck
einer quasi-herrscherlichen Hoheit und damit seiner sozialen Stellung unter seinen Mitmen-
schen".[9] Das Erzählmaterial, das in der Forschung als Wundergeschichten firmiere, sei

---

[5] Vgl. hierzu G. Theißen, Wundergeschichten *passim*, der Strukturen, ihre Hierarchie,
     Motive etc. in seiner grundlegenden Untersuchung aufgezeichnet hat.
[6] H.-J. Kuhn 217ff; Zitate: 218.224; s.a. die Auflistung der joh. Wunderberichte bei D.M.
     Smith, JE 32; er nennt hier auch das wunderbare Vorherwissen Jesu bei der Begegnung
     mit der Samaritanerin: 4,17f.
[7] K. Berger, Formgeschichte 305.
[8] K. Berger, Einführung 80; vgl. auch den Zusammenhang aaO. 77–80.
[9] K. Berger, Einführung 80.

aufgrund der formalen Differenzen verschiedenen Formen und Gattungen zuzuordnen.[10] Aber nicht nur die formale Uneinheitlichkeit wird von Berger bemängelt, ebenso vermißt er die Klarheit über das inhaltliche Kriterium der Zuordnung zu dieser Gattung.[11] Daher fehlt folgerichtig die Gattung Wundergeschichte im Index Bergers ‚Formgeschichte' völlig.

Berger ist entgegenzuhalten, daß die Begriffe ‚Wunder(-tat)', ‚Machttat' oder ‚Zeichen' im frühen Christentum und in der zeitgenössischen Antike durchaus außergewöhnliche, die innerweltliche Wirklichkeit transzendierende Geschehnisse charakterisieren.

Entsprechend läßt es sich terminologisch und sachlich an der Zusammenfassung von Wundergeschichten in den Evangelien demonstrieren: δυνάμεις geschehen (γίνεσθαι: Mt 11,21 par Lk 10,13; Mt 11,23; Mk 6,2 [par Mt 13,54]) oder werden getan (ποιεῖν: Mt 7,22; 11,20; 13,58 par Mk 6,5; 9,39 [beide mk. Stellen sing.]; s.a. 1Kor 12,10.28f), auch gesehen (ὁρᾶν: Lk 19,37). Ähnlich belegen es die anderen Termini θαυμάσια (Mt 21,15), σημεῖα (Joh 2,11 u.ö.) und τέρατα (Joh 4,48 u.ö.)[12]. Die Apostelgeschichte bietet die betreffenden Begriffe in der zweiten Petruspredigt (Apg 2,14ff) kombiniert als Beglaubigung Jesu durch Gott (2,22: δυνάμεις καὶ τέρατα καὶ σημεῖα [vgl. das JoelLXX-Zitat [3,3] in V. 19; als beglaubigendes Handeln Gottes auch Hebr 2,4). Analog sind auch die Apostel, Stephanus oder Paulus und Barnabas, durch Gottes Gnade und Kraft ausgezeichnet und für ihre Verkündigung akkreditiert, indem sie τέρατα καὶ σημεῖα tun (Apg 4,23; 6,8; 14,3 u.ö. [s.a. 8,13]). Auch Paulus weiß Christus in sich wirksam in der Kraft von σημεῖα καὶ τέρατα (Röm 15,19; s.a. 2Kor 12,12). Im Neuen Testament werden also außergewöhnliche Handlungen mit stereotyper Begrifflichkeit zusammengefaßt und zumeist als Ausweis des im Täter wirksamen Gottes bzw. Christi verstanden; anders ist auch das Auftreten des eschatologischen Gegenspielers oder endzeitlicher Falschpropheten von Wundern begleitet (2Thess 2,9 bzw. Mk 13,21 par Mt 24,24).

Diese ntl. Verwendung der Begriffe entspricht der Gegenüberstellung von Wundern und nicht wunderhaften Geschehnissen in der Antike.[13] Für das religiöse Denken der Antike blieb das Wunder trotz der in geringem Maß auch vorgebrachten philosophischen Wunderkritik „stets eine mögl(iche) ‚höhere Klasse von Ausnahme'"[14].[15] Insofern trifft der an der soziologischen Verankerung mit der Herrscherikonographie und Selbstpräsentation verbundene Einwand, die „wunderbare Tat Jesu ist nicht als Durchbrechung von Naturgesetzen, ja überhaupt nicht als Durchbrechung einer Erwartung (!) interessant",[16] den Ausweis des ntl.-antiken Verständnisses nicht zureichend. Darauf macht auch Stephanie M. Fischbach mit ihrem Hinweis auf das Motiv des Erstaunens und Erschreckens in den Wunderberichten aufmerksam.[17]

---

[10] Vgl. K. Berger, Einführung 76ff; hier setzt sich Berger mit kritischen Einwendungen gegen seine Ablehnung der Gattung ‚Wundergeschichte' auseinander.
[11] K. Berger, Einführung 82.
[12] Vgl. G. Theißen, Lokalkolorit 102f Anm. 92.
[13] Vgl. H. Conzelmann/A. Lindemann, Arbeitsbuch 89.
[14] D. Wachsmuth 1396; vgl. auch die Ausführungen von A. Weiser, Bibel 14ff.
[15] Kritisch zu den Überlegungen von K. Berger auch M. Rein 192f Anm. 90.
[16] K. Berger, Einführung 80; Ausrufungszeichen im Originaltext.
[17] S.M. Fischbach 13 Anm. 19. Sie anerkennt ein Moment der Erwartung in den Wundergeschichten, sieht aber, m.E. zu Recht, im Eintreffen eine fehlende Kongruenz: „Die

Zwar stellt die Vielgestaltigkeit der ntl. und der zeitgenössischen antiken Wunder insgesamt ein Problem dar. Auch zeigt ein Vergleich ntl. und antiker Wunderberichte Indifferenzen (z.B. zeigen dies die Unterschiede in den synoptischen Heilungsgeschichten und den Heilungsberichten der Inschriften von Epidauros[18]). Bestritten werden kann auch nicht, daß die ntl. Wunderberichte Motive aus anderen Erzählkontexten, z.B. die Heilungs- und Totenerweckungswunder aus dem der medizinischen Literatur[19] bzw. der volksmedizinischen Überlieferung sowie dem Inventar von Audienzszenen rezipieren und transformieren. Dieses Phänomen teilt unsere Literatur mit der zeitgenössischen profanen Wunderüberlieferung. Doch ist deshalb die formkritische Kategorie ‚Wundergeschichte‘ nicht aufzugeben, da andererseits die unterschiedlichen Wundererzählungen durchaus durch bestimmbare Gattungsspezifika verbunden sind.[20] Transformierende Aufnahme und Einsatz inhaltlich verwandter oder erzählerisch verwendbarer Motive sprechen nicht gegen die Gattungsspezifizierung,[21] sondern zeigen die lebendige Verzahnung und den Austausch mit der zeitgenössischen Kultur.

Weder aus inhaltlichen noch aus formalen Gründen erscheint es daher ratsam die gattungskritische Kategorie ‚Wundererzählung‘ als heuristische Größe in der formkritischen Analyse aufzugeben oder durch eine unbestimmtere, wie die der Erzählung (*narratio*) zu ersetzen.

Ist zwischen Wundergeschichte (im oben definierten Sinn) und wunderhaften Zügen zu unterscheiden, so stellt sich weiterhin die Frage, nach dem Verhältnis dieser Gattung zu anderen Gattungen. Hierbei ist die folgende Feststellung von Hans Dieter Betz[22] von fundamentaler Bedeutung: „Another feature of miracle stories is that they are sometimes ‚disturbed‘ by other literary genres". Die Veränderung kann so weit gehen, daß die Wundergeschichte sich in eine andere Gattung verwandelt.

Durchbrechung der Erwartung bezieht sich auf das Geschehen selbst, nämlich auf die Erlösung aus der Notsituation, die so zugespitzt ist, daß eine Rettung daraus nicht mehr erwartet werden konnte." Daß etwas Außergewöhnliches erwartet wird, liegt an der Person des Wundertäters, im NT an der Person Jesu Christi und der nachösterlichen Sichtweise.

[18] Hierzu M. Wolter *passim*.

[19] Die Differenzen und Analogien zwischen antikem Krankenbericht und den ntl. Heilungsberichten und Totenerweckungen arbeitet informativ S.M. Fischbach 18–21 heraus. In den nachfolgenden Analysen meiner vorliegenden Arbeit werden ebenfalls Motivanalogien wahrgenommen und diskutiert.

[20] Vgl. z.B. die von G. Theißen, Wundergeschichten 57ff, genannten Motive, für die eine Anzahl antiker Vergleichstexte beigebracht wird. S.a. das Urteil von A. Lindemann, Erzählung 186, der in Auseinandersetzung mit K. Berger „eine prinzipielle Ähnlichkeit der einzelnen Erzählungen" feststellt. Was Lindemann für Mk 4,35ff bemerkt gilt *cum grano salis* für die gesamte zeitgenössische Wunderüberlieferung. Seine eigene Definition der Gattung ‚Wundergeschichte‘ (aaO. 186 Anm. 8) nimmt allerdings auf solche sprachlichen und formalen Ähnlichkeiten keinen Bezug: „Bildet ein von den in einer Erzählung dargestellten Personen als wunderbares Ereignis angesehenes Geschehen den Erzählhöhepunkt, so liegt eine Wundererzählung vor, ohne daß es einer einheitlichen und festen Sprachgestalt bedürfte".

[21] Hierzu s.a. S.M. Fischbach 5 Anm. 3.

[22] H.D. Betz, Miracle Story 71.

Entsprechend werden in dieser Arbeit nicht wunderhafte Züge und Motive untersucht, es sei denn, sie finden sich im Kontext der oben genannten und definierten Wundergeschichten. Eine weitere Limitierung des Gegenstandes dieser Arbeit ist hinsichtlich Joh 21,1ff vorzunehmen.

Zweifelsohne ist die Ausscheidung von Joh 21,1ff als Untersuchungsgegenstand für eine Arbeit zur Vorgeschichte der joh. Wunder künstlich. Dies nicht allein deshalb, weil Joh 1–21 als Subjekt der Interpretation des vierten Evangeliums als kohärenter literarischer Größe eingemahnt wurde.[23] Wird Joh 21 als Ergänzung im Gefälle der joh. Tradition wahrgenommen,[24] so ist der in diesem Kapitel enthaltene Stoff ebenfalls der Frage nach den joh. Traditionen aufgegeben, insbesondere dann, wenn hier nicht *de novo* oder aufgrund direkter Abhängigkeit von synoptischen Texten[25] formuliert, sondern auf ältere Tradition zurückgegriffen wird. Überlieferungen, die in Joh 21 aufgenommen und eingetragen wurden, können daher durchaus vergleichbar sein mit den Traditionen, wie sie im Korpus Joh 1–20 rezipiert worden sind. Sie gehören hinein in das Material, das dem joh. Kreis zugänglich war, und verdienen daher eine Berücksichtigung im Gefälle der vorliegenden Arbeit. Solcher Rückgriff wird tatsächlich auch in verschiedenen Arbeiten vorgenommen, die die klassische Semeia-Quellen-Hypothese modifizieren; so geschieht es bei Robert T. Fortna und Hans-Peter Heekerens.[26]

Welche Berechtigung verbleibt dann für die Ausgrenzung von Joh 21,1ff als Untersuchungsgegenstand? Beruht die Untersuchung der Geschichte der joh. Wundertradition auf den in Joh 1–20 überlieferten sieben Wundergeschichten, die entsprechend ihrem Auswahlcharakter wohl bewußt aufgenommen worden sind, so zeichnet diese Untersuchung die Geschichte der Wundertradition bis zu ihrer literarischen Aufnahme und Nacherzählung durch einen Verfasser nach. In der Bewegung *vom Text über die Tradition hin zum Text* entspricht die Konzentration auf die ersten sieben Wundergeschichten der literarischen Konzeption, Strukturierung und Absicht des Verfassers von Joh 1–20. Die Berücksichtigung von Joh 21,1ff würde ein anderes Bild ergeben. Es geht in der vorliegenden Untersuchung also um die Rezeption der Wundergeschichten in einer literarischen Schicht, der des ursprünglichen joh. Evangeliums. Ob dies im Sinne einer durchgreifen Redaktion oder einer sukzessiven Aktualisierung geschehen ist, wäre ein Problem, das im Kontext der Analyse von Joh 21,1ff zu klären wäre. Die Aktualisierung schreibt den Text im Sinne der tradierenden Gemeinschaft fort, als deren Exponent auch der Evangelist allein zu verstehen ist. Dennoch ergibt sich ein anderes Gesamtbild; vor diesem Horizont scheint es mir gerechtfertigt, die Rezeption der Wunderüberlieferung und die formhistorische Analyse ihrer Vorgeschichte auf den Stoff zu beschränken, der in der umfassenden und verantwortlichen Gestal-

---

[23] Hierzu s.o. S. 49 u.ö.

[24] Vgl. z.B. U. Schnelle, Einleitung 555f.

[25] So allerdings F. Neirynck, John 21, passim (hierzu ders., John and the Synoptics 1975–1990, 10f mit Anm. 37 [weitere Untersuchungen desselben Verfassers zum Thema]; ergänzend jetzt auch H. Thyen, Johannes 21, 167.

[26] S.o. S. 71 (zu Fortna) und 69 (zu Heekerens).

tung der Evangelienschrift Joh 1–20 gesammelt und theologisch wie literarisch gestaltet wurde.

Erkennbar ist das quantitative und qualitative Hervortreten der Wundergeschichten in der Komposition des ersten Teils des JE. Aber auch aufgrund theologischer, formkritischer und formgeschichtlicher Erwägungen werden die Wundererzählungen als Textbasis für formgeschichtliche Analysen am vierten Evangelium ausgewählt. Auffällig ist, daß in der eigenständigen Darstellung des Lebens Jesu, wie es das vierte Evangelium bietet, Stoffe zu finden sind, die im Blick auf ihre formalen Merkmale dem Material nahekommen, wie es auch in den synoptischen Evangelien begegnet. Diese Charakteristik betrifft vor allem die Wundergeschichten. Gerade angesichts des formalen und inhaltlichen Vergleichsmaterials in den synoptischen Evangelien,[27] das selbst verschiedentlich auf seine Transparenz für seine Vorgeschichte hin untersucht worden ist, läßt sich annehmen, daß auch für die Wundergeschichten des vierten Evangeliums eine eigenständige Geschichte des Stoffes nachgezeichnet werden kann; umgekehrt formuliert, gelingt dies für die joh. Wundergeschichten nicht, so wird es unwahrscheinlich sein, daß es bei anderen Stoffen gelingt. Die joh. Wunder sind geradezu ein Testfall für die joh. Formgeschichte.

Herausgefordert wird die Konzentration auf die Wunder zudem dadurch, daß sie im Zentrum der Methodendiskussion um das vierte Evangelium gestanden haben und noch immer stehen. Sie sind ebenso Gegenstand der Literarkritik, die die Wunder gelegentlich zu einem Fremdkörper im vierten Evangelium stilisiert, wie auch der neuen literarischen Kritik, die wie Christian Welck oder Dorothy A. Lee nach ihrer narrativen Struktur als integralen Gegenstand des JE fragen. Nicht zuletzt sind sie Objekt eines Ringens um ihren Sinn, das bisweilen zu Ungunsten des Wundercharakters und zugunsten allegorischer oder sozialer Interpretationen ausfällt.[28]

Christian Welck hat die Wundergeschichten des vierten Evangeliums dahingehend bestimmt, daß sie von seinem Verfasser *„zu integralen Bestandteilen eines literarischen Zusammenhangs* gemacht" seien.[29] Dies trägt der integrativen literarischen Arbeitstechnik des vierten Evangelisten Rechnung, die in noch höherem Maße kompositorischen Fähigkeiten und theologischen Strukturierungswillen erkennen läßt. Auch anerkennt Welck damit die Bedeutung der Wunder für die Theologie des vierten Evangeliums. Beides soll nicht grundsätzlich bestritten werden; allerdings möchte ich den Begriff ‚integral' relativieren, der in das Gefälle der Theorie der Textkohärenz und der Rede von der autosemantischen Textwelt führt. Tatsächlich läßt der Evangelist erkennen, daß er von traditionellem Material abhängig ist. Das literarisch-narrative Lesen der joh. Wundererzählung und ihres Kontextes läßt

---

[27] Schon R. Bultmann, Geschichte 223ff; jetzt insbesondere G. Theißen, Wundergeschichten *passim*; zum Stand der Erforschung der synoptischen Wundergeschichten informiert z.B. H. Weder; Wunder *passim*.

[28] Zum Ringen in der Theologiegeschichte um ein angemessenes Wunderverständnis vgl. die Untersuchung von B. Bron *passim*. Interessante Überlegungen jetzt bei M. Reiser *passim*.

[29] C. Welck 69.

neben der integrierenden Tätigkeit des Evangelisten durchaus Nähte und Fugen erkennen, die aufgrund der eingangs skizzierten Methodik die Nachfrage nach dem Traditionsbestand begründet stellen läßt. Allerdings wird nicht behauptet werden können, daß jeweils die individuelle Sprachgestalt solcher hypothetisch ermittelten Form dem Exegeten zugänglich ist. Daß die jeweilige Überlieferungsphase der Tradition ihren eigenen Stempel aufgedrückt hat, soll ebenfalls nicht bestritten werden. Allerdings soll mit der Angabe eines möglichen Textes in der Tat gegen eine völlige inhaltliche Inkonsistenz der Überlieferung votiert werden.

Offensichtlich stellt sich der Evangelist selbst bewußt in die Tradition seines Kreises und sucht durch seine Darstellung diese aktualisierend zu interpretieren. Ihn aus diesem Traditionsbezug herauszunehmen, heißt aber, die literarische Ebene zu Ungunsten der historischen zu verkürzen. Damit geht aber zugleich die Dimension der religiösen Erfahrung verloren, indem nicht mehr deutlich ist, wie der Evangelist zum Verstehen und selbst auch im Ringen um die rechte Interpretation des Christusereignisses durch den joh Kreis steht. Gehört die Dimension der Geschichte zum christlichen Glauben, so erscheint mir die theologische Intention des vierten Evangelisten verkürzt, wenn die Exegese, auch und vor allem die der Wunder, lediglich auf die literarische Ebene abhebt. Somit kann ich eben nicht den „entscheidenden Verlust" feststellen,[30] wenn die historische Dimension mitbedacht wird; daher halte ich die diachrone Analyse auch der Wunderüberlieferung für *prinzipiell* sinnvoll'.[31]

---

[30] C. Welck 69f.
[31] Zu C. Welck 70: „Eine Betrachtungsweise, welche die Wundergeschichten vom Kontext und die Mirakelszenen vom Gesamtgeschehen isoliert, ist daher hier, anders als noch bei den synoptischen Evangelien..., *prinzipiell* nicht sinnvoll."

C Der Befund: Wundertraditionen und ihre Interpretation im vierten Evangelium

1 Jesus zwischen Kana und Kafernaum.
Eine johanneische Missionspropaganda (Joh 2,1ff.12; 4,46ff)

Bevor wir zur formalen Analyse der Überlieferung vom Weinwunder zu Kana, Joh 2,1ff, und der Heilung des Sohnes des Königlichen, Joh 4,46ff, weiterschreiten, ist zunächst die kurze itinerarische Notiz in Joh 2,12 zu beachten.

Daß im Zusammenhang der SQ-Hypothese häufig die literarische Abfolge dieser beiden Wunder auf der Ebene der Quelle angenommen wird, ist nicht überraschend. Neben der Zählung der beiden Wunder wird zumeist auch die Überleitungsnotiz in 2,12 als Kriterium genannt.[1] Ein etwas anderes Bild ergibt sich bei Autoren, die neben den joh. Wundergeschichten weiteren Stoff für die Semeia-Quelle beanspruchen.[2] Joh 2,1ff und 4,46ff werden hier als eine Wunderquelle angesprochen, die bereits der Semeia-Quelle vorgelegen hätte.[3] Aber auch in den verschiedenen Schichten-Hypothesen, die ein literarisches Wachstum des vierten Evangeliums (aus Quellen und) einer Grundschrift annehmen, ist die literarische Verbindung beider Wunder thematisiert worden.[4]

Auch Exegeten, die gegenüber einer weitgehenden Rezeption der literarkritischen Methode im vierten Evangelium zurückhaltend urteilen und daher gegenüber der Annahme einer umfassenden Wunderquelle oder einer Grundschrift skeptisch sind, nehmen eine paarweise Überlieferung Joh 2,1–12a und 4,46bff an.[5]

---

[1] Z.B. R. Bultmann, JE 85; R. Schnackenburg, JE I, 358; J. Becker, JE I, [1]114. [3]139; s.a. R.T. Fortna, Gospel 103; S. Landis 28; H. Wöllner 27.

[2] Vgl. J. Becker, JE I, [1]114. [3]139, sowie die entsprechenden Einzelanalysen.

[3] Ähnlich auch H. Wöllner 27, der allerdings anders als Becker dem angenommenen Semeia-Buch bereits schon die Jerusalemreise von 2,13 zutraut (52ff; die These: 54) und damit das erzählerische Grundgerüst von Joh 2–4 als Produkt der Quelle ansieht. Wie Wöllner sich aber im einzelnen die Erzählabfolge seines Zeichenbuches vorstellt, wird nicht deutlich; entgegen der Ursprünglichkeit der ersten Jerusalemreise kann er den Anschluß von 4,46ff an 2,12 annehmen (31), ohne diese Spannung mit der Aufbauanalyse des SB von aaO. 55 auszugleichen; folgt in SB 2,12 etwa 4,43–45 und bereitet 4,46ff vor?

[4] Z.B. M.-É. Boismard/A. Lamouille, JE 26 (u.ö.) zu Doc. C.

[5] Z.B. C.K. Barrett, JE 262; U. Schnelle, Christologie 97; J. Gnilka, Theologie 227; s.a. G.R. Beasley-Murray, JE 34. 67. Vorsichtig erwägend scheint auch B. Lindars, JE 124, dieser Sicht zuzuneigen; dabei entsteht ein insgesamt sehr komplexes Entstehungsmodell, das von der Doppelquelle bis zurück zu einem authentischen Jesuswort reicht. Vgl. zur paarweisen Überlieferung des Weinwunders und der Heilung des Sohnes des Königlichen in der Forschung auch G. van Belle, Semeia-bron 59ff; Signs Source 54ff.

So urteilt Mark W.G. Stibbe mit Hinweis auf den analogen Aufbau im Bereich der Vorbereitung des Wunders: „request – rebuke – response".[6] Allerdings wurde diese Struktur analog in Joh 11 nachgewiesen, und sie wird folglich eher als literarische Technik des vierten Evangelisten anzusehen sein. Entsprechend zurückhaltend ist der Hinweis auf die Charakterisierung von Joh 2,1ff und 4,46ff als Zeichen zu beurteilen. Auch diese Bezeichnung ist redaktioneller Herkunft verdächtig. Bleibt die Lokalisierung in Kana. Wiederum geht dies am Überlieferungsbefund vorbei, der zeigt, daß erst der Evangelist im Zuge seiner Stoffgliederung ein Interesse an Kana einbringt.

Trotz dieser Einwände besteht die Annahme einer die beiden ersten Wunder des JE umfassenden Quelle zu Recht, da die Übergangspassage 2,12 ‚Danach[7] *stieg er hinab nach Kafernaum, er selbst, seine Mutter, seine Brüder, und seine Jünger. Und sie blieben dort nicht viele Tage'*[8] im Kontext des joh. Evangeliums störend wirkt.[9] Der Evangelist sucht den Schauplatz seiner Jesusgeschichte nach Jerusalem zu verlagern (vgl. V.13 mit 5,1; 7,10). Die Angabe dient nicht als Reisenotiz zur Beschreibung des Weges nach Jerusalem, da die Unterdrückung weiterer Stationen dann unverständlich ist.[10] Von den in dieser Notiz genannten Personen[11] spielen im nachfolgenden Kontext allein die – textkritisch nicht unumstrittenen[12] – Jünger eine Rolle (2,17 und 2,22 auf der Metaebene der nachösterlichen Erinnerung).[13] Dem entspricht, daß die Notiz des Kanaaufenthalts erzählerisch unausgeführt bleibt, und es spricht somit viel dafür, daß die Angabe der (kurzen) Zeitdauer die Hand des Evangelisten verrät, der die Angabe seiner Quelle nicht unterdrückt, aber sei-

---

    S. Temple rechnet im Rahmen seiner problematischen literarischen Rekonstruktion ebenfalls mit einer die beiden Kana-Wunder umfassenden Wunderquelle (Signs *passim*; Core 41ff). Die Argumente für die Zusammengehörigkeit sind jedoch wenig hilfreich; genannt sei nur das zweifelhafte Kriterium der Perikopenlänge: 170 (Darstellung und Kritik bei W. Lütgehetmann, Wundererzählung 71ff). Temple versteht 2,12 als in der ‚Kern'-Quelle vorhandenen Katalysator, der durch die Nennung der Mutter und der Jünger die Einfügung des Weinwunders bewirkt (Signs 173).

6   M.W.G. Stibbe, JE 46f.

7   Eine joh. Übergangsformulierung; vgl. R.T. Fortna, Gospel 102; H.-P. Heekerens 76; S. Landis 29.

8   V.12b ist insgesamt sekundär; vgl. z.B. H.-P. Heekerens 76; nach S. Landis 29 nur οὐ πολλὰς ἡμέρας.

9   Sehr klar beobachtet C.H. Dodd, Tradition 235: „This passage is completely out of relation to any other topographical data supplied, and does not in any way contribute to the development either of the narrative or of the thought of the gospel."

10   S.a. F. Schnider/W. Stenger 67.

11   Die Mutter und die Brüder Jesu sind kaum als Ergänzung des Evangelisten zu werten; zu R.T. Fortna, Gospel 102f; nur die Brüder seien sekundär: H.-P. Heekerens 76.

12   Die Reihenfolge der Personen ist unsicher überliefert. Gegen die Ursprünglichkeit von καὶ οἱ μαθηταὶ αὐτοῦ votieren z.B. R. Bultmann, JE 79; B. Lindars, Parables 322f; JE 132f; B. Schwank, JE 87. *Origenes* bezeugt die Brüder und die Jünger (The Text of the Fourth Gospel in the Writings of Origen I, 87f). Wahrscheinlich sind die Jünger vom Evangelisten eingefügt worden.

13   Die Mutter Jesu erscheint auf der Handlungsebene des Evangeliums erst wieder unter dem Kreuz 19,25.26.27 (dreimal jedoch beim Weinwunder: 2,1.3.5); seine ἀδελφοί in 7,3.

nem Erzählablauf unterordnet. Natürlich fortgesetzt wird V.12a durch die
Notiz 4,46b, die trotz V.46a (εἰς τὴν Κανὰ τῆς Γαλιλαίας) die Ortsangabe
ἐν Καφαρναούμ bewahrt hat.[14]

Joh 2,1ff hat dem Evangelisten wohl im Zusammenhang mit 4,46bff vorgelegen, wahrscheinlich schriftlich, jedenfalls könnte die Aufsplitterung im gegenwärtigen Text für eine derart fixierte Überlieferung sprechen, die probeweise als *Missionsflugblatt* bezeichnet werden kann. Die Schlußwendung dieser Einheit ἐπίστευσεν κτλ. in V.53b zeigt die Zielsetzung dieser kleinen
Sammlung; dies ist frühchristliche Missionsterminologie, wie an den Acta-Be-
legen gezeigt werden kann.[15] Dabei sollten die christologischen Aussagen
nicht übersehen werden. Dennoch ist das Ziel dieser beiden Geschichten sicherlich nicht die innergemeindliche Unterweisung, sondern die Werbung zum
Anschluß an die Gemeinde. Solche Werbung findet jedoch nicht allein mit dem
Bild eines Wundertäters statt, sondern dadurch, daß die Wunder und ihre Darstellung inhaltliche Angaben und Aussagen über das Heilsangebot dieses
Wundertäters für die, die ihm folgen, gemacht werden.

---

[14] S.u. S. 181.
[15] S.u. S. 188. Zur Sammlung von Wundergeschichten mit einem missionarischen Interesse s.a. D. Zeller, Wunder 222.

2 Das Weinwunder zu Kana: Ein Dokument aus den Anfängen des Streites um die johanneische Christologie

2.1 Beobachtungen zu Text, Kontext und narrativer Struktur des Weinwunders zu Kana

Nachdem die ältere Forschung die Einfügung des Weinwunders gelegentlich durch den Verfasser von Kap. 21 zu erklären suchte,[1] ist die *literarische Integrität* von Joh 2,1–11 im Zusammenhang des Evangeliums in der gegenwärtigen Exegese eher seltener ein Diskussionsgegenstand. Die Kontextverankerung des Weinwunders, die noch entfaltet wird, spricht an dieser Stelle gegen eine sekundäre Einfügung; vielmehr liegt ein geschlossenes Gliederungsschema vor. Allerdings schließen die Kontextverknüpfung und die Einbindung in die Gesamterzählung es nicht aus, daß mit der Verwendung von Tradition gerechnet werden kann.

Umstrittener ist die Frage nach der Fortsetzung der evangelischen Erzählung nach der bereits diskutierten Zwischennotiz in 2,12.

Es wird gefragt, ob die Tempelreinigung ursprünglich auf das Weinwunder folgte oder ob sie erst später aus einer synoptikerähnlichen Stellung an den Anfang des vierten Evangeliums gestellt wurde.[2] Dieser Vorschlag setzt die Annahme einer joh. Grundschrift voraus, für die es m.E. keine hinreichenden Indizien gibt. Da es zudem, abgesehen von dem Vergleich mit der synoptischen Jesusgeschichte, keine Hinweise auf eine ursprünglich im Passionskontext lozierte Tempelreinigung gibt, scheinen mir das Weinwunder und der unmittelbare Kontext in seiner ursprünglichen Komposition vorzuliegen.

Die Abgrenzung der hier zu analysierenden Erzählung ist durch den Neuanfang in Joh 2,1 deutlich markiert: Einer neuen Zeitangabe (τῇ ἡμέρᾳ τῇ τρίτῃ) folgen eine Geschehensangabe (γάμος ἐγένετο) und eine neue Ortsangabe (ἐν Κανά). Auffällig ist zudem die Einführung einer neuen Person, der Mutter Jesu. Die in der Kontextanalyse zu verhandelnde Frage nach dem Verhältnis der Zeitangabe von 2,1 zur Tageszählung in 1,29.35.43 geht auf die Makrostruktur, nicht auf die Subgliederung des Evangeliums.

Die Abgrenzung des Schlusses ist unübersichtlicher. NA[27] rückt V.11 von 2,1–10 ab; dies kennzeichnet lediglich die Untergliederung der Erzählung, die in dieser Form durchaus gerechtfertigt ist, da durch V.11 der Erzähler das in V.10 zu Ende erzählte Wunder kommentiert. Ein Neuansatz nach dem Weinwunder liegt in V.12 vor.[3] Greift V.11 das Berichtete summierend und deu-

---

[1]   J. Weiß/R. Knopf 612.
[2]   Z.B. M.W.G. Stibbe, JE 12.
[3]   Vgl. J.P. Meier 1011f Anm. 199 (zu S. 934). Anders C.H. Talbert, JE 85: V.12 formt eine *inclusio* zu V.1f; ähnlich F.J. Moloney, JE I, 78f. 89; s.a. R.F. Collins, Cana 164 (V.12 als „the more primitive conclusion of the perikope). E. Haenchen, JE 185ff, kommentiert ebenfalls Joh 2,1–12 zusammen, erkennt aber V.12 als „Übergangsvers"; s.a. G. Voigt, JE 48.52; B. Witherington, III, JE 80.

tend und damit auch abschließend auf, so setzt V.12 neu ein; μετὰ τοῦτο formiert einen deutlichen Einschnitt.[4] Der Ortswechsel hat formkritisch keinen Platz in einer Wundererzählung und geht deutlich auf eine Fortsetzung des Berichts, die in V.12b gegeben wird.[5] Das *Hinabsteigen nach Kafernaum* kennzeichnet zudem einen Ortswechsel.

Der Personenkreis entspricht bis auf die überraschend eingeführten Brüder dem der Einleitung des Weinwunders in 2,1f,[6] wird aber nun noch einmal genannt; dies ist deshalb notwendig, da die Wundergeschichte eine Reihe weiterer Personen vorstellte (die Diener, den Architriklinos und den Bräutigam; ,*die Juden*' werden nur in einem Erzählerkommentar, 2,6, genannt), die in der Übergangsnotiz von 2,12 nicht mehr auftreten. Zum Abschluß des Weinwunders werden aber nur Jesus und die Jünger genannt, V.11, so daß die umfangreichere Personenangabe in 2,12 durchaus als Indiz für einen Neuansatz gelten kann.

Unterschiedliche Konzeptionen werden hinsichtlich der *Interpretation des Kontextes* des Weinwunders vorgelegt. Das Weinwunder zu Kana wird in den Kontext des Täuferzeugnisses und der Einsetzung der ersten Jünger gestellt, so daß an eine Joh 1,19–2,11(.12) umfassende Erzähleinheit gedacht wird.[7]

Hingewiesen wird auf die kompositorische Tagesfolge durch τῇ ἐπαύριον in Joh 1,29. 36.43, die sich durch die Angabe τῇ ἡμέρᾳ τῇ τρίτῃ zu einer ersten Handlungswoche vereinigen soll.[8] Andere Exegeten suchen das Kana-Wunder als unmittelbare Erfüllung des μείζω τούτων ὄψῃ von 1,50 auszuweisen.[9] Auch die unerwartete Einführung der Jünger (2,2.11) wird als ein ausdrücklicher Rückbezug auf die Jüngertexte in Joh 1 gewertet.[10] Die Formulierung μείζω τούτων ὄψῃ blickt jedoch vielmehr auf den gesamten Erzählzusammenhang Joh 2–20, der den irdischen Weg des Offenbarers, sein Wirken in Worten und Taten und schließlich seine Rückkehr zum Vater als einen Weg zum Leben der Gemeinde

---

4   Vgl. J. Painter, Messiah 187.
5   S.a. J.P. Meier 1012 Anm. 199 (zu S. 934).
6   Die verschiedentlich aufgrund von EpApost 5 geäußerte Vermutung, der Evangelist habe in der Wundergeschichte die ursprünglichen Brüder durch die Jünger ersetzt (z.B. R. Bultmann, JE 79, mit J. Wellhausen, JE 13; M.-É. Boismard/A. Lamouille, JE 100; J. Gnilka, JE 22; B. Lindars, Parables 14), überzeugt nicht; EpApost 5 setzt schon Joh 2,12a voraus, so daß nähere Rückschlüsse aufgrund dieses Textes ausgeschlossen sind (s.a. W. Lütgehetmann, Wundererzählung 100). Daher optieren zu Recht für die Ursprünglichkeit der Jünger z.B. R.T. Fortna, Gospel 30, U. Schnelle, Christologie 88, und J. Becker, JE I, [1]108. [3]129.
7   Z.B. M.-É. Boismard, Baptême 13ff; R.H. Lightfoot, JE 11; J. Painter, Messiah 185ff; L. Schenke, JE 37; B. Schwank, JE 49ff (bes. 84); C.H. Talbert, JE 80ff (bes. 86); U. Wilckens, JE 55; B. Witherington, III, JE 45ff.
8   Z.B. C.H. Talbert, JE 80; B.J. Malina/R.L. Rohrbaugh, JE 66; U. Wilckens, JE 55.
9   So B. Witherington, III, JE 77; vgl. M.-É. Boismard/A. Lamouille, JE 99; B.J. Malina/R.L. Rohrbaugh, JE 69; J. Painter, Messiah 186; B. Schwank, JE 84; C.H. Talbert, JE 84; U. Wilckens, JE 55; s.a. R. Schnackenburg, JE I, 331, der eine erste dem Prolog folgende Erzähleinheit in Joh 1,19–4,54 eruiert, aber 2,1ff durchaus vom Täuferzeugnis und den ersten Jüngern abhebt; auch J.P. Meier 937, der allerdings von einem „first and partial fulfillment" der Verheißung in 1,51 durch den Wandel von Wasser in Wein spricht. F. Manns 299 nimmt die Kana-Geschichte in seiner Interpretation mit der Tempelreinigung als Erfüllung von Joh 1,51 zusammen. Als eine Erfüllung des Täuferspruchs von Joh 1,26 deutet K. Scholtissek 242.
10 So z.B. K. Backhaus, Jüngerkreise 359f; B. Witherington, III, JE 77.

schildert.[11] Für diese Deutung spricht nicht nur der Rückblick auf den gesamten Erzähltext in 20,30f, sondern auch die Spannungslinie, die zwischen dem Weinwunder und der Auferweckung des Lazarus gezogen wird und somit die Wundergeschichten zusammenbindet;[12] wenn zudem die Auferweckung des Lazarus als Vorverweis auch bereits in einem Zusammenhang mit dem leeren Grab in 20,1ff steht,[13] so ist aus strukturellen und theologischen Aspekten das ‚mehr' nicht zuerst als Hinweis auf die unmittelbare Erfüllung im Weinwunder zu lesen.

Die Zeitangabe καὶ τῇ ἡμέρᾳ τῇ τρίτῃ setzt nicht das Schema von Joh 1 geradlinig fort,[14] sondern ist als ein trennendes Signal zu werten, das einen neuen Abschnitt in 2,1ff beginnen läßt.[15]

Eine vermittelnde Funktion der Zeitangabe zwischen dem Eingangskapitel und dem Kanawunder wird dennoch nicht völlig bestritten werden müssen. Chronologisch will der Evangelist das Kana-Wunder in die Abfolge nach dem Täufer-Zeugnis (1,19–34) und der Berufung der ersten Jünger (1,35–51) an den Anfang der Wirksamkeit Jesu stellen. Thematisch hebt er die Geschichte vom Vorhergehenden ab und erstellt mit Hilfe der Zählung des Kana-Wunders und der Heilung in Kap. 4 einen neuen Spannungsbogen, der das Auftreten Jesu, den unmittelbar anschließenden Konflikt mit den Juden als Repräsentanten des Kosmos in der Tempelreinigung (2,13ff), mit der soteriologischen Deutung der Sendung Jesu gegenüber den Juden (3,1ff; vgl. V.16f), den Samaritanern (4,4ff) und zuletzt, gleichsam als Konkretion des σωτήρ-Titels von 4,42, gegenüber den Heiden (4,46ff)[16] umspannt.

Eine elegante Lösung wurde in der Arbeit zur Struktur des JE von George Mlakuzhyil vorgelegt. Joh 2,1–11 hätte demnach eine Übergangsfunktion; es beschließt einerseits den Zusammenhang 1,1–2,11, eröffnet aber andererseits den Abschnitt 2,1–12,50.[17] Diese Lösung würde der Tageszählung in Anknüpfung und Abgrenzung entsprechen.[18] Die Ansage 1,50[fin].51 erhält in 2,1–11 eine erste unmittelbare Entsprechung, die den Leser von der Offenbarung der Doxa des lebenseröffnenden Offenbarers in seinem Wunder und von hier zunächst bis zur Lebens(rück)gabe in 4,46ff führt. Die Ansage bleibt aber offen, bis der Offenbarer zu seinem Ziel der Rückkehr zum Vater als Vorgänger der Gemeinde kommt, indem er sich selbst als im Tode nicht-beschränktes Leben zeigt (Joh 20,1ff).[19] Der vom vierten Evangelisten in sein Werk integrierte Logos-Hymnus (1,1ff) und das Täuferzeugnis (1,[6–8.15].19ff) mit der anschließenden Jüngerberufung (1,35ff) werden so zu einem Auftakt, dessen Verheißung, ‚mehr zu sehen', erst mit der Auferstehung und der Überwindung

---

[11]   Dies besagt jedoch nicht, daß 1,50f das Ende des Evangeliums im Blick hat, wie es W. Loader 255 (und *passim*): empfiehlt: „the promise of 'greater things' refers rather to the event of Jesus' exaltation and glorification as Son of Man at the climax of his ministry and its consequence, Jesus' heavenly glory".

[12]   S.u. S. 382.

[13]   S.u. S. 392.

[14]   S.a. R. Schnackenburg, JE I, 331.

[15]   S.a. H. Riedl 128.

[16]   Vgl. W. Bauer, JE 77. Dies gilt insbesondere unter der Voraussetzung, daß der ‚Başilikos' als Heide zu deuten ist (zum Problem s.u. S. 176 Anm. 54).

[17]   G. Mlakuzhyil 154, daher ist 2,1–11 „a bridge-pericope"; Ähnliches besagen die Ausführungen von J. Painter, Messiah 188: „Jn 2.1–11 is the conclusion to the section begun with 1.19. It also forms an *inclusio* with 4.46–54." S.a. B. Olsson, Structure 18 Anm. 2.

[18]   Richtig R. Schnackenburg, JE I, 331. Anders als bei Schnackenburg ist im folgenden allerdings stärkeres Gewicht auf den Aspekt der Trennung gelegt.

[19]   In diesem Sinne kann D.M. Smith, Theology 107, zugestimmt werden, wenn er meint, daß keine einzelne Episode dieser Verheißung unmittelbar entspricht, sondern daß sie „prepares the reader for astounding events to come, principally the signs".

des Todes in der Rückkehr des Sohnes in überwältigender Weise erfüllt wird. In diesem Sinne ist das ‚Mehr' verknüpft mit der soteriologischen Mission des Sohnes, den Seinen Anteil am wirklichen, d.h. am göttlich vermittelten ewigen Leben zu geben.

Ein anderes Thema ist das Verhältnis der Wundergeschichte zur Tempel-reinigung Joh 2,13ff; auffällig ist zunächst die Trennungslinie, die durch die itinerarische Notiz von 2,12 gezogen wird. Auch fehlt ein deutliches Voraus-signal in dem Weinwunder auf die Tempelreinigung. Dennoch versuchen ver-schiedene Exegeten, die in 2,4 ein kreuzesorientiertes Signal sehen, einen en-gen Zusammenhang zwischen Joh 2,1ff und 2,13ff herauszustellen.[20] Andere deuten auf die semantische Verbindungslinie zwischen diesen Perikopen.[21] Diese Linie ergibt sich aus den beiden Hinweisen auf die bzw. auf ein Zeichen in V.11 und V.18 (ἀπεκρίθησαν οὖν οἱ Ἰουδαῖοι καὶ εἶπαν αὐτῷ· τί σημεῖον δεικνύεις ἡμῖν ὅτι ταῦτα ποιεῖς;).

V.11 wertet das Weinwunder als (erstes) Zeichen, das der Offenbarung der Doxa Jesu dient und den Glauben der Jünger erzeugt. In Opposition zum Glauben der Jünger steht die Zeichenforderung ‚der Juden'. Sie wird überraschend nicht abgewiesen, sondern mit dem indirekten Hinweis auf die Auferstehung Jesu beantwortet. Die Antwort erntet Unverständ-nis, da die Fragesteller die Antwort allein irdisch-materiell verstehen; dadurch entsteht ein geradezu groteskes Mißverhältnis, das aber sogleich zurechtgerückt wird; die Antwort Jesu vom Abbrechen des Tempels geht auf seine Auferstehung (2,21).

Daneben begegnet der Zeichenbegriff auch in 2,23–25 (V.23: πολλοὶ ἐπίστευσαν εἰς τὸ ὄνομα αὐτοῦ, θεωροῦντες αὐτοῦ τὰ σημεῖα ἃ ἐποίει); hier wird der Zeichenglaube der Jerusalemer Öffentlichkeit kommen-tiert.[22] Nimmt man das irdisch-materielle Unverständnis von 2,18ff als Hinter-grund, so ist ein ähnlich zu kurz greifendes Verständnis der Zeichen als inner-weltliche Mirakel, das an der christologischen Signifikanz der Wunder vorbei-geht, kritisiert.

Die beiden Zeichentexte, die sich dem Weinwunder anschließen, machen deutlich, daß mit dem Glauben der Jünger noch nicht alles zum Wunderhan-deln des Offenbarers und zu dem hieraus erwachsenden Glauben gesagt ist. Beim Sehen der Wunder geht es um ein christologisches Verstehen, das auch die letzte Tat, die Auferstehung Jesu umfaßt. Jesu Wunder sind Teil seiner Sendung, die erst in der Rückkehr zum Vater und der Überwindung des To-des durch den, der das Leben ist, zum Ziel kommen. Die Wunder sind Teil dieser Sendung und führen zum Glauben, wenn die Bedeutung des Gesandten

---

[20] A. Smitmans, Exegese 53f; auch U. Schnelle, Tempelreinigung 365. Mit etwas anderer Argumentation C. Welck 137 Anm. 20; er sieht in beiden Geschichten einen Auftakt des Wirkens Jesu, der sein Handeln in den „Horizont der ‚Erhöhung' (= Kreuzigung *und* Auferstehung)" rückt. In dem für die joh. Darstellung der Wirksamkeit Jesu program-matischen Charakter von Weinwunder und Tempelreinigung sieht hingegen J. Blank, JE 1a, 177, die Verbindungslinie zwischen den Erzählungen.

[21] So L. Panier 38; s.a. U. Schnelle, JE 59.

[22] Anders K. Berger, Anfang 167f, der diesen Beleg nicht als Kritik eines Zeichenglau-bens, sondern als christologische Aussage über die Kardiognosie Jesu versteht.

und das Ziel seiner Sendung als Lebensgabe für den einzelnen erkannt werden; wer nur auf die irdisch-materiellen Wirkungen achtet, versteht die christologische und die soteriologische Tiefendimension nicht; solcher Glaube wird der Kritik von 2,23–25 ausgeliefert und damit zurückgewiesen.

Der Abschnitt Joh 2,1–11 weist einen *erzählerisch durchaus komplexen, aber in der Ereignisfolge weithin logischen Aufbau* auf. Der Satzbau ist überwiegend einfach (Ausnahmen: V.3a.5b.6.9.10b/c). Inhaltlich fällt der Dialog in V.3–5 auf.

Die Aussage der Mutter in V.3b bringt gegenüber dem Erzählerkommentar in V.3a nichts Neues. Überraschend ist auch, daß die Antwort Jesu V.4 keinen direkten Bezug auf V.3b nimmt: Der Mangel an Wein bleibt unbeachtet. V.5 hingegen ignoriert die Distanzierung zwischen Jesus als Sohn und seiner Mutter von V.4, insofern sich hier ein unerschütterliches Vertrauen auf den Wundertäter ausspricht,[23] das nach der Zurückweisung der Bitte der Mutter durch Jesus in V.4 erzählerisch äußerst hart ist.[24]

Ebenso überraschen die sprachlichen Härten in V.6a und 9 in einem syntaktisch überwiegend einfach gebauten Erzähltext.

Schwebend bleibt die Volumenangabe für die steinernen Wasserkrüge in V.6. In einer Geschichte, die stark verkürzend ist und am einzelnen Geschehen der Hochzeit kein Interesse zeigt, ist dieser Aspekt auffällig. Es geht hier um die Größe des Wunders; allerdings hebt der Schluß in V.10 nicht auf die Menge des Weines, sondern auf sein καλός-Sein, d.h. sein „Edel"[25]-Sein und damit seine Qualität ab.

In V.9 fällt die Herausstellung des Wissens der Diener auf, das insofern in der folgenden Darstellung nicht aufgenommen wird, als lediglich eine Reaktion der Jünger berichtet wird. Das Wissen der Diener über das ‚Woher' weist auf den, der die Anordnung zu ihrem Handeln gab, und damit ein christologisches Signal des Erzählers zu sein, das wiederum das Auditorium oder die Leserschaft einbezieht.[26]

Diese Anomalien weisen eine große Affinität mit dem Kontext des Evangeliums auf, vor allem die dialogische Konstruktion in Vv.3–5. Jesu Abwehrreaktion und die Rede von der noch nicht gekommenen Stunde bilden einen Interpretationszusammenhang. „Die Worte τί ἐμοὶ καὶ σοί sind … eine Distanzierung von verwandtschaftlich-irdischen Beziehungen zugunsten seines (= Jesu; Vf.) göttlichen Auftrags"[27] (vgl. z.B. 7,3ff; 11,3–6); damit wird die Bitte der Mutter Jesu dem theologischen Koordinatenkreuz des vierten Evangeliums zugeordnet, indem der von Gott gesandte Offenbarer mit dem himmlischen Vater verbunden wird, dessen Willen er zu entsprechen gedenkt (vgl. Joh 5,19.30 u.ö.). In den Erzählzusammenhang der Sendung des Sohnes durch

---

[23] Vgl. R.E. Brown, JE 100: „Mary seems to have no doubt that Jesus will intervene".

[24] S.a. R.T. Fortna, Predecessor 56.

[25] B. Schwank, JE 82.

[26] Vgl. L. Schenke, JE 53; K. Scholtissek 242.

[27] So richtig U. Busse/A. May 56; ähnlich C.H. Talbert, JE 85; vgl. z.B. R. Bultmann, JE 81 Anm. 3; J. Blank, JE 1a, 181; E.C. Hoskyns, JE 188; R. Kysar, JE 45; F. Porsch, JE 31. Der Hinweis auf den kulturellen Kontext illustriert die Bitte der Mutter als „reminder of her son's family obligation"; R.H. Williams 686.

den Vater gehört auch das Motiv von der Stunde Jesu hinein (vgl. Joh
7,28–30; 8,12ff; 12,27f; 13,1); dieser Weg findet letztlich seinen Höhe- und
Zielpunkt in dem im Blick auf Auferstehung und Rückkehr zum Vater als Erhöhung verstandenen Kreuzestod.[28] Sachlich ist vor allem die Aussage von
dem Gekommen-Sein der Stunde diesem Zusammenhang zuzuordnen (12,27f;[29]
13,1; s.a. Joh 7,28–30;[30] 8,12–20). Das Motiv von der Stunde Jesu und die
Distanz zu menschlich-verwandtschaftlichen Relationen sind Teil der Sendungschristologie und damit der theologischen Darstellung des vierten Evangeliums.

Diese Aussage stellt die besondere Affinität von V.4 zum Kontext des Gesamterzähl-
werkes heraus, impliziert aber m.E. noch kein positives Urteil hinsichtlich einer mit pauli-
nischer Theologie vergleichbaren *Kreuzestheologie* im JE.[31] Sucht man den Stundenbegriff

---

[28] Insofern könnte man mit J. Beutler, Stunde 319, fixieren: „Offensichtlich bleibt die Offenbarung der ‚Herrlichkeit‘ Jesu, von der im Rückblick auf dies erste ‚Zeichen‘ Jesu geredet wird (2,11), an diese ‚Stunde‘ gebunden." D.h. die Offenbarung der Doxa, die jetzt
geschieht, wird durch die Rede von der Stunde gegen irdisch-materielle Interpretationen
des Wunders dem Gesamtspannungsbogen der Sendung des Sohnes zugeordnet; diese
Sendung erreicht nicht in der irdischen Präsens, sondern durch die Rückkehr zum Vater
als Vorbereiter für die Seinen ihr Ziel (Joh 14,2f).

[29] Nach J. Frey, Heiden 254, besteht in der Szene 12,20ff das Ziel der Stunde Jesu.

[30] Joh 7,30 zielt auf die Stunde des Kreuzes (und der Verherrlichung), doch zeigt es vor allem, daß die rechte Stunde nicht in den Händen der innerweltlichen Häscher steht, sondern in den Händen dessen, der seinen Offenbarer gesandt hat. Die nichtgekommene
Stunde wird dadurch interpretiert, daß Jesus durch niemanden festgenommen wird
(οὐδεὶς ἐπέβαλεν ἐπ᾽ αὐτὸν τὴν χεῖρα bzw. οὐδεὶς ἐπίασεν αὐτόν); dies kann erst
auf die Initiative des Offenbarers hin in 18,1ff geschehen (vgl. aber bes. in V.11 den
Hinweis auf den *Vater als Wurzel des folgenden Handelns Jesu* und seiner Einwilligung
in die Verhaftung, die den Weg des Offenbarers zu Kreuz und Auferstehung eröffnet;
s.a. 12,27). Ist mit U.B. Müller, Bedeutung 53, in diesen Stellen „eher die Hoheit des irdischen Jesus ... als die Niedrigkeit" ausgesagt, so kann die Perspektive auf Kreuz und
Auferstehung nicht völlig ausgeblendet werden.

[31] So bes. U. Schnelle, Paulus 215f; Perspektiven 62; Johannes, 1804f (Anm. 27: Lit.!); JE
60; s.a. M. Hengel, Frage 191 Anm. 115. Nach Schnelle ist mit dem Stundenmotiv in
2,4 „vor allem die Stunde der Passion bzw. der Verherrlichung des Gottessohnes" gemeint: Christologie 89; Johannes 1804; Tempelreinigung 365; JE 60; s.a. T. Knöppler
103; R. Kysar, JE 45; A. Link, Botschafterinnen 251 Anm. 11. 253; M. Rissi 86f; A.
Smitmans, Weinwunder 272–274; Exegese 73; H. Strathmann, JE 58; M. W.G. Stibbe,
JE 45; C. Welck 135f; U. Wilckens, Maria 220; JE 56f; W. Wilkens, Entstehungsgeschichte 39, sowie die bei Smitmans, Weinwunder 21 Anm. 2, genannten Exegeten;
auch E.C. Hoskyns, JE 188, der damit zwischen der Interpretation von V.4b und 4c differenziert. Nicht allein auf das Kreuz, sondern auch auf die Auferstehung bezieht J.M.
Lieu, Mother 70 die Verbindungslinie zwischen 2,1ff und 19,25–27: „Cana-and-
cross/cross-and-resurrection are bound together in a continually moving relationship.
Cross must precede resurrection–Jesus' hour must first come; but resurrection provides
the context for cross and establishes it as a means of manifesting his glory." Den Zusammenhang mit 19,27 betont hingegen R.A. Culpepper, John 64; die Stunden-Thema-
tik enthält damit die Legitimationsproblematik der joh. Tradition, in der es um die
„authority of succession" geht.

auf Tod, Auferstehung und Verherrlichung zu beziehen, so bereitet die unmittelbare Erfüllung der Bitte der Mutter, die als Doxaoffenbarung vorgestellt wird, Probleme; das Weinwunder offenbart die Herrlichkeit damit lediglich proleptisch.[32] Die Stunde Jesu ist nicht auf den Passionszusammenhang zu pressen,[33] sondern gehört zu seinem Gehorsam und zur Erfüllung des Auftrags durch den Gesandten[34] in seiner Einheit mit dem ihn sendenden Vater wie später auch *die* Stunde Jesu, die in die Passion zur Verherrlichung hineinführt.

V.11 schließt das Wunder ab; der Erzähler deutet das Weinwunder, indem er theologisch qualifizierte Stichworte neu einführt: δόξα und σημεῖα sowie die Verben ‚offenbaren' und ‚glauben an'. Andererseits werden entscheidende Motive und Stichworte aus 2,1–10 nicht mehr genannt: Wasser, Wein und Hochzeit. Die einzelnen Handlungen der Protagonisten bleiben ausgeklammert, sieht man davon ab, daß die für die Wandlung von Wasser in Wein entscheidende Anordnung Jesu als Zeichen-*Tun* aufgenommen wird (ἐποίησεν ἀρχὴν τῶν σημείων ὁ Ἰησοῦς). Hinsichtlich des genannten Personenkreises fällt in 2,11 die Beschränkung auf Jesus und besonders die Jünger auf, die in 2,1–10 gerade keine Handlungen durchführten und, von ihrer Ankunft im Gefolge Jesu abgesehen, keine Erwähnung finden.

Die Anzahl der *auftretenden Personen* ist in dieser relativ kurzen Erzählung auffällig. Die große Zahl der Protagonisten wird dadurch erreicht, daß in der Erzählfolge die handelnden Personen ständig wechseln.

Allen voran wird die Mutter Jesu erwähnt. Sodann treten Jesus und seine Jünger auf; das Interesse des Erzählers wechselt zurück auf die Mutter, die in einen kurzen Dialog mit ihrem Sohn eintritt. Die Mutter stellt trotz einer gemeinschaftsbestreitenden Aussage ihres Sohnes (τί ἐμοὶ καὶ σοί)[35] den Kontakt des Wundertäters zu den Dienern her. Die Diener

---

Dagegen K.L. Schmidt, Charakter 37, der hierin mit 7,3ff „die eigentümliche Stellung ..., die nach dem vierten Evangelium Jesus zu seinen Verwandten einnimmt", erkennt und sie dem negativen κόσμος-Verständnis und seiner Wundersucht zuschlägt. Doch angemessener ist die Erklärung, daß „Jesus aus eigener Initiative, nicht auf fremde Veranlassung hin handelt" (Schmidt, ebd.; ähnlich J. Schneider, JE, 81); F. Porsch, JE 32; N. Walter, Johannes 2,1–11, 70. S. Hofbeck 94ff: „die vom Vater verfügte Stunde"; s.a. H. Riedl 261, der allerdings auch passionsorientierten Implikationen in der Konzeption der Stunde ausmacht: 258–260. A. Wikenhauser, JE 74. Ein grundsätzliche Kritik der Annahme einer joh. Kreuzestheologie unternimmt U.B. Müller, Eigentümlichkeit *passim*.

[32] Vgl. D.A. Carson, JE 173: „As this story unfolds, he graciously makes good the deficiencies of the unknown bridegroom of John 2, in anticipation of the perfect way he himself will fill the role of the messianic bridegroom."

[33] S.a. J. Jeremias, Literarkritik 35; G. Lohfink 174.

[34] Zum Gehorsam des Gesandten im Sendungsschema vgl. z.B. J. Becker, Auferstehung 146; J.-A. Bühner 207–209.

[35] Vgl. auch die ausführliche Analyse dieses Idioms mit Belegnachweisen bei W. Lütgehetmann, Wundererzählung 155ff, der zusammenfassend feststellt: „*Die Redewendung dient ... der Bestreitung einer Gemeinschaft bzw. eines sachlichen Zusammenhangs*" (aaO. 161); der Begriff der Gemeinschaft, κοινόν, deren verbindende Eigenschaft bezweifelt oder bestritten wird, fällt ausdrücklich bei *Euripides*, Ion 1284; *Herodot* II 18. Eine direkte Anspielung auf die Elia-Geschichte (vgl. z.B. H.-P. Heekerens 98; W. Nicol 53; G. Reim, Reim 219: 1Kön 17,18; auch J.L. Martyn, Elijah 22), ist angesichts der

führen dessen Anordnungen aus; damit sind zunächst die Mutter (nach der Herstellung des Kontaktes), dann Jesus abgetreten (bis V.11). Nach der Ausführung des Befehls des Wundertäters werden zunächst der Festordner, schließlich der Gastgeber, der nach der Erzählung der Hilfsbedürftige ist, am Schluß genannt. Stehen nach dem Abtreten des Wundertäters das *Wasser* bzw. der *Wein* erzählerisch im Mittelpunkt, so ist im Ergebnis seines Handelns der Wundertäter mitzubedenken. So hat der gewandelte Wein keine eigene Bedeutung, sondern steht auf der Metaebene des Erzähltextes für das Auftreten und Sich-Wirksam-Erweisen des Wundertäters. Die indirekte Erwähnung des durch sein Wunder sich als epiphan auszeichnenden Wundertäters (bzw. Gottes) kann Rückschlüsse auf das theologische Milieu der Erzähler zulassen.

Die Voranstellung der überraschend im JE anonym bleibenden *Mutter Jesu*[36] durch ihre Erwähnung am Eingang der Geschichte weist ihr eine wichtige Rolle in der folgenden Erzählung zu.[37] Dies bestätigt sich vor allem auch dadurch, daß der Wundertäter, der gattungskritisch[38] vor der Erwähnung der Bittstellerin/Hilfesuchenden zu erwarten ist,[39] erst als zweite Person eingeführt wird. Dennoch verschiebt sich das Schwergewicht der Erzählung nicht völlig auf die Mutter;[40] hier ist der Genitiv τοῦ Ἰησοῦ zu beachten, der die Mutter im Blick auf den kommenden Wundertäter hin qualifiziert und sie ihm und seiner erzählerischen Gewichtung zuordnet.

Auffällig ist jedoch an der Benennung der Mutter, daß sie wörtlich in V.3a wiederholt wird, obgleich ein einfaches ἡ μήτηρ oder ἡ μήτηρ αὐτοῦ nach V.1 möglich wäre. In V.4 wird die Mutter von ihrem Sohn lediglich als γύναι (Frau!) angeredet; dies ist im antiken Sprachkontext als Anrede einer Frau zunächst eine neutrale Bezeichnung und möglich, für die Benennung der eigenen Mutter aber doch wohl ungewöhnlich.[41] Die Anrede gehört damit fest zum gemeinschaftsbestreitenden Kontext von V.4. Die Mutter Jesu begegnet mit dieser Begrifflichkeit noch einmal unter dem Kreuz Jesu in 19,26[42] (s.a. 6,42). Damit verbinden einzelne Exegeten in Kombination mit dem Stundenmotiv (2,4) kreuzestheologische Diktionen schon in der Kanaerzählung.[43] Eher gerechtfertigt erscheinen angesichts der Szene unter dem Kreuz jedoch die Verbindung der Mutter mit ekklesiologischen Fragen des joh. Kreises; diese wären aber auch erst durch die Analyse von 19,26 zu beantworten, die im Kontext dieser Arbeit nicht erfolgen kann.

---

weiten Verbreitung dieses Idioms in der LXX-Sprache und dem profanen Griechisch kaum zu sichern; vgl. M. Öhler 245.

[36] Zum Problem der Anonymität vgl. J.M. Lieu, Mother 62f.

[37] Vgl. F.J. Moloney, JE I, 80; s.a. J.M. Lieu, Mother 63f.

[38] Zur Gattungsbestimmung s.u. S. 156f.

[39] Vgl. hierzu im Blick auf MkEv G. Theißen, Wundergeschichten 129–133; s.a. H. Riedl 131.

[40] Z.B. zu R. Pesch, Weinwunder 222, der der Mutter die beherrschende Bedeutung in der Kana-Episode zuschreibt.

[41] Belege z.B. bei W. Bauer, JE 44f; s.a. W. Lütgehetmann, Wundererzählung 173: γύναι sei im antiken Schrifttum als „übliche Anrede" für „die eigene oder eine fremde Frau" zu verstehen, ein außerjoh. Beleg für γύναι als Anrede der Mutter durch ihren Sohn findet sich jedoch nicht. Zum Problem s.a. J.M. Lieu, Mother 65; R.H. Williams 688; M. S. Collins 104.

[42] Zu dieser semantischen Linie vgl. J.M. Lieu, Mother 67; in dieser Linie markiert die Mutter Jesu den Anfang und das Ende der Geschichte Jesu auf Erden (aaO. 69).

[43] Hierzu s.o. S. 128.

Insgesamt betrachtet, hat die Mutter auch eine beachtenswerte Aufgabe im Zusammenhang des Wunderberichts. Die Anwesenheit der Mutter beim Fest klammert die Erzählung zusammen; es ist die beim Fest bekannte Mutter, die den Kontakt der Diener zu dem später kommenden Wundertäter Jesus herstellt.

An zweiter Stelle folgt das Auftreten des Wundertäters *Jesus*. In einem kurzen Dialog weist er die indirekte Bitte seiner Mutter, in der Mangelsituation Abhilfe zu schaffen, ab. Dennoch erfüllt er schließlich ihre Bitte. Diese Spannung ist verwunderlich; sie läßt sich allerdings im Kontext des Evangeliums deuten.[44] Das Handeln des Wundertäters beschränkt sich auf Anweisungen an die Diener (Vv. 6–8). Magische Manipulationen werden nicht berichtet. In V.9f hat der Wundertäter die erzählte Handlungsebene verlassen; der wunderbar erzeugte Wein repräsentiert jedoch das Handeln des Wundertäters, der keinerlei Reaktionen entgegennimmt.

Die *Jünger* finden sich zunächst nur bei der Einladung im Gefolge Jesu und spielen in der gesamten Erzählung keine aktive Rolle.[45] Sie werden erst im Erzählerkommentar von V.11 wieder erwähnt; hier allerdings in einer theologisch gewichtigen Aussage, in der ihr Glaube aufgrund der Doxaoffenbarung im Wunder herausgestellt wird. Mit V.11 stellt der Erzähler die Jünger, die auf das Geschehen in 2,1ff reagieren, als permanente Zeugen auf die erzählerische Metaebene, auf der die Gesamterzählung stattfindet und die sich bei den Hörern und Lesern zusammenfügt.

Die Hörer und Leser kennen die Vorgeschichte und erfahren auch das folgende Geschehen; zudem leitet sie der Erzähler durch seine Einführungen, Kommentare und Leseanweisungen zu einem Verstehen der Ereignisse an, über das die Protagonisten der unmittelbaren Erzählebene gewöhnlich nicht verfügen (anders Jesus; vgl. z.B. Joh 1,47; 2,24f; 4,16ff; 6,6).

Beide Teile der Erzählung, die Vorbereitung des Wunders und die Bestätigung des Wunders haben unterschiedliche Zeugen. Lediglich die Diener, die diese Abschnitte durch ihr Füllen der Krüge und durch das Bringen des gewandelten Weines verbinden, haben eine verknüpfende Rolle inne. Doch auch sie werden nicht als Zeugen von V.10 genannt, der den Erzählerkommentar über die Wandlung des Wassers zu Wein von V.8[46] in direkter Rede auf die Ebene der Erzählung stellt. Die Jünger reagieren, ohne daß ihre Beteiligung am Dialog Jesu mit der Mutter, an der Vorbereitung des Wunders, am Schöpfen oder beim Wort des Architriklinos genannt wird, im Erzählerkommentar von V.11 mit dem Glauben *an Jesus* (ἐπίστευσαν εἰς αὐτὸν); sind die Jünger in der gleichen Rolle wie das Auditorium oder die Leserschaft des Wun-

---

[44] S.u. S. 138.
[45] S.a. N. Walter, Johannes 2,1–11, 69.
[46] Auch hier liegt m.E. ein Hinweis an den Hörer/die Hörerin oder den Leser/die Leserin vor, der nicht auf die Erfahrung der Protagonisten geht.

ders, so entspricht ihre Reaktion der des impliziten Lesers;[47] es geht um den Glauben angesichts der Doxaoffenbarung. Das Auftreten der Jünger von V.2b haftet folglich am Kommentar von V.11 und nicht an der Erzählung des Wunders selbst.

Entsprechend bleibt die Identität der Jünger im Dunkeln. Verschiedentlich wurde diese Gruppe mit den ersten Jüngern aus Joh 1 identifiziert.[48] Allerdings sind jene zwar als Jesus Nachfolgende (1,37.38.40.43), noch nicht aber als seine μαθηταί qualifiziert (1,35.37a sind die zwei genannten Jünger noch als Jünger des Täufers zu deuten). Andere denken an den aus den synoptischen Evangelien bekannten Zwölferkreis,[49] der im vierten Evangelium ebenfalls geläufig ist (vgl. 6,67.70), deren Berufung aber nicht geschildert wird. M.E. ist es möglich, daß mit dem öffentlichen Handeln Jesu in seiner Doxaoffenbarung vor den Jüngern an den Zwölferkreis gedacht wird, der wohl auch im vierten Evangelium zur ständigen Begleitung Jesu gehört.

Durch das Eingreifen der Mutter stellt der Erzähler eine Relation zwischen dem Wundertäter und den *Diener*n her:[50] Ihrer feierlich klingenden Aufforderung,[51] das zu tun, was der Wundertäter anordnet, entspricht genau das Handeln der Diener: 7b/c: γεμίσατε → ἐγέμισαν; 8c/d: φέρετε → ἤνεγκαν (Aor.1). – V.8b/9c: ἀντλήσατε → ἠντληκότες (Ptz. Perf.). Die Verbformen zeigen also an, wie genau die Diener das tun bzw. getan haben (eine Verschiebung in V.8b/9c), was der Wundertäter sagt.[52] Werden sie als Wissende klassifiziert, die über das ‚Woher‘ des zu Wein gewordenen Wassers im Bilde sind (V.9), so gereicht dies nicht zu einer positiven Reaktion auf das Wunder. Im christologisch hinweisenden Wissen wird vielmehr der Leser auf den Täter hingewiesen. Zudem stellt der Verweis auf das Wissen das dem Architriklinos präsentierte Getränk in die Abfolge des Füllens der Wasserbehälter, des Schöpfens und schließlich des Vorlegens des Weines. So werden mit dem Wissen der Diener zugleich mögliche Manipulationsvorwürfe ausgeschlossen.

Der *Architriklinos* markiert die Reaktion;[53] er ist unwissend und kann somit neutral den Wein verkosten. Sein derbes Wort über den schlechteren

---

[47] Vgl. W. Lütgehetmann, Wundererzählung 294f. Nach C. Welck 87f wird mit diesem Wort die Erzähleben durchbrochen und der Leser direkt angesprochen.

[48] Vgl. W. Lütgehetmann, Wundererzählung 294; V. Parkin 142; M. Rissi 84. So auch die S. 124 Anm. 10 genannten Exegeten.

[49] Z.B. C.K. Barrett, JE 214; J. Becker, JE I, [1]108. [3]129; B. Lindars, JE 128.

[50] Möglich ist, daß es sich um Frauen handelt; vgl. R.H. Williams 684.

[51] Diese Rede könnte GenLXX 41,55 (*ὅ ἐὰν εἴπῃ ὑμῖν, ποιήσατε*) entlehnt sein (M.-É. Boismard, Baptême 154; ders./A. Lamouille, JE 101; R.T. Fortna, Gospel 32; W. Nicol 54; s.a. A. Schlatter, Sprache 55 Anm.1; M. Rissi 85); allerdings – so B. Olsson 46f mit recht – fehlt in Gen 41 die Gehorsamsrelation, so daß trotz der jeweils parallel vorausgesetzten Mangelsituation ein Rückverweis nicht sicher anzunehmen ist. Auch bleibt die Bedeutung (trotz H. Leroy, Diskussionsbeiträge 88) undeutlich (hierzu auch A.T. Hanson 42f), so daß der Hinweis auf den atl. Text nicht das Verständnis von Joh 2,1ff erhellt.

[52] Vgl. F.J. Moloney, JE I, 86.

[53] Zur Aufgabe des Architriklinos vgl. M. Hengel, Interpretation 104 Anm. 83; U. Busse, Relevance 30–32. Beide Autoren denken an einen Sklaven, der die Aufgabe der Festge-

Wein, den es nach dem Brauchtum den betrunkenen Gästen vorzusetzen gilt, ist, recht verstanden, vor allem ein Wort über den edlen Wein. Er kann als neutraler Zeuge das Wunder feststellen; er bleibt dabei ein Funktionsträger in der Erzählung, der nur zur Feststellung des Wunders und zum Lob des Weines auftritt.

Diese Züge trägt noch ausgeprägter die Person des *Bräutigams*. Er tritt in der Erzählung nicht wirklich auf; erzählerisch dient er lediglich als Objekt des resümierenden Schlußwortes des Architriklinos. Er gehört hinein in den Rahmen dieser Wundergeschichte, der berichteten Hochzeit; deshalb tritt er hier als Ansprechpartner für das Schlußwort auf.

Versuche, eine Verbindung von Joh 2,10 zu 3,29 zu ziehen und damit eine Gleichung zwischen Bräutigam und Jesus aufzustellen,[54] greifen m.E. nicht, da sie sich nicht auf die Geschichte selbst berufen können. Die seltsame Weinregel ist zunächst auf das berichtete Wunder zu beziehen und lobt den Wein; eine heilsgeschichtliche Deutung sieht hingegen von diesem Kontext ab. 2,11 interpretiert das Vorangegangene als Tat und zwar als Wunder und nicht als eine Beispielhandlung.[55]

Eine weitere Personengruppe stellen die Ἰουδαῖοι dar; sie werden nur im Erzählerkommentar zu den Steingefäßen genannt. An der Wundergeschichte selbst haben sie keinen aktiven Anteil; nirgends wird in diesem Zusammenhang auf sie Bezug genommen. Dafür spielen ‚*die Juden*‘ jedoch eine gewichtige, zumeist negative Rolle im Evangelium (vgl. z.B. 5,10.16; 6,41.52; 8,22.48. 57); schon in 1,19 treten sie distanziert an den Täufer heran und verhören ihn.[56] 2,20 zeigt sie als Mißverstehende. Sie dienen im Erzählerkommentar der Qualifikation der steinernen Wasserbehälter. Gegen die mögliche neutrale Bezeichnung für eine fremde Sitte spricht (so z.B. Joh 19,40.42; bei den Festen: 2,13; 5,1 u.ö.), daß durch den gewandelten Wein den Behältern ein neuer Inhalt gegeben wird, der sie ihrer ursprünglichen Funktion beraubt.

---

staltung aufgetragen bekommt (so wohl *Heliodor* VII 27). Mit *Pollux* VI 11 (hier steht die Vokabel συμποσίαρχος; s.a. Sir 35,1f [32,1–3]) bleibt aber die Möglichkeit, daß es sich um einen Gast handelt, der für diese Aufgabe gewählt wurde; vgl. C.K. Barrett, JE 215f). Die von Hengel und Busse vorgeschlagene Interpretation würde ein gehobenes soziales Niveau reflektieren.

[54]   Z.B. F.J. Moloney, JE I, 87; B. Olsson, Structure 61; K. Scholtissek 242f; s.a. K. Berger, Anfang 153, und H. Lausberg, J 2,10–11, 115 mit ausdrücklicher Berufung auf die Passion: „de agno paschali nondum immolato"; vgl. aaO. 120.121 unter Bezugnahme auf Ex 12,6, wo das Passalamm bis (ἕως) zum zehnten Tag dieses Monats aufbewahrt wird (τηρεῖν); dann folgt die Schlachtung. Vgl. M.-É. Boismard/A. Lamouille, JE 104 (der von Jean IIA am Schluß eingefügte Bräutigam sei Christus, der den guten Wein am Ende der Tage angeboten hat).

[55]   Anders allerdings C.H. Talbert, JE 85, der in 2,6–8 „symbolic actions of Jesus" feststellt; träfe dies zu, so wären formale Elemente einer Wundererzählung mit einer Beispielhandlung oder einer symbolischen Erzählung verbunden.

[56]   U. Busse, Tempelmetaphorik 404 sieht in diesem Beleg bereits die „Möglichkeit vorbereitet, daß es später zu einem Konflikt kommt".

Die Kanaepisode kann als eine *kompositionelle* Einheit verstanden werden,[57] ohne daß damit die *Einheitlichkeit*, im Sinne der literarkritischen Fragestellung, bewiesen ist. Vielmehr sind Fugen erkennbar, die begründet nach der Traditionsbenutzung fragen lassen. Erzählerische Wachstumsindizien sind bei der narrativen Durchsicht des Textes in Vv.3f, in V.6 und 9 sowie im Erzählerkommentar in V.11 zu beachten. Die Analyse der auftretenden Protagonisten unterstützt diese Beobachtungen. Die Erwähnung der Ἰουδαῖοι in V.6a, die doppelte Nennung des Festordners in 9d sowie die Anführung der erzählerisch nicht mehr notwendigen Dienerschaft in V.9c weisen auf die vorgenannten Härten; die doppelte Erwähnung der Mutter Jesu in V.1b und 3a erregt in der benutzten Begrifflichkeit Aufmerksamkeit. Die narrative Struktur zeigt also Kohärenzstörungen, die begründet nach einer Traditionsbenutzung durch den Evangelisten fragen lassen.

Diese Kohärenzstörungen thematisiert John P. Meier in seiner gründlichen Analyse des Weinwunders nicht.[58] Aufgrund der Störungen und Spannungen im Erzählaufbau ist Meiers Gesamturteil nicht überzeugend: „... from start to finish, John 2:1–11 is pervaded with Johannine theological concepts and literary patterns. ... Certainly, the impression one gets is that the pericope seems to be for the most part, if not entirely, the creation of the Evangelist ...".[59]

2.2 Das traditionelle Weinwunder zu Kana

2.2.1 Die Rekonstruktion der Tradition

Die Angabe (καὶ) τῇ ἡμέρᾳ τῇ τρίτῃ setzt einen Erzählkontext voraus, in dem diese Tagesangabe einsichtig wird, und weist somit in Anknüpfung und Abtrennung über sich hinaus auf den Erzählzusammenhang mit Joh 1.[60] Diese Angabe läßt sich somit begründet dem *Rahmen* des Evangelisten zurechnen.[61]

---

[57] Vgl. F.J. Moloney, JE I, 78.
[58] J.P. Meier 934ff mit 1010ff (Anmerkungen).
[59] J.P. Meier 947; vgl. aaO. 949; s.a. E. Hirsch, Studien 47; H.J. Holtzmann, Theologie II, 460: „durchweg Bildung des Evglsten". Die vorgenannten Spannungen und die Kontextverknüpfung sprechen auch gegen den traditionellen Charakter der Vv.1–11 insgesamt, den einige Exegeten festzustellen glaubten (jetzt K. Backhaus, Praeparatio 207; auf die geringe Zahl joh. Sprach- und Stilmerkmale weisen E. Schweizer, EGO EIMI 100; s.a. J. Jeremias, Literarkritik 35).
[60] Vgl. hierzu oben S. 125.
[61] Vgl. z.B. R.F. Collins, Cana 161; R.T. Fortna, Gospel 29; J. Becker, JE I, [1]106f. [3]127; H.-P. Heekerens 71; B. Kollmann, Jesus 279 Anm. 28; J.P. Meier 936f; J. Painter, Messiah 186; S. Schulz, JE 45; anders J. Gnilka, JE 23; R. Kysar, JE 44.

Identifiziert Ex 19,11.16 den dritten Tag als den Tag der Sinai-Epiphanie Jahwes, so könnte der Evangelist die Epiphanie der Doxa Jesu von V.11 im Lichte des Exodusgeschehens als eine rettende Epiphanie bereits eingangs der Perikope vorzeichnen.[62]

Die Ortsangabe Κανὰ τῆς Γαλιλαίας begegnet im vierten Evangelium an drei Stellen; zunächst in der Einleitung zum Weinwunder in 2,1, weiterhin im redaktionellen Kommentar 2,11 und in der Einleitung zur Fernheilung Joh 4,46a, einem ebenfalls redaktionellen Überleitungsvers.[63] Dagegen, daß die Ortsangabe mit dem Genitiv als Vorbild für die beiden redaktionellen Rückverweise zu gelten hat, spricht, daß der Genitiv τῆς Γαλιλαίας an die in 1,43 angekündigte Wanderung erinnert. Durch den Hinweis auf das galiläische Kana wird neben der Differenzierung gegenüber anderen Orten gleichen Namens[64] eine textstrukturierende Funktion wahrgenommen; die Leserschaft erfährt den Vollzug der geplanten Wanderung. Weiterhin spricht für die redaktionelle Ableitung, daß die nähere Spezifizierung einer Lokalangabe durch den Genitiv ein joh. Stilelement ist (vgl. 12,21; vgl. die geographische Näherbestimmung *Bethanien jenseits des Jordan* 1,28; 11,1: Λάζαρος ἀπὸ Βηθανίας).[65]

Auffällig sind die doppelte Erwähnung der Hochzeit in V.1 und V.2 sowie der Mutter Jesu in V.1 und V.3.[66] Καὶ ἦν μήτηρ τοῦ Ἰησοῦ ἐκεῖ bereitet den ursprünglich überraschenden Auftritt der Mutter in V.5 (V.3b ist ebenfalls joh.) redaktionell vor und wirkt in V.1 verfrüht.[67] Ist die Erwähnung der Mutter Jesu vor dem Wundertäter literarkritisch als sekundär einzustufen, so entspricht dies auch formkritischen Beobachtungen, denen zufolge in Wundererzählungen bevorzugt der Wundertäter zuerst auftritt. Die Erwähnung der Mutter zielt auf ihre Rolle im Dialog mit Jesus (Vv.3–5), der in der vorliegenden Geschichte einen zentralen Abschnitt bildet. Diese Dialogpassage zeigt große Affinitäten mit dem Gesamtwerk und entspricht in vielerlei Hinsicht dem literarischen Schaffen des vierten Evangelisten, so daß der betonte Hinweis auf die Anwesenheit der Mutter Jesu zu Beginn des Kanawunders in dessen gestalterisches Handeln hineingehört. Dafür spricht auch der Genitiv Ἰησοῦ, der zur Vorstellung und Bezeichnung der Mutter verwendet wird; in einem separat tradierten Traditionsstück ist dieser Hinweis kaum ohne die

---

[62] Vgl. W. Lütgehetmann, Wundererzählung 29.36.301; Anfang 190f; mit je unterschiedlicher Intention und Interpretation z.B. auch H.P. Heekerens 72; F. Manns 299; F.J. Moloney, JE I, 77; B. Olsson, Structure 25.102ff; H. Riedl 282f.

[63] S.u. S. 180.

[64] Die biblisch-palästinische Landschaft kennt mehrere Orte des Namens ‚Kana'; daher ist der Genitiv durchaus eine notwendige Spezifizierung (vgl. *Euseb*, Onomasticon 116,4). Das in Joh 2 gemeinte Kana ist wohl mit der heutigen Ruinenstätte *chirbet qana* zu identifizieren (zum Ganzen s.a. R. Riesner mit Lit. und einer Beschreibung der Ruinenstätte; R.M. Mackowski).

[65] Vgl. R.T. Fortna, Predecessor 57.

[66] Anders U. Schnelle, Christologie 88.

[67] Zum Problem s.a. U. Busse/A. May 38.

vorherige Erwähnung Jesu selbst denkbar. Erst die Voranstellung der Mutter an prominenter Stelle macht diesen Genitiv notwendig, um die Gewichtung der in der Geschichte genannten Personen nicht zu Ungunsten des Wundertäters zu gestalten. Die Wendung μήτηρ τοῦ Ἰησοῦ läßt sich insofern als eine joh. Spracheigenheit verstehen.[68] Als weiteres Indiz für die gestalterische Hand des Evangelisten in 2,1 kann der nachklappende Charakter der Ortsangabe ἐκεῖ genannt werden, ist doch durch die unmittelbar vorweg genannte Ortsangabe die Lokalität der Hochzeit bereits festgestellt.[69]

Ist die Ortsangabe Κανὰ τῆς Γαλιλαίας redaktionell, so wird sie wahrscheinlich eine traditionelle Angabe ersetzt haben, da die Bemerkung 2,12a die Nennung eines Ausgangspunktes voraussetzt.[70] Vielleicht wurde die überlieferte Wundergeschichte ursprünglich durch ein schlichtes (καὶ) ἐγένετο ἐν Κανά eingeleitet und durch ἐκλήθη κτλ. in V.2 fortgesetzt. Damit formuliert der Evangelist auch hier seine Einleitung, indem er Stichworte seiner Tradition vorwegnimmt (die ‚Hochzeit‘, die ‚Mutter‘ Jesu). Dem Evangelisten ist dann auch die Verknüpfung von V.1 mit V.2 durch δὲ καί zuzurechnen. Auf sein Konto ist ebenfalls die Erwähnung der Jünger zu buchen, die im Handlungsverlauf der Tradition keine Funktion wahrnehmen, deren Glauben aber in dem vom Evangelisten formulierten Chorschluß V.11bβ ausdrücklich festgestellt wird. Auch im folgenden Erzählverlauf spielen ‚die Jünger‘ gerade in redaktionellen Kontexten eine wichtige Rolle. Dies spricht neben dem grammatikalisch möglichen Singular des Verbums für die redaktionelle Ergänzung der Jünger auch in 2,2.[71]

Schwierig gestaltet sich die Analyse von Vv.3–5, doch lassen sich einige Eckdaten erkennen, die in der Überlieferung erzählt worden sein müssen. Für das berichtete Wunder ist eine Mangelsituation als Anlaß sehr wahrscheinlich; diese Mangelsituation entspricht der formgeschichtlich zu erwartenden *Notlage*. So wird in der überlieferten Geschichte zunächst ein Hinweis auf das Malheur vom Ausgehen des Weines gestanden haben. Für V.3a spricht, daß οἶνος nur in 2,1–11 sowie in 4,46 (in Abhängigkeit von 2,1ff) steht, sowie das Verb ὑστερεῖν, ein joh. *hapax legomenon*.[72]

Der *Genitivus absolutus* ist in V.3a sprachlich auffällig, aber kein eindeutiges sprachliches Indiz, da es sowohl im redaktionellen Text auffällig noch der einfacheren traditionel-

---

[68] Vgl. E. Ruckstuhl, Einheit 204; R.F. Collins, Cana 166.

[69] Daß dies Verfahren an 2,12b erinnert, stellt E. Schwartz 512 heraus.

[70] Vergleichbare Einleitungen finden sich Mk 1,9 (καὶ ἐγένετο ἐν ἐκείναις ταῖς ἡμέραις ἦλθεν Ἰησοῦς ...); Lk 2,1 u.ö.; ähnlich urteilen U. Busse/A. May 42.

[71] S.a. U. Busse/A. May 42; W. Lütgehetmann, Wundererzählung 319f; für die Ursprünglichkeit der Jünger plädieren z.B. J. Becker, JE I, 108. [3]129; R.T. Fortna, Gospel 30; U. Schnelle, Christologie 88; zur These einer redaktionellen Ergänzung der Brüder Jesu durch die Jünger s.o. S. 124 mit Anm. 6.

[72] Vgl. U. Schnelle, Christologie 89.

len Erzählung entspricht. Aussichtslos ist es zudem, mit Hilfe der Textkritik einen ursprünglicheren Text zu erweisen.[73]

Hinsichtlich der Frage, ob die Mutter zum ursprünglichen Bestand gehört, ist ihre Vorwegnennung in V.1 ein Indiz dafür, daß der Evangelist sie bereits in seiner Tradition erwähnt findet.[74] Hier stellt sie den Kontakt zwischen Diener und Wundertäter her. Ein wichtiges Kriterium ist das Vertrauen der Mutter von V.5, das mit ihrer Zurückweisung durch Jesus in Spannung steht.

Spricht sich in der „unabhängige(n) Selbstbestimmung Jesu" die Christologie der Semeia-Quelle aus[75] oder geht V.4 zusammen mit 2,23–25 auf einen Redaktor zurück, der den Passionszusammenhang als Grund des Glaubens auch für das Wunder zu unterstreichen sucht?[76] Beide Lösungen erklären m.E. die literarischen und inhaltlichen Übereinstimmungen dieses Verses mit dem vierten Evangelium nicht hinreichend. Daher ist V.4 in seiner gegenwärtigen Form als ein Produkt des Evangelisten zu beurteilen. Dafür spricht zunächst schon der *Dialogcharakter*, der der dramatischen Kompositionstechnik des vierten Evangelisten (vgl. z.B. 4,47–49; 6,5ff; 11,1ff) korrespondiert.[77] Die schroffe Abwehrformel τί ἐμοὶ καὶ σοί (in etwa zu übersetzen: ‚*Was habe ich mit dir zu tun?*') bildet einen Zusammenhang mit der distanzierten Anrede γύναι. Diese Bezeichnung der Mutter hat im JE eine Parallele in Joh 19,26 und sollte nicht dem vierten Evangelisten abgesprochen werden. Für die Zurückweisung von Verwandtschaftsverhältnissen zugunsten des Auftrags des Gesandten kann auch auf Joh 7,3ff (vgl. bes. V.6!) verwiesen werden.[78] Als Begründung für die Zurückweisung der Mutter dient der Hinweis auf die noch nicht gekommene Stunde, deren Zusammenhang mit der Theologie des vierten Evangeliums bereits nachgezeichnet wurde.[79] Die drei Elemente von V.4 haben einen sich gegenseitig beanspruchenden und interpretierenden Charakter

---

[73] Die alternative Lesart οἶνον οὐκ εἶχον ὅτι συνετελέσθη ὁ οἶνος τοῦ γάμου· εἶτα in ℵ* sowie syr^hmg und den altlateinischen Handschriften a und j (mit kleineren Abweichungen auch b ff² und r¹; diese in NA²⁷ gegenüber NA²⁶ ergänzt) sind „eine erklärende Glosse" (so schon H.J. Holtzmann/W. Bauer, JE 72), die ohne einen textkritischen Wert ist: z.B. auch G.R. Beasley-Murray, JE 32; E. Haenchen, JE 188; B. Olsson, Structure 33f; W. Wilkens, Entstehungsgeschichte 39 Anm. 132; anders aber R. Bultmann, JE 80 Anm. 6; R.T. Fortna, Gospel 30f; H.-P. Heekerens 65f; M.-J. Lagrange, JE 55.

[74] Anders H.-P. Heekerens 68f; J.P. Meier 938f; W. Schmithals, Johannesevangelium 327; E. Schwartz 512; W. Wilkens, Zeichen 31 Anm. 8, die die Erwähnung der Mutter Jesu gänzlich aus der Überlieferung streichen. M.-É. Boismard/A. Lamouille, JE 101, plädieren für eine sekundäre Einfügung der Mutter Jesu erst durch Jean IIB.

[75] J. Becker, JE I, ¹107f. ³127f (Zitat: aaO. ¹107. ³128).

[76] W. Lütgehetmann, Wundererzählung 239ff. 329ff.

[77] S.a. R.F. Collins, Cana 161.

[78] Vgl. R.T. Fortna, Gospel 31. Anders R.H. Williams 689f: die Frage wird eingebettet in den Widerstreit zwischen dem reziproken Netzwerk der Familie und der Beauftragung Jesu durch Gott (1,29.32–34), einer angesichts der Präexistenzvorstellung zumindest schwierigen Deutung von 2,4b.

[79] S.o. S. 128.

und werden damit aus einer Überarbeitungsstufe stammen.[80] Die Zurückweisung der Mutter Jesu in V.4 wird durch ihren Hinweis auf die Mangelsituation
des zur Neige gegangenen Weines in V.3b vorbereitet. Der Hinweis auf das
Fehlen des Weines ist im Kontext der Erzählung keine bloße „Feststellung",[81]
sondern stellt eine *implizite Bitte*[82] um Abwendung der Not dar; dies belegt
der Fortgang der Erzählung. Worauf sich dieses Zutrauen der Mutter stützt,
wird nicht berichtet, und es ist schwerlich zu erraten, ob ein Füllen dieser erzählerischen Lücke vom Leser erwartet wird.[83] Bereitet die Bitte ihre christologisch motivierte Zurückweisung einerseits und das Geschehen des Wunders
andererseits vor, so sind diese Funktionen eine hinreichende Begründung für
die Bitte im Text des Evangelisten.

V.3b erwähnt in inhaltlicher Analogie zu V.3a erneut die Notlage und daher eine problematische Doppelung. Dieser Vers ist gut als Übergangsformulierung des Evangelisten zur Jesusrede in V.4 zu verstehen. Wie in Joh 4,49
nimmt der Evangelist den Stoff seiner Tradition auf, um seine Einfügung mit
dem Kontext zu verbinden. So lassen sich V.3b–4 literarisch gut als eine sekundäre Einfügung ausmachen, die einen älteren Zusammenhang zwischen
Notlage und der Anweisung der Diener durch die Mutter aufgebrochen hat.[84]

Vergleichen wir die entstandene Erzählstruktur aus bittender Hinwendung
zum Wundertäter (V.3b), die Zurückweisung des irdisch-menschlichen Anliegens mit Hinweis auf die Stunde als Signal der unabhängigen Souveränität des
Wundertäters (V.4) und die schließliche Entsprechung der Bitte (V.7ff) nach
fortgesetztem Vertrauen der bittenden Person (V.5) mit anderen Texten des
JE, so wird durch sie die Interpretation von V.4 als Einfügung durch den
Evangelisten bestätigt. Nicht allein der dialogische Charakter, sondern die gesamte Struktur von V.3b–5 nähert den Aufbau des Weinwunders dem anderer
joh. Texte an. Das folgende Grundschema läßt sich herausfiltern: ,Bitte – Zurückweisung – (Fortdauer des Vertrauens –) Erfüllung der Bitte'. Dieses
Schema kann als ein wichtiges literarisches Stilmittel des vierten Evangelisten

---

[80] Z.B. E. Schweizer, Heilung, 407 Anm. 5; M. Dibelius, Formgeschichte 98; R. Pesch,
Weinwunder 223; U. Schnelle, Christologie 89; ähnlich W. Nicol 30, der auch γύναι
dem Evangelisten zuschlägt.

[81] G. Theißen, Wundergeschichten 65.

[82] Vgl. z.B. E. Haenchen, JE 188; A. Link, Botschafterinnen 251; B. Olsson, Structure 35;
J. Painter, Messiah 190; H. Riedl 132; A. Smitmans, Exegese 78; N. Walter, Johannes
2,1–11, 69; A. Wikenhauser, JE 73; dagegen G. Theißen/A. Merz 267 Anm. 18.

[83] Wenn z.B. L. Morris, JE 158, das Geschehen der lk. Geburtsgeschichten angespielt findet, so entspricht dies der biographisch harmonistischen Forschung, nicht aber der Information der Textwelt des vierten Evangeliums.

[84] S.a. z.B. R.T. Fortna, Gospel 30–32, allerdings mit geringfügig anderer Rekonstruktion
(E. Haenchen, JE 194; A. Link, Botschafterinnen 251; und Fortna bevorzugen λέγει ἡ
μήτηρ τοῦ Ἰησοῦ [V.3bα] statt ἡ μήτηρ αὐτοῦ [V.5aα]); R.F. Collins, Cana 166f u.ö.
Lediglich V.4 hält U.C. von Wahlde, Version 75, für eine Einfügung in sein rekonstru-
iertes Grundevangelium.

betrachtet werden.[85] Es dient ihm insbesondere zur Aufnahme traditioneller Wundergeschichten und ist neben dem Weinwunder noch in der Heilung des Sohnes des Königlichen und der Auferweckung des Lazarus belegt.

	Joh 2,1–11	Joh 4,46–54	Joh 11,1–44[86]	Joh 7,2–14[87]
Bitte	V.3b	V.47	V.3	V.3f
Zurückweisung	V.4	V.48	V.6	V.6 (vgl. überhaupt V.5–7)
Fortdauer des Vertrauens	V.5	V.49	V.21.32[88]	—
Erfüllung der Bitte	V.7–8	V.50	V.43f	~ V.10

Lassen sich V.3b–4 als vom Evangelisten gestaltete Arbeit verstehen, so ergibt sich daraus, daß die alte Erzählung nach der Feststellung des Mangels in V.3a mit der Anweisung der Mutter in V.5 fortgesetzt worden sein wird.

Es wird in der Forschung weithin angenommen, daß die Erwähnung der Steinkrüge in V.6aα und ihre Beschreibung in V.6b durch eine erklärende *Einfügung des Evangelisten* (,*für die Reinigung der Juden*'; V.6aβ) unterbrochen ist.[89] Dies wird beispielsweise durch eine Störung im Satzbau angezeigt, die das Partizip κείμεναι von ἦσαν bzw. dem Subjekt, den Steinkrügen, abtrennt. Auch das typisierende ,die Juden' weist auf die Hand des Evangelisten. Auffällig ist auch das relativ große Volumen der Steinkrüge.[90] Die geschilderten sechs Krüge mit je zwei oder drei Metren ergeben etwa 480 bis 720 Li-

---

[85] Vgl. hierzu vor allem C.H. Giblin, Suggestion *passim*; er selbst nennt aaO. 197 Anm. 1–4, Vorgänger für seine Beobachtungen; vgl. jetzt z.B. auch B.J. Malina/R.L. Rohrbaugh, JE 68; J.P. Meier 939–941; F.J. Moloney, Mary 423; J. Painter, Quest Stories *passim*; Quest 163ff. 267ff. 367ff; M.W.G. Stibbe, Tomb 40.

[86] Die Erzählung der Auferweckung des Lazarus variiert das Schema (s.a. C.H. Giblin, Suggestion 200); die Zurückweisung findet nicht in einem direkten Sprechakt Jesu, sondern allein durch sein weiteres Verweilen statt. Aber auch die Fortdauer des Vertrauens zeigt sich nur indirekt und orientiert sich am vergangenen Geschehen: Der Wundertäter hätte Lazarus heilen können, wenn er dagewesen wäre. Allerdings möchte ich diesen Einwurf nicht allein retrospektiv deuten; die Gesamtkomposition ist für ein Vertrauen offen, das durch die folgende Geschichte nicht enttäuscht werden wird.

[87] Trotz einiger Differenzen (hierzu z.B. R. Schnackenburg, Wunder 44f) überwiegen die Parallelen von 7,2ff, einem häufig der Hand des Evangelisten zugeschlagenen Text (z.B. R.T. Fortna, Gospel 196f), zu unserem Schema (s.a. C.H. Giblin, Suggestion 206–208).

[88] Zur Deutung der Hinweise auf die Wunderkraft des Wundertäters als implizite Vertrauensäußerungen oder Bitten s.u. S. 419.

[89] Z.B. J. Becker, JE I, [1]107. [3]128; R.F. Collins, Cana 161; R.T. Fortna, Gospel 32; J. Gnilka, JE 22; W. Lütgehetmann, Wundererzählung 321; W. Nicol 31; U. Schnelle, Christologie 90; H.M. Teeple, Origin 171; s.a. M.-É. Boismard/A. Lamouille, JE 101f; H.P. Heekerens 70f scheidet hingegen V.6 insgesamt aus; anders S. Schulz, JE 46; W. Schmithals, Johannesevangelium 326, die V.6 jeweils der Vorlage zuschreiben.

[90] Vgl. hierzu die Untersuchungen zur jüdischen Reinigungspraxis von Roland Deines: Auflistung und Darstellung der Funde jüdischer Steingefäße: 39ff; hinsichtlich des Volumens sind mit Joh 2,6 vor allem die großen Steinvasen zu vergleichen: 53–56 (abge-

ter Wein.[91] Die Volumenangabe prägt der Geschichte novellistische Züge auf, indem sie das Wunder um einzelne Erzählzüge erweitert und den Bericht steigert,[92] findet in der Demonstration des Wunders aber keine Aufnahme (V.10).[93] V.6b fügt somit dem Weinwandel ein weiteres steigerndes Motiv hinzu. Nicht nur Wein bester Qualität,[94] sondern zugleich Wein in verschwenderischem Maß wird zur Verfügung gestellt. Nichts spricht jedoch dagegen, daß die Erwähnung der Wasserkrüge zur Tradition gehörte. Dies ist durchaus stilgemäß und im Befehl ‚γεμίσατε‘, V.7, vorausgesetzt. Als relativ gesichert kann m.E. gelten, daß der Evangelist die Funktion der Steinkrüge erklärte. Diese Zweckangabe in V.6aβ läßt sich als Parenthese verstehen, die in einen ursprünglichen Zusammenhang eingefügt wurde. Damit ergibt sich, daß die Füllmenge der Krüge als zweite, steigernde Spitze möglicherweise bei der Verschriftlichung des Weinwunders in die vom Evangelisten benutzte Wundersammlung (→ 2.1) eingefügt wurde. Im Gefolge der Verschriftlichung ist diese zweite Spitze eher als im mündlichen Medium zu erwarten. Bleibt also nur die Erwähnung der sechs Krüge als ursprünglicher Bestand der ältesten erreichbaren Tradition erhalten, dann ist die Trennung zwischen der Erwähnung der Diener bei der Anrede durch die Mutter Jesu und die Szene der nicht mehr ausdrücklich genannten Diener mit Jesus geringfügig; eine Wiederholung der διάκονοι in V.7 als Ansprechpartner Jesu ist also entbehrlich, was im vorliegenden Text jedoch als Härte erscheint.

Weitgehend unverändert ist der Erzählzusammenhang in Vv.7–10 bewahrt worden.[95] Lediglich in V.9 läßt sich eine Einfügung des Evangelisten erkennen, die leicht zu isolieren ist: καὶ οὐκ ᾔδει πόθεν ἐστίν, οἱ δὲ διάκονοι ᾔδει-

---

bildete Beispiele: 23 Abb. 1, 54 Abb. 9a/b, 57 Abb. 10, 76 Abb. 18a/b, 80 Abb. 22, 82 Abb. 24a, 84 Abb. 25, 132 Abb. 31). Deines, der anerkennt, daß sich 2,6 auf ein „inzwischen vergangenes“ Milieu beziehen müßte (248), zieht aus dieser Übereinstimmung mit den archäologischen Funden weitreichende Schlüsse, indem er den Verfasser des JE als „jüdischen Palästiner“ beschreibt, dessen Jesusgeschichte die „jüdische Wirklichkeit seiner eigenen und (!) der Zeit Jesu“ voraussetzt“ (247; s.a. J.C. Thomas, Fourth Gospel 182). Seine Diskussion der möglichen rituellen Reinigungsbestimmungen im Hintergrund von Joh 2,6, ergibt, daß es um Wasser zur Reinigung der Hände geht: 263ff.

[91]   Da ein Metron rund 40 Liter faßt (vgl. z.B. J. Becker, JE I, [1]109. [3]131; auch A. Strobel 1165; H.J. Holtzmann/W. Bauer, JE 72), ergeben sechs Krüge mit je zwei oder drei Metren also etwa 480 bis 720 Liter Wein.

[92]   Nach J. Becker, JE I, [1]109. [3]131, ist diese große Menge als ein Hinweis auf die Größe des Wunders zu verstehen (s.a. E. Haenchen, JE 189).

[93]   S.a. N. Walter, Auslegung 97; Johannes 2,1–11, 70.

[94]   Die Qualität des Weines wird indirekt, vermittels der Weinregel konstatiert; hält sich der Gastgeber an die Regel, so hat er zu Beginn des Festes guten Wein zur Verfügung gestellt; aber der Wein aus dem Wasser übertrifft nunmehr die Qualität des ersten. Für direkte Qualitätsaussagen über den Wein vgl. JosAs 15,14: hier bietet Aseneth dem Engelfürsten Wein an, „alt und schön, dessen sein Duft wird gehen bis zum Himmel“ (Übers.: C. Burchard, in: JSHRZ II/4, 678f).

[95]   Vgl. z.B. U. Schnelle, Christologie 90.

σαν οἱ ἠντληκότες τὸ ὕδωρ.[96] Dies wird durch das doppelte ἀρχιτρί-κλινος am Anfang und am Ende von V.9 deutlich; letzteres dürfte der Evangelist eingefügt haben, um den Erzählfaden, den er selbst durchtrennt hat, wieder aufzunehmen. In der Parenthese, die der literarischen Technik des Evangelisten entspricht,[97] nimmt dieser die Vokabeln seiner Tradition auf (διάκονοι [V.5], ἀντλέω [V.8]). Der Arbeit des Evangelisten entspricht schließlich auch das Spiel mit *Nichtwissen und Wissen* (vgl. Joh 8,14; 6,6; s.a. 9,29; zu πόθεν ἐστίν vgl. 7,27f; 8,14; 9,29f; 19,9, besonders 4,11).[98]
V.10 wird in der Tradition ursprünglich auf V.8f* gefolgt sein.

Neben der pauschalen Kritik von Mathias Rissi, der die Weinregel für eine sekundäre Bildung hält,[99] ist mit beachtlichen formgeschichtlichen Argumenten nach dem Vorgang von Charles Harold Dodd[100] besonders von Barnabas Lindars[101] und von Raymond F. Collins[102] in Vv.9f ein Bildwort rekonstruiert worden. Dieses sei erst sekundär mit dem Wunder verbunden worden. Hierauf weise vor allem die angebliche Bruchstelle zwischen V.8 und 9, wo der Architriklinos unvorbereitet als neue Person eingeführt werde.[103] Das Bildwort entspräche den Reich-Gottes-Bildworten Mk 2,22parr und Lk 5,39. Schwierig ist aber, daß diesen Worten, auch der Parallele in EvThom 47,[104] das Stichwort ‚neu' (νέος) gemeinsam ist; Joh 2,10 spricht stattdessen vom guten Wein (καλὸς οἶνος). Der relative Zeitbegriff ἕως ἄρτι kann zwar das Anbrechen eines Zeitalters beschreiben;[105] doch läge dann im Bildwort ein singulärer Tadel vor, daß das Gottesreich erst jetzt kommt, nicht aber die Aussage der scheinbaren Parallelen über die Macht des anbrechenden, mit dem Alten

---

[96] Ähnlich optieren U. Busse/A. May 44; s.a. J. Becker, JE I, [1]107. [3]128; R. Bultmann, JE 82 Anm. 9; A. Faure 110 Anm. 2; B. Kollmann, Jesus 279 Anm. 28; W. Lütgehetmann, Anfang 190; W. Nicol 31; U. Schnelle, Christologie 90; F. Spitta 69; W. Wilkens, Entstehungsgeschichte 40; (anders ders., Zeichen 31f: E fügt auch τὸ ὕδωρ οἶνον γεγενημένον an); R.T. Fortna, Gospel 33; dagegen W. Schmithals, Johannesevangelium 326; H. Wöllner 22.
A. Link, Botschafterinnen 252, differenziert, den Spuren Georg Richters folgend, die Einfügung nochmals: V.9b: καὶ οὐκ ᾔδει πόθεν ἐστίν stamme vom Evangelisten, um auf die himmlische Abkunft Jesu zu deuten, 9c: οἱ δὲ διάκονοι ᾔδεισαν οἱ ἠντληκότες τὸ ὕδωρ vom Redaktor.

[97] Formale Parallelen werden bei U. Schnelle, Christologie 90, genannt.

[98] Diese Belege begegnen schon bei K.L. Schmidt, Charakter 41; vgl. R.T. Fortna, Gospel 33; R. Schnackenburg, Wunder 28f; J.P. Meier 944; s.a. B. Olsson, Structure 59.

[99] M. Rissi 78.

[100] C.H. Dodd, Tradition 227. Schon C.H. Weisse, Geschichte II, 200–203, versuchte das Weinwunder als Umgestaltung einer ursprünglichen Parabel Jesu zu erklären.

[101] B. Lindars, Parables 9ff; leicht variiert ders., JE 126.

[102] R.F. Collins, Cana 163f.

[103] B. Lindars, Parables 11; R.F. Collins, Cana 165.

[104] Vgl. hierzu z.B. F. Hahn, Bildworte 365–367; als Übereinstimmung mit den synoptischen Texten ist der „Gedanke der Unverträglichkeit und Unvereinbarkeit des Alten und Neuen" ausgemacht. „Für den Gnostiker geht es dabei um die radikale Antithese von göttlichem Selbst und Welt" (aaO. 366). S.a. M. Fieger, EvThom 150: „Betont wird ... das Entweder – Oder, wobei vom ersten Teil des Log(ions; Vf.) her auch das Moment der Ausschließlichkeit hinzukommt."

[105] So fragt etwa auch D.M. Smith, Theology 25: „Or does the statement really refer to the revelation of God in history, which like the good wine has been kept until last?"; s.a. aaO. 109.

unvereinbaren Gottesreiches. Außerdem sind einerseits die in Joh 2,9f genannten Personen fest mit der Tradition und ihrem erzählerischen Rahmen, dem Hochzeitsfest, verbunden, und andererseits kann V.8 nicht den Abschluß eines Wunders gebildet haben, da die Konstatierung desselben fehlt.[106] So läßt sich der ansprechende Gedanke einer aus einem ursprünglichen Jesuswort oder Jesusgleichnis erwachsenen Wundergeschichte aufgrund des vorliegenden Textes nicht hinreichend absichern, da die terminologische und inhaltliche Differenz zu den bekannten Reich-Gottes-Sprüchen und Reich-Gottes-Gleichnissen Jesu zu groß sind. Weiterhin ist die Konvergenz von V.10 mit dem erzählerischen Gefüge beachtlich.

Bereits im Zuge der narrativen Untersuchung fiel auf, daß die in V.11 genannten Glaubenden, die Jünger, nur im Rahmen und nicht im Korpus der Wundererzählung eine Rolle spielten; dies zeigt an, daß Kommentar und Erzählung nicht auf einer literarhistorischen Ebene zu verstehen sind. Dafür, daß V.11 insgesamt zu der vom Evangelisten gestalteten Umrahmung der Wundergeschichte zählt,[107] sprechen die joh. Sprachmerkmale wie das vorangestellte ταῦτα oder die Wendungen ποιεῖν σημεῖα[108] sowie πιστεύειν εἰς.[109] Auch die Charakteristik der Lokalangabe durch den Genitiv τῆς Γαλιλαίας spricht für die Formung durch den vierten Evangelisten.[110] Wird das Wunder in V.11 als Doxa-Offenbarung gedeutet, so nimmt dies den Gedanken von 1,14 auf, daß dem Inkarnierten eine sichtbare Doxa (ἐθεασάμεθα τὴν δόξαν αὐτοῦ) eigen war.[111] Auch die Wunderzählung selbst, die oft als Signal für traditionelles Material in diesem Vers angesehen wird,[112] möchte ich als ein redaktionelles Stilelement des vierten Evangelisten werten, mit dem er das erste und zweite Wunder, das er jeweils in Kana lokalisiert, verknüpft. Deshalb kann gelten: „Verse 11 is thus an integral part of the Gospel as a whole and constitutes a special link between the Cana narrative and a Johannine context."[113]

---

[106] R.F. Collins, Cana 164, nimmt deshalb an, daß der ursprüngliche Abschluß durch das Bildwort ersetzt worden sei.

[107] Vgl. U. Schnelle, Christologie 91; J. Painter, Messiah 186; s.a. J.P. Meier 945–947. Anders J. Becker, JE [1]107: Der redaktionelle, vom Vf. der SQ stammende V.11 gibt „präzise die Theologie der SQ" wieder (die dritte Auflage streicht die Wertung „präzise": aaO. [3]128); R. Kysar, JE 47; H. Wöllner 22ff; nach R.T. Fortna, Predecessor 51, stammt V.11 außer der Ortsangabe und der Aussage von der Offenbarung der Doxa vom Verfasser des Zeichenevangeliums; ähnlich H.M. Teeple, Origin 172, der den Hinweis auf die Doxaoffenbarung allein dem Evangelisten zuschreibt. Der Hinweis auf das Tun der Zeichen gibt Jesus als den Messias zu erkennen (mit Hinweis auf Kap. 1) und dient damit dem missionarischen Interesse des Zeichenevangeliums.

[108] Vgl. mit Belegen U. Schnelle, Christologie 91. 165.

[109] Vgl. E. Ruckstuhl, Einheit 204; ders./P. Dschulnigg 301; anders R.T. Fortna, Gospel 37.

[110] S.o. S. 135.

[111] Vgl. zu dieser Relation auch F.J. Moloney, JE I, 12; s.a. W. Nicol 122; P.P.A. Kotzé 55; anders H. Riedl 247.

[112] Z.B. R. Schnackenburg, Traditionsgeschichte 63; s.a. R.F. Collins, Cana 164; B. Lindars, Parables 13; S. Schulz, JE 47; W. Nicol 31: V.11a.c gehören zur Wunderquelle, V.11b entsprechenden dem Stil des Evangelisten.

[113] B. Olsson, Structure 63.

Erkennbar ist in der Überlieferung eine klar gegliederte Wundergeschich-te,[114] der allerdings eine Reaktion fehlt: Der typischen Funktion der Expositi-on (Vv.1–3a) entspricht es, wenn Ort (,Kana'; V.1), Person(en) (,,Jesus'; V.2) und Situation (,Hochzeit'; V.2) inklusive Notlage (kein Wein mehr; V.3a)[115] genannt werden. Das Kommen des Wundertäters wird nur indirekt durch ἐκλήθη referiert; eine beim Wunder anwesende Volksmenge wird nicht er-wähnt. Die zu der Hochzeit eingeladenen Gäste, die für das Ausgehen des Weines verantwortlich sind, spielen in der Erzählung keine Rolle. Für das Weinwunder ist die Bestimmung des Festes als Hochzeit[116] entscheidend, da γάμος ein Fest ist, mit dem der Weingenuß essentiell verbunden ist.[117]

Somit werden weder biographische noch christologische Deutungsansätze[118] dem Hoch-zeitsmotiv im Kontext des Weinwunders gerecht. Ein Auffüllen der erzählerischen Lücken, des Nicht-Geschriebenen, durch den Rezipienten (Hörer oder Leser), das zum Verstehen des eigentlich vom Text Intendierten führt,[119] ist in diesem Zusammenhang vom Erzähler wenigstens insofern nicht erkennbar intendiert, als dadurch die Konzentration auf den Täter (im ersten Teil) und das Wunder (im zweiten Teil) gestört würde.[120]

Als *Vorbereitung* des Wunders fungiert die Rede der Mutter Jesu.[121] Eben-falls zu diesem Abschnitt kann die Bereitstellung von Gegenständen gerechnet werden, deren sich der Wundertäter in der Durchführung bedient (,sechs stei-

---

[114] S.a. H. Riedl 138 aufgrund einer formkritisch-synchronen Analyse. Anderslautende Ver-suche formaler Klassifizierung suchen entweder dem dialogischen Mittelteil (J. Painter, Quest 22f; Messiah 188. 209: quest story) oder den symbolträchtigen Begriffen und Bil-dern der Erzählung gerecht zu werden; für letzteres vgl. M. Rissi 79f: ,,Gleichnishand-lung"; H.J. Holtzmann/W. Bauer, JE 74: Allegorie. Eine allegorische Ausdeutung der Einzelheiten der Erzählung ergibt sich aber nicht ungezwungen. Vielmehr lassen sich, wie im folgenden gezeigt werden kann, die Gliederungselemente und die formalen Merk-male einer Wundergeschichte freilegen. Der älteste Kommentar zu der Wundergeschich-te, 2,11, spricht zudem von einer Wunder*handlung* (ἐποίησεν); dies ist zu beachten, auch wenn der Begriff ,Semeion' in Bezug auf das Wunder an tieferes, christologisches Verstehen des Erzählten appelliert.

[115] Anders als es G. Theißen, Wundergeschichten 62, gelten lassen will, liegt eine Mangel-situation vor, die der Wundertäter zu beheben hat; s.a. H. Riedl 132. Zur Beschreibung der Not als ,,serious loss of honour" B.J. Malina/R.L. Rohrbaugh, JE 66.70.

[116] Zur Hochzeit vgl. B.J. Malina/R.L. Rohrbaugh, JE 70f.

[117] S.a. U. Wilckens, JE 55. Vgl. z.B. JosAs 21,8; hier folgt dem Mahl (δεῖπνον) das Trinkgelage (πότον; vgl. C. Burchard, in: JSHRZ II/4, 697 Anm. b zu V.8); weitere Be-lege bei Bill I, 516.[25,1]. Auch bei der Hochzeit im Rahmen der römischen Götterver-sammlung, *Apuleius*, Metamorphoses VI 24,1f (Ende von *Amor und Psyche*), folgt dem Hochzeitmahl das Trinkgelage; hier wird zwar Nektar gereicht, der aber ausdrücklich als ,Wein der Götter' der Leserschaft vorgestellt wird: ,,Dann schenkte der Becher voll des Nektars – das ist der Götterwein – *(tunc poculum nectaris, quod vinum deorum est)* dem Juppiter sein Mundschenk, jener ländliche Knabe, den übrigen aber Bacchus".

[118] So W. Lütgehetmann, Wundererzählung 308: ,,christologische Deute-Chiffre".

[119] Zu diesem Phänomen vgl. W. Iser 33; s.a. die Darstellung bei J. Frey, Leser 271f.

[120] Vgl. z.B. M.W.G. Stibbe, JE 44: ,,the narrator wishes to highlight the sign performed by Jesus, and that all other material is incidental".

[121] Vgl. z.B. R. Bultmann, JE 80; J. Becker, JE I, [1]108. [3]129f.

nerne Wasserkrüge'; V.6a). Ihre Erwähnung schließt die szenische Vorbereitung des Wunders[122] ab. Die *Durchführung* wird durch die Aufforderung des
Wundertäters an die Diener, die Krüge zu füllen, ausgestaltet.[123] Das eigentliche Wunder jedoch, das zwischen dem Füllen der Krüge und dem Schöpfen
des Wassers bzw. des Weines liegt, wird mit keinem Wort erwähnt. Man hat
dies durch die Analogielosigkeit von Geschenkwundern zu erklären gesucht,[124] doch ist zumindest interessant, daß diese verhüllende Erzählart ir-
disch-innerweltliche Mittel in seinem Wirken vom Wundertäter fernhält. Auch
ein das Wunder steigerndes Element kann in diesem Motiv gesehen werden,[125]
das keinen direkten Kontakt zwischen Wundertäter und verwandelnder Substanz benennt. In diese Linie gehört es auch, daß die *Demonstration* ungewöhnlich indirekt erzählt wird. Seit der zweiten Anweisung Jesu an die Diener, in der er sie zum Schöpfen und Überbringen des hineingefüllten Wassers
auffordert, kann die Leserin/der Leser ahnen, daß etwas Ungewöhnliches vorgegangen ist. Doch erst das Probieren des Geschöpften spricht die Wandlung
aus (V.9). Die eigentliche Spitze erreicht die Erzählung erst in V.10, wo die
außergewöhnliche Qualität des erzeugten Weines gelobt wird; damit jedoch
wird auch der Wundertäter herausgestellt, so daß man diesen Abschnitt vielleicht gattungsgemäß als *Reaktion* fassen könnte. Ein vertrautes Motiv der
Wundergeschichten ist die Unwissenheit der Zeugen, die sich daran zeigt, daß
der Architriklinos den Bräutigam und nicht den Wundertäter für den nun angebotenen Wein verantwortlich macht. Daß dieser Wein besser ist als der zuvor ausgeschenkte, wird mit Hilfe der sogenannten ,*Weinregel*' nicht ohne
Humor[126] festgestellt, die die Demonstration abschließt.[127]

Aufgrund der allgemein gehaltenen Formulierung πᾶς ἄνθρωπος könnte vermutet wer-
den, hier sei eine allgemein bekannte Regel des täglichen Lebens oder ein verbreitetes
Sprichwort rezipiert worden.[128] Allerdings gibt es nur wenige antike Vergleichstexte; seit
Johann Jakob Wettsteins Parallelensammlung in seinem *Novum Testamentum graecae* sind
drei antike Belege bekannt und diskutiert: *Martial* I 25,9.10; *Plinius*, HistNat XIV 13,91;
Cassius Iatrosophistes 48.[129] Doch bilden diese Texte keine direkten Parallelen zu der joh.

---

[122] Vgl. hierzu G. Theißen, Wundergeschichten 70f.

[123] Vgl. K.L. Schmidt, Charakter 35; anders H. Riedl 135.

[124] G. Theißen, Wundergeschichten 111–113; s.a. J. Gnilka, JE 23.

[125] So N. Walter, Johannes 2,1–11, 70, der sogar von einer „Fernverwandlung" spricht

[126] Vgl. etwa R. Kysar, JE 46: „a tiny joke John offers his readers"; s.a. M.W.G. Stibbe, JE
47; N. Walter, Johannes 2,1–11, 70. Ein Beispiel dramatischer Ironie findet hier P.D.
Duke 83f; in Auseinandersetzung mit Duke weist M.S. Collins 105f auf die Bedeutung
der ,sozialen Situation' für die Ironie im Schlußteil hin. Nicht auf die öffentliche Ehre,
die ironischerweise dem Bräutigam zuteil wird, sondern auf die Erkenntnis von Jesu
Identität im Licht von Joh 1,1–18 zielt der Schluß der Wundererzählung.

[127] Vgl. J.P. Meier 1013 Anm. 205 (zu S. 935), der neben der Feststellung des Wunders
auch das Motiv einer indirekten Akklamation betont.

[128] R.F. Collins, Sayings 137.

[129] J.J. Wettstein 847.

Überlieferung.[130] Diesen Texten zufolge bieten lediglich betrügerische Gastwirte oder schlechte Gastgeber ihren betrunkenen Gästen Wein geringer(er) Qualität an. Für die Erklärung des joh. Logions beachtenswert ist der Hinweis von Martin Hengel, „the pronouncement of the *architriklinos* ... originates from a folk-milieu which cannot definitely be determined in terms of literary form";[131] da diese Erwägung wahrscheinlich zutrifft, muß das (derzeitige) Fehlen antiker Parallelen zur joh. Weinregel nicht überraschen.

Der Vergleich mit den antiken Belegen läßt nach dem gegenwärtigen Erkenntnisstand zwei Schlüsse zu. Entweder ist das JE im Sinne von Hengel das einzige Zeugnis für eine volkstümliche Weinregel oder sie ist eine spontane Bildung im Interesse der Erzählung;[132] vermittels der Weinregel wird der gewandelte Wein im Kontrast zum Festwein mit außergewöhnlicher Qualität ausgezeichnet.

Abgesehen von diesem implizit auf den Wundertäter gehenden Lob der Qualität des Weines und dem redaktionellen V. 11, fehlt eine unmittelbare *Reaktion* auf das Wunder. Es kann gefragt werden, ob dies bereits für die zugrundeliegende Tradition vorauszusetzen ist oder ob die Redaktion der Wunderquelle (→ 2.1) oder gar erst der Evangelist einen ursprünglichen Chorschluß weggebrochen haben.[133] Wahrscheinlich ist die Pointe V. 10, die durch jegliche Ergänzung nur abgemildert wird,[134] als formal ungewöhnlicher, aber erzählerisch ursprünglicher Abschluß zu werten.

Fassen wir zusammen, so fällt der individuelle, d.h. erzählerisch und formkritisch singuläre Charakter des Endes dieser Wundergeschichte auf. Man kann mit Hermann Strathmann die „schemenhafte Unanschaulichkeit, ja Unwirklichkeit" der Erzählung betonen, in der der Wundertäter selbst stillschweigend verschwindet.[135] Bedacht werden muß diese Eigenart auch bei der Frage nach dem Verhältnis dieser Erzählung zur Geschichte des joh. Kreises.

---

[130] Vgl. H. Windisch, Weinregel 251ff. Windisch, aaO. 253ff, selbst weist noch auf *Ps.-Theopomp* (FGrH II 115). In diesem bei Theodorus Metochita († 1132) überlieferten Fragment gleicht das politische Verhalten der von Wirtinnen, die den trunkeneren Gästen minderwertigeren Wein vorsetzen. Ähnliches wird dem Komödiendichter Theopompus bei *Plutarch*, Lysander 13,8–9, zugeschrieben (Diese Texte diskutiert auch H. Lausberg, J 2,10–11, 116f). Das offensichtliche Fehlverhalten wäre im joh. Text zu einer allgemeinen Lebensregel verallgemeinert; diese Interpretation ist aber nicht unproblematisch. Andererseits gibt es weitere Belege für das täuschende Ausschenken des Weines; *Dion Chrysostomos* setzt als häufigen Brauch voraus, daß in schönen Krügen verdorbener Wein kredenzt wird: Or 49,11.

[131] M. Hengel, Interpretation 88 Anm. 21.

[132] Vgl. z.B. W. Bauer, JE 45; G. Lohfink 173; J.P. Meier 949; A. Wikenhauser, JE 75; s.a. A. Smitmans, Exegese 79.

[133] Letzteres betont N. Walter, Johannes 2,1–11, 70f, der darin die kritische Aneignung des Wunders durch den Evangelisten vorgenommen findet.

[134] Vgl. R. Bultmann, JE 82; s.a. J. Becker, JE I, ¹110. ³131; B. Kollmann, Jesus 279; W. Lütgehetmann, Wundererzählung 320; K.L. Schmidt, Charakter 35.

[135] H. Strathmann, JE 59.

2.2.2 Die Suche nach religionsgeschichtlichen Parallelen als Frage nach dem theologiegeschichtlichen Ort des Weinwunders in der johanneischen Christologie

Für die *religionsgeschichtliche Frage* ist entscheidend, wie man die Arbeit „Christus und Dionysos" des früh verstorbenen Naumburger Dozenten für Neues Testament Heinz Noetzel bewertet.[136]

Diese Studie markiert eine Art Wendepunkt in der Beurteilung der Frage nach dem religionsgeschichtlichen Hintergrund des Weinwunders im vierten Evangelium. Zuvor hatte vor allem Rudolf Bultmann mit Rückgriff auch auf Wilhelm Bousset die Annahme einer Erklärung des Wandels von Wasser zu Wein auf der Basis einer Dionysos-Legende etabliert.[137] Bultmann denkt dabei an eine direkte Aufnahme einer paganen Dionysos-Legende.[138] Diesen Vorschlag unterzog Noetzel einer grundsätzlichen Kritik, weil er nicht erklärt findet, warum gerade die Epiphanie des Dionysos rezipiert worden sein soll.[139] Diese wäre an die Ekstase der Anhänger gebunden, ein Element, das nicht in Joh 2,1ff aufgewiesen werden kann.[140] Noetzel erstellt einen Katalog der Kritikpunkte, die an dieser Stelle nicht alle aufgeführt und kritisch gewürdigt werden können. Noetzel selbst weist auf einen anderen Primärhintergrund des Weinwunders, den er in dem atl.-jüdischen Denken findet. Wenn er aber als Hauptkritikpunkt bestreitet, daß im Dionysos-Kult der Wandel von Wasser in Wein erzählt wird,[141] so ist einerseits zu fragen, ob der von Noetzel favorisierte Motivbereich alle Aspekte des Weinwunders erklärt, andererseits ob die von ihm gegebene Deutung hinsichtlich des Fehlens des Wandlungsmotivs so zutrifft.

In einer Reihe von Beiträgen zu Joh 2 werden die erzählerischen Motive des Weinwunders aus der atl.-jüdischen und der ntl. Tradition abgeleitet.[142] Hingewiesen wird auf Texte, in denen die Heilszeit mit *Hochzeits*terminologie beschrieben (z.B. Jes 54,4–8; 64,4f) und durch Weinfülle gekennzeichnet wird (Am 9,13f; Hos 2,24; 14,7; Jl 3,18; Sach 8,12; äthHen 10,19; syrBar 29,5; Sib 3,622.745 u.a.m.).[143] Im NT sind vor allem die Hochzeitsfreude angesichts der

---

[136] H. Noetzel *passim.*
[137] R. Bultmann, JE 83 (Anm. 3 nennt weitere Vorarbeiten); W. Bousset, Kyrios 62. C. Clemen 267, verfolgt die Wurzeln dieser Annahme zurück bis C.F. Dupuis, bestreitet selbst aber diesen Zusammenhang.
[138] R. Bultmann, JE 83: „aus heidnischer Legende übernommen und auf Jesus übertragen"; s.a. M. Dibelius, Formgeschichte 98f; jetzt noch C.K. Barrett, JE 212.
[139] H. Noetzel 23.
[140] H. Noetzel 24.
[141] H. Noetzel 27.
[142] Z.B. R. Schnackenburg, Wunder 18f; JE I, 341f (gegen dionysischen Einfluß: aaO. 344); J. Blank, JE 1a, 192ff; M.-É. Boismard/A. Lamouille, JE 103f; M. Hengel, Interpretation 100ff; M.-J. Lagrange, JE 62; A. Mayer 171; J. Rissi 79f; J. Schneider, JE 83; vgl. auch J. Jeremias, Jesus 28f; O. Michel, Anfang 151; ihm folgend O. Betz 418f.
[143] Bill IV/2, 951–953 listet eine Reihe rabbinischer Texte auf, die die Vorstellung einer phantastischen Weinfülle in der Zeit des Messias belegen. Diese idealisierte Darstellung der Natur findet ihre Parallele in der berühmten vierten Ekloge des *Vergil*; in der *gens aurea* werden „Dornsträucher auch, wildwuchernd, rötliche Weintrauben tragen" (*incultisque rubens pendebit sentibus uva*; *Vergil*, Ecl IV,29 [Übers.: D. Ebener 35]).

kommenden Gottesbasileia (z.B. Mk 2,19parr; vgl. Mt 11,19par) wie auch die zukünftige Heilszeit, die mit einer Hochzeit verglichen werden kann, zu nennen (Mt 22,1–14; Mt 25,10; s.a. Apk 19,9[144]). Jesus wird dabei als Bräutigam abgebildet (Mk 2,19 parr; Mt 25,1.5.6.10 [auf den kommenden Christus bezogen]; Joh 3,29). Die Endzeit entspricht der paradiesischen Urzeit, indem die in diese Zeit projizierte idealisierte Naturvorstellung auch auf die Endzeit ausgedehnt wird. Keine der in diesem Zusammenhang genannten Parallelen vermag jedoch das Verwandlungsmotiv von Joh 2 zu erklären, vielmehr erwarten die genannten Belege eine idealisierte Fruchtbarkeit der Natur.[145]

Als einem beachtenswerten Vergleichskomplex ist zunächst auf die atl. Verwandlungswunder einzugehen. Eine formale Parallele bietet die priesterschriftliche Plagenerzählung Ex 7,19–22* (hier V.19.20).[146] Als Legitimation und zur Durchsetzung der Forderung Moses und Aarons wird das gesamte Wasser Ägyptens in Blut verwandelt. Als Differenzen zu Joh 2 sind aber sowohl der erzählerische Rahmen wie auch das Verstockungsmotiv und die verwandelte Substanz zu begreifen; die Verbindung zwischen beiden Geschichten besteht allein im Verwandlungsmotiv. Eine weitergehende Parallele ist trotz des Hinweises auf die Steingefäße (Ex 7,19LXX) nicht zu verifizieren. Ähnliches ist zu den anderen Verwandlungstexten auszusagen: Ex 15,23–25 und 2Kön 2,19–22; noch weniger trägt die Erzählung Ex 17,4–6 par Num 20,6–13 aus.[147]
Der Gegensatz Wasser – Wein findet sich auch in Texten des jüdischen Alexandriners *Philo*. In der allegorischen Auslegung von Gen 14,18 gibt Melchisedek, der den priesterlichen Logos repräsentiert, ἀντὶ ὕδατος οἶνον (All III 82).[148] Auch in der Schrift *Quod deus sit immutabilis* 158 stehen einander Wasser als das der Zisterne (λάκκος) entnommene Getränk und die reinen Rauschgetränke (τὰς ἀκράτους μεθύσματος πόσεις), eine Parallele zum Wein, als Gabe Gottes durch ihn selbst oder einen Engel als Mundschenk gegenüber: Wer die himmlischen Gaben genießt, hat keinerlei Interesse mehr an den irdischen Wasserspendern (schon aaO. 155).[149] Auch interpretiert Philo den alles durchwaltenden und erfüllenden Logos als den Mund(-/Wein‘)-Schenk (ὁ οἰνοχόος) Gottes (Somn II 249). Zuvor hatte Philo bereits in der Auslegung des Traumes des Mundschenks des Pharaos, Gen 40,9–11, zwei Mundschenke unterschieden: Den göttlichen setzt er mit dem Hohenpriester gleich (aaO. 183); er ist der Empfänger der göttlichen χάριτες als προπόσεις,

---

Eigenwillig ist die Interpretation von R. Aus 7–24, Joh 2,1–11 auf „Judaic haggadic traditions concerning Esther 1:1–8" zurückführt (Zitat: 24).

[144] J.P. Meier 943 erinnert an den Zusammenhang der Apk mit joh. Theologie, einen Kontext der joh. Tradition (hierzu so. S. 10ff). Allerdings kann schwerlich zwischen Joh 2,1ff und dem Hochzeitsmahl des Lammes, also des gekreuzigten und auferstandenen Jesus in der Vision des Sehers, eine direkte Verbindung hergestellt werden. Der Jesus des Weinwunders ist nicht, wie gelegentlich behauptet (z.B. Meier 944), mit dem Bräutigam in Joh 2,9f gleichzusetzen (zur Kritik s.a. oben S. 133 mit Anm. 54 [Lit.]); daher ist es eher die Tradition vom großen Gastmahl, die auf Apk 19,9 einwirkt (Mt 22,1ff; Mk 14,25; vgl. z.B. H. Ritt, Apk 96; J. Roloff, Apk 181, der auch die atl. Wurzeln benennt; s.a. E. Lohse, Apk 100 mit 35; auf die synoptische Tradition, Lk 14,15, weist auch die Seligpreisung selbst: Ritt, ebd; Roloff, aaO. 182)

[145] Vgl. I. Broer 108.

[146] Z.B. O. Betz 416; T.F. Glasson 26; M. Hengel, Interpretation 107; A. Schlatter, JE 70.

[147] Als Vorbild des Weinwunders schon von D.F. Strauß, Leben II, 233ff genannt.

[148] Zu dieser Stelle s.a. P. Balla 25f; C.K. Barrett, JE 212.

[149] Zu den Gaben Gottes, beispielsweise der Weisheit als göttlichem Rauschgetränk, s.a. *Philo*, Fug 166; vgl. C.H. Dodd, Interpretation 298f.

gießt aber seinerseits den Rauschtrank aus, indem er sich selbst im Trankopfer darbringt. Von ihm sagt Philo: „Die eine Art des Weinstocks, die der Frohsinn sich erwählt hat, und der aus ihr entstehende Trank, die unvermischte Wohlberatenheit, und der Mundschenk, der aus dem göttlichen Mischkrug schöpfte (ὁ ἀρυσάμενος οἰνοχόος ἐκ τοῦ θείου κρατῆρος), den Gott selbst bis zum Rande mit Tugenden füllte (ὃν αὐτὸς ὁ θεὸς ἀρετῶν πεπλήρωκεν ἐπὶ χείλη), die ist nun erklärt" (aaO. 190).[150] Diese Texte haben Parallelen in der Darstellung der Weisheit als der Gastgeberin, die die Unverständigen einlädt: Ἔλθατε φάγετε τῶν ἐμῶν ἄρτων καὶ πίετε οἶνον, ὃν ἐκέρασα ὑμῖν· (Spr 9,5).[151] Brot und Wein, das Bild vom großen Mahl (vgl. schon 9,2), stehen für die sich selbst vermittelnde Weisheit (vgl. Sir 24,21; in Sir 15,3 werden Brot und Wasser genannt).

Die philonischen Texte interpretieren die Gabe Gottes als Wein oder als Rauschgetränk, um ihre Qualität und Besonderheit zu loben und vom Irdischen, für das das Wasser oder die Zisterne steht, abzuheben. Eine Verwandlung von Wasser in Wein wird aber nicht berichtet. Auch die bildhafte Darlegung des Handelns des Logos hat motivliche Anklänge an Joh 2,1ff, insofern es um die Gabe des Weines anstelle von Wasser geht. Die Berührungen zu *Philo*, Somn II 190, gehen zwar bis in die Erzählebene hinein;[152] aber es verbleiben sprachliche, inhaltliche und erzählerische Differenzen, insbesondere das Fehlen des Verwandlungsmotivs, so daß weder eine direkte noch indirekte Vermittlung anzunehmen ist. Anders ist es möglicherweise, wenn beide Darstellungen ihrerseits auf verbreitete Bilder und Vorstellungen, z.B. aus dem Dionysoskult, zurückgehen.[153]

Atl.-jüdischen Texte stellen Motive und Endzeiterwartungen bereit, die mit Themen der joh. Wundergeschichte konvergieren: die Hochzeit, der Wein bzw. die überreiche Weingabe; eine formale Parallele zum Wandlungswunder von Joh 2 ist in diesen Texten jedoch nicht wirklich zu erweisen.

Sachlich-formale Parallelen zur Behebung des Mangels vermittels eines Wunders sind allerdings nicht selten; so ist das sogenannte ‚Füllhorn'-Motiv in Sagen und Märchen überaus beliebt.[154] Auch Verwandlungen sind ein beliebtes und variables Motiv in volkstümlichen Erzählungen und stellen insofern Erzählanalogien für die übernatürliche Abwendung des Mangels und die Verwandlung eines Ausgangsstoffes in einen anderen bereit.

Auch dieser Hinweis mag nicht völlig befriedigen, gibt es doch neben dem genannten Vergleichsmaterial noch einen weiteren Erzählbereich, in dem die wunderbare Bereitstellung von Wein von elementarer Bedeutung ist. Erklärt zudem der alttestamentlich-jüdische Hintergrund nicht die spezielle narrative Form von Joh 2,1ff, so bleibt der dionysische Erzählstoff trotz der Kritik beachtenswert, ohne daß die direkte Übernahme einer paganen Dionysoslegende

---

[150] Übers.: M. Adler, in: Cohn u.a., Werke VI, S. 256.

[151] Hierauf verweist z.B. B. Witherington, III, JE 76.

[152] Zu vergleichen ist vor allem das Schöpfen des göttlichen Trankes und das Füllen des Mischkruges bis zum Rand; auffällig ist bei aller Nähe die Differenz im Vokabular (zum Schöpfen: ἀρύω versus ἀντλέω [Joh 2,8]; zum Füllen πεπλήρωκεν ἐπὶ χείλη versus ἐγέμισαν ἕως ἄνω [Joh 2,7]).

[153] Zur möglichen Kenntnis des Dionysoskultes bei Philo vgl. z.B. C. Riedweg 100f. S.a. C.K. Barrett, JE 212 zu Philo All III 82.

[154] Vgl. z.B. die unter dem Sigel D 1472 („Food and drink from magic object") S. Thompson gesammelten Hinweise in ‚Motiv-Index'; für die ntl. Umwelt vgl. die Belege bei M. Hengel, Interpretation 106.

zwingend ist. Daher wurde in der neueren Forschung wiederum auf die Erzählungen über Dionysos zurückgegriffen.[155] Ohne die Textbelege, die durch antike Ikonographie und Artefakte erweitert werden können, hier ausbreiten zu können, möchte ich eine Reihe von Punkten nennen, an denen das Weinwunder von den dionysischen Erzählungen her illustriert werden kann.[156]

1. Der Wein ist im antiken Denken ursächlich mit Dionysos verbunden; jener ist die Gabe, dieser der Geber, Erfinder bzw. Schöpfer und Spender (Beispiele aus unterschiedlichen Epochen: *Euripides*, Bacchen 651.772; *Platon*, Leges II 672a [τῆς τοῦ Διονύσου δωρεᾶς].672b; *Theopompos*, FGrH 276; *Diodorus Siculus* III 63,1–3; *Arrianos*, Ind 7,5; *Alkaios* 96D 3f; *Plutarch* De Iside et Osiride 35 u.a.m.).[157] Der Wein steht für das Anwesend-Sein des Dionysos (s. Punkt 6), Dionysos metonymisch für Wein (z.B. *Achilleus Tatios*, IV 18,5; VIII 4,2),[158] so daß die Nennung des Weines Assoziationen an die weitverbreitete dionysische Erzähl- und Motivwelt freisetzt.

2. Dionysos ist in der Antike als eine mächtige, Wunder vollbringende Gottheit bekannt (vgl. die Auflistung der „in der Römerzeit … bekanntesten Dionysosmythen"[159] bei *Properz*, III 17,21–28; berühmt ist besonders die Überwindung der tyrrhenischen Seeräuber: *Homerische Hymnen* 7; s.a. *Euripides*, Bacchen 615ff).

---

[155] Z.B. I. Broer, Ableitung *passim*, W. Lütgehetmann, Wundererzählung 277f; J. Beutler, Johannes-Evangelium 651ff; J. Becker, JE I, ¹110f. ³132; R.T. Fortna, Predecessor 52; K. Grayston, JE 29; B. Lindars, JE 127; H. Riedl 279f; N. Walter, Auslegung 97 mit Anm. 28 (S. 105); S. Schulz, JE 45; S. van Tilborg 96ff; G. Voigt, JE 51.
    J.P. Meier 1021f Anm. 255 (zu S. 949) weist diese Überlegungen pauschal zurück. Die verhandelten Belege stammen nicht aus der Zeit vor dem 2.Jh. n.Chr., und der Nachweis der Wandlung von Wasser in Wein sei nicht gelungen. Doch ist zum Alter der Texte anzumerken, daß in ihnen durchaus älterer Stoff aufgenommen wird. Zu den Motiven vgl. die folgende Darstellung.
[156] Dionysoskult und Dionysosmysterien sind im Verlauf der Geschichte und an unterschiedlichen Orten Veränderungen unterworfen worden; vgl. z.B. A. Henrichs, Identities 151ff; R. Merkelbach, Hirten 15; R. Schlesier 657.
    Zu Entstehung und Entwicklung der Dionysosverehrung vgl. die Darstellungen z.B. bei W. Burkert, Religion 251ff. 339ff. 432ff; H. Köster, Einführung 185ff; M. Eliade 243ff; Henrichs, aaO. *passim* (Reflexion der für den Dionysoskult besonders wichtigen Rolle der Geschlechter); K. Kerényi, Dionysos *passim*; M.P. Nilsson, Dionysiac Mysteries *passim*; kurz G. Haufe 106–110; Schlesier *passim*. Die folgende Darlegung sucht das Material im Blick auf die Motive ‚Wein in Fülle', die ‚Gabe des Weines', dionysische ‚Wunder', ‚Wasser' und ‚Wein' bzw. den Wandel von Wasser in Wein und seine ‚theologischen' Implikationen in den Blick; dieser Blickwinkel mag zu Verkürzungen führen, ist aber im Kontext dieser Arbeit unumgänglich.
[157] Vgl. z.B. A. Henrichs, Gaben 141f mit ausführlichem Nachweis: seit *Hesiod* gilt der Wein als δῶρα Διονύσου, seit *Prodikos* Dionysos als εὑρετὴς οἴνου; s.a. H.-J. Klauck, Umwelt I, 97; R. Merkelbach, Hirten 109; J. Wiesner 3263; W. Burkert, Mysterien 69.
[158] Vgl. K. Plepelitz 243 N° 129; s.a. A. Henrichs, Identities 139; R. Schlesier 653.
[159] R. Merkelbach, Hirten 40.

3. Dionysos selbst (*Pausanias*, VI 26,1f,[160] und *Theopompos* 277 [FGrH II 115 = *Athenaios* I 34a] für Elis: eine *creatio vini ex nihilo*; *Achilleus Tatios* II 2,2–6; *Silius Italicus* VII 186–194[161]) oder seine Anhänger, z.T. durch Ekstase mit ihm verbunden, bringen übernatürlich Wein hervor (z.B. *Euripides*, Bacchen 704–710; *Ovid*, Metamorphosen XIII, 650–654; *Philostratus*, Imagines I 14,3: der Gott nimmt Wein aus einer Quelle; *Philostratus*, Vita Appollonii III 15; *Horaz*, Carmina II 19,9–12).

4. Der gespendete Wein wird oftmals mit dem Wasser vorbehaltenen Vokabeln bezeichnet; es wird von Wein-*Quellen*, Wein-*Flüssen* etc. gesprochen (vgl. z.B. *Philostratus*, Imagines I 25: ein Bild stellt einen andriotischen Weinfluß dar; *Euripides*, Bacchen 142ff [ῥεῖν von Milch, Wein, Nektar]; *Lukian*, Verae Historiae I 7 [ποταμός];[162] *Philostratus*, Vita Appolonii III 15 [πηγαί]). Dies weist auf die Menge und damit auf die Freigebigkeit der Gottheit, die Qualität aber ist unvergleichbar (vgl. *Achilleus Tatios* II 2,5).

5. Einige Belege legen eine direkte Verwandlung von Wasser in Wein nahe, die rituell an einem dionysischen Festtag in Tempeln dieser Gottheit vollzogen wurde.[163] Hierzu sind zunächst noch immer die klassischen Belege zu nennen, die sich in der ‚*Naturgeschichte*' des *Plinius senior* finden; sie beschreiben ein Dionysosfest auf der Kykladeninsel Andros, das Theodosia genannt wird, dessen Kenntnis sich dem Bericht des syrischen Statthalters *Licinius Mucianus* verdankt:[164]

> *Nat. hist. II, 231*: „Mucianus, der dreimal Consul war, glaubt, daß auf der Insel Andros, im Tempel des ‚Vater Liber'[165], immer am fünften Januar eine Quelle mit Weingeschmack fließt; der Tag hieß Θεοδοσία."
> *AaO. XXXI, 16*: „Mucianus [sagt, daß] auf Andros aus der Quelle des Vaters Liber an den festgesetzten sieben Tagen dieses Gottes Wein fließt; wenn er weggetragen wird aus der Sicht des Tempels, geht der Geschmack in Wasser über".

Verschiedentlich wurde diesen Belegen der Charakter einer Verwandlung von Wasser in Wein abgesprochen, da die Wandlung nicht direkt ausgesagt wäre.[166] Allerdings ist deutlich von Quellen (*fontes*) gesprochen, aus denen Wein austritt; dieses Hervorquellen wird als Fließen (*fluere*) mit dem Wasser verglichen, und schließlich gibt die Wandlung des Geschmacks von Wein in Wasser

---

[160] Der bekannte Text ist in *Antike Wundertexte* Nr. 18 leicht zugänglich abgedruckt.
[161] Zu den beiden letztgenannten Texten s.u. S. 152–154.
[162] Für I. Broer, Ableitung 118f, ein Weinwandlungswunder; allerdings stammt der Wein von Weinstöcken, denen der Fluß entspringt; hierfür zeichnet Dionysos verantwortlich.
[163] Vgl. hierzu und zum folgenden I. Broer, Ableitung 114–120; W. Bousset, Kyrios 270f; R. Merkelbach, Hirten 109ff; M.P. Nilsson, Feste 291–294 (zu den Dionysosfesten in Elis und in Teos; zu Andros: aaO. 277f).
[164] Zu diesem R. Merkelbach, Hirten 109 Anm. 55.
[165] *Liber*, ursprünglich ein Wachstumsgott, wurde bereits frühzeitig an Dionysos angeglichen (vgl. z.B. W. Eisenhut 620), auf den hier angespielt ist.
[166] Neben H. Noetzel 28; s.a. z.B. E. Linnemann 410; W. Lütgehetmann, Wundererzählung 269f; zur Kritik vgl. I. Broer, Ableitung 115f.

beim Verlassen des Tempels (*si auferatur e conspectu templi, sapore in aquam transeunte*) nur dann einen Sinn, wenn der Wein zuvor als aus einer Wasserquelle entnommen und verwandelt gedacht wurde.

Aber wohl auch der schon genannte Text *Philostratus*, Imagines I 14, sowie *Theocritus* VII 154f,[167] *Plutarch*, Lysander XXVIII 4,[168] und *Nonnus*, Dionysica XIV 412; XVI 253,[169] können die Vorstellung von der Wandlung des Wassers in Wein spiegeln.[170] Möglich ist, daß eine dem Weinfest in Andros vergleichbare Weinquelle *Diodorus Siculus* sich auch für die westkleinasiatische Hafenstadt Teos vor unsere Augen stellt (III 66,2);[171] doch formuliert der Text derart verkürzt, daß schwer zu entscheiden ist, an welche Linie der dionysischen Weinerzählungen dieser Bericht anknüpft. Selbst wenn bei einzelnen dieser Texte das Verwandlungsmotiv bestritten werden kann, bleibt der Hinweis auf Punkt 4, demzufolge der gewandelte Wein hinsichtlich seiner Fülle mit Wasser verglichen ist.[172]

6. Der Wein, dessen Qualität oft gepriesen wird (z.B. *Diodorus Siculus* III 66,2; *Lukian*, Verae Historiae I 7; *Achilleus Tatios* II 2,4f; *Plutarch*, Lysander XXVIII 4), kann in einer unbestimmten, gelegentlich auch genau bestimmten Zahl von Gefäßen bereit gestellt werden (*Silius Italicus* VII 186ff; *Pausanias*, VI 26,1f [Elis])

7. Die übernatürliche Gabe von Wein und die Wandlung zu Wein sind Kennzeichen, die auf eine *aktuelle oder eine zurückliegende Epiphanie des Gottes*

---

[167] Hierzu s.a. R. Merkelbach, Hirten 110.

[168] Vgl. zu dieser Deutung H.G. Horn 9. Zwar bleibt der Text zurückhaltend und vergleicht lediglich die Farbe und den Geschmack mit dem Wein, doch läßt auch dieser zurückhaltende Erzählstil, der möglicherweise die Vorbehalte des Verfassers spiegelt, das an die Epiphanie des Gottes gebundene Verwandlungsmotiv erkennen, wie es Horn zu Recht voraussetzt.

[169] Vgl. die Nacherzählung bei R. Merkelbach, Hirten 38ff.

[170] Diese Vorstellung legt sich dort nahe, wo einer Quelle Wein entnommen wird; s.a. *Horaz*, Carm II 19,9–12. Dieses Motiv ist deshalb ambivalent, weil es auch an die Texte erinnert, in denen ekstatische Anhängerinnen der Gottheit dem Boden dionysische Güter entnehmen. Auch in solchen Texten wird vom ‚Fließen‘ und von ‚Quellen‘ gesprochen. Wenn von einer Quelle gesprochen wird, kann dies einerseits bedeuten, daß die Erde den Wein freigibt oder daß einer Wasserquelle Wein entnommen wird. Daß diese Entnahme ekstatisch stattfindet, ist nicht gegen den Vergleich mit Joh 2,1ff einzubringen, da unser Interesse auf das Wandlungsmotiv und die Weingabe konzentriert wurde. Das ekstatische Element im dionysischen Kult selbst im Verlauf seiner Geschichte zurückgetreten (z.B. G. Haufe 109), zudem bedingt die Übernahme eines Motivs nicht die Rezeption der gesamten Vorstellungswelt.

[171] Anders allerdings H. Noetzel 28.

[172] In dem einzigen Text, bei dem U. Schnelle, Christologie 92 Anm. 37, ein Verwandlungswunder erkennen mag, *Philostratus*, Vita Apollonii VI,10, wird dem Apollon die Macht zugeschrieben, die Kastalischen Quellen zu verwandeln und in Wein umzuwandeln; beachtet man das bipolare Verhältnis, in das bereits die Antike Apollon und Dionysos stellt, sowie den Kontext bei *Philostratus*, so kann m.E. diese Stelle als eine polemische Adaption dionysischer Motivik gewertet werden und unterstützt damit indirekt den zuvor entfalteten Befund.

weisen;[173] so wird bei *Lukian,* Verae Historiae I 7, ausdrücklich festgehalten,
daß ein Fluß, der statt Wasser Wein führte, auf die einstige Anwesenheit des
Dionysos schließen läßt: τὰ σημεῖα τῆς Διονύσου ἐπιδημίας; s.a. *Plutarch,*
Lysander XXVIII 4: Das einstige Baden des Dionysos in einem Fluß führt zur
besonderen weinartigen Gestalt des Wassers. Die kultische Begehung eines
Weinwunders ist analog als Vergegenwärtigung der Epiphanie des Dionysos
zu deuten.

8. Auch im dionysischen Erzählstoff begegnet der Semeia-Begriff. Er steht für
die Spuren, an denen die geschehene Epiphanie des Dionysos aufgezeigt wird
(neben *Lukian,* Verae Historiae I 7 [s.o.] auch *Diodor Siculus* III 66,3: welt-
weit habe Dionysos σημεῖα τῆς ἰδίας εὐεργεσίας ἅμα καὶ παρουσίας
hinterlassen).[174]

Interessant ist vor allem, daß in zwei Erzählungen über die Gabe des Weines an einen Sterblichen durch Dionysos auch mancherlei Berührungen mit
Joh 2,1–11 im Erzählschema feststellbar sind; zunächst den Beleg beim
stoischen Epiker *Silius Italicus,* VII 186–194:[175]

> Durch diesen Eifer des Alten ergriffen, läßt du, Iacchus (=Bacchus) es nicht zu, daß
> dein Getränk fehle. Plötzlich – wunderbar zu sagen – schäumten die Becher aus Bu-
> chenholz vom Saft des Weines, ein Lohn für die bescheidene Gastfreundschaft. Der
> wertlose Melkkübel strömte von rotem Wein, und ein Eichenstamm wurde ausge-
> höhlt und in einen Mischkrug <verwandelt, und> süßer Wein tropfte aus duftenden
> Trauben. „Wohlan nimm das Geschenk", sagte Bacchus, „das dir noch nicht bekannt
> ist, aber einst den Namen des Falerner Weinbauern sehr bekannt machen wird"; und
> es war nicht mehr verborgen, daß er ein Gott war.

Weiterhin ist der bekanntere Beleg aus dem Liebesroman *,Leucippe et
Clitophon'* von *Achilleus Tatios* (II 2,2–6) für den Vergleich mit Joh 2,1ff
aufzunehmen.[176]

> [3] Denn dort war ein gastfreundlicher Hirte – gleichwie die Athener von Icarius er-
> zählen, und dieser <Icarius> wurde dort der Urheber des Mythos, so daß er ein Atti-
> scher <Mythos> zu sein scheint' –.[177] Zu diesem Hirten kam Dionysos. Der aber
> setzte ihm vor, was die Erde und die Kraft der Ochsen[178] hervorbringen. Aber ihr
> Getränk war das gleiche, was auch der Ochse trinkt; denn es gab noch kein
> <Getränk> vom Weinstock. [4] Und Dionysos pries den Hirten für die Freundlichkeit

---

173 S.a. H.-J. Klauck, Umwelt I, 97.
174 Besonders von W. Lütgehetmann, Wundererzählung 226f, hervorgehoben. Vgl. auch die
Bezeichnung der Weinrebe als σύμβολον τῆς ἐπιφανείας des Weingottes Dionysos bei
Julianus, Orationes VII 221B.
175 Zu *Silius Italicus* vgl. A. Dihle 189f.
176 Zur Bedeutung für Joh 2,1ff vgl. M. Smith, Wine God 817.
177 Eine textkritisch schwierig zu bewertende und schwer verständliche Stelle. Die Übertragung schließt sich dem Übersetzungsvorschlag von E. Vilborg 40 an, die auf dem von
ihm bevorzugten Text beruht; vgl. auch die Übersetzung von K. Plepelitz 90 sowie seinen Kommentar 226f.
178 Vgl. J.N. O'Sullivan 243; anders die Übersetzung von K. Plepelitz 90: „...die Euter der
Kühe"; so auch M. Smith, Wine God 816.

und reichte ihm den Freundschaftsbecher dar. Das Getränk aber war Wein. Der
<Hirte>, nachdem er ihn getrunken hatte, geriet vor Freude in Verzückung[179] und
sprach zu dem Gott: „Woher hast du, mein Lieber, dieses purpurne Wasser? Wo hast
du solches süße Blut gefunden? Denn es ist nämlich nicht jenes <Wasser>, das auf
dem Erdboden fließt. [5] Denn jenes schreitet die Brust hinab und bereitet <nur>
eine leichte Freude, dieses aber erfreut <schon> vor dem Mund die Nase und, wenn
man es berührt, ist es kalt, ist es aber in den Magen hineingelaufen, so atmet es von
unten her das Feuer der Freude aus." Da sagte Dionysos: „Dies ist das Wasser der
Ernte, dies ist das Blut der Traube." [6] Der Gott führte den Hirten zum Weinstock,
nahm sogleich von den Trauben, drückte sie aus und wies auf den Weinstock. „Dies
ist," so sprach er, „das Wasser, dies aber die Quelle." So kam nun der Wein zu den
Menschen, wie die tyrrhenische Geschichte berichtet.

Zunächst sind die offenkundigen Differenzen zu thematisieren. Beide paganen antiken Texte beschreiben die erstmalige Gabe des Weines an einen Menschen. Es handelt sich in ihnen also um Ätiologien, die die Herkunft des kulti-
vierten Weines erklären; bei beiden Geschichten handelt es sich aber nicht um
eine Hochzeit als Rahmen der Weingabe.[180] Weitere Differenzen im Erzählrahmen ergeben sich durch die gastfreundliche Aufnahme des wandernden
Gottes und der Weingabe als Dank für die Gastfreundschaft. Letzteres impliziert auch ein ethisches Moment in der Erzählung, insofern die freudenreiche
Weingabe an das Wohlverhalten des Alten (*Silius Italicus*) bzw. des Bauern
(*Achilleus Tatios*) gebunden ist. So tritt Dionysos in beiden paganen Episoden
als Gast auf und hinterläßt, bei *Italicus* in verschwenderischer Weise Wein,
dessen Qualität der Hirte des tyrrhenischen Logos bei *Achilleus Tatios* ausdrücklich preist. Im Mythus des *Italicus* wird der Wein wunderbar in den Gefäßen des Alten hervorgebracht; auch wenn hier ausdrücklich kein Weinwandel erzählt wird, ist eine Nähe zum elischen Kult und zu den joh. Steinkrügen
nicht verkennbar. Der äußere Rahmen und der Ablauf erweisen sich bei beiden
paganen Geschichten als wandelbar. *Silius Italicus* fügt der Weingabe an den
Falerner Bauern einen weiteren Gedanken hinzu; anhand des fließenden Weines ist offenbar, daß Dionysos ein Gott ist.

Fassen wir zusammen: Der *Gott tritt als Gast auf*, er bemerkt das *Fehlen
(/den Mangel) des Weines*, seines Getränkes; aus Dank für die Gastfreundschaft *bringt er wundersam Wein hervor*; der Gott hinterläßt die Fähigkeit
zum *Weinanbau*. Letzteres Motiv fehlt in der Kana-Episode; für die ersten
Merkmale finden sich Entsprechungen. Berührungen gibt es auch mit Neben-

---

[179] Es sicher kein Zufall, daß hier das Verb βακχεύω verwendet wird, das außer für die
Feier des Bacchusfestes für die ekstatische Raserei beim Fest genutzt wird.
[180] So allerdings bei *Nonnos*, Dionysika XVI 253: sättigt hier der Gott das Flußwasser mit
Wein (s.a. aaO. XIV 412), um mit der Nymphe Nikaia Beischlaf zu haben, so wird dies
als Hochzeit konnotiert (vgl. explizit aaO. XVI 262. 266). Auch in dem bereits zitierten
Beleg bei der Hochzeit von Cupito und Psyche (*Apuleius*, Met VI 24,2; s.o. S. 143 Anm.
117) tritt Dionysos als *Pater Liber* auf und bedient die Hochzeitsgesellschaft, außer Juppiter, mit seinem Getränk, dem Wein; auch wenn es sich hier um den ‚Götterwein‘
(*vinum deorum*), den Nektar handelt, ist dieser Zug sicherlich nicht zufällig.

zügen wie der verschwenderischen Weise der Weindarbietung, die eine Analogie im Volumen der Kana-Geschichte hat, oder der Preis des Weines, der dem (indirekten) Preis der Qualität des Weines in 2,10 entspricht.

Will man den Vergleich fortführen, so wird gefragt werden müssen, welche Bedeutung das Kommen des Gottes Dionysos für die Menschen hat, die ihm begegnen. Schon Noetzel hat in der oben genannten Studie wohl etwas zu schematisch davon gesprochen, daß Strafe und Lohn, je nach dem Verhalten gegenüber der Gottheit, die Konsequenzen seiner Epiphanie sind.[181] Auf der positiven Seite dieses Schemas kann man mit den gebotenen Vorbehalten durchaus von einem *soteriologischen* Aspekt der Epiphanie des Dionysos sprechen:[182] Der sich in der Verwandlung von Wasser in Wein oder der *creatio vini ex nihilo* als der epiphane Gott zeigende Dionysos erweist sich in dieser Epiphanie denen, die sich seinem Anspruch entsprechend verhalten (z.B. in der ihm schuldigen kultischen Verehrung oder in der dem hellenischem Ethos entsprechenden Gastfreundschaft), als der sich ihnen heilsam Zuwendende. Dies geschieht in der symbolträchtigen Gabe des Weines, in der Fähigkeit zum Weinanbau oder in der Aufnahme in seinen Thiasos als Myste; letzteres gleichsam als Einladung zur dionysischen Freudenfeier auch im Jenseits.[183]

Das Kommen der Gottheit hat folglich in den dionysischen Mythen mit der Weingabe durchaus eine soteriologische Orientierung, die an ein ethisches Verhalten gebunden ist.[184] Zugleich ist eine Offenbarungsqualität im Mythos auszumachen, wenn die Weingabe zur Erkenntnis des gekommenen Gottes führt. Damit sind auch im religiösen Gehalt Parallelen zum jesuanischen Weinwunder von Kana auszumachen. Sucht man dessen soteriologische Abzweckung auszumachen, so kann einerseits dieser Gehalt durch die atl. Motive, die mit der Fülle des Weines verbunden sind, angedacht werden. Andererseits läßt sich an die joh. Lebenstheologie erinnern. Indem Jesus im Weinwunder epiphan wird, vermittelt er Gottes eschatologische Lebensgabe.

Ist eine Berührung der Überlieferung von Joh 2,1ff mit den dionysischen Göttermythen möglich? Als erster Hinweis mag die denkbare Beeinflussung

---

[181] H. Noetzel 25; wichtig zu diesem Thema jetzt Park McGinty, der das Thema des Widerstands von Sterblichen gegen die Gottheit und die von der Gottheit verhängten Strafen als ein besonderes Thema der Dionysosverehrung ausgemacht und untersucht hat (McGinty *passim*; Texte, Vergehen und Motive: 77f Anm. 1–19). In diesen Texten zeigt sich Dionysos als „a powerful bulwark of the Hellenic ethos" (aaO. 80).

[182] Vgl. auch H.G. Horn 13.

[183] Hierzu s.a. W. Burkert, Religion 436ff; A. Henrichs, Identities 160; M.P. Nilsson, Dionysiac Mysteries 116–131; R. Schlesier 656.

[184] So sieht beispielsweise auch der Athener in *Platon*s Leges die eigentliche Funktion der dionysischen Gabe des Weines nicht – wie das Gerede der Anderen (ὁ τῶν ἄλλων λόγος) besagt – gegeben, um Rache an den Menschen zu nehmen, sondern im Gegenteil dafür, daß die Seele Ehrgefühl und der Körper Gesundheit und Kraft erhalte (αἰδοῦς μὲν ψυχῆς κτήσεως ἕνεκα δεδόσθαι, σώματος δὲ ὑγιείας τε καὶ ἰσχύος; Leg II 672d).

durch diese Motivik auf *Philo* genannt werden. Weiterhin ist zu beachten, daß der Dionysoskult in der alten Welt geradezu „allgegenwärtig" war[185] und seine Einflüsse bis in den syro-palästinischen Raum sich hinein verfolgen lassen.[186] Damit ist die Beeinflussung geographisch wohl an jedem der Orte möglich, an denen die Entstehung des vierten Evangeliums oder seiner Tradition vermutet wird.[187] Eine Entscheidung kann folglich nur aufgrund der inhaltlichen Beobachtungen gefällt werden und wird deshalb m.E. mit einer Beeinflussung durch dionysische Mythen rechnen müssen. Damit ist natürlich keine direkte Übernahme eines Dionysos-Mythos impliziert, ebensowenig müssen wir an eine direkte Polemik gegen einen bestimmten Dionysoskult denken. Die dionysischen Mythen stellen Erzählgut und Erzählschemata zur Verfügung, deren sich der noch junge Christusglaube bedient und mit denen er seine religiösen Erfahrungen und sein theologisches Denken expliziert. Daß dabei nicht das gesamte religiöse Inventar der rezipierten Motivwelt aufgenommen wird, wi-

---

[185] W. Burkert, Mysterien 12.39; s.a. R. Schlesier 651.

[186] Die Einflußnahme läßt sich bereits mit dem Versuch der Installation des Kultes in Jerusalem durch *Antiochus IV. Epiphanes* in 2Makk 6,(4.)7 greifen (hierzu z.B. J.A. Goldstein, 2Makk 276; M. Hengel, Judentum 541.546–548). Vermutlich lassen sich die Thyrsosstäbe, 2Makk 10,7, beim Fest der Rückeroberung Jerusalems und der Wiedereinweihung des Tempels als Entlehnung aus dem Dionysoskult verstehen (vgl. W. Dommershausen, 1–2Makk, z.St.).
Für die weiteren Einzelnachweise verweise ich auf folgende Autoren: W. Bousset, Kyrios 274; Hengel, aaO. 474 Anm. 24; Interpretation; M. Smith, Wine God 820–824; s.a. R.A. Horsley, Archaeology 56 (Theater); ein Dionysosmosaik einer römischen Villa in Sepphoris-Diocaesarea datiert in das 3.Jh. n. Chr. (vgl. aaO. 64).
Die nabatäische Gottheit ‚Dūšarā' wird von griechischen Autoren mit Dionysos identifiziert (z.B. *Herodot* III 8,1; vgl. C. Colpe, Dusares 185; s.a. K. Kerényi, Dionysos 206; zurückhaltend R. Wenning/H. Merklein 110, die einerseits die mögliche Identifikation an Dionysos als Fruchtbarkeitsgottheit binden, andererseits betonen, daß hinter dem Bild der griechischen Gottheit „die nabatäischen Götter in der ihnen eigenen Funktionalität und Wirksamkeit" stehen). Der bei *Achilleus Tatios* überlieferte Dionysosmythos soll ausdrücklich aus der phönizischen Küstenstadt Tyrus stammen.
Bei griechischen und lateinischen Autoren wird zudem Jahwe mit Dionysos identifiziert; dabei handelt es sich jedoch um eine Außenbeschreibung, die mit Unwissen oder Mißverstehen gepaart ist. So findet sich bei *Plutarch* in den *Gastmahlgesprächen* der Versuch, Dionysos mit dem als ‚Adonis' (Mißverständnis aus Adonai) identifizierten Jahwe in eins zu setzen: *Plutarch*, QuaestConv 671c–672c; vgl. zu diesem Text die erläuternden Angaben in der Übersetzung von Hans-Josef Klauck (Moralphilosophische Schriften 231–233 Anm. 121–144); s.a. *Tacitus*, Historien V 5,5 und *Valerius Maximus* I 3,3 (vgl. hierzu H. Conzelmann, Heiden 101).

[187] Für den *kleinasiatischen Raum* sei auf das Material bei H.-J. Klauck, Herrenmahl 112 Anm. 140, verwiesen; weitere Beispiele sind in den von R. Merkelbach, Dionysosmysten, für Ephesus zitierten Texten zu finden. Zu *Ephesus* s.a. R.E. Oster, Art. Ephesus 548; Ephesus as a Religious Center 1673–1676: Die Dionysos-Verehrung ist sowohl in der Literatur, numismatisch, epigraphisch wie auch architektonisch belegt (s.a. M. Aurenhammer 267–269: Skulpturen); S. van Tilborg 95f.

derspricht der vorgeschlagenen Ableitung nicht, da dies phänomenologisch auch kaum zu erwarten wäre.[188]

Der Textbestand der Rekonstruktion hat bereits die Klassifizierung der joh Weinwandlungsüberlieferung als Wunder nahegelegt. Etwas zurückhaltender hingegen ließ die Analyse der formalen Struktur urteilen; hier mußte vielmehr der besondere formale Charakter unseres Traditionsstücks herausgestellt werden. Sucht man über die allgemeine *Gattungsbestimmung* ‚Wundergeschichte‘ hinaus zu einer näheren Qualifizierung der Tradition zu gelangen, so konkurrieren in der Literatur unterschiedliche Vorschläge.

Nicht wesentlich spezifischer als die Bezeichnung als Wundergeschichte ist der Begriff der *Jesusnovelle*.[189] Das Mißtrauen gegen das Weinwunder schwingt in der Bezeichnung als *Luxuswunder*[190] mit, insofern es das Ergebnis des Wunders als ‚Luxus‘ und damit zumindest in der älteren Exegese als ein Element der Verschwendung bezeichnet.[191] Neutraler ist die Bezeichnung als *Geschenkwunder*;[192] hier liegt die Betonung auf der reichen Gabe. Dem übernatürlichen Eingriff in die Natur trägt die Bewertung als *Naturwunder*[193], als *Verwandlungswunder*[194] und auch die als eschatologisches *Schöpfungswunder*[195] Rechnung. Der Vorschlag *Epiphaniewunder*[196] bewertet weniger die Art und Weise des Wunders selbst, vielmehr fragt er nach dem, was diese Geschichte hinsichtlich des Täters aussagen will, nämlich die Epiphanie des göttlichen Wundertäters, erkennbar an seinem die irdischen Grenzen sprengenden Handeln.

Halten wir uns an die religionsgeschichtlichen Analogien, so muß man wohl eher von einem *Epiphaniewunder* reden.

Fragen wir nun nach der *historischen Verankerung des behandelten Traditionsstückes in der frühchristlichen Theologiegeschichte*, so ist der besondere Charakter des Stückes zu beachten, das keine direkten Parallelen in der synoptischen Literatur hat und auch formale Eigenheiten aufweist.

Daher wurde verschiedentlich auf nahe formale und inhaltliche Entsprechungen zum Weinwunder in den Kindheitserzählungen Jesu hingewiesen (z.B. KThom; Ps-Matthäus)[197]: so insbesondere bei Barnabas Lindars und Rudolf Pesch.[198] In diesen Erzählun-

---

[188] Vgl. W. Lütgehetmann, Wundererzählung 268f.

[189] M. Dibelius, Formgeschichte 99.

[190] W. Bauer, JE 46; J. Grill, Untersuchungen II, 74; M. Hengel, Interpretation 105; E. Lohse, Miracles 49.

[191] Zu letzterem vgl. bes. W.M.L. de Wette, JE 37; ders./B. Bruckner, JE 52; s.a. D.F. Strauß, Leben II, 226f; G.H.C. MacGregor, JE 48.

[192] G. Theißen, Wundergeschichten 111ff; ders./A. Merz 267; s.a. K. Backhaus, Jüngerkreise 361; J. Becker, JE I, ¹106. ³126; J. Gnilka, JE 22; H.-P. Heekerens 68. 112; U.H.J. Körtner, Fischmotiv 25; J.P. Meier 934; F. Porsch, JE 31, H. Riedl 139; U. Schnelle, Christologie 93; R. Pesch, Weinwunder 220.

[193] J. Weiß/R. Knopf 619; R.F. Collins, Cana 159; H. van der Loos XI. 590; U.C. von Wahlde, Version 74; A. Weiser, Bibel 105; ähnlich schon J.P. Lange, JE 73: „Wunder der Beherrschung und Verklärung der Natur" (im Original gesperrt).

[194] R. Pesch, Wunder 74.

[195] H. Noetzel 48.

[196] R. Bultmann, JE 83.

[197] Jetzt leicht zugänglich in *Evangelia Infantiae Apocrypha* von Gerhard Schneider.

gen treten die Angehörigen Jesu, besonders die Mutter Jesu, hervor.[199] Eine das Wunder steigernde und an novellistischen Details interessierte Darstellungsweise ist ein weiteres Merkmal dieser Geschichten. Als Parallele fällt also die Rolle der Mutter Jesu in Joh 2,1ff auf; auch ist ein legendarischer Zug dem Weinwunder zu Kana nicht völlig abzusprechen. Doch daß in unserer Überlieferung der jugendliche Jesus gemeint sein könnte, ist nicht erkennbar; vielmehr wird er in der ältesten uns erkennbaren Stufe getrennt von seiner Mutter zum Hochzeitsfest eingeladen. Novellistische Ausmalungen der Erzählung vermißt der Leser ebenfalls, da vieles, auch biographisch Interessantes, wie das Verhältnis der Brautleute zu Jesu und seiner Mutter nicht reflektiert wird; ein Interesse, das aber im Kontext der Kindheitsevangelien zu erwarten ist. Immerhin wird man jedoch für die Entstehungszeit in die Epoche der Erzählweise der Kindheitsgeschichten greifen müssen, also nicht weit vor das Ende des 1.Jhs.

Anders als in den vorstehenden Überlegungen oder im Versuch von Knut Backhaus, in Joh 2,1ff das *„Dokument der Konversion"* zu sehen,[200] soll im folgenden der Ertrag des religionsgeschichtlichen Vergleichs eingeholt werden, um so den historischen Ort der Überlieferung zu verstehen. Zwei Aspekte erscheinen mir entscheidend: Die Wandlung des Weines entspricht (a) den Epitheta der Epiphanie des Dionysos, und (b) derjenige, dessen Epiphan-Werden dort festgestellt wird, ist ein geographisch ungebundener Gott.

Dies legt die Klassifizierung für das Weinwunder als *Epiphaniewunder* nahe und zwar so, daß die Epiphanie Jesu als θεός ausgesagt wird. Das Auftreten Jesu ist, wenn man die christologischen Implikationen der Übernahme des Erzählmaterials bedenkt, mit dem des Dionysos vergleichbar,[201] insofern Jesus als Gott *auftritt*, unvergleichbar jedoch, insofern nicht *ein* Gott neben anderen, sondern der Sohn *des* schlechthinnigen Gottes auftritt.

---

[198] B. Lindars, Parables 14f; JE 127; R. Pesch, Weinwunder *passim*; Wunder 75; s.a. C.H. Talbert, Worship 347 und R.E. Brown, Introduction 127f: „…this miracle story once belonged to a genre where Jesus performed miracles within his family circle even before his baptism." (aaO. 128). Brown spricht daher von einer „family-circle or boyhood christology".

[199] Vgl. z.B. O. Cullmann, Kindheitsevangelium 332; P. Vielhauer, Geschichte 666; als Thema ist hier allerdings besonders der Fragenkreis der Jungfräulichkeit Mariens zu beachten; vgl. G. Schneider, Einleitung 16.

[200] „Joh 2,1–11 hebt auf die Verwandlung der Täuferbewegung in das Novum Christianum ab." Zitate K. Backhaus, Praeparatio 208. 210. Zu seiner Interpretation von Joh 2,1ff vgl. ders., Jüngerkreise 358–365; Praeparatio 206–213. Backhaus legt eine geschlossene Gesamtinterpretation vor, die den Zusammenhang von Tradition und historischer Vorgeschichte des joh. Kreises bedenkt. Sie kann hier, obgleich sie es aufgrund ihrer Geschlossenheit verdient, nicht adäquat diskutiert werden. Daher nur wenige kritische Bemerkungen. Schwierig ist, daß Backhaus Joh 2,1ff schon auf der Ebene der Tradition als Einheit interpretiert (vgl. z.B. das literarische Problem von V.6aβ) und in seiner Argumentation Texte aus dem Kontext des Evangeliums voraussetzt, deren ursprünglicher Zusammenhang mit der Tradition des Weinwunders wahrscheinlich zurückhaltender zu beurteilen ist, als es bei Backhaus geschieht. Zudem ist das religionsgeschichtliche *a priori* der Ableitung aus Judentum bzw. Täufertum gegenüber dionysischen Motiven m.E. eine Engführung.

[201] Mit E. Linnemann 415, beinhaltet gegen H. Noetzel der Bezug auf dionysische Epiphaniewunder keine Identifikation von Christus mit Dionysos.

Wenn Dionysos als Sprach- oder als Bildmodell für eine Jesusgeschichte verwendet wird, so wird einer der Götter herangezogen, der an verschiedenen Orten ungebunden als Mensch auftrat und dabei in Relation zum religiösen Verhalten der ihm begegnenden Menschen Lebensfülle vermitteln konnte.[202] Probeweise soll daher gefragt werden, ob der historische Haftpunkt des Weinwunders in der joh. Gruppe zu suchen ist, deren christologische Vorstellungen im 1Joh bekämpft und die in der Forschung oft als *doketisch* bezeichnet wurde.

Zeigen doketische Christologien durchaus ein Interesse am Wunderwirken des über die Erde schreitenden Christus,[203] so kann die Frage gestellt werden, ob in einem Bereich des joh. Kreises, der durch hellenistisches Denken geprägt wurde, das Gott-Sein Jesu, das in seinen Wundertaten sichtbar war, zu einer Frage nach der Gottheit Jesu in seinem irdischen Wirken konkretisiert und zugespitzt wurde. Solche wunderwirkenden Götter, Halbgötter oder vergöttlichten Menschen sind in der ntl. Umwelt ein frequent geglaubtes Phänomen.[204] Schon das joh. Theologumenon der Präexistenz des Christus, das den Logos-Hymnus Joh 1,1–18* und die joh. Sendungsformeln (Joh 3,17; 1Joh 4,9; s.a. V.10.14) strukturiert, die zum Kern joh. Überlieferung gerechnet werden können, stellt die Frage nach dem Verhältnis von Mensch und Gott und spricht damit das Problem der Inkarnation an. Gerade die gesteigerte Wundertradition, die der Überlieferung des vierten Evangeliums eigen ist und sich wohl einer ebenso massiven Herrlichkeitschristologie verdankt, mußte eine Lösung dieser Fragestellung notwendig machen. Vielleicht ist also gerade hier eine Wurzel der joh. Gruppe zu entdecken, deren Christologie sich zu einer christologischen Vorstellung entwickelte, die aus späteren Quellen als doketisch bekannt ist.

Betrachten wir das angesprochene Problem im Licht von Joh 2,1ff und seinem religionsgeschichtlichen Hintergrund. Wurde die dionysische Epiphaniemotivik rezipiert, so konnte das Gott-Sein ausgesagt werden, indem die menschliche Seite dem Wundertäter nur noch scheinbar anhaftete. Die dionysische Motivik gibt die Möglichkeit, das Problem der Menschheit Jesu so zu erzählen, daß der Offenbarer wie der Gott Dionysos in Menschengestalt auftrat; ein Auftreten, das sich an verschiedenen Orten ereignet hat. Die Geschichte von der Weinwandlung unterstützt diesen Zug durch ihre ‚Unanschaulichkeit'. Der Wundertäter entschwindet aus der Erzählung, so daß er keine Akklamation empfängt, wenigstens nicht vordergründig. Das erkennende bzw. Gnosis besitzende oder empfangende Publikum weiß aber um die

---

[202] Im Mythos wird seine Göttlichkeit ‚zweifelsfrei' zelebriert, obgleich die eine seiner Mütter, Semele (vgl. z.B. *Homer*, Il 14,325; *Hesiod*, Theog 940f; *Pindar* 3,98f), menschlichen Ursprungs ist; vgl. R. Schlesier 651.

[203] Dazu im Schlußabschnitt noch einige Hinweise: s.u. S. 480.

[204] Vgl. hierzu D. Zeller, Menschwerdung *passim*.

Zusammenhänge und akklamiert dem Wundertäter. Diese Sicht läßt sich mit der im 1Joh bekämpften, protodoketischen Christologie vergleichen.[205]

Ist man bereit, die formgeschichtliche Klassifizierung als Epiphaniewunder zu akzeptieren, so fällt eine weitere formkritische Besonderheit gegenüber der Gattung ‚Epiphanie' auf: Die „Realität des Erschienenen"[206] wird nicht herausgestellt. Es erscheint als eine ansprechende Lösung, auch diese Distanz aus dem doketischen Desinteresse am Irdischen zu erklären. Auch veranschaulicht sich so das seltsame Entschwinden des Wundertäters, das in dieser Wundergeschichte festgestellt werden konnte, zwanglos.

Zusammenfassend ergibt die Frage nach dem historischen Mutterboden, dem die Tradition Joh 2,1ff* entstammt, folgendes: Religionsgeschichtlich ist die Relation zu den dionysischen Mysterien zu beachten. Mit dem Hinweis auf diesen Hintergrund ist Joh 2,1ff* als Epiphaniewunder zu deuten. Die übernatürliche, wunderhafte Wandlung steht für die Epiphanie Jesu nach dem Muster des Dionysos.

Ob damit eine direkte Polemik verbunden wird,[207] läßt sich nicht zwingend beantworten. Immerhin ist ein zweiter Aspekt möglicher Polemik mit zu bedenken: die Verehrung des römischen Kaisers (z.B. *Hadrian* [z.B. in Ancyra: IGR III 209. 210], *Commodus*) in kleinasiatischen Städten als ‚*neuer Dionysos*' (νέος Διόνυσος).[208] Es ist ein verlockender Gedanke, daß in der Zeichnung der Epiphanie Jesu in seinem Weinwandel wie Dionysos jener auch in eine implizite Konkurrenz mit oder besser vor den römischen Kaiser tritt;[209] dieser Gedanke läßt sich einordnen in ähnliche Spuren impliziter Kaiserpolemik in den joh. Wunderkontexten.[210]

Die Gegenüberstellung Jesu zu Dionysos läßt Jesus als Gott erscheinen. Fragt man nach Parallelen in der frühchristlichen Geschichte, so könnte diese Hoheitsstellung insbesondere durch die *protodoketische Christologie*, deren Auswirkungen der 1Joh zu bekämpfen sucht, erklärt werden.

---

[205] Dies entspricht der Charakteristik der gegnerischen christologischen Vorstellung bei U. Schnelle, Christologie 75: „die Gegner (sahen; Vf.) Jesus Christus wesenhaft ausschließlich als Gott an…, der seiner irdischen Erscheinung nach nur einen nicht heilsrelevanten Scheinleib haben konnte".

[206] G. Theißen, Wundergeschichten 76.

[207] So pointiert E. Linnemann 417; H. Riedl 280; R. Aus 36f; vgl. N. Walter, Johannes 2,1–11, 72f; G. Voigt, JE 51; s.a. M. Karrer 253.

[208] Vgl. z.B. Reinhold Merkelbachs Referat von GIBM III 2,600 (Dionysosmysten 155f); R.E. Oster, Ephesus as a Religious Center 1675; zu *Hadrian*: D. Magie I, 617f. II 1477f Anm. 24 (Quellen und Lit.); s.a. Oster, aaO. 1676. Auch *Marc Aurel* ließ sich mit diesem Titel (ohne daß dies den römischen Denken entspricht) benennen (*Plutarch*, Ant 24,4; *Dio Cassius* 48,39,2; vgl. F. Taeger, Charisma 2, 90ff; M.P. Nilsson, Feste 265; Oster, aaO. 1674); auch *Caligula* ist zu nennen (vgl. Taeger, aaO. 285 mit Belegen), der sich selbst göttliche Verehrung beilegte. Allgemein R. Schlesier 659.

[209] Vgl. S. van Tilborg 98.

[210] Vgl. S. 339. Für Joh 6 vgl. meine in Vorbereitung befindliche Veröffentlichung zur joh. Version der Speisung und des Seewandels.

Der ‚*Sitz im Leben*‘ von Wundergeschichten wird oft in der Missionspropaganda gefunden.[211] Trotz formaler Besonderheiten ist es geraten, auch für das Weinwunder ein missionarisches Interesse festzuhalten. Hörer- und Leserschaft sind durchaus befähigt, aufgrund der Kenntnis der erzählten Ereignisse selbst den Chorschluß zu formulieren. So zielt das Weinwunder auf die Akklamation des wunderwirkend epiphanen Jesus.

2.3 Die Offenbarung der Doxa als Weg zum Glauben. Der Evangelist und das Weinwunder

Trifft die Annahme zu, daß der vierte Evangelist im Weinwunder eine Tradition der durch den 1Joh bekämpften protodoketischen Christologie aufnimmt, so stellt sich die für seine christologische Konzeption insgesamt entscheidende Frage, wie er mit solcher Überlieferung umgeht. Die herrlichkeitschristologische Wundererzählung scheint Aspekte und Motive bereitzustellen, die ihm, der mit 1,14 seine Betonung der Inkarnation als christologisches Grunddatum herausstellte, als treffende Kennzeichnung Jesu gelten.[212]

Die Interpretation der Tradition erfolgt durch ihre Integration in den Erzählzusammenhang sowie durch interpretierende Zusätze, die freilich im Kontext der nunmehr evangeliaren Wundergeschichte gelesen werden müssen. An den Anfang der Wirksamkeit Jesu gestellt, erhält das Weinwunder einen Signalcharakter, der bei der Interpretation der anderen Wundergeschichten mit bedacht werden muß.[213] Unterstrichen wird dieser Signalcharakter durch die Zählung, die das Weinwunder als $\dot{\alpha}\rho\chi\dot{\eta}$ τῶν σημείων charakterisiert. Daß dies nicht nur im gegenüber zu dem zweiten kanäischen Zeichen zu lesen ist, wurde bereits eingangs bei der Diskussion um die joh. Wunderzählung anerkannt. Was aber ist unter diesem Signalcharakter zu verstehen, dem Raymond F. Collins unter dem Stichwort „key“ nachzuspüren suchte?[214] M.E. sind vor allem drei Beobachtungen von tragender Bedeutung.

• Im Wunder wird die Doxa des Offenbarers sichtbar; im Kontext der Historie drängt das Licht des eschatologischen Geschehens durch Aufscheinen der dem

---

[211] Für Joh 2,1ff z.B. K. Backhaus, Jüngerkreise 360.

[212] Auf den Spuren von Georg Richter sucht in einem lesenswerten Beitrag A. Link, Botschafterinnen 253, auszuweisen, daß der vierte Evangelist den Wunderglauben seiner Tradition (Grundschrift) korrigieren will.

[213] Nach H. Merklein 288, läßt sich das „Weinwunder von Kana (Joh 2,1–12) als (narrative) Themenangabe … zum eigentlichen Corpus des Johannesevangeliums verstehen“. Diese bedenkenswerte Empfehlung spannt noch einen größeren Bogen als der hier vorgeschlagene; dabei gerät aber das Weinwunder in Konkurrenz zum Prolog, Joh 1,1ff, dessen grundlegende Bedeutung für die spannungsvolle Erzählung noch vor dem Weinwunder zu bedenken ist.

[214] R.F. Collins, Cana 182; J.P. Meier 946 sucht dies dadurch zu unterstreichen, daß er das Weinwunder als „archetype of all the signs to come“ bezeichnet.

Offenbarer innewohnenden Doxa sichtbar an die Außenseite des Geschehens.[215] So bewältigt der vierte Evangelist das Problem der Evangelienschreibung, das in der Darstellung des Kommens des *eschatologischen* Offenbarers,
das für ihn zugleich auch die eschatologische Krisis ist, im weltimmanenten
Raum von Zeit und Geschichte liegt.

• Solche sichtbar werdende Doxa zielt auf den Glauben der Welt;[216] exemplarisch glauben die Jünger. Sie glauben nicht an das Wunder oder den Wundertäter, sondern an den sich im Wunder als der gesandte Sohn in seiner göttlichen Doxa Zeigenden, der der Welt zum Heil, zur ζωή gekommen ist (vgl.
1,4.9; 3,16; 4,42; s.a. 1Joh 1,2). Daß freilich solche Offenbarung nicht unmittelbar jedem die Person des Offenbarers zum Glauben erschließt, wird in der
Tempelreinigung (Joh 2,13ff)[217] und der Jerusalemperikope (2,23–25) deutlich; zwei Texte, die mit dem Begriff σημεῖον durch eine semantische Linie
mit dem Weinwunder verbunden sind.

Auch wenn sich hier keine vertiefende oder reflektierende Rede an das Wunder anschließt, so kann im Blick auf diese beiden Episoden mit Vorsicht von *Co-Texten* gesprochen werden,[218] die allerdings nicht allein auf Joh 2,1ff bezogen werden dürfen. Sie stehen
vielmehr durch die Abgrenzung in 2,12 wiederum mit anderen Texten in Verbindung und
haben zudem eine Eigenbedeutung, die jeweils zu ermitteln ist.

• Zugleich steht das Weinwunder auch, im Kontext der religionsgeschichtlichen Ableitung wie im Lichte der atl. eschatologischen Heilserwartung gelesen, für die Spende des Lebens,[219] auf die das Kommen des Offenbarers zielt
und dessen Vermittlung in den joh. Wundergeschichten antizipiert bzw. aktualisiert wird.

Im Licht von 2,1ff gelesen, sind die weiteren Wunderberichte im vierten
Evangelium Erzählungen, in denen, Glauben fordernd, die Doxa Jesu transparent wird. Es sind Ereignisse, die auf das eschatologische Geschehen im
Kommen Jesu weisen, das in Annahme oder Ablehnung der Person des Gekommenen Leben und Gericht bewirkt.

Sind in diesem ersten Interpretationsgang vor allem die Kontextstellung
und der Erzählerkommentar 2,11 berücksichtigt worden, so sind weiterhin die

---

[215] S.a. M.N.A. Bockmuehl 90.

[216] R. Schnackenburg, JE I, 335, spricht mit anderen Exegeten von der dem Glauben sichtbaren Doxa; die Reihenfolge von V.11 ist aber eine andere. Die Doxa wird offenbar und
erst danach wird vom Glauben oder sogar vom Zum-Glauben-Kommen der Jünger gesprochen. Im Handeln des Offenbarers scheint dem Evangelisten die Doxa sichtbar hervor; solches Sichtbarwerden ist nicht an den Glauben gebunden, bleibt aber mißdeutbar
und führt somit in die Krisis.

[217] S.a. J. Becker, Wunder 438 (= NTS 146), der annimmt, daß die Tempelreinigung das
Weinwunder als Krisis auslege.

[218] Zur linguistischen Definition vgl. E.R. Wendland 115; zum JE: J.A. du Rand, Perspectives 93f.

[219] Vgl. z.B. J.P. Meier 946: das „overflowing gift of divine life" werde im Weinwunder
symbolisiert.

Zeitangabe, der Dialog Jesu mit seiner Mutter und die kritisch distanzierende
Einfügung über das jüdische Reinigungsritual, für das die Steingefäße dienen,
zu beachten.[220] Die Zeitangabe, die an die Jahwe-Epiphanie auf dem Sinai erinnert,[221] trägt in die Wundertradition atl.-jüdische Motive ein. Dies erlaubt es,
die Motive Hochzeit und Wein auch im Lichte der eschatologischen Hoffnungen und Erwartungen zu lesen.[222] Mit dem Epiphan-Werden der Doxa des
Wundertäters wird die Heilszeit realisiert. Die Zeitangabe interpretiert das
Epiphan-Werden der göttlichen Doxa im Weinwunder zugleich als ein göttliches Geschehen.[223] Der Einbruch des eschatologischen Heils im Kommen des
Offenbarers ist ein Geschehen von Gott her. Wie die Doxa des Irdischen eine
von Gott herkommende Doxa ist (vgl. 7,18; 8,50),[224] so ist der Einbruch des
eschatologischen Heils in der Gabe des überfließenden Weines bei dem nicht
minder mit eschatologischen Erwartungen befrachteten Hochzeitsfest ein Geschehen von Gott her. Dieser nicht verbalisierte, sondern allein im motivlichen
Bereich eruierbare Bezug historisiert die Erzählung der Tradition. Das Geschehen ist nun in Zeit und Raum eingebunden. Es ist nicht mehr die Epiphanie des Gottes Jesu nach dem Muster hellenistischer, insbesondere dionysischer Epiphanien historisch und sarkisch ungebunden jenseits des Inkarnati-
onsgedankens, sondern ein von Gott her kommendes Offenbarwerden der
durch die Kommunikationseinheit mit dem Vater vermittelten Doxa Jesu in
der Zeit; Joh 1,14 wird hier erzählerisch aufgenommen. Daß die δόξα Jesu,
eine Doxa von Gott her ist, die dem irdischen Weg des inkarnierten Logos
sichtbar (ἐθεασάμεθα; 1,14) eignet, war dem ersten Leser bekannt. Der
Evangelist erinnert den *impliziten Leser* jedoch mit der Aufnahme des Logos-
Hymnus seiner Gemeinde, dem dieser Gedanke entstammt,[225] ausdrücklich an
dieses, auch im Prolog des 1Joh implizit gespiegelte (1,1ff) Bewußtsein des
joh. Kreises.[226]

---

[220] Vgl. B. Olsson, Structure 50.

[221] S.o. S. 135 Anm. 62.

[222] S.a. H. Riedl 287: Hochzeit „als Symbol für den Beginn endzeitlicher Erfüllung, die
durch das rettende Eingreifen des Messias und Sohnes Gottes ermöglicht wird".

[223] Die sichtbare prächtige Erscheinung der Doxa begegnet im Motivzusammenhang der
atl. Gottesschau (vgl. JesLXX 6,1; s.a. G. Lohfink 170ff) und unterstützt damit das zur
Zeitangabe Ausgeführte.

[224] S.a. G. Lohfink 169.171.

[225] Für die literarkritische Beurteilung von V.14 vgl. die tabellarische Zusammenfassung
bei J. Habermann 406–414, die belegt daß die Mehrzahl der Exegeten V.14 der vorliegenden Tradition zuschlagen; jetzt in diesem Sinne noch U. Schnelle, Christologie
241ff; G. Strecker, Literaturgeschichte 229.

[226] Daß der Leser, der nicht die Christusverkündigung des joh. Kreises appliziert, diesen
Hinweis versteht, sichert die Aufnahme des Prologs. Seine pragmatische Funktion für
das Evangelium wird sehr treffend von F.J. Moloney, JE I, 12, herausgestellt: „He (the
author; Vf.) is interested in the reader's being called to decision in the light of what has
been told in the prologue". Zum Bezug auf 1,14 s.a. z.B. W. Nicol 122; H.C. Kee 230;
P.P.A. Kotzé 55; B. Lindars, JE 132.

Auch das Spiel mit dem Unwissen des Architriklinos, das formal sicherlich das Wunder gegen einen Manipulationsvorwurf absichert, weist zunächst das Interesse des Auditoriums zurück auf den Wundertäter. Die Frage nach dem πόθεν bringt im Kontext des vierten Evangeliums noch eine weitere Ebene hinein. Es thematisiert die Abkunft des Gesandten und das *Woher* seiner Lehre. Der Wundertäter ist, wie die Diener wissen, der Architriklinos aber nicht weiß, für die Verwandlung des Weines verantwortlich. Dieser Wundertäter ist der Gesandte Gottes, der von Gott her mit souveräner Macht in die Welt kommt und der in der Einheit mit dem Vater auf die Vermittlung des Lebens an die Welt zielt.[227] Der machtvoll in seiner Doxa Epiphane handelt als in Jesus inkarnierter Logos in der Einheit mit Gott, um die Welt, die ihn im Glauben erkennt, mit dem Leben Gottes auszustatten und in die eigene Liebeseinheit mit dem Vater hineinzunehmen.

Neben den Veränderungen der Erzählperspektive der Überlieferung verstärkt der Evangelist auch christologische Linien der Tradition. Der Wundertäter, der sich gegen das irdische und verwandtschaftliche Ansinnen seiner Mutter distanziert, ist als Souverän gezeichnet. Herrlichkeitschristologische Züge werden folglich nicht eliminiert, sondern bleiben relevant, trotz der vorgenannten Differenzierung.

Werden atl.-jüdische Züge auf der redaktionellen Ebene des Evangeliums bewußt aufgenommen, so wird aber zugleich ein Trennungssignal gesetzt. Auch wenn eine konkrete Identifikation des Wassers der Steinkrüge oder des Weines als Allegorisierung von Einzelzügen des Textes nicht überzeugt,[228] ist anzuerkennen, daß ein Gegensatz aufgebaut wird. Dieser läßt sich gut verste-

---

R. Kysar, Story 22f, interpretiert Joh 2–5 als Offenbarung der Identität Jesu im Lichte von 1,14 einerseits wie auch im Gefälle des gesamten ersten Kapitels. Dem kann mit Vorbehalt zugestimmt werden. Allerdings bindet die Erwähnung der Doxa zunächst das Weinwunder eng an den programmatischen Satz von 1,14. Andererseits wird der erneute Hinweis auf die Doxaoffenbarung im Wunder in 11,4 und 11,40, den Gedanken der Offenbarung der Identität Jesu nicht auf Kap.2–5, sondern auf Kap.2–11 oder mehr noch auf die gesamte folgende Erzählung richten.

[227] R. Schnackenburg, JE I, 337, sieht im ,woher' einen Hinweis auf die „(himmlisch-göttliche) Art der Gabe".

[228] Z.B. Wein als Symbol für die Segnungen der messianischen Heilszeit: R.F. Collins, Cana 174; als neue „Gnadenwirklichkeit": S. Hofbeck 93; als „new spiritual Gospel": G.H.C. MacGregor, JE 49. S.a. R. Kysar, JE 46f; bes. 47: „The wine represents the fulfillment of the Hebrew-Jewish tradition with the revelation of God in Christ. The water for purification is transformed into the wine, which is God's gracious offering of himself in Christ." Es kann zudem nicht überraschen, daß auch Zahlenspekulationen in der gegenwärtigen Exegese aufbereitet werden; z.B. wird angenommen, die Zahl ,Sechs' „signals the failure and incompleteness of the old order" gegenüber der Sieben als Zahl der Vollständigkeit (M.W.G. Stibbe, JE 43; s.a. F.J. Moloney, JE I, 85; M. Rissi 88f; U.C. von Wahlde, Version 75; dagegen z.B. J.N. Sanders/B.A. Mastin, JE 112; W. Lütgehetmann, Wundererzählung 321).

hen als Aufnahme der in 1,17 ausgesprochenen Gegenüberstellung von Mose-Gesetz und Gnade und Wahrheit Christi.[229]

Ohne daß hier die Frage des joh. Gesetzesverständnisses eingehend beleuchtet werden kann, muß anerkannt werden, daß die Interpretation von Joh 1,17 umstritten ist. Dieser Vers, dem grundlegende Bedeutung für das Gesetzesthema im vierten Evangelium zuge-messen werden kann,[230] läßt in einem zweigliedrigen Parallelismus dem durch Mose gege-benen Nomos die durch Jesus Christus gewordene Gnade und Wahrheit folgen. Fehlt als Verbindung der beiden Glieder ein ,aber‘, so ist eine Deutung als synthetischer Parallelis-mus nicht auszuschließen,[231] die Deutung als antithetischer Parallelismus, die hier voraus-gesetzt wird, vor dem Kontext des gesamten Evangeliums und im Lichte des verwendeten theologischen Vokabulars (ἀλήθεια ist ein exklusiver joh. Terminus) hingegen wahr-scheinlicher.[232] Vielleicht kann mit Martin Hengel vermittelt werden: „Das bedeutet frei-lich keine schroffe abwertende Antithese, Johannes ist nicht auf dem Wege zu Markion, wohl aber eine grundsätzliche Überbietung: Mose erhielt von dem alttestamentlichen Kyrios und Logos nur das Gesetz, das volle Heil, das Gottes wahrem Wesen entspricht, wurde erst durch den fleischgewordenen Logos, Jesus Christus, Wirklichkeit.“[233]

Liegt mit dem distanzierenden Hinweis auf den Reinigungsbrauch ‚der Ju-den‘ in 2,6 der Gedanke an eine Abwertung oder Ablösung atl.-jüdischer Re-ligions- und Kultusvorstellungen vor – dafür könnte man neben 1,17 auch auf 4,23f verweisen –,[234] so ist dies christologisch motiviert und theologisch re-flektiert. Indem die Doxa des gottgesandten Logos offenbar wird, ist die jüdi-sche Reinigungssitte als möglicher Heilsweg abgelöst; die lebensentscheidende Größe ist die Relation zur Person des Offenbarers. Dies gehört hinein in die Frage, wie das eschatologische Kommen des Offenbarers als in der Schrift an-gesagtes Kommen von Gott her zu deuten ist. Zugleich reflektiert es theolo-gisch die Ablehnung des Gekommenen gegenüber seinem eigenen Volk und seine Ablehnung in der Welt überhaupt.

Für den vierten Evangelisten gehören die Wunder zur Wirksamkeit Jesu und zu seiner göttlichen Doxa, die ihm auch als dem Inkarnierten eignet. Das Wunder der Weinwandlung, als erstes berichtet, setzt dies für die weiteren

---

[229] So mit je unterschiedlicher Akzentuierung K. Haacker, Stiftung 39; M.S. Collins 105; R. Kysar, JE 47; C.H. Dodd, Interpretation 299; H.-P. Heekerens 71; P.P.A. Kotzé 56; W. Langbrandtner 71; M. Hengel, Interpretation 102; W. Lütgehetmann, Wundererzäh-lung 324f; J.P. Meier 945; F.J. Moloney, JE I, 85; C. Welck 136. Differenzierend R. Deines 262, der betont, daß es keinen völligen Bruch mit dem Vorherigen gebe.

[230] Vgl. z.B. U. Luz, Gesetz 119.

[231] Z.B. H. Thyen, Johannesevangelium 203.

[232] Z.B. U. Luz, Gesetz 155 Anm. 191 (zu S. 119); s.a. U. Schnelle, Paulus 222; L. Schenke, Johannesevangelium 13; zuletzt deutlich akzentuiert wieder D. Sänger 124f.

[233] M. Hengel, Schriftauslegung 266. An eine „Typologie mit Überbietung" denkt K. Ber-ger, Anfang 17: „Die Heilszeit ... löst die Zeit ab, in der es um Bewährung der Treue zum Gesetz ging." Berger stellt diese Interpretation der antithetischen Deutung von 1,17 ausdrücklich entgegen.

[234] Die Opposition zur jüdischen Tradition wird in vielen Beiträgen mit oft aber abweichen-der Akzentuierung gesehen; neben den bereits genannten Exegeten sei z.B. auf H. Strathmann, JE 60 und J. Breuss 24 hingewiesen. S.a. R.A. Culpepper, Anatomy 193; M. Karrer 277; C.H. Talbert, Worship 347; JE 85. 86; B. Witherington, III, JE 80.

Wunderberichte voraus. Zugleich distanziert sich der Evangelist aber von zwei Auffassungen, die in seinen Gemeinden kursiert haben werden, durch die Integration in den vom Vater gegebenen Weg und Auftrag. (1) Jesus ist nicht, wie ihn die gesteigerte Wunderhaftigkeit der joh. Wunderüberlieferung mißverstehen läßt, als zeitgenössischer Wundertäter anzugehen; dies hieße, die Wunder sarkisch mißzuverstehen. (2) Das Wunder ist zwar Ausdruck der göttlichen Doxa, zeigt aber Jesus nicht als über die Erde schreitende Gottheit; vielmehr ist das Wunder insofern Offenbarung der Doxa, als Jesus der von Gott gesandte Inkarnierte ist, der den Weg an das Kreuz zu gehen hat und zwar in beständiger Orientierung und Übereinstimmung mit dem väterlichen Willen. Dies zeigt sich auch daran, daß von dem Rückgang Jesu zum Vater in Kreuz und Auferstehung ebenfalls von ‚Verherrlichung' gesprochen wird (vgl. 12,16.23. 28 [πάτερ, δόξασόν σου τὸ ὄνομα. ἦλθεν οὖν φωνὴ ἐκ τοῦ οὐρανοῦ· καὶ ἐδόξασα[235] καὶ πάλιν δοξάσω]; 13,31f; s.a. 17,1). Letzteres spricht nicht gegen die im irdischen Wirken sichtbar werdende göttliche Doxa, zeigt aber, daß dieses Sichtbarwerden in einen hermeneutischen Gesamtzusammenhang einzuordnen ist, der Sendung und Rückkehr des Sohnes einschließt.

Abschließend ist noch der Wandel der Funktion der Wundergeschichte zu thematisieren. Die traditionelle Geschichte ist eine christologisch durchdachte Wundererzählung, die der Mission gedient haben wird; eine Funktion, die sie auch bei der Zusammenfügung mit Joh 4,46bff behalten hat. Es ging darum, Glauben an den in die Welt gesandten Gott zu wecken. Der Evangelist, der die göttliche Würde des Gesandten nicht reduziert, aber mit Hilfe des Doxa-Begriffs in seine Konzeption vom sendenden Vater und seinem in das Fleisch inkarnierten Logos integriert, will unterweisen und Glauben bewahren und festigen.[236] Die Wandlung von Wasser in Wein wird zu einer *Erbauung*serzählung; dabei sollte aber Erbauung im Sinne des paulinischen οἰκοδομή-Begriffes verstanden werden, geht es doch jetzt im vierten Evangelium um das „Moment der Förderung und Erhaltung" der Gemeinde.[237]

2.4 Zusammenfassende Bemerkungen zu Entstehung und Wandel des Weinwunders zu Kana

Die Erzählung der Wandlung von Wasser in Wein bei der Hochzeit zu Kana zeigt eine aufschlußreiche Entstehungsgeschichte. Mit Hilfe des religionsgeschichtlichen Vergleichs und damit vor allem aufgrund inhaltlicher Kriterien wurde die rekonstruierte älteste Schicht als Epiphaniewunder bestimmt. Hier wird das Weinwunder als eine Erscheinung Jesu als Gott zum Heil der Seinen

---

[235] Sc. in dem irdischen Wirken; vgl. H. Merklein 302.
[236] S.a. W. Lütgehetmann, Wundererzählung 317f.
[237] P. Vielhauer, OIKODOME 73 (zur Missionstätigkeit des Paulus).

berichtet. Motivliche Parallelen aus dem Dionysos-Mythos lassen zwar keine direkte Abhängigkeit erkennen, doch ist der Einfluß nicht wirklich bestreitbar.

Schwierig zu bestimmen ist, in welchem Maße mit einer Polemik gegenüber einem lokalen Dionysoskult zu rechnen ist. Wurde auch daran erinnert, daß römische Kaiser sich als ‚neuer Dionysos' verehren ließen, so ist ein weiterer möglicher Antipode genannt. Explizit greifbar wird eine polemische Spitze aber nicht, so daß wir lediglich auf Möglichkeiten hinweisen können, eine Entscheidung aber offen lassen müssen.

Theologiegeschichtlich wurde diese Geschichte dem Kreis von Johanneschristen zugewiesen, deren christologische Vorstellung zu der im 1Joh bekämpften protodoketischen Christologie führte: eine Herrlichkeitschristologie, die allein an der göttlichen Interpretation der Person Jesu interessiert war und die sarkische Existenz als nicht bedeutsam ansah. Ziel ist wahrscheinlich die Missionspropaganda, auch wenn eine Reaktion, wie z.B. in Joh 4,53, fehlt.

Feiert die Geschichte bisher wohl allein die außergewöhnliche Qualität der Weingabe, was sich durchaus in Einklang mit dionysischen Motiven bringen läßt, so wird nun ein weiterer Zug ergänzt. Hierbei handelt es sich um die große Menge des gewandelten Weines. Erst die spätere Erzählung, wahrscheinlich mit oder nach der Verschriftlichung, paßt mit Hilfe dieses Erzählzuges die Wundererzählung an das bekannte Schema des wunderhaften Überflusses an, wie es in den Speisungsgeschichten vorliegt (große Zahl der Gäste; große Menge der übriggebliebenen Speise; vgl. Mk 6,30ffparr; 8,1ff par Mt 15,32ff).

Solche Verdoppelung der Motive ist möglicherweise am besten auf der schriftlichen Ebene zu verstehen. Dies führt uns zu der weiteren Entwicklungsphase, in der das Weinwunder mit der ihm geographisch nahestehenden Fernheilung auf dem Weg nach Kafernaum verbunden wurde (→ 2.1). Es läßt sich trefflich spekulieren, welche Vorstellungen zu dieser Zusammenfügung führten. Entscheidend bleibt aber, daß die missionarische Spitze beibehalten wird. Modern gesprochen, könnte man von einem *Missionsflugblatt* reden, das Jesus als epiphanen Gott feiert, der an Todkranken seine Macht offenbart.

Der Evangelist nimmt diese Wundersammlung Joh 2–4 auf und zersprengt sie; dadurch entsteht ein Rahmen um einen ersten und exemplarischen Erzählgang vom öffentlichen Handeln des Offenbarers. Es sind vor allem ergänzende Einfügungen, mit deren Hilfe der Evangelist das Wunder eingliedert. Im Kontext des Evangeliums liest sich das Wunder nicht mehr als Zeugnis von der Gottheit Jesu, sondern als Bericht von seinem Handeln in der Einheit mit dem Vater. Es erinnert an die Ablösung der auf Jesus hinzeigenden Heilsordnung (vgl. 5,46f) durch den Gekommenen: Die Ablösung markiert zugleich den Anfang der erwarteten Heilszeit im Handeln des Gesandten. Wer als Glied joh. Gemeinde die den Offenbarer mit dem Vater verbindende Doxa sieht, soll wie seine Jünger glauben. Dies meint doch wohl, an dem joh. Christusglauben festhalten, wozu das Evangelium insgesamt anleiten will (Joh 20,30f). Daher sprachen wir von einer Erbauungsgeschichte, die ihren Schwerpunkt nicht mehr in der Mission, sondern in dem Bau und Erhalt der joh. Gemeinde hat. Daß dieses Wunder durch seine Zählung zudem eine Modellfunktion für die Lektüre der weiteren im vierten Evangelium erzählten Wundergeschichten hat, konnte ebenfalls festgestellt werden.

3 Die Heilung des Sohnes des ‚Königlichen‘

3.1 Beobachtungen zu Text, Kontext und narrativer Struktur der Heilung des Sohnes des ‚Königlichen‘

Zu Beginn der Untersuchung der Fernheilung ist der Versuch, die literarische Integrität von Joh 4 zu problematisieren, von Ismo Dunderberg zu erörtern.[1]

Vor allem aufgrund der Spannung zwischen 4,43.45bcd mit 46ab, die zwei Reiseberichte enthalten, rechnet Dunderberg mit literarischer Schichtung.[2] Sprachliche Verbindungslinien zu als sekundär ausgemachten Texten (4,47[3] → 12,33; 18,32[4]; 21,19a – 4,54 → 21,14), die Einstufung von 4,44[5] und 4,48f als analoge wunderkritische Aussagen sowie die Einbeziehung des ersten Itinerars in die Schlußnotiz in 4,54[6] führen ihn zu der Annahme, „daß neben Joh 4,44–45a die gesamte Heilungsgeschichte (4,46–54) in einen früheren Erzählzusammenhang eingeschoben worden ist".[7]

Die Summe der Einzelbeobachtungen ist eindrucksvoll, weist aber nicht zwingend auf eine sekundäre Einfügung. Zweifelhaft erscheint mir vor allem die Spannung zwischen den beiden Itineraren. Nimmt 4,43 die Zielangabe von 4,3 auf,[8] so ist dies eine allgemeine Angabe, die die intinerarischen Notizen von 2,12; 3,22 und 4,3 fortsetzt und zusammen mit 4,46 einen geographischen Ring markiert.[9] Läßt sich 21,14 möglicherweise als sprachliche Anknüpfung an 4,54 deuten und ist die Struktur von 4,47ff mit der weiterer joh. Texte zu vergleichen,[10] so kann ich mich der Argumentation von Dunderberg nicht anschließen.

Zu beachten ist auch die *Bestimmung des Verhältnisses der Heilung zu seinem Kontext*. Als Abschluß der Samaritanererzählung kann das Bekenntnis zum Offenbarer als σωτὴρ τοῦ κόσμου (4,42) gesehen werden; dieser Abschlußcharakter wird unterstrichen durch die summarische Auskunft: καὶ πολλῷ πλείους ἐπίστευσαν διὰ τὸν λόγον αὐτοῦ (V.41). In Joh 4,43 wechselt das Geschehen wieder nach Galiläa, was ebenfalls als ein wichtiger Einschnitt interpretiert werden kann.

---

[1] I. Dunderberg, Johannes 81–83; er setzt seinerseits insbesondere W. Langbrandtner 73f und H.-P. Heekerens 52ff voraus. Als Frage bei H. Windisch, Erzählstil 210 (Style 61).

[2] I. Dunderberg, Johannes 75. 81.

[3] Ein von I. Dunderberg, Johannes 83, selbst nicht als signifikant eingestufter Beleg.

[4] Zur Diskussion um den redaktionellen Charakter vgl. M. Lang 110f, der insbesondere aufgrund des Zusammenhangs mit V.31b für die Hand des Evangelisten plädieren kann.

[5] Auf die Probleme von 4,44 soll hier nicht eingegangen werden; vgl. jetzt G. van Belle, Faith *passim*.

[6] I. Dunderberg, Johannes 76.

[7] I. Dunderberg, Johannes 83.

[8] S.a. G. van Belle, Faith 28.

[9] S.u. S. 170.

[10] Das Schema Bitte – Abweisung – erneute Bitte – Erfüllung: s.o. S. 138.

Angesichts der Erzählabfolge, die allerdings aufgrund geographischer Spannungen gelegentlich geändert wird, stellt sich die Frage, ob die beiden aufeinander folgenden Heilungen in 4,46ff und in 5,1ff, wie die Speisung und der Seewandel Jesu in Joh 6,1ff und 6,16ff als Doppelwunder gelesen werden wollen. Das verbindende Stichwort zwischen den beiden Wundergeschichten sowie dem daran anschließenden Dialog, 5,19ff, wird in dem Motiv der Lebensvermittlung durch Jesus angegeben.[11] Ist dieser Gedanke im Monolog Joh 5,19ff präsent (vgl. 5,21.24–26; 39f; s.a. V.29), so könnten die beiden Heilungen geradezu als Einleitung zu diesem Motiv interpretiert werden.[12] Vor allem die starke Unterstreichung des Stichworts ‚Leben' (das Verbum ζῶ), durch die dreimalige Verwendung in 4,50.51.53, einem Schlüssel zur Fernheilung in 4,46ff, könnte ein semantisches Bindeglied zu Joh 5,19ff darstellen.

Bei Joh 5,1 handelt es sich jedoch um einen pointierten Neuansatz in der Erzählung, der durch μετὰ ταῦτα, den Ortswechsel (der Aufstieg nach Jerusalem) und den auch als Gliederung zu interpretierenden Festhinweis angezeigt wird.[13] Zudem blickt der summierende Kommentar 4,54 (Τοῦτο [δὲ] <u>πάλιν</u> <u>δεύτερον</u> <u>σημεῖον ἐποίησεν</u> ὁ Ἰησοῦς ἐλθὼν ἐκ τῆς Ἰουδαίας εἰς τὴν <u>Γαλιλαίαν</u>.) zurück auf das Weinwunder 2,1ff[14] und lenkt damit die Aufmerksamkeit der Leserschaft auf bereits Erzähltes. Letzteres unterstreicht das Adverb πάλιν, das durch sein Vorkommen in beiden Rahmenversen (4,46.54) ein wichtiger Rückverweis ist. Auch die nochmalige Erinnerung an Galiläa (nach 4,43 und 4,46 [s.a. V.47]) läßt sich kaum anders als ein Rückbezug auf 2,1.11 deuten. Die itinerarische Notiz in 4,3f, die dem gebräuchlichen, schnellen Reiseweg von Jerusalem nach Galiläa entspricht (*Josephus*, Vita 269; Ant 20,118; Bell 2,232),[15] ist als ein literarisch-strukturierendes Element zu verstehen, das die beiden ‚Kana'- bzw. ‚Galiläa'-Wunder verbinden will. Die Zählung in V.54 deutet zudem die Vokabel ἀρχή in 2,11.[16] Dem Rückverweis entspricht die Einleitung zur Heilung in 4,46a (Ἦλθεν οὖν <u>πάλιν</u> εἰς τὴν <u>Κανὰ τῆς Γαλιλαίας</u>, ὅπου <u>ἐποίησεν τὸ ὕδωρ οἶνον</u>.[17]). Somit setzen die beiden Rahmenverse eindeutig einen Rückbezug, der durch die Fortsetzung der Zählung von 2,11 unterstützt wird. Da die Ortsangabe ‚Kana

---

[11] Vgl. z.B. G.R. Beasley-Murray, JE 67.70, der einen Spannungsbogen von 4,43 bis 5,47 zieht; hierzu s.u. S. 221 mit Anm. 46.

[12] So z.B. C.H. Dodd, Interpretation 318f; A. Feuillet, Signification 43.

[13] S.u. S. 220.

[14] Dies bestreitet U.C. von Wahlde, Version 93.94, der die Zählung auf die Samaritanerperikope bezieht: das Wissen über die Vergangenheit der Samaritanerin stelle das erste Zeichen dar. Allerdings fehlt der Zeichenbegriff in der Samaritanerperikope. Hingegen spricht 2,11 ausdrücklich von der ἀρχή der Zeichen. Daß sich 4,54 auf Joh 2 zurückbezieht, sichert neben den wörtlichen Anklängen den ausdrücklichen Rückbezug in 4,46.

[15] Vgl. J. Zangenberg 47; R. Schnackenburg, JE I, 458; s.a. M.E. Boring/K. Berger/C. Colpe, in: Hellenistic Commentary to the NT 263.

[16] S.o. S. 71.

[17] Vgl. 2,1 Καὶ ... γάμος ἐγένετο ἐν <u>Κανὰ τῆς Γαλιλαίας</u> ... 2,9 ... <u>τὸ ὕδωρ οἶνον</u> γεγενημένον ... 2,11 ... Ταύτην <u>ἐποίησεν ἀρχὴν</u> τῶν σημείων ὁ Ἰησοῦς ἐν <u>Κανὰ τῆς Γαλιλαίας</u> καὶ ἐφανέρωσεν τὴν δόξαν αὐτοῦ, καὶ ἐπίστευσαν (vgl. 4,53) εἰς αὐτὸν οἱ μαθηταὶ αὐτοῦ.

in *Galiläa*' wiederholt wird (= 2,1) und die Zählung des Wunders ebenfalls auf Galiläa geht und damit an das galiläische Kana anknüpft, liegt hier eine Form der *inclusio* vor, die die beiden ersten Wunder, die das vierte Evangelium erzählt, zusammenbindet;[18] dies ist im Sinne einer *geographischen Ringkomposition* zu verstehen, die den Hauptdarsteller der Handlung, den joh. Jesus, von Kana nach Kana führt.[19]

Diese Komposition kann als „eine gewisse Exposition der gesamten öffentlichen Wirksamkeit Jesu" verstanden werden,[20] in der Jesus von dem Epiphan-Werden seiner Doxa vor *,den Juden*' (2,13.18), nach dem Gespräch mit einem *,Anführer der Juden*' (3,1) und heimlichen, aber nicht verständigen Sympathisanten (Nikodemus; 3,2.10) zur Begegnung mit der Samaritanerin geführt (4,4ff) und schließlich als Heiland der Welt proklamiert wird (4,42). Dies geschieht in einer relativen Unbedrängtheit des Offenbarers; der Konflikt ist zwar mit der Tempelreinigung (2,13ff) und der Wunderkritik (2,23–25) vorgezeichnet. Der Konflikt hat an diesen Stellen aber noch nicht seine tödliche Konsistenz erreicht. Wenn wir die Person des Königlichen wie in den synoptischen Geschichten als Heiden qualifizieren dürfen,[21] wäre die Öffnung des Offenbarungsweges zu den Heiden vorgezeichnet, wie er in Joh 12,20ff thematisiert wird.[22] Dann läge in den ersten Kapiteln eine Klimax vor, mit der der Evangelist das soteriologisch verstandene Kommen des Offenbarers in die Welt (1,4f.9.12; 3,16f) so exemplifiziert, daß er Jesus ähnlich wie die Synoptiker keine Heidenmission betreiben läßt, aber die Offenheit gegenüber den Heiden als den der Sendung des Sohnes entsprechenden Höhepunkt darstellt. In diesem Schritt hin zu den Heiden zeigt sich dann mit letzter Konsequenz, inwiefern der joh. Jesus der Heiland *der Welt* ist (4,42).

Der fällige Einwand wird darauf hinweisen, daß die religiöse und nationale Identität des Königlichen gerade nicht explizit thematisiert wird; dies ist eine wichtige Schwierigkeit der vorstehenden Interpretation. Der indirekte Hinweis mag dem Verfasser des JE genügen, insofern er die Realität der Heidenmission voraussetzt und in einer heidenchristlichen Gemeinde lebt. Wie auch immer man hierüber urteilt, wichtig ist, daß dem Offenbarer in diesem ersten Erzählkreis von größeren Personengruppen Glauben zuteil wird, von den Jüngern (2,11), den Samaritanern (4,42) und dem Haus des Königlichen (4,53).[23] Daß dem Kommen des gesandten Sohnes solchermaßen zum Leben führender Glauben geschenkt

---

[18]   Vgl. F.J. Moloney, Cana 190f; M.W.G. Stibbe, JE 12.

[19]   Eine die Kap. 2,1–4,54 umspannende Komposition betonen z.B. auch C.K. Barrett, JE 262 (Themen: Gabe des Lebens und der Glaube); R.E. Brown, JE 95f; D.A. Carson, JE 166; G. Mlakuzhyil 174f; U. Schnelle, Christologie 96 u.ö; M.W.G. Stibbe, JE 42f.

[20]   R. Schnackenburg, Traditionsgeschichte 64; s.a. aaO. 66 Anm. 19

[21]   Hierzu s.u. S. 177.

[22]   Vgl. z.B. J. Becker, JE II, ¹383. ³449: „die nicht-jüdische Welt"; s.a. J. Beutler, Griechen 184f; anders H. Merklein 300, der mit der Möglichkeit rechnet, daß an hellenistische Juden gedacht wird.

[23]   Dies ist bes. von F.J. Moloney, Cana *passim*, herausgestellt worden; vgl. aaO. 202: „... a carefully structured passage, leading the reader through a series of examples of faith"; s.a. ders., Mary 422f.

wird, ist zumindest festzuhalten und als herausragendes Merkmal dieser Komposition zu beachten.

Zu klären bleibt aber *das Verhältnis zwischen 4,43–45 und 4,46–54*; diese beiden Passagen werden von einer Reihe von Exegeten als eine Einheit behandelt.[24] So kann 4,43–46 als eine ausführliche Einleitung zum folgenden Heilungswunder interpretiert werden.[25] Diese Verhältnisbestimmung hat durchaus eine nicht unwesentliche Bedeutung für die Interpretation der Heilung: Stellt V.43–45 die erzählerische Plattform für die folgenden Verse dar, so impliziert dies zugleich eine Antwort für die Frage nach den Adressaten der distanzierend kritischen Aussage von 4,48.[26]

Tatsächlich sind semantische Linien zwischen 4,43–45 und 4,46–54 zu beobachten. V.45 charakterisiert die Galiläer als diejenigen, die gesehen haben (ἑωρακότες), was Jesus in Jerusalem getan hat (ἐποίησεν). Beide Verben begegnen in der folgenden Heilungsgeschichte wieder und zwar bezogen auf Jesu Wunderwirken.[27] Das Handeln Jesu in Jerusalem ist nach 2,23 ein sichtbares Zeichenhandeln, das einen Glauben nach sich zieht, dem Jesus nach dem vierten Evangelisten mißtraut (vgl. 2,24): πολλοὶ ἐπίστευσαν εἰς τὸ ὄνομα αὐτοῦ, <u>θεωροῦντες</u> αὐτοῦ τὰ σημεῖα ἃ <u>ἐποίει</u>. So ist das von den Galiläern gesehene Handeln wohl ebenfalls das Wunderhandeln Jesu. Auffällig ist, daß der σημεῖα-Begriff in 4,45 nicht aufgenommen wird, obgleich er sowohl in V.48 (neben τέρατα) als auch in V.54 für das Wunderhandeln steht. Wenn in 4,43.45 der Glaube der Galiläer nicht ausdrücklich kritisiert wird,[28] so kann gefragt werden, ob dieser Hinweis einmal mehr unterstreichen will, daß Glaube an den Offenbarer gerade bei denjenigen zu finden ist, die der etablierten (jüdischen) Frömmigkeit als weniger orthodox gelten (ähnlich der Glaube bei den Samaritanern 4,42; der des Heiden und seines Hauses 4,53).[29]

Auch wenn zwischen der itinerarischen Notiz und der Heilung des Sohnes des Königlichen eine locker geknüpfte Verbindung vorliegt, so sollte doch die formale Strukturierung der Wundererzählung ebenfalls in Betracht gezogen werden. Die Γαλιλαῖοι aus 4,45 werden in 4,46ff nicht mehr ausdrücklich genannt; die 2. Pers. Pl. in 4,48 kann nicht als Beleg für einen Rückbezug dienen. Es fehlen Rückbezüge,[30] die einen festen Zusammenhang der Heilung mit

---

[24] Z.B. J. Becker, JE I, [1]184ff; [3]221ff; K. Grayston, JE 43; B.W. Henaut *passim*; U. Wilckens, JE 89.

[25] Vgl. F.J. Moloney, JE I, 178f.

[26] Zudem schlägt B.W. Henaut 301 vor, daß 4,44f die Kritik von 2,23ff aufnehmend 4,48 vorbereitet.

[27] V.48: εἶπεν οὖν ὁ Ἰησοῦς πρὸς αὐτόν· ἐὰν μὴ *σημεῖα καὶ τέρατα* <u>ἴδητε</u>, οὐ μὴ πιστεύσητε.
V.54: Τοῦτο [δὲ] *πάλιν δεύτερον σημεῖον* <u>ἐποίησεν</u> ὁ Ἰησοῦς ἐλθὼν ἐκ τῆς Ἰουδαίας εἰς τὴν Γαλιλαίαν.

[28] Anders z.B. A. Stimpfle, Joh 4,44, 91f, der einen unvollkommenen Glauben zum Ausdruck gebracht findet. Nach G. van Belle, Faith 38f.43f, wird der Glaube des Basilikos mit Hilfe von V.44 als ein wahrer Glaube („to belief in His word") gegenüber dem am Sehen der Zeichen fixierten Glauben der Galiläer den Lesern anempfohlen.

[29] Vgl. B. Olsson, Structure 29.

[30] Erst wenn der Zusammenhang beider Perikopen gesichert ist, kann eine Aussage über die Adressaten von 4,48 gefällt werden.

dem Itinerar in 4,43ff begründen lassen. Vielmehr stehen in 4,46 Trennungssignale.[31] Zunächst ist vor allem der Ortswechsel zu beachten; dem korrespondiert der ausdrückliche Rückbezug auf 2,1–11, der als Rahmenelement der Perikope durch 4,54 ausgewiesen wird (s.o.). V.46b nennt eine neue Person, die als der wichtige Charakter der folgenden Verse eingeführt wird; zugleich wird durch das Verbum ἀσθενέω ein *neues Thema* markiert, dem das Verbum ζάω als *Gegenbegriff* korreliert. Nicht das Sehen von Zeichen (Pl.), sondern das Abwenden einer tödlichen Krankheit durch Leben als Paradigma der Lebensmacht des Wundertäters ist der Skopus der Heilungsgeschichte; solches Handeln wird allerdings schließlich als σημεῖον vorgestellt.

So bleiben die semantischen Verknüpfungen zwar ein interpretatorisches Signal. Die narrative Trennung zwischen Itinerar, 4,43–45, und Heilung, 4,46–54, ist m.E. aber unumgänglich, so daß das Itinerar nicht unmittelbar als Kulisse der Heilung interpretiert werden kann.[32]

Die *Abgrenzung* der Heilung des Sohnes des Königlichen wird also durch den Neuansatz in 4,46 und den Abschluß in 4,54 bestimmt. Das zurückgerichtete Demonstrativum τοῦτο verknüpft V.54 deutlich mit der Heilung. Allerdings hat diese bereits in V.53 einen Abschluß mit dem Glauben des Königlichen und seines Hauses erhalten; hier wird formgerecht die Reaktion auf das Wunder berichtet.[33] So verhält sich der an V.46ff anknüpfende V.54 nicht völlig spannungsfrei zur Heilung, die als eine Heilung durch das Wort beschrieben ist. Wie in 2,11 wird das Wunder als eine Handlung gedeutet: ἐποίησεν. V.54 kommentiert das durch V.53 abgeschlossene Geschehen; dieser Kommentar liegt somit nicht auf derselben erzählerischen Ebene wie die Heilung.

Auch die Samaritanerepisode zeigt sich als für das Verständnis der Heilung nicht bedeutungslos. Fallen bei der *Wortschatzanalyse* von 4,46–54 zwei zentrale Verben auf: πιστεύω (4,48.50.53) und ζάω (4,50.51.53),[34] so haben diese Verben jeweils ein Pendant in der Samaritanerperikope (πιστεύω [4,39. 41f]; ζάω [in den Lebenswasserworten: 4,10.11; s.a. 4,14[35]]). Läßt sich das Glaubensmotiv auch mit dem Weinwunder (2,11) und dem Itinerar (4,45) in Verbindung bringen, so ist das Motiv des Lebens eng an die Selbstvorstellung des Offenbarers gegenüber der samaritanischen Frau heranzurücken, so daß von einer semantischen Verbindungslinie zur Heilungsperikope in 4,46ff zu

---

[31] S.a. I. Dunderberg, Johannes 75.

[32] Die Bezeichnung als Übergangspassage, vergleichbar mit Joh 2,12; 2,23–25 u.ö., ist durchaus treffend (so in seiner feinen Studie G. van Belle, Faith 27).

[33] Vgl. die Hierarchie der Motive einer Wundergeschichte bei G. Theißen, Wundergeschichten 82f.

[34] S.a. M.W.G. Stibbe, JE 71.

[35] Auch in dem exkursartigen Wort 4,31ff: 4,36 (ὁ θερίζων μισθὸν λαμβάνει καὶ συνάγει καρπὸν εἰς ζωὴν αἰώνιον).

sprechen ist; „so kann die Heilung des Sohnes eines βασιλικός als Illustration dieser grundlegenden Aussagen verstanden werden".[36]

Findet der Offenbarer bei den Samaritanern Glauben und vermittelt in diesem Sinne Leben, so illustriert das Gefälle der Samaritanerepisode, wie sein Strom des Lebenswassers die Grenzen jüdischer Gottesverehrung hin zu den Samaritanern überströmt. Dieser lebensvermittelnde Offenbarer ist nach dem Bekenntnis der glaubenden Samaritaner der Heiland der Welt (4,42). Dieses Schlußbekenntnis weitet den Blick noch stärker: Selbstoffenbarung und Predigt zeichnen den joh. Jesus aus als den, der für die ganze Welt und ihr Leben grundlegende Bedeutung hat. Mit der Überschreitung der jüdischen Grenzen (vgl. auch 4,21ff) ist die kosmologische Bedeutung des Offenbarers, die bereits 3,16f (s.a. 1,12.29) deutlich expliziert wurde, erzählerisch eingeholt. Folgt die Heilung des Sohnes des Königlichen diesem Bericht und ist sie begrifflich mit der Selbstvorstellung Jesu vor der Samaritanerin und dem daraus resultierenden lebensermöglichenden Glauben verbunden, so geht es kaum zu weit, die Heilung zugleich auch als eine Realisierung des Sōter-Seins Jesu in der Welt zu betrachten.

Interessant ist ein Blick auf die *Knotenpunkte der Handlungssequenz*[37] in der Heilung des Sohnes des Königlichen, die ich im folgenden leicht vereinfacht und auf diese Heilung bezogen wiedergeben möchte:

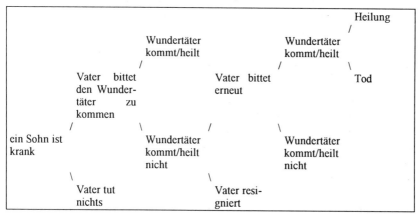

Das vorstehende Schema macht den Bruch in der Handlungssequenz, der in der Literatur auch zumeist anerkannt wird, noch einmal deutlich. Die Verweigerung des Wundertäters unterbricht die natürliche Sequenz, derzufolge auf die Bitte die Erfüllung folgen müßte. Zwar ist das Motiv, daß die Bitte nicht unmittelbar in die Heilung führt, sei es, daß die Annäherung des Bittstellers erschwert wird,[38] sei es, daß die Heilung problematisch ist,[39] in

36 U. Schnelle, Christologie 96.
37 Vgl. W. Egger, Methodenlehre 123f.
38 Vgl. G. Theißen, Wundergeschichten 62f, mit Nachweisen.
39 Vgl. die zunächst eingeschränkte Sicht des Blinden in Mk 8,24.

einer Heilungsgeschichte nicht völlig ungewöhnlich. Dennoch entspricht der Handlungsverlauf nicht der Erzählökonomie. Die erneute Aktion des Bittstellers fällt insofern auf, als sie nichts wirklich Neues bietet, um den Wundertäter zu gewinnen.[40]
Auffällig ist, daß die negative Reaktion des Wundertäters in V.48 auch nicht inhaltlich auf die Bitte eingeht und ebensowenig auf den Bittsteller selbst direkt bezogen wird.[41] Angeredet wird durch die 2. Pers. Pl. ein größeres Auditorium. Zudem wird als Thema der Ablehnung bzw. Zurückweisung der Zusammenhang von Glauben und dem Sehen von Zeichen und Wundern eingeführt; dieses Thema ist jedoch durch die aus der Not geborene Bitte des Königlichen nicht motiviert. Er sucht Hilfe, nicht ein Mirakel, auch wenn die angestrebte Hilfe in einer Wundertat bestehen wird.

Bitte und Zurückweisung sind also nicht natürlich aufeinander bezogen. Der Offenbarer entzieht sich dem menschlichen Anliegen und reflektiert die Anrede auf einer anderen theologischen Ebene. Dies ist als Erstes festzuhalten. Vergleichen wir das sich aus dieser Zurückweisung ergebende Schema ‚Bitte – Zurückweisung – Vertrauen – Erfüllung der Bitte‘, so hat dies seine Analogie in der literarischen Struktur von 2,3bff. Die Störung im Handlungsablauf schließt also die Heilung mit anderen ähnlich strukturierten Passagen im vierten Evangelium zusammen (s.a. 7,1ff; 11,1ff).[42]
Das *Personeninventar dieser Heilungsgeschichte* ist sparsam bemessen. Neben dem Wundertäter und dem Bittsteller, dem Königlichen, die eindeutig die beherrschenden Charaktere dieser Erzählung sind, treten seine δοῦλοι auf (V.51f). Neben diesen drei Personen bzw. Personengruppen ist die οἰκία des Königlichen zu nennen, die als gemeinsam mit dem Königlichen handelnde Gruppe eingeführt wird (V.53).

Auf den Sohn des Königlichen wird lediglich indirekt hingewiesen; sein Schicksal tritt dadurch in den Hintergrund, daß er nie als Handelnder selbst auftritt. Allerdings ist er eingeschlossen in die Personengruppe, die durch ἡ οἰκία αὐτοῦ umschrieben wird.

Ist V.46a als eine Überleitung zu dem Heilungswunder zu verstehen, so liegt das erzählerische Gewicht in dieser Wundergeschichte auf dem *Königlichen* selbst; er wird, abgesehen von dieser itinerarischen Notiz, als erste Person genannt und ist, von V.48 (und V.54!) abgesehen, in jedem der Verse der Geschichte präsent, sei es als Subjekt, sei es als Objekt der Rede oder des Handelns. Diese Gewichtung korreliert mit dem Achtergewicht der Wundergeschichte; nach der Entlassung mit dem Heilungswort wird die Nachricht von der Heilung dem Königlichen vorgebracht, und dieser erforscht die Relation zum Heilungswort, um sogleich die angemessene Entscheidung zu fällen: Er kommt mitsamt seinem Haus zum Glauben. Das Gewicht, das auf seiner Person liegt, läßt diese als eine *paradigmatische* Größe interpretieren. Das text-

---

[40] Insofern ist das nah verwandte Sagenmotiv, in dem durch eine List ein wunderwirksamer Gegenstand, ein Zauberspruch oder ein ähnliches Zaubermittel errungen wird, keine wirkliche Parallele zu dem Bemühen des Königlichen.

[41] Vgl. z.B. I. Dunderberg, Johannes 79.

[42] S.o. S. 138.

pragmatische Ziel[43] der Herausstellung dieser Person liegt darin, ihr Verhalten als ein Exempel für die Adressaten der Wundergeschichte herauszustellen. Hörer oder Leser dieser Geschichte sollen dem Vorbild des Königlichen folgen und die analogen Schlüsse aus dieser Erzählung ziehen.[44]

Jedoch wird in der Charakterisierung des Königlichen eine Spannung deutlich; von einem πιστεύειν des Königlichen weiß die Erzählung bereits seit V.50: ἐπίστευσεν ὁ ἄνθρωπος τῷ λόγῳ ὃν εἶπεν αὐτῷ ὁ Ἰησοῦς. Da das Verbum πιστεύω in Dativ-Verbindung mit λόγος sicherlich auch an dieser Stelle eine ‚theologische' Konnotation hat[45] und nicht nur ‚vertrauen' oder ‚für wahr halten' bedeutet,[46] datiert der Glaube bereits vor der Demonstration des Wunders. Wie aber kann dann der Königliche gemeinsam mit seinem ganzen Haus in V.53 *zum Glauben kommen* (καὶ ἐπίστευσεν αὐτὸς καὶ ἡ οἰκία αὐτοῦ ὅλη)?

Dem Phänomen wurde durch die Annahme eines unvollständigen oder wachsenden Glaubens von V.50 hin zu V.53 gerecht zu werden gesucht.[47] Diese Deutung anerkennt den theologischen Akzent, verkennt aber die unterschiedliche Tendenz der Glaubensaussagen, die je *grundsätzlich* formuliert sind.[48] Nach V.50 wird der Glaube aus Jesu Wort gewonnen; V.53 bezieht den Glauben auf die im Wunder sich ereignende Lebensvermittlung zurück. Francis J. Moloney sucht das Problem dadurch zu bewältigen, daß er ἐπίστευσεν in V.53 als komplexiven Aorist deutet: „The whole experience of the official is a reflection of his belief, and through it his household also believed".[49] Eine beeindruckende Deutung, deren Differenzierung zwischen dem Königlichen (αὐτός) und seinem ganzen Haus m.E. allerdings nicht wirklich greift. Die Aussage des Zum-Glauben-Kommens umfaßt beide Subjekte, den Königlichen wie sein gesamtes Haus, und steht so in Spannung zu V.50.

---

[43] Zur Aufgabe der Textpragmatik B. Sowinski 64–79.

[44] Demzufolge könnte tatsächlich überlegt werden, daß das Wunder nicht das eigentliche Thema des Erzählers ist (so F.J. Moloney, JE I, 177), geht es doch zunächst um den Glauben des Königlichen (und seines Hauses); aber dieser Glaube steht in einem festen Zusammenhang mit der geschehenen Heilung. Doch auch diese thematisiert nicht primär ein Wunder, sondern das Leben, das in diesem Wunder durch den Täter vermittelt wird.

[45] Vgl. G. Barth, πίστις 227; A. Dauer, Johannes 66, und besonders F. Hahn, Glaubensverständnis 60; für Hahn liegt in diesem Vers die entscheidende Pointe für den Glauben in 4,53 (s.a. aaO. 54).

[46] So im JE allerdings in 9,18. Die profane Bedeutung betont z.B. U. Schnelle, Christologie 99; JE 98; s.a. C.K. Barrett, JE 264; I. Dunderberg, Johannes 80; W. Weiß 128.

[47] Z.B. R. Bultmann, JE 153.154; G.R. Beasley-Murray, JE 71.73; R.E. Brown, JE I, 195; R.H. Lightfoot, JE 128f; B. Witherington, III, JE 128f; s.a. E. Schweizer, Heilung 412f, und R. Kysar, JE 74 [von V.47 bzw. V.48 zu V.53]; einen Fortschritt im Glauben sehen auch E. Lohse, Johannes 4,46–54, 103f.105; Miracles 47; H.J. Holtzmann/W. Bauer, JE 116, intendiert. W.J. Bittner 127 findet den Glauben auf das Wort hin von V.50 nach dem Zeichen in V.53 auf seine „Grundlage" gestellt: „Es ist diese Einheit des Wortes Jesu mit dem Menschen wahrnehmbar gemachten Ereignisse, die den vertieften, weil gewissen Glauben entstehen läßt."

[48] Zur Spannung zwischen V.50b und V.53 s.a. R. Schnackenburg, Traditionsgeschichte 61; B.W. Henaut 290. 300.

[49] F.J. Moloney, JE I, 188.

Im vorliegenden Text will V.50 das Verständnis des Glaubens in V.53 interpretieren: Der Glaube des Königlichen wird auf das lebensspendende Wort des Offenbarers bezogen.

Im Blick auf das signifikante Bekenntnis zu Jesus als dem Heiland der Welt ergibt sich die Frage, ob die Person des Königlichen auch eine exemplarische Funktion in Relation zum Kosmos als Objekt des soteriologischen Handelns Jesu hat. Diese Frage läßt sich, von den synoptischen Parallelen herkommend (Mt 8,5–13 par Lk 7,1–10), noch einmal verschärft stellen: Repräsentiert er wie der synoptische Hauptmann einen Heiden oder sucht der Begriff βασιλικός eine andere religiöse Qualifikation mit der Person des Bittstellers zu verbinden?

Die Beantwortung dieser Frage wird dadurch erschwert, daß die Bedeutung der Vokabel βασιλικός selbst nicht völlig evident ist. Eigentlich ist βασιλικός ein Adjektiv ‚königlich‘ bzw. ‚zum König gehörend‘; so im NT: Apg 12,20 (vom Land); 12,21 (vom [Pracht-] Gewand); Jak 2,8 (vom Nomos). Dann kann es aber auch übertragen ‚prächtig, herrlich‘ bedeuten. Es kann sogar die Eignung einer Person für das königliche Amt bezeichnen: *Xenophon*, Anabasis I 9,1.[50] Absolut gebraucht, kann βασιλικός aber dann den familiären Zusammenhang mit dem Königshaus bezeichnen, d.h. einen *Mann aus königlichem Geschlecht* (z.B. *Lukian*, Dial Deor 20,1; Salt 64). Häufiger jedoch gibt βασιλικός ein Abhängigkeitsverhältnis an; so werden *Personen, die in königlichem Dienst stehen*, als βασιλικός bezeichnet (z.B. *Plutarch*, Solon 27,3; *Polybios* 76,2). Dem entspricht die wiederholte Verwendung des Begriffs bei *Josephus* für *Soldaten* des Herodes (Ant XV 289[51]; XVII 266; mit στρατιῶται: Ant XVII 275). Daneben begegnet βασιλικός mit und ohne der Angabe γραμματεύς in *Papyri* zur Bezeichnung des königlichen Schreibers bzw. Beamten (mit γραμματεύς z.B. *P. Köln* V 224,21; VII 314,11–12; *P. Wash. Univ.* II 77,1 [= *P. Vindob. Worp* 2]). Daher wird die Vokabel βασιλικός durch ‚Königlicher‘ wiedergegeben; dies entspricht der Vokabel am besten und läßt zugleich die genaue Identifizierung mit einer der vorgenannten Personengruppen offen. Eine gute Annäherung an das Phänomen des βασιλικός stellt es dar, wenn Jürgen Becker ihn als „Hofbeamter oder Soldat im Dienst des Tetrarchen Herodes Antipas" bezeichnet.[52]

Diese Begriffsklärung ergibt noch keine eindeutige Qualifikation des Königlichen als Heiden oder Juden.[53] Diese Fragestellung ergibt sich aus dem

---

[50] Zum Begriff vgl. auch W. Bauer, JE 77; ders.-A. u. B. Aland, Wb 273; P. Lampe 498; U. Wegner 57ff.

[51] Trotz U. Wegner 59 Anm. 6; Verhaftung und Hinrichtung der Aufrührer weisen auf eine militärische Bestimmung.

[52] J. Becker, JE I, [1]186. [3]224; s.a. z.B. J. Blank, JE 1a, 324. Laut Mk 6,14.22; Mt 14,9 konnte Herodes tatsächlich als König angeredet werden, obgleich ihm dieser Titel rechtlich nicht zustand. Daß der Begriff *Basilikos* auch vor einem kleinasiatischen, näherhin ephesinischen Hintergrund gelesen werden kann, versuchte S. van Tilborg 100f aufzuzeigen; dies stellt m.E. eher eine sehr vage Verbindung dar; immerhin könnte dieser Hintergrund aber die Veränderung vom *Centurio* zum *Königlichen* erklären. Zur Bezeichnung des römischen Kaisers als König im Osten des Reiches: 1Petr 2,13.17; 1Tim 2,2; Apk 17,9.12; 1Klem 37,3; vgl. H. Giesen, Apk 378.

[53] Beide Antworten werden in der Forschung gegeben. Nur einige wenige Beispiele seien für beide Positionen genannt: Den Basilikos kennzeichnen als *Heiden*: z.B. J. Becker, JE I, [1]186. [3]224; A.H. Mead 23, R. Kysar, JE 73, F.J. Moloney, Cana 196 mit Anm. 45; F.

Weg, den der Erzähler des Evangeliums in Kap.4 selbst beschreitet. Schildert er nach der Episode, in der der Offenbarer in Samarien auftritt, die Akklamation des verkündenden Offenbarers als σωτὴρ τοῦ κόσμου (4,42), so stellt sich die Frage, welcher Repräsentant dieses Kosmos im folgenden Wunder zum Glauben gelangt. Wie eingangs zu zeigen versucht wurde, ergibt es einen guten Sinn, an einen Repräsentanten der Heidenwelt zu denken. Da aber keinerlei explizite Bezeichnung vorliegt, ist 4,42 das einzige textinterne Interpretationssignal neben dem allgemeinen Gefälle der Erzählung, das von Jerusalem nach Samarien führt.[54] Ergibt auch die textexterne Analyse der Vokabel keine sichere Deutung,[55] so bleibt das vorgeschlagene Interpretationsschema aufgrund des Kontexts angeraten, aber nicht zwingend.

Der zweite Hauptakteur ist der *Wundertäter Jesus*. Er agiert zugleich als Helfer wie als Gegenspieler des Hilfesuchenden. Letztere Funktion nimmt er in V.48 wahr. In direkter Rede wendet er sich an eine Mehrzahl von Adressaten, so daß dieses Wort nicht allein auf den Bittsteller bezogen werden kann. Daß dieses Wort als eine Zurückweisung zu interpretieren ist, läßt sich im Handlungsablauf auch daran erkennen, daß der Bittsteller seinerseits seine Bitte an den Wundertäter erneuert (vgl. V.49 mit V.47). Mit V.50 erfüllt der Wundertäter dann die an ihn gerichteten Erwartungen, wenngleich auch nur indirekt:[56] Er entläßt den Hilfesuchenden. Dies allerdings geschieht mit der Zusage der vollzogenen Heilung des Sohnes des Königlichen: ὁ υἱός σου ζῇ. Dieses Wort steht in eindeutiger Opposition zu ἤμελλεν γὰρ ἀποθνῄσκειν (V.47) und zuvor ὁ υἱὸς ἠσθένει ἐν Καφαρναούμ (V.46b). Das Wort des Wundertäters überwindet die Krankheit und die Todesnähe des Sohnes und vermittelt ihm Leben. Der Wundertäter nimmt in der vorliegenden Geschichte also zwei Rollen ein, die gegensätzliche Erzählfunktionen wahrnehmen. Die Erzählung selbst zielt auf seine Funktion als *Helfer*, insofern der Königliche durch das Handeln dieses Helfers zu seinem exemplarischen Verhalten geführt wird. Dieses Verhalten, der Glaube, als Ziel ist durch die Erforschung der Stunde der Genesung des Sohnes zurückgebunden an das Handeln bzw. an das Wort des Wundertäters.

Porsch, JE 51; U. Schnelle, Christologie 96; JE 96; U.C. von Wahlde, Version 92. Anders identifizieren den Königlichen als *Juden*: R. Bultmann, JE 152 Anm. 3; R.E. Brown, JE I, 192; J.G.D. Dunn, Tradition 361; J. Frey, Heiden 230; M.D. Goulder, John 1,1–2,12, 236; M. Hengel, Frage 128 Anm. 108; E. Lohse, Miracles 46f; A. Schlatter, JE 137; R. Schnackenburg, Traditionsgeschichte 73 u.ö.; W. Schmithals, Johannesevangelium 341.

[54] Dieses Signal verwertet auch U. Schnelle, Christologie 96, zur Interpretation des Königlichen aus; s.a. F.J. Moloney, JE I, 183.

[55] S.a. F.J. Moloney, JE I, 183.

[56] Dies unterstreicht auch F.J. Moloney, JE I, 185: Ziel ist es, das Thema Glauben als Glauben an das Wort herauszustellen (aaO. 186).

Die Rolle der *Diener* ist diesem Erzählzweck untergeordnet. Sie kommen, um den Königlichen darüber zu informieren, daß sein Sohn lebt. Der Bezug auf das Entlassungswort Jesu (V.50) ist gesichert. Sie versichern zugleich die Identität zwischen Heilung und Heilungswort. Dadurch, daß sie nicht Zeugen dieses Wortes waren, sondern aus dem Hause des Königlichen kommen, sind sie unverdächtige Zeugen des Wunders. So belegen sie zugleich, daß das Geschehen keine natürliche Gesundung, sondern eine Lebensvermittlung darstellt, die auf das machtvolle Wort des Wundertäters zurückgeht.

Der lediglich als Objekt der Erzählung auftretende *Sohn* und die berichtenden Diener werden zusammengeschlossen in dem Begriff οἰκία. Dieser Begriff steht hier als Repräsentationswort für die in diesem Haus zusammengefaßte menschliche Gruppe, bestehend aus Sklaven und Familienangehörigen. Sie werden mit dem *pater familias* zusammengeschlossen und folgen ihm in seinem exemplarischen Glauben als dem Zielpunkt der Wundergeschichte, der entsprechend auch einen Abschluß der Geschichte bildet.

Rätselhaft bleiben demgegenüber allein *die Adressaten von V.48*, der enigmatisch den Handlungs- und Erzählablauf unterbricht. Setzt 4,46ff nicht unmittelbar das Itinerar von 4,43–45 fort, so dürfen wir auch nicht ungeschützt die Galiläer aus V.45 als Adressaten einfügen.[57] Viel spricht dafür, daß der Erzähler des Evangeliums die Erzählebene verläßt und sich direkt an die Leserschaft seines Werkes wendet.[58] Dieser Gemeinschaft soll mit der Einfügung eine bestimmte Interpretation als ungenügend vorgestellt werden. V.48 fungiert also auf einer anderen Ebene der Erzählung als eine direkt an die Leserschaft gerichtete Leseanweisung.[59]

Die Erzählung pendelt zwischen zwei *Orten*. Da ist zunächst der Standpunkt Jesu einerseits und der des Königlichen, der von Jesus hört und sich zu diesem auf den Weg macht. Ausgangspunkt des Weges des Königlichen ist andererseits der Ort des Kranken, Kafernaum (V.46a). Daraus würde sich ergeben, daß Jesus sich auf einem Reiseweg befindet, der auf diesen Ort bezogen wird. Tatsächlich wird aber gesagt, daß Jesus nach Kana in Galiläa gekommen ist. Dieser Ort ist im Evangelium bereits bekannt und wurde durch die ἀρχὴ τῶν σημείων qualifiziert. Dem konkurriert die Ortsangabe des Aufenthaltsortes des kranken Sohnes in V.46b; dieser Konkurrenz begegnet der Erzähler des Evangeliums durch die Anfügung noch einer weiteren Ortsnotiz in V.47a (ἥκει ἐκ τῆς Ἰουδαίας εἰς τὴν Γαλιλαίαν) und erinnert über den Aufenthaltsort des Kranken in V.46b an den Standort Jesu.

---

[57] Anders R. Schnackenburg, JE I, 498; vgl. R.E. Brown, JE I, 191: Der Basilikos repräsentiere die Galiläer; s.a. I. Dunderberg, Johannes 82; E. Lohse, Johannes 4,46–54, 103; M.W.G. Stibbe, JE 72. Noch anders B. Lindars, Capernaum 205: Es sei an das Jesus nachfolgende Volk (vgl. Joh 6,2) gedacht.

[58] S.a. F. Schnider/W. Stenger 82.86; H. Weder, Wende 141. Ähnlich in 1,29 (vgl. U. Busse, Tempelmetaphorik 404).51; 3,11; 11,30; 20,31.

[59] S.a. W. Weiß 129: „Am nächsten liegt wohl die Vermutung, der Evangelist schärfe mit der Bemerkung 4,48 die Aufmerksamkeit des Hörers auf den Fortgang der Erzählung". Anders die Leserorientierung bei L. Schenke, JE 92: „Seufzer des Lesers, dem mehr abverlangt wird als dem Zeitgenossen Jesu".

Ähnliche Überlegungen lassen sich hinsichtlich der Zeitangaben anstellen. Ist für die Wundergeschichte von primärem Interesse festzustellen, wie sich Heilungswort und Heilung des Sohnes zueinander verhalten, so fällt die Angabe ἐχθές heraus. Sie führt einen Tageswechsel ein, der bisher nicht explizit genannt ist. Die Angabe der Stunde der Heilung (ὥραν ἑβδόμην ἀφῆκεν αὐτὸν ὁ πυρετός; V.52) verobjektiviert das Wunder und gehört damit zusammen mit der Ausforschung der Stunde. Nicht so der Tageswechsel, der isoliert in der Erzählung steht. Das Zeitadverb gehört aber zusammen mit der Ortsangabe Κανὰ τῆς Γαλιλαίας; so entsteht ein geographisches und chronologisches Gebilde, das einen größeren Abstand zwischen dem Heiler und dem Kranken voraussetzt.

Die Heilung des Sohnes des Königlichen ist durch eindeutige Signale mit dem Gesamtfluß des vierten Evangeliums verbunden. Semantische Linien wurden wahrgenommen, die Aspekte der Heilung mit dem Erzählfluß des Evangeliums verbinden. Es konnten ebenfalls Störungen im Handlungsgefälle beobachtet werden. So fällt die Ablehnung der durch die Not motivierten dringlichen Bitte in V.48 auf; ihre Wiederholung führt zu dem bekannt guten Ausgang der Heilung. Dieses Schema erinnert an ähnliche Kompositionen im vierten Evangelium und wurde bereits bei der Analyse von Joh 2,1–11 vorgestellt: dort zu 2,3b–5. Daneben fällt der doppelte Abschluß unserer Wundergeschichte auf; sie findet einen Abschluß in der Feststellung der Heilung, der die angemessene Reaktion der Zeugen entspricht: Sie kommen zum Glauben. Dem Glauben der Zeugen wird ein weiterer Erzählerkommentar angeschlossen, der jetzt die Erzählebene der Heilungsgeschichte verläßt. Die Stichworte dieses zweiten Kommentars gehen wiederum auf den Kontext des Evangeliums. Die Struktur des Abschlusses der Heilungsgeschichte erinnert somit ebenfalls an Joh 2,1ff: Dem Abschluß der Wundergeschichte durch die Feststellung des Wunders schließt sich ein Erzählerkommentar an, der die Gesamtkomposition des Werkes im Blick hat. Allerdings ist das Glaubensmotiv jeweils anders plaziert: In 2,11 trägt der Erzählerkommentar den Glauben, der sich der Handlung anschließt, nach; er läßt ihn der Doxaoffenbarung folgen. In 4,53 schließt die Heilungsgeschichte selbst mit dem Glauben der Zeugen. Daneben sind weitere kleinere Kohärenzstörungen aufgefallen. Die beiden Feststellungen des Glaubens des Königlichen in V.50 und V.53 lassen sich nicht bedenkenlos im Sinne eines wachsenden Glaubens miteinander verrechnen, sondern bleiben als je unterschiedliche Antwort auf Jesu lebensspendendes Auftreten ein spannungsvolles Wachstumsindiz. Die Zeitangabe ἐχθές, V.52, ist in der an der Stunde der Heilung interessierten Wundergeschichte zu beachten. Überraschend ist die Anrede in V.48. Die 2. Pers. Pl. des Verbums verläßt die Erzählebene, die bis zu diesem Wort eigentlich nur mit dem Dialog zwischen Jesus und dem Königlichen zu tun hatte. Ein wichtiges Signal für die Aufnahme einer Tradition bildet die doppelte Ortsangabe in V.46.

Die Heilung des Sohnes des Königlichen ist integrierender Teil der Gesamterzählung, ohne sich völlig der Rückfrage nach der Aufnahme von Tradition zu entziehen. Wachstumssignale bei der Textanalyse lassen begründet nach einer möglichen Vorgeschichte dieser Perikope fragen.

3.2 Die Heilung des Sohnes des ‚Königlichen'

3.2.1 Rekonstruktion und formale Analyse

Die in Joh 4,46ff berichtete Heilung des Sohnes des Königlichen geht auf eine ältere Wunderüberlieferung zurück. Dies läßt sich neben den genannten narrativen Unebenheiten und Wachstumsindizien, wie die kritische Reaktion auf die Bitte um Heilung in V.48f[60] und die doppelte Ortsangabe in V.46, auch durch die relativ geringe Rate joh. Sprachmerkmale kenntlich machen.[61]

Die Heilungsgeschichte wird durch zwei Rahmennotizen umklammert, die die zugrundeliegende Tradition in das Reise- und Erzählschema des vierten Evangeliums eingliedern: 4,46a und 4,54. Mit *V.46a* erinnert der Evangelist ausdrücklich an das Weinwunder in Joh 2,1–11: ὅπου ἐποίησεν τὸ ὕδωρ οἶνον (vgl. 2,9). Gleiches gilt für den Schlußsatz *V.54a*. Die Bezeichnung als δεύτερον σημεῖον setzt 2,11 voraus: ἀρχὴ τοῦ σημείον. *V.54b* schließt demnach die Ringkomposition ab, die mit 2,1 in Galiläa begonnen hat.[62]

Unter der Voraussetzung einer zugrundeliegenden Wundersammlung könnten die ausdrücklichen Bezüge auf das Weinwunder von Kana auch einer solchen Quelle zugeschrieben werden.[63] Dagegen sprechen jedoch der Zusammenhang mit dem Reiseschema des vierten Evangelisten, die literarische Technik der Rückbezüge sowie sprachliche Merkmale in den beiden Versen 4,46.54.[64] Als sprachliche Merkmale, die auf die Hand des Evangelisten weisen können, sind in 4,46a zunächst die Partikel οὖν,[65] das Adverb πάλιν,[66] die

---

[60] Anders M.D. Goulder, John 1,1–2,12, 235f; s.a. F. Neirynck, John 4,46–54, 683: „The acceptance of Johannine redaction in vv. 48–49, and in vv. 46a, 47a, 50c, 54b, does not imply the existence of a pre-Johannine Fassung in the other verses". Warum aber läßt sich dann eine joh.-redaktionelle Schicht relativ glatt von einem geschlossenen, nicht diese theologischen und sprachlichen Beobachtungen aufweisenden Text abheben, der zudem nicht direkt mit einem/den Synoptiker/-n zur Deckung zu bringen ist? Auch sind die beobachteten Kohärenzstörungen nur schwer zu erklären, wenn hier ein Verfasser unabhängig von einer fixierten Tradition formuliert.

[61] Vgl. E. Schweizer, EGO EIMI 100; E. Ruckstuhl, Einheit 217f. Auch dies spricht gegen die Annahme, der vierte Evangelist habe eine ihm vorliegende Quelle durchgehend neuformuliert; zu B. Lindars, Capernaum *passim*.

[62] S.o. S. 170.

[63] Z.B. bei den Befürwortern der Semeia-Quelle: J. Becker, JE I, [1]185. [3]222f.224 (V.46a; 54a). S.a. R. Bultmann, JE 154; S. Landis 29.36; H. Riedl 157–159; H. Wöllner 28ff und R. Schnackenburg, Traditionsgeschichte 64: V.54 ohne ἐλθὼν κτλ. (ähnlich A. Dauer, Johannes 71, allerdings ohne πάλιν; U. Wegner 30). Anders W. Schmithals, Johannesevangelium 341: V.54a gehört in das Grundevangelium, in dem 4,46bff unmittelbar auf 2,1ff folgte; V.46a wird von ihm dem Evangelisten zugeschlagen, der das Itinerar 4,43–45 gestaltet habe.

[64] Vgl. für V.46a U. Schnelle, Christologie 96 (Anm. 50: ausführliche Dokumentation dieser Position in der Forschung). Zu V.54: Schnelle, aaO. 100; W. Wilkens, Zeichen 34f; auch F. Schnider/W. Stenger 68 erwägen aufgrund des ‚Semeia'-Begriffs die redaktionelle Ausfertigung dieses Verses; dies entspricht der Bewertung von Schnelle, aaO. 161ff, bes. 165, daß alle Belege von σημεῖον außer 2,18 und 6,30 redaktionell sind.

[65] Vgl. allerdings 4,52f (dreimal); hierzu s.u. S. 184 Anm. 90.

Angabe Κανὰ τῆς Γαλιλάιας[67] und die Ortspartikel ὅπου[68] zu nennen.[69] Auch die doppelte Ortsangabe Κανά (V.46a) und Καφαρναούμ (V.46b) wirkt störend und weist damit auf ein sekundäres Wachstum;[70] diese Beobachtung ist umso wichtiger, wenn die Vermutung zutrifft, daß 2,12a ein Verbindungsstück für beide Wundererzählungen ist (→ 2.1): Jesus, seine Mutter, seine Brüder und seine Jünger kommen nach Kafernaum (!). In diesem Kontext führt das erneute Kommen nach Kana zu einer recht seltsamen Pendelbewegung Jesu, die erst recht unmöglich wird, wenn man zudem V.47 beachtet, da in diesem Vers die Nachricht von der Nähe Jesu das Kommen des Königlichen zum Wundertäter motiviert. Für die redaktionelle Ableitung von 4,54 spricht das joh. Vorzugsadverb πάλιν. Die Reisenotiz ἐκ τῆς Ἰουδαίας εἰς τὴν Γαλιλαίαν setzt den Erzählzusammenhang des vierten Evangelium voraus (vgl. 4,3 [!]; s.a. 4,47 als Ergänzung des Evangelisten [s.u.]). Zudem läßt sich die vorliegende τοῦτο-Aussage den joh. Präzisierungssätzen zuordnen, die die Einzelepisode „zum Teil der Evangeliendarstellung" machen.[71]

Aber nicht nur bei der Einbindung der Wundertradition in sein Evangelium wird die gestaltende Kraft des Erzählers deutlich; auch die Erzählung selbst, V.46b–53, ist nicht frei von Einfügungen durch den vierten Evangelisten.[72]

Schon in V.47 wird Tradition von redaktionellen Aussagen überlagert, wie die Wendung ἐκ τῆς Ἰουδαίας εἰς τὴν Γαλιλαίαν anzeigt, die das Erzählschema des Evangeliums voraussetzt (vgl. 3,22ff; 4,3).[73]

---

[66] 41 der 141 ntl. Belege finden sich im JE (gerechnet ohne die sekundären Belege 8,2.8; 21,1.16); die Verbindung οὖν πάλιν bzw. πάλιν οὖν steht zudem auch in Joh 8,12.21; 9,15; 10,7; 11,38; 18,7.27.33.40; 20,10; s.a. 10,39; 20,21.

[67] Nur im JE: 2,1.11; 4,46; auch im Nachtrag 21,2.

[68] 28 von 84 Belegen stehen im vierten Evangelium; auch im Nachtrag 21,18 (zweimal).

[69] Zu den sprachlichen Merkmalen s.a. A. Dauer, Johannes 51f; s.a. S. Landis 29, der 2,12* als ursprüngliche Einleitung zur Heilung identifiziert.

[70] Vgl. U. Schnelle, Christologie 97; A. Dauer, Johannes 52; A. Weiser, Bibel 50.

[71] C.J. Bjerkelund 87.

[72] Anders noch J. Schniewind 20. Eine gegenüber den folgenden Erwägungen abweichende Theorie vertritt auch M.-É. Boismard, Saint Luc: Er rechnet mit der Erweiterung einer kurzen Wundergeschichte ohne Konstatierung des Eintretens des Wunders: 4,46b–47.50 (später weist er diese Wundergeschichte seiner ältesten Grundschicht Doc. C. zu; s. u. Anm. 158); diese Ergänzung sei durch den dritten Evangelisten (!) vorgenommen worden, der 4,48f.51–53 hinzufügt. Diese Zuschreibung wird durch strukturelle Berührungen mit dem dritten Evangelium und lk. Wendungen begründet (so der Ausdruck σημεῖα καὶ τέρατα; vgl. hierzu die Kritik bei W. Weiß 127 Anm. 29).

[73] Vgl. z.B. S. Landis 30; H. Riedl 159; F. Spitta 66; anders I. Dunderberg, Johannes 78. Stärkere Eingriffe des Evangelisten nimmt R. Schnackenburg, Traditionsgeschichte 64, an, der ab ἀκούσας mit der Einfügung des Evangelisten rechnet (s.a. W. Schmithals, Johannesevangelium 341; A. Dauer, Johannes 55f, setzt in seiner Argumentation den Zusammenhang mit dem Kana-Wunder voraus; allerdings wird diese Verbindung bereits eine sekundäre Überlieferungsstufe bilden.). Weitere redaktionelle Einfügungen können nicht überzeugen: z.B. Schnackenburg, JE I, 498: ἤμελλεν γὰρ ἀποθνήσκειν („joh. Gestaltung" mit Hinweis auf 11,51; 12,33; 18,32); ähnlich H. Riedl 164; H.M. Teeple, Origin 181; H.-P. Heekerens 53f; ἀποθνήσκειν könnte nach Dauer, aaO 59, eine Variante der joh. Redaktion für ein ursprünglicheres τελευτᾶν sein. Den ἵνα-Satz und die Formulierung ἤμελλεν γὰρ ἀποθνήσκειν nimmt R.T. Fortna, Gospel 41, zum Anlaß, hier eine V.49b nachahmende Formulierung des Evangelisten herauszustellen.

Neben der itinerarischen Notiz wird dem Evangelisten oft auch die Wendung καταβῇ καί zugeschrieben, da das ‚Herabsteigen‘ den Aufenthalt Jesu in Kana voraussetze.[74] Damit müßte auch ἤδη δὲ αὐτοῦ καταβαίνοντος in V.51 sekundär sein.[75] Wie die synoptischen Parallelen Lk 7,3.6ff; Mt 8,7f.13 rechnet jedoch auch die joh. Wundertradition mit einer Heilung des Sohnes aus der Ferne; also in einer gewissen Entfernung von Kafernaum. Allein so werden das Motiv der dem Königlichen entgegeneilenden Knechte und dessen Frage nach der Stunde der Heilung seines Sohnes einsichtig.[76] Die geographische Lage von Kafernaum am Rande des Hügellandes unmittelbar am See Genesareth[77] legt die Aufforderung an den Wundertäter zum ‚Herabsteigen‘ durchaus nahe.[78]

Das Kommen des Königlichen, seine Bitte und die verschärfte Situationsschilderung: ‚denn er war im Begriff zu sterben‘, gehören zu dem Traditionsbestand; dies belegt auch die Wiederaufnahme des Verses mit anderen Worten durch den Evangelisten in V.49.[79]

Der vertrauensvollen Zuwendung zum Wundertäter, die die Bitte des Königlichen darstellt, würde seinerseits eine positive Reaktion des Wundertäters entsprechen, in der der Wundertäter eine Fernheilung vornimmt oder sich zum Krankenlager begibt. Nichts dergleichen geschieht zunächst in der joh. Geschichte. Überraschend und unmotiviert bringt vielmehr V.48 eine Kritik vor, die dem Zusammenhang von Glaube und dem Sehen von Wundern gilt; ein Zusammenhang, der nicht durch eine Zeichenforderung, sondern die Bitte um Intervention in konkreter Not entstand.[80] Daher wird zu fragen sein, ob die Überlieferung der Tradition mit V.48 unterbrochen wird. Tatsächlich bildet der Vorwurf, daß ohne das Sehen von Zeichen und Wundern kein Glaube entstehe, kaum die originäre Antwort auf die Bitte des Königlichen.[81]

So wird in V.48 das Verbum πιστεύω überraschend eingeführt, wie auch der Wechsel in die 2. Pers. Pl. nicht dem Aufbau der Szene entspricht, da bisher nur Jesus (V.47a) und

---

[74] Z.B. R. Bultmann, JE 151; S. Landis 31; U. Schnelle, Christologie 97; R. Schnackenburg, Traditionsgeschichte 64; gegen das Ersetzen oder Ausscheiden von καταβαίνειν z.B. I. Dunderberg, Johannes 78f. Dunderberg wertet allerdings die Lokalisierung Jesu in Kana als ursprünglich, was nicht wirklich auszumachen ist.

[75] So konsequent R. Schnackenburg, ebd. (s.a. U. Wegner 24; S. Landis 33f); die Argumentation wurde durchaus stringent auch auf V.49 und V.51 ausgedehnt: F. Schnider/W. Stenger 68; schon J. Wellhausen, JE 24.

[76] S.a. A. Dauer, Johannes 58; R.T. Fortna, Gospel 40.

[77] Vgl. z.B. die Beschreibung bei W. Bösen 77 mit 78 M 41; S. Loffreda(/V. Tzaferis) 292; B.J. Malina/R.L. Rohrbaugh, JE 107. Zur Orientierung über die Lage s.a. die Landkarte Palästina Blatt Nord F 4. Zu Kafernaum s.a. kurz M. Tilly passim.

[78] An eine spezielle Ortskenntnis denkt R.E. Brown, JE I, 191.

[79] Die Anrede an Jesus V.49a setzt das Kommen des Königlichen zu Jesus voraus (V.47aα). Die Aufforderung κύριε, κατάβηθι (V. 49bα) nimmt die Bitte um Heilung auf (V. 47bα). Dem dringlichen Hinweis: ‚bevor mein Sohn stirbt‘, entspricht wiederum V.47bβ. ‚Wiederaufnahmen‘ sind eine beim Evangelisten häufiger zu beachtende literarische Technik.

[80] S.o. S.173 zur Handlungsstruktur der Erzählung.

[81] Vgl. z.B. U. Schnelle, Christologie 97, sowie die ebd. Anm. 55 genannten Exegeten; s.a U.C. von Wahlde, Version 93; H. Wöllner 28. Anders z.B. C.H. Dodd, Tradition 192f. 195. An eine Ergänzung durch die Redaktion denkt H.M. Teeple, Origin 181.

der Königliche (V.46b.47b) als handelnde Personen genannt waren. Die Anrede geht nicht auf die Jünger, da diese im unmittelbaren Kontext nicht erscheinen (zuletzt in 4,33f). Auch die Galiläer aus der Bemerkung von V.45 kommen als Angeredete in V.46bff nicht in Frage, da der Ortswechsel in V.46a eine neue Szene schafft, in der die Galiläer nicht zu den Protagonisten der Handlung gehören. So wendet sich der vierte Evangelist trotz der Gesprächsadresse πρὸς αὐτόν (V.48a^fin) nunmehr mit dem Jesuswort direkt an den Leser oder Hörer dieser Erzählung.[82] Auch die Partikel οὖν, eine typische sprachliche Eigenheit des vierten Evangeliums, kennzeichnet diesen Abschnitt als Einfügung. Die Konstruktion ‚ἐὰν μή … οὐ μή …‘ hat zudem eine nahe Parallele im Thomas-Wort in 20,25b (dort auch Formen des Konj. von εἶδον und πιστεύω).[83] Daher ist es eher zweifelhaft, daß V.48 ein „isolated saying placed here by the Evangelist" darstellt.[84] Auch wenn die Verbindung σημεῖα καὶ τέρατα im vierten Evangelium singulär ist,[85] paßt die Aussage von V.48 gut zu 2,23–25; 3,1–3 und muß dem Evangelisten nicht abgesprochen werden.[86]

Mit V.49 lenkt der Evangelist den Leser zu seiner vorliegenden traditionellen Erzählung zurück.[87] So entsteht ein szenischer Aufbau, der im wesentlichen dem Schema in Joh 2,3b–5 entspricht und dort als literarische Technik des vierten Evangelisten beschrieben wurde.[88]

Gegen die Annahme, ein der synoptischen Parallelüberlieferung (Mt 8,5ff par Lk 7,1ff) vergleichbarer Dialog, der dort den Glauben eines heidnischen Centurios demonstriert, sei durch V.48 ersetzt worden,[89] spricht der Aufbau der joh. Überlieferung, der als Wundergeschichte durchsichtig und stringent ist. Finden sich keine Spuren eines solchen ursprünglichen Glaubensdialogs, so ist weiterhin in der ältesten Überlieferung das Thema ‚Glaube‘ erst am Ende des Erzählten lokalisiert; ein Dialog, der das Verhältnis demütigen Vertrauens

---

[82] S.o. S. 178.

[83] U. Wegner 25; s.a. S. Landis 32; E. Schweizer, EGO EIMI 93. Auch 20,25b ist der Hand des Evangelisten zuzuschreiben: z.B. J. Becker, JE II, ¹627ff. ³740ff.

[84] G.R. Beasley-Murray, JE 73; vgl. K. Matsunaga 152: „The words of Jesus in v. 48 could … be derived from a tradition other than the sign-source …"; R.T. Fortna, Gospel 41: „…appears to have been taken up by the evangelist from an independent tradition"; s.a. E. Lohse, Johannes 4,46–54, 104: „traditionelle Bezeichnung".

[85] Geläufige Verknüpfung bei Paulus (Röm 15,19; 2Kor 12,12 [+ δυνάμεις]), insbesondere aber in der Apostelgeschichte (2,43; 4,30; 5,12; 6,8; 7,36; 14,3; 15,12; mit δυνάμεις: 2,22); einmal auch im Hebr (2,4) sowie jeweils bei den Synoptikern (Mt 24,24; Mk 13,22). Sonst LXX (Dtn 29,3; 34,11; PsLXX 134,9; Weish 8,8 u.ö.; s.a. Dtn 13,1f [sing.]) als Wiedergabe von הָאֹתֹת וְהַמּוֹפְתִים bzw. וּמֹפְתִים אֹתֹות (vgl. auch die Auflistung zu Röm 15,19 in Vetus Testamentum in Novo Bd. 2 [H. Hübner]; zur atl.-jüdischen Vorgeschichte der Rede von ‚Zeichen und Wundern‘ vgl. F. Stolz 123–144; W. Weiß 5–39) und Josephus (z.B. Bell 1,28; Ant 10,168; s.a. der Weber Jonathan, als Sikarier vorgestellt, verspricht in der Wüste σημεῖα καὶ φάσματα: Bell 7,438).

[86] Vgl. auch die Sprünge in der Handlungssequenz (s.o. S. 173) sowie Auflistung der Argumente bei M.-É. Boismard, Jean 4,46–54, 240f.

[87] So in der Mehrzahl der Arbeiten z.St; ähnlich R.T. Fortna, Gospel 41f, der ebenfalls in V.47b und 49 eine Dublette sieht, jedoch für den sekundären Charakter von V.47b plädiert; s.a. H. Wöllner 28.

[88] S.o. S. 138.

[89] Z.B. R. Bultmann, JE 152; jetzt wieder B. Lindars, Capernaum 206; zur Kritik vgl. z.B. R. Schnackenburg, Traditionsgeschichte 72; A. Dauer, Johannes 54f.74f.

zu Jesus reflektiert, würde die Geschichte ihrer Pointe berauben und zudem die Souveränität des Wundertäters in dieser Erzählung beeinträchtigen.

V.50–53 gehören im wesentlichen zur ursprünglichen Wundererzählung.[90] Auffällig ist jedoch das dreimalige οὖν in V.52f, ein ausgewiesenes joh. Sprachmerkmal, das auf redaktionelle Eingriffe schließen lassen könnte.[91] Eine stilistische Anpassung des Traditionsstoffes durch den Evangelisten kann nicht ausgeschlossen werden, so daß die Eintragung der Partikel allein nicht zu literarkritischen Operationen berechtigt.

Doch muß gefragt werden, ob der Glaube als Glaube an das Wort Jesu in V.50b nicht zu früh berichtet wird (vgl. V.53; hierher gehört formgeschichtlich der Glaube des *Basilikos*). Da das Verbum πιστεύω in Dativ-Verbindung mit λόγος auch an dieser Stelle eine ‚theologische' Konnotation hat,[92] datiert der Glaube mit diesem Halbvers bereits vor der Demonstration des Wunders.[93] Hat der Evangelist seine Anleitung zu einem angemessenen Wunderverständnis in V.48 ausgesprochen, so könnte in V.50b eine frühe Interpolation, möglicherweise noch im Gefälle des joh. Kreises, zu Wort kommen.[94] Dafür spricht auch, daß nicht πιστεύω εἰς (2,11.23; 3,16.18.36), sondern πιστεύω mit Dativ steht (ähnlich 2,22, das vielleicht als Vorbild für die Interpolation dient). Der Glaube, so will diese Einfügung betonen, gilt dem Wort, das der Offenbarer spricht, und damit dem Offenbarer selbst. Damit wird dreimal, wenngleich auch nicht widersprüchlich, so doch unterschiedlich akzentuierend, vom ‚Glauben' gehandelt:[95]

---

90   Als joh. suchen F. Schnider/W. Stenger 69f und U. Wegner 26.31 V.50a auszuweisen, doch weist die Vorliebe für das Begriffsfeld ζωή lediglich auf joh. Überlieferung und nicht schon unbedingt auf den Evangelisten.

91   Vgl. A. Dauer, Johannes 72; S. Landis 34; U. Wegner 29.31; schon E. Schweizer, EGO EIMI 100.

92   S.o. S. 175 mit Anm. 45.

93   So H. Weder, Wunder 77 (s.a. ders., Wende, 138: das Zeichen ist auf Voreingenommensein des Rezipienten angewiesen); auch die Annahme eines unvollständigen oder wachsenden Glaubens von V.50 hin zu V.53 (z.B. R. Bultmann, JE 153.154; G.R. Beasley-Murray 71. 73; R.E. Brown, JE I, 195; R.H. Lightfoot, JE 128f; s.a. E. Schweizer, Heilung 412f [von V.47 zu V.53]) anerkennt den theologischen Akzent, vereinfacht aber das Problem des Glaubens von V.50b, der dann als Wortglauben doch insuffizient sein sollte. So wären Zeichenglaube und Wortglaube in gleicher Weise unzureichend.

94   Den Erzählzusammenhang sehen auch F. Schnider/W. Stenger 65f.70 durch V.50b (Insbesondere der Relativsatz, ὃν εἶπεν αὐτῷ ὁ Ἰησοῦς, wird mit Hinweis auf 2,22 dem Evangelisten zugerechnet; zurückhaltend bewerteten sie indes die Posterität der Wendung: ‚er glaubte', [70].) sowie A. Dauer, Johannes 65f; S. Landis 33; H. Riedl 167 und U. Wegner 27 belastet, die diesen Anschnitt vollständig dem Evangelisten zuschreiben.

Zur Definition von ‚Glosse' und ‚Interpolation' sowie zu den Kriterien ihrer Ausscheidung vgl. H. Hübner, Glossen 393f.

95   Anders M.-E. Boismard, Jean 4,46–54, 249.254ff, der ebenfalls Unausgeglichenheiten in den Glaubensaussagen von 4,46ff findet. Für Boismard bildet in diesem Aufsatz V.50b das Ende der älteren Wundertradition, das der Evangelist gestrichen habe, jedoch von der späteren Redaktion wieder eingefügt wurde (aaO. 259). Dieser entfaltet viel-

• Die missionsorientierte Wundererzählung[96] konstatiert am Ende den Glauben, der aufgrund der Missionsterminologie ingressiv als ‚*zum Glauben kommen'*, d.h. ‚*Christ werden'* verstanden werden muß.[97]
• Der Evangelist fügt frühzeitig seine Leseanweisung für die Wundererzählung ein.[98]
• Dem Mißverständnis begegnend, der Glaube könne sich dem Wunder allein verdanken, fügt eine spätere Hand die Bindung des Glaubens an das Wort des Offenbarers hinzu.

Verschiedentlich wurde der ausführliche Schluß der Wundergeschichte problematisiert und Vv.52f als nicht ursprünglich qualifiziert.[99] Dagegen kann mit Rudolf Bultmann zu Recht eingewendet werden, daß sich der Anstoß durch die Annahme, allein ἐχθές sei hinzugefügt und setze das Sein Jesu in Kana voraus, beseitigen lasse.[100] Auf der Ebene der Tradition ist das Vergehen eines Tages nicht erkennbar, auch nicht nötig. Die eigentliche Pointe liegt in der Identität des Zeitpunktes vom Fortsenden des Königlichen durch Jesus und der Genesung des Sohnes (V.53), so daß die Einfügung eines weiteren Tages auf das Konto des Evangelisten geht, der damit das Wunder durch die größere Entfernung weiter steigert.[101] Dies entspricht der Steigerung der Fernwirkung des Wunders durch die Verlegung des Wunders nach Kana statt der traditionellen Ortsangabe ‚Kafernaum' (4,46a; sowie die sekundäre, aber vorevangeliare Verknüpfung 2,12a).[102] Hinweise auf joh. Vokabular in V.53a (γινώσκειν, οὖν, πατήρ [allerdings als Bezeichnung des Königlichen!]) lassen nicht zwingend mit redaktioneller Abfassung dieses Verses rechnen,[103] da einerseits das theologische Vokabular auch durch die Entstehung oder Transmission im joh. Kreis eingetragen werden konnte. Andererseits ist die Partikel οὖν beständig in die Tradition eingefügt, und die Vokabel πατήρ entspricht der Erzählwelt der Wundergeschichte, nicht

---

mehr in V.48 seine Kritik am Wunderglauben, die durch die ebenfalls redaktionelle Ergänzung von V.52f bestätigt werde; als Modell dienen die mt./lk. Parallele der Heilung des Sohnes/Knechts des Centurion. Schwer nachzuvollziehen ist jedoch, daß die positive Schlußformulierung, die uneingeschränkt Glauben konstatiert, allein um der Kritik in V.48 willen eingefügt sei und auf der gleichen literarischen Ebene stehe. M.E. muß als Basis der Rekonstruktion die stilgemäße Aussage von der Identität der Stunde der Entlassung und der Heilung sowie des entsprechenden Glaubens stehen, die durch V.48 und V.50b je eigen interpretiert werden.

[96] S.u. S. 203.
[97] Vgl. U. Schnelle, Christologie 100.
[98] Zum Verhältnis von Glaube und Wunder beim vierten Evangelisten s.u. S. 207ff.
[99] Z.B. F. Spitta 67; E. Schwartz, Aporien IV 511; jetzt wieder W. Wilkens, Zeichen 33f (außer V.53b); H.-P. Heekerens 60ff.
[100] R. Bultmann, JE 152; s.a. S. Landis 34; R. Schnackenburg, JE I, 501; F. Schnider/W. Stenger 68; U. Wegner 25.
[101] Dies auch zu R. Schnackenburg, Traditionsgeschichte 64, der keinen Hinweis des Evangelisten auf eine größere Entfernung annimmt und so keine Steigerung des Wunders gelten läßt.
[102] Vgl. E. Lohse, Miracles 55 Anm. 5 (zu S. 46).
[103] Zu R.T. Fortna, Gospel 43; H.-P. Heekerens 60; s.a. S. Landis 35, der allerdings das Motiv der Stunde als Rudiment einer vom Evangelisten überarbeiteten traditionellen Aussage bewertet. Aufgrund der Wiederholungstechnik des Evangelisten schreibt A. Dauer, Johannes 71, ὁ υἱός σου ζῇ in V.53 seiner Hand zu. Doch die dreimalige Verwendung dieses Wortes gehört zur rhetorischen Technik der Erzählung und markiert damit ihren christologischen Schwerpunkt; s.u. S. 200.

dem spezifisch theologischen Gebrauch des Evangelisten, der hiermit die Nähe des Gesandten zu dem ihn sendenden Gott aussagt. Wenn nun V.53a formal zum Abschluß der Wundergeschichte gehört, so ergibt sich, daß Vv.52f von ἐχθές abgesehen im wesentlichen unverändert vom Evangelisten aufgenommen worden sein wird.

Es läßt sich folglich eine kurze und geschlossene Wunderüberlieferung erkennen. In der *Exposition* der Überlieferung wird an erster Stelle ein Königlicher eingeführt, der als Vater eines kranken Sohnes auftritt (V.46b). Die direkte Schilderung des Kommens des Wundertäters, ein klassisches Motiv synoptischer Wundergeschichten,[104] wird redaktionell an die Geschichte herangetragen (V.46a), die ihrerseits dieses Eintreffen nur indirekt berichtet (V.47aβ*), indem der Königliche vom Kommen Jesu hört.[105] Tritt der Königliche als Stellvertreter des Kranken[106] auf (s.a. die Syrophönizierin: Mk 7,25), so gehört dies in den Rahmen der Fernheilung (vgl. Mk 7,25; *Philostratus*, VitAp III 38; *Aelius Aristides*, Or 47,78;[107] die epidaurische Heilinschrift B1 [21][108]) wie später das Auftreten der Gesandtschaft. Die Art der Krankheit wird erst in V.52b nachgereicht. Für die Exposition ist die Schwere der Krankheit entscheidend;[109] doch erst V.47fin zeigt (allerdings stilgerecht) die Dringlichkeit der Hilfe an. Dies läßt schon erkennen, daß für die Erzählung nicht der Kranke und sein Leiden entscheidend sind, sondern die konkrete Fernheilung, die theologisch überhöht wird und Jesus als den Wundermann, der der *wahre Lebensspender* ist (V.50.51.53),[110] zeigt.[111] Die Dringlichkeit der Hilfe wird in der *Vorbereitung* angezeigt: Ohne Verzug muß der Beistand geschehen, da die nicht genannte Krankheit als tödliche charakterisiert wird. Nach der Vorbereitung ist stilgemäß der Vollzug des Wunders zu erwarten.[112] Der Erzählverlauf wird jedoch zunächst gewaltsam durch die redaktionelle Einfügung des vierten Evangelisten unterbrochen (Abweisung der Bitte in V.48). Die *Durchführung des Wunders* fehlt; dies entspricht der Situation, in der der Kranke dem Wundertäter nicht gegenüber getreten ist. Unmittelbar an die Vorbereitung wird die Entlassung V.50aα angefügt (s.a. Mk 7,29). Sie wird normalerweise an den Geheilten nach dem Vollzug des Wunders gerich-

---

[104] Hierzu G. Theißen, Wundergeschichten 58.

[105] Das Hören motiviert die Annäherung an den Wundertäter auch in Mk 5,27; 7,25; 10,47; Lk 7,3; hierzu G. Theißen, Wundergeschichten 60.

[106] Vgl. hierzu G. Theißen, Wundergeschichten 59; H. Riedl 173f.

[107] Text in NW II/2 (zu Apk 2,8.)

[108] Zum Verständnis vgl. L.R. LiDonnici 101 Anm. 3.

[109] Vgl. R. Bultmann, Geschichte 236.

[110] S.a. K.L. Schmidt, Charakter 39. Auch H.K. Nielsen 157 erkennt, daß das dreimalige ζῆν auf das Geschenk *des* Lebens zielt; dies gilt jedoch nicht erst für den Evangelisten; s.a. C.H. Dodd, Interpretation 318; A. Feuillet, Signification 41f, und J. Bligh, Jesus 116, dessen Deutung als „quasi-resurrection narrative" mich allerdings aufgrund der Form des Textes nicht überzeugt.

[111] Vgl. P. Wendland, Literaturformen 210: Es fällt „alles Licht auf den Wundertäter".

[112] Vgl. die bei G. Theißen, Wundergeschichten 70–75, genannten Motive; s.a. R. Bultmann, Geschichte 237.

tet.[113] So könnte wohl V.50* bereits zur *Demonstration* gehören; allerdings bezieht sich V.52f ausdrücklich auf den Zuspruch Jesu als Zeitpunkt der Heilung, so daß V.50 auch die fehlende Schilderung des Wundervollzugs ersetzen mag.[114] Der Königliche kann entlassen werden, weil Jesus als der wahre Lebensspender sich seiner Bitte zugewendet hat, was durch den Zuspruch[115] lediglich verbalisiert wird. Völlig ohne magische Attitüde ist also das Wunder geschehen. Der Ausspruch Jesu wird nicht nur in der Nachricht der entgegenkommenden Knechte aufgenommen, sondern wörtlich zitiert, wenn der Vater erkennt, daß das Fieber zum Zeitpunkt des Ausspruchs gewichen ist. Dies unterstreicht die Bedeutung dieser Feststellung. Zugleich aber sind die Veränderungen gegenüber vergleichbaren frühchristlichen Wundergeschichten durch das Entfernungsmotiv mitbedingt. Der Wundertäter kann am Kranken keine Berührung oder heilende Mittel anwenden; der stellvertretend Bittende muß erst den Wundertäter verlassen, bzw. es muß eine Zeitspanne vergehen, um die Entfernung zwischen dem Wundertäter und dem Wunder zu überwinden und den Vollzug zu erkennen. Auffällig ist das Achtergewicht der Wundererzählung. Große Bedeutung kommt der Feststellung des Wunders in der *Reaktion* zu. Schon das Wort der Diener über das Leben des παῖς[116] bereitet das folgende, insbesondere die wörtliche Wiederholung des Jesuswortes in V.53 vor. Dieses hebt die Zeitidentität von Wunder und Heilung (V.53) hervor.[117] Vorher werden durch das Erkundigungsverfahren, das unverdächtige Zeu-

---

[113] Z.B. Mt 5,19.34 u.ö.; vgl. R. Bultmann, Geschichte 240. Zum Thema der Entlassung s.a. G. Theißen, Wundergeschichten 77, mit antiken Parallelen.

[114] Man könnte V.50a gleichsam als das machtvolle wunderwirkende Wort (vgl. G. Theißen, Wundergeschichten 73f) interpretieren.

[115] Der Zuspruch ist ein bei Fernheilungen häufiger belegtes Motiv; vgl. die bei U. Wegner 53f genannten Exempel: Mk 7,29 (... διὰ τοῦτον τὸν λόγον ὕπαγε ...); *Philostratus, VitAp III 38* (θάρσει [wie Mk 6,50 u.ö.; Vf.] ἔφη ὁ σοφός, οὐ γὰρ ἀποκτενεῖ αὐτὸν ἀναγνοὺς ταῦτα [nämlich einen Brief mit magischem Inhalt]); auch Ber 34ᵇ (לכו שהלצתי חמה); auch 2Kön 5,10 stellt die Heilung in Aussicht nach einer erfolgten Waschung. Weitere Belege für das Zuspruchmotiv in Wundererzählungen bei G. Theißen, Wundergeschichten 68f.

[116] Möglicherweise ist die wörtliche Wiederholung des Jesuswortes schon in der Nachricht der Diener textkritisch richtiger: ‚... *und sagten: Dein Sohn lebt'*. Allerdings ist kaum zu entscheiden, ob mit 𝔓[66*.75], ℵ, A, B, C et al. παῖς αὐτοῦ (s.a. παῖς σου: Θ, Ψ et al.) oder mit der Korrektur von 𝔓[66] sowie D, K, L, N et al. υἱός σου zu lesen ist (beide Vokabeln bieten die Texte des Sigels *f¹³*). Die quantitativ besser überlieferte Lesart ist wohl υἱός αὐτοῦ, wie oben vorausgesetzt. Erklärbar sind beide Lesarten als Angleichungen von παῖς an die synoptische Centuriosgeschichte (vgl. Mt 8,6.8.13; Lk 7,7), υἱός an den joh. Text (V.46.47.50.53; so z.B. R. Bultmann, JE.Erg.-H. 28 zu 153; B.M. Metzger, Commentary ¹207. ²178). Die kompositionelle Intention könnte υἱός gegen die Überlieferung als erwägenswerte Textvariante auszeichnen (so z.B. G.D. Kilpatrick 393; dagegen E.D. Freed 448f). Der Zuspruch Jesu V.50 würde sowohl bei der Konstatierung des Wunders (V.51) als auch in der Reaktion des Königlichen (V.53) zitiert und so dem Hörer und Leser als Zentralaussage ins Gedächtnis gerufen.

[117] Ein beliebtes Motiv bei Fernheilungen; vgl. Ber 34ᵇ par jBer 9d.

gen[118] aufbietet (V.52), die Spannung verschärft und zugleich die Zuverlässig-
keit des Erzählten gesteigert. Das Fieber, das erst in V.52 genannt wird, ist
nicht als Anspielung auf Mt 8,15 zu deuten.[119] Vielmehr ist das Fiebermotiv
aus der Todesgefahr herausgesponnen[120] und bietet ein nachprüfbares Motiv
(s.a. Mk 1,31; Mt 8,15), an dem die wunderbare Wende, die Heilung, ablesbar
ist.[121] Daß mit der Formulierung ἀφῆκεν αὐτὸν ὁ πυρετός an das Entwei-
chen eines Fieberdämons zu denken sei,[122] ist ein Gedanke, der im vorliegenden Text selbst nicht gestützt wird.[123] In V.53b wird die Erzählung kunstvoll
zusammengebunden: „Alle Zeugen des Wunders kommen zum Glauben".[124]
Der aus der Erzählung ausgeblendete Wundertäter steht den Betroffenen gegenüber, die geschlossen glauben. Gleichzeitig wird die Absicht des Berichts
deutlich: die Frage nach den persönlichen Konsequenzen des Hauptmanns. Er
und sein Haus glauben;[125] eine Folgerung, in die auch der Hörer einstimmen
sollte. Die ‚Reaktion' auf das Wunder fordert damit den Hörer selbst implizit
zur adäquaten Antwort auf.[126] Auffällig ist, daß wie auch in Joh 2,1ff der
Wundertäter von der Bühne der Erzählung entschwunden ist. Dies entspricht
in 4,46ff dem Genus der Fernheilung; allerdings wird bei der Frage nach der

---

[118] R. Bultmann, JE 153; s.a. J. Gnilka, JE 38; E. Lohse, Miracles 47; L. Schenke, JE 93.

[119] Anders I. Dunderberg, Anomalies mit F. Neirynck, John 4,46–54, 686; ders. et al. 223
Anm. 555; s.a. M.-É. Boismard, Jean 4,46–54, 256; M.D. Goulder, John 1,1–2,12, 237;
schon J. Wellhausen, JE 24, der diesen Vers einer Ergänzung zuschrieb, sieht die
Synoptiker zitiert, allerdings Mk 1,31; ein solches Zitat setzt voraus, daß der vierte
Evangelist einen vollständigen schriftlichen Text zu Verfügung hatte. Dabei blieben je-
doch die bestehenden massiven Differenzen zwischen den synoptischen und der joh.
Fernheilung ein offenes Problem. Zur Kritik s.a. B. Lindars, Capernaum 209.

[120] Zum Fieber vgl. A. Krug 52f. Fieber als todbringende Krankheit: z.B. *Dio Cassius* LX
17,1 (über den Tod Kaiser Vespasians); *Lukian*, Philopseudes 13: Das Fieber ist so
schwer, daß Kleodemus in seiner Fiebervision bereits in das Todesreich hinabsteigt; als
er von Plutos erfährt, daß seine Zeit noch nicht gekommen ist, kehrt er zurück, und das
Fieber war gewichen. S.a *Epiktet*, Diss II 5,14. *Epiktet* zielt auf die Vergänglichkeit des
Entstandenen, dem jeder unterworfen ist und die deshalb als gegeben hinzunehmen ist:
„Ich muß kommen wie die Stunde und vergehen wie die Stunde. Was macht es für einen
Unterschied, wie ich vergehe, ob durch Ertrinken oder durch Fieber? Denn auf diese oder
ähnliche Weise muß ich vergehen" (Übers.: R. Nickel 329. 331); s.a. *Epiktet*, Diss III
10,13; wird gleichermaßen der Tod aufgrund des Fiebers neben das Gesundwerden gestellt.

[121] Vgl. B. Lindars, Capernaum 209.

[122] K. Weiß 958.

[123] Anders allerdings Lk 4,39, wo gegen die mk. Parallele das Fieber als personifizierte
Größe angegangen wird: ἐπετίμησεν τῷ πυρετῷ; vgl. A. Weiser, Bibel 46. Ἐπιτιμάω
bei einem Dämon z.B. auch Lk 4,41; zum Begriff vgl. H. Giesen, ἐπιτιμάω 107f. Das
Fieber wird bei *Epiktet* neben die bösen Dämonen gestellt: Diss I 22,16.

[124] J. Becker, JE I, [1]187. [3]226.

[125] Zur sogenannten Oikos-Formel vgl. H.-J. Klauck, Hausgemeinde 51ff.

[126] Diese Formulierung spielt auf den Terminus ‚impliziter Appell' bei D. Zeller, Wunder
219, an.

Verortung im joh. Kreis nochmals auf diese Beobachtung zurückzukommen sein.

In der vorausgegangenen formkritischen Beschreibung wurde stillschweigend vorausgesetzt, daß es sich bei der Heilung des Sohnes des Königlichen um ein Exemplar der Gattung ‚Fernheilung‘ handelt. Daß es sich um eine Wundergeschichte handelt, ist schwerlich zu bestreiten; Aufbau mit Akklamation am Ende sowie der Inhalt legen dieses Verständnis nahe.[127] Auch kann aufgrund des Inhalts schwerlich bestritten werden, daß hier eine Heilung geschieht. Tatsächlich sind aber gegenüber Heilungsgeschichten einige Besonderheiten festzustellen: Das Auftreten eines stellvertretenden Bittstellers getrennt von der kranken Person, Fehlen der Durchführung des Wunders, z.B. durch eine körperliche Berührung des Kranken, Entlassung des Stellvertreters mit Hinweis auf die zu erwartende Heilung,[128] Feststellung der Heilung auf dem Weg (oder nach der Rückkehr). Daher kann m.E. durchaus von der Fernheilung als Sonderfall der Gattung ‚Heilungsgeschichte‘ ausgegangen werden. Zwar wurde zu Recht die schmale Quellenbasis für diese Gattungsbestimmung moniert,[129] aber eine Anzahl von Parallelen ist erkennbar: Im NT ist außer der mit unserer Stelle verwandten Erzählung Mt 8,5–13 par Lk 7,1–10[130] Mk 7,24–30[131] zu vergleichen, in der atl.-jüdischen Literatur neben 2Kön 5,1ff vor allem die rabbinische Wundergeschichte Ber 34b,[132] die eine

---

[127] Vgl. z.B. S. Landis 37.
[128] Das Mitgeben eines Briefes bewirkt bei *Philostratus*, VitAp III 38, zwar die Heilung, d.h. den Exorzismus; dies geschieht aber wohl durchaus aufgrund der Macht des Wundertäters, die durch den Brief aktualisiert wird. Jedenfalls ist dieser Text keine direkte Parallele zur Fernheilung. Anders *Aelius Aristides*, Or 47,78; dieser Brief ist lediglich ein sicheres Zeichen der Heilung (σύμβολον) durch den Gott des Asklepieions, wird aber nicht durch den Brief selbst bewirkt. Der Brief tritt hier an die Stelle der Entlassung des stellvertretenden Bittstellers durch den Wundertäter/die Gottheit.
[129] R. Feldmeier 214.
[130] Zur Klassifizierung als Wundergeschichte vgl. G. Strecker, Literaturgeschichte 164; D. E. Aune, New Testament 52; W. Schmithals, Lk 91. Aufgrund des an prominenter Stelle stehenden und für die Interpretation zentralen Dialogs über den Glauben wird diese Heilungsgeschichte zumeist als Mischgattung bestimmt und den ntl. Apophthegmen zugerechnet: Z.B. R. Bultmann, Geschichte 39.223; S. Landis 18; S. Schulz, Q 241; s.a. J.A. Fitzmyer, Lk I, 649; D. Lührmann, Redaktion 57: die Geschichte in Q hat „… den Charakter einer Wundergeschichte fast verloren“; F. Schnider/W. Stenger 64; beide Elemente zu verbinden sucht U. Wegner 343: „‚apophthegmatische(.)‘ Wundererzählung“ (s.a. D. Zeller, Wunder 215).
[131] Den formalen Vergleich führte z.B. C.H. Dodd, Tradition 189f, durch; zum Verständnis dieses Textes jetzt auch R. Feldmeier *passim*.
[132] In deutscher Übersetzung jetzt leicht zugänglich in: *Religionsgeschichtliches Textbuch* (ed. K. Berger/C. Colpe) Nr. 273 sowie bei G. Stemberger, Talmud 191f (mit kurzem Kommentar; s.a. G. Vermes, Hanina 30–32; Jesus 61).

nahe Parallele in jBer 9d hat; ein Text, der möglicherweise von Ber 34b abhängig ist.[133]

3.2.2 Überlegungen zur Relation zwischen der johanneischen Wundergeschichte und der synoptischen Heilung des Knechts des ‚Hauptmanns von Kafarnaum‘ (Mt 8,5–13 par Lk 7,1–10)

Eine direkte Parallele zur Heilung des Sohnes des Basilikos findet sich in der synoptischen Überlieferung (*Mt 8,5–13 par Lk 7,1–10*). Der rekonstruierte Traditionsbestand von Joh 4,46b–53 enthält wenige, gleichwohl nicht übersehbare Parallelen zu der in der synoptischen Tradition erzählten Wundergeschichte.

> Der Knecht bzw. das Kind[134] einer hochgestellten Persönlichkeit (ein Centurio bzw. ein Königlicher) erkrankt. Auf die Initiative dieses Mannes hin, der sich vertrauensvoll an Jesus wendet (bei Lk allerdings indirekt durch zwei Gesandtschaften), wird der Kranke von Jesus vermittels einer Fernheilung[135] durch sein Wort (Mt 8,13; bei Lk vorausgesetzt; s.a. Joh 4,50) geheilt. Lokalisiert werden die Heilung und die Krankheit (Mt 8,5; Lk 7,1) bzw. nur die Krankheit (Joh 4,46) in Kafernaum.[136]

Trotz einer Reihe teilweise nicht unerheblicher Differenzen im Detail[137] hat sich angesichts dieser Parallelen zu Recht der Standpunkt durchgesetzt, daß die Heilung des Sohnes des Königlichen keine vom Hauptmannswunder zu trennende Überlieferung darstellt.[138]

---

[133] G. Vermes, Ḥanina 31: „the Palestinian account is a remanipulated and abriged version of the baraita preserved in the Babylonian Talmud". – S.a. Rettung aus der Ferne: BQ 50a par Jeb 121b (vgl. bes. zur ältesten Gestaltung Vermes, aaO. 33). jSheq 48d. Zudem kann, allerdings mit gewichtigen Einschränkungen (s.o.), auch *Philostratus*, VitAp III 38 berücksichtigt werden.

[134] Nach R. Bultmann, Geschichte 39 Anm. 2, wäre Sklave (δοῦλος) in Lk 7,2 eine falsche Wiedergabe des als ‚Kind‘ zu übersetzenden παῖς Mt 8,6; für die Ursprünglichkeit von ‚Sklave‘ plädiert z.B. U. Wegner 41ff.

[135] Nur ein zweites Wunder dieser Art wird im NT überliefert: Mk 7,24–30 par Mt 15,21–28 (s.o.).

[136] Zu den strukturellen Parallelen vgl. z.B. F. Schnider/W. Stenger 55f.

[137] Die Differenzen sind häufig aufgelistet worden (vgl. z.B. R. Schnackenburg, Traditionsgeschichte 72–75; L. Erdozáin 10f; U. Schnelle, Christologie 101; F. Schnider/W. Stenger 57); im folgenden seien nur exemplarisch genannt: Kafernaum ist im JE der Ort der Krankheit, der von dem Standort der Handlung, Kana, getrennt ist; Der Bittsteller ist nicht ein ἑκατόνταρχος, sondern ein βασιλικός; Der Dialog um die Würdigkeit des Bittstellers fehlt; Im JE dokumentiert ein abweichender Schluß ausdrücklich die wunderbare Fernheilung im Augenblick der Zusage Jesu an den Königlichen (parallel ist allerdings die Aussage über die Identität der Stunde von Zuspruch Jesu und Heilung Joh 4,52f und Mt 8,13; s.u.).

[138] Vgl. z.B. J. Becker, JE I, [1]186. [3]223; F. Bovon, Lk 346; R. Bultmann, JE 151; W. Heitmüller, JE 86; H.J. Holtzmann/W. Bauer, JE 116 (mit Darstellung der älteren Diskussion); S. Landis 39; R. Schnackenburg, Traditionsgeschichte 76; F. Schnider/W. Stenger

Beide synoptischen Evangelisten beziehen ihre Tradition aus der *Logienquelle*,[139] wie es neben dem beiden Texten gemeinsamen Wortbestand und der im wesentlichen übereinstimmenden Erzählfolge auch die in beiden Evangelien nahezu analoge Akoluthie der Perikope nach der *Bergpredigt* (Mt 5,1–7,27 [.28f]/8,5–10.13) bzw. nach der *Feldrede* (Lk 6,[12.]17–49*/7,1–10) dokumentiert.[140]

Mt fügt lediglich die Reinigung eines Aussätzigen (Mt 8,1–4) zwischen der Bergpredigt und der Fernheilung ein, die das dritte Evangelium, der mk Ordnung folgend, bereits in Lk 5,12–16 geboten hat. Das Schlußwort der Bergpredigt Mt 7,28f verbindet Q- und Mk-Tradition. So wird Mt 7,28a in einer ähnlichen Formulierung schon in der Q-Überlieferung als Abschluß der Bergpredigt gestanden haben.[141]

Rekonstruktion und theologische Deutung der gesamten Q-Fassung der Fernheilung müssen im Rahmen dieser Arbeit zurückstehen.[142] Wichtig ist aber, daß bereits auf der Stufe von Q die Rede des Centurios (Mt 8,8f; Lk 7,6[fin].7b.8) einen erheblichen Raum eingenommen hat.

Hier scheint der Text im MtEv dem Q-Bestand am nächsten zu stehen.[143] Die in der lk. Rede überschießenden Worte können der lk. Red. zugewiesen werden; so μὴ σκύλλου ...

54, um nur eine Auswahl von Autoren zu benennen. Anders T. von Zahn, JE 273f; zuletzt wieder L. Morris, JE 255, und B. Witherington, III, JE 127f. Unsicherheit besteht bei W. Nicol 51f.

[139] In dieser Arbeit wird die Zweiquellen-Hypothese als Erklärungsschema für die Differenzen und die Parallelen der synoptischen Evangelien vorausgesetzt. – Unter Voraussetzung anderer literarkritischer Quellenhypothesen zur synoptischen Frage (vgl. die Darstellung von W. Schmithals, Evangelien *passim*; Einleitung *passim*) ergeben sich andere Erklärungsmodelle, die für das Verhältnis der joh. zur synoptischen Tradition andere Ergebnisse implizieren können; Varianten aufgrund abweichender literarkritischer Prämissen bei U. Wegner 14f.

[140] So die Mehrheit der gegenwärtigen Arbeiten zu den genannten Texten; vgl. z.B. D.R. Catchpole 284; J. Gnilka, Mt I, 298; G. Schneider, Lk I, 165; F. Schnider/W. Stenger 63f. Anders in der neueren Forschung, z.B. T. Brodie, Elijah *passim*, der die Technik der kreativen Neuschreibung für die lk. Version der Heilung verantwortlich macht und als Basistext 1Kön 17,1–16 wertet; diese Text rechnet Brodie Proto-Lukas zu: ders., Intertextuality 473ff.

[141] Vgl. G. Strecker, Bergpredigt 179f; U. Luz, Mt I, 415; anders U. Wegner *passim*: Mt 7,28a par Lk 7,1a sind die ursprüngliche Einleitung zur Fernheilung Q 7,1ff.

[142] Zur Rekonstruktion vgl. neben dem Kommentaren zum ersten und dritten Evangelium vor allem S. Schulz, Q 236–240; A. Dauer, Johannes 76–116; R.A.J. Gagnon, Shape 135ff; U. Wegner 126ff. Einen Überblick über unterschiedliche Modelle der Quellenanalyse hinsichtlich der Hauptmannsperikope vermittelt P.J. Judge *passim*.

[143] Vgl. A. Dauer, Johannes 86; M.C. Moreland/J.M. Robinson 478; als mt.-redaktionell sind in Mt 8,9f ἀποκριθείς (mit U. Luz, Mt II, 12 Anm. 4 [+ δέ; Luz liest wahrscheinlich zu Recht mit א* B et al.]; s.a. U. Wegner 157; anders z.B. S. Landis 10) und μόνον in V. 8 (z.B. Luz, aaO. 12 Anm. 4; D.R. Catchpole 298; R.A.J. Gagnon, Shape 138; Wegner 206f; anders S. Schulz, Q 239) zu beurteilen.

γάρ in V.6^fin,[144] die Einleitung zu V.7[145] und damit V.7a insgesamt, da hier V.3–6a vorausgesetzt werden.[146] Das Partizip τασσόμενος ist ebenfalls als lk. zu bewerten.[147]

Sachlich findet die Wundererzählung ihren „Höhepunkt"[148] im Wort Jesu (Mt 8,10; Lk 7,9): *Als es aber Jesus hörte, erstaunte er und sprach zu denen, die ihm folgten: Ich sage euch, einen solchen Glauben habe ich in Israel nicht gefunden* (Q 7,9).[149] Damit ist das Thema des vorbildlichen Glaubens eines Heiden als Skopus der Überlieferung gesichert.[150] Danach wird mit großer Wahrscheinlichkeit das Eintreten des Wunders ausdrücklich festgestellt worden sein (Mt 8,13; Lk 7,10 → Q 7,10[?]).[151] Steht auf der literarischen Ebene der Vorlagen QMt und QLk die Fernheilung in einem „Abschnitt israelkritischer Texte",[152] so stellt auch dieser Kontext den vorbildlichen Glauben eines Heiden heraus,[153] um das zeitgenössische Israel zu beschämen. Darf

---

[144] Z.B. U. Wegner 201f; S. Schulz, Q 238; D.R. Catchpole 298; S. Landis 10.

[145] J. Jeremias, Sprache 154f.

[146] Vgl. A. Dauer, Johannes 85; S. Landis 11; S. Schulz, Q 238f; anders U. Wegner 202–206: lk. Bearbeitung des Lk. Sondergutes.

[147] Vgl. U. Busse, Wunder 144; S. Landis 12; F. Schnider/W. Stenger 58 mit Anm. 2; S. Schulz, Q 239; U. Wegner 208.

[148] G. Schneider, Lk I, 166.

[149] Die Differenzen in diesem Kommentarwort sind größer als im voranstehenden Dialog, doch stimmen die wesentlichen Elemente überein. Die im lk. Text überschießenden Worte (ταῦτα, αὐτόν, ὄχλος, στραφείς) können als lk. Zusatz gedeutet werden (vgl. z.B. S. Landis 12; S. Schulz, Q 239); die mt. Hand wird ἀμήν eingefügt haben (vgl. R.A.J. Gagnon, Shape 138 mit Anm. 21; s.a. Landis 13); ebenso wird das παρ' οὐδενὶ vom ersten Evangelisten stammen, das „die folgende matthäische Interpretation vorweg"-nimmt (G. Strecker, Weg 100; s.a. Schulz, aaO. 239; U. Luz, Mt II, 12 Anm. 4; Landis 13; anders U. Wegner 216ff; D.R. Catchpole 304ff). Zur Rekonstruktion vgl. auch M.C. Moreland/J.M. Robinson 479.

[150] Vgl. z.B. D. Lührmann, Redaktion 57f; anders D.R. Catchpole *passim*, der die christologische Qualität eines Glaubens als Vorbild für die Mission *in* Israel herausgestellt sieht; s.a. R.A. Horsley, Conflict 40.

[151] Dies ist trotz der redaktionellen Arbeit in beiden Versen festzuhalten; s.a. A. Dauer, Johannes 82; I. Dunderberg, Johannes 87; S. Schulz, Q 240; gegen M. Dibelius, Formgeschichte 245; A. Harnack, Sprüche 56; das International Q Project tendiert dahingehend, daß kein Q-Text vorauszusetzen sei (M.C. Moreland/J.M. Robinson 479 mit der Sigelerklärung 476; Q-Text 109). Diese These variiert S. Landis 14, wenn er die abschließende Feststellung des Wunders auf verschiedene Quellen zurückführt; Lk 7,10 wäre dann nicht in der Diskussion um den Abschluß der Fernheilung in Q zu berücksichtigen. Zur Redaktion der beiden Evangelisten: Mt 7,13 als mt. Bildung: z.B. Dunderberg, aaO. 86; U. Luz, Mt II, 13; G. Strecker, Weg 99; Dauer, aaO. 78–80; ein Rekonstruktionsversuch von Q aufgrund von Mt 8,13 bei Landis 14–17; kritisch hierzu F. Neirynck, Jean 4,46–54, 178f. Zur lk. Arbeit in Lk 7,10 vgl. Dunderberg, aaO. 86f; Schulz, aaO. 239.

[152] So U. Luz, Mt II, 12, mit J.C. Kloppenborg, Formation 119.121; s.a. ders., Tradition 56: „... the placing of Luke 7:1–10 beside 7:18–23, 24–28, 31–35 has the effect of emphasizing the element of censure of 'this generation' (= Israel; Vf.) for its lack of faith".

[153] Gegen diese Identifikation des ἐκατόνταρχος macht sich allerdings D.R. Catchpole 292f stark; demgegenüber spricht jedoch der allgemeine Gebrauch (Ausnahme ist wohl ein jüdischer Papyrus des 2.Jh.) vom Makkabäeraufstand bis zum 1. Jüdischen Krieg

man ein zugegebenermaßen stark hypothetisches redaktionelles Wachstum der Logienquelle annehmen,[154] so zeigt es sich, daß solche israelkritische Sicht sich vor allem in den jüngeren Texten der Logienquelle ausspricht.[155] Daher darf die Wundererzählung zu Recht als eine späte Einfügung in Q gelten.[156]

Die Frage nach dem Umfang der Überlieferung muß bedenken, daß die Rede des Centurio (Q 7,6–8) wie auch die Antwort Jesu (Q 7,9) nicht allein verständlich sind, sondern einen Erzählrahmen voraussetzen, in dem der Dialog seinen Ort hat.[157] Ist dann aber der Dialog eine sekundäre Ergänzung einer ursprünglichen Fernheilung?[158] Das Motiv des Zögerns Jesu zu einem Heilungswunder an einem Heiden und dessen Überwindung ist auch in der zweiten Fernheilung der synoptischen Tradition (Mk 7,24ff) belegt[159] und scheint daher in einem Stadium der frühchristlichen Überlieferungsgeschichte für ein drängendes Problem der tradierenden Gemeinden zu stehen.

„nicht von jüdischen ἑκατόνταρχοι. Im Singular (seit Philo) kommt ἑκατόνταρχος, κεντ(ο)υρίων, centurio überhaupt nur für Nichtjuden im Rang eines Centurio, in römischen Dienst, vor" (C. Burchard, Matthäus 279, anhand der von ihm untersuchten jüdischen und frühchristlichen Texten).

[154] Einen Überblick vermittelt z.B. U. Schnelle, Einleitung 223–226.

[155] Vgl. F.W. Horn, Christentum *passim*, bes. 364; s.a. D. Zeller, Logienquelle 96.

[156] Vgl. z.B. A. Polag 16. 158; S. Schulz, Q 236ff; s.a. U. Wegner 298. Auch für B.L. Mack, Book 131ff, gehört diese Perikope nicht zur primären Schicht, was allerdings mit seiner Theorie von einer sekundären apokalyptischen Überarbeitung (Q²) einer ursprünglich kynischen Q-Überlieferung (Q¹) begründet ist. J.M. Robinson, Jesus 13f, unterscheidet lediglich zwischen zwei Stadien bzw. Schichten. Zu der ersten werden alte Spruchsammlungen gerechnet, die zweite umfaßt die Q-Redaktion in der Q 7,1–10 neben der Bergpredigt Jesus illustriert als den Kommenden, der „die Kranken heilen und den Armen das Evangelium verkündigen wird" (aaO. 14 mit Hinweis auf Q 7,22).

[157] S.a. J. Ernst, Lk 238; U. Luz, Mt II, 12f. Anders neben M. Dibelius, Formgeschichte 32, noch E. Schweizer, Mt 134: „In Q war ... offenkundig nur der Dialog V.8–10 überliefert, wohl mit einer überschriftartigen Angabe über die Krankheit des ‚Jungen' des ‚Hauptmanns von Kapernaum'."

[158] So besagt es z.B. die Analyse bei M.-É. Boismard/A. Lamouille 149, die für die älteste Schicht (Doc. C) eine einfache Wundergeschichte (Grundstock jeweils aus 2,12; 4,46b. 47.50a.54) rekonstruieren; s.a. J.C. Kloppenborg, Formation 118. 120; S. Landis 49.

[159] Dementsprechend findet auch D. Lührmann, Mk 130, „keine Anzeichen, daß beides (Wundergeschichte und Dialog zwischen Jesus und der Frau [V.27f]; Vf.) nicht ursprünglich zusammengehört habe; vielmehr entsteht der Dialog aus der Besonderheit dieser Geschichte" (s.a. J. Ernst, Lk 238; W. Schmithals, Mk 356; anders z.B. E. Lohmeyer, Mk 145: Priorität des Dialogs). Hatte R. Bultmann, Geschichte 39, vermutet, Mk 7,24ff und Mt 8,5ffpar seien „Varianten" (s.a. R.A.J. Gagnon, Shape 138; B. Kollmann, Jesus 259; dagegen z.B. H. Schürmann, Lk 397; U. Wegner 345f), so liegt m.E. das Richtige dieser Sicht darin, daß beide Geschichten in eine vergleichbare Situation gehören und somit auf eine vergleichbare Frage antworten, und zwar auf das Problem der Heidenmission (s.u.). Die vorstehende These wird rezipiert bei M.-É. Boismard, Jean 4,46–54, 250ff, indem er die vom vierten Evangelisten aufgenommene Wundertradition in Joh 4,46f.50 an Mk 7, 25–30 par Mt 15,22–28 heranrückt. Die Abhängigkeit wird bei I. Dunderberg, Johannes 95, geprüft und zurückgewiesen.

Das Problem geht auf die Frage nach der Aufnahme von Heiden in die frühchristliche Gemeinde: Dabei wird das πρῶτον von Mk 7,28 nicht als Exklusivaussage, sondern als heilsgeschichtlicher Vorrang, an dessen Seite nunmehr zu Recht die Heiden treten,[160] zu verstehen sein und löst so die diskutierte Schwierigkeit, indem sie in die Vita Jesu hineinprojiziert wird. In der Konsequenz dieser eher zurückhaltenden Öffnung steht die Heidenmission, die als „Sitz im Leben" unserer Tradition in der Literatur genannt wird.[161]

So wird die Lösung des theologischen Problems in der ‚Form' der Fernheilung gegeben und in das Leben Jesu zurückdatiert. Einerseits konnte so die geschichtliche Distanz Jesu zu den Heiden in der Erinnerung der Gemeinde[162] festgehalten werden und andererseits gelang es, die Zuwendung des frühen Christentums zu den Heiden in der Vita Jesu zu begründen.

Die Überlieferung von der Fernheilung stammt aus der frühchristlichen Überlieferung. Ihre Gestalt wird zumindest strukturell bereits dem Aufbau der Fernheilung entsprochen haben, wie er sich für die Logienquelle rekonstruieren läßt. D.h. das Fehlen eines Dialogs in der Tradition hinter Joh 4,46ff ist nicht unmittelbar als Indiz für eine ältere Form der Überlieferung der Fernheilung, die den Dialog noch nicht kannte, auszuwerten.

Vergleicht man nun die joh. Überlieferung mit dem Text der *Logienquelle* bzw. mit dem Text der beiden synoptischen Seitenreferenten, so repräsentiert die joh. Tradition nicht zwangsläufig ein gegenüber den Synoptikern älteres Stadium der Überlieferung, das ohne den Dialog zu denken wäre.[163] Angeknüpft wird in der joh. Tradition an das auch bei den Synoptikern erzählte Geschehen. Dabei wird die Wundergeschichte in einer veränderten Perspektive nacherzählt.[164]

Die Prüfung der Abhängigkeit muß bei den synoptischen Texten einsetzen und dort jeweils die redaktionellen Gestaltungen beachten.[165] Ein weiteres Problem erschwert aber das Urteil. Liegt zwischen der schriftlich fixierten Tradition im MtEv oder im LkEv (oder theoretisch auch von Q) eine Phase

---

[160] R. Feldmeier 213 spricht von einem Miteinander „auch in der Unterordnung".

[161] So z.B. D. Lührmann, Mk 131; auch R. Bultmann, Jesus 34; dies gilt entsprechend für die in Q7,1ff aufgenommene Tradition.

[162] Jesus muß so nicht, was einem frommen Juden ein Greuel war, ein heidnisches Haus betreten (vgl. hierzu E. Schweizer, Heilung 408 mit 9; S. Schulz, Q 243 mit Anm. 449; s.a. B. Kollmann, Jesus 259 Anm. 27). Anders D.R. Catchpole 301f, der hier eine christologische Aussage findet: nicht eine rituelle Frage, sondern Majestät und Autorität Jesu seinen in der Aussage von der Unwürdigkeit des Centurios reflektiert (s.a. 303f).

[163] So z.B. H.-P. Heekerens 117; R.T. Fortna, Gospel 45; R.A.J Gagnon, Shape 135 Anm. 7.

[164] Als einer synoptischen Vorlage „frei nachgebildet" verstehen auch F. Schnider/W. Stenger 73 den Traditionskern. Haftpunkt kann – auch dies ist m.E. richtig gesehen – der gottesdienstliche Vortrag sein. Ähnlich auch A. Dauer, Johannes 121.

Abweichend wird in dieser Arbeit allerdings vorausgesetzt, daß Bildung und Überlieferung trotz Berührung mit dem synoptischen Text im joh. Traditionsrahmen zu beheimaten sind; zu den Konsequenzen für die Rekonstruktion im Unterschied zu Schnider/Stenger und Dauer s.o. z.St.

[165] Vgl. C. Riniker 41f; I. Dunderberg, Johannes 27f; s.a. S. Landis 2f.

eigener Überlieferung, da der vierte Evangelist offenbar auf Tradition zurückgreift, so müssen wir mit dem Übergang in eine mündliche Überlieferungsphase, d.h. dem Phänomen der *secondary orality* rechnen.[166] Zu diesem Phänomen kommt es bei der lauten Verlesung eines geschriebenen Textes,[167] wie es
im Gottesdienst der Gemeinde geschieht.

Nach Walter J. Ong bezeichnet dieser Begriff eine Oralität, die „ihre Existenz und ihr
Funktionieren der Schrift ... verdankt"[168] und damit als Kennzeichnung der gegenwärtigen
technisierten Kultur. Die Literalität und wohl auch Sterilität solcher Oralität[169] ist nicht in
die Konzeption der ‚*secondary orality*' einzutragen, wie sie für die frühchristliche Überlieferungssituation gebraucht wird; zu stark steht in dieser Phase die Literalität unter dem Einfluß der Oralität; jedenfalls ist mit dem Begriff der *sekundären Oralität* keine qualitative
Negativkennzeichnung verbunden. Auch Helmut Koester rechnet Rekonversionen schriftlicher Stoffe ins mündliche Medium: „Even when written gospels came into existence, materials drawn from them may well have been introduced into these life situations (der mündlichen Überlieferung; Kult, Unterweisung, Mission; Vf.), for which they could be composed
in the Form of catechisms and in which they are used orally once again ...".[170]
Die bei solcher Verselbständigung und Transformation zu bedenkende Diskontinuität
erschwert nunmehr ein sicheres Urteil. Sicherlich werden aufgrund dieser Vorüberlegungen
weitreichende wörtliche Übereinstimmungen nicht zwingend erwartet werden können.
Größere Zuversicht ist möglicherweise strukturellen Parallelen entgegenzubringen.

Eine Parallele zum mt. Text ist zu beachten: Der Betonung der Identität der
Stunde von Jesuswort und Heilung in *Mt 8,13* (ἐν τῇ ὥρᾳ ἐκείνῃ; eine mt.
Formulierung[171]) entspricht Joh 4,53 (ἐν ἐκείνῃ τῇ ὥρᾳ).[172] Daneben stimmen mit dem MtEv überein, daß es ein direktes Gespräch zwischen Jesus und
dem Vater gibt.[173] Eine Bewertung dieses Sachverhaltes muß zunächst die
Affinitäten zum lk. Text prüfen. Negativ ist aber festzustellen, daß die Ver-
schärfung der israelkritischen Spitze der Quellenschrift, die der erste Evange-

---

[166] Zu diesem Phänomen vgl. W.H. Kelber, Gospel 217f; s.a. R. Uro 306 (zurückgreifend
auf K. Snodgrass 28). 313 u.ö.
[167] Vgl. R. Uro 311f: „... public oral performances of the text certainly influenced the
transmission of the gospel traditions among Christian groups that lived in the orbit of
various gospels".
[168] W.J. Ong 18; s.a. J. Halverson 181.
[169] Hierzu s.a. W.J. Ong 136f; zur notwendigen Unterscheidung vgl. R. Uro 306f Anm. 10.
[170] H. Koester, Written Gospels 297; zum Phänomen der Aufnahme schriftlicher Quellen in
die mündliche Tradition s.a. Ø. Andersen 45. 46. 51; G. Mayeda 68.
[171] S.a. Mt 9,22; 15,28; 17,18; vgl. z.B. G. Strecker, Weg 99; vgl. auch die Liste mit mt.
Vorzugsvokabular bei U. Luz, Mt I, 40, s.v. ἐκείνη + ὥρα. Anders S. Landis 15f.
[172] Für I. Dunderberg, Johannes 91, eine entscheidendes Kriterium für den Einfluß von Mt
8 auf Joh 4. Der Rückgriff wird als eine kritische Anknüpfung gewürdigt, in der synoptische Centurion königlicher Beamten zu einem Repräsentanten der wundergläubigen
und damit durch 4,44.48 kritisierten Galiläer wird: aaO. 96f.
[173] S.a. J. Schniewind 19; weiteres bei A. Dauer, Johannes 42f.

list durch die Einfügung des Logions 8,11f vornimmt,[174] keine direkte Aufnahme im vierten Evangelium findet.

Instruktiv sind die wörtlichen Übereinstimmungen mit der redaktionellen
Ebene des *Lukasevangeliums*: vgl. ἤμελλεν τελευτᾶν (Lk 7,2)[175] mit Joh
4,47 (ἤμελλεν γὰρ ἀποθνῄσκειν); s.a. ἀκούσας (vgl. Lk 7,3 mit Joh 4,47)
und die explizite Bitte ἐρωτῶν (Lk 7,3) bzw. ἠρώτα (Joh 4,47).[176] Erwägenswert ist, daß die im JE dem Königlichen entgegenkommende Dienerschaft
als eine Variante der nur bei Lukas beschriebenen Gesandtschaft anzusehen ist
(Lk 7,3–6a.7a).[177]

Allerdings ist die literarhistorische Bewertung der beiden Gesandtschaften in Lk 7,2–6
umstritten;[178] die Frage ihrer Herleitung wurde durch Stephan Landis erneut aufgenommen, der wiederum für ein differentes Modell zur Interpretation der Gesandtschaften plädiert.[179] Wie Eduard Schweizer,[180] dessen Studie ‚Die Heilung des Königlichen‘ (zuerst
1951) Landis zwar kennt,[181] aber im Kontext seiner eigenen Ausführungen nicht zitiert,
unterscheidet er zwischen Lk 7,2–6b.10 (eine Wundergeschichte[182]) und Lk 7,1.6c–9; das
Kriterium hierfür ist die scheinbare Spannung zwischen dem Auftreten der ersten Gesandtschaft, die den moralischen Wert des Centurios herausstellt, und der zweiten, die das De-
muts-Wort des Centurios aus der Logienquelle übermittelt.[183] Lediglich das Motiv der
zweiten Gesandtschaft, die der φίλοι, in Lk 7,6ab* sei ein lk.-redaktionelles Element, da

---

[174] Vgl. G. Strecker, Weg 100; s.a. D. Lührmann, Redaktion 58; J. Gnilka, Mt I, 302; anders C. Burchard, Matthäus 286f; zur redaktionellen Einfügung durch den Evangelisten
vgl. Strecker, ebd.; U. Wegner 3ff; anders J. Ernst, Lk 238. 241.

[175] Zum lk. Sprachcharakter von Lk 7,2 vgl. z.B. U. Busse, Wunder 146f; I. Dunderberg,
Johannes 87; anders R.A.J. Gagnon, Analysis 718; s.a. 715: aufgrund der im LkEv sel-
tenen Vokabeln κακῶς und τελευτᾶν, des mt. Sprachcharakters von Mt 8,6 und der
Parallele Joh 4,47 ist die Krankheitsangabe 7,2 vorzuziehen (vgl. ders., Shape 136.137);
S. Landis 20 bringt die lk. Sonderüberlieferung als Erklärung in Anschlag.

[176] Weitere Übereinstimmungen mit allerdings unterschiedlicher Evidenz bei A. Dauer, Johannes 39f (so stehen der wörtlichen Kongruenz in Lk 7,6 mit Joh 4,50f unterschiedliche Subjekte gegenüber): s.a. I. Dunderberg, Johannes 9f. M.-É. Boismard, Jean
4,46–54, 253, prüft die Parallelen zwischen Lk 7,3b, die er als lk.-redaktionell anerkennt, findet aber eine größere Affinität zwischen Joh 4,47b und Mk 7,26 (καὶ ἠρώτα
αὐτὸν ἵνα τὸ δαιμόνιον ἐκβάλῃ ἐκ τῆς θυγατρὸς αὐτῆς.). Boismard beachtet auch
die Berührung zwischen Lk 7,2 und Joh 4,47c, weist jedoch erneut auf die Übereinstimmung Mk 7,25ff (aaO. 254).

[177] Vgl. auch G. Theißen, Wundergeschichten 188.

[178] Vgl. auch den Überblick bei P.J. Judge, bes. 473ff. 479ff.

[179] S. Landis 18–27.

[180] E. Schweizer, Heilung 408 Anm. 8: Der dritte Evangelist verarbeitet zwei Überlieferungen: Lk 7,2–6a.10 und 7,6b–9; s.a. T. Schramm 40–43, der neben lk. Sondergut und Q
auch auf Mk 5,35 verweist; H.J. Held 183: andere Quelle (anders aber 221: Auslassung
des Mt); P. Gardner-Smith 23 (weitere ältere Vertreter bei R.A.J. Gagnon, Motives 125f
Anm. 9); „eine vor-lk sek erweiterte Q-Perikope", d.h. Ersetzung der Q-Perikope durch
eine umgestaltete Q-Fassung aus dem lk. Sondergut: U. Wegner 247–255, Zitat: 253 (im
Original unterstrichen; der Text: aaO. 248: Lk 7,2αβ.b. 3–6a.7a.10); auch schon F. Rehkopf 89f; zur Kritik an Wegner vgl. Gagnon, Analysis 711ff.

[181] S. Landis 76 Nr. 39 (Literaturverzeichnis).

[182] S. Landis 27.

[183] S. Landis 18.

hiermit der Q-Dialog in die lk. Sondergutüberlieferung integriert wird.[184] So lassen sich drei verschiedene Darstellungen der Fernheilung in Kafernaum benennen: die der Logienquelle, die des lk. Sondergutes und die der joh. Semeia-Quelle.[185] Dabei ist nicht hinreichend berücksichtigt, daß die ethische Qualität der Fürsorge, die in der ersten Gesandtschaft ausgedrückt ist, auch mit der Demut des Hauptmanns, die in der zweiten Gesandtschaft ausgesagt ist, zusammengeht. Die lk. Verantwortlichkeit für das Gesandtschaftsmotiv bestreitet auch die Ableitung der Gesandtschaft(en) aus Q[Lk186] oder die Vermutung der Streichung der Gesandtschaften aus der Logienquelle durch den Evangelisten des MtEv.[187] Gegenüber der letztgenannten Annahme ist vor allem zu bedenken, daß die komplette Streichung traditioneller Charaktere nicht mit der mt. Eliminierung traditioneller Motive, wie sie sonst zu beobachten ist, zur Deckung gebracht werden kann.[188] Gegenüber der Annahme lk. Verantwortlichkeit für die doppelte Gesandtschaft sollte die lk. Erzählfreude nicht zu restriktiv beurteilt werden.[189] Eine eigenständige Vorlage der Hauptmanns-Perikope neben Q für Lk anzunehmen, besteht schon aus stilistischen Gründen kein Anlaß.[190] Auch sind die redaktionellen theologischen Züge der beiden Gesandtschaften zu beachten: Mit Georg Strecker ist auf die Übereinstimmung der jüdischen Gesandtschaft mit der Tendenz des Lukas zur heilsgeschichtlichen Einheit von Christentum und Judentum hinzuweisen.[191] Immerhin mag man für eine lk. Erklärung auch auf die Gesandtschaft von Apg 10 verweisen,[192] die insofern anders endet, als Petrus in das Haus des frommen und gottesfürchtigen (φοβούμενος), den Juden wohlgesonnenen Centurios eintritt (V.25), schließlich der Geist ebenfalls den Heiden zuteil wird und somit diese auch getauft werden (V.44ff); das Gesandtschaftsmotiv verbindet aber beide Geschichten, wobei es bezeichnend ist und dem lk. Verständnis des Weges des Evangeliums entspricht, daß erst in Apg 10 das heidnische Haus betreten wird.[193]

---

[184] S. Landis 24.

[185] S. Landis 48ff; basierend auf seinen Rekonstruktionen und der entsprechenden Kritik möglicher Abhängigkeiten: aaO. 4ff und 41ff.

[186] Z.B. W. Grundmann, Lk 155; jetzt auch W. Wiefel, Lk 141f; mit M. Sato 55 auch D. Kosch 419; s.a. D. Lührmann, Redaktion 57 Anm. 3: die jüdischen Boten sind eine „Erweiterung in der Q folgenden weiteren Überlieferung".

[187] So z.B. A. Dauer, Johannes 105f; R.H. Gundry, Mt 147; A. Sand, Mt 178; weitere Forscher mit U. Wegner 7f und R.A.J. Gagnon, Shape 133 Anm. 2. R. Schnackenburg, Mt 79, vermutet, daß die erste Gesandtschaft ‚vielleicht ursprünglich' sei (vgl. die vorsichtig formulierten Äußerungen von dems., Traditionsgeschichte 75f; JE I, 505f; Dokumentation dieser These bei Gagnon, aaO. 133f mit Anm. 3; zur Kritik der Streichung einer bzw. beider Gesandtschaften durch Mt vgl. aaO. 139–142).

[188] Vgl. R.A.J. Gagnon, Motives 124.

[189] S.a. P. Wendland, Literaturformen 275; D.R. Catchpole 294; R.A.J. Gagnon, Motives 126.

[190] Vgl. die instruktive Auflistung bei U. Busse, Wunder 148 Anm. 1; s.a. I. Dunderberg, Johannes 87–89; F. Neirynck, Jean 4,46–54, 180. Zur Kritik, einer Sonderüberlieferung als Erklärung und zur Deutung der Gesandtschaften vgl. z.B. F. Schnider/W. Stenger 60–63.78; S. Schulz, Q 238 Anm. 410 (zur lk. Sprache); Busse, aaO. 152f (Variation des antiken Petitionsschemas in V.3f). Dies gilt auch zur Interpretation der Gesandtschaften als einer judenchristlichen Ergänzung: E. Haenchen, Probleme 84–86; hierzu kritisch R.A.J. Gagnon, Analysis 719ff.

[191] G. Strecker, Weg 99 Anm. 2; s.a. D.R. Catchpole 295ff.

[192] Z.B. C.H. Talbert, Patterns 19; R.A.J. Gagnon, Motives 129; s.a. D.R. Catchpole 297, der den Hinweis auf Mk 5,21–43 als literarisches Vorbild ergänzt.

[193] Zur Bedeutung von Apg 10 als Markstein für den Weg des Evangeliums zu den Heiden (trotz der vorbereitenden Ansätze in Kap. 8 und 9) vgl. z.B. U. Wilckens, Missionsrede 65f; A. Weiser, Apg, 252f.

Die beiden Gesandtschaften sind folglich eine lk. Ergänzung der Erzählung gegenüber seiner Q-Vorlage und gehören hinein in die redaktionelle Intention des dritten Evangelisten, die fürsorgliche Demut des Hauptmanns als Vorbild für die Gemeinde vorzustellen;[194] dieses paradigmatische Verhalten läßt sich als „Geringschätzung der eigenen Person, völliges Vertrauen und unbedingter Glaube an Jesus (vgl. Lk 18,9–14)" charakterisieren.[195] Die wörtlichen Übereinstimmungen sind zwar nicht sehr zahlreich, aber durchaus qualitativ mit den mt. Affinitäten zu vergleichen. Das Fiebermotiv ermöglicht zusammen mit dem Stundenmotiv, das Wunder quasi objektiv mit dem Jesuswort zusammenzubringen. Dies bereitet den Glauben des Königlichen und seines Hauses vor, der so nicht im mt. Text angelegt ist; hier möchte ich eine eigenständige Ausgestaltung der joh. Überlieferung sehen. Ähnlich könnte auch hinsichtlich der lk. Parallelen argumentiert werden. Allerdings könnte das Gesandtschaftsmotiv ein Indiz für die lk. Fassung als Vorbild für Begegnung mit der joh. Dienerschaft sein, da dies Motiv nicht notwendig mit dem Erzählinteresse der joh. Überlieferung verbunden werden kann.[196] Der Glaube auch des gesamten Hauses benötigt dieses Motiv ebensowenig wie die Unterstreichung der Wirklichkeit des Wunders, da die erfolgreiche Heilung ebensogut bei der Ankunft des Königlichen in seinem Haus festgestellt werden konnte. Anders in dem Modell, das Anton Dauer entfaltet und das dem Lösungsvorschlag, der in dieser Arbeit unterbreitet wird, sehr nahe kommt. Er leitet den joh. Text aus einer vorjoh. Quelle her,[197] die „eine freie Wiedergabe von Mt 8,5–13 unter Verwendung von Erzählzügen aus Lk 7,1–10" sei.[198]

Die Annahme eines doppelten synoptischen Einflusses würde das Modell der *secondary orality* für die Fernheilung eines Kranken in Kafernaum durch eine zusätzliche Hypothese

---

[194] Vgl. mit unterschiedlicher Akzentuierung z.B. F. Bovon, Lk 349; U. Busse, Wunder 141; F. Schnider/W. Stenger 79; H. Schürmann, Lk 389; R.C. Tannehill, Lk 123. 126; auch D.R. Catchpole 303f akzeptiert die Modellfunktion des Centurios als vorbildlichen Glaubenden, begrenzt dies aber auf die christologische Erkenntnis des paradigmatischen Charakters. Das sozialethische Moment betont R.A.J. Gagnon, Analysis 730f: „His humility ... makes him a model to members of status in Luke's community. The rich are not to lord it over the disadvantaged but rather are to maintain concern for the needy, even in the context of patronage"; s.a. ders., Motives 143. 145. – Zur Ethik des Lukas vgl. insbesondere F.W. Horn, Glaube *passim*.

[195] U. Schnelle, Christologie 104, mit Hinweis auf U. Busse, Wunder 155–160, und F. Schnider/W. Stenger 78f; trotz des massiven Widerspruchs gegen die Letztgenannten von A. Dauer, Johannes 92ff.

[196] Wenig überzeugend ist der Hinweis auf eine Parallelität zwischen den Dienern in Joh 2,5 und 4,51 durch M.W.G. Stibbe, JE 71. Die Diener des Weinwunders nehmen eine andere Funktion im Erzählgefälle ein als in der Fernheilung, so daß abgesehen von ihrem Auftreten (dort διάκονοι, hier δοῦλοι) keine Gemeinsamkeit nachzuweisen sind.

[197] Dabei handelt es sich wohl um die nicht weiter diskutierte Semeia-Quelle; vgl. z.B. A. Dauer, Johannes 71 mit Anm. 221 (hierzu F. Neirynck, John 4,46–54, 680 mit Anm. 10).

[198] A. Dauer, Johannes 121 mit Diagramm 122.

belasten. Da die Hinweise auf das MtEv sich auch aus der Form der Fernheilung erklären können, wird in dieser Arbeit auf die Annahme eines mt. Einflusses verzichtet.

Daher werden die besonders an den lk. Text erinnernden, zum Teil wörtlichen Reminiszenzen zusammen mit dem Gesandtschaftsmotiv als Indiz gewertet, daß der lk. Text als Ausgangspunkt der joh.-traditionellen Nacherzählung zu gelten habe.[199]

Einen anderen Weg, die Verbindungen zwischen den Synoptikern und dem JE auszuweisen, geht Barnabas Lindars.[200] Indem er recht frei mit Änderungen durch den Evangelisten rechnet (nicht nur hinsichtlich Person und Tempus eines Verbs, sondern mit der Ersetzung durch äquivalente Worte),[201] gelingt es ihm, ein überraschend großes Maß an Übereinstimmung jenseits wörtlicher Deckung herzustellen. Im einzelnen erscheint es aber z.B. recht bizarr, wenn die kritische Aussage Joh 4,48 mit den positiven Aussagen zum Glauben in Mt 8,10a//Lk 7,9 und die redaktionelle Aufnahme des Erzählfadens in Joh 4,49 mit Mt 8,10b//Lk 7,10 parallelisiert werden. Methodisch ist das Unternehmen von Lindars bedenklich, da es kaum kontrollierbar ist; insbesondere wenn behauptet werden muß, daß der vierte Evangelist für seine Nacherzählung das Vokabular seiner Quelle benutzt.[202] So ignoriert Lindars die dem bei der Rezeption des Weinwunders und der Fernheilung zu beobachtende vergleichsweise konservative Quellenzitation des Evangelisten und sucht den im Text von Joh 4,46ff fehlenden joh. Sprachkriterien zu entgehen. Doch eine literarische Quellenbenutzung, die sich in Nacherzählung durch Umstellung ergeht und dabei wiederum kaum joh. Spracheigentümlichkeiten zeigt, ist kaum akzeptabel.

Der *Evangelist* selbst läßt bei seiner Bearbeitung der ihm vorliegenden Quelle keine Abhängigkeit von der synoptischen Erzählung erkennen,[203] ob-

---

[199] S.a. W. Schmithals, Johannesevangelium 341 mit 318. A. Dauer, Johannes 120–122, rechnet mit Einfluß auch des MtEv. Angesichts der schwierigen Argumentationslage ist es wenig hilfreich, auch noch einen Quereinfluß von Apg 8,26–40 auf die Heilung des Sohnes des Königlichen einzumahnen; zu T.L. Brodie, Quest 118f, dessen Beobachtungen m.E. nicht zwingend sind.

[200] Die Frage nach dem Verhältnis des joh. Textes und seiner Überlieferung zu den synoptischen Texten und ihrer Tradition hat in der Forschung eine Reihe von divergierenden Antworten erhalten, die hier nicht alle dargestellt werden können; vgl. den Überblick bei A. Dauer, Johannes 44–51. Lediglich die Überlegungen von B. Lindars, Capernaum 203ff, sollen hier dargestellt werden, da sie das in dieser Arbeit entfaltete Modell hinterfragen; wie es auch z.B. bei F. Neirynck, John 4,46–54 (679: „a good illustration of Johannine 'relecture' of the synoptic gospels"); ders. et al. 93–120; M.D. Goulder, Lk 379f, geschieht.

[201] B. Lindars, Capernaum 203.

[202] B. Lindars, Capernaum 213.

[203] F. Neirynck et al. 107ff suchen eine Abhängigkeit des Evangelisten von Mk und/oder seinen Parallelen in der weithin unbestritten redaktionellen Passage Joh 4,48f wahrscheinlich zu machen (insbesondere Mk 13,22; 8,11f; 7,26–29; 9,19 [und die jeweiligen Parallelen]; aber auch von Mt 8,7 [vgl. Neirynck, John 4,46–54, 683f; Jean 4,46–54, 181ff] u.a.m.; zum Verhältnis des joh. Textes zur synoptischen Kritik der Zeichenforderung s.u. S. 208); grundsätzlich ist zu fragen, ob zur Erklärung der fraglichen Formulierungen ein Rekurs auf Markus notwendig und einsichtig ist und wie diese Anklänge motiviert sind (vgl. auch die kritische Anfrage von M.-É. Boismard, Jean 4,46–54, 244f). So läßt sich das vorredaktionelle Fiebermotiv durchaus zwanglos aus der Erzählabsicht erklären, ohne daß der Rekurs auf die Synoptiker geboten ist (zur Kritik an Neirynck vgl. auch S. 180 Anm. 60; kritische Rückfragen auch bei I. Dunderberg, Johannes 97).

gleich in Mt 8,8bf.10 par Glaube und Wunder in ein positives Verhältnis zum Wundertäter gebracht sind.

3.2.3 Überlegungen zum ,Sitz im Leben' der Überlieferung und zur Frage nach ihrem Ort in der johanneischen ,Theologie'-Geschichte

Wie der Abschluß der traditionellen Wundererzählung zeigt (V.53), zielt diese Geschichte auf Glauben, und will mit dem im Chorschluß genannten Glauben des Bittstellers und seines Hauses auch den Glauben des Auditoriums wecken; aber dieser Glaube ist nicht nur ein Glaube an den Wundertäter Jesus.[204] Dies läßt sich an dem für diese Geschichte zentralen Signalwort ,Leben' wahrscheinlich machen. Die dreimalige Wiederholung (V.50.51.53) zeigt,[205] daß diesem Begriff ein besonderes Gewicht zugeordnet wird, das nicht allein in der Deutung als eine Rettung von einer Krankheit zum Tode[206] bzw. einer Befreiung aus der Sphäre des Todes[207] aufgeht. Zu beachten ist, daß ,Leben' als Gabe ein zentrales Stichwort des Kerygmas des joh. Kreises ist.

Das Wortfeld ζάω/ζωή[208] gehört zu den Schlüsselbegriffen des joh. Kreises.[209] Die Sendung des Offenbarers in den Kosmos[210] kommt darin zum Ziel, daß die glaubende Ge-

---

[204] So U. Schnelle, Christologie 100.

[205] Die dreimalige Verwendung dieses Wortes zeigt eine Vertrautheit mit rhetorischer Technik: vgl. die Wiederholung als Ausschmückung (*exornatio*) der Rede, d.h. der *traductio* (*Rhetorica ad Herennium* IV 21) oder der *conduplicatio* (*Rhetorica ad Herennium* IV 38: sie geschieht u.a. zum Zwecke der Steigerung [*amplificatio*]).

[206] Z.B. J. Becker, JE [1]187. [3]225; R. Kysar, JE 74. So kann ζάω in der LXX auch die Bedeutung von ,genesen' annehmen (z.B. Num 21; 2Kön 1,2; 8,8; s.a. Mk 5,23), allerdings findet sich für היח im Sinne von ,gesund werden' auch ὑγιάομαι (Jos 5,8) oder ὑγιὴς ἔσομαι (Jes 38,21), so daß ζάω zumindest nicht die stehende Übersetzung in dieser Bedeutung darstellt.

[207] Vgl. R. Bultmann, JE 153 Anm. 2: die Formulierung erinnere an Totenerweckungsterminologie. So spricht Elia in 1Kön 17,23(LXX) zu der Witwe nach der Auferweckung ihres Sohnes: ζῆ ὁ υἱός σου (daher denkt z.B. W. Nicol 55 sogar an ein indirektes Zitat; einen Rückgriff auf die Totenerweckung des Elia nimmt auch H. Riedl 299ff an). Die betonte Todesnähe (V. 47[fin]) könnte diese Deutung unterstützen, doch ist der Sohn des Königlichen anders als der der Witwe nicht gestorben, und die zweimalige Wiederholung des Verbums (V.51.53) signalisiert einen spezifischeren Inhalt und kann nicht als Argument für einen jüdischen Quellgrund der joh. Erzählung ausgewertet werden (gegen Nicol 55).

[208] Vgl. zum Ganzen auch G. Strecker, JohBr 66ff; ders./F.W. Horn, Theologie 523–526; s.a. D.M. Smith, Theology 149–151.

[209] Das Verbum ist 140mal im NT belegt, davon sind eine Fundstelle im 1Joh und 17 im JE zu benennen. Für das Substantiv gilt folgende Verteilung: 135mal im NT, dreizehnmal im 1 Joh und 36mal im JE. Zur Bedeutung für das joh Schrifttum vgl. G. Strecker, JohBr 66.

[210] Mit H.-J. Klauck, 1 JohBr 251, ist der Kosmos in der Sendungsformel nicht „von vornherein nur als Ort der Gottesferne und des Widerspruchs abgeschrieben ...", sondern: Gott liebt die Welt (3,16) und rettet sie." Zum dialektischen Charakter des joh. κόσμος-

meinde ‚Leben' *hat* (Joh 3,16; 1Joh 4,9; s.a. Joh 5,24; 12,49f; 14,19; vgl. auch 6,32–35);[211] so besagt es auch das ἦλθον-Wort Joh 10,10b: ἐγὼ ἦλθον ἵνα ζωὴν ἔχωσιν καὶ περισσὸν ἔχωσιν. Das Wort des Offenbarers ist Leben (6,63; s.a. 6,68 [joh. Petrusbekenntnis]). Dies meint jedoch keine statische Definition, sondern zielt wie die Sendung des Sohnes auf die Gabe des Lebens; entsprechend bringt die Stimme des Gottessohnes Leben (5,25). So ist das Leben *in ihm* (1,4a [trad.]; 1Joh 5,11) bzw. das *Leben, das er hat* (Joh 5,26), Leben, das darin seine Bestimmung erhält, daß es Leben für die spendet, die an ihn glauben.[212] Akzentuiert wird dies im Prolog des 1Joh durch die Identifikation des Offenbarers mit der ζωή (1Joh 1,2; s.a. Joh 1,4b [trad.]). Diese Identifikation wird auch in den ἐγώ εἰμι-Worten reflektiert (Joh 6,35.48.51; 11,25; 14,6), die wenigstens zum Teil der Tradition angehören werden. Daß dies wiederum auch seinen Zielpunkt im Leben für die Glaubenden hat, zeigt Joh 8,12. In diesem Sinne lassen sich auch die Worte vom lebendigen Wasser Joh 4,10.11.14; 7,38 verstehen. Das durch den von Gott gesandten Offenbarer vermittelte Leben ist ein jeder zeitlichen Begrenzung entschränktes ‚ewiges Leben' (Joh 3,15. 16.36; 6,27.40. 47.54.68; 10,28; 12,25.50; 17,2.3; 1Joh 2,25; 3,15; 5,11.13.20; s.a. Joh 4,36; auch ohne den Zusatz αἰώνιος häufig gemeint: Joh 6,53; 11,25f; 14,19 u.ö.; 1Joh 3,14; 5,16; mit εἰς τὸν αἰῶνα: Joh 6,51.58; 4,14; nicht die Gabe, sondern den gesandten Geber bezeichnet 1Joh 1,2). Es ist ein Leben, das in die Koinonia Gottes und seines Sohnes stellt (1Joh 1,3). Gemeinsam ist diesen Äußerungen, daß der Offenbarer das Leben ist und dessen Aufgabe darin besteht, Leben zu vermitteln. Auf Seiten des Menschen entsprechen dieser Gabe der Glaube (Joh 3,15.16.36; 5,24; 6,40.47) bzw. die Nachfolge (8,12).

Interessant sind auch die Angaben zum Abfassungszweck sowohl des 1Joh als auch des JE. Der Verfasser des 1Joh schreibt sein Werk ἵνα εἰδῆτε ὅτι ζωὴν ἔχετε αἰώνιον, τοῖς πιστεύουσιν εἰς τὸ ὄνομα τοῦ υἱοῦ τοῦ θεοῦ (5,13). Ähnlich beendet auch der vierte Evangelist sein Werk (20,31: … καὶ ἵνα πιστεύοντες ζωὴν ἔχητε ἐν τῷ ὀνόματι αὐτοῦ). Beide Texte repräsentieren altes, gemeinsam bewahrtes Kerygma des joh. Kreises. Gemeinsam ist diesen Äußerungen, daß Christus das Leben ist und dessen Aufgabe darin besteht, Leben zu vermitteln. Man kann also für die joh. Tradition „grundsätzlich die gleiche Struktur" annehmen, nach der in diesem Kreis „die Gabe der ζωή christologisch begründet" wird.[213]

Auch die auf den Wundertäter zentrierte Erzählung der joh. Überlieferung bringt diese lebensspendende Macht des Offenbarers zum Ausdruck.[214] Die Sendung des Sohnes zielt auf das Leben der Glaubenden. Der in der Wundergeschichte zuletzt genannte Glaube ist ein Glaube, der der Gabe des Lebens, wie sie im Wunder zum Ausdruck kommt, entspricht. „Der Glaube … ist die Antwort auf das Wunder neugeschenkten Lebens, auf die Offenbarung der

---

Begriffs, der nicht allein auf ein entfremdetes, negatives Weltverständnis reduziert werden kann, vgl. ders., Brudermord 167.

[211] Daß die „Heilsvermittlung des ewigen Lebens" die Intention der „Sohnesoffenbarung" ist, ist trotz mancher notwendiger Anfragen insbesondere hinsichtlich der Deutung des Dualismus (z.B. zur Deutung des Kosmos s.o.; zum Verständnis des joh. Dualismus aufgrund der eschatologischen Offenbarung, die im Kommen des gesandten Sohnes geschieht jetzt z.B. H. Merklein 291) mit J. Becker, Auferstehung 141f, festzuhalten.

[212] Vgl. z.B. zu 1Joh 5,11 H.-J. Klauck, 1 JohBr 315: Das Leben ist „eine christologisch vermittelte Gabe Gottes …, die dem Menschen zugesprochen wird im Wort der Verkündigung und die er nur dankbar als Geschenk annehmen kann".

[213] G. Strecker, JohBr 67, für 1Joh und JE.

[214] S.a. S. Landis 66f: „Hier wird die Tat Jesu gedeutet als Lebensspendung"; H. Riedl 302. Anders z.B. R. Schnackenburg, Traditionsgeschichte 65. 66; E. Haenchen, JE 260.

kreativen Qualität Gottes im heilungsmächtigen Christus."[215] Das Wunder läßt die Heilung als *tat*haft gewordene Offenbarung verstehen.[216] Das Wunder *erzählt* die joh. Lebenstheologie, indem es Jesus als den darstellt, der durch sein Wort dem Sohn des Königlichen Leben spendet. Der Glaube wird auf die Stunde bezogen, in der Jesus in der Wundergeschichte sein lebenswirksames Wort spricht; damit aber ist zugleich dem Glauben auch eine inhaltliche Charakterisierung mitgegeben: Es ist ein Glaube, der im Wundermann den von Gott gesandten Vermittler des Lebens erkennt. Daß diese Lebensvermittlung nicht nur eine irdische heilende Dimension hat, sagt die Geschichte selbst zwar nicht, läßt sich aber vor dem Hintergrund joh. Lebenstheologie erschließen.

Ein weiterer christologischer Aspekt ist in der Fernheilung noch zu beachten. Der Jesus der traditionellen Wundererzählung tritt in ihr als Souverän des Geschehens auf, der allein durch die Macht seines Wortes die Heilung bewirkt. Dies zeichnet den Wundertäter geradezu mit göttlicher Machtfülle aus.[217] Weder Sarx-Werdung noch Sendungsterminologie noch ein Gebet zum Vater um die Gabe des Lebens für den Kranken nach dem Muster der Gottesanrufung des Elia von 1Kön 17,21 binden sein Handeln an den Vater zurück.[218] Diese göttliche Mächtigkeit unterstreicht, daß dem joh. Jesus selbst die göttliche Macht zur Lebensspende zugeordnet wird.

Man kann aber auch darüber hinaus fragen, ob in dieser Konzentration auf den Wundertäter und in der Zuordnung der göttlichen Macht der Lebensvermittlung Spuren des *herrlichkeitschristologischen* Denkens im joh. Kreis zu

---

[215] S. Landis 67 über die christologische Deutung der Tradition durch die Semeia-Quelle.

[216] Insofern ist die Charakterisierung der auf die SQ zurückgeführten Wundertradition durch Jürgen Becker, daß sie sich „mit der Qualifikation Jesu, nicht mit dem Inhalt seiner Botschaft" beschäftige (JE [1]119. [3]141), für Joh 4,46bff unzureichend; kritisch ist dies auch bei F. Schnider/W. Stenger 80 anzumerken, wenn sie diese Geschichte mit dem Verdikt des Fehlens von jeglichem theologischen Tiefgang belegen. Jesus ist in diesem Wunder nicht nur den antiken Wunderheilern zu- bzw. vorgeordnet (aaO. 81), sondern durch seine Qualifikation als der Lebensspender herausgehoben.

[217] A. Feuillet, Signification 37, formuliert auch für die Wundertradition treffend, daß Jesu Wort sei „a la même efficacité souveraine que celle de Dieu".

[218] Anders beispielsweise die oben genannte Fernheilung des R. Hanania ben Dosa (Ber 34b; jBer 9d; s.a. die über ihn berichteten Heilungswunder an dem Sohn des Rabban Jochanan b. Zakkai Ber 34b; implizit auch vorausgesetzt in BQ 50a par Jeb 121b [vgl. G. Vermes, Hanina 33]; doch vgl. z.B. Taan 25a [R. Hanina b. Dosa]: direktes Wort, kein Gebet [s.a. Vermes, aaO. 41]). J. Roloff, Kerygma 201, macht darauf aufmerksam, daß dies eine Grunddifferenz zwischen ntl. und rabbinischer Wunderüberlieferung ist, da das Gebet in den synoptischen Wundern nur selten begegnet und dann eine untergeordnete Rolle spielt.

Vgl. auch Apollonius in *Philostratus*, VitAp VIII 7,9: In seiner fiktiven Verteidigungsrede vor Kaiser Domitian soll das Gebet zu Herakles Apotropaios belegen, daß Apollonius weder als Goët noch aus eigener Kraft handelt; weitere philostratische Texte, die das Gebet als Wundermittel im Kontext von Heilungen bei Apollonius belegen, bei G. Petzke 179.

finden sind,[219] die wir eingangs dieser Arbeit als protodoketisch bezeichnet haben[220] und deren Wirken auch im Weinwunder freizulegen versucht wurde.[221] Vielleicht ist dieses christologische Denken auch ein Grund dafür, daß in Joh 4 die Form der Fernheilung gewählt wurde; sie gibt die Möglichkeit, den Wundertäter aus der Szene abzuziehen, so daß er nicht eigentlich anwesend und tätig ist.

Überraschend ist, daß diese Sicht nicht vom Evangelisten kommentiert oder korrigiert wird. Womöglich wird dieser Aspekt durchaus als zutreffende Charakterisierung der Person des Offenbarers vom Evangelisten verstanden. Für ihn ist der Inkarnierte, der seiner Verherrlichung noch entgegengeht, nicht gänzlich ohne Doxa denk- und darstellbar (vgl. 1,14 und 2,11).

Die traditionelle Wundergeschichte wird ihren *Sitz im Leben* in der Missionspropaganda der joh. Gemeinde haben.[222] Darauf scheint auch die Wendung ‚sein ganzes Haus' zu deuten. Dies ist ein Bekehrungstopos, der gut zu der missionarischen Abzweckung paßt. In die gleiche Richtung weist die Schlußwendung ἐπίστευσεν κτλ. in V.53b.

Fragt man nach den Bedingungen der Entstehung der ntl. Wundergeschichten, so ist der Gedanke von Martin Dibelius von Interesse, der die „Novellen", zu denen er die meisten Wundergeschichten rechnet,[223] auf eine Gruppe frühchristlicher Erzähler zurückführt.[224] Dem Mangel eindeutiger literarischer Hinweise auf eine solche Tradentengruppe[225] kann auch durch die folgende an die Einleitung zur Heilung des Sohnes des Königlichen gewonnene Beobachtung nicht gänzlich abgeholfen werden. Dennoch ist es beachtenswert, daß die Einführung καὶ ἦν τις βασιλικός (s.a. die Einleitungsverse in 5,5 und 11,1, so daß womöglich von einer traditionellen joh. Einleitungstechnik gesprochen werden kann) an allgemeine Erzähleingänge anknüpft; diese bestehen aus einer vorangestellten Form des Verbums ‚sein' und einer unbestimmten Personenangabe, die durch eine ebenso unbestimmte Ortsangabe ergänzt werden kann. Nahe Parallelen finden sich sowohl in volkstümlichen Märchenerzählungen als auch in anderen Erzähltexten und zeitgenössischen Romanen.[226] So liegt eine Erzähleinleitung vor, die eine Bekanntschaft mit zeitgenössischen Erzählgewohnheiten zeigt; an eine Gruppe joh. Erzähler zu denken, ist daher ein anregender, aber leider nicht wirklich zu sichernder Gedanke.

---

[219] Vorsichtiger sehen F. Schnider/W. Stenger 81 lediglich die „Gefahr, in doketischer Weise zu vergessen, daß der Sohn Gottes Jesus von Nazareth ist …".

[220] S.o. S. 33.

[221] S.o. S. 159.

[222] Vgl. U. Schnelle, Christologie 104; F. Schnider/W. Stenger 80.

[223] Vgl. M. Dibelius, Formgeschichte 67f.

[224] M. Dibelius, Formgeschichte 66.

[225] Vgl. z.B. D. Zeller, Wunder 206.

[226] Vgl. z.B. *Xenophon von Ephesus* I 1: ἦν ἐν Ἐφέσῳ ἀνήρ … Λυκομήδης ὄνομα; *Herodot* I 6; *Xenophon*, An. I 1; *Apuleius*, Metam IV 28,1: *Erant in quadam civitate rex et regina*. Die so eingeleitete Erzählung, ebenfalls Teil einer Gesamterzählung, wird eingeleitet *ego te narrationibus lepidis anilibusque fabulis* protinus advocabo (Metam IV 27,5).

3.3 Die Erzählung der lebensvermittelnden Heilung des Sohnes des Königlichen als Aktualisierung des Sotēr-Seins Jesu

Wie in 2,1ff nutzt der Evangelist auch die Tradition hinter Joh 4,46ff nicht als Ausgangstext für die Komposition einer Rede. Zwar ergibt die Analyse des Kontextes einen offensichtlichen Zusammenhang dieser Wundererzählung mit dem gesamten Erzählkomplex 2,1–4,46; dies belegen vor allem die Rahmenverse 4,46a und 4,54, die ausdrücklich den Rückbezug auf das Weinwunder zu Kana herstellen. Dennoch ist im vorgenannten Sinne einer wechselseitigergänzenden Rede kein wirklicher *co-text* des Wunders auszumachen.[227]

Der Rückbezug auf das erste Kana-Wunder ist von Bedeutung. Daß dieser Zusammenhang nicht im engen Sinne ein wechselseitiges Interpretationsverhältnis begründet, ergibt sich aus der programmatischen Bedeutung des Weinwunders als *Archē* aller joh. Wunderberichte. Die Heilung ist zu lesen im Licht der Doxaoffenbarung in den ‚Zeichen‘ durch den gekommenen eschatologischen Offenbarer Gottes, die zur glaubenden Annahme als Anerkennung seiner soteriologischen Funktion für den Glaubenden führen soll. In diesem Licht ist die Wunderkritik von V.48 ebenso zu interpretieren wie der Glaube des Königlichen und seines gesamten Hauses. Ist dies gültig für die Lektüre aller erzählten Zeichen, so ist davon jedoch die besondere Verbindung von Weinwunder und Heilung noch einmal zu unterscheiden. Auch wenn diese besondere Verbindung dem vierten Evangelisten offenbar durch seine Tradition vorgegeben war, so baut er seine Quelle durch die Einfügung weiterer Erzählungen aus; er eignet sich seine Quelle an, indem er sie zu einer längeren Auftaktgeschichte macht, in der er exemplarisch vom Wirken des Offenbarers berichtet und zwar vor allem unter dem Gesichtswinkel des von ihm provozierten Glaubens. Zwar ist das Wirken des Offenbarers in diesen drei Kapiteln keineswegs nur ein Wirken, das zum Glauben führt, bereitet doch schon die Tempelreinigung den späteren Konflikt vor. Die Fernheilung hingegen führt nun den Menschen vor, der dem Offenbarer hin zum lebensgarantierenden Glauben begegnet. Nicht allein die Jünger kommen aufgrund der sich im Zeichen offenbarenden Doxa zu dem Glauben, der Gottes und des Offenbarers Angebot zum Heil erkennt und annimmt. Nach dem Erfolg des Wirkens Jesu unter den Samaritanern (4,42) kommt auch der Königliche zum Glauben. So erklärt sich das Zum-Glauben-Kommen nach dem ersten Zeichen in Kana (2,11) wie nach dem zweiten Zeichen von Kana (4,54) als ein wesentliches Si-

---

[227] Dies zu J.A. du Rand, Perspectives 94, der jedem Wunder eine Rede als *co-text* zur Seite stellt; der Heilung des Sohnes des Königlichen entspricht nach du Rand die Rede Joh 4,7–26 („the water of life"). Damit ist zu Recht herausgestellt, daß der Evangelist auch das Lebensthema mit seiner Aufnahme dieser Geschichte aktualisiert und damit auf vergleichbare Aussagen anspielt, aber ein unmittelbarer, auch erzählerisch durchgeführter Bezugszusammenhang wie in Joh 5. 6 und 9 ist m.E. nicht erkennbar.

gnalwort dieses Abschnittes.[228] Dabei ist zu fragen, ob sich hier ein bewußtes Gefälle über die Samaritaner (und die Galiläer[229]) hin zu einem Heiden finden läßt.[230]

Dieser Glaube ist ein inhaltlich spezifizierter Glaube, wenn man gleichermaßen die Kontextstellung, das Eigengewicht der Überlieferung (joh. Lebenstheologie) und das Gefälle vom Weinwunder zu Kana her in Rechnung stellt. Die Beachtung der *Komposition* legt es nahe, Joh 4,46ff als eine Illustration der christologischen Titulatur in Joh 4,42 zu verstehen: οὗτός ἐστιν ἀληθῶς ὁ σωτὴρ τοῦ κόσμου.[231] Indem Jesus Leben gewährt, erweist er sich gegenüber irdisch-politischen Heilsansprüchen als der Heiland; daß hier möglicherweise eine kritische Anspielung gegenüber zeitgenössischer Herrscherideologie mitschwingt,[232] ist nicht völlig auszuschließen. Allerdings unterstreicht das Adverb ἀληθῶς im joh. Sinn zunächst die eschatologische Qualität und die göttliche Abkunft des sich als Lebensspender zeigenden gesandten Sohnes Gottes.

Außerdem ist der Zuspruch ὁ υἱός σου ζῇ auf der Erzählebene nicht von den Lebenswassersprüchen (4,10.[11]14) und den Worten über die ζωὴ αἰώνιος (4,36; vgl. 4,14; schon 3,15.16.36) zu scheiden.[233] Die Fernheilung illustriert das Sotēr-Sein Jesu als das *lebens*vermittelnde Handeln des Offenbarers, das durch den Glauben des Königlichen und seiner Lebensgemeinschaft aufgrund des Wirkens des Offenbarers angeeignet wird. Darin werden die bildlichen Aussagen, die den Offenbarer als Gabe oder Geber des Lebens zeigen, in einem einzelnen Beispiel konkretisiert, wobei der königliche Funktionär wohl nicht allein auf der Ebene der Tradition zu einem Exempel des joh. Christusglaubens wird; dieser Glaube wird vom Erzähler durch V.48 vor

---

[228] S.o. S. 170 mit Anm. 23 (bes. Francis J. Moloney hat dieses Leitmotiv mit etwas anderer Argumentationsrichtung für 2,1–4,54 herausgearbeitet).

[229] S.o. S. 171.

[230] S.o. S. 177.

[231] S.a. W. Bauer, JE 77; B. Lindars, Capernaum 203. Anders C.H. Talbert, JE 120, der 4,20–26 in das Zentrum von Joh 4 stellt und aufgrund dieser Beobachtung das gesamte Kapitel unter das Stichwort „supersession of Temple worship, whether on Gerazim or in Jerusalem" stellt. Dieser Gedanke hat sicherlich eine Funktion im joh. Kreis und erklärt auch die Öffnung Jesu hin zu den Samaritanern; aber diese ekklesiologische Perspektive hat keine Priorität über die soteriologischen und christologischen Aussagen von Joh 4.

[232] Z.B. C.R. Koester; Savior *passim*; M Karrer 53. Anders S. van Tilborg, John 47f; s.a. 56, demzufolge dieser Titel in der zeitgenössischen Herrscherpropaganda und Kaiserkult, wie er am Beispiel von Ephesus zeigt, keine exponierte Rolle spielt (anders die ältere Forschung vgl. A. Deissmann 311f); dieser Titel ist bes. bei *Julius Caesar, Augustus* und bei *Hadrian* zu finden; zum Titel im Kaiserkult vgl. auch W. Foerster 1010–1012. Zu *P. Servilius Isauricus* (Prokonsul der Asia 46–44 v.Chr.) als σωτὴρ καὶ εὐεργέτης τῆς πόλεως vgl. R.E. Oster, Art. Ephesus 1687. Die antiken Gottheiten werden häufig als σωτῆρες angesprochen (vgl. auch P. Wendland, Σωτήρ 336f mit älterer Lit.), aber besonders eng ist der σωτήρ-Titel mit Zeus verknüpft; vgl. Foerster 1006; z.B. *Aelius Aristides*, Or 43,1.

[233] S.a. U. Schnelle, Christologie 96.

Fehldeutungen geschützt. Wird, wie es in dieser Interpretation geschieht, besonderes Gewicht auf den Charakter des Wunderheilers als Vermittler göttlichen Lebens gelegt, so ist auch eine gewisse vorausweisende Tendenz nicht zu übersehen.[234]

Wichtig für das Verständnis des Evangelisten sind weiterhin seine *Einfügungen* in die Tradition. Vor allem die Ergänzung einer Zeitangabe fällt auf. Kann das Zeitadverb ἐχθές in Übereinstimmung mit dem kompositionellen Erzählzusammenhang verstanden werden, der den etwa 26 km langen Weg von Kana nach Kafernaum voraussetzt,[235] so belegt es doch zugleich auch das Vertrauen des Evangelisten in das Wunderwirken Jesu. Die durch die Verlängerung der Zeitspanne gesteigerte Fernwirkung weist den in der Einheit mit dem Vater wirkenden Sohn (vgl. 5,36; 9,33; 10,25.37f; 14,11) als den Retter des Kosmos (4,42) aus und bestätigt seine Mächtigkeit.

Theologisch von höherer Bedeutung als die Steigerung der Entfernung als Ausdruck des Vertrauens in die Macht des von Gott gesandten Offenbarers ist die Einfügung in V.48. Leser und Leserinnen dieses Wortes erhalten hier eine Anleitung zum Verstehen des erzählten Wunders: *„Jesus sprach also zu ihm: Wenn ihr nicht Zeichen und Wunder seht, glaubt ihr nicht.'*[236] Daraus schließt Ferdinand Hahn: „Hier soll nicht bloß ein falsches, an der Sicherheit und Beweisbarkeit orientiertes Glaubensverständnis abgewiesen werden, sondern jede Form eines auf Wunder bezogenen Glaubens wird kritisch beleuchtet."[237]

Damit ist das *Problem des Verhältnisses von ‚Wunderglaube' und ‚Wunderkritik'* gestellt. Als klassische Belegstellen für die Wunderkritik des Evangelisten haben sich Joh 2,23–25 und 4,48 herauskristallisiert. Daneben werden

---

[234] Vgl. z.B. F.J. Moloney, JE I, 176.

[235] G. Dalman, Orte 113f; anders E. Haenchen, JE 259: 33 km; zur Lage der Orte s.a. die BHH-Landkarte ‚Palästina' Blatt Nord, Abschnitt F 4. Nach der Darstellung des *Josephus*, Vit 90, dauert ein Gewaltmarsch von Kana zu dem südlich von Kafernaum am See Genezareth gelegenen Tiberias (Die Entfernungen zwischen Kana und Kafernaum oder Tiberias sind in etwa vergleichbar.) etwa eine Nacht (hierzu auch C. Möller/G. Schmitt 117).

[236] Die Leseanweisung enthält einen kritischen Unterton. Anders W.J. Bittner 122–34, der Joh 4,48 als allgemeine ‚positive Regel' versteht: ohne Zeichen, kein Glaube; ähnlich auch K. Berger, Theologiegeschichte 721; Anfang 169; B. Noack, Tegnene 47–52; auch nach L.L. Johns/D.B. Miller 530f ist das Zeichen Voraussetzung des Glaubens; sie paraphrasieren folgendermaßen: „‚You must understand that unless you see signs and wonders, you will certainly not believe,' says Jesus, ‚so I will *give* you signs and wonders, so that you *may* believe'" (aaO. 531; Hervorhebungen im Original).
    Eine Reflexion der Situation der nachapostolischen Kirche findet H.H. Wendt, Lehre 36 Anm. 1. Mit Hinweis auch auf Joh 20,29 meint Wendt: „... an beiden Stellen soll nicht anstatt der Zeichen eine andere Grundlage des Glaubens als die tiefere bezeichnet werden, sondern soll an Stelle eines solchen Zeichenglaubens, bei dem man nur den selbst g e s e h e n e n Zeichen glaubt, ein solcher Zeichenglaube empfohlen werden, bei dem man dem W o r t e von den Zeichen glaubt.".

[237] F. Hahn, Glaubensverständnis 54.

auch 2,4[238]; 3,2;[239] 6,15;[240] 6,26[241] benannt. Der ‚Kritik' steht jedoch der merkwürdige Sachverhalt gegenüber, daß der vierte Evangelist in seiner kerygmatischen Darstellung der *vita* Jesu nicht auf die Gattung der Wundergeschichten verzichtet. Dies stellt die Frage nach dem Verhältnis der sogenannten Wunderkritik des vierten Evangelisten zu seiner positiven Bewertung der Zeichen für den Glauben (z.B. 6,26). Es ist zudem nicht zu übersehen, daß an exponierter Stelle, den Abschlußbemerkungen Joh 20,30, auch auf die nicht berichteten, aber vollzogenen Wunder Jesu (σημεῖα ἐποίησεν ὁ Ἰησοῦς ἐνώπιον τῶν μαθητῶν [αὐτοῦ]) verwiesen wird. Da diese Stelle nicht bedenkenlos dem vierten Evangelisten abgesprochen werden kann,[242] ist mit einem komplexen Wunderverständnis des Evangelisten zu rechnen, das sich weder in der Alternative Wunderglaube – Wunderkritik noch in einer Addition der Aussagen und Kommentierungen der Wunder hinreichend charakterisieren läßt. Gegen einen literarkritischen Lösungsansatz, der einen naiven Wunderglauben der Tradition von dem Glaube und Wunder separierenden Evangelisten und seinen kritischen Einfügungen abtrennt,[243] ist festzuhalten, daß die Wunder als Erscheinung und als Sichtbar-Werden der Doxa des Offenbarers (Joh 2,11;[244] vgl. 1,14) für die Theologie des vierten Evangelisten nicht bedeutungslos sind.

Es reicht daher nicht aus, gegenüber der negativen Bewertung der Wundertradition, wie sie in der Johannesinterpretation aufgrund der genannten wunderkritischen Äußerungen beliebt ist, die positive Bedeutung herauszustellen; ich nenne zwei Beispiele: So geschieht es bei J. Konings: „John does not reject, however, the miracle. For he could have minimized it or he could have composed his work only with discourse material. He considers miracle important, but renders them subordinate to their revelatory meaning: the material work of power has no value in itself, but obtains it by making visible God's δόξα in Jesus".[245] Ähnlich betont auch Wolfgang J. Bittner[246] das positive Wunderverständnis des vierten Evangelisten.

Zugleich ist jedoch eine kritische Distanz des Evangelisten zu einem Glauben aufgrund von Wundern festzustellen, in der er sich gegen ein falsches Wunderverständnis wendet. Die Wunder werden in ein Gesamtkonzept eingeordnet und es kommt ihnen eine prominente Rolle im Werk des von Gott gesandten Offenbarers zu. Richtig ist aber auch, daß die

---

[238] Z.B. W. Lütgehetmann, Anfang 179.
[239] Z.B. H. Merklein 289: Nikodemus als Repräsentant der Jerusalemer Zeichengläubigen aus 2,23–25.
[240] W. Lütgehetmann, Anfang 179.
[241] Vgl. z.B. J. Wagner 232.242f
[242] S.o. S. 75.
[243] J. Becker, JE I, [1]119f. [3]142; s.a. E. Haenchen, JE 262; Vater 208f; L. Schottroff, Der Glaubende 248ff.
    Gegen eine Aufnahme der Wunder durch den Evangelisten als Objekt der eigenen Polemik votiert z.B. D. Lührmann, Glaube 63; zur Kritik einer literarkritischen Lösung s.a. K.L. Schmidt, Charakter 37.
[244] Vgl. die Überlegungen oben S. 161.
[245] J. Konings, Sequence 175.
[246] W.J. Bittner *passim*, vor allem 274ff.

Wunder dem Mißverstehen nicht entzogen sind und daß diese Gefahr dem vierten Evangelisten vor Augen steht. Infolgedessen ist die kritische Reflexion der Wunder auch im Zusammenhang mit der Gemeinde bzw. dem Kreis zu sehen, für den dieses Evangelium geschrieben ist; vielmehr sind die kritischen Bemerkungen hinsichtlich der Wunder auch in konkretem Ringen um das angemessene Wunderverständnis des joh. Kreises zu sehen.

Anders die kritische Sichtweise: Ausgehend von ihrer Interpretation des JE im Rahmen des gnostischen Dualismus versteht Luise Schottroff Joh 4,48 als Kritik „gegen eine innerweltliche Deutung der Wunder und des Wundertäters".[247] Richtig ist an diesem Verständnis, daß es für den vierten Evangelisten kein treffendes Wunderverständnis gibt, das nicht zugleich die göttliche Sendung des Offenbarers mitbedenkt.[248] Doch läßt sich dies nicht mit dem gnostischen Schema des weltabgewandten Gottes und der ihrerseits gottabgewandten Welt verrechnen. Vielmehr zeigen die Zeichen gerade die Zuwendung Gottes und seines Offenbarers zum Kosmos (vgl. Joh 3,16f; 4,42 u.ö.), wenngleich auch nicht eine innerweltliche Notsituation ihr primärer Interpretationsansatz sein kann.[249]

Auch eine Ableitung von V.48 aus der bei den Synoptikern bekannten Kritik der *Zeichenforderung*[250] ist nicht unproblematisch. Nirgends wird im Text von einer Forderung des Zeichens gesprochen.[251] Die Einleitung zum Jesuswort, das das Zeichen vom Himmel dieser Generation verweigert, bietet in den synoptischen Texten das ausdrückliche Begehren eines Zeichens (Mk 8,11; Mt 12,38; 16,1; Lk 11,16; s.a. 16,29) und in der Mk-Tradition[252] zugleich die Motivation, um Jesus zu versuchen (πειράζοντες: Mk 8,11; Mt 16,1; Lk 11,16). Die Bitte des Königlichen kann aber kaum mit der Versuchungssituation bzw. dem situationslosen Zeichenbegehr parallelisiert werden. Die Notsituation kennzeichnet die Bitte des Königlichen als Hilferuf, nicht aber als Zeichenforderung.[253] Zu beachten ist wei-

---

[247] L. Schottroff, Der Glaubende 256.

[248] S.a. F. Hahn, Glaubensverständnis 60. Hahn anerkennt trotz der vorgenannten Deutung der Wunder, daß die Werke Jesu, wenn sie „in Zusammengehörigkeit mit Jesu Person und seiner Einheit mit dem Vater erkannt werden ...", für den Glauben dieselbe Funktion wie das Wort" haben.

[249] Vgl. z.B. E. Lohse, Miracles 53.

[250] So U. Schnelle, Christologie 98 (mit Hinweis auf Mk 8,11f; Mt 12,39–42; 16,1–2.4; Lk 11,16.29–32 sowie 1Kor 1,22). 105. Ähnlich E. Schweizer, Heilung 411 Anm. 15; s.a. F. Neirynck et al. 108.

Schon W. Bauer, JE 78, zieht die synoptische Wunderforderung als Parallele heran. R. Bultmann, JE 152, sieht hierin einen Zielpunkt der Kritik des Verses: „Der Evglist mag solche Fälle im Auge haben, in denen das Wunder als Bedingung des Glaubens gefordert wurde". Der Vergleich von 4,48 (153: „Klage über die Schwäche des Menschen ..., die das Wunder fordern") mit 20,26ff (Zugeständnis des Wunders) bereitet die bekannte Stellungnahme Bultmanns in seiner ntl. Theologie vor, der zufolge das Wunder für den vierten Evangelisten eine Konzession an die „Schwachheit der Menschheit" darstellt (Theologie 409).

[251] Gegen eine Beziehung von V.48 zu den synoptischen Zeichenforderungen ausdrücklich auch W.J. Bittner 128f. Auch die Beanstandung eines ‚Schauglaubens' des mit seinen galiläischen Mitbürgern angeredeten Königlichen ist m.E. durch die Szene, die nur Jesus und den um Hilfe bittenden Königlichen kennt, nicht impliziert (zu R. Schnackenburg, JE I, 498).

[252] Die Perikope über die Zeichenforderung der Pharisäer gehört zu den sogenannten Doppelüberlieferungen, d.h. Texten, die einmal bei Markus und in dem Markuskontext seiner synoptischen Seitenreferenten (Mk 8,11–13/Mt 16,1–4; Texte bei A. Huck/H. Greeven, Synopse N° 132) sowie in der Logienquelle (Mt 12,38–42/Lk 11,29–32; nicht Lk 11,16) vorkommen.

[253] Zur Unterscheidung zwischen erbetener Hilfe und gefordertem Zeichen s.a. H. Weder, Wende 132.

terhin auch die formgeschichtliche Differenz; Mk 8,11fparr ist ein Apophthegma,[254] Joh 4,46ff eine Fernheilung. Joh 4,48 erinnert eher an Mk 7,27, einem retardierenden Element, das zwischen Hilferuf und Hilfegewährung eingefügt wird. Theologisch deutet dieses Erzählmotiv das Wunder als innerweltlich nicht verfügbar. Der Vollzug des Wunders ist vielmehr vom Täter und seiner Stunde abhängig (2,4).[255] Andererseits bietet Johannes auch zwei Zeichenforderungen (2,18; 6,30). Beide werden als Legitimationsforderung für die Sendung des Offenbarers ausgesprochen und empfangen *horribile dictu* keine Abweisung.[256]

Eine andere Deutung dieses Zusammenhangs bietet Ludger Schenke. Er unterscheidet zwischen Geber und Gabe, die ein Geschenk ist.

> „Das Geschenk ist Ausdruck der Zuneigung und Liebe des Schenkenden. Wer ein Geschenk richtig empfängt, dem wird die geschenkte Gabe zum Symbol für die Liebe des Schenkenden. Sie erleichtert den Glauben an diese Liebe und verweist auf den Geber. Empfängt der Beschenkte die Gabe um ihrer selbst willen, ohne ihren Bezug zum Geber zu beachten, dann mißdeutet er das Geschenk. Er will die Gabe anstelle des Gebers und seiner Liebe. So ist es auch bei den ‚Zeichen' Jesu."[257]

Daß die Aufnahme der Wundererzählungen durch den vierten Evangelisten nicht bloß „der Schwachheit der Menschen konzediert werden", hat bereits Ernst Käsemann gegen Rudolf Bultmann[258] zu Recht betont.[259] Der Evangelist sucht auch durch die Aufnahme der Wunder keine ihm fremde θεῖος-ἀνήρ-Christologie der Wundertradition seiner Gemeinde zu korrigieren.[260] Nicht eine pauschale, die Wundererzählung inkriminierende Wunderkritik, sondern Leseanweisungen fügt der Evangelist seinen Erzählungen hinzu, die den Leser auf das Wesentliche verweisen; dieses Entscheidende sieht der Evangelist – wie Käsemann zutreffend feststellt – in der Christologie.[261]

Weder ein *naiver Wunderglaube*[262] noch eine *moderne Wunderkritik* sind beim vierten Evangelisten zu finden, vielmehr zeichnet sich sein Wunderver-

---

[254] Vgl. R. Bultmann, Geschichte 54.

[255] Hierzu S.u. S. 128.

[256] Dies weist auf die Probleme in der an sich richtigen Beobachtung eines ‚*zwiespältigen*' Wunderverständnisses des Evangelisten bei D. Lührmann, Glaube 63 (ähnlich schon K.L. Schmidt, Charakter 37). Der Gegensatz Hinweis – Beweis greift als Beschreibung der beiden Pole zu kurz. Jesu Wunder sind durchaus signifikant und weisen ihn – auch ohne die Interpretation durch die Reden (vgl. 2,1ff und 4,46ff) – als *den* Offenbarer aus. Doch damit ist die Entscheidung von Glaube und Unglaube noch nicht gefällt.

[257] L. Schenke, Johannesevangelium 37f (Zitat: 37).

[258] R. Bultmann, Theologie 409.

[259] E. Käsemann, Wille ¹43. ³51; mit anderer Motivation auch U. Schnelle, Christologie 192ff, und W.J. Bittner *passim* (s.o.); beide verstehen Zeichen und Glaube als eine Einheit, so daß dem Zeichen/Wunder der Glaube folgt. Ähnlich auch M.J.J. Menken, Christology 314f. 319f, der den Zeichenbegriff nicht auf die Wundergeschichte begrenzt wissen will (314).

[260] Zu J. Becker, JE I, ¹186. ³223.

[261] E. Käsemann, Wille ¹44. ³53; s.a. R. Schnackenburg, Traditionsgeschichte 65.

[262] W.J. Bittner 275 hebt zu Recht hervor, daß beim vierten Evangelisten nicht von einem Glauben an Zeichen, sondern „aufgrund von Zeichen" zu handeln ist. Diese terminologische Klärung allein nimmt aber nur einen Teil der theologischen Anstößigkeit. Es ist weiter zu fragen, wie Gottes Handeln mit bedacht ist und welcher Glaubensbegriff für

ständnis durch die für die joh. Schriften typische Zwei*schicht*igkeit[263] aus, die auch z.B. das Kosmosverständnis oder die Aussage von der Sendung des Sohnes kennzeichnen. Durch die Zurückweisung der Bitte des Königlichen in 4,48 wird nicht der Zusammenhang von Glaube und Wunder als solcher kritisiert und limitiert, sondern eine Interpretationsvorgabe für den als Abschluß des Wunders berichteten Glauben gegeben. Glaube aufgrund des Zeichens ist nicht ein simpler Zeichenglaube, sondern Glaube an den, der wahre ζωή ermöglicht; der Evangelist will den in V.53 geschilderten Glauben nicht als Mirakelglauben verstehen,[264] sondern als Glaube an den Offenbarer, der als σωτὴρ τοῦ κόσμου das wahre Lebenswasser ist.[265] Glaube, der nicht die christologischen und nicht die soteriologischen Implikate der Wundererzählungen erkennt, sondern allein durch das in der Antike als göttlich verstandene ‚Mirakulöse‘ bewegt wird, unterscheidet sich nicht von dem ‚Glauben‘, den auch die zeitgenössischen Wundertäter genossen. Auch kann recht verstandener Glaube nicht von den gesehenen oder berichteten Zeichen abhängig sein, weil er durch das Wunder als Zeichen auf den Gesandten schaut. Veran*schau*licht sich im Wunder die Doxa des gesandten, präexistenten Offenbarers (Joh 2,11; 11,4; s.a. 1,14: ἐθεασάμεθα [!][266] τὴν δόξαν αὐτοῦ; 11,40), d.h. wird im Wunder die Doxa des Gottessohnes *anschau*bar, ohne freilich in der Immanenz des Sichtbaren aufzugehen, so blickt der Glaube durch das Zeichen auf den Sohn und durch ihn (12,44f) auf den Vater, der den Sohn gesandt hat (5,37; 8,16.18 u.a.m.). Sehen und Glauben sind nicht zwei sich ergänzende Erkenntniswege,[267] vielmehr ist der Glaube die entscheidende Antwort auf den Offenbarer, der sowohl sichtbar in Wundern als auch hörbar durch sein Wort vor die Entscheidung stellt. Die Einfügung 4,48 sichert damit den Glauben des Königlichen vor einer mißverstehenden Rezeption. Nicht als wundergläubiger Zeitgenosse soll der Königliche dargestellt werden, sondern als ein Mensch, der aufgrund der Begegnung mit dem Offenbarer zu einem christologisch qualifizierten Glauben gekommen ist und zwar aufgrund dieses Wirkens Jesu, in dem die Lebensmacht in Zeit und Welt sich aktualisierte. Es ist ein Glaube, der

---

den vierten Evangelisten vorauszusetzen ist. Nebenbei bemerkt ist nicht auszuschließen, daß ein frühchristlicher Theologe mit uns heute theologisch und intellektuell anstößigen Vorstellungen und Begriffen arbeitet.

[263] Es kann hinsichtlich der Wunder nicht von einer Zweideutigkeit gesprochen werden (so z.B. F. Schnider/W. Stenger 82); die Offenbarung Jesu in Worten wie in Wundern ist nicht zweideutig, sondern eindeutig; doch fehlende Erkenntnis und Blindheit auf Seiten der Welt verhindern das Verstehen und das Kommen zum Glauben. Nach Joh 6,44 ist es der Vater, der den Weg zum Sohn ermöglicht, der Glaube und Erkenntnis wirkt.

[264] Ähnlich S. Landis 68.

[265] S.a. W. Weiß 131: ein Glaube, der „sich in der wahren Erkenntnis der δόξα ... aus (-drückt; Vf.), welche sich in der konkreten Funktion des Lebensspenders realisiert".

[266] Zum Zusammenhang von ‚Sehen‘ und ‚Glauben‘ s.a. Joh 20,8.

[267] So gilt auch hier, daß „nach Johannes das verstehende Sehen des Sohnes nur mit den Augen des Glaubens und im Hören auf sein Wort möglich ist" (D. Zeller, Paulus 174).

in der Existenz in der durch die Sendung des Sohnes eröffneten Lebensgemeinschaft mit dem Sohn und darin mit Gott selbst besteht. 4,48 mahnt also dazu, dieses spezifische Glaubensverständnis des joh. Kreises an die Fernheilung heranzutragen; diese Mahnung wird kaum grundlos geschehen sein. Verkürzungen, insbesondere der soteriologischen Implikate dieses Wunderverständnisses kann es aufgrund der massiv herrlichkeitschristologischen Tradition des joh. Kreises in der Tat gegeben haben.

3.4 Zusammenfassende Bemerkungen zu Entstehung und Wandel der Heilung des ‚Königlichen'

Soweit die Vorgeschichte der Heilung des Königlichen dem Exegeten zugänglich wird, lassen sich vier verschiedene Phasen unterscheiden, die sich recht gut anhand des dreimaligen, je unterschiedlichen Hinweises auf den Glauben differenzieren lassen.

(1) Die älteste erreichbare Fassung unserer Heilungsgeschichte hebt auf den Zusammenhang von Glaube und Wunder ab. Der Gegensatz Krankheit – Leben wird durch die dreimalige Betonung des Verbums ζάω transzendiert und auf eine Metaebene gehoben, die die Bedeutung des Wundertäters für das menschliche als ein von Gott gewährtes Leben verstehen will. Damit geht es in der Wundergeschichte also nicht um einen auswechselbaren Wunderglauben, sondern um einen christologisch qualifizierten Glauben an den, der in die Welt gekommen ist, um den Menschen das Leben zu vermitteln. Hierin lassen sich Spuren der joh. Lebenstheologie nachweisen; so ist diese Geschichte mit ihrer besonderen Betonung der Lebensermöglichung durch Jesus Ausdruck joh. Christusfrömmigkeit.

Diese Geschichte geht zurück auf eine, wenn man so will, fünfte Phase, einen nicht mehr exakt bestimmbaren Prozeß der erneuten ‚Vermündlichung' synoptisch-redaktioneller Textformung. Ausgangspunkt dürfte der lk. Text gewesen sein. Die ablaufenden Entwicklungen und Umformungen, die vom lk.-redaktionellen Text hin zur joh. Tradition führen, sind nicht mehr ermittelbar, lediglich die Unterschiede lassen sich auflisten. In der nunmehr allein greifbaren Form, die womöglich ihrerseits durch den joh. Kreis geprägt wurde, ist das missionarische Motiv entscheidend, wie es sich auch an der Sprache ablesen läßt: Am Ende der Wundergeschichte steht der Glaube des Königlichen und seiner gesamten Lebensgemeinschaft.

(2) Dieses Verständnis des Glaubens bleibt auch bei der Verschriftlichung zusammen mit Joh 2,1ff grundlegend; der Glaube des Königlichen und seines Hauses sind als Abschluß der kleinen Sammlung zugleich auch das entscheidende Glaubenswort für das Weinwunder.

(3) Die beiden beherrschenden Stichworte der Tradition, *Glauben* und *Leben*, sind auch für den erzählenden Evangelisten von Bedeutung. Möglicherweise

zeigt sich ein etwas differenteres Glaubensverständnis. Der Glaube des Königlichen und seines gesamten Hauses werden durch die vorangestellte kritische
Frage interpretiert, nicht aber eliminiert; der Glaube ist nicht, wie übrigens
auch nicht in der ihm vorliegenden Tradition, ein naiver Wunderglaube, sondern ein christologisch qualifizierter Glaube. Allerdings wird dies durch die
kritische Einfügung des Evangelisten und den Kontext unterstrichen, die daran
erinnern, daß ein Glaube, der nicht die christologischen und soteriologischen
Konnotationen der Zeichen des eschatologischen Offenbarers sieht, ein Mirakelglaube ist, der am Irdisch-Materiellen haftet.

Durch die Einbindung in den Kontext wird mit der Heilung die Aussage illustriert, daß Jesus Heiland der Welt ist (4,42). Exemplarisch wird dieses Bekenntnis narrativ dadurch erklärt, daß sich Jesus dem Sohn des Königlichen
lebensgewährend zuwendet. Das Sotēr-Sein des Offenbarers aktualisiert sich
also gerade darin, daß er Menschen an seiner Lebensmacht partizipieren läßt,
indem sie durch sein Kommen zum Glauben geführt werden. Kap. 2–4 expli-
zieren somit zunächst vor allem das Gekommen-Sein des *Logos* in die Welt
zum Glauben, um so am Leben Anteil zu gewähren; verschwiegen wird aber
nicht, daß diesem Kommen entsprechend der programmatischen Aussagen des
Prologs Widerspruch zuteil wird.

(4) Offensichtlich scheinen die Diskussionen über diesen Wundertext des
Evangeliums im joh. Kreis nicht abgerissen zu sein. Möglicherweise veranlaßten Mißverständnisse oder Mißstände zu einer Verdeutlichung dessen, was mit
dem Glauben gemeint ist. Der Interpolation zufolge ist der Zuspruch des
Wundertäters der λόγος Jesu, dem der Königliche glaubt. Die christologische
Orientierung des Glaubens wird unterstrichen, zugleich scheint aber auch eine
etwas kritischere Haltung gegenüber der Möglichkeit, aufgrund des Sehens
der Zeichen zu einem christologisch qualifizierten Glauben zu kommen, durch.
Das kritische Wort zum Mirakelglauben dient als erste Richtungsweisung; der
Wortglaube der Interpolation zeigt den ihrer Meinung nach dogmatisch kor-
rekten Glauben als Glaube aufgrund des Wortes. Der so mit Interpretationsan-
leitungen ausgestattete Leser bzw. die Leserin wird den Glauben des ganzen
Hauses nun – im Sinne der Interpolation – als Wortglaube verstehen.

4 Joh 5. Der Heilende als lebendigmachender Richter und Offenbarer

4.1 Beobachtungen zu Text, Kontext und narrativer Struktur der Heilung des Lahmen[1]

Die *Beurteilung der Heilung des Paralytischen im Kontext des vierten Evangeliums* ist abhängig von der Bewertung der literarischen Integrität der Gesamtkomposition von Joh 1–20. Da eine literarkritisch motivierte Umstellung von Joh 6 mir unwahrscheinlich ist,[2] die die Umgruppierung auch von Kap. 5 bedeuten würde, wird die Jerusalemer Heilung zunächst in ihrem gegenwärtigen narrativen Kontext zu verstehen gesucht. Dieses Urteil betrifft dann auch die häufig als Abschluß des Sabbatkonflikts genannte Passage 7,(15–)19–24, die im Falle der Umstellung an 5,47 anzuhängen wäre.[3] Die Stellung dieses Rückverweises auf die erste Sabbatheilung in Joh 5 im Kontext der Gesamterzählung läßt sich jedoch nicht durch eine sekundäre Wiederherstellung einer hypothetischen Originalakoluthie erklären.

Entscheidend ist, daß das Sabbatthema in den Reden 5,19ff nicht mehr reflektiert wird und damit 7,19ff trotz des Mosethemas nach 5,47 zu spät käme. Mose ist in 7,19ff der Gesetzgeber, an dessen Gebot sich die Opponenten Jesu nicht halten: Οὐ Μωϋσῆς δέδωκεν ὑμῖν τὸν νόμον; καὶ οὐδεὶς ἐξ ὑμῶν ποιεῖ τὸν νόμον (V.19). In 5,45–47 ist Mose aber

---

[1] Die Bezeichnung des Geheilten als Paralytischen bzw. als Gelähmten trägt zunächst vorläufige Züge. Von V.7 und V.8f her ergibt sich eindeutig eine Behinderung der Gehfähigkeit, die durch das Eingreifen des Heilers überwunden wird; daher sprechen wir im folgenden von einem *Gelähmten* bzw. *Paralytischen*. Zur Frage des Krankheitsbildes s.u. S. 230 Anm. 89 und S. 235.

[2] Vgl. hierzu meine in Vorbereitung befindliche ausführlichere Darstellung zu Joh 6. Eine eigenständige Variante der Umstellungshypothesen stellt der Vorschlag von R.T. Fortna, Gospel 106f, dar, der das Heilungswunder am Teich als letztes Wunder seines Zeichenevangeliums identifiziert. Auch im Zusammenhang der Umstellungen, die W. Schmithals, Johannesevangelium 413ff, zur Rekonstruktion seines Grundevangeliums vornimmt (hierzu z.B. G. Strecker/M. Labahn 105f und oben S. 59), wird die Heilung des Lahmen an das Ende des Geschehens gestellt. Beim einmaligen Jerusalemaufenthalt Jesu nach der rekonstruierten GS löst dort die Lahmenheilung den Konflikt mit den Juden aus; als siebentes Wunder wird dort später die Blindenheilung, Joh 9, erzählt (Schmithals, aaO. 416. 418. 419).

[3] Vgl. z.B. E. Lohse, σάββατον 28 mit Anm. 218; Worte 62 Anm. 1; J. Becker, JE I, ¹247ff. ³296ff (vgl. die Begründung: aaO. ¹32. ³35f); J.H. Bernard, JE I, XIXf; J. Blank, JE 1b, 63; J. Bligh, Jesus 116.119; J. Gnilka, JE 58; R. Schnackenburg, JE II, 183f; S. Schulz, JE 115, mit Hilfe der Blattvertauschungshypothese; G. Voigt, JE 122; H.H. Wendt, Lehre 37; U. Wilckens, JE 91f. R. Bultmann, JE 177ff, rekonstruiert den Ablauf Joh 5,1–47; 7,15–24; 8,13–20. S.a. W. Schmithals, Johannesevangelium 416. 418. Ähnlich W. Wilkens, Entstehungsgeschichte 98ff; allerdings läßt er 7,21–24 auf 5,1–16 folgen, um daran 5,19–47; 7,15–18 und 8,13–20 anschließen zu lassen. Zur Kritik vgl. z.B. M. Kotila 35. Nicht literarkritisch, aber thematisch plädiert auch Jürgen Roloff für den Zusammenhang von Joh 7,19ff mit 5,1ff: Kerygma 83 mit Anm. 106; s.a. S. Pancaro 158f.

als Repräsentant der Schrift der Zeuge[4] für den Gesandten und reiht sich damit in das Zeugnis des Vaters und des Täufers ein. Der Unglaube gegen Mose ist der Ungehorsam gegen die als Zeugnis für den Offenbarer gelesene Schrift. Die rhetorische Frage 5,47 bildet einen starken, das Unverständnis anklagenden Abschluß des Abschnitts Joh 5 und wird nicht folgerichtig durch 7,19ff fortgesetzt.[5]

Die durch die Ortsangaben Κανὰ τῆς Γαλιλαίας (2,1; 4,46) gerahmte Komposition Kap. 2–4 wurde durch die Heilung des Sohnes des Königlichen abgeschlossen; hier zeigt der Offenbarer, wie sich sein σωτήρ-für-die Welt-Sein (4,42) konkretisiert, indem er Leben vermittelt (→ 3.3). Daran schließt Kap. 5 mit einer weiteren Heilung und den dieser Heilung folgenden Reden an. Mit diesem Kapitel des JE beginnt der eigentliche Konflikt mit den als Opponenten Jesu typisierten οἱ Ἰουδαῖοι.

Zeichnet sich diese Auseinandersetzung gelegentlich schon in der bisherigen Erzählfolge ab (z.B. in der kritischen Rückfrage des Tempelwortes 2,18 [überhaupt ist schon die Tempelreinigung, 2,13ff, selbst Ausdruck des aufkommenden Konflikts]; in der Kritik am Glauben aufgrund der gesehenen Zeichen in 2,23–25, die mit Jerusalem als Ortsangabe verbunden ist; in der distanziert kritischen Bemerkung 4,44),[6] so erhält die Konfrontation ab 5,18 ihre eigentliche Tiefe, indem sie auf die Tötungsabsicht der Opponenten zugespitzt wird.[7]

Nunmehr beginnen – zunächst in zwei Einzelepisoden, Joh 5 und 6 (hier wird der Konflikt aber auch bis in die Gruppe der Jesusjünger hinein verfolgt: Schisma in der eigenen Gemeinde: 6,60ff) – die Wortgefechte, die in Joh 7–10 zu einem langen Diskurs, der durch narrative Zwischenstücke unterbrochen wird, führen (vgl. 10,40f: Rückzug Jesu an den Jordan). In 11,47ff folgt nach der Auferweckung des Lazarus der formelle Todesbeschluß, dem die Einwilligung Jesu in die Todes*stunde* in 12,23ff entspricht. Dennoch lassen sich Kap. 5–10 bzw., wenn man Kap. 6 aufgrund der Lokalisierung außerhalb Jerusalems eine Sonderrolle zubilligt, 5 und 7–10 unter dem Aspekt des sich ver-

---

4   Vgl. z.B. D. Sänger 126. Obgleich der Begriff ‚Zeuge‘ selbst nicht auf Mose angewendet wird, ist er doch in Vv.31.34.36 vorgegeben. Die Aussage, daß, wer Mose glaubt, dem Offenbarer glauben werde (V.46), setzt voraus, daß er und die durch ihn repräsentierten Schriften (vgl. V.47) für den Offenbarer Zeugnis ablegen. Deswegen wird Mose zum Ankläger (κατηγορῶν) derer, die sich auf ihn berufen (V.45).

5   Zu Recht spricht H. Hübner, Theologie III, 166, von einem „betonte(n) Schlußvers“. Anders argumentiert U.B. Müller, Eigentümlichkeit 32, der die Verbindung von 5,31–47 und 7,15–24 mit der Form des Rechtsstreites angibt; demzufolge wird in beiden Abschnitten die Legitimationsfrage der Juden gegenüber dem joh. Offenbarer gestellt. Die unterschiedliche Funktion des Hinweises auf Mose spricht m.E. aber gegen einen sukzessiven Rechtsstreit.

6   S.a. D.L. Mealand 259; pointiert anders J. Ashton, Understanding 137: „nothing in the first four chapters (except perhaps the Prologue) has prepared the reader ... for ... the murderous hostility“; s.a. R.A. Culpepper, Anatomy 126.

7   R.A. Culpepper, Anatomy 91, meint gar, daß „(t)he dramatic power of the rest of the gospel is built around this conflict“. Zur literarischen Entwicklung des Konflikts s.a. J. Frey, Heiden 235.

schärfenden Konflikts mit ‚den Juden' zusammennehmen. Kap. 5 und 7–10 geben *Jerusalem* als Ort dieser tiefgreifenden Auseinandersetzung an.[8]
Der *Aufbau von Joh 5* ist weitgehend klar gegliedert. Einer kurzen Überleitung, V.1, die die Erzählung der *vita* Jesu geographisch und chronologisch voranführt, folgt die Heilung des Paralytischen: Vv.2–9c. Mit V.9d wird eine Konfliktszene eingeleitet, die die Heilung als Sabbatheilung charakterisiert und den Anstoß, den ‚die Juden' an der durch Heilung bedingten Sabbatverletzung nehmen, schildert. Hinsichtlich der Abgrenzung besteht das Problem, ob mit V.18 oder schon mit V.16 der Abschluß dieser Konfliktszene erreicht ist.[9] Dann könnte davon gesprochen werden, daß V.17f „situationslos in der Luft hängen".[10] An die Konfliktszene schließen sich zwei Reden Jesu an. Zunächst 5,19–30 (Der in der Einheit mit dem Vater handelnde Richter als der Lebensspender für die, die an ihn als den Gesandten glauben[11]) und 5,31–47 (Die Legitimität des Gesandten im Zeugnis des Vaters und des die Schrift repräsentierenden Mose). Beide Reden setzen den Widerspruch gegen den Offenbarer voraus und reflektieren ihn unter unterschiedlichen Problemstellungen.

Auffällig ist bei der Analyse von Joh 5, daß dieses Kapitel im gegenwärtigen Kontext *episodenhafte Züge*[12] trägt. Es erzählt eine zwischenzeitliche Begebenheit in Jerusalem, die in sich und durch Ortswechsel auch gegenüber dem Kontext abgegrenzt ist. Diesen Charakter können auch die Hinweise auf die Tötungsabsicht der Opponenten gegenüber Jesus, die letztlich in die Passionsgeschichte hineinweisen, nicht bestreiten. Auffällig ist – unter Beibehaltung der vorliegenden Kapitelfolge – der erst später erfolgende Rückbezug auf das Heilungswunder in 7,21: ἓν ἔργον ἐποίησα καὶ πάντες θαυμάζετε. Trotz des betonten ἕν, das als grundsätzliche Aussage gedeutet werden könnte, sichert der Sabbatbezug in 7,22 den Rückverweis auf die Sabbatheilung ebenso wie die Wendung ὑγιῆ ἐποίησα in 7,23, die auf Joh 5,(6.9.)11.14.15 zurückgeht. Zudem wurden im Verlauf der joh. Jesus-*vita* vor 7,22 bereits fünf Wunder erzählt; auf weitere nichterzählte wird summarisch angespielt (vgl. 2,23; s.a. 6,2). Das Problemfeld von 7,19ff und seinem Verhältnis zum Sabbatkonflikt in Joh 5 bleibt im folgenden zu beachten.

---

[8] J. Painter, Text 28 mit Anm. 4 (S. 33), weist darauf hin, daß der Konflikt eigentlich bis Kap. 12 reicht; allerdings finde sich in Joh 10,40–43(sic!) eine Zusammenfassung, die „the original ending" des Abschnitts Joh 5–10 sein kann. Ohne seine literarkritischen Überlegungen (spätere Einfügung von Kap. 11f) zu teilen, ist die Rolle von Joh 11f im Kontext anders zu bewerten als die von Kap. 5–10.

[9] Wie auch immer V.16 literarhistorisch zu beurteilen ist, ist die Abtrennung vom Zusammenhang mit V.9d (bzw. 2ff), die z.B. M.W.G. Stibbe, JE 73ff, seiner Auslegung zugrundelegt, gewaltsam, da sie den engen Rückbezug des καὶ διὰ τοῦτο nicht hinreichend beachtet (auch zu R. Schnackenburg, JE II, 116ff).

[10] J. Becker, JE I, [1]229. [3]276.

[11] Vgl. z.B. F.J. Moloney, Son of Man 71.

[12] S.a. R.A. Culpepper, Exemple 139; B. Witherington, III, JE 133; bei Ludger Schenke bildet Joh 5 ein eigenes Bild in seiner dramatischen Deutung des Evangeliums: JE 94.

Bevor der Blick auf den narrativen Aufbau des Textes gewendet werden kann, muß *die Frage nach dem zu analysierenden Textbestand* gestellt werden, da sich einige durchaus signifikante textkritische Probleme ergeben. Wir werden uns im folgenden auf die drei wesentlichen Schwierigkeiten beschränken, die das Verständnis von V.2 und V.3b–4 betreffen.[13]

Zunächst steht das textkritische Problem zur Entscheidung an, welche Benennung des Teiches in V.2 ursprünglich ist:[14]

Neben der aus Joh 1,44[15] in den Text eingedrungenen Lesart Βηθσαϊδά ($\mathfrak{P}^{75}$ [$\mathfrak{P}^{66}$ liest βηδ᾿σαϊδαν; eine Korrektur dieses Papyrus liest βηδ᾿σαϊδα[16]], die Majuskeln B, T, W^s, [Ψ] sowie wenigen anderen griechischen Handschriften, sodann in den Übersetzungen: aur c vg sy^h [co], bei *Tertullian*,[17] *Hieronymus* und im *Itinerarium a Burdigala Hierusalem usque*), einem Ort nördlich des Sees Genezareth (*Josephus*, Ant. 18,28) und der schlecht bezeugten Variante Βελζεθά (im *Codex Bezae Cantabrigiensis* [auch mit Abweichungen a und r^1]) konkurrieren vor allem die Bezeichnungen Βηθζαθά und Βηθεσδά.

Wer sich für die Lesart Βηθεσδά entscheidet, die durch den *Alexandrinus*, den *Codex Ephraemi*, Θ, 078, die Handschriften der Lake- und Ferrar-Gruppe, den sog. Mehrheitstext sowie f q sy$^{c.p.hmg}$ und bei *Chrysostomos* überliefert wird, beruft sich gerne auf den Text der ‚*Kupferrolle*' von Qumran: בבית אא{[18]}אשדרתי ין (3Q 15 [= 3QCopper Scroll] 11,12; DJD III, 297 [ed. J.T. Milik]).[19] Dieser Lesart kann jedoch entgegengehalten werden, daß sie aus dem Wunder selbst extrapoliert sei. Sie gehe auf חֶסְדָּא bzw. בֵּית חֶסְדָּא zurück, was ein Hinweis auf die Tat Jesu wäre, indem sie dem Ort die Bedeutung ‚Haus des Erbarmens' beilegt.[20] Die Lesart Βηθζαθά ist hingegen nicht einheitlich bezeugt; dennoch sind ihr die fol-

---

13   Für die anderen textkritischen Probleme vgl. die Anmerkungen der folgenden Analyse z.St. bzw. die Kommentare z.St.

14   Vgl. neben dem textkritischen Apparat von NA^{27} auch die Auflistung bei J. Jeremias, Rediscovery 11 Anm. 8–12.

15   In der Evangelientradition auch: Mt 11,21; Mk 6,45; 8,22; Lk 9,10; 10,13; Joh 12,21.

16   Zum Befund vgl. neben dem kritischen Apparat von NA^{27} *The New Testament in Greek IV/1*, 175.

17   Die Belegstellen bei Tertullian spezifiziert W. Bauer, JE 79, der zudem auf ein Ostrakon aus dem 7/8. Jh. verweist.

18   Prbl. Dittographie.

19   So G.R. Beasley-Murray, JE 70 (Hinweis g); J. Becker, JE I, ^{1}231. ^{3}277; M.-É. Boismard/A. Lamouille, JE 152; J. Gnilka, JE 39; H. van den Bussche, Guérison 19; C. Colpe, Bethesda 232; M. Hengel, Frage 278 Anm. 15; Schriftauslegung 286 Anm. 129; J. Jeremias, Rediscovery 12; H. Leroy, Βηθζαθά 512; L. Morris, JE 267; B. Rauschenbach 282; R. Schnackenburg, JE II, 119; B. Schwank, JE 175; C. Welck 155 Anm. 78; D.J. Wieand 395; für die ältere Exegese z.B. A. Schlatter, JE 142. Aufgrund der Konsonantenbasis ŠD, deren Bedeutung mit ‚vertiefen' anzugeben sei, schlägt M. Görg die Übersetzung „Beckenhausen" bzw. aufgrund des Duals in Qumran „Zweibeckenhausen" vor (10).
     Probleme bei der Berufung auf die Kupferrolle benennt C.K. Barrett, JE 269. Ergänzt werden kann, daß selbst, wenn die Kupferrolle für die korrekte hebräische Benennung des Teiches herangezogen werden könnte, die ein griechisches Βηθεσδά nach sich zöge, das mögliche aramäische Äquivalent oder eine Benennung nach dem Stadtteil (vgl. *Josephus*; s.u.) im Hintergrund des ursprünglichen joh. Textes stehen könnte. Der Hinweis auf die Kupferrolle entläßt leider nicht aus der spezifisch textkritischen Argumentation.

20   Vgl. R. Bultmann, JE 179 Anm. 7; W. Bauer, JE 79 (anders B. Schwank, JE 175: „Ort der Ergießung"). In der Textüberlieferung wird diese Deutung durch den Cureton-Syrer,

genden Varianten zuzurechnen: Βηθζαθά (ℵ, 33), Βηζαθά (L, e, *Euseb*, Onomasticon [*ed.* E. Klostermann] 58 Z. 21) und Betzetha (it). Die oben genannte Variante Βελζεθά scheint ebenfalls eine Verlesung von Βηθζαθά zu sein.[21] Gilt dies auch für Βηθσαϊδά?[22] Häufig wird Βηθζαθά als besser überliefert anerkannt und damit die Geschichte an dem Teich *Bethzatha* lokalisiert.[23] *Be(th)zatha* ist relativ gut belegt als Name der nördlichen Stadterweiterung von Jerusalem (1Makk 7,19: Βηθζαιθ[24]; *Josephus*, Bell. II 328.530; V 149.151 [jeweils Βεζεθά als einheimischer Name für das Viertel auf dem Hügel nördlich der Antonia]. 246 [Βεζαθά][25]). Von Joachim Jeremias wurde aber Βη(θ)ζαθά mit dem möglichen aramäischen Äquivalent zu בית אשדתין in Verbindung gebracht.[26]

Die recht große Zahl der Varianten ist eine Problemanzeige; besonders die alten Papyri als Zeugen für eine aus inneren Kriterien als unmöglich auszuschließende Lesart zeigen eine frühe Unsicherheit bei der Ortsangabe von Joh 5 an. Immerhin können die meisten Verlesungen eher als indirekte Zeugen für den Namen Βηθζαθά herangezogen werden. Dann ergibt sich aber, besonders im Blick auf das Alter der Papyri, die als mögliche Verlesung von Βηθζαθά unter dem Einfluß von Joh 1,44 angesehen wurde, ein qualitativer Vorteil für Βηθζαθά. Βηθεσδά wäre hingegen eine spätere Korrektur, die unter Einfluß der hebräischen Namenstradition dieses Ortes zustande kam.

Weiterhin ist die genaue Rekonstruktion von V.2 zu erfragen. Textkritische Varianten zeigen die Schwierigkeiten der genauen grammatischen Bezug-

---

die Peschitta und die syro-palästinische Textversion (vgl. J. Jeremias, Rediscovery 11 Anm. 12) vorgetragen. Laut C. Welck 155 sei diese Anspielung bewußt intendiert (s.a. J. Bligh, Jesus 121f; dies sei ein Symbol für das noch immer auf das Geschenk der Gnade wartende Israel, dem Jesus gegenübertritt [1,16]); doch dies ist zweifelhaft.

[21] Vgl. J. Jeremias, Rediscovery 12; L. Morris, JE 266 Anm. 10.

[22] So vermutet es z.B. E. Haenchen, Probleme 105f Anm. 6. Immerhin bietet *Hieronymus* in seiner lateinischen Übersetzung von *Euseb*s Onomasticon Bethsaida für Βηζαθά ([ed. E. Klostermann] 59 Z. 22). Schon B.F. Westcott/F.J.A. Hort sprachen in den *notes on select readings* zu ihrer Ausgabe des griechischen NT von Bethzatha und Bethsaida als „slight modifications of the same name" (76; s.a. den Text dieser Ausgabe).

Abwegig ist die Annahme, der Verfasser von Kap. 21 könnte Bethesda gegen Bethsaida austauscht haben, um mit der letztgenannten Lesart seine Fischsymbolik in Kap. 5 einzutragen; so D.J. Wieand 400ff. Daß dies gar eine eucharistische „reinterpretation" von Joh 5 bedeute, ist phantastisch (zu aaO. 404). Weder ist erkennbar, inwiefern Joh 5 mit einer Fischsymbolik zu verbinden sein könnte, noch erfährt diese Überlegung hinreichende Unterstützung durch die Textüberlieferung.

[23] So z.B. R. Bultmann, JE 179; D.A. Lee 101; L. Schenke, JE 98; U. Schnelle, Christologie 111 (anders jetzt ders., JE 101); S. Schulz, JE 83; s.a. E. Haenchen, JE 267; NA[27]; NT ed. B.F. Westcott/F.J.A. Hort; nach B.M. Metzger, Commentary 208, auch „a majority of the Committee" zur Herausgabe des GNT[3]; auch aaO. [2]178.

[24] Mit zahlreichen Varianten in der Textüberlieferung: vgl. die Auflistung in GöLXX ed. W. Kappler 92.

[25] Ebenfalls mit Varianten in der Handschriftenüberlieferung: zu Bell. II 328 bietet der Pariser Codex P Βεθεθά; weitere Varianten finden sich zu V 246, was angesichts der Abweichung des Namens gegenüber II 328.530; IV 149.151 nicht verwundert, weitere Varianten: Βεζεθα (AMVRC; also wie an den anderen Stellen im *Jüdischen Krieg*), Βησσαθή (L) sowie Bessathe oder Bassathe in lat.

[26] J. Jeremias, Rediscovery 12, mit J.T. Milik, DJD 3, 271 = Rouleau 347.

nahme von τῇ προβατικῇ und ΚΟΛΥΜΒΗΘΡΑ an. Gegen Joachim Jeremias[27] wird mit NA[27] κολυμβήθρα als Nominativ gelesen. Die Wendung ἐπί[28] τῇ προβατικῇ ist elliptisch formuliert; folglich ist stillschweigend πύλη zu ergänzen.[29] Gemeint ist das Schaftor, auf das in Neh 3,1.32; 12,39 hingewiesen wird.

Ein weiteres Problem der Textrekonstruktion zeichnet sich in V.3–5 ab. Hier wurde bereits frühzeitig der Text legendarisch und steigernd[30] ergänzt:

> ‚In diesen [sc. Stoën] saß eine Vielzahl von Kranken, Blinden, Lahmen, Ausgezehrten [‚Paralytischen <D it>], die die Bewegung des Wassers erwarteten. Denn ein Engel des Herrn stieg von Zeit zu Zeit in den Teich hinab und versetzte das Wasser in Bewegung. Wer nun als erster nach der Bewegung des Wassers hineinstieg, wurde gesund, welche Krankheit er auch immer gehabt hatte. Es war aber dort ein Mensch, der schon 38 Jahre krank war.'[31]

Die Überlieferungssituation ist recht eindeutig, so daß trotz einzelner Gegenstimmen[32] der kürzere Text nahezu allgemein akzeptiert ist. Dieser Kurztext ist gut (ℵ, B, C etc.[33]), früh (vgl. 𝔓[66] [ca. 200]. 𝔓[75] [3 Jh.]) und geogra-

---

27 J. Jeremias, Rediscovery 10f, mit Hinweis auf die ältere Überlieferung des Ortsnamens, die zumeist vom Schafteich spricht (z.B. *Euseb*, Onomasticon [ed. E. Klostermann] 58 Z. 21f: κολυμβήθρα ἐν Ἱερουσαλήμ, ἥτις ἐστιν ‚ἡ προβατική‘...; weitere Belege: Jeremias, aaO. 10 Anm. 6); s.a z.B. E. Nestle 172, C.K. Barrett, JE 267; H. van den Bussche, Guérison 19; R. Schnackenburg, JE II, 119; B. Weiß, JE 163.

28 Dies ist aufgrund der äußeren Bezeugung dem ἐν τῇ π. vorzuziehen; vgl. B.M. Metzger, Commentary ¹208; anders J. Jeremias, Rediscovery 11.

29 Vgl. BDR § 241₉; s.a. W. Bauer, JE 79; J. Becker, JE I, ¹231. ³278; R. Bultmann, JE 179 Anm. 5; M. Hengel, Frage 278 Anm. 15; J.P. Meier 680; U. Schnelle, Christologie 111; B. Schwank, JE 175; J.C. Thomas, Man 5; D.J. Wieand 393f; wiederum die Mehrheit der Herausgeber des GNT³: B.M. Metzger, Commentary ¹208. Vergleichbare elliptische Konstruktionen, in denen πύλη zu ergänzen ist, nennt J. Jeremias, Rediscovery 9f Anm. 2. Dieses grammatische Gebilde ist selten, aber nicht unmöglich.
     Textgeschichtlich und literarhistorisch ungesichert ist der Vorschlag von M.-É. Boismard/A. Lamouille, JE 152, ἐπὶ τῇ προβατικῇ als „une glosse du scribe desireux de mieux préciser la localisation de la piscine" auszuscheiden.

30 So in der Ergänzung des πλῆθος durch πολύ in A, Θ, Ψ, 078, *f*¹·¹³, 𝔐, lat und syᵖ·ʰ. D und it fügen als vierte Gruppe die παραλυτικοί ein; diese Gruppe entspricht den bereits genannten χωλοί. Ihre Einfügung mag sich als Erinnerung an die in mancher Hinsicht analoge Heilungsgeschichte Mk 2,1ff verstehen lassen.

31 Der umstrittene Text von Vv.3b–4, der hier in Absehung von Varianten übersetzt ist, ist unterstrichen wiedergegeben.

32 Z.B. M.-É. Boismard/A. Lamouille, JE 153, mit dem Hinweis, daß V.7 ohne Vv.3b–4 unverständlich sei. S.a. M. Mees 600 über V.4, ohne die Probleme zu erörtern, wie sich die verschiedenen Varianten der Textüberlieferung unter Zugrundelegung seines Modells in ein textgeschichtliches Stemma einordnen ließen; auch A. Duprez, Probatique 619f (Einfügung einer Überlieferung durch den Evangelisten in seine Tradition; ders., Jésus 128–130), und W. Schmithals, Johannesevangelium 342 (Übersetzung), ohne Hinweis auf die textkritischen Probleme! Vgl. auch das Referat bei G.D. Fee 207f.

33 Eine sehr übersichtliche Auflistung des Handschriftenbefundes findet sich bei G.D. Fee 208 mit weiteren Hinweisen gegenüber dem Apparat von NA[27] auf die Kirchenväterbe-

phisch weitgestreut belegt. Der Text, bei dem die Überlieferung von V.3b und von V.4 textgeschichtlich zu unterscheiden sind, wird mit einer beachtenswerten Anzahl von Varianten geboten.

Der Inhalt des Zusatzes V.3b–4 erklärt sich zudem aus V.7; erklärt wird, durch welche Aktion und mit welchem Ziel das Wasser in Bewegung (ταραχθῇ τὸ ὕδωρ) versetzt wird. Der Engel tritt an die Stelle der zeitgenössischen Vorstellung von Wassergeistern (äthHen 60,16; 69,22 u.ö.).[34] Dies entspricht der Vorstellung von göttlichen Mächten und Dämonen, die im Wasser, bes. in Wasserquellen wirksam sind.[35]

Auffällig ist zudem das unjoh. Vokabular von V.4. Es ist daher nicht möglich, sich den guten Argumenten des Grundkonsenses zu entziehen; V.3b–4 sind als sekundäre Zusätze zu betrachten, die nicht im redaktionellen Wachstum, sondern im Verlauf der Textüberlieferung hinzugewachsen sind.[36]

Die syntaktische und narrative Struktur der Heilung in Vv.1–9c ist recht komplex und spannungsvoll.

Zwar bleibt der Aufbau sachlich folgerichtig,[37] dennoch konkurriert die auffällig farbige und wohlinformierte Einleitung mit dem recht blassen Bericht der Begegnung Jesu mit dem Lahmen und des Wunders selbst. Überhaupt ist das Interesse am Ort der Heilung im Blick auf den Kern der Erzählung überraschend. Dessen Augenmerk ist auf Jesus als Wundertäter konzentriert. Sein wunderbares Wissen und Handeln bilden das narrative Zentrum, hinter dem auch der Geheilte auffällig zurücktritt. Weder der Ort noch der Geheilte sind von größerer Bedeutung, sondern allein Jesus als der Wundertäter. Sind also in 5,2–9 Jesus (aktiver Part) und der Geheilte (passiv) die Protagonisten der Erzählung (die Auflistung der Kranken in V.3a gehört zur Schilderung der Situation), so treten in V.10ff ,die Juden' als dritte Gruppe hinzu. Auch der Geheilte wird nun (V.15) aktiv.[38] Beide, Geheilter und ,die Juden' (οἱ Ἰουδαῖοι; handelnd in V.10.16.18), treten Jesus negativ bezeichnet gegenüber.[39] Den Geheilten kennzeichnet ein Nichtwissen über den Wundertäter, ,die Juden' beklagen einen Sabbatbruch, den sie auf Jesus zurückführen. Diese Sabbatverletzung führt sie zur Verfolgung des Wundertäters und schließlich sogar zur Tötungsabsicht.

---

zeugung; zum eindeutigen Befund in der Papyrusüberlieferung vgl. jetzt *The New Testament in Greek IV/1*, 174f.

[34] Vgl. J. Gnilka, JE 39.

[35] S.u. S. 229.

[36] Vgl. bes. die sorgfältige Argumentation von G.D. Fee 208–217. S.a. K. Aland/B. Aland 307; B.M. Metzger, Commentary [1]209. [2]179, und die Mehrzahl der neueren Kommentare z.St. S.a. H. Leroy, Βηθζαθά 513; allerdings ist es wohl weniger eine Steigerung des Wundercharakters als ein allgemeines legendarisches Interesse, das diese Ergänzung motiviert.

[37] Zur narrativen Struktur vgl. vor allem R.A. Culpepper, Exemple 142ff.

[38] Bei C. Welck 149, der ausschließlich den Wundertäter und ,*die Juden*' als „Gegenspieler" anerkennt, werden diese Figur und ihr Handeln im zweiten Teil der Erzählung ignoriert. Auch J. Painter, Messiah 215, begrenzt ihren erzählerische Bedeutung. Dies läßt sich im Vergleich mit Kap. 9 rechtfertigen; allerdings gewinnt die Figur durch die erneute Begegnung mit Jesus in V.14f ein nicht übersehbares Gewicht. Damit soll jedoch nicht der Überbewertung dieser Gestalt durch M.W.G. Stibbe, JE 74f, das Wort geredet werden; er sieht hier „the narrator's ability to create a full and individualized character" (74).

[39] Vgl. z.B. D.A. Lee 99. Zur negativen Rolle des Geheilten s.a. R.A. Culpepper, Exemple 148; Anatomy 138. 194; zur Diskussion um das Verhalten des Geheilten s.u. S. 234.

Spannungsvoll ist auch die Darstellung des *Geheilten* selbst. Seine eigene Krankheit läßt sich gegenüber der Nennung der verschiedenen Krankheiten in der Situationsschilderung von V.3a erst indirekt aus V.7 und V.8f erschließen.[40] Zudem ist der Geheilte zunächst lediglich passiv geschildert, geradezu als ein austauschbares ‚Objekt‘ des Wunderhandelns Jesu. In V.9dff tritt er aber schließlich als Bindeglied zur neu eingeführten Personengruppe ‚der Juden‘ auf; er wird nunmehr vom Erzähler weitergehend qualifiziert (als unwissend) und beginnt selbst zu handeln (V.15).

Interessant ist zudem eine gewisse Spannung zwischen V.2ff und V.9dff, die in der Einführung zweier neuer, bisher unvorbereiteter Aspekte besteht, dem Sabbat und ‚den Juden‘. Eine weitere narrative Spannung ist darin zu beobachten, daß mit der neuen Sabbatthematik das Wunder selbst aus dem Blick gerät. Zwar kann nicht übersehen werden, daß die Diskussionen um den Sabbat zunächst zwischen ‚den Juden‘ und dem Geheilten und schließlich zwischen ‚den Juden‘ und Jesus den Bericht in 5,8f voraussetzen. Dennoch wird auf die Tat Jesu selbst erst wieder in 7,21 Bezug genommen; dies geschieht, nachdem auf der Erzählebene des vierten Evangeliums mit der joh. Speisung der 5000 (Joh 6,1ff) und dem Seewandel (6,16ff) zwei weitere Wunder erzählt worden sind.

Diese Beobachtungen lenken für die weitere Analyse unseren Blick besonders auf die Einleitung, aber auch auf den Übergang in V.9, der neu durch die Sabbatthematik markiert und durch die Einführung einer neuen Personengruppe geprägt ist.

4.2 Joh 5,1–9. Die Heilung des Lahmen

Die Heilung eines Lahmen am Teich Bethzatha in Jerusalem wird nur vom vierten Evangelisten berichtet und ist daher zu seinem Sondergut zu rechnen.[41] Ihre Rekonstruktion weist entgegen dem weithin fehlenden Interesse an einer Differenzierung von Tradition und Redaktion in 5,2–9c[42] eine Reihe zum Teil sehr komplexer Probleme auf; dies erkannt zu haben, ist das Verdienst von Eduard Schwartz, der über die Heilung am Teich Bethzatha feststellte: „(D)ie Geschichte … gehört zu den Stücken des vierten Evangeliums, die immer schwieriger werden, je mehr man sich in sie vertieft".[43]

Der Vers Joh 5,1 stellt eine redaktionelle Überleitung des Evangelisten dar.[44] Ἑορτὴ τῶν Ἰουδαίων, eine Wendung, die verschiedentlich vom vierten Evangelisten benutzt wird (s.a. 6,4; 7,2, aber auch die anderen Festverweise: 2,23; 4,45 u.ö.), nimmt hier zugleich die Funktion einer gliedernden Zeitangabe wahr. Besonders fällt die Nähe zum Bericht der ersten Jerusalemreise in

---

[40] S.a. B. Weiß, JE 164.

[41] Hierzu s.u. S. 237 mit Anm. 124.

[42] Vgl. z.B. J. Becker, JE I, [1]229f. [3]276. Nach W. Schmithals, Johannesevangelium 343, liegt in 5,2–9a und 9b–16 eine vom Grundevangelisten „frei gestaltete(.)" Erzählung vor, als Muster dient synoptische Überlieferung.

[43] E. Schwartz, Aporien III, 152; s.a. H. Weiss 312.

[44] Vgl. z.B. R. Bultmann, JE 179; R.T. Fortna, Gospel 49; D. Marguerat, „Source des Signes" 73; J. Painter, Messiah 219f; Text 28; anders U.C. von Wahlde, Version 96 Anm. 70: Überleitung der GS.

2,13 auf.[45] Ebenso ist die Übergangsformulierung μετὰ ταῦτα zu beachten, die der vierte Evangelist mehrfach zur Gliederung seiner Geschichte benutzt (vgl. 6,1; 7,1; s.a. 3,22); eine Wendung, mit der der Evangelist zumeist einen pointierten Neuansatz markiert.[46] Das unbekannte Fest selbst spielt in der Wundergeschichte (Vv.2–9c), aber auch im anschließenden Streitgespräch keine Rolle (Vv.9d–16 bzw. 18) und ist somit nicht signifikant mit diesen Erzählungen verbunden.

Wenn vorausgesetzt werden könnte, daß das ,Fest der Juden‘[47] ein Passafest meint,[48] wäre immerhin zu fragen, ob dies in Hinblick auf die Erwähnung des Mose in 5,45f formu-

---

[45] 5,1: Μετὰ ταῦτα ἦν ἑορτὴ τῶν Ἰουδαίων καὶ ἀνέβη Ἰησοῦς εἰς Ἱεροσόλυμα.
2,13: Καὶ ἐγγὺς ἦν τὸ πάσχα τῶν Ἰουδαίων, καὶ ἀνέβη εἰς Ἱεροσόλυμα ὁ Ἰησοῦς.

[46] S.a. R.A. Culpepper, Exemple 138f; E. Haenchen, JE 266; F.J. Moloney, JE II, 4; U. Schnelle, Christologie 110; B. Witherington, III, JE 133; diesen Neuansatz bestreitet z.B. G.R. Beasley-Murray, JE 66ff, indem er eine thematische Einheit zwischen 4,43–5,47 zieht: „Jesus the Mediator of Life and Judgement" (aaO. 66); ähnlich J. Bligh, Jesus 115–119 (4,43–5,47; 7,19–25); C.H. Dodd, Interpretation 318f (4,46–5,47 [„the life-giving word"] bilden „a single complete episode" [319]); W. Heitmüller, JE 85; H.J. Holtzmann/W. Bauer, JE 22. C.R. Koester, Symbolism 51ff.85 schließt die beiden Heilungen eng zusammen, so daß der Lahme einen „counterpart" zum Königlichen von 4,46ff bildet; das Verhalten der beiden Protagonisten stellt einen klaren Gegensatz dar. Als „paired healings" verbindet M.M. Thompson, Signs 99 Joh 4,46ff und 5,1ff. Vermittelnd D.A. Lee 99f, indem sie Joh 4,43–54 als Teil von 2,1–4,54 anerkennt, aber auf das Thema „Jesus as life-giver" in Joh 4,46ff und Joh 5 verweist. Kritisch hingegen z.B. E.F. Siegman 196.

[47] R. Bultmann, JE 179 Anm. 3, zieht ἡ ἑορτή wie sonst im JE (z.B. 4,45; 6,4) dem artikellosen Gebrauch vor; letzteres ist aber sicherlich als die ungebräuchlichere Lesart die ursprüngliche (vgl. z.B. C.K. Barrett, JE 267).

[48] So z.B. R. Bultmann, JE 179, und U. Wilckens, JE 113, die dies mit Joh 6,4 begründen, das sie vor 5,1ff stellen. Unter Beibehaltung der Perikopenfolge des Evangeliums bezieht sich das unspezifische ἡ ἑορτή in 4,45 auf das Passafest 2,23, und in 6,4 wird das nahe Passafest als ἑορτὴ τῶν Ἰουδαίων (anders allerdings 7,2; hier wird das Fest als Laubhüttenfest, ἡ σκηνοπηγία, identifiziert; vgl. die Rückbezüge: 7,10.14.37) bezeichnet; auch 11,56 und 12,12.20 weist ein unspezifisches ἡ ἑορτή auf das nahe Passa. Der terminologische Befund ist nicht eindeutig, immerhin ergibt sich ein gewisses Gewicht, das für die Beurteilung als Passafest in 5,1 sprechen könnte. Dieser moderne Vorschlag (s.a. C.K. Barrett, JE 267; W. Nicol 32) hat bereits Vorbilder in sekundären Entwicklungen der Textüberlieferung; so der Hinweis auf das Fest der ungesäuerten Brote (Λ; siebentägiges Fest, das am 15. Tag im Monat Nisan beginnt, d.h. dem Tag nach dem Passa. Allerdings ist die Abgrenzung nicht immer eindeutig vollzogen [s.a. H. Windisch, ζύμη 905; z.B. Mk 14,12; Josephus, Bell. 2,10: „das Fest der ungesäuerten Brote ..., das bei den Juden Passahfest genannt wird"; Übers. O. Michel/O. Bauernfeind I, 183; *Josephus* Ant 18,29] nicht selten: Mk 14,1; s.a. *Josephus*, Ant. 14,12) und die Ergänzung des Artikels *das* Fest will sicherlich als Hinweis auf das Passafest verstanden werden. Aber auch der Hinweis auf das Laubhüttenfest ist schon in der Handschriftenüberlieferung zu finden (so die Minuskel 131; als exegetische Vermutung: J.H. Bernard, JE I, 226; H. Strathmann, JE 97). Andere denken an das Wochenfest (R. Schnackenburg, JE II, 8. 118f, im Rahmen der Umstellungshypothesen. Schon J. Calvin, JE 116; s.a. J. Becker, JE I, [1]230. [3]277; R.E. Brown, JE 206; B. Schwank, JE 173. Dann ergäbe sich „ein Festkalender, der

liert ist.[49] Dessen Thematisierung als Repräsentant der Schrift kann jedoch durch die Verankerung der Mose-Gestalt im ursprünglichen, dem Evangelisten vorausgehenden Sabbatkonflikt (→ 4.3) begründet sein. Hierzu ist auf den versprengten Traditionssplitter 7,21ff* zu verweisen.

Zudem ist es wahrscheinlicher, daß das Fest in 5,1 nicht auf eine konkrete Identifikation hin angelegt ist.[50] Das Fest motiviert den Weg Jesu nach Jerusalem, wo es zur Auseinandersetzung mit den Juden in ihrer tödlichen Konsequenz kommt (5,18).[51] Nur so läßt sich die Koinzidenz zwischen dem redaktionellen Festverweis und der Konzipierung der Rede verstehen. Einmal mehr zeigt sich die Arbeit des Evangelisten zunächst in der chronologischen und geographischen Strukturierung des Evangeliums. Damit geht es aber auch um den Konflikt zwischen Offenbarer und Welt, die hier von ,den Juden' repräsentiert wird. Jesus wird vom Evangelisten erneut nach Jerusalem geführt, um hier als Wundertäter in die Auseinandersetzung mit ,den Juden' zu geraten. Jerusalem wird damit zum Ort des Konfliktes zwischen dem von Gott Gesandten und dem Ziel seiner Sendung, dem Kosmos, schlechthin. Dies zeigen auch Kap. 7ff. Eine Ausnahme bildet die Episode Joh 6. Auch hier wird der Konflikt mit ,den Juden' aufgenommen, aber das Motiv der Tötungsabsicht fehlt; dem steht der Disput im eigenen Jüngerkreis gegenüber: 6,60ff.

Liegt in 5,1 ein redaktionelles Bindeglied vor, so deutet die erneute Nennung der Stadt Ἱεροσόλυμα in 5,2 auf die Aufnahme von Tradition hin. Sie ist somit beginnend mit V.2 zu greifen.

Rudimente einer ursprünglichen Einleitung zur Heilung des Lahmen findet Jürgen Becker in 7,3a.4a.6.9.[52] Beckers leitendes Kriterium für diese literarkritische Analyse ist der Vergleich mit der Struktur zweier anderer der SQ zugewiesener Wunderberichte: Joh 2,1ff und 11,1ff: „Jeweils geht Jesus auf verwandtschaftliche Vorschläge bzw. Bitten nicht ein, verweigert sich diesen vielmehr, um kurz darauf von sich aus die Initiative zu ergreifen entgegen seinem ablehnenden Bescheid." Diese „Strukturparallelität" setzt eine literarkritische Entscheidung voraus, bei der die Tradition hinter dem Bericht von der wunderbaren Weingabe in Joh 2,1ff vom vierten Evangelisten nahezu unverändert rezipiert wurde. Ein-

---

sich mit dem Laubhüttenfest [Kap. 7], dem Tempelweihfest [Kap. 10] und dem letzten Pascha [Kap. 11–12] fortsetzt" [Schnackenburg, aaO. 119].), das Purimfest (J. Bowman 51ff mit unhaltbarer chronologischer Interpretation von Joh 4; B. Weiß, JE 162) oder das Neujahrfest (so A. Guilding 69ff; auch R.H. Ligthfoot, JE 148; M.J. Moreton *passim*). Die meisten dieser Vorschläge haben Vorbilder in der altkirchlichen Auslegung (vgl. die Hinweise bei W. Bauer, JE 79), ohne daß sie sich sicher mit dem Text zur Deckung bringen lassen.

[49] Ähnlich überlegt R.E. Brown, JE 206, im Rahmen der Pfingstfest-Hypothese, ob das Bindeglied im Gedanken an Mose als Gesetzgeber läge.

[50] Vgl. z.B. C.K. Barrett, JE 265. 267; L. Schenke, JE 98; U. Schnelle, Christologie 110; JE 102.

[51] S.a. H. van den Bussche, Guérison 18; W. Bauer, JE 79; E. Haenchen, JE 266; J.C. Thomas, Man 5; B. Witherington, III, JE 136f.

[52] J. Becker, JE I, [1]262. [3]313; s.a. W. Wilkens, Entstehungsgeschichte 50, der in der Einleitung 7,2–10 die ursprüngliche Einleitung zu Joh 5 finden will.

fügungen läßt Becker lediglich in V.1.6.9 gelten.[53] Aber gerade der für das Schema Bitte – Verweigerung – entsprechende Initiative entscheidende Tadel der Mutter durch Jesus, 2,4 (= Verweigerung), ist literarhistorisch umstritten. Hier spricht sich m.E. in besonders deutlicher Weise die redaktionelle Hand des Evangelisten aus. Dies belegt auch Joh 4,46ff, wo unser Strukturschema ebenfalls begegnet. Es ist daher aussichtsreicher, dieses Schema dem Evangelisten zuzuweisen.[54] Zudem setzt die Analyse Beckers den narrativen Zusammenhang einer Erzählquelle voraus, wie sie in der SQ-Hypothese vorliegt. Dies könnte allerdings bestenfalls ein sekundäres Überlieferungsstadium der in ihr enthaltenen Wundergeschichten darstellen, wie Becker es selbst zu Recht bedenkt. Unter Beachtung der Kritik an der SQ-These (→ B 3.2.3) bleibt diese Annahme eines narrativen Vorspans ein Problem. Zudem spricht der Vergleich mit der sehr ähnlich strukturierten Heilung des Blinden, Joh 9, gegen diese Überlegung. Es ist weiterhin fraglich, ob die Bemerkungen Joh 7,1ff im wesentlichen Traditionsstoff bieten oder nicht vielmehr ihrerseits dem Evangelisten zuzuschreiben ist; dieser führt nach der Zwischenepisode am See von Genezaret und in der Synagoge von Kafernaum Jesus nach Joh 5 erneut zum Konflikt mit ,den Juden' nach Jerusalem.[55]

Ist demnach nicht damit zu rechnen, daß dem JE an anderer Stelle weitere Informationen über die originale Einleitung zur Heilung des Lahmen zu entnehmen sind, so müssen wir uns nunmehr der Einleitung V.2f selbst zuwenden. Tatsächlich ist das Problem wahrzunehmen, ob die komplexe Einleitung V.2f schon für die älteste Stufe der Überlieferung anzunehmen ist. Hier findet sich eine an den synoptischen Vergleichstexten, denen die Heilung des Paralytischen strukturell sehr nahe steht, gemessen, sehr viel ausführlichere Ortsangabe. Charles Harold Dodd fand hierin geradezu „a style which is almost that of a guide-book".[56] Im Vergleich mit den einfacheren synoptischen Ortsangaben ist zu überlegen, wie es zu dieser ausgeführteren Ortsangabe gekommen ist und ob sie das Produkt eines sekundären Wachstums darstellt. Besonderes Gewicht ist für die Beantwortung dieser Frage der Prüfung beizumessen, ob die hier problematisierten Angaben zum Ort der Heilung narrativ notwendig sind, um die folgende Geschichte verständlich zu machen.

Gegen die Ursprünglichkeit der ausführlichen Ortsangabe spricht, daß der folgende Textbestand ab V.5 kein Interesse an diesem Ort zeigt. V.7 geht es um die Erschwernis der Heilung durch die Aussichtslosigkeit der Situation, in der sich der Kranke befindet. Die hier enthaltenen Angaben stellen keine Negativfolie für das Handeln des Wundertäters dar nach dem Muster, was ,X' nicht gelingt, wird durch ,Y' überboten, dem die Heilung gelingt. Lediglich die Erschwernis des Wunders wird als Skopus dieses Verses zu bestimmen sein.

Eine Möglichkeit, den ungewöhnlichen Charakter der ausführlichen, dennoch aber unbefriedigenden Beschreibung des Ortes zu erklären, besteht darin, daß sie in eine Traditionsphase gehören könnte, in der ergänzende Angaben über den heilenden Jerusalemer Teich notwendig bzw. für das Audito-

---

[53] J. Becker, JE I, [1]107. [3]128.
[54] S.o. S. 138.
[55] So z.B. U. Schnelle, Christologie 110.
[56] C.H. Dodd, Tradition 180; vgl. die weiteren Bemerkungen aaO. 179f.

rium interessant wurden.[57] Dies könnte für einen *Wechsel des Auditoriums* sprechen. Die neuerlich beigefügten Angaben ersetzen eine mögliche unmittelbare Kenntnis der Realien eines älteren Hörerkreises. In solcher älteren Überlieferungsstufe konnten Angaben zum Ort und seiner Heilkraft wohl noch vorausgesetzt werden. Erst nach dem Wechsel des Auditoriums ist der Stil eines „guide-books", also eines Reisehandbuchs, am besten verstehbar. Die Ortsangabe, wie sie der vierte Evangelist in seiner Tradition vorgefunden hat, spiegelt bereits eine vorangeschrittene Phase der Überlieferung wieder, die an legendarischer und erzählerischer Ausgestaltung Gefallen fand.

Aber nicht nur die Fülle der Angaben in Vv.2–3a überrascht; unerwartet ist insbesondere, daß diese breit erzählte Einleitung der aus Sagen und Märchen wie gelegentlich auch aus Geschichtserzählungen bekannten Einleitungsformulierung ἦν δέ τις ἄνθρωπος[58] in V.5 vorausläuft. Obgleich die eigentliche Handlung erst in diesem Vers einsetzt, ist jedoch kaum anzunehmen, daß er die originale Einleitung bildet.[59] V.7 setzt mindestens die Lokalisierung an einem Teich voraus. Möglich ist daher, daß der Evangelist mit der Einleitungsformulierung ἦν δέ τις ἄνθρωπος den Schwerpunkt auf die Handlung gegenüber der von ihm verwendeten einleitenden Ortsangabe setzen will.[60] Indem er mit einer auch sonst in der joh. Tradition verwendeten Erzähleinleitung (4,46b; 11,1) formuliert, markiert er den Einsatz der eigentlichen Erzählung.

Die älteste Traditionsphase könnte daher mit einer kurzen Erwähnung eines Kranken an einem Teich eingesetzt haben. Möglich ist, daß die Angabe des Namens des Teiches Bethzatha bereits zu dieser Überlieferungsstufe gehörte; ebenso die Lokalisierung in Jerusalem.[61] In einer weiteren Stufe wurden die zusätzlichen Angaben von V.2f ergänzt; sie tragen für die eigentliche Wundergeschichte nichts aus, erklären aber aus recht genauer Lokalkenntnis das Umfeld dieses Teiches. Verfügt der Erzähler dieser Traditionsphase selbst über die genannte Lokalkenntnis, so ist solche Bekanntschaft bei den Hörern der Geschichte nicht mehr vorauszusetzen. Dies läßt an eine Wanderung der Tradition denken.

Es kann jedoch die Frage gestellt werden, ob sich eine einfachere Alternative zur Erklärung der Ortsangabe anbietet. Eine solche Möglichkeit könnte in der Annahme bestehen, daß eine ursprünglich nichtchristliche *Orts*legende bzw. *orts*orientierte Überlieferung se-

---

[57] Für die Notwendigkeit der Angaben von Vv.2–3a im folgenden Kontext plädiert hingegen I. Dunderberg, Johannes 100; er bezieht sich vor allem auf V.5f, die mit ἐκεῖ (Bezug auf eine Ortsangabe) und κατακείμενον (→ V.3a) die Einleitung voraussetzen. Immerhin als „not absolutely essential to the story" schätzt R.T. Fortna, Gospel 50, V.3a ein.

[58] Diese Einleitung findet sich im vierten Evangelium noch in 11,1; 4,46; hierzu s.o. S. 203.

[59] So allerdings H.M. Teeple, Origin 182, allerdings stamme die Angabe über das Heraufsteigen nach Jerusalem in V.1 ebenfalls aus der Quelle.

[60] Mit anderer literarkritischer Entscheidung stellt auch R.T. Fortna, Gospel 50, zu 5,5 fest: „Here the central plot of the story begins".

[61] Vgl. z.B. E. Haenchen, JE 282.

kundär auf Jesus übertragen wurde.[62] Vorausgesetzt, diese hätte eine analoge Struktur wie die Überlieferung hinter Joh 5,2ff gehabt, so wäre der Anfang mit seinem Interesse am Ort weitgehend rezipiert, das Ende aber im christlichen Interesse verändert. Dies könnte mit Interpretationen kombiniert werden, die in der Erzählung von der Heilung des Lahmen durch Jesus eine Polemik gegen nichtchristliche, heilig gehaltene Plätze bzw. Heiligtümer sehen.[63] Eine sehr ähnliche Interpretation bietet der Gedanke, der Joh 5,1ff als ausdrückliche Ablehnung antiker medizinischer Praxis werten will;[64] diese empfiehlt beispielsweise auch im Falle der Lähmung die Anwendung von Heilbädern (z.B. *Celsus*, Med III 27,1: *Ac si quo loco uel naturales uel etiam manu factae tales natationes sunt, is possimum utendum est; praecipuaeque in is agitanda membra, quae maxime deficiunt; si id non est, balneum tamen prodest*[65]).

Zur Verifikation der Annahme des (polemischen) Rückgriffs auf eine Ortslegende bietet sich ein Vergleich mit anderen, ortsorientierten Wunderberichten an. Als ortsorientiert sind die Heilungsberichte des Asklepioskultes bekannt.[66] Doch unterscheiden sich diese signifikant im Aufbau von einer angenommenen Überlieferung hinter Joh 5,2ff dadurch, daß jene

---

[62] Als Beispiel könnte auf die These der Doppelquelle verwiesen werden, wie sie B. Lindars, JE 209, vorschlägt: Einerseits sei eine Jerusalemquelle aufgenommen, sodann eine mit Mk 2,1ff vergleichbare Heilungsgeschichte. Zudem stütze sich der Evangelist auch für das Sabbatthema auf Überlieferung. Modifiziert schließt sich L.T. Witkamp, Use 25f, dieser Theorie an. Zustimmung spendet diesem Modell M. Rein 230; vgl. 227ff. Auch B. Kollmann, Jesus 228 Anm. 26, votiert gegen die Ursprünglichkeit der Ortsangabe, indem er eine „ursprünglich situationslos überlieferte(.) Wunderheilungserzählung" annimmt. Ohne jeden Ortsbezug hängt aber V.7 in seiner vorliegenden Form völlig in der Luft, so daß dieser Vorschlag zu weiteren Aporien führt.

[63] Dieser Gedanke ist vor allem von W.D. Davies 307 (s.a. 309.313) entwickelt worden; er vermutet, daß die Tradition „was designed to indicate that the efficacy of the holy place, Bethzatha, is transcended by the coming of Christ" (Zitat 307; ähnlich auch für die Heilung des Blinden: 318); vgl. G. Theißen, Wundergeschichten 273. Eine vergleichbare polemische Spitze entwickelt auch C.R. Koester, Symbolism 54: Anders als die bekannten mediterranen und orientalischen Heiligtümer verlangt Jesus exklusive Nachfolge und Gehorsam; wer dies nicht erkennt, bleibt unter der Sünde. Gegen jüdische Praxis gerichtet deutet C.H. Talbert, Worship 349f: „Its message is that contrary to the impotence of the water rituals of Judaism, Jesus' word gives life."

[64] Dieter Lührmann sieht für die Überlieferung von Joh 5 eine implizite Ablehnung der antiken Medizin und ihrer Möglichkeiten. Diese Verweigerung manifestiere sich im Gegensatz zwischen der erfolgreichen Heilung durch den Wundertäter und des Heiligtums (201; einen Hinweis von Hans Dieter Betz aufnehmend). Doch nicht die Möglichkeit des Heiligtums ist bestritten, sondern sie wird überboten; der wunderwirkende Jesus der joh. Tradition kann auch dort noch wirken, wo das Ende der weltimmanenten Heilungsmöglichkeiten gekommen ist. Daß die Grenzen der eigenen Möglichkeiten und ihre Akzeptanz ebenfalls zum Wesen kritischer antiker Ärztekunst gehörte, hat Lührmann gleichermaßen belegt (aaO. 199).

[65] „Sind an einem Orte natürliche oder künstliche Schwimmbäder, so bediene man sich besonders dieser; vorzüglich müssen die am meisten leidenden Glieder darin in Bewegung gesetzt werden. Sind solche Schwimmanstalten nicht vorhanden, so ist doch schon das bloße Baden nützlich" (Übers.: E. Scheller/W. Frieboes 161f). Die Anwendung von Bädern im Falle von Lähmungen setzt auch *Plinius*, Nat Hist XXXI 59 voraus (s.a. aaO. 71: Schwimmen als Therapie bei ausgerenkten Gliedern).

[66] Zur ortsspezifischen Abfassung vgl. M. Wolter 144.170; s.a. H.-J. Klauck, Umwelt I, 138; M. Dibelius, Geschichte 172.

den Namen des Geheilten an den Anfang,[67] diese aber den Ort voranstellt. Die Heilungsberichte von Epidauros sind ortsgebunden und für dorthin kommende Pilger gedacht, so daß sich der Ortsbezug aus der Stätte ergibt, an der die Inschriften zu lesen sind.[68] Würde es sich bei einer postulierten Ortslegende hinter Joh 5,2ff um eine frei umlaufende, werbende Ortslegende handeln, so spricht der Vergleich mit den ortsorientierten Heilungsberichten von Epidauros nicht eindeutig gegen die vorgenannte Annahme.

Dennoch bliebt die Annahme einer polemischen Auseinandersetzung mit einem lokalen Heilheiligtum hypothetisch, da eine vergleichbare Überlieferung mit Bethzatha verbunden unabhängig von Joh 5,2ff nicht nachgewiesen ist. Auch der Gedanke der Polemik ist nicht unproblematisch. Die vergleichbare Tradition hinter Mk 2,1ff läßt solche Polemik nicht erkennen, sondern weist Sündenvergebung und Lobpreis des Wundertäters als Spitzen dieses Wundertypus aus. V.7 geht zudem nicht auf den Kontrast zwischen Heilort und Jesu Wunderheilung, sondern hebt die Erschwernis für den Wundertäter hervor. Was an diesem Ort noch nicht einmal möglich ist, ist dem Wundermann Jesus hingegen möglich. Daß sich dieser damit auch gegenüber anderen Heilstätten auszeichnet, ist zu beachten, aber eher ein Nebeneffekt, der nicht mit direkter Polemik verwechselt werden darf.

In dem entwickelten Modell eines Wachstums der Ortsangabe bleibt noch eine weitere Schwierigkeit zu klären. Die zu entscheidende Frage liegt darin, von welcher Hand ἡ ἐπιλεγομένη Ἑβραϊστί stammt.

Das Adverb Ἑβραϊστί kommt außer Apg 9,11; 16,16 im NT sonst nur noch im Passions- und Auferstehungsbericht des vierten Evangeliums vor: Joh 19,13.17.20; 20,16. In diesen vier Belegen ist kein einheitlicher Gebrauch zu erkennen. In 19,20 steht das Adverb neben Ῥωμαϊστί und Ἑλληνιστί. Diese Adverbien dienen der Kennzeichnung der dreisprachigen Kreuzesinschrift. Joh 19,13.17 fügen jeweils einem griechischen Namen eine aramäische Übersetzung bei.[69] Von anderer Qualität ist 20,16: Maria spricht ihm zum Auferstandenen Ἑβραϊστί· ῥαββουνι ὃ λέγεται διδάσκαλε. Dem Adverb wird eine Übersetzung beigefügt (eingeleitet durch [μεθ]ἑρμηνεύειν oder λέγειν), die das verwendete Fremdwort erklärt; diese Art der Erklärung fügt sich gut in den Gebrauch des vierten Evangelisten ein (außer 20,16 vgl. 1,38.41f; 4,25; vielleicht auch 9,7 [vgl. die Diskussion z.St.]; s.a. 11,16; 20,24).[70]

Eine Entscheidung für 5,2 ist sehr schwierig. Da hier jedoch keine Übersetzung vorliegt, die den Gebrauch in die Nähe des Usus des vierten Evangelisten rückt, ist an den Verfasser der ausgeführten Ortsangabe zu denken.

---

[67] Zum Aufbau der Heilungsgeschichten von Epidauros vgl. M. Wolter 142; nochmals spezifizierend H.-J. Klauck, Umwelt I, 135f; beide beziehen sich auf *Pausanias* II 27,3 zurück, der bereits mustergültig die formalen Grundlinien herausgestellt hat (s.a. M. Dibelius, Geschichte 169; A. George 98; A. Weiser, Bibel 39). Typisierend lassen sich die Person, ihre Krankheit, die Schilderung der Heilung und die Feststellung des Heilungserfolges differenzieren.

[68] Vgl. M. Wolter 170; s.a. H.-J. Klauck, Umwelt I, 138; D. Zeller, Wunder 212.

[69] Dies ist für J. Becker, JE II, [1]579. [3]686 (zu V.13); [1]585. [3]693 (zu V.17), der entscheidende Grund, diese Verwendung nicht dem Evangelisten zuzuschreiben. S.a. R.T. Fortna, Gospel 49 mit Anm. 2. Nach M. Lang 182 stammt V.17b aus Mk 15,22, V.13fin ist „traditionell" (aaO. 170f). Anders R. Schnackenburg, JE III, 313 (zu V.17; anders aaO. 305 zu V.13: „aus seiner Quelle?"). Zur Sprache vgl. G. Dalman, Grammatik 160 Anm. 4. 166 Anm. 1).

[70] Anders M. Lang 242.

Wie verhält es sich hingegen mit dem literarhistorischen Charakter von Vv. 5–9c? Zwei Angaben nennen das Problem: V. 5 und die Antwort des Gelähmten in V. 7. Auch wäre nach der Angabe der Schwere der Krankheit in V. 5 unmittelbar das Wunder zu erwarten.[71] Doch V. 5f tragen Spuren redaktioneller Handschrift.[72] Die Konstruktion eines Akkusativs der Zeit mit ἔχειν findet sich im JE häufiger; außer 5,5.6 auch 11,17; s.a. 8,57; 9,21.23.[73] Sonst ist diese Konstruktion im NT nicht nachzuweisen. Sicherlich ist nicht zu bestreiten, daß die Angabe in 5,5 die Schwere der Krankheit herausstellt[74] und damit unter formalem Aspekt durchaus genuiner Bestand der Tradition sein könnte. Schließt dieser gattungskritische Vergleich keineswegs die Deutung als eine sekundäre Überarbeitung eines älteren Hinweises aus,[75] so belegt das Wort des Gelähmten in V. 7 eine weitere Erschwernis: ,Herr,[76] ich habe keinen Menschen, damit er mich, wenn sich das Wasser bewegt, in den Teich bringt. Wenn ich aber komme, steigt ein anderer vor mir hinein‘. Diese Aussage beantwortet die Frage Jesu, ob der Kranke gesund werden will. Mit dieser Frage gibt der Erzähler dem Kranken die Möglichkeit, die Ausweglosigkeit seiner Situation herauszustellen.

Nicht ohne weiteres abweisbar sind psychologisierende Interpretationen des kurzen Dialogs in 5,6b–7 mit seiner Frage nach dem Heilungswillen und der Erschwernisaussage.

---

[71] Vgl. J.L. Staley 58.
[72] Vgl. U. Schnelle, Christologie 111; D. Marguerat, „Source des Signes" 73; dagegen R.T. Fortna, Gospel of Signs 50. Allein das Wissen Jesu um die lange Fortdauer der Krankheit, V.6, ist nach R. Schnackenburg, JE II, 121, eine Hinzufügung durch den Evangelisten (jetzt auch erwogen bei Fortna, Predecessor 116f, der es jedoch eher für wahrscheinlich ansieht, daß dieses Wissen sekundär im Wunderevangelium hinzugewachsen ist und damit dem Evangelisten vorlag.). Auch M.-É. Boismard/A. Lamouille, JE 157, sehen in der Krankheitsdauer und im wunderbaren Wissen eine sekundäre Zutat von Jean II-B; dieser Schicht schreiben sie den gesamten Dialog Vv.6c–7 zu.
[73] Vgl. C.K. Barrett, JE 269.
[74] Z.B. R. Bultmann, JE 180 Anm. 7, mit Hinweis auf dens., Geschichte 236 (vgl. Mk 5,25f; 9,21; Joh 9,1 [s.a. unten S. 322] u.a.m.); s.a. G. Theißen, Wundergeschichten 61.
     Anders die Versuche, die auffällige Zahl ,38‘ allegorisierend oder typologisch zu deuten. Sie entspricht der Dauer von Israels Strafaufenthalt in der Wüste nach Dtn 2,14: H. J. Holtzmann/W. Bauer 120; W. Bauer, JE 83; W. Heitmüller, JE 89; K. Grayston, JE 48; B. Schwank, JE 177; T. Veerkamp 24. 33; C. Welck 155f; vorsichtig erwägend auch J. Gnilka, JE 39. Martin Hengel macht darauf aufmerksam, daß das Motiv vom 38-jährigen Strafaufenthalt in der jüdischen Haggada und den Targumim reflektiert wird (Schriftauslegung 287 [mit den Quellennachweisen]; s.a. ders., Frage 307 Anm. 142); so ist der Paralytische nach Hengel ein „Abbild Israels, das sich – wie beim Wüstenzug – nicht selbst aus der Todesverfallenheit retten kann, sondern des rettenden Wirkens (5,17) Jesu bedarf" (Schriftauslegung 287). Gegenüber solcher typologischer Interpretation ist zu beachten, daß Krankheitsdauern nicht singulär sind und daß die Heilung in Joh 5 nicht die Rettung im joh. Sinne durch die Erkenntnis des Gesandten Gottes und des Glaubens an diesen darstellt. Kritisch gegen eine allegorisch-typologische Auslegung votiert z.B. H. van den Bussche, Guérison 21.
[75] So U. Schnelle, Christologie 111 Anm. 131.
[76] Nicht Titel, sondern lediglich Anrede.

Diese Deutungen denken an die Ermutigung des Gelähmten zur Mithilfe bei der Heilung.[77] Die Forderung der Mithilfe und des Vertrauens in den Heilenden ist nicht nur ein moderner Gedanke. Er findet sich beispielsweise auch in den Inschriften aus Epidauros, wie die Untersuchung der didaktischen Natur dieser Iamata aufzeigt.[78] Auch die antike medizinische Theorie hat die positive Disposition zur Heilung erkannt, die in der Mitwirkung des Kranken an seiner Genesung liegt: „Der Arzt muß nicht nur bereit sein, selber seine Pflicht zu tun, er muß sich auch die Mitwirkung des Kranken, der Gehilfen und der Umstände sichern" (*Hippokrates*, Aphorismi I 1).[79] Daß das Vertrauen in die Heilkraft des Arztes oder

---

[77] Z.B. C.H. Dodd, Tradition 176; s.a. J. Blank, JE 1b, 15; M.W.G. Stibbe, JE 75; auch D. Zeller, Wunder 221, macht die Schaffung einer „günstigen Atmosphäre für charismatische Heilungen" für die Erzählungen von Jesuswundern in den Gemeinden verantwortlich. Einen möglicherweise vergleichbaren Beleg bietet *Aelius Aristides* in seinen *Heiligen Berichten*. Er berichtet dort, im Traum durch Phoibos (einen Freund oder den Gott Apoll) zum Einsteigen in das Wasser aufgefordert worden zu sein (Or 47,18; vgl. 48,21, wo ausdrücklich das Fehlen des Zuspruchs beim Bad im kalten Flußwasser des Meles betont wird). Ohne hinreichende Basis am Text ist der Vorschlag von W.O. Fitch *passim*, die Krankheit des Lahmen sei als Welt- und Verantwortungsflucht zu bewerten.

[78] M.P.J. Dillon *passim* (z.B. 240: „The iamata served a specific didactic purpose, encouraging the ill that they too, like others before them, could be cured. … they make clear what the temple authorities expected of the pilgrims who came to this site"; s.a. A. George 101: „Ils veulent inspirer la confiance dans le dieux guérisseur").

Vgl. z.B. die Inschrift B 17 (37): Ein Lahmer, *Kleimenes von Argos*, der im Traum auf Anweisung des Gottes in das kalte Wasser eines Teiches springen soll und sich verweigert, erhält die Mahnung: „Er (Asklepios; Vf.) werde nicht die Menschen heilen, die dazu zu feig seien, sondern nur die, welche zu ihm ins Heiligtum kommen in der guten Hoffnung, daß er einem solchen nicht Übles antun, sondern ihn gesund entlassen werde" (Übers.: R. Herzog 25; der Text dieser Inschrift ist überaus korrupt, so daß bei L.R. LiDonnici 112, die zu Recht zurückhaltender rekonstruiert, diese Mahnung nicht zu verifizieren ist; zu dieser Inschrift s.a. H.-J. Klauck, Umwelt 1, 137, der seinerseits unkritisch die Übersetzung von Herzog aufnimmt. Die Interpretation des zweiten Teils der Mahnung hängt von der Rekonstruktion des ersten Teils ab, der mit der Verweigerung des Kranken in ‚das übermäßig kalte Wasser' zu steigen zu tun hat [so Herzog Z.106]. LiDonnici Z.105 rekonstruiert im korrupten Inschriftentext den Befehl zu trinken. Für δειλῶς bei Herzog bietet sie kein Äquivalent, so daß die Kritik am Kranken zwar gegenüber vergleichbaren Texten glaubhaft, aber nicht aufgrund der Stelen selbst nachweisbar ist. Zur Erklärung der Rekonstruktion von Herzog, die sich einer Reihe von Paralleltexten verdankt, vgl. Herzog 104f; hier wird zugleich deutlich gemacht, daß diese Inschrift dazu dient, „den Willen des Kranken [zu; Vf.] beeinflussen" [aaO. 105].).

Das Wortfeld ἄπιστος verwendet die Inschrift A 3 (viermal); deutlich wird die Absicht in den Iamata vorgestellt, ein πιστεύειν in die Heilkraft des Gottes Asklepios zu erwecken. Daher zu Recht A. Krug 136: „Die Bereitschaft und der Wille des Kranken sich heilen zu lassen, gehören wie in der Psychotherapie zu den eigenen Leistungen, die er gegenüber Asklepios zu erbringen hat. Wer ihm Unglauben entgegenbrachte und über die Berichte spottete, dem verweigerte der Gott rundheraus die Hilfe oder strafte ihn sogar …" (zu den Straf- oder ‚Erziehungswundern' des Asklepios s.a. Herzog 123–130). Weitere Beispiele von Wunderinschriften, die vom überwundenem Zweifel berichten: A 4. Die Intention von der Inschrift A 9 ist hiermit vergleichbar; hier sind es andere Personen im Heiligtum, die sich belustigen. Das Vertrauen des Blinden ohne Augen wird belohnt und damit die Spötter ins Unrecht gesetzt, da er das Heiligtum mit Augen und sehend verläßt.

[79] Übersetzung nach *Der Arzt im Altertum* (ed. W. Müri) 11; vgl. *Hippokrates*, Epidemiarum I 11: „Der Kranke muß zusammen mit dem Arzte sich gegen die Krankheit weh-

aktive Mithilfe kaum als intendierte Interpretation auf die Frage Jesu bewertet werden soll, besagt die Antwort.[80] Sie gibt die Krankheit und damit das Problem an. Die Antwort des Gelähmten wird außerdem nicht besonders getadelt.

Das Wort von der Bewegung des Wassers als Voraussetzung für dessen Heilungsfähigkeit in V.7 scheint eine Legende vorauszusetzen, wie sie in den sekundären Vv.3b–4 erzählt wird.[81] Ein vergleichbarer Bericht über Bethzatha/Bethesda ist in der antik-jüdischen Literatur m.W. bis heute jedoch nicht nachgewiesen.

Immerhin gibt es verschiedene antike Parallelen für wundersam wirkende und heilende Wasserquellen.[82] William Robertson Smith faßt den Sinn dieser teilweise sehr unterschiedlichen Legenden treffend zusammen: „The one general principle which runs through all the varieties of the legends ... is that the sacred waters are instinct with divine life and energy. ... they all agree in this, that their main object is to show how the fountain or stream comes to be impragnated, so to speak, with the vital energy of the deity which it is sacred".[83] Gelegentlich wird eine bei *Lukian*, De dea syria 47, berichtete Erzählung vom Eingreifen der Göttin Hera gegen ein vernichtendes Kommen des Zeus als Vergleichstext herangezogen. Allerdings ist der Sinn der bei *Lukian* berichteten Vorstellungen kryptisch. Immerhin läßt

---

ren" (Übers.: ebd.). Daß es dabei nicht nur um den Willen zur Gesundheit, sondern auch um ein Sachverständnis geht, belegt *Hippocrates*, De affectionibus 1; nach diesem Text geht es nicht nur um das Verstehen (ἐπίσταμαι) des vom Arzt Angeordneten, sondern sogar um die Beurteilung (διαγινώσκω) des Arztes. Die medizinisch erwartete Disposition des Kranken ist eine aktive Mithilfe des Patienten, wie sie hingegen in einer auf den Wundertäter orientierten Geschichte kaum zu erwarten ist.

[80] Vgl. L.T. Witkamp, Use 23. S.a. H. van den Bussche, Guérisson 22; S. Pancaro 10 Anm. 7; W. Wilkens, Zeichen 40. Witkamp seinerseits votiert für die Konzeption eines *joh. Mißverständnisses*: Die Frage wird als Hilfsangebot mißverstanden, an dessen Stelle eigentlich die Antwort „Yes, Lord, you can do it!" stehen sollte (aaO. 24f; Zitat: 24; s.a. J.C. Thomas, Man 10; ähnlich der Gedanke, ein Beispiel für den Einsatz joh. Ironie hier auszumachen: R.A. Culpepper, Anatomy 176. 179). Dann läge hier eine ausgeführte neue Formulierung des Evangelisten vor. Allerdings stammt der Beleg für diese ansprechende Überlegung, Joh 6,5b–7, in seinem Grundbestand nicht vom Evangelisten, sondern aus der Überlieferung; dies belegt, daß auch Fragen des Wundertäters zur Vorbereitung eines Wunders und zur Schilderung der Begleitumstände dienen können. Die m.E. vom Evangelisten stammende Parenthese 6,6 hat gerade keine Parallele in Joh 5. Somit kann mit D. Marguerat, „Source des Signes" 73 Anm. 14, festgehalten werden: „Jn 5,6b–7 ne charge pas le paralysé, mais démontre sa situation d'impuissance."

Beispiele für die Angabe der Krankheitsdauer in antiken Heilungswundern bieten etwa die *Iamata* von Epidauros: A 1. 2. 12; *Philostratus*, VitAp III,38; VI,43.

An eine dramaturgische Technik denkt Thomas, aaO. 9f, und beschreibt damit den Effekt des Dialogs in literarischer Hinsicht durchaus nicht unzutreffend. Allerdings ist die Frage Jesu nicht ohne die Antwort des Mannes zu lesen, der hier seine Not explizit.

[81] Vgl. E. Haenchen, JE 268. Eine bewußte Auslassung, wie Haenchen meint, läßt sich nicht erweisen (zu aaO. 282).

[82] Vgl. z.B. W. Robertson Smith 165–185; vor allem 168. 183f: heilende Gewässer. Z.B. *Diodorus Siculus* III 43,1. S.a. *Antigonos von Karystos*; er weiß von einem Brunnen in Skotoussa zu berichten, der Wunden von Mensch und Tier zu heilen vermag: κρηνίδιον οὐ μόνον ἀνθρώπων ἕλκη, ἀλλὰ καὶ βοσκημάτων ὑγιάζειν δυνάμενον (142 [ed. O. Keller]; Hinweis bei. W. Bauer, JE 81).

[83] W. Robertson Smith 173; s.a. O. Böcher, Mächte 23.

sich indirekt eine besondere Qualifizierung des Wassers erkennen, die vielleicht sekundär mit der Göttin Hera in Verbindung gebracht wurde.[84] Daher sieht Hans Dieter Betz eine besondere Nähe zu Joh 5,2.[85] Doch die Analogien zu der hinter Joh 5,7 stehenden und in 5,3bf sekundär eingetragenen Legende sind sehr allgemein. Von einer heilenden Qualität des Wassers ist bei *Lukian* keine Rede. Für die Heilungsgeschichte selbst trägt der Vergleich mit der bei *Lukian* berichteten Legende daher nichts aus. Wichtiger sind Hinweise[86] auf Asklepieische Quellen und Brunnen;[87] hier liegen Analogien für den Heilort Bethzatha/Bethesda vor, die aber nicht von der eingangs genannten antiken Vorstellung heilsamer Kräfte und Mächte im Wasser zu trennen sind.

Ob sich hinter der Notiz in V.7 eine Anspielung auf eine zeitgenössische Legende verbirgt, muß offengelassen werden; formal hat diese Notiz eine *limitierende Funktion*, die den Lahmen daran hindert, die ersehnte Heilung (jemals) zu erreichen. Beide Erschwernisaussagen, in V.5 und in V.7, sind nur schwer zu harmonisieren,[88] so daß eher an eine Ergänzung des Erschwernismotivs von V.7 durch V.5 zu denken ist.[89] Das Vorauswissen Jesu in V.6 stammt mit großer Wahrscheinlichkeit wie in Joh 6,6 ebenfalls von der Hand des Evangelisten.[90]

Gefragt werden kann, welche Form des Erkennens die Verbform γνούς, V.6, zu bezeichnen sucht. Sicherlich ist die Interpretation zu schwach, die in das Wissen einen informatorischen Charakter hineinliest.[91] Das naheliegendste Verständnis besteht in der Annahme einer übernatürlichen Kenntnis durch den Wundertäter.[92] Kraft seiner göttlichen Macht hat der Wundertäter Einblick in die Zusammenhänge der Geschichte und in Charakter und Vorgeschichte des Menschen. Da hier ein Heilungswunder erzählt wird, ist die

---

[84] Hierzu W. Robertson Smith 175.

[85] H.D. Betz, Lukian 152.

[86] Z.B. B. Kollmann, Jesus 228.

[87] S.a. unten S. 239. 332 zu Joh 9; dort mit der Nennung der einschlägigen Belege.

[88] Z.B. R. Bultmann, JE 180.

[89] Die andere mögliche Denkrichtung, daß V.7 nachgetragen ist, schlägt I. Dunderberg, Johannes 100f, vor: Vv.6b–7 seien eine sekundäre Ergänzung, die in Wundergeschichten ungewöhnlich und zudem mit V.5 und 9 in Spannung stehe (an diesem Problem stießen sich bereits J. Wellhausen, JE 24f; F. Spitta 118). Daß sich der Kranke nach V.7 nur langsam bewegen könne und nach V.9 überhaupt nicht, entnimmt den Texten mehr Information, als in ihnen wirklich berichtet wird. Der in der *epidaurischen Inschrift* A 16 als χωλός bezeichnete Nikanor ist ebenfalls nicht von einer völligen Bewegungsunfähigkeit betroffen; dafür spricht der Stock (σκίπων), den ihm ein Knabe raubt. Die stereotype Abschlußwendung ὑγιὴς ἐγένετο stellt ebenfalls nur eine summarische Bewertung der Heilung dar, ohne daß Rückschlüsse auf Art der Lähmung möglich sind. Dies gilt analog für die Feststellung, daß der Paralytische gehen kann in Joh 5,9 (hierzu s.a. R. Hengel/M. Hengel 354).

[90] Hierzu s.u. S. 275; anders J. Becker, JE I, ¹232. ³279f: SQ.

[91] Rationalisierend spricht die *„Zürcher Bibel"* vom ,Erfahren' der Länge der Krankheitsdauer, also einer nicht berichteten Mitteilung durch eine andere Person. Ein Gespräch Jesu mit dem Lahmen konjiziert hingegen B. Weiß, JE 164. Das Wissen, das in V.6 vorausgesetzt wäre, entstamme einer vorausgehenden Information des Wundertäters, die aber nicht berichtet wird.

[92] Vgl. z.B. C.K. Barrett, JE 269; W. Bauer, JE 81; H. van den Bussche, Guérison 22; E. Haenchen, JE 268; F.J. Moloney, JE II, 5; J. Painter, Messiah 214 Anm. 10; J.C. Thomas, Man 8f; B. Witherington, III, JE 137.

Möglichkeit bedenkenswert, daß der Wundertäter nach dem Muster eines hervorragenden Arztes dargestellt wird. Von solchem Arzt wird gefordert, daß er „am Krankenbett von sich aus erkennt und ankündet, was da ist, was geschehen ist und was noch eintreten wird, wenn er ferner lückenlos darlegt, was die Kranken ihm verheimlichen, so brächte man ihm größeres Zutrauen entgegen, daß er das Schicksal der Kranken durchschaue. Daher würden es die Kranken wagen, sich dem Arzte anzuvertrauen." (*Hippocrates*, Prognosticum 1)[93] Das Wissen um die Komplikationen, die aus der gegenwärtigen Krankheit entstehen könnten, gehört ebenso in den Bereich der Prognose wie das Erkennen des Ausgangs der Krankheit und ob etwas Göttliches in ihr ruht. Nun gehört Joh 5,1ff nicht zu der Gattung einer medizinischen Fallstudie, sondern erzählt eine Heilung, die das Auditorium oder die Leserschaft als ein Wunder begreifen soll, insofern scheint der Hinweis auf die übernatürliche Prägnosis des Wundertäters angemessener. Solche übernatürliche Prägnosis begegnet auch in den Heilungsberichten des Asklepios; *Aelius Aristides* berichtet, daß ihn der Gott zum Baden schickt und dabei vorhersagt, daß er dort ein Pferd und den Tempelwärter antreffen würde (Ael Arist, Or 48,48; das Eintreffen dieser Ansage wird kommentiert: ταῦτα προείητο καὶ ταῦτα ἐγίγνετο; s.a. aaO. 48,51). Allerdings ist dieses Vorauswissen von dem in Joh 5 dadurch unterscheiden, daß es sich nicht auf den Zustand des Kranken bezieht und auch nicht direkt mit der Therapie zusammenhängt; der Aristides-Bericht zeigt aber dennoch einmal mehr, wie eng das Motiv des Vorherwissens mit Wundererzählungen verbunden ist. Für Joh 5,6 ist aber festzuhalten, daß dennoch einzelne Aspekte der ärztlichen Prognose dem Text nicht völlig fremd zu sein scheinen (Zutrauen in den Wundertäter, das Wissen, den Kranken gesund zu machen [ὑγιέας ποιεῖν]).[94]

Das souveräne Vorauswissen Jesu schützt seine Frage, die in der ältesten Überlieferungsphase den Ernst der Krankheit und damit die Erschwernis des Wunderberichtes einführt, vor dem Vorwurf der Unwissenheit. Durch die Neuformulierung von Vv.5f wird nicht nur das Wunder weiter zu steigern gesucht, sondern dem Wundertäter zugleich das wunderbare Wissen über die lange Krankheit beigelegt. Dieses Wissen motiviert nunmehr die Aktivität des Wundertäters.

Das Hauptkorpus des Wunders V.7–9c, das Vorbereitung, Durchführung und Demonstration des Wunders schildert, wurde im wesentlichen unverändert übernommen.[95] Eine weitere Unterscheidung zwischen Tradition und Redaktion verbietet sich somit.

Anders argumentiert Heather A. McKay. Das Tragen des Lagers, V.8f, bildet die Voraussetzung für den folgenden Sabbatkonflikt und könnte daher dem Evangelisten zuzurechnen sein, der für diesen Konnex verantwortlich sei.[96] Diese Deutung kann jedoch nicht be-

---

[93] Übersetzung nach *Der Arzt im Altertum* (ed. W. Müri) 107. Diese Charakteristik findet sich in einer dreiteiligen Charakteristik des ärztlichen Dienstes wieder: Λέγειν τὰ προγενόμενα, γινώσκειν τὰ παρεόντα, προλέγειν τὰ ἐσόμενα (*Hippocrates*, Epidemiarum I 11).

[94] Anders S.M. Fischbach 20, die die Angabe der Krankheitsdauer in Analogie zur ärztlichen Anamnese stellt, nicht aber V.6.; V.5 gehört allerdings auf die Ebene des wissenden Erzählers, erst V.6 gibt Auskunft über das Wissen des Hauptprotagonisten, so daß ihre Überlegung erst für diesen Vers gelten kann.

[95] Vgl. z.B. D. Marguerat, „Source des Signes" 73; U. Schnelle, Christologie 111.

[96] H.A. McKay 148. Eine ähnliche Konsequenz scheint E. Haenchen, JE 269f, anzudeuten. Allerdings sieht Haenchen, aaO. 287, das Motiv der Sabbatverletzung bereits als eine Spielart der Tradition an; zudem stellt er heraus, daß der Evangelist anders als die Tra-

friedigen. Das Hauptthema des Sabbatkonflikts ist ein christologisches; es geht um die Person des Wundertäters und um sein Tun. Dennoch setzt der Konflikt beim Tragen der Bahre durch den Geheilten ein, um so zum Konflikt mit dem Wundertäter zu gelangen. Dies spricht für die Aufnahme von Tradition. Tatsächlich läßt sich aus Vergleichstexten anderer Heilungsberichte diese Überlegung stützen. V.8f enthalten den Befehl, der zur Heilung führt, und die unmittelbare Demonstration derselben (V.9).[97] Exakt entsprechen sich hier Aufforderung und Eintreffen der Heilung.

Eine gewichtige Überlegung zur Rekonstruktion des ursprünglichen Beschlusses der Wundergeschichte legt Robert T. Fortna vor, der den Anschluß an V.9c in V.14 ausmacht: „It is possible, then, that something like the following originally completed the story in the source: καὶ [ὁ Ἰησοῦς] εἶπεν αὐτῷ· μηκέτι ἁμάρτανε, ἵνα μὴ χεῖρόν σοί τι γένηται".[98] Das abrupte Ende der Wundererzählung, das lediglich das geschehene Wunder berichtet, würde damit abgemildert. Entscheidend ist, daß sich V.14 mit der theologischen Konzeption des vierten Evangelisten reibt und in den sieben Wundergeschichten, die der Evangelist erzählt, singulär ist.[99]

Die literarische Bewertung der Aufforderung Jesu an den Geheilten, nicht mehr zu sündigen, ist abhängig von ihrer Interpretation. Wird sie mit dem in Mk 2,1ff Berichteten har-

---

dition nicht auf die Sabbatverletzung hinaus will (aaO. 286). Geht dies auf die unterschiedlichen Phasen zurück, in denen die Manuskripte entstanden sind, die sein Kommentarwerk bilden (zu Joh 5 vgl. U. Busse, Ernst Haenchen 132)?

[97] Vgl. z.B. G. Theißen, Wundergeschichten 75. S.a. E. Lohse, Worte 63. Zu den zeitgenössischen Parallelen s.u.

[98] R.T. Fortna, Gospel 53; Fortna greift auf eine Erwägung von Ernst Haenchen zurück (Probleme 107f; s.a. S. Pancaro 11; von R. Schnackenburg, JE II, 124 Anm. 1, als Möglichkeit vermerkt [anders aber aaO. 122]); vorsichtig erwägend auch S. Schulz, JE 84.
       Auch L.T. Witkamp, Use 27, der auch V.15 als traditionell betrachtet (s.a. M. Kotila 13f). Hier hätten sich Weggehen und Verkündigen der Heilungstätigkeit Jesu angeschlossen (vgl. Anm. 77 [42]). Die Anknüpfung des Sabbatthemas hätte diesen Gedanken dann aber völlig umgekehrt, da sie gerade die Unkenntnis des Geheilten über Jesus herausstellt. Diese Unkenntnis spricht eher gegen Witkamps bedenkenswerten Vorschlag. Außerdem ist der Abschluß eines Heilungswunderberichtes mit der Konstatierung der Heilung keineswegs analogielos. Die Asklepios-Iamata von Epidauros schließen mehrheitlich mit der Feststellung der Heilung (zu ihrem Aufbau s.o. S. mit Anm. 226 Anm. 67).
       D. Zeller, Wunder 213, erklärt wenigstens V.14b für traditionell, erwägt jedoch auch einen traditionellen Ursprung für den gesamten Vers. Die Begegnung Jesu mit dem Geheilten im Tempel stellt für Zeller einen Hinweis auf den ältesten ‚Sitz im Leben' in der tōdā des Geheilten dar. Diese Begegnung ist singulär in ntl. Wundern und ist wohl dem Evangelisten zuzurechnen, der den Konflikt Jesu mit den Juden insbesondere in Kap. 7f im Tempel lokalisiert (vgl. 7,14.28; 8,20.59 auch 10,23 s.a. 2,14f; 11,56; zur Kritik an Zellers These der tōdā als Ursprung ntl. Wundertradition vgl. M. Wolter 173f).

[99] Dies anerkennt auch J. Blank, JE 1b, 18, der V.14 mit dem Gesamtbild des Evangeliums verrechnet. Ist nicht der Zusammenhang Krankheit – Schuld angespielt, so gehe es um die „urchristliche Taufpraxis und … Taufparänese". Ein interessanter Gedanke, allerdings legt der Kontext durch Krankheit und Heilung die Deutung auf die Verbindung Krankheit – Schuld m.E. näher.

monisiert, so signalisiert dieser Imperativ die Sündenvergebung durch Jesus.[100] Der Geheilte würde diesem Verstehensansatz zufolge aufgefordert, die gewährte Freiheit von der Sünde in seinem weiteren Leben zu bewähren. Die entscheidende Schwierigkeit dieser Deutung besteht jedoch darin, daß von dieser ,Befreiung', also der *Vergebung* der Sünde, keine Rede ist. Nun mag dies darauf zurückgeführt werden können, daß der vierte Evangelist keinerlei Interesse an einer Verbindung zwischen dem wunderwirkenden Jesus und dem Thema der Sündenvergebung hat und deshalb eine solche Nachricht unterdrückt. Dies würde aber auch bedeuten, daß der verhandelte Imperativ auf vorgegebenes Material schließen läßt.

Eine andere Deutung des Imperativs erscheint jedoch aussichtsreicher. Krankheit und Schuld bilden für das antike Denken oft eine fatale Verbindung. Die Krankheit wird dabei als Strafe für eine Verfehlung des Kranken selbst, seiner Eltern oder seiner Verwandtschaft angesehen.[101] Die berichtete Heilung, das ποιεῖν αὐτὸν ὑγιῆ, löst aus diesem Schuldzusammenhang heraus; dem Gedanken an eine die Heilung ergänzende Vergebung der Sünden wäre so ein Verständnis von Heilung gegenübergestellt, das im umfänglichen Sinne heil macht: Die Heilung durch Jesus am Teich macht den Lahmen im Vollsinne heil, indem sie die Gesundheit und die Herauslösung aus der Schuldverfallenheit bewirkt. Die neuerliche Aufforderung Jesu in V.14 mahnt also zu einer Umkehr, um die neu erhaltene Möglichkeit zu einem gesunden Leben durch ein Leben ohne Sünde zu realisieren.[102]

Widerspricht diese Passage der redaktionellen Korrektur der Jüngerfrage, die in Joh 9,3 den Zusammenhang von Sünde und Krankheit/Gebrechen christologisch korrigiert (s.a. 11,4)? Zunächst wird im Blick auf den Effekt der Heilung, die den Geheilten zu einem ganzheitlichen neuem Leben befreit, zwischen Tradition und Redaktion kein Widerspruch gesehen werden müssen. Anders ist aber zu urteilen, wenn man auf den hinter der traditionellen Heilung stehenden Zusammenhang von Sünde und Schuld blickt. Die Krankheit, selbst die zum Tode (11,4), dient nach dem Verständnis des vierten Evangelisten der Verherrlichung Gottes bzw. seines Gesandten. Dieser Gedanke kann nicht in 5,14 eingetragen

---

[100] Z.B. C. Welck 154; s.a. M. Hasitschka 337 mit Anm. 108.

[101] Vgl. zum atl.-jüdischen Denken z.B. Num 12,9–15; 1Kön 13,4–6 (s.a. die weiteren bei M. Hasitschka 285 Anm. 5–7 genannten Belege; Bill. I, 495f; II 193–197. 527–529.

In paganen antiken Texten sind Krankheit oder körperliche Gebrechen häufig Strafe für Fehlverhalten: O. Weinreich 190ff nennt Beispiele vor allem für Strafblendungen (Blendungsmythen mit strafender Begründung bei E. Lesky 437f; Blendung als Strafe in der Volkssage: W.D. Hand 82); charakteristisch ist, daß diese paganen Belege für Strafen bzw. Strafwunder oft paarweise vorliegen; dem Strafwunder folgt nach der Entschuldigung/Sühne ein Heilwunder (vgl. Weinreich 147ff. A 11. B 2 [22] der *epidaurischen Iamata* [s.a. J.-M. van Cangh 267; zu A 11 vgl. R. Herzog 129f]. Die Pest zu Beginn von *Homers* Ilias verdankt sich der Strafe des Apollon, der so rächt, daß Agamemnon dem Priester Chryses seine Tochter vorenthält (Hom. Il. I 1ff). Dagegen findet sich in eher aufgeklärt denkenden medizinischen Formulierungen der Gedanke, daß jede Krankheit ihre allein natürliche Ursache hat. So findet es sich in der Behandlung der Epilepsie in *Hippocrates*, de morbo sacro 1: von der Epilepsie heißt es hier, „wie die übrigen Krankheiten ihren natürlichen Ursprung haben, hat auch diese ihre natürliche Ursache" (Übersetzung nach *Der Arzt im Altertum* [ed. W. Müri] 235; zum Problem s.a. A. Krug 47. 51).

[102] S.a. J. Becker, JE I, ¹232. ³279.

werden,[103] der die vorangegangene Krankheit unter den problematischen Zusammenhang von Schuld und Krankheit stellt.

Im Zusammenhang des Evangeliums könnte das Thema Sünde in V.14 auf die folgende Handlung des Geheilten, der Mitteilung über Jesus an die jüdischen Opponenten, zu konkretisieren und als ‚Undankbarkeit und Verrat' zu kennzeichnen sein.[104] Nach V.13 befindet sich der Geheilte in Unkenntnis über den Heilenden. Jeffrey L. Staley erinnert daran, daß diese Unkenntnis sich nicht durch die Aktivität des Geheilten begründet, sondern aufgrund des Entziehens des Heilenden entsteht.[105] Demgegenüber ist zu fragen, ob das οὐκ ᾔδει τίς ἐστιν im Kontext des Evangeliums nicht dennoch eine hinreichende Signalwirkung über das Verhalten und den Charakter des Geheilten ausübt.[106] Das Abziehen Jesu aus der Szene begründet zwar vordergründig (γάρ) die Unkenntnis des Geheilten (sie kann durch die Abwesenheit Jesu nicht unmittelbar korrigiert werden), bereitet aber zugleich den Neuauftritt Jesu im Tempel vor. Hier ermahnt und warnt Jesus den Geheilten vor einer Fortsetzung des Sündigens. Das Verhalten des Geheilten ist aufgrund der negativen Haltung ‚der Juden' nicht als ein korrekteres Verhalten im zweiten Gespräch zu deuten, das durch die Frage der Juden nach Jesu Person im ersten Gespräch provoziert ist.[107] ‚Die Juden' ziehen als Konsequenz aus der zweiten Begegnung mit dem Geheilten die Absicht zur Verfolgung des Heilenden. So gerät der Geheilte selbst auf die Seite der negativen Reaktion.[108] Der Evangelist will also mit dem traditionellen V.14 das fortbestehende Unverständnis des Geheilten als fortbestehende Sünde kennzeichnen.[109] Damit spricht auch V.15 nicht von einem verkündenden Bericht des Geheilten, so daß dieser geradezu zu einem „proclaimer (in good Johannine tradition) wird.[110] Vielmehr liegt in 5,15 ein verblaßter Gebrauch des Verbs ἀναγγέλλω vor.[111] Der Kontext gibt weder einer christologischen (so Joh 4,25f), noch einer theologischen (so 1Joh 1,5: Gott ist Licht) oder pneumatischen (so Joh 16,13ff) Deutung des Verbs Vorschub; christologische Deutungschiffren (Sohn und Menschensohn begegnen erst ab V.19 [implizit schon V.17]).

Das traditionelle Fragment der älteren Heilungsgeschichte, V.14, wird so sekundär zu einer Kritik des Geheilten, der die im Wunder durchscheinende Doxa Gottes und seines Gesandten weder erkennt noch anerkennt. Das der erneuten Begegnung des Geheilten mit Jesus folgende Verhalten ist narrativ motiviert, um die Konfrontation Jesu mit den Juden voranzutreiben über den traditionellen V.16 hin zu V.18. Es ist aber auch Ausdruck fortwährenden

---

[103] Auf die Differenzen zwischen 5,14 und 9,2f macht z.B. auch H. Weiss 312 aufmerksam. Anders allerdings C.K. Barrett, JE 271. C. Welck 153 Anm. 69 bestreitet die Berechtigung, beide Aussagen zu vergleichen, da es sich um unterschiedliche Fälle handelt, um dann doch wiederum für eine exemplarische Bedeutung offen zu sein.

[104] R. Kysar, JE 78: „... he still suffers an illness of the spirit which is reflected in his lack of gratitude and his betrayal of Jesus to the authorities"; zustimmend aufgenommen von D.A. Lee 110; s.a. J. Gnilka, JE 40; L. Schenke, Johannesevangelium 61.

[105] J.F. Staley 73 Anm. 26 (zu S. 60).

[106] Dazu s. unten S. 247.

[107] J.F. Staley 63.

[108] Dies auch zu E. Leidig 208, die in der zweiten Begegnung des Geheilten mit ‚den Juden' auch die Möglichkeit des Bekenntnisses (neben der der Anzeige) erblickt; s.a. J.F. Staley 63: der Geheilte sei „a faithful witness to the sign performed".

[109] S.a. R.F. Collins, John 364: „Ironically, he whom Jesus has told to sin no more continues in the sin of disbelief."

[110] J.C. Thomas, Man 19; s.a. 18 mit Hinweis auf Joh 4,25; 16,13–15 und 1Joh 1,5.

[111] S.a. I. Broer, ἀγγέλλω 30. Ganz unter dem Blickwinkel des Versagens interpretiert F.J. Moloney, JE II, 7, V.15: „The reader is aware of a failure in faith."

Unverständnisses. V.14 belegt also ein Verständnis von Krankheit und Heilungsgeschichten, das der vierte Evangelist so nicht bietet.

Die rekonstruierte alte Wundergeschichte ist formal mustergültig und inhaltlich folgerichtig erzählt. Einer kurzen *Exposition* folgt in Frage und Antwort die *Vorbereitung* zum Wunder. Die Initiative wird wie häufiger in den joh. Wundergeschichten auf den Wundertäter konzentriert. Die Frage des Wundertäters führt zu einer das Problem schildernden Antwort; diese benennt die Ausweglosigkeit der Situation, ein Erschwernismotiv (zu vergleichen ist etwa Mk 5,26: Konsultation einer Vielzahl von Ärzten und Aufwendung des eigenen Besitzes). Ein Krankheitsbild ergibt sich erst aus der *Durchführung* und der *Demonstration* des Wunders.

In der Geschichte selbst wird die Krankheit des ‚Menschen' nicht genannt; auch der Zusatz zu V.3a in D und it ist keine Krankheitsangabe für das folgende, sondern ergänzt die Situationsangabe. Handelt es sich jedoch um einen textgeschichtlichen Zusatz, so liegt hier eine frühe Deutung der Krankheit vor. Der hier verwendete Begriff ‚παραλυτικός' ist ein „Sammelbegriff", der „jede Art von erheblicher Bewegungsstörung" bezeichnen kann.[112]

Hinsichtlich der Identifizierung der Krankheit in Joh 5 ist nicht über die Vorstellung einer einschneidenden Behinderung der Bewegung hinauszukommen,[113] die durch die in den Befehl Jesu gekleidete Heilung zu neuer, lebendiger Bewegungsfähigkeit überwunden wird. Insofern ist es schwierig, die nach V.7 eingeschränkte Fortbewegung gegen die Rückgewinnung der Beweglichkeit in V.8f auszuspielen. Der von V.8f her als Paralytischer zu bestimmende Kranke ist in seiner Fortbewegung derart eingeschränkt, daß er nicht ohne fremde Hilfe unmittelbar zum Wasser gelangen kann. Dies ist der entscheidende Gedanke von V.7, der auch nicht durch das zu spät mögliche Erreichen des Wassers aus eigener Kraft überlagert wird. Wie dies Erreichen gedacht ist, wird ebensowenig erzählt, wie der Grad der Behinderung aus V.8f erkennbar ist.

Nach der durch die Anweisung Jesu indirekt erzählten Durchführung folgt zuletzt der Bericht des Erfolges. Auch das Tragen der Bahre gehört hierher.[114] Neben Mk 2,12[115] bietet *Lukian*, Philopseudos 11, eine weitere eindrucksvolle

---

[112] J. Gnilka, Jesus 123. Der in der Zeit des Tiberius schreibende Enzyklopädiker *A. Cornelius Celsus* führt in seinem Werk *De medicina* aus, daß zu seiner Zeit sowohl die den ganzen Körper befallende wie auch die auf einzelne Glieder beschränkten Lähmungen als Paralyse bezeichnet werden konnten: ... *tota corpora, interdum partes infestat. Veteres auctores illud* ΑΠΟΠΛΗΞΙΑΝ; *hoc* ΠΑΡΑΛΥΣΙΝ *nominarunt: nunc utrumque* ΠΑΡΑΛΥΣΙΝ *appellari uideo* (Med III 27,1; zu Celsus vgl. A. Dihle 158f). *Plinius*, Nat Hist XXXI 59, parallelisiert Paralysen durch *simili modo solutis*; s.a. aaO. XXVIII 127.

[113] Vgl. z.B. G. Voigt, JE 106. Versuche genauer Bestimmung der Krankheit des Paralytischen referiert z.B. J. Wilkinson 446f, der seinerseits an eine spinale Kinderlähmung denkt („poliomyelitis").

[114] Vgl. W. Schottroff 258 Anm. 7.

[115] Zur formalen Bewertung dieses Verses s.a. z.B. D. Esser 117 mit Anm. 39 (S. 230).

Parallele:[116] καίτοι ὁ Μίδας αὐτὸς ἀράμενος τὸν σκίμποδα, ἐφ᾽ οὗ ἐκεκόμιστο, ᾤχετο ἐς τὸν ἀγρὸν ἀπιών.

Eine interessante Variante des vorgenannten Demonstrationstyps ist aus Epidauros bekannt.[117] Die Inschrift der *epidaurischen Iamata* A 15 (*ed.* L.R. LiDonnici S.97) erzählt vom einem Paralytischen, der als Beweis seiner Heilung zwar nicht seine Bahre, aber einen schweren Stein in das Heiligtum herbeischaffen soll (ἐκελήσατο ἐξελθόντα λίθον ἐνεγκεῖν εἰς τὸ ἱαρὸν ὁπόσσον δύναιτο μέγιστον). Dieser Stein kann im Heiligtum gezeigt werden und unterstreicht damit die paränetische Tendenz der Sammlung der *Iamata*.[118] Das überraschende Fortgehen findet sich neben Mk 2,12 (mit dem Motiv des Erschreckens) auch in der Wanderlegende von dem an Titus Latinus vollzogenen Strafwunder: *Cicero*, De divinatione I 26,55; *Livius*, Ab urbe condita II 36,7 (vgl. den gesamten Abschnitt 36); *Plutarch*, Coriolanus XXIV.[119] Stilgemäß ist in Joh 5,9 auch der Hinweis auf die Plötzlichkeit des Wunders.[120] Besser ist allerdings von der Unmittelbarkeit des Heilungserfolgs zu sprechen, wie er beispielsweise auch in Mk 1,42parr vorliegt.

Der älteste Grundbestand des vorliegenden Heilungswunders weist eine große Parallelität mit den synoptischen Heilungsberichten auf.[121] Besonders

---

[116] S.a. H.D. Betz, Lukian 158. Das Wegtragen einer Bahre/eines Bettes wird nicht in Epidauros berichtet; doch dient dort das Hintragen des Kranken auf seiner Bahre dem Hinweis auf die Art bzw. die Schwere der Krankheit (B 15 [35]. C 21 [64]. D 4 [70]); s.a. die römische Tradition über das Strafwunder an Titus Latinus: *Livius* II 36,6 (vgl. die Parallelen bei O. Weinreich 174). Wenn der Kranke seine Bahre nach der Heilung wegträgt, wie es der ironische Dialog ‚*Lügenfreund*‘ des *Lukian* berichtet, so ist in diesem literarischen Zusammenhang das Hintragen des Kranken auf der Bahre hyperbolisch gesteigert und burlesk gewendet (s.a. Weinreich 174). Allerdings schließt sich diese sekundäre Wendung an zeitgenössische Erzählkonventionen zur Demonstration eines Wunders an (die „typische Form" der Demonstration hebt R. Reitzenstein 3 Anm. 2 hervor).

[117] Zu den antiken Parallelen für Heilungen von Gelähmten vgl. die Aufstellung bei I. Maisch 57ff; beachtenswert ist, daß die ‚Gesundung‘ von Blindheit oder von Lähmung zumeist nur durch ein Wunder geschehen kann. Ein illustrativer Beleg hierfür liegt im NT vor: Die Heilung des Paralytischen in Lystra durch Paulus führt dazu, daß Paulus und Barnabas als Götter verehrt und ihnen Opfer dargebracht werden sollen (Apg 14,8ff; vgl. zu V.11 H.-J. Klauck, Magie 71ff, und C. Breytenbach, Zeus 399ff, die die Schilderung auf konkretes lykisches Lokalkolorit zurückführen; diese Überlegungen, die die Verehrung des Paulus und Barnabas als *Zeus* und *Hermes* erklären, ergänzen die Eingangsüberlegung). Mit den Heilungen von Blinden und Lahmen sind also gleichermaßen die Aura des Besonderen wie auch eine gesteigerte Skepsis verbunden; vgl. unten S. 308.

[118] Vgl. M.P.J. Dillon 254.

[119] Diese Texte finden sich hinsichtlich ihrer formalen Gestalt analysiert bei I. Maisch 61ff. Bezüglich des Motivs vom *Herbeibringen des Gelähmten* stehen sie Mk 2,1–12 näher als Joh 5,1ff; sie unterstreichen mit diesem Motiv den Unterschied zwischen dem mk. und dem joh. Heilungswunder (so auch mit dem Motiv des Erschreckens, daß in Joh 5,1ff fehlt); das selbständige nach Hause Schreiten illustriert m.E. dennoch, was in Joh 5,8.9 mit dem Verbum περιπατέω gemeint ist.

[120] Vgl. R. Bultmann, Geschichte 240; vgl. beispielsweise die Belege bei O. Weinreich 197f. S.a. TestHiob 47,6.

[121] S.a. W.D. Davies 303f ohne vergleichbare Rekonstruktion. Vgl. die Auflistung von Krankenheilungen am Sabbat (neben Joh 5,1ff Lk 13,10ff; 14,1ff; Mk 3,1ff) und der Totenerweckung: (Lk 7,11–17) bei C.H. Dodd, Tradition 175; einige Besonderheiten der

eng sind die Parallelen mit Mk 2,1–12.[122] Daher konnte die Frage gestellt werden, ob Joh 5,2ff* als „eine Variante zu Mk 2,1–12" zu betrachten ist[123] oder gar eine literarische Abhängigkeit zu denken ist.[124] Der Gedanke scheint schwerlich von der Hand zu weisen. Immerhin könnten die Differenzen sich möglicherweise durch wiederholte Nacherzählung des Stoffes bei der mündlichen Tradierung verstehen lassen. Allerdings ist Vorsicht geboten, eine direkte Verbindungslinie zu beanspruchen, da der Unterschied der Ausgangssituation doch hart ist (Mk: Heilung in einem von Menschenmassen umringten Haus; JE: Heilung an einem Teich, der zu einer Art ‚Kur'-Ort gehört). Auch die Erzählstruktur selbst weist über die wunderspezifischen Parallelen keine entscheidenden Übereinstimmungen auf. Der Gelähmte von Mk 2 wird durch Helfer zu dem Platz gebracht, an dem ihm Heilung zuteil wird. Für Joh 5 zeichnet V.7 gerade das Fehlen solcher Begleiter aus; ein Motiv, das die Ausweglosigkeit unterstreicht.[125] Zwar mag an eine Ortsveränderung durch Neu-

---

Heilung des Lahmen benennt L.T. Witkamp, Use 29f; ob daraus jedoch einschneidende joh. Überarbeitungen besonders auch in Vv.7–9c abgeleitet werden können, ist zweifelhaft.

[122] Auf die formale Nähe weist z.B. J. Painter, Messiah 220.

[123] W. Beilner, σάββατον 528; s.a. B. Kollmann, Jesus 229: „Traditionsvariante von Mk 2,1–12". Dagegen z.B. B. Witherington, III, 383 Anm. 7 (zu S. 135).

[124] F. Neirynck, John 5,1–18, 703–708, sucht dies durch den Hinweis auf eine Reihe auch struktureller Übereinstimmungen zu Mk 2,1–3,6 und hier insbesondere 2,1–12.23–28; 3,1–6 zu begründen (vgl. bes. die Gegenüberstellungen aaO. 706f: Parallelen bieten die Anordnung Jesu an den Geheilten, sein Lager davonzutragen; der Hinweis auf die Sünde; die Tötungsabsicht der Gegner aufgrund der Sabbatverletzung [Mk 3,6: καὶ ἐξελθόντες οἱ Φαρισαῖοι εὐθὺς μετὰ τῶν Ἡρῳδιανῶν συμβούλιον ἐδίδουν κατ' αὐτοῦ ὅπως αὐτὸν ἀπολέσωσιν.; s.a. W. Schmithals, Johannesevangelium 343]; ähnlich schon H.J. Holtzmann/W. Bauer, JE 120. Schon das Nikodemusevangelium VI,1 stellt einen Zusammenhang zwischen Mk 2,1ff und Joh 5,1ff her, indem es beide Erzählungen zu einer Wundergeschichte kombiniert). Der Hinweis Neiryncks auf Mk 2,1–3,6 stellt in der Tat eine interessante Analogie zur Erzählfolge des redaktionellen Textes in Joh 5,1ff dar. Die Vernichtungsabsicht der mk. Gegner geht sprachlich jedoch weder mit Joh 5,16 (trad.) noch mit 5,18 (E) parallel. Der Auslöser für dieses Vernichtungskomplott ist im MkEv die Heilung am Sabbat, in Joh 5 die Entlassung durch den Wundertäter (V.9). Tatsächlich gehen die Parallelen, die sich unterschiedlichen Überlieferungsphasen verdanken, nicht weit genug, um auf einer Überlieferungsstufe oder auf der redaktionellen Ebene eine direkte Abhängigkeit annehmen zu können. Das Tötungsmotiv von Joh 5,18 gehört jedenfalls zur redaktionellen Gestaltung des Evangelisten und ist nicht notwendig durch Mk 3,6 zu erklären.
Neirynck weist zudem auf die Wiederholung von Redewendungen in der Sabbatheilung Lk 13,10–17 (aaO. 704). Ob diese Auflistung mit den Wiederholungen in Joh 5,8. 9.10.11.12 wirklich zu vergleichen ist, ist nicht sicher auszumachen, da in Joh 5 lediglich ein Zentralsatz (wenig variiert) wiederholt wird. Ihre Bedeutung für unseren Stoff ist hinsichtlich V.8 und in bezug auf die Komposition des Zusammenhangs 5,1–18 zu bedenken. Die Heilung selbst ist hinsichtlich ihres Inhalts jedoch ohne synoptische Parallele.

[125] Zu den Differenzen und ihrer Bedeutung auch J.P. Meier 680. Der Zusammenhang von Sünde und Krankheit ist für die älteste Traditionsstufe, die allein als Vergleichstext die-

erzählung gedacht werden, doch ist mir wahrscheinlicher, daß verschiedene Wundergeschichten mit ähnlichen Inhalten und vergleichbaren Strukturen im frühen Christentum erzählt worden sind. Ein solcher Fall läge dann auch in Mk 2 und Joh 5 vor.[126] Ohne daß exakt das Verhältnis zum irdischen Wirken Jesu bestimmt werden könnte,[127] wird für die Blinden- und Lahmenheilungen ein formender Einfluß der *jesajanischen Heils-Traditionen* angenommen werden können: Jes 35,5f werden hier wörtlich verstanden[128] (vgl. Q 7,22;[129] zu den jes. Heilstraditionen s.a. Jes 29,18; 42,7.18; 61,1f) und erhalten ihre Erfüllung in dem von der österlichen Auferstehungserfahrung her gesehenen Jesusleben. Erkennbar ist, daß beide Überlieferungen hinsichtlich ihres strukturellen Aufbaus vergleichbar sind, ohne daß eine direkte Abhängigkeit erschlossen werden kann.

Ein eigenes Problem des Vergleichs mit dieser synoptischen Blindenheilung stellt die Aufforderung Jesu dar: Joh 5,8 hat eine wörtliche Parallele in Mk 2,9b.11.[130] Ist dies ein Beleg für literarische Abhängigkeit[131] oder stammt die Parallelität unabhängig vom synoptischen Text aus der mündlichen Tradition[132]? Gelegentlich wurde an ein „Einzellogion aus der mündlichen Überlie-

---

nen kann, wahrscheinlich aber keineswegs gesichert. Die Entscheidung hängt an der Beurteilung der Ursprünglichkeit von 2,5b (*pro*: z.B. K. Kertelge, Wunder 77. 79; E. Schweizer, Mk 29; L. Schenke, Wundererzählungen 153–155; A. Weiser, Bibel 63; *contra*: z.B. J. Gnilka, Mk I, 96; D. Lührmann, Mk 56f; I. Maisch 47f; die Entscheidung ist offengelassen von H.W. Kuhn 54; hier ältere Lit.) Im Falle der Ursprünglichkeit ginge in Mk 2 die *ausdrückliche* Sündenvergebung der Heilung voraus, in Joh 5 ist die lediglich *implizit* vorausgesetzte Vergebung im Befehl, nicht weiter zu sündigen, lediglich gespiegelt.

[126] Vgl. J. Becker, JE I, [1]231. [3]278.

[127] Anders J.P. Meier 681: „... behind the present form of John 5:1–9 stands some historical event from the life of Jesus"; s.a. F.J. Moloney, Son of Man 69. Vgl. zum Problem ‚Heilungen und Wunder‘ im Zusammenhang der Frage nach dem historischen Jesus jetzt J. Gnilka, Jesus 118–141; s.a. J. Becker, Jesus 211ff; C.A. Evans 213ff; A. Suhl 497f.508f; G. Theißen/A. Merz 269ff.

[128] Zu Recht und Grenzen der Alternative von geistigem und wörtlichem Verstehen dieser späten redaktionellen Verse vgl. H. Wildberger, Jes 1362f; dem wörtlichem Verständnis neigt z.B. R.E. Clements 198 zu.

[129] Zur Diskussion um den konkreten atl. Bezug dieses Verses vgl. F. Neirynck, Q 6,20b–21, 47ff, der zudem die Eigenständigkeit der Liste Q 7,22c–e als „a description of the time of salvation" herausstellt (aaO. 62). S.a. K.-W. Niebuhr 640.

[130] Joh 5,8: λέγει αὐτῷ ὁ Ἰησοῦς· ἔγειρε ἆρον τὸν κράβαττόν σου καὶ περιπάτει.
Mk 2,9b: ... ἔγειρε καὶ ἆρον τὸν κράβαττόν σου καὶ περιπάτει.
10b–11: λέγει τῷ παραλυτικῷ· σοὶ λέγω, ἔγειρε ἆρον τὸν κράβαττόν σου καὶ ὕπαγε εἰς τὸν οἶκόν σου.

[131] Zum Problem vgl. I. Dunderberg, Johannes 124, der eine Beziehung zur redaktionellen Ausgestaltung von Mk 2,9.11 für möglich, aber nicht für verifizierbar hält.

[132] R. Kysar, JE 76: „interchange between the two healings in the preliterary period of the tradition". Anders I. Buse 136; er schlägt eine für Gemeinsamkeiten verantwortliche, vom zweiten und vierten Evangelisten gemeinsam benutzte „source of Petrine recollections" vor. Eine teilweise fixierte Tradition im Hintergrund beider evangelischer Erzählungen nimmt auch B. Schwank, JE 177, an.

ferung der joh. Vorlage" gedacht.[133] Das wunderwirkende Befehlswort ist jedoch kaum von seinem Erzählkontext gelöst als überlieferungsfähig zu betrachten. So wird eher mit Paul Wernle über Joh 5,1ff allgemein zu urteilen sein: „Es klingen bloß bekannte synoptische Motive an".[134] Treffender formuliert wäre vom Anklingen antiker Erzählgepflogenheiten zu sprechen.

Bleibt abschließend zu fragen, ob es möglich ist, diese Heilungstradition *geographisch und historisch* zu verorten. Einen möglichen Antwortversuch hat Karl Heinrich Rengstorf unterbreitet; er sieht in der Wendung ὑγιὴς γίνεσθαι eine Anspielung auf die Asklepios-Frömmigkeit.[135]

Parallele Wendungen finden sich in den epidaurischen Iamata A 16 und C 14 (57; eine sehr fragmentarisch erhaltene Inschrift), die jeweils eine Lahmenheilung beinhalten; sowie in A 5. 11. 13; B 3 (23) u.ö.; s.a. am Ende der aus dem 2.Jh. n.Chr stammenden Apellas-Inschrift (SIG³ 1170): χάριν εἰδὼς καὶ ὑγιὴς γενόμενος ἀπηλλάγην (nach: Der Arzt im Altertum [ed. W. Müri 438]). Eine Lahmenheilung scheint auch D 4 (70) zu berichten, wie κλῖναι ἔκει[το] nahelegt (ed. L.R. LiDonnici 130 Z. 14); hier wird die Heilung durch die Partizipialkonstruktion ὑγιὴς γενόμενος festgestellt (aaO. 130 Z. 17). Wenn daneben auch θεραπεύω in den Inschriften des Asklepios-Kultes begegnet (z.B. SIG³ 1171. 1172), eine im JE nur 5,10 verwendete Vokabel, so könnte dies Rengstorfs These stützen. Allerdings finden sich nicht nur in der Asklepios-Frömmigkeit sprachliche Parallelen. Das Wort ὑγιὴς gehört allgemein in die (antike) Medizin, die ganz selbstverständlich das Ziel hat, Menschen gesund zu machen. Als Geber der Gesundheit (ὑγίειαν διδούς) stellt *Aelius Aristides* Sarapis in seinem Hymnus auf diese Gottheit vor (Or, 45,18). Doch auch in der Septuaginta gibt es eine sprachliche Nähe. Das Herbeibringen eines Feigenkuchens, den der Prophet Jesaja auf die Anweisung Jahwes hin anfordert, um ihn auf die Geschwüre des Königs streichen zu lassen,[136] dient dazu, daß der König Hiskia gesund werde: καὶ ὑγιὴς ἔσῃ (Jes[LXX] 38,21 diff. 2Kön 20,7: ὑγιάσει).

Ein weiteres Detail, das an die Berichte über den Asklepios-Kult erinnert, ist die Aufzählung unterschiedlicher Kranker in der Einleitung Joh 5,3a; auch bei der Inkubation im Abaton warten an unterschiedlichen Krankheiten Leidende auf die Weisung des Gottes (vgl. z.B. *Aristophanes*, Plut. 664–668: ἕτεροί τε πολλοὶ παντοδαπὰ νοσήματα ἔχοντες [667f]; s.a. *Strabo* VIII 6,15: τὸ ἱερὸν πλῆρες ἔχοντος ἀεὶ τῶν ἀνακειμένων über das epidaurische Heiligtum; *Pausanias* II 27,2: τοῦ ναοῦ δέ ἐστι πέραν ἔνθα οἱ ἱκέται τοῦ θεοῦ καθεύδουσιν; *Plautus*, Curc I 1,61). Eine illustrative Parallele findet sich bei *Aelius Aristides*, der in seinem Prosa-Hymnus über den Brunnen des Asklepieions von Pergamon eine Anzahl von Krankheiten aufzählt, die durch das Trinken des Wassers geheilt wurden: Blindheit, Atemnot, Lähmung der Füße und Stummheit (Or 39,15). Ebenso ist mit der

---

[133] U. Schnelle, Christologie 111; s.a. E. Lohse, Miracles 55 Anm. 17 (zu S. 50); ähnlich auch P. Gardner-Smith 26. Differenzierend, zugleich aber wenig konkret E. Haenchen, JE 269: „‚wandernde' Einzelzüge aus der mündlichen Überlieferung".

[134] P. Wernle 240; s.a. P. Borgen, John and the Synoptics 429: „a stereotyped phrase".

[135] K.H. Rengstorf, Anfänge 16f; zustimmend U. Schnelle, Christologie 112 Anm. 136; B. Kollmann, Jesus 229; s.a. M.E. Boring/K. Berger/C. Colpe, in: Hellenistic Commentary to the NT 267. Zum Vorkommen der Wendung ὑγιὴς γίνεσθαι in den Asklepius-Inschriften s.a. A. George 100 mit Anm. 40; M. Wolter 142.

Zum Asklepios-Kult und seinem Heiligtum vgl. jeweils einführend H.C. Kee, Self-Definition 120ff; B. Kollmann, Jesus 73–83; A. Krug 120–187 (Lit.: 240); L.H. Martin 50–52 (57: Lit.) und H.-J. Klauck, Umwelt I, 130ff (130: Lit.!).

[136] Zum Verständnis als medizinischer Anweisung vgl. H. Wildberger, Jes 3, 1454.

Möglichkeit zu rechnen, daß den Kranken Begleitpersonen hierbei zur Seite stehen;[137] das Fehlen solcher Begleiter beklagt der Lahme in Joh 5 und ist ein Aspekt, der die Ausweglosigkeit seiner Situation kennzeichnet.

Der Nachweis asklepischer Heilheiligtümer im syro-palästinischen Raum kann für das 1.Jh. n.Chr. geführt werden,[138] allerdings datieren diese Nachweise, soweit sie Tiberias und Jerusalem betreffen, an das Ende dieses Jahrhunderts und setzten wohl die Katastrophe von 70 n.Chr. und die Eingliederung Palästinas in die römische Provinz Syria voraus.[139] Dies erleichtert nicht die Annahme eines direkten Bezuges zwischen der Tradition von Joh 5 und dem Asklepios-Kult.

Aussichtsreicher als der polemische Bezug auf den Asklepios-Kult ist die Verwendung der angesprochenen Lokalkenntnis für die Verortung der Tradition.[140] Der Teich, an dem Jesu Heilung lokalisiert wird, scheint den frühen Hörern bekannt zu sein; möglich, aber nicht endgültig zu sichern ist, daß dies auf „Jerusalemer Lokaltradition" schließen läßt.[141] Ein palästinisch-jüdisches Milieu ist jedoch wahrscheinlich.[142] Immerhin wird in dieses Milieu auch die strukturell verwandte Heilungsüberlieferung Mk 2,1ff* zu rechnen sein.[143] Die

---

[137] S.a. M.P.J. Dillon 248; A. Krug 137 (mit Abb. 58). Vgl. z.B. den parodierenden Bericht des Sklaven Karion an seine Herrin über die Heilung des Blinden Gottes *Plutos* (*Aristophanes*, Plut 653–748; vgl. H.-J. Klauck, Umwelt I, 132); er erzählt von seinem Lager neben dem blinden Gott (*Aristophanes*, Plut 662f) und dem folgenden Kommen der Priester des Aspklepios und des Gottes selbst (aaO. 676ff).

[138] Vgl. S.V. McCasland *passim*; hier werden der phönizische (222f: Hinweis auf die Identifikation des Asklepios mit der phönizischen Gottheit Eshmun; sowie insbesondere *Strabo* XVI 2,22 [in Berytos]; *Pausanias* VII 23,7f) und der palästinische Raum untersucht (223ff: in erster Linie von Interesse ist die Erwähnung von Tiberias, dessen Zeugnisse am frühesten datieren). S.a. B. Kollmann, Jesus 229.

[139] Zur Frage eines Asklepios-Sarapis-Heiligtums in Jerusalem s.u. S. 241; zu den kulturellen Veränderungen in Tiberias, die einer Adaption des Asklepioskultes förderlich sein konnten, R.A. Horsley, Galilee 173; zur Datierung der Münzfunde, die auf der Vorderseite Trajan und auf der Rückseite Hygeia, die Tochter des Asklepios zeigen, auch S.V. McCasland 224 (s.a. Horsley, Archaeology 61), der sich somit auch zurückhaltend über das Alter der Asklepiosverehrung in Tiberias äußert. Die anderen möglichen Bezüge, die McCasland anführt, datieren später.

[140] Vgl. J. Becker, JE I, [1]231. Anders jetzt in der dritten Auflage: [3]277 der Erzähler verwechselt die Anlage mit den weiter östlich gefundenen Badeanlagen (hierzu s.u. S. 241–242); J.P. Meier 681; zur Lage, Geschichte, zu den Ausgrabungen und Funden vgl. J. Jeremias, Rediscovery *passim*; kurz C. Colpe, Bethesda; H. Leroy, Βηθζαθά 512f; jetzt H. Geva 746; B. Rauschenbach 232f; J.F. Strange 701. Gefunden wurde eine Anlage mit zwei Teichen; aus frühchristlichen Berichten und Funden von Säulenresten geht hervor, daß diese Anlage von vier Säulengängen umgeben war. Eine weitere Säulenreihe befand sich zwischen den Teichen; hier mögen Kranke gelagert haben. Zu den im Osten des Bassins neugefundenen Bädern: A. Duprez, Probatique 609ff.

[141] J. Blank, JE 1b 13.

[142] S. Schulz, JE 84.

[143] Vgl. zu dieser L. Schenke, Wundererzählungen 155; Urgemeinde 208f. Als Begründung für diese Einordnung dienen die beiden konkurrierenden Handlungen der Träger des Lahmen zum Durchbrechen des Daches: Mk 2,4. Die Form ἀπεστέγασαν τὴν στέγην (,*sie trugen das Dach ab*'; s.a. *Strabo* IV 4,6; VIII 3,30) setzt eine Ziegeldachkonstruktion voraus (Anders W. Grundmann, Mk 72. 74f, der mit J. Wellhausen, Mk 16, an eine Fehlübersetzung aus dem Aramäischen denkt.), hingegen scheint das Partizip ἐξορύ-

Annahme der Lokalkenntnis des ältesten ermittelbaren Bestandes hinter Joh 5,2ff* bezieht sich im wesentlichen auf die Untersuchung und Vorstellung der Ausgrabung des Teiches von Bethzatha durch Joachim Jeremias.[144] Seit Jeremias' Veröffentlichung sind einige neuere Funde von kleineren Badegelegenheiten in Höhlen, die östlich von Bethzatha liegen, von Bedeutung. Dargestellt und für die Exegese von Joh 5,2ff ausgewertet wurden sie insbesondere durch A. Duprez.[145]

Seine Beobachtungen könnten mit den Erwägungen von Rengstorf kombiniert werden[146] und zu einer anderen Grundthese führen. Nicht die entdeckten Teiche wären das Heilungszentrum der Tradition von Joh 5, sondern die vorgenannten Höhlenbäder. Gegen die Teiche sprächen ihr (vermuteter) Charakter als Wasserreservoir für den Tempel, sowie das Problem, wie die Behinderten in dem 8m tiefen Becken baden konnten und Schwierigkeiten beim archäologischen Nachweis und Datierung der erwähnten Säulenreihen.[147] Die neuentdeckten Bäder gehören nach Duprez zu einem Heiligtum des Sarapis oder des Asklepios.[148] Dazu folgendes: Es bleibt schwierig, den Nachweis zu führen, daß Bethzatha vor der Gründung der *Aelia Capitolina* unter *Kaiser Hadrian* mit Sarapis oder Asklepios verbunden war;[149] immerhin können die römischen Kulte eine ältere Ortstradition von einem temporär heilmächtigen Wasserteich bewahren, in dem jüdischer Volksglaube Jahwe

---

ξαντες mit der Bedeutung ausgraben eine aus Lehm konstruierte Flachdachkonstruktion vorauszusetzen. Repräsentiert jene Vorstellung die für orientalische Häuser typische Dachkonstruktion, wie sie bis in römische Zeit vorauszusetzen ist (s.a. *Josephus* Bell V 513; vgl. K. Galling/H. Rösel 54), so liegt die Vermutung nahe, hier palästinisches Lokalkolorit zu finden: Vgl. neben L. Schenke I. Maisch 17; E. Lohmeyer, Mk 51; J. Gnilka, Mk I, 97; eine Anzahl von Exegeten findet unter Voraussetzung der palästinischen Dachkonstruktion keinen Widerspruch zwischen beiden Handlungen: D. Lührmann, Mk 57; E. Schweizer, Mk 29; s.a. E. Haenchen, Mk 100f. Auch hier ist ein palästinisches Entstehungsmilieu vorausgesetzt. Dies ist jüngst in Frage gestellt worden. Einerseits seien flache Lehmdächer nicht auf Palästina beschränkt, andererseits stellen beide Handlungen im Zusammenhang der Öffnung eines Ziegeldachs kein Problem dar. Die doppelte Schilderung der Dachöffnung ist mit beiden Dachkonstruktionen theoretisch zu verbinden, literarisch überlädt sie dennoch den Erzählzusammenhang. Auch ergibt sich die Differenzierung in zwei Dachtypen aus den verwendeten Verben. Kann also an den beiden Dachtypen festgehalten werden, so läßt sich auch an eine Differenzierung des sozialen Niveaus und damit an einen Wechsel des Auditoriums denken. Wird dies zu beachten sein, so scheint die natürlichste Erklärung immer noch die Annahme palästinischen Lokalkolorits, in dem an die dortigen Dachkonstruktionen zu denken ist; zu B. Kollmann, Jesus 226.

[144] J. Jeremias, Rediscovery *passim*; diese englischsprachige Arbeit ist eine Revision der 1949 erschienen deutschsprachigen Ausgabe: ders., Entdeckung *passim*.

[145] A. Duprez, Jesus *passim*; Probatique 609ff.

[146] A. Duprez, Probatique 620.

[147] A. Duprez, Probatique 609. 619.

[148] A. Duprez, Probatique 620.

[149] Anders jetzt allerdings B. Schwank, JE 176, der aus dem Präsens von V.2 schließt: „Unmittelbar vor den Stadttoren Jerusalems gab es also *zur Zeit Jesu* heidnische Kultorte." Es gab sicherlich einen Ort, von dem man sich im Volksglauben Heilung erhoffte, aber daß dieser Ort bereits zur Zeit Jesu oder noch vor 70 oder vor 135 einen heidnischen Kult beherbergte, läßt sich nicht mit annähernder Sicherheit behaupten. Der Wechsel des Kultheros bei Beibehaltung des Kultortes ist nicht ungewöhnlich, und dieses Phänomen ist auch für Bethzatha anzunehmen.

wirksam sah. Was den Ort der Widerfahrnis der Heilung angeht, das Bassinpaar oder die Bäder, so hat Duprez Fragen aufgestellt, bei deren Beantwortung die neugefundenen Bäder berücksichtigt werden können.

Auch nach der Untersuchung von Duprez bleibt die Lokalkenntnis der Tradition beeindruckend und weist auf das Areal der beiden Teiche hin. Nichts an der in Joh 5 überlieferten Tradition läßt an ein heidnisches Heiligtum denken. Die Grundthese einer älteren palästinischen Heilungtradition wird durch die Arbeit von Duprez eher gestützt und nicht belastet.

Die Funktion der Wundergeschichte besteht in der Demonstration Jesu als machtvollen und souveränen Wundertäter.

Geht in dieser Wundergeschichte die Initiative zur Heilung vom Wundertäter aus, so erwägt Josef Blank, „daß die vorauszusetzende mündliche Tradition im johanneischen Kreis bereits im Sinne der johanneischen Zeichen-Theologie mit ihrer christologischen Zuspitzung bearbeitet wurde".[150] Mit Blank ist die christologische Konzentration der Wundergeschichte herauszustellen; nicht sicher ist jedoch, daß dies schon unter joh. Einfluß geschehen sein muß. Es spricht jedenfalls nichts dagegen, daß die Wundergeschichte schon vor ihrer Umgestaltung zum Sabbatkonflikt ihre christologische Zuspitzung erhalten hatte.

Mit dieser Konzentration auf den Wundertäter ist es – wenigstens für die hier rekonstruierte Wundergeschichte – nicht unproblematisch, wenn sie als auf den Geheilten selbst fokussierte Geschichte gelesen wird: „Hier versicherten die Wundergeschichten auch dem aussichtslos Erkrankten, daß man ihn nicht aufgeben werde – auch wenn er langjährig siech war (Joh 5,1ff)."[151] Daß der der Resignation anheim Gefallene in dieser Geschichte auch Zusage erfahren kann, hat dann zu gelten, wenn ihm diese Geschichte als Zuspruch nahegebracht wird. Diese Verkündigungssituation ist jedoch im gegenwärtigen Kontext nicht erkennbar. Zudem sind es nicht die sozial Depravierten von Joh 5,3a insgesamt, die geheilt werden, sondern von Jesus wird berichtet als dem, der dem einen hilft. Andererseits wird ebenfalls nicht daran zu denken sein, daß hier ein Reflex einer geschehenen Heilung vorliegt, in der der Geheilte seinen Dank zum Ausdruck bringt.[152]

Ob mit diesen negativen Bestimmungen bereits gesagt werden kann, daß eine gemeindeexterne, näherhin *missionarische Funktion* mit dem Erzählen dieser Wundergeschichte verbunden war,[153] ist nicht mehr sicher zu erkennen. Auch wenn eine abschließende Akklamation fehlt, ist diese Überlegung nicht völlig auszuschließen. Vielleicht ist jedoch eine gemeinde*interne* Funktion anzunehmen, wie die Entlassung des Geheilten anzeigt: Jesus wird als derjenige verkündigt, der neue Lebensqualität durch die Befreiung von Krankheit und

---

[150] J. Blank, JE 1b, 12.
[151] G. Theißen, Wundergeschichten 249.
[152] Vgl. etwa die Überlegungen zum ,*Sitz im Leben*' ntl. Wundergeschichten anhand von Joh 5,14 bei D. Zeller, Wunder 213.
[153] So J. Painter, Text 30: „an attempt to win other Jews as disciples of Jesus".

Schuld schenkt, die es *im Leben als Christ zu bewähren gilt.* Dann wäre neben dem christologischen Aspekt ein *paränetischer Ton* gesetzt.

4.3 Joh 5,1–16; 7,21–24. Die Heilung des Lahmen am Teich als Sabbatkonflikt

Überraschend wird in V.9d festgestellt, daß die wunderbare Heilung, die für das Tragen der Bahre verantwortlich ist, an einem Sabbat stattfindet.[154] Auf das Problem, das sich hieraus ergibt, wird sogleich hingewiesen: σάββατόν ἐστιν, καὶ οὐκ ἔξεστίν σοι ἆραι τὸν κράβαττόν σου.[155] Einige Übereinstimmung besteht in der joh. Forschung darüber, daß die Heilung des Paralytischen und die Sabbatthematik nicht ursächlich miteinander verbunden sind.[156]

Das augenfälligste Argument besteht darin, daß in 5,2–9c kein Hinweis auf die Sabbatthematik zu finden ist.[157] Aber auch der Anschluß des Sabbatkonfliktes selbst ist span-

---

[154] Anders jedoch B. Witherington, III, JE 134, der „a rhetorically effective placement (and stress)" erkennt.

[155] Ausdrücklich verboten ist es, am Sabbat eine Last (aus einem Bereich, z.B. dem eigenen Lebensraum in einen anderen [hierzu z.B. Bill. 2, 455]) herauszutragen: Schab VII 2 (וְהַמּוֹצִיא מֵרְשׁוּת לִרְשׁוּת [ed. W. Nowack]); s.a. VII 3–VIII 7. IX 5–X 2 (Ausführungen über Mengen und Gegenstände, die am Sabbat herauszutragen verboten sind); X 3.5 (Die Entscheidung, daß das Tragen eines Lebenden auf einer Trage hier erlaubt ist, trägt für Joh 5,8ff nichts aus. Die Erlaubnis unterstreicht vielmehr das folgende Mischna-Verbot, einen Toten herauszutragen; zudem trägt der Geheilte von Joh 5 seine Bahre selbst.); vgl. Jer 17,21–24; Neh 13,15–19; Jub 2,29f; Philo, Migr 91 (vgl. die Materialien bei Bill. II, 454ff).
J.C. Thomas, Fourth Gospel 171f, denkt an eine Verletzung des Sabbats durch das Heraustragen des Lagers in den Tempel; ein Gedanke, der allerdings nicht ausgesprochen wird. Vom Tempel ist erst bei der Wiederbegegnung zwischen Jesus und dem Geheilten die Rede; daher kann dies nicht als Ort des Vorwurfs der Sabbatverletzung ‚der Juden' reklamiert werden. Die Diskussion zwischen öffentlicher und öffentlicher Tätigkeit am Sabbat trägt somit zum Thema der Sabbatverletzung kaum etwas aus. S. Pancaro 15 Anm. 29 ergänzt den Hinweis, daß die Aufforderung zur Übertretung der Tora ein todeswürdiges Vergehen darstellt. Zur Frage nach der Sabbatobservanz und eventuellen Lehrdifferenzen bei Pharisäern, Sadduzäern und Essenern vgl. G. Stemberger, Pharisäer 71f.

[156] Vgl. z.B. J. Becker, JE I, ¹229. ³276. S.a. H.W. Attridge 167; W.D. Davies 307; J. Gnilka, JE 39; J. Painter, Text 28; J. Roloff, Kerygma 80f; U. Schnelle, Christologie 112; H. Weiss 313; K. Wengst, Gemeinde ⁴116 Anm. 45; W. Wilkens, Entstehungsgeschichte 50. 64. Anders R.E. Brown, JE I, 210; J. Bernard, MSR 33, *passim*, bes. 7.9f; C. Welck 149–151: „5,9c–16 ist der (breit ausgeführte) *Abschluß der johanneischen Wundergeschichte*" (150). Im vorliegenden Text knüpft Vv.9d–16 an 5,2ff an, allerdings zielt 5,2ff nicht bereits auf V.9dff hin.

[157] Gelegentlich wird das Verb περιπατέω von der Bedeutung ‚umherwandeln' her interpretiert (z.B. E. Haenchen, JE 286, der Mann solle seine Matte „ostentativ herumtragen"; vgl. 270; aufgenommen von C. Welck 150; s.a. J. Roloff, Kerygma 82; S. Schulz, JE 84: Jesus befiehlt „eine demonstrativ den Sabbat verletzende Tat"), so daß dies ein indirekter Hinweis auf den Sabbatkonflikt sein könnte; doch ist dies wenigstens für die

nungsreich; angeknüpft wird der Konflikt an das Tragen der Bahre durch den Geheilten. Gezielt ist jedoch auf den heilenden Wundertäter selbst. Dies läßt sich am besten durch die Annahme eines sekundären Wachstums erklären. Der Bestand der Überlieferung gibt ein Konfliktpotential vor, das in der Verbindung mit der Sabbatproblematik genutzt wird. Im Unterschied zu den synoptischen Berichten[158] wird so nicht unmittelbar Anstoß am Wundertäter genommen, obgleich auf den Konflikt mit diesem hingezielt wird.

Damit stellt sich die Frage, in welcher Phase der Tradierung des Wunders diese Verbindung vorgenommen wurde. Vor allem Rudolf Bultmann und darin ihm folgend Jürgen Becker setzen sich im Rahmen der Semeia-Quellen-Hypothese für eine Verbindung *vor* der Eingliederung in das vierte Evangelium ein.[159] In seiner Kritik an der SQ-Hypothese hat sich Daniel Marguerat der Annahme eines sekundären, aber vorredaktionellen Wachstums angeschlossen, in dessen Vollzug die Sabbatthematik der Heilung hinzugewachsen sei.[160] Eine Reihe von Exegeten weisen hingegen die Verbindung dem vierten Evangelisten selbst zu.[161]

Wer für die Einfügung der Sabbatthematik durch den Evangelisten plädiert, muß erklären können, warum dies Thema in den beiden folgenden Reden,

---

älteste Traditionsstufe nicht zu erweisen. Gegenüber einer einfachen Entlassungsformel (z.B. πορεύου, Joh 4,50; ὕπαγε, Mk 2,11) betont περιπατέω die wiedergewonnene Bewegungsfähigkeit; vgl. auch Mk 2,9. Von Gewicht ist zudem Apg 14,10; s.a. 3,8f. Nicht das Hin- und Herschreiten ist der entscheidende Skopus, für den das Verb steht, sondern die Erlangung der Bewegungsfähigkeit.

[158] Vgl. hierzu E. Lohse, Worte 63f.

[159] R. Bultmann, JE 178 mit Anm. 4. J. Becker, JE I, [1]229f. [3]276f; mit unterschiedlichen Analyse der Quellensituation sprechen sich für eine vorevangeliare Verbindung von Heilung und Sabbatthematik auch H.W. Attridge 167; H. Weiss 313 aus. S.a. W. Bauer, JE 83: „ältere Erzählung …, die mehr im Stil der synoptischen (Sabbat-)Geschichten ging"; J. Ashton, Understanding 138 Anm. 22. Auch M. Kotila 12–14 arbeitet ein sekundäres Wachstum der Tradition heraus, bei dem ein Redaktor 9d (ἦν δὲ σάββατον κτλ.)–13.16, und damit das Sabbatthema in eine ursprüngliche Wundererzählung einfügte. Eine eigentümliche Mittelposition nimmt W. Wilkens, Entstehungsgeschichte 103f, ein. Der Evangelist ergänzt auf der Ebene der GS das Heilungswunder durch den Sabbatkonflikt, um ihn schließlich auf der abschließenden Redaktionsstufe, bei der das Passionsevangelium Gestalt gewinnt, die Gerichtsrede durch 5,17f zu erweitern. Allerdings soll dazwischen ursprünglich 7,21–24 gestanden haben (aaO. 103; zur literarkritischen Position von Wilkens s.o. S. 58 Anm. 39).

[160] P. Borgen, Independence 1832; D. Marguerat, „Source des Signes" 75; s.a. D. Kollmann, Jesus 244; Kollmann erwägt zwar die Möglichkeit, daß auch Joh 5,1ff in einem frühen Stadium einer vorjoh. Wunderquelle angehört haben mag (vgl. aaO. 298), sieht aber der um den Redestoff erweiterten Form ein eigenständiges auf den Evangelisten überkommenes Traditionsstück.

[161] Z.B. R.T. Fortna, Gospel 53; E. Lohse, Worte 63; U. Luz, Gesetz 120; J.L. Martyn, History 49; H.A. McKay 148; M.J.J. Menken, Genezing 422; W. Nicol 32; J. Painter, Messiah 214. 216 u.ö.; R. Schnackenburg, JE II, 117.123; S. Schulz, JE 83; U. Schnelle, Christologie 112, der auf Ernst Haenchen verweist (vgl. Problem 108); H.M. Teeple, Origin 182. M.É. Boismard/A. Lamouille, JE 158, schreiben den Sabbatkonflikt der Schicht Jean IIB zu; der Schicht also, in der das JE seinen typischen Evangelienaufriß bekommen hat.

5,19ff, überwunden ist.[162] Allein die Person des Offenbarers, seine Rolle und seine Legitimation werden angesichts des ihn betreffenden Widerspruchs entfaltet. Der Anstoß für die Reden Jesu verdankt sich nicht mehr der Sabbatverletzung, sondern der Parallelisierung des Gotteshandelns mit dem Handeln seines Gesandten (V.18[fin]). Der Anstoß ist im gegenwärtigen Kontext durch den Sabbatkonflikt vorbereitet, doch sprechen die unterschiedlichen Akzentsetzungen eher für eine sekundäre Aufnahme eines vorgegebenen Problems. Dies gilt um so mehr, als auch in Joh 10,33 und in 19,7 die Nachstellungen ,der Juden' mit vergleichbarer Begründung motiviert wird.[163] In der erstgenannten Stelle ist der Steinigungsversuch damit begründet, daß sich Jesus einem Gott gleichgemacht habe. In dem Passionsbeleg wird die zum Tode führende Kreuzigung damit begründet, daß sich Jesus selbst zum Gottessohn gemacht habe. Entscheidend für die Option, daß der Evangelist das Sabbatthema eingeführt habe, ist V.9d; dieser Vers kann sprachlich mit großer Wahrscheinlichkeit dem vierten Evangelisten zugerechnet werden.[164] Allerdings muß auch gefragt werden, ob Vv.10–18 narrative und sprachliche Spuren der Hand des vierten Evangelisten aufweisen.

Terminologisch weist speziell das stereotype οἱ Ἰουδαῖοι (5,10.15.16.18) auf die Hand des Evangelisten (Joh 1,19; 2,6.13.18 u.ö.). Auch wenn damit nicht die Abfassung von Vv.9d–18 insgesamt bewiesen werden kann, zeigt dies immerhin, daß der Evangelist in seine Tradition nachhaltig eingegriffen hat. Mit Blick auf die synoptischen Sabbatkonflikte, aber hauptsächlich auch auf Joh 9,13.15.16, bietet sich ein ursprüngliches οἱ Φαρισαῖοι für die Opponenten in Vv.9d–18 an.[165]

Es ist also davon auszugehen, daß der vierte Evangelist mit V.9d beginnend auch in die Darstellung des Sabbatkonflikts eingegriffen hat; deshalb handelt es sich jedoch nicht zwangsläufig um eine vom ihm eigenhändig gestaltete Übergangsgeschichte zwischen dem Heilungswunder und den Reden in 5,19ff. Die Erweiterung einer Wundergeschichte zu einer Konfliktgeschichte ist in der Überlieferungsgeschichte ntl. Wunderberichte nicht singulär; vgl. Mk 2,1–12. Daß ein solcher Fall vorliegt, zeigt zunächst das Desinteresse des vierten Evangelisten an der Sabbatthematik in der Redekomposition,[166] die auch das Übergangsstück 5,17f nicht kaschieren kann. Nicht unwichtig für eine Entscheidung, ob der Evangelist auch in V.10ff von Tradition abhängig

---

[162] Anders S. Pancaro 13, der eine Bedeutung des Sabbatthemas für 5,1–30 zu eruieren sucht; auch F.J. Moloney, JE II, 10, verbindet die Themen der Rede mit dem Sabbatmotiv.

[163] Vgl. W.A. Meeks, God 310.

[164] Vgl. z.B. W. Beilner, σάββατον 528; E. Lohse, σάββατον 28.

[165] Vgl. J. Becker, JE I, ¹232. ³279. Anders M. Kotila 14, der das οἱ Ἰουδαῖοι in V.15 zur ältesten Heilungstradition rechnet, es aber aufgrund der Landschaftsbedeutung als ,die Judäer' deutet.

[166] Anders allerdings H. Weiss 314ff, der Joh 5,17–47 als „a second elaboration of the story (of the sabbath controversy; Vf.) within the Johannine community" betrachtet (314). Ihre Zentralaussage bestehe darin, daß die Gemeinde für sich als Inhaber des ewigen Lebens die eschatologische Sabbatruhe reklamiert (vgl. 319. 320).

ist, ist zudem V.14: μηκέτι ἁμάρτανε. Diese Aufforderung begegnet wörtlich wieder in 8,11; dies ist jedoch eine textgeschichtlich sekundäre Passage.
Daß der Zuruf Jesu, nicht mehr zu sündigen, wie oben entfaltet zum Traditionsstück 5,2ff gehört, zeigt, daß der Evangelist in 5,10ff nicht *de novo* formuliert. Gegen die Invention von 5,9b–16(–18) durch den vierten Evangelisten
sprechen auch Beobachtungen am Vokabular der Konfliktpassage.

Θεραπεύω begegnet im vierten Evangelium nur hier, obgleich zwei weitere Heilungen
(Joh 4,46ff und 9,1ff) berichtet werden. Die Vokabel ὑγιής ist auf den Zusammenhang der
Heilung des Lahmen beschränkt (5,6.9; s.a. V.14; 5,4 ist sekundär; zu 7,23 s.u.). Mit
ποιεῖν + Akk. der Person findet sich die Vokabel außer in 7,23 nur noch in 5,11.15. Der
Evangelist bevorzugt hingegen ποιεῖν + σημεῖον/-α oder ἔργα (5,36; 7,3 u.ö.; 7,21 mit
dem Sing. könnte traditionell sein; s.u.). Auch διώκω begegnet nur noch in 15,20; wird
aber in 5,16 Jesus als ‚Verfolgter‘ bezeichnet, so geht diese Vokabel in Joh 15 auf Verfolgungen der *Gemeinde*. Der Evangelist benutzt seinerseits wie in 5,18 ἀποκτείνειν, um die
Gegnerschaft ‚der Juden‘ zu umschreiben, die zur Kreuzigung führt; sonst noch 7,1.19;
8,37.40; 11,53; in diesem Lichte sind auch 7,20*bis*; 8,22; 12,10 und 18,31 zu lesen. 16,2
parallelisiert die Bedrohung der Gemeinde mit dem Ergehen Jesu.

Die Bemerkung, daß die Repräsentanten der Juden Jesus *verfolgen*, ist zu
beachtenswert, als daß sie nur für die literarhistorische Frage Beachtung finden kann. In der möglicherweise sekundären Passage Joh 15,20 geht der Ver-
folgungsterminus auf die Gemeinde. In diesem Sinne ist διώκω auch in Mt
5,10f; 10,23 par Lk 21,12; Mt 23,34 par Lk 11,49 belegt (s.a. die entsprechenden Belege zu Paulus als Verfolger und Verfolgter in den Paulusbriefen
und in Apg). Nicht belegt ist dieser Terminus in den synoptischen Sabbatkon-
flikten; wenngleich auch hier ein Zusammenhang zwischen Sabbatverletzung
und Jesu Tod hergestellt wird (Mk 3,6). Daher läßt sich fragen, ob in 5,16 der
traditionelle Topos von der Verfolgung der frühchristlichen Gemeinde aktualisiert und deren Situation mit der Jesu parallelisiert wird;[167] so stellt die Gemeinde, in der dieses Wort erzählt und tradiert wurde, ihr Schicksal mit dem
Jesu in eine Perspektive. In der Tat scheint die Gesprächssituation, in der sich
die erzählende Gemeinde mit dem wohl jüdischen Gegenüber befindet, in Verfolgung umzuschlagen.[168]

---

[167] Anders A.E. Harvey 50ff, der διώκειν αὐτόν als juristischen Terminus interpretiert („to
bring a charge against"; aaO. 51); ihm folgt B. Witherington, III, JE 139. Von einer
Verfolgung in juristischem Sinn spricht auch M.J.J. Menken, Genezing 423.

[168] Anders J.L. Martyn, History 53–57. Er trägt in V.16 und V.18 ein Schema vom Drama
auf zwei Ebenen ein: V.16 gehe auf „the ‚einmalig‘ level" („This is why the Jews per-
secuted Jesus, because he did this on the sabbath"; aaO. 54), V.18 auf die Verfolgung
der Gemeinde; der Grund für diese Verfolgung liege in der Verehrung Jesu als zweiten
Gott (aaO. 56; auch W.A. Meeks, God 311). Diese Deutung scheitert aus terminologischen Gründen. Die Absicht, Jesus zu töten, ist ein literarisches Stilmittel, mit dem der
Evangelist den Konflikt zwischen Jesus und ‚den Juden‘ verschärft. Dies ist theologische Stilisierung, nicht historische Erinnerung. In dieses Schema gehört das Verbum
διώκω nicht hinein; hier mag nun in der Tat Erfahrung vergangener Bedrängnis einer
joh. Gruppe bewahrt sein, die auf Jesus selbst projiziert wurde. Gegenwärtige Konflikt-

In der Passage 5,9d–16 wird die Sabbatthematik mit ihrer Auflösung in der Verfolgung des Wundertäters dem vierten Evangelisten traditionell vorgelegen haben. Ebenso stammt aus der vorevangeliaren Überlieferung das Thema der Sünde. Mit großer Sicherheit ist dem Evangelisten die Identifikation der Gegner Jesu als ‚die Juden‘ zuzuschreiben.

Wie verhält es sich demgegenüber mit der *doppelten Begegnung des Geheilten mit dem Wundertäter?* Da der Geheilte in dem Moment, da er seine Trage umherträgt, seinen angestammten Lebensraum verläßt und aus ihm ‚*hinausträgt*‘, liegt eine Verletzung des Sabbatruhegebotes vor. Daher kann diese doppelte Begegnung nicht als Motivation für den Sabbatkonflikt selbst herhalten. Die Redundanz der Begegnungen zwischen Geheiltem und Jesus sowie zwischen Geheiltem und ‚den Juden‘ wirkt im Kontext des Konfliktes eher störend. Daher bietet sich die Überlegung an, daß die Zwischenpassage vom vierten Evangelisten gestaltet wurde. Als motivliches Indiz kann das Spiel mit dem Unwissen des Geheilten über die Person seines Wundertäters treten.[169] Das Heilungswunder wird in seiner christologisch-hinweisenden Funktion nicht erkannt und damit der in ihm wirksame Gesandte ebenfalls nicht.[170] Anders als in der in vielen Zügen durchaus ähnlich strukturierten Geschichte der Heilung des Blindgeborenen kommt der ehemals Paralytische bei dieser Begegnung im Tempel nicht zu einem Bekenntnis zu seinem Wundertä-

---

erfahrungen findet z.B. auch L.T. Witkamp, Use 33ff, hinter der Komposition des Evangelisten in Joh 5,1ff.

[169] Daß es hier nicht um eine profane Kenntnis, sondern im joh. Sinn um ein Erkennen der Bedeutung Jesu als Gottes gesandter Sohn und Offenbarer geht, ist verschiedentlich bemerkt worden: L.T. Witkamp, Use 34; D.A. Lee 110; anders J.L. Staley 73 Anm. 26 (zu S. 61). So stellt G. Ferraro 70 Joh 5,13 m.E. zu Recht 5,32 gegenüber. Weiß Jesus, daß das Zeugnis seines Vaters über seine Person ἀληθής ist, so weiß der Geheilte nicht, wer dieser ist, der ihn geheilt hat. Auch wenn Jesu Wissen scheinbar nicht auf derselben semantischen Ebene wie das Nicht-Wissen des Geheilten liegt, so liegt die Verbindung doch darin, daß beiderlei Wissen auf die Person des Offenbarers geht.
Zu einem christologisch motivierten Unwissen im vierten Evangelium vgl. mit οἶδα z.B. 1,26; 4,10; 9,30f s.a. 1,31.33 (der Täufer erhält erst durch den von Gott gesandten Geist Kenntnis über den Kommenden); 2,9; 4,42 (das Wissen der Samaritaner, wer Jesus ist: der Soter der Welt); mit γινώσκω z.B. Joh 1,10; positiv Joh 6,69; s.a. 10,27 die Schafe kennen die Stimme des Hirten.

[170] Zuletzt konnte auch gezeigt werden, daß Heilungen im antiken religiösen Kontext zu einer religiös qualifizierten engen Bezugnahme zwischen Geheiltem und dem Gott führen können, dem diese Heilung verdankt wird; vgl. S.C. Muir 362ff, mit Hinweis auf *Aelius Aristides* [363: „For him, healing is a physical event that brings him into contact with the divine, most typically his personal patron and saviour, Asclepius."]; s. schon M. Hengel, Judentum 382; jetzt H.C. Brennecke 31f; er findet im 2.Jh. eine „regelrechte Asklepiosfrömmigkeit mit Bekehrungserlebnissen". Das Fehlen solcher existentiellen Bindung zwischen Heilgott und Kranken/Behinderten wird oft als wesentliches Differenzmerkmal zwischen Jesuswunder und zeitgenössischem Wunder deklariert: z.B. J.-M. van Cangh 276.

ter oder zeigt ein Verhalten, das sich als glaubende Anerkennung des Wundertäters identifizieren läßt.

Als Parallele zur Komposition von Joh 9 fällt dabei vor allem auf, daß auch in Joh
9,35–38 die erneute Begegnung zwischen Geheiltem und Wundertäter durch Jesus selbst
herbeigeführt wird. Geht es dort um die durch Bekenntnis und Proskynese positiv beantwor-
tete Frage nach einem Glauben an den *Menschensohn*, so wird in Joh 5,14 die Aufforderung
zur Beendigung des sündigen Wandels des ehemals Lahmen formuliert. Es wird deutlich,
was die Kritik des Evangelisten am Wunder ausmacht; wie die Rede des Offenbarers führt
seine Tat nicht bei jedem zum Glauben. Wer in dem Handeln nicht den Täter in seiner Sendung erkennt, verbleibt seinerseits auf der Seite der ,*Welt*‘, als deren Richter der Sohn
durch den Vater eingesetzt ist (5,23).

Hatte der Sabbatkonflikt an dem Verhalten des Geheilten noch kein Interesse, so baut der Evangelist diese Figur zu einem negativen Paradigma aus.
Entscheidend ist für den Geheilten allerdings nicht seine Aussage gegenüber
den Opponenten Jesu, sondern allein seine defizitäre Reaktion gegenüber dem
von Gott Gesandten.

Weiterhin gestaltet sich das Verhältnis von V.16 und 17f schwierig. Daß
V.16 einen denkbaren Abschluß des Sabbatkonfliktes darstellt, der V.9d aufnimmt,[171] ist möglich; eher ist jedoch eine Fortsetzung anzunehmen, in der
sich Jesus mit der Reaktion ,*der Juden*‘ auseinandersetzt.[172] Überraschend ist
demgegenüber die doppelte Verfolgungsabsicht. Mit dem Adverb μᾶλλον
sucht der Erzähler diese Verlegenheit nicht ungeschickt zu überwinden. Doch
spricht im Blick auf die verwendete Terminologie viel dafür, daß in V.16 gegen V.18 traditionelles Gut vorliegt.[173] V.17f bewertet V.2–16 neu, um dadurch zu den folgenden Reden überzuleiten. Dieser Abschnitt führt gegenüber
dem Sabbatkonflikt ein neues Thema, die Vater-Sohn-Beziehung, ein; dieses
Thema ist der Vorlage fremd,[174] hat aber einen erheblichen Stellenwert in der
Theologie des vierten Evangelisten.[175] Zudem ist der Vorwurf ,der Juden‘, Jesus mache sich selbst zum Gott, wenngleich mit wechselnder Terminologie,
ein wiederkehrendes Thema des vierten Evangeliums (vgl. 6,41f; 8,52f; 10,33;
19,7).[176] Die Reden Jesu knüpfen nicht an die mögliche Frage der Legitimität

---

[171] M. Kotila 12 mit J. Becker, JE I, ¹229. ³276.

[172] Wird in den anders strukturierten synoptischen Sabbatgeschichten, die die Problematik
des Sabbats an den Anfang der Erzählungen stellen, eine negative Haltung der Pharisäer
festgestellt, so erfährt diese eine Reaktion Jesu (vgl. z.B. Lk 13,10ff: negative Reaktion
des Synagogenvorstehers, V.14 → Antwort Jesu V.15).

[173] Anders z.B. P. Borgen, Creation 89: V.17f sei ein integraler Bestandteil von 5,1ff. B.
Kollmann, Jesus 244f mit Anm. 30, weist V.17 dem Evangelisten, V.18 der Tradition
zu. Die erzählerische Härte der doppelten Verfolgungsabsicht in diesen beiden Versen
bereitet ihm offensichtlich kein Problem. Hingegen sieht es W.A. Meeks, God 310, mit
Recht als erwiesen an, daß V.18 vom „primary author of the Gospel" stamme.

[174] Vgl. M. Kotila 12 mit J. Becker, JE I, ¹229. ³276.

[175] Vgl. D.M. Smith, Theology 129.

[176] Vgl. M.J.J. Menken, Use 371; s.a. M. Lang 158f zur Wendung ποιέω ἑαυτόν τινα.

des Wunders am Sabbat an,[177] sondern greifen auf V.17f zurück;[178] in diesen Versen wurde die Vater-Sohn-Thematik zur Beantwortung der τις-Frage, 5,12 (τίς ἐστιν ὁ ἄνθρωπος ὁ εἰπών σοι), eingeführt. Jesus beansprucht die Legitimität für sein Handeln aus seinem Verhältnis zum Vater; da er das Werk seines Vaters tut, hat er den Sabbat nicht verletzt und ist Gott in seinem Wirken gleich zu halten.[179] Thematik, Terminologie und Kontextaffinität mit der folgenden Rede weisen für V.17f auf die Hand des Evangelisten hin.[180] V.18a gibt dabei die Verfolgungsthematik von V.16 in seiner Terminologie und seinem Verständnis wieder.

An zwei weiteren Stellen im vierten Evangelium begegnet das Sabbatthema erneut: zum einen in der Heilung des Blindgeborenen in Kap.9, zum anderen in 7,(15–)21–24. Dieser Abschnitt knüpft an Joh 5,2–18 an (die erwähnte Sabbatthematik, Rückgriff auf eine Heilung an diesem Festtag).[181] Wichtig ist

---

[177] Vgl. J. Painter, Text 30.

[178] Vgl. J. Painter, Messiah 224; Text 29.30.

[179] S.a. S. Pancaro 55. Daß es sich hier um eine „Identität des Wirkens" handele, stellt auch H. Hübner, Theologie III, 166, heraus (vgl. J. Blank, JE 1b, 23); allerdings formuliert Hübner im Blick auf das gesamte Kapitel: „Wenn also Jesus am Sabbat heilt und dabei zum ‚Sabbatbruch' auffordert, so ist das in der Konsequenz dieser Christologie der *Sabbatbruch Gottes.*" Der Tradition steht solcher Gedanke noch fern; dem Evangelisten dient m.E. hingegen die Sabbatthematik nur noch als Folie für den Konflikt der Welt und ihrer Ablehnung des Gesandten Gottes. Nicht um Identität, sondern um „*continuity* between Father and Son" nach dem Muster der „continuity of Wisdom/Logos" geht es nach J.D.G. Dunn, John 335.

[180] Für die Gestaltung von V.17f durch den Evangelisten vgl. auch J. Becker, JE I, ¹229. ³276. Dies gilt auch, wenn die Vorwürfe, Gott seinen Vater zu nennen und sich Gott gleich zu machen, Analogien in jüdischen Texten haben und damit dem Synagogenkonflikt entstammen könnten: zu πατέρα ἴδιον ἔλεγεν τὸν θεόν vgl. den Vorwurf gegen den Gottlosen in Sap 2,16 (ἀλαζονεύεται πατέρα θεόν) und zu ἴσον ἑαυτὸν ποιῶν τῷ θεῷ bes. 2Makk 9,12 (μὴ θνητὸν ὄντα ἰσόθεα φρονεῖν; LXX ed. A. Rahlfs; anders GöLXX ed. W. Kappler/R. Hanhart); s.a. *Philo*, Leg Gai 162.

[181] Dieses Faktum ist verschiedentlich beobachtet worden und hat zu den erwähnten Umstellungshypothesen geführt; diese stellen allerdings 7,19ff an das Ende von Kap. 5. So auch z.B. W. Schmithals, Johannesevangelium 418, für die Reihenfolge im Grundevangelium. Ähnlich F. Spitta 112ff. Anders argumentiert H.W. Attridge 165f, der bereits in der Quelle des vierten Evangelisten Joh 5,1–16 mit 7,19ff verbunden findet; eine wichtige und weitgehend zutreffende Beobachtung, bei der lediglich über den traditionellen Bestand zu diskutieren ist (Attridge rechnet auch die zweifache Reaktion 7,31–32 und 7,43–46 dieser Quelle zu [166]). Dem Vorschlag von Attridge folgt H. Weiss 313. Auch M.-É. Boismard/A. Lamouille, JE 158 (vgl. den Aufriß aaO. 35f) gliedern an 5,1–16 (Schicht Jean IIB) 7,19–24* an; allerdings stellen sie 7,11–13* dazwischen. Fortgesetzt wird die Schicht ähnlich wie bei der Quellenanalyse von Attridge durch 7,32f und 7,44–52. Erst dann lassen sie die Reden 5,19ff folgen. Die Umstellungen sind, wie bereits mehrfach ausgeführt, problematisch, der ursächliche Zusammenhang des Inhalts von 7,19ff mit 5,2ff ist jedoch richtig erkannt. Auch S. Pancaro 174 erwägt einen Zusammenhang von Joh 5 und 7,15–24 auf der vorliterarischen Ebene, allerdings bleiben diese Überlegungen undeutlich und allgemein, da sie nicht im Interesse seiner Arbeit liegen.

für diese Beobachtung, daß das *eine* Handeln Jesu in 7,21 durch die Formulierung ὑγιῆ ἐποίησα, 7,23, flankiert wird. Dies verweist eindeutig auf 5,2–18 zurück. Mehr noch, da im Zusammenhang der drei im Johannesevangelium berichteten Heilungen der Terminus ὑγιής nur für die Heilung des Gelähmten vom Teich Bethzatha benutzt wird, ist sie diesem Erzählzusammenhang zuzuordnen.

Spricht dies zunächst nur für einen Zusammenhang zwischen der Lahmenheilung am Sabbat in 5,2ff und der Diskussion in 7,21ff, so könnte die Nachahmung des Stils auch als ein bewußter redaktioneller Rückgriff interpretiert werden. Dagegen sprechen jedoch Anomalien, die Joh 7,15ff im gegenwärtigen Kontext aufweist.[182] Geht es in 7,16–18 um die Gesandtenchristologie (Jesus als der Gesandte Gottes, dessen Lehre ἐκ θεοῦ ist), so wechselt das Thema abrupt in V.19, weshalb einige Exegeten annehmen, bereits in V.19 liege die Fortsetzung von Joh 5,1ff vor.[183] Die Frage nach der Tötungsabsicht geht auf den Kontext und setzt zuletzt 7,1 und 5,18 voraus (jeweils mit ζητέω; so wieder 7,25; 8,37.40). Mit der Tötungsabsicht ,*der Juden*‘ (!) konfrontiert, widerspricht das Volk (ὄχλος; bisher ist die Tötungsabsicht sicher nicht zufällig jeweils mit dem Terminus οἱ Ἰουδαῖοι verbunden gewesen[184]) Jesus mit dem Vorwurf der Besessenheit (δαιμόνιον ἔχεις). Dieser Zug kehrt in der folgenden Auseinandersetzung (nur in Kap. 7–10!) mit unterschiedlicher Argumentationsrichtung wieder (8,48f.52; 10,20f).[185] Gegenüber diesen Kontextbezügen auf Kap. 7–10 ist der Hinweis auf *Mose* und das *Gesetz* in 7,19.22ff neu und unerwartet.[186] Dabei ist dieser Bezug in V.19f allerdings nicht deckungsgleich mit 7,21–24. Repräsentiert 7,19 den bekannten Vorwurf, ,*die Juden*‘ halten sich nicht an ihr den Offenbarer bezeugendes Gesetz, so wird in 7,21–24 hingegen auf der Grundlage der Gesetzesobservanz argumentiert.[187] Hinter 7,19 scheint die Zeugnisvorstellung von Joh 5,46f zu stehen, und damit liegt eine andere Argumentationslinie als in 7,21–24 vor.

---

[182] Eine Reihe von einander allerdings nicht gleichwertigen Spannungen benennt M. Kotila 35–38, der sich zu Recht für die Benutzung von Tradition durch den vierten Evangelisten gegenüber einer nachträglichen Redaktion ausspricht (aaO. 37).

[183] Z.B. B. Kollmann, Jesus 244.

[184] Der Wechsel von ὄχλος zu οἱ Ἰουδαῖοι begegnet auch in Joh 6; dort ist mit diesem Wechsel ebenfalls eine Veränderung der Haltung gegenüber Jesus verbunden.

[185] Die hier aufgelisteten Kontextbezüge lassen es m.E. nicht geraten sein, 7,19–24 insgesamt der Tradition zuzuschreiben; zu M. Kotila 34ff, der an die SQ denkt.

[186] S.a. S. Pancaro 131, der dennoch 7,14/15–24 als eine Einheit bewertet: aaO. 130.

[187] S.a. W. Wilkens, Entstehungsgeschichte 99. Auch S. Schulz, JE 116, weist auf den Bruch zwischen Vv.19f und 21ff hin; 7,21ff weisen seiner Meinung nach zum Thema von 5,18f zurück. Treffender ist m.E. von einem Rückverweis auf 5,2ff zu sprechen, da die Heilung direkt angesprochen ist und auch das Staunen auf diese Tat zurücklenkt.

Die Szene 7,19f bereitet also redaktionell Vv.21–24 vor und ordnet sie der sich steigernden Auseinandersetzung mit ‚den Juden' zu.[188] 7,25 kehrt zum christologischen Thema und damit vor allem zum Sendungsproblem zurück (V.16.18 → V.28f: Motiv der Sendung; V.17 → V.28f: Problem der ‚Her'-kunft Jesu und seiner Lehre). V.25 wiederholt die Tötungsabsicht, allerdings nur indirekt durch eine Frage über die Person Jesu. Die Formulierung τινες ἐκ deutet das im folgenden wiederkehrende Thema des Schismas unter ‚den Juden' an, das sich an der Person Jesu vollzieht (7,43; 9,16; 10,19). Vv.21–24 berichten hingegen von einem Werk Jesu, das in der Heilung eines Menschen (ὑγιῆ ἐποίησα) bestanden hat, und setzen dies in Relation zum Sabbat- und zum Beschneidungsgebot. Das Werk wird als unmittelbar geschehen voraus-gesetzt, was jedoch nicht der Erzählsituation entspricht.[189] Diese berichtet von Jesus, der nach der Rede am See Genezareth (Kap. 6) einige Zeit in Galiläa wirkte (7,1.9) und danach ἐν κρυπτῷ nach Jerusalem gezogen ist (7,10). Zwischen der Heilung und dem Rückbezug, 7,21, liegen weitere Werke des Offenbarers, die wunderbare Speisung und das Wunder des Seewandels, die der Erzähler jetzt gewaltsam überspringt.

Als Problem bleibt noch V.24 zu beachten. Eine Gesprächssituation, wie sie in V.24 an-visiert wird, hat der vierte Evangelist längst hinter sich gelassen.[190] Aufgrund dieser Beob-achtungen ist es sinnvoll, die Einheit 7,21–24 zur Tradition zu rechen. Allerdings sind zwei Passagen des Textes wohl als sekundäre Zusätze gegenüber der Tradition zu betrachten. Zunächst ist das Pronomen ὑμῖν in 7,22 eine Angleichung an 7,19, mit der der Evangelist den Gegensatz zwischen Jesus und ‚den Juden' herauszustellen sucht. Literarisch liegt demnach wohl eine doppelte Beziehung zwischen V.19 und V.22 vor. Die Tradition V.22 könnte das Verbum vorgegeben haben, das der Evangelist dann zur Gestaltung von V.19 aufnimmt. Mit dem Pronomen ὑμῖν hingegen stellt er die bekannte Opposition heraus und legt sie auch seiner Tradition bei.[191] Ebenso ist die Parenthese οὐχ ὅτι ἐκ τοῦ Μωϋ-σέως ἐστιν ἀλλ᾽ ἐκ τῶν πατέρων in V.22 auszuscheiden;[192] allerdings ist es angesichts von 7,19 ebenso fraglich, diese Parenthese dem Evangelisten zuzurechnen wie die Zuord-nung zu einer gestaltenden Redaktion.[193] Vielmehr ist eher an eine schriftgelehrte Glosse zu denken.[194]

Daß der Evangelist hier in Abhängigkeit von Tradition formuliert, ist mehrfach betont worden;[195] Rudolf Meyer erwägt gar die Wahrscheinlichkeit, daß ein authentisches Jesus-wort hinter 7,23f stehe.[196] Immerhin kann an ähnlich argumentierende frühe Logien über

---

[188] S.a. S. Pancaro 131; er qualifiziert V.19f als „‚bridge' between the previous and the fol-lowing sections".

[189] Vgl. M. Kotila 37.

[190] S.a. W. Schmithals, Johannesevangelium 359, im Rahmen seines Grundevangeliums. Anders sieht H.W. Attridge 165 eine enge Verknüpfung von V.24 mit dem Kontext.

[191] Dies erinnert an die Zitationsformeln in Joh 8,17 (καὶ ἐν τῷ νόμῳ δὲ τῷ ὑμετέρῳ γέγραπται) und 10,34 (Jesus fragt: οὐκ ἔστιν γεγραμμένον ἐν τῷ νόμῳ ὑμῶν).

[192] Zu Recht M. Kotila 38.

[193] Zu M. Kotila 46.

[194] Vgl. E. Haenchen, JE 355.

[195] Vgl. E. Lohse, Worte 63 Anm. 2.

[196] R. Meyer 82; dagegen B. Kollmann, Jesus 245; allerdings schließt auch Kollmann nicht aus, daß ein älteres Logion umformuliert wurde (ebd. mit Anm. 34).

den Sabbat erinnert werden, die in großer Nähe zum historischen Jesus stehen:[197] Mk 2,27; 3,4; Mt 12,11f par Lk 14,5. Im vorliegenden Stadium ist das Logion jedoch deutlich auf das vorangehende Wunder, die Heilung des Lahmen am Teich, ausgerichtet. Möglicherweise wurde jedoch ein älteres Logion aufgenommen, das vielleicht eine Nähe zum historischen Jesus zeigt, wahrscheinlich aber wenigstens die schriftgelehrte Diskussion der frühchristlichen Gemeinde spiegelt.

Wenn die Aussageintention der Tradition und des narrativen redaktionellen Rahmens sich derart sperren, so muß ein Wort zur Erklärung der vorliegenden Verbindung vorgelegt werden. Die beiden Übergangsverse V.19f, mit denen der Evangelist den Abschluß der Konfliktgeschichte Joh 5,2ff* in Joh 7 eingliedert, visieren diesen als Dokument der Anklage *der Juden* an und forcieren damit die sich entwickelnde Auseinandersetzung um Jesus. Der Vorwurf lautet, daß die Tötungsabsicht, die die Ablehnung dessen impliziert, für den das von Mose gegebene Gesetz steht, bestätigt, daß ‚*die Juden*' nicht dieses von Mose gegebene Gesetz tun. Ähnlich finden sich später im vierten Evangelium beispielsweise die Bestreitung der Abrahamskindschaft (8,37ff) oder der Vorwurf der Blindheit als Ausweis der Sünde an die Pharisäer (9,39–41). Diese Verdikte entzünden sich für den vierten Evangelisten jeweils an der Ignoranz gegenüber Jesu Anspruch, der vom Vater Gesandte zu sein. Tatsächlich dokumentiert auch das ‚*Ergon*' der Blindenheilung, inwiefern Jesus der von Gott her Kommende zur Vermittlung des Lebens an den Kosmos ist. Das Handeln Jesu am Sabbat dokumentiert eine tiefgreifende Einheit zwischen Vater und dem gesandten Sohn (5,17). In dieser Perspektive betrachtet, erzählt der Evangelist folglich 7,21ff nicht als Abschluß eines traditionellen Sabbatkonfliktes, sondern als christologisches Zeugnis für die Gesandtenchristologie und die Reaktion der Welt in ihrem Unverständnis und ihrer sich selbst und ihre Bestimmung verleugnenden Ablehnung der Gabe Gottes (zu erinnern ist daran, daß beim Leser nunmehr die Kenntnis von 6,32f.35 vorauszusetzen ist).

Vordergründig scheint es in der Tradition um die Auslegung und das Verständnis des Sabbats zu gehen.[198] Deutlich ist allerdings das Sabbatthema mit der *Wer*-Frage verbunden: V.12. Die Kritik an der Verletzung des Sabbats überführt das Thema der traditionellen Jesusgeschichte von der Verletzung des Sabbats durch den einen Geheilten zu dem, der am Sabbat heilt.[199] Auch wenn wir die Spannung beachten, die sich noch im vorliegenden Text des vierten Evangeliums zwischen Sabbatverletzung und seiner christologischen Auslegung findet, so wird es nicht völlig verfehlt sein, die Anfänge einer christologischen Hermeneutik schon für die aufgenommene Konfliktgeschichte anzunehmen. Es geht in ihr um Jesus, der als Wundertäter wirkt. Das Tragen der Bahre, das eigentlich als Demonstration des Wunders fungiert, erhält eine neue narrative Funktion. Dieses Tragen, das das Wunder zusammenfaßt, führt zum Konflikt zwischen den Pharisäern und Jesus; also zwischen Verfolgern und der Person, die für das Wunder verantwortlich ist, das zu diesem Tragen und damit zur Sabbatverletzung geführt hat. Gegenüber den Vorwürfen der

---

[197] Vgl. E. Lohse, Worte 67ff.

[198] Nach Herold Weiss gehe es in Joh 5,1–16; 7,19–23 darum, was der christlichen Gemeinde, die sich grundsätzlich an die Sabbatobservanz hält, am Sabbat erlaubt ist (*passim*). Auch M. Kotila 42: „In 7,19–24 spiegelt sich also eine inner-jüdische Diskussion um die Orthopraxie wider." Ausdrücklich auf die Diskussionen des joh. Kreis bezieht J. Blank, JE 1b, 17, das Nachdenken über den Sabbat.

[199] S.a. D.L. Mealand 260.

jüdischen Opponenten zeigt sich Jesus als der vollmächtige Toraausleger und Mann Gottes. Die Heilung entspricht seiner Interpretation des Mosegesetzes und der Intention des Sabbats. Indem Jesus das tut, was dem Sabbat gemäß ist, ist er nicht nur Torausleger, sondern gleichsam der mit Gott am Sabbat zum Erhalt der Welt Handelnde. Schon der Sabbatkonflikt, den der vierte Evangelist aufgenommen hat, drängt also zu einer christologischen Aussage hin.[200]

Die Verwendung eines Wunders als Entscheidungskriterium in Lehrfragen ist in der jüdischen Praxis marginal nachgewiesen.[201] Die Heilung als Ergebnis des Wunders löst den Konflikt aus, und es scheint, daß der Lehrvortrag mit dem Schluß *a minori ad maius* (also der halakchischen Regel *qal wahomær*) das Wunder legitimiert. Doch dies trifft nicht einfach zu. Der Hinweis auf die Beschneidung, der interessanterweise in der Tradition kaum als negativ gefärbt anzusehen ist,[202] erinnert daran, daß die Beschneidung nach jüdischem Verständnis den Menschen in die Gemeinschaft Gottes hineinsetzt. Die Beschneidung macht ihn somit in gewisser Weise ganz.[203] So setzt die Beschneidung das Gebot zur Sabbatruhe außer Kraft (Schab XIX 1–3; Ned III 1; s.a. Tan 19b; Justin, Dial 27,5). Das Wunder und damit der Wundertäter werden durch das Schlußverfahren in Relation zu der Beschneidung gestellt. Der, der so argumentiert und handelt, handelt, indem er die Tora in ihrem Sinn erfüllt.[204] Der Sabbatkonflikt hat also eine exemplarische Bedeutung für die Frage, *wer* Jesus für seine Anhänger ist, die diese Geschichte mit einem kommunikativen Ziel (vgl. 7,24) erzählen. Das Wunder spielt eine gewichtigere Rolle als in der vergleichba-

---

[200] Ohne im einzelnen mit den Überlegungen von J. Bligh, Jesus 124, übereinzustimmen, scheint mir dies bei ihm richtig erkannt zu sein.

[201] Vgl. A. Guttmann *passim*; aaO. 398f zu Fragen der rituellen Halacha. – Allerdings ist in Gesetzesfragen das Wunder als Hilfsargument verpönt: vgl. G. Vermes, Jesus 67f (mit Hinweis auf den Streit zwischen Rabbi Eliezer ben Hyrkanus und seinen Kollegen [Bm 59b]. Am Ende des Argumentationsgangs, mit dem er diese nicht überzeugen kann, folgt ein Wunder des Rabbis, das aber ebenfalls abgewiesen wird, da in Lehrfragen kein Platz für Wunder sei); s.a. Guttmann 391ff; der allerdings vermutet, daß diese Sichtweise eine Reaktion auf die frühchristliche Wunderchristologie sei (405f).

[202] Es geht darum, daß die Beschneidung gerade nicht das Gesetz auflöst; steht die Heilung aber in dieser Argumentationslinie, so löst auch sie, selbst wenn eine gewisse Vorordnung des Wundertäters vor der Beschneidung nicht bestritten werden kann, das Gesetz nicht auf. Gegen eine gesetzeskritische Interpretation von 7,21ff vgl. auch M. Kotila 42.

[203] Vgl. die Begründung für die Beschneidung am Sabbat *Mekilta ki Tisha par Aleph* (ed. Horovitz 340 Z.12). Zur Aufhebung des Sabbatgebots angesichts von Lebensgefahr, die durch den Hinweis auf die Aufhebung der Sabbatruhe durch die Beschneidung begründet ist, vgl. Schab 15,16 und Yom 85b (zur Verdrängung des Sabbats unter besonderen Umständen s.a. E. Lohse, σάββατον 14f; zur Lebensgefahr: aaO. 15 mit Belegstellen). Ein solcher Fall liegt in Joh 5 nicht vor; vgl. z.B. J. Roloff, Kerygma 84.

[204] S.a. M. Hasitschka 306. Schon J. Roloff, Kerygma 83, stellt heraus, daß die Sabbatverletzung nicht durch den Hinweis auf die Beschneidung „bagatellisiert" werden soll. Die Beschneidung steht vielmehr in Einklang mit dem Gesetz (V.22); die Beschneidung ist aus diesem Grunde nicht aufzuheben. Daher, so interpretiert Roloff den Argumentationsgang, sei „um so unbegreiflicher, wenn man dem ‚einen Werk Jesu' (V.21) dem sich in seinem Heilen vollziehenden eschatologischen Gottes Werk, das den ganzen Menschen gesund macht (V.23), nicht erst recht das zugesteht, was man dem Beschneidungsgebot einräumt: daß es nämlich den Sabbat durchbricht". Allerdings löst die Beschneidung nach V.23 gerade nicht das Gesetz auf. Positiv formuliert, es entspricht dem Gesetz; in dieses Gefälle aber wird Jesu Sabbathandeln eingegliedert.

ren jüdischen Argumentation. Es ist gleichermaßen *exemplum* (Das Wunder besagt etwas darüber, wer der Wundertäter ist.) wie auch *argumentum* (Das Wunder legitimiert den, der es tut.),[205] daß Jesus der in Gottes Macht wirkende Messias ist. Im Licht solchen ‚*Ganz-Machens*‘ des Menschen gelesen, wird deutlich, daß der Heilung des Wundertäters eine bestimmte Interpretation beigelegt wird. Sie wird nach Analogie jüdischer Beschneidungsinterpretationen verstanden als (Wieder-)Eingliederung in die Lebensgemeinschaft mit Gott.[206]

Übersehen werden kann dabei nicht, daß im Schlußverfahren *a minori ad maius* die Rolle der Beschneidung für die eigene Existenz nicht bestritten wird.[207] Vielmehr scheint als Gemeingut zwischen den Partnern des Gesprächs anerkannt, daß die Beschneidung ein Element ist, das die Ganzheit des Menschen intendiert. Nur so kann der Schluß gelingen. Das, was unstrittig ist, wird als Argumentationsbasis gewählt.

Der Evangelist ist demgegenüber in seiner Aufnahme dieser Tradition gezwungen, die eigene Distanz zur Beschneidung herauszustellen; dies geschieht durch das betonte ὑμῖν. Das Schlußverfahren wird in der Hand des Evangelisten karikiert; die Beschneidung steht für den Vorwurf der Verfehlung der Juden gegen ihr eigenes Gesetz. Die ursprüngliche Bedeutung ist doch wohl in einer positiven Bewertung der Beschneidung zu sehen. Sie wird durch den Gesandten Gottes, der sie in ihrem Ursinn erfüllt, gleichsam eschatologisch überboten. Das betonte ἐμοί stellt die Person des Handelnden über die Handlung heraus; er macht im Vollsinn das, was Intention der Beschneidung ist: die Ganzheit des Menschen herzustellen.

Die positive Bewertung der Beschneidung, auch wenn sie durch den von Gott Gesandten überboten wird, ist als signifikanter Hinweis auf das Entstehungsmilieu zu bewerten. Sie steht für den Ausbau der älteren Heilungsgeschichte in einem *judenchristlichem* Milieu. Für eine mögliche Erklärung sind Überlegungen von Maarten (J.J.) Menken wichtig,[208] der seinerseits auf Beobachtungen von J. Louis Martyn zurückgreift.[209] Menken führt die Konzeption der Heilung als Sabbatkonflikt auf die Auseinandersetzungen des joh. Kreises mit ihrer Muttersynagoge zurück.[210] Daran kann angeknüpft werden, wenngleich eine vorevangeliare Herkunft der Konfliktgeschichte m.E. wahr-

---

[205] Letzteres allein betont H. Weiss 314, da es seiner Meinung nach nicht um die Person Jesu, sondern um das rechte Verhalten am Sabbat gehe (s.o.).

[206] S.a. S. Pancaro 13.

[207] S.a. W. Bauer, JE 111: „Vielmehr argumentiert Jesus jetzt gerade von der Tatsache aus, daß die Juden nicht gegen das Gesetz verstoßen, und fordert für sich die gleiche Anerkennung"

[208] M.J.J. Menken, Genezing 419.

[209] J.L. Martyn, History 49ff.

[210] Vgl. die Darstellung M. Labahn, Spurensuche 174f. S.a. C.H. Talbert, JE 130, der für einen „apologetic Sitz im Leben" argumentiert der „large thought unit"; allerdings legt er keine Analyse vor, die darüber Auskunft gibt, welchen Bestand er zur Tradition zählt. Anders J. Painter, Messiah 222, der die Wundergeschichte als Missionspropaganda in die Gesprächssituation mit der Synagoge stellt; die Dialoge in 5,10ff lediglich „evidence the use of the miracle story in that controversial context in which the synagogue demanded the choice between Jesus or Moses".

scheinlicher ist.[211] Diese Geschichte aber läßt eine Gesprächssituation erkennen, in der in einem jüdischem Kontext Jesusanhänger sich mit Jesusskeptikern auseinandersetzen. Joh 5,2ff läßt sich daher als Fortentwicklung einer älteren (palästinisch-judenchristlichen?) Heilungstradition verstehen, in der der Konflikt um den eigenen Messiasglauben in einen um die Person des Messias Jesus geführten Sabbatkonflikt transferiert wird. In diesem Konflikt wird in der Sabbatheilung Jesu Wirken am Sabbat als „Ausdruck seiner göttlichen Hoheit" bekannt.[212] Die joh. Gruppe, die nach einem Konflikt mit der jüdischen Synagoge deren Einzugsbereich verlassen und sich dem joh. Kreis angeschlossen hat, brachte auch diese Tradition in den joh. Kreis und seine Tradition ein.[213] Der Evangelist verwendet auch dieses Material und fügt es seiner Jesusgeschichte ein. Ihre Gestalt hat diese Geschichte – zumindest soweit erkennbar – bewahrt, da sie, auch wenn die Gesprächssituation nicht gegeben war, als Ausdruck des eigenen christologischen Verstehens bestehen konnte.

Im Blick auf den Abschluß der Konfliktgeschichte fällt der Appell zu einer gerechten Entscheidung bzw. Beurteilung auf (so scheint τὴν δικαίαν κρίσιν κρίνετε [7,24] angemessen zu paraphrasieren zu sein[214]). Anders als die judenchristliche Tradition hinter Joh 6,1ff ist dieses Stück nicht ein Text der Selbstversicherung oder Selbstorientierung,[215] sondern nach außen auf die Diskussion gerichtet. Vielleicht läßt er sich als *paradigmatisches Unterwei-*

---

[211] Zur Präzisierungen meiner Position in Abgrenzung gegen die genannten Vorschläge vgl. M. Labahn, Spurensuche 175.

[212] E. Lohse, σάββατον 28; daß mit diesem Schluß das „Sabbatgebot für die christliche Gemeinde bereits endgültig abgetan" ist (*ebd.*), erscheint mir nicht zwingend. Unbestreitbar hingegen ist, daß diese Argumentation wiederum aus dem eigenen Messiasglauben heraus entwickelt wird und kaum die jüdischen Opponenten in Frage stellt. Es geht zudem, wie Lohse, ebd., sehr richtig bemerkt, auch nicht um das Problem einer Kasuistik darüber, was am Sabbat für den Menschen geschehen kann. Der entscheidende Differenzpunkt ist, daß Jesus in der Vollmacht Gottes auch Herr des Sabbats ist.

[213] Damit gelange ich zu einer früheren Datierung des Konflikts mit der Synagoge, was, ohne daß ich mir die Gesamtkonzeption zu eigen machen kann, eine gewisse Koinzidenz mit Überlegungen von K. Berger, Anfang 83, aufweist; ausdrücklich ist aber festzuhalten, daß die vorgelegte Analyse die Datierung des vierten Evangeliums durch Berger nicht stützt.

[214] Das Verbum κρίνειν wäre damit ähnlich gebraucht wie bei *Dion Chrysostomos*, Or 49,11 (vgl. den Hinweis bei G. Mussies 111). Wie der Weinkenner den Wein nicht nach dem Gefäß bewertet (οὐτε γὰρ τὸν οἶνον ἐκ τοῦ κεράμου κρίνουσιν οἱ νοῦν ἔχοντες), so sollen auch die Opponenten nicht nach dem Augenschein, sondern nach Sachkenntnis gerecht bewerten. Dies muß nicht im Sinne konkreter Gerichtsbarkeit verstanden werden.

[215] Anders freilich J. Painter, Messiah 216: „The rejection story has not been told to persuade those who have rejected Jesus to accept him. Rather it has been told to confirm the resolve of the Johannine community in facing the rejection which Jesus has faced before them." Painter rechnet mit der Gestaltung der Konfliktgeschichte durch den vierten Evangelisten und nicht mit einer Fortsetzung der Überlieferung in 7,21–24.

sungsstück für die Gemeinde bezeichnen, das als Gesprächshilfe für die Auseinandersetzung mit der Synagoge Verwendung finden konnte.

4.4 Die Heilung am Teich *Bethzatha* in der Theologie und als Teil der Erzählung des Evangelisten

Ein Vergleich zwischen dem Bestand der vorevangeliaren Tradition und dem Text des 5. Kapitels belegt ein Bemühen, sie in den Fluß seiner Erzählung zu integrieren und als Teil seiner Jesus-*vita* zu gestalten. Die Tradition wird aufgelöst und auf verschiedene Erzählzusammenhänge verteilt. Durch Eingriffe und Umgestaltung wird die Heilung zum Ausgangspunkt einer Sequenz, die aus verschiedenartigen Szenen besteht: Heilung – Konflikt – Offenbarungsreden. Die Konfliktszene selbst erfährt eine dramatische Gestaltung, die trotz oder gerade wegen der wiederholten Tötungsabsicht einen beachtenswerten Spannungsbogen enthält.

Dieser Akt untergliedert sich wiederum in vier Szenen mit unterschiedlichen Personen, von denen jeweils ein Protagonist attackiert wird (Vv.9d–13: Vorwurf der Sabbatübertretung durch die Juden an den Geheilten, der weist die Verantwortlichkeit von sich – V.14: erneute Begegnung von Wundertäter und Geheiltem; die Aufforderung, nicht mehr zu sündigen, kritisiert implizit ein defektives Verhalten des Geheilten. – V.15f: Geheilter und Juden: aus der Identifikation des Verantwortlichen resultierende Verfolgungsabsicht. – V.17f: Wundertäter und ,*die Juden*': Jesus gibt die Motivation für sein Handeln zu erkennen, die durch die erneute Tötungsabsicht von Seiten ,*der Juden*' beantwortet wird.).

Werden die folgenden Reden durch den vom Evangelisten überarbeiteten Konflikt im Übergangsstück Vv.9b–18 ausgelöst, so agiert der Sabbatkonflikt als dramatischer Wendepunkt der Komposition. Daher kann durchaus von einer „dramatischen Novelle" gesprochen werden.[216]

Kap. 5 ist demzufolge als Komposition des Evangelisten aufgrund traditioneller Stoffe[217] ernstzunehmen. Daher kann von einer *Nacherzählung des Wunders* gesprochen werden, die den Sabbatkonflikt auf den Kontext des Evangeliums hin aktualisiert.

Für das Verständnis der Heilung wenig ertragreich sind die Versuche einer sakramentalen Interpretation.[218] Der Teich, der nach diesen Interpretationen für die Taufe stehen könnte, nimmt keine positive Funktion wahr. Er gehört auf die Seite der Inszenierung des Wunders, das direkt durch Jesu Wort geschieht. Hier ist kein Sakramentalismus einzutragen, ebensowenig eine symbolische Gegenüberstellung. Die Fünfzahl der Säulen hat berichtenden, wenn man so will anekdotischen Charakter. Der Gegensatz zwischen den fünf

---

[216] H. Windisch, Erzählungsstil 189 (Style 40).

[217] Ohne dies hier im einzelnen begründen oder vorführen zu können, ist darauf hinzuweisen, daß auch die Redekompositionen auf Traditionen gründen; vgl. beispielsweise die Überlegungen bei J. Becker, JE I, ¹236. ³283.

[218] Nach dem Vorgang altkirchlicher Exegeten vor allem O. Cullmann, Urchristentum 99ff; dagegen z.B. B. Schwank, JE 175.

Säulen, die allegorisch als Symbol der Tora oder des Judentums zu deuten seien,[219] und dem Handeln Jesu, das die Tora oder die jüdische Religion ersetzt oder überholt, ist konstruiert und durch den Text nicht gedeckt.

Den literarischen Charakter der Erzählung respektierend soll mit dem Blick auf den narrativen Kontext in die Interpretation des Wunders eingetreten werden. Zunächst fällt die Verknüpfung des Wunders mit Hilfe des Fest-Reise-Schemas auf. Das Wunder wird im Kontext der *vita* Jesu verortet. Es mag sein, daß in diesem Zusammenhang von einem antidoketischen Interesse gesprochen werden kann. Zumindest liegt aber eine historisierende Absicht vor. Die eschatologische Offenbarung des von Gott gesandten Sohnes findet in der Historie statt. Sie geschieht in einzelnen Ereignissen in Zeit und Geschichte. Dabei wird allerdings das vorösterliche Jesusleben aus dem Blickwinkel der nachösterlichen Gemeinde gezeichnet. Der Evangelist unterstreicht die Souveränität und die Macht des Wundertäters; er kommt, erkennt die Situation und schafft Abhilfe durch sein Wort. Allerdings zeigt der Evangelist nicht so sehr Interesse an der konkreten Notlage. Die Aufmerksamkeit richtet sich vielmehr auf das Wunder als Anlaß zu dem Konflikt, der wiederum in die Offenbarungsreden führt.

Auch der Sabbatkonflikt wird neu gestaltet, indem es zu einer zweiten Begegnung des Geheilten mit dem Offenbarer kommt. Das hier eingetragene Unkenntnismotiv zeigt, daß das Handeln des Offenbarers nicht nur bei ,den Juden', sondern auch bei dem Geheilten selbst unverstanden bleibt. Der Leser wird im Gesamtkorpus des Evangeliums beim zweiten Sabbatwunder (Joh 9) ein anderes Verhalten des Geheilten finden. Die joh. Wunder sind, obgleich in ihnen Jesus als Gesandter Gottes in seiner lebensspendenden Macht dem Menschen zugute handelt, für die Rezipienten und Zeugen ambivalent. Sie können gleichermaßen zur Erkenntnis der Herkunft des Gesandten und zum Glauben führen, wie sie auch Unkenntnis und irdisch-materielles Mißverständnis nach sich ziehen. In seiner Wundermacht ist die Krisis angesagt. Der Sohn kommt zur Vermittlung des Lebens, und wer glaubt, ist im Leben; wer den Gesandten nicht erkennt und nicht glaubt, ist gerichtet. Dies illustriert die erste Rede (5,19ff).

Anders als in den Sabbatheilungen Lk 13,10–17; 14,1–6 bildet nicht die Heilung selbst Anstoß zur Diskussion um eine Sabbatverletzung,[220] sondern der auf Geheiß Jesu hin seine Bahre tragende Geheilte. Dieser weist von sich selbst weg auf den Wundertäter und sein Wort. Entscheidendes Gewicht trägt die Frage in V.12 nach der Person des Wundertäters. Damit geht die Diskus-

---

[219] Z.B. P.F. Ellis, JE 88; M. Hengel, Schriftauslegung 287; B. Schwank 176f; vgl. dagegen z.B. die Kritik von H. van der Bussche, Guérison 21.

[220] Ähnlich auch Mk 3,1–5parr; allerdings dient das Wunder „gleichsam als Beispiel" für die vorangehende Diskussion, Mk 2,23–28, über den Sabbat und vor allem für das Bekenntnis, daß der Menschensohn Herr über den Sabbat ist: 2,28 (vgl. E. Lohse, Worte 66).

sion in ihrem Kern nicht um das Sabbatgebot und seine Grenzen, auch nicht um die Beachtung des Sabbats.[221] Der Sabbat wird nicht wie in den synoptischen Überlieferungen durch das Anbrechen der Gottesbasileia aufgehoben, sondern es geht um das Verhältnis Jesu zum Sabbat als eine *Überlegung zum Verhältnis zwischen Jesus, dem Sohn, und Gott, dem Vater*. Schon die vorevangeliare Konfliktgeschichte war nicht (primär) am Sabbatproblem orientiert, sondern an der Person, die für den Konflikt verantwortlich ist. Nicht um die Kasuistik, was am Sabbat zu tun ist, sondern um den aufgrund seiner göttlichen Machtfülle am Sabbat Wirkenden und darin die Tora vollmächtig Auslegenden[222] geht es in der traditionellen Konfliktgeschichte. Diese Tendenz wird vom vierten Evangelisten ausdrücklich aufgenommen und expliziert. Dies ist nicht nur an der Absprengung des ursprünglichen Schlusses der Wundergeschichte zu erkennen, sondern auch an der Einfügung von 5,17f. Zentral ist die Aussage *„Mein Vater wirkt bis jetzt,[223] und ich wirke ebenfalls'*.

Ausgehend vom priesterschriftlichen Schöpfungsbericht Gen 2,1–3 (noch deutlicher in der LXX-Übersetzung; V.2: καὶ συνετέλεσεν ὁ θεὸς ἐν τῇ ἡμέρα τῇ ἕκτῃ τὰ ἔργα αὐτοῦ, ἃ ἐποίησεν καὶ κατέπαυσεν τῇ ἡμέρα τῇ ἑβδόμῃ ἀπὸ πάντων τῶν ἔργων αὐτοῦ, ὧν ἐποίησεν.[224]), der priesterlichen Sabbatgesetzgebung Ex 31,12–17 (Jahwes Sabbatruhe: V.17) und der auf das priesterschriftliche Theologumenon von der Sabbatruhe Jahwes zurückgreifenden Begründung des Sabbatgebotes im Dekalog Ex 20,1ff hat sich eine Diskussion im Judentum um das Wirken Gottes am Sabbat ergeben.[225] Dies führt zu Differenzierungen, bei denen das κατέπαυσεν der Septuaginta transitiv verstanden wird (*Philo*, Leg All I 6; die <Dinge> werden zur Ruhe gebracht, aber von Gott gilt: οὐ παύεται δὲ ποιῶν αὐτός;[226] ders., Cher. 87; s.a. *Aristobul* F5 [*Euseb*, PE XIII 12,11b–12a][227]).

---

[221] Anders z.B. P. Borgen, Creation 90–92, wenn er hinter Joh 5,1–18 eine mit *Philo*, Migr 89–93, vergleichbare Diskussion um eine liberale Sabbatauslegung vermutet.

[222] Zum Motiv der vollmächtigen messianischen Auslegung der Tora vgl. P. Schäfer, Torah 203–205.

[223] Gemeint ist eine ununterbrochene Beständigkeit des Wirkens bis zum gegenwärtigen Zeitpunkt, nicht begrenzend, sondern apologetisch gegen die Sabbatruhe Jahwes; im Licht dieses beständigen Wirkens Gottes ist auch das Wirken Jesu zu sehen. C. Maurer sucht dies durch einen Übersetzungsfehler eines semitischen עוֹד zu erklären. Auch wenn zweifelhaft ist, daß eine semitische Vorlage anzunehmen ist, wird ἕως ἄρτι im Sinne der Dauer zu verstehen sein, wie es auch für עוֹד gilt (vgl. C. Maurer 135f. 139: als Übersetzung schlägt Maurer vor: „Mein Vater wirkt unablässig, und auch ich wirke").

[224] Vgl. hierzu M. Rösel 53f, der gegen eine im Verbum καταπαύω angespielte religiöse Praxis votiert; anders M. Harl 99 mit Hinweis auf Ex 16,23.

[225] Vgl. hierzu und zum folgenden z.B. P. Borgen, Creation 89f; Gospel of John 106f.

[226] Hierzu auch N. Walter, Thoraausleger 78f.

[227] τὸ δὲ διασαφοίμενον διὰ τῆς νομοθεσίας ἀποπεπαυκένον τὸν θεὸν ἐν αὐτῇ, τοῦτο οὐχ, ὥς τινες ὑπολαμβάνουσι, μηκέτι ποιεῖν τι τὸν θεὸν καθέσταμεν, ἀλλ' ἐπὶ τῷ καταπεπαυκέναι τὴν τάξιν αὐτῶν οὕτως εἰς πάντα τὸν χρόνον τεταχέναι ... τάξας γάρ, οὕτως αὐτὰ συνέχει καὶ μεταποιεῖ. (PVTG III, 224f [ed. A.-M. Denis]). Hierzu vor allem N. Walter, Thoraausleger 67f. 78f. 139.

Die Diskussionen um die Sabbatruhe Gottes brechen vor allem zur Anerkenntnis des fortwährenden Wirkens Gottes als Erhalter der Welt[228] oder als
Richter der Gottlosen durch.[229]

Eine interessante hellenistische Parallele zu dieser jüdischen Diskussion steuern Klaus
Berger und Carsten Colpe in ihrem *Religionsgeschichtlichen Textbuch* bei; *Maximus von
Tyrus* erklärt in seinen *Dissertationes* (XV 6,2): „Wenn aber Herakles gewollt hätte ...
Muße zu haben ..., hätte niemand gewagt ihn Sohn Gottes zu nennen. Denn auch Zeus hält
keine Muße."[230] Bei aller Verschiedenheit fällt auf, daß Herakles hier gerade im Bezug auf
sein fortwährendes Handeln das Prädikat *Sohn des Zeus* (παῖς Διός) verdient.

Ob in Joh 5,17 eher an eine richterliche Funktion gedacht ist[231] oder an die
schöpferisch erhaltende,[232] hängt davon ab, ob V.17 von der Heilung her oder
auf das Gericht hin zu lesen ist. Allerdings ist in der folgenden Rede nicht nur
eine richtende Funktion gegenüber den Gottlosen ausgesprochen (5,22f.
[27[233]]), sondern auch an das lebensgewährende Wirken des Gottessohnes für
die Seinen gedacht (5,21.24–26). Daher kann nicht einseitig der richterliche
Aspekt im Vordergrund stehen. Vielleicht sollte sogar völlig auf eine Differenzierung verzichtet werden.[234] Nur indem Jesus in seinem Heilen am Sabbat
sich im schöpferisch erhaltenden Wirken als gottgleich aufzeigt und sein Eins-
Sein mit dem Vater erzeigt, ist er auch im Gericht der Richter über die, die
ihm widerstehen.[235] Entscheidend ist aber sein schöpferisches Eintreten für das
Leben der Seinen.[236]

---

[228] ExR 30,6 (89[d]; Text in deutscher Übersetzung bei Bill. II, 461f). Da das Tragen von Lasten im eigenen Hause nicht verboten ist und die obere und die untere Welt die Heimstätte Gottes sind, kann dieser am Sabbat schöpferisch handeln, ohne den Sabbat zu ver-
letzen.

[229] GnR 11,10 (8[c]) zu 2,2 (Text in deutscher Übersetzung bei Bill. II, 461f). Eine Darstellung signifikanter Texte auch bei J. Bernard, MSR 33, 13ff.

[230] K. Berger/C. Colpe, Textbuch Nr. 275 (S. 160).

[231] J. Becker, JE I, [1]233. [3]280. S.a. z.B. H. van den Bussche, Guérison 26f; R. Bultmann, JE
184. – Die Sendungschristologie voraussetzend, sieht M. Kotila 19f den Gedanken präsent, daß der Gesandte in Autorität und Vollmacht des Sendenden spricht und wirkt.
Angesichts der Vater-Sohn-Thematik scheint mir jedoch stärker die Einheit hervorgehoben, als die abgeleitete, im Mandatar repräsentierte Vollmacht des Mandators.

[232] Z.B. S. Schulz, JE 84f; s.a. J. Gnilka, Theologie 256: „ein auf die Rettung und die Wiederherstellung des Menschen gerichtetes" Handeln; M. Hengel, Frage 180 Anm. 83. P.
Borgen, Creation 90, denkt an „providential activity" als einen Aspekt der universalen
schöpferischen Tätigkeit, die in seinem Sohn den Menschen nahekommt.

[233] Hinsichtlich seiner Ursprünglichkeit umstritten: eine nachjoh. Ableitung vertritt z.B. S.
Schulz, JE 91; E. Haenchen, JE 280; s.a. R. Schnackenburg, JE II 146, der allerdings
nur V.27b zum folgenden redaktionellen Nachtrag zählt; unentschieden R. Bultmann,
JE 196: E oder KR. M.E. zu recht als Ausdruck der Sicht des Evangelisten deutet hingegen V.27 J. Becker, JE I, [1]241f. [3]289f.

[234] So bricht auch J. Roloff, Kerygma 82, in dem er an das ‚eschatologische Offenbarungs-
wirken' denkt, die genannte Alternative auf.

[235] S.a. D.A. Lee 115.

[236] Treffend formuliert E. Haenchen, JE 288: „Den Zug der Sabbatverletzung nutzt der
Evangelist aus: Solches Handeln ist immer möglich. Es ist die eigentliche Aufgabe des

In der Darstellung des Evangelisten tritt Jesus in diesem Wirken gottgleich aus dem Sabbatkonflikt heraus:[237] „... not merely because he is greater than the sabbath and the temple and so able to work on the sabbath, but because he is doing God's work on the sabbath and – according to John – God does not rest on the sabbath".[238]

Die Absicht des Evangelisten wird deutlich aus dem folgenden, von ihm gebildeten Redenkomplex (Vv.19ff; vgl. aber bereits die Eingriffe in V.9dff). Ob damit freilich impliziert ist, daß die die Größe des Wunders potenzierenden Motive nicht der Sicht des Evangelisten entsprechen,[239] erscheint mir unwahrscheinlich. Die Interpretation, daß „(d)ie Heilung des Lahmen ... völlig vor der Zusage, daß der Glaubende bereits jetzt ewiges Leben hat", verblaßt,[240] sieht nicht, daß das Wunder selbst bereits *Ausdruck der lebensspendenden Macht des Gottessohnes* ist.[241] Wunder, Konflikt und Reden illustrieren sich gegenseitig und sind bei der Interpretation nicht gegeneinander auszuspielen. „The long discourse which follows the miracle story and the conflict story asserts the authority with which he has been invested. Jesus' word interprets his action, and establishes the latter's meaning as a demonstration of his work of revelation."[242] Dabei sollte jedoch keine Unterordnung der Handlung unter das Wort impliziert werden. Aktion und Wort gemeinsam sind es, die den Offenbarer auszeichnen, Glauben an ihn fordern, aber auch Unglaube ernten, der selbst bereits Gericht ist.

Wie bereits in der wunderbaren Wandlung von Wasser in Wein (Joh 2,1ff) und in der Heilung des Sohnes des Königlichen (Joh 4,46ff) ist das Thema der *Lebensgewährung* mit Jesus als Wundertäter verbunden. Der Gedanke ist in Kap. 5 allerdings sekundär mit der Wundergeschichte verbunden.[243]

---

gesamten Erdenlebens Jesu, solches Leben zu schenken. Alles, was er an Wundern vollbringt, ist ein Hinweis darauf."

[237] Daß hinter 5,18 tatsächlich die Vorstellung steht, daß Jesus Gott bzw. Gott gleich ist, hat z.B. wieder W.A. Meeks, God *passim*, herausgestellt; hierzu auch die Bemerkungen von D.M. Smith, Theology 133; R.E. Brown, Community 47 Anm. 80.

[238] H.A. McKay 148.

[239] W. Lütgehetmann, Wundererzählung 201; s.a. J. Becker, JE I, ¹233. ³281: Kein Interesse des Evangelisten am Wunder: „Er nutzt seine Vorlage als ganze zur Überleitung für eine Rede." Wäre diese nicht auch anders zu erreichen? Anders zu Recht U. Schnelle, Christologie 113: „(D)as Wunder (wird; Vf.) aber in keiner Weise relativiert".

[240] W. Lütgehetmann, Wundererzählung 202.

[241] Etwas zu pointiert urteilt aber dennoch M. Rein 227: „Der Evangelist greift die Geschichte auf, weil in ihr Jesus als Lebensspender dargestellt wird". Das semantische Feld ‚Leben' begegnet in der Lahmenheilung nicht.

[242] E. Lohse, Miracles 50.

[243] Anders S. Pancaro 12, der „the gift of life" durch die in V.14 vermittelte Sündenvergebung bereits für die Tradition reklamiert. M.E. ist jeweils etwas vorsichtiger zu interpretieren. Die Heilung vermittelt neues Leben; darin ist der Lahme aus dem Schuld-Krankheit-Kreis entlassen und kann das neugewonnene Lebens-Potential verwirklichen. D.h. der Wundertäter ist durchaus in der Tradition als Vermittler von ‚Leben'; dies ist aber

Selbstverständlich ist die Behinderung des Lahmen am Teich Bethzatha eine signifikante Einschränkung in seiner Existenzentfaltung, so daß die Heilung durch Jesus ihm das Potential zu solcher Entfaltung wiedergibt.[244] Tatsächlich drückt περιεπάτει (V.9, der auf die Aufforderung V.8) eine wiedergewonnene Lebendigkeit aus. Karl Barth hebt diesen Aspekt der wiedergegebenen Lebendigkeit in seiner *Münsteraner Johannesvorlesung* bei der Auslegung der Lahmenheilung (26.01.1926) hervor:

„Als eine Kampfhandlung muß man auch das Wunder v 8–9 und die Art, wie Jesus dem Geheilten nachgeht, v 14, verstehen. Man beachte noch, wie betont das ὑγιὴς γενέσθαι in v 4.6.9.14, das θεραπεύεσθαι v 10, das ποιοῦν ὑγιῆ v 11.15, das ἰαθῆναι v 13 wiederkehrt, wie dieser Ton von Gesundmachen und Gesundwerden den ganzen Bericht beherrscht. Daß Jesus *als* Offenbarer der *Lebendigmacher* ist, das kommt in dieser neuen Haltung gegenüber der Problematik gerade des äußeren physischen Lebens zum vollgültigen Ausdruck."[245]

Das Wortfeld ‚Leben' selbst begegnet allerdings anders als in Joh 4,50.51.53 hier nicht. Immerhin scheint aber bereits in der Erweiterung der alten Wundergeschichte zur Sabbatkonfliktgeschichte der Gedanke der Lebensgewährung stärker ausgeprägt worden zu sein, da hier der Gedanke des ‚Ganz-Machens' des Menschen zur Interpretation der Wundergeschichte herangezogen wurde; dies unterstreicht den Gedanken der Gewährung neuer physischer Lebensmöglichkeit in grundsätzlicherer Weise.

In der gegenwärtigen Textgestaltung hat die Aufforderung an den Paralytischen ἔγειρε in V.8 ein Äquivalent in V.21 (ὥσπερ γὰρ ὁ πατὴρ ἐγείρει τοὺς νεκροὺς καὶ ζῳοποιεῖ, οὕτως καὶ ὁ υἱὸς οὓς θέλει ζῳοποιεῖ). Wenn dort das Auferweckungshandeln des Vaters mit dem des Sohnes zusammengenommen wird, so ist der Leser angehalten, den Befehl von 5,8 im Lichte dieser lebensspendenden Macht zu verstehen.[246] Über den Sabbatkonflikt, insbesondere aber V.17 (Qualifizierung des Wirkens Jesu im Lichte des fortwährenden Wirkens Gottes), liest die folgende Jesusrede diese Gedanken in die Heilung hinein. Von zentraler Bedeutung ist in ihr neben der Richterfunktion Jesu der Gedanke der Lebensgabe durch Jesus.[247] Die Heilung des

---

stärker auf die konkrete Situation bezogen, denn im joh. Sinn auf das ‚Leben' schlechthin.

[244] S.a. M.M. Thompson, Signs 99.

[245] K. Barth, JE 270.

[246] Darauf verweisen z.B. G.R. Beasley-Murray, JE 73f; D. Marguerat, „Source des Signes" 90; M.J.J. Menken, Genezing 421 mit Anm. 4 (Die Heilung des Lahmen läßt erkennen, daß Jesus „hem weer tot leven wekt"); J. Painter, Messiah 232; S. Pancaro 12f; U. Schnelle, Christologie 113; JE 103; C. Welck 154; s.a. W. Bauer, JE 83; P. Borgen, Creation 90.94; R.A. Culpepper, Exemple 140; Beasley-Murray 73 bezeichnet daher das Wunder als „a sign of the life-giving power of Christ", ein im Blick auf die Gesamtkomposition von Joh 5 gesehen zutreffendes Urteil. S.a. E. Haenchen, JE 285. 287f; allerdings gehe es um das „Auferwecken von (geistlich) Toten". Anders M.M. Thompson, Signs 99, die die Heilung des Sohnes des Königlichen, 4,46ff und des Paralytischen als Illustrierung zu 5,25 bewertet.

[247] S.a. D.A. Lee 98. C. Welck 153 ordnet die eschatologische Lebensgabe, deren Bedeutung er auch in Kap. 5 anerkennt, der „endzeitlich-richterlichen Funktion" Jesu zu.

Lahmen wird so zu einer Konkretisierung des Themas der Lebensgabe.[248] In der einen Heilung des Lahmen am Teich Bethzatha scheint Jesu eigenes Sein als das Leben, das an diesem Leben auch anderen Anteil zum Leben gibt, durch.[249] Es wird aufgezeigt, daß Jesus wie Gott wirkend in dessen Doxa handelt. Jesus maßt sich diese Doxa jedoch nicht an, sie ist ihm vielmehr als dem präexistenten Logos von Anbeginn von Gott selbst her zugemessen (V.41–44; vgl. 1,14). Wer dies nicht erkennt, wer Jesus als den von Gott gesandten Gottessohn nicht kennt (so der Geheilte) und nicht glaubt, blickt nur auf den immanenten Zusammenhang. Exemplarisch verfallen so ,die Juden' diesem Unverständnis[250] und kritisieren die Verletzung des von Gott zum Leben gegebenen Sabbatgebotes.

Die Botschaft, daß Jesus wie der Vater wirkt und an dessen Stelle Leben und Gericht bringt, stellt die Frage nach einer Begründung. Diese ist in der zweiten Offenbarungsrede gegeben, die Zeugen nennt und Zeugnis für den Anspruch des Offenbarers, der von Gott Gesandte zu sein, gibt (V.30ff). Noch einmal werden die Einheit mit dem Vater (V.30), seine Nähe im Sohn (V.36) und das Ziel der Sendung des Sohnes herausgestellt: Rettung (V.34) und Leben (V.40). Diese Rede setzt den Kontext insofern voraus, als sie sich an die ihn ablehnenden jüdischen Opponenten richtet. Ihnen wird entgegengehalten, daß sie die Schriften haben, die von dem Gesandten zeugen (V.39), ja daß damit Gott selbst ihnen den Offenbarer bezeugt (V.37).[251] In ihrem Widerspruch gegen den Offenbarer verweigern sie sich nach dem vierten Evangelisten Gott selbst[252] und damit seinem Willen zur Rettung und zum Leben seines Volkes und der Welt. Diese Rede steht im Kontext der Auseinandersetzung über Person und Werk des Offenbarers, die in 7,14ff fortgesetzt wird, und illustriert, daß der in die Welt gekommene Logos von den Seinen nicht aufgenommen wird.

---

[248] S.a. B. Schwank, JE 177; dieser sieht in der Heilung des Lahmen „ein Sinn-Bild" für das, was „allen Menschen, die Gutes getan haben, in geistig-leiblicher Wirklichkeit am Ende erfüllen" wird.

[249] D.A. Lee 115 identifiziert die Heilung als ein ,Symbol': „Jesus is the giver of life on behalf of God, for which the healing on the Sabbath, in particular, is a symbol" (ähnlich D. Marguerat, „Source des Signes" 91: „...les vv. 10–18 préparent également avec ἴδε ὑγιὴς γέγονας l'exploitation symbolique du récit de miracle dans le discours subséquent"). Aber ist die Heilung ein ,anderes', vom den nur ein ,stat pro' gilt; ein anderes, das dem eigentlichen stellvertretend gegenüber steht? Richtig bemerkt C. Welck 154 Anm. 73, daß das Wunder „reale Betätigung" der endzeitlichen Fähigkeit, lebendig zu machen, ist.

[250] S.a D.A. Lee 109. 124.

[251] Zu der in diesem Text ausgesprochen frühchristlichen Aufnahme der atl. Schriften und ihrer hermeneutischen Problematik im Kontext eines christlich-jüdischen Dialoges und des doppelten Ausgangs des ,Alten Testaments' vgl. N. Walter, Problem 313f.

[252] Sehr pointiert formuliert H. Hübner, Theologie III, 166: „In der Person seines göttlichen Sohnes ist es Gott selbst, der die Juden anredet. Doch das Ungeheuerliche geschieht, sie weisen den sie anredenden Gott ab."

Im heilenden Wundertäter läßt der vierte Evangelist den Gottessohn sich in Gottes lebensspendendem Willen für die Seinen offenbaren. Das Auftreten des Gesandten führt in die Krisis, in die Scheidung. Wer zum Glauben kommt, hat das Leben, das aus dem Gericht herausnimmt. Aus der Verweigerung und Ablehnung ist Jesu Kommen zu einem Kommen zum Gericht geworden, insofern sich die, die nicht glauben, dem Lebenswillen Gottes und seines Gesandten entziehen.

4.5 Zusammenfassende Bemerkungen zu Wachstum und Wandel der Heilung des Lahmen

Aufgrund formaler und literarischer Anomalien sowie mit Hilfe sprachlicher und motivlicher Vergleiche wurden drei Wachstumsphasen unterschieden. Als Kontinuum wird jeweils die Heilung zum Ausgang genommen. Führte sie zunächst ein Eigenleben, so wurde sie sodann zu einem Sabbatkonflikt ausgebaut, um schließlich als Teil der joh. Jesus-vita Glied eines größeren Sinnzusammenhangs zu werden.

Heather A. McKay unterscheidet bei ihrer Analyse von Joh 5 im Kontext des JE drei Funktionen des Stückes in der Theologie des vierten Evangelisten. Da m.E. diese Funktionen treffend den Bedeutungswandel kennzeichnen, den die Wundertradition zurückgelegt hat, seien zunächst ihre Bemerkungen referiert.
1. Die Autorität Jesu wird als mit Gottes Autorität gleichwertig unterstrichen.
2. Die Erzählung weist auf Jesu Macht hin, Kranke zu heilen.
3. Die Anhänger Jesu werden autorisiert „to tell the Jews to allow, and accept, that (Jesus'; Vf.) authority".[253]

Die ursprüngliche Funktion der Wundergeschichte bestand in der Betonung Jesu als Wundertäter. Ob damit eine externe, näherhin missionarische Funktion verbunden war, ist nicht mehr sicher zu erkennen. Möglicherweise ist eine interne Funktion anzunehmen, wie die Entlassung anzeigt: Jesus schenkt neue Lebensqualität durch die Befreiung von Krankheit und/oder Schuld, *die es im Leben als Christ zu bewähren gilt.* Die Funktion des Lobpreises des Wundertäters nimmt in der folgenden Entwicklung nicht mehr das Zentrum ein; es wäre jedoch falsch, ihre jeweilige Bedeutung für die Ergänzung oder Veränderung zu unterschätzen.

Die folgende Überlieferungsphase setzt bei der Macht des Wundertäters ein. Er hat sich in einem Konflikt zu bewähren, der im Blick auf die Opponenten, Repräsentanten der jüdischen Synagoge und eine in Verfolgung (διώκω: V.16) umschlagende Gesprächssituation der gesellschaftlichen Konstellation der erzählenden Gemeinde gleicht. In der Antwort auf die Reaktion der jüdischen Repräsentanten zeigt er seine göttliche Weisheit als Ausleger der Tora;

---

[253] H.A. McKay 148.

dabei wird deutlich, daß er im Wunder das sabbatgemäße Werk tut: ausgestattet mit Gottes Machtfülle das Werk Gottes. Erzählt wird dies als Appell an die jüdischen Repräsentanten zu einem gerechten Urteil: Der Messias, dem die judenchristliche Gruppe folgt, hat die Autorität Gottes. Er ist zu akzeptieren, ihm ist zu folgen.

Trägt diese Phase bereits Züge, die die Gleichwertigkeit Jesu mit Gott unterstreichen, so zieht der vierte Evangelist diese Züge aus. Anknüpfen kann der Evangelist in der ältesten Tradition an die Konzentration der Initiative zur Heilung auf den Wundertäter allein[254] in der Konfliktgeschichte an Jesus als den vollmächtigen Erfüller des der Tora impliziten Willens.

Schon auf der ältesten Stufe der Heilungsgeschichte kann bemerkt werden, daß Jesus als der Heilende auch der Vermittler von Leben ist. Zweifelsohne ist dieser Gedanke nicht explizit ausgesagt und verbleibt noch auf der physischen Ebene. Vermittelt wird durch die Befreiung von der Krankheit die Befähigung des vormals Lahmen, zu einem lebendigen Glied menschlicher Gemeinschaft zu werden. Schon die folgende Konfliktgeschichte verstärkt diesen Gedanken, indem sie die Heilung als Ganz-Machen des Menschen interpretiert. Hier wird die Heilung auch durch die Parallelisierung bzw. durch die Überbietung des Modells der Beschneidung als (Wieder-)Eingliederung in eine Lebensgemeinschaft verstanden. Der vierte Evangelist ergänzt durch 5,21, der in Parallele zu V.8 gelesen werden soll, den ganzheitlichen Sinn der joh. Lebensgabe, der auf die Lebensgabe zielt, die jeder zeitlichen Begrenzung entschränkt ist.

---

[254] Zum Verständnis dieser Konzentration beim Evangelisten vgl. z.B. M.J.J. Menken, Genezing 422.

5 Joh 6. Speisung und Seewandel

5.1 Beobachtungen zu Kontext, Gliederung und narrativer Struktur von Speisung und Seewandel

Die vierte und fünfte Wundererzählung im Erzähltext des *überlieferten* JE stehen zu Beginn einer Rede Jesu, die in Ablehnung und Annahme des Offenbarers mündet. Damit befinden sich diese beiden Wunder im Zusammenhang einer längeren Einheit des Redestoffes. Vergleichbare Gesamtkompositionen, bestehend aus Wundererzählung und sich mehr oder weniger stark darauf zurückbeziehender Redeeinheit, finden sich auch in Joh 5 und Joh 9.

Die *ursprüngliche Zugehörigkeit* von Joh 6 zur Gesamterzählung des JE ist umstritten. Die Einleitung von Joh 6, die das Fortgehen Jesu an das ‚*jenseitige Ufer des galiläischen Sees von Tiberias*‘ berichtet, stellt die Exegese vor Probleme, da der letztgenannte Ort, Jerusalem (5,1.2), schwerlich als Ausgangsort einer Seeüberfahrt taugt noch als Orientierungspunkt zu der relativen Bestimmung des Ufers in Beziehung zu setzen ist.

Zur Lösung wurde einerseits auf die Blattvertauschungshypothese rekurriert, die einen besseren Anschluß von 6,1 an 4,46ff annimmt.[1] Andererseits wurde vermutet, der gesamte Abschnitt könnte als ein Traditionsstück (*Homilie*) durch den Evangelisten selbst[2] oder als eine sekundäre Ergänzung gegenüber einer Grundschrift eingefügt worden sein.[3]

Allerdings setzen die internen Verweise den Erzählzusammenhang voraus. So gibt der Plural σημεῖα in V.2 der Einführung 6,1ff den Charakter eines Summariums über das bisherige Handeln Jesu, in dem zusammenfassend auf die Wunder 4,46ff und 5,1ff zurückgeblickt wird. Es zeigt Jesus als den Gesandten Gottes, der sich den ἀσθενοῦντες zuwendet. Zudem finden sich zu diesem harten geographischen Übergang Parallelen mit allerdings unterschiedlicher Signifikanz; vgl. die Übergänge Joh 4,54 auf 5,1; die Abfolge 2,1.12.13,

---

[1] Schon J. Wellhausen, JE 23, stellt durch die Angliederung von Kap. 6 in der GS ebenfalls die Abfolge 4,46ff; 6,1ff her, so daß sich das ‚*jenseitige Ufer*‘ auf das Kafernaum gegenüberliegende Land bezieht; vgl. z.B. auch R. Bultmann, JE 154f; H. Wöllner 31; s.a. W. Schmithals, Johannesevangelium 415 (s.a. die Gliederung aaO. 417) und U.C. von Wahlde, Version 95, für die von ihnen rekonstruierten GS-Modelle; zum Problem der Perikopenakoluthie in Joh 4ff s.a. oben S. 213 mit weiteren Verweisen.

[2] B. Lindars, JE 50.234; John 39; s.a. J. Beutler, Struktur 247 mit (!) Anm. 2; Stunde 248; P. Pierson, bes. 306–308: E integriert Joh 6 im Zuge einer zweiten Edition seines JE. J. Ashton, Understanding 200: „later insertion".

[3] Z.B. C. Dekker 77f („das sechste Kapitel ist von einem nichtjüdischen Redaktor dem Manuskript eines jüdischen Autors hinzugefügt..."); I. Dunderberg, Johannes 133f.140f u.ö. Die spätere Einfügung des Speisungswunders erörtert auch schon A. Faure 109 Anm. 1 aufgrund der Unterbrechung des Zusammenhangs von 7,1 und Kap. 5.

den Neuansatz 18,1 (letzte geographische Angabe 12,12ff) und den sek. Anschluß von 21,1 an Kap. 20 (Imitation von 6,1?).[4]

In geographischer Hinsicht ist die Lebensbrotpassage, Joh 6, durch einen Einschnitt im *Kontext* gekennzeichnet. Das sechste Kapitel handelt nicht in Jerusalem, sondern am See Genezareth; aber auch dieser Erzählzusammenhang zeigt den sich als Lebensbrot Gottes offenbarenden Gesandten Gottes in einem gewichtigen *Konflikt*. Die Auseinandersetzung um Jesus und die Interpretation seiner Person und ihrer Bedeutung spitzt sich hier auf den engsten Kreis der Nachfolger Jesu zu; eine Tötungsabsicht wird nicht ausgesprochen, da ,*die Juden*‘, die auch in diesem Zusammenhang als Opponenten Jesu auftreten, der Klimax, die auf das *Schisma in der Gemeinde* zielt, untergeordnet sind. Allerdings fehlt das Motiv der letztlich tödlich verlaufenden Ablehnung des in die Welt gesandten Logos nicht. Das fehlende Motiv der Tötungsabsicht ist durch den Hinweis auf den Verrat durch Judas (6,64.71), der ausdrücklich als einer der Zwölf (6,71) und damit des engsten Jüngerkreises herausgehoben wird, ersetzt. Auch Glieder der Gemeinde stehen in der Gefahr, am Tode Jesu schuldig zu werden, wenn sie die Einheit der Gemeinde auflösen.

Der Übergang zwischen Kapitel 5 und 6 ist Teil der Erzählstrategie des JE; der See und seine gegenüberliegenden Ufer bilden die *Bühne für die Inszenierung der Wunder*. In V.1 nimmt der Erzähler den Standpunkt ein, auf den er auch die Leser hinweisen will: das Westufer, auf dem die Brotrede stattfinden wird. Damit wird die Einführung im Blick auf die folgende Rede formuliert und läßt die erzählten Wunder zu einem Präludium der ,Lebensbrotrede‘ werden. ,*Jenseits*‘ steht folglich erzählerisch nicht in Relation zu Jerusalem oder Kafernaum, sondern zum Ort der Rede Jesu in 6,26ff.[5]

Durch den Ortswechsel in 6,1 πέραν τῆς θαλάσσης τῆς Γαλιλαίας τῆς Τιβεριάδος sowie das Trennungssignal μετὰ ταῦτα[6] ist die *Abgrenzung* zum vorausgehenden Kontext eindeutig vollzogen. Erzählt wird nunmehr ein neues, von dem vorherigen geschiedenes Ereignis, das in den Ablauf der aus der nachösterlich-joh. gedeuteten *vita* Jesu vom Täuferzeugnis bis Kreuz, Auferstehung und Erscheinung eingeordnet ist. Dieser Einordnung entsprechen auch die geographischen und chronologischen Notizen des Lebensbrotkapitels. In 7,1 setzt ein neuer, wiederum mit μετὰ ταῦτα abgegrenzter Abschnitt

---

[4]   S.a. U. Schnelle, Christologie 114.109; F. Schnider/W. Stenger 143. Als weitere Beispiele für abrupte geographische Übergänge werden Joh 4,3.43; 7,10; 10,10; 11,54ff genannt (Schnelle, aaO. 109; Einleitung 552); allerdings ist die Schwierigkeit des Übergangs in 6,1 aufgrund des Relationsbegriffs πέραν τῆς θαλάσσης ein etwas anders gelagertes Problem, bei dem es nicht allein um den Übergang von einem Handlungspunkt zu einem anderen Ort in der Handlung geht.

[5]   In diesem Sinn trifft es zu, wenn L. Schenke, Szenarium 192, den Standpunkt des Autors am „diesseitigen Ufer“, also am Westufer, bestimmt.

[6]   S.o. S. 221.

ein; hier wird als neuer geographischer Rahmen das Wandeln Jesu in Galiläa angeführt. 7,2ff leitet zu einem weiteren Jerusalem-Aufenthalt Jesu über. Den Abschluß von Kap. 6 bildet der Hinweis auf den Verrat des Judas, der erst in Joh 13 berichtet wird; damit liegt eine weitere Verklammerung der Brot-Episode[7] mit dem Kontext vor. Dieser Abschluß läßt somit die Brotkomposition in einem offenen Schluß ausklingen und unterstreicht damit die literarische Dramatik. Die Wundersequenz selbst, der das primäre Interesse dieses Abschnitts gilt, schließt mit der erneuten Begegnung zwischen Jesus und Volk (V.25a);[8] die erneute Kommunikation in 6,25b leitet bereits zur Brotrede über, so daß der Focus dieser Analyse insbesondere auf Joh 6,1–25a liegt.

Für das *Verständnis des Aufbaus* von Joh 6 sind einerseits die *unterschiedlichen Textsorten* zu berücksichtigen, andererseits die im Text vorhandenen Trennungs- und Verbindungselemente.[9]

Der Festhinweis V.4 und die Ortsangabe V.59 unterbrechen den Erzählstrom signifikant. Joh 6,59 wirkt wie ein Abschluß der Lebensbrotrede: Ταῦτα εἶπεν ἐν συναγωγῇ διδάσκων ἐν Καφαρναούμ.[10] Zuvor bilden schon V.58 durch die Wiederaufnahme von V.51b (!) sowie Vv.31 und 41 (s.u.) eine *inclusio*. Dennoch ist aufgrund des verbindenden ὁ λόγος οὗτος, das sich auf die vorher gehaltene Jesusrede bezieht (V.60; s.a. V.68), 6,60–71 nicht von der Brotrede abzutrennen, sondern muß vielmehr als deren legitimer Abschluß angesehen werden.[11] Zu vergleichen ist auch die Klammer, die V.44 mit V.65 verbindet: Nur derjenige, dem Gott den Glauben ermöglicht, kann zum Gesandten Gottes kommen; an diese Stelle wird ausdrücklich erinnert: εἴρηκα ὑμῖν. Ein weiteres Bindeglied ist in der apophthegmatischen Bildung V.25b[12]–29 zu sehen; die durchgängig joh. Diktion zeigt an, daß hier ein vom Erzähler gebildetes Apophthegma vorliegt, das von der Wunderschilderung zur christologischen Rede überleitet.[13]

So läßt sich Joh 6 als eine *dramatische Komposition* begreifen,[14] die in vier Teile zerfällt:[15] erzählende Einleitung, 6,1–4, die wesentliche Begriffe des fol-

---

[7]   Vgl. hierzu o. S. 215.

[8]   S.u. S. 296.

[9]   J. Beutler, Struktur 251f, weist auch den Zeitangaben eine große Bedeutung für die Gliederung dieses Kapitels zu (vgl. C.H. Talbert, JE 131; J.D. Crossan, It is Written 4).

[10] Vgl. z.B. B. Kollmann, Ursprung 103; L. Schenke, Struktur 24; M. Theobald, Häresie 215. Nach C.J. Bjerkelund 89–93, bes. 89, verortet dieser sogenannte *Präzisierungssatz* die gesamte Rede, deren Anfang er in V.27 bestimmt, in der Synagoge von Kafernaum. Damit konkurriert allerdings die Ortsangabe V.25a (εὑρόντες αὐτὸν πέραν τῆς θαλάσσης); vgl. I. Dunderberg, Johannes 130.

[11] Vgl. z.B. auch H. Weder, Menschwerdung 365 (= ZThK 327); s.a. I. Dunderberg, Johannes 129. Als „Epilog der Brotrede" beschreibt M. Theobald, Häresie 222ff, den Abschnitt 6,60ff.

[12] S.a. J. Kügler 180; L. Schenke, Struktur 24; beide setzten den Anfang der Brotrede jedoch in V.26 nicht in V.25b.

[13] Vgl. U. Schnelle, Christologie 215; s.a. B. Kollmann, Ursprung 113.

[14] H. Windisch, Erzählungstil 190f. Die Aufnahme des Diktums von Windisch sucht ästhetisch urteilend, dem *dramatischen Charakter der Stoffanordnung des Erzähltextes* zu entsprechen.

genden Wunders vorwegnimmt, aber zugleich einen Spannungsrahmen zu der folgenden Lebensbrotrede herstellt, die *Wundersequenz*, 6,5–25a, die aus zwei Wundererzählungen und einer angehängten Feststellung des Wunders besteht,[16] die *Lebensbrotrede*, 6,25b–59,[17] und den Abschluß, 6,60–71. Hier wird in einem *Doppelbericht*[18] eine Bilanz aus der Offenbarungsrede gezogen.[19] Entgegen der herkömmlichen Abtrennung sind zu unterscheiden V.60–66 und 67–71,[20] das Abfallen einer Vielzahl der Jünger, das wohl an die historische Erfahrung eines Schismas *in* der Gemeinde erinnert, und das joh. Petrusbekenntnis, das Jesus als *den* Lebensspender *par excellence* bezeichnet. Doch auch die Glaubenden haben einen Verräter in ihren Reihen, V.70f.

Die Abgrenzung zwischen beiden Wundergeschichten wird in der Forschung kontrovers diskutiert.[21] Als trennendes Merkmal ist der Subjektswechsel zwischen V.15 und Vv.16ff zu beachten; trotz V.17c ist die Geschichte primär aus dem Gesichtswinkel der Jünger erzählt, hingegen 6,5ff aus dem des souverän handelnden Jesus. V.16 setzt mit einer neuen Zeitangabe ein[22] und bietet die Gegenbewegung zu V.15b, der als Abschlußvers nicht von dem Bekenntnis und dem daraus folgenden Handeln des Volkes in V.15 zu trennen ist.[23]

Der Wundertäter Jesus ist als *Handlungsträger* die beherrschende Figur in der Speisungsgeschichte und steht daher zunächst voran. Der Blickwinkel wechselt. Ab V.16 erzählt die Geschichte das Geschehen aus der Sicht der Jünger, wobei der auf dem See wandelnde Jesus durchaus den entscheidenden

---

[15] Nimmt man die Untergliederung der Brotrede hinzu, so berührt sich der vorliegende Vorschlag mit dem von M. Girard, L'unité 80 *et passim*, unterbreiteten Modell; allerdings beurteilt Girard die Ursprünglichkeit von 6,51c–58 positiv.

[16] Die Wunderfeststellung, 6,22–25a, wird oft bereits zur Brotrede gezogen; z.B. H. Weder, Menschwerdung 365 (= ZThK 327); C.K. Barrett, JE z.St. Dagegen sprechen insbesondere V.22b–d; hier werden eindeutig die Voraussetzungen für den Seewandel diskutiert, der in V.25a nochmals festgestellt wird. Auch bezüglich des Vokabulars ist 6,22–25a retrospektiv orientiert (vgl. P. Borgen, John 6, 271). Erzählerisch markiert diese Passage im vorliegenden Text allerdings den Übergang zwischen Wundersequenz und Brotrede.

[17] Die *apophthegmatische Übergangskomposition* (V.25b–29) leitet zu einem kurzen *Dialog* hin (V.30–34), um schließlich in einen *Monolog Jesu* überzugehen (V.35ff), der in V.41f und V.52 durch das Murren bzw. den Unwillen ,*der Juden'* (entscheidend ist die tadelnde Frage V.53) unterbrochen wird. Aufgrund des ἐγώ εἰμι-Wortes (V.35), das im Zentrum unseres Textes steht und zugleich den Monolog Jesu einleitet, kann dieser als *Offenbarungsrede* begriffen werden, der der doppelte Redeschluß, V.58 und 59, folgt.

[18] Vgl. z.B. J. Blank, JE 1a, 382f.

[19] Gegen die Umstellung dieses Textes bei R. Bultmann, JE 214f.321.340 Anm. 1, der ihn entsprechend dem synoptischen Geschehensablauf an das Ende der öffentlichen Wirksamkeit Jesu (nach Joh 12,20–30) stellt.

[20] Vgl. M. Theobald, Häresie 216.

[21] R.T. Fortna, Gospel of Signs 64, rechnet V.15 bereits zur Seewandelperikope, J.P. Heil 16.75 nur V.15b.

[22] S.a. R. Bultmann, JE 158.

[23] Die Trennung zwischen V.15 und V.16 unterstützen z.B. C.K. Barrett, JE z.St.; R.E. Brown, JE I, z.St.; J.D. Crossan, It is Written 4 u.ö.; E. Haenchen, JE z.St; U. Schnelle, JE z.St.; U. Wilckens, JE 95.

Schlußakkord setzt; schon V.17c setzt die Pointe vorwegnehmend diesen Ausklang voraus. Der abschließende Nachweis eines Wunders erzählt aus der Perspektive des Volkes, wobei die Begegnung mit dem Wundertäter schlußendlich dessen wunderbares Erreichen des jenseitigen Ufers bestätigt. In der Speisungsgeschichte ist jedoch die Handlung auf Jesus wie auch auf die eingeführten Personen in der Speisungsgeschichte konzentriert. Dabei fällt gegenüber den synoptischen Parallelen zudem auf, daß Jesus selbst Brot und Fisch an die Volksmenge verteilt (V.11). Die Jünger erhalten den Auftrag, das Volk lagern zu lassen und die Speisereste einzusammeln. Das Aktivwerden des Volkes durchkreuzt der Wundertäter aufgrund seines Vorherwissens als unangemessen, indem er sich dem Volk entzieht. Eine direkte Kommunikation zwischen Volk und Wundertäter findet erst ab 6,25bff statt.

Daneben sind die im Dialog auftretenden Jünger durch ihre Namensnennung mit einem erheblichen erzählerischen Gewicht ausgestattet, besonders der auf eigene Initiative eingreifende *Philippus*. Diese Aktivität ist jedoch durch V.6 begrenzt, der das Wunderhandeln *Jesu* bereits im Blick hat und auf die in V.9b genannte Materie geht. In V.8 tritt ein neuer Akteur auf, der zweifach vorgestellt wird. Neben seinem Verhältnis zur Hauptperson der Erzählung wird *Andreas* durch sein Verhältnis zu seinem Bruder bestimmt, der vollständig als *Simon Petrus* vorgestellt wird.

Neben der Doppelbezeichnung *Simon Petrus* ist auch ein einfaches ‚Petrus‘ im JE belegt; die Doppelbezeichung geht aber der einfachen Namensnennung immer voraus: 1,44 (nach 1,40.42); 13,8 (nach 13,6); 13,37 (nach 13,36); 18,11 (nach 18,10); 18,16.17.18 (nach 18,15); 18,26.27 (nach 18,25); 20,3.4 (nach 20,2); s.a. 21,7 (nach 20,2.3; vgl. V.7b); 21,17.20.21 (nach 21,15). Die überladene Vorstellung hat Parallelen im vierten Evangelium; z.B. Joh 1,40. Die Einführung des Andreas geschieht in enger Affinität zu dem Gesamtkontext des Evangeliums.

Auch der Hinweis auf seinen Bruder Simon Petrus ist nicht zufällig. Simon Petrus wird in V.68 sein *Bekenntnis* zu Jesus formulieren, so daß mit der Namensnennung eine Spannungslinie eröffnet wird, die erst in V.68 zum Ziel kommt. Abgesehen von diesem Dialog treten die *Jünger* als geschlossene Gruppe auf: schon in Vv.10.12.13; vor allem in Vv.16–21.

Auffälligkeiten finden sich in der Darstellung des Volkes; seine Ankunft beim Wundertäter wird in V.2 und V.5 zweimal berichtet. Durch den zwischengeschalteten Rückzug Jesu auf den Berg werden Volk und Wundertäter getrennt und müssen danach für die Rede wieder zusammengeführt werden. Diese Funktion nehmen Vv.22ff wahr, wobei auffällt, daß eine direkte Kommunikation, die in die Brotrede übergeht, erst in 6,25b beginnt. In V.14 wirken die ἄνθρωποι, wie der gespeiste ὄχλος nach V.10b wieder genannt wird, eigenständig. Ihr Anliegen, Jesus zum König zu akklamieren, wird durch Jesu Vorherwissen zunichte gemacht und damit als falsche Konsequenz aus dem Wunder gekennzeichnet. Handelt in V.15 Jesus selbst wieder und wird dabei

das Handeln des Volkes nur indirekt berichtet, so begrenzt dies die Hand-
lungsmöglichkeit der Menschen gegenüber Jesus.

In V.9 tritt ein παιδάριον auf; dieses Kind ist keine *persona dramatis*,
sondern hält einem ‚stummer Diener' gleich fünf Gerstenbrote und zwei Fische bereit, deren sich der Wundertäter bei der Speisung der Volksmasse be-
dienen wird.

Eine Anzahl von Auffälligkeiten findet sich in der *geographischen Struktur*
des Textes. Abgesehen von dem strukturierenden Hinweis auf das ‚*jenseitige
Ufer*', das sich gegenüber dem Kontext des Brotkapitels sperrt, fällt der Berg
als Ort, um den herum die Speisung spielt, auf. Zwischen dem zweimaligen
Advent des Volkes beim Wundertäter wird sein Rückzug auf den Berg zwi-
schengeschaltet. Für das Wunder müssen beide Gruppen wieder zusammengeführt werden. Dabei bleibt offen, ob der Erzähler das zweite Kommen des
Volkes (V.5) auf dem Berg lokalisiert oder ob er einen stillschweigenden Abstieg impliziert. Letzteres ergäbe trotz V.16a (Ὡς δὲ ὀψία ἐγένετο κατέβησαν οἱ μαθηταὶ αὐτοῦ ἐπὶ τὴν θάλασσαν) ein klareres Bild. Auffällig
ist wiederum der Rückzug Jesu auf den Berg am Abschluß der Speisung; die
betonte Wendung αὐτὸς μόνος stellt dem alleinigen Rückzug Jesu auf den
Berg heraus. Spricht Joh 6,15b davon, daß Jesus πάλιν auf den Berg geht, so
setzt dies ein Herabsteigen nach 6,3 voraus. In V.16 ist ein Herabsteigen der
Jünger erwähnt, das entweder mit V.3 korrespondiert, wenn Jesus und seine
Jünger angesichts der kommenden Volksmenge auf dem Berg bleiben; dann
würde sich Jesus trotz πάλιν in V.15b *weiter* auf den Berg hinauf zurück-
ziehen; doch dies Herabsteigen steht in Konkurrenz zu αὐτὸς μόνος. Merkwürdig ist auch das Szenarium der Wunderfeststellung, in dem die Boote aus
Tiberias zum Ort des Speisungswunders kommen, um von dort nach Kafernaum zu gelangen; hier ist die geographische Vorstellung eigentümlich.

Der *Handlungsfaden* wird insbesondere durch den Dialog Jesu mit den
beiden namentlich genannten Jüngern mit einem Zwischengedanken unterbrochen. Jesu Frage nach der Möglichkeit, Brot zu kaufen, in V.5b–c, wird durch
das Partizip πειράζων als *Prüfung* gedeutet. Die in der Erzählung gegebene
Antwort bleibt hinter dem berichteten Wunder zurück, da sie allein den ma-
teriellen Mangel bezeichnet, so daß Ludger Schenke zu Recht davon spricht,
daß das Volk diese Prüfung nicht bestanden hat.[24] Eine treffende Antwort findet sich im Text erst im Petrusbekenntnis, 6,68f. So hat die ‚*Versuchung*' in
der Gesamtkomposition eine *pädagogische* Funktion,[25] die den Blick darauf
lenkt, daß der Wundertäter das tut, was er ist: Er gibt Brot, weil er das Brot
des Lebens (V.35) ist. Daher kann die angemessene Antwort der externen Lesergemeinde nur im Einstimmen in die Worte des Petrusbekenntnisses beste-

---

[24] L. Schenke, JE 124.
[25] Vgl. z.B. B. Lindars, JE 241: „It is … intended to teach that the food of Jesus belongs to
another level of reality"; L. Morris, JE 303f; s.a. W. Popkes 153.

hen: ‚*Du hast Worte ewigen Lebens*'. Wenn in V.9 in Frage gestellt wird, was die von einem παιδάριον dargereichten fünf Gerstenbrote und zwei Fische bewirken können, so trägt dies steigernde Züge; allerdings konkurrieren diese Züge mit der Angabe der 200 Denare in V.7, die nicht zur Sättigung ausreichen.

Auch das Relativum, das die Brotstücke näher bestimmt, V.13c, klappt nach. Der Hinweis auf die restlichen Stücke in V.12b kam ohne Bezug auf die essende Menge aus, wie überhaupt der Vollzug des Essens nicht erwähnt ist; lediglich das Geben Jesu und das Gesättigt-Sein der Menge werden ausgesagt; demgegenüber spielt das Essen in der Jesusfrage, V.5, in V.23b sowie vor allem in der Brotrede 6,(26.)31(bis).49.50.51a; s.a. V.52.53.58 eine Rolle, so daß das *Essen* am gegenwärtigen Kontext haftet: In V.13c wird erzählerisch auf das folgende hingewiesen. Auffällig ist auch der Hinweis darauf, daß Jesus im Kontext des Seewandels noch nicht gekommen ist (V.17c); dies verschärft einerseits die Not, indem die unterbrochene Gemeinschaft herausgestellt wird, andererseits mindert es die Pointe des zu berichtenden Wunders.

Trotz einer relativen thematischen, vor allem semantischen Geschlossenheit von Joh 6 läßt die Textstruktur Fugen, Sprünge und Brüche erkennen, die die Frage nach einer Vorgeschichte der joh. Sequenz aus Speisung der 5000, Seewandel und Wunderfeststellung begründet stellen läßt. Neben der sekundären eucharistischen Passage 6,51c–58,[26] die allerdings nicht willkürlich eingefügt ist, sondern die Brotrede im Sinne joh. Gemeindetradition ergänzt und interpretiert, fallen narrative Aporien wie die doppelte Ankunft des Volkes, Unterbrechungen der Handlungssequenz durch redundante Erzählkommentare wie der Festhinweis in V.4 und vor allem die Deutung der Jesusfrage in V.6 auf. Vor allem aber die im semantischen Inventar des Brotkapitels unterrepräsentierte Seewandelperikope[27] sowie das sperrige Wunderfeststellungsverfahren 6,22–25a sind von einschneidendem Gewicht. Bilden beide, der Seewandel und das Wunderfeststellungsverfahren, eine chronologische und geographische Einheit mit dem Speisungswunder,[28] so spricht dies für eine gemeinsame Aufnahme dieser Einheit durch den Erzähler aus der Gemeindetradition.

---

[26] Vgl. die Diskussion in meiner vorbereiteten Studie zu Joh 6.

[27] Die eher marginale Rolle werten als Indiz für Traditions-/Quellenbenutzung z.B.: J. Becker, JE I, ¹189. 195. ³228. 234; R.E. Brown, JE I, 252; E. Haenchen, JE 313; s.a. B. Lindars, JE 236f; J. Painter, Messiah 266f; Tradition 430f; L.T. Witkamp, Features 51.

[28] Anders I. Dunderberg, Johannes 136, der eine sekundäre Verbindung der beiden Wunder durch den Redaktor, der V.15 formulierte, annimmt. Auch L. Schenke, Brotvermehrung 62f, bestreitet einen ursprünglichen literarischen Zusammenhang zwischen Speisung und Seewandel; allerdings rechnet Schenke damit, daß die Verbindung durch die SQ vorgenommen worden ist (aaO. 64f).

5.2 Die vorjohanneische Wundersequenz aus Speisung und Seewandel

5.2.1 Die Speisung der 5000

Den Anschluß an Kap. 5 stellt die joh.-redaktionelle Wendung μετὰ ταῦτα[29] in 6,1 her. Ist der ungelenke doppelte Genitiv ἡ θάλασσα *τῆς Γαλιλαίας τῆς Τιβεριάδος*[30] ein sekundärer Nachtrag,[31] gehört er auch zur Redaktion oder war die Ortsangabe Bestandteil der Tradition? Letzteres kann für sich in Anspruch nehmen, daß der folgende, wohl traditionell mit der Speisung verbundene Seewandel, eine Lokalisierung der Wundersequenz am Ufer voraussetzt.[32] Die Speisung selbst benötigt aber nicht die Nähe zum See, da selbst die Erwähnung der Fische, die an eingelegten oder gepökelten Fisch denken lassen,[33] die Nachbarschaft zum See nicht erfordert. Auch in der Parallele Mk 6,30ff ist der See explizit erst im Zusammenhang des Seewandels genannt (Mk 6,47.48.49; davor zuletzt in 5,13.21), implizit lediglich im Bootsmotiv (Mk 6,32.33) präsent; ein Motiv, das die joh. Einleitung gerade nicht bietet. Dennoch kann nicht ausgeschlossen werden, daß in der doppelten Bezeichnung des Sees eine ursprüngliche Ortsangabe zu finden ist. Von solcher kurzen Notiz abgesehen ist die ursprüngliche Einleitung in 6,5 zu finden. Mit 6,1 bereitet der Erzähler die Bühne für seine dramatische Komposition aus Wunder und Rede vor. Zugleich erweitert er die spätere griechische Bezeichnung des Sees nach dem Ort Tiberias[34] durch den in der Jesusüberlieferung gebräuchlicheren Hinweis auf Galiläa, der zudem 7,1 vorbereitet (καὶ μετὰ ταῦτα περιεπάτει ὁ Ἰησοῦς ἐν τῇ Γαλιλαίᾳ).

Auch die drei verbleibenden Verse der Einleitung weisen auf die Hand des Erzählers des vierten Evangeliums. Die ‚Nachfolge‘ des Volkes in V.2a ist eine Dublette zum Kommen des Volkes in V.5aβ[fin]; das Motiv der Nachfolge

---

[29] Zum joh. Charakter von μετὰ ταῦτα vgl. z.B. R.T. Fortna, Gospel 56; E. Haenchen, JE 299; B. Kollmann, Ursprung 107; J. Konings, Sequence 160; U. Schnelle, Christologie 114.

[30] Stilistische Korrekturen bietet bereits die Textüberlieferung, die entweder nur einen der Genitive bezeugt (τ. Γ.: 𝔓[66*] pc bzw. τ. Τ.: N 0210 *pc* bo[ms]) oder die Doppelung auflöst: τῆς Γαλιλαίας εἰς τὰ μέρη τῆς Τιβεριάδος (D Θ 892 et al.)

[31] Τιβεριάς ist im NT nur im JE bezeugt und zwar in Joh 6,1.23; 21,1. Aufgrund dieses Befundes denken an eine nachträgliche Gestaltung von 6,1 (und 6,23): J. Becker, JE I, [1]190. [3]229: KR; s.a. E. Haenchen, JE 300; R. Schnackenburg, JE II, 17; H.M. Teeple, Origin 186. Dagegen z.B. U. Schnelle, Christologie 114.

[32] Z.B. U. Schnelle, Christologie 114.

[33] So nach dem Ausweis von Papyrus-Texten J.H. Moulton/G. Milligan, Wb 470 (ad ὀψάριον; s.a. W. Bauer, JE 92).

[34] Sowohl bei *Josephus* (Bell 3,57: Τιβεριὰς λίμνη; 4,456: Τιβεριέων λίμνη) als auch bei *Pausanias* (V 7,4: ... λίμνην Τιβεριάδα ὀνμαζομένην) wird der See nach Tiberias benannt (s.a. Sib XII 104: Τιβεριάδος ἅλμη; so auch häufig in der rabbinischen Literatur: ימה של טבריה; ausführlicher Belegnachweis bei G. Reeg 304f mit Schreibvarianten).

bereitet die Suche nach Jesus vor und führt im gegenwärtigen Text zur Jesus-rede hin.[35] Mit seinem die Wunder 4,46ff und 5,1ff zusammenfassenden Charakter setzt V.2b[36] den Erzählzusammenhang voraus und läßt sich dem Evangelisten zuschreiben.[37] Der nicht näher bezeichnete Berg, den Jesus und seine Jünger in V.3 besteigen, wird in V.15 die Zufluchtsstätte für Jesus vor dem Volk werden, das ihn zum König machen will. Das narrative Verhältnis zwischen beiden Aufstiegen ist unklar, so daß man mit zwei unterschiedlichen Händen rechnen muß.[38] Für die Speisung ist die Ortsangabe singulär und ungeeignet, so daß mit Udo Schnelle dieser Vers der redaktionellen Aktivität des Evangelisten zugerechnet werden kann.[39] Indem der Evangelist Jesus sich auf einen Berg begeben läßt, nimmt er in V.3 eine weitere Ortsangabe seiner Tradition[40] vorweg und verbindet sie mit einem ihm eigenen Deutungshorizont.

Parallelen zur joh. Formulierung in 6,3 finden sich in Mt 5,1 und 15,29. Welches Signal geht von diesem Motiv aus? Wie in Mt 5,1[41] kommt auch in 6,3 der Gedanke zum Tragen, daß der Berg ein Ort göttlicher Offenbarung ist.[42] Der Berg signalisiert, daß im folgenden Offenbarung geschieht,[43] was sich einerseits auf das unmittelbar folgende bezieht, die beiden Wunder in Joh 6,5ff, aber wohl auch die Brotrede 6,25bff im Blick hat, die die Wundersequenz präludiert. Andererseits weist der Berg als Offenbarungsort auch auf Joh 2,11: Das Speisungswunder 6,5ff offenbart die göttliche Doxa des von Gott gesandten Offenbarers und ist somit *signum* der göttlichen Nähe in ihm und Ausdruck einer tieferen christologischen Wahrheit, die im Irdisch-Materiellen Transzendentes aufscheinen läßt.

Joh 6,4 weist zahlreiche Parallelen zu anderen Texten des vierten Evangeliums auf[44] und ist damit dem vierten Evangelisten zuzuschreiben.[45]
In der redaktionellen Einführungspassage, Joh 6,1–4, greift der Evangelist auf Material seiner Tradition zurück (das *jenseitige Ufer* [s.u. zu V.17], die

---

[35] Anders z.B. U. Schnelle, Christologie 114f: V.2a gehört zur Tradition; s.a. F. Schnider/W. Stenger 144; den gesamten V.2 schlagen z.B E. Haenchen, JE 300, und H. Wöllner 32 der Überlieferung zu.

[36] Ἐθεώρουν <u>τὰ σημεῖα ἃ ἐποίει</u> (sc. ὁ Ἰησοῦς) entspricht dem joh. Summarium Joh 2,23: θεωροῦντες αὐτοῦ <u>τὰ σημεῖα ἃ ἐποίει</u> (s.a. 4,45)

[37] S.a. H. Riedl 214. Für J. Becker, JE I, [1]190. [3]229, bereitet der Evangelist durch diese Anspielung an 2,23 und 4,45 die Wunderkritik in 6,15 vor.

[38] Zum Problem s.a. I. Dunderberg, Johannes 130.

[39] U. Schnelle, Christologie 115; anders J. Becker, JE I, [1]191. [3]229: SQ, und E. Haenchen, JE 300, der mit einem sekundären Zuwachs des Berges in der vorjoh. Szene rechnet.

[40] Anders z.B. B. Kollmann, Ursprung 107, der die Angabe mit Hinweis auf Mk 6,46 zur Tradition rechnet.

[41] Vgl. G. Strecker, Bergpredigt 27.

[42] Vgl. G. Strecker, Bergpredigt 26, sowie die zusammenfassenden Überlegungen zum Berg als Offenbarungsort bei W. Schmauch 76ff; s.a. B.J. Malina/R.L. Rohrbaugh, JE 126. Anders U. Schnelle, JE 115: „traditionell Ort wunderhaften Geschehens".

[43] S.a. U. Wilckens, JE 96.

[44] Zu ἦν δὲ ἐγγὺς τὸ πάσχα vgl. Joh 2,13; 11,55; s.a. 7,2. Zu ἡ ἑορτὴ τῶν Ἰουδαίων vgl. 5,1; 7,2; s.a. 2,23; 13,1.

[45] S.a. R.T. Fortna, Gospel 57; B. Lindars, JE 238; L. Schenke, Brotvermehrung 83; U. Schnelle, Christologie 115; F. Schnider/W. Stenger 144; S. Schulz, JE 97; H. Weder, Menschwerdung 372 (= ZThK 334); W. Wilkens, Evangelist 83.

,*große Volksmenge*', der ,*Berg*', die ,*Jünger*') und knüpft damit möglicherweise an die Traditionskenntnis der joh. Leser-/Hörerschaft an. Träfe dies zu, so würde er mit dem Appell an seine Kenntnis der Wunder zu genauerem Hören auf die Modifikationen des Evangelisten animiert.

Der ursprüngliche Beginn der Wundergeschichte liegt in V.5 vor;[46] konzentriert auf den Wundertäter, der eine große Volksmenge kommen sieht, setzt die Wundergeschichte ein. Ein Vergleich mit den synoptischen Speisungswunderberichten läßt vermuten, daß Aussagen unterdrückt wurden, die die Notlage (vgl. Mk 8,1; verstärkt in Mt 15,32) unterstreichen und/oder die Präsenz des Volkes motivieren. So wurde erzählerisch die Konzentration auf Jesus umgesetzt.

Dort, wo in der Wundergeschichte die Schilderung einer Notlage erwartet werden könnte, wird ein Dialog des Wundertäters mit den Jüngern berichtet, die mit Namen genannt werden. Dieser Dialog benennt die vorhandenen Nahrungskapazitäten; dieser Zug ist aus den synoptischen Parallelen bekannt (Mk 6,38parr; 8,5 par Mt 15,34). Zugleich wird eine Geldmenge mit der Zahl der zu Speisenden in Beziehung gesetzt; dieser Zug steht allein in Mk 6,37, fehlt aber in den synoptischen Seitenreferenten. Weist letztere Beobachtung auf ein mit zu bedenkendes Problem der *synoptischen Frage*, so ist für die Analyse des joh. Jüngerdialogs die Spannung zwischen der nicht ausreichenden Geldsumme und dem Hinweis auf den unzureichenden Nahrungsvorrat von Bedeutung. Dieser Hinweis fällt gegen die Erwähnung der unzureichenden Geldsumme ab. Werden beide Angaben nicht von einer Hand stammen, so ist die Ergänzung des Hinweises auf die Geldsumme als einem das Wunder steigernden Element die einsichtigere Option. In V.9 wird also wohl der traditionelle Wunderbericht wieder sichtbar. Zu fragen bleibt, wie sich Tradition und Redaktion im Dialog 6,5b–8 verhalten.

Handeln in V.12 die Jünger als Gruppe und spielen die namentlich erwähnten Jünger im vierten Evangelium eine erzählerische Rolle,[47] so spricht viel dafür, daß ihre Erwähnung auf das Konto des Evangelisten geht. Vor allem der indirekte Hinweis auf Petrus stellt im Horizont der Jesusfrage von 6,5b einen Spannungsbogen zum joh. Petrusbekenntnis her, 6,68f. Geht schon die Frage V.5b auf die Hand des Evangelisten? Dafür könnte das auffällige πόθεν, das sich im Sinne des christologischen Deuteschemas des Evangelisten verstehen läßt, sprechen.[48] Doch der Gedanke des ,*Kaufens*', der aus den synoptischen

---

[46] Vgl. z.B. U. Schnelle, Christologie 115: V.5 insgesamt. Anders J. Konings, Dialogue 528. Er verweist neben Joh 11,41 und 17,1 vor allem auf 4,35 als joh. Parallelen für das Aufblicken Jesu in 6,5.

[47] Neben der Jüngerberufung (Philippus: 1,43.44.45.46.48; Andreas: 1,40.44; s.a. Simon Petrus: 1,40.41.42) lassen sich die beiden hier angeführten Jünger auch in 12,21.22 nachweisen.

[48] Darauf weist J. Konings, Dialogue 529, hin, der allerdings annimmt, daß πόθεν in dieser seiner Meinung nach vom Evangelisten komponierten Frage traditionell sei.

Parallelberichten bekannt (Mk 6,36parr) ist, wird lediglich in V.7 vorausgesetzt, ohne die Frage Jesu wirklich aufzunehmen. Daher ist es nicht überzeugend anzunehmen, daß der Erzähler die Vorstellung vom Kaufen von Nahrung
redaktionell in den Text eingetragen hat; vielmehr wird hier die traditionelle
Struktur der älteren Tradition durchschimmern. Diese Struktur hat der Evangelist übernommen, da dem ,Woher' eine christologische Konnotation aufgeprägt werden kann, die auf den Zusammenhang von der Sendung des Offenbarers und seiner Einheit mit dem Vater geht (vgl. vor allem 7,27f; 8,14 [!];
9,29f; s.a. 2,9; 4,11; 19,9). Mit der traditionellen Frage zeigt der vierte Evangelist indirekt an, daß der Offenbarer *die* Antwort auf die Frage des ,Woher'
eines jeglichen Leben ermöglichenden Brotes ist.

Prägt der Evangelist 6,5b um, so enthält V.6 nunmehr eine Reihe joh.
Sprachmerkmale wie das vorangestellte τοῦτο[49] (auch die Wendung τοῦτο δὲ
ἔλεγεν begegnet mehrfach im vierten Evangelium[50]).[51] Auch ist Jesus im JE
der durch sein ,Wissen' Mächtige;[52] dies belegt auch der unmittelbare Kontext
von Kap. 6, in dem Jesus das Murren seiner Jünger ebenso ,weiß' (εἰδώς;
6,61), wie er ebenfalls ,von *Anfang an*' (ἐξ ἀρχῆς) ein Wissen besitzt, daß
nicht alle seiner Begleiter Glauben haben und sogar einer unter ihnen ist, der
ihn den Behörden ausliefern wird (6,64).

Die aus der synoptischen Überlieferung bekannte Geldsumme zur Sättigung
der Volksmenge (Mk 6,37) reicht nach Joh 6,7 für die Speisung nicht aus.
Meldet sich in dieser Nennung der Evangelist[53] oder seine Vorlage zu Wort?[54]
Der Einwand von V.7 kollidiert mit V.9c. Der Einspruch ἀλλὰ ταῦτα τί
ἔστιν εἰς τοσούτους; (V.9) ist nach V.7 nur noch schwach.[55] So ist die sekundäre Ergänzung des Motivs von den 200 Denaren die plausiblere Option.
Dem Fehlen der 200 Denare entspricht das Fehlen der Zahl bei den synoptischen Seitenreferenten.

Die Seitenreferenten verkürzen und verbessern die Stringenz des mk. Dialogs Jesu mit
seinen Jüngern. Dennoch erklärt dies nicht das Fehlen des Motivs von den 200 Denaren in
beiden Evangelien. Dieser Sachverhalt widerspricht der Tendenz in der Überlieferung, die
Wunder zu steigern. Daher ist anzunehmen, daß diese Zahl erst später in den mk. Text geraten ist, so daß MtEv und LkEv, aber auch die vorjoh. Überlieferung Zeugen für einen älteren Mk-Text wären.

---

[49] Joh 1,28; 2,11; 8,20 u.ö.
[50] Joh 7,39; 11,51; 12,33; vgl. U. Schnelle, Christologie 115, der auch mit Hinweis auf Joh
2,25; 4,44f; 6,34; 13,11; 16,27 auf αὐτὸς γάρ verweist.
[51] S.a. J. Konings, Dialogue 530 mit Anm. 36.
[52] R.T. Fortna, Gospel 58; J. Gnilka, JE 46; S. Schulz, JE 97; H.M. Teeple 186: V.6 ist
insgesamt redaktionell; s.a. F. Schnider, Jesus 208; L. Schenke, Brotvermehrung 84:
„späterer Zusatz".
[53] J. Konings, Dialogue 530f.
[54] So U. Schnelle, Christologie 116; F. Schnider/W. Stenger 145.
[55] Darauf machte schon J. Wellhausen, JE 28, aufmerksam.

So ist die joh. Überlieferung als eine Parallele zur mk. Vorlage der Seitenreferenten anzusprechen. Der vierte Evangelist hat seinerseits die Zahl in Kenntnis des deuteromarkinischen Jüngerdialogs eingefügt.[56]

Überlieferungsgut liegt sicher wieder in V.8a vor. Λέγει αὐτῷ εἷς ἐκ τῶν μαθητῶν αὐτοῦ gehört (wenigstens partiell) zur Tradition,[57] in die der Evangelist den Namen des Jüngers entsprechend 1,40.44; 12,22 einfügt.[58] Wahrscheinlich antwortete ursprünglich wie in V.12 die Gruppe der Jünger insgesamt auf die Frage Jesu. Für die sekundäre Verbindung in V.8 spricht auch die unmittelbare Nennung des Philippus in V.5f. Dies ist gegenüber dem radikalen Schnitt von Julius Wellhausen zu bedenken, der für seine GS in Vv.5–8 lediglich gelten läßt: „da nun Jesus die Augen aufhob und gewahr wurde, daß viel Volk zu ihm kam, sprach er: woher sollen wir Brod kaufen, daß diese essen? Einer seiner Jünger (ein ungenannter) sagte zu ihm: es ist ein Knabe hier usw."[59] Damit gibt er aber insgesamt den Traditionsbestand recht treffend wieder. Die Rede in V.9 ist traditionell, wie es die bereits erwähnte Spannung von V.9[fin] (Anzahl der Brote im Verhältnis zur Menschenmenge) zur Einfügung V.7 (Speise für 200 Denare reicht nicht aus, damit jeder ein bißchen [βραχύ] bekommt) zeigt. Die Vv.10–13 bieten kaum einen Anlaß, mit einem redaktionellen Anteil zu rechnen.[60] Auch die ab V.10d gehäuft benutzte Konjunktion οὖν kann nicht mehr zeigen, als daß die Partikel aufgrund der Vorliebe des vierten Evangelisten für sie wie in Joh 4,52.53 in seine Vorlage eingefügt wurde.

Ebensowenig ist die Danksagung Jesu über dem Brot in V.11 aufgrund *ideologiekritischer* Argumentationen als sekundär auszuscheiden. Solche Überlegungen bewerten das Verb εὐχαριστέω in V.11 als Hinweis auf die Eucharistie und verbinden damit ein literarkritisches Urteil.[61] Allerdings ist die sakramentale Deutung zweifelhaft. Das Fehlen des Verbums κλάω bzw. κατακλάω[62] im joh. Text, das nicht durch den Hinweis auf κλάσματα in V.12f (!) übergangen werden sollte,[63] ist ein wesentliches Differenzmerkmal.

---

56 Für eine Abfassung des joh. Jüngerdialogs unter synoptischem Einfluß plädieren z.B. J. Konings, Dialogue 527ff: Vv.5–9; F. Neirynck et al. 182ff: Vv.5–7; I. Dunderberg, Johannes 152f.

57 Vgl. J. Konings, Dialogue 531; die Wendung εἷς ἐκ τῶν μαθητῶν ist ein Indiz dafür, daß der Evangelist in die traditionelle Redeeinleitung eingegriffen haben könnte.

58 Vgl. U. Schnelle, Christologie 116.

59 J. Wellhausen, JE 28f; auch J. Konings, Dialogue 532, erwägt diesen Textzusammenhang als Möglichkeit, um sich jedoch zugleich gegen unterschiedliche Schichten im Text auszusprechen.

60 Vgl. U. Schnelle, Christologie 116.

61 So z.B. W. Langbrandtner 106

62 B.W. Longenecker 430f rechnet mit einer bewußten Auslassung, die für die Interpretation des vierten Evangeliums weitreichende Folgen hat. Der joh. Jesus werde als „unbroken Messiah" vorgestellt (mit Hinweis auch auf Joh 13 und 19,26), was innergemeindlich auf die Einheit der Gemeinde zielt und im Blick auf die Sympathisanten, die

Die Annahme eines zunehmend technisierten Gebrauchs des objektlosen Verbs (absolutes εὐχαριστέω),[64] ist aufgrund der entsprechenden Belege der Didache nicht eindeutig, da einerseits Did 9,2.3 als eine Ausnahme von der Regel zu konstatieren wäre,[65] andererseits der eucharistische Kontext von Did 9–10 unklar und umstritten ist.[66] Did 10,1 steht lediglich für ein Dankgebet, das zum Herrenmahl überleitet,[67] anders Did 10,7 und 14,1.

Allein V.13c wirkt im Kontext sperrig und angehängt. Kommt die Speisung selbst, V.11, ohne eine Erwähnung des Essens der Menge aus, so ist das Essen aber in der vom Evangelisten stammenden Jesusfrage und in der Komposition der Brotrede (6,[26.]31bis.49.50.51a; s.a. 52.53.58) von Bedeutung. Der sich daraus ergebende Gedanke, daß V.13c eine weitere vom Evangelisten eingesetzte Verklammerung der Speisung mit der Brotrede darstellt, ist m.E. nicht von der Hand zu weisen.

In den nächsten Versen begegnen zwei *Reaktionen* der Menge auf das Handeln Jesu, die jeweils mit einer titularen Deutung Jesu verbunden sind. Ein im Sinne des Erzählers positiver Titel[68] liegt in V.14 vor: ἀληθῶς ὁ προφήτης ὁ ἐρχόμενος εἰς τὸν κόσμον; die partizipiale Bestimmung setzt die joh. Sendungsvorstellung voraus (vgl. vor allem 11,27[69] sowie die joh. Sendungsformeln: 3,17; 1Joh 4,9.10.14). Die zweite Erwiderung, das Antragen der Königswürde, wird durch Jesu Abwehr (Rückzug) negativ gedeutet. Beide Akklamationen werden additiv aneinandergereiht und sind nicht in ein erkennbares Wechselverhältnis gestellt.[70] Sie verhalten sich nicht spannungsfrei zueinander, so daß sie unterschiedlichen Wachstumsebenen der Geschichte zuzuordnen sind und die Wundertradition wahrscheinlich stilgerecht eine Reaktion des Volkes enthalten haben wird.[71] Der Versuch, Jesus ins Königsamt zu zwingen, zeigt keine besondere Affinität im Blick auf den unmittelbaren Kontext von Kap. 6. Die Königstitulatur wird anders als der mögliche Anklang des

---

sich noch nicht von der Synagoge lösen wollen, auf eine eindeutige Entscheidung (aaO. 433ff).
[63] Zu J.-M. Sevrin 80 Anm. 18.
[64] So H. Patsch, Abendmahlsterminologie 218; εὐχαριστέω 221; U. Schnelle, JE 116.
[65] Kritisch vermerkt bei K. Niederwimmer, Did 181 Anm. 2.
[66] Zum Problem der Abgrenzungen kurz G. Schöllgen 50–54; Überblick auch bei K. Niederwimmer, Did 176–179.
[67] K. Niederwimmer, Did 179.
[68] Vgl. M. Karrer 219.
[69] S.a J. Konings, Sequence 165.
[70] Dies spricht gegen die Verschmelzung der Vorstellungen zum Propheten-König: z.B. W.A. Meeks, Prophet-King 29; ähnlich F. Hahn, Hoheitstitel 369f; C.H. Talbert, JE 133.
[71] Weder die Zuschreibung beider Reaktionen an die Tradition (B. Kollmann, Ursprung 107f, läßt lediglich das Adverb ἀληθῶς und die mit der joh. Sendungschristologie verbundene Formulierung ἐρχόμενος εἰς τὸν κόσμον als Einfügung des Evangelisten gelten.) noch an die Redaktion (z.B. U. Schnelle, Christologie 117; R. Bultmann, JE 157 mit Anm. 8; auch I. Dunderberg, Johannes 154; W. Wilkens, Zeichen 36) können voll überzeugen.

Propheten-Titels[72] an das Mose-Manna-Thema in der folgenden Rede nicht reflektiert. Gegen die besondere Bedeutung des Königstitels im JE (vgl. neben Joh 1,49; 12,13.15 vor allem den Passionszusammenhang, der verdeutlicht, in welchem Sinne Jesus für den vierten Evangelisten βασιλεύς ist[73]), sperrt sich die negative Antwort Jesu gegenüber der spontanen Königsakklamation in V. 15; die negative Färbung bleibt auffällig, auch wenn damit theologisch das Königtum Jesu gegen ein innerweltliches Verständnis geschützt wird (vgl. 18,36).[74] Mit diesem Zug wird das Verständnis der Tradition für das Erzählgefälle erträglich. Wenigstens πάλιν, das sich auf die Einleitung in V.3 zurückbezieht, stammt in V.15 vom Evangelisten. Setzen V.3 und V.16 (κατέβησαν οἱ μαθηταί) das Sein der Jünger bei Jesus voraus, so könnte αὐτὸς μόνος hingegen eine spätere Glosse sein, die von Mk 6,45 her in den joh. Text geraten ist.[75]

Die Reaktion von V.15 zeigt in der Tradition an, daß die Speisung als ein wunderbares Geschehen wahrgenommen wurde. Es ist bemerkenswert, daß

---

[72] Zur allerdings eher marginalen Vorstellung eines kommenden endzeitlichen Propheten wie Mose im *nachbiblischen Judentum* vgl. F. Hahn, Hoheitstitel 359f (hier vor allem der indirekte Rückschluß aufgrund der in Joh 1,21.25 vorausgesetzten Erwartung); R. Schnackenburg, Erwartung *passim*; J.P. Miranda 333–372; P. Volz 194f; s.a. S. Kreuzer 74f. Wichtig sind neben den bei Josephus genannten Propheten, die vor dem jüdischen Krieg auftraten (vgl. J.J. Collins 196–199; M. Hengel, Zeloten 235–251; R.A. Horsley, One of the Prophets 454–461; K. S. Krieger 180ff; J.P. Miranda 340f) vor allem die Belege aus Qumran: 1QS IX,9–11 spricht neben den Messiassen Aaron und Israel vom Kommen eines Propheten: עַד בּוֹא נָבִיא וּמְשִׁיחֵי אַהֲרוֹן וְיִשְׂרָאֵל (V.11 [ed. E. Lohse]); die weiteren wichtigen Texte zur Vorstellung des Propheten als messianische Gestalt in Qumran sind: 4Q 175 Test [Zitat von Dtn 18,18f]; 11Q13 Melch II,18[?]; CD VII,18–21; 4Q174 Flor I,11–12; vgl. F. García Martínez 203–207; s.a. H. Stegemann 287; H. Lichtenberger 9f; auf prophetische Züge des Messias im neu publizierten Text 4Q 521 verweist S. Kreuzer 74.

[73] Zum Königstitel im JE vgl. E. Stegemann/W. Stegemann *passim*; hier wird auf die gegenüber den synoptischen Evangelien beachtenswerte Häufung der Königstitulatur hingewiesen: aaO. 41; s.a. M. Hengel, Reich Christi 165; L. Schenke, Johannesevangelium 47; D.M. Smith, Theology 89.

[74] U. Schnelle, Christologie 119, erwägt „die sofortige Absicherung dieser positiven Aussage (daß Jesus wahrhaft der Prophet ist; Vf.) gegen Mißverständnisse... Der Jesus zugesprochene Propheten-Titel ist nicht im irdisch-politischen Sinn aufzufassen...". Dennoch bleibt die Frage zu stellen, warum der vierte Evangelist hierzu ausgerechnet den Versuch zur Königssalbung nennt und dabei einen Titel gebraucht, den er sonst durchaus positiv zu fassen versteht.

[75] Daß dieser Text durch die synoptische Parallelüberlieferung für Eingriffe anfällig war, zeigt auch die Textüberlieferung, die im *Codex Bezae Cantabrigensis* (so auch eine *Einzelhandschrift* der *sahidischen Überlieferung*) Material aus Mk 6,46 bietet; daß es sich hier um deutlich sekundäres Gut handelt, steht außer Frage. Anders entdeckt J.P. Heil 145 gerade im Verhältnis zu Joh 6,3 eine joh. Unterstreichung der Trennung von Jesus und den Jüngern. Eine Affinität zu den joh. μόνος-Belegen (Heil 75) kann ich jedoch nicht erkennen. Die von Heil angefügten Stellen (Joh 8,16.29; 16,32) haben gerade nicht ihre Pointe im Alleinsein Jesu, sondern in der Gemeinschaft und der Einheit mit dem Vater; dieser Skopus ist in diesen joh. Belegen jeweils explizit genannt; anders als 6,15[fin].

die Akklamation vom Wundertäter nicht akzeptiert wird; daher liegt in V.15 eine ‚abgelehnte Akklamation‘ vor.[76] Dies muß bei der Bestimmung des *Sitzes im Leben* berücksichtigt werden. So läßt sich ein polemischer Aspekt rekonstruieren, der eine Auseinandersetzung um die Person Jesu als Wundertäter voraussetzt. Jesus ist nicht als der erwartete königliche Messias aufgetreten, der in der Welt sein Reich aufzurichten sucht. Damit wird Jesu Messiaswürde präzisiert: Jesus ist kein politischer Messiasprätendent, der offensichtlich am Kreuz gescheitert sei. Beide Anliegen lassen sich in einer judenchristlichen Gemeinde erklären, die mit sich selbst oder ihrer Umwelt um die richtige Antwort auf das Christusgeschehen ringt. Die Wundergeschichte wird damit zu den Traditionen der judenchristlichen Gruppe gehören, der das vierte Evangelium die Konfliktgeschichten von Joh 5 und 9 verdankt.

Demgegenüber ist die Prophetenakklamation redaktionell an die Speisungsgeschichte herangetragen.[77] Hierfür sprechen sprachliche und theologische Beobachtungen.[78] Spielt der Titel ὁ προφήτης tatsächlich auf Dtn 18,15 an,[79] so wird durch die Aufnahme der Mosetradition im unmittelbaren Kontext auch 6,31ff vorbereitet.[80] Die verschiedenen Messiasvorstellungen bilden einen Chorschluß, der mit dem Rückzug Jesu zusammen zu einem spannungsgeladenen Übergang verbunden wird: Das Volk anerkennt den Wundertäter, erkennt aber nicht sein wirkliches Wesen; daher zieht sich Jesus zurück.

Wird die Akklamation mit Michael Wolter auf dem Hintergrund des (literarischen) Kontextes[81] gelesen, so folgt auf die abgelehnte Akklamation das Seewandelwunder. Wird dieses Motiv auch in der Propaganda für den göttlichen bzw. göttlich qualifizierten hellenistischen Herrscher verwendet,[82] so stellt der Seewandel dem Jesus irdisch angetragenen Königtum sein himmlisches vom Vater stammendes Königtum entgegen. Die negative Akklamation zeigt, wie Jesus nicht König ist; der Seewandel dagegen zeigt ihn, wie er in göttlicher Machtfülle und Majestät handelt.

Ist Jesus der in den Kosmos kommende Prophet, so ist er damit gerade nicht der eschatologische bzw. politische König, der *im* Kosmos sein Reich aufrichtet, sondern der βασιλεὺς τοῦ Ἰσραήλ (1,49; 12,13; s.a. 12,15; 18,37).

---

[76] Beispiele für abgelehnte Akklamationen legt G. Theißen, Wundergeschichten 169, vor.

[77] N. Walter, Auslegung 99 mit Anm. 34; einen noch weiteren Eingriff des vierten Evangelisten schließt Walter nicht aus. Pauschal W.J. Bittner 151: V.14 gehört der joh. Redaktion an.

[78] Vgl. die Belege bei U. Schnelle, Christologie 117; s.a J. Konings, Sequence 164–166, der auch die redaktionelle Herkunft von οἱ ἄνθρωποι einsichtig machen kann. Mit R.T. Fortna, Gospel 61 Anm. 1, ist gegen Konings, aaO. 165 mit Anm. 72, an der textgeschichtlichen Ursprünglichkeit des Singulars festzuhalten; der Plural σημεῖα (𝔓[75] B 091 *pc* a) ist sekundäre Angleichung an Joh 2,23; 4,45 und 6,2.

[79] Z.B. F. Schnider, Jesus 210; s.a. 224; M. Karrer 219 (neben dem Hinweis auf Elisa); R. Schnackenburg, JE II, 24; M.J.J. Menken, Remarks 139; W. Nicol 88. Dagegen votiert z.B. U. Schnelle, Christologie 117–119, bes. 118f; JE 117 Anm. 15.

[80] So z.B. N. Walter, Auslegung 99.

[81] M. Wolter 171–174

[82] S.u. S. 288.

Dessen βασιλεία ist nicht aus diesem Kosmos (18,36), sondern durch die enge Gemeinschaft mit dem Vater definiert, an dem seine Nachfolger durch den Glauben partizipieren. Solcher in die Gottesgemeinschaft führender Glaube setzt die joh. Christen aber gerade von der Welt ab und muß von einem irdisch-immanenten Reichsverständnis getrennt werden.

Der formale Aufbau der Tradition beginnt mit einer kurzen *Exposition*, die wahrscheinlich eine Ortsangabe („*See von Tiberias*"?) als Vorverweis auf den folgenden Seewandel enthalten hat. Stilgemäß werden der Wundertäter Jesus an erster Stelle und die weiteren Protagonisten genannt. Die Souveränität des Wundertäters ist durch das Fehlen einer Notlage unterstrichen. Sodann dient der kurze Wortwechsel V.5b.8*–9 der *Vorbereitung* des Wunders, durch das Vorhaben der Speisung ebenso wie der Ort des Wunders und Hilfsmittel eingeführt und genannt werden. Die Jünger nehmen die Funktion der Helfer des Wundertäters wahr. Die geringen Nahrungsvorräte zeigen an, daß zur Speisung der Menge ein Wunder nötig ist und gehören zum Motiv der Erschwernis des Wunders (das verbreitete Schema kleiner Nahrungsvorrat – großer Nahrungsbedarf). Zugleich spricht sich ein Element des Zweifels aus.[83] Die *geringen Nahrungsvorräte*, fünf Gerstenbrote und zwei eingelegte Fische, werden durch einen Knaben vorgelegt, der eine unbeteiligte, vom Wundertäter und seinen Helfern unabhängige Figur darstellt. Damit ist eine mögliche Manipulation des Wunders ausgeschlossen. Seine Invention verdankt der Knabe wahrscheinlich dem Umfeld der Speisung der Einhundert durch Elisa, 2Kön 4,42–44; in der LXX-Version wird der Diener des Elisa παιδάριον genannt: 2Kön 4,25; 5,20.[84] Das christologisch gelesene Alte Testament stellt den frühchristlichen Lesern Erzählmotive zur legendarischen Ausschmückung ihrer Jesusgeschichten zur Verfügung. Die Lagerung der Volksmenge dient der *Vorbereitung* des Wunders; sie geschieht vermittels der Helfer auf Anweisung des Wundertäters. Der besondere Ort der Lagerung wird eingeführt, aber nicht weiter interpretiert.[85] Das Gebet über dem Brot bzw. die Segnung des Brotes gehört zur jüdischen Sitte des Hausvaters vor der Speise; dem folgt eine genaue Schilderung des Verteilaktes, hinter dem sich das Vermehrungsgeschehen verbirgt. Dies verdeutlicht die abschließende Feststellung, daß sich jeder

---

[83] Zum Motiv der Skepsis vgl. mit Belegen G. Theißen, Wundergeschichten 66, vor allem die epidaurischen Asklepius-Iamata (W 3.4.9.36; s.a. M. Wolter 146).

[84] Z.B. J.P. Meier 1029 Anm. 288 (zu S. 959).

[85] Atl. Anspielungen sind entsprechend unsicher: Der Text in V.10 geht nicht mit PsLXX 23 (τόπον χλόης gegen χόρτος πολὺς ἐν τῷ τόπῳ: Joh 6,10) überein; gravierender ist, daß andere Anspielungen an Ps 23 und an das Hirtenthema fehlen. Κατασκηνόω, PsLXX 23,2, geht nicht auf eine zwischenzeitliche Lagerung zur Speise, wie das Verb ἀναπίπτω in Joh 6,10, sondern denkt an ein beständiges Aufschlagen des Zeltes, d.h. ein Wohnen. Ein antitypologischer Bezug zum Wüstenmanna würde sich erst durch den Kontext von Kap. 6, nicht aber für die separate Überlieferungsphase der Tradition ergeben. Vielleicht mag allerdings dennoch auch hier biblische Sprache oder Vorstellungswelt die frühchristliche Erzählung befruchtet haben.

nach seinem Bedürfnis sättigen konnte. Das Einsammeln der Brotreste, das jüdischem Brauch entspricht,[86] gerät zu einer eindrucksvollen *Demonstration des Wunders*. Eine Parallele hierzu bietet das auf das Wohlergehen der Gäste gehende Einsammeln von Speiseresten durch einen Sklaven, berichtet in der Schilderung eines luxuriösen Mahles bei *Horatius: et alter sublegit quodcumque iaceret inutile quodque posset cenantis offendere* (Serm II 8,11–13). Die Zahl der gefüllten Körbe unterstreicht das Wunder. Konkurriert also die Einsammlungsszene mit entsprechenden Darstellungen luxuriöser Mahlzeiten, wie sie in einer hellenistischen Umwelt erzählt wurden? Beschlossen wurde die Speisung durch eine abgelehnte Akklamation, in der die Menge das geschehene Wunder als messianisches Zeichen anerkennt und den Wundertäter deshalb zum König zu salben sucht. Der Wundertäter unterbindet dieses Vorhaben in seiner Vorausschau, indem er sich vor dem Volk auf einen Berg zurückzieht.

Dieser Struktur entspricht es, wenn die Speisung teilweise aufgrund inhaltlicher, teilweise aufgrund formaler Kriterien unterschiedlichen Gattungen zugeordnet wird. Genannt werden: *kerygmatische Wundererzählung*,[87] *Epiphaniewunder*,[88] *Novelle*,[89] *Schöpfungswunder*,[90] *Vermehrungswunder*,[91] *Naturwunder*.[92] Der formalen Struktur, den inhaltlichen Besonderheiten und den Parallelen zu anderen Texten entspricht am besten die Klassifizierung als *Geschenkwunder*.[93] John P. Meier verbindet die Klassifikationen Vermehrungs- und Geschenkwunder zur Gattung „gift miracle of multiplication" (*Vermehrungsgeschenkwunder*), um die Speisungsgeschichten so von der Weinwand-

---

[86] Vgl. die Belege bei Bill IV/2, 626f, die das Einsammeln der Speisereste als Ende der Mahlzeit angeben. Dem hier berichteten Brauch zufolge ließ man nach einer Mahlzeit nur Brotreste zurück, die kleiner als eine Olive waren (s.a. K. Berger, Manna 115f).

[87] A. Heising 20; für Mk 6,34–44 auch von L. Schenke, Wundererzählungen 228, als zutreffend beurteilt.

[88] H. Baarlink 132f; s.a. J.P. Heil 92f Anm. 11.

[89] M. Dibelius, Formgeschichte 68.

[90] E. Schweizer, Mk 74.

[91] T.-S. Park 18.178; R. Pesch, Mk I, 348.355; s.a. ders., Wunder 47f; hier läßt Pesch allerdings die Entscheidung zwischen Vermehrungswunder und Geschenkwunder offen.

[92] R. Bultmann, Geschichte 231; G.R. Beasley-Murray, JE 85; J. Becker, JE I, ¹191. ³230; J.A. Fitzmyer, Lk 763; A. Weiser, Bibel 105.

[93] G. Theißen, Wundergeschichten 111–114 (Theißen spricht auch von einem ,materiellen Kulturwunder', „da immer Probleme menschlicher Arbeit thematisiert werden, das Problem, wie man Nahrung zum Leben und Wein zum Feiern erhält" [aaO. 111]); vgl. ders./ A. Merz 267; J. Gnilka, Mk 257; Mt II, 7; JE 46; R.A. Guelich, Mk 336. 401; K. Kertelge, Mk 68; U.H.J. Körtner, Fischmotiv 24f; U. Luz, Mt II, 397; M.M. Thompson, Signs 101; H. Weder, Menschwerdung 370 (= ZThK 332); s.a. F. Bovon, Lk I, 469, der allerdings die Speisungsgeschichten auf dem Weg zur *Kultlegende* sieht (aaO. 470). Einschränkend U. Schnelle, Christologie 123, da die Notlage zugunsten des Demonstrationscharakters des Wunders zurücktritt.

lung zu unterscheiden.[94] Dies ist ebenso speziell wie die eigentlich inhaltlich treffende Bezeichnung als *Speisungswunder*.[95]

In verschiedenen Beiträgen wird angesichts der doppelten Überlieferung der Speisung als Sättigung der 4000 und der 5000 sowie der Rezeption in allen vier Evangelien entsprechend dem Kriterium der Mehrfachbezeugung die historische Rückfrage nach dem Sitz im Leben Jesu gestellt. Die positive Antwort vermutet einen Anhalt der Massenspeisung mit politischen, messianischen oder eschatologischen Untertönen im Leben Jesu.[96] Wesentliche Bedeutung fällt aber wohl den Mahlgemeinschaften des irdischen Jesus zu, mit denen sich dieser in die Gemeinschaft der gesellschaftlich Geächteten begibt (vgl. Mk 2,13–17 parr; Mt 11,19 par; s.a. Lk 15,2; 19,1–10).[97] Diesen Mahlgemeinschaften wohnte nachösterlich das Potential inne, zu wunderbaren Sättigungen ausgebaut werden zu können; hier kann der Kristallisationspunkt für die Entstehung der Speisungswunder gesucht werden.[98] Die mit den Herrenmahlsberichten und den Erscheinungsmahlzeiten Jesu (Emmausbericht: Lk 24,13ff; bes. V.30ff) weitgehend übereinstimmende jüdische Tischsitte des Nehmens des Brotes, seines Brechens, seiner Segnung und der Austeilung ist als weiterer Hinweis auf diesen historischen Anknüpfungspunkt der Speisungsberichte zu nennen.[99] Im judenchristlichen Milieu, dem wohl Mk 6,35ff* seine Tradierung verdankt, ist diese Sitte besser bewahrt als in Mk 8,1ff*. Ein mögliches Zwischenglied zu den ntl. Massenspeisungen kann die wunderbare Jüngerspeisung im Haus eines Pharisäers in ActJoh 93 spiegeln.

Die Speisungsgeschichte ActJoh 93 wurde als Kompilation ntl. Traditionen bewertet,[100] und es ist schwierig, diesen Text vom Anfang des 3.Jh.[101] als ältere Tradition den vormk. Speisungstraditionen gegenüberzustellen. Diese Speisung ist auf den Kontext hin überformt und wird als Bericht des Apostels Johannes erzählt. Andererseits läßt sich diese Geschichte auch nicht direkt aus den präsynoptischen oder synoptisch-redaktionellen Berichten bzw. der joh. Wundersequenz ableiten, wie es vor allem das fehlende Motiv der Massenspeisung

---

[94] J.P. Meier 950.
[95] A. Suhl, Wunder 486.
[96] Die historisierende Analyse Ruckstuhls, die in V.14f einen drohenden messianischen Aufruhr mit einschneidenden Konsequenzen für die Verkündigungstätigkeit Jesu findet, muß allerdings die legendarischen und theologischen Züge von Joh 6,1ff erklären, die diese Tradition als einen gegenüber der synoptischen Überlieferung sekundären Beitrag erweisen (zu aaO. 2010; für ein historisierendes Verständnis s.a. schon H. Montefiore *passim* und vor allem C.H. Dodd, Tradition 213–215; P.W. Barnett 692f; J.P. Meier 966; J.D.G. Dunn, Tradition 363 Anm. 3; I. de la Potterie 214–219; J. Roloff, Kerygma 245 mit Anm. 152 (!). S.a. F. Neugebauer 269f u.ö.).
[97] Vgl. hierzu z.B. J. Becker, Jesus 194ff; M.J. Borg 152ff; J. Gnilka, Jesus 110ff; G. Bornkamm, Jesus 71ff.
[98] Treffend F. Schnider/W. Stenger 102f: „In der Geschichte von der wunderbaren Speisung drängt sich die Erfahrung der Jünger von der Tischgemeinschaft mit dem irdischen Jesus in einem großen Bild zusammen." S.a. U.H.J. Körtner, Fischmotiv 29.
[99] So urteilt z.B. auch F. Hahn, Motive 348.
[100] Z.B. R.I. Pervo 191: „passage, which echoes the stories of the miraculous feedings".
[101] Zur Datierung der Johannesakten K. Schäferdiek, Johannesakten 155.

belegt. Es ist vielmehr gegen die sonst zu beobachtende Tendenz der Steigerung des Wunderhaften festzustellen, daß ActJoh 93 nicht die Zahlen und Motive der synoptischen oder des joh. Berichtes variiert und vergrößert.

Daher ist die Annahme nicht von der Hand zu weisen, daß ein Strang der Speisungstradition in den apokryphen Johannesakten Bewahrung gefunden hat, der der Speisung einer großen Volksmenge vorausgeht: *ein ‚privates' Jesusmahl, bei dem dieser die Jünger wunderbar sättigt.* Dies würde auch daraufhinweisen, daß die Speisungstraditionen sich in ihrem Kern dem Wissen um die Mahlgemeinschaften des irdischen Jesus verdanken. Eine direkte Entwicklung von diesen Mahlgemeinschaften über einen mit ActJoh 93 vergleichbaren Erzähltypus zu den Volksspeisungen sollte allerdings dennoch nicht gezogen werden, da die formalen Differenzen zu groß sind. Die massivere Form der Massenspeisungen wurde einflußreicher; hinter der großen Volksmenge werden Jesu Sendung und Wirken mit einer universalen Ausrichtung ausgezeichnet. Theologisch werden diese Speisungswundergeschichten als „Abbilder des Mahles der Heilszeit" gedeutet.[102]

Neben dem Hinweis auf Jesu Speisegemeinschaften sind für die Gestalt der Speisungsgeschichten auch die Erzählgepflogenheiten der Umwelt der ntl. Verfasser zu beachten; hierzu zählen die atl. Speisungstraditionen, auf die sprachliche Signale verweisen. Vor allem das ἄρτος κρίθινος kann ausdrücklich als Rückbezug auf die Eliatradition gewertet (4Βασ 4,42) werden.[103] Ebenso die Erwähnung des Kindes als παιδάριον (Joh 6,9 = 4Βασ 4,25; 5,20). Eine reichhaltige Präsentation von Motivparallelen aus unterschiedlichen religionsgeschichtlichen Kontexten bietet der Aufsatz „La multiplication des pains dans l'évangile de Marc" von Jean-Marie van Cangh.[104] Solche Parallelen illustrieren, daß das Grundbedürfnis nach Nahrung und die Mangelerfahrung des Hungers mit seiner existenzbedrohenden Macht zu einer breiten Phänomenologie von Speisevermehrungen geführt hat, „die unabhängig von früheren Geschichten immer wieder zu allen Zeiten neu aufgetreten sein" werden.[105] Doch neben dieser allgemeinen Bemerkung ist leicht feststellbar, daß die antike Umwelt in profan-hellenistischen wie jüdischen Erzählungen eine ganze Reihe von Motiven, strukturellen Entsprechungen und Wunderge-

---

[102] Mit U.H.J. Körtner, Fischmotiv 29, der hier zustimmend J. Jeremias, Theologie 275, zitiert.

[103] Z.B. B. Kollmann, Ursprung 106f; E. Ruckstuhl, Speisung 2007. Gerstenbrot als eher gering geschätztes Nahrungsmittel (vgl. L.A. Moritz 774f; H. Almquist 73; zur ökonomischen Wertigkeit A. Ben-David 99.102; B.J. Malina/R.L. Rohrbaugh, JE 127; s.a. *Philo*, Spec Leg III 57) ist kaum geeignet, den Überflußcharakter der joh. Massenspeisung zu unterstreichen.

[104] J.-M. van Cangh, La multiplication 309–321; ältere Hinweise z.B. bei R. Bultmann, Geschichte 249. 251 (mit älterer Lit.).

[105] U.H.J. Körtner, Fischmotiv 25. Dieses menschliche Grundbedürfnis charakterisiert auch das Fortleben der ntl. Speisungsgeschichten in den Heiligenlegenden (Beispiele bei U. Luz, Mt II, 399).

schichten bereitstellt, aus denen die ntl. Speisungstraditionen schöpfen konnten.

5.2.2 Der Seewandel

Mit V.16 liegt die originale Ein- bzw. Überleitung zum Seewandelwunder vor. Das Verb καταβαίνω setzt den Berg V.15 voraus und zeigt, daß die Jünger Jesus auf den Berg begleitet haben; demgegenüber wurde V.15b^fin αὐτὸς μόνος als sekundäre Einfügung ausgemacht.[106] Die auffällige doppelte Zeitangabe in V.16f weist auf verschiedene Hände; ὀψία ἐγένετο (V.16a), das eine Parallele in Mk 6,47 par Mt 14,23 hat, kann als Vorbereitung für die neuerliche Zeitangabe in V.22 verstanden werden. Der Abend beendet den Tag des Speisungswunders und bereitet vor, was am nächsten Morgen geschehen wird: Das Volk wird bemerken und bestätigen, was in der Dunkelheit geschah. Es gehört daher in die Traditionsphase, in der das Feststellungsverfahren den beiden Wundern angefügt wurde. Der Hinweis σκοτία ἤδη ἐγεγόνει (V.17b) dürfte hingegen die ursprüngliche Angabe der Tradition sein.[107]

Joh 6,17b–18 enthalten die *Schilderung der Not*,[108] die aus drei Elementen besteht: ,*Es ist schon finster geworden*' (V.17b: der durch das Plusquamperfekt ausgedrückte Zustand der Finsternis ist ein Ausdruck der Gefahr), *„Jesus ist noch nicht zu ihnen gekommen*' als Ausdruck der zwischenzeitlich aufgelösten Gemeinschaft und eine physische Bedrohung des Lebens: ,*und das Meer wurde durch einen starken stürmenden Wind erschüttert*', V.18, ein für den See Genezareth jahreszeitlich bedingt typisches Phänomen[109].[110] Der sperrige Hinweis auf die Abwesenheit Jesu in V.17c[111] ist von dem ergänzten Wunderfeststellungsverfahren her verstehbar. Die Feststellung der getrennten Abfahrt der Jünger und die wunderbare Ankunft Jesu am *,jenseitigen Ufer*' wird durch den Hinweis auf Jesu Abwesenheit vorbereitet. Die Ergänzungen in V.16a.

---

[106] S.o. S. 278.

[107] Anders U. Schnelle, Christologie 124, der mit J.P. Heil 146f eine symbolisch-christologische Aussage des vierten Evangelisten erschließt (s.a. U. Wilckens, JE 97f; auch von F. Schnider/W. Stenger 147 erwogen; hierzu auch A.-M. Denis 291.297); s.a. R. Schnackenburg, JE II, 34f, der V.17b ganz dem Evangelisten zuweist; R.T. Fortna, Gospel 65f; L.T. Witkamp, Features 53.

[108] Anders z.B. A. Lindemann, Erzählung 190; G. Voigt, JE 87f. Bei J. Wellhausen, JE 29, als aus der Markusparallele eingedrungene Glosse ausgeschieden. S.a. W. Heitmüller, JE 97; R. Bultmann, JE 159 Anm. 1

[109] Vgl. B.J. Malina/R.L. Rohrbaugh, JE 128.

[110] S.a. J.P. Heil 77, der diese drei Aspekte zusammennimmt und darin eine Steigerung der Not der Jünger sieht.

[111] V.17c als eine Aneignung der Tradition durch den Evangelisten: R.T. Fortna, Gospel Signs 65f; C.H. Giblin, Crossing 97; R. Schnackenburg, JE II, 34; W. Wilkens, Entstehungsgeschichte 46. Dagegen z.B. J. Becker, JE I, ¹194. ³233.

17c, die als Vorbereitung auf das angehängte Feststellungsverfahren weisen, könnten als Eingriffe bzw. Ergänzungen eines schriftlichen Textes verstanden werden.

Abgesehen von den genannten Einfügungen machen die Vv.16–21 einen geschlossenen Eindruck, so daß in diesen Versen mit hoher Wahrscheinlichkeit das Material der Überlieferung geboten wird. Der Evangelist rezipiert seine Tradition im wesentlichen unverändert;[112] allerdings hat der Seewandel im Zusammenhang der Anfügung des Wunderfeststellungsverfahrens einzelne Ergänzungen erfahren.

Die folgenden Verse, Vv.22–25, blicken aus einer neuen Perspektive auf das berichtete Seewandelwunder zurück. In den synoptischen Wundern sind für diese Objektivierung des Wunders keine Parallelen zu erkennen. Der Text wirkt zudem angehängt[113] und nur durch die Zeitangabe V.16a sowie die Ergänzung von V.17c notdürftig mit der Erzählung verbunden; die Feststellung des Wunders scheint erst im Verlauf der Überlieferungsgeschichte der Erzählung von Jesus als Wundermann am See von Tiberias nachgetragen worden zu sein und ist daher in einem besonderen Abschnitt zu bedenken (→ 5.3).

In der klassischen formgeschichtlichen Terminologie wird der Seewandel den *Naturwundern* zugerechnet[114] (anders Martin Dibelius: [mythisch überformte] *Novelle*[115]). Neben der Klassifizierung als *Schauwunder*[116] ist die Bezeichnung *Epiphaniegeschichte* von Gewicht,[117] die zu Recht wieder von Werner Berg vorgetragen wurde: Epiphanie, die das Kommen einer Erlösergestalt zum Gegenstand hat.[118]

---

[112] S.a. J. Becker, JE I, ¹195. ³234, der jedoch für eine Ableitung des gesamten Textes von Joh 6,16–21 aus der SQ plädiert; ähnlich U.C. von Wahlde, Version 100f: GS.

[113] Vgl. L. Schenke, Szenarium 196: „… müßte eigentlich in V.16 f. erzählt werden".

[114] R. Bultmann, Geschichte 231; ihm folgen z.B. D. Esser 125–127; G.R. Beasley-Murray, JE 85; A. Suhl, Wunder 486; A. Weiser, Bibel 105; auch wieder D. Dormeyer 171.176 (für Mk 6,45ff).

[115] M. Dibelius, Formgeschichte 68 (zur mythischen „Überfremdung"; aaO. 277: „diese Geschichte könnte man nun wieder auf die mythischen Wasser des Todes gedeutet haben."); s.a. A.Y. Collins, Divine Men 211: „miracle story or ‚tale'".

[116] H.J. Holtzmann, Mt. Mk. Lk 141.

[117] G. Bertram, Neues Testament 30.

[118] W. Berg 337; als Epiphaniegeschichte klassifizieren beispielsweise auch: R.E. Brown, JE I, 254, der die mk.-mt. Variante als Naturwunder charakterisiert; K. Kertelge, Wunder 147; Mk 70; J. Kremer 224; P.J. Madden 88; R. Pesch, Mk I, 358; R. Schnackenburg, Mt 136. In diesem Zusammenhang sind auch die Klassifizierungen der Seewandelgeschichten von Klaus Berger als *Theophanie-Erzählung* (Formgeschichte 287) oder von John Paul Heil als *Seerettungsepiphanie* („sea-rescue epiphany": J.P. Heil *passim*, vor allem 8–30.) anzufügen. Die Elemente Rettung und Epiphanie vereint auch Gerd Theißen, allerdings kehrt er diese um, indem er die Epiphanie des Seewandels als „Teil" eines *Rettungswunders* klassifiziert und damit die Selbständigkeit des Epiphaniecharakters bestreitet: G. Theißen, Wundergeschichten 103. Doch kann Theißen, aaO. 106, den Seewandel auch ungeschützt als eine „Epiphanie mit *soteriologischem* Charak-

Es ist nachzuschicken, daß wir mit Epiphanie[119] im Sinne der Beschreibung einer Gattung (1) an einen *erzählenden Bericht* denken, in dem (2) das *Erscheinen einer Gottheit* oder eines *göttlichen Wesens* berichtet wird. Diese Erscheinung findet (3) *gegenüber Menschen* statt. Sie ist für diese Erscheinungszeugen erkennbar (4) an einem *deutlichen persönlichen Sichtbarwerden*, in der eigenen oder einer angenommenen menschlichen oder tierischen Gestalt oder an der *sichtbaren Manifestation der Wirkungen dieser Gottheit*. (5) Persönliches Auftreten und Machtdemonstration können einander ergänzen. Liegt eine Machtdemonstration vor, so kann (6) die Epiphanie auch als Wundergeschichte berichtet werden. Das Auftreten kann (7) *korrespondieren mit dem Wesen* der Gottheit und sagt damit etwas über die erscheinende Gottheit aus. Die Wirkung kann (8) *rettende oder belohnende Bedeutung* für die betroffenen Menschen, wie auch *strafende Bewandtnis* haben. Der unvermittelten Erscheinung entspricht (9) die Tendenz, sich ebenso rasch dem Offenbarungszeugen *zu entziehen*. Die Erscheinungsberichte sind (10) mit *wiederkehrenden literarischen Motiven* ausgestattet (z.B. Furcht und Erschrecken vor der Erscheinung, Formel zur Identifikation). Dennoch liegt kein statisches Motivinventar vor.

Für den ntl. Seewandel ist das antike Vergleichsmaterial durch Adela Yarbro Collins in einer instruktiven Arbeit zum religionsgeschichtlichen Hintergrund gesichtet worden, die belegt, daß „(b)oth Jewish and Greek traditions contributed to the formation and adaption of the story".[120] Daß die Abwendung von Seenot dem Eingreifen epiphan werdender Gottheiten zugeschrieben werden kann, belegt beispielsweise *Diodor* IV 43. Schiffer, die in der Nacht orientierungslos in Seenot geraten sind, rufen in ihrer Not die Samothrakischen Götter an. Darauf erscheinen die Sterne wieder am Firmament; dies wird ausdrücklich der Epiphanie der Dioskuren zugeschrieben;[121] ähnliches wird im Brief des Marinesoldaten Apion an seinen Vater Epimachos in Ägypten berichtet (BGU 423),[122] mit anderer Erzählstrategie: pBer 9, 13b;[123] BM 59b.[124] In ihnen ist es das Gebet zu Gott, und damit Gott selbst, der aus der Seenot rettet. Neben paganen Parallelen als Beispielen für antike Seewandelerzählungen (z.B. mythische Züge der Götter über und durch das Meer: *Homer*, Ilias 13,26ff; s.a. *Aelius Aristides*, Isthmische Rede, XLVI, 19; *Vergil*, Aen V 817–821; auch Abaris,[125] ein hyperboreischer Wundermann und Diener des Apollon erhält die Macht, die Flüsse und Meere zu überschreiten: *Porphy-*

---

ter" ansprechen; s.a. ders./A. Merz 267f. Als „Rettungswunder mit deutlichen Zügen einer göttlichen Epiphanie" klassifiziert sie L. Schenke, Urgemeinde 214.

[119] Die folgenden Überlegungen verdanken sich der Auseinandersetzung mit H. Cancik *passim*; E. Pax 15.20; J.P. Heil 8; G. Theißen, Wundergeschichten 102.

[120] A.Y. Collins, Divine Men 207.

[121] Dies greift auf alte Vorstellungen zurück; vgl. *Hym. Hom* 33,6ff; s.a. den Hymnus des *Alkaios* [6.Jh. v. Chr.] an die Dioskuren zum Motiv der Seerettung und des Lichtes 78D Z.3f.11f). S.a M. Reiser, Wunder 433.

[122] Abgedruckt bei A. Deissmann 147; vgl. auch *Aelius Aristides*, Or 42,10; 45,33 über Asklepios und Serapis (s.a. Or 45,29); vgl. A. George 96; K. Kertelge, Wunder 97. Auch seinen Zeus-Hymnus führt Aristides auf ein Gelübde in Seenot zurück, aus der gerettet zu haben, implizit der angerufene Zeus verantwortlich zeichnet: Or 43,2.

[123] Vgl. Bill. I 452; der Text ist auch bei A. Weiser, Bibel 109, zitiert.

[124] Vgl. Bill. I, 489.

[125] Zur Gestalt des Abaris s.a. H.D. Betz, Gottmensch 241f; H. von Geisau *passim*.

rios, Vit Pyth 29; s.a *Jamblichos*, Vit Pyth 136)[126] wird auf das Durchqueren des roten Meeres (Ex 13,17–14,31; 15,1–19; in den späteren Glaubenstraditionen Israels wiederholt: z.B. Jes 43,16; 51,10; Ps 74,14) bzw. des Jordans (Jos 3,1–4,32) durch Israel[127] als Parallelen zum Seewandel Jesu verweisen; diese atl. Traditionen sprechen aber lediglich vom Durchschreiten des Meeres, nicht vom Schreiten über die Chaosmacht Wasser. Aufschlußreich ist, daß auch dieses Schreiten sich Jahwe verdankt: „Das Wunder ... offenbart ... Gott als den Herrn der ganzen Erde: Die Mächte der Natur wie der Geschichte ... stehen zu seiner Verfügung".[128] Zu beachten ist weiterhin eine breite atl.-jüdische Linie, die bekennt, daß Jahwe in seinem Schöpfungshandeln das Meer als Chaosmacht in die Schranken gewiesen hat: Ps 74,12ff; 89,10; 93,3; 104,6f; Jer 5,22; Hi 26,12f; 38,4–11.[129]

Jahwes Thronen auf der Flut ist Ausdruck seiner göttlichen Macht, mit der er die Schöpfung bewahrt: Ps 29,10.[130] Von Jahwes Wandeln über das Meer wissen Ps 77,20; Hi 9,8 (HiLXX 9,8[131]; s.a. TgHiob zu 9,8); 38,16 (LXX bietet περιπατεῖν); Hab 3,15; Hi 26,12f. In der Weisheitsliteratur nimmt die Weisheit selbst die Macht über das ‚Wasser‘ wahr; dabei wird die Auszugstradition „mythisch dramatisiert"[132]: Weish 10,18f; die Macht der Weisheit über Wasser und Meer zeigen auch Weish 14,3f; Sir 24,5f an. Auch die Völkerkampfmotivik kennt Jahwe als den, der den mit Tosen des Meeres und Brausen von Wassermassen anflutenden Völkern wie dem Meer selbst Einhalt gebietet und sie vernichtet: Jes 17,12–14.[133] Nicht zuletzt ist auch Jona 1–2 in die Reihe der Aussagen von Jahwes Mächtigkeit über das Wasser einzureihen.

Eine starke Parallele findet sich bei *Lukian* in seiner Schrift *Philopseudos*: ein hyperboreischer Magier sei in seinen Stiefeln auf dem Wasser (ἐπὶ τοῦ ὕδατος) gewandelt (Philops 13).[134] Die Ironie baut darauf, daß dieses Wandeln auf dem Wasser als gänzlich unwahrscheinlich betrachtet wird. Dies wird durch *Dio Chrysostomos* bestätigt, nach dem das Überschreiten des Meeres (πεζεύεσται μὲν τὴν θάλατταν) dafür steht, daß der Mensch, der das un-

---

[126] Vgl. H. Gunkel, Märchen Anm. 52 (S. 223), der auch auf sein ‚religionsgeschichtliches Volksbuch‘ Elias, Anm. 46 (S. 72 zu S. 31: Flußdurchschreitungen) verweist. Ausgebreitet ist das altorientalische und das griechische Material bei W. Berg 37–39 (Auflistung der Texte). 61ff (Darstellung und Besprechung des Textmaterials) und bei A.Y. Collins, Divine Men *passim*. Von dieser Materialsammlung werden die älteren Auflistungen bei J.J. Wettstein 417f; R. Bultmann, Geschichte 251f; L. Bieler, ΘΕΙΟΣ ΑΝΗΡ I, 96 etc. abgelöst. S.a. das Material bei R. Kratz, Seewandel 93–96; H. van der Loos 655–661.

[127] Zu beiden Textkomplexen vgl. noch immer die exegetischen, historischen und hermeneutischen Bemerkungen von O. Kaiser, Bedeutung 130–134. 135–140; kurz H. Ringgren, םָי *jām* 652–654.

[128] O. Kaiser, Bedeutung 136.

[129] Vgl. H. Ringgren, םָי *jām* 651.

[130] Hierzu s.a. T.N.D. Mettinger 26.

[131] Hierzu s.a. J.P. Heil 40f.

[132] D. Georgi, in: JSHRZ III/4, 439 Anm. 18a.

[133] Vgl. O. Kaiser, Jes 70.72f; vgl. T.N.D. Mettinger 28.

[134] Vgl. hierzu H.D. Betz, Lukian 166.

möglich Scheinende[135] möglich macht (τὰ ἀδύνατα δοκοῦντα ποιῆσαι), den Göttern nicht an Macht nachsteht (τῶν θεῶν αὐτῶν ἥττονα ἔχων δύναμιν; III 30). Ein solcher Mensch aber sei Xerxes, der seine Fußtruppen durch das Meer führte (... διὰ δὲ τῆς θαλάττης τὸν πεζὸν στρατὸν ἄγων ...; III 31). Auch wenn *Dio* selbst diese Sicht zurückweist, so spiegelt der Text eine tatsächlich vertretene Meinung.[136] Diese Stelle weist auf eine Funktion des Seewandels in der *antiken Herrscherverehrung*. Einerseits traute man den verehrten Herrschern wohl tatsächlich diese Fähigkeit zu und rechnete sie somit den Göttern gleich. Andererseits nutzte man dieses Motiv, die Hybris eines Herrschers und seiner Herrschaftsideologie zu karikieren (vgl. neben *Menander*, Frgm 924K 2Makk 5,21;[137] s.a. den Bericht über den Brückenbau des *Gaius Caligula* zwischen Baiae und den Hafendämmen von Puteoli, der von *Sueton* in den Zusammenhang mit einer Weissagung des Astrologen Thrasyllus gebracht wird: *non magis Gaium imperatorum quam per Baianum sinum equis discursum* [Caes IV 19,3]).

Dahinter steht der Gedanke, daß der Wandel über den See eigentlich unmöglich ist und damit lediglich einer Gottheit oder einem von der Gottheit besonders gewürdigten Menschen zugesprochen werden kann. So zeigt sich Jesus im Seewandel als *Beherrscher der chaotischen Wassermächte und auch als göttlicher Herr der lebensbedrohenden Naturmächte und damit in der Machtfülle Jahwes*.[138] Zugleich ist die Rolle von Seewandelberichten in der antiken Herrscherpropaganda zu bedenken.[139] Die ntl. wie die Seewandeltraditionen der Herrscherideologie nähren sich aus der Vorstellung, die die Wandelnden in die Nähe eines Gottes rückt. Weiterhin ist auffällig, daß unmittelbar nach der Ablehnung der Salbung zum Königtum durch das Volk in Joh 6,15 Jesus, wie es in antiken Traditionen einem Herrscher zugeschrieben wird, auf dem Meer wandelt. Ist der in der Machtfülle Jahwes wandelnde Offenbarer zugleich als König dargestellt, dessen Königtum nicht irdisch vermittelt wird (Joh 6,15) und nicht von dieser Welt ist (18,36)? Dies ist angesichts der joh. Überlegungen zu Jesu Königtum zumindest auf der redaktionellen Ebene des vierten Evangeliums attraktiv: Der im Seewandel mit der Machtfülle Jahwes für

---

[135] *Herodot* setzt in seinem Geschichtswerk, IV 36, die Tradition von dem über das Meer wandelnden Hyperboraer Abaris voraus, wie A.Y. Collins, Divine Men 217, wohl zu Recht annimmt. Sein Schweigen über diese Befähigung ist ein Ausdruck kritischer Distanz. Satirisch ist dieses Moment auch bei *Menander*, Frgm 924 K, mit Alexander dem Großen verbunden.

[136] S.a. A.Y. Collins, Divine Men 219. Für *Dio*s eigenes Verständnis vgl. auch XI 129; hier ist das Thema des Seewandels in den Zusammenhang des Traumes gestellt.

[137] S.a. A.Y. Collins, Divine Men 220.

[138] Darauf weist besonders B. Blackburn 145–152 hin, der das Seewandelwunder daher als Theophanie beschreibt.

[139] Vgl. A.Y. Collins, Divine Men 224f.

die Seinen epiphane Jesus ist gegen alle antike Herrscherideologie und Selbst-
anmaßung der wahre *Basileus* des himmlischen Königreichs seines Vaters.

Illuminieren vor allem atl. und antike Texte das Motiv des Seewandels,[140]
so bleibt zu fragen, wie in diesem Zusammenhang das nur im vierten Evangelium belegte Wunderfeststellungsverfahren zu verstehen ist und ob sich dies in
den vorgenannten Motiv-Kontext einfügen läßt (→ 5.3).

Blicken wir nun auf die Gliederung und formale Struktur der Tradition, so
ist das an den Wundergeschichten erprobte Schema im Blick auf den Epipha-
nie-Charakter des Seewandels zu modifizieren.

Die Erscheinung Jesu wird durch eine Notlage angebahnt, die als eigenständiges Element aus der *Exposition* herauszunehmen ist und die Stelle der *Vorbereitung* einnimmt. An
die Stelle der *Durchführung* des Wunders tritt die *Epiphanie* Jesu auf dem Wasser. Anders
als bei Wundergeschichten muß eine *Demonstration* nicht zum stehenden Inventar von
Epiphaniegeschichten und Berichten gehören. Dennoch werden oftmals, insbesondere für
geschehene Ankünfte und Erscheinungen Belege angefügt. Ob der sekundäre Feststellungs-
versuch des Wunders in V.22–25a dem Aufweis einer Epiphanie oder eines Wunders gedient hat, ist somit schwer entscheidbar; vielleicht sogar eine falsche Alternative.

Die *Exposition* benennt die Voraussetzung für die folgende Epiphanie: So
werden zunächst die *Personen* benannt, vor denen sich die *Epiphanie* ereignet, dann die Schilderung der *Situation*. Nachdem durch das Besteigen des
Bootes und die Überfahrt der narrative Rahmen abgesteckt ist, folgt die zwischen Exposition und Epiphanie zwischengeschaltete *Notlage*. In Vv.19–21
folgt die *Erscheinung*. An die Stellung des Rettungsmotivs in den synoptischen Parallelen tritt eine andere Machtdemonstration des Epiphanen, das
Versetzen des Bootes an das jenseitige Ufer. Die Notlage ist mit der Epiphanie kein Thema mehr, vielmehr überstrahlt jene die Not. Für diejenigen, denen
Jesus nahekommt, ist nur diese Nähe ein Thema, nicht mehr die Not und
Existenzbedrohung, die ihnen in ihrem Lebensvollzug widerfahren sind. Dies
bedeutet aber zugleich, daß der Erscheinung selbst *soteriologische Qualität*
innewohnt. Der Abstand vom Ufer gibt den *Ort der Erscheinung* an und unterstreicht zugleich den wunderbaren Charakter der *Epiphanie*. Diese Entfernungsangabe legt zugleich nahe, daß der Erzähler mit einem realen Ereignis

---

[140] Die Feststellung von W. Berg 2, daß „(w)eder das Alte Testament noch die sonstige antike Literatur ... eine den neutestamentlichen Seewandelperikopen vergleichbare Erzählung" aufweisen (s.a. das Urteil bei A.-M. Denis 292), ist insofern korrekt, als kein direktes literarisches Vorbild für den ntl. Seewandel benannt werden konnte. Dennoch ist
das Motiv des Seewandels in verschiedenen ethnischen und religionsgeschichtlichen Zu-
sammenhängen und in unterschiedlichen antiken Textsorten auch in narrativen Zu-
sammenhängen nachgewiesen. Es liegt eine durchaus feste verbreitete Vorstellung vor,
die das Vorbild für die ntl. Texte gebildet haben wird, ohne daß literarisch genetische
Verbindungen gezogen werden sollen. So ist das vorgenannte Urteil zu pauschal; nicht
allein die Möglichkeit literarischer Dependenz auch traditions- und motivgeschichtliche
Beeinflussung sind denkbare Optionen. Auch das religionsgeschichtliche und das hermeneutische Problem sind zu beachten.

290 Wundertraditionen und ihre Interpretation im vierten Evangelium

der *vita* Jesu und seiner Jünger rechnet. Damit handelt es sich beim Seewandel Jesu nicht um ein (visionäres) Traumereignis,[141] sondern ein Widerfahrnis bei dem Versuch der Jünger, ihr Leben zu bewältigen. Das Wandeln ist Teil der Epiphanieschilderung.[142] Die Wahrnehmung der Epiphanie wird durch das Sehen (θεωροῦσιν)[143] des auf dem Wasser Wandelnden ausgesagt. Die Epiphanie, d.h. in der Regel die plötzliche, unerwartete und ungeschützte Nähe des Göttlichen, löst eine *erschrockene Gegenbewegung des Menschen*[144] aus: καὶ ἐφοβήθησαν (V.19b).[145] Explizit wird in Joh 6,19aβ von der Nähe des Epiphanen gesprochen: καὶ ἐγγὺς τοῦ πλοίου γινόμενον. Stilgemäß erfolgt als Antwort ein *Offenbarungswort*:[146] ἐγώ εἰμι· μὴ φοβεῖσθε (V.20b–c). V.21 spricht vom Wollen (ἤθελον) der Jünger, Jesus in das Boot zu nehmen, einem Motiv des *ἀφανισμός*,[147] dem in den synoptischen Berichten das Vorübergehen-Wollen Jesu (ἤθελεν παρελθεῖν αὐτούς; Mk 6,48) entspricht. Die *soteriologische Funktion* der Epiphanie wird in V.21b durch ein weiteres *Wunder* ergänzt;[148] dies liegt in der sofortigen wunderbaren Landung des Bootes am Zielufer.[149]

Ist auf die Relation der Wundersequenz zu den synoptischen Evangelien im folgenden Abschnitt zurückzukommen, so ist an dieser Stelle zunächst die Vermutung zu besprechen, daß im joh. Seewandelbericht eine ältere Form gegenüber der synoptischen Überlieferung vorliegt, da in Joh 6,16ff „das Motiv der Seenot der Jünger und der nachfolgenden Sturmstille (noch) nicht aufgenommen" sind.[150] Auch wenn die Sturmstillung aus Mk 6,51par nicht berichtet wird, geschieht in Joh 6 die Epiphanie in Entsprechung zu der Bedrohung, V.17bα–18; die Notlage wird nicht aus dem joh. Bericht eliminiert.[151] Indem sich Jesus auf

---

[141] E. Hirsch, Frühgeschichte 58f, führt den Seewandel auf eine Vision des Petrus zurück, die sekundär in das Leben Jesu zurückversetzt wurde.

[142] R. Bergmeier 177; s.a. H. Ritt, Seewandel 79.

[143] Vgl. J.P. Heil 11 mit Parallelen.

[144] Vgl. G. Theißen, Wundergeschichten 103.

[145] S.a. Mt 28,4; Mk 16,5; Lk 1,12.29; 2,9; 24,5 (Engelerscheinungen); Lk 24,37 (Erscheinung des Auferstandenen; Mt 28,9 berichtet an Stelle der Furcht den Vollzug der Proskynese [s.a. 28,17]; nicht ganz auszuschließen scheint mir, daß ein Moment des *tremendum* mitzubedenken ist); Mk 6,50 par Mt 14,26 (der synoptische Seewandel); hierzu s.a. J.P. Heil 11f.

[146] Vgl. G. Theißen, Wundergeschichten 103.

[147] Vgl. G. Theißen, Wundergeschichten 103f.106.

[148] Vgl. E. Haenchen, JE 312; s.a. A.-M. Denis 285; A. Weiser, Bibel 51..

[149] Eine Parallele zur *wunderbaren Landung des Bootes* kann im griechischen TestNaph VI 9 gefunden werden; s.a. J. Becker, Untersuchungen 225 Anm. 4, der die Ähnlichkeit der beiden Seegeschichten auf die allgemeine Topik zurückführt. Von entscheidender Bedeutung sind V.9 und sein Anschluß: Ὡς δὲ ἐπαύσατο ὁ χειμὼν τὸ σκάφος ἔθασεν ἐπὶ γῆν, ὥσπερ ἐν εἰρήνῃ.

[150] R. Schnackenburg, JE II, 37f; auch S. Mendner 289 rechnet den joh. Seewandel zu den „älteren nicht synoptischen Stoffen". G. Theißen, Wundergeschichten 187, stellt eine Nähe der vormt. Fassung von Jesu und Petri Seewandel zur joh. Überlieferung fest.

[151] Anders H. Ritt, Seewandel 78. Er findet einen potenten Vorgänger in J. Wellhausen, JE 29: „Abweichend von Markus und erst recht von Matthäus liegt das Wunder hier ganz nackt vor, *ohne das Motiv der Nothilfe*" (Hervorhebung v.Vf.).

dem Wasser wandelnd zeigt, wird er zugleich als derjenige dargestellt, der Herr über das Wasser, d.h. über die die Menschen bedrohenden Naturgewalten und damit auch über die berichtete Bedrohungssituation ist. Die Abschlußformulierungen der beiden Geschichten, Mk 6,51 und Joh 6,21, variieren das Rettungsthema in je eigener Weise. Eine Entscheidung über die Priorität ist aber dann aussichtsreich, wenn beachtet wird, daß das Rettungsmotiv im mk. Seewandel der Redaktion des zweiten Evangeliums angehört, und zwar auf der Grundlage der Sturmstillung Mk 4,35ff. Damit setzt die joh. Überlieferung Mk 6,45ff voraus und nicht umgekehrt.

5.2.3 Abschließende Bemerkungen zur traditionellen Wundersequenz

Ein gewichtiges Problem stellt das Verhältnis zu den synoptischen Parallelen dar.

Die joh. Sequenz aus Speisungswunder und Seewandel stimmt mit Mk 6,32ff.45ff par Mt 14,13ff.22ff überein.[152] Neben einer allerdings begrenzten Anzahl wörtlicher Übereinstimmungen, einer signifikanten Reihe sachlicher und struktureller Parallelen[153] fällt namentlich die Identität der in der Speisungsgeschichte genannten Zahlen auf. Häufig wird auch auf die kompositionsgeschichtlichen Übereinstimmungen gewiesen, für die Joh 6 oft mit Mk 6,32–54 *und* Mk 8,10–13.27–33 verglichen wird. Somit stimmen zwischen den Wundersequenzen Mk 6,32ff.45ffparr und Joh 6,5ff sowohl die Perikopenfolge als auch die Zahlenangaben überein, und zwar – wie ausdrücklich zu unterstreichen ist – gegenüber der Doppelüberlieferung (der Speisung) in Mk 8,1–9 par Mt 15,32–38. Demgegenüber sind jedoch auch Differenzen zwischen der joh. Wundersequenz und ihren synoptischen Parallelen kenntlich zu machen. Die schwierig zu interpretierende literarische Relation hat eine Entsprechung im Verhältnis der Seitenreferenten zum MkEv; den Übereinstimmungen (insbesondere Mk 6,41f par Mt 19,19b–20a par Lk 9,16–17a[154]), die aus dem Abhängigkeitsverhältnis der drei synoptischen Evangelien heraus beleuchtet werden können, steht eine beachtenswerte Anzahl von Differenzen gegenüber (neben redaktionellen Umstellungen und Glättungen ist speziell das Fehlen des Wortes über die zur Speisung notwendige Brotmenge im Wert von 200 Denaren [Mk 6,37] bei beiden Seitenreferenten zu nennen).[155]

---

[152] Anders allerdings das LkEv: Lk 9,10b–17 überliefert das Speisungswunder der 5000; daran schließt sich die sogenannte ,lukanische Lücke' an. D.h. der Stoff von Mk 6,45–8,26 fehlt im dritten Evangelium und damit auch die Speisung der 4000. Lk 9,18 setzt die Erzählfolge mit dem Petrusbekenntnis, Mk 8,27ff, fort.

[153] Vgl. z.B. die Auflistung bei U. Schnelle, Christologie 120f.126f. Sehr instruktiv auch F. Schnider/W. Stenger 90–94; die erzählerischen und strukturellen Parallelen, aber auch die Differenzen sind dieser Auflistung überschaubar zu entnehmen (s.a. den Vergleich zwischen Mt 14,22–33; Mk 6,45–52 und Joh 16,16–21: aaO. 104–106).

Besonders interessant ist die Übereinstimmung des Verbums ἐλαύνω, das nur in Joh 6,19 und Mk 6,48 in der Bedeutung ,rudern' belegt ist. Die Verwendung dieses Verbums zeigt in den jeweiligen Schilderungen ein eigenes Erzählvermögen, dennoch gehört es zu den auffälligeren Begriffen im Textvergleich.

[154] Vgl. die Analyse und die statistischen Angaben bei B. van Iersel 170f.

[155] Auch die beiden Traditionsstränge Mk 6 und 8 weisen eine beachtliche Anzahl von Differenzen auf: vgl. z.B. L. Schenke, Wundererzählungen 217ff.

Ein wichtiges Kriterium für die Bestimmung des Verhältnisses dieser Texte liegt darin, daß die Sequenz aus Speisungswunder und Seewandel in Mk 6 ein kompositionelles Produkt des zweiten Evangelisten ist.

Sowohl die Einleitung des mk. Seewandelberichts, Mk 6,45–47, als auch der Abschlußvers 6,52 sind durch mk. Sprache und Theologie geprägt. Daher kann man beispielsweise mit den in der Arbeit „Johannes und die Synoptiker" von Ismo Dunderberg gemachten Beobachtungen[156] die verbreitete These in Frage stellen, daß diese beiden Berichte bereits vormk. verbunden gewesen seien.[157] Der Abschluß Mk 6,52 bezieht sich auf das Brotwunder (*„denn sie* [die Jünger] *waren bei den Broten* [ἐπὶ τοῖς ἄρτοις] *noch nicht zur Einsicht gekommen, sondern ihr Herz war verstockt.'*) und gibt aufgrund des Motivs des Jüngerunverständnisses Anlaß, mit redaktioneller Herkunft zu rechnen.[158] Damit entfällt dieser Vers als Indiz für eine vormk. Verbindung beider Wundergeschichten. Auch im Übergang von der Speisung zum Seewandel wird „(d)er Sprachgebrauch von Mk 6,45 … erst durch die mk. Interpretation in V.52 verständlich".[159] So fällt die erzählerische Verknüpfung zwischen beiden Wundergeschichten als Indiz für eine traditionelle Verbindung fort. Die Einleitung zum Seewandel Vv.45–47 verklammert im mk. Text die Situation der Speisung und die Konstellation des Seewandels, indem das Volk entlassen und die Jünger von Jesus getrennt über den See geschickt werden. Einen wichtigen Beitrag zur Analyse des ursprünglichen Zusammenhangs von Speisung und Seewandel bietet Thierry Snoy.[160] Unter Beachtung geographischer (V.47: Aufbruch nach Bethsaida [am Ostufer wie die Speisung selbst] – V.53 Ankunft in Genesareth) und chronologischer (6,35: ἤδη ὥρας πολλῆς γενομένης – V.47: ὀψίας γενομένης[161] – V.48: περὶ τετάρτην φυλακὴν τῆς νυκτός) Spannungen in Mk 6,30–54 sucht er beide Überlieferungen als sekundär durch den zweiten Evangelisten zusammengefügte Traditionen zu erweisen. Für eine sekundäre Verbindung der beiden Wundergeschichten spricht auch, daß sie keinen inneren Bezug aufeinander nehmen.[162] Im einzelnen sind folgende Beobachtungen von Bedeutung: Die Entlassung des Volkes V.45 (ἀπολύει τὸν ὄχλον) hat eine nahe Parallele in der Jüngerbitte der Speisung V.36 (ἀπόλυσον αὐτούς). Trotz der Parallele der Entlassung des Volkes in Mk 8,9 ist V.45 insgesamt mit der mk. Technik der Doppelung ins Gespräch zu bringen. Der Anschluß καὶ εὐθύς ist markinisch.[163] Die Überfahrt an das jenseitige Ufer mit dem Boot als Einleitung einer neuen Szene ist eine geläufige mk. Verknüpfungstechnik (vgl. Mk 5,1.21; 8,13).[164] Die Trennung der Jünger vom Volk zum Zwecke einer besonderen Belehrung oder Offenbarung ist ein gängiges Motiv des zweiten Evangeliums; in diesem Sinn kann auch die Nötigung der Jünger zur Überfahrt durch Jesus verstanden werden (z.B. 6,31). Der Rückzug auf den Berg, um (allein) zu beten (V.46), ist gut markinisch. Er hat eine enge Parallele im Rückzug Jesu in die Einsamkeit zum Gebet in Mk 1,35 (zum einsamen Gebet Jesu s.a.

---

[156] I. Dunderberg, Johannes 156ff; s.a. U. Schnelle, Christologie 129, F. Schnider/W. Stenger 107f.110.

[157] Die These der vormk. Verbindung beider Wundergeschichten wird beispielsweise vertreten von W. Egger 123 mit Anm. 12; J. Gnilka, Mk 266; R.A. Guelich, Mk 347; K. Kertelge, Wunder 140; D.-A. Koch 36. 107; B. Kollmann, Ursprung 105.

[158] Z.B. R. Bultmann, Geschichte 231; J. Kremer, Wandel 222; Q. Quesnell 65f; U. Schnelle, Christologie 128; F. Schnider/W. Stenger 110; s.a. J.-M. van Cangh, La multiplication 342.

[159] I. Dunderberg, Johannes 157.

[160] T. Snoy *passim*.

[161] Vgl. Mk 4,35; 14,17; sowie die Wendungen 1,32; 15,42; zur Spannung zwischen diesen beiden Zeitangaben s.a. L. Schenke, Wundererzählungen 238.

[162] Z.B. I. Dunderberg, Johannes 157.

[163] S.a. die differenzierende Aufstellung bei E.J. Pryke 91; vgl. 93.

[164] Vgl. F. Schnider/W. Stenger 109 mit Anm. 5; s.a. L. Schenke, Wundererzählungen 239.

14,32 u.ö.).[165] Gelegentlich ist auch der Berg der Topos der Einsamkeit, in die sich Jesus mit einer ausgewählten Zahl seiner Anhänger zurückzieht: Mk 5,5; 9,2; 13,3; diese Gestaltung ist wiederum markinisch.[166] Zudem setzt der Seewandel die Trennung Jesu von seinen Jüngern, nicht aber das Bergmotiv voraus. Der *Genitivus absolutus* καὶ ὀψίας γενομένης, V.47, ist eine mk. Zeitangabe. Auch die Kennzeichnung Jesu im Gegensatz zur Position des Bootes ἐν μέσῳ τῆς θαλάσσης als αὐτὸς μόνος ἐπὶ τῆς γῆς weist mk. Sprachmerkmale auf (das Thema des von der Masse getrennten Jesus; vgl. 4,10; 9,2.8). Auch die Ortsangabe ἐπὶ τῆς γῆς fällt durch ihr häufiges Vorkommen im zweiten Evangelium auf (außer 6,47 noch 2,10; 4,1[!].20.26.31[bis]; 6,53; 8,6; 9,3.20; 14,35; s.a. 15,33).[167] Gehört die Angabe ‚allein auf dem Land' zur Hand des Evangelisten, so ist wohl auch die dramaturgisch wirkungsvolle Gegenüberstellung der mitten auf dem See befindlichen Jünger sein Werk. Die Zielangabe πρὸς Βηθσαϊδάν (V.45) wird in Mk 8,22 wieder aufgenommen, wo es gleichsam den Abschluß der Sequenz Mk 6,1–8,21 (vgl. bes. 8,19f.21) markiert: Καὶ ἔρχονται εἰς Βηθσαϊδάν. Eine weitere Ortsangabe fügt das mk. (!) Summarium[168] Mk 6,53–56 hinzu: περιέδραμον ὅλην τὴν χώραν ἐκείνην (sc. die Gegend um den See Genezareth). Weiter werden genannt Tyrus (7,24; red.), Sidon (7,31; red.) und die Dekapolis (7,31; red.). Diese redaktionellen geographischen Angaben, die den See Genezareth und den Bootsfahrten über den See verbunden sind, finden in 8,22a ihren Abschluß. So wird auch dieser Vers als redaktionell zu beurteilen sein.[169] Die Ortsangabe Mk 6,45 ist somit im unmittelbaren Kontext ein Problem,[170] aber auch auf der redaktionellen Ebene, so daß eine Lösung, die die Zielangabe V.47 der Tradition zurechnet, die größte Wahrscheinlichkeit beansprucht. Jedenfalls spricht auch die Zielangabe Mk 6,45 gegen eine vormk. Abfolge von Speisung und Seewandel, da die Speisung wohl durch die Überfahrt nach Genezareth zu ihrem Ende kommt (V.53). Es ist also festzuhalten: Die Verklammerung des Seewandels mit der Speisung im zweiten Evangelium in Vv.45–47* verdankt sich markinisch-redaktioneller Gestaltung.[171] Für die traditionelle Einleitung des Seewandels kann mit hinreichender Sicherheit nicht mehr festgestellt werden, als daß die Jünger sich ohne Jesus auf eine Seefahrt begeben haben, und dies wahrscheinlich Richtung Bethsaïda. Damit sind alle Klammern, die die Verbindung von Speisung und Seewandel einsichtig machen, entfallen.

Verdankt sich die Abfolge von Speisung und Seewandel in Mk 6,30–54 mk-redaktioneller Gestaltung, so muß entweder damit gerechnet werden, daß dieser Prozeß der Beiordnung in der joh. Tradition ein zweites Mal durchgeführt wurde[172] oder es ist anzunehmen, daß hinter der vorliegenden Sequenz der mk. (oder der mt. redaktionelle) Stoff steht. Beachtenswert ist auch das Motiv, Nahrung hinzuzukaufen. Dieser Gedanke ist Teil des redaktionellen

---

[165] Vgl. z.B. D. Lührmann, Mk 53; s.a. J. Gnilka, Mk I, 88; F. Schnider/W. Stenger 109 mit Anm. 7.

[166] S.a. I. Dunderberg, Johannes 158.

[167] So. E.J. Pryke 46 Anm. 3.

[168] Mit D. Lührmann, Mk 123; D.-A. Koch 169.

[169] Z.B. D. Lührmann, Mk 139.

[170] Anders D. Lührmann, Mk 123, der die Angaben Vv.45.53 harmonisiert.

[171] Dies anerkennt auch D. Lührmann, Mk 121.

[172] So U. Schnelle, Christologie 130: „Beim Seewandel dürfte der joh. Tradition eine mit der markinischen Vorlage eng verwandte Epiphanieerzählung vorgelegen haben, die sie in Analogie zu Markus mit der Speisungsperikope verband." (anders jetzt ders., JE 115); als Verbindung durch den vierten Evangelisten: S. Mendner 287f. Zur Fragestellung in der neueren Forschung s.a. die Darstellung bei F. Neirynck, John and the Synoptics 1975–1990, 50ff.

mk. Dialogs Mk 6,35–37, der das Unverständnis der Jünger herausstellt.[173] Zwar ist auch der joh. Dialog zwischen Jesus und seinen Jüngern in starkem Maße redaktionell gestaltet; das Motiv vom Brotkauf dürfte jedoch dem Evangelisten bereits vorgegeben gewesen sein. Dies weist auf eine Abhängigkeit der joh. Tradition von der redaktionellen Ebene von Mk 6,35ff hin. Im Prozeß der Nacherzählung und möglicherweise im Lauf der Überlieferungen ist es zu Veränderungen gekommen, die einzelne redaktionell-markinische Elemente abgestoßen haben. So sollte es nicht verwundern, daß von dem vornehmlich das Unverständnis der Jünger aufzeigenden Dialog Mk 6,35–37 lediglich das Motiv des Nahrungszukaufs aufgenommen wurde. Zudem wurde die sehr diffizile Situationsschilderung Mk 6,30ff ignoriert. Zu beiden Entwicklungen zeigen die synoptischen Seitenreferenten Parallelen. Insbesondere die Notwendigkeit, zwischen Tradition und der Hand des Evangelisten zu differenzieren, zwingt dazu, nicht mit einer direkten Benutzung des synoptischen Textes durch den Verfasser des JE zu rechnen;[174] wahrscheinlicher ist, daß erneut mit dem Phänomen der *secondary orality* zu rechnen ist.[175] Erhalten geblieben sind die wesentlichen Grundstrukturen. Einzelne Worte, die dem Gedächtnis haften geblieben sind, werden weiter benutzt, besonders die, die mit der erzählten Situation natürlich verbunden sind. Interessant ist hier das Verb ἐλαύνω, aber auch die Übereinstimmungen der Zahlen zwischen Joh 6 und Mk 6. Mit der Erzählsituation stimmen beispielsweise das Lagern des Volkes, das Gras, die Körbe als Sammelbehälter, Brot und Fisch etc. überein.

Läßt sich die Rezeption der Wundersequenz durch seine Tradenten geographisch fixieren? Ist der Markus-Text Ausgangspunkt für die erneute ,*Vermündlichung*' der Sequenz, so weist die Benutzung des MkEv durch das MtEv immerhin darauf, daß jenes in Syrien, wo das erste Evangelium entstanden ist,[176] zugänglich war. Dann kann auch hier der Wechsel der oben rekonstruierten Wundersequenz in die mündliche Überlieferung und die Aufnahme dieser Tradition in der judenchristlichen Gemeinde angenommen werden, die später zu dem Mutterboden des joh. Kreises gehören wird.

---

[173] Vgl. z.B. I. Dunderberg, Johannes 144, und meine in Vorbereitung befindliche Studie zu Joh 6.

[174] S.a. U. Schnelle, Christologie 127. Eine andere Frage ist es freilich, ob der vierte Evangelist seinerseits bei der Komposition von Joh 6 Mk 6 als Modell vor Augen hatte oder ob gar ein direkter Einfluß des synoptischen Textes verifizierbar ist. Letzteres könnte angenommen werden, wenn man mit Frans Neirynck mit einem Einfluß von Mk 6,32 (ἀπῆλθον ἐν τῷ πλοίῳ) in Joh 6,1 (ἀπῆλθον ... πέραν τῆς θαλάσσης) rechnet (John and the Synoptics 1975–1990, 52f); allerdings ist nicht zuletzt aufgrund des Fehlens des Bootmotivs in Joh 6,1 und signifikanter Parallelen im JE selbst (ἀπῆλθον ist auch Übergang in Joh 4,3; 10,40; 11,54) nicht über eine joh.-redaktionelle Ableitung hinaus zu kommen.

[175] Hierzu s.o. S. 195.

[176] Vgl. z.B. U. Luz, Mt I, 73–75; U. Schnelle, Einleitung 261, jeweils mit Lit; E. Lohse, Entstehung 91; s.a. A. Sand, Mt 33.

5.3 Das umstrittene Wunder

Der Abschnitt Joh 6,22–25a stellt vor eine Reihe kaum lösbarer Probleme und wurde daher schon von Eduard Schwartz nicht zu Unrecht als ein „wirres Conglomerat von sprachlichen und sachlichen Ungeheuerlichkeiten" bezeichnet.[177] Diese ‚Ungeheuerlichkeiten' weisen auf ein *literarisches Wachstum*.

Zweimal wird der ὄχλος genannt: zunächst das am jenseitigen Ufer stehende Volk, dann nochmals in V.24. Beide Nennungen erhalten eine Aorist-Form von ὁράω zugeordnet, die erste den Plural,[178] die zweite den Singular. Die in V.22b–d angezeigte Situation setzt die Abwesenheit Jesu und der Jünger voraus; diese Abwesenheit wird als Dublette zu V.22b–d in V.24aβ nochmals ausdrücklich angeführt,[179] um die Überfahrt der Menge über den See zu motivieren. V.23a führt neue Schiffe aus Tiberias kommend ein, einer am Westufer gelegenen Stadt (etwa 12 km Luftlinie südwestlich von Kafernaum[180]). Diese Boote bereiten die Überfahrt des Volkes an das jenseitige Ufer vor, also an das Ufer, an dem die Stadt Kafernaum liegt. Das zunächst genannte Ufer, V.22, ist jedoch das *Ost*ufer.[181] Eine Spannung in den Ortsangaben kann ebenfalls nicht übersehen werden.

Ἔφαγον τὸν ἄρτον (V.23b) setzt V.11 voraus, doch gibt es dem Speisungswunder eine eigentümliche Deutung, die wohl von 6,51c–58 her gewonnen wurde. Der Singular ἄρτος sticht heraus, der der Herrenmahlsüberlieferung nahesteht, aber auch 6,51c–58 und das darin entwickelte Verständnis des Essens des Brotes als dem Fleisch des Offenbarers voraussetzt. Hier wird ein Bezug zum Herrenmahl hergestellt, der einerseits der Tradition, aber hier doch wohl auch dem Evangelisten noch fremd ist.

Der Text hat im gegenwärtigen Kontext den Zweck, „Volk und Jesus erneut zusammenzubringen, damit Jesus die Brotrede halten kann".[182] In der Überlieferung hatte der Text jedoch eine andere erzählerische Funktion. Die textpragmatische Funktion der Erweiterung läßt sich von ihrem Schluß her verstehen. Wesentlich ist der Abschnitt von V.22b–d, der in seinem Grundbe-

---

[177] E. Schwartz, Aporien IV, 501.

[178] Schon früh nahm die Überlieferung Anstoß und suchte stilistisch zu glätten: ἰδών (Ψ 063 *f*[1.13] 𝔐) und εἶδεν (𝔓[28] ℵ D lat).

[179] Vgl. L. Schenke, Szenarium 196f.

[180] L. Schenke, Szenarium 196. 199ff, macht auf den merkwürdigen Kurs der Schiffe aufmerksam; sie überqueren den See zunächst ist nordöstlicher Richtung, um an das Ostufer des Sees zu gelangen. Dann überqueren sie den See erneut, nunmehr in nordwestlicher Richtung, um an das nordwestliche Ufer von Kafernaum zu gelangen. Schenke nimmt diesen Umweg zum Ausgang literarkritischer Fragen; möglicherweise erklärt sich dieser Zickzackkurs der Boote aber aus der Bezeichnung des Sees Genesaret als See von Tiberias und durch die Notwendigkeit, eine neue und schnelle Möglichkeit, an das andere Ufer zu gelangen, zur Verfügung zu stellen.

[181] Mit F. Schnider/W. Stenger 148, E. Haenchen, JE 312, L. Schenke, Szenarium 193 (Anm. 5 weitere Lit.), B. Kollmann, Ursprung 109, H. Wöllner 38 gegen R. Bultmann, JE 160. Bultmann muß für den Ortswechsel des Volkes einen implizit vorausgesetzten Fußmarsch der Menge annehmen, von dem die Geschichte aber vor V.24c (ἦλθον κτλ.) nichts zu erkennen gibt.

[182] J. Becker, JE I, [1]202f. [3]244; ähnlich I. Dunderberg, Johannes 136; T.-S. Park 204–208; ob allerdings mit Dunderberg und Park deshalb Vv.22–25 als einheitliche Komposition zu werten sind, ist aus sprachlichen und textlogischen Gründen zweifelhaft.

stand zur *Feststellung des Seewandelwunders* dient.[183] Der ὄχλος bemerkt
folgendes (V.22b–d):

• Es gab am Ufer nur ein Boot (πλοιάριον ἄλλο οὐκ ἦν ἐκεῖ εἰ μὴ ἕν).
• Jesus ist nicht mit seinen Jüngern in das Boot gestiegen (οὐ συνεισῆλθεν
τοῖς μαθηταῖς αὐτοῦ ὁ Ἰησοῦς εἰς τὸ πλοῖον).
• Die Jünger sind allein weggefahren (μόνοι οἱ μαθηταὶ αὐτοῦ ἀπῆλθον).

Entsprechend den subtilen Ausführungen in V.22 ist die narrative Funktion in
der Feststellung des wunderbaren Überschreitens des Meeres zu bestimmen.
Liegt aber ein Funktionswandel der Passage Vv.22–25 zwischen Überlieferung und dem Text von Joh 6 vor und ist zudem eine Hinorientierung auf den
Makrokontext der Komposition von Joh 6 zu erwarten, so läßt sich begründet
mit einer Überarbeitung durch den vierten Evangelisten rechnen.

V.15 berichtet von Jesu Rückzug auf den Berg, um der Proklamation zum
König zu entgehen. V.25b führt Volk und Wundertäter wieder zusammen,
wobei angenommen wird, daß dieses Volk Zeuge des Wunders war (vgl.
V.24a). V.25b leitet also zur folgenden Rede über; hierfür ist das erneute Zusammentreffen von Volk und Wundertäter unerläßlich.

Aufgrund der genannten Schwierigkeiten des Textverständnisses ergibt es
einen guten Sinn, für die älteste Stufe der Überlieferung eine Handlung anzunehmen, in der die Abwesenheit Jesu und seiner Jünger festgestellt wird. Dieser Feststellung dürften die Suche nach Jesus und das Finden am anderen Ufer
des Sees gefolgt sein; nicht notwendig ist jedoch die erneute Anrede in V.25b.
Der Beginn des Feststellungsverfahrens gibt mit τῇ ἐπαύριον[184] als echter
Zeitangabe den Zeitpunkt für die Betrachtung des Geschehens aus dem
Blickwinkel des nicht am (zweiten!) Wunder beteiligten Betrachters an: ‚am
nächsten Tag‘ (bzw. sinngemäß ‚am nächsten Morgen‘).[185] Der ὄχλος[186]
stellt geradezu juristisch genau die Abwesenheit Jesu und seiner Jünger fest,
wobei die Jünger das einzige Boot zur frühzeitigen und alleinigen Abfahrt genutzt haben. In V.22 wird allerdings die Ortsangabe πέραν τῆς θαλάσσης,
die aus der Perspektive des die Brotrede vorbereitenden Evangelisten schaut,
nicht ursprünglich sein. Die Angabe konkurriert mit der Erzählperspektive der
Tradition, in der das πέραν τῆς θαλάσσης von V.25a wie das von V.17
steht.[187] Mit V.24c wird die Tradition durch den Pluralaorist ἦλθον fortge-

---

[183] Vgl. F. Schnider/W. Stenger 148; s.a. E. Haenchen, JE 312 („*Die ... Verse sollen* wohl
den ‚objektiven‘ Nachweis für die Wirklichkeit des Wunders bringen." Hervorhebung
im Original); U. Schnelle, Christologie 123.

[184] Damit kann τῇ ἐπαύριον nicht aufgrund von 1,29.35.43; 12,12 als redaktionell bezeichnet werden; zu U. Schnelle, Christologie 125; JE 119.

[185] Mit W. Bauer/K. u. B. Aland, Wb 574.

[186] Die Analyse entspricht für die Seite der Rekonstruktion der Tradition weitgehend den
Beobachtungen von F. Schnider/W. Stenger 148.

[187] Für den Evangelisten finden die einleitenden Diskussionen und die Brotrede selbst in
der Synagoge von Kafernaum statt: V.59.

setzt, der an den Aorist Plural εἶδον anschließt. Die Menge kam nach *Kafernaum*, um Jesus zu suchen. Ausdrücklich wird festgestellt, daß sie ihn am *jenseitigen* (West-)*Ufer* findet. Damit wird die Ortsangabe von V.17 aufgenommen und das Seewandelwunder von unabhängigen Beobachtern bestätigt. V.22*.24c–25a berichten also das traditionelle *Feststellungsverfahren des Seewandelwunders*, das eine gegenüber der synoptischen Tradition fortgeschrittene Überlieferungsphase repräsentiert.

Der äußerst subtile Nachweis, daß Jesus ohne Benutzung eines Bootes an das andere Ufer gelangt ist, könnte sich mit einer nahezu rational zu nennenden Wunderkritik[188] auseinandersetzen. Möglich ist aber auch, daß das Feststellungsverfahren auf die christologischen Auseinandersetzungen im joh. Kreis antwortet. Gegen eine doketische Vorstellung, die den Christus nicht an leiblich-irdische Zusammenhänge gebunden sieht, würde ausdrücklich der wunderhafte Charakter *im* leiblich-irdischen Zusammenhang festgestellt. Aber auch die Auseinandersetzung um die Messianität Jesu mit jüdischen Gesprächspartnern kann sich im massiven Nachweis der Wunderhaftigkeit des Geschehens aussprechen.

Demgegenüber sind Vv.23–24b als Nachtrag zu erklären,[189] der sich dem Problem stellt, wie das Volk, das seinerseits nicht über den See wandelte, so rasch an das andere Ufer gelangt ist. Wie zufällig kommen Boote aus Tiberias nahe an den Ort heran, wo das Speisungswunder stattgefunden hat. Diese Boote werden vermittels der inhaltlichen Wiederholung von V.24a (Man beachte jetzt den Singularaorist zu ὁ ὄχλος.) mit dem Erzählfaden verknüpft; allerdings bleibt die geographische Vorstellung eigentümlich. Entgegen dem ursprünglichem Wechsel der Menge zwischen Ost- und Westufer, müssen die Schiffe den See nun zweimal überqueren.[190] Sonderbar ist die Kennzeichnung des Ortes der Speisung als ὅπου ἔφαγον τὸν ἄρτον εὐχαριστήσαντος τοῦ κυρίου (V.23b). Aufgrund der schwachen Bezeugung für die Auslassung kann die textgeschichtliche Ursprünglichkeit als gesichert gelten.[191] Der auffällige Singular ἄρτον steht dem Plural (6,5.7.9.11.13) des Speisungswunders gegenüber, der auch für den Evangelisten gesichert ist: V.26 ἐφάγετε ἐκ τῶν ἄρτων. Erst die Brotrede bietet den Singular für *das Manna* als das Brot aus dem Himmel (vermutlich Zitat aus ψ 77,24 in Joh 6,31), dem *das wahre Le-*

---

[188] Zeitgenössische Beispiele: *Plutarch*, De Pythiae oraculis 404b–405d; Coriolan 38,3 (hierzu auch J.-M. van Cangh, Santé 275).

[189] So auch z.B. B. Kollmann, Ursprung 109; J.H. Bernard, JE I, 189 (V.23): Glosse (s.a. H.M. Teeple, Origin 188); B. Lindars, JE 249 (nur V.24fin); R.T. Fortna, Gospel 68f; F. Schnider/W. Stenger 148; anders U. Schnelle, Christologie 125f: V.23–24 sind Ergänzung des Evangelisten.

[190] Man kann überlegen, ob die Einfügung nun mit einem Wechsel zwischen südwestlichem und nordwestlichem Ufer rechnet: vgl. L. Schenke, Szenarium 198 (für die Tradition).

[191] B.M. Metzger, Commentary [1]212. [2]182; anders z.B. R. Bultmann, JE 160 Anm. 5; A. Heising 78.

bensbrot gegenübergestellt wird, als das sich *Jesus selbst* vorstellt (6,32 u.ö.). Den Singular finden wir auch wieder beim Essen *des* Brotes in V.50 als Metapher für den Glauben und in der Replik V.58. Allerdings scheint die Einfügung in V.23b den eucharistischen Deutungszusammenhang zu bevorzugen (Vv.51c–58). Dies belegt auch das Partizip εὐχαριστήσας,[192] das nicht lediglich als Wiederholung aus V.11 verstanden werden kann; seine Aufnahme wird anders motiviert sein, da als Erinnerung an das Speisungswunder das Essen des Brotes als Hauptmotiv hinreichend ist. Die Einfügung der Danksagung verbindet eine sakramentale Deutung mit dem Speisungswunder, das ursprünglich weder für die Tradition noch für den Evangelisten eine sakramentale Bedeutung hatte.[193] Die Wiederholung der Menge lenkt in 6,24 zum älteren Text zurück, so daß zutreffend von einer Glosse oder einem Nachtrag gehandelt werden kann.

Die Beobachtungen sind komplex formuliert und wollen offensichtlich die Fakten geradezu juristisch genau und damit unumstößlich angeben. Jesus ist diesen Angaben zufolge, ohne ein Boot zu benutzen, an das andere Ufer gelangt. Das Überschreiten des Wassers, das zuvor geschildert wurde, ist noch einmal in seine Voraussetzungen zerlegt, so daß der Seewandel ausdrücklich als wirklich geschehen festgestellt wird.

5.4 Jesus als das Brot des Lebens.
Die Wundergeschichten als aktualisierendes Präludium

Der Evangelist nimmt einerseits die Wundersequenz seiner Tradition auf, andererseits sind leichte synoptisch-redaktionelle Anleihen möglich. Die Volksmenge wird in einer für das vierte Evangelium ungewöhnlichen Weise als Jesu nachfolgender ‚*Ochlos*' eingeführt. Mehr noch wird im unmittelbaren Zusammenhang mit der Speisung referiert, daß Jesus die Kranken (ἀσθενοῦντες[194]) heilt, dies bezieht sich auf Joh 4,46; 5,3.7 (hier jeweils auf konkrete Krankheit bezogen, nicht aber als ein Hinweis auf die Heilungtätigkeit Jesu). Wie Joh 6,2f berichten die Seitenreferenten des Markus von einem Berg, auf den sich

---

[192] Vgl. z.B. J. Becker, JE I, [1]204. [3]245f; anders R. Schnackenburg, JE II, 48–51.

[193] Als Zusatz eines Redaktors deutet ebenfalls: E. Haenchen, JE 312. Anders U. Schnelle, Christologie 116; B. Kollmann, Ursprung 109.129. Zum Problem der Deutung von V.11 s.o. S. 276.

[194] Diese Vokabel fehlt in den synoptischen Hinweisen auf die Heilungtätigkeit im Zusammenhang der Speisungen (sie steht allerdings in Mk 6,56, d.h. unmittelbar nach dem Seewandel ohne mt. und lk. Parallele); überhaupt tritt sie gegenüber den Synoptikern im JE in den Vordergrund: Fünf Nachweisen des Verbs (+ drei in Apg) bei den Synoptikern treten acht bei ‚Johannes' gegenüber; für das Substantiv ist das Verhältnis fünf zu zwei, wobei hier vier bzw. fünf (Apg 28,9) Belege auf ‚Lukas' entfallen.

Jesus zurückzieht (nur Mt 15,29[195]), von dem kommenden Volk (Mt 15,30; bes. 14,13 par Lk 9,11 [mit ἀκολουθέω!]) und von der Heilungstätigkeit Jesu vor dem Speisungswunder (Mt 14,14; 15,30; Lk 9,11). Handelt es sich um redaktionelle Varianten der mk. Geschichte, so liegt es nahe, einen synoptischen Einfluß auf die joh. Einleitung Vv.2–3 zu vermuten.[196] Offen bleiben muß, warum der vierte Evangelist in der Einleitung auf synoptische Kenntnis zurückgegriffen hat, was, abgesehen von der Einfügung der 200 Denare im redaktionellen Dialog, für die übrige Speisung eher zweifelhaft ist.[197]

Aus dem Material seiner Tradition formt der Evangelist eine Einleitung zur Brotrede. Sie stellt eine *bewußte Verklammerung der Episode um die Brotrede mit dem Kontext des gesamten Evangeliums* dar; der Verknüpfung zu Beginn des Abschnitts entspricht ein ähnlicher Hinweis am Abschluß: Die Ansage des Verrats des Judas (V.70f; vgl. schon V.64) nimmt später berichtete Ereignisse vorweg (13,27ff; 18,3.5). Der Erzähler blickt zurück auf das Wunderhandeln Jesu: Die Zeichen zeigen Jesus als den, der sich den ἀσθενοῦντες zuwendet.

Dennoch will die Zuwendung in der Brotvermehrung nicht als „eine rein irdische Speisung" und damit nur als „ein Gegenstück zur wahren, überirdischen himmlischen Speise in der großen Brotrede (Joh 6,22ff) verstanden sein.[198] Der den Leib Speisende ist schon darin der, der das Brot zum Leben für die Menschen selbst ist. Das Wunder zeigt, daß das Wort vom Brot eine realistische Wirklichkeit ist. Allerdings gilt es, in dieser wundersamen Wirklichkeit den tieferen Sinn zu erkennen und ihn nicht in einem irdisch-immanenten Kontext politisch mißzuverstehen (6,14f).

Zugleich erreicht der Evangelist eine *historische Abfolge*, die durch das Festschema verstärkt wird und die einzelnen Episoden in eine fortschreitende

---

[195] Vgl. auch die mt. Einleitung zur Bergpredigt Mt 5,1:

Joh 6,3	Mt 15,29	Mt 5,1
ἀνῆλθεν δὲ	καὶ ἀναβὰς	ἰδὼν δὲ τοὺς ὄχλους ἀνέβη
εἰς τὸ ὄρος Ἰησοῦς	εἰς τὸ ὄρος	εἰς τὸ ὄρος
καὶ ἐκεῖ ἐκάθητο	ἐκάθητο ἐκεῖ	καὶ καθίσαντος αὐτοῦ
μετὰ τῶν μαθητῶν αὐτοῦ		προσῆλθαν αὐτῷ οἱ μαθηταὶ αὐτοῦ

Vielleicht noch signifikanter ist für Ismo Dunderberg das Motiv des Niedersetzens. Für ihn ist dieser Bezug deshalb von großem Gewicht, da es sich hierbei um eine der sogenannten Annomalien handelt. Die Verteilung auf zwei Hände wäre für die spannungsreiche Doppelung verantwortlich (aaO. 155; der ‚zweite' Berg stammt von E: aaO. 154. 140f).

[196] S.a. J. Konings, Sequence 162f. Hinsichtlich der bei I. Dunderberg, Johannes 151, genannten Bezüge, dem ὡς vor der Zahl ‚5000' (Joh 6,10 ← Mt 14,21; Lk 9,14) und der Vokabel περισσεύω (Joh 6,12 ← Mt 14,20; Lk 9,17; doch s.a. Mt 15,37; Mk 8,8) ist größere Vorsicht geboten.

[197] Anders z.B. I. Dunderberg, Johannes 152–154, der die joh. Speisung aus der mk. Speisung der 5000 und der Arbeit des Redaktors zu erklären versucht, der für die Entstehung und Einfügung von Kap. 6 verantwortlich sei.

[198] A. Heising 78.

vita des Offenbarers eingliedert. Durch vorverweisende Signale auf die Brotrede hin erstellt er einen Spannungsbogen. In dieses Gefälle ist die Wundersequenz eingefügt. Allerdings wird keine Notlage oder Notwendigkeit für die
Speisung der Volksmenge genannt. Zu vergleichen sind daher Aussagen wie
9,3b oder 11,4a–c, so daß auch die Speisung zur Offenbarung der Werke Gottes, zu seiner Ehre, zur Verherrlichung seines Sohnes geschieht. Auch die
Wundersequenz ist daher im Lichte von 1,14 und 2,11 zu lesen, die von der
sichtbaren Doxa bzw. der im Wunder sichtbarwerdenden Doxa des Logos und
Gottessohnes sprechen. Mit seinem Erzählerkommentar in V.6, der andeutet,
daß die Frage Jesu nach den vorhandenen Nahrungsmitteln (V.5) eine tiefere
Bedeutung hat, öffnet der Evangelist den Blick darauf, wie sich das Sichtbarwerden der Doxa im Brotwunder vollzieht. Jesus tut das, was er ist; im Brotwunder wird sichtbar, daß er das Brot des Lebens (V.35) ist; wer dies erkennt,
und die Transparenz des Wunders wird durch V.6 signalisiert, erkennt zugleich das joh. Petrusbekenntnis als die angemessene Antwort auf Jesu Frage:
,*Du hast Worte ewigen Lebens*‘. Beginnend mit der Einleitung setzt der Erzähler *theologisch-interpretierende Signale*; die Brotepisode trägt Offenbarungscharakter: *Der Offenbarer läßt seine Doxa sichtbar werden als eine
Doxa, die sich darin bewährt, daß er denen, die an ihn glauben, das Brot
Gottes zum Leben ist.*

Die Reaktion des Volkes verändert der Evangelist deutend. Vermittels der
abgelehnten Akklamation wird die Wundererzählung christologisch gedeutet
(V.14) und zwar als ein Mißverständnis der Menge.[199] Jesus ist nicht der
eschatologische König, der *im* Kosmos sein Reich aufrichtet, sondern der
βασιλεὺς τοῦ Ἰσραήλ (1,49; 12,13; s.a. 12,15; 18,37). Dessen βασιλεία ist
nicht aus diesem Kosmos (18,36), sondern durch die enge Gemeinschaft mit
dem Vater definiert, an dem seine Nachfolger durch den Glauben partizipieren; diese Gemeinschaft mit dem Vater und die Sendungschristologie als angemessener Interpretationshintergrund sind dem zweiten Titel der Wundergeschichte zu entnehmen; Jesus ist der in den Kosmos kommende Prophet. Der
in die Gottesgemeinschaft führende Glaube setzt die joh. Christen aber gerade
von der Welt ab und muß von einem irdisch-immanenten Reichsverständnis
getrennt werden.

Der Seewandel schildert ein Wunder; dies wird nicht erst anhand des folgenden Feststellungsverfahrens (→ 5.3) deutlich. Der Plural σημεῖα[200] in Joh
6,26 belegt, daß der vierte Evangelist auch den Seewandel als Zeichen verste-

---

[199] S.a. J. Konings, Sequence 164: „... οἱ ἄνθρωποι is written intentionally in order to
point out the ,human' misunderstanding of Jesus' gesture."
[200] Anders W. Lütgehetmann 177. 176; auch H. Thyen, Johannes 21, 151 Anm. 9, hält vom
Seewandel den Zeichenbegriff fern; s.a. G. Østenstad 46 (mit 2,22 nennt er als siebentes
und größtes Zeichen die Auferstehung Jesu); S.S. Smalley 86ff; ähnlich scheint auch
M.M. Thompson, Signs 93f Anm. 15 zu optieren, in deren Aufzählung der Zeichen der
Seewandel ebenso fehlt wie im analytischen Teil ihres Aufsatzes (99ff).

hen will, indem der Offenbarer den Menschen zum Leben nahekommt. Zugleich bringt er im Seewandel einen weiteren Unterton zu Gehör, in dem er gegen das irdisch-materiell verengte Mißverständnis von 6,15 zeigt, wie Jesus wirklich *Basileus* ist.[201] Indem Jesus sich in göttlicher Machtfülle über die todbringenden Chaosmächte wirksam erweist, nimmt er sein himmlisches Königtum wahr und zeigt sich als das von Gott gegebene Lebensbrot.

So fällt der Seewandel einerseits aus dem semantischen Netz um die Termini ‚Brot' und ‚Essen' heraus und tritt damit in der Gesamtkonzeption zurück,[202] was ein starkes Signal der Traditionsbenutzung ist. Andererseits eignet sich der Erzähler den Stoff an und mißt ihm im Erzählgefälle seine Rolle zu. Der Erzähler rezipiert die Wundersequenz, da auch der Seewandel Jesu lebensspendendes Brotsein für die Menschen zeigt, indem der Seewandel die den Tod überwindende Macht Gottes illustriert. Dennoch liegt das Schwergewicht des Evangelisten unverkennbar auf der Brotrede; dies belegt schon die Orientierung der Einleitung. Weiterhin kommt dem Seewandel eine narrative Funktion zu. Diese liegt in der Verbindung der Bühnen, auf denen die beiden Haupthandlungen der ‚dramatischen Offenbarungsrede' spielen, des (Nord-)Ostufers des Sees Genezareth als Bühne der Speisung und das Westufer, Kafernaum bzw. seine Synagoge (V.59), als Ort der Brotrede. Auch das absolute ἐγώ εἰμι in V.20b, das eine andere Funktion als die *Ego-eimi-Worte* der Brotrede hat,[203] dürfte die folgenden ἐγώ εἰμι-Formeln präparieren:[204] Joh 6,35.48 (*Brot des Lebens*), 6,51 (*das lebendige Brot*) und 6,41 (*das Brot, das vom Himmel herabgestiegen ist*).

Orientiert der Evangelist die Geschichte von Anfang an auf die Brotrede hin, ohne daß eine Unterordnung der Tat-Offenbarung unter die Wort-Offenbarung zu erkennen ist, so stellt sich die Frage, welche Bedeutung dem Speisungswunder von der Brotrede her zufällt. Die Brotrede greift auf die Speisung zurück, indem sie die Christologie entfaltet, die der vierte Evangelist in der Speisung abgebildet sieht: In der wunderbaren Speisung der Menge wird

---

[201] Zum joh. Verständnis des machtvollen König-Seins Jesu s.a. T. Söding, Macht 44–47.

[202] Anders z.B. J.P. Heil 152ff, der eine Reihe z.T. sehr subtiler Verklammerungen zwischen Seewandel und anschließender Brotrede feststellt. Auch C.H. Giblin, Crossing 98f, betont den Beitrag des Seewandels zur Kohärenz von Joh 6. J. Borgen, John 6, 270, reklamiert für den Seewandel eine „quite central function", ohne zu bestreiten, daß er traditionell vorgegeben war: „Here ... John has made the traditional story express an idea which was central to him." Bei P.F. Ellis, JE 107ff, wird der Seewandel als ‚neuer Exodus des neuen Gottesvolkes' gar zum narrativen Wendepunkt des Evangeliums.

[203] Mit z.B. J.P. Heil 80; J. Painter, Messiah 266: „the ‚I am' is simply an identification, ‚It is I/me'"; daher spricht G. Strecker, Literaturgeschichte 221, von einer „(ursprünglich profanen) *Rekognitionsformel*"; ähnlich U.C. von Wahlde, Version 101 Anm. 80; ein lediglich profanes Beispiel bietet Joh 9,9 (völlig anders argumentiert M.C. Parsons *passim*); hier betont es im Munde des geheilten Blindgeborenen die Identität mit dem vormals Blinden.

[204] Vgl. z.B. B. Lindars, JE 247.

erkennbar, daß der das Brot verteilende Jesus dies austeilen kann, weil er das von Gott zum Leben aus dem Himmel gegebene Lebensbrot selbst ist.[205] So wird, indem dieser Gedanke in der folgenden Rede ausgeführt wird, auf das geschehene Zeichen zurückgeblickt und dieses interpretiert. Insofern das Zeichen in seiner Interpretation durch die Brotrede noch einmal vor Augen bzw. vor die Ohren der Menge gestellt wird, kann überspitzt von einer Erfüllung der Zeichenforderung gesprochen werden.[206] Wie das Zeichen selbst führt auch die Offenbarungsrede zum Widerspruch; dies unterstreicht, daß die Rede des Offenbarers seinen Anspruch nicht unmittelbarer zum Ausdruck bringt als seine Taten.

Die Lektüre der Wundersequenz im Kontext der Lebensbrotrede und des anschließenden Konflikts läßt den textpragmatischen Schwerpunkt der Komposition erkennen.[207] Der Widerspruch gegen die Offenbarung Jesu in Tat und Wort ist die finstere Folie für das Petrusbekenntnis in 6,68f, so daß der Widerspruch in die Erwartung der „Glaubensentscheidung" als Ziel des Brotkapitels mündet.[208] Wenn das Kapitel dennoch nicht mit der Glaubensentscheidung, sondern mit dem Hinweis auf den ‚Verräter' schließt, so wird der Kreis des Mißverstehens und Unglaubens enger gezogen. Auch der, der sich zum Christus als Ermöglichung seines Lebens bekannt hat (vgl. das ἡμεῖς in V.69; Petrus spricht als Repräsentant der ‚Zwölf' und damit als ein Repräsentant der gegenwärtigen [idealen?] joh. Gemeinde), steht in der Gefahr, zum Verräter zu werden und aus der Christus- und der Lebensgemeinschaft auszuscheiden. Das joh. (Lebens-)Brotkapitel, das den legitimen Offenbarer in Tat und Wort in seinem Kommen für die Menschen erzählt und ihn selbst zu Wort bringt, ist *Paraklese* im Dreifachsinn. Es zeigt den von Gott gesandten Offenbarer als umstrittenen Offenbarer: Zum *Trost der Gemeinde* steht der Widerspruch gegen die Christusbotschaft der Gemeinde in der Kontinuität des Weges des Offenbarers. Zur *Ermunterung der Gemeinde* wird in diesem Kapitel an die lebensspendende Bedeutung der Sendung des Offenbarers erinnert, an der die Gemeinde durch ihr Sein in Christus durch den Glauben partizipiert. Auch die *Ermahnung der Gemeinde* kommt zu Wort, indem denen, die erkannt haben, daß der Offenbarer ῥήματα ζωῆς αἰωνίου hat, die Warnung zuteil wird, nicht auf die Seite des Widersachers zu gehören; positiv gewendet enthält dieser Gesichtspunkt die Mahnung zum Bleiben am Offenbarer.

---

[205] Daß schon V.33 auf die Gleichsetzung des vom Himmel herabsteigenden Brotes Gottes mit Jesus zielt, hat U. Schnelle, Christologie 216f, treffend herausgestellt. Dies gilt aber auch entsprechend für V.32[fin]; dafür sprechen die Antithese und das Präsens δίδωσιν.

[206] S.a. M.J.J. Menken, Remarks 146: „Their request a the sign (of the crowd; Vf.) is answered", indem Jesus sich selbst als das geforderte Zeichen vorstellt.

[207] Vgl. im einzelnen meine in Vorbereitung befindliche Monographie zu Joh 6.

[208] Z.B. J. Beutler, Struktur 251. Auch M. Theobald, Häresie 223, bestimmt als textpragmatische Spitze des petrinischen Christusbekenntnisses, daß die Leser-/Hörergemeinde einstimmen soll in die „stellvertretende(.) Antwort des Petrus".

Die Brotrede spricht den Menschen im Rückgriff auf die Speisung in seiner Lebensbedürftigkeit an; als Reaktion auf diese Bedürftigkeit kommt ihm Gott in der Gabe des Lebensbrotes selbst zum Leben nahe. Das Zeichen wird gleichsam durchleuchtet; die hinter dem Zeichen stehende Theologie und Christologie entfaltet; entfaltet wird das Zeichen auch auf seine soteriologische und ekklesiologische Dimension hin. Diese hermeneutische Reflexion über das Zeichen bleibt jedoch nicht theoretisch, sondern geschieht in der *Zusage des Ego Eimi als ich bin das Leben für dich, des von Gott gesandten Offenbarers durch den Text an jeden, der diesen Text im Glauben vernimmt.* Es gehört zu der von Hans Weder angesprochenen Lebenserfahrung der joh. Gemeinde, die sich in Joh 6 ausspricht,[209] daß auch die Abweisung des Zuspruchs als quälendes Problem die Rede wie auch das gesamte Kapitel durchzieht.

Der Evangelist präludiert also die Brotrede durch die beiden Hoheitstaten Jesu. Die Zwischenpassage 6,(25b.)26–29 zeigt eine subtile Verklammerung von Präludium und Opus, also von Speisung und Brotrede. Sie läßt eine sublime Verklammerung der Perspektiven erkennen. Etwas überspitzt kann man in der Brotrede eine Inszenierung des Brotwunders als joh. Semeion sehen. Die Brotrede entfaltet das Speisungswunder so, wie es jemand sehen sollte, der die Speisung als Semeion des Gottessohnes gesehen und verstanden hat.

5.5 Entstehung, Wachstum und Wandel der johanneischen Sequenz von Speisung und Seewandel

Da keine direkte Abhängigkeit des vierten Evangelisten für die Wundersequenz in Joh 6 von den Synoptikern vorliegt, ist für die älteste Phase der Überlieferung mit dem Phänomen der ,*secondary orality*' zu rechnen. Die Tradition bedient sich des synoptischen Erzähltextes, so daß dieser bzw. seine Verlesung den Ausgangspunkt der Überlieferung der frommen Legende bildet, die Jesus als Wundermann am See von Tiberias zeichnet. Die Überwechselung des schriftlich verfaßten Evangeliumstextes in die Oralität führt zu einer weiteren mündlichen Überlieferungsphase dieses Stoffes. Dabei wird dieser Stoff nicht wortwörtlich, sondern sinnentsprechend im Dienst des Interesses seines Erzählers bewahrt und weitererzählt.

Sind im rekonstruierbaren Text Färbungen zu erkennen, die den joh. Überlieferungstendenzen und der Theologie des joh. Kreises entsprechen, beispielsweise die Tendenz, die Souveränität des Offenbarers zu steigern, der Verzicht auf das Motiv des Mitleids und möglicherweise das Zurücktreten der

---

[209] H. Weder, Menschwerdung 377 (= ZThK 339).

Notlage, so muß die joh. Überlieferung nicht direkt von der synoptischen Erzählebene abhängig sein; es kann zumindest nicht ausgeschlossen werden, daß die Tradition mündlich von joh. Tradenten aufgenommen wurde. Eine hinreichend sichere Entscheidung ist nicht möglich.

Dem wird die schriftliche Fixierung der mündlichen Überlieferung gefolgt sein, die die Voraussetzung für die Ergänzung des Feststellungsverfahrens Joh 6,22–25* bildet. Das aus apologetisch-christologischem Interesse ergänzte Feststellungsverfahren unterstreicht die Tatsächlichkeit der wunderbaren Epiphanie als Wunder; die Einfügung setzt vermutlich die Diskussionen um die Messianität Jesu voraus, wie sie die judenchristliche Johannes-Gruppe mit ihrer Muttersynagoge führte. Weniger wahrscheinlich, aber nicht gänzlich auszuschließen ist die Alternative, daß die Einfügung den christologischen Streit des joh Kreises voraussetzt, der in 1Joh gespiegelt ist.

Diese joh. Überlieferung wird durch den Evangelisten, der für Kap. 1–20 verantwortlich zeichnet, als Präludium zur Brotrede, eingegliedert.

Das in der joh. Schule überlieferte Evangelium erfährt Ergänzungen; dazu gehört als späterer Nachtrag zur Wundersequenz der Hinweis in Joh 6,23b, der seinerseits möglicherweise bereits die Anfügung von 6,51cff voraussetzt.

6 Joh 9,1–41. Blindenheilung und ‚johanneischer‘ Aposynagogos

6.1 Beobachtungen zu Kontext, Gliederung und narrativer Struktur der Blindenheilung in Jerusalem

Wird zunächst versucht, die Heilung des Blinden und die unmittelbar anschließende Szene im *Kontext des Evangeliums* zu verorten,[1] so gehört dieses Teilstück in den Abschnitt des vierten Evangeliums, der durch den immer schärfer werdenden Konflikt mit ‚den Juden‘ geprägt ist. Die Fortsetzung der in Kap. 5 begonnenen Auseinandersetzung, die in Kap. 6 durchaus auf einer speziellen Ebene fortgesetzt wird, ereignet sich wiederum in Jerusalem; dieser Ort wird erst in 10,40 verlassen.[2]

Nach der Vorbereitung des Auftretens Jesu am Laubhüttenfest (7,1–13) beginnt eine Kontroverse, die bis zum Verlassen dieser Stadt durch Jesus anhält (10,40–42: Rückkehr an den Jordan, wo der Täufer seine Taufe ausgeübt hat). Damit ist eine Spannungslinie zu sehen, die zunächst in 7,1ff beginnt und bis zum Ende von Kap. 10 führt.[3]

Trotz deutlicher Fortsetzung des Konfliktes (vgl. 9,40f; 10,20 [Wiederholung des Vorwurfs von 7,20].31ff)[4] spielen die Heilung des Blinden und die Hirtenrede, Joh 10,1ff, in dem Zusammenhang dieses Jerusalemer Konfliktszenariums eine Sonderrolle.[5] Im Kern dieser Komposition wird von der Be-

---

[1]   Auch Joh 9 ist ein Objekt von Umstellungshypothesen; z.B. R. Bultmann, JE 236–238 (vgl. D.M. Smith, Composition 155–163) der 9,1–41 auf 8,41–47.51–59 folgen läßt, um den Erzählstrom mit 8,12 und 12,44–50; 8,21–29; 12,34–36; 10,19–21 fortzusetzen. F. Tillmann, JE 127f. 149f, schließt Joh 9 an 7,27 an (Zu den Umstellungshypothesen s.o. S. 53). Auch wenn der argumentative und narrative Fluß in Joh 7f nicht immer hinreichend deutlich ist, so gibt es dennoch keine hinreichende Begründung Kap. 9 in diesen Zusammenhang einzuordnen, was für die Gesamtinterpretation der Blindenheilung Folgen hat.

[2]   S.a. L. Schenke, Joh 7–10, 175.

[3]   S.a. L. Schenke, Joh 7–10, 173 u.ö. für die redaktionelle Gestaltung des Evangeliums.

[4]   Vgl. L. Schenke, Joh 7–10, 174.

[5]   Vgl. L. Schenke, JE 179: „Unbeschadet einer weiteren Untergliederung hat der Autor den gesamten Textkomplex als Einheit konzipiert"; s.a. F.J. Moloney, JE II, 117; J.A. du Rand, Reading 94f; U. Wilckens, JE 153. Anders z.B. M. Theobald, Fleischwerdung 305, der Kap. 8 und 9 nach dem Wort-Tat-Schema zusammenschließt; s.a. aaO. 309: 8,12 wird in Kap. 9 ausgelegt (auch G. Bornkamm, Heilung 67; H. Hübner, Theologie III, 180f; R. Kysar, Story 49; H. Thyen, Ich-Bin-Worte 174f; O. Schwankl 225: zugleich werde die Lichtmetaphorik 3,19–21, die Konfliktszene 1,5 sowie 1,7–9 „illustriert und inszeniert". S.a C.H. Talbert, JE 158). Dies trägt insbesondere dem φῶς-Wort in 9,5 Rechnung, das 8,12 wieder aufnimmt; allerdings taucht das Stichwort ‚Licht‘ in Kap. 9 (und 10) außer in V.5 nicht mehr auf. 9,5 aktualisiert 8,12 im Kontext der Heilung, ist aber nunmehr im Zusammenhang von Wunder, Konflikt und Jesusrede ein entscheidendes Deutesignal.

Neben dem Zusammenhang mit Joh 9 stellt U. Busse, Questions 9, die Affinität von Joh 10 mit Kap. 11 heraus (s.a. Talbert, aaO. 164); m.E. ist trotz bestehender Verbindungslinien der Einschnitt in 10,40–42 ein beachtenswerter Trenner zwischen beiden Kapiteln. Den gesamten Erzählbogen von Joh 7 bis 10,21(! V. 22 mit neuer Festangabe)

drohung der Christus-Bekenner und der Christus-Nachfolger berichtet (9,22.
34; 10,10.12), doch im Gegensatz zu Joh 8f und 10,31ff fehlen Hinweise auf
die Nachstellungen ,*der Juden*' gegen Jesus.[6] Durch eine Klammer zwischen
Hirtenrede und dem Konflikt in Joh 7f in 10,19–30 wird die Blindenheilung
und die anschließenden Rede mit der Erzählung verwoben, indem Stichworte
der Blindenheilung aufgenommen[7] und mit dem Konflikt verzahnt werden.[8]

Joh 8,59 schließt mit der Steinigungsabsicht, die als Gliederungselement in
10,31 wiederkehrt. Mit 10,31 setzt als Konsequenz aus Jesu Handeln und Reden eine Fülle von Nachstellungen ein, die ihn zum Rückzug zwingen. Beide
Steinigungshinweise in 8,59 und 10,31 schildern jeweils abschließende Aktio-
nen ,*der Juden*', die vorangehende Auseinandersetzungen beschließen. Als
Schluß der Schilderung 7,(1–13.)14–10,30 insgesamt[9] ist 10,31ff ausführlicher
gestaltet und durch ein erneutes Gespräch zwischen Jesus und seinen Opponenten ausgebaut. Hier wird der Blick auf die Auseinandersetzung mit den
Opponenten überhaupt geweitet. Dies belegt das semantische Feld ἔργα/
ἐργάζεσθαι (bes. 10,32 u.ö.), das zunächst eine *inclusio* mit 9,3f bildet,[10]
dann aber auch auf 5,17 zurückverweist. Ebenso geht der Vorwurf σὺ
ἄνθρωπος ὢν ποιεῖς σεαυτὸν θεόν (10,33) über 10,30 (ἐγὼ καὶ ὁ πατὴρ
ἕν ἐσμεν; vgl. die Variation 10,38) und 9,3f zurück auf 5,17f; in diesen Versen ist, was implizit in 9,3f (Sichtbarwerden der Werke Gottes im Handeln Jesu und das Tun der Werke des sendenden Vaters) ausgesagt ist, explizit und
polemisch von den Opponenten vorgebracht: Jesus macht sich selbst gottgleich (ἴσον ἑαυτὸν ποιῶν τῷ θεῷ; V.18).

Die *Abgrenzung dieser Einheit* gegenüber den vorangehenden Ereignissen
läßt sich anhand des Ortswechsels (παράγων) und der Veränderung der Situa-

---

will M. Hasitschka 283 Anm. 1 bedacht wissen (s.a. Moloney, Son of Man 145, der die
Blindenheilung als „mid-point in the development of the Gospel from chapters 7 to 11"
versteht).

[6] S.a. L. Schenke, Joh 7–10, 184. – Die Nachstellungen gegen den Geheilten sind zweifelsohne eine Ablehnung des Gesandten, dennoch liegt eine andere Perspektive vor.

[7] Vgl. die Stichworte τυφλός (10,21); Werke (10,25); Leben (10,28). *Wiederum* (πάλιν)
entsteht ein Schisma (vgl. 9,16; doch s.a. 7,43). In der Frage nach der Besessenheit,
10,20f, ist das Problem, ob ein Sünder (9,16.31–33) oder einer, der nicht von Gott her
ist (9,16), einen Blinden heilen kann, gespiegelt. Ebenso kann der Gegensatz, der zwischen dem Ausstoß des Geheilten durch die ,*Juden*' (9,34) und dem Finden und der
Zuwendung Jesu zu ihm (9,35ff) in der Aussage von der Unentreißbarkeit der Seinen
(10,28f) einen Reflex bilden.

[8] Vorwurf der Besessenheit Jesu in 10,20f; vgl. 7,20.

[9] L. Schenke, Joh 7–10, 185, findet in 10,22–39 den „Höhepunkt" des Abschnitts 7–10.
Allerdings sollte im Blick auf die inhaltlich-theologischen Akzente des Textes besser
ausdrücklich von einem *vorläufigen* Höhepunkt des Konfliktes des Offenbarers in der
Welt mit seinen Widersachern gesprochen werden, der die Konfliktkomposition 7–10
beschließt.

[10] Vgl. J.A. du Rand, Reading 98.

tion (der Blinde und sein Schicksal unter dem Handeln des Wundertäters und der Opponenten des Wundertäter) begründen.[11]

Die Bestimmung des Endes der Blindenheilung läßt sich zunächst durch den Hinweis auf V.41 vornehmen;[12] es werden abschließend zentrale Begriffe des Kapitels genannt, die im folgenden Abschnitt nicht mehr vorkommen (das Verb βλέπειν [V.39.41; vgl. 9,7.15.19.21.25]; die Φαρισαῖοι [V.40; vgl. 9,13.15.16]; ἁμαρτία [V.41; vgl. 9,34; s.a. 9,16.24.25.31: ἁμαρτωλός und 9,2.3: ἁμαρτάνω]). Allerdings fehlt in 10,1 ein pointierter Neueinsatz auf der literarischen Ebene,[13] die die Hirtenrede der Blindenheilung folgen läßt und diese somit in einen engen Zusammenhang mit der Blindenheilung und den anschließenden Diskussionen stellt. Dieser *Zusammenhang von Blindenheilung und Hirtenrede* ist auch an der Gliederung des Evangeliums ablesbar, die mit 10,19–21 explizit auf das Heilungswunder 9,1–7 zurückgreift (vgl. μὴ δαιμόνιον δύναται τυφλῶν ὀφθαλμοὺς ἀνοῖξαι, V.21), so daß beide Texte einen Rahmen ziehen und für das Verständnis der Blindenheilung im vierten Evangelium der Gesamtzusammenhang Joh 9,1–10,21 zu beachten ist. 10,22ff schließt den Konfliktkreis Kap. 5–10 ab.

Der *Funktion der Heilung des Blinden im Kontext* ist großes Augenmerk geschenkt worden. Ausgangspunkt ist besonders die auffallende Parallelität zwischen der Heilung des Paralytischen, Joh 5, und der Blindenheilung.[14]

Daher wurden diese parallel strukturierten Kapitel zur Analyse der Struktur und des Aufbaus des vierten Evangeliums in Anschlag gebracht; der parallele Aufbau zeige den Anfang und das Ende eines Abschnitts des Evangeliums an.[15]

Die Übereinstimmungen und Differenzen zwischen der Heilung des Blinden und der Heilung des Lahmen sind häufig beachtet worden; m.E. stellen diese Parallelen ein offenes Problem der Analyse von Joh 9 dar. Die Frage, die sich stellt, ist, wer bzw. welche Überlieferungsphase für diese strukturellen Annäherungen verantwortlich zeichnet. Handelt es sich gar um Varianten einer Geschichte oder dient eine dieser Erzählungen als Vorbild für die Gestaltung der anderen? Welche methodischen Kriterien stehen für die Analyse zur Verfügung?

Wie bereits bei der Analyse der Heilung des Lahmen wird auch im folgenden zunächst weitgehend auf einen Vergleich mit der verwandten Heilungsgeschichte verzichtet. Interessant ist allerdings, daß sich diese Parallelen gerade

---

[11] S.a. J.W. Holleran 11f.

[12] Z.B. pointiert von M. Rein 165, der Kap. 9 gegen Joh 10 abgrenzt; hierzu kritische Bemerkungen M. Labahn, Rez. Rein 415.

[13] Den Rückbezug des Amen-Amen-Wortes betonen vielmehr: z.B. J.H. Bernard, JE II, 348; H. Strathmann, JE 164. Auf das Fehlen eines Orts- und Zeitwechsels sowie einer ausdrücklichen Neueinführung handelnder Personen verweist B. Kowalski 184f.

[14] Vgl. z.B. die Auflistung bei R.A. Culpepper, Anatomy 139f.

[15] Vgl. J.W. Holleran 9: Kap. 5 und 9 bilden eine *inclusio*; s.a. R.A. Culpepper, Exemple 139.

bei zwei Behinderungen zeigen, die nach antikem Verständnis nahezu unheilbar sind, der Paralyse und der Blindheit.[16] In schweren Fällen kann lediglich das Eingreifen der Götter (insbesondere das Eingreifen der bekannten Heilgötter Asklepios, Isis, Sarapis) Abhilfe schaffen.[17] Dort, wo diese Grunderkenntnis durchbrochen wird, wie in der *Heilung eines Blinden und eines Lahmen* durch *Kaiser Vespasian* (*Sueton*, Caes VIII 7,2f; *Tacitus*, Hist. IV, 81; s.a. *Dio Cassius* LXVI 8,1),[18] schreiben diese Legenden dem Wundertäter eine außergewöhnliche Macht zu, die diesen glorifiziert und deifiziert.[19] Heilungen von Lahmen (Mk 2,1ffparr) und Blinden (Mk 8,22–26;[20] Mk 10,46–52parr; Mt 9,27–31) finden sich auch in der synoptischen Tradition. Dies entspricht der gleichermaßen atl.-jüdischen wie auch frühchristlichen Erwartung solcher Wunder in der Endzeit (zum Sehendwerden Blinder: Jes 35,5; 42,7; 61,1;[21] 4Q 521 Frgm. 2 col. II 8;[22] solche Hoffnung wird für die frühchristliche Erwartung aufgenommen und auf die Geschichte Jesu hin aktualisiert: vgl. bes. Mt 11,5; s.a. Lk 4,18; 7,21f). Die Parallelität im Aufbau der Kapitel über die Lahmenheilung und die Blindenheilung stellt jedoch die Frage, ob hier dem joh. Wundertäter Jesus eine besondere *qualitas* zugeordnet wird.

---

[16] Vgl. W. Schrage, τυφλός 273. So erwähnt *Sueton*, Caes VIII 7,2, daß das Ansinnen, einen Blinden und einen Lahmen zu heilen, kaum möglich schien (*cum vix fides esset ullo modo rem successuram ideoque ne experiri quidem auderet*). Ähnliches beobachtet W.D. Hand 81 in Volkssagen: „the cure of blindness itself being almost always regarded as one of the miracles of medicine, and often a miracles of medicine, and often a miracle wrought by God himself, or by the Virgin Mary".

[17] Vgl. W. Schrage, τυφλός 274 mit Belegen. Anders bei Strafblendungen, die durch die strafenden Götter selbst rückgängig gemacht werden können; vgl. Schrage, ebd. (Belege; s.a. O. Weinreich 147f. 189–191).

[18] Die Texte sind auch zusammengestellt in der von Gerhard Delling herausgegebenen Sammlung *Antike Wundertexte* Nr. 5.6 mit Anm. 2.

[19] Ist es bei dieser Begebenheit der ägyptische Gott *Sarapis*, der die Kranken durch eine Weissagung zum Kaiser *Vespasian* schickt, so könnte die Realisierung der angesagten Heilung durchaus als ein Ausdruck dafür gewertet werden, daß in der vorliegenden Erzählung der römischen Herrscherpropaganda *Vespasian* als irdische Verkörperung dieses Gottes auftritt (vgl. H. Bengtson 62). Zur Wundertradition vom heilenden *Vespasian* vgl. auch H.C. Kee, Miracle 130f.180f; B. Kollmann, Jesus 106–109; A. Weiser, Bibel 51ff; sowie ausführlich S. Morenz *passim*, dessen weitreichende Schlüsse der Historizität der Blindenheilung und der Ergänzung der Heilung der Lähmung hier nicht diskutiert werden können.

[20] Zu Frage nach dem Verhältnis von Joh 9,1ff zu Mk 8,22ff s.u. S. 338.

[21] Hierzu auch W. Schrage, τυφλός, 281. 284 (rabbinisch-jüdische Texte).

[22] Vgl. z.B. J. Becker, Jesus 220. Anders aber H. Kvalbein 121f, der für die Erwartung individueller Heilungswunder für die Endzeit negiert: es gibt „überhaupt keine klaren Belege für Heilungswunder an einzelnen Israeliten in der Heilszeit". Die diskutierten Belege seien vielmehr als „bildhafte Ausdrücke für die Restitution des Volkes in seiner Ganzheit zu verstehen" (Zitate: aaO. 122). Entsprechend deutet Kvalbein auch den Qumran-Text: „Die Heilsverheißungen dürfen … nicht auf körperliche Heilungswunder bezogen werden. Es geht um eine bildlich-poetische Darstellung der Erneuerung des Gottesvolkes in der Endzeit".

Der Aufbau des neunten Kapitels ist klar gegliedert. Die Schilderung des Wunders umfaßt Vv. 1–7. Die Schilderung des Heilungswunders wird allerdings durch eine apophthegmatische Diskussion um die mögliche Sünde, die zur Blindheit führte, unterbrochen (Vv. 2–5).

Thematisch ist dieser Exkurs nicht völlig kohärent; die drei zentralen semantischen Felder dieser *digressio* mögen dies illustrieren: ἥμαρτεν (V.2.3), ἔργα/ἐργάζεσθαι (V.3.4) und φῶς. Diese Felder stehen in je unterschiedlichen Bezugsgeflechten. Die Selbstidentifikation Jesu als Licht geht auf 8,12 zurück, wird aber im folgenden nicht wiederholt. Der Themenkreis ἔργα/ἐργάζεσθαι hat eine narrativ vergleichbare Funktion wie in 5,17f und 10,31, so daß hier ein Zusammenhang zu sehen ist. Das Verb ἥμαρτεν repräsentiert das für Kap. 9 wichtige Wortfeld ‚Sünde' (9,34. 41bis: ἁμαρτία; 9,2.3: ἁμαρτάνω; 9,16.24.25. 31: ἁμαρτωλός). Mit dem Sündenvorwurf werden jeweils die drei Hauptprotagonisten der Handlung belegt; zunächst der Blindgeborene durch die Jüngerfrage (9,2f; s.a. V.34), sodann der Heilende (9,16.24f) und schließlich einige der Pharisäer (9,41).[23] Die Wundererzählung selbst verwendet dieses Wortfeld nicht; eine Wendung, die die Sündenvergebung wie in Mk 2,5 zuspricht oder wie in Joh 5,14 vor einer fortdauernden Sünde warnt, ist nicht zu finden. Die Beschuldigung Jesu, ein Sünder (ἁμαρτωλός) zu sein, ist auf den Zusammenhang der Auseinandersetzung um die Heilung beschränkt. Terminologisch ist dies auffällig; allerdings ist diese Anklage dadurch vorbereitet, daß Jesus seinerseits durch eine rhetorische Frage seine Sündlosigkeit herausstellt: 8,34. Starke Affinität zum Kontext hingegen kommt dem Tadel der Blindheit an die Pharisäer zu. Fällt am Ende von Kap. 9 der Vorwurf der Sünde auf die Pharisäer zurück, so illustriert dies einerseits Jesu Hinweis auf die andauernde Sünde in 8,21 (Pharisäer V.13; dann aber reagieren V.22 ‚die Juden') und der Kritik der Sündenknechtschaft in 8,34 (hier als ‚die Juden' angeredet),[24] andererseits ordnet es die Frage nach der Sünde von 9,2f in ein anderes Koordinatenkreuz ein: Sünder ist der, der sich gegenüber dem Offenbarer verweigert.[25] Wer vorgibt zu sehen und den Offenbarer nicht erkennt, wird als blind und damit als Sünder gebrandmarkt. Gemeinsam ist dem inneren Spannungsfeld von Sünde und Blindheit in Joh 9 sowie dem Vorwurf der Sünde in Joh 8 der christologische Begründungsrahmen, wobei aber in besonderem Maße das spannungsvolle Nebeneinander von körperlicher und geistlicher Blindheit in Verbindung mit dem Thema der Sünde als Rahmen von Kap. 9 zu betrachten ist. Dem Tadel der Blindheit, der gegen eine Gruppe der Pharisäer gerichtet wird (V.40f), steht das Thema der Heilungspassage entgegen, das als Intention der Behinderung des Blindgeborenen angegeben wird: ‚*damit die Werke Gottes an ihm offenbar werden*' (V.3).[26] Die Behinderung wird im Blick auf die Heilung angesprochen. Die Last des Blindgeborenen ist eine Last, an die die Werke Gottes und zwar im Handeln seines Gesandten offenbar werden sollen. D.h. in der Heilung des Blinden ist Jesus als der Gottes Werke Wirkende sichtbar und *seh*bar geworden; wer dies nicht sieht, so zeigt die Klammer des Themas der Sünde an, ist dem Vorwurf der geistigen Blindheit ausgesetzt.

Ist das Thema der Sünde durch die Beschuldigungen in Kap. 8 explizit vorbereitet, so erfährt der Vorwurf spiritueller Blindheit als Verweigerung gegenüber dem Anspruch des von Gott gesandten und von ihm her kommenden Offenbarers eine weitere theologische Deutung in Joh 12,40.[27]

---

[23] S.a. M. Hasitschka 285: In der Jüngerfrage klinge „ein durchgehendes Thema von Joh 9 an: <u>Wer</u> begeht Sünde?" Vgl. auch D.A. Lee 170.

[24] S.a. L. Schenke, Joh 7–10, 180.

[25] S.a. J.M. Lieu, Blindness 84.

[26] Vgl. z.B. J.L. Resseguie 116.

[27] Diesen Zusammenhang stellen z.B. heraus: H. Hübner, Theologie III, 183; J.M. Lieu, Blindness 84f.86; s.a. M. Hasitschka 330. 335.

An die den Wunderbericht abschließende Feststellung der Gewinnung der Sehfähigkeit schließen sich vier Redegänge an: Vv.8–12.13–17.18–23.24–34.[28]

Die einzelnen Redegänge werden durch erzählerische Brücken eingeleitet, die als Exposition des jeweiligen Diskussionsganges dienen: V.8a (die Identifikation des Geheilten als ehemals Blinden vorbereitender Erzählkommentar: Es sind Leute, die ihn von früher, d.h. vor der Heilung kannten); V.13f (Erzählkommentar mit Ortswechsel und Konfliktvorbereitung); V.18 (Erzählkommentar, der über den Zweifel hinsichtlich der Identität des Geheilten berichtet); V.24a (Herbeirufen des Geheilten, das unmittelbar an den abschließenden Erzählkommentar V.22f anschließt. Wird hier das im vorhergehenden Dialog berichtete Verhalten der Eltern des vormals Blinden analysiert, so ist dieser Kommentar Bestandteil des dritten Redeganges. Insofern aber die Anrede des Geheilten sich dem in diesem Kommentar vorgestellten und begründeten Verhalten unmittelbar verdankt [Aufnahme des vorausverweisenden Imperatives αὐτὸν ἐπερωτήσατε von V.21: αὐτὸν ἐρωτήσατε], weist es auf die folgende abschließende Auseinandersetzung zwischen ‚den Juden‘ und dem Blindgeborenen voraus.).

Dem Wunderbericht und den vier Redegängen folgen zwei weitere Szenen, zunächst das durch Jesu Initiative herbeigeführte Bekenntnis des Geheilten zu Jesus als dem Menschensohn, 9,35–38, und schließlich das vorläufig abschließende Streitgespräch zwischen Juden und Jesus, V.39–41.[29] Danach ist die Hirtenrede (Joh 10) zu beachten.

---

[28]   Zur mit großer Übereinstimmung vertretenen Gliederung vgl. z.B. G.R. Beasley-Murray, JE 152; J. Blank, JE 1b, 192. 196.198; G. Bornkamm, Heilung 69ff; s.a. M. Hasitschka 292–294; F. Hirsch, Studien 81; J.W. Holleran 14; M. Rein 57. 170–173 (als Glied seiner narrativen Analyse); J.L. Resseguie *passim*; R. Kysar, Story 49ff; L. Schenke, JE 180; J. Schneider, JE 187; F. Schnider, Jesus 200; D.M. Smith, JE 36f; U. Wilckens, JE 156; H. Windisch, Erzählungstil 181 (Style 33). Auch D.A. Lee 165, die in Kap. 9 drei Akte unterscheidet, folgt im wesentlichen dieser Gliederung; sie erhält allerdings nicht sieben Szenen wie die meisten Exegeten, sondern acht, da sie das Wunder selbst in zwei Szenen untergliedert (1–5: Diskussion, die die „basic polarities of the narrative" einführen; V.6f: Heilung); s.a. F.J. Moloney, JE II, 118; neben der Unterteilung der Wundergeschichte fällt die achte Szene auf, die Joh 9,39–10,21 umgreift; B.J. Malina/ R.L. Rohrbaugh, JE 169, trennen Vv.1–5 und 6–12, folgen aber sonst weitgehend dem genannten Schema. Anders J. Bligh, The Man Born Blind 129f. 136f, der zwischen V. 13 und V.14 trennt. Grundsätzlich anders strukturiert hingegen E. Leidig 218–220, die Joh 9 als „Glaubensgespräch" versteht (1–6; 7–17a; 17–37; 38–41). Dabei werden die textinternen Gliederungssignale ignoriert und ein Schema von außen an den Text herangeführt. Besonders problematisch ist die Abtrennung zwischen V.6 und 7 (*Durchführung* des Wunders), aber auch V.38 kann nur künstlich von seiner Vorbereitung in V.35–37 abgeschnitten werden.

[29]   Vergleiche die vorherige Anm. Zur Abgrenzung zwischen V.38 und V.39 vgl. auch J. Blank, Krisis 252; J.W. Holleran 13. E. Hirsch, Studien 81, trennt zwischen V. 39 und 40; s.a. M. Rein 57; S. Schulz, JE 144.147; M. Kotila 63; L. Schenke, JE 179. Allerdings sind beide Verse durch das Stichwort τυφλοί (jeweils Pl.) und den ausdrücklichen Rückbezug ἤκουσαν ... ταῦτα verbunden Anders auch B. Witherington, III, JE 180, der das Bekenntnis des Blinden und das abschließende Streitgespräch als Einheit nimmt. Die siebente Szene läßt L. Schenke, Joh 7–10, 186, sogar von 9,40–10,21 verlaufen (auch H. Strathmann, JE 163); damit wäre nicht nur die Hirtenrede eine unmittelbare Fortsetzung der Blindenheilung, sondern auch das zweite Schisma nach 7,43 (s.a. 9,16), das in dem Vorwurf der Besessenheit gipfelt.

Die Erzählung beginnt mit der Perspektive des Wundertäters. Es entspricht dem narrativen Fluß des Gesamtwerkes, daß der Protagonist der ersten Verse dieses Abschnitts nicht erneut mit Namen eingeführt wird. Auffällig jedoch ist seine zeitweilige Abwesenheit, die immerhin die Vv.8–34 und damit vier der sieben Szenen umfaßt.

Ludger Schenke sieht hierin ein Element der Verborgenheit, das seine Wurzel in 7,10 (αὐτὸς ἀνέβη οὐ φανερῶς) habe.[30] Tatsächlich zwingt die Drohung der Steinigung in 8,59 Jesus aus der Öffentlichkeit in die Verborgenheit, was ihn jedoch nicht an einer Heilung hindert. Dem Wunder fehlt allerdings, abgesehen von den beiden anderen anwesenden Personengruppen der ersten Szene, dem Blinden und den Jüngern, eine größere Öffentlichkeit. Immerhin sollte aber auch nicht übersehen werden, daß in 9,8ff die Perspektive völlig wechselt; hier gerät zunächst die Person des Blinden in den Vordergrund, dem in der anderen am folgenden Konflikt partizipierenden Gruppe, die zunächst als Pharisäer (9,13.15.16; wieder V.40), dann als ,die Juden‘ bezeichnet wird (9,18.22[bis]), ein mächtiger Widerpart erwächst. Derjenige, der zunächst in Entsprechung zu den Anordnungen des Heilenden uneigenständig handelt,[31] wird zu einer eigenständigen Erzählfigur.[32]

Auffällig hoch und vielfältig ist die Zahl der Beteiligten in der Erzählung der Blindenheilung. Neben den in der ersten Szene, der Schilderung des Wunders (Vv.1–7)[33], genannten Personen, einem nicht namentlich genannten *Anthropos*, der von Geburt an blind war, *Jesus* und seinen *Jüngern*, werden

---

J. Painter, Messiah 316f, rechnet V.39 zum Abschluß der Wundergeschichte durch den Evangelisten, die abrupte Einführung der Pharisäer spreche für den Nachtragscharakter von V.40f (s.a. I. Dunderberg, Johannes 180; Kotila 63f). Die historisierende Deutung dieser Entwicklung ist methodisch sehr interessant („This layer of the Gospel [vv.40–41] justifies the separation which had taken place": Painter, aaO. 317); allerdings scheint mir der Vergleich mit Joh 5 der literarkritischen Argumentation die Schärfe und damit der historischen Rekonstruktion die Grundlage zu nehmen. Das Wort Jesu an die Juden in Joh 5,17f ist nicht weniger überraschend als die Reflexion der Pharisäer in 9,40, und dennoch wird mit beiden Stücken eine wichtige Deutungskategorie für das Wunder und die Auseinandersetzung darüber vorgelegt. Weder 5,17f noch 9,40f sind der Komposition der jeweiligen Szenen durch den Evangelisten abzusprechen.

[30] L. Schenke, Joh 7–10, 178.
[31] Vgl. z.B. J. Becker, JE I, [1]317. [3]372.
[32] S.a. D.M. Smith, JE 41: „the real hero of the story". Allerdings wird unten eine etwas anders gelagerte Interpretation der Figur des Blindgeborenen gegeben. Nicht als „Jew who stubbornly clings to his confession of Jesus", sondern als am Bekenntnis festhaltendes exemplarisches Glied des bedroht sehenden Gemeinde wird der ehemals Blinde dort vorgestellt (hierzu s.a. R.E. Brown, Community 72: „This blind man is acting out the history of the Johannine community"; L. Schenke, JE 187).
[33] J.L. Staley 64, mahnt aufgrund von V.2–5 die Priorität der Bezeichnung „pronouncement story" ein; das Wunder siedelt er in V.6f an (aaO. 65). V.1 ist aber die Voraussetzung zu der Schilderung des Wunders in V.6f. Diese Schilderung ist sekundär erweitert worden, wohl durch ein ursprünglich isoliertes Logion. Der Dialog ist auf der literarischen Ebene im Kontext mit dem folgenden zu lesen und so auch kein eigenständiges Apophthegma. Überhaupt scheint mir stärker mit Redematerial auch im Erzählstoff zu rechnen zu sein, ohne daß deshalb eine andere Gattungsbestimmung gewählt werden sollte (vgl. Mt 8,5ff par Lk 7,1ff; Joh 4,46ff).

die Nachbarn des Blinden, Personen, die diesen als Bettler gesehen haben, seine Eltern, die Pharisäer und ‚*die Juden*' erwähnt.

Von den drei Personen bzw. Personengruppen, die im ersten Teil der Erzählung, der Heilung, handeln, treten immer nur zwei miteinander in direkten Kontakt. Zunächst wird der Blindgeborene von Jesus gesehen (V.1), dann folgt der kurze Dialog zwischen Jesus und seinen Jüngern (V.2–5) und abschließend die Schilderung des Handelns des Wundertäters an dem Blindgeborenen und der Erfolg (V.6f).

Auffällig ist die relativ stabile Benennung des *Blindgeborenen* in der weiteren Erzählung, die im wesentlichen auf die Angaben aus der Einführung in 9,1 rekuriert. Sein Name wird allerdings keiner Erwähnung wert gefunden.

Joh 9,13 ergänzt die enklitische Partikel ποτέ im Rückblick auf die erfolgte Heilung; sonst variieren die wechselnden Bezeichnungen lediglich das in V.1 gebotene Vokabular. Zwei Ausnahmen bilden 9,8 und 9,18. In V.8 wird der Geheilte singulär in diesem Abschnitt als Bettler (προσαίτης; im NT nur noch in der Heilung des blinden Bettlers Bartimäus, Mk 10,46) bezeichnet. In V.18 werden die auftretenden Eltern durch ihren Sohn als γονεῖς αὐτοῦ τοῦ ἀναβλέψαντος, d.h. der ehemals Blinde selbst als ἀναβλέψας, gekennzeichnet.[34] Beide Bezeichnungen werden durch das stammverwandte Verb aufgenommen (V.8) oder vorbereitet (V.18).

Erstaunlich ist der Wechsel in der Darstellung des vormals Blinden. Im Zusammenhang der Erzählung des Wunders, 9,1–7, unterscheidet sich diese Charakterisierung kaum von der des Lahmen in 5,2ff. Vor allem aber in Vv.8–34 ergibt sich ein anderes Bild; hier wird der Blindgeborene zu einer eigenständigen *dramatis persona* entwickelt.[35] Der Geheilte agiert in diesem Abschnitt, zumeist auf Fragen reagierend, zunächst defensiv, insofern er auf Geschehenes zurückverweist (V.11.15; auch V.25 und 30; V.10 ist eine Identifikationsformel). Schließlich handelt er auch aktiv und übernimmt die Initiative, indem er eigenständige Schlüsse aus dem Geschehen zieht (V.17: προφήτης ἐστίν), eine Rückfrage stellt (V.27) und eine persönliche Interpretation des Geschehens vorlegt (Vv.30–33).[36] In

---

[34] Zur wechselnden Kennzeichnung des von Geburt an blinden Anthropos im weiteren Verlauf der Erzählung vgl. die Auflistung von M. Rein 19 (hierzu auch M. Labahn, Rez. Rein 415).

[35] Für diesen Abschnitt trifft es im Blick auf die handelnden Personen durchaus zu, daß der Blindgeborene „the center of action" darstellt (J.L. Resseguie 116). Davon ist jedoch das thematische Schwergewicht zu unterscheiden, das in der Diskussion um die Tat und um die Identität des Blindgeborenen und nunmehr Sehenden immer auch um die Person des Wundertäters kreist (vgl. E. Haenchen, JE 381; J. Blank, Krisis 255). Eine gewisse Konkurrenz zu diesem Schwergewicht ergibt sich durch die Notiz V.22, die das Verhalten gegenüber dem Wundertäter zum Thema macht, indem das Bekenntnis zu ihm als ein die äußere Existenz bedrohendes Handeln ausgewiesen wird; hier ist eine zweite Spitze zu erkennen, die bei der literarischen, der literarkritischen und der historischen Analyse nicht übersehen werden darf.

[36] Daher kann eine narrative Entwicklung des Charakters der *dramatis persona* angenommen werden: J.L. Resseguie 119. Die positive Aussage in V.17 sperrt sich allerdings gegen die Annahme einer linearen Entwicklung des Charakters; zudem geht es nicht um die Darstellung der Reife einer Person, sondern um ihr Verhalten in bezug auf den Gesandten gegenüber anderen Figuren der Handlung. Daher scheint mir die Feststellung „(t)he narrative's development of the healed man's character is actually the development of his personhood" (ebd.; s.a. 121f) zu pointiert und zu stark am modernen Literaturbegriff orientiert.

Vv.35–38 variiert dies Bild insofern, als hier das erzählerische Schwergewicht wieder auf dem Wundertäter liegt, der jetzt erneut die Erzählbühne betritt. Jesus ist nunmehr als der gekennzeichnet, der auf den ‚*Hinauswurf*' des Blindgeborenen reagiert (vgl. V.34 mit V.22) und ihn in dieser Situation ‚*findet*'. Jesus bleibt die die Handlung regierende Figur auch über diese Passage hinaus bis 10,18. Der Blindgeborene reagiert auf die Anfragen Jesu in angemessener Form; ja, die Proskynese in 9,38 geht sogar über die Frage nach dem Glauben hinaus und zeigt die Akzeptanz Jesu, geradezu als Gott,[37] durchaus in einer gewissen Eigenständigkeit.

Im ersten Abschnitt ist die Aktivität auf *Jesus und seine Jünger* konzentriert. Die Jünger führen das Thema der ‚*Sünde*' ein, das in 9,34 wieder aufgenommen wird (V.41 geht auf die Sünde der Opponenten und schließt damit an 8,21.24 an; die Bezeichnung Jesu als ἁμαρτωλός begegnet nur in 9,16.24f, bildet aber eine enge Parallele zu den Diskussionen in 8,46). Zuletzt traten die Jünger im JE in Kap. 6 an der Seite Jesu auf,[38] um wiederum in 11,7 als Ansprechpartner Jesu zu erscheinen.

In Kap. 9 handeln die Jünger nicht mehr, wenngleich das Stichwort μαθητής in der Auseinandersetzung zwischen den Pharisäern und dem Geheilten in V.27f wiederkehrt; hier allerdings als Leitwort für die Mosejüngerschaft der Pharisäer, die an Joh 8,33ff (Beanspruchung der Abrahamskindschaft als Heilsgarant in der Auseinandersetzung um die Heilsbedeutung des Gesandten) erinnert. Anders als in Kap. 8 wird aber in Joh 9 der Anspruch der Heilsjüngerschaft durch den Rekurs auf eine atl.-jüdische Autorität nicht kritisch hinterfragt, sondern durch ein eigenes Gruppenbewußtsein, das in der Antwort des vormals Blinden aufscheint, flankiert. Auch an 8,31 wird erinnert;[39] das Jüngersein ist durch das Bleiben im Worte Jesu charakterisiert. Disqualifiziert der Geheilte trotz der Androhung des Synagogenausschlusses (V.22) nicht den Wundertäter, so kann dies durchaus im Licht von 8,31 als Bleiben im Wort Jesu gelesen werden, auch wenn das Stichwort πιστεύω in Joh 9 erst mit V.35 begegnet.[40]

Die Jünger Jesu sind nicht mehr als Stichwortgeber; ihr Auftreten hebt im Kontext des Evangeliums einige Fazetten für den Leser hervor;[41] zusammen mit den weiteren Aussagen kann 9,2–5 als eine Art Signal für die Leser des folgenden Abschnitts, eine Leseanweisung, verstanden werden.

Der in 9,1 implizit genannte *Wundertäter Jesus* (9,1 geht auf 8,59 zurück und setzt diesen Vers in der vorliegenden Komposition voraus) handelt als Lehrender (sentenzartige Unterweisung) und als Heilender. Er antwortet den

---

[37] Vgl. *Philostratus*, VitAp VII 21. Im Kontext der Auseinandersetzung mit Domitian und der Anklage gegen Apollonius tritt ein Chiliarch auf und entnimmt der Rezeption der Proskynese durch Apollonius nach der Heilung der Stadt Ephesus von der Pest (ἰάσω τοῦ λοιμοῦ), daß sich Apollonius als gottgleich dünkt (τὸ γὰρ προσκυνεῖσθαί σε ὑπὸ τῶν ἀνθρώπων διαβέβληκεν ὡς ἴσων ἀξιούμενον τοῖς θεοῖς).

[38] Joh 7,3 erwähnt die Jünger, denkt aber an einen weiteren Personenkreis, da die Brüder Jesu diesen nach Jerusalem wünschen, damit er dort den Jüngern seine Zeichen offenbare; vgl. dazu jedoch 2,11.

[39] J.W. Holleran 10.

[40] Joh 9,18 ist ein Beleg für πιστεύω im profanen Sinn als ‚*für wahr halten*'.

[41] S.a. die Charakterisierung der Jünger bei J.W. Holleran 19, der beispielsweise in der Anrede ‚Rabbi' die Autorität Jesu hervorgehoben sieht.

Jüngern (V.3–5) und heilt den Blinden (V.6f). In diesem ersten Abschnitt ist der blinde Mensch gänzlich Objekt; die Jünger urteilen (wenngleich in Frageform) über ihn, Jesus handelt an ihm und weist ihn an. Auch die Ausführung des Befehls, V.7c, verbleibt im Bereich der Anordnung und ist somit im strengen Sinne keine eigenständige Aktivität.[42]

Der Wundertäter ist in den folgenden Abschnitten 9,8–34 der offensichtliche Gegenstand der Auseinandersetzung (V.10–12.15–17.21.24ff), begegnet aber als *dramatis persona* erst wieder in V.35ff bei der zweiten Begegnung mit dem Blindgeborenen; dennoch ist es seine Person und das Verhalten ihr gegenüber, die dem Konflikt in 9,8ff den Stempel aufdrückt.[43] Die Wiederbegegnung des Wundertäters mit dem Geheilten findet im ausdrücklichen Bezug auf die Zwischenpassage statt, da V.35 den in V.22 angedrohten und in V.34 vorgenommen Ausschluß aufnimmt (ἐξέβαλον αὐτὸν ἔξω).

Im folgenden Gespräch werden als weitere Gruppe die *Nachbarn des Blinden* neu eingeführt. An diese Gruppe angehängt sind *die, die ihn früher als Bettler gesehen haben* (V.8 und wieder V.10; erst hier treten die beiden Gruppen, nunmehr als eine Einheit behandelt, in Kommunikation mit dem ehemals Blinden). Diese Gruppe unterteilt sich in unterschiedliche Untergruppen, die sich durch ihre Aussagen über den Geheilten differenzieren lassen (V.9). Das Auftreten der Nachbarn und der Bekannten ist begrenzt auf den Abschnitt Vv.8ff.

Es lassen sich zwei unterschiedliche präparierende Aspekte in der Passage 9,8f ausmachen. Die Bestreitung der Identität des Sehenden mit dem blinden Bettler bereitet die Identifikation des Blinden durch seine Eltern in V.19 (mit V.18) und damit auch die Auseinandersetzung vor den Pharisäern vor.[44] Zugleich wird das Thema der Realität des Wunders eröffnet und unterstrichen.[45] Sprachlich fällt das adverbielle τὸ πρότερον auf, das außerhalb des JE (hier und 6,62; 7,50) im NT nur noch 1Tit 1,13 und wohl auch Gal 4,13[46] begegnet. Das in V.12 geäußerte Unwissen über den Aufenthaltsort Jesu[47] erklärt

---

[42]   Anders allerdings J.L. Staley 65; M. Rein 121f; U. Schnelle, Christologie 133; C.H. Dodd, Tradition 183 („the cooperation of the patient is demanded"; eine Kooperation, die Dodd allerdings ohne signifikanten Anhalt am Text in 9,1–7 als Zeichen des Glaubens bewertet.). Schnelle verbindet damit literarhistorische Entscheidungen. V.7c ist auf eine Fortsetzung hin angelegt, in der der Blinde selbst handelt (s.a. E. Haenchen, JE 378).

[43]   S.a. O. Schwankl 224f: Jesus „zwingt … allen Beteiligten die Frage auf, wer er ist".

[44]   Vgl. z.B. E. Haenchen, JE 379; s.a. R. Bultmann, JE 253.

[45]   Vgl. J.W. Holleran 19.

[46]   Hierzu W. Bauer/K. u. B. Aland, Wb 1445: 1β.

[47]   Dieses Unwissen wird oft als eine Stufe in dem Prozeß wachsender christologischer Erkenntnis und wachsenden Glaubens des Blindgeborenen angesehen; es zeige seine fehlende Kenntnis über Jesus, der ihn geheilt habe (vgl. z.B. D.A. Lee 173). Damit wird der Blindgeborene dem Lahmen angeglichen. Allerdings ist die jeweilige Unkenntnis auf einen anderen Problemkreis gerichtet: 5,12f läßt die τίς-Frage unbeantwortet, 9,12 die ποῦ-Frage. Daher läßt sich das Unwissen nicht unmittelbar parallelisieren, und es ist zudem schwierig, 9,12 direkt mit einem christologischen Unwissen zu identifizieren (vgl. zu dieser Differenzierung auch R.F. Collins, John 365).

dessen Verschwinden aus der folgenden Handlung, bereitet aber auch seine Rückkehr auf die Erzählbühne in V.35ff vor; zu dieser Rückkehr gibt es eine enge Erzählparallele in 5,14 (εὑρίσκει αὐτὸν ὁ Ἰησοῦς; vgl. 9,35: εὑρὼν αὐτόν).

Als übergeordnete Urteilsinstanz werden die *Pharisäer* eingeführt, indem der Geheilte ihnen vorgeführt wird (V.13: ἄγουσιν αὐτὸν πρὸς τοὺς Φαρισαίους τόν ποτε τυφλόν.). Der Grund hierfür wird unmittelbar nachgereicht; es geht um einen Fall von Sabbatverletzung, zu dessen Beurteilung die Pharisäer als anerkannte Instanz in Gesetzesproblemen befragt werden (V.14: ἦν δὲ σάββατον ἐν ᾗ ἡμέρᾳ τὸν πηλὸν ἐποίησεν ὁ Ἰησοῦς καὶ ἀνέῳξεν αὐτοῦ τοὺς ὀφθαλμούς; s.a. V.15f). Das zeigt sich auch daran, daß die Pharisäer besonders an der Erwähnung des Sabbat haften, der nur V.14.16 genannt wird. Der ehemals Blinde wird nunmehr wieder durch Hinweise auf sein Blindgewesen-Sein gekennzeichnet (9,13.17.24; s.a. V.18); darin kann eine Vorbereitung auf V.41 gesehen werden (vgl. auch die Wiederaufnahme der Pharisäer in V.40).[48] Im weiteren Verlauf des Konflikts werden die Pharisäer in eine zweite Gruppe eingegliedert, *‚die Juden'*.[49] Diese Gruppe verhält sich wie die Pharisäer, indem sie den Geheilten zur Rede stellt; andererseits ist ihr Verhalten jedoch eindeutig feindlicher, da bei ihnen kein *‚Schisma'* in der Beurteilung der Heilung berichtet wird (anders im Fall der Pharisäer: V.16).[50] Unerwartet wird unkommentiert eine Selbstbezeichnung dieser Gruppe in V.28 genannt: Sie seien μαθηταὶ τοῦ Μωϋσέως. Neben den Pharisäern werden *die Juden* die zweite zentrale Gruppe, die in Auseinandersetzung mit dem anderen Hauptprotagonisten, dem Geheilten, steht.

Gegenüber diesen Gruppen sind die *Eltern* des Blindgeborenen (V.18ff) eine eher untergeordnete Personengruppe, mit der allerdings das Thema des Synagogenausschlusses verbunden ist. Sie bestätigen die Realität des Wunders durch das Attest der Identität des vormals Blinden mit dem nunmehr Geheilten. Ihr Verhalten dient als Hinweis auf das Risiko, sich zu Jesus als Messias zu bekennen.

Die Betrachtung der Handlungsebene zeigt überraschende Dissonanzen. Zunächst ist festzuhalten, daß das Wunder der Blindenheilung in 9,7 ausdrücklich festgestellt wird. Auch die Begegnung des Blindgeborenen mit den

---

[48] Vgl. J.L. Staley 66.

[49] Insbesondere M. Rein 88ff setzt sich für eine kompositorische Variante ein, die einen den Konflikt steigernden Charakter hat. Sprachlich ist die Verwendung der Pharisäer durchaus im vierten Evangelium geläufig. Der Wechsel der Bezeichnung gleicher Personengruppen kann nicht ausgeschlossen werden. Dennoch ist dieser Wechsel auffällig und muß für die weitere Analyse beachtet werden. Besonders Gewicht erhält der Wechsel vor allem in der Analyse von U.C. von Wahlde, Version 110ff, bes. 112f; vgl. ders., Terms 248ff; 9,18–23 wird daher vom Kontext abgehoben und der zweiten Edition zugeschrieben.

[50] Vgl. U.C. von Wahlde, Terms 249.

Menschen, die ihn zuvor als Bettler gekannt haben, bestätigt dies zunächst (V.8). Doch tritt neben das Erkennen des Wunders ein Element der Bezweiflung seines Geschehen-Seins (V.9). Dies ist vor dem Kontext betrachtet nicht ein Ausdruck der Verwunderung über die Größe des Wunders, sondern bereitet die Bestreitung des Wunders selbst vor (V.18ff). Die Bekannten und Verwandten des Blinden scheinen mit diesem Handlungsstrang fest verbunden zu sein, da nur sie über den Streitpunkt, an dem das Geschehen-Sein des Wunders aufgehängt wird, der Identität von Blindgeborenem und nunmehr Sehendem, Auskunft geben können. Der andere Handlungsstrang setzt seine Auseinandersetzung um das Wunder am Problem der Sabbatübertretung an. Dieser Zeitpunkt wird aber erst sekundär an das Wunder herangetragen, das selbst nicht eindeutig datiert ist und keinerlei Hinweise auf diesen speziellen Tag enthält. Gefragt werden kann, ob die Handlungen, die Jesus am Blindgeborenen ausführt, eine besondere Nähe zur Sabbatthematik haben, insofern sie an diesem Tag verboten wären. Es läßt sich in der Tat zeigen, daß einzelne der Taten Jesu zur Heilung des Blindgeborenen wenigstens hinsichtlich ihrer Durchführbarkeit am Sabbat diskutiert, wenn nicht ausdrücklich verboten sind.[51]

Aber die folgende Analyse wird auch deutlich machen, daß dieses Kriterium nicht ausreicht, eine Formulierung des Wunders auf den Sabbat hin zu behaupten. Die Handlungen Jesu haben eindeutige Parallelen in antiken medizinischen Praktiken und Wunderheilungen,[52] so daß sie durchaus Teil einer nicht auf den Sabbat hin orientierten Wundererzählung sind.

Überraschend ist weiterhin, daß die Sabbatproblematik selbst nicht wirklich diskutiert wird. Zudem wird dieses Problem durch die Bestreitung des Wunders vernebelt. Wird dem Wundertäter das Wunder nicht zugetraut, so stellt sich die Frage, was an diesem Sabbat geschehen ist. Die Bedrohung durch den Aposynagogos stellt ein weiteres Problemfeld dar, das nicht unmittelbar auf das Wunder bezogen werden kann, aber durchaus eine Affinität zur Auseinandersetzung mit dem Geheilten und den jüdischen Opponenten hat.

Fassen wir die narrativen Beobachtungen am Text im Blick auf die in dieser Arbeit leitende formhistorische Fragestellung zusammen, so sind vor allem Fugen und Sprünge sowie Kontextorientierungen von Interesse. Die Analyse des narrativen Gerüstes und der Affinität des Konfliktes um die Blindenheilung ergibt zunächst den Eindruck einer zielorientiert erzählten Geschichte, die dem Fluß der Gesamterzählung des vierten Evangeliums nahesteht und sich in diesen einfügt. Ohne dies zu bestreiten, ergeben sich jedoch auch verschiedene Spannungen, die an eine Vorgeschichte der Blindenheilung denken lassen. Bereits bei der Analyse des Aufbaus wurde auf strukturelle Probleme des nicht spannungsfreien Exkurses in Vv.2–5 gewiesen. Darüber hinaus zeigt vor allem die Heilung selbst wenig Affinität mit dem Kontext. Tatsächlich

---

[51] S.u. S. 350.
[52] S.u. S. 327ff und 336.

spielt auch der Konflikt um den Blindgeborenen eine Sonderrolle in einem Abschnitt, der insbesondere um die tödlich ausgehende Auseinandersetzung Jesu mit ,den Juden' kreist. Auch die Personen, die in diesem Konflikt eine Rolle spielen, nehmen unterschiedliche Funktionen wahr: Einige haften an der Bestreitung der Realität des Wunders, die sich mit dem Streit um den Sabbat reibt. Nicht zuletzt ist gerade auch die Erwähnung des Sabbats überraschend, die an Joh 5 erinnert.

Auch wenn das Entstehungsmodell des Konflikts um die Heilung des Lahmen nicht auf Joh 9 zu übertragen ist, bleibt aber immerhin beachtenswert, daß der Sabbat auch dort sekundär angefügt wurde und daß der Evangelist den Konflikt durch eine Rede fortsetzte. Analoge Beobachtungen lassen sich für den Streit um die Blindenheilung machen. Interessant ist im Blick auf die handelnden Personen auch die Wiederbegegnung Jesu mit dem Geheilten, zu der es eine Parallele in 5,14 gibt.

Die Analyse wird an diesen Beobachtungen anzusetzen haben, wie auch an der Spannung zwischen der Bestreitung des Wunders und der Sabbatthematik, die den Vorwurf an Jesus, ein ἁμαρτωλός zu sein, auslöst. Nicht unwichtig ist auch die Beantwortung der Frage, wie sich die Bedrohung mit dem Aposynagogos zum Kontext und zu den entsprechenden Stellen im Evangelium verhält (12,42; 16,2).

6.2 Die Blindenheilung

Die Frage nach dem ältesten Traditionsbestand in Joh 9 stellt den Exegeten vor eine Reihe von Problemen. Der gegenwärtige Text ist deutlich erkennbar vom vierten Evangelisten gestaltet und seiner Schilderung des paradigmatischen Konfliktes des Gesandten mit den Juden zugeordnet. Das vorgegebene Material ist eingewoben in einen neuen Erzählzusammenhang, so daß mit noch größerem Recht als bislang von einer Nacherzählung oder Neuerzählung der Wundertradition gesprochen werden kann.[53] Dies aber bedeutet, daß der rekonstruierte Grundbestand nicht direkt auf eine alte Geschichte zurückschließen läßt, da die Verarbeitung des Evangelisten mit weitergehenden Veränderungen rechnen läßt. Für die Frage nach der möglichen Rekonstruktion erweist sich zudem die strukturelle Nähe zum Aufbau von Joh 5 als ein Problem, da die Frage zu stellen ist, ob diese Strukturparallelen auf die Hand des Evangelisten oder auf eine ähnlich aufgebaute Tradition zurückzuführen sind; dann wäre mit einer vergleichbaren Vorgeschichte der Blindenheilung zu rechnen.

Die exegetische Literatur läßt hinsichtlich des vermutlichen Grundbestandes hinter Joh 9 eine gewisse Einmütigkeit darin erkennen, daß der vierte

---

[53] Vgl. J. Blank, JE 1b, 192, der mit diesem Urteil seine Skepsis gegenüber der Rekonstruktion einer vorjoh. Wundergeschichte verbindet.

Evangelist eine Blindenheilungsüberlieferung aufgenommen hat.[54] Einen sehr schmalen Grundbestand nimmt Jürgen Becker an. Er rechnet lediglich 9,1.6f zur ältesten Traditionsstufe.[55] Dabei ist vor allem der Bestand von V.2–3(oder 3a) strittig. Daher ist zunächst Vv.2–5 zu analysieren, um zur älteren Überlieferung zu gelangen. Auch diese Verse sind nicht spannungsfrei. Geht es in V.3 um die Werke Gottes, die am Blinden offenbar werden sollen, so scheint V.4 ursprünglich von den Werken gehandelt zu haben, die die Gemeinde wirken soll.[56]

Sieht man von der Wendung τὰ ἔργα τοῦ πέμψαντός με ab,[57] so kann begründet angenommen werden, daß der Evangelist in *Joh 9,4* ein kurzes weisheitlich-formuliertes[58] Mahnwort (wahrscheinlich der joh. Gemeinde/Schule[59]) benutzt.[60] Mag nun die ‚*Nacht*‘, in

---

[54] Anders aber H. Strathmann, JE 161, der zwar konstatiert, daß „das Motiv der Blindenheilung aus der alten Überlieferung entnommen" sei. Allerdings hätte der vierte Evangelist es „zum Zwecke der symbolischen Veranschaulichung ... mit großer Freiheit umgestaltet" (s.a. B. Lindars, JE 343; allerdings spricht Lindars nicht von einem Motiv, sondern einer Quelle [„source"], die Mk 8,22ff geähnelt haben soll und gehört damit zu den Exegeten, die eine fixierte Überlieferung als Basis der joh. Blindenheilung annehmen); eine eingehende Kritik Strathmanns bietet R. Schnackenburg, JE II, 309f.

[55] J. Becker, JE I, ¹316f. ³371f; s.a. B. Kollmann, Jesus 236f.245; U. Schnelle, Christologie 131f; O. Schwankl 223; B. Lindars, JE 341; J.P. Meier 695; ähnlich R.T. Fortna, Predecessor 109f, der allerdings Teile von V.8 zur Tradition rechnet (hierzu auch aaO. 113) und J. Painter, Messiah 307. 312 u.ö. (er hängt der Tradition allerdings noch Vv.8–11 an; dazu unten) Andere Vorschläge bewerten die Jüngerfrage und Jesu Antwort anders: z.B. R. Schnackenburg, JE II, 309: Vv.3b–5 seien lediglich die Einfügung des Evangelisten; s.a. M. Rein 108; W. Nicol 35. E. Haenchen, JE 382; M. Kotila 65. 70; S. Schulz, JE 141; A. Weiser, Bibel 72f; W. Schmithals, Johannesevangelium 371: nur V.4f ist redaktionell (ähnlich W. Wilkens, Entstehungsgeschichte 52: V.4f ist durch E in seine GS eingefügt). Auch C.H. Dodd, Tradition 186, nimmt Traditionsbenutzung zur Formulierung des Dialogs in 9,3f an: „a re-casting in Johannine language of material for which the evangelist himself is not primarily responsible". V.5 ist hingegen johanneisch: aaO. 185. Den Sprichwortcharakter von V.4 (dazu unten) ignorierend rekonstruiert G. Reim, Joh 9, 322f. 325f, sehr eigen: zur Quelle sollen V.3a und 4a (!) gehört haben.

[56] Die Probleme, die V.4 im Kontext von Vv.2–5 bereitet, hat schon R. Bultmann, JE 252 Anm. 1, mustergültig bemerkt. Schon Bultmann sucht V.4 als Traditionsfragment (Quelle der Offenbarungsreden; s.o. S. 66) zu verstehen, das der Evangelist sekundär auf Jesus bezogen hat. In der Quelle ging es um das Handeln des Menschen; dies ist zweifelsohne richtig beobachtet (s.a. E. Schweizer, EGO EIMI 164).

[57] Vgl. z.B. O. Schwankl 227.

[58] H. von Lips, Traditionen 259, rechnet Joh 9,4 zu den ‚weisheitlichen Sentenzen johanneischer Herkunft‘. Eine Weisheitstradition finden B. Lindars, JE 342; C.H. Dodd, Tradition 186. S.a. D.A. Lee 166: „proverb"; K.E. Dewey 94. Eindrucksvoll ist die Parallele in Schab 151b: „R. Šimón b. Eleázar sagte: Übe [Wohltat], so lange du Gelegenheit und Mittel hast und es noch in deiner Macht steht." (Übers. L. Goldschmidt I, 921; s.a. Bill. II, 529). Anders R.T. Fortna, Predecessor 111, der an ein Logion aus der christlichen Missionspraxis denkt.

[59] S.a. M. Rein 252: „aus eigener Tradition".

[60] S.a. M. Theobald, Fleischwerdung 309, mit folgendem einleuchtenden Rekonstruktionsvorschlag:

der der Mensch nicht mehr wirken kann, auf seinen eigenen Tod gehen oder Gerichtszüge tragen,[61] so handelt jedenfalls die Tradition von der akuten zeitgemäßen Unbedingtheit des rechten Handelns. Hat der Evangelist durch die Aufnahme des traditionellen ‚wir'[62] „Jesu Situation und Jüngersituation ineinander verwoben",[63] so liegt im Blick auf Jesus der Schwerpunkt auf der Protasis.[64] In der Welt seiend, ist es Jesu Sendungsauftrag, die Werke dessen zu tun, der ihn gesandt hat.[65] Interpretiert wird dies von V.5 her. Hier ist die Klimax des Dialogs zu finden.[66] Jesu sendungsgemäßes Sein und Wirken in der Welt findet darin seinen Sinn, daß Jesus sich als Licht für die Welt offenbart. Sein Licht-Sein für die Welt[67] kommt darin zum Ziel, daß die Welt in Jesus Zugang zu dem von Gott gewährten Leben findet. Jesus ist das Licht der Welt, indem er ihr das Licht gewährt. Diese Gabe des

---

   a wir müssen *wirken*
   b solange es *Tag* ist;
  b' es kommt eine *Nacht*
  a' da keiner mehr *wirken* kann.
    Vgl. z.B. auch M. Rein 111f; K.E. Dewey 94; auf die chiastische Struktur verweist O. Schwankl 227. Anders S. Pancaro 17 Anm. 36.18. Pancaro spricht zwar von einem traditionellen „gnomic saying", läßt dies aber bereits mit der Wundergeschichte verbunden dem Evangelisten vorgegeben sein. Die Rekonstruktion entspricht dem vorliegenden Modell.

[61] Für die erste Deutung vgl. z.B. G. Delling, νύξ 1119; für letztere P.-G. Müller 1184; dann läge hier wohl ein apokalyptisch geprägtes Weisheitswort vor (s.a. M. Rein 295ff). Einfacher ist jedoch die erst genannte Annahme, die den ethischen Ernst der gegenwärtigen Existenz einschärft.

[62] Der Wechsel von der 1.Pers. Pl. zur 1. Pers. Sing ist *lectio difficilior* wohl als ursprünglich anzusehen (z.B. auch M. Rein 12; Verfechter dieser Bewertung werden aaO. 12 Anm. 3 genannt; s.a. F.J. Moloney, JE II, 121 mit Anm. 20; L. Morris, JE 426 Anm. 13). 𝔓⁶⁶·⁷⁵ ℵ* (u.a.) haben an der zweiten Stelle entsprechend dem textgeschichtlich originalen Satzinitium erleichternd den Plural gesetzt und lesen: ἡμᾶς δεῖ ἐργάζεσθαι τὰ ἔργα τοῦ πέμψαντός ἡμᾶς; anders S. Schulz, JE 141f, der mit ℵ¹ A C Θ Ψ et al. ἐμὲ ἡμᾶς δεῖ ἐργάζεσθαι τὰ ἔργα τοῦ πέμψαντός με liest).

[63] J. Becker, JE I, ¹318. ³373, im Blick auf die Jünger wäre 14,12 zu vergleichen; s.a. R.F. Collins, Sayings 146; W. Heitmüller, JE 121; E. Schweizer, EGO EIMI 164, mit Hinweis auf 3,11; G.R. Beasley-Murray, JE 155; E. Haenchen, JE 378: der Spruch gilt auch den Jüngern; F.J. Moloney, JE II, 121. Anders A. von Harnack, Das ‚Wir' in den joh. Schriften 637: „Jesus spricht auch hier von sich im ‚Wir' als potenziertes ‚Ich'"; zustimmend J. Schneider, JE 189. Originell J.D.M. Derrett, Miracles 73: das ‚wir' schließt Jesus und den Blindgeborenen zusammen. Damit wäre der Blindgeborene am Wunder beteiligt; diese Mitwirkung ist der Erzählung nicht zu entnehmen, da die Waschung lediglich die Erfüllung des Befehls des Wundertäters darstellt.

[64] S.a. M. Theobald, Fleischwerdung 310; D.A. Lee 166 sieht das kommende Gericht als Thema der Schlußszene von Kap. 9 vorbereitet (mit H. Odeberg; JE 311f). Anders T. Knöppler 178f, der ein dreistufiges Schema durch V.4 inauguriert findet: Dem Handeln Jesu folgt die Nacht als Ausdruck des Todes Jesu (hierzu auch L. Schenke, Joh 7–10, 180; anders M. Hasitschka 288 Anm. 14 mit Hinweis auf Joh 13,30: die Nacht setzt mit der Passion Jesu ein). Dem schließt sich mit 14,12 die Zeit für das Handeln der Gemeinde an. Aber würde mit der Identifikation von Nacht und Tod Jesu nicht das Handeln Jesu in dieser Todesstunde bestritten; ein Gedanke, der der Darstellung der joh. Passion doch eher fremd ist?

[65] Zu recht stellt D.A. Lee 166 fest, daß damit an die Erzählung und Christologie von Joh 5 erinnert wird.

[66] Vgl. D.A. Lee 166; M. Theobald, Fleischwerdung 311; N. Walter, Auslegung 101.

[67] Vgl. z.B. H. Conzelmann, φῶς 342.

Lichtes an die Welt konkretisiert sich in der Gabe des Lichtes (= Sehfähigkeit)[68] an den einen Blinden, ohne daß die eine Tat im Sinne des Evangelisten das Sein des Offenbarers für die Welt insgesamt darstellt; es ist lediglich zeichenhafte Aktualisierung, die in ihrer tieferen Bedeutung im folgenden Bericht aufgeschlossen wird. Daß die Welt aber dieses Licht ablehnt und seine Anhänger ‚ausschließt', bereitet die folgende Konfliktgeschichte narrativ vor. Indem sich die Welt dem Licht verweigert, zeigt sie sich als blind gegenüber dem, der in das Leben hinein sehend macht.

Verschärft wird dieser Konflikt durch das Moment der Begrenzung, das beiden Versen innewohnt.[69] Der Evangelist, der durchaus versteht, zwischen vorösterlicher und nachösterlicher Situation zu unterscheiden (z.B. 20,29), stellt hier die besondere Qualität der historischen Nähe des Gekommenen heraus.[70] Es wird nicht gesagt, daß der Gesandte, wenn er nicht mehr im Kosmos ist, keine soteriologische Bedeutung hat;[71] vielmehr gilt, daß er, solange er im Kosmos ist, diesem in besonderer Weise soteriologisch nah ist. Die Aktualisierung solcher soteriologischen Nähe ist die Heilung des Blinden,[72] die als Werk Jesu seinen Ort im Sein des Gesandten in der Welt hat. Die Ablehnung dieser Nähe des soteriologischen und lebensspendenden Lichtes ist in einem existenzbedrohenden Sinne ‚pervers'. Die Ablehnung des Lichtes wird daher gegen Ende der Diskussion um die Heilung, die das lebensspendende Lichtsein aktualisiert, als Pervertierung gedeutet und zwar als wirkliche Verkehrung, bei der die Sehenden zu den im eigentlichen Sinne Blinden werden (Vv. 39–41).

Auf der Textebene leitet die *Jüngerfrage*[73] *nach der Sünde des Blindgeborenen oder seiner Eltern*, 9,2–3a, den Dialog ein, dessen Ziel die vom Evangelisten eingefügten Jesusworte Vv.3b–5 sind.[74] Ist diese Frage somit als eine vom Evangelisten gestaltete Vorrede zu verstehen?

Hierfür spricht vor allem die analoge Deutung des Todes des Lazarus in Joh 11,4. Hier (11,3) wie in 9,2 geht eine an Jesus adressierte Aussage bzw. Frage voraus, die gemessen an der folgenden Interpretation durch Jesus in irdisch-materieller Orientierung verbleibt (Meldung des Todes; Frage nach der für das Leiden verantwortlichen Sünde). Dies wird jeweils durch eine negative Aussage als inadäquates Verständnis der Situation zurückgewiesen. Der finale ἵνα-Satz geht auf die Verherrlichung, die vom Vater her am Sohn geschieht.[75] Die vorliegende Konstruktion von V.2–5 ist also vom Evangelisten auf sein Verständnis des Wunders hin ausgerichtet. Dennoch sind zwei weitere Beobachtungen einzubringen. Die Eltern des Blinden spielen eine Rolle in der Konfliktgeschichte, in die das Heilungswunder in der weiteren Überlieferungsgeschichte integriert wurde. In dieser Konfliktgeschichte identifizieren die Eltern gegen den Versuch der Pharisäer, das Wunder zu leugnen, als ob-

---

[68] Die Heilung eines Blinden wird von *Philostratus*, VitAp III 39, umschrieben ἔχων ἐν αὐτοῖς (den Augen; Vf.) φῶς!

[69] ῝Οταν ist mit C.K. Barrett, JE 360, und M. Rein 243 als Ausdruck des begrenzten Seins Jesu in der Welt zu lesen.

[70] S.a. O. Schwankl 234.

[71] Vgl. M. Rein 246. S.a. J. Blank, JE 1b, 195, der den Rückverweis der Lichtmetaphorik mit 8,12 zusammennimmt und so fortlaufende Gegenwart dieses Lichtes im Glaube und in der Verkündigung angespielt findet.

[72] S.a. M. Rein 245.

[73] Die Jünger spielen in der eigentlichen Wunderschilderung keine Rolle, ebensowenig in der folgenden Konfliktgeschichte. Sie sind sicherlich sekundär als Stichwortgeber hinzugewachsen.

[74] U. Schnelle, Christologie 132; s.a. R.T. Fortna, Predecessor 110. 112.

[75] 9,3b: ... ἀλλ' ἵνα φανερωθῇ τὰ ἔργα τοῦ θεοῦ ἐν αὐτῷ.
11,4: ... ἵνα δοξασθῇ ὁ υἱὸς τοῦ θεοῦ δι' αὐτῆς. Zur analogen Strukturierung s.a. M. Theobald, Fleischwerdung 313f.

jektive Zeugen den ehemals Blinden als ihren blindgeborenen Sohn: Vv.18ff; dieses Auftreten wird durch V.2–3a vorbereitet. Wichtiger noch ist die Schlußbemerkung der Konfliktgeschichte, V.34. Der Vorwurf der Pharisäer, der den Ausschluß des ehemals Blinden motiviert, ist, daß dieser in Sünden gezeugt wurde. Der Rückgriff auf die Frage von 9,2 ist evident.[76] Von Jesu Antwort her gelesen, setzen die Pharisäer sich selbst ins Unrecht. Hätte
V.34 ohne V.2–3a den Abschluß der Konfliktgeschichte gebildet, so wäre der Vorwurf der
Pharisäer ein schwieriger Abschluß, scheint doch die Blindheit nach antikem und vor allem
nach jüdischem Denken die Schlußfolgerung der Pharisäer zu bestätigen.[77] Jesu Abweisung
der Sündenfrage in V.3a beendet jedoch jegliche Spekulation im voraus. Der Geheilte verhält sich mustergültig im Konflikt mit seinen Widersachern, die ihn schließlich durch eine
krasse Fehlbeurteilung aus ihrer Gemeinschaft ausschließen.

Daher sind die Jüngerfrage und die Bestreitung der Sündenschuld (als Anlaß der Blindheit) in V.2–3a zunächst der Überlieferungsphase zuzuschreiben,
die die Blindenheilung als Konflikt überliefert (→ 6.3.2).[78] Der Evangelist
nimmt diesen kurzen Dialog auf, um seinerseits eine *Leseanweisung* für das
Wunder zu geben. Der Dialog zwischen Jesus und seinen Jüngern hat keine direkte formale Entsprechung in den synoptischen Evangelien,[79] aber beim vierten Evangelisten, bisweilen in Anknüpfung an vorhandene kurze Worte oder
Redewechsel, findet sich die Tendenz zur Bildung von Dialogeinheiten (vgl.
Joh 4,47–49; 6,5ff*). Wird dies wie auch der Kontextbezug in Rechnung ge-

---

[76] S.a. G. Voigt, JE 161.

[77] Zu dem in der Antike hergestellten Zusammenhang von Krankheit und Schuld s.o. S.
233. Texte zur Blindheit als Strafe Gottes sowie zur Problematik blindgeborener Kinder
im Judentum listet W. Schrage, τυφλός 283, auf. Das Thema Blindheit von Geburt an
als Spiegelung sündigen Wesens findet sich in einem jüdischen Text, der in der mittelalterlichen Sammelhandschrift *Naraoth 'ause ma'ase* nachgewiesen ist. Angesichts der
vom römischen Kaiser gestellten Theodizeefrage nach der Gerechtigkeit Gottes illustriert eine Beispiel-Geschichte, wie die Blindheit dem ungerechten Wesen des Blinden
entspricht und somit Gott als gerecht ausgewiesen ist; deutsche Übersetzung jetzt leicht
zugänglich bei K. Berger/C. Colpe, Textbuch Nr. 294 (S. 168f). Auch in griechisch-hel-
lenistischen Texten ist der Zusammenhang von Blindheit und Schuld insofern präsent,
als Blindheit eine häufig (auch von Göttern geübte) Strafe für aktuelle Vergehen ist: z.B.
Aelianus, Nat An 11,31; weitere Textbeispiele bei M. Whittaker 157; s.a. Schrage, aaO.
271f mit Belegen; E. Lesky 438ff; zum verbreiteten Motiv von Blindheit als Strafe s.a.
H.-J. Uther 451.
  Die Heimsuchung der Schuld bis hin zu den Kindern und Enkelkindern ist der griechischen Literatur ebenfalls nicht fremd: So schafft Zeus sichere Vergeltung für die Un-
tat; mag auch der Täter ihr entgehen, ἀναίτιοι ἔργα τίνουσιν ἢ παῖδες τούτων ἢ
γένος ἐξοπίσω (*Solon*, Elegien Frgm. I 31f; der Zusammenhang: Z.25ff).

[78] Ähnlich J. Becker, JE I, ¹317. ³372, der den narrativen Ausbau des Wunders der SQ zuschreibt. Der entscheidende Teil der Antwort Jesu in der SQ sei durch den Evangelisten
weggelassen worden und daher nicht mehr rekonstruierbar (s.a. R. Bultmann, JE 251
Anm. 4; W. Nicol 35; vorsichtig erwägend auch R. Schnackenburg, JE II, 309; anders
M. Rein 115). V.2–3a rechnet Rein bereits der ursprünglichen Wundererzählung zu:
287.

[79] M. Rein 199f; allerdings macht Rein eine Nähe zum Nacheinander von Lehre und Heilung in Mk 1,21–28 aus. Die Bezeichnung als Exposition ist eher eine Verlegenheitslö-
sung und hilft hinsichtlich der Zuordnung zu den in Frage stehenden Motiven nicht weiter, nennt sie doch eher ein äußeres Gliederungsmerkmal (zu 204).

stellt, so ergibt sich folgendes Bild: Sind somit V.2–5 wahrscheinlich spätere Zusätze, wobei Vv.2–3a der Überlieferungsphase angehören, die die Heilung zu einem Konflikt ausbauen, und Vv.3b–5 dem vierten Evangelisten zuzurechnen sind, so bildet V.1 die ursprüngliche Einleitung der Blindenheilung.[80]

Allerdings stellt Ismo Dunderberg einen Zusammenhang zwischen ἐκ γενετῆς in 9,1 und Vv.2–5 sowie Vv.18–23 her.[81] Beide Texte setzen zweifelsohne die Blindheit von Geburt an voraus. Sie weiten ihrerseits die traditionelle Notiz aus und machen sie sich zu eigen. Kann Blindheit in der Antike bereits als eine der ärztlichen Kunst entzogene Krankheit gelten, die nur durch ein göttliches Wunder geheilt werden kann, so stellt sich die Frage, ob diese Einsicht noch durch die Notiz ἐκ γενετῆς gesteigert werden soll[82]. Die Notiz kann mit der Steigerung der Heilung des Lahmen durch die Dauer seiner Krankheit verglichen werden. Zudem ist die Charakteristik ‚Blindheit von Geburt an' in antiker Literatur durch Beispiele belegt.[83] Instruktiv ist etwa die Vorstellung des die körperliche Sehfähigkeit erlangenden Sehers in der Schilderung des Pausanias IV 12,10: τὸν ἐκ γενετῆς τυφλόν. Von den verschiedenen Hinweisen auf die Krankheitsdauer in ntl. Wundergeschichten[84] stehen der vorliegenden Angabe die beiden Texte Apg 3,2 und 14,8 (jeweils χωλὸς ἐκ κοιλίας μητρὸς αὐτοῦ)[85] am nächsten. Dabei ist zunächst die Frage der Abhängigkeit dieser Angaben voneinander gestellt.[86] Die Wendung Apg 14,8b hat neben der Aussage ὃς οὐδέποτε περιεπάτησεν (V.8c) eine bewußt verstärkende Funktion, die die Reaktion der Lykaonier vorbereitet, die Paulus und Barnabas aufgrund des Heilungswunders als Götter verehren wollen.[87] In dieser Perspektive ist dann wohl auch die Angabe Apg 3,2 zu lesen. Die Steigerung des wunderhaften Charakters und die Heraushebung der wun-

---

[80]   Die Einleitungsformel καὶ παράγων begegnet im vierten Evangelium nur hier.

[81]   I. Dunderberg, Johannes 178; auch J.P. Meier 698 hält die Notiz ἐκ γενετῆς für sekundär (s.a. B. Lindars, JE 341; bei E. Haenchen, JE 377, als Frage); kritisch gegen eine sekundäre Ergänzung dieser Notiz M. Rein 102–104; s.a. 286f. Das Verbum ἀναβλέπω (aufblicken, wieder sehen) kann nicht als Indiz für den sekundären Charakter der Nachricht ins Feld geführt werden (so F. Spitta 201; dagegen z.B. Rein 130). Das Präfix ἀνα hat hier die Bedeutung, die Wiedererlangung der Sehfähigkeit in Entsprechung zu der bei jedem gesunden Menschen vorhandenen Sehfähigkeit zu setzen. Ἀναβλέπω erscheint so auch in anderen antiken Heilungen an Menschen, die von Geburt an blind waren: Pausanias IV 12,10. Der bei B. Weiß, JE 303f Anm. *) genannte Beleg aus dem Nikodemusevangelium VI 2 stellt keinen eigenständigen Beleg dar, sondern setzt vielmehr selbst Joh 9,11 voraus (ähnlich muß wohl auch Justin, Apol I 22,6 beurteilt werden; hier ist von den ἐκ γενετῆς πονηρούς gehandelt, die Jesus gesund machte). Anders B. Lindars, JE 345, der das Verb ἀναβλέπω als Teil seiner Rekonstruktion einer Mk 8,22ff (vgl. V.24) nahen Quelle, die der vierte Evangelist genutzt habe, vorstellt.

[82]   So z.B. J. Becker, JE I, ¹316. ³371; U. Schnelle, Christologie 131; JE 168.

[83]   Vgl. die Beispiele bei W. Bauer, JE 132 zurückgreift.

[84]   Vgl. die Auflistung bei G. Theißen, Wundergeschichten 61 (Charakterisierung der Not).

[85]   Eine Wendung, die häufig in der LXX zu finden ist (vgl. auch R. Pesch, Apg I, 137 Anm. 12). Sollte deshalb an das Phänomen der lk. Septuaginta-Mimesis (hierzu E. Plümacher 38ff) gedacht werden? Zu Apg 14,8 s.a. H.-J. Klauck, Magie 71.

[86]   So betrachtet z.B. J. Beutler, Heidenmission 276f, Apg 14,8ff als eine bewußt an Apg 3,1ff angleichende Invention des Verfassers der Apostelgeschichte. Die meisten Kommentare rechnen jedoch mit einer vorlk. Paulustradition als Überlieferung hinter der Lahmenheilung (z.B. A. Weiser, Apg II, 344 mit weiteren Angaben). Die wörtliche Identität ist ein starkes Indiz, daß für χωλὸς ἐκ κοιλίας μητρὸς αὐτοῦ eine bewußte Nachahmung von Apg 3,2 vorliegt (s.a. Weiser, aaO. 345).

[87]   S.a. A. Weiser, Apg II, 345.

derwirkenden Macht des Wundertäters sind ebenso wie die Vorbereitung von Vv.18–23[88] mögliche Motivationen für die Formulierung von ἐκ γενετῆς.

Die Fortsetzung der traditionellen Wundergeschichte dürfte in V.6f zu finden sein. Ταῦτα εἰπών ist eine Übergangswendung. Dabei fällt auf, daß sich dieses Idiom relativ häufig im vierten Evangelium findet (z.B. 5,35; 6,6.59 u.ö.).[89] Dies legt die Annahme nahe, daß der Erzähler von Kap. 9 mit dieser Wendung zum Erzählfaden zurückzukehren sucht. Der ursprüngliche Ablauf fährt nunmehr damit fort, daß sich der Wundertäter an den Blinden wendet und eine Substanz aus Erde und Speichel herstellt; diese Mixtur wird dem Blinden auf die Augen aufgetragen, der mit der Aufforderung entlassen wird, sich im Teich Siloam zu waschen. Danach folgen Vollzugsmeldung und Konstatierung der Heilung. Mit V.7 sind jedoch zwei Problemkreise verbunden. Zunächst fällt die Parenthese ὃ ἑρμηνεύεται ἀπεσταλμένος auf, die den Namen des Teiches zu erklären sucht.

Da in Joh 1,42 als Erklärung des Namens *Kefas* die analoge Wendung ὃ ἑρμηνεύεται Πέτρος begegnet, wird dieser Gebrauch an beiden Stellen als Erläuterung eines fremdsprachigen Begriffs oder unbekannten bzw. als unbekannt dargestellten religiösen Brauchs durch den vierten Evangelisten erklärt (vgl. 1,38.41 [hier jeweils mit μεθερμηνεύομαι]; s.a. 20,16).[90] Zudem könnte sich diese Erklärung gut in die christologische Konzeption des vierten Evangelisten einordnen; so erklärt Eduard Lohse: „This can only mean that Jesus alone is the man sent from God who has come as the light of the world".[91] Dabei ergeben sich wiederum Probleme. Daß Jesus der Gesandte seines Vaters ist, wird im vierten Evangelium häufig explizit ausgeführt (vgl. nur 5,23f.37; 6,44 u.ö.). Hier aber wird mit dieser Formulierung der Teich Siloam bezeichnet. Sollte die Parenthese auf den joh. Jesus gehen, so wäre dieser mit dem Teich gleichzusetzen; es könnte dabei an Taufallegorie gedacht werden. Allerdings wird die Waschung als Teil eines Heilungsgeschehens dargestellt. Andererseits hat die Formulierung ὃ ἑρμηνεύεται ἀπεσταλμένος eine wörtliche Parallele in

---

[88] Vv.2–5 wird hingegen eher im Zusammenhang mit V.34 zu lesen sein. Durch die Voranstellung des Gesprächs Jesu mit seinen Jüngern wird dem pharisäischen Vorwurf gegen den Blinden schon zu Beginn der Komposition von Kap. 9 die Spitze genommen und die Wendung dieses Vorwurfs auf die Pharisäer selbst, 9,39–41, vorbereitet.

[89] W. Nicol 35 spricht von „the typical Johannine transition".

[90] So z.B. R.T. Fortna, Predecessor 110ff; J.P. Meier 744 Anm. 86 (zu S. 696); U. Schnelle, Christologie 132f; A. Weiser, Bibel 73f. Immerhin ist diese Verwendung auch im NT nicht auf JE beschränkt; vgl. die Auflistung bei N. Walter, ἑρμηνεύω 134. Zudem findet sie sich auch in der hellenistisch-jüdischen Literatur; vgl. z.B. *Ps-Eupolemus*, Frgm. I 5: Ἀργαριζίν, ὃ εἶναι μεθερμηνευόμενον ὄρος ὑψίστου.

[91] E. Lohse, Miracles 51; s.a. G. Bornkamm, Heilung 68; R. Schnackenburg, JE II, 309; U. Schnelle, Christologie 133; JE 170. Den sprachlichen Zusammenhang von V.4 (πέμψαντος) und V.7 (ἀπεσταλμένος) stellt auch J.A. du Rand, Reading 98 heraus (s.a. J.P. Meier 744 Anm. 86 [zu S. 696]; B. Lindars, JE 344). M. Hasitschka 291 meint, daß das „Wasser des Teiches ... Sinnbild für Jesus" sei; ähnlich spricht G. Reim, Joh 9, mit Rückgriff auf Gen 49,10 von der „Waschung im Messias".
    Noch stärker allegorisiert J. Bligh, The Man Born Blind 132: Jesus ist die Quelle, und das Wasser dieser Quelle, in dem sich der Blindgeborene wäscht, ist der Heilige Geist, der von dem Sohn ausgeht. Diese Sichtweise steht der Linie sakramentaler Interpretationen nahe, die ebenfalls an diesen Vers anknüpfen: z.B. Lindars, ebd.; zur Interpretation von Joh 9 als Tauftext s.u. S. 372.

den *Vitae Prophetarum* V,2:[92] ... διὰ τοῦτο ἐκλήθη Σιλωάμ, ὃ ἑρμηνεύεται ἀπεσταλ-μένος. Die Prophetenviten gehen zwar zurück auf eine ursprünglich jüdische Schrift, verdanken aber ihre heutige Kenntnis lediglich christlicher Überlieferung.[93] Daher wurde in dieser Schrift begründet mit christlichen Interpolationen gerechnet.[94] Natürlich stellt sich die entsprechende Frage besonders an einer Stelle, die eine wörtliche Entsprechung in einem kanonisch gewordenen Text hat.[95] Doch bleiben Fragen offen. Zunächst ist die Etymologie fest mit der Situationsangabe verbunden, wie Anna Maria Schwemer betont.[96] Haben wir es in Joh 9,7 wirklich unmittelbar mit einem christologischen Deutungshorizont zu tun? Wurde dieser mit Hilfe einer angenommenen Interpolation in die *Vitae* übertragen? Es ist hingegen nicht deutlich, wie eine christliche Interpolation in der oben genannten Stelle zu verstehen ist und aus welcher Motivation heraus sie entstanden sein soll.[97] Wird zudem beachtet, daß die Deutung des Namens des Teiches eine populäre jüdische Lokaltradition ist, dann kann VitProph V,2 auch ohne den Einfluß von Joh 9,7 erklärt werden. Deshalb muß sicherlich nicht der umgekehrte Schluß einer *direkten* Abhängigkeit des joh. Textes von dem der Prophetenviten geredet werden, aber immerhin scheint die Annahme eines gemeinsamen Rückgriffs auf Jerusalemer Lokaltradition denkbar.[98]

Im Kontext des Evangeliums mag die Erklärung anders zu lesen sein, und damit ist auf die eingangs genannten christologischen Interpretationen zurückzukommen. Möglicherweise will der Verfasser mit der Notiz über den Namen des Teiches lediglich daran erinnern

---

[92] „Und Gott tat das Zeichen des Siloah wegen des Propheten. Denn vor dem Sterben wurde ihm schwach, und er betete um Wasser zum Trinken. Und sofort wurde ihm aus ihm gesandt. Deshalb wurde er Siloah genannt, was übersetzt heißt ‚der Gesandte‘." (Übers.: A.M. Schwemer, in: JSHRZ I/7, 563f; vgl. auch die deutsche Übersetzung der fraglichen Passage bei ders., Studien 96; J. Jeremias, Heiligengräber 62).

[93] Zu den Einleitungsfragen vgl. D.R.A. Hare 379ff und jetzt insbesondere A.M. Schwemer, Studien 3ff; Einleitung 539ff.

[94] Vgl. z.B. M. de Jonge *passim*.

[95] Den joh. Vers finden im Text der Prophetenviten angespielt z.B. R.E. Brown, JE I, 373; R. Schnackenburg, JE II, 308; M. de Jonge 166; s.a. K. Müller 256 (aufgrund der jüdischen messianischen Deutung des Šiloh-Spruchs Gen 49,10, die hier unter Einfluß von Jes 8,6a wirksam geworden sei); zuletzt z.B. M. Rein 125f; hier werden allerdings sehr wohl die Schwierigkeiten der Beweisführung anerkannt. Kritisch gegen die Interpolationshypothese: D.R.A. Hare 385 Anm. g. Vermittelnd A.M. Schwemer, Studien 128: Die Übersetzung gehört zum Textbestand der Jesajavita, sei aber sekundär *im Wortlaut* an Joh 9,7 angepaßt worden.

[96] A.M. Schwemer, Studien 127.

[97] Daß die Einleitung καὶ ὁ θεὸς τὸ σημεῖον τοῦ Σιλωάμ διὰ τὸν προφῆτον ἐποίησεν zumindest begrifflich einen Anknüpfungspunkt bietet, soll nicht verschwiegen werden. Allerdings wird das Zeichen durch einen Genitiv bestimmt und auf Siloah bezogen, so daß es weder als joh. Einsprengsel (dagegen zu recht A.M. Schwemer, Studien 124) noch andererseits wirklich als Ausgangspunkt gewertet werden kann.

[98] Auch A.M. Schwemer, Studien 124 Anm. 130; dies., in JSHRZ I/7, 564 Anm. 2d. M. Rein 126, der zu den Vertretern der Interpolationshypothese zählt, läßt Joh 9,7 ebenfalls auf eine Jerusalemer Siloah-Legende zurückgehen; daß er dann diese Tradition nicht auch für Vit Proph V,2 annimmt, ist eine Inkonsequenz. Auch C.H. Dodd, Tradition 184, nimmt an, daß die Waschung am Teich ursprünglich ist und daß der Evangelist auf eine Etymologie des Namens zurückgreifen kann. Allerdings ist er selbst für die Anhängung dieser Etymologie verantwortlich: aaO. 188.

wissen, daß nicht der Teich, sondern der Gesandte Gottes selbst, Jesus, für die Heilung verantwortlich ist und damit die Werke Gottes tut.[99]

Die zweite kontrovers diskutierte Frage zu V.7 besteht darin, ob die folgende Konfliktgeschichte weiteres Material insbesondere den der ältesten Wundergeschichte aufbewahrt hat.[100] Allerdings gehören V.8ff in andere Überlieferungsphasen und können daher für einen möglichen ursprünglichen Abschluß wenig Aufschluß geben. Außerdem ist der Motivkomplex von V.8ff ohne enge formale Motivparallelen im synoptischen Wunderstoff;[101] fehlen in V.8ff Elemente wie eine positive oder negative Akklamation des Wundertäters, so fehlt letztlich ein überzeugendes Kriterium für einen ursprünglichen Abschluß der Wundergeschichte in diesen Versen überhaupt.

So läßt sich eine kurze Wundertradition als Anfang der Überlieferung denken, in der ohne Ortsangabe[102] das Kommen des Wundertäters zu einem Hilfsbedürftigen, näherhin ein Vorübergehen Jesu, wie gewohnt an erster Stelle[103] genannt wird.

Die Einleitung zur Blindenheilung ist in großer Nähe zu entsprechenden Erzähleröffnungen formuliert,[104] wie sie aus den synoptischen Evangelien bekannt sind:[105]

---

99 Ähnlich J.L. Resseguie 117; s.a. E. Haenchen, JE 378; W. Heitmüller, JE 122. Anders K. Grayston, JE 81, der das Partizip auf die Blindheit bezieht: „the Blindness was to be sent away".

100 So R.T. Fortna, Gospel 73: V.8; s.a. B. Lindars, JE 344. Von Bedeutung ist vor allem die überraschende soziale Kennzeichnung des Blinden als Bettler (hierzu s.a. S. 360), die als ursprünglicher Teil der Einleitung erwogen wird. W. Nicol 36: „… the miracle story in S contained a description of the recognition of the man by neighbours as an authenticitation of the miracle, and John could have reproduced it freely in vv. 8f" (s.a. M. Kotila 62).
M. Rein 133f.288f erwägt, daß in 9,8–12 Traditionen aufgenommen seien, die die Reaktion des Volkes enthalten haben (s.a. J.P. Meier 696). Ebenso möchte er hinter 9,35–38 Elemente einer ursprünglichen Akklamation erkennen (288f trotz 159). Dafür läßt sich jedoch nur das Argument der formgeschichtlichen Analogie ins Feld führen.
Anders argumentiert H. Riedl 219, der in 9,16f den ursprünglichen Schluß der Wundergeschichte findet. In V.17 liegt die Reaktion auf das Wunder vor, die durch den Anspruch von V.16 vorbereitet wird.

101 M. Rein 202; Rein findet allerdings in V.13 das Motiv ‚Auftreten der Gegner', das er zur abgelehnten Akklamation in Beziehung setzt. Dieses Motiv gehört m.E. jedoch zum Sabbatthema, das aber nicht ursächlich mit dem Wunder verbunden gewesen ist.

102 Nicht erkennbar ist, ob eine ursprüngliche Ortsangabe verloren gegangen ist; möglicherweise kann in der Ortsangabe von V.7 ein indirektes Indiz für diese Annahme gesehen werden, da die Entlassung zum Teich Siloah wohl ohne eine Ortsangabe, die das Wunder in Jerusalem oder in der Nähe des Teiches lokalisiert, für das Auditorium überraschend käme. Der Verlust dieser Angabe erklärte sich zwanglos durch die Eingliederung in den größeren Erzählzusammenhang, nach dem sich Jesus bereits in Jerusalem befindet.

103 Vgl. G. Theißen, Wundergeschichten 82; zum Kommen des Wundertäters und dem Auftreten des Hilfsbedürftigen s.a. Theißen, aaO. 58f.

104 Antike Parallelen bei I. Dunderberg, Johannes 186. Als Übergang oder Erzählabschluß erscheint diese Formulierung in der Deutung von R.T. Fortna, Predecessor 109, der sie

Joh 9,1 καὶ παράγων   εἶδεν   ἄνθρωπον   τυφλὸν   ἐκ
                                                                                γενετῆς

Eine besonders starke Parallele bietet die Berufung des Levi:

Mt 9,9 καὶ παράγων ὁ Ἰησοῦς ἐκεῖθεν   εἶδεν   ἄνθρωπον   καθήμενον   ἐπὶ
                                                                    τὸ   τελώνιον ...[106]

S.a.

Mk 1,16 καὶ παράγων παρὰ τῆς θαλάσσης τῆς Γαλιλαίας εἶδεν Σίμονος καὶ
Ἀνδρέαν ...

Daneben sind die beiden Blindenheilungen Mt 9,27 und 20,30 zu vergleichen. Auch in diesen Einleitungen wird jeweils eine Form des Verbs παράγω geboten. Daß es gerade Berufungsgeschichten sind, die die größte Nähe zur Einleitung der Blindenheilung haben, ist nicht uninteressant, wenn sich der Geheilte im folgenden als Nachfolger des Heilers bewährt und zu Glaube und Anbetung kommt (9,38). Es ist insofern keine Überinterpretation, wenn Martin Hasitschka die Einleitungsformulierung auf den „einen einmaligen, unverfügbaren und vom Menschen nicht herbeiführbaren, heilsentscheidenden Augenblick" deutet, „da Jesus dem Menschen begegnet".[107] Wenigstens im Kontext des Evangeliums, wenn nicht schon in der späteren Traditionsentwicklung geht die Heilung des Blindgeborenen auf sein ihm Heil gewährendes Erkennen des Offenbarers zurück. Heilung und Heil verdanken sich ganz der dem Blindgeborenen fremden Initiative des Offenbarers selbst. Auch dort, wo die Geschichte ohne ihre spätere Fortsetzung erzählt wurde, ist die Initiative auf den Heiler beschränkt; seinem – entweder übernatürlich oder in Analogie zu der ärztlichen Prognose[108] gedachten – Wissen um die Notlage folgt seine heilbringende Zuwendung zu dem Behinderten. Auch wenn die Absicht solcher ältesten Erzählungsstufe primär in der Werbung der Gemeinde für den Heilenden bestanden haben mag, so sagt die Heilung doch auch in dieser Erzählphase etwas darüber aus, wie sich die erzählende Gemeinde der Zuwendung des Heils in dem Gekommenen gewiß ist. Insofern wird auch hier ein gemeindeinterner Bezug der Erzählung des Wunders nicht völlig auszuschließen sein. Nicht allein ihre soteriologische Erwartung und damit ein Element ihrer Christologie läßt sich erkennen; die Erzählung dürfte auch der Vergewisserung des eigenen Glaubens gedient haben, in dem der Gekommene als der Mächtige geglaubt wird, der die Taten Gottes, die in der Endzeit erwartet wurden,[109] vollführt.

Dieses Vorübergehen Jesu und sein (erkennendes) Sehen des Blindgeborenen unterstreicht, wie bereits festgestellt, daß alle Initiative zur Wunderheilung von dem Wundertäter ausgeht.[110]

Daß dies in den synoptischen Blindenheilungen gerade umgekehrt ist, daß hier also die Initiative bei den Helfern des Blinden (Mk 8,22: man bringt den Blinden zu Jesus) oder bei

---

als Bindeglied zwischen die Auferstehung des Lazarus und der folgenden Jerusalemer Blindenheilung einordnet.

[105] Vgl. C.H. Dodd, Tradition 181.

[106] Mt. redaktionelle Veränderung gegenüber der mk. Quelle, die, Mk 2,14, wie in der Berufung der ersten Jünger den Namen bietet.

[107] M. Hasitschka 284 Anm. 2.

[108] Hierzu s.o. S. 231f zu Joh 5,6. Da, wie noch zu zeigen sein wird, die Heilung des Blindgeborenen tatsächlich Elemente der Volksmedizin aufnimmt und die Darstellung Jesu in die Nähe der Beschreibung eines Arztes rückt, könnte hier das Motiv der Prognose besser motiviert sein. Allerdings fehlt hier im Gegensatz zu Joh 5,6 das Verb γινώσκω, so daß die Prägnosis nur indirekt vermittelt durch den Erzähler erschlossen werden kann.

[109] Vgl. L. Morris, JE 422.

[110] Besonders betont vermerkt bei M. Hasitschka 284; s.a. J. Becker, JE I, [1]316. [3]371.

diesem selbst liegt (Mk 10,47parr;[111] sowie in der mt. Wunderkomposition [Mt 8–9] Mt 9,27;[112] die Initiative liegt jeweils im Rufen, wobei Mt 9,27 vom Folgen der beiden Blinden spricht; ein Gedanke, der schwer vorstellbar ist[113]), ist eine interessante Differenz. Dennoch kann die bekannte joh. Tendenz zur Unterstreichung der Souveränität des Wundertäters nicht so weit ausgezogen werden, daß dies zur Annahme einer primären Aktivität des Geheilten (oder durch den Evangelisten eliminierter Helfer) in der Überlieferung führt. Immerhin darf aber vermutet werden, daß in der Unterstreichung der Souveränität des Wundertäters ein Erzählzug der joh. Überlieferungslinie liegt.

Die Angabe der Not wird durch einen Hinweis auf die Dauer der Behinderung[114] flankiert; dies mag der Steigerung des Wunders dienen. Der Ausrichtung der Erzählperspektive auf den Wundertäter entspricht es, daß ein Hilferuf, eine Bitte oder ein Anflehen des Wundertäters[115] nicht berichtet werden.

Die Mittel (eine Salbmischung) zur Heilung und eine Berührung (durch das Auftragen der Speichel-Erd-Mischung)[116] des Zuheilenden werden genannt. Am Ende steht die Entlassung, ebenso die Feststellung des Wunders. Die Reihenfolge Entlassung – Geschehen des Wunders (nach dem Wort Jesu durch die Waschung im Teich Siloah) – Feststellung des Wunders ist durchaus nicht ganz gradlinig, da die Bereitung des Speichel-Erde-Breis und die Waschung zu konkurrieren scheinen. Wie zu zeigen sein wird, bilden sie durchaus sich ergänzende Elemente, die eine gewisse Nähe zur antiken Volksmedizin voraussetzen.

Bleibt zu beachten, daß die Reihenfolge Entlassung – Wundervollzug – Wunderfeststellung die Blindenheilung strukturell in die Nähe von Fernheilungen rückt. Das Wunder findet in der Ferne statt; dieses Element ist durch die Waschung erzwungen.

Eine ähnliche Struktur läßt sich bei der Heilung der zehn Aussätzigen Lk 17,12ff finden: Nach der *Entlassung* (V.14a) folgen der *Wundervollzug* (V.14b: ‚*und es geschah, daß sie, während sie hingingen, rein wurden*') und schließlich die Wunderfeststellung: V.15.

Kehren wir zur Frage der Heilungsmethoden zurück und vor allem zum Problem der Verbindung der Speichel-Erde-Mischung mit der anschließenden Waschung. Die Frage ist gestellt, ob hier zwei Motive zusammengewachsen

---

[111] Lk 18,36f ergänzt und variiert; unverkennbar ist jedoch der mk. Grundstock; vgl. z.B. J. Ernst, Lk 509.

[112] Mt 9,27–31 als red. Dublette zu Mk 10,46–52parr, die möglicherweise zur Vorbereitung des ebenfalls red. Jesaja-Zitats (Jes 35,5f) in Mt 11,5 dient; vgl. A. Sand, Mt 202f; s.a. H.-J. Held 208f (Redaktion aufgrund von Mt 20,29ff); anders G. Strecker, Weg 199 Anm. 4: mt. Redaktion mündlicher Tradition, die möglicherweise vormt. von MkEv abhängig ist.

[113] Vielleicht ein ungeschicktes Selbstzitat aus Mt 20,29. Gelesen werden kann hier aber auch der Nachfolgegedanke; z.B. A. Sand, Mt 203.

[114] Weitere Beispiele für Angaben der Krankheitsdauer in ntl. Wundergeschichten bietet M. Rein 217 Anm. 163.

[115] Hierzu vgl. G. Theißen, Wundergeschichten 63f. 64f.

[116] Zur Berührung des Notleidenden vgl. die Parallelen bei R. Bultmann, Geschichte 237f; s.a. G. Theißen, Wundergeschichten 71f.

sind. Für die Behandlung eines Augenleidens durch Bestreichen der Augen oder Augenlider mit einer Salbe gibt es antike Parallelen.[117] Von solchen Augenleiden und zwischenzeitlichen Sehstörungen, die mit dem zeitweiligen Verlust der Sehkraft einhergehen können, ist aber im strengen Sinn die Überwindung von Blindheit zu unterscheiden, deren Heilung auch nach antikem Empfinden als (nahezu) unmöglich und daher fast immer als ein Wunder verstanden wurde.[118]

Adolf Deissmann wies als Parallele auf eine Marmortafel hin, die auf der Tiberinsel in Rom gefunden wurde (SIG³ 1173; um 138 n.Chr.). Der Text auf dieser Tafel gehört zu der Gruppe der „Maffeischen Inschriften", die mit großer Wahrscheinlichkeit aus einem Asklepiostempel stammen.[119] Hier berichtet der blinde Soldat *Valerius Apros* von der Weisung des Gottes (Οὐαλερίῳ Ἄπρῳ στρατιώτῃ τυφλῷ ἐχρημάτισεν ὁ θεός), hinzugehen (ἐλθεῖν) und sich mit einer Salbe aus dem Blut eines weißen Hahnes und Honig drei Tage die Augen zu bestreichen (ἐπιχρεῖσαι ἐπὶ τοὺς ὀφθαλμούς). Die Inschrift schließt: καὶ ἀμέβλεψεν καὶ *ἐλήλυθεν* καὶ ηὐχαρίστησεν δημοσίᾳ τῷ θεῷ (*Er sah wieder, und er kam, und er dankte dem Gott öffentlich.*').[120]

Die aus der sogenannten „volkstümlichen ‚Dreckapotheke'"[121] stammende Vorstellung von der heilenden Wirkung von Speichel ist in antiken Texten recht gut und geographisch wie ethnographisch weit gestreut belegt. Berühmt ist vor allem der *Plinius*-Text NatHist XXVIII 22,76:

„Auch den Speichel einer nüchternen Frau (*mulieris quoque salviam ieiunam* [s.a. aaO. 7,35]) hält man für wirksam bei blutunterlaufenen Augen (*cruentatis oculis*) und bei Augenkatarrh (*epiphoras*), wenn man bei brennenden Augen wiederholt damit befeuchtet; noch nachhaltiger ist er, wenn <die Frau> am Tage vorher keine Speise und keinen Wein zu sich genommen hat."[122]

---

[117] Vgl. A. Krug 111–113. Eine Reihe von Stempeln, mit denen die Arzneien von ihrem herstellenden Arzt gekennzeichnet wurden, kann als archäologischer Nachweis gelten (eine Liste der Ingredienzien zur Herstellung solcher Salben bei *A.C. Celsus* VI 6,2ff). Daneben existieren auch nichtmedizinische literarische Belege, die über die Verwendung von Augensalben zur Behandlung von Augenleiden berichten: z.B. *Horatius*, Ep I 1,28f *non tamen idcirco contemnas lippus inungui*.

[118] W. Schrage, τυφλός 273. Vgl. bes. die epidaurische Inschrift A 4: Von der blinden Ambrosia wird berichtet, daß sie sich über die Heilungen belustigte, weil von ihnen gelte, ἀπίθανα καὶ ἀδύνατα ἐόντα, χωλοὺς καὶ τυφλοὺς ὑγιεῖς γίνεσθαι ἐνύπνιον ἰδόντας μόνον (ed. L.R. LiDonnici 88 Z. 34–36). So geschieht solche Heilung in der Mehrzahl der Texte durch die Götter selbst (vgl. Schrage, ebd.). Aber auch von Kaiser Vespasian u.a. werden solche Wunder berichtet. Daneben werden aber in der Antike bereits Operationen am Auge mit unterschiedlichem Erfolg, sogar gegen den grauen Star, vorgenommen (vgl. A. Krug 86f. 193; s.a. Schrage, aaO. 273 Anm. 18 [Lit.]).

[119] Zu Asklepios in Rom vgl. kurz A. Krug 163f; K. Latte 225–227.

[120] A. Deissmann 108 (Anm. 2–10 weist auf die Parallelen zur biblischen Tradition und insbesondere zu Joh 9. Text und Übersetzung jetzt auch bei M. Wolter 149f.

[121] A. Krug 37.

[122] Übers.: R. König/G. Winkler 59. S.a *Plinius*, NatHist. VII, 13; XXVIII 7,37 (*item lippitudines matutina cottidie velut inunctione* [durch Bestreichen mit nüchternem Speichel]; BB 126b (heilende Wirkung des Speichels des Erstgeborenen beim Vater); *Aboth R. Natan 36*, vgl. weiterhin die Belege bei Bill. II, 15–17. Der Speichel als heilmächtiges Mittel begegnet im NT auch in den synoptischen Wundergeschichten (bei der Heilung des Blinden von Bethsaida, Mk 8,23, und bei der eines Taubstummen, Mk 7,33), ohne daß

Die Berührung durch Speichel findet sich auch in der antiken Herrscherpropaganda in der Tradition über eine Blindenheilung durch Kaiser Vespasian. Sie wird berichtet bei *Sueton*, Caes VIII 7,2 (*restituturum oculos, si inspuisset*); *Dio Cassius* LXVI 8,1[123] und *Tacitus*, Hist IV 81,1–3: „Vespasian war der Auserwählte des Allerhöchsten, und insofern gehört die Erzählung in die Geschichte des antiken Herrscherkults und der antiken Propaganda."[124]

Bewegen wir uns mit diesen Texten im Bereich der antiken Volksmedizin, so kann nicht vorschnell ein anderer Aspekt antiken Denkens ausgegrenzt werden. So kann man auf den Zusammenhang von Speichel und antiken magischen Praktiken aufmerksam machen.[125] Hier gibt es das Phänomen eines *Ausspeiens mit apotropäischer Wirkung* und *zur Dämonenabwehr* (vgl. z.B. *Plinius*, NatHist XXVIII 7,35f.38; s.a. jSota I 16d).[126] Beispielsweise erwägt Gerd Theißen, daß hinter Joh 9,6, der Gestus des „verächtlichen Ausspeiens steht", der seinen Platz in einem Exorzismus hätte, hier aber „umgebogen" sei.[127] Auch sind anti-

---

deshalb eine literarische Abhängigkeit der joh. Tradition von den synoptischen Texten behauptet werden könnte; weitere Belege z.B. bei A. Jacoby *passim* (Jacoby sammelt hier recht unterschiedliche Texte, auch Hinweise auf magische Praktiken, die nicht alle in gleichem Maße weiterhelfen; hinweisen könnte man beispielsweise auch auf den islamischen Erzähler *Qadi Jjad* [12.Jh.]; über Mohammed wird dort berichtet, daß er mit seinem Speichel eine abgehackte Hand wieder an den Körper ansetzte [Text in Übersetzung bei A. Weiser, Bibel 175]), W.D. Hand 86; B. Kollmann, Jesus 232 mit Anm. 46, und E. Lesky 440. S.a die epidaurische Heilungsinschrift A 20, in der Blindheit durch therapeutische Behandlung mit einem Hund überwunden wird. Die Parallelgeschichte B 6 (26) lehrt, daß es sich hierbei um das Lecken mit der Zunge handeln müßte und damit an den Einsatz des heilenden Speichels zu denken ist (s.a. D. Goltz 397 mit 400). Die spätere christliche Überlieferung weiß um die heilende Wirkung des Speichels ihrer Heiligen (Belege: Goltz 405 Anm. 55).

[123] Über die Heilung heißt es hier: τοῦ μὲν τὴν χεῖρα πατήσας τοῦ δὲ τοῖν ὀφθαλμοῖν πηλὸν προσπτύσας, ὑγιεῖς ἀπέφηνε. Ist der Ablauf der Handlung auch im einzelnen von Joh 9,6f zu unterscheiden, so fallen dennoch sprachliche Überschneidungen auf; dies spricht nicht für eine Abhängigkeit, möglicherweise aber für bekannte Erzählformen und/oder den Rückgriff auf volkstümliche und magische Heilungsversuche.

[124] H. Bengtson 62, der eine weite Verbreitung dieser Propagandageschichte voraussetzt: aaO. 61; dafür spricht, daß *Tacitus* angibt, noch Augenzeugen für diesen Bericht zu kennen: *utrumque qui interfuere nunc quoque memorant, postquam nullum mendacio pretium* (*Tacitus*, Hist IV 81,3); ein Hinweis, der für die Authentizität des Erzählten vorgebracht wird (B. Kollmann, Jesus 106; S. Morenz 372). Wesentlich zurückhaltender bewertet die Rolle von Wundererzählungen in der Herrscherpropaganda E. Koskenniemi, Forschungsbericht 223; ΘΕΙΟΣ ANHP 462.

[125] S.a. O. Böcher, Dämonische Mächte 40; auch H. Koester, Gospels 205, zu Mk 8,23. Wenn der Hinweis auf die magische Praxis in Mk 8,23 richtig ist und dieses Motiv eine Parallele in unserer joh. Blindenheilung hat, so bleibt dies bei Koester unerklärt und sperrt sich gegen die Behauptung des völligen Fehlens magischer Praktiken in der SQ und damit auch in der Überlieferung hinter Joh 9,1ff. Der Einsatz von Speichel zur Begrenzung der vergiftenden Wirkung eines Schlangenbisses wird von *Lukan* zur Illustrierung der ‚Zauberkräfte des Volkes von Magiern' (*magicae miracula gentis*) der Psyller genannt (*Lukan* IX 922ff). Der Kontext zeichnet den Einsatz des Speichels als Mittel zur Übertragung der magischen Kräfte der Psyller aus und unterscheidet diesen Text von der Verwendung des Speichels als Heilmittel.

[126] Vgl. die Auflistung von Parallelen bei B. Kollmann, Jesus 232 mit Anm. 45, und E. Thraede, Exorzismus 52; s.a. A. Abt 186f.

[127] G. Theißen, Wundergeschichten 102 (von einer apotropäischen, vielleicht auch exorzistischen Qualität des Speichels am römischen *dies lustricus* [hierzu K. Latte 95 Anm. 4] berichtet A. Jacoby 191).

ke Volksmedizin und antike Magie keine absolut trennbaren Größen, wie eine Reihe antiker Zaubertexte zeigen, deren Abzweckung auf die Erhaltung oder Wiedererlangung der Gesundheit gehen.[128] So finden sich Vorstellungen, daß Krankheiten auf das Wirken von Dämonen zurückgehen.[129] Der Speichel als Überträger von Heilkraft des Exorzisten ist als Mittel des Exorzismus zu beachten,[130] wenngleich im einzelnen die Entscheidung zwischen der Deutung des Speichels als Heilmittel und als mediatorischer Funktion (Übertragung der Heilkraft) schwierig ist; besonders in einer Wundergeschichte ist die Kraft des Wundertäters ein erheblicher Aspekt der Heilung, und daher werden die Grenzen zwischen beiden Deutungsmöglichkeiten fließend. So beeindruckend es wäre, auch hinter einer joh. Tradition Spuren der exorzistischen Jesustradition zu finden, so ist das Ausspeien in Joh 9,6 nicht von der Bereitung des salbenartigen Gemischs aus Erde und Speichel zu trennen. Auch zeigt das Krankheitsbild keine dämonologischen Züge; dies scheint mir auch die zeitliche Angabe ἐκ γενετῆς auszuschließen. Damit aber ist das Ausspeien wohl auch nicht über den Aspekt der Bereitung des Heilmittels hinaus auszuwerten.[131]

Solche Bereitung läßt die Fortsetzung in V.6 erkennen; es wird ausdrücklich festgestellt, daß Jesus aus dem Speichel einen πηλός[132] macht: ἐποίησεν πηλὸν ἐκ τοῦ πτύσματος. Der zweite Bestandteil dieser Salbe wird nicht ausdrücklich genannt; die andere in der ‚Erde' zu suchen, die im ersten Glied der Handlung erwähnt ist als Ziel des Ausspeiens: χαμαί. Nun ist es nicht so deutlich, ob πηλός als Schlamm oder als Salbe zu verstehen ist. Zu beiden Interpretationen gibt es antike Parallelen in der Behandlung von Krankheiten und von Augenleiden. Von diesem Stoff geht eine heilende Kraft aus, die jedoch nicht vom Wundertäter abgetrennt werden darf. Der Schlamm oder die Salbe bildet somit ein *Heilmittel*. Der Wundertäter bereitet solches Heilmittel zu; auch dieser Aspekt ist nicht ohne Parallele.[133] In einer epidaurischen Heilinschrift wird berichtet, wie der Gott Asklepios einem Blinden, der nicht einmal den Ansatz eines Auges in der Augenhöhle hatte, ein Heilmittel kocht (τὸν θεὸν ἐψῆσαί τι φάρμακον: A 9 [*ed.* L. LiDonnici 92 Z. 77]) und dieses in die leere Augenhöhle hineinschmiert, wörtlich hineingießt: ἐγχέαι εἰς αὐτά (aaO. Z. 78).[134] Wie in Joh 9,1ff ist deutlich gemacht, daß die Heilung nicht als eine medizinische Fallstudie gelesen werden will. Ist der eine Blinde in Joh 9 von Geburt an blind, so ist der andere unheilbar, weil nicht einmal die Ansätze eines Auges vorhanden sind. In beiden Fällen bereitet der Wundertäter/Gott ein Heilmittel zu und wendet es an; das Unmögliche geschieht, der

---

[128] Vgl. etwa die Auswahl in: *Antike Zaubersprüche* (ed. A. Önnerfors) 54ff, N° 22–29.

[129] Vgl. allgemein zu dieser Vorstellung im Judentum kurz G. Stemberger, Dämonen 277. 278; jüdische Belege für durch Dämonen verursachte Blindheit bietet W. Schrage τυφλός 283.

[130] Vgl. E. Thraede, Exorzismus 52; Thraede nennt die Vespasian-Überlieferung als Beleg, die ihrerseits allerdings nicht direkt einen antidämonischen Aspekt benennt.

[131] Zur grundsätzlichen Abwehr der Annahme, Jesus sei ein Magier vgl. z.B. M. Reiser 429f.

[132] Zum Bedeutungsspektrum dieser Vokabel vgl. K.H. Rengstorf, πηλός 118; es reicht von Dreck und Kot hin zur Bezeichnung einer „Erdscholle mit einer Flüssigkeit".

[133] Vgl. die Verbindung von Asklepios mit Heilmitteln; er wird nicht nur als ihr Erfinder vorgestellt, sondern auch dargestellt, wie er Arzneimittel zubereitet und verwendet. Hierzu D. Goltz 394ff mit Belegen.

[134] Eine analoge Vorstellung findet sich auch in der Paraphrase des JE durch *Nonnus*, Metabole IX 29–34. Die fehlenden Augäpfel werden durch die Speichel-Erde-Mischung gebildet und an ihren Platz gesetzt. Geht an dieser Stelle die Nacherzählung des *Nonnus* über den referierten Text hinaus, so füllt hier antike Vorstellung die Erzählung des vierten Evangeliums aus.
Ähnlich strukturiert wie A 9 ist auch die Inschrift B 20 (40); wenngleich die Schilderung der Krankheit weniger dramatisch ausfällt, handelt es sich hier ‚lediglich' um eine Verletzung des Auges; wiederum bereitet der Gott ein Heilmittel vor und führt es in das Auge ein. S.a. das Iama A 4.

Blinde sieht. Die Nutzung eines Heilmittels und die Darstellung eines nahezu unglaublichen Wunders schließen sich nicht aus.[135] Besonders an Augenleiden und Blindenheilungen haftet die Verwendung von Heilmitteln, auch wenn es sich um Heilungswunder handelt,[136] doch kann und soll hier nicht den Gründen nachgegangen werden, es reicht für das zu verhandelnde Problem die Feststellung dieses Phänomens.

Im Zusammenhang mit Augenleiden werden häufig Salben als Heilmittel genannt.[137] Blicken wir in diesem Zusammenhang auf die in der Septuaginta überlieferte Blindenheilung, die mit Hilfe einer Salbe aus Fischgalle vollzogen wird: Der nach Tob 2,10 durch den Kot nistender Vögel erblindete Tobit – die Krankheit wird sachgerecht mit dem Terminus λευκώματα benannt (weiße Hornhautflecken; Tob 2,10; 3,17; 6,8; 11,8.13)[138] – wird Tob 11,11 (vgl. 11,4.8) durch das Aufstreichen von Fischgalle auf die Augen geheilt. Die Parallele zu Joh 9,6 im Aufstreichen einer Masse auf das Auge des Blinden ist deutlich, allerdings wird in LXX über die Erblindung berichtet, während der Mann von Joh 9 von der Geburt an blind ist. Bernd Kollmann hat die Terminologie der Tobit-Geschichte einer gründlichen Untersuchung unterzogen und dabei die terminologischen Zusammenhänge mit der antiken Volksmedizin aufgezeigt.[139] Als Ergebnis stellt er fest, daß es sich bei der Anwendung der Galle als Heilmittel „um eine Heilpraktik aus dem Bereich der volkstümlichen antiken Medizin" handelt;[140] ein Verfahren, das „nichts Wunderhaftes an sich hat, sondern rational nachvollziehbar ist".[141] Näher scheinen aber unserer Tradition Texte zu stehen, die Kot oder eine Mischung aus Kot (eine der Bedeutungen von πηλός) und Flüssigkeit (so Kyr III 50,24f) als Ingredienzien einer Augensalbe empfehlen.[142]

Läßt sich die Herstellung einer ‚Augensalbe' aus Erde[143] und Speichel also mit antiken Heilpraktiken und Heilungswundern im Zusammenhang sehen,[144] so bleibt das Problem

---

[135] D. Goltz 399f sieht hierin ein Element der Rationalität im Wunderbericht, wie es sich im allgemeinen bei den griechischen Heilungswundern im Unterschied zu vergleichbaren christlichen Geschichten findet; Joh 9 steht hierin den griechischen Heilungswundern nahe. Zu dem in der Antike weithin unproblematischen Nebeneinander von mehr oder weniger rationalen therapeutischen Mitteln und Wunder- bzw. Aberglaube s.a. O. Weinreich 29f.

[136] Vgl. D. Goltz 410 u.ö.

[137] Die Ingredienz aus Speichel und πηλός wird von B. Kollmann, Jesus 237, als Augenheilsalbe gedeutet.

[138] Vgl. B. Kollmann, Offenbarung 293f.

[139] B. Kollmann, Offenbarung *passim*.

[140] B. Kollmann, Offenbarung 293; vgl. auch die Hinweise bei E. Lesky 435.

[141] B. Kollmann, Offenbarung 297.

[142] Vgl. das Material bei B. Kollmann, Jesus 237 mit Anm. 65; s.a. *Marcellus* VIII 127 (vgl. die Übersetzung in *Antike Heilkunst* Nr. 53); der etwa um 400 n.Chr. schreibende *Marcellus* fußt neben den exzerpierten lateinischen Autoren in der Volksmedizin und richtet sich nicht an die Ärzteschaft, sondern an die Allgemeinheit. Der als Ingredienz verwendete Pferdemist soll u.a. wie die Fischgalle im Tobitbuch weiße Flecken im Auge bekämpfen. Ein Abwaschen der Salbenmischung wird allerdings ausdrücklich abgelehnt. Weitere, zum Teil äußerst bizzare Ingredenzien zur Mischung von Heilmitteln gegen unterschiedliche Augenleiden nennt *Plinius*, NatHist XXVIII 47, 167–172 (mehrfach werden Asche/Ruß, Kot und Galle unterschiedlicher Tiere genannt; die Anwendung geschieht verschiedenartig).

[143] Zum Schlamm (πηλός) in Heilungsberichten des Asklepioskultes vgl. K.H. Rengstorf, Anfänge 39f Anm. 62 (zu S. 18); πηλός 118 Anm. 8. Genannt ist *Aelius Aristides*, Or 48,74f. Für die epidaurischen Inschriften bietet das Register der Edition von Lynn R. LiDonnici allerdings keinen Beleg für die Vokabel πηλός.

[144] Auf ein späteres Beispiel für diese Heilmischung aus einem ungarischen Märchen verweist W.D. Hand 86.

der Waschung.[145] Manche Exegeten suchen die Entsendung des Blinden zum Teich, die in der Tat sehr enigmatisch berichtet ist und jedes biographische und wohl auch psychologische Interesse vermissen läßt,[146] als „Glaubensprobe" zu interpretieren.[147] Es ist zu fragen, ob sich die Entsendung zum Teich nicht wie die zuvor untersuchten Motive auch aus dem Zusammenhang mit antiken Heilwundern oder der antiken (Volks-)Medizin erklären läßt. Gerade die Heilkuren in den Asklepiosheiligtümern zeichnen sich auch durch Waschungen (vgl. z.B. *Aristophanes*, Plut 656–658)[148] und Bäder zur Überwindung unterschiedlicher Krankheiten aus.[149] Die heilende Wirkung der Asklepiosquelle illustriert besonders eindrücklich *Aelius Aristides* Or 39,14f (zum Baden im heiligen Brunnen s.a. Or 48,74ff [hierzu s.u.]).[150] In diesem Prosahymnus[151] auf den Brunnen des Asklepios wird die Quelle ausdrücklich als ‚*Heilmittel*' bezeichnet. Auch wird berichtet, daß „viele nach dem Bad darin ihr Augenlicht wiedererlangt haben" (πολλοὶ μὲν γὰρ τούτῳ λουσάμενοι ὀφθαλμοὺς ἐκομίσαντο); dies ist eine exakte Entsprechung zu der mit der Waschung im Teich Siloah verbundenen Erwartung. Wie der Heilgott Asklepios der eigentliche Grund der Heilungen bleibt, der Dativ ordnet ihm ausdrücklich das Heilmittel zu, so ist auch in Joh 9,7 nicht an eine heilende Wirkung des Siloahteiches unabhängig von der Anweisung

---

[145] Einen völlig andersartigen Interpretationsansatz vertritt J.P. Meier 697: Hier symbolisiert das Erde-Speichel-Gemisch, das auf die Augen aufgetragen wird, die Blindheit, die durch die Waschung im Teich abgewaschen wird. Noch anders B. Lindars, JE 343, der eine Quelle annimmt, die ein Heilungsverfahren wie in Mk 8,23 geboten habe (Speien in die Augen und Handauflegung); der Evangelist hingegen lasse Jesus vielmehr wie in Gen 2,6f handeln (Bildung des Menschen aus dem angefeuchteten Ackerboden), und damit werde die Heilung als schöpferischer Akt interpretiert (s.a. D.A. Lee 186 und die bei ihr Anm. 1 genannten Autoren; L. Morris, JE 427; so schon die Auslegung bei den Kirchenvätern; vgl. die Belege bei R. Schnackenburg, JE II, 307f Anm. 3; ergänzt werden kann die Nacherzählung des JE bei *Nonnus*, Metabole IX 33–35; J.D.M. Derrett, Miracles 77ff: Korrektur der fehlerhaften Schöpfung; M.M. Thompson, Signs 103). Eine schöpferische Bildung fehlender Augäpfel findet sich als Parallele auch in asklepieischen Wundererzählungen (Inschrift A 9). Eine vergleichbare schöpferische Handlung ist aber aus der Blindheit von Geburt an nicht zu erschließen (zur Kritik auch G.R. Beasley-Murray, JE 162). Auch ist der Bezug auf Gen 2,6f gegenüber den Motivparallelen in antiken Heilungswundern und antiker Volksmedizin zu unspezifisch.

[146] Allein schon die Frage, wie der Blinde zum Teich gelangt, bleibt undiskutiert (s.a. E. Haenchen, JE 378); zwar mag der Leser diese Lücke aufgrund seiner eigenen Erfahrungswelt füllen können, der Erzähler gibt seinerseits keine Auskunft. Für ihn ist allein entscheidend, daß er das Sehendwerden des Blindgeborenen feststellen kann.

[147] Z.B. J. Schneider, JE 189.

[148] Vgl. A. Krug 134.

[149] Vgl. z.B. M.P.J. Dillon 245. Ob sich deshalb die bereits in anderem Zusammenhang diskutierte These einer Auseinandersetzung des JE mit der Asklepios-Frömmigkeit von Karl Heinrich Rengstorf (dazu s.o. S.332) aufstellen läßt (zu Joh 9,1ff: ders., Anfänge 17f; πηλός 119), scheint mir nicht gerechtfertigt zu sein, da die Texte jeweils auf andersartige Auseinandersetzungen zurückblicken, wobei jeweils die eigene christologische Konzeption des Evangelisten entworfen wird. Dies schließt aber nicht aus, daß Elemente aus dem Umkreis der Asklepiosfrömmigkeit oder der antiken Heilkunde der Erzählung von Jesuswundern dienstbar gemacht worden sind. Auf den Zusammenhang mit magischen Praktiken weist hingegen O. Böcher, Dämonische Mächte 39.

Zur Rolle und zum Vorkommen von Heilbädern nicht allein im Kontext der Asklepiosverehrung vgl. A. Krug 172ff.

[150] Eine deutsche Übers. bietet NW II/2 1485 Nr. 8 zu Apk 2,12.

[151] Zur Gattungsbezeichnung Prosa-Hymnus vgl. E. Norden 844ff.

des Wundertäters Jesus gedacht. Beide Texte bleiben also zentriert auf dem eigentlichen Ursprung dieser Heilung.

In den *Heiligen Berichten* weiß *Aelius Aristides* von heilsamen Bädern auf Anweisung des Asklepios zu berichten. Or 48,50 wird ausdrücklich das Bad in einem Fluß (s.a. Or 48,21.51) einem Bad in den Thermen gegenübergestellt; der Vorbehalt gegen eine warme Quelle ist in der zeitgenössischen Literatur nicht ohne Analogie,[152] allerdings mag das *Prae*, das hier auf dem Flußwasser liegt, weniger medizinische Gründe haben. Vielleicht sind hier mit dem fließenden Wasser Elemente griechischen Volksglaubens verbunden, die in solchem Wasser Gottheiten und Dämonen vermuten.[153]

Die biblischen Traditionen kennen zudem eine Heilung durch siebenmalige Waschungen im Jordan als Teil des Elia-Elisa-Zyklus. In der Legende 2Kön 5,1–14 hat sich der Syrer Naaman auf Anweisung des Propheten Elisa siebenmal im Jordan zu waschen, woraufhin jenen der Aussatz verläßt (bes. 2Kön 5,10–14). Eine wichtige Parallele zwischen diesem Bericht und der Blindenheilung in Joh 9 besteht darin, daß die Heilung erst nach den Bädern bzw. nach der Waschung stattfindet. Dieses Fortschicken nähert beide Wundergeschichten der Form der *Fernheilungen* an. Deshalb jedoch eine direkte Abhängigkeit zu konstruieren,[154] unterschätzt die Differenzen, insbesondere die Diskrepanz in der Exposition und die unterschiedliche Krankheit, aber auch die eigenständige Tätigkeit des Wundertäters in Joh 9, die im Mischen und Auftragen des Speichel-Erde-Gemischs auf das Auge des Blinden besteht. Wenigstens für die Durchführung der Heilung muß eine andere Erklärung der Herkunft dieses Motivs gefunden werden. Aber auch das Verhältnis des Dieners Gehasi zu Elisa und ihre Auseinandersetzung über die Habsucht des Dieners spielt auf einer völlig anderen Ebene als der Konflikt zwischen Jesus und den jüdischen Opponenten. So ist die Übertragung der Krankheit in der ersten Geschichte physisch, in der zweiten Geschichte lediglich ein übertragener Ausdruck für fehlende christologische Erkenntnis.[155] Die Abweichungen der Geschichten einerseits und die Spannungen zwischen Handlung und Dialog in der Heilung Joh 9,1–7 lassen m.E. es nicht zu, Joh 9 insgesamt aus der Naaman-Geschichte abzuleiten; aber auch hinsichtlich der Blindenheilung selbst ist zurückhaltend zu urteilen, da Blindenheilungen antike Erzählparallelen bereitstellen, die formal und motivlich mindestens ebenso nahe an der joh. Wundergeschichte sind. Der Hinweis auf eine *kreative Paraphrase* kann zwar Differenzen erklären, aber der Nachweis der Abhängigkeit ist damit noch nicht erbracht. Nicht bewertet wird bei Thomas L. Brodie der Prophetentitel, der in V.17 Jesu Handeln kommentiert. Zu Recht, denn auch dieser Titel sichert nicht, daß Jesus mit dieser Heilungsgeschichte als ein neuer Elisa dargestellt wird.

Auch die *epidaurischen Iamata* wissen um die Bedeutung von Gewässern zur Therapie zu berichten. Nach dem allerdings nur fragmentarisch erhaltenen Bericht über den gelähmten *Kleimenes von Argos* B 17 [37]; ed. L.R. LiDonnici) wird dieser in einer Vision zu einem Teich geschickt. Der erhaltene Text gibt zu erkennen, daß der Gelähmte etwas mit dem Wasser anstellen soll; die Rekonstruktion ἐκελήσατό νιν πιεῖν der Herausgeberin kann durchaus Wahrscheinlichkeit beanspruchen, so daß die Voraussetzung der Heilung

---

[152] Vgl. A. Krug 172 mit Hinweis auf die hippocratische Medizin.

[153] S.o. S. 219. 229.

[154] Z.B. T.L. Brodie, Jesus *passim*, bes. 40f; Quest 53. Brodie legt seinem Vergleich den gesamten Erzählzusammenhang 2Kön 4,1–27, d.h. einschließlich der Ergänzung über die Habgier Gehasis (hierzu E. Würthwein, 1–2Kön, 302f) zu Grunde. Dabei parallelisiert er die Aufgabe des Mannes als ein Instrument Gottes, die Heilung, die jeweils mit einer Waschung verbunden ist, die zweifache Reaktion auf die Heilung (eigensinnige Interpretation der Heilung auf der einen, Dankbarkeit auf der anderen Seite) und die Konfrontation, die in der Übertragung der Krankheit auf den Gegner mündet.

[155] Auch Thomas L. Brodie bestreitet nicht die Differenzen zwischen beiden Erzählungen, sucht diese jedoch durch das ‚Element der Kreativität' (ders., Jesus 40) zu begründen, das in der Nacherzählung zum Tragen komme.

nicht eine Waschung, aber immerhin das angeordnete Trinken aus einem bestimmten Gewässer darstellt.[156] Zu fragmentarisch erhalten für weitergehende Schlüsse ist C 10 ([53]; ed. L.R. LiDonnici); zwar ist [ἀ]πὸ ποταμο[ῦ] zu erkennen, aber aufgrund des schlechten Erhaltungszustands nicht wirklich einzuordnen.[157] Die Vermutung, daß der Fluß eine Rolle bei der Heilung spielt, kann vom Bericht B 17 (37) her ausgesprochen werden, ist aber im Blick auf den Vergleich mit Joh 9,7 nicht sicher auszuwerten.

Die Verbindung einer Augenkrankheit und ihrer Heilung durch Quellwasser findet sich in einem im 5.Jh. aufgezeichneten christlichen Text, in dem Bericht des Metropoliten *Basilius von Seleucia* († um 468) über die Wunder der hl. Thekla (Mir. 3430 [PG 87]); da sich in den Schilderungen des Basilius christliche Überlieferungen mit heidnisch-antiken Vorstellungen verbinden können,[158] erscheint dieser Text, anders als späteres Material, in dem von der Verwendung von Weihwasser gehandelt wird, als Vergleichsmaterial für den Einsatz von Quellen bei der wundersamen Heilung von Augenleiden und Blindheit als beachtenswert.[159]

Auch Gegenstimmen sind zu vermelden (AZ 28b): R. Jehuda warnt bei Augenschmerzen und Fieber vor einem Bad;[160] doch auch hier ist ein bekannter und verbreiteter Zusammenhang von Bädern und Augenleiden vorausgesetzt.

Tatsächlich finden sich noch weitere Parallelen zu dem Auftragen des Schlammes, also des Gemisches aus Speichel und Erde, und dem anschließenden Bad. Wiederum stammen die Texte aus dem Bereich des Asklepioskultes, ohne daß jedoch eine direkte Abhängigkeit aufgezeigt werden könnte. In einem schon von Karl Heinrich Rengstorf[161] für seine These von der Auseinandersetzung der joh. Blindenheilung mit dem Asklepioskult herangezogenen Text berichtet *Aelius Aristides* in seinen *Heiligen Berichten* über eine erneute Anweisung des Asklepios:

„Es war die Zeit der Frühjahrtag- und nachtgleiche, an der man dem Gott zu Ehren sich mit Schlamm bestreicht (ἦν ἰσημερία ἡ μετὰ χειμῶνα ὅτε πηλοῦνται τῷ θεῷ ...). Ich aber war nicht imstande, mich von der Stelle zu rühren, außer wenn Er mir etwa ein Zeichen geben sollte. So zögerte ich also. Es wurde aber nach meiner Erinnerung sogar ein sehr warmer Tag. Wenige Tage darauf kam wieder ein (Schnee-) Sturm, der Nordwind fegte über den ganzen Himmel, und schwarze Wolken zogen sich dicht zusammen. Dann wieder aufs neue winterlicher Sturm. Während solcher Wetterlage befahl Er mir, mich neben dem heiligen Brunnen mit dem Schlamm zu

---

[156] Anders rekonstruiert Rudolf Herzog aufgrund einer Reihe von Paralleltexten den korrupten Inschriftentext (zum Problem s.a. oben S. 228 mit Anm. 78. Ich zitiere die interessante Textpassage. Von dem am Körper gelähmten *Kleimenes von Argos* heißt es dort: „er träumte, der Gott wickle ihm eine rote wollende Binde um den Leib und führe ihn ein wenig [außerhalb des Heiligtums zum Bad] an einem Teich, dessen Wasser [übermäßig kalt sei]". Die eckigen Klammern in der Übersetzung von Herzog 23.25 sind von mir eingetragen und markieren den rekonstruierten Text. Die Rekonstruktion verdankt sich *Aelius Aristides*, Or 48,19–21, einem von verschiedenen Belegen in den *Heiligen Berichten*, die von kurierenden Bädern auf die Anordnung des Asklepius wissen (s.a. S. 333.334).

[157] Anders auch hier R. Herzog Z. 62f, der zuversichtlich ein Bad rekonstruiert; der Gott „befehle ihm in kaltem Wasser zu baden" (Übers.: aaO 29). Leitend für diese Rekonstruktion sind wiederum die Parallelen (vgl. aaO 94; s.o. S. 334 Anm. 156) und nicht der erhaltene Textbestand.

[158] Vgl. das allgemeine Urteil bei B. Altaner/A. Stuiber 335.

[159] Hierzu mit Belegen z.B. D. Goltz 403f; Belege zur heilsamen Wirkung von Wasser und Wasserquelle, Brunnen etc. bei Blindheit hat W.H. Hand 84 aus Volkssagen gesammelt.

[160] Vgl. J. Preuss 183.

[161] S.o. S. 239f.

bestreichen und dann ebenda zu baden (τοιούτων δ' ὄντων προσέταξεν χρίσασθαι τῷ πηλῷ πρὸς φρέατι τῷ ἱερῷ καὶ λούσασθαι αὐτόθεν). Auch damals bot ich ein Schauspiel. Die Kälte des Schlammes und der Luft war so groß, daß ich mich glücklich schätzte, zum Brunnen hinlaufen zu dürfen, und das Wasser war mir voller Ersatz für andere Wärme. Das ist der Anfang der Wundergeschichte."[162]

Gleich im Anschluß wird von einer weiteren Anordnung des Asklepios berichtet, sich noch einmal mit Schlamm einzureiben (προστάττει τῷ τε πηλῷ πάλιν κατὰ τὰ αὐτὰ χρίσασθαι [Ael. Arist., Or 48,75]), um schließlich nach einem dreimaligen Lauf in der Kälte um die Tempelgebäude sich diesen wieder abzuwaschen (ebd. 48,76). Die Differenzen zu Joh 9,6f sind schnell aufgezählt; der Erzähler ist (1) nicht blind und (2) legt er sich den Schlamm (πηλός) selbst auf. Allerdings geschieht dies auf ausdrückliche Anweisung des Gottes. Die Aktivität der joh. Geschichte ist stärker auf den Wundertäter konzentriert, zumal dieser den πηλός durch das Ausspeien selbst herstellt. Wichtig ist wiederum, daß die Kombination von Schlammauflegen und Bad in anderen Heilungsberichten begegnet (sogar ausdrücklich als θαῦμα bezeichnet [Ael. Arist., Or 48,74]).

Eine vergleichbare Kombination von Heilmitteln und Heilfaktoren läßt sich in der sogenannten Apellas-Inschrift (SIG³ 1170) finden.[163] In dieser Inschrift werden neben diätischen Angaben, Hinweisen auf Leibesbetätigung etc. auch Bäder und das Einreiben mit Schlamm (ἀφῇ πηλώσασθαι) genannt. Wirken die genannten therapeutischen Angaben in ihrer Fülle kurios, so ist dennoch gezeigt worden, daß sie sich medizinischen Vorschriften verdanken, die auch in anderen Schriften gefunden werden können.[164]

Der Vergleich mit den antiken Parallelen zeigt, daß (1) die Benutzung von Speichel, (2) das Bereiten eines Teiges/einer Salbe und sein/ihr Auftragen auf die Augen sowie (3) die Aufforderung zur Waschung im Teich als Mittel zur Behandlung akuter Augenleiden und auch von Blindheit Anwendung finden. Es kann also gelten, daß Erzählparallelen aus dem Bereich von wundersamen Heilungsberichten für das Handeln Jesu in Joh 9,6f existieren. Eine Abhängigkeit von diesen Texten zu beanspruchen, verbietet sich insofern, als unterschiedliche Rahmungen gegeben sind. Die Verwendung dieser Mittel entstammt der antiken Volksmedizin oder hat zumindest nahe Parallelen in ihr. Auffällig in Joh 9 ist das Gemisch aus Speichel und Erde selbst.[165] Das Einschmieren der Augen mit dieser Kombination hat seine nächste Analogie im Auftragen von Schlamm auf den Körper. Die Stärke dieser Analogie liegt darin, daß sie im Kontext von Bädern zu finden ist und sich damit neben das zweite Element unserer Heilungsgeschichte stellen läßt, dem Bad im Teich.

---

[162] *Aelius Aristides*, Heilige Berichte II, 74 (= Or 48,74; Übers.: H.O. Schröder 61f).

[163] Der Text findet sich leicht zugänglich und mit einer Übersetzung versehen in *Der Arzt im Altertum* (ed. W. Müri) 436–439 und in G. Luck 188f (Nr. 39).

[164] Vgl. W. Müri 484 (zu S. 437); A. Krug 140f; zum Verständnis der Apellas-Inschrift s.a. R. Herzog 45. 109.

[165] A. Jacoby 190 bietet auch für dieses Gemisch zwei Parallelen, die allerdings nicht aus dem Milieu unseres Erzähltextes stammen: Das Volk der Fulah am Niger erwartet, daß durch Speichel eine Hand voll Sand wundermächtig gemacht werden könne. Vom Propheten Mohammed wird berichtet, er habe dem Aamir Ibn-Mâlik-Ibn-Dschâfer Ibn-Kilâb eine mit seinem Speichel durchfeuchtete Erdscholle zugesandt, die er zu seiner Heilung essen solle (Nachweise aaO. 190). Diese Hinweise sind mir jedoch zu unsicher, um hieraus weitere Schlüsse ziehen zu können und Joh 9,6 zu illuminieren.

Läßt sich damit für unsere Wundergeschichte ein medizinisches Fachwissen konzedieren? Dies ist eher zweifelhaft.[166] Eine fachliche Analyse des Augenleidens fehlt, nicht zuletzt daher, da es sich um Blindheit von Geburt an handelt. Die Kombination aus Nennung von Heilmitteln, scheinbar fehlender genuiner (antiker) Fachkompetenz und dem Interesse, die Heilung als Wunder darzustellen, lassen eine popularisierte, vielleicht auch magisch verklärte, weil nicht wirklich die verwendeten Mittel verstehende Form von Volksmedizin erkennen. Soll damit in der Überlieferung Jesus als ‚Arzt',[167] möglicherweise in Anknüpfung an das Theologumenon von ‚Jahwe als Arzt' (Ex 15,26), ausgewiesen werden? Jesus, der die Notlage des Blinden erkennt, ist sicherlich zugleich als der dargestellt, der die Mittel zur Behebung der Not kennt. Der Erzähler macht dabei in der Tat in popularisierter Form Anleihen bei der antiken Volksmedizin. Die Darstellung Jesu als Arzt oder vielleicht besser die mit dem volkstümlichen Wissen über einen Arzt und sein Verhalten parallelisierte Darstellung Jesu ist nicht singulär. Auch der Gott Asklepios tritt in der Darstellung seiner Wunderheilungen parallelisiert mit den zeitgenössischen Ärzten auf.[168] Die Anmengung des Speichel-Erde-Gemischs könnte eine Mißdeutung von Augensalben als magisches Heilmittel sein, nimmt aber, was wahrscheinlicher ist, antike Schlammpackungen auf. Der Hinweis auf magische Praktiken[169] bleibt undeutlich wie der Hinweis auf das Ausspeien als Apotropeiritus. Sind Medizin und Wunder im antiken Volksglauben nicht wirklich gegensätzliche Größen,[170] so sollten die volksmedizinischen Motive und der Wunderaspekt nicht gegeneinander ausgespielt werden. Zwischen der Blindheit von Geburt an und dem Sehen steht Jesus als der, der wundersam Heilung schafft. Um den Lobpreis dieser Person geht es, die über das Wissen und die Mittel verfügt, das Schicksal eines unheilbar Behinderten zu wenden.

Das Kneten des Breis ist in ntl. Heilungsgeschichten singulär.[171] So legt sich die Frage nahe, ob die Erzählung der Wundergeschichte von Joh 9 in dieser Tätigkeit des Teigknetens bereits auf die Sabbatverletzung V.14.16 hin

---

[166] Anders B. Kollmann, Jesus 237, der an die Praxis christlicher Wundercharismatiker denkt. Aber ist wirklich solche Übertragung einer aktuellen christlichen Praxis hier greifbar?

[167] So W. Heitmüller, JE 121: „Jesus verfährt in diesem Fall wie ein Volksarzt." Zu Jesu Wirken als Arzt M. Karrer 276f. Zur späteren Entwicklung dieser Bezeichnung vgl. z.B. H.C. Brennecke 32ff.

[168] Vgl. die Ausführungen von A. Krug 137ff.

[169] So ist die Ingredienz aus Speichel und Staub, die bei *Petronius* 131,4 als Zaubermittel auf die Stirn aufgetragen wird (z.St. s.a. O. Weinreich 97f), aber keine wirklich erhellende Parallele zu Joh 9,6.

[170] Vgl. D. Lührmann, Wundergeschichten 196, mit Hinweis auf die Asklepiosheiligtümer. Daß die antike Medizin, soweit sie als kritische, d.h. sich selbst reflektierende Größe vor Augen tritt, sich selbst mißbilligend gegen zeitgenössische Wundertäter abgrenzt, ist bei Lührmann ebenfalls vorgeführt; vgl. aaO. 200.

[171] Vgl. M. Rein 116 Anm. 386.

orientiert ist. Das Kneten selbst verletzt in der Tat die Vorschriften zur Sabbatruhe.[172] Gehört das Kneten des Teiges zur ältesten Wundertradition und wäre dies ausschließlich als Vorbereitung des Sabbatmotivs verständlich, so würde dies ein starkes Indiz für einen ursprünglichen Zusammenhang von Heilungs- und Sabbatthematik darstellen. Da aber gezeigt werden konnte, daß hier offensichtlich an antike Heilungsvorstellungen und Motive angeknüpft wird, ist dieser Schluß zumindest nicht durch einen Hinweis auf V.6 zu begründen.

Die Geschichte hebt Jesus als Wundertäter heraus. Mit solchem Lobpreis kann die Gemeinde nach außen treten und Jesus als mächtigen Wundermann verkündigen. Sich selbst kann die Gemeinde in der Erzählung über die soteriologische Aktivität ihres Heilands vergewissern. Die Tat der Blindenheilung zeigt, daß im Kommen und Handeln Jesu messianische Hoffnungen und Erwartungen an ihr Ziel gekommen sind. Möglicherweise darf eine *hohe Christologie* postuliert werden, da es nach atl. Erwartung Jahwe selbst ist, der sehend macht: Ex 4,11; Ps 146,8. Jesus als Blindenheiler, noch dazu als Heiler eines von Geburt an Blinden, partizipiert an der göttlichen Macht, mehr noch, er trägt selbst göttliche Züge (vgl. den joh. Seewandel Joh 6,16ff). Was Ben Witherington über die Wiedergabe des Wunders im vierten Evangelium sagt, trifft nicht weniger auf die Überlieferung selbst zu: „It is thus very likely that by recording this miracle the evangelist is attempting to say something special about Jesus' messianic, and perhaps also his divine, status".[173]

Eine entscheidende Frage ist, ob das rekonstruierte Stück so annähernd die älteste Tradition der Heilung wiedergibt. Über fehlende oder ersetzte Merkmale kann naturgemäß nur spekuliert werden. Eine mögliche Veränderung ist im Abschluß der Geschichte zu sehen. Joh 9,7 schließt wie der von Deissmann beigebrachte Text (SIG³ 1173) mit dem Kommen des nunmehr Geheilten; dieses Kommen bleibt in Joh 9 unausgeführt, auch wenn man an ein Heimkommen denken kann, bei dem der ehemals Blinde seinen Nachbarn begegnet (so jedoch erst in der wohl sekundären narrativen Fortsetzung V.9ff). Zu bedenken ist allerdings, daß auch Mk 8,22ff mit der Konstatierung der Heilung (8,25b) und wohl auch mit der Entlassung nach Hause geendet (V.26a) hat. Das Verbot, ins Dorf zu gehen (und somit auch das Verbot, die Heilung und darin den Wundertäter bekannt zu machen), ist markinischen Ursprungs.[174] Es

---

[172] Vgl. Bill. II, 533f: AZ 28b; s.a. jSchab 14,14ᵈ, 18 (Bill. II, 15).
[173] B. Witherington, III, JE 181.
[174] Vgl. z.B. L. Schenke, Wundererzählungen 309; K. Kertelge, Wunder 161. D. Lührmann, Mk 139f, erwägt, daß die Geschichte bereits mit der Entlassung V.25 geschlossen hat. Allerdings stoßen sich die Entlassung nach Haus und das Verbot, ins Dorf zu gehen; vgl. schon W. Wrede, Messiasgeheimnis 49. Der Versuch, Wohnhaus und Dorf geographisch zu trennen (z.B. W. Grundmann, Mk 212f), ist eine interpretatorische Interpolation, die für den vorliegenden Text zwar notwendig ist, will man ihn als stringent erzählte Historie lesen, sich aber natürlicher aus der mk. Tendenz zur Geheimhaltung

ist jedenfalls zu fragen, ob ursprünglich von einem Kommen des Geheilten berichtet wurde, bei dem der Geheilte wie in der profanen Parallele aus der Asklepios-Verehrung Jesus öffentlich für sein heilendes Handeln pries. Dieses positive Verhalten könnte der Haftpunkt für die positive Schilderung des Geheilten geboten haben, die in den folgenden Überlieferungsstufen durchgehalten wird.

Verschiedentlich ist die Heilung des Blinden von Bethsaida, Mk 8,22–26, schon als ein Vergleichstext für die formkritische Analyse von Joh 9,1–7 herangezogen worden. Hier wie dort wird ein Blinder durch Jesus geheilt. In beiden Geschichten spielt ein Heilmittel, der Speichel, eine wichtige Rolle. Dieter Lührmann äußert deshalb die Vermutung, daß beide Erzählungen auf eine „gemeinsame Grundlage zurückgehen".[175] Die Basis, um diese Annahme zu stützen, ist jedoch zu schmal. Entscheidende strukturelle Differenzen,[176] vor allem die Aktivität der Begleiter des Blinden und die zweistufige Heilung, sprechen gegen diese Annahme. Zwar könnte nicht unbegründet überlegt werden, daß diese Erzählzüge, da sie der charakteristischen Herausstellung der Souveränität des Wundertäters in den joh. Wundergeschichten entgegen stehen, getilgt worden sind. Doch charakteristische Züge der mk. Blindenheilung fehlen in der joh. Geschichte, die aber für die Behauptung einer gemeinsamen Grundlage im Gegensatz zu anderen Heilungsgeschichten unentbehrlich wären. Daß in beiden Geschichten der Speichel als Heilmittel verwendet wird, ist angesichts der Verbreitung dieses Erzählzuges keine ausreichende Übereinstimmung.[177] Der Speichel wird zudem unterschiedlich verwendet; in Joh 9,6 zur Anmengung eines heilsamen Breis. In Mk 8,24 wird der Speichel direkt am Auge angewendet. Zudem ist die Erwähnung des Teiches Siloah in Joh 9,7

(vgl. Mk 1,43f; 5,43; 7,36; jeweils nach Wundergeschichten; 8,30 nach dem Petrusbekenntnis; 9,9 nach der Verklärung Jesu; Schweigegebot an die Dämonen und die unreinen Geister in Summarien: 1,34, 3,12) erklären läßt.

[175] D. Lührmann, Mk 139; B. Kollmann, Jesus 237, denkt für Joh 9,1ff hingegen an „eine traditionsgeschichtliche Variante oder Parallelbildung zu Mk 8,22–26".

Anders T.L. Brodie, Quest 48ff; hier wird der Versuch unternommen zu beweisen, daß Joh 9 Mk 8,11–9,8 als Quelle benutzt haben soll. Da hier zunächst die Frage nach der Blindenheilung selbst von Interesse ist und diese m.E. sehr deutlich der Tradition entstammt, soll hier nicht weiter auf diesen Vorschlag eingegangen werden, zumal die Hinweise von Brodie nicht einer gewissen Künstlichkeit entbehren; dazu I. Dunderberg, Johannes 176 Anm. 1. Entscheidendes zur Frage des Verhältnisses von Joh 9 zu den Synoptikern ist zudem bei Dunderberg, aaO. 181ff. 188, gesagt und muß hier nicht wiederholt werden.

An andere synoptische Traditionen, die der vierte Evangelist bei seiner Erzählung vom Blindgeborenen gekannt haben soll, denkt J.D.M. Derrett, Miracles 72: Mk 5,19f und Mt 5,14; doch dies überzeugt nicht, da die Bezüge unklar bleiben und das Licht-Thema sich ohne Rückgriff auf synoptische Vorbilder als joh. Motiv verstehen läßt.

[176] S.a. M. Rein 216; R.E. Brown, JE I, 378.

[177] Zu D. Lührmann, Mk 139; vgl. I. Dunderberg, Johannes 181; s.a. J.P. Meier 744 Anm. 87 (zu S. 696).

ein nicht zu übersehendes Trennungskriterium gegenüber der mk. Überlieferung. Der Vergleich von Mk 8,22–26 mit Joh 9,1–7 ermöglicht also nicht, eine ältere Grundlage der Blindenheilung zu erreichen. Beide Geschichten sind getrennt voneinander entstanden.[178]

Daß sich joh. Wundergeschichten in einem erzählerischen Milieu bewegen, das auch die *antike Herrscherpropaganda* besetzt, kann im Zusammenhang mit dem Seewandel Jesu in Joh 6,16ff gezeigt werden.[179] Ähnlich sollte angesichts der Parallelen zur Blindenheilung aus der Herrscherpropaganda (vor allem *Sueton*, Caes VIII,2f; *Tacitus*, Hist IV,81 und *Dio Cassius* 65 8,1)[180] geprüft werden, ob auch die Blindenheilung vor diesem Hintergrund verstanden werden kann.[181] Der religionsgeschichtliche Primärhintergrund der ntl. Blindenheilungen liegt nicht in diesem Überlieferungsbereich; Blindenheilungen vermittels Speichel sind kein Spezifikum der römischen Herrscherpropaganda; zudem sind sie auch außerhalb dieses Überlieferungskontextes bekannt. Die ntl. Blindenheilungen knüpfen wie die Kaiserpropaganda an das antike Erzählpotential an. Eine direkte überlieferungsgeschichtliche Linie zwischen Joh 9,1.6–7 und der Kaiserpropaganda läßt sich nicht ziehen.

Doch läßt sich immerhin mit Blick auf die folgende Hirtenrede die Frage stellen, ob nicht zumindest wiederum ein indirekter Bezug vorliegt.

Der atl. Hintergrund der Hirten-Motivik setzt bei einem Verständnis der Führer Israels als Hirten des Volkes ein, die ihrem Auftrag nicht gerecht geworden sind. So tritt Jahwe selbst als Hirte seines Volkes ein; möglich ist auch, daß Jahwe einen zuverlässigen Hirten senden wird, der der gute Hirte ist. Auch in der hellenistisch griechischen Welt ist die Metapher vom Hirten, auf Herrscher oder militärische Führer angewendet, nicht fremd;[182] bei *Homer* begegnet der Hirte als Begriff für den König (ποιμὴν λαῶν) und seit *Platon* (Pol 267e; 275b–c; I 345b–e) als Bild für den Staatsmann in der griechischen Staatsphilosophie.[183]

Ist Jesus in der joh. Textfolge der durch den Einsatz des eigenen Lebens lebensgewährende Hirte und kann das Wunder als eine antizipierende Sichtbarwerdung dieser lebensgewährenden Macht verstanden werden, so erscheint dies vor dem atl., aber auch vor dem hellenistisch-griechischen Hintergrund als Überbietung jeglicher realer irdischer Herrschermacht.[184] Wer diesen Hinter-

---

[178] S.a. z.B. J. Schneider, JE 186; U. Schnelle, Christologie 133; J.P. Meier 696.
[179] S.o. S. 288.
[180] Hierzu s.o. S. 329.
[181] So z.B. A. Jacoby 186f.192, der die Nähe feststellt, selbst aber keine Abhängigkeit, sondern eine rationalisierende und historisierende Deutung vertritt: 192ff.
[182] Vgl. kurz J.D. Turner 35f.
[183] Vgl. J. Engemann 587f.
[184] Auch U. Busse, Metaphorik 128, setzt den Zusammenhang von 9,1–10,21 voraus und interpretiert vor diesem Hintergrund das Hirtenthema: „Die dramatische Zuspitzung ... bis hin zum Synagogenbann ist erzählerisch geboten, um die Fragen nach dem für Gott allein legitimen Hirten und nach den Eigenschaften der Mitglieder des eschatologischen Gottesvolkes für die Leser beantworten zu können." Die Frage nach einem möglichen

grund vor Augen hat, kann in der Heilung des Blindgeborenen die Opposition zur vorgenannten Herrscherpropaganda präsent finden, doch setzt dies voraus, daß die *Vespasian* zugeschriebene Geschichte allgemein bekannt war und nicht nur an dem einen Herrscher, sondern gleichsam an dem Cäsarenamt überhaupt haftet. Dieser Nachweis ist bisher nicht geführt worden, und damit bleibt die genannte Verbindung eine mögliche, aber schwer zu beweisende Vermutung.

Auch ein *mögliches Entstehungsmilieu der joh. Heilung* des Blindgeborenen ist zu erkennen. Wie schon die Überlieferung Joh 5,2ff* kann m.E. auch für die Tradition von der Blindenheilung an ein palästinisch-judenchristliches Milieu gedacht werden; dafür spricht die Bekanntschaft mit Jerusalemer Lokalkolorit.

Auch wer nicht überzeugt ist, daß die Erklärung des Namens ‚*Siloah*' in Joh 9,7 Jerusalemer oder zumindest palästinischer Volkstradition entspricht, hat sich der Interpretation der Lokalisierung der Blindenheilung vermittels der Waschung im Siloah-Teich zu stellen.[185] Der Siloah-Teich, auf den Joh 9,7 geht, ist nicht mit dem aus Jes 8,6 bekannten ‚Siloah' zu identifizieren.[186] Zu identifizieren ist der Ort mit dem Auffangteich,[187] in den der von Hiskia gebaute Siloah-Tunnel das Wasser führte (vgl. 2Kön 20,20; 2Chr 32,4.20; s.a. Esdras β 13,15 v.l. [Codex Sinaiticus; Vulgata sowie die Minuskeln 19 - 108] ≈ Neh 3,15[188]).[189] Dieser Teich wird auch in anderen jüdischen Texten erwähnt: *Josephus*, Bell II 16,2; V 140. 145; 6,1; 12,2; 3Q 15 (Kupferrolle) 10,15–16; s.a. Lk 13,4. Es konnte gezeigt werden, daß Waschungen in antiken Heilungen, bisweilen auch im Kontext von Blindenheilungen, Erwähnung finden. Dennoch ist die Waschung im Kontext der ntl. Wundergeschichten singulär. Überhaupt ist die unerklärte Nennung des Teiches äußerst selten; sie erhellt sich am leichtesten dadurch, daß die ersten Erzähler und ihr Auditorium mit der Topographie Jerusalems vertraut waren.[190] Wird zudem die Zerstörung Jerusalems bis zur Siloahquelle von 70 n.Chr. mit in Betracht gezogen (*Josephus*, Bell VI 7,2),[191] so liegt ein *terminus post quem non* für die Entstehung der ältesten Form der Blindenheilung vor. Aber auch ein noch früheres Datum scheint nicht ausgeschlossen. Daß allerdings damit eine positive Aussage über die Historizität gefällt werden könnte, scheint mir nicht sicher auszumachen. Auch diese Geschichte von der Heilung des Blindgeborenen ist aus dem Interesse der

---

Bezug zum antiken Herrscherkult wird nicht reflektiert, da bei dieser Interpretation die Opposition zum Aposynagogos von erheblichem Gewicht ist.

[185] Vgl. J. Becker, JE I, [1]316f. [3]371f; s.a. J.P. Meier 696; anders B. Kollmann, Jesus 238, der wiederum mit einer sekundären Ergänzung rechnet (auch G. Reim, Joh 9, 323), um die Wundergeschichte so vor der Annahme möglicher Historizität zu bewahren.

[186] Vgl. hierzu auch H. Wildberger, Jes I, 323.

[187] Zu den archäologischen Überresten, die wohl mehrheitlich zu dem von Hadrian erbauten Nymphäum gehören, vgl. noch G. Dalman, Orte 327–329.

[188] Zur Identifikation und Problematik des Teichs von šælãḥ vgl. H.G.M. Williamson, Esr/Neh 207.

[189] Vgl. zum Siloah-Teich und seiner Wasserspeisung H.J. Stoebe 1795 (Karte: 1796); R. Amiran 75ff mit Karte (S. 76); zum Problemkreis Warren-Schacht – Siloah-Kanal – Hiskia-Tunnel sowie alter Siloah-Teich und neuer Siloah-Teich K. Grewe 45–52 (Karte: 45).

[190] Vgl. J.P. Meier 696; A. Weiser, Bibel 71f.

[191] Auch J.P. Meier 696f mit Anm. 89 (S. 745).

Gemeinde heraus erzählt, Jesus als Wundertäter zu preisen. Aspekte und Motive, die an wahrscheinlich authentischen Jesusstoff erinnern, sind nicht auszumachen.[192]

Wenn in der Heilungsgeschichte die Anleihen an zeitgenössische medizinische Praktiken ebenso beachtet werden wie die Bekanntschaft mit Jerusalemer Lokalkolorit, so scheint es nicht vermessen, diese Tradition wurzelhaft mit Jerusalem verbunden zu sehen. Die Anerkennung medizinischer Praxis und Wirkung dürfte eher in den jüdischen Städten zu erwarten sein,[193] so daß hier die Bereitstellung der entsprechenden Motive für die früh-(juden-?)christliche Erzählung erfolgt sein kann.

6.3 Blindenheilung und Widerspruch.
Perspektiven eines sich verschärfenden Konfliktes

Deutlich diffiziler als die Isolierung und Rekonstruktion einer relativ alten Wundergeschichte gestaltet sich die Frage nach den in Joh 9,8ff benutzten Überlieferungen.[194] Der als Problem zu identifizierenden Einfügung des Sabbatthemas stehen joh. Sprache und joh. Theologumena im gesamten Text von 9,8ff gegenüber, so daß die gestaltende Tätigkeit des Evangelisten in 9,8ff einschneidend zu sein scheint.[195] Sucht man die Situation, vor der der Exeget hier steht, in einem Bild zu umschreiben, so bietet sich das Bild aneinander anschließender Eisschollen an; das Auge nimmt die Brüche in der weißen Landschaft kaum wahr, aber das Reiben der Schollen aneinander ist hörbar. So lassen auch Spannungen im neunten Kapitel ein Wachstum ausweisen, obgleich die Schichten aufgrund der durchgreifenden Redaktion bzw. Nacherzählung schwer abzugrenzen sind. Die der Blindenheilungsepisode eigene subtile Ironie,[196] die die gesamte Erzählung umgreift,[197] und die *relative* Geschlossenheit verschärfen das gestellte Problem.

Zudem wird die Analyse oftmals durch ein Vorverständnis über die joh. Geschichte geprägt, das sich spätestens seit der instruktiven Arbeit von J. Louis Martyn auf die Fragestellung nach der Scheidungserfahrung joh. Christen von ihrem synagogalen Hintergrund konzentriert. Dort, wo der Konflikt in die Zeit des Evangelisten gesetzt wird, muß folglich anders rekonstruiert werden als dort, wo dieser Konflikt in der Vor- oder in der Nachgeschichte angesiedelt wird. Zudem darf nicht übersehen werden, daß die Annahme einer Spiegelung des Konfliktes in Partien von Joh 9 durchaus nicht unumstritten ist. Aufgrund dieser Ausgangslage, die in der folgenden Diskussion noch bibliographisch und inhaltlich belegt werden wird, ist zuerst auf die Sabbatproblematik einzugehen und die Frage des umstritten Abschnitts 9,22 zunächst auf die literarische und sprachliche Ebene zu konzentrieren.

---

[192] Zu J.P. Meier 698, der die Frage nach der Historizität des Wunders mit einiger Zuversicht positiv beantwortet; ähnlich auch A. Weiser, Bibel 72.

[193] Zur größeren Akzeptanz antiker Medizin im städtischen Raum s.a. D. Lührmann, Wundergeschichten 200.

[194] S.a. die Beurteilung durch M. Kotila 61.

[195] Vgl. auch das Urteil von J. Becker, JE I, [1]315. [3]370, und die folgenden Analysen; anders U. Schnelle, JE 170, und E. Haenchen, JE 382: „kunstvoll aufgebaute Vorlage; nur V. 4f. wird vom Evangelisten stammen und V.39–41 wahrscheinlich von ihm angefügt sein". Ähnlich, W. Schmithals, Johannesevangelium 369ff, bes. 371.

[196] Zur Berücksichtigung des Mittels der Ironie im JE durch die Forschung vgl. K. Scholtissek 238–240.

[197] Vgl. K. Scholtissek 249–251.

Für die Frage nach dem Ursprung des Sabbatkonflikts wird zumeist davon ausgegangen, daß das Sabbatmotiv erst sekundär mit der Wunderüberlieferung verbunden wurde.[198] Hierfür spricht wie bei der Heilung des Lahmen die nachträgliche Nennung dieses für den Konflikt so wichtigen Zeitpunkts (anders z.B. Mk 3,2 parr; Lk 13,10;[199] 14,1.3). Das Wunder selbst zeigt keinerlei Interesse an der Sabbatthematik. Im Zuge seiner SQ-Hypothese optiert Jürgen Becker für eine vorevangeliare Herkunft des Sabbatthemas; allerdings als Zusatz in der vorgenannten Quelle.[200] Eine Reihe von Exegeten hält hingegen das Sabbatthema für sekundär durch den Evangelisten angefügt.[201] Doch überrascht bei dieser Option, daß das Sabbatthema eine eher marginale Rolle spielt. Die Sabbatverletzung führt zum Konflikt; der Vorwurf der Sabbatverletzung tritt jedoch in den Hintergrund.[202] Die Verletzung des Sabbats mag zwar im Sündenvorwurf gegenüber Jesus aufgenommen sein; daß er hier nicht wieder ausgesprochen wird, verrät jedoch eher ein Desinteresse, so daß wenigstens für die vorliegende literarische Ebene kein wirkliches Augenmerk auf die Einfügung des Sabbatmotivs ausgemacht werden kann. Dies ist ein deutliches Zeichen für ein sekundäres Wachstum der Wundergeschichte vor der Aufnahme in ihren jetzigen literarischen Kontext.

Dem kontroversen Diskussionsstand hinsichtlich der Frage der Verantwortlichkeit für die Ergänzung des Sabbatthemas entspricht nicht jeweils die Entscheidung über die Herkunft der an die Heilung anschließenden Konfliktszenen.

Obgleich beispielsweise Becker und Udo Schnelle in der Frage der Sabbatthematik abweichend urteilen, stimmen sie jedoch grundsätzlich in der Frage der vorevangeliaren Herkunft von Joh 9,8ff überein. Allerdings – auch darin sind beide Exegeten einig – wird nicht von Einfügungen durch den Evangelisten abzusehen sein.[203]

Bereits bei einem ersten Lesen der Blindenheilung und des anschließenden Konfliktes sind joh. Themen und Motive zu erkennen. Von einem besonderen

---

[198] Vgl. z.B. M. Kotila 61; K. Wengst, Gemeinde [4]116 Anm. 45; W. Wilkens, Entstehungsgeschichte 52 (auf der literarischen Ebene der GS). 64.

[199] Auch Lk 13,10–17 entspinnt sich die Diskussion über die Sabbatverletzung erst nach dem erfolgten Wunder. Dennoch ist der Konflikt deutlich vorgezeichnet; eine Vorzeichnung, die zweifelsohne auch für die jeweiligen Konfliktszenen hinter Joh 5 und Joh 9 erwartet werden könnte. In ihrem Fehlen nicht ein Indiz für sekundäres Wachstum, sondern für eine besondere Betonung zu sehen, bedeutet eine Umkehrung der Beweisführung.

[200] J. Becker, JE I, [1]316. [3]370; s.a. M. Kotila 67–69 (bis V.17 reichende Ergänzung). H.W. Attridge 166 Anm. 12, erwägt aufgrund der ähnlichen Struktur die Möglichkeit, daß hinter Joh 5–7 und 9–10 eine vergleichbare Quelle mit jeweils einer Sabbatkonfliktgeschichte gestanden haben könnte.

[201] B. Lindars, JE 339f; R. Schnackenburg, JE II, 313; U. Schnelle, JE 171; S. Schulz, JE 140; A. Weiser, Bibel 74; H. Weiss 317; W. Wilkens, Zeichen 41. S.a. E. Hirsch, Studien 81.

[202] S.a. R.E. Brown, JE I, 379.

[203] J. Becker, JE I, [1]316. [3]371, nennt 9,16b.18a.22f.27b–30; 35–38. 39–51; 10,19–21.

Gewicht ist die christologische Kategorie der Herkunft Jesu, die im Kontext des Evangeliums unterschiedlich variiert begegnet. Mit ihr ist die christologische ‚*woher*'-Frage (πόθεν ἐστίν) verbunden, die nicht nur in 9,29.30 gestellt ist, sondern für den gesamten Konflikt bedeutend ist (s.a. vor allem die Formulierungen 9,16a.33, die den Anspruch Jesu explizit bestreiten). Diese Frage haftet fest in der Darstellung des vierten Evangelisten; neben 7,27f (Anstoß der Gegner an Jesu irdischer Abkunft [V.27], wohingegen sich dieser als vom Vater gekommen vorstellt: V.28; vgl. auch die joh. Sendungsformeln) läßt sich vor allem auf 8,14 verweisen[204] (s.a. 2,9[205]; 4,11[?]).

Auffällig ist auch, daß die für das vierte Evangelium als die typischen, voreingenommenen Opponenten Jesu häufig verwendete Gruppe der „*Juden*' (9,18.22; zum JE s.a. 5,10.15. 16.18; 6,41.52 u.ö.) mit der Erwähnung der *Pharisäer* als Widerpart des Geheilten (9,13. 15.16) konkurriert.[206] Hierin einen Aspekt der Steigerung sehen zu wollen,[207] hilft nicht weiter. Zudem ist eine gewisse Austauschbarkeit der Personengruppe in der Hand des Erzählers nicht auszuschließen. Wenn aber wie hier Indizien für Traditionsbenutzung vorliegen, so sollte ein solches Element nicht vorschnell als Kriterium für die Differenzierung von Tradition und Redaktion aus der Hand gegeben werden.

Die Beobachtung joh. Sprache und Theologie in den dem Wunder folgenden Konfliktszenen führte verschiedentlich dazu, ab V.8ff mit dem literarischen Schaffen des vierten Evangelisten zu rechnen.[208] Demgegenüber ist jedoch eine differenzierte Entscheidung vonnöten, die allerdings mit einer recht tiefgreifenden Neuformulierung des Traditionsmaterials etwa im Unterschied zu Joh 2,1ff und 4,46ff rechnen muß. Ein wichtiges, aber angesichts der Berücksichtigung der Möglichkeit der Neuformulierung ambivalentes Kriterium für die folgende Analyse ist das der Kontextaffinität, das insbesondere bei dem Thema Sünde/Sündigen/Sünder zu beachten ist, aber auch bei der Mosejüngerschaft, die sich der Diskussion um die Abrahamskindschaft in 8,33ff annähert. Dort, wo sich der Text dem Kontext annähert[209] und zugleich sprachlich oder stilistisch die Hand des Evangelisten verrät, ist seine eingliedernde Intention zu erkennen. Erzählzüge, die sich mit diesem Kontext nicht zur Deckung bringen lassen, gegebenenfalls sich dagegen sperren, sprechen für Material oder Strukturen der dem Evangelisten vorgegebenen Tradition. Dort, wo sich erstgenannte Passagen mit den Interessen des letztgenannten Traditionsmaterials berühren, ist mit Neuformulierung des Traditionsstoffs zu rechnen. Alles

---

[204] M. Kotila 71.
[205] Hierzu s.o. S. 141.
[206] S.a. J. Becker, JE I, [1]316. [3]371; M. Kotila 62. 71.
[207] M. Rein 99.
[208] Z.B. S. Schulz, JE 144: V.8ff seien „ohne erkennbare Tradition gestaltet"; B. Lindars, JE 347; als eine Variante kann die Sicht von M. Kotila 69ff genannt werden, der V.18–39 lediglich unter Absehung von V.22f dem Evangelisten und seiner Theologie zuweist.
[209] Wichtige Beobachtungen zu Joh 9,8–34 finden sich bei J.A. du Rand, Reading 98–101.

in allem ist eine exakte Rekonstruktion des vorgegebenen Stoffes in Joh 9 nicht mit hinreichender Sicherheit durchzuführen.

Anknüpfend an die Überlegungen zur Ergänzung der Sabbatthematik kann zunächst folgendes festgehalten werden: Die der einfachen Wundergeschichte folgende Überlieferungsphase bedient sich des Heilungswunders als Basis einer *Konflikt*geschichte. Der erzählte Konflikt kreist um den Vorwurf der Verletzung des Sabbats durch den Wunderheiler Jesus. Diese Entwicklung hat Ähnlichkeiten mit dem für Joh 5 beobachteten Wachstum. Eine wirkliche Diskussion über die Kasuistik des Sabbatgehorsams ist nicht zu erkennen. Rechnet man nicht mit einer Eliminierung im Verlauf der Tradierung dieser Konfliktgeschichte, so könnte nach Analogie von Joh 5 der Konflikt von Anfang an ein Konflikt um Jesus und um die Jesusnachfolge gewesen sein.

Der zweite eingangs erwähnte Problembereich kreist um die literarkritische Beurteilung von 9,22 im Kontext von Kap. 9. Zwar sieht eine Reihe von Exegeten 9,22 als Spiegel der historischen Situation, in der der vierte Evangelist schreibt,[210] doch formulieren andere ihren Zweifel. Es wird in Frage gestellt, daß sich in den entsprechenden Passagen aktuelle Erfahrung spiegelt, vielmehr sei an einen zurückliegenden Konflikt zu denken.[211]

Daneben steht die Annahme, daß diese Passage in den Bereich der Redaktion des joh. Evangeliums gehört. Einerseits wird auf die Verbindung von 9,22f mit den anderen Belegstellen für das singuläre Wort ἀποσυνάγωγος hingewiesen, das nur noch in 12,42 und in 16,2 vorkommt. Gerade letztgenannter Beleg wird als Teil der zweiten Abschiedsrede zumeist als sekundärer Zusatz interpretiert.[212] Von dieser Beobachtung herkommend, wird auch 9,22 als postevangeliarer redaktioneller Nachtrag identifiziert.[213] Nicht allein diese Beobachtung stellt jedoch die Frage hinsichtlich der Verankerung von V.22 im Kontext. Vom Verdikt des Aposynagogos betroffen sind diejenigen, die Jesus ‚als Christus *bekennen*‘ (im Text Sing.: ὁμολογήσῃ). Diese Vokabel ist im Kontext überraschend.[214] Sie begegnet im vierten Evangelium noch im Munde des Täufers in 1,20 (*bis*). Dieser deklariert sich als der, der nicht der Christus (mit Artikel!) ist. Auch in 12,42 wird vom ‚Bekennen‘ gesprochen; hier allerdings geht es nicht um einen inhaltlich gefüllten Akt öffentlichen Bekennens

---

[210] Vgl. etwa O. Hofius, ὁμολογέω 1262: Der Evangelist nimmt „polemisch auf die Verhältnisse seiner Zeit ... Bezug"; W. Heitmüller, JE 121; K. Wengst, Gemeinde [4]77; Darstellung 28; auch für A.Y. Collins, Crisis *passim*, antwortet das Evangelium auf eine allerdings lokal begrenzte Ausschlußerfahrung der Gemeinde; B.J. Malina/R.L. Rohrbaugh, JE 173; R. Schnackenburg, JE II, 317; G. Voigt, JE 159. Für U.C. von Wahlde, Version 113, wird auf die Situation der Gemeinde der „second edition" abgehoben.

[211] Vgl. z.B. E. Haenchen, JE 380; U. Schnelle, Christologie 135f; s.a. oben S. 39 mit Anm. 206.

[212] Z.B. J. Becker, JE II, [1]488f. 493. [3]585. 590.

[213] Vgl. z. B. W. Langbrandtner 75; M. Kotila 65f. 78–82; s.a. R.E. Brown, JE I, 380.

[214] S.a. J.M. Lieu, Blindness 89; R. Bultmann, JE 254f Anm. 10; J. Painter, Messiah 314.

zum Messias, sondern in Parallele zu πιστεύειν um christliche Existenz der Nachfolge, die allerdings öffentlich, d.h. sichtbar und damit von der Umwelt unterscheidbar gelebt wird. Die Nähe von 9,22 zu 12,42 ist jedoch insofern frappant, als in beiden Stellen Jesus-Anhänger mit dem Aposynagogos bedroht werden, denen die Vokabel ὁμολογέω als Aussage über ihr Verhalten zugeordnet wird.

Als Randbemerkung muß hier eingeflochten werden, daß der Zusammenhang von Ausschluß und Bekennen in der dritten Aposynagogosstelle Joh 16,2 völlig fehlt. Dort wird – durchaus durch den Kontext der Abschiedssituation begründet[215] – der Ausschluß für die Zukunft angekündigt; der *Aposynagogos* ist hier in Motive gekleidet, die aus frühchristlichen Traditionen über die Verfolgungssituation der Gemeinde bekannt sind.[216] Zudem ist weder in 9,22 noch 12,42 von der Todesgefahr die Rede; die vom Ausschluß Bedrohten fürchten zwar in diesen beiden Stellen um die Verbindung zu der sie auch sozial schützenden Gemeinschaft, eine unmittelbare physische Gefährdung ihres Lebens wird hier aber nicht zum Ausdruck gebracht.[217]

Kehren wir zum Kontext von Joh 9 zurück, so ist weiterhin auffällig, daß Jesus als Christus bekannt wird; der fehlende Artikel ist keine Marginalie (vgl. etwa 1Joh 2,22: ,*der ist der Lügner, der leugnet, daß Jesus* ὁ Χριστός *ist'*). In 9,22 geht es um die Anwendung der Messiasprädikation auf Jesus, in 1Joh 2,22 hingegen um die Identifikation des Menschen Jesus mit dem Christus, d.h. um die Anerkennung der Sarx-Werdung des Christus.

Damit ist 9,22 weder unmittelbar mit 12,42[218] zusammenzunehmen[219] noch ungeschützt in die joh. Bekenntnistradition einzuordnen, für die sich eine Anzahl von Belegen im 1Joh finden läßt: 1Joh 2,23; 4,2.3.15. Die Belege in 1Joh 4 geben einen Bekenntnisinhalt an, sei es das Gekommensein von Jesus Christus im Fleisch, also seine Inkarnation[220] (V.2), sei es sein Sohn-Gottes-Sein (V.15). Ist aber 9,22 nicht unmittelbar einer Aposynagogos-Schicht zuzuordnen und steht dieser Vers nicht unmittelbar im Gefälle des Erzählganges und der Theologie des vierten Evangeliums, so bleibt die Frage, wie er historisch eingeordnet werden kann. Tatsächlich interpretiert das Verbum ὁμολογέω

---

[215] Der nachösterliche Erzähler blickt auf das Erleben seiner Gemeinde aus der vorösterlichen Perspektive.

[216] Vgl. z.B. U. Schnelle, Christologie 136 mit den entsprechenden Belegstellen.

[217] Auch J. Becker, Abschiedsreden 238 mit Anm. 86, trennt 16,2 von 9,22 und 12,42 ab; allerdings reden alle drei Belege nach Becker „aus derselben Situation". Richtiger m.E. R.E. Brown, Community 23, der 16,2 ebenfalls von den anderen Aposynagogos-Belegen trennt, aber konsequent einer anderen Phase der joh. Gemeindegeschichte zuordnet, in der der eigentliche Ausschluß zurückliegt, aber der joh. Gemeindeverband einer fortgesetzten Verfolgung ausgesetzt ist.

[218] U. Schnelle, Christologie 136, zeigt den Zusammenhang dieses Zeugnisses mit dem vorangehenden Jesajazitat (Jes 6,10 in Joh 12,40) und damit die Verankerung mit dem evangeliaren Kontext auf.

[219] Anders etwa K. Wengst, Gemeinde [4]75ff, der die drei Aposynagogos-Belege in einen unmittelbaren Zusammenhang stellt.

[220] Vgl. G. Strecker, JohBr, 211.

das Verhalten des ehemals Blinden.[221] Es ist möglich und im Kontext des Sabbatkonfliktes, der als Sabbatkonflikt keine rechte Eigenbedeutung gegenüber der Auseinandersetzung um das Verhalten gegenüber Jesus hat, sogar wahrscheinlich, daß 9,22 eine sekundäre Interpretation darstellt. Dieser Vers interpretiert das Verhalten des Blindgeborenen als ein Bekenntnis zu Jesus.[222] Ein direkter Bezug des Bekenntnismotivs auf den Blindgeborenen liegt zwar im vorliegenden Text nicht vor, aber es ist deutlich, daß der ehemals Blinde das leistet, was seine Eltern begründet durch V.22 gerade nicht leisten. Umgekehrt wird das Gespräch mit den Pharisäern als ablehnendes und gemeinschaftsbestreitendes Ausschlußverhalten interpretiert (vgl. die abschließende Spitze V.34).

Nach dem Blick auf die Spannungen in Joh 9 muß eruiert werden, in welchem Textsegment Spuren dieser Vorgeschichte ausgemacht werden können. Hinsichtlich des *Endes dieser traditionellen Konfliktgeschichte* müssen unterschiedliche Vorschläge zur Kenntnis genommen werden. Ein möglicher Abschluß ist in V.34 zu finden.[223] Demgegenüber findet Udo Schnelle die Deutung des Evangelisten in Vv.39–41.[224] Da dieser Text eine Reihe joh. Motive und theologischer Vorstellungen aufweist, kann hier die Hand des Evangelisten mit einiger Sicherheit angenommen werden.[225]

So lassen es beispielsweise das Motiv vom *Kommen Jesu zum Gericht* (9,39, vgl. 12,31), die Rede vom *Wandel in der Sünde* (9,41, vgl. 8,21.24.34; s.a. 7,19) sowie die bleibende Bedeutung der Sünde *aufgrund der negativen Reaktion gegenüber dem Gesandten* (9,41; vgl. 8,21.24) erkennen. Das daraus resultierende *Bleiben der Sünde*, 9,41, entspricht dem Gerichtet-Sein, 3,16, und dem Bleiben in der Finsternis, 12,46.[226]

---

[221] Ähnlich M. Hasitschka 296: Er interpretiert das Verhalten des Geheilten als ein Zeugnisgeben für und eine Verteidigung von Jesus; durch 9,22.34 werde über dieses Verhalten „implizit … gesagt, daß er dieses Bekenntnis (daß Jesus der Messias sei; Vf.) ablegt".

[222] Im Blick auf V.22 und das unterschiedliche Verhalten der Eltern und ihres Sohnes stellt J.L. Resseguie 118 fest: „The parents are a foil for the action of the healed man in the subsequent scene. While the parents are fearful of the authorities and are fearful to confess Jesus as Messiah, the man born blind is fearless and bold in his confrontation with the authorities."

[223] Auf der Grundlage einer syntaktischen Strukturierung beschreibt J.A. du Rand, Reading 98, Vv.8–34 als „a coherent unity by the formal series of interrogations concerning the identity of the blind man healed as well as that of Jesus". B. Kollmann, Jesus 246, weist auf unterschiedliche Deutungen der Heilung in Vv.8–34 einerseits und 35–41 andererseits hin.

[224] U. Schnelle, Christologie 137f.

[225] Anders H.H. Wendt, Lehre 35, der hier eine sekundäre Verbindung älterer Jesusworte mit der Geschichtserzählung annimmt (vgl. aaO. 309f).

[226] Dort positiv ausgesagt als die Sphäre, in die der Glaubende durch das gekommene Licht nicht gerät. Nach R. Kühschelm 236 manifestiert sich in dieser Aussage zugleich textpragmatisch als missionarischer Anspruch der „universale(.) Heilswille(.) Gottes gegen die Welt". Dies ist richtig, doch belegen zugleich die folgenden Verse die Drohung des Gerichtet-Seins angesichts der Verweigerung des Gehorsams.

Aufschlußreich ist die literarhistorische Beurteilung des Abschnittes 9,35–38, der wir uns nunmehr zuzuwenden haben.

Der Ausschluß des Geheilten aus der Synagoge in 9,34 ist als Abschluß der Konfliktgeschichte nicht ohne Härte.[227] Überraschend ist, daß, wenn die Konfliktgeschichte hier ihr Ende hat, der Wundertäter in dieser Erzählung nicht wieder auftaucht. Doch verwundert dies weniger, wenn beachtet wird, daß sich die Erzählung bei der Wahl ihrer Akteure ab V.8 völlig auf den Geheilten, sein Schicksal und vor allem seine Loyalität gegenüber seinem Wundertäter konzentriert (inhaltlich wird aber das Verhältnis zum Wundertäter bedacht, so daß er auch auf der Reflexionsebene eine wichtige Bedeutung hat). Dies ist die Perspektive der Konfliktgeschichte, an die erst später die erneute Begegnung mit Jesus angehängt wurde: Der Konfliktgeschichte geht es um die Loyalität mit Jesus in der Bedrohung, nicht aber um ein adäquates Bekennen vor Jesus selbst. Der Glaube, der solchem Bekennen voraus liegt, wird implizit im Verhalten gegenüber den Opponenten zum Ausdruck gebracht.

Dieser Beobachtung korreliert, daß der Inhalt der Glaubensaussage von Vv.35–38[228] auf einen in der Blindenheilung bisher völlig unvorbereiteten Titel,[229] den des Menschensohnes, zielt.[230] Dieser Menschensohntitel begegnet auch in der Konfliktgeschichte Joh 5.[231] So kann vermutet werden, daß 9,35–38 nach dem Muster der zweiten Begegnung zwischen Geheiltem und Jesus in Joh 5 gestaltet und vom Evangelisten nachgetragen wurde.[232] Der

---

[227] So identifiziert E. Haenchen, JE 383, V.35–38 mit dem ursprünglichen Schluß der Konfliktgeschichte.

[228] Die textgeschichtliche Ursprünglichkeit von V.38.39a wird gegen C.L. Porter *passim* und R.E. Brown, JE I, 375, vorausgesetzt; vgl. z.B. J. Becker, JE I, [1]322. [3]377f; D.A. Lee 169 Anm. 1.

[229] Eine wie auch immer geartete titulare Vorstellung des Idioms ‚*Menschensohn*' lehnt hingegen M. Müller *passim* ab; mit dem Idiom sei „a circumlocution for the speaker" (291). Gegen die These spricht vor allem 3,14f, das ebenfalls einen titularen Gebrauch belegt; dort spricht Jesus über sich als Menschensohn in der 3. Person vergleichbar mit 9,35ff; wer an ihn glaubt, hat Leben (V.15). Daher hebt zu Recht F. Hahn, υἱός 932, den titularen Gebrauch hervor.

[230] W. Schmithals, Johannesevangelium 372, vermutet, daß der Menschensohntitel einen ursprünglichen Gottessohntitel verdrängt habe. Da der Menschensohntitel aber in ähnlichem Zusammenhang auch in Joh 5 vorkommt, spricht m.E. wenig für diese Annahme, die insgesamt die Rekonstruktion von Schmithals voraussetzt.
Zum textkritischen Problem, den Genitiv θεοῦ lesen der *Alexandrinus*, L Θ Ψ 070 0250 *et al.*, vgl. z.B. kurz F.J. Moloney, Son of Man 149, mit Hinweis auf das gute Zeugnis der Papyri 66 und 75 sowie dem *Sinaiticus*, dem *Vaticanus* und anderen Textzeugen.

[231] J. Becker, JE I, [1]321f. [3]377.

[232] U. Schnelle, Christologie 138. Übrigens enthält auch die Tradition, die hinter Joh 5 steht, ein weiteres Auftreten Jesu nach der Zuspitzung des Konfliktes; allerdings begegnet Jesus hier nicht erneut dem Geheilten, sondern er kommentiert und korrigiert damit die negative Reaktion auf seine Heilung (7,21–24). Dies kann durchaus das Vorbild für die Gestaltung der zweifachen Begegnung von Wundertäter und Geheiltem in Joh 5,14 und 9,35ff darstellen.
Daß Q 12,10 in Relation zu Joh 9(,35ff) gesetzt wird und „*ein Stadium der Diskussion über die Sünde gegen den Menschensohn* (bietet; Vf.), *das von der Überlieferung der Logienquelle vorausgesetzt und interpretiert wird*" (K. Berger, Anfang 32), zieht zwischen beiden Texten einen zu engen Kreis; 9,35 spricht joh. vom Glauben an den Menschensohn, Q 12,10 ἐρεῖ λόγον εἰς τὸν υἱὸν τοῦ ἀνθρώπου (nicht vom πιστεύειν εἰς), dem Vergeben werden kann (im antithetischen Parallelismus über den Geist wird von dem βλασφημήσαντι gehandelt [möglicherweise lk. Redaktion vgl. J. Jeremias, Sprache 214; s.a. Mk 3,28f]). Das Wort vom Menschensohn in Joh 9 aktualisiert

Menschensohntitel ist im Zusammenhang des vierten Evangeliums durchaus nicht unvorbereitet, nicht aber in dem der Konfliktgeschichte.[233] Der Titel, der hier einerseits die gesamte Sendung mit Ab- und Aufstieg des Gesandten umschließt, hat aber eine Affinität mit dem Gerichtsthema,[234] so daß er zugleich Vv.39–41 vorbereitet. Daher gehört V.35ff bereits zu der narrativen Einbettung der Konfliktgeschichte in den Kontext des Evangeliums[235] wie auch die folgende Szene Vv.39–41. Die joh. Prägung zeigt sich in entscheidender Weise auch am sprachlichen Stil.[236] Indem der vierte Evangelist V.35ff an den im Zusammenhang mit V.22 zu lesenden Ausschluß in V.34 anschließt, kontrastiert er das Verhalten ‚der Juden‘ mit dem des Offenbarers. Durch die erneute Begegnung des Sehendmachenden mit dem vormals Blinden, die als Hinwendung zum Ausgestoßenen zu interpretieren ist (wichtig ist die Wiederholung des Verbs ἐκβάλλω; V.35), bestätigt sich auf der Ebene des Erzähltextes die Zusage aus 6,37;[237] keiner, der zum Offenbarer kommt, wird von ihm ‚nach draußen hinausgestoßen‘ (οὐ μὴ ἐκβάλω ἔξω). Bedeutsam ist weiterhin, daß der Menschensohntitel im vierten Evangelium schon einmal zusammen mit dem Glaubensthema begegnete: 3,14f[238] (vgl. auch 12,31–36[239]). In Joh 3,14f wird von der Notwendigkeit der Erhöhung des Menschensohnes gesprochen. Der Zweck dieser Erhöhung, die in der Rückkehr des Sohnes zum Vater besteht, liegt darin, daß jeder, der an ihn, an den Menschensohn glaubt, ewiges Leben haben soll. Auch der Glaube des Blindgeborenen ist von dieser Verheißung her zu verstehen, so daß Jesus an dem vormals Blinden zum Licht ge-

---

die Krisis, die der gekommene Gottessohn auslöst, unter Betonung des Gerichtsthemas; es handelt sich hierbei um ein durchgängiges Thema des vierten Evangeliums. Eine Abhängigkeit der Logienquelle oder ihrer Überlieferung ist terminologisch und motivlich nicht beweisbar (gegen eine direkte „Quellenbeziehung" übrigens auch Berger, aaO. 34f, selbst); dafür bleiben die genannten Strukturanalogie zu allgemein, und zwar gerade im entscheidenden Moment der Stellungnahme zum Menschensohn. Zudem fehlt im Kontext von Joh 9 die Geist-Aussage, die für Q 12,10 konstitutiv ist. Weiterhin ist zu bedenken, daß in Mk 3,28f eine möglicherweise ursprünglichere Doppelüberlieferung zu Q 12,10 vorliegt, die im Kern auf Jesus zurückgehen könnte (so O. Hofius, βλασφημία 532); diese Hinweise versperren ebenfalls als Ableitung von Q 12,10 aus Joh 9.

[233] S.a. J. Painter, Messiah 315.

[234] Dies ist bes. durch F.J. Moloney, Son of Man 156f.159, herausgestellt.

[235] Vgl. J. Becker, JE I, [1]321f. [3]377. Anders z.B. R. Bultmann, JE 256 Anm. 7, aufgrund des parallelen Aufbaus von Joh 5 und 9; deshalb sei 9,35–38 zur Quelle zu rechnen, ohne daß jedoch der Bestand der Quelle rekonstruiert werden könnte. Der Hinweis auf Joh 5 reicht angesichts der joh. geprägten Szene nicht aus, hier mit einem traditionellen Bestand zu rechnen. Zudem stellt sich die Frage, ob für Parallelen im Aufbau nicht auch der Evangelist verantwortlich ist. Auch G. Bornkamm, Heilung 69 mit Anm. 13, trennt Vv.35–38 von den „Diskussion der Leute" überschriebenen Gesprächsszenen 9,8–34 ab.

[236] Vgl. M. Rein 159; s.a. U. Schnelle, Christologie 138 Anm. 269.

[237] S.a. U. Busse, Metaphorik 128; R.E. Brown, JE I, 375; J.W. Holleran 9; R. Schnackenburg, JE II, 320.

[238] Vgl. M. Kotila 71.

[239] Auch in diesem Zusammenhang begegnet das Gerichtsthema; das Gericht ereignet sich im ‚jetzt' des Gekommen-Seins Jesu. Als Konsequenz ist das Herausgestoßen-Sein des Archons dieser Welt bekannt gegeben (12,31). Diesem Ausschluß korrespondiert die Annahme aller im Moment der Erhöhung, die nachträglich mit der Frage des Volkes mit dem Menschensohntitel verbunden wird. Es schließt die Mahnung an, im Licht zu wandeln, d.h. zu glauben, um so das Licht und damit das Leben zu haben (V.36 im Zusammenhang mit V.32); s.a. R. Schnackenburg, JE II, 321. 497.

worden ist, indem dieser ihn als Menschensohn anerkennt.[240] So kommt in Vv.35–38 das Lichtwort von V.5 und von 8,12 für den einen Geheilten als Vorbild für andere zum Ziel.

6.3.1 Die Blindenheilung als Sabbatheilung

Der Auslöser für die Diskussion um die Heilung des Blinden und seines Verhörs vor den jüdischen Repräsentanten ist die zeitliche Verankerung der Heilung mit dem Sabbat. Diese Zeitangabe wird spät nachgetragen. Erst nachdem sich der Geheilte vor seiner Nachbarschaft (οἱ γείτονες) und denen, die ihn als blinden Bettler gesehen haben, gezeigt hat (Vv.8–12), wird die Begründung für den Konflikt gegeben. In V.8ff findet sich weder Freude über die Heilung noch Staunen über das Wunder, vielmehr wird das Wunder selbst durch den Zweifel an der Identität des (nunmehr) Sehenden und des (vormals) Blinden in Frage gestellt;[241] dies bereitet die *Bestreitung des Wunders* und damit die Bestreitung der Vollmacht des Wundertäters vor (vgl. V.18ff), geht aber nicht direkt auf das Sabbatthema.

Sicherlich erfüllt die Bestreitung des Wunders durch die jüdischen Repräsentanten und die auf der Seite des Lesers feststehende Kenntnis der Realität des Wunders eine Aufgabe im Sabbatkonflikt, wie er im Text des vierten Evangeliums uns heute vorliegt; in diesem Kontext gelesen, schleudert 9,30–33 den Opponenten und ihrem Vorwurf der Sabbatübertretung sowie damit verbunden des Sünder-Seins die Herkunft und Legitimation des Heilers entgegen.

Tatsächlich stehen aber die Themen Sabbatübertretung durch die Heilung bzw. durch die die Heilung präparierenden Taten und die Bestreitung des Geschehenseins des Wunders in der Bezweiflung der Identität des Blinden mit dem Geheilten nur lose verbunden nebeneinander. Gegenüber der Bestreitung des Wunders setzt der Sabbatkonflikt die Faktizität des Wunders noch voraus (vgl. 9,14.25).[242] Auch in der Passage, die der Nennung des problembeladenen Zeitpunkts der Heilung, dem Sabbat, vorausgeht, ist das Sabbatproblem nicht im Blick. Kann in der Fortsetzung des Wunders in der Tradition zunächst eine um das Sabbatthema kulminierende Konfliktgeschichte erwartet werden, so wird die Fortsetzung der Heilung auf dieser Ebene der Überlieferung nicht schon in V.8, sondern erst in V.13 geboten, möglicherweise ohne τόν ποτε τυφλόν,

---

[240] Diesen joh. Kontext verkennt E. Leidig 223, die den Menschensohntitel allein aufgrund von Dan 7 zu verstehen sucht und allein auf Joh 9,39–41 bezieht. Allein das Kommen des joh. Jesus zum Heil führt immer auch in die Krisis der Ablehnung und damit zum Gericht. Im joh. Menschensohntitel ist diese Dialektik mitzubedenken (vgl. 5,26f).

[241] S.a. R. Schnackenburg, JE II, 311f (Schnackenburg schreibt die Diskussion um die Identität des Geheilten allerdings dem Evangelisten zu); J. Schneider, JE 190.

[242] Vgl. auch J. Becker, JE I, ¹316. ³370f. Becker schreibt den Sabbatkonflikt der SQ zu, die Bestreitung des Wunders hingegen dem vierten Evangelisten.

das einerseits gegen die Zweifel, die in V.8ff geäußert wurden, V.1ff bestätigt, andererseits den Anschluß zu V.7 wiederherstellt.

Kommen wir zunächst zu dem in V.14 genannten Problem, so wird eine doppelte Begründung für den Vorwurf der Sabbatübertretung angegeben: τὸν πηλὸν ἐποίησεν ὁ Ἰησοῦς καὶ ἀνέῳξεν αὐτοῦ τοὺς ὀφθαλμούς. Das Verbot des Teigknetens ist gut nachgewiesen: Schab 14,4; TosSchab 12,11; jSchab 14,14d; 17f; Schab 7,2; 24,3[243] Weitere Verletzungen des Sabbatgebotes können im Auftragen der Mixtur auf die Augen bzw. ihrem Einschmieren gesehen werden (vgl. die Diskussion über die Erlaubnis, ein Auge am Sabbat mit Salbe zu bestreichen: AZ 28b; eine Erlaubnis zum Einreiben der Augen am Sabbat ist teilweise bestritten, scheint aber im Kontext limitiert auf den Beginn der Krankheit,[244] so daß diese Billigung nicht für die Situation des Blindgeborenen gelten würde. Jedenfalls ist erkennbar, daß im Falle von akuten Notlagen der Schutz des einzelnen vor der Sabbatruhe rangiert.[245] Dies gilt aber für Joh 9 nicht, da der Blinde von Geburt an diesem Augenleiden unterworfen ist [ähnlich Joh 5,5]. Die Legitimation zum Wunder durch eine akute Notlage ist also in Joh 9 nicht gegeben.).[246]

In V.16 ziehen die Pharisäer die Konsequenz, daß Jesus ‚*nicht von Gott her*‘ ist, da er den Sabbat nicht hält. Die Rede vom ‚*Tun der Zeichen*‘[247] und vom ‚*Schisma*‘ lassen sich dem Evangelisten zuschreiben.[248] Doch auch die Entscheidung über die Ursprünglichkeit jenes Vorwurfs über das ‚*Sein von Gott her*‘ ist äußerst diffizil.[249] Treffend stellt dies Rudolf Bultmann fest: „Man könnte fragen, ob die Formulierung οὐκ ἔστιν οὗτος παρὰ θεοῦ ὁ ἄνθρωπος vom Evglisten statt einer anderen eingesetzt ist.“[250] In der Tat stellt dies die Alternative dar. Für eine Formulierung des Evangelisten sprechen die Parallelen Joh 6,46; 7,29; (17,7;) s.a. 7,40.[251] Auch die analoge Formulierung 9,33 ist, vielleicht in noch größerem Maß, von dieser Unsicherheit betroffen. Die παρὰ-θεοῦ-Formulierungen könnten aber als joh. Theologumena durchaus im joh. Traditionsgut vorbereitet sein und so auch mit der Blindenheilungsgeschichte dem Evangelisten vorgelegen haben. Da aber im Kontext von Joh 5–10 einige bewußte Verweise geführt und Kontrapunkte

---

[243] Vgl. Bill. II, 530.

[244] Anders jedoch die Diskussion in Schab 108b; Wein als Heilmittel darf auf das Auge, nicht aber in das Auge getan werden; Speichel jedoch noch nicht einmal auf das Auge.

[245] S.a. J. Preuss 311.

[246] Zum Problem vgl. J.C. Thomas, Fourth Gospel 173. Allerdings werden die entsprechenden Anweisungen in die Uscha-Periode, also etwa zwischen 135 und 170 datiert: J. Neusner 69f.79; dahinter kann sich jedoch älteres Material verbergen; vgl. Thomas, ebd.

[247] Vgl. U. Schnelle, Christologie 134 mit den joh. Parallelen. Der Plural σημεῖα nimmt zunächst Bezug auf die ἔργα θεοῦ, die der Gesandte tun soll (9,4), dürfte aber darüber hinaus auf die zuvor berichteten Zeichen Jesu weisen und damit den Kontext der Blindenheilung bewußt überschreiten (s.a. R. Schnackenburg, JE II, 314).

[248] Vgl. R. Bultmann, JE 254 Anm. 4: V.16b ist redaktionell; J. Becker, JE I, [1]319. [3]374.

[249] S.a. oben S. 343: Zur Diskussion vgl. z.B. U. Schnelle, Christologie 134, rechnet V.16 dem Evangelisten zu (s.a. G. Reim, Joh 9, 323. 326); dies ist darin begründet, daß er den Sabbatkonflikt insgesamt dem Evangelisten zuschreibt. Anders J. Becker, JE I, [1]319. [3]374: Er rechnet die Beurteilung der Sabbatarbeit der Quelle zu.

[250] R. Bultmann, JE 254 Anm. 1.

[251] Vgl. auch die Nachweise bei S. Pancaro 26f.

gesetzt werden, läßt sich das Kriterium der Kontextaffinität gegen den traditionellen Ursprung ins Feld führen.[252] Wenn die Ursprünglichkeit der *sprachlichen Form* von V.16a eher zweifelhaft ist, so ist der Inhalt sicherlich ein Bestand des traditionellen Sabbatkonfliktes.

Mit dem Hinweis auf die Sabbatübertretung Jesu durch seine Wundertat ist der Fokus auf Jesus gerichtet, und so wird die Geschichte fortgesetzt mit der Frage an den Geheilten τί σὺ λέγεις περὶ αὐτοῦ. Handelt es sich hier um eine rhetorische Frage, die einem ‚entrüsteten Ausruf' gleichkommt und daher nicht beantwortet wurde?[253] Oder tritt der Geheilte in eine aktive Rolle ein und wird er so zum Mentor seines Wohltäters, indem er diesen positiv als Propheten bewertet? Die Bezeichnung Jesu als ‚Prophet' ist im vierten Evangelium nicht ungewöhnlich (vgl. 4,19; 6,14; 7,40), so daß gefragt werden kann, ob hier, vielleicht nach dem Schema von Joh 4 (V.19: Prophet – V.29: Christus – V.42: Sōter der Welt) der Prophetentitel durch den Evangelisten eingetragen wurde.[254] Andererseits kann auch an eine Verwendung des Prophetentitels auf der Ebene der Tradition gedacht werden. Hier bieten sich grundsätzlich zwei Möglichkeiten an. Bewegen wir uns auf der Ebene der Tradition in einem christlich-palästisch-jüdischen oder zumindest palästinisch-jüdisch beeinflußten Milieu, wie die Verwendung der wahrscheinlich aus einem solchen Kontext stammende Wundergeschichte zeigt, so könnte an die Volksfrömmigkeit gedacht werden, wie sie in den Prophetenviten an den Tag tritt. Solche Volksfrömmigkeit erzählte von den jüdischen Propheten, indem sie über ihre Wunder berichtete.[255] Die Akklamation Jesu als Prophet aufgrund des Wunders wäre durchaus eine starke Designation,[256] indem sie den Wundertäter in die Reihe der Propheten eingliedert. Eine zweite Möglichkeit ist, daß das Bekenntnis zu Jesus als Prophet mit Blick auf die allerdings nicht sehr breit belegte Vorstellung vom prophetischen Messias nach Dtn 18,15. 18[257] ein verstecktes Messiasbekenntnis wäre.[258] Diese Annahme kann be-

---

[252] Die Verbundenheit der christologischen Herkunftsfrage mit dem joh. Kontext ist im einleitenden Abschnitt bereits thematisiert worden, und die entsprechenden Verbindungslinien sind dort freigelegt worden: s.o. S. 343.

[253] So R. Bultmann, JE 254 Anm. 4.

[254] So urteilt G. Reim, Joh 9, 323.

[255] Vgl. A.M. Schwemer, Studien 79; zu dieser Vorstellung vgl. auch Lk 24,19.

[256] B. Lindars, JE 346, der jeden Hinweis auf Dtn 18 bestreitet und damit nicht die Vorstellung des Propheten-Messias angespielt findet, es jedoch für wahrscheinlich hält, daß die Bezeichnung Jesu als Prophet „comes near to acknowledgement of him as the Messiah". Anders hingegen R. Schnackenburg, JE II, 315, der jede messianische Konnotation bestreitet; auch C.K. Barrett, JE 363: „ungewöhnliche(.) Person".

[257] S. die Erörterungen zu dieser Vorstellung und ihrem Vorkommen oben S. 278 Anm. 72.

[258] S.a. F. Hahn, Hoheitstitel 397 (ähnlich G.R. Beasley-Murray, JE 157; auch F. Schnider, Jesus 204f: Anspielung auf den „eschatologischen Propheten"). Dieses Verständnis nähert sich dem christologischen Modell an, das Georg Richter der von ihm rekonstruierten GS zugrundegelegte (s.a. M. Kotila 68 unter Voraussetzung der SQ-Hypothese); allerdings ist in dieser Arbeit nicht an eine Applikation des Richterschen GS-Modells gedacht.

gründet werden unter Hinweis auf V.22. Offensichtlich wurde die Aussage als solches Messiasbekenntnis interpretiert, auch wenn diesem Bekenntnis nicht unmittelbar der Ausstoß gefolgt ist. Bis zur Durchführung des Ausschlusses in V.34 folgt jedoch keine weitere direkte messianische Designation Jesu. Werden die Tradenten des Sabbatkonfliktes und die der Reflexion über den Ausschluß in einem soziologischen Kontext mit lediglich veränderter historischer Situation zu finden sein (dazu auch unten), so ist die Interpretation von V.17 durch V.22 beachtenswert und das Bekenntnis zu Jesus als Prophetenmessias eine denkbare Option; diese würde zugleich die Bedeutung des Prophetentitels im vierten Evangelium erklären. Das eigentliche Thema der Kontroverse ist also (noch?) nicht das Verhalten des Geheilten gegenüber dem Heilenden, sondern derjenige, der am Sabbat geheilt hat.

Ein entscheidendes Problem für den hier entfalteten Vorschlag zur Rekonstruktion des Erzählfadens der Konfliktgeschichte liegt darin, die Fortsetzung dieses Konflikts auszuweisen. V.18 setzt nicht wirklich beim Sabbatthema des Konflikts ein; es bestreitet die Realität des Wunders. An dieses Thema angehängt sind das Problem des Bekenntnisses und die Angst der Eltern (9,22). Das Bekenntnis zu Jesus als einem Propheten löst den Sabbatkonflikt auch noch nicht auf, so daß es zweifelhaft, aber nicht völlig unmöglich erscheint, daß hier der Konflikt schließt. Wahrscheinlicher ist, daß er in 9,24ff fortgesetzt wird. Auch hier ist der exakte Wortlaut nicht mehr erschließbar. So stellt sich die Frage, ob der Vorwurf, daß Jesus ein Sünder sei (V.24.25), schon auf die Seite der Tradition gehört oder die entsprechende Problematik erst im Kontext des Evangeliums aufnimmt.[259] Einen guten Sinn ergibt es, wenn statt des Vorwurfs, Sünder zu sein, direkt auf die Übertretung des Sabbats angespielt wäre, also auf einen Vorwurf gezielt würde, daß Jesus ein Übertreter der Sabbatruhe sei; beide Vorwürfe wären allerdings inhaltlich als nahezu identisch anzusehen, da die Übertretung der Forderung der Sabbatruhe selbstverständlich als Sünde gegen Gott angesehen wird. Die in JE singuläre Vokabel ἁμαρτωλός, die zudem allein auf diesen Vorwurf gegen Jesus zielt, läßt hingegen an eine traditionelle Ableitung denken. Diesem Vorwurf sucht der Geheilte im Wissen um das geschehene Wunder und damit um ein göttlich legitimiertes Handeln des Heilenden (vgl. V.32) durch Ignoranz (οὐκ οἶδα) auszuweichen (V.25).[260] Die Pharisäer (V.13.16; jetzt im Kontext ‚die Juden‘) beharren auf ihrem Urteil, indem sie dem Geheilten durch den geforder-

---

[259] S.o. S. 309.

[260] C. Burchard, Εἰ 81, entscheidet sich anders, indem er ein positives Bekenntnis des vormals Blinden setzt: „Davon, daß er Sünder sein soll, weiß ich nichts" (s.a. J. Becker, JE I, ¹320. ³376; S. Pancaro 21). Diese sprachlich mögliche Deutung ist nicht auszuschließen, wahrscheinlicher aber ist angesichts von V.25b eine offenere Formulierung, die durch die Parallelformulierung V.25b näher definiert wird. Inhaltlich entspricht dies allerdings auch einer Distanzierung gegenüber der Argumentation der Gegner, die sich auf die Autorisation durch das geschehene Wunder beruft.

ten wiederholten Bericht von der die Sabbatruhe verletzenden Wundertat diesen Sachverhalt vor Augen stellen wollen (V.26). Da diese Wiederholung nichts Neues bringt, sondern – im Sinne des Erzählers – lediglich die Sicht der Legitimation zum Wunder durch Gott wiederholen kann, kommt die Frage nach der Jüngerschaft auf den Plan (Vv.27–29a). Die Erzählung der Tat zeigt die Legitimität des Geschehens als eine von Gott in besonderer Weise ausgezeichnete Begebenheit und sollte daher zur Anerkennung des Täters und damit des Anspruchs der an ihn glaubenden Gruppe führen (V.27).[261] Dem stellt sich ein anderes Gruppenbewußtsein gegenüber (V.28): Jünger Mose[262] zu sein, heißt zu wissen, daß Gott zu Mose gesprochen hat (vgl. *Josephus*, Ant 8,104; hier speziell von der Mitteilung der Gebote auf dem Berg Sinai) und damit auch Kenntnis zu haben, daß das Gebot zur Sabbatruhe Gottes Willen entspricht; diese Gewißheit wird in der eigenen Gruppe bewahrt und uneingeschränkt Folge geleistet.[263] V.29b spricht wiederum ein christologisches Nicht-Wissen der jüdischen Repräsentanten aus. Dieses Unwissen erinnert, obgleich es dem Wissen über Jesu Herkunft in 7,27f (vgl. 6,42) zu widersprechen scheint, an entsprechende Formulierungen im vierten Evangelium (vgl. etwa 8,14).[264]

Allerdings widerspricht das Wissen von 7,27f inhaltlich nicht wirklich dem Unwissen von 9,29b. Das erste geht auf die irdische Herkunft, die die Erkenntnis der wirklichen Abkunft des Gesandten versperrt. Dann scheint das Unwissen in 9,29 in bezug auf das Verhältnis zu Gott die naheliegende Kon-

---

[261] Daß dieser Appell im Kontext des Evangeliums ironisch wirkt (so zu Recht R. Bultmann, JE 255; s.a. z.B. J. Blank, JE 1b, 204; P.D. Duke 81f.121f; J.L. Resseguie 119; R. Schnackenburg, JE II, 318; S. Schulz, JE 145), schließt bei etwas abweichendem Wortlaut die Ernsthaftigkeit auf Seiten der Tradition jedoch nicht aus.

[262] M. Kotila 71 sieht eine „typisch jüdische Auffassung" wiedergegeben. Es kann in der Tat gefragt werden, ob hier die jüdische Gruppe mit ihrem Selbstbewußtsein zu Wort kommt. Neben der spezifischen Bezeichnung des Josua als μαθητής des Mose (*Josephus*, Ant VI 84) und der Bezeichnung des Elia als תלמיד des Mose (TSota 4,7) ist vor allem die Bezeichnung des Mose als רבינו der Wüstengeneration von Bedeutung. In Joma 4a werden Schriftgelehrte besonders als ‚Schüler Moses' in besondere Relation zu Mose gestellt. Diese Bezeichnungen verdanken sich einer Vorstellung, nach der „Mose als ... der Lehrer schlechthin" gefeiert wird (K.H. Rengstorf, μαθητής 439; zum Einzelnachweis vgl. die Belege aaO. 439f). Solches Selbstverständnis läßt sich gut in den Begriff μαθητής τοῦ Μωϋσέως fassen, sei es als Selbstbezeichnung oder sei es – was möglicherweise wahrscheinlicher ist – als Fremdbezeichnung aus der Sicht eines Jesusjüngers.

[263] Im Kontext des Evangeliums liegt in dieser Selbstvorstellung freilich wiederum ein Element tiefster Ironie (s.a. P.D. Duke 68f, der auch auf den Widerspruch zwischen 9,29b und 7,27 hinweist). Beruft sich diese Gruppe auf ihre Mose-Identität und auf das Zeugnis Gottes gegenüber Mose, so sind beide, Gott und Mose, seit Joh 5,37.45–47 als Zeugen und Hinweis auf Jesus, den Offenbarer und Wundertäter, bekannt (vgl. J. Blank, JE 1b, 204). Die Berufung ist im Kontext des Evangeliums unsinnig und falsch, nicht aber im Sinne der jüdischen Gegenüber der judenchristlichen Gruppe.

[264] Vgl. M. Kotila 71.

sequenz aus dem Wissen um die irdische Herkunft Jesu in 7,27f zu sein. Das Unwissen in 9,29b ist daher dem Evangelisten zuzuschreiben.[265]

In unserer Fragestellung kann nicht an einer Überlegung von Helmut Köster vorübergegangen werden, der meint, daß der Text von *Papyrus Egerton 2* eine mögliche Quelle von Joh 9 darstellen könnte.[266] *Papyrus Egerton 2* weist insbesondere zu Joh 5 (5,14.39.45–47) und Joh 9 Parallelen auf.[267] Entscheidend sind für Joh 9,29 die Zeilen 15–17: „... *Wir wissen, daß Gott zu Moses gespro<chen hat.> Von dir aber wissen wir nicht, <wo du herkommst>, ...*" von Interesse.[268] Die Parallele ist frappierend. Unabhängig von dieser Parallele konnte jedoch die redaktionelle Abfassung von Joh 9,29 als wahrscheinliche Option vorgestellt werden. Ist dies gegenüber dem Vorschlag von Köster zu korrigieren? Zunächst ist der Frühdatierung dieses Papyrus von Köster an den Anfang des 2.Jh. zu widersprechen.[269] Damit verliert sein Vorschlag aber bereits an Evidenz. Zudem stellt Köster nicht die Frage nach Tradition und Redaktion im vierten Evangelium. Dieser Schritt aber widerspräche seiner Annahme, es sei denn, *P.Egerton 2* Z. 15–17 diene ebenfalls als Vorbild für die anderen joh. πόθεν-Stellen; dies ist aber unwahrscheinlich. Es dürfte vielmehr wahrscheinlicher sein, daß das Papyrusfragment seinerseits die kanonischen Evangelien voraussetzt und diese selbst frei und aus dem Gedächtnis verwendet.[270]

Auf das Unwissen in Joh 9,29 geht der erste Teil der Antwort des Geheilten zurück, V.30, und gehört damit wohl der redaktionellen Textebene an.[271]

---

[265] S.a. U. Schnelle, Christologie 137, der allerdings aufgrund dieser Beobachtung V.29 insgesamt dem vierten Evangelisten zuschreibt (vgl. R. Bultmann, JE 255 Anm. 5; s.a. J. Becker, JE I, ¹321. ³377: Vv.27b–30 sind E zuzurechnen; ähnlich G. Reim, Joh 9, 324: 27.28–30 stammen aus E [aaO. 325.326 werden außerdem noch V25b.26 ohne weitere Begründung E zugeschrieben]). Dies ist nicht unberechtigt, denn immerhin könnte 9,29a die Aussagen 5,39 (Vorwurf).45f (positive Bedeutung des Mose-Zeugnisses) spiegeln. Allerdings wird in Joh 9 nicht der nach Joh 5 unberechtigte Anspruch durch die positive Zeugnis-Funktion des Mose korrigiert; s.a. die Differenzierung bei S. Pancaro 109.

[266] H. Köster, Einführung 620, über das Wissen, daß Gott zu Mose gesprochen hat. Aussagen vom Nicht-Wissen bringt er mit Joh 7,27 zusammen (aaO. 621); anders in ders., Gospels 208; hier findet sich der Hinweis auf 9,28f; zur Beurteilung der Abhängigkeit aaO. 211. Zum Problem äußert sich auch K. Erlemann 18f, der sich gegen schriftliche Abhängigkeit zwischen beiden Schriftstücken ausspricht, allerdings seinerseits nicht entscheidet, ob „Kenntnis des einen vom anderen oder aber ... eine gemeinsame Überlieferung angenommen werden muß" (aaO. 19). Letztlich präzisiert Erlemann 26 aber, „daß beide Schriften teilweise aus derselben Quelle schöpfen und in einem ähnlichen Milieu beheimatet sind".

[267] Vgl. J. Jeremias/W. Schneemelcher 84 mit Anm. 5–7 (in Anm.7 muß es statt Joh 9,20 richtig 9,29 heißen). 9.11; s.a. M. Gronewald 142f. Zu Joh 5 und zur vermutlichen Reihenfolge der Texte (recto – verso) vgl. D. Lührmann, Fragment 2248f.

[268] Zitiert nach J. Jeremias/W. Schneemelcher 84, die Parallelen zum ntl. Text kursiv gesetzt haben.

[269] Gegen H. Köster, Einführung 620, anders jetzt ders., Gospels 206; zur Kritik und der hier favorisierten chronologischen Ansetzung von *P. Egerton* 2 s. oben S. 19.

[270] Vgl. J. Jeremias/W. Schneemelcher 83; F. Neirynck, Papyrus Egerton 2; D. Lührmann, Fragment 2246.

[271] Vgl. U. Schnelle, Christologie 137; s.a. R. Bultmann, JE 255 Anm. 5. Tatsächlich ist der Gedanke, daß das Wunderhandeln Jesu sein Sein als ein Sein von Gott her qualifiziert, ein genuin joh. Gedankengut, wie auch 3,2 zeigt: οἴδαμεν ὅτι ἀπὸ θεοῦ ἐλήλυθας διδάσκαλος· οὐδεὶς γὰρ δύναται ταῦτα τὰ σημεῖα ποιεῖν ἃ σὺ ποιεῖς, ἐὰν μὴ ᾖ ὁ

Gefragt werden kann auch, ob das betonte ἤνοιξέν μου τοὺς ὀφθαλμούς lediglich die konkrete Heilung aufnimmt oder nicht bereits auf die Deutung des Kommens Jesu in V.39–41 hinweist. Das Wunder würde dann bereits hier auf seine evangelische Metaebene hin durchleuchtet und als ein Handeln dargestellt, das, indem es dem physisch Blinden das körperliche Sehen schenkt, zugleich ein Handeln ist, das Erkenntnis gibt, die dem ehemals Blinden zur Einsicht über Jesu Weg und Ziel verholfen hat. Kern der Antwort der Jesusgruppe dürfte V.32 darstellen.[272] Das Wunder ist einzigartig und legitimiert damit den eigenen Anspruch gegen Vorwürfe der anderen Gruppe. Wahrscheinlich stellt schon V.31 das eigene Bewußtsein den Opponenten entgegen,[273] wenngleich die Frage nach der Ursprünglichkeit des Sünder-Vorwurfs gestellt werden muß. Ein wichtiges Indiz kann das Adjektiv θεοσεβής darstellen, das nicht nur allgemein als Ausdruck der Frömmigkeit gelesen werden kann,[274] sondern wie beispielsweise im hellenistisch-jüdischen Roman *Joseph und Aseneth* als Charakteristik des „true Jew who worships the One God"[275] gegenüber den anderen, den Heiden, steht.[276] V.33 hingegen ist aus sprachlichen und theologischen Gründen dem Evangelisten zuzuschreiben.[277]

θεὸς μετ᾽ αὐτοῦ. Es kann sicherlich darüber gestritten werden, ob das Gruppenbewußtsein, daß sich im ‚wir' des Nikodemus ausspricht, das joh. oder ein fremdes, zu korrigierendes ist (so z.B. Bultmann, aaO. 94f, der von einem „nach traditionellen Maßstäben gewonnenen Urteil" spricht; differenziert D.A. Lee 48, die eine unwissentliche Einführung der christologischen Themen des Abschnitts annimmt). Immerhin wird aber der joh. Jesus in zweierlei Hinsicht korrekt identifiziert: als Rabbi (Joh 1,38.49; 4,31; 6,25; 9,2; Ausnahme 3,26: Johannes der Täufer), der ἀπὸ θεοῦ ἐλήλυθας (vgl. 8,42 ἐγὼ γὰρ ἐκ τοῦ θεοῦ ἐξῆλθον καὶ ἥκω· οὐδὲ γὰρ ἀπ᾽ ἐμαυτοῦ ἐλήλυθα, ἀλλ᾽ ἐκεῖνός με ἀπέστειλεν; s.a. die sekundären Belege 16,27f.30; 17,8, die das Kerygma des vorauslaufenden Evangeliumstext aufnehmen); daher gibt auch das Junktim zwischen Zeichenhandeln und Gottesgemeinschaft (das Mit-Sein Gottes) das joh. Selbstbewußtsein wieder; davon unbesehen, ist zu fragen, ob Nikodemus schon in Joh 3 die richtigen existentiellen Schlüsse zieht (s.a. bereits 2,23–25). Die Verwunderung ὅτι ὑμεῖς οὐκ οἴδατε πόθεν ἐστίν, καὶ ἤνοιξέν μου τοὺς ὀφθαλμούς in 9,30 trifft jedenfalls die analoge Verbindung zwischen Zeichenhandeln (ἤνοιξέν μου τοὺς ὀφθαλμούς) und Gottesgemeinschaft (Wissen, woher Jesus stammt, nämlich von Gott her).

[272] Anders G. Reim, Joh 9, 324.

[273] Anders z.B. R.E. Brown, JE I, 375: Der Geheilte schließt sich mit seinen Gegnern im ‚wir' zusammen (doch siehe ders., aaO. 380: „The ‚we' on the lips of the former blind man is the voice of the Christian apologists"); s.a. J. Becker, JE I, ¹321. ³376; R. Schnackenburg, JE II, 319: Es meldet sich im ‚wir' die „christliche Gemeinde zu Wort".

[274] Vgl. etwa *Herodot* I 86; II 37; PGM IV 683ff (sog. Mithrasliturgie).

[275] C. Burchard, Importance 110.

[276] Z.B. JosAs 8,5–7: „5 ... es sprach Joseph: „Nicht ist es geziemend einem gottverehrenden Manne (οὐκ ἔστι προσῆκον ἀνδρὶ θεοσεβεῖ), der segnet (mit) seinem Munde Gott den lebenden und ißt gesegnetes Brot (des) Lebens und trinkt gesegneten Kelch (der) Unsterblichkeit und salbt sich (mit) gesegneter Salbe (der) Unverweslichkeit, (zu) küssen eine fremde Frau (γυναῖκα ἀλλοτρίαν), welche segnet (mit) ihrem Munde (Götzen)bilder tot und stumm und ißt von ihrem Tische Brot (der) Erwürgung und trinkt aus ihrem Trankopfer Kelch (des) Hinterhalts und salbt sich (mit) Salbe (des) Verderbens. 6 Sondern ein gottverehrender Mann (ἀνὴρ θεοσεβής) wird küssen seine Mutter

Trotz zum Teil sehr subtiler Argumentationen, die das Verhalten der Protagonisten dieses Konfliktes, der zwischen dem Sehendgewordenen und den jüdischen Oberen geführt wird, mit der Thematik der Sabbatübertretung zu verbinden suchen,[278] bietet auch die traditionelle Konfliktgeschichte, obgleich sie nur noch sehr gebrochen zu erkennen ist, einen Sabbatkonflikt, der nicht wirklich ein Konflikt *über* den Sabbat selbst ist.[279] Der Konflikt kreist nicht um das Problem der Ortho*praxie* am Sabbat oder um Fragen der Sabbatauslegung, sondern doch wohl um den Wundertäter und seine religiöse Bewertung.

Hinter der Bezeichnung Jesus-Jünger/Mose-Jünger und der Vertretung des eigenen Wissens wurde verschiedentlich in der Auseinandersetzung von Schulen eine Parallele gesehen:[280] „In vv. 24–34 he (the blind man who is presented as a disciple of Jesus; Vf.) faces the Pharisees in what appears to be an ‚official‘ controversy between two ‚schools‘: on one side the disciples of Mo-

---

und die Schwester die aus seiner Mutter und die Schwester die aus seinem Stamme und Verwandtschaft (ἐκ τῆς φυλῆς καὶ τῆς συγγενείας αὐτοῦ) und die Frau, die seine Beischläferin (ist), welche segnen (mit) ihrem Munde Gott den lebenden (αἵτινες εὐλογοῦσι τῷ στόματι αὐτῶν τὸν θεὸν τὸν ζῶντα). 7 Desgleichen auch einer gottverehrenden Frau (γυναικὶ θεοσεβεῖ) nicht ist es geziemend, (zu) küssen einen fremden Mann, denn ein Greuel ist dies vor Herr dem Gott." (Übers.: C. Burchard, in: JSHRZ II/4, 649f); u.ö. Vgl. 4Makk 15,28; 16,12: s.a. auch G. Bertram, θεοσεβής 125; zur milesinischen Theaterinschrift A. Deissmann 391f.

[277] S.a. U. Schnelle, Christologie 137; mit abweichender Argumentation auch M. Kotila 70; anders J. Becker, JE I, ¹320. ³375f, der Vv.31–34 insgesamt 9, 24–27(a) in der SQ folgen läßt.

[278] Vgl. vor allem S. Pancaro 18ff. Aber auch M. Kotila 68f mit abweichender Rekonstruktion sieht als Skopus der Sabbatthematik (in Vv.1–17 als Teil der SQ),die Begründung einer liberalen Sabbatpraxis. Bei Pancaro wird die geradezu ermüdende Wiederholung der Rückverweise auf den Heilungsvorgang erklärt. S. Schulz, JE 142, sucht im Blick auf den seiner Meinung vom Evangelisten geschaffenen Sabbatbezug, die Durchführung des Wunders, V.6f, als ostentativen Sabbatbruch zu verstehen. S.a. H. Strathmann, JE 158: „...durch die Umständlichkeit des Verfahrens (des Heilungswunders; Vf.) unterstreicht Jesus das geflissentliche Übersehen der pharisäischen Sabbatvorschriften". Dennoch geht es spätestens seit V.22 um das Bekenntnis zu Jesus als Messias (doch vgl. schon V.17). Das Verhalten des Geheilten wird als solches Bekenntnis interpretiert, wie es der ‚Hinauswurf‘ (V.34) belegt. Der Sabbat wird nicht mehr erwähnt und der Heilungsvorgang so auch nicht mehr zum Sabbat in Beziehung gesetzt. Überhaupt fehlt jeder Hinweis auf eine positive Verhältnisbestimmung von Jesus und Sabbat; die Frage, weshalb Jesus den Sabbat nicht beachtet, wird der Forderung nach Sabbatobservanz nicht ausdrücklich gegenübergestellt. Dies geschieht in den synoptischen Sabbatgeschichten (hierzu E. Lohse, Worte *passim*), aber auch in der Überlieferung von Joh 5.

[279] Schon G. Bornkamm, Heilung 69 Anm. 14, hat auf die Beiläufigkeit des ‚traditionellen Motivs‘ der Sabbatverletzung hingewiesen (s.a. W. Schrage, τυφλός 290 Anm. 147). M. Rein 208 stellt folglich zu Recht heraus, daß es nicht darum geht, „wie sich Jesus zum Sabbat verhält, sondern vielmehr darum, welche Bedeutung dem Wunder in der Frage nach Jesu Herkunft zukommt". Rein stellt als Opposition den Gegensatz von Gesetzesübertretung und Wunder fest, d.h. der Sabbat als Kristallisationspunkt der Verletzung des Gesetzes ist Folie für die christologische Aussage von Joh 9.

[280] S. Pancaro 24f. 109; s.a. M. Rein 267.

ses, on the other the disciple(s) of Jesus."[281] Der Hinweis auf das eigene Wissen und die Auseinandersetzung über dieses Wissen,[282] die in 9,24ff nicht ohne eine satirische Feinheit erzählt wird, paßt nicht vollständig zu der Situation der Bedrohung, wie sie sich im Verhalten der Eltern mit der Drohung des Aposynagogos findet. Die naheliegendste Vermutung, die notwendigerweise hypothetisch bleiben muß, ist, daß ähnlich der Diskussion in Joh 5.7 der Sabbatkonflikt zu einem paradigmatischen Diskussionsgang mit jüdischen Kritikern ausgebaut wurde. Der Kristallisationspunkt könnte im Hinweis auf Geschichten von Jesu Sabbatverletzungen gelegen haben, die die eine Seite zum Vorwurf ausbaute. Solche Kritik dürfte in etwa gelautet haben: Euer sogenannter Messias ist aufgrund seiner Sabbatpraxis in Wirklichkeit nicht von Gott, sondern ein Übertreter der göttlichen Satzungen und Regeln und damit ein Sünder.[283] Im Urteil der jüdischen Gegenseite diskreditiert sich Jesus durch seine Handlungen am Sabbat völlig. Aufgrund seines Handelns kann er nicht als von Gott legitimiert angesehen werden und stellt sich außerhalb der jüdischen Lebensgemeinschaft, ja verwirkt geradezu sein Leben (Ex 31,15; 35,2; Num 15,32–36;[284] vgl. Dtn 13,1–5[285]). Auch seine Anhänger stellen sich außerhalb der sabbattreuen jüdischen Gemeinde. Der Gedanke, daß dieser Mensch gar der Messias sein soll, der die Tora erfüllt oder lehrt, ist auf dieser Seite des Gesprächs ein äußerst verquerer Gedanke.

Ganz anders verhält es sich offensichtlich auf Seiten der Jesusanhänger. Die Christusgläubigen ihrerseits beziehen Stellung durch ihren Hinweis auf den vollmächtigen Wundertäter Jesus; dadurch, daß er den Blinden heilt, zeigt er sich als Mann, der gottgefällig ist, und nicht als ein Sünder. Verbindet sich dies mit dem Sabbatkonflikt, so wird Jesus als schöpferischer Wundertäter vom Vorwurf des Sünder-Seins entbunden. Er ist durch seine Tat von Gott legitimiert; seine Taten entsprechen dem Willen Gottes und damit der Tora, ja

---

[281] S. Pancaro 24.

[282] Hierin sieht S. Pancaro 25 zu Recht ein wichtiges Indiz für die inhaltliche Auseinandersetzung zweier gegnerischer Gruppen.

[283] Hierzu z.B. K. Wengst, Gemeinde [4]116.

[284] Die Sabbatübertretung im Sammeln des Holzes (H. Seebass, Num 157, spricht von „provokativer Sabbatverletzung") wird in diesem wohl aus der nachexilischen Situation zu verstehenden Text als todeswürdiges Verbrechen deklariert, dem die Steinigung (vgl. Joh 10,31) außerhalb des Lagers folgt (zum Verständnis und Interpretation des Textes vgl. Seebass, aaO. 154ff).

[285] Dieser Text bietet geradezu modellhaft die gegnerische Position ab: Ein Prophet (vgl. Joh 9,17) tritt auf und tut Wunder (vgl. 9,1–7.16 [σημεῖα ποιεῖν; E]). Der Aufforderung, Gottes Gebote zu halten, Dtn 13,4 (vgl. V.5), steht die Übertretung der Sabbatruhe, Joh 9,14.16, gegenüber; dieser Bedrohung des Gehorsams des Volkes folgt die Tötungsforderung: Dtn 13,5 (in Joh 9 werden die Konsequenzen nur indirekt angespielt; es wird nur der Ausschluß des Geheilten genannt und dies wohl erst auf einer späteren Traditionsstufe; im Kontext des Evangeliums folgt immerhin die Steinigungsabsicht noch im Erzählgefälle der Blindenheilung: Joh 10,31).

er bringt sie, wenn diese Paraphrase erlaubt ist, zum Ziel, indem er den Lebenswillen Gottes und der Tora vollbringt.

Natürlich läßt sich auf der vorliegenden Textebene die Argumentation der Tradition nicht mehr hinreichend sicher rekonstruieren, und es wäre auch methodisch unsicher, Lücken durch einen Vergleich mit Joh 5,1–16; 7,21–24 auszufüllen, doch ergibt sich ein Bild, das die erzählerischen Interferenzen der Blindenheilung erklären kann. Erst als die Gesprächspartner das Gespräch abbrechen, wobei hier nicht entschieden werden kann, in wessen Verantwortungsbereich dies lag, werden die jüdischen Kontrahenten negativ gezeichnet und die Bedrohungssituation aufgenommen. Die Diskussion wird zum Verhör. Der Geheilte seinerseits wird zum Vorbild der Gemeinde,[286] die diesem Druck durch die gegnerische Gruppe zu widerstehen hat.

6.3.2 Die Blindenheilung als Aufarbeitung eines Konflikts zur Selbstvergewisserung im Glauben

Im vorhergehenden Abschnitt wurde der Versuch unternommen, eine ältere Überlieferung zu eruieren, die als Konflikt um eine Sabbatheilung Jesu erzählt wurde. Hier diente die Übertretung des Sabbats als Begründung für eine Auseinandersetzung über die Beurteilung Jesu, zwischen einer Jesus zugeneigten und einer die Ansprüche und Interpretationen dieser Gruppe aufgrund eines anderen Gruppenbewußtseins bestreitenden Gruppe. Die akute Ausschlußerfahrung ist nicht notwendig mit dieser Diskussion um Jesus zu verbinden. Daher läßt sich die These aufstellen, daß erst in einer veränderten historischen Situation der Gruppe der (joh.) Judenchristen die Geschichte von der Heilung des Blindgeborenen am Sabbat im Horizont der eigenen Ausschlußerfahrung erzählt wurde. Das Interesse dieser Überlieferungsphase hing nicht mehr am christologisch (schon gar nicht an einem orthopraktisch) orientierten Sabbatkonflikt, sondern am Geheilten, der die Gemeinde und ihr Bekenntnis reprä-

---

[286] Überpointiert wird diese Rolle von M.C. Parsons, bes. 166ff, dargestellt. Aufgrund des ἐγώ εἰμι-Wortes in 9,9 wird sein Verhältnis zu Jesus in Analogie zum joh. Verhältnis von Vater und Sohn gedeutet und ergibt damit ein ekklesiologisches Programm, das der Blindgeborene repräsentiert (er wird zum Modelljünger [175: „Model Disciple"]; auch U. Wilckens, JE 158, spricht davon, daß „das Ich dieses Geheilten vom ICH BIN dessen, der ihn geheilt hat, umfangen" wird). Dieser anregende Vorschlag überbewertet jedoch die profane ἐγώ εἰμι-Formel in 9,9 (vgl. z.B. J. Blank, Krisis 254 Anm. 6; R.E. Brown, JE I, 373; B. Lindars, JE 344), weist aber mit Anerkennung des exemplarischen Charakters des vormals Blinden für die Gemeinde in die richtige Richtung (s.a. S. Pancaro 26.106; s.a. R.E. Brown, Community 72). Auch J.W Holleran 20 versteht den Blindgeborenen als Modell für ein Verhalten, das Jesus im Glauben annimmt: „Over against the rest of the characters in the episode, the man born blind stands out as a paradigm of what it is to be a disciple of Jesus."

sentiert.[287] Die Neuerzählung der Sabbatheilung in der veränderten Situation hat einerseits im wesentlichen die altertümlichen Züge bewahrt (vor allem das Wunder und den Sabbat als Katalysator des Konfliktes), andererseits aber neue Motive und Themen eingeführt. Möglicherweise sind dabei auch Züge der älteren Traditionsphase verlorengegangen und ist älteres Gut ersetzt worden, doch dies ist der Rekonstruktion nicht mehr zugänglich.

Wie jedoch ist diese veränderte historische Situation im einzelnen zu bestimmen? Hierfür ist der bereits oben in seinen literarischen Beziehungen erläuterte Vers 9,22 von erheblicher Bedeutung. Versucht die Geschichte um den Sabbatkonflikt noch die gegnerische Gruppe davon zu überzeugen, daß das Wunder am Sabbat ein signifikanter Hinweis darauf ist, daß Jesus kein Sünder ist, sondern in der Vollmacht Gottes handelt, so reflektiert die erweiterte Konfliktgeschichte die Reaktion der Gesprächspartner. Der Hinweis auf das wunderbare Handeln (hier kann an die Wundertraditionen dieser christlichen Gruppe gedacht werden) ist nicht anerkannt worden. Die am Wunder als Legitimation des Messias orientierte Argumentation ist gescheitert. Ob der Rückschluß erlaubt ist, daß tatsächlich die Realität der Blindenheilung bezweifelt wurde, ist eine mögliche Option. Das Scheitern des Gesprächs zwischen beiden Gruppen, den (joh.) Judenchristen und der jüdischen Synagoge, hat zu einer schmerzhaften Trennung geführt. Von der Jesus-Gruppe ist diese Trennung als Ausschluß verstanden worden und setzt möglicherweise solche Gemeinschaftsbestreitung von Seiten jüdischer Organisationen tatsächlich voraus.[288] Das Stichwort ἀποσυνάγωγος stellt diese Trennung als Ausschluß

---

[287] Zutreffend charakterisiert M. Rein 258: „Deutlich ist ..., daß die Sympathie des Erzählers bei dem Geheilten liegt, er ist den Verdächtigungen, Bedrohungen und Tätlichkeiten der Juden/Pharisäer ausgesetzt und bekennt dennoch mutig, daß Jesus ein Mensch von Gott ist". Mit Blick auf Joh 9,24 entscheidet sich Rein daher für die Annahme einer innergemeindlichen Funktion. Gerichtet sei Joh 9 an Gemeindeglieder, „die ihren Glauben gegen die Angriffe jüdischer Autoritäten verteidigen müssen". Daher gehört dieses Stück in die „apologetische Auseinandersetzung der Gemeinde mit den jüdischen Autoritäten" (ebd.). Jedoch akzeptiert Rein diese Funktion auch bereits für die Vorlage von Joh 9; dies scheint mir in der Tat die bessere Option zu sein.

Demgegenüber ist es wohl kaum hinreichend, in Absehung von jeglichem ekklesiologischen Unterton, in der Darstellung des Blindgeborenen lediglich „a foil for Jesus, who reveals himself as the light of the world" (in Referenz zu 8,12 R.F. Collins, John 365).

[288] Die Konfliktgeschichten in Joh 5 und 9 sind insbesondere von J.L. Martyn, History *passim*, als Reflexionen des Ausschlusses aus der Synagoge gedeutet worden; Martyn unterscheidet dabei zwei Ebenen (dazu oben S. 246 Anm. 168 zu Joh 5), deren zweite die Situation der Gemeinde des Evangelisten aufnimmt. Demgegenüber wird die Ausschlußerfahrung der in dieser Arbeit vorgelegten Interpretation mit der Tradition verbunden, die der Evangelist aufnimmt. Der zeitliche Abstand zwischen der Formulierung dieser Tradition und der Einfügung in das Evangelium hängt von der Gesamtinterpretation der Geschichte des joh. Kreises ab und kann m.E. nicht an der Überlieferung selbst festgemacht werden; sicher scheint mir nur, daß das unmittelbare Interesse des Evangelisten nicht auf den historischen Konflikt selbst geht und damit bereits ein zurückliegendes

aus der Synagoge und damit aus dem Sozialgefüge der synagogalen Gemeinschaft dar. Nach dem Zeugnis von V.22 ist diese Trennung begründet durch
das Bekenntnis zu Jesus als Messias. Über Inhalte, die mit diesem Bekenntnis
verbunden waren und damit die Bestreitung der Gemeinschaft forciert haben,
erfahren wir nichts.

Eine liberale Sabbatpraxis ist denkbar und könnte für die Erzählung des Konflikts ein
Grund gewesen sein. Allerdings diskutiert der Sabbatkonflikt gerade nicht das Problem der
Orthopraxie, was möglicherweise dafür sprechen könnte, daß diese (noch) kein Problem
zwischen beiden Gruppen war.

Zur Gestalt der veränderten Konfliktgeschichte ist folgendes zu bemerken.
Die Rückkehr des Blinden nach Hause wird bereits unter dem Blickwinkel des
Zweifels am Wunder erzählt. Die Nachbarn des Blinden und die, die ihn als
Bettler gesehen haben, stellen überrascht seine Sehfähigkeit fest.

Schwierig ist die Identifikation des Geheilten als Bettler zu interpretieren. Sie ist derart
unvorbereitet, daß sich textkritische Varianten finden, die anstelle der seltenen Vokabel
προαίτης die im Kontext zu erwartende Bezeichnung τυφλός bieten;[289] eine Variante, deren Tendenz zur Korrektur der ungewöhnlichen Personenbezeichnung durchsichtig und die
deshalb keinesfalls ursprünglich ist. Diese Detailangabe wird im folgenden Bericht nicht
wieder aufgenommen und hängt daher erzählerisch in der Luft. Daher könnte daran gedacht werden, daß dieses Erzähldetail aus der mk. Erzählung (Mk 10,46[290]) in den Text
von Joh 9,8 eingedrungen sei.[291] Ähnlich wie in Joh 4,2 oder 11,2 könnte eine sekundäre
Glosse vorliegen, die Informationen aus den synoptischen Texten in das vierte Evangelium
einträgt. Allerdings läßt sich, wie Ismo Dunderberg gezeigt hat, der Zusammenhang mit
dem synoptischen Text über die Vokabel προσαίτης hinaus nicht wirklich greifen; daher
ist die Basis für die Annahme einer Abhängigkeit zu schmal.[292] Dunderberg seinerseits
weist auf antike Erzählgewohnheiten, die häufig mit einem Blinden seine einzig mögliche
Erwerbsquelle, das Betteln, verbinden.[293] So liege in Mk 10,46 und Joh 9,8 lediglich der
Rückgriff auf ein gemeinantikes Erzählmotiv vor. Möglicherweise soll dies Motiv im Gefälle der Gesamterzählung von Joh 9, trotz der Differenz unter den Zeugen (9,9), der Authentizität des Wunders dienen, da der vormals Blinde eine seinen Zeitgenossen in der Erzählwelt bekannte Person war[294] und somit das zutreffende Zeugnis derer, die ihn wieder-
erkannten, eine wirklich verläßliche Bestätigung ist.[295]

Geschehen ist. Der Evangelist ordnet die Erzählung in das theologische Konzept um
den vom Kosmos abgelehnten Offenbarer ein und fügt eine christologische Spitze an.

[289] C³ Γ Δ f¹³ 700. 892. 1241. 1424. 𝔐; die Minuskelhandschrift 69 aus dem 15.Jh., wenige Zeugen mit kleineren Abweichungen sowie altlateinische Zeugen kombinieren die
Variante mit dem Text in NA²⁷.

[290] Diese Spezifizierung fehlt bei beiden Seitenreferenten (s.a. F. Neirynck, Minor Agreements § 67.2).

[291] Anders R.T. Fortna, Predecessor 109, der die Bezeichnung des Blinden als Bettler der
ältesten Wundertradition zuschreibt.

[292] I. Dunderberg, Johannes 183.

[293] I. Dunderberg, ebd. mit Hinweis auf W. Schrage, τυφλός, 272; s.a. L. Morris, JE 428.
R. Bultmann, JE 253 Anm. 6, erklärt die späte und singuläre Erwähnung des Bettler-
Seins allein aus diesem sozialen Zusammenhang. Zum Blinden als Bettler in Erzählung,
Märchen und Sage H.-J. Uther 455ff.

[294] S.a. C.H. Dodd, Tradition 85; R. Schnackenburg, JE II, 312. Vgl. M. Kotila 61, der
diese Bemerkung als Vorbereitung des Verhörs, das in 9,15 beginnt, versteht. Das Ver-

Überrascht von der Sehfähigkeit des ehemals blinden Bettlers meinen einige, daß es sich nicht um ihn, den sie aus ihrer Nachbarschaft kennen, handeln könne. Dahinter steht der Gedanke, daß eine Heilung im Falle der Blindheit kaum möglich ist. Ein Wunder kommt für die Bestreiter der Identität offensichtlich nicht in Betracht. Dies bereitet das Verhör der Eltern vor. (Vv.8–11).[296] Es ist aber vielleicht schon ein Abbild der Ignoranz, mit der schließlich die Pharisäer geschildert werden. V.12 bereitet die Rückkehr Jesu auf der Handlungsebene vor und gehört somit kaum zum traditionellen Bestand des Konfliktes.[297]

Das Motiv des Zweifels an der Identität des Geheilten findet sich fortgesetzt im Zweifel am Wunder in V.18.[298] Auch wenn hier das auffällige ‚die Juden' verwendet wird und sich damit wohl eindeutig die Hand des Evangelisten gegenüber dem traditionellen ‚die Pharisäer' verrät, so zeigt dies, daß mit der Neuformulierung der traditionellen Geschichte durch den Evangelisten zu rechnen ist. Daß V.18ff im wesentlichen aber dem Zweifel am Wunder zuzurechnen ist, wird dadurch nicht aufgehoben. Vorbereitet wird hier V.22, die Bedrohung der Messiasbekenner durch den Ausschluß. Wie aber V.20–23 in der traditionellen Erzählung gelautet haben mögen, ist nicht mehr exakt erkennbar. Besonders das Spiel mit Wissen und christologischem Nicht-Wissen, die Unwissenheit über den Wundertäter, könnte auf den vierten Evangelisten weisen. Ebenso ist die Konstruktion eines Akkusativs der Zeit mit ἔχειν im vierten Evangelium häufiger belegt.[299] Allerdings ist ἡλικίαν ἔχειν im Grie-

---

hör kreist aber um die Frage πῶς ἀνέβλεψεν, für die die Bekanntheit der Person weniger signifikant ist, als für die Frage nach der Tatsächlichkeit des Wunders, die mit Hilfe der Bezweifelung der Identität von dem Blindgeborenen und nunmehr Sehenden geführt wird.

[295] S.a. J. Becker, JE I, ¹318. ³373f; J. Blank, JE 1b, 197; J. Gnilka, JE 76.

[296] J. Becker, JE I, ¹318. ³374, rechnet 9,9 aus sprachlichen Gründen dem Evangelisten zu (s.a. G. Reim, Joh 9, 323. 326); das indirekt geschilderte Schisma unter den Zeugen könnte ebenfalls in diese Richtung weisen. Allerdings bereitet gerade V.9 die Bestreitung des Wunders, V.18, vor, die Becker ebenfalls dem Evangelisten zurechnet (aaO. 319) und damit das gesamte Bestreitungsmotiv.

[297] S.a. G. Reim, Joh 9, 323 mit Hinweis auf 5,12.

[298] Nach R. Schnackenburg, JE II, 316, geht es nunmehr darum, die „Identität des Geheilten mit dem blinden Bettler gleichsam offiziell" festzustellen. Auch für M. Kotila 62f bezeichnet die Bestreitung der ursprünglichen Blindheit des Geheilten einen Bruch gegenüber dem vorhergehenden Verhör; daß diese Bezweifelung bereits eine Parallele in V.9 hat, thematisiert Kotila nicht. 9,18–39 (!) bilden somit für Kotila eine zweite, jüngere Ergänzung der Blindenheilung durch den vierten Evangelisten (vgl. die Begründung hierzu aaO. 69ff), wie durch das doppelte Bekenntnis des Blindgeborenen in V.16 und V.39 zu erkennen sei. Letzteres setzt allerdings voraus, daß V.(35–)39 auf die gleiche literarische Ebene wie Vv.18ff gehört, was m.E. jedoch zweifelhaft ist.

[299] S.o. S. 227 zu Joh 5,5f. Auf weitere sprachliche Affinitäten zur Handschrift des Evangelisten in 9,22f weist U. Schnelle, Christologie 135 (ταῦτα εἶπαν und διὰ τοῦτο; s.a. die Auflistung bei R. Bultmann, JE 254f Anm. 10), hält aber die Entscheidung offen.

chischen kein ungewöhnliches Idiom zur Bezeichnung der Mündigkeit[300] und kann daher keine besondere Beweiskraft beanspruchen. Das Verhör der Eltern dürfte zwei Bestandteile enthalten haben: (1) Identifikation des Geheilten mit ihrem von Geburt an blinden Sohn; (2) Ablehnung einer Auskunft über den Wundertäter, die die Aposynagogospassage vorbereitet. Danach wird das zweite Verhör des Geheilten aus dem Sabbatkonflikt gefolgt sein, das durch die abschließende Bemerkung vom Hinauswurf des Geheilten (καὶ ἐξέβαλον αὐτὸν ἔξω [V.34])[301] dessen Verhalten gegenüber den jüdischen Repräsentanten als Messias-Bekenntnis interpretiert. Es fällt zwar auf, daß außer der Bemerkung, Jesus sei ein Prophet, kein christologischer Titel Verwendung findet, dennoch wird von V.22 her die Erzählung in jenem Sinne gedeutet werden können.

Auf dieser Ebene der Tradition liegt eine subtile Verhältnisbestimmung vor, die als Dreiecksbeziehung angesehen werden kann. Der Konflikt, zu dem weitere Personen hinzutreten, ohne wirklich einzutreten (die Nachbarn, eventuell die, die den Blinden als Bettler gekannt haben, seine Eltern), findet zwischen Geheiltem und jüdischen Repräsentanten statt. Geführt wird der Konflikt über die Relation zu dem Heiler, zu Jesus. V.22 gibt Auskunft über das Verhältnis ,der Juden' zu Jesus; es ist durch die Ablehnung Jesu als Sünder (V.31) konstituiert, die auf der Ebene der Gemeindewirklichkeit ausgesagt wird: Die Ablehnung des Offenbarers konkretisiert sich in der Ausstoßung dessen, der sich zu ihm bekennt (ἐάν τις αὐτὸν ὁμολογήσῃ [!] χριστόν, ἀποσυνάγωγος γένηται; 9,22).[302] Der Geheilte seinerseits anerkennt die Heilung als Heilung, die von Gott legitimiert ist, indem dieser sie geschehen ließ (V.

---

[300] Vgl. die bei W. Bauer, JE 135f, aufgelisteten Belege.

[301] Zum Begriff vgl. auch die Polemik bei Josephus Ant 11,346. Jüdische Volksgenossen, die aufgrund von Gesetzesübertretungen (explizit werden die Übertretung der Speisegebote und Sabbatverletzungen genannt) beschuldigt werden, gehen zu den Samaritanern über mit der Behauptung, zu Unrecht ausgeschlossen worden zu sein: ἀδίκως ἐκβεβλῆσθαι.

[302] B. Witherington, III, JE 184 mit Anm. 48 (S. 389), macht es sich in seiner Kritik an J.L. Martyn recht einfach. Da die Eltern des Geheilten keine Christen seien, ist auch in V.22 keine Gefährdung der Christen ausgesagt. Daß hier eine historische Reminiszenz an einen Konflikt mit einem synagogalen Kontext vorliege, sei also nicht gesagt. Doch deutet die zitierte Wendung gerade in die andere Richtung. Die Eltern verweigern die Beantwortung der Frage, ,wie' der Blinde sehen kann, da diese Beantwortung als Bekennen des Christus gedeutet werden kann. Müßten sie diese beantworten, würde ihre Aussage zu einem Zeugnis für den Heilenden und damit zu einer Gefährdung ihrer eigenen Existenz werden. Das Thema ihres Glaubens oder Unglaubens gegenüber dem Christus wird nicht reflektiert und sollte somit auch nicht in V.22 eingetragen werden. Auch wenn man V.22a und V.22b trennen will, so ist die Gefährdung der Existenz in einer Synagoge aufgrund des Christusbekenntnisses deutlich; es sei denn, man wolle den Begriff lediglich als theologische Chiffre der Ablehnung des Heilenden durch die den Kosmos repräsentierenden Juden verstehen. Aber ist dies wirklich der gesamte semantische und historische Gehalt der Vokabel ἀποσυνάγωγος?

31f).[303] Die Argumentation von V.31 versteht die Heilung zugleich als ein Werk Gottes. Der Geheilte richtet gegen die jüdischen Repräsentanten seine Argumentation über Gottes Handeln, diese schließen ihn aus (V.34).[304] Gegenstand der Kontroverse ist die Wirklichkeit von Jesu Heilung und ihre Problematisierung durch ‚die Juden'.

Diese Konfliktgeschichte ist als ein „apologetisches Lehrstück aus joh Schultradition" bezeichnet worden.[305] Es stellt sich die Frage, was mit dem Begriff der Apologetik gemeint ist. Geht es um die „Auseinandersetzung des Glaubens mit dem Zeitgeist",[306] so trifft diese Kennzeichnung eher auf den älteren Sabbatkonflikt zu, in dem tatsächlich so etwas wie eine narrativ-argumentierende Auseinandersetzung stattfindet. Der Hinweis auf die Tatsächlichkeit des Wunders wirkt hingegen eher apodiktisch. In einer Zeit, wo die Mehrzahl der Menschen mit der Möglichkeit und Wirklichkeit von Wundern rechnet, verändert sich das Bild. Auch die Auseinandersetzung um das Geschehen des Wunders ist der Versuch, den Einwänden nachzugehen, auch wenn diese Argumentation und dieses Denken dem heutigen Menschen eine eher fremde Option darstellt. Der wesentliche Unterschied liegt darin, daß die Sabbatkonfliktgeschichte Teil eines Dialogs mit anderen Gesprächsteilneh-

---

[303] Der Gedanke, daß die Bitten und die kultische Verehrung sündhafter Menschen durch die Gottheit ignoriert werden, belegt sowohl der atl.-jüdische Glaube als auch die pagane Umwelt des NT: z.B. Ps 66,18; Spr 15,29; Hi 27,8f. Rabbinische Belege bei Bill. II, 534. Daß Gott keinen Verkehr mit Sündern pflegt, findet sich in der griechischen Philosophie mit dem Grundsatz ‚Gleiches zu Gleichem' verbunden; vgl. *Platon*, Leg IV 716c–717a. Nicht der Gottheit gemäß zu handeln, bedeutet: μάτην οὖν περὶ θεοὺς ὁ πολύς ἐστι πόνος τοῖς ἀνοσίοις, τοῖσιν δὲ ὁσίοις ἐγκαιρότατος ἅπασιν (717a); s.a. *Philostratus*, VitAp I 12.

[304] Zu dieser Bedeutung des ἐκβάλλω als Interpretation des ἀποσυνάγωγος γίγνεσθαι vgl. G. Strecker, Makarismen 123f; s.a. B. Lindars, JE 349; S. Pancaro 25.110; H. Strathmann, JE 160; K. Wengst, Gemeinde ⁴79. J. Becker, JE I, ¹320. ³377, erkennt V.34 (SQ) erst sekundär im Licht von 9,22f her als im Sinne solcher Ausschlußerfahrung gedeutet an. Den Zusammenhang mit der Deutung von V.22 bestreitet R.E. Brown, JE I, 375, indem er lediglich „ejection from their presence" annimmt.

Das Verb ἐκβάλλω begegnet im joh. Schrifttum häufiger (Joh 2,15; 6,37; 9,34f; 10,4; 12,31; 3Joh 10), am nächsten kommen der hier zugrundeliegenden Vorstellung des Ausschlusses aus einer Gemeinschaft Joh 6,37 (der Offenbarer geht nicht in dieser Weise mit den Seinen um); 12,31 (Hinauswerfen des Archonten dieser Welt durch das in der Anwesenheit Jesu ergehende Gericht). In 3Joh 10 findet sich das Verbum als Aussage eines formalen Ausschlusses, der der Exkommunikation gleichkommt, vorgenommen durch Diotrephes (vgl. Strecker, JohBr 369; H.-J. Klauck, 2/3Joh 105, mahnt – nicht zu Unrecht – zur Vorsicht gegenüber dem Begriff „Exkommunikation", in der Sache interpretiert er analog; anders A.J. Malherbe 228: Aufkündigung der Gastfreundschaft). Wichtig ist die Frage, ob 3Joh 10 Joh 9,34 aufnimmt? Klauck, aaO. 105f, votiert dafür, daß „das Trauma (des Ausschlusses aus der jüdischen Synagoge; Vf.) ... reaktiviert" wird (aaO. 106). Außer der Identität des Verbes läßt sich hierfür allerdings nichts einbringen.

[305] B. Kollmann, Jesus 246.

[306] H.R. Müller-Schwefe 428.

mern, die Auseinandersetzung über die Tatsächlichkeit mit der Ausschlußerfahrung Selbstbestätigung der erzählenden Gruppe ist.

Auch bei dem hier entfalteten Rekonstruktionsvorschlag wurde versucht die bestehenden Spannungen zwischen Sabbatbericht, Bestreitung der Realität des Wunders,[307] dem Ausschluß aus der Synagoge und den christologischen Konkretionen im Evangelium ernstzunehmen. Es ist deutlich geworden, daß sich diese Geschichte in der Überlieferung wesentlich stärker gewandelt hat und schließlich auch stärker durch die Sprache des Evangelisten verändert wurde, als wir es an anderen Geschichten kennengelernt haben. Dies führt die Rekonstruktion der Vorgeschichte notwendigerweise in die Gefahr von Aporien, obgleich die diachrone Fragestellung aufgrund der synchron eruierten Spannungen dennoch aufgegeben bleibt. Dieser Sachverhalt von Spannungen und Spuren tieferer Überarbeitung dürfte für die Annahme einer Reproduktion der Konfliktgeschichte aus dem Gedächtnis sprechen.[308] Eine schriftliche Quelle läßt sich jedenfalls nicht hinreichend wahrscheinlich machen.

Schon Rudolf Bultmann hatte erwogen, daß sich in Joh (5 und) 9 „das Verhältnis des jungen Christentums zur umgebenden feindlichen (zunächst jüdischen) Welt" widerspiegelt.[309] Diese Beobachtung ist, wie gezeigt werden konnte, in ihrem Kern durchaus treffend, dennoch aber zu pauschal und bedarf daher einiger Präzisierung. Die Tradition spiegelt die Erfahrung der judenchristlichen Gruppe des joh. Kreises wider, die ihr von Seiten ihrer Muttersynagoge widerfahren ist.[310] Dabei folgte einer Phase kontroverser, aber durchaus

---

[307] Daß die Bestreitung des Wunders eigentlich dem Vorwurf der Sabbatverletzung widerstreitet, hebt auch S. Pancaro 22 hervor, allerdings wertet er es als ironisches Stilmittel. Auf der Ebene des Evangeliumstextes zeigt dieser Widerspruch in der Tat die verblendete Ablehnung des Gesandten in der Welt an; nicht einmal der Selbstwiderspruch stört seine Gegner.

[308] Vgl. M. Kotila 74.

[309] R. Bultmann, JE 178 (zustimmend auch G. Bornkamm, Heilung 70 Anm. 15). Exponiert sucht auch J. Painter, Messiah 313ff, diese Situation hinter dem in Kap. 9 geschilderten Konflikt transparent zu machen. Der hier entfaltete Vorschlag enthält Berührungen mit den Überlegungen von Painter, verortet den Konflikt aber in die Vorgeschichte des Evangeliums und interpretiert Joh 9 nicht mehr im Kontext des historischen Konflikts, sondern als Transformierung differenter Verfolgungserfahrungen zu einem theologisch verarbeiteten und christologisch gedeuteten Konflikt zwischen jüdischen Opponenten und Offenbarer.

[310] Grundsätzlich anders B. Witherington, III, JE 182, der jegliche Spiegelung eines Konfliktes mit der Synagoge in Joh 9 leugnet; die Gemeinde bzw. eine Gemeinde, aus der das vierte Evangelium seine Tradition schöpft, habe nie im Einflußbereich der Synagoge gelebt. Es gehe vielmehr, wie der wachsende Glaube zeige (aaO. 182.184; zur wachsenden Einsicht/dem wachsenden Glauben s.a. z.B. J.W. Holleran 17; R. Kysar, Story 51; J.M. Lieu, Blindness 83 mit Anm. 5 [S. 92]; J. Schneider, JE 187), um eine Geschichte mit einer missionarischen Intention. Ebenso sei eine gemeindeinterne Abzweckung auszuschließen; Kap. 9 gehe vielmehr auf die Mission (s.a. Witherington, aaO. 185). Lediglich die Erfahrung der Ablehnung des Missionsbemühens kann als innergemeindlicher Aspekt dieses Kapitels gedeutet werden.

möglicher Diskussionen eine Verschlechterung der Situation. Diese Eskalie-
rung der Bedrohung könnte möglicherweise durch die notwendige Konsolidie-
rung der jüdischen Religionsgemeinschaft nach dem Untergang Jerusalems
vorangetrieben worden sein. Wie wir uns diese Situation im einzelnen vorzustellen haben, ist anhand der knappen Informationen kaum zu sagen. Nur soviel: Für die Gruppe von Judenchristen, deren Traditionen im joh. Kreis bewahrt worden sind und die hinter einigen der Erzählungen des vierten Evangeliums stehen, führte die Verschlechterung des Verhältnisses zur synagogalen
Gemeinschaft, die durch die Bestreitung der Gemeinschaft vollzogen worden
sein mag, zu einer Neuorientierung in bezug auf den eigenen Sozial- und Lebensraum. Gelegentlich wurde dabei daran gedacht, daß joh. Traditionsträger
aus dem syrisch-palästinischen Raum nach Ephesus abwanderten.[311] Dies
scheint eine gute Erklärung für die kirchliche Tradition über die Abfassung des
vierten Evangeliums in Ephesus einerseits und die teilweise erkennbaren altertümlichen Traditionssplitter andererseits.

6.4 Sehend Nichtsehen und nichtsehend zum Sehen und damit zum Leben befreit. Zur Komposition und Aussage von Joh 9

Die Heilung des Blindgeborenen durch Jesus gehört zu den erzählerisch in-
tensivsten Geschichten des vierten Evangeliums. Auch wenn verschiedene
Längen und Spannungen nicht übersehen werden können, so wird man dem
Urteil von Günter Bornkamm, der diese Erzählung im vierten Evangelium als
„ein kunstvoll aufgebautes Ganzes" qualifiziert,[312] nicht widersprechen wollen.
Diese Bewertung verdankt sich nicht zuletzt der gewissen Ironie, mit der der
Erzähler seine Geschichte entfaltet: „Chapter 9 ... starts with a blind man and
ends with the ‚blind' Pharisees".[313]

Dem entspricht es, daß zu Beginn der Geschichte der Vorwurf der Sünde gegenüber
dem Blindgeborenen erhoben wird (V.2; doch siehe den Vorwurf V.34, der allerdings auf
die Beschuldiger selbst zurückfällt und damit auf das Ende des Abschnittes verweist: V.41),
aber am Ende die Pharisäer, die den Blinden und damit Jesus als Gesandten Gottes zurück-

---

[311] S.o. S. 29 Anm. 142.
[312] G. Bornkamm, Heilung 67. Vgl. E. Hirsch, Studien 81; J. Blank, JE 1b, 192; J. Bligh,
The Man Born Blind 129; R.E. Brown, JE 376; D.A. Lee 161; J.L. Resseguie 122: „a
superb piece of literature"; J.P. Meier 694; M.C. Parsons 146; J. Painter, Messiah 313:
„a dramatic masterpiece"; R. Schnackenburg, JE II, 303: „meisterhafte Darstellung"; U.
Wilckens, JE 156. Vgl. die ausführliche Charakteristik von M. Rein 191, die allerdings
auch vor einer Überbewertung der literarischen Fähigkeiten des vierten Evangelisten
warnen läßt.
[313] J.A. du Rand, Reading 103; vgl. auch P.D. Duke 117–126, bes. 124–126; L. Schenke,
Johannesevangelium 94.

weisen, als Sünder klassifiziert werden (V.41).[314] Dies entspricht dem modernen Empfinden, das sich mit dem Außenseiter solidarisiert und das demgegenüber dem Scheitern einer ‚ingroup' nicht ohne Schadenfreude begegnet.

Die Gewißheit dieser Gruppe, die als Pharisäer und ‚die Juden' bezeichnet wird, im Besitz des ‚Sehens' zu sein, ist zutiefst umgekehrt. Diesen Weg von einem Nichtsehenden, der vom impliziten Helden der Geschichte, Jesus,[315] zum Sehen und zum Leben gebracht wird, und seinen Widersachern, die sich sehend wähnen und doch ihrer Blindheit überführt werden, nicht zu goutieren, heißt geradezu, selbst blind zu sein.[316]

Aber zweifelsohne ist es nicht allein der Geschmack an der Ironie, an dem dem Verfasser liegt. Dies zeigt die Fortsetzung seiner Erzählung durch die Hirtenrede. Daher wurde nicht ganz zu Unrecht geurteilt, daß „the story is about Jesus' identity".[317] Deutlicher noch wird allerdings von der Relation des Lesers zu dieser Identität Jesu zu handeln sein. Dies zeigen 9,35ff und 10,40ff an, die jeweils mit der Konstatierung von Glauben enden.[318] Auch 9,39ff unterstreicht dies, allerdings durch eine negative Entfaltung, indem die Verweigerung des Glaubens als Blindheit gebrandmarkt wird. D. Moody Smith macht darauf aufmerksam, daß für den vierten Evangelisten auch das *öffentliche Bekenntnis des Glaubens* Bedeutung erlangt.[319]

Das Verhalten des Blindgeborenen impliziert solch ein öffentliches Einstehen für den Christus-Glauben. Gegenüber 9,22, wo das Bekennen Jesu als des Messias mit Sanktionen belegt wird, hält der Blindgeborene an dem, der ihn geheilt hat, fest; dieses Verhalten kann positiv als Bekenntnis zu Jesus als Christus interpretiert werden. Diese Interpretation ist nicht dadurch zu bestreiten, daß vor V.35 das Stichwort ‚glauben' nicht begegnet und die Proskynese vor Jesus als Menschensohn erst in V.38 das Verhalten des Geheilten krönt. Auch wenn hier die Spitze der Erzählung liegen mag, so ist das Bekenntnis in V.38 nicht von dem Verhalten in V.8ff zu trennen. Der, der in Vv.35–38 zum Verständnis Jesu als des Menschensohns gebracht wird, ist kein anderer als der, der sich zuvor solidarisch gegenüber seinem Retter verhalten hat und darin der Gemeinde als Vorbild dienen soll.

Nachdem die Frage der *Textpragmatik* bedacht wurde, sind weitere theologische und christologische Motive der Erzählung zu beachten. Inhaltlich anerkennt der Glaube Jesus als von Gott herkommenden Gesandten, der als Menschensohn (Dieser Terminus unterstreicht das Kommen von oben her und

---

[314] Auch Jesus ist vom Vorwurf, Sünder zu sein, betroffen (V.24f); dies signalisiert, daß die Interpretation im Kontext des Evangeliums sich nicht primär auf das Verhalten des geheilten Blinden oder der ablehnenden Pharisäer konzentrieren sollte, sondern die christologischen Signale zur Sprache zu bringen hat. Es ist Jesu Handeln, in dem sich Gottes Handeln aktualisiert, das Annahme und Ablehnung gleichermaßen aus sich heraussetzt.

[315] S.o. S. 314.

[316] S.a. J.W. Holleran 26.

[317] H.A. McKay 149; s.a. O. Schwankl 225.

[318] S.a. J.A. du Rand, Reading 114.

[319] D.M. Smith, Theology 95. Auf diesen Aspekt des joh. Glaubensverständnisses machte mich in einer Reihe von Gesprächen auch Prof. J. Beutler, SJ, zu Recht aufmerksam.

den Weg zurück zum Vater.) zum Leben gekommen ist (vgl. Kap.10; dazu s.u.); dies hat lebensermöglichende Qualität für den Glaubenden selbst, wie 3,14f anzeigt.[320] Die Größe des Wunders zeigt die *Doxa* Jesu, der jeweils souverän die Initiative an sich hält. Nach einer Befragung des Geheilten durch Vertreter des jüdischen Volkes (in 5,10 sind es *,die Juden'*, in 9,13ff die Pharisäer), die jeweils zu einer Kontroverse über Jesus führt, werden die Heilungen durch eine längere Rede Jesu beschlossen.[321] Josef Blank hat in dieser Komposition von Joh 9 Offenbarung und Krisis als die beiden Grundmotive erkannt.[322] So fällt auf, daß wie in Joh 5 auch in Joh 9 die Offenbarung Jesu im Wunder zu einem Konflikt über den Offenbarer führt. Daher läßt sich das *Gericht* als ein Thema dieses Abschnitts ausmachen.[323] „Jesus erweist sich durch die Tat seiner Blindenheilung für den, der sich ihm aufschließt, als der eschatologische Menschensohn und Heilbringer, für den aber, der sich ihm verschließt, als eschatologisches Gericht Gottes."[324] Zweimal wird in der Geschichte von einer Differenzierung berichtet. Mag 9,9 noch traditionell sein, so ist der Hinweis auf das Schisma, V.16, eindeutig redaktionell. Im Motiv des Schismas zeigt der vierte Evangelist an, daß dem Gesandten grundsätzlich zwei Reaktionsweisen gegenüberstehen: Anerkennung als der, der von Gott her ist, und die Ablehnung als Sünder.[325] Wiederum ist es das Wunderhandeln Jesu, das neben der Offenbarung zum Glauben (V.38 als Zielpunkt von 9,1ff) in den Konflikt hineinführt und geradezu Ablehnung provoziert.[326] Auffällig ist, daß diese Ablehnung, die anders als in Kap. 5 dem Geheilten gewissermaßen stellvertretend für den Wundertäter widerfährt, sich in Kap. 9 nicht an einer Jesusrede entzündet. Dies wird aber sogleich in der folgenden Hirtenrede nachgeholt (vgl. bes. 10,19–21 und wiederum 10,31ff). Die Offenbarung Jesu setzt eine existentielle Differenzierung in Unglaube und Glaube bei denen frei, die mit dieser Offenbarung konfrontiert werden. Die Offenbarung Jesu zieht diese Alternative Gericht oder Leben nicht nach sich, sondern enthält sie. Das *vergangenheitliche* Geschehen des Gekommenseins Jesu, mit dem die joh. Leser und Leserinnen konfrontiert werden, soll ihnen auf der Ebene der Textpragmatik die Konse-

---

[320] S.a. oben S. 348.

[321] Zu diesem Aufbau s.a. M.W.G. Stibbe, JE 74, der deshalb von einer unterschiedlichen Form der Wundergeschichte als in Joh 2,1ff und 4,46ff spricht. In der Tat liegt hier eine differente literarische Verarbeitung des Überlieferungsgutes vor.

[322] J. Blank, Krisis 253f; s.a. F. Schnider, Jesus 201f, der sowohl den Offenbarungscharakter (Jesus offenbart sich „in seiner Heilsbedeutung als Licht der Welt") als auch den Entscheidungscharakter unterstreicht. S.a. O. Schwankl 223.

[323] U. Luz, Gesetz 121; s.a. M. Hasitschka 291.

[324] F. Schnider, Jesus 200; zur Interpretation der Krisis durch den Gesandten Gottes als eschatologischem Ereignis vgl. auch D.M. Smith, Theology 97.

[325] S.a D.A. Lee 174.

[326] S.a. U. Schnelle, Christologie 140. Für J.W. Holleran 18 markiert der Konflikt zwischen Glauben und Unglauben geradezu den *Plot* des ganzen Kapitels.

quenzen der *gegenwärtigen* Haltung vor Augen stellen, in der die *Zukunft* der textexternen Gemeinde beschlossen liegt. Gegenüber dem Gekommensein Jesu gibt es nur die Alternative von Glaube und Unglaube, die die Zukunft als Leben oder als Gericht bereits in sich führt.

Das Motiv der Krisis und des Gerichts ist deutlich in Joh 9 angesprochen. Weniger offensichtlich ist es das Thema der Offenbarung. Zunächst kann auf die Heilung hingewiesen werden, die als Sēmeion nach 2,11 als Offenbarung der Doxa angesehen werden kann. Doch wird in der Wunderhandlung im Kontext des Evangeliums mehr gesehen werden können. Dies signalisiert der kurze Dialog 9,2–5. Hier wird die Heilung als das Offenbar-Werden der Werke Gottes charakterisiert und Jesus als Licht der Welt vorgestellt. Das Wunder gibt also auch eine Antwort auf die Frage danach, wer Jesus ist. Es offenbart Jesus als denjenigen, der die Werke Gottes ausführt. Er ist der Gesandte Gottes und sein Sein für die Welt wird aufgrund des einen Zeichens grundsätzlich zu verstehen gesucht.

Ein gewichtiges Problem für das Verständnis der Blindenheilung im Zusammenhang mit der Erzählung des vierten Evangeliums stellt damit die *Frage nach dem Verhältnis von Heilung und Hirtenrede* dar. Auf der vorliegenden Textebene bildet die Klammerbemerkung 10,21 μὴ δαιμόνιον δύναται τυφλῶν ὀφθαλμοὺς ἀνοῖξαι;[327] einen Bogen, der über die Hirtenrede auf die Blindenheilung zurückreicht.[328] Der Vorwurf der Besessenheit (schon 10,20) greift gar bis auf den gleichen Vorwurf 7,20 zurück und belegt, daß der Erzählzusammenhang noch in der Auseinandersetzung mit ‚den Juden‘ verblieben ist. Das (erneute: πάλιν) Schisma erinnert an 7,43. Auch der polemische Hinweis auf das Unverständnis der Hörer 10,6 belegt, daß die Hirtenrede die sich in Joh 9 entwickelnde Konfliktsituation voraussetzt[329] und damit als ein genuiner Bestandteil des Konfliktes 7,14–10,39[330] anzusprechen ist.[331] Muß die Hirtenrede also entsprechend dem vorliegenden Textzusam-

---

[327] Vgl. auch die Argumentation des ehemals Blinden in 9,31f. Niemand kann eine solch außergewöhnliche Heilung vollbringen, es sei denn, er ist von Gott her dazu befähigt; dann kann er aber kein Sünder sein. So auch 10,21: Das Wunder zeigt, daß dieser nicht im Verbund mit widergöttlichen Mächten stehen kann; es steht also für die Integrität von Jesu Person und Lehre.

[328] Vgl. U. Busse, Metaphorik 127; zu den Rückverweisen in Kap. 10 auf vorher Berichtetes s.a. ders., Question 7.

[329] Vgl. J. Beutler, Hintergrund 217.

[330] Vgl. die Untergliederung z.B. bei B. Witherington, III, JE 164ff: Joh 7,1–10,42; s.a. L. Schenke, Joh 7–10, 191f, für den Text der Redaktion, in der die vorliegende Erzählfolge als absichtsvolle Reihenfolge identifiziert wird.

[331] Daß hinter der Hirtenrede Tradition steht, belegt schon die sprachliche Analyse (vgl. J. Beutler, Hintergrund 222f; s.a. S. Schulz, JE 147). Dabei ist zunächst die traditionsgeschichtliche Frage zu bedenken (zum atl.-jüdischen Hintergrund jetzt Beutler, aaO. 223ff [die atl. Anspielungen werden aufgelistet: aaO. 224]; s.a. H. Hübner, Theologie III, 183ff, der neben der Bedeutung von Ez 34 besonders auf Ps 23 abhebt). Doch würde eine genaue Untersuchung auch Spuren aufgenommener Überlieferung zeigen lassen; hierfür

menhang als Interpretation des Wunders gelesen werden,[332] was in den beiden Reden in Joh 5,19ff eine literarische Parallele hätte,[333] so wurde verschiedentlich aber gerade dieser Erzählzusammenhang für die Arbeit des vierten Evangelisten bestritten.[334]

Die Kritik setzte am Wechsel der literarischen Gattung zwischen der Konfliktgeschichte in Joh 9 und der Bildrede in Joh 10,ff an. Von Bedeutung ist aber auch die Fortsetzung in 10,19–21, die nicht als bewußte Klammer, sondern als ursprüngliche Fortsetzung des Konfliktes gedeutet wird. Als Lösungsversuche wurden gleichermaßen Umstellungs-[335] und Nachtragshypothesen aufgestellt.[336]

Auf der literarischen Ebene des vierten Evangeliums folgt jedoch die Hirtenrede der Blindenheilung und läßt sich in engem Zusammenhang mit der Blindenheilung und den anschließenden Diskussionen lesen.[337]

---

setzt sich beispielsweise L. Schenke, Joh 7–10, 190, ein. Allerdings verortet Schenke die Eingliederung der Hirtenrede in die Redaktion des vierten Evangeliums, die jedoch für die gegenwärtige Textfolge als einer absichtsvollen Komposition verantwortlich sei.

[332] Vgl. W. Heitmüller, JE 122, der allerdings zugleich die Ursprünglichkeit dieses Zusammenhangs problematisiert. S.a. C.K. Barrett, JE 368, nennt Joh 10,1ff einen „Kommentar" zu Kap. 9; diese Erklärung knüpft jedoch an den unterschiedlichen Reaktionen gegenüber dem Geheilten an (s.a. B. Kowalski 193f). Zurückhaltender D.A. Lee 163, die diesen Zusammenhang lediglich „partly as a commentary on the narrative of John 9" verstehen will.

[333] Vgl. C.H. Dodd, Interpretation 354ff; s.a. B. Kowalski 190f. Allerdings lehrt der Vergleich der sieben Wunder in ihrem jeweiligen Kontext, daß der vierte Evangelist nicht nach einem festen Schema der Wundertraditionen in sein Evangelium eingefügt hat. Dennoch bietet sich der Vergleich in Joh 9f an, zumal die Verklammerung der Heilung und der Hirtenrede unübersehbar ist.

[334] Zur Problematisierung der literarischen Integrität vgl. die forschungsgeschichtlichen Darstellungen bei G.R. Beasley-Murray, JE 166; B. Kowalski 67–76; R. Schnackenburg, Hirtenrede 135–140; H. Thyen, Johannesevangelium 204, und U. Busse, Questions 6ff (vgl. die ausgezeichneten bibliographischen Angaben in den Anm. 3ff [S.135ff], die bes. die ältere Literatur aufarbeiten). Für die Integrität von Kap. 10 vgl. z.B. J. Beutler, Hintergrund 217; U. Busse, Questions 9; Thyen, Johannes 10, 123.

[335] Z.B. S. Schulz, JE 147: Aufgrund von Blattvertauschungen (hierzu oben S. 53) sei die gegenwärtige Ordnung entstanden. Ursprünglich soll auf Kap. 9 10,19–21, dann als Einleitung zur Hirtenrede 10,22–26 und schließlich die Rede selbst 10,1–18 gefolgt sein. 10,27–31 sollen sich 10,14.15a angeschlossen haben. Anders P. Vielhauer, Geschichte 422, der die Abfolge 9,1–41; 10,19–21; 10,22–29.1–18.30 vorschlägt.

[336] Z.B. J. Ashton, Understanding 165: Einfügung von 10,1–18 in die zweite Ausgabe des Evangeliums; M. Kotila 64f. S.a. J. Becker, JE I, ¹311f. ³365f; W. Langbrandtner 46ff. Auch bei W. Bauer, JE 142, erwogen.

Kotila wirft in einer polemischen Anmerkung Udo Schnelle vor, die Hirtenrede in seiner Analyse nicht hinreichend gewürdigt zu haben. Tatsächlich ist es überraschend, daß Schnelle trotz seiner Zurückhaltung gegen literarkritische Optionen zum Zusammenhang von Heilung und Hirtenrede in seiner redaktionsgeschichtlichen Analyse (Schnelle, Christologie 140f; s. jetzt auch JE 168) nicht hinreichend berücksichtigt. Allerdings hilft im Ergebnis Kotilas eigene Klassifizierung über diese unbefriedigende Bestimmung nicht hinaus.

[337] Neben den in der folgenden Anm. genannten Autoren z.B. auch G.R. Beasley-Murray, JE 148f.

Einige Exegeten meinen daher, einen siebenten Abschnitt der Blindenheilung zu erkennen, der von Joh 9,40 bis 10,21 reicht.[338] Diese Deutung impliziert, daß die primären Adressaten der Hirtenrede die gleichen sind, denen auch 9,39–41 gilt, d.h. die Pharisäer, die Jesus abgelehnt haben.[339] Dafür spricht das unbestimmte Objekt ὑμῖν in 10,1. *Textpragmatisch* richtet sich die Hirtenrede jedoch an die Gemeinde.[340] Sind schon in 9,39–41 die Pharisäer nicht die geschichtliche Größe der Repräsentanten der jüdischen Synagoge, in deren Auseinandersetzung die Tradition hinter Joh 9 entstanden sein mag, sondern all diejenigen, die zu sehen meinen und doch die christologische Relevanz des gesandten Menschensohnes nicht erkennen, so entfaltet nunmehr Joh 10,1ff in polemischer Abgrenzung gegen jeglichen innerweltlichen Macht- und Führungsanspruch die Bedeutung von Jesu Gekommensein und von Jesu Handeln. Genutzt wird das Hirtenbild und damit zunächst atl. Sprache und Motive. Allerdings ist die Begrifflichkeit auch zur Kennzeichnung politischer Macht im profanen hellenistisch-römischen Kontext nicht fremd.[341] Wird dies in Rechnung gestellt, so kann zudem daran erinnert werden, daß Blindenheilungen auch im Zusammenhang der Kaiserviten überliefert werden und damit wohl auch im Zusammenhang der Herrscherpropaganda eine Rolle spielten.[342] Dann ist das kritische Potential der Hirtenrede in der Tat weitaus umfassender. Der sich in parabolischer Redeweise als der wahre Hirte vorstellende joh. Jesus distanziert sich von den irdischen religiösen (Dafür mögen die Pharisäer eingesetzt werden, von denen unmittelbar zuvor die Rede war.) wie auch den politischen Führern.[343] Dieses kritische Potential[344] wird jedoch nicht in sozialer, sondern in soteriolo-

---

[338] E. Hirsch, Studien 81 (allerdings mit Einfügungen der Redaktion); s.a. H. Strathmann, JE 161ff; ähnlich J. Schneider, JE 198. Den Redebeginn findet B. Kowalski 58.181 in 9,41 markiert.

[339] Vgl. F.J. Moloney, JE II, 129ff; s.a. die Interpretation der Anfügung der Hirtenrede bei Ludger Schenke. Er verschreibt sich einer historischen Interpretation, indem er die Hirtenrede als ein den Pharisäern geltendes „allegorische(s) Rätsel" interpretiert (Joh 7–10, 191); die ,Diebe' und ,Räuber' sind die der Gemeinde nachstellenden Repräsentanten der jüdischen Synagoge (im Text: Pharisäer) und ihr Handeln ist als ,Rauben', ,Schlachten' und ,Verderben' charakterisiert (aaO. 192; s.a. H. Strathmann, JE 154; B. Kowalski 58f. An die Gegner aus dem eigenen, joh. Kreis denkt z.B. J. Frey, Heiden 246 Anm. 80). Diese historisierende Allegorisierung des Textes mag dem Teilaspekt des Textes, der in der Berücksichtigung der Bedrohung der Gemeinde des guten Hirten liegt, durchaus entsprechen, allein steht doch wohl die Figur des guten Hirten im Vordergrund, und daher ist es wohl unumgänglich, zunächst die christologische Intention zu beachten.

[340] Vgl. J. Beutler, Johannesevangelium 42; „Ihnen (den joh. Christen; Vf.) wird deutlich gemacht, worin der Unterschied zwischen dem ,Hirten' (Jesus) und den ,Fremden' liegt." V.6 scheint dem zu widersprechen, insofern das Unverständnis der Hörer Jesu konstatiert wird. Doch gerade die mit diesem Text Angesprochenen sollen das tun, was die Zeitgenossen nicht getan haben, verstehen. Das ,Nicht-Verstehen' (οὐκ ἔγνωσαν) ist zudem ein weiteres Indiz, daß die Rede nicht die Auseinandersetzung mit den Pharisäern voraussetzt, sondern die christologische Thematik vorantreibt.

[341] S.o. S. 339.

[342] S.o. S. 329. Auch die Lebensbeschreibung *Hadrians* weiß von zwei Blindenheilungen zu berichten (*Marius Maximus* V 25), die kurz vor seinem Tode stattgefunden haben sollen. Obgleich diese Heilungen in einem späteren Text stehen (zu *Marius Maximus* vgl. A. Dihle 355), ist auf ihren altertümlichen Charakter hingewiesen worden (vgl. F. Taeger 371f) und belegen sie die Zugehörigkeit dieses Erzählmotivs zur Herrscherpropaganda.

[343] Vgl. M. Hengel, Reich Christi 182 (unter 1.), zur joh. Konzeption des Königtums Jesu.

[344] Zur gesellschaftspolitische Rolle parabolischer Redeweise vgl. M. Ernst 478: „So sind Fabeln, Parabeln und Gleichnisse ihrem Wesen nach existenz- und gesellschaftskritisch."

gischer Hinsicht entfaltet, ohne daß beide Aspekte völlig auseinandergingen.[345] Der hellenistische politische Führer läßt sich als Retter (σωτήρ) feiern und mißt sich damit zugleich
soteriologische Qualität zu.

Martin Hasitschka hat das Verhältnis der Heilung mit dem anschließenden
Konflikt zu der Hirtenrede zutreffend bestimmt: „Die Hirtenrede 10,1–18, die
mit einem Amen-Wort unmittelbar an Joh 9 anschließt, verdeutlicht, worin das
durch Jesus geschenkte Heil, das in der Blindenheilung zeichenhaft zum Ausdruck kommt, zutiefst besteht: in der durch Jesus ermöglichten bleibenden
Verbundenheit mit ihm."[346] Diese Gemeinschaft aber ist die Gemeinschaft in
Jesus mit Gott, seinem Vater, als die Gemeinschaft, die Anteil am Leben
schlechthin gewährt (vgl. bes. 10,10). Die Befreiung zum Sehen wird damit
zum Abbild der Befreiung zum Leben, für die der Gesandte *in persona* einsteht.

Ist der Gedanke der Lebensspende des ‚*Guten Hirten*‘ für die Seinen
(10,11) ein sekundärer Gedanke, der dem Heilungs- und Konfliktkomplex
nachträglich aufgeprägt wird? Die Heilung des Blindgeborenen, die diesen in
der Gesamtkomposition zum mutigen und öffentlichen Bekenntnis zu Jesus
führt und schließlich den Geheilten zum Glauben an Jesus als dem Menschensohn kommen läßt, ist Auslegung der Lebensgabe, die Jesus als das Licht der
Welt ist. Auch die Ablehnung, die Jesus im Verhalten der jüdischen Autoritäten gegen den Geheilten trifft, entspricht der Ablehnung, die diesem zum Heil
der Welt kommenden Licht widerfährt, wie es in Joh 1,4f dem Evangelium
programmatisch vorangestellt ist.[347] Dieser Bezug ist dann nicht zu weit her-
geholt, wenn das Lesesignal 9,4 nicht nur im Kontext von 8,12, sondern auch
im Zusammenhang mit dem Stichwort φῶς in 1,4 gelesen wird. Das Kommen
Jesu in die Welt und das Tun der Werke Gottes, der ihn gesandt hat, kommt in
der Lebensgabe zum Ziel, die gleichzeitig bei denen, die ihn ablehnen, das Gericht bewirkt (vgl. 9,4 und Vv.39–41; vgl. wiederum den ‚Prolog‘ neben 1,4f
1,9–13).[348] Diese Zielangabe in der Lebensspende ist durch die Lichtmetapher
mitbedacht und expliziert.[349] So ist zu wenig gesagt, wenn die Heilung einem
spiritualen Verständnis des vierten Evangeliums untergeordnet wird und damit
lediglich als ein Symbol für die Vermittlung geistiger Sehkraft, die die Herkunft des Offenbarers erkennen läßt, verstanden wird.[350] Die Blindenheilung

---

[345] Einen etwas anderen Schwerpunkt der joh. Jesusdarstellung setzt hingegen J. Frey, Heiden 242, der die unpolitische Jesusdarstellung des vierten Evangelisten heraushebt.

[346] M. Hasitschka 283 Anm. 1; s.a. D.A. Lee 164: „The juxtaposition of the two chapters
shows that the narrative of John 9 is an example of *the Good Shepard in action*, who
cares for and *gives life to the sheep*" (Hervorhebungen v. Vf.).

[347] So B. Witherington, III, JE 181; s.a. D.M. Smith, JE 40; U. Busse, Metaphorik 125;
schon F.C. Baur, Composition 116 (Hinweis bei Busse, aaO. 130 Anm. 72).

[348] S.a. J.W. Holleran 16; s.a. O. Schwankl 226.

[349] S.a. U. Busse, Metaphorik 130; D.A. Lee 160.

[350] R. Kysar, Story 51 mit 49, unter Hinweis auf Joh 8,12; s.a R.F. Collins, John 365. Auch
H. Strathmann, JE 160, spricht von einem „demonstrativen Akt von symbolischer Be-

ist eine Aktualisierung dessen, was Jesus im Verständnis des vierten Evangelisten für die Welt ist. Es ist eine Tat gewordene Aktualisierung seines Licht-Seins und seines Hirte-Seins. Anders gesprochen, sie ist Aktualisierung seines Leben-Seins für die Welt an dem einen Blinden. Deshalb, weil es als Zeichen Aktualisierung seines Seins für die Welt ist, führt es wie sein In-die-Welt-Kommen überhaupt in die Krisis, d.h. in die Scheidung von Annahme und Ablehnung des Offenbarers. Hierin dürfte die Begründung zu finden sein, warum der Evangelist den Wundern häufig einen Konflikt folgen läßt.

Es wurde versucht, die Heilung des von Geburt an Blinden aufgrund des Hinweises auf den Teich Siloah sakramental als Hinweis auf die Taufe zu deuten.[351] Dieser Gedanke wurde durch die topologische Interpretation von Karl Kundsin soweit vorangetrieben, daß er Joh 9 als Kultätiologie verstehen suchte; der „Siloah-Teich scheint eine κολυμβήθρα im kultischen Sinn, d.h. ein Baptisterium für die Christen Jerusalems der Zeit unseres Evangeliums gewesen zu sein".[352] Doch bereits die sakramentale Deutung beansprucht wenig Wahrscheinlichkeit. Der spätere Gebrauch joh. Texte in liturgischen Taufkontexten zeigt nicht mehr als seine Eignung zu einer entsprechenden Verwendung. Auch die sakramentale Auslegung in Wort und Bild der Alten Kirche zeigt zunächst nicht mehr als das Verständnis der alten Exegese und der Gläubigen. Erst, wenn diese Deutungen im Text selbst verifiziert werden können, ist eine sakramentale Deutung nachvollziehbar.[353] Joh 9 ist aber zunächst eine christologische Deutung einer Wundergeschichte, die durchaus ekklesiologische Implikationen hat. Aber allein aufgrund der Stichworte ‚Sünde', ‚Licht', das als Erleuchtung (φωτισμός; so vor allem im Taufzusammenhang bei *Justin*, Apol I 61,12 u.ö.; s.a. Hebr 6,4–6; 10,32[354]) gedeutet wird, dem Motiv des Sehendwerdens, dem Bekenntnis des Geheilten, oder dem Teich (= Wasser oder aufgrund der intermitierenden Quelle des Siloah-Teiches gar fließendes Wasser) einen Hinweis auf die Taufe zu konstruieren, ist eine durch den Text nicht gedeckte Interpretation.[355] Dort, wo das Sehen und das Blindsein im übertragenen Sinne gebraucht werden, geht es um christologische Erkenntnis, die nicht auf die Taufe zu pressen ist. Ebenso ist ‚Licht' eine christologische Kategorie, die sich zwar in der Lebensgabe konkretisiert (vgl. 8,12); hingegen fehlt das Stichwort der Erleuchtung, das seinerseits interpretationsbedürftig wäre.

So darf damit geschlossen werden, daß Joh 9 „in dramatischer Weise (zeigt; Vf.), daß Jesus das Licht der Welt ist, das die Geister scheidet".[356]

---

deutung, mit dessen Hilfe das ‚Ich bin das Licht der Welt' erläutert werden soll". S.a. J. Bligh, The Man Born Blind 133.

[351] Nach dem Vorgang einiger Kirchenväter wie *Irenäus* (Haer V 15,3); *Tertullian* (*De baptismo* 1) und *Augustin* (In Ioan XLIV 1–2; vgl. auch die Angaben bei R. Schnackenburg, JE II, 326 Anm. 1) z.B. O. Cullmann, Urchristentum 99–101; s.a. J. Bligh, The Man Born Blind 135; R.E. Brown, JE I, 381f; J.D.M Derrett, Miracles 80f; C.H. Dodd, Tradition 184; E.C. Hoskyns, JE 355; J. Kremer, Lazarus 48f; B. Lindars, JE 340; S. Pancaro 26; U. Wilckens, JE 158; solches Verständnis findet sich auch in der frühchristlichen Katakombenkunst abgebildet (Lit. bei C.L. Porter 391 Anm. 6).

[352] K. Kundsin 37f.

[353] Vgl. auch die Kritik von R. Schnackenburg, JE II, 327f.

[354] Jeweils auf die Taufe zu beziehen; vgl. H. Conzelmann, φῶς 347; s.a. 349 Anm. 406.

[355] S.a. die Kritik bei G.R. Beasley-Murray, JE 162; K. Grayston, JE 81.

[356] M. Theobald, Fleischwerdung 312, mit Hinweis auf V.39.

6.5 Zusammenfassende Bemerkungen zu Wachstum und Wandel der Heilung des Blindgeborenen

Die Erzählung von der Heilung des Blindgeborenen genießt ein hohes Ansehen. Der *glückliche Wechsel*, in dem der sozial Depravierte zum Helden und die sich selbst als sehend dünkenden religiösen Führer zu den aufgrund ihres Verhaltens Demaskierten werden, ist erfrischend und enthält ein kritisches Potential bishin in die kirchliche Gegenwart. Auch theologisch entfaltet die im Zusammenhang mit der Hirtenrede zu lesende Blindenheilung zentrale Themen des vierten Evangeliums und zeigt den in die Welt und zu den Menschen gekommenen Gesandten Gottes in Offenbarung und Krisis als Gottes Lebenswillen für die Menschheit.

So gesehen, verwundert es nicht, daß sich der Konflikt um die Blindenheilung zunächst als eine literarisch recht einheitliche Größe vorstellt, die entscheidend vom Gestaltungswillen des Verfassers des vierten Evangeliums geprägt ist. Doch verbergen sich schon bei einer synchronen Lektüre nicht thematische Reibungsflächen und gelegentliche Unausgeglichenheiten. Einzelne Passagen zeichnen sich durch größere Affinität zum umgebenden Kontext des Evangeliums aus. Andere Themen sind eher isoliert. In der vorangegangenen Interpretation wurde versucht, die Reibungsflächen herauszustellen und auf ein mögliches Wachstum zu befragen. Diese Rückfrage bestreitet nicht, daß einzelne Spannungen auch im gegenwärtigen Kontext Funktionen wahrnehmen. Sie machen aber zugleich deutlich, daß die historische Rückfrage nach der Vorgeschichte trotz ihres hypothetischen Charakters Ergebnisse erbringt, die Aspekte um das Ringen der eigenen christlichen Existenz und Lebensfähigkeit einer judenchristlichen Gruppe in der frühen Christenheit erkennen läßt.

Unterschieden wurden vier Phasen, auf deren genaue sprachliche und inhaltliche Rekonstruierbarkeit aufgrund der sprachlichen Überarbeitung durch den vierten Evangelisten nicht abgehoben wurde. Diese Veränderlichkeit der Überlieferung *könnte* auf mündliche Tradition hinweisen.[357]

Die größte Zuversicht hinsichtlich ihrer wahrscheinlichen Gestalt konnte für die älteste Überlieferungsstufe, einer Blindenheilungsgeschichte, reklamiert werden. Dies erklärt sich möglicherweise aus der Stabilität der Gattung ‚Wundergeschichte'. In diesem Text versichert sich die Gemeinde der Macht ihres Messias in seinem Eintreten für sie in der Not; zugleich kann diese Geschichte eine Rolle in der Missionspropaganda gespielt haben. Jesus handelt so, wie das atl. Zeugnis es von Gott erwartete; er läßt die Blinden sehen. Dies scheint Ausdruck einer hohen Christologie zu sein. In der Fähigkeit, Blinde sehend zu machen, mag die Gemeinde die Erfüllung endzeitlicher Erwartungen gefunden haben.

---

[357] Zu dem Problem von Stabilität und Veränderlichkeit von Traditionen in mündlicher und schriftlicher Überlieferung s.o. S. 94.

Die Gewißheit des machtvollen Eingreifens bildet die Basis einer Konfliktgeschichte, mit der sich die überliefernde Gemeinde mit äußeren zeitgenössischen Reaktionen auf den eigenen Glauben auseinandersetzt.

Im Sabbatkonflikt wird versucht, gegen Vorwürfe von außen, Jesus als von Gott legiti-
mierten Propheten und nicht als Sünder und Sabbatschänder zu erweisen. Angeknüpft wird
von den Gegnern möglicherweise an die Tradition von den Sabbatverletzungen Jesu, vielleicht aber an eine liberalere Sabbatpraxis der Gemeinde; allerdings geht es im Konflikt
selbst nicht um das Problem der Orthopraxie.

Der Konflikt zwischen den judenchristlichen Jesusanhängern und Mitgliedern der jüdischen Synagoge wird sich zunehmend verschärft haben (s.a. Joh 5,2–16; 7,21–24), so daß
es schließlich zum Abbruch des Dialogs und zur Trennung kam, die die judenchristliche
Gruppe als Ausschluß verstand. Dieses Geschehen wurde narrativ in der folgenden Überlieferungsphase zu bewältigen gesucht, indem man das Ereignis in die Zeit Jesu zurückverlegte.

Das vorbildliche Verhalten des Blindgeborenen, der die bedrohte Gemeinde
repräsentiert, bleibt auch für den Evangelisten wichtig, dem es um die Befestigung des Glaubens und wohl auch um das öffentliche Bewähren desselben
geht. Den Konflikt nimmt er auf und ordnet ihn in seine Geschichte ein; Offenbarung und Krisis werden in diesem Konflikt entfaltet. Wie auf der frühen
Ebene der Erzählung der Wundergeschichte zeigt sich in der Heilung des
Blindgeborenen die Macht des Wunderheilers. Diese Macht wird erklärt als
das Vollbringen der Werke Gottes. Das Handeln der Offenbarung aktualisiert
den Lebenswillen Gottes an dem einen Blindgeborenen und gibt sogleich Anlaß, es mit der christologischen Einsicht zu verbinden, daß der Gesandte das
Licht der Welt und der gute Hirte ist. Letzterer mag vor einem römischen Hintergrund zugleich eine Distanzierung der Tragweite der politischen Macht für
die joh. Gemeinde bedeuten. Jedenfalls ist der von ihr als Licht der Welt ver-
ehrte allein der wahre gute Hirte und derjenige, der als Gekommener ihr im
gegenwärtigen Glauben das Leben schlechthin vermittelt.

6.6 Der Wundertäter im Konflikt mit dem Sabbat. Joh 5 und Joh 9

Wie bereits festgestellt, zeigt sich eine beachtenswerte formale Affinität zwischen Joh 5 und Joh 9. Trotz der unterschiedlichen Präparierung und Durchführung der Wunderheilung und der unterschiedlichen Charakterisierung des
Lahmen in Joh 5 und des Blinden in Joh 9[358] scheint sich bereits im Verlauf
der Überlieferung eine parallele Struktur der beiden Wunder entwickelt zu ha-

---

[358] Hierzu z.B. C.K. Barrett, JE 270, der den Lahmen lediglich als Marionette dargestellt
findet; s.a. J.L. Resseguie 115. Richtig ist jedoch die profiliertere Darstellung des vormals Blinden in Joh 9, der in 9,8ff sich zu einer aktiven *persona dramatis* mit Vorbildfunktion entwickelt. Zu den Differenzen zwischen beiden Erzählungen s.a. D.A. Lee
106; M. Rein 225.

ben.[359] Die folgende Auflistung verweist primär auf vergleichbare Erzählzüge. Daneben kann auch auf inhaltliche Parallelen insbesondere in den Reden aufmerksam gemacht werden.[360]

	Heilung des Paralytischen Joh 5	*Blindenheilung Joh 9*
Wunderschilderung[361]	5,2ff	9,1.6f
Nachgetragene chronologische Angabe: *Sabbat*	5,9b (s.a. V.10)	9,14
Aus der Sabbatproblematik ergibt sich ein jüdisches Verhör mit dem Geheilten	5,10–13	9,13–17. 24–34
Bezeichnung Jesu als ὁ ἄνθρωπος	5,12	9,16.24
Aufgrund der Abwesenheit Jesu ist eine allerdings unterschiedliche Unwissenheit auf Seiten des Geheilten über den Heilenden berichtet	5,13 (οὐκ ᾔδει τίς ἐστιν)	9,12 (Frage: ποῦ ἐστιν ἐκεῖνος; Antwort des Geheilten: οὐκ οἶδα)
Jesus findet (εὑρίσκει/ εὑρών) den Geheilten wieder	5,14	9,35
(Die Geheilten geben trotz des vorherigen Unwissens Auskunft über Jesus[362])	5,15	9,13ff.24ff
(Dialogische) Kontroverse zwischen jüdischen Repräsentanten und Jesus	5,(16.)17f	9,39–41

---

[359] S.a. den ausführlichen Vergleich bei J.W. Holleran 7f; R.A. Culpepper, Anatomy 139f; B.J. Malina/R.L. Rohrbaugh, JE 109.
  Einen attraktiven Vergleich präsentiert S. Schulz, JE 82, der 5,1–47 und 7,11–52 einerseits und 9,1–10,42 sowie 11,45ff andererseits gegenüberstellt. Entgegen seiner eigenen Umstellungshypothese (s.o. S. 369 Anm. 335) hält er für diesen Vergleich an der ursprünglichen Abfolge in Kap. 10 fest. Dennoch hat dieser Vorschlag Schwächen, da er den literarischen Anschluß von Kap. 7 an Kap. 5 voraussetzt

[360] Vgl. die Lit. in der vorigen Anm. Im einzelnen ist auch hier zu fragen, ob wirkliche Parallelen vorliegen und wie sie zu bewerten sind. Dies gilt vor allem für das Thema der Sünde in 5,14 und 9,2b–3. Dieses Thema ist jeweils unterschiedlich aufgenommen und bewertet (s. jeweils die Analyse) und befindet sich an einem unterschiedlichen Ort in der Wundergeschichte. Andere theologische Themen und Motive gehören zur joh. Theologie und Christologie und finden sich im gesamten Evangelium.

[361] Zu den Parallelen in Wunderschilderung vgl. den folgenden Absatz.

[362] Vgl. J.W. Holleran 8. Dieser Hinweis ist lediglich in Klammern notiert, da diese Auskunft unterschiedlich begründet ist und damit sowohl an einem unterschiedlichen Ort in der Erzählung begegnet (in Joh 5 nach der Wiederbegegnung von Jesus und Geheiltem; in Joh 9 noch vor diesem Zusammentreffen) als auch unterschiedliche Inhalte bringt. 5,15 gibt lediglich Auskunft über den Namen, ohne jegliche positive Stellungnahme zur Person, anders Joh 9; damit ist jedoch der Vergleich kaum durchführbar.

Jesusrede, jeweils durch ἀμὴν ἀμὴν λέγω ὑμῖν eingeleitet	5,19ff	10,1ff
Gerichtswort gegen die jüdischen Repräsentanten	5,45	9,40f

Auch in der Wunderschilderung selbst lassen sich einzelne parallele Erzählzüge und Motive finden. So ist zunächst die lange Krankheitsdauer (5,5 [38 Jahre]; 9,1[Blindheit von Geburt an]) zu beachten. Sodann ist jeweils das Sehen des Behinderten durch Jesus berichtet (5,6; 9,1) und damit die Konzentration der Erzählung auf seine, des Wundertäters Initiative angezeigt. Die Heilung findet jeweils im Zusammenhang mit einem Teich statt (5,2.7; 9,7 [jeweils durch die Vokabel κολυμβήθρα bezeichnet, die nur in 5,2.7; 9,7 und dem textkritisch sekundären Vers 5,4 im NT begegnet[363]]). Die Aufforderung zu einer Aktivität des Kranken ist keine wirkliche Parallele zwischen Joh 5 und 9; der Lahme demonstriert des geschehene Wunder, indem er der Aufforderung Jesu folgt, in Joh 9 gehört die Aufforderung hingegen zu der heilenden Handlung, die in Joh 5 fehlt. Erst nach dem Waschen im Teich wird das Wunder vermeldet und festgestellt, daß der Blinde die Sehfähigkeit erlangt hat. Aber auch der Teich selbst spielt jeweils eine andere erzählerische Rolle; dies darf nicht übersehen werden. In Joh 5 ist er lediglich eine Folie, vor der die Not des Behinderten geschildert wird. In Joh 9 ist er in den Zusammenhang des therapeutischen Bemühens des Wundertäters eingeordnet. Auch wird geographisch deutlich zwischen den Orten unterschieden.

Der Vergleich der erzählerischen Strukturen zeigt, daß der Umgang mit den Traditionen der Heilung des Lahmen und der Blindenheilung nur dann annähernd parallel zu nennen ist, wenn die Hirtenrede, Joh 10,1ff, als Abschluß des Konflikts um die Blindenheilung gedeutet wird. Verschiedene Beobachtungen sprachen für diese Option, so daß die Hirtenrede für die Interpretation der Blindenheilung mit heranzuziehen ist. Der abschließende Konflikt, 10,31ff, der auf die Heilung selbst zurückgreift (V.33), nähert die Struktur von Kap. 9f an Kap. 6 an, das ebenfalls mit einer dialogischen Konfliktszene schließt.

Der verwandte Aufbau wird durch eine vergleichbar strukturierte Überlieferung mitverantwortet. In beiden Fällen hat dem Evangelisten eine Konfliktgeschichte vorgelegen, in der der Konflikt durch die Koppelung des Wunders an den Sabbat ausgelöst wurde. Die Ergänzung des Erzählstoffs hingegen ist das Werk des Evangelisten, der zudem für die Wiederbegegnung Jesu mit dem Geheilten verantwortlich ist. Im einzelnen hat der Evangelist in unterschiedlichem Maß in seine Tradition eingegriffen. Der Vergleich beider Bearbeitungen läßt erkennen, daß die Annahme einer durchgehenden schriftlichen Wunderquelle, die nach einem analogen Verfahren bearbeitet wurde, sich als nicht tragfähig erwiesen hat. Dies stellt den Evangelisten als bewußten Gestalter seiner Traditionen im Blick auf den Kontext und die implizierte theologische Konzeption vor.

---

[363] Die Wiederholung von κολυμβήθρα in 9,11 durch die Codices *Alexandrinus* und *Athous Laurensis* sowie weitere Handschriften ist eine durchsichtige Anpassung dieses Verses an Joh 9,7 und damit sekundär. Dies belegt der gut überlieferte Text von NA[27] vor allem in den Papyri: 𝔓[66.75] sowie dem *Sinaiticus*, dem *Vaticanus* und anderen.

Kehren wir noch einmal zu den beiden Geheilten und ihrer Deutung durch den Evangelisten zurück. Lassen sich die verschiedenen Reaktionen dieser Charaktere als die beiden unterschiedlichen Antworten auf Jesus als den in die Welt gekommenen offenbaren Logos Gottes verstehen, so könnte auch hierin eine bewußte Gestaltung des Evangelisten gesehen werden. So ist es wohl nicht völlig von der Hand zu weisen, daß beide Geheilten in einer für den Leser zu beachtenden Opposition stehen; der Blindgeborene, der zum öffentlichen und damit gefährlichen Bekenntnis durchdringt, wird durch dieses öffentliche Bekennen zum Prototyp des joh. Christen, der Lahme zu dem, der trotz der Offenbarung zum Leben durch den Sohn nicht zu einem solchen Bekenntnis vordringt und auf diese Weise im Bereich des Kosmos und somit der Sünde verbleibt.

Weiterhin stellt sich die Frage, ob mit der Auswahl dieser beiden spezifischen Heilungswunder auch eine christologische Designation verbunden ist. Soll hiermit die Göttlichkeit des Gesandten in seinem Handeln den Lesern vor die Augen gestellt werden? Für diese Vermutung spricht, daß beide Geschichten eine Identität des Handelns des Gesandten und des Handelns des sendenden Gottes aussagen (z.B. 5,17f.20f u.ö.; 9,3; s.a. 10,25.30). Über diese anregende Vermutung ist freilich nicht hinauszukommen.

Die Parallelität der beiden Heilungen ist auffällig, betrifft aber vor allem die Oberflächenstruktur. Für die Analogien ist teilweise die Überlieferung, teilweise auch der Verfasser des Evangeliums verantwortlich. Zumindest letzteres läßt begründet fragen, ob damit der Leser beide Geschichten vergleichen soll, und nach der textpragmatischen Absicht solcher Konstruktion. Zwei mögliche Deutungsvorschläge sind hier unterbreitet worden. Wichtig für die Beurteilung des Umgangs des Evangelisten mit der Tradition ist aber vor allem die Beobachtung, daß der Evangelist keine schematische Technik verwendet und sich nicht sklavisch an seine Tradition bindet. Er kann konservativ, also bewahrend, wie auch sprachlich und damit theologisch verändernd die Überlieferung seinem Erzählkonzept eingliedern.

7.1 Problemstellungen

Die Auferweckung des Lazarus stellt den Leser und die Leserin vor eine Reihe einschneidender Fragen und Probleme.[1] Sucht man zunächst auf der narrativen Ebene die Erzähleinheit abzugrenzen, die die Totenauferweckung berichtet, so fällt auf, daß die Schilderung der Auferweckung des Lazarus wesentlich enger mit dem Kontext verwoben ist, als es bei den anderen Wundergeschichten erkennbar ist. Zur Einbindung in den Kontext gehört es, daß das Wunder in 11,44 abgeschlossen ist, aber sowohl die Salbung in Bethanien, 12,1ff (vgl. 12,1 und 2), als auch der Einzug in Jerusalem, 12,12ff (vgl. 12,17), auf die Auferweckung zurückblicken.

Aber nicht nur eine stärker am Makrokontext orientierte Verarbeitung ist auffällig. Zwar findet sich auch in den übrigen ntl. Wunderpassagen teilweise sehr enge Verknüpfungen der Tradition mit dem Kontext, doch ist dort die eigentliche Wunderschilderung als Einzelepisode eher greif- und analysierbar. Anders Joh 11; hier sind die formalen Bestandteile und das Motivinventar einer Wundergeschichte im gesamten Abschnitt verstreut: von der Bemerkung, daß Lazarus krank war (11,1), über die Feststellung seines Todes (11,11.13; s.a. 11,17) bis hin zum Glauben vieler ‚*der Juden*' (11,45), einer Passage, deren Konnex mit der Auferweckung des Lazarus noch zu prüfen sein wird.[2] Joh 11 bietet ein komplexes Ineinander von Wundererzählung und Redepassagen,[3] das in formaler Hinsicht Parallelen in den apokryphen Apostelakten hat.

Gelegentlich wurde in der Forschung die Verbindung von erzählenden Abschnitten und Rede- bzw. Deutungspassagen in Kap. 11 mit der Aufnahme der Wunderüberlieferungen in Joh 5,1ff; 6,1ff und 9,1ff parallelisiert.[4] Diese Beurteilung trifft die literarische Stoffverarbeitung nicht wirklich.[5] Genau genommen fügt der Evangelist in Kap. 11 seinen interpretierenden Redestoff nicht an den Wunderbericht an, sondern integriert ihn. Diese Technik

---

[1] So beklagt auch R. Schnackenburg, JE II, 396, die Schwierigkeiten der Beurteilung der „literarkritischen, traditionsgeschichtlichen und historischen Fragen". S.a. R.T. Fortna, Gospel 74; W. Nicol 37, der auf fehlende Stildifferenzen und das Ineinander von Interpretation und Originalerzählung verweist; C.H. Dodd, Tradition 228.

[2] Vgl. z.B. J.P. Meier 694. Dies ist auch in der Auflistung von S.M. Fischbach 240–244 zu erkennen; die Verdoppelung einiger Motive deutet bereits auf eine differenzierte Entstehungsgeschichte der Erzählung, wie auch die nicht der Gattung Wundergeschichte zuzuordnenden Motive Belehrung, Selbstoffenbarung und Bekenntnis.

[3] S.a. C.H. Dodd, Tradition 228: „The *pericopé* of the Raising of Lazarus is unique in this gospel for the way in which it combines narrative and discourse in an inseparable whole. Formally, it is a continuous narrative, the longest in the gospel apart from the Passion narrative." Vgl. dens., Interpretation 363; J. Blank, JE 1b, 254; M.W.G. Stibbe, Tomb 40.

[4] Z.B. B. Kollmann, Ursprung 109 mit Anm. 35.

[5] S.a. das Urteil von N. Zwergel 114f hinsichtlich der Verarbeitung des Stoffes durch den Evangelisten; allerdings ist seine Beurteilung von Joh 9 zu einlinig.

ist in der Wunderrezeption des vierten Evangelisten nicht singulär; es kann beispielsweise an die Einfügung und Gestaltung von Dialogpassagen in 2,3b–5; 4,47–49 und 6,6ff erinnert werden. Spuren einschneidender Überarbeitung lassen sich auch in 5,9dff und vor allem in 9,8ff bemerken, so daß hier der Begriff der Nacherzählung benutzt wurde,[6] um so auf die narrative Durchdringung des Stoffes durch den Evangelisten hinzuweisen. Im Unterschied zu Joh 11 ist es dort nicht zu einer entscheidenden Auflösung der Wunderform gekommen.

Wäre allein die theologische Aussage der Redepassage entscheidend, so scheint es, daß die erzählte Auferweckung überflüssig ist. Daß sie ein integraler Bestandteil der vorliegenden Gesamtkomposition ist, macht jedoch bereits 11,4 deutlich. Der von diesem Vers ausgehende erzählerische Spannungsbogen wird erst durch das Herausrufen des Lazarus aus seinem Grab zum Ziel gebracht. Die narrative Analyse der Erzählfolge muß sich unmittelbar den Versen 1–44 zuwenden in dem Wissen, daß die Erzählung diesen Abschnitt in einen noch weiteren Erzählfluß stellt.

Ausgehend von den vorgenannten Beobachtungen zur Verarbeitung und der Kontextverknüpfung der Lazaruserweckung, die im folgenden zu präzisieren sind, könnte leicht infrage gestellt werden, ob Joh 11 wirklich eine Wunder*überlieferung* zugrunde liegt. Selbst wenn man dies konzediert, so könnte weiter gefragt werden, ob sie vom Evangelisten in einer rekonstruierbaren Weise in den Text eingearbeitet wurde oder ob er sie nicht vielmehr durch die Integration in sein Evangelium so nacherzählt, daß sie nicht mehr rekonstruierbar wäre. Dies würde mit neueren Überlegungen zur Diskontinuität mündlicher Tradition bei der Verschriftlichung überein gehen.

Eine andere Antwort könnte sich im Blick auf Lk 16,16–31 nahelegen. Sieht man in der „lukanische(n) Parabel vom Reichen und armen Lazarus … das Erzählgerüst" für Joh 11,[7] so könnte dies als ein Indiz für die Negation einer möglichen Überlieferungsrezeption gewertet werden. Die Beziehung der joh. Auferweckungsgeschichte zur synoptischen Lazarus-Tradition, die erneut das Verhältnis des vierten Evangeliums zu den Synoptikern berührt, ist von entscheidender Bedeutung für die Frage nach der Überlieferung hinter Joh 11. Erst, wenn der Versuch einer Rekonstruktion scheitert, kann jedoch die Frage gestellt werden, ob der vierte Evangelist seine Geschichte aus diesem Gleichnis heraus entfaltet hat.

Die Analyse des Kontextes, des Aufbaus und der narrativen Struktur ist daher auch hier ein notwendiger erster Schritt, der zeigen wird, daß tatsächlich keine bruchlose kohärente Einheit vorliegt. Diese Analyse gibt erste Daten an die Hand, aufgrund derer die Analyse begonnen werden kann, auch wenn wiederum sprachlich und motivlich eine starke joh. Durchdringung dieser Erzählung vorliegt. Erst danach ist die Frage nach der lukanischen Lazarus-Tradition aussichtsreich zu stellen.

---

[6] S.o. S. 256. 317 und 341.
[7] U. Busse, Johannes 304.

7.2 Beobachtungen zu Kontext, Gliederung und narrativer Struktur der Auferweckung des Lazarus

Trotz der engen Einbindung der Auferweckung des Lazarus in den Kontext und entgegen der Bedeutung dieser Erzählung als Auslöser für den Todesbeschluß, der den Konflikt schließlich zum folgenden Passionsbericht hinüberführt,[8] ist die *literarische Integrität* von Joh 11f in Frage gestellt worden. Als Exponenten dieser These sind Raymond E. Brown[9] und Barnabas Lindars zu nennen.[10] Auf welche Gründe sucht sich diese Bestreitung zu stützen?

Brown bestreitet nicht den joh. Charakter der Lazarus-Geschichte, sondern unterstreicht diesen mit Hinweisen auf das Personeninventar, das Motiv des joh. Mißverständnisses, das Ego-Eimi-Wort etc. und weist die von ihm postulierte Ergänzung deshalb „Johannine circles" zu.[11] Als Indiz für die Annahme der sekundären Ergänzung von Joh 11f dient ihm der Hinweis auf den synoptischen Erzählverlauf. Einerseits zeigen sich Parallelen: Auf dem Weg nach Jerusalem zur Passion gelangt Jesus nach den synoptischen Darstellung jenseits des Jordans (Mk 10,1; Mt 14,1). Zudem erinnere auch die synoptische Passionswegdarstellung noch einmal an den Täufer (Mk 11,27–33).[12] Demgegenüber wirken in der joh. Erzählung das erneute Zurückweichen Jesu in Joh 11,54 und 12,36 störend und stehen im Widerspruch zu der synoptischen Schilderung.[13] Weiterhin unterscheide sich der Gebrauch des Terminus οἱ Ἰουδαῖοι in Joh 11,1ff von seiner Verwendung im übrigen Evangelium, da sie in Kap. 11 nicht als Jesus feindlich gesinnte und ihm entgegengestellte Gruppe vorgestellt werden.[14] So sei 10,40–42 der Abschluß des ersten Teils des Evangeliums, an den Kap. 13 unmittelbar anschließe. Das Kriterium des Vergleichs mit den synoptischen Evangelien ist jedoch nicht schlagend.[15] Selbst wenn der vierte Evangelist sich auf diese Schriften bezog, so ist deshalb eine analoge Gestaltung nicht zwingend, da der Verfasser in der dramatischen Gestaltung des Evangeliums weitgehend eigene Wege beschreitet. In diesem Zusammenhang verliert auch die Überlegung historischer Plausibilität an Gewicht. Der bisweilen neutrale Gebrauch des Terminus ‚die Juden' ist auffällig, aber im vierten Evangelium nicht völlig singulär. Er begegnet auch an anderen Stellen durchaus in einem positiven, wenigstens aber neutralen Kontext (vgl. z.B. 4,9; s.a. den Titulus am Kreuz 19,19).[16] Zudem sind auch die Gruppen der Gegenspieler keine einheitliche ablehnende Größe, wie die verschiedenen Schismata zeigen (10,19; s.a. 9,16 von den Pharisäern; 7,43 vom Volk [doch vgl. zuvor V.35]). Daher ist auch dieser Hinweis nicht wirklich beweiskräftig.[17]

---

8   Vgl. hierzu z.B. W. Stenger, Auferweckung 185 u.ö.
9   R.E. Brown, JE I, XXXVII. 414 („an editorial addition to the original gospel outline").
    427f. Die Einfügung des Lazarus-Erzählkreises sei wiederum für die Umstellung der
    Tempelreinigung, 2,12ff, an den Anfang des Evangeliums verantwortlich gewesen (zu
    Browns Konzeption s.a. R. Kysar, Evangelist 41).
10 B. Lindars, JE 378ff; s.a 50 (vgl. die Darstellung bei R. Kysar, Evangelist 48f); vgl. jetzt
    J. Ashton, Understanding 201–203 u.ö.
11 R.E. Brown, JE I, 427.
12 R.E. Brown, JE I, 414. 428.
13 R.E. Brown, JE I, 428.
14 R.E. Brown, JE I, XXXVII. 428.
15 Vgl. zu diesem Kriterium auch die Kritik bei J. Wagner 25.
16 S.a. G. Strecker/F.W. Horn, Theologie 516; M. Hengel, Schriftauslegung 261f mit Anm.
    45; U. Schnelle, JE 163ff.
17 S.a. J. Wagner 25.

Die Annahme eines älteren Evangelientextes, der die Auferweckung des Lazarus nicht enthalten haben sollte, ist nicht beweisbar. Die dramatische Verknüpfung mit der Passion, die Bedeutung des aus der Auferweckung resultierenden Todesbeschlusses sowie die theologische Aufarbeitung der Ablehnung des Offenbarers mit seiner eigenen Einwilligung in die Todesstunde sind integrale Bestandteile der joh. Darstellung des Kommens und der Rückkehr des gottgesandten Offenbarers. Daß ein Wunder den Konflikt mit den jüdischen Opponenten derart verschärft, daß es schließlich mit der Erzählung der letzten berichteten Wundererzählung zum formellen Todesbeschluß kommt, entspricht einer Grundtendenz der Wundererzählungen, die insbesondere mit Kap. 5 beginnend regelmäßig Konflikte und Schismen erzeugen, und ist schwerlich ein sekundärer Effekt.

Das Verständnis der Auferweckung des Lazarus im *Kontext* des vierten Evangeliums führt hinein in das Problem des Gesamtaufbaus dieses Evangeliums.[18] Die Aussage, daß die Auferweckung „als siebtes Wunder am Ende des ersten Hauptteils des Evangeliums" steht,[19] ist nicht mehr unumstritten akzeptiert.[20] Die zugrundeliegende Problemstellung kreist darum, ob die Auferweckung bereits als ein Teil der Passionsgeschichte gelesen werden muß oder einen integralen Bestandteil des Abschnitts darstellt, der die vorher geschilderten Zeichen umfaßt und als dessen Höhepunkt die Auferweckung bisweilen interpretiert wird.[21]

Bekannt ist vor allem die Zweiteilung des vierten Evangeliums in einen Abschnitt, der die „Offenbarung der δόξα vor der Welt" (Kap. 1–12) und einen anderen, der „die Offenbarung der δόξα vor der Gemeinde" (Kap. 13–20) zum Thema hat; solche Zweiteilung wurde beispielsweise von Rudolf Bultmann seiner Kommentierung zugrunde gelegt.[22] Andere Exegeten bevorzugen eine andere Terminologie, indem sie die Unterscheidung zwischen Zeichen-Buch und Passion betreiben, setzen aber den Einschnitt ebenfalls zwischen Kap. 12 und 13.[23] Anders im Gefolge der Arbeit von George Mlakuzhyil Hartwig Thyen, der zwi-

---

[18] Über zwei Modelle, Joh 11 in diesem Gesamterzählzusammenhang zu verorten (als Zentrum des Evangeliums und als Einleitung der Passion), informiert A. Marchadour 94ff.

[19] J. Wagner 12; s.a. M.W.G. Stibbe, Tomb 38f; JE 120. E. Lohse, Miracles 51, charakterisiert Joh 11 als „climax and conclusion of the public activity of Jesus"; ähnlich S. Schulz, JE 155.

[20] J. Wagner 13 Anm. 4 selbst listet Alternativvorschläge auf, die die Auferweckung in den Kontext der Passion einordnen, und billigt ihnen ein gewisses Recht zu. Doch reicht dies aus?

[21] Z.B. J. Kremer, Lazarus 21; D.A. Lee 188.

[22] R. Bultmann, JE 5*–8*. Der Einschnitt als Unterscheidung zwischen Jesu öffentlichem Wirken (Joh 1–12) und seiner Abschiedsrede (Joh 13–17) begegnet beispielsweise wieder in der Suche nach dem ‚plot‘ des JE bei R.A. Culpepper, Plot 353ff; s.a. R. Kysar, Story 22.

[23] Z.B. C.H. Dodd, Interpretation 289; B. Byrne 25; allerdings weist Byrne betont und zu Recht den Brückencharakter der Lazaruserzählung aus (aaO. 25f: „...the raising of Lazarus forms the ‚trigger‘ that sets off the process leading inevitably to Jesus' death. The narrative also pointedly raises the themes of live, death and resurrection.").

schen Kap. 10 und 11 den Trennstrich (Thyen bevorzugt den Terminus „Peripetie") setzt.[24] Lazaruserzählung und leeres Grab werden bei dieser Interpretation in einen Interpretationszusammenhang gestellt. Allerdings setzt Thyen ein *dramatisches* Gliederungsmodell voraus, dessen zentralen Akt 8,12–12,50 bilde;[25] damit rückt die Lazaruserzählung doch in ein etwas anderes Licht, das ihrer Funktion im vierten Evangelium m.E. eher gerecht wird.

Wird allerdings die Trennung zwischen Kap. 10 und 11 gesetzt, so bleibt die daraus resultierende Distanzierung des Auferweckungswunders von den anderen Wundergeschichten ein offenes Problem. Diese Abtrennung entspricht offensichtlich der Komposition nicht ganz, da in der Lazarusperikope auf bisher erzählte Wunderberichte zurückgegriffen wird. Direkt vorausgesetzt werden die Heilung des Blindgeborenen (11,37: Einige ‚*der Juden*‛ charakterisieren Jesus als ὁ ἀνοίξας τοὺς ὀφθαλμοὺς τοῦ τυφλοῦ) und die der Blindenheilung und der Hirtenrede folgende Bedrohung Jesu durch ‚*die Juden*‛ (11,8 → 10,31–33 [aber auch zuvor 8,59]). Mit Kap. 9 verbindet die Lazaruserzählung weiterhin das Jesus-Logion 11,9f.[26] Auch 11,4 ist zusammen mit der textpragmatisch wichtigen Bemerkung V.40 im Licht von 2,11 zu lesen;[27] hier wird der wichtige Gedanke, daß in den Wundern die Doxa des Offenbarers sichtbar wird, formuliert und mit dem Ziel des Zum-Glauben-Kommens verbunden. Wie 2,11 wird in 11,15.40.42.45 der Glaube als die angemessene Reaktion auf das Wunder herausgestellt.

Die Hinweise in 2,11 und 11,4.40 bilden folglich eine Art *inclusio*, die die im vierten Evangelium berichteten Wunder umrahmen und deuten. Zugleich kann in Kap. 11 allerdings auch eine Öffnung dieses Zusammenhangs der Offenbarung der Doxa im Wunder hin zu Passion und Auferweckung gesehen werden.

---

[24] H. Thyen, Erzählung 2026f mit Hinweis auf George Mlakuzhyil. Vgl. Mlakuzhyil 181–183. 239 (Gliederung des JE) u.ö. Für Mlakuzhyil bildet 11,1–12,50 eine „bridge-section", so daß er das traditionelle Gliederungsmodell in seinem eigenen Vorschlag aufnehmen kann. Den Beginn der Passionserzählung findet auch schon P. Gardner-Smith 42 durch die Lazarusgeschichte markiert.

[25] H. Thyen, Erzählung 2027f. Thyen greift damit auch die Vorschläge von Gunnar Østenstad (35: das konzentrisch strukturierte Evangelium ist um 8,12–12,50 herum gestaltet) und Egil A. Wyller (162ff u.ö.) auf. Übrigens machte schon Wilhelm Heitmüller darauf aufmerksam, daß die Auferweckung des Lazarus in der joh. Gesamtdarstellung die „Peripetie des Dramas" bildet (JE 131).

[26] Auf den Zusammenhang mit Kap. 5 (insbesondere die Rede Vv.19–47) insistiert C.H. Dodd, Interpretation 364–366; dabei werde der irdischen Lebensspende des Offenbarers die gleiche Signifikanz („absoluteness and finality"; aaO. 366) zugemessen. Der Kontakt betrifft vor allem die Schlußszene, in der der Evangelist stärker der Tradition verhaftet (vgl. die Einzelanalyse ist). Von größerer Bedeutung für die Lazaruserzählung als der futurische und in seiner literarhistorischen Stellung umstrittene Vers 5,28 ist 11,25f. Die Parallelen zwischen 5,28 und 11,43f sprechen m.E. eher dafür, daß auf die Bildung der Auferweckungstradition apokalyptische Vorstellungen von Jesus als dem wiederkommenden Herrn oder Menschensohn eingewirkt haben (s.u. S. 432).

[27] M.W.G. Stibbe, Tomb 39, konstruiert einen Kontrast zwischen Fest (Joh 2,1ff) und Tod (Joh 11) und verdirbt damit m.E. die implizierte Pointe. Zwei Momente widersprechen seiner Überlegung. Trotz der Weinvermehrung in 2,1ff ist nicht besonders auf ihren Festcharakter, sondern auf den christologischen Offenbarungscharakter abgehoben. Außerdem obsiegt in Joh 11 keineswegs der Tod, vielmehr hat diese Episode eine tragikomische Pointe, insofern der Tod in Leben verwandelt wird und letzteres einer der Zielpunkte der Erzählung ist (s.a. Stibbe, aaO. 41), deren primäres Ziel aber wie in 2,11 der Glaube bildet (vgl. 11,27.40).

Die Lazaruserzählung öffnet also zugleich eine Blickrichtung auf bisher Erzähltes und schließt dies in den Doxa-Aussagen zusammen sowie eine Blickrichtung zum Ende des Evangeliumstextes auf Passion und Auferstehung, die mit den Stichworten ‚*Verherrlichung*‘ und ‚*Verherrlichen*‘ verbunden werden. Josef Wagner spricht daher zu Recht von einer „Scharnierfunktion" dieser Erzählung.[28] Der erste Teil, in den markant die Wundergeschichten eingestreut sind, kommt hier zum Ziel; zugleich leitet diese Geschichte aber zur Rückkehr des Offenbarers zum Vater über: Joh 11,1–44 markiert den Höhe- und Wendepunkt der irdischen Wirksamkeit des Offenbarers. Übersehen werden sollte aber nicht, daß „das letzte und größte Zeichen Jesu ... zum Anlaß und Übergang zu seiner Passion wird";[29] daher möchte ich vor allem diesen Übergangscharakter unterstrichen wissen.

Die *Abgrenzung der Auferweckungsgeschichte* ist angesichts der Verklammerung der Erzählung mit dem Kontext nicht einfach zu bestimmen. Allerdings bietet der Text Gliederungssignale. Deutlich scheint der Einsatz eines neuen Berichts in 11,1 vorzuliegen.[30] Allenfalls ist die Frage nach dem Bezug der geographischen Angaben in 10,40–42 zu erörtern.[31]

Könnte in diesem Rückzug vor der Steinigungsgefahr an den Taufort jenseits des Jordans der Auftakt der Lazarusperikope zu finden sein, so wäre in einem noch größerem Maße der Konflikt zwischen Offenbarer und jüdischen Opponenten als Hintergrund der Auferweckung vorauszusetzen; die zumindest seit 5,16.18 bestehende Auseinandersetzung wäre fortgesetzt.[32] Dieser Konflikt ist durch die Hinweise in 11,7f und 11,18 als durchaus Hintergrundperspektive für die Lazaruserweckung präsent und bildet einen Spannungsbogen,

---

[28] J. Wagner 12.410. S.a. B. Witherington, III, JE 198, der als Joh 11,1–12,11 „a transition" zwischen öffentlicher Wirksamkeit Jesu und der Passion analysiert. D.A. Lee 189: „It (the Story of the Raising of Lazarus; Vf.) is the central, pivotal scene of the Gospel, holding together narrative structure and theological meaning".

[29] H. Wöllner 65.

[30] So die Mehrzahl der Kommentare: z.B. E. Haenchen, JE 397; R. Schnackenburg, JE II, 396. S.a. J. Kremer, Lazarus 12; N. Zwergel 56f. Anders untergliedert hingegen C.H. Talbert, JE 164, der Joh 10,1–11,54 als „a large thought unit" versteht und sie unter der Überschrift „The Door/The Good Shepherd" vorstellt. Daß in dieser Überschrift die Auferweckung des Lazarus als eigenes Thema völlig verlorengeht, obgleich die Rückverweise im folgenden Text diesem Wunder doch eine ungleich größere Bedeutung zumessen, ist eine Schwäche dieses Gliederungsvorschlags. Interessanter ist die Überlegung von Thomas von Aquin in seiner Vorlesung über das Johannesevangelium; hier ordnet er der lebensspendenden Macht durch das Wort (Joh 10) die lebensspendende Macht durch das Wunder (Joh 11) zu (lectio I, I 1471; die entsprechende Passage ist angeführt bei Kremer, aaO. 170; zu dieser Zuordnung jetzt auch J.A. du Rand, Perspectives 94). Doch scheitert auch dieser bedenkenswerte Vorschlag am Ortswechsel zwischen Hirtenrede und Auferweckung; die Zuordnung von Joh 10 zu Kap. 9 beansprucht aufgrund des fehlenden Trennungssignals größere Wahrscheinlichkeit.

[31] In diesen Versen beginnt die Auferweckungsgeschichte z.B. bei W. Heitmüller, JE 126; W. Wilkens, Entstehungsgeschichte 55; s.a. R. Bultmann, JE 299. Eine Übergangsfunktion, das Ende der vorangehende Episode und zugleich der erste Einstieg in die Lazarusperikope nimmt W. Wuellner 116 an; s.a. J. Gnilka, JE 87.

[32] W. Wuellner 116.

der den Konflikt von Kap. 5–10 mit dem Tötungsbeschluß, 11,47ff, und schließlich der Passion Jesu, Kap. 18f, verbindet. Zudem hat das Auferweckungswunder einen Begründungscharakter für den Todesbeschluß und die Passion (vgl. 11,47; 12,10f. 17–19. 23ff). Demgegenüber werden die typisierten Konfliktgegner des Evangeliums, ‚die Juden' eher neutral und partiell offen gegenüber dem Wundertäter geschildert.[33] Der Konflikt ist in der Lazarusgeschichte vorausgesetzt und wird durch das Wunder der Auferweckung zu seinem Höhepunkt getrieben; dies ist aber kein Indiz für einen unmittelbaren Anschluß an 10,40–42.

Auch wird der Neuansatz in 11,1 durch die Einführung einer neuen, bisher im gesamten Evangelium nicht genannten Person angezeigt. Die Krankheit dieser Person gibt ein neues Thema an, das keinerlei Bezug auf den Glauben der vielen (10,42) nimmt. Der Kranke selbst ist mit einem anderen Ort, Bethanien, verknüpft; mit dieser neuen Ortsangabe werden zwei weitere bisher ungenannte Gestalten, Maria und Martha, zusammengenommen. Jegliche unmittelbare Verknüpfung der Ereignisse in Kap. 10 und 11 fehlt. Lediglich indirekt findet sich ein Rückbezug, insofern Jesus mit den Jüngern nach Judäa zurückkehren muß; dies setzt aber den Rückzug jenseits des Jordans voraus (vgl. 11,7ff). Ohne solch lockere geographische Verknüpfung ist die fortschreitende Erzählung kaum denkbar. Eine temporale Verknüpfung fehlt, vielmehr ist eine neue Zeit durch das Kranksein des Lazarus markiert.

In 10,40–42 schließt der Rückzug logisch und erzählerisch die Komposition aus Blindenheilung und Hirtenrede ab; sie konstatiert als Komposition des Evangelisten den Erfolg seines Wirkens im Kontrast zu der Wirksamkeit Johannes' des Täufers.[34] Eine gute Beobachtung ist, daß in 10,40–42 das Täuferzeugnis von 1,19ff (und bereits im Prolog 1,6–8) eine Entsprechung erhält, so daß eine Abgrenzung, die 1,19–10,42 umfaßt, durchaus Anhalt an der Komposition des Evangeliums haben könnte.[35] So wird durch 10,40–42 nicht nur auf das unmittelbar vorangehende Handeln Jesu (V.41 spricht von dem σημεῖον, das Johannes nicht getan hat) zurückverwiesen, sondern mit dem Täuferbezug gerät die gesamte bisher erzählte Wirksamkeit Jesu in den Blick, da diese jesuanische Wirksamkeit durch die lange Täufereinheit in Joh 1,19ff eingeleitet wurde. Damit bildet das Summarium 10,40–42 eine eigene Erzähleinheit. Als integraler Bestandteil der Erzählung des vierten Evangeliums knüpft die Lazaruserzählung an das Geschehen der Textwelt an und setzt dies voraus. Zu den Voraussetzungen gehört vor allem die Konfliktsituation. Der Erzähler bringt seinen Helden zudem an den neuen Handlungsort, in die Nähe von Bethanien (bei Jerusalem!).[36] Daß eine Veränderung des zentralen Handlungsortes bereits in 11,1 angezeigt wird, hat als weiteres Gliederungssignal zu gelten.

---

[33] Vgl. z.B. B. Witherington, III, JE 203.
[34] Anders z.B. H. Wöllner 119–121.
[35] So H. Thyen, Johannes 21, 184: „Buch[..] der Täufermartyria".
[36] Vgl. B. Byrne 38.

Wie bereits vermerkt wurde, liegen verschiedene Rückverweise auf das Lazaruswunder vor, vor allem 11,47; 12,10f und 12,17; diese Rückverweise verlangen differenzierte Antworten auf die Frage nach dem Ende der Auferweckungsgeschichte.

Ein mögliches Gliederungssignal ist die Neueinführung der Hohenpriester und Pharisäer als handelnde Subjekte in 11,47, so daß Vv.45f als Abschluß der Wundererzählung gelten könnten.[37] Allerdings weist diese Reaktion bereits über sich selbst hinaus auf den Kontext des Todesbeschlusses. Die durch das rückverweisende τινὲς δὲ ἐξ αὐτῶν gekennzeichnete Personengruppe meldet das Wunder den Pharisäern (V.46). Dieser Satz verlangt eindeutig nach einer Fortsetzung, die berichtet, wie die Pharisäer auf dieses Wunder reagieren.[38] Die feindliche Gruppe in V.47 besteht nun allerdings nicht allein aus den Pharisäern, sondern auch aus den Hohenpriestern; von denen spielt Kaiphas die entscheidende Rolle (V.49). Die Fortsetzung zwischen V.46 und 47 ist folglich nicht völlig spannungsfrei. Wer aber sind die τινὲς δὲ ἐξ αὐτῶν? Von der Textlogik her können es nur die πολλοὶ οὖν ἐκ τῶν Ἰουδαίων οἱ ἐλθόντες πρὸς τὴν Μαριάμ sein (V.45), die dem Wunder gesehen haben und deshalb an Jesus glauben (καὶ θεασάμενοι ἃ ἐποίησεν ἐπίστευσαν εἰς αὐτόν). Aber wie verhalten sich Glaube an Jesus und Denuntiation Jesu vor den Pharisäern? Es läßt sich der Gedanke des am Irdischen verhafteten und damit zu kurz greifenden Wunderglaubens aus 2,23–25 als Brücke bemühen; der in V.37 angedeutete zweifelnde Wunderglaube bereitet diesen Gedanken eines nicht suffizienten Glaubens vor. Leitend für diesen Übergang ist der kompositionelle Gedanke, dieses Auferweckungswunder direkt mit dem Todesbeschluß zu verbinden. Sind zudem die τινές aus V.46 fest mit den πολλοί aus V.45 verbunden und verlangt die Aktivität der τινές eine erzählerische Fortsetzung, so sind Vv.45f am besten als *Übergangsformulierung des Erzählers* zu verstehen.[39] Die Abgrenzung dieser Verse sowohl von vorher erzähltem Wunder als auch vom folgenden Todesbeschluß in der Textausgabe des NA[27] hat folglich durchaus ihr Recht.

Dies ist gegenüber dem Vorschlag zu bedenken, der die Verhandlung der Hohenpriester und Pharisäer dem Auferweckungsbericht hinzuschlägt, so daß der eigentliche Abschluß der Lazarusperikope erst in 11,54 vorläge.[40] Das Recht dieser Sicht liegt in der Überleitung 11,45f, die gleichzeitig die Voraussetzung für die Verhandlung über Jesus bietet. Aber auch der Hinweis auf das Sterben-Müssen des *Einen* in unmittelbarer Nähe zu dem Lebendig-Machen eines anderen ist im joh. Erzählzusammenhang kein Zufall.[41] Auch der erneute Rückzug Jesu nach 10,39/40–42 in 11,54–57 bietet sich als mögliches Gliederungssignal an.[42] Dennoch weisen das neue Thema, der Wechsel in den agierenden Personen sowie der implizite Ortswechsel (Die Person des Hohenpriesters weist auf Jerusalem als Ort des Todesbeschlusses; dies ist vor dem Erzählhintergrund des Evangeliums auch gedeckt, da der Konflikt mit ‚den Juden‘ seit 5,16.18 sich als tödliche Bedrohung, haftend an Jerusalem, angezeigt ist.) auf einen Einschnitt. Mit 11,44 ist zudem der Abschluß des Wunders erreicht.

---

[37] Entsprechend trennen z.B. B. Byrne 65f und J. Kremer, Lazarus 13, ab.

[38] Zur Abgrenzung s.a. S.M. Fischbach 238 Anm. 3, mit weiteren Beobachtungen.

[39] S.a. C.H. Dodd, Interpretation 363. 367.

[40] Vgl. z.B. G.R. Beasley-Murray, JE 180ff; J. Beutler, Psalm 42/43, 84; C.H. Dodd, Interpretation 368; A. Marchadour 89 u.ö.; G.H.C. MacGregor, JE 244ff; bes. aaO. 254; F.J. Moloney, JE II, 155 u.ö.; B. Schwank, JE 297; H. Strathmann, JE 171ff. J. Becker, JE ¹341. ³401 verweist auf Kompositionsanalogien, denen zufolge der Rückzug Jesu nach einem Konflikt den Abschluß einer Erzähleinheit bilde: vgl. 10,39–42.

[41] Weitreichende Schlüsse zur Bedeutung der Selbsthingabe Jesu als Begründung der Auferweckung bei C.H. Dodd, Interpretation 368.

[42] W. Wuellner 116, der den Rückzug Jesu mit der Verfolgung Elias verbindet: 1Kön 19,3.

Andere Exegeten berücksichtigen die Rückverweise auf das Lazaruswunder in Kap. 12 und grenzen die Einheit nach der Salbung in Bethanien und dem anschließenden Tötungsbegehren gegen Lazarus mit 12,11[43] oder erst nach dem Einzug Jesu in Jerusalem 12,19 ab;[44] dabei werden allerdings Untergliederungen vorgenommen, in denen die Lazaruserzählung eigens beachtet wird. Der Einschnitt nach 12,19 nimmt den Todesbeschluß (11,47ff), die Salbung (12,1–8) und den Einzug Jesu in Jerusalem in den Erzählzusammenhang mit hinein; eine Berechtigung könnte sich aus dem Vorverweis 11,2 ableiten und durch den Hinweis auf das Lazaruswunder in 12,17. Jeweils neue Themen, Ortswechsel und vor allem neue Zeitangaben legen aber eine feinere Gliederung nahe. Die Suche nach der umfassenderen Einheit kommt zudem noch nicht mit dem Einzug Jesu nach Jerusalem zum Ziel, sondern erst mit der Auferstehung Jesu in Kap. 20.

Die Rückverweise auf das Lazaruswunder zeigen, daß der Evangelist das Geschehen, das der Auferweckung folgt, so erzählen will, daß es in der Konsequenz und im Licht der Auferweckung des Lazarus gelesen wird.[45] Überhaupt zeigen die Probleme, die die Abgrenzung bereitet, die sorgfältige Eingliederung des Auferweckungswunders in den Kontext,[46] ohne daß freilich alle Spannungen in der Geschichte selbst durch den Erzähler überwunden sind. Entscheidend für den Abschluß der Auferweckung ist das Wort von dem Entfernen der Grabbinden (11,44), das dazu dient, den Auferweckten wieder in das tägliche Leben zurückzuführen (s.a. Mk 5,43[fin] [Befehl, der Auferweckten zu essen zu geben]; Lk 7,15 [das Reden des Auferweckten]).

Ein Blick auf die in der Literatur belegten *Gliederungen der Lazarusperikope* zeigt überraschende Uneinheitlichkeit. Über die Gliederungseinschnitte und Anzahl der zu trennenden Abschnitte herrschen erhebliche Differenzen. Es stellt sich die Frage, ob die Situationsangabe in V.5 oder erst in V.6 endet.[47] Vor allem ab V.19 ergeben sich Probleme bei der Gliederung; dies ist ein erstes Indiz für die Uneinheitlichkeit des Stückes, da die Konkurrenz verschiedener geographischer Angaben und das keineswegs spannungsfreie Verhältnis von Erzähl- und Redepassagen auf die Gliederung durchschlagen.

Als Beispiele lege ich vier Gliederungsmodelle an, in die sich weitere Gliederungsvorschläge weitgehend einordnen lassen.[48]

---

[43] P.F. Ellis, JE 177; D.A. Lee 191f.

[44] J. Wagner *passim*.

[45] Dazu s.o. die Anmerkungen zur Stellung der Auferweckungsperikope im Kontext des vierten Evangeliums.

[46] S.a. S.M. Fischbach 238 Anm. 3.

[47] Noch anders B. Byrne 29.31, der die Situationsangabe bereits nach V.4 beendet findet; s.a. die folgende Fußnote.

[48] Wesentliche Differenzen weist hingegen im Eingangsteilung die szenische Gliederung von J.R. Jones 64f auf: Vv.1–3; 4–16; 17–27; 28–37; 38–45; eigenständig auch J. Blank, JE 1b, 258: Vv.1–3.4–6.7–16.17–27.28(statt V.26)–35.36–44.

Mark W.G. Stibbe[49]	Rudolf Bultmann und Jürgen Becker[50]	Heinz Wöllner[51]	Stephanie M. Fischbach[52]
1–16	1–5	1–6	1–5
	6–16	7–16	6–16
17–37	17–27	17–19	17–19
		20–27	20–27
	28–32	28–37	28–32
	33–40		33–37
38–44	41–44	38–44	38–44

Sperrig ist vor allem V.6, der das Verbleiben Jesu am Ort angesichts der Krankheitsmeldung benennt. Der Rückbezug in V.6 ist, wie der Neueinsatz durch ἔπειτα sowie das gliedernde μετὰ τοῦτο in V.7 zeigen, zur Einleitung zu rechnen. Dem folgt der Doppeldialog Vv.7–16, der mit dem Wort zum Aufbruch endet. V.17 nennt die Ankunft Jesu (allein!) am Grab und gehört mit V.18f zusammen. Dem folgt das Gespräch mit Martha, Vv.20–27, das im Bekenntnis zu Jesus sein Ziel findet. Die Szene mit Maria ist durch ihre Erwähnung als eine neue Person unterschieden und setzt das Thema von Vv.20–27 nicht weiter fort. Das Ende dieser Maria-Passage ist schwer auszumachen. Ein Einschnitt könnte die Ankunft der Maria bei Jesus bilden: V.32. M.E. kommt die Szene aber erst in V.37 zum Ziel und versammelt alle handelnden Personen vor dem Grab, vor denen die letzte Szene Vv.38–44 spielen soll.

Hinsichtlich der *Erzählstrategie* sind eine Reihe von Spannungen erkennbar. Trotz beständiger Vorverweise auf die Totenerweckung vor allem in der ersten Hälfte der Erzählung (schon die Krankheit zielt daraufhin: V.1; s.a. V. 4.11.15) nimmt die Auferweckung einen eher schmalen Raum im Gesamtkomplex ein. Mit der *Vorbereitung* und der *Durchführung* des Wunders wird die eigentliche Erweckung erst in Vv.38–44 berichtet. Berechtigt diese Spitze der Geschichte zu ihrer Klassifikation als Wundergeschichte, so fallen die zahlreichen Dialogpassagen auf;[53] sie stehen an derart zentralen Orten der Erzählung, daß sie Charles Harold Dodd zu dem Urteil veranlaßten, in der Laza-

---

[49] M.W.G. Stibbe, Tomb 41 (anders aaO. 43); JE 122. D.A. Lee 192f unterscheidet vier Szenen, indem sie Vv.17–37 in zwei unterteilt: Vv.17–27 und 28–37. Eine dreiteilige Gliederung (1–16. 17–27. 28–44) legt auch F. Porsch, JE 119ff, vor.

[50] R. Bultmann, JE 301; J. Becker, JE II, ¹355. ³416f.

[51] H. Wöllner 65; s.a. F.J. Moloney, Faith 471f; JE II, 155: die Begegnung Jesu mit Martha, Vv.17–27, wird zusammengenommen; s.a. W. Wuellner 118f. Ähnlich J. Beutler, Psalm 42/43, 84, der allerdings Vv.28–44 zusammennimmt. Vgl. auch J. Kremer, Lazarus 25: Abgrenzung der ersten Szene nach V.5 und lediglich eine Dreigliederung von Vv.17–44 (17–27; 28–37; 38–44; hinzu tritt der Abschluß V. 45f).

[52] S.M. Fischbach 239; ähnlich B. Byrne 29ff, der, abgesehen von der anders beurteilten Situationsangabe, Vv.33–44 zusammennimmt.

[53] Vgl. die Hinweise auf die wörtliche Rede bei J. Kremer, Lazarus 26f, und J. Painter, Messiah 368.

ruserzählung sei keine „story ... separable from the pregnant dialogues of Jesus with His disciples and with Martha" zu finden.[54] Insbesondere 11,20–27 hängt zwar thematisch am Auferstehungsthema, bringt aber die eigentliche Handlung nicht voran. Ähnliches gilt für den Einspruch der Jünger, der auf die Gefahr hinweist (11,7–10), wie die Erörterung des Schlaf-Todes-Zusammenhangs in 11,11–16. Diese Redepassagen bilden wesentliche Deutungssignale für den Lazaruskomplex, die sich allerdings nicht völlig spannungsfrei in die Erzählung einer wunderbaren Auferweckung einfügen.

Über diese Spannungen, die nicht allein formal, sondern auch thematisch qualifiziert sind, urteilt Stephanie M. Fischbach barsch: „Durch diese Ablenkungen und Abschweifungen wird das Erzählgerüst der eigentlichen Handlung regelrecht zerredet."[55] Formal ist dieses Urteil nicht abwegig; es sollte aber nicht übersehen werden, daß hier eine Hand ihr Verständnis einfügt, ohne das Wunder selbst zu eliminieren, und zwar so, daß durch die Einfügung der Redepassagen der Erzählung, wie verschiedentlich beobachtet wurde, ein dramatisches Gepräge gegeben wird.[56]

Spannungen belegen auch die *geographischen Hinweise*. Es wurde angenommen, daß diese Angaben eine glatte Annäherung Jesu hin zum Ort der Totenauferweckung belegen:[57] von dem nur implizit vorausgesetzten, aber seit 10,40 nie genannten Ort jenseits des Jordans (vgl. 1,28: Bethanien) hin zum Grab. Weiß die Lazarusperikope selbst nur von dem Ort der Krankheit des Lazarus, so setzt der Dialog Jesu mit den Jüngern 11,7–16 die durch 10,40–42 gewonnene geographische Situation voraus, indem sie aber auch die *Dramatik der Geographie* hervorhebt: Der Aufenthalt jenseits des Jordans war ein Rückzug vor den jüdischen Nachstellungen (V.8). Auch die Ankunft Jesu am Grab ist schwerlich eindeutig zu verifizieren. Welches Szenarium entwickelt der Erzähler, wenn er Jesus 11,17 offensichtlich bereits an das Grab treten läßt, er aber dann durch die Begegnungen mit Maria und Martha neue Bewegungen einführt, um schließlich mit V.17 konkurrierend das Kommen Jesu zum Grab in V.38 zu schildern; dies stellt eine zweite Ankunft am Grab dar. Es liegt also gerade keine spannungsfreie geographische Annäherung vor, sondern ab V.17 eine geographisch komplexe und nicht völlig durchsichtige Verzögerung. Der Weg hin zum Grab, 11,1–16, hingegen ist einsichtig und glatt, setzt aber die *dramatische Geographie* des vierten Evangeliums voraus. Ab 11,1 verrät die Geschichte selbst explizit keinen Aufenthaltsort Jesu, von dem her er nach Bethanien gelangen wird.

Entsprechend der geographischen Annäherung ist auch ein *zeitlicher Bogen* zu erwarten, der Jesus möglichst direkt auf die implizite Bitte der Schwestern

---

[54] C.H. Dodd, Interpretation 363; anders später ders., Tradition 232. Wichtig ist mir Dodds älteres Urteil deshalb, weil es das Gewicht des Redestoffs, wenn auch wohl zu exponiert, deutlich herausstellt.

[55] S.M. Fischbach 237.

[56] Vgl. J. Kremer, Lazarus 29; s.a. 32.

[57] M.W.G. Stibbe, Tomb 42f.

eingehen und den Kranken aufsuchen läßt. Der akuten Notlage steht zu Beginn der Erzählung ein Verzögerungsmotiv entgegen, das literarisch bereits auf der Erzählebene selbst als hart empfunden wird. So wird der Verzögerung angesichts der Notlage eine ausdrückliche Begründung beigegeben (V.4). Die doppelte Betonung der Liebesrelation zwischen Jesus und Lazarus (V.3) bzw. zwischen Jesus und den drei Geschwistern (V.5) versucht ebenfalls den möglichen Anstoß zu mildern. Auch nach dem Sterben des Lazarus stehen die Dialogpassagen in eigentümlicher Spannung zum Zweck des Kommens. Zielen Krankheit und Sterben, wie es schon in V.4 angedeutet ist und seit V.11 dem Leser recht deutlich vor Augen steht, auf die Wende des Geschicks des Verstorbenen, so wirken die Gespräche (bes. Vv.20–27) retardierend.

Die Erzählpassagen sind in unterschiedlichem Ausmaße gerafft gestaltet. Einzelheiten, wie die Benachrichtigung Jesu über den von ihm geliebten Kranken, werden nur kurz und indirekt berichtet. Insgesamt ist die Perspektive verkürzend; keinerlei Interesse liegt auf der Frage nach der Art der Krankheit oder dem Grund der Bekanntschaft zwischen Jesus und dem Kranken. Auch das weitere Schicksal des Lazarus (trotz 12,1.10f) ist außerhalb des Blickwinkels des Erzählers; noch nicht einmal die Durchführung des Befehls zum Ablegen der Binden oder eine Reaktion des Auferweckten interessiert den Autor.

Gegenüber solchem gerafften Stil haben die Dialogpassagen eher einen verweilenden Charakter. Hier wird erörtert und erklärt. Der Erzähler läßt sich Zeit für Frage und Antwort, so daß die Breite, mit denen diese Passagen angelegt sind, gegenüber den berichtenden Abschnitten auffällig ist.

Bei der Analyse der *handelnden Personen* fällt auf, daß an erster Stelle eine Person genannt ist, die noch gar nicht selbst handelt, *Lazarus*, der aus Bethanien stammt. Überhaupt ist die Einführung dieser Person kritisch. Er wird zunächst als eine namentlich ungenannte Person unbestimmt (τις) eingeführt und mit einem Partizip als krank bestimmt (in V.2 wiederholt!); diese Technik hat Analogien in anderen joh. Wundertexten: 4,46; 5,5. Doch bleiben dort die Protagonisten anonym.[58] Anders in 11,1; hier wird der Name, verbunden mit einer Herkunftsangabe, nachgeschickt: Λάζαρος ἀπὸ Βηθανίας.[59] Mit diesem Ortsnamen werden wiederum Maria und Martha verbunden, als deren Heimatdorf Bethanien vorgestellt wird (s.a. 1,44[60]); beide Frauen sind Schwestern (V.1), und – dies wird nachgetragen – auch die Schwestern dieses Lazarus (V.2). Auch ihre Nennung ist überraschend, da sie scheinbar eine bekannte Größe bilden, mit der das Dorf verbunden bzw. erklärt wird.

---

58 Vgl. z.B. J. Wagner 29.
59 Zu unterscheiden sind zwei Orte gleichen Namens, die beide im vierten Evangelium genannt werden: der Ort, aus dem Lazarus und seine Schwestern Maria und Martha stammen, 11,1.18; 12,1, und der Ort, an dem Johannes tauft, 1,28; zu Bethanien am Ölberg vgl. C. Colpe, Bethania.
60 S.a. D. Burkett 216.

Lazarus ist zunächst keine *persona dramatis*;[61] er handelt nicht, vielmehr berichten der Erzähler und die handelnden Personen über sein Schicksal. Ist Lazarus zu Beginn der Geschichte lediglich krank (V.1), so wird schnell deutlich, daß diese Krankheit tödlich verläuft (schon V.4 spielt auf das Thema Tod als Folge der Krankheit an; V.11.13.17). Worum es sich bei dieser Krankheit handelt, interessiert nicht. Schlußendlich wird sogar, wenngleich auch nur indirekt, berichtet, daß sich der Leib des Lazarus bereits im Zustand der Verwesung befindet (V.39). Erst nach diesem tragischen Tiefpunkt der Geschichte wird ein Handeln des Lazarus berichtet, das sich dem Befehl des Wundertäters verdankt: Nachdem dieser in das Grab hineinruft (V.43: Λάζαρε, δεῦρο ἔξω), tritt jener heraus (V.44: ἐξῆλθεν ὁ τεθνηκώς). Die allein marginale Aktivität des geheimen Helden, dessen Auferweckung das Ziel der Geschichte ist, erinnert an Fernheilungen, die endlich die Genesung des Geheilten summarisch erwähnen oder von einer demonstrativen Handlung des/der Geheilten berichten (z.B. Joh 4,51f). Tatsächlich treten in beiden Gattungen stellvertretend bittende Personen (in Joh 11 die Schwestern) auf; in der Totenerweckung aber kommt Jesus selbst zum Grab des Lazarus. Die Strukturanalogie zwischen Fernheilung und Totenerweckung liegt darin, daß weder der abwesende Kranke noch eine verstorbene Person vom Erzähler als Handlungsträger verwendet werden können.

Der Einführung des Lazarus folgt die indirekte Erwähnung der *Martha und Maria*;[62] beide charakterisieren Lazarus und seine Herkunft näher. Sie stammen aus seinem Ort, Bethanien (V.1). Dieser Ort wird durch die beiden Schwestern identifiziert,[63] die allerdings in V.1 noch nicht als Schwestern *des* Lazarus vorgestellt werden. Schließlich wird Lazarus auch durch seine Schwestern identifiziert (V.2), wobei diese zunächst lediglich mit dem Herkunftsort des Lazarus in Beziehung gesetzt werden und erst dann direkt mit Lazarus selbst.[64] Auf der synchronen Textebene wird vorausgesetzt, daß der Leser wenigstens die Maria kennt, da sie Jesus gesalbt habe (Imperfekt: 11,2). Doch diese Handlung wurde noch nicht im vierten Evangelium berichtet (erst 12,1ff). Daß dies auf ein wiederholtes Lesen des Evangeliums durch den Verfasser zielt,[65] ist eine Verlegenheitsauskunft, die sich dem literarischen Problem nicht wirklich stellt. Dies gilt auch dafür, daß beide Schwestern als

---

[61] Dies spielt aber nicht einer symbolischen oder repräsentierenden Deutung in die Hände, wie sie beispielsweise von T. Veerkamp 27 u.ö. vorgelegt wird, der Lazarus als Repräsentanten für Israel deutet. Auch C.R. Koester, Symbolism 66, wertet Lazarus als „representative character". Gegen eine symbolische Deutung des Namens z.B. F.J. Moloney, JE II, 156 Anm. 4.

[62] Zur Charakterisierung der beiden Schwestern s.a. F.J. Moloney, Faith *passim*; seine Differenzierung in eine nicht im joh. Sinne glaubende (Martha) und eine sich dem joh. Glauben zuwendende Schwester (Maria) wird in der folgenden Analyse allerdings nicht geteilt.

[63] So richtig J. Wagner 29.

[64] S.a. J. Wagner 30.

[65] M.W.G. Stibbe, Tomb 52, interpretiert diese enigmatische Bemerkung als Hinweis darauf, daß das Evangelium auf wiederholtes Lesen hin angefertigt wurde. Für den, der die Salbungsgeschichte, 12,1–8, schon einmal gelesen hat, ist diese Auskunft eine Analepse. Aber dennoch bestehen gegenüber diesem Vorschlag berechtigte Zweifel. Der Aporie zu entgehen sucht H. Thyen, Erzählung 2035, indem er den Verweis nicht auf die folgende joh. Salbung, sondern auf den lk Bericht (Lk 7,36–50) bezieht.

scheinbar bekannte Größe[66] den Ort identifizieren, obgleich sie zuvor im Evangelium noch nicht erwähnt worden sind.

In V.5 wechselt die Reihenfolge: Hier wird Martha vorangestellt und Maria nicht mehr namentlich erwähnt;[67] dies kann als Vorbereitung des Dialogs mit den Schwestern gewertet werden, in dem zunächst Martha Jesus begegnet, die sodann ihre Schwester Maria herbeiruft (V.19 [die gleiche Reihenfolge].20f.28). Eine besondere Vorrangstellung der Maria läßt sich durch ihre Rolle bei der Salbung auf der Ebene des Evangeliums erklären.[68]

Martha und Maria nehmen in der Auferweckungsgeschichte des Lazarus neben Jesus den erzählerisch breitesten Raum ein. Das hat dazu geführt, sie als die eigentlichen Hauptfiguren der joh. Geschichte zu begreifen.[69] Vv.25–27 zeigen jedoch, daß als Zielpunkt weniger der Glaube der angesprochenen Martha als der Inhalt von Jesu Selbstoffenbarung und das Bekenntnis der Frau dem Erzähler von entscheidender Bedeutung sind. Solches Glaubensbekenntnis ist durch die Unterstreichung des Glaubensthemas in 11,40 im Kontext des Wunders das *textpragmatische Ziel* der Erzählung. Dabei ist eine gewisse Konkurrenz zwischen Dialog und Erzählung nicht zu verkennen, da das Bekenntnis wie ein Höhe- oder sogar wie ein Schlußpunkt der Erzählung wirkt. Die textinternen Signale deuten allerdings über dieses Bekenntnis auf die Erzählung der Auferweckung und nötigen so zu einer differenzierten Verhältnisbestimmung zwischen der Dialogpassage Vv.25–27 und der Erzählpassage Vv.39–44.

Das Ausmaß der Integration der Geschichte in den narrativen Kontext zeigt sich auch daran, daß der Name der Hauptperson, *des Wundertäters Jesu*, in 10,34 zuletzt genannt wurde. Der Name wird weder im Rückzug jenseits des Jordans noch in der Lazaruserzählung vor 11,4 erwähnt. Diese späte explizite Nennung des Namens ist problematisch, da 11,3 allein mit Hilfe des Personalpronomens auf Jesus verweist.[70] Das letztgenannte Subjekt ist aber der kranke Lazarus. Erst durch die Antwort in V.4 wird der Angeredete als Jesus identifiziert. Überraschend an der Darstellung Jesu ist die Schilderung seiner Emotionen: V.3.5.33.35.38.[71] Hinweise auf menschliche Regungen Jesu sind im Evangelium nicht singulär (vgl. die Müdigkeit Jesu in 4,6), aber finden sich in 11,1–44 in gesteigerter Häufigkeit. Anders jedoch, als es diesen menschlichen Regungen entspräche, eilt der joh. Jesus nicht zu dem (sterbens-)kranken

---

[66] H. Thyen, Erzählung 2035, setzt die Bekanntschaft mit Lk 10,38–42 voraus und spricht daher von „unübersehbare(n) Intertextualitäts-Indizien".

[67] Zu diesem Wechsel z.B. W. Stenger, Auferweckung 186.

[68] Anders D. Burkett 215, der die Umstellung als literarkritisches Kriterium benutzt; s.a. J. Wagner 30f, der weiterhin auf 11,45 hinweist; in diesem Vers wird das Kommen ‚der Juden' allein zu Maria erwähnt. Zur unterschiedlichen Anordnung und Konstellation der Schwestern vgl. J. Kremer, Lazarus 83f.

[69] Z.B. B. Witherington, III, JE 201.

[70] Diesen Zusammenhang unterstreicht D. Burkett 216.

[71] S.a. M.W.G. Stibbe, Tomb 44f.

Freund, sondern wartet – wenngleich um höherer Ziele willen (V.4) – dessen Tod ab.[72]

In den Gesprächen ist Jesus der beherrschende Dialogteilnehmer; er gibt das Handeln vor (V.7.11.23), er fragt (V.26.34), er bedrängt (V.15) und er stellt sich in letztgültiger Weise selbst vor (V.25f). Im Erzähl- wie im Dialogstoff ist Jesus der Souverän, der das Geschehen vorantreibt.

Lediglich eine Statistenrolle spielen die *Jünger* nicht allein deshalb, weil sie ausschließlich in der ersten großen Dialogkomposition 11,7–16 begegnen. Vielmehr fungieren sie gleichermaßen als die *Antagonisten* des Wundertäters. Sie suchen das Wunder durch den Hinweis auf die drohende Gefahr zu verhindern (11,8) und sind zugleich Subjekte des Unverständnisses (11,12; s.a. 6,5ff). Gegen dieses Unverständnis und den Widerstand wird das Wunder um ihres Glaubens willen in Aussicht gestellt (11,15: καὶ χαίρω δι᾿ ὑμᾶς ἵνα πιστεύσητε, ὅτι οὐκ ἤμην ἐκεῖ). Dennoch werden sie trotz dieser Zielsetzung in den Erzählpassagen, die das Wunder schildern, nicht mehr erwähnt (ab V.17; hier wird lediglich Jesu Kommen allein konstatiert).[73] Diese fehlende Referenz ist um so auffälliger, als die Jünger inhaltlich die Konfliktgeographie des Evangelisten referieren und so den dramatischen Kontext vergegenwärtigen; allerdings wird dieser Konflikt im folgenden lediglich in 11,36f gespiegelt und erst durch Vv.45–54 wieder aufgenommen und zu einem zweiten Höhepunkt nach 5,16.18 gebracht.

Im Kontext des Jüngerunverständnisses (11,11ff) wird erstmalig der Tod als Ergebnis der Krankheit des Lazarus genannt (11,11.13), dies konkurriert zwar etwas mit der Feststellung des viertägigen Grabaufenthalts in V.17, paßt vor allem aber in das Jüngerbild des Evangeliums, das sich der Jünger immer wieder als Stichwortgeber und auch ihres Unverständnisses bedient (vgl. neben 6,5ff auch 9,2–5).

Aus dem Jüngerkreis wird *Thomas* namentlich herausgehoben, der im vierten Evangelium auch an anderen Stellen eine Funktion wahrnimmt: 14,5; 20,24–29; s.a. 21,2. Die Erwähnung des Thomas, besonders in Kap. 11 und 20, wo es jeweils um das Überwinden des physischen Todesgeschicks geht, kann kaum als ein Zufall gewertet werden. Mit der Erwähnung des Thomas ist eine Spannungslinie begonnen, die erst in 20,24ff aufgelöst wird.[74] Weitere Indizien, daß der Verfasser des vierten Evangeliums eine solche Spannungslinie intendiert, bietet die Schilderung des leeren Grabes, Joh 20,5–7 (die Binden und vor allem das Schweißtuch[75] [τὸ σουδάριον; ein lateinisches Lehnwort, das außer in Joh 11,44; 20,7 im NT nur noch im lk. Doppelwerk begeg-

---

[72] Auf diese Spannung weist z.B. J. Kremer, Lazarus 33.

[73] S.a. S.M. Fischbach 252.

[74] Anders findet R.F. Collins, Figures 37, durch V.16 die Auferweckung des Lazarus und den Tod Jesu dramatisch zusammengenommen.

[75] Anders G. Hartmann 219 Anm. 54, der jegliche Verbindung der beiden Erwähnungen der Schweißtücher bestreitet.

net: Lk 19,20; Apg 19,12]). Mit Hilfe der Einfügung des Namens erzeugt der Erzähler des Evangeliums wie zuvor in Kap. 2–4 durch die Wundererzählung einen Spannungsbogen, um so Abschnitte in seiner Schrift anzuzeigen, die einen Interpretationszusammenhang bilden.[76] Eine weitere Gruppe, die in der Lazaruserzählung auftritt, sind *‚die Juden'*. Ihre Rolle ist gemessen an dem bisherigen Erzählgang eher überraschend. Sie bilden die Trauergesellschaft, die sich nach V.33 als *mit*-trauernd zu erkennen gibt.[77] Doch spielt diese Gruppe im vorliegenden Kontext auch keine ungeteilt positive Rolle.[78] Zuerst in 11,8 indirekt eingeführt, werden sie dort durch ihre Steinigungsabsicht gekennzeichnet und vorgestellt.

Versuche, terminologisch zwischen *‚Judäern'*, *‚Juden'* im religiös-nationalen Sinne und *‚Juden'* im feindlichen Sinne als die führenden Repräsentanten des jüdischen Volkes zu trennen,[79] lösen zwar die Spannung im Evangelium auf, werden aber dem komplexen Sachverhalt im gesamten Text des JE nicht hinreichend gerecht. Zudem wird die Gruppe der Juden auch in der Lazaruserzählung nicht als eine einheitlich bleibende Partei vorgestellt; die Gruppe ‚der Juden' zerfällt in 11,37 in eine herausgestellte Aktionsgruppe (τινὲς δὲ ἐξ αὐτῶν): Sie erinnern an die Blindenheilung Kap. 9. Auch in der folgenden Übergangspassage 11,45f, die den Glauben von vielen der jüdischen Zeugen feststellt (s.a. 10,42), ist eine Differenzierung vorgenommen, der eine weitere Untergliederung folgt: Es sind wiederum einige aus dieser Gruppe, die sich an die Pharisäer wenden, das Wunder berichten und so dem Todesbeschluß 11,47ff Vorschub leisten.

Allein die positiv-neutrale Verwendung des Begriffes in V.19.31.33 bleibt auffällig, ist aber terminologisch (V.19: πολλοὶ δὲ ἐκ τῶν Ἰουδαίων ≈ V.45[80]) und durch das Verborgenheitsmotiv (V.28;[81] vgl. 7,10) joh. gefärbt.

Fassen wir die bisherigen Überlegungen zusammen, so zeigt die Auferweckung des Lazarus wie die bisher analysierten Wundergeschichten eine Anzahl von Wachstumsindizien, die bei der synchronen Betrachtung hervortreten. Besonders die Eingangspassage erwies sich als äußerst kritisch (bes. die komplexe und uneinheitliche Vorstellung des Lazarus und seiner Schwestern). Aber auch die Gesprächsszenen stehen in einem nicht spannungsfreien Verhältnis zu der erzählten Auferweckung; sie verleihen der Erzählung im vorliegenden Text eindeutig ihren Charakter. Da die Dialoge ohne den rahmenden

---

[76] Vgl. J. Wagner 412, der diese Spannungslinie auf die von ihm postulierte Grundschrift zurückführt; s.a. D.A. Lee 214f, die weitere Parallelen unterschiedlicher Signifikanz benennt; B. Byrne 65; F.J. Moloney, JE II, 172; O. Schwankl 236; M. Lang 233.

[77] S.a. M.W.G. Stibbe, Tomb 48.

[78] Dies stellt F.J. Moloney, Faith 473 Anm. 7, zu Recht heraus.

[79] Z.B. U.C. von Wahlde, Version 32 mit Anm. 14–17 (vgl. die Begründung durch dens., Jews 232ff. 238ff). Die positive Schilderung in 11,1–44 außer in 11,8 lege die Deutung ‚Judäer' nahe.

[80] In 11,45 steht lediglich die Partikel οὖν statt δέ.

[81] Jesus spricht gegenüber der Trauergesellschaft, die aus ‚den Juden' besteht, im Verborgenen mit Maria; dies erinnert nicht nur an 7,10, sondern setzt das Konfliktszenarium des vierten Evangeliums voraus, das durch das Verhalten ‚der Juden' allein in der Lazarusepisode nicht motiviert ist.

Erzähltext nicht überlieferungsfähig sind, eine mögliche Ausnahme bietet 11,25–27, beansprucht der Erzählstoff gegenüber dem Redestoff formgeschichtliche Priorität.[82] Tatsächlich möchte ich die Dialogpassagen als ein besonders signifikantes Wachstumsmoment betrachten, mit dem die Geschichte neu und nun im Sinne des diese aufnehmenden Erzählers berichtet werden konnte. Besonders auffälliges Beispiel ist die Selbstoffenbarung in 11,25f, die durch das Bekenntnis in 11,27 beantwortet wird und damit der Auferweckung selbst, 11,38–44, nicht völlig bruchlos gegenübersteht. Auch das Verzögerungsmotiv, an das die Jüngerdialoge angeknüpft sind, unterbricht das Handlungsgefälle signifikant.

Die Bewegung Jesu zum Ort der Auferweckung erscheint durchsichtig; bei näherer Betrachtung zeigt sich allerdings eine enge Kontextaffinität dort, wo die Geographie mit dem Konflikt mit ‚den Juden‘ verbunden wird und 10,40 zum Ausgangspunkt der Reise nach Bethanien wird. Geographische Spannungen liegen aber besonders in der doppelten Ankunft Jesu am Grab vor. Hinsichtlich der handelnden Personen fiel weiterhin die auffällig positive Zeichnung ‚der Juden‘ auf. Im vorliegenden Text ist diese Zeichnung aber nicht durchgehalten; die Geschichte ist dem joh. Konfliktschema zugeordnet, und so ist auch die Schilderung ‚der Juden‘ durch den Kontext bestenfalls als schillernd zu bewerten; es ist kaum zu verkennen, daß hier ältere Motive durch den Erzählkontext überlagert werden.

Ohne alle Momente zu wiederholen, die als Spannungen oder Brüche gewertet werden können, hat die vorhergehende Analyse gezeigt, daß hinter der Auferweckung des Lazarus eine ältere Überlieferung steht, die der Evangelist zwar mit einer Scharnierfunktion geradezu als Zentral- und Klammerstück seines Evangeliums erzählt und umformt. Doch sind dabei nicht alle Spuren der Traditionsbenutzung abgeschliffen worden, so daß die historische Rückfrage berechtigt ist.

7.3 Die traditionelle Auferweckung

7.3.1 Der johanneische Charakter des Abschnitts als Problemanzeige

Zunächst fallen Themen und Begriffe auf, die die Geschichte mit dem übrigen Evangelium teilt.[83] Einige Beispiele, die in der folgenden Analyse und Diskussion noch ergänzt werden, seien zur Illustrierung vorab genannt:

---

[82] S.a. C.H. Dodd, Interpretation 363.

[83] Die Auflistung, die M.W.G. Stibbe, Tomb 49, präsentiert, fragt bei den einzelnen Motiven und Begriffen nicht wirklich, ob hier ein typischer joh. Gebrauch vorliegt. Nicht jedes ‚Sehen‘ beispielsweise hat eine Signalwirkung für den Leser (vgl. V.9.31.33f.; anders womöglich V.40); dies gilt auch dann, wenn der Leser/die Leserin von Joh 9 her

Es handelt sich um die pauschale Gruppenbezeichnung οἱ Ἰουδαῖοι (11,8.19.31.33.36; vgl. 1,19; 2,6.13 u.ö.) mit Differenzierungen (,viele der Juden' [11,19; vgl. 11,45; s.a. 2,23; 10,20; 12,9.11; 19,20[84]] und ,einige der Juden' [11,37; vgl. 11,46[85]]), das Motiv von der Sendung Jesu durch den Vater (11,42; vgl. 3,17; 5,36 u.ö.), das Wort vom Licht (Verwendet wird ein profanes Sprichwort in V.9f, dessen christologische Bedeutung aber nicht abzusichern ist; Jesus als φῶς: 1,4f.7–9; 3,19–21 u.ö.); das Gekommen-Sein des Offenbarers in die Welt (11,27; vgl. 1,9; 6,14; 12,46; 18,37; s.a. 16,28), das Thema der Doxa des Sohnes und des Vaters im Kontext einer Wundergeschichte (11,4.40; vgl. 2,11; die Sichtbarkeit der Doxa im inkarnierten Logos akklamiert 1,14), die Deutung des Handelns des Offenbarers als soteriologisches Handeln durch das Verb σώζω (11,12; vgl. 3,17; 5,34; 10,39; 12,47), der Glaube als Glaube an den Offenbarer (11,25.26; s.a. 42; vgl. 3,15f mit der Lebenszusage; 3,18 u.ö.), wobei das Wunder eine qualifizierte Aufgabe erfüllt (11,15.40; vgl. 2,11; 4,53], das Thema der eschatologischen Lebensvermittlung an den Glaubenden *hic et nunc* (11,25.26; vgl. 3,15f u.ö.) u.a.m.

Daneben ist auf literarische Eigenheiten des vierten Evangelisten hinzuweisen: so das joh. Mißverständnis in 11,11–14.[86] Auch die Verweigerung des unmittelbaren Zu-Hilfe-Kommens Jesu reiht sich in das literarische Schaffen des Evangelisten ein; dies entspricht dem Schema ,Bitte – Zurückweisung – (Fortdauer des Vertrauens –) Erfüllung der Bitte', das ebenfalls in 2,3b–8 und in 4,47–50 begegnet (s.a. 7,2–14).[87] Dieses literarische Schema folgt der theologischen Intention des Evangelisten, Jesus in seiner Darstellung von irdischen Wünschen und Zwängen freizuhalten.

Solche pauschale Auflistung kann allerdings nicht die konkrete Einzelanalyse ersetzen. Erst wenn die beobachteten Spannungen und Brüche nicht mit dem sprachlichen Befund zur Deckung zu bringen sind, hat die Differenzierung als gescheitert zu gelten. Der Einzelbefund lehrt jedoch, daß sich die sprachlichen und formalen Affinitäten mit dem Evangelium und die narrativen Brüche zu einem Gesamtbild ergänzen; die Unterbreitung eines Rekonstruktionsvorschlags, der in der Diskussion mit anderen Entwürfen verantwortet wird, ist daher möglich.

7.3.2 Lösungsvorschläge für die Vorgeschichte der Auferweckungserzählung

Mit dem Hinweis auf die joh. Begriffe und den literarischen Techniken des vierten Evangelisten verzichten einige Exegeten auf die Rekonstruktion der

---

kommt. Zudem wird das Problem von 11,9f (dazu s.u.) völlig ignoriert; s.a. die Auflistung C.H. Dodd, Tradition 228f Anm. 2.

[84]   Analog 6,60.66 von den Jüngern, die die Gefolgschaft aufkündigen, und dem Volk 7,31.

[85]   Analog wiederum 6,64 von den schismatischen Jüngern, die damit zusammen mit den vorgenannten Stellen in auffälliger Parallele zu den Jüngern gestellt werden. 7,25 von den Einwohner Jerusalems, 7,44 vom Volk, 9,16 von den Pharisäern, 12,20 von den Griechen, 13,29 von unverständigen Jüngern.

[86]   Ob sich in diesen Versen die Form des joh. Mißverständnisses wirklich findet, ist nach wie vor ein Gegenstand kontroverser Diskussion; zum Stand der Diskussion und zur vorliegenden Entscheidung wird unten noch weiteres ausgeführt: S. 409ff.

[87]   Vgl. z.B. B. Byrne 36. Zum Schema S.o. S. 138.

dieser Wundergeschichte zugrundeliegenden Tradition.[88] Da sich aber zugleich eine Reihe von Spannungen und Brüchen im Text von Joh 11 zeigen,[89] wird von anderen der Versuch unternommen, diesen Stoff herauszufiltern und seine Vorgeschichte nachzuzeichnen. Allerdings ist umstritten, welches literarkritische Modell diesem komplexen Sachverhalt gerecht werden kann.[90]

Ein häufig angebotenes Lösungsmodell rechnet mit der Gestaltung der Lazaruserzählung durch den Verfasser des vierten Evangeliums unter *Benutzung einer einfachen Wundergeschichte,* deren Inhalt eine Auferweckung durch Jesus bildet.[91] Andere folgen dem Vorschlag von Rudolf Bultmann, der in der verwendeten Tradition hinter Joh 11,1–44 eine *Wundergeschichte* sieht, *die aus der Semeia-Quelle* (→ B. 3.2.3) *stamme.*[92] Gelegentlich wird auch eine weitergehende *formgeschichtliche* Rückfrage nach der Geschichte und Entstehung dieser Wundergeschichte über die literarkritische Antwort hinaus versucht. Ein Beispiel hierfür bietet Jürgen Becker, der die literarkritische Theorie weiter differenziert, insofern er bereits mit der Einfügung von Redestoff in die ältere Wundertradition rechnet; Becker unterscheidet zwischen „der Vorlage für die SQ aus der mündlichen Tradition, der Stufe der SQ und der Ebene von E"[93]; die älteste Stufe wäre ein reiner Erzähltext, lediglich zweimal durch eine kurze wörtliche Rede unterbrochen. Diesen Erzähltext gestaltet die SQ nach Becker redaktionell um, indem sie vor und nach 11,17 „gestaffelte Gesprächsblöcke"

---

[88]   C.H. Dodd, Tradition 232: „There is good reason to believe that … it has behind it a traditional narrative shaped in the course of Christian teaching and preaching, and then remoulded by our evangelist to convey his own special message. To attempt to reconstruct the story as it may have been handed down in pre-canonical tradition would be idle." S.a. B. Byrne 73.

[89]   Neben dem Rückverweis auf die genannten literarischen Probleme ist auf die Auflistung von J. Wagner 29–42 hinzuweisen; hier werden 33, allerdings unterschiedlich gewichtige Aporien und Spannungen im Text von Joh 11,1ff genannt.
       Einen pointierten Widerspruch bildet vor allem der Beitrag zu Joh 11,1–12,19 von Hartwig Thyen. Dieser meint, die joh. Färbung des Abschnitts begründe hinreichend die Annahme, daß der Evangelist die Lazaruserzählung „von ihrem Anfang bis zu ihrem Ende selbst geschaffen hat", und zwar unter Anleihen beim dritten Evangelisten (Thyen, Erzählung 2034).

[90]   Eine gute Übersicht über die verschiedenen Lösungsvorschläge bietet J. Wagner 43–87 (s.a. Übersicht bei A. Marchadour 37–54); daher genügen im folgenden summarische Hinweise. Die Kritik der Lösungsvorschläge bei Wagner geschieht jeweils stark auf der Grundlage des von ihm selbst favorisierten Mehrschichten-Modells von Georg Richter. Daher kann ich mich diesen Ausführungen nicht immer anschließen und meine, daß bei Wagner bisweilen Alternativvorschläge nicht hinreichend gewürdigt werden.

[91]   Eine einfache Wundergeschichte als Quelle für die Gestaltung von Joh 11,1ff nehmen an: z.B. R.E. Brown, JE I, 430; B. Kollmann, Jesus 268f (11,1.3.17.38.39.41.43.44); U. Schnelle, Christologie 141–150.

[92]   R. Bultmann, JE 301 mit Anm. 2 (stilistische Begründung; zum Umfang der Erzählung in der Quelle aaO. Anm. 4); s.a. S.M. Fischbach 265ff; W. Nicol 37ff G. Rochais 123; G. Saß 28ff zusammen mit 21; S. Schulz, JE 155; W. Stenger 183; N. Zwergel 104 (schriftliche Quelle; Umfang: 105f, s.a. 51); R.T. Fortna, Gospel 74ff: Teil des Zeichenevangeliums.

[93]   J. Becker, JE II, [1]344. [3]404; s.a. S.M. Fischbach 262f; J. Gnilka, JE 87; G. Rochais 124–129; O. Schwankl 236; R. Bultmann, JE 301f Anm. 4, erwägt ein früheres Stadium der Wundergeschichte, in dem die Schwestern fehlten oder wenigstens anonym waren, allerdings verzichtet er auf eine Rekonstruktion.

einfügt.[94] Dieser Vorschlag erkennt durchaus richtig, daß auch die joh. Wunderberichte hinsichtlich ihrer Vorgeschichte befragt werden müssen[95] und daß diese Frage nicht allein mit dem Hinweis auf eine umfassende Wunderquelle beantwortet werden kann. Eine Wundergeschichte als Basis der Auferweckungserzählung nimmt auch Barnabas Lindars an; allerdings verändert er die klassische Überlegung entscheidend. Aufgrund der Formulierung ἐνεβριμήσατο τῷ πνεύματι und des Wiederbelebungsmotivs rekonstruiert er als wesentliche Grundlage für die Auferweckung des Lazarus eine *Dämonenaustreibung*, deren Vorbild er in Mk 9,14–29 findet.[96] Diese Überlegung bleibt spekulativ; das Grabmotiv gehört zur ältesten faßbaren Stufe und weist hier, anders als Mk 5,2 u.ö., motivlich auf ein Auferweckungswunder.

Gelegentlich wird ein Mehrschichtenmodell zur Lösung der unterschiedlichen Reibungsflächen herangezogen. Neben dem relativ einfachen Modell einer joh. *Grundschrift*, die auf eine ältere Tradition rekurriert haben kann,[97] ist die Vorstellung zu beachten, die eine ältere Grundgeschichte, im wesentlichen ein traditionelles Auferweckungswunder, durch mehrfache Überarbeitungen verändert findet.[98] Alternativ urteilt wiederum Hans Hinrich Wendt, der die hypothetische Grundschrift, eine Redequelle, durch traditionellen Erzählstoff der joh. Gemeinde ergänzt vorstellt. Damit ist das anstößige Wunder gegenüber dem historisch wertvolleren Redestoff als sekundär und als Mißverständnis ausgemacht.[99]

Als Modell auch für andere joh. Erzählpassagen[100] unterbreitet Delbert Burkett den Vorschlag, daß *zwei unterschiedliche Auferweckungen des Lazarus in Joh 11* kombiniert seien, wobei einander überschneidende Erzählzüge weitgehend getilgt worden seien.[101] Die eine Erzählung bildete einen Teil einer Zeichenquelle und die andere stellt unabhängiges

---

[94] J. Becker, JE II, ¹349. ³410 mit Rekonstruktion des Quellentextes in deutscher Übersetzung: aaO. ¹348f. ³409f.

[95] Dies auch zur Kritik an Becker u.a. durch U. Schnelle, Christologie 149 Anm. 324. Es ist zwar richtig, daß die Rückfrage hinter eine aufgenommene Tradition in weitere Unsicherheiten für die Rekonstruktion führt und der Exeget mit Recht im Urteil zurückhaltend wird; diese Unsicherheiten sind ein Problem historischer Rückfragen hinter die Textebene, aber kein ausreichendes Argument gegen solche Vorschläge. Allerdings wird der im folgenden vorgelegte Lösungsvorschlag der sekundären Identifikation der ursprünglich anonymen Geschwister auch keine weiteren Differenzierungen eines Traditionswachstums aufzeigen können.

[96] B. Lindars, Spirit a 191ff, bes. 193f; kürzer ders., Spirit b 545f.

[97] Besonders W. Wilkens, Erweckung *passim*; Entstehungsgeschichte 55ff. S.a. E. Haenchen, JE 419, der bei der Auslegung von Joh 11 von der Benutzung eines Wunderevangeliums als Grundschrift ausgeht, das der Evangelist nur wenig überarbeitet habe (aaO. 397); E. Schwartz, Aporien III, 166–171. Schwartz entfaltet seine Beobachtungen hinsichtlich der Überarbeitung einer GS, stellt aber nicht die Frage nach der in der GS verwendeten Wundergeschichte (s.a. J. Wellhausen, JE 50–53: GS – Erweiterung – sekundäre Glosse). Dieser Sichtweise steht W. Schmithals, Johannesevangelium 378f, nahe; allerdings nimmt er lediglich eine Unterscheidung in zwei Schichten vor (s.a. F. Spitta 230ff; das Ergebnis: 252f: die Gestaltung des Evangelisten könnte durch eine „legendarische Weiterbildung der Lazarus-Geschichte" beeinflußt sein.). E. Hirsch, Studien 87ff, unterscheidet zwischen Tradition, dem Evangelisten und der bearbeitenden Redaktion.

[98] Z.B. M.-É. Boismard/A. Lamouille, JE 287f. Die Auferweckung wird bereits in der ältesten Schicht, Doc. C. (eine deutsche Übersetzung ihrer Rekonstruktion bietet J. Kremer, Lazarus 89f), berichtet; jede der folgenden Bearbeitungen, ergänzt und verändert damit diese Wundergeschichte.

[99] H.H. Wendt, Schichten 48f. 61f. (unter Aufnahme einer älteren Erzählung).

[100] D. Burkett 231.

[101] D. Burkett *passim*, bes. 210. 226f sowie die Rekonstruktion 211–214.

Erzählgut dar.[102] Dieser interessante Versuch hat insbesondere dort seine Stärken, wo er die tatsächlichen Doppelungen in der Geschichte zu erklären sucht (z.B. zweimaliges Hören Jesu von der Krankheit des Lazarus). Dennoch bleiben Fragen offen, da das Verhältnis der Überlieferung zum übrigen Evangelium nicht reflektiert wird. Auch deshalb kann die Rekonstruktion nicht überzeugen. Einiges Material, das Burkett der unabhängigen Version A zurechnet, weist starke Affinitäten zum Erzählstil des Evangelisten und zu seinem geographischen Erzählgerüst auf: z.B. das Mißverständnis der Jünger (11,11b–15); die Entfernung zwischen Bethanien und Jerusalem (11,18). Ob mit der Existenz zweier derartig parallel aufgebauter Erzählungen nebeneinander wirklich gerechnet werden kann, ist eine kaum zu klärende Frage; die Wahrscheinlichkeit aber spricht m.E. nicht für diese Option.[103]

7.3.3 Analyse

Der von Hermann Strathmann treffend als „merkwürdig ungelenk" kennzeichnete Einleitungsteil[104] gibt dem Exegeten kaum lösbare Problemstellungen auf.[105] Jeder literarkritische Versuch, selbst die Umstellungshypothesen, können hier Indizien für ihre jeweilige Sichtweise finden.[106] Nicht nur der enigmatische Rückverweis (Imperfekt) auf eine noch zu berichtende Salbung in V.2 ist von größter Schwierigkeit. Auch die überladen wirkende Vorstellung des Lazarus mit ihrem komplexen Informationsgeflecht bereitet Probleme. In diesem Abschnitt ist jedoch der Beginn der älteren Wundertradition zu vermuten. Allerdings ist mit Überarbeitungen zu rechnen. Abzuheben ist vor allem V.2, dessen Information sich gegen den Kontext sperrt.

Verschiedene integrative Deutungsversuche stützen sich vor allem auf den Anschluß von V.3 an V.2 (einfaches und bei der Ausscheidung von V.2 unvorbereitetes αἱ ἀδελφαί in V.3).[107] Dennoch spricht das Imperfekt ἦν als Hinweis auf eine vergangene Handlung für einen Hinweis *jenseits* der Textwelt des vierten Evangeliums und nicht für einen textinternen Vorverweis,[108] der das Wissen der Lesergemeinde auf das folgende hin aktualisiert.

---

[102] D. Burkett 228.
[103] D. Burkett 229f erklärt das Phänomen mit Hilfe der joh. Gemeinde und ihrer Entwicklung. Dieser Hinweis bleibt allerdings ohne die nähere Verifikation durch Burkett denkbar vage. Wie es von einer postulierten Urerzählung ausgehend zu der Existenz dieser beiden Geschichten gekommen sein soll, ist eine für die Wahrscheinlichkeit der Gesamthypothese nicht zu unterschätzende Frage.
[104] H. Strathmann, JE 174.
[105] Vgl. schon die Beurteilung durch E. Schwartz, Aporien III, 166.
[106] Überraschend ist es, daß D. Burkett 211, der zwei Lazaruserzählungen in Joh 11 kombiniert findet, die Eingangspassage gerade nicht literarkritisch auswertet; dies vergrößert nicht die Überzeugungskraft seines Vorschlags.
[107] Vgl. z.B. U. Schnelle, Christologie 142; s.a. N. Zwergel 67–80; F.J. Moloney, Faith 489. 493, der diesen Hinweis in seiner Interpretation von 11,17–40 als ein Signal deutet, daß Maria nicht auf die Seite der Welt gehört, sondern zum joh. Glauben durchdringt.
[108] Anders D.A. Lee 193: „proleptic reference to the anointing which is an important indication that the narrative extends beyond John 11"; s.a. F.J. Moloney, JE II, 156; nach L. Schenke, JE 220, kommentiert der Evangelist in V.2 „seine eigene Schrift". Im Verweis auf die Salbung Jesu findet B. Byrne 38 ein Signal, daß in Tod und Auferstehung des Lazarus auf Tod und Auferstehung Jesu hingewiesen wird. Eine Kenntnis jenseits des

Auffällig ist in V.2 das Interesse allein an Maria, als *deren* Bruder Lazarus vorgestellt wird; dem widerspricht die Erzählung der Lazaruserweckung (Maria und Martha sind nach V.1 Schwestern, nach V.3 die Schwestern des Lazarus). Zudem steht der Hinweis auf die Salbung im Kontext isoliert, so daß dieser Vers als eine sekundäre schriftgelehrte *Glosse* zu verstehen ist.[109] Sie will gerade gegen den unmittelbaren Kontext die auf der Erzählebene noch unbekannte Maria als diejenige vorstellen, die Jesus gesalbt hat. Zudem unterstützt die Verwendung von ὁ κύριος, der sonst als Hoheitstitel im vierten Evangelium für den irdischen Jesus[110] ungebräuchlich ist,[111] diese Annahme. V.2c lenkt zurück zum Text, indem das Verb ἠσθένει das Partizip ἀσθενῶν aus V.1 aufnimmt. Diese Technik könnte vom Evangelisten stammen (vgl. etwa 2,3b; 4,49), führt aber angesichts von V.3, der erneut Lazarus als Kranken vorstellt (ἴδε ὃν φιλεῖς ἀσθενεῖ), mit der dreifachen Krankheitsangabe zu einer Härte im Textaufbau. Immerhin macht auch V.2c den Einfügungscharakter von V.2a–b deutlich.

In V.1 ist zunächst überraschend, daß die unbestimmte Einführung eines Kranken (ἦν δέ τις ἀσθενῶν) sofort verbunden wird mit einer bestimmten Person, Lazarus. Dies signalisiert ein sekundäres Wachstum, auch wenn nicht zu bestreiten ist, daß die Einleitungen zu Wundergeschichten, insbesondere Totenerweckungen, durchaus komplexe Informationen über den Kranken bzw. Toten mit Namen und Herkunft sowie Angaben über seine Verwandtschaft, aus denen die stellvertretenden Bittsteller des Wundertäters erwachsen,

---

Textes reklamiert L. Morris, JE 478: die Salbung war „well known in the church, and ... his readers would be familiar with it"; s.a. K. Berger, Anfang 74.

[109] Vgl. z.B. J. Wellhausen, JE 52; J.H. Bernard, JE II, 372f; J. Becker, JE II, ¹345. ³405f; R.E. Brown, JE I, 423; R. Bultmann, JE 302 Anm. 1 (KR); S.M. Fischbach 253f (nachjoh. Redaktor); B. Lindars, JE 386f; G.H.C. MacGregor, JE 245; R. Schnackenburg, JE II, 403; S. Schulz, JE 156; U.C. von Wahlde, Version 119; W. Wilkens, Entstehungsgeschichte 55 mit Anm. 206; Erweckung 23 mit Anm. 8; H. Wöllner 66f. Davon ist die Überlegung zu unterscheiden, 11,2 der abschließenden Redaktion des Evangeliums zuzuschreiben: F. Spitta, Johannesevangelium 231f; H.M. Teeple, Origin 208; J. Wagner 96ff.
    Anders die oben in Anm. 107 und 108 genannten Autoren. Dabei ist zwischen einer Ableitung aus der Tradition (R.T. Fortna, Gospel 77 [Teil des Zeichenevangeliums]; U. Schnelle, Christologie 142; s.a. E. Haenchen, JE 398: „der Erzähler", der nicht mit dem Evangelisten identisch ist: aaO. 397) und der Erklärung als Werk des Evangelisten (z.B. C.K. Barrett, JE 388; J. Kremer, Lazarus 83: Verdeutlichung vorgefundener Angaben durch den Verfasser) zu unterscheiden.
    Auch U. Busse, Johannes 297f, verwendet sich für eine bewußte Komposition des Evangelisten, der „dem Leser neben dem Gemeinde bildenden Grund auch eine Veränderung seines eigenen Erzählstandpunktes" signalisiere (aaO. 298): eine nachösterliche Wertung der Perikope.
    Gegen die Bestimmung von 11,2 als Glosse wendet sich auch D. Burkett 216, der eine hypothetische Ordnung annimmt, in der die Salbung vor der Auferweckung gestanden haben könnte. Er selbst stellt die Unsicherheiten heraus (aaO. 229), zieht aber aus ihnen keine Konsequenz für das Verständnis von 11,2.

[110] Für den Auferstandenen wird der Titel in 20,2.13.18.25.28 und schließlich im Nachtrag gebraucht: 21,7.12.

[111] Joh 6,23–24b steht im Verdacht, eine sekundäre Glosse zu sein; s.o. S. 297. 4,1 ist textkritisch unsicher; hier lesen insbesondere die alten Papyri 𝔓^{66.75}, aber auch andere wichtige Majuskeln den Titel κύριος. Dies ist verdächtig, daher liest NA²⁷ gegen NA²⁵ mit dem *Sinaiticus* und dem *Codex Cantabrigensis* (u.a) Ἰησοῦς.

beinhalten.[112] In V.1a konkurrieren aber eine unbestimmte und eine bestimmte
Angabe; die unbestimmte Angabe hat eine auffällige Analogie in V.17 (s.a.
V.44), wo lediglich durch das Personalpronomen αὐτόν auf den Toten hingewiesen wird; dies, obgleich inzwischen andere Ereignisse und Personen eingeführt worden sind. Auch dies spricht für eine erst sekundäre Identifikation
des unbekannten Kranken mit Lazarus, die der Tendenz im vierten Evangelium entspricht, unbenannte Protagonisten namentlich zu bezeichnen; vgl. beispielsweise die Jünger Philippus und Andreas in der Speisungsgeschichte:
6,5ff; Malchus in 18,10. Daß die Identifikation in V.1 auf den Evangelisten
zurückgeht,[113] ist nicht zwingend, da der Kontext für ein besonderes Interesse
an der Person keine Begründung beibringt. Joh 12,1 und 12,10f aktualisieren
die Wundergeschichte und das daraus resultierende Tötungsmotiv; diese Abschnitte setzen die Identifizierung mit Lazarus voraus, zeigen aber kein eigenes Interesse an seiner Person. Die Identifizierung des unbestimmten und damit anonymen Kranken mit Lazarus wird also bereits traditionell erfolgt sein.[114]

Die nachgetragene Erwähnung der Schwestern hängt mit der literarhistorischen Beurteilung ihres weiteren Auftretens in der Geschichte selbst zusammen. Daß Familienangehörige bereits auf der ältesten Stufe der Überlieferung
genannt werden, ist wahrscheinlich,[115] da das Motiv des stellvertretenden Bittstellers[116] in einer Auferweckungsgeschichte, in der der Wundertäter über eine
größere Entfernung sich zum Grab begibt, hinzugehört. Dieses Motiv begründet das Kommen des Wundertäters hin zum Grab. Ein solches Motiv liegt in
V.3 vor; allerdings ist eine namentliche Identifikation nicht zwingend,[117] viel-

---

[112] Vgl. S.M. Fischbach 26 N°1–3; s.a. die ntl. Nachweise bei J. Wagner 336f; J. Becker, JE
II, [1]346. [3]407. Eine recht ausführliche Vorstellung einer Toten findet sich in Apg 9,36,
wenngleich die Frage der redaktionellen Gestaltung dieses Verses von Bedeutung ist.
Mk 5,22 nennt den Namen des Vaters, dessen Tochter von Jesus erweckt werden wird.
Allerdings kann vermutet werden, daß dieser Name nicht ursprünglich mit der Totenerweckung verbunden war: für vormk. redaktionelle Erklärung votiert Fischbach 169. Ungewöhnlich auch die Vorstellung des kranken, später sterbenden Sohnes in 1Kön 17,17;
die Mutter und der Sohn bleiben aber hier trotz der sonst ausführlichen Darstellung
anonym (auch in 2Kön 4,18ff)!

[113] So schlägt es J. Blank, JE 1b, 259, vor; s.a. H.M. Teeple, Origin 207.

[114] S.a. G. Rochais 125.

[115] S.a. H.M. Teeple, Origin 207f: die Quelle erzählt, daß Schwestern nach Jesus senden
(V.3), die Namen stammen hingegen vom Evangelisten. Anders z.B. W. Wilkens, Erweckung 27, der eine völlig anonyme Gesandtschaft („sie sandten") annimmt (s.a. S.M.
Fischbach 262 für die mündliche Tradition). Ähnlich auch J. Wagner 337–342 für die
älteste ermittelbare Stufe der Tradition; aber bereits die Grundschrift konnte seiner Meinung nach auf eine entwickeltere Stufe der Tradition zurückgreifen, die die namentlich
genannten Schwestern enthielt.

[116] Vgl. S.M. Fischbach 26 N° 3.

[117] Vgl. G. Rochais 125; s.a. R. Bultmann, JE 301f Anm. 4, der die Anonymität der Schwestern in der ältesten Tradition für ausgemacht ansieht, allerdings ohne auszuschließen,
daß der Hinweis auf die Schwestern überhaupt sekundär ist (s.a. aaO. 302 Anm. 4). Anders J. Becker, JE II, [1]347. [3]407f, der die Verwandtschaftsrelation aufgrund der Bezie-

mehr wird V.3 der ältesten Form nahekommen. Erst später durch den Vollzug ihrer namentlichen Nennung wurden die Schwestern der Identifizierung des Lazarus in V.1 zugeordnet; diese sekundäre Zuordnung gibt sich noch dadurch zu erkennen, daß die beiden namentlich genannten Schwestern in ihrem verwandtschaftlichen Verhältnis zueinander und nicht zu Lazarus auftreten.

Der Hinweis auf Bethanien, ein Ort, der wieder in V.18 genannt und durch seine Entfernung zu Jerusalem bestimmt wird, kann von diesem Kommentarwort her als ein erster Hinweis auf die Nähe des Auferweckungshandelns zu Jerusalem gelesen werden und gehört deshalb wahrscheinlich in die Konfliktstruktur des vierten Evangeliums hinein;[118] in Jerusalem begann der Konflikt mit ,*den Juden*' als Repräsentanten der widergöttlichen Welt seine tödliche Spitze zu bekommen (vgl. 5,16.18), und hier ist der Ort des endgültigen Todesbeschlusses und der Verherrlichung des Offenbarers in Kreuz und Auferstehung. Zudem hat die Kennzeichnung von Personen durch einen Ortsnamen im vierten Evangelium Parallelen (vgl. 1,44).

Auffällige Spannungen liegen auch in 11,3–6 vor. In V.3 senden die Schwestern des Kranken zu Jesus, um ihm von der Krankheit Mitteilung zu machen: ,*Siehe, Lazarus, den du liebst, ist krank*'. Diese Nachricht enthält zugleich eine Motivation für das Kommen des Wundertäters. Weiterhin bereitet die Botschaft die Feststellung der Wirklichkeit des Todes (V.17) vor, da an der indirekten Aufforderung zum Kommen zugleich auch das Motiv des zu späten Eintreffens hängt. Allerdings gibt es neben der Bitte um das Kommen des Wundertäters in den Wundergeschichten in Joh 5,1ff und 9,1ff auch das Motiv von Jesus als dem unbeeindruckten Souverän der Erzählung, der seinerseits weiß, was seiner Sendung gemäß ist und entsprechend handelt. Daß Jesus schon auf der ältesten Stufe der Tradition durch eine Gesandtschaft von der Krankheit erfährt, ist formal möglich und verbreitet,[119] ob allerdings auch der Hinweis ursprünglich ist, daß der Kranke in einem engen Verhältnis zu Jesus stand (φιλεῖν steht auch in V.36), wird noch im Vergleich mit V.5 zu erörtern sein.

---

hung in V.1, die Lazarus und die Schwestern lediglich über den Ort verbindet, als sekundär bewertet. Aber V.1 ist selbst Produkt redaktioneller Gestaltung.

[118] Gegen die Ursprünglichkeit auf der Ebene der ältesten Tradition G. Rochais 125, der allerdings den Redaktor der SQ für die Einfügung verantwortlich macht. Anders J. Becker, JE II, ¹346. ³407: „alte Ortstradition". S.a. U. Schnelle, Christologie 141: V.1 ist insgesamt traditionell; s.a. N. Zwergel 56ff.61ff; außer τῆς ἀδελφῆς αὐτοῦ auch U.C. von Wahlde, Version 116.

[119] S.M. Fischbach 26 N° 12. S.a. U. Schnelle, Christologie 143, der mit G. Theißen, Wundergeschichten 59f, die Zugehörigkeit des Gesandtschaftsmotivs zu Totenerweckungen betont. Allerdings lassen sich auch andere Formen der Begegnung des Wundertäters mit dem Toten finden; so die eher zufällige Begegnung mit einem Trauerzug.

Joh 11,4 verrät sprachlich und theologisch deutlich die Hand des Evangelisten;[120] zudem ist die nahe Parallele in 9,3b zu beachten (ἀλλ᾽ ἵνα φανερωθῇ τὰ ἔργα τοῦ θεοῦ ἐν αὐτῷ).[121] Die Krankheit (δι᾽ αὐτῆς [V.4c] bezieht sich auf das Femininum ἡ ἀσθένεια in V.4bα[122]) hat einen Offenbarungscharakter; sie wird ihr Ziel darin erreichen, daß an ihr Gottes Doxa sichtbar wird: Indem der Sohn Gottes[123] durch das Wunder die im Tod zum Ziel gekommene Krankheit wendet, wird er verherrlicht. Doxa Gottes und Verherrlichung Jesu werden hier eng parallelisiert (s.a. die wechselseitige Verherrlichung in 13,31f). Darin zeigt sich ein Moment der Einheit zwischen Vater und Sohn, wie auch in 9,3b im Wunder Jesu die Werke Gottes offenbar werden.

Eine sehr ähnliche Vorstellung von der im Wunder sichtbar werdenden göttlichen Herrlichkeit findet sich auch Joh 2,11;[124] hier ist allerdings die Rede von der Doxa Jesu, die in der Wandlung von Wasser zu Wein offenbar wird. Dieser Vers zeigte bereits an, daß das Auftreten des irdischen Jesus nicht ohne Doxa geschieht (vgl. 1,14) und diese gerade an seinem Wunderhandeln durchscheint. Andererseits ist es genau dies dem Sterben des Lazarus folgende Wunder, das zur Verherrlichung Jesu in Kreuz und Auferstehung führt, indem es den Todesbeschluß provoziert (11,47ff; s.a. 12,10f [Tötungsabsicht gegen Lazarus]). Insofern die Welt sich der Verherrlichung des Gottessohnes im Wunder versperrt und widersteht, bereitet sie, durch das Auftreten Jesu in Wort und Tat provoziert, seine Verherrlichung durch das Kreuz (vgl. 12,16.23.28; 13,31f) vor. Die Verherrlichung Gottes und des Gottessohnes im Wunder konkurrieren nicht mit der Verherrlichung am Kreuz, sondern of-

---

[120] Vgl. z.B. J. Becker, JE II, ¹355. ³417; R. Bultmann, JE 302 Anm. 7; B. Byrne 39; S.M. Fischbach 254; W. Nicol 37; R. Schnackenburg, JE II, 404f; U. Schnelle, Christologie 143 (außer ἀκούσας δὲ ὁ Ἰησοῦς); N. Zwergel 81. Der „second edition", d.h. der Überarbeitung des Zeichenevangeliums, rechnet U.C. von Wahlde, Version 119, V.4 zu.

Anders H. Wöllner 67f aufgrund der rekonstruierten „Herrlichkeitschristologie des SB" und seines Wunderverständnisses. Er rechnet V.4d (ἵνα δοξασθῇ κτλ.) dem Evangelisten zu, der durch diese Ergänzung das Wunderverständnis der Quelle unter Zuhilfenahme der Vater-Sohn-Kategorie kritisiert. Der Spannungsbogen wird von der Offenbarung der Doxa im Wunder hin zur Verherrlichung Jesu in seiner Passion verschoben. Zweifelsohne ein interessanter Gedanke, der der unterschiedlichen Nuancierung in V.4 gerecht zu werden sucht. Beide Momente sind m.E. jedoch im nicht völlig spannungsfreien Doxa-Verständnis des vierten Evangelisten verbunden, bei dem der von Ostern her gesehene Offenbarer in der Welt gerade nicht ohne Herrlichkeit ist (vgl. 1,14; 2,11; und damit anders als Phil 2,7f). Auch J. Wagner 181–183 rechnet V.4d dem Evangelisten zu, V.4a aber der Tradition und V.4bc der Grundschrift (aaO. 231–237); s.a. G. Richter, Semeia-Quelle 285f: in V.4 trägt der Evangelist sein Verständnis durch ἵνα δοξασθῇ ὁ υἱὸς τοῦ θεοῦ δι᾽ αὐτῆς ein. W. Wilkens, Erweckung 25.26, rechnet V.4 der von ihm angenommenen GS zu, nicht aber der vorjoh. Tradition.

[121] Hierzu s.o. S. 320f.

[122] Zu W. Thüsing 230, der das Verb δοξασθῆναι auf die Stunde des Kreuzestodes beziehen will; vermittelnd W. Wilkens, Erweckung 30, der von der Kreuzesherrlichkeit spricht, die die Macht zur Erweckung des Lazarus gebe; deutlicher ist der Passionsbezug bei dems., Entstehungsgeschichte 59. Der Vorausbezug auf die Passion wird als Skopus von 11,4 auch besonders z.B. J. Kremer, Lazarus 57. 350f; T.E. Pollard 437 betont.

[123] Auf die besondere Bedeutung dieses Titels für das vierte Evangelium weist J. Wagner 183 hin.

[124] Auf diesen Text weist auch J. Wagner 231f hin, allerdings ermittelt er darin das Doxa-Verständnis der Grundschrift, das mit dem des Evangelisten konkurriert.

fenbaren die Lebensmacht Gottes im Sohn und sind damit Teil des Heilswillens Gottes in Abstieg und Aufstieg des Offenbarers durch das Kreuz. Wiederum wird hier die *Scharnierfunktion deutlich, die die Auferweckung des Lazarus im vierten Evangelium hat.* Die Verweigerung des Kosmos gegen die im irdischen Handeln sichtbar werdende Doxa Gottes und seines Gesandten führt folgerichtig zur wechselseitigen Verherrlichung Gottes und seines Sohnes am Kreuz. Das Leben, das Gott aus Liebe dem Kosmos in seinem Sohn nahebringt und das sich im Wunderhandeln des Sohnes aktualisiert, läßt nicht nur den Lazarus nicht im Tod (V.38ff) und spricht nicht nur den Glaubenden das Leben zu (V.25f), sondern kann selbst vom Tod nicht gefaßt werden (Kap. 2; vgl. 10,17f). Die Lebenshingabe des gesandten Sohnes für die Seinen (vgl. 10,11; 11,50f;[125] 12,24[126]; s.a. 15,13), die dieser Triumph ist, steht dafür ein, daß sie in diesem Gesandten Leben haben (z.B. 11,25f), eine Heimstätte beim Vater bereitet finden (14,2f).[127]

Spekulationen, daß Jesus nicht aufbreche, weil er auf ein Zeichen des Vaters warte,[128] stellen einen Versuch dar, den Anstoß der Verzögerung des Kommens Jesu zum sterbenskranken Lazarus zu glätten. Der Text selbst schwächt bereits den Anstoß durch den Hinweis auf die Liebesrelation zwischen Jesus und den Geschwistern. Daß aber ein Zeichen des Vaters notwendig sei, ist ein dem Text fremder Gedanke. V.4 signalisiert den Ausgang der Geschichte und läßt keinen Zweifel daran, daß das, was jetzt geschieht, im Dienste der Offenbarung der Doxa Gottes und der Verherrlichung seines Offenbarers geschehen wird.

Joh 11,4 ist eine an den externen Hörer oder Leser gerichtete[129] Deutungsanweisung mit eindeutigem Signalcharakter.[130] Schon hier wird dem aufmerksamen Auditorium des joh. Evangeliums angedeutet, daß die Geschichte keinen tragischen Ausgang nehmen wird. Denn die Verherrlichung des Sohnes und die Ehre Gottes haben eine soteriologische Qualität (in der Lazarusgeschichte vgl. das soteriologische σῴζω V.12; s.a. 12,23f). Zugleich erscheint

---

[125] Lediglich eine ekklesiologische Funktion von Joh 11,51f anerkennt U.B. Müller, Eigentümlichkeit 51.

[126] Gegen eine Heilsbedeutung des Todes Jesu im Wort vom absterbenden Weizenkorn votiert allerdings z.B. U.B. Müller, Eigentümlichkeit 45.

[127] S.a. C. Dietzfelbinger 72: „Als der im Tod zu Gott Erhöhte wird Jesus alle Menschen zu sich ziehen (12,32) oder, was keinen Unterschied ausmacht, der Vater wird die Glaubenden zu Jesus ziehen (6,44a), und sie werden sein, wo er ist (12,26; 17,24). Damit ist das Ziel angesagt, auf das hin Jesus in den Tod geht (vgl. auch 14,23)."

[128] Schon B. Weiß, JE 337; ähnlich T.E. Pollard 438; jetzt B. Witherington, III, JE 202; vgl. dagegen E. Haenchen, JE 399.

[129] Vgl. R. Bultmann, JE 303 Anm. 1; s.a. E. Haenchen, JE 398; J. Kremer, Lazarus 36; U. Wilckens, JE 176.

[130] J. Becker, JE II, ¹355. ³417: „programmatisches Votum", das „dem Leser den hermeneutischen Schlüssel für das Gesamtverständnis von E zu Joh 11 angeben soll". Vgl. U. Busse, Johannes 299: V.4 ist das „alles umfassende Deutewort"; S.a. J. Kremer, Lazarus 31: „Schlüssel zum rechten Verständnis der Perikope"; G.R. Beasley-Murray, JE 184: „the key to the entire narrative". S.a. B. Schwank, JE 300, und W. Wuellner 117 im Kontext seiner argumentationskritischen Analyse. Die rhetorische Situation der Auferweckung manifestiere sich in „argumentative dissociation", das in V.4 angezeigt ist: „It is the argumentative dissociation of the *reality* of God's glory from the *appearance* of sickness and death for believers in God".

404   Wundertraditionen und ihre Interpretation im vierten Evangelium

Jesus in der Ansage des Ausgangs dieser dramatischen Situation als Souverän der Geschichte und mit einem wunderbaren Vorauswissen ausgestattet.[131]

V.5 bereitet V.6 vor; hat jedoch bereits die vorevangeliare Tradition die „demonstrative Schwerhörigkeit" Jesu (V.6) gegenüber der indirekten Bitte der Schwestern (V.3) abgeschwächt[132] oder ist diese Erleichterung des Anstoßes erst das Werk des Evangelisten?[133] Von entscheidender Bedeutung ist das Verbum, das das besondere Verhältnis Jesu zu den drei Geschwistern ausdrückt: ἀγαπάω.[134] Hier wiederum fällt die Nähe zu den *Lieblingsjünger-Belegen*[135] auf:

Joh 13,23   ἦν ἀνακείμενος εἷς ἐκ τῶν μαθητῶν αὐτοῦ ἐν τῷ κόλπῳ τοῦ Ἰησοῦ, ὃν ἠγάπα ὁ Ἰησοῦς.

Joh 19,26   Ἰησοῦς οὖν ἰδὼν τὴν μητέρα καὶ τὸν μαθητὴν παρεστῶτα ὃν ἠγάπα, λέγει τῇ μητρί· ...

Joh 21,7   λέγει οὖν ὁ μαθητὴς ἐκεῖνος ὃν ἠγάπα ὁ Ἰησοῦς τῷ Πέτρῳ· ...

Joh 21,20   ἐπιστραφεὶς ὁ Πέτρος βλέπει τὸν μαθητὴν ὃν ἠγάπα ὁ Ἰησοῦς ἀκολουθοῦντα, ...

Zu vergleichen ist auch 20,2, wo der Lieblingsjünger als der ‚andere Jünger' wiederum vom speziellen Liebesverhältnis her angesprochen wird.

Joh 20,2   τρέχει (sc. Μαρία ἡ Μαγδαληνή) οὖν καὶ ἔρχεται πρὸς Σίμωνα Πέτρον καὶ πρὸς τὸν ἄλλον μαθητὴν ὃν ἐφίλει ὁ Ἰησοῦς καὶ λέγει αὐτοῖς ...

Wird mit einer postevangeliaren, redaktionellen Ergänzung der Lieblingsjüngerstellen gerechnet,[136] so könnte sich eine Präferenz für die redaktionelle Ableitung auch von 11,5 ergeben.[137] Daß hier auch eine erleichternde Glosse vorliegen könnte, ist angesichts der Glossierung des Textes in V.2 ebenfalls

---

[131] Richtig H. Wöllner 67; allerdings ist die Konstatierung dieses geschichtsmächtigen Vorauswissens im JE nicht auf den Traditionsstoff beschränkt.

[132] So J. Becker, JE II, [1]355. [3]417: der Redaktor der SQ.

[133] S.a. U. Schnelle, Christologie 143. W. Nicol 37 begründet den redaktionellen Charakter durch die Vorrangstellung der Martha; vgl. S.M. Fischbach 254f; R. Schnackenburg, JE II, 406; H. Wöllner 67.

[134] Zu Recht stellt J. Wagner 108 die Beurteilung des Verbums als entscheidendes Kriterium heraus.

[135] Ohne historische Schlüsse damit zu verbinden, deutet H. Thyen, Erzählung 2044f, diese Parallelen in Richtung auf eine proleptische Identifizierung des Lazarus mit dem Lieblingsjünger; historisch nimmt diese Identifikation M.W. G. Stibbe, John 78ff. Zu Recht kritisch gegen jegliche Identifizierung: J. Wagner 111.

[136] Hierzu s.o. S. 55.

[137] S.a. z.B. J. Wagner 109–111 (mit Hinweis auf eine Nähe zu synoptischen Evangelien [Lk 10,39.42] und die Voraussetzung der Liebe Jesu zu den Seinen für die praktizierte Bruderliebe, die ebenfalls redaktionell sei).

möglich,[138] aber nicht zwingend. Auffällig ist der Wechsel zwischen ἀγαπάω (V.5) und φιλεῖν (außer in V.3 wieder in V.36 [21,15–17]).[139]

Unabhängig von der literarkritischen Beurteilung der Lieblingsjüngerstellen fällt auf, daß die Verben ἀγαπᾶν und φιλεῖν nahezu austauschbar sind, können doch beide die besondere Verbindung Jesu mit dem Lieblingsjünger kennzeichnen. Ähnliches läßt sich auch im weiteren Gebrauch der Verben im JE ablesen;[140] allerdings begegnet das Verb φιλεῖν im JE seltener. Ist zunächst die innige Verbindung von Vater und Sohn als ἀγαπᾶν des Vaters (3,35; 8,42; 10,17; s.a. 17,23) und des Sohnes (14,31) bzw. als φιλεῖν des Vaters (5,20) markiert, so bleibt davon die Welt nicht unbetroffen. Der Vater liebt den Kosmos; dies begründet die Gabe des Sohnes zum Leben für die Glaubenden (3,16; s.a. 17,23; 16,27 [φιλεῖν]). Als Erklärung der Liebe des Vaters für den Sohn kann die Lebenshingabe des Sohnes genannt werden (10,17). So hat auch der Sohn die Seinen geliebt und εἰς τέλος ἠγάπησεν αὐτούς (13,1). Jesu Lieben (ἀγαπᾶν) ist nicht auf den Lieblingsjünger beschränkt, sondern gilt denen, die an ihn glauben (s.a. 13,34; 14,21; vgl. 15,9); allerdings läßt sich hier außer den diskutierten Belegen in 11,3(.36) kein weiterer Beleg für φιλεῖν beibringen.

Es bleibt möglich, daß beide Hinweise auf die Liebe Jesu vom Evangelisten eingefügt sind. Wird jedoch beachtet, daß die Liebe Jesu zum Todkranken und sein Verbleib am Ort sich gegeneinander sperren, so läßt sich der Hinweis auf die Liebe Jesu zum Kranken (V.3) möglicherweise bereits als Notiz der Tradition verstehen. Dies entspricht einem vergleichsweise selteneren Gebrauch von φιλεῖν im vierten Evangelium ebenso wie der Konkurrenz mit dem wohl vom Evangelisten stammenden Verzögerungsmotiv. Die Notiz, daß Jesus den Kranken liebt, könnte für die sekundäre Identifikation des Todkranken verantwortlich zeichnen. Das Interesse an der Person, die das Objekt der Liebe Jesu ist, wird durch die Einfügung des Namens befriedigt. Der Evangelist, der V.4 eingetragen hat, nimmt mit V.5 (und später in V.36 direkt) den Gedanken seiner Tradition auf; anders als in der Tradition nennt er aber als Objekt der Liebe zunächst Martha, dann ihre Schwester und schließlich Lazarus. Dies entspricht exakt der Reihenfolge der Zusammentreffen im weiteren Verlauf der Erzählung, in der Jesus zunächst Martha (V.20ff), dann Maria (V.31ff) trifft und schließlich auch nach der Auferweckung dem Lazarus begegnet (V.43f). Auffällig ist auch, daß der Kranke als Objekt der Liebe Jesu in V.3 anonym ist, hingegen in V.5 Martha und Lazarus mit Namen genannt werden; dies entspricht dem hier vorgelegten Rekonstruktionsversuch. Eine solche unmotivierte Traditionsnotiz (V.3) ist überraschend, läßt sich aber mit Mk 10,21 vergleichen (ὁ δὲ Ἰησοῦς ἐμβλέψας αὐτῷ ἠγάπησεν αὐτόν). Das Interesse der Tradition liegt nicht darin, warum Jesus dem Todkranken zugetan ist, sondern darin, daß diese Nähe Jesu zum Kranken seinen Aufbruch und

---

[138] Als möglich erwogen auch bei J. Wagner 111.
[139] W. Wilkens, Entstehungsgeschichte 56.
[140] Allerdings ist die literarhistorische Situation komplex; verschiedene Belege stehen im Verdacht, erst durch eine sekundäre Redaktion eingefügt zu sein; vor allem die zweite Abschiedsrede (s.o. S. 52) ist zu nennen, aber auch das Liebesgebot 13,34.

sein Kommen motivieren. V.3 ist folglich eine psychologisch motivierte, aber indirekt ausgesprochene Bitte zum Kommen.[141] Formal unterstreicht das Liebesmotiv die Schmerzlichkeit[142] des Todes.

Auch eine ekklesiologische Komponente kann ausgemacht werden. Als ‚Objekt‘ der Liebe Jesu, die die Glieder der joh. Gemeinde zu Subjekten der gegenseitigen Liebe macht, wird sich an ihnen wie an Lazarus Jesu Kommen zum Leben auswirken, wenn sie ihn als Auferstehung und Leben glauben (11,25).

Wie ist nun das Verzögerungsmotiv selbst zu beurteilen, das trotz des Liebesmotivs und der Krankheitsmeldung vom Verbleib Jesu an einem nicht spezifizierten Ort für zwei Tage berichtet? Rudolf Schnackenburg, der zwar den guten Anschluß von V.17 an V.3 bestätigt, bemängelt, daß die Partikel μέν in V.6 nicht durch ein δέ fortgesetzt wird, wie es sonst im JE geschieht.[143] Daher votiert Schnackenburg für eine traditionelle Ableitung des Motivs. Auffällig ist hingegen, daß V.6 zum zweiten Mal erzählt, daß Jesus von der Krankheit des Lazarus hört.[144] Dies läßt auf Bearbeitung schließen. Zwar ist das Motiv vom Zu-Spät-Kommen des Wundertäters in Totenerweckungen nicht selten,[145] doch kann nicht übersehen werden, daß im Verzögerungsmotiv von Joh 11 eine Travestie des herkömmlichen Gebrauchs dieses Motivs vorliegt. Nicht äußere schwierige Umstände oder der Zufall verhindern das rechtzeitige Kommen des herbeigerufenen Wundertäters, sondern die souveräne Entscheidung des Wundertäters selbst. V.6 ist also von V.4 her zu lesen. V.6 setzt die theologische Absicht, nach der die zum Tode führende Krankheit der Doxa Gottes durch die Offenbarung der Doxa Jesu diene, narrativ um; Jesus nimmt den Tod vorsätzlich in Kauf, weil das Verherrlicht-Werden des Sohnes den Tod des Lazarus voraussetzt. Das Verzögerungsmotiv steht folglich mit der christologischen Konzeption des Evangelisten in Einklang und ist seiner Hand zuzurechnen.[146] Weiterhin läßt sich erwägen, daß die sich in diesem Verhalten

---

[141] S.a. R. Bultmann, JE 302; E. Haenchen, JE 398; J. Kremer, Lazarus 54; F. Porsch, JE 119; Vgl. S.M. Fischbach 27 Motiv N° 12 und 16.

[142] Zu diesem Motiv vgl. W. Schottroff 259.

[143] R. Schnackenburg, JE II, 399.

[144] S.a. D. Burkett 215; W. Wilkens, Entstehungsgeschichte 56; Erweckung 24; Wilkens rechnet daher V.6 mit V.5 zusammen zur Bearbeitung.

[145] Vgl. S.M. Fischbach 27, Motiv N° 20; vgl. auch die Darstellung unten S. 439.

[146] S.a. U. Schnelle, Christologie 143f; H. Wöllner 67; anders J. Becker, JE II, ¹350. ³411 (SQ); W. Stenger, Auferweckung 187f; U.C. von Wahlde, Version 120. Stenger charakterisiert das Verzögerungsmotiv als „wichtiges Strukturmerkmal" der Tradition; „die Geschichte läßt Lazarus geradezu um des Wunders willen sterben". Dieser Zug der Geschichte ist jedoch eng mit 11,4 verknüpft, so daß m.E. daher auch das Verzögerungsmotiv auf die analoge Traditionsstufe verweist. Auch M.-É. Boismard/A. Lamouille, JE 287. 288, rechnen das Verzögerungsmotiv bereits zum Bestand der ältesten Überlieferung, ihr Doc C. Eine dritte Sicht wird durch J. Wagner 323f repräsentiert, der sich für die Grundschrift entscheidet. Er interpretiert die Zeitangabe als Hinweis auf die Auferstehung und verweist auf den Kontext der Passionsgeschichte in dieser rekonstruierten Tradition.

zeigende Souveränität des Wundertäters ebenfalls der Hand des Evangelisten zuzuweisen ist. Zwar hat auch dieses Motiv seinen Platz in der traditionellen Motivik von Wundergeschichten,[147] aber es konnte bereits mehrfach gezeigt werden, daß die Verweigerung Jesu gegen die Bitte um Hilfe, bei schlußendlicher Erfüllung solcher Bitte, der Gestaltung des Evangelisten entstammt (2,4; 4,48; s.a. 7,6ff).[148] So wird die Unabhängigkeit des Wundertäters gegenüber menschlich-innerweltlichen Zwängen gezeigt.

Auch der Dialog Jesu mit seinen Jüngern in Vv.7–16 entspricht in seiner vorliegenden Form der Erzählabsicht des vierten Evangeliums.[149] In der Forschung wird jedoch in unterschiedlicher Weise zwischen dem ersten Dialoggang in Vv.7–10 und dem folgenden in Vv.11–16 differenziert.[150] Beide Gesprächsgänge sind literarisch unterschieden durch eine eigene Gesprächseinleitung. Auffällig ist, daß sich V.11 formal deutlich auf Vv.7–10 zurückbezieht ($\tau\alpha\tilde{\upsilon}\tau\alpha$ $\epsilon\tilde{\iota}\pi\epsilon\nu$[151]) und zudem die Gesprächseinleitung aus V.7 fast wörtlich imitiert: $\kappa\alpha\grave{\iota}$ $\mu\epsilon\tau\grave{\alpha}$ $\tauο\tilde{\upsilon}\tauο$ $\lambda\acute{\epsilon}\gamma\epsilon\iota$ $\alpha\grave{\upsilon}\tauο\tilde{\iota}\varsigma$ (= $\tauο\tilde{\iota}\varsigma$ $\mu\alpha\theta\eta\tau\alpha\tilde{\iota}\varsigma$ [V.7]). Wir werden uns folglich beiden Redegängen zunächst gesondert zuwenden müssen. Der erste Gesprächsgang greift auf den zurückliegenden Erzählzusammenhang des Evangeliums zurück.

---

[147] S.a. G. Theißen, Wundergeschichten 60.

[148] S.o. S. 138. Hierauf weist auch R. Bultmann, JE 303. Allerdings rechnet Bultmann dieses Motiv der Quelle zu; vgl. dazu unsere Analyse der genannten Stellen.

[149] Vgl. z.B. R. Schnackenburg, JE II, 399f; U. Schnelle, JE 188; N. Zwergel 85–88; ähnlich I. Dunderberg, Kuolleistaherättäminen 132: der lediglich Teile von V.7a.11a und 15fin zur Tradition rechnet (V.13 ist allerdings als sekundäre Redaktion verstanden). Auch in der Analyse von M.-É. Boismard/A. Lamouille, JE 291f, ist der vorliegende Dialog in charakteristischer Weise auf der Ebene gebildet worden, die für den vorliegenden Evangelienaufriß verantwortlich ist: Jean II-B. Zur Bildung wurde nur wenig Traditionsstoff verwendet (V.13 ist eine Kommentarbemerkung der abschließenden Redaktion [Jean III]: aaO. 294). S.a. D. Burkett 211, der 11,7d–10.16 der Version B, d.h. der Erzählung der Zeichenquelle zuordnet; das Mißverständnis, das die Hand des Evangelisten verrät, weist er der unabhängigen Version A zu. R.T. Fortna, Gospel 78f: (Erzählfragmente des Gospel of Signs findet er in V.7.11.15); U.C. von Wahlde, Version 120f: V.7–10 und 15b–16 sind spätere Ergänzungen.

[150] R. Bultmann, JE 301 Anm. 4, unterstützt die Ableitung von Vv.7–10 als Werk des Evangelisten (ohne V.9f; dazu s.u.), findet hingegen in V.11f.14f Rudimente der Quelle; ähnlich J. Becker, JE II, ¹340.356. ³410.418 (E: 7b–10. 12b–13.16); S. Schulz, JE 155, und H. Wöllner 69, der sich nicht explizit zu V.9f äußern. Auch J. Wagner urteilt vergleichbar: 7b–11a werden dem Evangelisten zugeschlagen (184ff), V.11f.14f der Grundschrift (237ff) und V.13 der Redaktion (s.u. S. 411 Anm. 179); s.a. W. Wilkens, Erweckung 24: V.11–15 gehören im wesentlichen zur joh. Vorlage; V.7–10.16 sind Bearbeitung. Für die vorjoh. Tradition scheidet Wilkens, aaO. 26, aber Vv.11–15 aus. E. Haenchen, JE 399–401. 403, versteht Vv.7–10 als eine durch V.16 provozierte Einfügung. S.M. Fischbach 256 rechnet Vv.7–11a.13.16 dem Evangelisten zu, die Tradition liegt in Vv.11b.c.12.14f vor; allerdings ist auch dieses Material nicht ursprünglich, sondern der ältesten mündlichen Tradition durch den Redaktor der SQ hinzugefügt worden (aaO 262f).

[151] Eine häufige joh. Redeeinleitung (6,59; 7,9; 9,6 u.ö.); vgl. W. Nicol 38.

In V.7 fordert Jesus seine Jünger auf, wieder (πάλιν) mit ihm nach Judäa zu gehen. Dies setzt den Rückzug an den Jordan in 10,40–42 aufgrund der Nachstellungen ,der Juden' voraus: (zuletzt 10,39 mit Rückverweis auf den Wiederholungscharakter [πάλιν]). Joh 11,7 verknüpft somit die geographische Setzung der Lazarus-Ereignisse mit der *dramatischen Geographie* des Evangeliums. Diese Aufforderung steht ebenso fest im Kontext des Evangeliums wie die folgende Antwort der Jünger: ,*Rabbi, gerade suchten dich die Juden zu steinigen, und du willst wieder dorthin gehen?*' Die Jünger erinnern in V.8 an die Steinigungsabsicht ,*der Juden*'; diese Steinigungsabsicht bezieht sich, obgleich schon 8,59 das Vorhaben der Opponenten, Jesus zu steinigen, nennt, auf 10,31–33. Hier wird ebenfalls das Verb λιθάζω verwendet.[152] Das Verbum ζητέω, dessen Subjekt die Gegner Jesu sind, die diesem nachstellen, um ihn gefangen zu nehmen (7,30; 10,39) oder ihn töten wollen (5,18 u.ö.), verweist sprachlich auf die Hand des Evangelisten.[153] Ebenso die stereotype Kennzeichnung der Gegner als οἱ Ἰουδαῖοι (s.a. 2,18.20; 5,10.15f.18 u.ö.) und das im JE besonders häufige πάλιν.[154] Der Hinweis auf die Steinigungsabsicht, die in dem seit 5,18 latenten Tötungsvorsatz gründet, kann sicherlich auch als Teil des zur Passion hinweisenden Spannungsbogens interpretiert werden.[155] Die Erwähnung der Jünger ist zudem auf der Ebene der Tradition völlig unmotiviert. Die Jünger treten ohne jede weitere Funktion auf, allein als Objekte des joh. Mißverstehens; eine Funktion, die ihnen im Evangelium öfter zugewiesen wird.[156]

Die literarische Verknüpfung mit dem Kontext wie auch die Terminologie lassen für den ersten Teildialog begründet mit redaktioneller Formulierung rechnen. Innerhalb des Dialogs mit seinen Jüngern begründen 11,9f die Dringlichkeit der Aufforderung Jesu, trotz der Steinigungsdrohung wieder nach Judäa zu ziehen: Die Zeit für das Handeln des Gottessohnes auf Erden ist begrenzt.

Vergleicht man die Analogie in Joh 9,4 und den Begründungszusammenhang, so sind diese Verse fester Bestandteil des vorliegenden Textes. Andererseits bilden sie, verglichen mit dem Inhalt und der Terminologie des Kontextes, so etwas wie einen Fremdkörper,[157] da die Begründung weder auf die Steinigungsdrohung noch auf die übergeordnete Setzung, das Lazarusproblem, eingeht. Zudem fällt die verhältnismäßige Geschlossenheit des entfalteten

---

[152] S.a R. Bultmann, JE 303; U. Schnelle, Christologie 144; J. Wagner 33; anders bindet D. Burkett 228f 11,7 an 8,59, da in 10,32f die Wunder Jesu als Werke und nicht als Zeichen bezeichnet werden.

[153] S.a. die Aufstellung bei J. Wagner 188.

[154] Vgl. J. Wagner 199.

[155] W. Stenger, Auferweckung 184, nennt als Kriterium für die redaktionelle Ableitung von Vv.7–10 die Verbindung mit dem Passionsthema. Da die Auferweckung zur Passion Jesu im vierten Evangelium hinleitet, seien alle Passagen, die an die Passion anspielen, redaktionell. Zudem spreche für den Evangelisten die Verbindung mit dem Erzählrahmen des Evangeliumstextes.

[156] S.a. R. Schnackenburg, JE II, 399f.

[157] R. Bultmann, JE 304 Anm. 1: Lichtrede der Offenbarungsredenquelle; so auch sein Schüler H. Becker 91.132: V.9f stammen aus der Quelle der Offenbarungsreden, ohne die beiden begründenden ὅτι-Sätze und die Einleitung. In dieser Quelle folgten die Worte aus Joh 9,4 (anders Bultmann, ebd.: Reihenfolge 9,5.4; 11,9.10). Auch J. Wagner 197f hält die Aufnahme von Tradition, eines Sprichwortes, für möglich.
Terminologische Berührungen mit joh. Vokabular und die Annahme eines Anklangs an die Passionsthematik führen dazu, daß U. Schnelle, Christologie 144, diese Verse der Redaktion zuschreibt.

Wortes auf. Tatsächlich ist der *sprichwortartige Charakter* dieses Logions zu beachten.[158] Eine christologische Deutung,[159] die die φῶς-Aussagen auf den Offenbarer beziehen müßte, würde in V.9f den Erzählkontext durchbrechen, da diese Verse dann eine Mahnung an die Jünger oder die Leser enthielten, sich an das Licht zu halten.[160] Für die Deutung auf die begrenzte Zeit für das Wirken Jesu nach Analogie von 9,4 sprechen aber der Kontext, in dem der Hinweis auf die Dringlichkeit des Handelns motiviert ist,[161] und die Zeitangabe für die Länge des Tages; diese unterstreicht ihrerseits die Notwendigkeit des Wirkens angesichts der Begrenzung der hierfür vorhandenen Zeit.[162]

Fahren wir in der Betrachtung des Doppeldialoges fort, so stellt sich die Frage, wie sich der zweite Dialoggang zu der kontextuellen Verankerung verhält. Bedeutsam für die Beurteilung des zweiten Abschnitts ist vor allem die Prägung durch die literarische Technik des *joh. Mißverständnisses*: Vv.11–16.

Die angesprochene Bilderwelt ist subtil. Im Munde Jesu ist das Schlafen (V.11) ein Bild für den Tod,[163] das im Blick auf das folgende Wunder formuliert wird (vgl. den programmatischen V.4). Ähnliches beinhaltet das Wort Jesu in Mk 5,39: ‚*Die Tochter ist nicht tot, sondern sie schläft.*‘ Zweifelsohne will das mk. Wort ebensowenig wie Joh 11,11 einen scheintodartigen Zustand beschreiben[164] und wohl ebensowenig im Tod als Schlaf das hoffnungsvolle Warten auf die Auferstehung verbildlichen (vgl. gerade die *contradictio* zum Tod).[165] Mk 5,39 spricht auch keine anthropologische Befindlichkeit an zwischen na-

---

158 Vgl. K.E. Dewey 95; s.a. J. Ashton, Understanding 231; R.F. Collins, Sayings 147; O. Schwankl 240: „Sinnspruch aus dem täglichen Leben". Anders B. Byrne 43: „parable".

159 Z.B. B. Byrne 44; W. Heitmüller, JE 128; R. Schnackenburg, JE II, 408; auch L. Morris, JE 481; anders M.W.G. Stibbe, Tomb 51: Analepsis von 9,4; eine interessante, aber gleichwohl unzutreffende Paraphrase (vgl. K.E. Dewey 95, der die Spannung dieses Wortes zum Kontext herausstellt).

160 So z.B. J. Kremer, Lazarus 60.

161 Vgl. z.B. J. Blank, JE 1b, 264. Anders W. Bauer, JE 149, der an die Sicherheit des Tages denkt und deshalb den Hinweis darauf findet, daß die Reise ungefährlich sei, weil die Stunde Jesu noch nicht gekommen ist; s.a. O. Schwankl 242.

162 Zu Parallelen s.o. S. 318 mit Anm. 58.

163 Ntl. Parallelen bei P. Hoffmann, Tote 204f; antike Parallelen bei H. Balz, ὕπνος 547f; s.a. die Hinweise auf den Terminus in jüdischen Grabinschriften bei P.W. van der Horst 115ff. Allerdings ist damit noch nicht ausgemacht, daß diese Parallelen eine weitergehende Interpretation des Todes durch dieses Bild bestreiten.

164 So für eine ältere Ebene V. Taylor, Mk 295; s.a. M.J. Borg 89; dagegen K. Kertelge, Wunder 116 Anm. 466.

165 Eine Verbildlichung nimmt z.B. E. Lohmeyer, Mk 106f vor, der Jesus den Tod des Mädchens mit den Augen Gottes als Schlaf kennzeichnen läßt. Doch der Hintergrund des Jesuswortes ist nicht ein Nachdenken über den Tod der Menschen, sondern die konkrete Erzählsituation. Es ist zunächst der Tod der Einen, über die das Wort vom Schlaf gesprochen ist. Allerdings ist dann auch darüber nachzudenken, was die Geschichte von der einen Auferweckung im Blick auf das Sterben der vielen Menschen als Trost bereithalten will; dies ist jedoch eine weitergehende Frage. In der Auferweckung der Einen kann eine erzählerische Antizipation der Auferweckung der vielen, begründet im Glauben an Jesus, gelesen werden. Die Geschichte selbst begnügt sich mit der Erzählung der einen Auferweckung und der staunenden, d.h. akklamierenden Reaktion der Zeugen. Völlig anders W. Schmithals, Mk 288ff; er entindividualisiert den Tod zur „umfassende(n) Wirklichkeit des menschlichen Daseins" (aaO. 289) und überträgt diese m.E. erst sekundär an die mk. Erzählung herangetragene Interpretation auch auf Joh 11.

türlichem Lebensende und der Auferstehung unter der Verheißung Gottes,[166] sondern setzt vielmehr den Zuspruch an den Vater, Mk 5,36 (μὴ φοβοῦ, μόνον πίστευε), voraus und charakterisiert den Zustand der gestorbenen Tochter von dem erst noch zu geschehenden Wunder her.[167] Mit Jesu Wort ist anders als beispielsweise die Aussage Hiob 14,12, die unser Text zu variieren scheint,[168] dem Tod seine Schranke bereits gewiesen, und die folgende Erweckung ist in dieses Wort als unverzichtbare Realisierung[169] eingeschlossen. Hiob LXX 14,12 ist der Tod ein Schlaf, aus dem es vor dem Ende der Welt kein Auferstehen gibt (ἄνθρωπος δὲ κοιμηθεὶς οὐ μὴ ἀναστῇ, ἕως ἂν ὁ οὐρανὸς οὐ μὴ συρραφῇ·); das hebräische Original ist durch den LXX-Text wesentlich abgeschwächt, der den letzten Halbvers (וְלֹא־יֵעֹרוּ מִשְּׁנָתָם; *Hieronymus* ergänzt in der Hexapla καὶ οὐκ ἐξυπνισθή- σονται ἐξ ὕπνου αὐτῶν.) möglicherweise aus dogmatischen Gründen ausläßt.[170]

Beide Wundergeschichten, die Erweckung der Tochter des Synagogenvorstehers Jaïrus wie die Auferweckung des Lazarus, kennzeichnen im Bild vom Tod als Schlaf den Tod als eine durch Jesu Kommen und Handeln besiegte Größe.[171] Dieser Sieg über den Tod manifestierte sich im vierten Evangelium bereits *in nuce* in den vorher erzählten Wundern, insofern in ihrer Schilderung Jesu lebensspendende Macht sichtbar geworden ist. In der Auferweckung des Lazarus tritt dieses Potential an die Oberfläche, um schließlich in der Auferstehung Jesu selbst noch einmal überboten zu werden. Doch die Auferweckung des einen ist zugleich Hinweis auf den Sieg über den Tod für alle, die an Jesus glauben, so daß diese die schreckliche Realität des Todes als eine Situation des Schlafes glauben können. Jesus geht nunmehr hin, um den Schlafenden aufzuwecken. Das verwendete Verb verbleibt auf der Bildebene: aus dem Schlaf erwecken. Gemeint ist auf der Metaebene des Textes jedoch die Aufhebung des Todesgeschicks.

Die Antwort der Jünger (V.12) bewegt sich wieder auf der Bildebene. Sie verstehen das Wort vom Schlaf zwar durchaus positiv, aber nicht als den potentiell besiegten Tod, sondern den Schlaf als den Anfang der Genesung.[172] Das verwendete Verb σωθῆναι begegnet in Wunderheilungen selten.[173] Im NT findet es sich zweimal im Kontext der Heilung der an unstillbarer Menstruation leidenden Frau Mk 5,28.34 und in der Bitte des Synagogenvorstehers Jaïrus um Hilfe für seine vom Tode bedrohte Tochter Mk 5,23; letzteres ist besonders auffällig, da das Verb auch hier im Zusammenhang einer Totenauferweckung vorkommt.[174] Dennoch ist die Verwendung des Verbs σωθῆναι in Joh 11,12 außergewöhnlich

---

[166] So O. Michel, Todesschlaf *passim* (mit Hinweis z.B. auf GenR 96 [60c: Bill. I, 523]; 4Makk 7,18f; 16,25; äthHen 92,3; 100,5); s.a. H. Balz, ὕπνος 554f (zu Joh 11,11–13).

[167] S.a. M.D. Hooker, Mk 150.

[168] Die Bedeutung von HiobLXX 14,12–15 für Joh 11,11 unterstreicht G. Rochais 139f.

[169] Anders E. Haenchen, Mk 209.

[170] So F. Horst, Hi 183, mit Hinweis auf die Veränderung der LXX in 14,14. MT selbst begreift den Tod als Schlaf, aus dem es kein Erwachen und kein Auferstehen gibt (vgl. Horst, aaO. 209; G. Fohrer, Hi 257), die LXX-Übersetzung hingegen setzt wohl bereits eine Auferstehungshoffnung voraus.

[171] Vgl. K. Kertelge, Mk 60: Der Tod „findet seine Grenze in der Macht Jesu"; vgl. J. Wagner 436 (allerdings zur grundschriftlichen Erzählung): „Mit dem Bild vom ‚Schlaf' (11,11) wird bereits die Niederlage des Todes gegenüber dem auferstandenen Jesus deutlich."

[172] Parallelen: *Dio Chrysostomos*, Or 15,30; Ber 57b nennt den Schlaf als ein gutes Zeichen im Traum für den Kranken.

[173] Vgl. A. Lindemann, Erzählung 197 Anm. 88: „ganz ungewöhnlich". Immerhin ist dem Verbum die Bedeutung ‚gesund werden' nicht fremd, wie verschiedene Belege aus medizinischen Kontexten belegen; vgl. W. Bauer/K. u. A. Aland, Wb 1592 (1c) mit Belegen.

[174] Nach T. Söding, Glaube 419 ist die Verwendung theologisch qualifiziert, insofern durch die Verwendung dieses Verbs die beiden Wunder „Vor-Zeichen" der Gottesbasileia bzw. Ausdruck ihrer „Nähe" sind.

und könnte eine Doppeldeutigkeit implizieren. Auf der mißverstehenden Erzählungsebene kennzeichnet es das Gesundwerden,[175] auf der Metaebene des Erzählers und seines Auditoriums, die das Jesuswort von V.4 her in seiner Tragweite erkennen, bezeichnet es die Rettung vom Tode, zu der Jesus auf der Erzählebene des gesamten Evangeliums auf dem Weg der Passion zu Kreuz und Auferstehung hingeht.[176] Trotz des Unverstehens der Jünger im ersten Glied des Satzes könnte also im zweiten Glied etwas Richtiges für die Zukunft ausgesagt sein: Lazarus wird gerettet werden als eine Aktualisierung der Rettungsmacht, die Jesus für diejenigen ist, die glauben (V.25f).

Das Mißverständnis ist offensichtlich, wird aber dennoch erklärt (V.13). Dabei bleibt die Wortwahl subtil; der Rede Jesu vom Tod des Lazarus (περὶ τοῦ θανάτου αὐτοῦ) wird das Verständnis der Jünger gegenübergestellt: ἐκεῖνοι δὲ ἔδοξαν ὅτι περὶ τῆς κοιμήσεως τοῦ ὕπνου λέγει. Der Genitiv τοῦ ὕπνου ist keine Plerophonie, sondern notwendig, da κοίμησις durchaus den Tod als Ruhe bezeichnen kann: z.B. Sir 46,19; 48,13.[177] Joh 11,13 macht deutlich, daß Lazarus wirklich gestorben ist, so daß nicht die Genesungsruhe gemeint ist. Wenn im Jesuswort vom Schlaf gesprochen ist, so meint dies den Tod als zwischenzeitliche Ruhe und zwar im Blick auf das Wunder der Auferweckung in 11,43f, das Jesu lebensspendende Macht sichtbar werden läßt.

Es findet sich im vierten Evangelium ein weiteres Beispiel nachträglicher Explikationen eigentlich offensichtlicher Mißverständnisse in 2,21.[178] Formal entferntere, erzählerisch dennoch vergleichbare Analogien liegen in jenen Texten vor, die die nachösterliche Anamnese (2,17; 12,16) bzw. die Differenz zwischen präösterlicher Erzählungs- und postösterlicher Erzählerperspektive (7,39; 12,33) reflektieren; deshalb ist für eine Ableitung dieses Verses vom Evangelisten zu votieren.[179] Stephanie M. Fischbach weist in einer sehr feinen Beobachtung auf die Verwendung des Verbums δοκέω hin, das im vierten Evangelium als Kennzeichnung für „irrige oder nur teilweise korrekte (so 5,39) Vorstellungen" diene (weitere Belege: 5,45; 11,31; 13,29; 20,15).[180] Die Erklärung des Mißverständnisses geht allerdings nicht auf die mögliche Doppeldeutigkeit selbst ein. Erklärt wird lediglich, daß Jesus vom Tod des Lazarus sprach. Immerhin markiert dieser Einwand ein Signal (oder eine Deutungsanweisung) für den Leser, daß die Jünger mit ihrem Verständnis nicht die Gesamtintention des Dialogs erfassen. Diese gelegentlich als überflüssig empfundene Auf-

---

[175] S.M. Fischbach 11 versteht Joh 11,12 mit Hilfe profaner Belege aus dem antiken medizinischen Schrifttum „als Bezeichnung für die erhoffte oder erfahrene Heilung oder Rettung" (sc. von Krankheit); damit ist sicherlich einer der Aspekte dieser Aussage durch die antiken Parallelen sehr schön illustriert, aber im Kontext der joh. Erzählwelt ist damit noch nicht die gesamte Bedeutungsbreite erschöpft.

[176] Eine theologisch qualifizierte Bedeutung des Verbs erkennt auch J. Wagner 436 für die grundschriftliche Erzählung an: Das Verb spielt auf die „eschatologische Rettung aus dem Gericht" an. Auch J. Ashton, Understanding 219, findet das Verbum offen für ein tieferes Verstehen, daß auch für die Lebensgabe transparent ist. Anders G.R. Beasley-Murray, JE 189.

[177] Vgl. W. Bauer/K. u. B. Aland, Wb 890; jüdische Grabinschriften bei P.W. van der Horst 116; s.a. G.F. Snyder 88f zu den römisch-jüdischen Grabinschriften („The sleep referred to continued existence within the boundaries of the community... The quality of sleep with the rigtheous was, it was hoped, *shalom*.".

[178] Hierauf verweist auch R. Schnackenburg, JE II, 399. 410.

[179] Z.B. R. Bultmann, JE 304 Anm. 7. Anders J. Wagner 34.247, der diese Deutung als „nachträgliche Klärung" interpretiert (s.a. H. Wöllner 69; H. Balz, ὕπνος 555).

[180] S.M. Fischbach 257.

klärung zeigt an, daß in den vorangegangenen Versen weitergehende Informationen enthalten sind, und ermächtigt den Leser und die Leserin zu weiterem Nachdenken über das Gesagte. Dieses Signal ist also der Hinweis auf die Doppeldeutigkeit und damit zugleich ein Hinweis auf die Berechtigung des vorangegangenen Nachfragens nach dem Sinn der verwendeten Termini.

Es wurde jedoch in Frage gestellt, ob dieses subtile Spiel zwischen den Bild- und Bedeutungsebenen wirklich ein Mißverständnis im joh. Sinne sei. So identifizierte schon Rudolf Bultmann diese Verse als ein „primitives Kunstmittel der Quelle".[181] Ist das entfaltete Verständnis von 11,11ff richtig, so ist die Behauptung, es läge keine Verwechselung zwischen irdisch-materiellem und ‚göttlichem' Sachverhalt[182] vor, nicht überzeugend.[183] Das Verständnis der Jünger stellt ein Verbleiben im irdisch-materiellen Kontext dar.[184] Sie gelangen nicht zu einem tieferen Verstehen davon, was Jesus als besiegt anspricht. Die Korrektur des Mißverständnisses macht nicht nur deutlich, daß Jesus vom Tod gesprochen hat, sondern wie er den Tod qualifiziert, nämlich im Blick auf sich und sein Kommen als ‚Schlaf'. Es kann hier also durchaus auch in Bultmanns Sinne von einem joh. Mißverständnis gehandelt werden,[185] jedenfalls ist die gestaltende Hand des Evangelisten auszumachen. Ein weiterer Hinweis auf die Arbeit des Evangelisten ist das Sprechen Jesu in Offenheit (V.14), das sich terminologisch und inhaltlich in den Kontext des Evangeliums einfügt (vgl. 7,4; 10,24; 11,54; 18,20; s.a. 16,25).[186] Die Dialogpartner (V.11 und 12) setzen zudem den ersten Dialog voraus. Eine narrative Bedeutung dieses Textes im Zusammenhang der Tradition ist nicht wirklich auszumachen.

Wiederum zeigt sich, daß die Geschichte verkürzend erzählt wird; auf welche Weise Jesus vom Tod des Lazarus (V.11) Kenntnis bekommen hat, interessiert den Erzähler nicht. Zu rechnen ist wiederum mit dem übernatürlichen Wissen des Wundertäters.[187]

Das textpragmatische Ziel der Wundererzählung ist der Glaube der Jünger (ἵνα πιστεύσητε; V.15). An dieser Zielangabe wiederholt sich nun der Streit

---

[181] R. Bultmann, JE 304 Anm. 6; s.a. die Analyse von J. Becker, JE II, ¹352. ³413f. Gegen die Klassifikation als Mißverständnis auch D.A. Lee 200; H. Leroy, Rätsel 6f; W. Stenger, Auferweckung 184f; H. Wöllner 69; vgl. jetzt auch J. Wagner 238–241; er spricht mit Becker (JE I, ¹136. ³162) lediglich von einem „Unverständnis", nicht von einem Mißverständnis, so daß die typische Konstruktion des joh. Mißverständnisses hier nicht gegeben sei. Dies werde üblicherweise auch nur im Gespräch mit ‚den Juden' angewendet, nie aber innerhalb der Gemeinde.

[182] Vgl. die Qualifikation des joh. Mißverständnisses durch R. Bultmann, JE 95 Anm. 2.

[183] S.a. U. Schnelle, Christologie 144.

[184] S.a. R. Schnackenburg, JE II, 409; U. Schnelle, JE 188.

[185] Z.B. H. Balz, ὕπνος 555; G.R. Beasley-Murray, JE 188; J. Blank, JE 1b, 264; B. Byrne 45; J. Kremer, Lazarus 62; G. Strecker/F.W. Horn, Theologie 528; G. Voigt, JE 179; N. Zwergel 87; als das „übliche Mißverständnis" interpretiert W. Bauer, JE 149.

[186] Vgl. U. Schnelle, Christologie 144; zu Verständnis und Bedeutung dieses Begriffs im vierten Evangelium vgl. kurz G. Strecker, JohBr 145.

[187] Vgl. z.B. W. Bauer, JE 149; D. Burkett 218; U. Schnelle, Christologie 144; W. Stenger, Auferweckung 190; H. Wöllner 69.

um die Beurteilung von 20,31, dem parallel lautenden ursprünglichen Schlußwort des Evangeliums. Wer in diesem Wort das Ende einer Semeia-Quelle
oder eine Wundertheologie der Grundschrift auszumachen glaubt, die in Konkurrenz zur Sicht des Evangelisten steht, erhält ein Argument, diese Aussage
jener Quelle zuzuschreiben.[188] Allerdings wurde bereits die Interpretation
problematisiert, nach der der Evangelist den Zeichen keine glaubensstiftende
Funktion zubilligt. Das Zeichen, das Aktualisierung Jesu lebensstiftender
Macht ist, führt ebenso wie das Wort des Offenbarers in die Krisis. Kann es
den, der das Zeichen in seiner Transparenz auf die wahre Bedeutung des Täters hin sieht, zum Glauben führen, so ist es für den lediglich an der innerweltlichen Wirkung und ihrer Strittigkeit Interessierten ein Weg in den Unglauben.
Die Zeichen wie das gesamte Auftreten des gesandten Sohnes zielen ursächlich auf Glauben und lediglich die nichtverstehende Sicht des Wunders steht
unter dem Verdikt der Wunderkritik des Evangelisten. Zudem hat das Auferweckungswunder, das nach V.15 auf Glauben zielt, eine christologische Tiefendimension, indem es Aktualisierung des lebensspendenden Seins des Offenbarers ist. Insofern dies im Wunder erkannt wird und damit der Täter in seiner
wahren Bedeutung hervortritt, zielt das Auferweckungswunder, das mit dem
Tod des Lazarus motiviert wird, auf einen christologisch qualifizierten Glauben (ähnlich auch 2,11[positiv]. 23ff[negativ]).

Die Freude Jesu darüber, daß er sich im Auferweckungswunder zum Glauben der Jünger hin offenbaren kann (V.15: χαίρω δι' ὑμᾶς ἵνα πιστεύσητε),
hat eine Parallele im Dank Jesu an den Vater für das Wunder, dem Offenbarungsqualität innewohnt (V.41f: πάτερ, εὐχαριστῶ σοι ὅτι ἤκουσάς μου
... ἵνα πιστεύσωσιν ὅτι σύ με ἀπέστειλας[189]); die christologische Konnotation von V.41f ist auch in V.15 mitzubedenken.

Die Antwort des Thomas, V.16, ist überraschend und nicht leicht verständ-
lich. Der Furcht der Jünger von V.12 scheint dieses Wort vom Aufbrechen
Hohn zu sprechen. Oder ist es eine Fortsetzung des Mißverstehens in der De-
speration,[190] weil die Bedrohung von V.8 nun einzutreten droht,[191] oder wird
Thomas geschildert als ein mutiger Anführer,[192] der Jesu Wort bereitwillig
Folge leistet?

Auch könnte das Wort grundlegender ausgedeutet werden; dann ginge dieses Wort nur
vordergründig auf die folgende Situation, in deren Folge Jesu Hingang an das Kreuz sich

---

[188] Z.B. J. Wagner 241ff.
[189] Konsequent wird auch dieser Vers bei J. Wagner 267ff der Grundschrift zugerechnet.
[190] R. Bultmann, JE 305, spricht von einer „resignierten Ergebung"; s.a. J. Blank, JE 1b,
265; E. Haenchen, JE 403; B. Witherington, III, JE 202.
[191] Als Wiederholung von 11,8 deutet I. Dunderberg, John and Thomas 375, das Thomas-
Wort.
[192] So R.F. Collins, Figures 36f; s.a. B. Schwank, JE 301. T. Veerkamp 27 erblickt in Thomas einen „Skeptiker", der den Weg nach Judäa als „Spiel mit dem Tod" bewertet. G.R.
Beasley-Murray, JE 189, denkt an blinde Ergebenheit.

tatsächlich realisiert. Das eigentliche Ziel wäre in diesem Fall das Zusammenbinden des Schicksals Jesu mit der ihm folgenden Gemeinde.[193] Nimmt man Thomas von 20,24f her als denjenigen, der „in der Situation aller späteren Christen geschildert wird",[194] so könnte dieses Wort bereits für die späteren Verfolgungserlebnisse der nachösterlichen Gemeinde transparent sein. Die Aufforderung des Thomas konkurriert mit dem Befehl Jesu zum Fortgang, der gleichsam ein Schlußwort darstellt, gegenüber dem das Votum von V.16 nachklappt.

Thomas ist im JE durchaus eine gewichtige *persona dramatis*: 14,5 und besonders im Zusammenhang der Auferstehung Jesu (20,24.26f.28;[195] nur einmal allerdings auch in der sekundären Anfügung 21,2).[196] Diese Beobachtung spricht für die Gestaltung dieser Schlußszene durch die Hand des Evangelisten.[197] Zudem ist V.16 geradezu eine *inclusio* zu V.8, indem dieser Vers den dort entfalteten Widerstand gegen den Zug nach Judäa zurücknimmt.[198]

Der gesamte Doppeldialog Jesu mit den Jüngern ist somit als Werk des Evangelisten zu betrachten, dessen Vorliebe zur Gestaltung von Dialogeinheiten verschiedentlich aufgezeigt worden ist (vgl. z.B. 2,3b–4; 4,47–49; 6,6ff). Lediglich der Befehl zum Aufbruch wird traditionell vorgelegen haben und hat als Reaktion auf die Nachricht von der Krankheit zu gelten.

---

[193] S.a. W. Wuellner 118.122, der sehr konkret auf 21,18f (Tod des Petrus) verweist; auch L. Morris, JE 484, mit Hinweis auf 12,24–26; W. Heitmüller, JE 128. Aus der Perspektive der Parusieverzögerung erklärt J.P. Martin 342 diese Bemerkung, in der er das Schicksal der Gemeinde mit Jesus zusammengenommen findet. Aber die Verzögerung der Parusie ist schon für die synoptischen Evangelien ein Problem, auf das sie retrospektiv eingehen (z.B. G. Strecker/F.W. Horn, Theologie 345ff); dieser Gedanke kann nicht an das vierte Evangelium herangetragen werden. Daß schon 11,16 an die Schicksalsnachfolge Jesu durch die Gemeinde denkt, meint bereits R. Bultmann, JE 305; s.a. S. Schulz, JE 157. Dagegen F.J. Moloney, JE II, 159: „... Jesus seeks belief (v. 15), not death (v. 16) ...".

[194] H.-C. Kammler 204.

[195] Weithin als vom Evangelisten geformte Szene anerkannt: z.B. R. Bultmann, JE 537 (mit Quellenbenutzung); M. Lang 254–259: R. Schnackenburg, JE III, 390ff; J. Becker, JE II, [1]627f. [3]740f (mit Hinweisen auf die Forschungslage); anders G. Richter, Fleischwerdung 180.184; W. Langbrandtner 35ff.

[196] Zur Thomas-Gestalt im vierten Evangelium s.a. I. Dunderberg, John and Thomas 370ff.

[197] Dem Evangelisten weisen V.16 folgende Exegeten zu: z.B. R. Bultmann, JE 303f; U. Schnelle, Christologie 144; R. Schnackenburg, JE II, 399; W. Stenger, Auferstehung 184, aufgrund seines Kriteriums der Affinität mit dem Passionsthema. Deshalb ist der Gedanke schwierig, daß Thomas in eine sekundäre Einfügung hineingehöre; zu J. Wagner 34.116–124, der auf G. Richter, Formgeschichte 110 Anm. 71, zurückgreifen kann. Für Wagner ist die redaktionelle Einfügung des Thomas eine ironisch-polemische Aufnahme eines gnostischen Offenbarungsträgers, der an dieser Stelle seine Ignoranz gegenüber dem Weg Jesu zur Herrlichkeit demonstriere. Daß sich die Einfügung des Thomas gnostischen Zirkeln verdanke, ist allerdings lediglich eine Vermutung. Eine antidoketische Ausrichtung ist nicht einfach gegen den Evangelisten als sekundär auszuscheiden. Wagners sprachliche Belege setzen zudem eine weitergehende Redaktion des Evangeliums voraus, als sie in dieser Arbeit verantwortet werden kann.

[198] S.a. B. Byrne 42.

V.17 berichtet über die Ankunft des Wundertäters: Jesus findet Lazarus tot vor. Der Name des Lazarus wird trotz des Jüngerdialogs mit der Erwähnung zuletzt des Thomas nicht wieder genannt. Lazarus liegt bereits vier Tage im Grab.[199] Damit wird die Nachricht vom Tode des Lazarus, die dem Leser seit 11,(11.)14 bekannt ist, wiederholt. Redaktionelle Züge sind weder sprachlich noch theologisch erkennbar. Die Erwähnung des Grabes als Ort der Ankunft steht aber in Konkurrenz mit dem Ort, an dem Jesus zunächst Martha begegnet, und schließlich zum Haus der beiden Geschwister, V.31. Beide Orte sind nicht mit dem Grablegungsplatz identisch. Dies macht vor allem V.31 deutlich. Das Aufbrechen der beiden Schwestern zum Grab und das Ankommen Jesu am Grab in V.38, an dem sich Jesus nach V.17 bereits befindet, läßt eine merkwürdige geographische Spannung entstehen.[200] Tatsächlich läßt V.20 wenig davon erkennen, daß Jesus sich am Grab befindet, er scheint vielmehr auf einem Weg zu sein, entgegen der Angabe von V.17 hin zu den beiden Schwestern; so läßt es die Zielangabe, die V.30a zu entnehmen ist, erkennen: οὔπω δὲ ἐληλύθει ὁ Ἰησοῦς εἰς τὴν κώμην (sc. der Martha und Maria). Auf diesem Weg geht ihm Martha entgegen (ὑπήντησεν [s.a. 4,51; 12,18] vgl. zum Ort V.30b). Vereinfachend läßt sich eine geographische Struktur der Wundergeschichte, die Jesus zum Ort des Wunders bringt, unterscheiden von einer geographischen Struktur des Doppeldialogs Jesu zunächst mit Martha und dann mit Maria. Findet ersterer wohl auf dem Weg Jesu zu den Schwestern statt, so wird der zweite am Grab selbst lokalisiert. Die geographische Struktur des Dialogs überlagert die der Wundergeschichte, ohne freilich die aufgrund der Umgestaltung entstehenden Spannungen ganz aufzuheben.

---

[199] Zeitpunkt, an dem der Tod nach jüdischem Verständnis endgültig eingetreten ist, da sich die Seele vom Körper entfernt hat: vgl. z.B. Bill. II 544f; W. Bousset/H. Gressmann 297 Anm. 1 (einen Zusammenhang der als Belege genannten Textstellen TestIob 53,7 und TestAbr A 20 mit der Vorstellung des dreitägigen Aufenthalts der Seele beim Leichnam bestreitet B. Schaller 373 Anm. 7a); A. Schlatter, JE 251 (für weitere ältere Lit. mit Nachweisen vgl. R. Bultmann, JE 305 Anm. 6); L. Morris, JE 485. Nach J. Wagner 340 stellt diese Angabe bereits eine sekundäre Steigerung des Wunders dar; dies scheint mir jedoch nicht sicher, da hier der wirkliche Tod festgehalten wird.

Bei *Lukian* findet sich ebenfalls ein Text, der die Dauer des Aufenthalts im Grab angibt: „,Das ist noch nichts so Außerordentliches', sagte Antigonus. ,Ich selbst kenne jemand, der nach dem zwanzigsten Tage seines Begräbnisses wieder auferstand (ἐγὼ γὰρ οἶδα τινα μετὰ εἰκοστὴν ἡμέραν ἧς ἐτάφη ἀναστάντα), und kenne ihn sehr gut, da er vor und nach seinem Tode mein Patient gewesen ist." (Philops 13 [Übers.: C.M. Wieland I, 103]). Die skeptische Antwort des Zuhörers weist auf das Problem der Verwesung hin, die das Geschehen im Sinne des *Lukian* unglaubwürdig macht.

Erweist der Hinweis bei *Origenes*, Cels II 48, das bei *Lukian* aufbewahrte Erzählmotiv als verbreitet? *Origenes* hält hier *Celsus* entgegen, daß die Auferweckungen Jesu nicht erdichtet seien, weil gerade nicht von einer Vielzahl von Erweckungen von Verstorbenen, die lange im Grab gelegen haben (καὶ τοὺς ἤδη χρόνους πλείονας ἐν τοῖς μνημείοις), berichtet wird.

[200] S.a. J. Becker, JE II, ¹344. ³405; S.M. Fischbach 252.

Liegt auch eine Spannung zwischen V.17 und V.34 vor, da sich Jesus trotz seiner Ankunft am Grab nach dem Ort, an dem Lazarus begraben wurde, erkundigt? Die Folge ἐλθών ... εὗρεν muß aber nicht über die Ankunft an der Begräbnisstätte des Verstorbenen hinaus gepreßt werden; es besteht durchaus die Möglichkeit, daß nach dem genauen Ort des Grabes gefragt wird.[201] Daß diese Frage mit dem Allwissen des Wundertäters, das wir in den joh. Wunderberichten wie auch in profanen Parallelen des öfteren beobachtet haben, konkurriert, ist auffällig, aber nicht unmöglich. Die Frage kann die Information von V.38b (Felsengrab, das mit einem Rollstein verschlossen ist) vorbereiten und damit ein Detail sein, das der ältesten Form der Auferweckungsgeschichte nicht abgesprochen werden muß. Dennoch läßt sich die Frage von V.34, ohne daß eine sichere Entscheidung getroffen werden kann, auch dem geographischen Zusammenhang der beiden Dialoge zuordnen, die erst sekundär in die Auferweckung eingefügt worden sind. Im Kontext dieser Dialoge auf dem Wege ist die Frage nach dem Begräbnisort durch die Trennung der Ankunft Jesu am Grab von der Durchführung des Wunders unverzichtbar.

Die Ankunft am Grab wird schließlich in V.38 ein zweites Mal berichtet.[202] In V.30 wird ausdrücklich festgestellt, daß Jesus an dem Ort war, wo er mit Martha gesprochen hat. Kombiniert mit V.38a ist dieser Ort gegen V.17 von dem des Grabes zu unterscheiden. Wahrscheinlich liegt in V.17 also gegenüber der komplexen Geographie des Doppeldialogs die traditionelle Ankunft des Wundertäters am Grab des Toten[203] vor.[204] Nimmt man die Spannungen zu den anderen Ankunftsnachrichten als Signale für ein mögliches Wachstum wahr und rechnet man zudem mit einem sekundären Zusammenwachsen der ursprünglichen anonymen Schwestern mit dem urchristlich bekannten Schwesternpaar Maria und Martha, so ergeben sich Konsequenzen für die weitere Rekonstruktion. Ist mit V.17 Jesus am Grab des Toten angekommen, so spricht viel dafür, daß der Befehl zum Wegräumen des Steines das Handeln Jesu am Grab selbst charakterisiert. Möglich ist, daß dazwischen lediglich eine Trauergesellschaft genannt wurde; Spuren hierfür könnten in V.31–33 gefunden werden. Dies erklärt die überraschend positive Rolle der Juden. Anzunehmen ist weiterhin, daß in diesen Versen zusammen mit der Trauergemeinde ursprünglich nicht von Maria, sondern von den in V.3 genannten Schwestern

---

[201] So läßt E. Schwartz, Aporien III, 170, beide Bemerkungen, V.17 und V.34, zusammengehen; Jesus trifft am Grab die Schwestern wie auch die Juden und fragt nach der genauen Begräbnisstätte.

[202] Zu den Unausgeglichenheiten der Ortsangaben vgl. bes. J. Wagner 34.

[203] Nach dem Motivindex von S.M. Fischbach 26f handelt es sich bei der Ankunft des Wundertäters am Grab um Motiv N° 23; zugleich wird gewöhnlich im Kontext dieser Ankunft der Tod berichtet (Motiv N° 22).

[204] Vgl. z.B. J. Becker, JE II, ¹352. ³414; S.M. Fischbach 257; B. Kollmann, Jesus 269; U. Schnelle, Christologie 145.

die Rede war. Erzählerisch ermöglicht die Trauergesellschaft eine Akklamation des Wundertäters nach dem Vollzug des Wunders.

V.18 wiederholt die Ortsangabe Bethanien aus V.1 und setzt sie mit Hilfe der Entfernungsangabe in eine qualifizierte Relation zu Jerusalem (ἐγγὺς τῶν Ἱεροσολύμων ὡς ἀπὸ σταδίων δεκαπέντε). Die Nähe der im folgenden berichteten Ereignisse zu Jerusalem deutet diese als Fortsetzung des Konflikts mit ‚den Juden‘;[205] so dient die Auferweckung des Lazarus schließlich zur erneuten Begründung für die Nachstellungen gegen Jesus, indem es die unmittelbare Voraussetzung für das Treffen des Synhedrions und seines Todesbeschlusses darstellt (11,45ff). Zudem sind derartige relationale Erläuterungen geographischer oder temporaler Art im vierten Evangelium nicht singulär (vgl. z.B. 2,1; 4,46.54; 10,40).[206]

Der folgende Dialog, 11,21ff, weist wiederum stärkere Beziehungen zur Theologie und Sprache des vierten Evangelisten auf. Doch stellt sich die Frage, ob bereits V.19 zur redaktionellen Ebene gehört.[207] Die Einführung ‚vieler der Juden‘ (πολλοὶ δὲ ἐκ τῶν Ἰουδαίων) erinnert an das stereotype οἱ Ἰουδαῖοι des vierten Evangelisten und könnte somit ein Indiz für die redaktionelle Herleitung sein.[208] Allerdings ist die Schilderung ‚der Juden‘ als tröstende Begleiter der Schwestern in 11,19 eher neutral oder gar positiv.[209] ‚Die Juden‘ sind gekommen, um zu trösten; dies entspricht jüdischer Sitte: nach dem Begräbnis setzt ein siebentägiges Trauerritual ein.[210] In V.33 werden die Juden als ‚Weinende‘ beschrieben; dies entspricht dem Brauch der conclamatio.[211] Letzteres gehört jedoch zeitlich vor die Grablegung.

Diese Beobachtungen haben Relevanz für die Rekonstruktion des ältesten Bestandes. Julius Wellhausen hat dieses Problem konsequent freigelegt und entsprechende Schlüsse daraus gezogen. Unter Zugrundelegung von V.33 als Indiz für das älteste Material rekonstruiert er als Situation eine Begegnung mit dem toten Lazarus bzw. mit dem Trauerzug bei der Grablegung (hierher gehört die conclamatio) oder unmittelbar nach Abschluß der Grablegung auf dem Rückweg. V.18f wären dann ebenso Zusatz wie die Dauer des Aufenthalts im Grab.[212] In der Tat könnte sich die Zeitangabe als Steigerungselement auch in Verbindung

---

[205] S.a. W. Stenger, Auferweckung 185, da auf diesem Hinweis der „Schatten der Passion" liege; vgl. S.M. Fischbach 257; U. Schnelle, Christologie 145; H. Wöllner 70; N. Zwergel 94; anders J. Becker, JE II, ¹352. ³414; R.T. Fortna, Gospel 80; J. Wagner 257ff; U.C. von Wahlde, Version 121.

[206] Die Auflistung bei J. Wagner 258f unterscheidet nicht wirklich zwischen alter Tradition und der postulierten GS; so sind beispielsweise 5,2; 9,7 Teil der ältesten rekonstruierbaren Tradition; andere Angaben gehen m.E. auf den Evangelisten, stehen aber in unterschiedlicher Nähe zu dem Phänomen von 11,18.

[207] So z.B. U. Schnelle, Christologie 145; J. Wagner 35.

[208] S.o. S. 395.

[209] Vor allem U.C. von Wahlde, Version 118. 121, der diesen Begriff deshalb bereits dem Zeichenmaterial zutraut.

[210] Vgl. Bill. IV/1, 592–607.

[211] Zu dieser vgl. z.B. W. Schottroff 272–276.

[212] J. Wellhausen, JE 51.

bringen lassen mit der Anreise Jesu zum Toten, die V.15 geplant wird und Teil des redaktionellen Jüngerdialogs ist. Andererseits stellt die Zeitdauer die Wirklichkeit des Todes heraus, und dies ist auch auf der ältesten Überlieferungsstufe denkbar.

Eine derart saubere Trennung zwischen der Trauer nach dem Begräbnis und der Schilderung des Weinens als *conclamatio*, um eine ältere Geschichte zu rekonstruieren, die die Begegnung der Wundertäters vor die Grablegung datiert, ist kaum möglich. Doch gehört die Erwähnung ‚*vieler der Juden*' zusammen mit der Erwähnung Jerusalems und bereitet den Todesbeschluß vor; daher ist hier die Hand des Evangelisten zu vermuten. Die Erwähnung einer tröstenden Begleiterschar bei den Schwestern wird allerdings schwerlich der älteren Tradition abzusprechen sein und kann für die letztlich überraschend neutrale Darstellung der Juden verantwortlich sein.[213]

Zwischen Jesu Ankunft am Grab und dem eigentlichen Wunder in V.38ff finden die Gespräche Jesu mit Martha und Maria statt. Zudem finden sich Übergangsformulierungen, die die jeweiligen Gesprächspartner zusammenbringen und insbesondere die Schwestern jeweils trennen. Werden einerseits die Präferenz des Evangelisten für die Bildung und Einfügung von Dialogen sowie die erzählerische Redundanz beachtet, die durch die die Handlung unterbrechenden Gespräche entsteht, so stellt sich entschieden die Frage nach ihrer Ursprünglichkeit. Aber nicht allein literarische Überlegungen, sondern auch sprachliche und theologische Affinitäten zum genuinen Stoff des vierten Evangeliums erfordern eine eingehende Diskussion.

V.19.20 bereiten den folgenden Dialog vor und gehören somit, wenigstens in der vorliegenden Form, zu der literarischen Ebene dieses Gesprächs. Besonders die Aufspaltung der beiden Geschwister (V.20) kann nur als Einführung für den ersten Gesprächsgang verstanden werden. Zudem zeigt wenigstens V.19 eindeutig eine redaktionelle Handschrift. Lediglich das Motiv vom Trösten ist als traditionelles Gut auszumachen; hierfür gibt es eine einschneidende Parallele in V.31 (zur Trauer am Grab vgl. Weish 19,3). So haftet das Motiv der *consolatio* mit ziemlicher Sicherheit an der traditionellen Auferweckungsgeschichte, wenngleich Wortlaut und Erzählform nicht mehr genau zu ermitteln sind. Der Evangelist hat dieses Motiv rezipiert und verdoppelt.

Kommen wir zunächst zur Dialogpassage Vv.21–27. Wie verhält sich hier das literarhistorische Problem im einzelnen? Auch der *Dialog mit Martha* enthält ein Mißverstehen.[214] Obgleich Martha Jesu Wundermacht anerkennt (V.21),[215] und zwar als eine Macht, die ihn in besonderer Weise mit Gott ver-

---

[213] Vgl. N. Zwergel 94; s.a. H. Wöllner 70, der damit rechnet, daß E auch hier die Geschwisternamen umstellt.

[214] Vgl. D.A. Lee 201; s.a. R. Bultmann, JE 306; N. Zwergel 137ff.

[215] Vgl. F.J. Moloney, Faith 474; R. Bultmann, JE 306; s.a. N. Zwergel 127f. Die Beschränkung der Wundermacht auf das Potential zur Heilung bei der Anwesenheit des Wundertäters unterstreicht den Wundercharakter der im folgenden erzählten Auferweckung. Sie geschieht jenseits jeglicher Erwartung (vgl. W. Stenger, Auferweckung 189).

bindet (V.22),[216] versteht sie die Zusage Jesu, Lazarus werde auferstehen (V.23), im Sinne traditioneller eschatologischer Vorstellungen (V.24[217]).

Die Relation von V.22 und V.24 ist nicht ganz einleuchtend. Ist die Vertrauensäußerung von V.22 eine implizite Bitte um die Beendigung der Not, also um ein Auferweckungswunder,[218] oder will sie Lazarus, den Bruder, im Blick auf die eschatologische Auferstehung nur der Fürbitte des Gottesmannes versichert wissen?[219] V.24 jedenfalls weiß um die Auferstehungshoffnung und verbindet diese auch mit dem Schicksal des Lazarus.[220] Wahrscheinlich ist V.22 ein Rudiment der Tradition, das an den Geschwistern haftete; dafür spricht auch die Wiederholung in V.32. Mit der Berücksichtigung dieses Rudiments initiiert der Evangelist das Mißverstehen, das den Offenbarungsdialog in Gang setzt.

Vv.25f stellen der traditionellen Auferstehungshoffnung ein Ego-Eimi-Wort gegenüber,[221] das vielfach als Korrektur der falschen, traditionell jüdischen, aber auch christlich rezipierten eschatologischen Konzeption der Martha gesehen worden ist.[222] Daß sich in der Aussage von V.24 tatsächlich traditioneller Stoff spiegelt, könnte das οἶδα ὅτι anzeigen;[223] allerdings führt schon V.22 ein Wissen ein, das aus der Tradition stammt (vgl. V.32), aber gänzlich an der Wundergeschichte haftet. Ob in V.24 Tradition zitiert wird, muß offen bleiben. Aber es kann dennoch kein Zweifel bestehen, daß der Evangelist an

---

[216] A. Marchadour 119 wertet dies als Ausdruck des Glaubens („une confession du foi"); s.a. N. Zwergel 128f. F.J. Moloney, Faith 475, nimmt V.21f hingegen zusammen als Mißverstehen, das in Jesus lediglich einen von Gott ausgezeichneten Wundertäter sieht; s.a. ders., JE II, 160: defektiver Mirakelglaube.

[217] Vgl. zu οἶδα ὅτι ἀναστήσεται ἐν τῇ ἀναστάσει ἐν τῇ ἐσχάτῃ ἡμέρᾳ TestHiob 4,9: ἐν τῇ ἀναστάσει.

[218] So R. Bultmann, JE 306; D. Burkett 219; E. Haenchen, JE 404; J. Kremer, Lazarus 65; U. Schnelle, Christologie 146; W. Stenger, Auferweckung 193; H. Strathmann, JE 176; J. Wagner 35; s.a. K. Grayston, JE 91; anders B. Byrne 50 („a confession"); B. Witherington, III, JE 203.
Gegen Burkett reicht allerdings die Textbasis nicht dafür aus, zwischen einem starken Glauben in V.22 und einem schwachen Glauben in 23–27 zu unterscheiden; auch diese Verse legen ein zutreffendes Bekenntnis der Martha dar.

[219] B. Schwank, JE 304: „machtvoller Fürsprecher bei Gottvater". Allgemein J. Kremer, Lazarus 65: „die Klage und das Vertrauen von Christen ..., die über den Tod von Mitchristen vor der Parusie trauern". Unspezifisch G.R. Beasley-Murray, JE 190: „confidence in the power of Jesus' intercession for all eventualities"; an das Motiv der gewissen Gebetserhörung erinnert N. Zwergel 131.

[220] D. Burkett 212f weist beide Verse je einer der beiden von ihm ermittelten Versionen zu; allerdings bleibt die Zusage der Auferweckung des Lazarus an Martha in V.23 unmotiviert, wenn man mit Burkett V.22 einer anderen Version zuordnet.

[221] S. Schulz, JE 155, leitet dieses Wort aus der Tradition her; nach Schulz, aaO. 159, ist dies Ego-Eimi-Wort ein „geradezu dogmatischer Kernsatz johanneischer Eschatologie". Anders J. Becker, JE II, [1]359. [3]421f: „E formuliert selbst, freilich unter Benutzung des Formschemas der Ich-bin-Worte".

[222] Z.B. J. Becker, JE II, [1]358. [3]420f; Becker denkt an eine Korrektur joh. Gemeindetheologie (vgl. seinen Hinweis auf KR; s.a. ders., Abschiedsreden 222); J. Gnilka, JE 91; F.J. Moloney, Faith 475f; J. Wagner 210. 214; N. Zwergel 150ff; s.a. J. Kremer, Auferstehung 145. Anders U. Schnelle, Christologie 146.

[223] J. Wagner 216.

eschatologische Vorstellungen anknüpft, die in seiner Gemeinde bekannt waren. Das Ego-Eimi-Wort wird durch zwei auslegende Entfaltungen in positiver (was Jesus als Gabe bewirkt) und negativer Linie (was Jesus als Gabe verhindert) entwickelt.[224]

ἐγώ εἰμι. ἡ ἀνάστασις καὶ ἡ ζωή·[225]
ὁ πιστεύων εἰς ἐμὲ κἂν ἀποθάνῃ ζήσεται
καὶ πᾶς ὁ ζῶν καὶ πιστεύων εἰς ἐμὲ οὐ μὴ ἀποθάνῃ εἰς τὸν αἰῶνα.

Jesus stellt sich als Auferstehung und Leben vor. Die beiden folgenden Glieder belegen, daß Jesus insofern Auferstehung und Leben ist, als er denen diese Gaben vermittelt, die an ihn glauben. „(D)er Lebensspender ist das Leben selbst, das er mitteilt; der Auferstandene ist die Auferstehung selbst".[226] Der Glaube ist der Modus, an Jesus als Auferstehung und als Leben zu partizipieren.[227] Im Glauben ist Jesus der, der diese eschatologischen Gaben gibt, so daß der Tod eine unwirkliche und vor allem unwirksame Größe wird.

Die gestellte Frage, ob Martha dies glaube (V.26[fin]), ist im vierten Evangelium ungewöhnlich.[228] Marthas Antwort, V.27, ist ein christologisches Bekenntnis,[229] das nicht direkt auf die dogmatische Entfaltung des Ego-Eimi-Wortes eingeht,[230] sondern weiterführend eine christologische Aussage entfaltet, die sich als christologisches Bekenntnis des joh. Kreises verstehen läßt:[231]

---

[224] Vgl. z.B. R. Bultmann, JE 307f; etwas anders J. Kremer, Lazarus 68, der das erste Glied des Parallelismus auf die Auferstehung, das zweite auf das Leben bezogen wissen will (s.a. G.R. Beasley-Murray, JE 190). Daß hier ein gerundetes Wort vorliegt, wurde jüngst bestritten. Nach dem Vorgang von M.-É. Boismard/A. Lamouille, JE 293f, die κἂν ἀποθάνῃ ζήσεται καὶ πᾶς ὁ ζῶν καὶ πιστεύων εἰς ἐμέ als Nachtrag identifizieren, sucht auch J. Wagner 224–227 die Hand des von ihm angenommenen antidoketischen Redaktors wiederzufinden, der nunmehr die futurische Dimension durch den Hinweis auf das Sterben wieder einträgt. Demgegenüber macht H. Hübner, Theologie III, 189, das futurische Element als Grundbestand präsentischer Eschatologie deutlich.

[225] Das zweite Glied der Selbstpräsentation καὶ ἡ ζωή ist ausgelassen in 𝔓[45] und einigen wenigen anderen Zeugen (1, Sinai-Syrer und bei Cyprian). Der Chester-Beatty Papyrus I ist zweifelsohne Zeuge für eine frühe Variante, aber nicht für den ursprünglichen Text, wie eine breite Mehrheit der Handschriften erkennen läßt (vgl. vor allem 𝔓[66.75] *et alii*).

[226] J. Blank, JE 1b, 270.

[227] S.a. J. Blank, JE 1b, 270.

[228] Vgl. J. Kremer, Lazarus 69.

[229] Vgl. U. Schnelle, Christologie 146; N. Zwergel 160ff; s.a. R. Bultmann, JE 308f. Anders F.J. Moloney, Faith 477f, der die Perfektform ἐγὼ πεπίστευκα als Festhalten an dem zu kurzgreifenden Glauben von V.21f charakterisiert (s.a. ders., JE II, 162; A. Stimpfle, Blinde 140; Marthas Antwort qualifiziert auch D.A. Lee 206.213 als unzureichenden Glauben). Dies ist grammatikalisch berechtigt, geht aber an der genannten inhaltlichen Qualifikation des Glaubens vorbei.

[230] S.a. S.M. Fischbach 252. Insofern ist die Gleichung Ego-Eimi-Wort, das scheinbar keinen Halt am Wunder hat, plus ein auf dieses Wort bezogenes Bekenntnis gleichzusetzen mit einer Kritik am Wunderglauben (gegen 11,15.45) nicht evident; zu J. Wagner 210.

[231] M. Dibelius, Joh 15,13, 219; K. Berger, Theologiegeschichte 710: „das zentrale Bekenntnis der johanneischen Christen"; s.a. J. Beutler, Gebrauch 305; Frauen 290f; J.J. Bridges

σὺ εἶ ὁ χριστὸς ὁ υἱὸς τοῦ θεοῦ ὁ εἰς τὸν κόσμον ἐρχόμενος. So wird das Wort der Martha gleichsam zu einem exemplarischen Bekenntnis des impliziten Lesers,[232] und die auffordernde Frage an Martha ist zugleich eine Frage an die externe Lesergemeinde:[233] „So wie Martha V 27 antwortet, soll für E jeder Christ bekennend reagieren.“[234] Da aber die Ausführung des Ego-Eimi-Wortes am Sprecher desselben hängt, steht das Bekenntnis im Gefälle der Selbstoffenbarung Jesu als Auferstehung und Leben. Ein wichtiger Vergleichstext ist insbesondere 20,31,[235] wo als Glaubensinhalt festgestellt wird: ὅτι Ἰησοῦς ἐστιν ὁ χριστὸς ὁ υἱὸς τοῦ θεοῦ und jedem der dies glaubt, das Leben in seinem Namen zugesprochen wird. Reflektiert die Notiz 20,31 unseren Dialogabschnitt 11,25–27 oder ein älteres Stück, das 11,25–27 zugrundeliegt? Die Näherbestimmung des Sohnes als ὁ ἐρχόμενος εἰς τὸν κόσμον hat joh. Parallelen (3,19; 6,14; s.a. 1,9). Besonders wichtig ist, daß sich Jesus in 11,4 selbst als Gottes Sohn vorstellte (vgl. den Gottessohn-Titel in Texten, die vom Bekenntnis, Zeugnis und Glauben sprechen: die Täufermartyria 1,34, das Bekenntnis des Nathanel 1,49; s.a. 3,18; 6,40), dessen Doxa durch die zum Tode führende Krankheit des Lazarus offenbar würde. Wie der joh. Jesus seit der Täufermartyria und dem Nathanel-Bekenntnis in Kap. 1 als der Gottessohn zu Beginn des Evangeliums eingeführt ist, so gilt dies auch für den χριστός-Titel; er wird vom Täufer abgelehnt (1,20.25; s.a. 3,28), so daß er Jesus ausdrücklich in 1,41 und 4,25 zuerkannt werden kann.

254; J. Kremer, Lazarus 361f; F. Porsch, JE 123; S.M. Schneiders 53 („most fully developed confession of Johannine faith in the Gospel"). G. Bornkamm, Bekenntnis 191f Anm. 8, hebt auf die Nähe von Joh 11,27 zum frühchristlichen Taufbekenntnis ab. Mit anderer Argumentation spricht J.P. Martin 338 davon, daß das Bekenntnis der Martha das Bekenntnis der Kirche sei. Sehr weitreichende Konstruktionen nimmt E. Schüssler Fiorenza, Gedächtnis 401f, vor: Das als „Gegenstück" zum Petrusbekenntnis, Joh 6,66–71, verstandene Bekenntnis der Martha läßt diese in der 11,5 aufnehmenden Interpretation zur Lieblingsjüngerin werden: „Die/Der EvangelistIn könnte die aus ihrer/seiner Quelle stammenden Worte als ein einen Höhepunkt darstellendes Glaubensbekenntnis einer/eines ‚LieblingsjüngerIn' absichtlich Martha in den Mund gelegt haben, um sie als Verfasserin des Buches zu identifizieren" (Zitat: aaO. 401). Wird hier das Bekenntnis der Martha zu Recht in Relation zu 20,31 gesetzt, so stellen die darüber hinausgehenden Ausführungen lediglich Spekulationen dar.

E. Leidig 226 leitet das christologische Bekenntnis der Martha aus 2Sam 7,13f und Ps 2 ab; deshalb äußert sie sich nicht zu dem Verhältnis dieses Bekenntnisses zu frühchristlichen und vor allem zu den joh. Äußerungen, so daß ihr eine wichtige Dimension des Textes entgeht (vgl. G. Strecker/F.W. Horn, Theologie 509, zur traditionsgeschichtlichen Ableitung des joh. Gottessohn-Titels).

[232] S.a. C.R. Koester, Symbolism 67; J. Kremer, Lazarus 70f.

[233] S.a. J. Kremer, Lazarus 71.

[234] J. Becker, JE II, ¹363. ³426; s.a. z.B. F. Porsch, JE 123; L. Schenke, JE 226: „Marthas Bekenntnis ist ein volles und ausreichendes Bekenntnis, wie es der ebenso im Leser befestigen will (vgl. 20,31)."

[235] Vgl. z.B. J. Gnilka, JE 92; U. Wilckens, JE 179.

Nimmt man diese Linie auf, so lassen sich die Selbstoffenbarung Jesu und das Wunder nicht antithetisch interpretieren; schon das Bekenntnis drängt auf eine, allerdings differenzierte Synthese von Selbstoffenbarung und Auferweckungsgeschichte hin. Differenziert insofern, als die Auferweckung vom Signalvers über die Selbstoffenbarung 11,25f und dem Bekenntnis, zu dem alle eingeladen sind, her gelesen werden soll. Die vom Bekenntnis her betrachtete Auferweckung kann auch eng mit der Zweckangabe der joh. Evangelienschreibung in 20,31 zusammen gesehen werden: „Marthas Bekenntnis ... entspricht präzise dem Lebensgewinn, auf dessen Höhe der Erzähler unseres Evangeliums seine Leser führen möchte".[236] „Die Wende vom Tod zum Leben vollzieht sich demnach, sobald einer an den vom Vater in diese Welt gesandten Sohn glaubt".[237]

Daß das Ego-Eimi-Wort vom Evangelisten in V.25f plaziert wurde, ist weitgehend unumstritten. Eher strittig ist, ob dieses Wort auf seinen Kontext vom Evangelisten formuliert wurde oder im Kern ein Wort aus der joh. Tradition ist.[238] Die Aufforderung zum Bekenntnis ist zudem im vierten Evangelium ungewöhnlich und erinnert an eine Tauf- oder Katechumenenfrage. Für die gegebene Antwort gibt es Parallelen im vierten Evangelium, so daß eine Ableitung vom Evangelisten möglich erscheint. Nicht auszuschließen ist aber die Annahme, daß sich in V.27 traditioneller Bekenntnisstoff des joh. Kreises zu Worte meldet. Wenn diese Beobachtungen zusammengenommen werden, so ergibt sich die Möglichkeit, daß hinter 11,25–27 liturgischer Stoff, beispielsweise als Teil des Taufformulars eine Taufabfrage der joh. Gemeinde sichtbar wird. Aber über das Aufzeigen dieser Möglichkeit ist nicht hinauszukommen; für sie spricht, daß dieses Stück immerhin separat tradierbar ist.

Vv. 19–27 gehen auf den Evangelisten zurück.[239] Er fügt hier unter Verwendung von Tradition einen Dialog ein, indem er die eine Auferweckung vor

---

[236] H. Thyen, Erzählung 2036.

[237] J. Kremer, Auferstehung 146.

[238] S.a. R. Bultmann, JE 307 Anm. 1, der in diesem Wort wiederum ein Rudiment der Quelle der Offenbarungsreden findet; vgl. H. Becker 91.

[239] Vgl. U. Schnelle, Christologie 145. Anders z.B. J. Gnilka, JE 90: nur Vv.25–27; das „lebhafte Arrangement des Schwesternpaares" gehe auf die SQ zurück; E. Haenchen, JE 404: E zeichne verantwortlich für Vv.23–27. S.a. J. Wagner 204ff.260ff (s.a. die Übersicht: 330), der Material aus allen vier von ihm rekonstruierten Schichten in dieser Dialogpassage separiert. An Stelle einer kritischen Würdigung kann hier nur auf einige Probleme der sprachlichen Nachweise von Wagner 263ff hingewiesen werden. Für den Nachweis der Sprache der Grundschrift rekurriert er häufig auf die Wundergeschichten des vierten Evangeliums, deren traditioneller Charakter kaum in Frage steht. In Frage steht aber, auch wenn dies der Grundthese von Wagner widerspricht, ihre Zugehörigkeit zu einer Quelle. Zudem, auch wenn es diese Quellenschrift gegeben hat, so dürfte sie ihrerseits auf Traditionen zurückgegriffen haben, an der sprachliche Merkmale hafteten, wie die Stadien in Joh 6,19 (263) und der Aufstehbefehl in 5,8 (zu 266); keineswegs ausgemacht ist es also, daß diese Begriffe die Sprache der Grundschrift kennzeichnen. Wagner argumentiert in einem Zirkel. Dies geschieht in methodischer Hinsicht in einer zu würdigenden Gründlichkeit. Wer aber die Vorentscheidungen aufgrund seiner Exegese nicht teilen kann, der kann sich nicht in jedem Fall von der Argumentation Wagners beeindruckt zeigen. Dies gilt auch für die Zuweisungen von Texten und damit der sprachlichen Merkmale zu der hypothetischen Grundschrift und zur extensiven Redakti-

den Hintergrund eschatologischer Fragestellungen des joh. Kreises stellt. Literarisch ist auch die Mehrdeutigkeit[240] in Jesu Antwort an Martha von Gewicht
(ἀναστήσεται ὁ ἀδελφός σου), deren sich der Evangelist verschiedentlich
in seinem Werk bedient (zuletzt V.12). Auch hat das Moment der präsentischen Eschatologie eine besondere Bedeutung im vierten Evangelium (s.a.
3,18.36; 5,24; 6,40; 8,12.51), so daß das Interesse an diesen Aussagen auf den
Verfasser des Evangeliums verweist.

Auch die Vorbereitung der Begegnung mit der zweiten Schwester ist das
Werk des Erzählers des JE (V.28–31).[241] An dieser Stelle ist noch einmal auf
die Rolle der beiden Schwestern Maria und Martha in der Geschichte zurückzukommen; aufgrund der Voranstellung in V.1 und der Affinität mit dem prä-
sentisch-eschatologischen Ego-Eimi-Wort in Joh 11,25f wird in einer Anzahl
von Arbeiten die Rolle der Martha als eine sekundäre Erweiterung interpretiert.[242] Aber die Überleitung zwischen dem Martha-Dialog und dem Treffen
mit Maria in Vv.28–30 setzt nach V.17 die Konstruktion des ersten Gesprä-
ches voraus. Dieser erste Dialog macht es notwendig, eine solche Übergangs-
konstruktion zu schaffen. Zudem ist das Heimlichkeitsmotiv (11,28) nicht aus
der Wundergeschichte abzuleiten. Zwar gibt es die Totenerweckungen, die in
der Abgeschiedenheit vorgenommen werden (Mk 5,40; 1Kön 17,19; 2Kön
4,33, Apg 9,40); in der Auferweckung des anonymen Kranken sind aber wohl
bereits auf der älteren Stufe Zeugen für das Geschehen vorhanden (vgl.
V.19.33). Das Heimlichkeitsmotiv ist mit der Konfliktszenerie des vierten
Evangeliums zu verrechnen und so ebenfalls dem Evangelisten zuzuschreiben.[243] Dafür spricht auch, daß die Reaktion und das Kommen der Maria aufgrund des Rufes Jesu von ‚*den Juden*‘ als Weggehen zum Trauern verstanden
wird (11,31 wiederum eine mit dem Verb δοκέω vorgestellte irrige Annahme). Dies stellt wiederum einen Akt des Mißverstehens dar.[244] So bilden
Vv.18–31 insgesamt einen vom Evangelisten eingewebten Rede- und Erzähl-

---

onsschicht. Das sprachliche Argument stellt, wie in der Einleitung ausgeführt (s.o. S.
109), lediglich ein Hilfsargument dar, auf das nicht verzichtet werden kann, was aber
äußerst unterschiedliche Ergebnisse erbringt.

[240] Vgl. z.B. B. Lindars, JE 394.

[241] U. Schnelle, Christologie 146f; anders J. Becker, JE II, ¹363. ³426: in Vv. 28–32 hat der
Evangelist nur „wenig geändert".

[242] Als Beispiel seien genannt H. Wöllner 71–73, der Maria zum ältesten Bestand der
Wunderüberlieferung rechnet; auch W. Stenger, Auferweckung 186f. 192, streicht das
Martha-Gespräch für die ältere Tradition, und J. Becker, JE II, ¹344.357ff. ³405.419ff,
der die ausgeführten Martha-Stellen (Vv.23–27.40.41b.42) von der Vorlage abhebt, um
so den Spannungen in der Maria-Martha-Darstellung zu entgehen.

[243] Eine nahe Parallele zum Adverb λάθρᾳ (11,28) bietet das Gehen Jesu nach Jerusalem
ἐν κρυπτῷ in 7,10, das durch die Nachstellungen der Juden motiviert ist (7,1).

[244] Vgl. F.J. Moloney, Faith 482.

gang,[245] in dem dieser Traditionen seiner Gemeinde wie auch Motive der Wundergeschichte verwendet.

Spuren der Tradition finden sich möglicherweise in V.32 wieder. V.32 führt den Wundertäter und die Bittsteller am Grab zusammen. Ob die beiden Schwestern sich bereits am Grab befunden haben, so daß V.32a erst aufgrund von V.28–31 formuliert wäre,[246] oder die Schwestern in Begleitung der Mittrauernden zum Grab gelangen, ist nicht mit hinreichender Sicherheit auszumachen. Wichtig ist aber, daß sich in der Begleitung der Schwestern eine Trauergesellschaft befindet. Diese Gesellschaft dürfte für die Spannung in der Darstellung ,der Juden' verantwortlich sein, die in die Rolle der Trauernden der Tradition geschlüpft sind. Die ursprüngliche Bezeichnung der Trauernden ist aber nicht mehr auszumachen.[247] Die Doppelung von V.32 und V.21[248] könnte ihre Erklärung darin besitzen, daß der Evangelist dieses Wort in der Tradition vorfand;[249] es war hier ein Zeugnis für das große Vertrauen in den Wundertäter.[250] Implizit enthält diese Aussage dann die Erwartung, daß der Wundertäter vor diesem Tod nicht kapitulieren müßte. Der Evangelist, der die beiden Dialoge formte, nutzte diese Vertrauensäußerung jeweils als Einstiegsformulierung, die dem Offenbarer Anlaß zum Reden und Handeln bietet. Die Proskynese als Motiv der Annäherung an den Wundertäter ist in antiken Wundergeschichten gut belegt.[251]

V.33 schildert die Reaktion Jesu, die dem Weinen der Maria und der anderen Trauernden folgt: ἐνεβριμήσατο. Die Deutung dieses Verhaltens ist umstritten. Zweifelsfrei dürfte allerdings sein, daß es sich um eine heftige, nach außen gerichtete Aktion handelt: „an aggressive style of behavior".[252] Davon ist V.33c zu unterscheiden, der eher ein nach innen orientiertes psychisches

---

[245] Vgl. auch G. Rochais 116f.118f. Sehr ähnlich urteilt auch S.M. Fischbach 257, die Vv. 19–32 als Ringkomposition versteht; Spuren der Tradition macht sie in V.19.20a.b und 32b aus. Dem Evangelisten schreiben Vv.20–32 auch R. Bultmann, JE 301 Anm. 4, und R. Schnackenburg, JE II, 400, zu. S.a. E. Hirsch, Studien 88.91, der allerdings V. 22 durch die sekundäre Redaktion eingefügt findet, um den „gegenständlichen Glauben(.)" einzubringen.

[246] So U. Schnelle, Christologie 147.

[247] S.a. J. Wagner 257, der erwägt, daß die „ursprüngliche Wundererzählung ... von den ,vielen' Nachbarn, die als Trauergäste zu Maria gekommen waren", gesprochen habe.

[248] V.21 spricht Martha: κύριε, εἰ ἦς ὧδε οὐκ ἄν ἀπέθανεν ὁ ἀδελφός μου. Analog formuliert Maria V.32: κύριε, εἰ ἦς ὧδε οὐκ ἄν ἀπέθανεν ὁ ἀδελφός.

[249] Vgl. U. Schnelle, Christologie 147; anders z.B. R.T. Fortna, Gospel 81f.

[250] Vgl. S.M. Fischbach 20 Motiv N° 17.

[251] Vgl. G. Theißen, Wundergeschichten 63, als Vertrauensäußerung; so z.B. *Tacitus*, Hist IV 81; Mk 1,40; 5,22; 7,25. Im Unterschied zur Proskynese in 9,38 fällt Maria in 11,32 vor dem Wunder nieder, der Blindgeborene nach der Heilung. Die Differenz könnte dafür sprechen, daß das Verhalten der Schwestern in der Tradition tatsächlich als Bitte gedeutet werden kann, das Verhalten des Blindgeborenen aber als Bekenntnis (zur Differenz der Motive s.a. Theißen, ebd., jeweils mit Beispielen).

[252] B. Lindars, Spirit a 190; s.a. z.B. B. Byrne 58; T. Veerkamp 32: heftiger Zorn.

Verhalten expliziert,[253] das sich gut mit dem Weinen in V.35 verträgt; diese Reaktion läßt sich der Hand des Evangelisten zurechnen.[254]

Wie aber ist das Verhalten Jesu im Kontext der alten Wunderüberlieferung zu verstehen? Wird dies Verhalten als Reaktion auf die Trauer der Anwesenden genommen, so bietet sich, zunächst auf der Ebene der Tradition, an, daß sich die heftige Gemütsbewegung als Reaktion auf den in der Trauer sichtbar werdenden „Zweifel an seiner (sc. Jesu; Vf.) Wunderkraft" deuten läßt.[255] Andererseits kann gefragt werden, ob sich das Verhalten Jesu, ausgelöst durch die Trauer, auf den Tod des Lazarus selbst richtet. Das Verhalten wäre dann Ausdruck des Zornes über die zerstörerische Macht des Todes.[256] Hierfür könnte auf 13,21 hingewiesen werden, da Jesus angesichts seines durch den Verrat des Judas initierten Todes ebenfalls in eine Erregung des Geistes gerät (ἐταράχθη τῷ πνεύματι). Die Reaktion in 11,33 könnte auch auf das Wunder selbst bereits hindrängend interpretiert werden als das „Innewerden einer feindlichen Macht" angesichts des Todes.[257] Einen neuen Vorschlag zum Verständnis der Interpretation von V.33[fin] ἐνεβριμήσατο τῷ πνεύματι hat Barnabas Lindars vorgelegt.[258] Er findet hierin das Rudiment eines traditionellen Exorzismus, der den Ausgangspunkt für die Erzählung von der Auferweckung des Lazarus im vierten Evangelium bietet. Der Evangelist selbst interpretiert nach Lindars diese exorzistische Erregung um und bildet damit eine Trauerszene; seine eigentliche Intention aber ist es „to bring Jesus to the tomb without revealing his real intention until the last possible moment".[259] Zweifelhaft ist, daß nach allen Vorverweisen die Intention des Evangelisten in der Bildung einer Spannung bis zum letzten Augenblick liegt. Aber auch hinsichtlich der Deutung der Tradition durch Lindars bleiben Probleme offen. Auch wenn einzelne terminologische Berührungen zwischen Exorzismus und der joh. Auferweckungstradition vorliegen, so ist die Annahme eines umgestalteten Exorzismus dennoch kaum beweisbar, da jeder direkte Hinweis auf dämonische Mächte und auf exorzistische Riten fehlt.

Die vorhandenen Berührungen sind zu schmal und lassen sich gut im Kontext der Auferweckungstradition verstehen. So auch der heftige Gefühlsausbruch des Wundertäters, für den Campbell Bonner in einem zur Interpretation von 11,33b häufig herangezogen Aufsatz die m.E. noch immer treffendste Interpretation als pneumatische Erregung des Wundermannes vorgelegt hat („The narrator doubtless considered such a manifestation of seizure by the Spirit as a natural preliminary to so portentous a miracle.").[260] Damit zielt die

---

253 Vgl. J. Wagner 130.
254 J. Beutler, Psalm 42/43, 85; R. Schnackenburg, JE II, 420–422.
255 U. Schnelle, Christologie 147; JE 191.
256 R.E. Brown, JE 435; s.a. L. Schenke, JE 228.
257 W. Thüsing 79.
258 B. Lindars, Spirit a passim; Spirit b passim. Auslegungen der Alten Kirche bis ins Mittelalter sowie neuzeitliche Interpretationen bei J. Beutler, Psalm 42/43, 86ff, der τῷ πνεύματι καὶ ἐτάραξεν ἑαυτῷ dem Evangelisten zuschreibt und traditionsgeschichtlich aus Ps 42. 43 ableitet; diese Psalmen seien für das Erschüttertwerden, das Weinen und das Ergrimmen im Geiste verantwortlich (Joh 11,33.35.38; aaO 43–45).
259 B. Lindars, Spirit a 196.
260 C. Bonner 176; vgl. aber auch 174ff. Zustimmend z.B. R. Bultmann, JE 310 Anm. 4; E. Haenchen, JE 411; G. Theißen, Wundergeschichten 67 („Hereinbrechen numinoser Macht"; allerdings will Theißen des Aspekt des Klagens und Leidens mitbedacht wissen); J. Wagner 131; s.a. N. Zwergel 111; dagegen J. Kremer, Lazarus 72f Anm. 99. Mögli-

erregte Aktion Jesu erzählerisch bereits auf die Begegnung mit dem Toten und damit auf das Auferweckungswunder hin. Tatsächlich ergeben sich nach V.33c aber auch für V.34 sowie Vv.35–38a noch Indizien für einen sekundär erweiterten Charakter dieser Verse.

Die Frage Jesu nach dem Begräbnisort und ihre Beantwortung, V.34, kann eine spätere Übergangsformulierung sein,[261] die erzählerisch notwendig wurde, als Jesus selbst in der Geschichte nicht mehr unmittelbar zum Grab hingelangte. D.h. als der Zusammenhang von der Ankunft des Wundertäters am Grab, V.17, mit der Trauerszene vor dem Grab (V.31–33*) durch die Begegnung Jesu mit den Schwestern auf dem Weg (V.20) und vor dem Dorf (V.30.32) unterbrochen wurde, mußte das Grab neu eingeführt werden; dies geschieht durch die Frage Jesu, die die Bewegung des Trauerzugs zum Grab des Lazarus motiviert.

Der Abschnitt 11,35–38a wird zumeist dem vierten Evangelisten zugeschrieben.[262] Dies geschieht mit Recht. Sperrig verhält sich zur externen Erregung in V.33b allerdings das innerliche Weinen Jesu, V.35. Die Deutung dieses Verhaltens durch *die Juden* in V.36, die V.3(.5) wieder aufnimmt, kann von der Schilderung des Weinens selbst nicht abgetrennt werden. Ob hier ein Mißverstehen *der Juden* vorliegt[263] oder eher eine Erinnerung an das enge Verhältnis zwischen Jesus und Lazarus in 11,3, hängt entscheidend von der Deutung des Weinens in V.35 ab. Gehört dieses Weinen in den Zusammenhang der antidoketischen Unterstreichung der wahren Menschlichkeit des Offenbarers,[264] so ist die Erinnerung an die menschliche Verbindung Jesu mit Lazarus in einem analogen Licht zu sehen.

V.37 nimmt eine Trennung innerhalb der Sprechergruppe von V.36 vor und gestaltet einen Rückverweis auf Kap. 9: *,Konnte der, der die Augen des Blinden geöffnet hat, nicht auch erreichen, daß dieser nicht gestorben wäre?'* Die Frage variiert ein Thema, das wir bereits als traditionell ausgemacht haben:

---

cherweise ist die geistige Erregung vor dem Bezeugen des Verräters in 13,21 ebenfalls in diesem Licht zu interpretieren als eine mirakulöse Ansage des zukünftigen Verrats.

[261] Anders z.B. J. Wagner 132f.

[262] Vgl. R. Schnackenburg, JE II, 420; J. Beutler, Psalm 42/43, 85; R. Bultmann, JE 310 Anm. 3; U. Schnelle, Christologie 147. Anders J. Wagner 133–140 (bes. 137ff), der in V.33c.35–37 die antidoketische Redaktion am Werk findet. Dabei wird vor allem der Hinweis auf die Betonung der Würde und Hoheit Jesu beim Evangelisten als Kriterium beansprucht. Dies setzt voraus, daß der Evangelist lediglich herrlichkeitschristologische Tendenzen verfolgt und ihm jegliche antidoketische Überlegungen abzusprechen sind; dies ist zu eng gedacht. Ebenso einlinig ist die Beurteilung des Verhaltens der Juden; in Kap. 9 ist ein Schisma unter den Juden über die Bewertung des Handelns Jesu entstanden (9,16), so daß die Aussage in V.37 nicht völlig überrascht. Zudem ist dieses Wissen nicht mit der Nachfolge Jesu im Sinne des Evangelisten gleichzusetzen, so daß die Frage zu stellen ist, warum V.36f der Darstellung des Evangelisten widersprechen soll.

[263] So F.J. Moloney, Faith 487; s.a. J. Blank, JE 1b, 273.

[264] Vgl. U. Schnelle, Christologie 147; JE 191; s.a. E. Haenchen, JE 412: Das Weinen zeige, „wie menschlich Jesus empfinde".

V.32, das Potential zur Heilung bei Anwesenheit des Wundertäters. Allerdings wurde das Thema auch im Zusammenhang des Doppeldialogs in V.21 aufgenommen. Mit V.37 nehmen auch Vertreter der dritten Gruppe der Trauernden neben Martha und Maria Bezug auf die Macht des Wundertäters. Charakteristischerweise geschieht dies in Frageform. Ob damit eine Infragestellung der Wundermacht anvisiert ist,[265] kann nicht ausgeschlossen werden, doch ist mit Blick auf den Verweistext Joh 9 wahrscheinlicher, daß diese Gruppe das Wunder von Joh 9 anerkennt. Die Scheidung unter den Juden erinnert an das Schisma von Kap. 9; hier bestand eine Pointe in der Bestreitung des Wunders, der sich nicht alle ‚der Juden‘ angeschlossen haben (9,16). Möglicherweise bezieht sich die Frage aber auf eine mangelnde Erkenntnis der Juden: Obgleich sie das Wunder in Joh 9 als Wunder gewürdigt haben, können sie jetzt die Situation nicht richtig verstehen; dann gehört diese Frage in den Kontext der Darstellung eines nicht hinreichenden, weil allein irdisch-imanent verhafteten Wunderglaubens (s.a. 2,23–25). ‚Die Juden‘ haben Jesus zwar als Wundertäter wahrgenommen, ihn aber nicht im joh. Sinne als den in der Einheit mit dem Vater handelnden und daher über die Lebensmacht verfügenden Sohn Gottes anerkannt (vgl. Joh 5; vor allem 5,17.21; im unmittelbaren Kontext nimmt 11,25f dieses Thema auf); sie haben bei der Blindenheilung Jesu Macht, Anteil am Leben zu geben, exemplarisch gesehen, aber sie haben Jesus nicht als Lebenszuwendung Gottes erkannt. Das folgende Geschehen aber ist die Aktualisierung und exemplarische Anteilspende an dieser Macht. Ähnliches besagt auch 6,26ff; die Menschen, die am wunderbar vermehrten Brot Anteil gewonnen haben, haben zwar das Wunder als Wunder gesehen, seine Bedeutung und Transparenz für den dies Wunder wirkenden Offenbarer haben sie aber nicht erkannt.

11,38a ist eine Wiederaufnahme von V.33a.b.[266] Darauf deutet auch das πάλιν hin. Hier wird der Erzählfaden der älteren Wundergeschichte wieder aufgenommen. 11,38b lokalisiert das Auferweckungswunder an einem Felsengrab, das durch einen schweren Stein verschlossen ist.

Die Erwähnung des Steines, mit dem das Grab verschlossen ist, steht parallel zu 20,1. Diese Ähnlichkeit ist jedoch nicht überzubewerten, da der Stein vor dem Grab Jesu auch Mk 16,4 par Lk 24,2 bekannt ist. Daß die beiden Grabszenarien auf der synchronen Textebene miteinander in Beziehung gesetzt werden können, ist ein strukturelles Moment, das von der genetischen Frage zu unterscheiden ist. Die Annahme des Einflusses von der Lazarusgeschichte auf die Schilderung in Kap. 20 verliert angesichts der synoptischen Nachrichten an Bedeutung. Die Annahme, daß die Schilderung des Felsengrabes in der Lazarusgeschichte von Joh 20 herkommt, beansprucht ebenfalls wenig Wahrscheinlichkeit. Das Grab ist Voraussetzung für das Befehlswort und damit die gesamte Abschlußszene; darin fügt

---

[265] U. Schnelle, Christologie 147; B. Witherington, III, JE 203; als Vorwurf verstanden von J. Kremer, Lazarus 74; s.a. H. Strathmann, JE 177: ‚ungläubiger Spott‘.
[266] Z.B. R. Bultmann, JE 310f.

sich die Entfernung des Rollsteins gut ein. Zudem ist dieses Grabmodell durchaus verbreitet und bekannt.[267]

Angesichts der Häufigkeit des Grabtyps stellt die Annahme, daß die ältere Auferweckungstradition hinter Joh 11,1ff bei der Schilderung des Erweckungsvorgangs durch die (prä-)synoptischen Auferstehungs*traditionen* beeinflußt worden ist,[268] nur eine Möglichkeit dar. Träfe dies zu, so wäre Jesu eigene Auferstehung – möglicherweise unter Aufnahme des jesajanischen Aufrufs zur Heimkehr Jes 49,9[269] (λέγοντα τοῖς ἐν δεσμοῖς Ἐξέλθατε ...; vgl. Joh 11,43: Λάζαρε, δεῦρο ἔξω)[270] – zurückgetragen worden in das Leben des irdischen Jesus. Es ist der auferstandene und erhöhte Herr, der bereits im Werk des irdischen Jesus als den Tod überwindend vorgestellt wird. Zugleich dürfte die Perspektive der erzählenden Gemeinde nicht wirkungslos geblieben sein; ihre Hoffnung auf Jesu lebensspendendes Wirken wird über dessen Auferweckung hin in seine irdische Existenz hineinprojiziert. Schon in seinem Leben zeigt sich Jesus als Souverän über Leben und Tod, wodurch die biblischen Erwartungen in seiner Person erfüllt sind; so werden aber auch Passion und Auferweckung in ein Licht der Souveränität gestellt, das den synoptischen Geschichten so nicht innewohnt, aber in der Passionsschilderung des vierten Evangeliums ein wichtiger Gedanke ist.

Wie bereits festgestellt, kann die Beeinflussung der joh. Auferweckungstradition durch die frühchristlichen Überlieferungen vom geöffneten und leeren Grab Jesu nur eine Interpretationsmöglichkeit darstellen, da die Grabszenerie in die zeitgenössische Alltagswirklichkeit gehört und nicht auf die Auferweckungsgeschichten Jesu beschränkt ist. Freilich erklärt der Vorschlag die Unterschiede der Lokalisierung der Auferweckung des verstorbenen Kranken aus dem Grab heraus gegenüber den bei den Synoptikern berichteten Auferweckungstraditionen (Mk 5,21ffparr [Auferweckung im Haus des Synagogenvorstehers]; Lk 7,11ff [Trauerzug]).

Die Information über das Grab führt zu Jesu Befehl, den Verschlußstein zur Seite zu rollen (V.39a).[271] Mit diesem Befehl setzt die *Vorbereitung* für das Wunder ein. Die Ausführung des Befehls wird aber erst in V.41 geschildert; daher ist die Frage nach der Ursprünglichkeit des kürzeren zweiten Dialogs zwischen Martha und Jesus zu stellen, der zwischen Befehl und Ausführung eingeschoben worden ist.[272]

---

[267] Eine Abbildung einer Grabkammer mit Verschlußstein bietet z.B. der Ausstellungskatalog *Mit Thora und Todesmut* 116, Tafel 4,1 (Grab aus Gaba bei Mischmar Ha-Emek). Literatur zur Verehrung und Ausgrabung des sog. Lazarus-Grabes bei J. Wagner 325 Anm. 223; vgl. auch die Angaben bei J. Kremer, Lazarus 152ff; für die älteste Überlieferung vgl. *Euseb*, Onomasticon 58, Z.16f (ed. E. Klostermann; Hieronymus fügt ein „*ecclesia nunc ibidem extructa*": aaO. 59 Z. 17f).

[268] S.a. S.M. Fischbach 267f, allerdings mit Hinweis auf Joh 20,1–10.

[269] Ein später Text; vgl. zu literarischen Einordnung R.G. Kratz 208; A. Labahn 182ff.

[270] Vgl. S.M. Schneiders 55; eine zweifellos dünne Brücke zwischen beiden Texten; dennoch ist nicht fehlzugehen, daß die neutestamentlichen Auferweckungstexte ihre Hoffnung von den biblischen Verheißungsaussagen her zu erschließen suchen.

[271] F.J. Moloney, JE II, 170, stellt zu Recht heraus, daß Jesus in der Abschlußszene 11,38–44 als der beherrschende Charakter geschildert wird; hierauf weisen auch besonders die Imperative in V.39. 43. 44 (bis).

[272] Für den redaktionellen Charakter des Einschubs votieren z.B. J. Beutler, Psalm 42/43, 85; R.T. Fortna, Gospel 83; R. Schnackenburg, JE II, 424; U. Schnelle, Christologie 148.

Als mit einigem Recht umstritten darf wohl allenfalls die Beurteilung von 11,39b gelten.[273] Die Einfügung von V.40 durch den Evangelisten ist hingegen durch den Verweis auf den ebenfalls sekundären und zwar redaktionell-joh. Dialog Vv.20–27 (vgl. die Frage an Martha οὐκ εἶπόν σοι [→ Vv.23. 25f] und das Verb πιστεύειν [→ V.25.26])[274] sowie durch die indirekte Aufnahme des ebenfalls redaktionellen (aber nicht an Martha,[275] sondern die Hörer-/Lesergemeinde gerichteten) V.4b–c[276] hinlänglich zu sichern.[277] Alfred Loisy paraphrasiert den Hinweis auf das Sehen der Doxa treffend als Offenbarung der lebensspendenden Macht Gottes durch Jesus;[278] allerdings ist diese Macht Gottes mit dem Wirken Jesu zu identifizieren.

Der Einwand der Martha gegen den Befehl des Wundertäters in V.39b könnte ein traditioneller Hinweis auf die Größe des Wunders sein, wobei eine gewisse Konkurrenz zur Erschwernisaussage der Tradition nicht zu verkennen ist. Das ,Stinken' des Leichnams ist transparent für den Verwesungsprozeß,[279] der nach der Zeitdauer der Grablegung, V.17, eingesetzt haben kann. Doch ist nicht deutlich, daß V.17 an solchen Verwesungsprozeß denkt. Hinter V.17 dürfte vielmehr der Gedanke der endgültigen Trennung von Körper und Geist stehen und insofern die Endgültigkeit des Todes gemeint sein. Somit lassen sich aber V.17 und V.39b nicht unmittelbar ausgleichen.[280] Zudem erklärt sich der Einwand von V.40 her, der noch einmal an das Verherrlichungswort in V.4c erinnert. Erzählerisch steigert der Einwand der Martha die Spannung, indem er die Durchführung des Wunders noch einmal aufhält.[281]

So entsteht eine Spannung im Verhalten der Martha,[282] die zwar in V.27 ein Bekenntnis zu dem sich als *Auferstehung und Leben* identifizierten Jesus gesprochen hat, nun aber wieder hinter diese Einsicht zurückzufallen droht. Doch werden das Ego-Eimi-Wort in Vv.25f, auf das sich das mit V.39b–40 problematisierte Bekenntniswort der Martha bezieht, und das folgende Geschehen verbunden. Jesu Selbstoffenbarung erfährt im folgenden Ge-

---

[273] Für eine traditionelle Ableitung setzen sich z.B. J. Becker, JE II, ¹354. ³416 und H. Wöllner 73 ein.

[274] Z.B. W. Stenger, Auferweckung 187; M. Wilcox 128; N. Zwergel 180–182.

[275] S.a. S.M. Fischbach 252.

[276] W. Stenger, Auferweckung 196. D.A. Lee 196 nennt als weiteren Anspieltext V.15; ebenfalls ein redaktionelles Wort; s.a. B. Byrne 62.

[277] S.a. J. Becker, JE II, ¹363. ³426f; R. Bultmann, JE 311 Anm. 6. Anders H. Wöllner 74, der λέγει αὐτῇ ὁ Ἰησοῦς· ὄψῃ τὴν δόξαν τοῦ θεοῦ als Antwort Jesu auf Martha V. 39b rekonstruiert; G. Richter, Eschatologie 365, und J. Wagner 248–256 finden in V.40 die grundschriftliche Doxa-Konzeption repräsentiert (vgl. seine Analyse und Einordnung von V.4b, die hier erneut zum Tragen kommt).

[278] A. Loisy, JE 352f.

[279] Der Hinweis auf den Verwesungsprozeß ist keineswegs singulär; vgl. *Lukian*, Philopseudes 13; hier allerdings, anders als in der joh. Wundergeschichte, mit dem direkten Hinweis (ὄζωλος).

[280] Sie sind somit auch nicht zwingend derselben Schicht zuzuordnen; zu W. Wilkens, Entstehungsgeschichte 57; Erweckung 24.

[281] Vgl. B. Byrne 62.

[282] Hierauf verweist besonders F.J. Moloney, Faith 490f; JE II, 170.

schehen der Auferweckung des einen, des Lazarus, den Jesus liebt, eine Aktualisierung und eine Exemplifizierung. Jesu Lebensgabe ist also, wie das folgende Wunder zeigt, eine Wirklichkeit, die in seiner Sendung durch diese Auferweckung des Einen irdisch sichtbar geworden ist.[283] Insofern gibt die dem verstehenden Bekenntnis in V.27 entgegengesetzte mißverstehende Frage[284] in V.39b Anlaß zu einem Wort, das den Deutungszusammenhang für das geschehene Wunder herstellt. Das Selbstoffenbarungswort ist dann richtig verstanden, wenn es die sichtbar werdende Realisierung der Lebensgabe Jesu mit glaubt. Daß der Hinweis auf den Verwesungsprozeß das Wunder steigert,[285] ist eher ein drastischer Nebeneffekt, aber kaum das Hauptmotiv.

Mit 11,41 wird nunmehr die Ausführung des Befehls Jesu geschildert und damit der Bericht von der Vorbereitung des Wunders fortgesetzt. V.43f wird dann die traditionelle Durchführung des Wunders erzählen.[286]

Wie verhält es sich aber mit dem eingeschalteten Gebet in 11,41b.42? Der Vergleich mit dem Motivinventar von Totenerweckungen lehrt,[287] daß Gebete des Wundertäters der Auferweckung vorangehen können (s.a. Apg 9,40). Als Parallele kann auf 1Kön 17,21 und 2Kön 4,33 verwiesen werden.

Allerdings ist zu beachten, daß es nicht nur einen wesentlichen Unterschied zwischen dem ntl. und den beiden atl. Texten gibt, sondern schon die beiden letztgenannten Texte das Gebet jeweils in einen anderen Kontext stellen. Die Elia-Tradition ordnet die ganzheitliche Berührung des Toten durch Elia, in der die Kraft des Wundermannes auf den Hilfsbedürftigen, in diesem Fall den Toten, übergeht, dem Gebet unter. Die Berührung des Toten ist durch den zweifachen Gebetsanruf gerahmt.[288] „Für unsere Stelle ist charakteristisch, daß sie das Gebet in den Mittelpunkt stellt und diesem, nicht den Manipulationen Elijas (d.h. der körperlichen Berührung und Kraftübertragung; Vf.), die Wiederbelebung zuschreibt."[289]

---

[283] Vgl. zu dieser Formulierung auch, was M.M. Thompson, Signs 97 über die joh. Zeichen insgesamt ausführt: „Signs do not merely symbolize or point to the availability of eternal life through Jesus; they themselves offer life in the present. They effect what they promise."

[284] M. Wilcox 129 denkt gar an die Technik der joh. Mißverständnisse. Anders T.E. Pollard 440; er findet hier die Konsequenz aus der Selbstoffenbarung V.25f und dem Bekenntnis V.27: „the certain knowledge of the reality of eternal life here and now is sufficient, and she is content that her brother should remain where he is, physically dead, yet alive to God." Ein erfrischender Gedanke, der eine größere Einheitlichkeit in die Darstellung der Martha einbringt. Doch bleibt bei dieser Deutung der Widerspruch Jesu schwer verständlich; wird nun der im Sinne des Evangelisten korrekte Glaube aufgrund der Selbstoffenbarung seinerseits durch das Wunder korrigiert? Dies ist schwerlich der Sinn von Vv.39b–40.

[285] Z.B. E. Haenchen, JE 412; G.H.C. MacGregor, JE 251; U. Schnelle, Christologie 148.

[286] Vgl. z.B. I. Dunderberg, Kuolleistaherättäminen 132; U. Schnelle, Christologie 148; W. Stenger, Auferweckung 189; H. Wöllner 75; N. Zwergel 99.

[287] S.a. S.M. Fischbach 27 Motiv N° 37.

[288] Allerdings ist die ursprüngliche Zugehörigkeit dieses doppelten Gebetsrufes nicht unumstritten; dagegen z.B. S.M. Fischmann 47 mit G. Hentschel, Elijaerzählungen 84: V.20 ist ein sekundärer Fremdkörper; Hentschel, aaO. 83f erwägt sogar für V.21c lediglich ein einfaches Wunderwort. Für die Verhältnisbestimmung des ntl. Textes zum atl. ist die redaktionelle Endgestalt von Interesse; in formkritischer Hinsicht ist auch die rekonstruierte Frühform von Bedeutung. Gegenüber den Rekonstruktionsvorschlägen fällt formkritisch der Verzicht auf magische Handlungen noch stärker auf.

[289] E. Würthwein, 1/2 Kön 223.

Damit unterscheidet sich diese Geschichte von 2Kön 4,33, in der das Gebet zu Jahwe beziehungslos zur magischen Handlung steht.[290] Daß der Prophet seine Erweckungsmacht Jahwe verdankt, soll durch diese Einfügung ausgesagt werden, wird aber nicht expliziert. Das Gebet ist hier nicht Kern der Auferweckungsmacht, sondern Abschwächung der ursprünglicheren magischen Szene. Ist in 1 Kön 17,20f das Gebet dem magischen Handeln vorgeordnet, so verzichtet Joh 11 überhaupt auf jede magische Attitüde. In Joh 11 ist wie in Mk 5,41 ein Befehlswort Jesu berichtet, das den Toten in das Leben zurückholt (s.a. Lk 7,14; hier wird das Befehlswort allerdings die Berührung des Sarges [ἥψατο τῆς σοροῦ] flankiert). Das Gebet in der joh. Auferweckung reflektiert hingegen das Verhältnis von Wundertäter und Gott als seinem Vater. Es interpretiert die Wundertat auf das joh. Verhältnis Vater-Sohn, bereitet aber keine übernatürliche Kraftübertragung vor. Der Hinweis auf das Karmel-Gebet (1Kön 18,36f)[291] kann sich auf strukturelle Analogien berufen, insofern Jahwe vor Zeugen angerufen wird, um zu erkennen, daß der Prophet in der Einheit mit dem Gott Israels steht und auftritt.

Auffällig ist jedoch der joh. Stil des Gebets in Vv.41f. Zu nennen ist das Motiv der einzigartigen Nähe von Vater und Sohn, das nicht allein in der Anrede (πάτερ), sondern auch in der Erhörungsgewißheit des Sohnes ausgesagt ist (ἐγὼ δὲ ᾔδειν ὅτι πάντοτέ μου ἀκούεις·). Auch die joh. Sendungstheologie kann als Hinweis auf die Hand des Evangelisten gewertet werden (vgl. 3,17; 5,36; 6,29 u.ö.).[292] Besonders auffällig ist das Junktim von der Sendung und der Glaubensforderung (s.a. 5,38; 6,29). Sprachlich fallen die Wendung ἐγὼ δέ, das Adverb πάντοτε in V.42 und das charakteristische ἀλλά ... ἵνα (vgl. 1,8.31; 3,17 u.ö.) auf.[293] Daher dürfte die vorliegende Form des Gebets auf den vierten Evangelisten zurückzuführen sein.[294] Der Evangelist formuliert seine Sendungschristologie und Momente seiner Theologie im Worte Jesu und

---

[290] Es wird mit einer sekundären Glosse gerechnet: E. Würthwein, 1/2 Kön 290 Anm. 5.

[291] G. Reim, Studien 157; s.a. J.L. Martyn, Elijah 25.

[292] S.a. J. Ashton, Understanding 318 mit Anm. 64.

[293] Vgl. mit ausführlichem Nachweis J. Wagner 229, der weitere joh. Sprachmerkmale nennt.

[294] Vgl. z.B. J. Becker, JE II, [1]363. [3]427; J. Beutler, Psalm 42/43, 85f; R. Bultmann, JE 311 Anm. 6; B. Kollmann, Jesus 269 Anm. 25; R. Schnackenburg, JE II, 425; U. Schnelle, Christologie 148; W. Stenger, Auferweckung 187; N. Zwergel 100. W. Wilkens, Erweckung 26, weist das Gebet der joh. Vorlage zu; er stellt aber zutreffend fest, es habe allerdings nicht zur traditionellen Vorlage gehört. Anders auch hier H. Wöllner 74f, der wiederum den Zusammenhang von Glaube und Wunder vom Evangelisten abrückt und der Quelle zuschlägt, trotz der auch für ihn nachweisbaren joh. redaktionellen Züge. Ob die Einfügung des Evangelisten dem antiken oder dem heutigen Leser hinreichend die von Wöllner rekonstruierte Kritik am Verständnis der Wunderquelle verdeutlichen kann, sei angefragt. Daß sich die Quelle aber durch eine derartige Substraktion erreichen läßt, ist methodisch äußerst fraglich.
J. Wagner 228ff läßt nur V.42 als Gebetswort des Evangelisten gelten, das V.41b kommentiert bzw. korrigiert, vgl. aaO. 267ff; mit dieser Überlegung kann er zurückgreifen auf M. Wilcox 132 („The statements in *v.* 42 are thus intended to explain – or perhaps, ‚explain away‘? – the problem created by *v.* 41 *b*"). Das Gebet stehe dem Bild, mit dem Jesus sonst durch den Evangelisten gezeichnet werde, entgegen.

gestaltet gleichsam ein Gebet für die Galerie;[295] ähnlich läßt sich auch die kommentierende Bewertung der Himmelsstimme in Joh 12,30 bewerten: Sie geschieht auf der textinternen Ebene um der Ohrenzeugen, auf der textexternen Ebene um der Gemeinde der Leser und Leserinnen willen (οὐ δι᾽ ἐμὲ ἡ φωνὴ αὕτη γέγονεν ἀλλὰ δι᾽ ὑμᾶς.). Belegt die Himmelsstimme die Einheit des Willens von Vater und Sohn in der Stunde der Passion als Einheit, die in der Verherrlichung zum Ziel kommt, so soll die Leserschaft in Joh 11,41f „begreifen, daß die Erweckungstat ein Werk des vom Vater gesandten Gottessohnes ist, ... und zum Glauben an den von Gottgesandten gelangen (vgl. V.45)".[296]

Damit ist jedoch noch nicht entschieden, ob das joh. gestaltete Gebet ein älteres Gebet des Wundertäters ersetzt haben könnte.[297] Dieses könnte der ‚pneumatischen Erregung‘ (V.33) gefolgt sein. Diese Szenerie wäre nicht ohne Vorbild in der antiken und der ntl. Wunderüberlieferung:

Das Aufblicken Jesu zum Himmel und sein Gebet haben enge Parallelen in der Heilung des Taubstummen Mk 7,34; hier findet sich allerdings die Reihung Aufblicken zum Himmel, Seufzen und Anrede der Ohren. Das Seufzen ist als exorzistische Praxis gedeutet worden,[298] die dann auch als Hintergrund der Szene in Joh 11,41f eingetragen wird.[299]

Abgesehen möglicherweise vom Aufblicken Jesu zum Himmel, ist kein Rudiment eines solchen traditionellen Gebetes auszuweisen, so daß diese Annahme spekulativ und ungesichert bleibt. Es ist nicht auszuschließen, daß die Wunderkraft Jesu genauso unmittelbar, ungeschützt und direkt mit Jesus verbunden wird, wie es schon bei der Heilung des Sohnes des Königlichen zu erkennen war.[300]

Der Abschluß der traditionellen Wundergeschichte besteht im lauten Ruf Jesu und im Heraustreten des Gerufenen. Im Befehl zum Heraustreten wird er mit Namen genannt, nicht aber bei der Schilderung der Folgeleistung.

Der laute Ruf erinnert an das eschatologische Gemälde von Joh 5,28: In der letzten Stunde wird der erhöhte Menschensohn alle, die verstorben sind, aus ihren Gräbern herausrufen: πάντες οἱ ἐν τοῖς μνημείοις ἀκούσουσιν τῆς φωνῆς αὐτοῦ. So wurde aufgrund des lauten Rufes ein Interpretationszusammenhang zwischen 5,28 und 11,43 hergestellt.[301] Dabei wird allerdings das literarische Problem der futurisch-eschatologischen Aussagen in Joh 5,28f nicht hinreichend gewürdigt. Zudem ist der laute Ruf in 11,43 traditionell

---

[295] A. Loisy, JE 353: „en apparence, il prierait pour la galerie car il ne parle à son Père que pour provoquer la foi en sa propre personne et en son rôle divin".

[296] N. Zwergel 189; s.a. P.S. Minear, John 121.

[297] So nimmt es E. Schwartz, Aporien III, 167, an, der für die GS behauptet, daß dieses „Dankgebet einstmals sehr ernst gemeint gewesen" sei.

[298] Z.B. E. Thraede, Exorzismus 62.

[299] Vgl. E. Thraede, Exorzismus 62; dagegen J. Schneider, στενάζω 603.

[300] S.o. S. 202.

[301] So C.H. Dodd, Interpretation 365; s.a. B. Byrne 64; B. Schwank, JE 310; schon D.F. Strauß II, 172; vgl. H. Thyen, Ich-Bin-Worte 182; hingewiesen wird auch auf die im Kommen des Offenbarers als erfüllt vorgestellte Aussage 5,25.

vorgegeben und paßt gut zur Grabszenerie. Auch die paulinische Entfaltung des Enddramas in 1Thess 4,16f, die auf ältere Tradition zurückgeht,[302] belegt einen Befehlsschrei (κέλευσμα; 1Thess 4,16), der der Totenerweckung vorausgeht. Unabhängig davon, ob es Gott selbst ist, der diesen Ruf artikuliert,[303] oder nach dem Muster von Joh 5,28 der erhöhte Menschensohn, so ist erkennbar, daß ein solches Machtwort zur Vorstellung der eschatologischen Totenerweckung gehört und mit dem Menschensohn verbunden werden kann. Daher ist es nicht abwegig, daß frühchristliche eschatologische Vorstellungen auf die Bildung der Lazarusszene eingewirkt haben.

Die Binden sind noch an Händen und Füßen des Herausgerufenen und das Schweißtuch vor seinen Augen. Daß der solchermaßen Gehinderte aus dem Dunkel des Grabes herausfindet, wurde vielfach als ein zweites Wunder verstanden (mit Hinweis auf die wunderbare Landung am Ufer nach dem Seewandel Jesu in 6,21).[304] Das Gebundensein dürfte jedoch in den Begräbniskontext gehören und damit noch einmal an das wirkliche Gestorbensein als dunkle Folie für das wiedergewonnene Leben erinnern. Der Befehl zum Abnehmen der Binden (V.44) ordnet den Auferweckten wieder in die menschliche Gemeinschaft ein. V.45 scheint als Chorschluß stilgemäß den Glauben der Zeugen des Auferweckungswunders festzustellen;[305] doch sprechen einige sprachliche und stilistische Auffälligkeiten für eine Gestaltung durch den Evangelisten. Wieder wird die stereotype Gruppenchiffre ‚die Juden' verwendet; näherhin werden einige von ihnen herausgenommen und ihr Glauben festgestellt. Diese Differenzierung weist auf die Hand des Evangelisten. Das Verb ποιέω als Begriff für das Ausführen eines Wunders ist im vierten Evangelium gut belegt und zwar durchaus in redaktionellen Texten (2,11; 4,46.54; 5,15; 6,2.6.14; 11,47; 12,18.37; 20,30 u.ö.; sekundär ist hingegen 21,25).[306] Auch πιστεύω εἰς ist eine dem Evangelisten zuzuschreibende Formulierung.[307] Die

---

[302] Vgl. T. Holtz, 1Thess 198ff.

[303] So T. Holtz, 1Thess 200.

[304] So z.B. U. Schnelle, Christologie 149 (aaO. Anm. 324 weitere Lit.); JE 192; s.a. W. Bauer, JE 154: „wunderbares Hervorschweben".

[305] So z.B. H. Wöllner 65f (ohne ἐκ τῶν Ἰουδαίων) und vorsichtig W. Stenger, Auferweckung 189.

[306] Soweit sich diese Belege in den Wundergeschichten finden, ist in der jeweiligen Exegese die Entscheidung für die redaktionelle Ableitung vorgelegt worden; anders wiederum durchgängig J. Wagner 286–289.

[307] Vgl. U. Schnelle, Christologie 150 Anm. 328; ähnlich rekonstruiert I. Dunderberg, Kuolleistaherättäminen 135; anders J. Wagner 279ff (Ausgangspunkt seiner Kritik ist: „*Nirgends* bezeichnet E die Juden als wirklich Glaubende, wie dies in 11,45 *und an anderen Stellen* der Fall ist" [284; Hervorhebungen v.Vf.]. Signifikant ist hier der Umgang mit 8,30f. Der Ursprung durch den Evangelisten wird, wenngleich sofort der Sprachgebrauch der Grundschrift erwogen wird, doch anerkannt. Dann wird auf den „Widerspruch" in 8,33 hingewiesen [284 Anm. 125]. Daß der Pauschalgebrauch der Wendung ‚die Juden' eine Negativchiffre für die Ablehnung des Offenbarers im Kontext des JE ist, ist deutlich, dennoch deuten die fortwährenden Schismen und Differenzen in dieser Gruppe darauf hin, daß für den Erzähler des Evangeliums eben nicht als ausgemacht gilt, daß Jude-Sein und Glauben sich ausschließen.

verwandte Feststellung Apg 9,42 formuliert anders: ἐπίστευσαν πολλοὶ ἐπὶ
τὸν κύριον. Liegt in V.45 nicht der ursprüngliche Chorschluß vor, so stellt
sich die Frage, ob der Evangelist den ursprünglichen Abschluß der Wundergeschichte übergangen hat[308] oder sich Bestandteile der ursprünglichen Akklamation in 12,17 finden lassen? V.45 hingegen ist zusammen mit V.46 zu lesen
und bildet den Übergang zum rechtlichen Todesbeschluß in der Komposition
des vierten Evangelisten.

> Formkritisch könnte in 12,17: ‚*Das Volk, das bei ihm war, als er Lazarus aus dem Grab
> gerufen und ihn von den Toten auferweckt hat, legt nun Zeugnis ab*', eine Spur des ur-
> sprünglichen Chorschlusses gesehen werden. Tatsächlich liegt aber wohl auch hier joh.
> Terminologie vor, da das Zeugnis-Ablegen, das neben dem ‚*Volk*' das einzige Element ist,
> das nicht von Joh 11,1ff gedeckt ist. Solches Zeugnis-Ablegen reiht sich aber in die joh.
> Zeugnis-Terminologie ein.[309]

Eine abschließende Akklamation oder ein Chorschluß sind folglich weder
aus 11,45 noch auf der Basis von 12,17 zu rekonstruieren.

7.3.4 Zur Gattungsbestimmung

Im Zuge der rationalistischen Exegese suchte man sich mit der *Scheintod*-Hy-
pothese des Anstoßes, der von der Erweckung des Lazarus ausgeht, zu entle-
digen.[310] Dieser Hilfsgedanke sollte aber für alle ntl. Totenerweckungen hin-
fällig sein, da sie als Lebendigmachungen Toter gelesen werden wollen; Joh
11 unterstreicht dies durch den Hinweis auf die Dauer der Grablegung und die
Betonung des Verwesungsgeruchs. Damit unterscheiden sich diese Geschichten von der ausdrücklichen Unterstreichung des *Schein*tods[311] in einer Anzahl

---

[308] So R. Bultmann, JE 313.

[309] Vgl. zum joh. Gedanken des Zeugnis-Ablegens J. Beutler, μαρτυρέω 960ff, der das forensische Moment des joh. Zeugnisbegriffes unterstreicht zu 12,17 ders., Martyria 212.
214.

[310] Z.B. H.E.G. Paulus, JE 544f (hierzu H. Graf Reventlow 219f; J. Kremer, Lazarus 237ff);
J.P. Gabler (hierzu Kremer, aaO. 240f; weitere Vertreter der Scheintod-Hypothese bei B.
Weiß, JE 351); vgl. zu diesem aufklärerischen und rationalistischen Interpretationsansatz die Darstellung von Kremer, aaO. 232ff, der verschiedene Weisen der Bestreitung
der Auferweckung des Lazarus in der exegetischen Forschung des 18. und 19. Jh. vor-
führt: den Betrug, den Scheintod des Lazarus oder den Gedanken der Symbol- oder My-
thendichtung durch die frühe Kirche oder durch den Evangelisten (vgl. z.B. D.F. Strauß
II, 173). So werden die nach atl. Vorbildern gestalteten (aaO. II 172f; s.a. I 72f) ntl. Totenerweckungen verstanden als „Mythen …, entstanden aus der Neigung der ältesten
Christengemeinde, ihren Messias dem Vorbilde der Propheten und dem messianische
Ideale gemäß zu machen" (aaO. II, 173; zu Herkunft und Bedeutung des Straußschen
Mythos-Begriffs jetzt E.G. Lawler 34ff.42ff).

[311] Zum Scheintod s.a. die Geschichte vom Arzt Asklepiades in der Version bei *Plinius*,
NatHist VII 124; XXVI 14f; und *A.C. Celsus* II,6. Der Arzt begegnet einem Trauerzug
und erkennt sofort, daß der für tot Gehaltene noch lebt (*A.C. Celsus* II,6: *Eum vivere,
qui efferebatur*). In diesen Versionen haftet der Geschichte nichts Wunderhaftes an. Bei

antiker Wiedererweckungsgeschichten.[312] Allerdings ist auch der Annahme, daß das Element des wirklichen Todes eine stehende Eigenheit der biblischen Auferweckungserzählugen gegenüber den paganen Geschichten darstellt,[313] mit Zurückhaltung zu begegnen.[314]

Die atl.-jüdische Tradition bekennt sich zu Gott als der Ermöglichung allen Lebens. Eine Auferweckungshoffnung der Toten durch Gott bildet sich erst in späten atl. Texten ab, wird aber dann zu einem wichtigen Ausdruck der differenten jüdischen Hoffnung auf ein Leben nach dem Tod (z.B. Jes 26,19;[315] Dan 12,2f; 2Makk 7;[316] 11,43–45; 14,46; 4Q 521 Frgm. 2 col. II 12;[317] TestHiob 4,9;[318] äthHen 51,1; 61,5; Sanh X 1b).[319] Für individuelle Totener-

---

Celsus ist die Begebenheit Teil seiner Argumentation, daß ein erfahrener Arzt die Vorzeichen des baldigen Todes erkennen kann, wie er eben auch im Unterschied zum unerfahrenen erkennt, wenn jemand noch nicht gestorben ist. Auch *Jamblichos* VI (S.223 Hercher; E. Rohde 396).

[312] Hierzu R. Herzog 142f; s.a. W. Schottroff 260; E. Koskenniemi 196f. Scheintote und ihr Begräbnis sind ein beliebtes Motiv im antiken Roman: vgl. E. Rohde 287 Anm. 1; K. Kerényi, Romanliteratur 24–43: Vgl. *Jamblichos*, Babyloniaca II, 696–714: An der Atmung der zum Begräbnis Getragenen wird Scheintod festgestellt. Die Geschichte dient der Bestätigung der sich an späterer Stelle im Roman erfüllenden Prophezeiung; sie ist aber keine Totenerweckung- oder Wiederbelebungsgeschichte (hierzu S.M. Fischbach 115–117).

[313] G. Theißen, Wundergeschichten 98 Anm. 25: „fast alle antiken Totenerweckungen durch Wundertäter (können; Vf.) als Wiedererweckung Scheintoter verstanden werden". Theissen seinerseits spricht deshalb die Totenerweckungen als „Therapien" an; zustimmend E. Koskenniemi 197; auch S.M. Fischbach 153f.

[314] Hierzu zwei Beispiele, die zur Differenzierung zwingen: In einer summarischen Notiz über den Hyperboräer läßt Lukian einen seiner Protagonisten des *Lügenfreunds* sagen: „Von den Kleinigkeiten, die er uns sehen ließ, will ich gar nicht reden: z.B. wie er die Leute durch Zaubermittel verliebt machte, Geister zitierte, *Tote, die schon in Verwesung gingen, auferweckte* (καὶ νεκροὺς ἑώλους ἀνακαλῶν), die Hekate selbst uns leibhaftig vor Augen stellte, Lunen vom Himmel herabzog und was dergleichen mehr ist" (*Philopseudos* 13; Übers.: C.M. Wieland I, 93; Hervorhebung v. Vf.). Im Hinweis auf die Verwesung liegt eine deutliche Parallele zu Joh 11 vor, und der wirkliche Tod ist unbestreitbar. Auch wenn die kritische Distanz in übertreibender Motivik deutlich wird, muß nicht bezweifelt werden, daß mit der Erweckung Toter und nicht allein Scheintoter gerechnet wurde. Das Scheintodmotiv in der berühmten Erweckungsgeschichte des *Philostratus*, VitAp IV 45, ist zudem selbst ein sekundärer Zusatz, wie verschiedentlich gezeigt werden konnte (vgl. S.M. Fischbach 124–126 mit älterer Lit. [125 Anm. 17]; vgl. bes. G. Petzke 129f und jetzt H.-J. Klauck, Umwelt I, 144; dagegen z.B. D. Esser 82). Der Zusatz sucht *Apollonius* „von dem Fluidum der Zauberei zu reinigen" (Fischbach 129; s.a. Klauck, ebd.).

[315] Vgl. O. Kaiser, Jes 173ff; s.a. P. Höffken, Jes 188. Jes 26,19 ist jedoch in seiner Interpretation nicht unumstritten; so sehen diesen Text einige Exegeten in einer Linie mit Ez 37 und wäre dann metaphorisch als Wiederbelebung des zerstreuten Volkes zu lesen (z.B. H. Wildberger, Jes II, 995ff; in dieser Linie versteht A. van der Kooij 22ff noch die Veränderungen der LXX).

[316] Zu diesem vgl. U. Kellermann *passim*, zur Fragestellung bes. 80ff. 86ff.

[317] Zur Auferstehungshoffnung in Qumran auch H. Stegemann 209f.

[318] Vgl. hierzu auch B. Schaller in seiner Einleitung zu JSHRZ III/3, 315f.

weckungen einzelner Wundertäter bietet aber nur der Elia-Elisa-Zyklus Bei-
spieltexte:[320] 1Kön 17,17–24; 2Kön 4,18–37[321] (s.a. 13,20f). In 1Kön 17,22
beugt sich Elia mit seinem Körper über den toten Sohn der Witwe; durch die
Zauberkraft des eigenen Leibes des Zauberers[322] gewinnt der Sohn das Leben.
Diese magische Lebensvermittlung wird aber durch ein zweifaches Gebet gerahmt (1Kön 17,20.22) und so eigentlich Jahwe selbst zugeschrieben. In 2Kön
4,18ff ist es Elisa, von dem ein Erweckungswunder durch Berührung erzählt
wird.

Einige vergleichbare Texte finden sich auch im jüdischen Schrifttum. Neben
Paralipomenon Jeremiae 7,12–20 kann auf rabbinische Totenerweckungen
hingewiesen werden. Stephanie M. Fischbach nennt und untersucht sechs
rabbinische Geschichten: Meq 7b; Ket 62b; AZ 10b; BQ 117a;[323] pSchebi
9,38b 29 und LevR 10 (111d). Frau Fischbach weist auf den zumeist formal
eigenständigen Charakter dieser Geschichten hin (außer LevR 10 [111d][324])
und hebt dabei vor allem die Bedeutung des Gebets hervor: „Die ‚Wunder‘ erscheinen als Gebetserhörungen".[325] Die Geschichten sind in ihrem literarischen
Kontext weniger am Wunder interessiert, sondern können unterschiedlichen
Erzählzwecken dienen; beispielsweise der Illustrierung ethischer Weisun-
gen.[326] Günter Stemberger weist darauf hin, daß den Rabbinen als Toragelehrten diese Mächtigkeit über den Tod zugetraut wird; es ist ihr Verkehr mit
dem, was eigentlich Leben ist, die Tora, deren Kenntnis sie zur Erweckung
von Toten befähigt.[327] Es ist also Jahwe, der seinen Lebenswillen in die Tora
gelegt hat, der durch die Tora wieder zum Leben führt und zwar mit Hilfe des
Toragelehrten.

---

[319] Vgl. P. Volz 229ff; H.C. Cavallin *passim*, der das breite Spektrum jüdischer Hoffnungen
auf ein postmortales Leben referiert; H. Ringgren, Religion 293–295; G. Stemberger,
Auferstehung *passim*; in diesen Darstellungen finden sich jeweils weitere Belege; hinsichtlich der jüdischen Epitaphe vgl. P.W. van der Horst 114ff (bes. 118ff). 137ff; ein
signifikantes Beispiel zitiert M.E. Boring/K. Berger/C. Colpe, in: Hellenistic Commentary to the NT 289f (*regina inscriptio* [*CIJ* I 348–350]).

[320] B.O. Long 60 klassifiziert als „Prophet Legend", eine Gattung, die den Propheten in den
Vordergrund rückt und deren Absicht es ist, „to edify or inculcate religious devotion"
(aaO. 309).

[321] Vgl. die Wiederaufnahme des Textes in 2Kön 8,1.4–6; die Erfüllung der Bitte der Frau
durch den König wird quasi zu einem durch die Totenerweckung provoziertes zweites
Wunder; s.a. E. Würthwein, 2Kön, 318.

[322] H. Gunkel, Märchen 111.

[323] Text und kurzer Kommentar bei G. Stemberger, Talmud 177–179.

[324] Diese Geschichte kann allerdings eher als Heilung qualifiziert werden.

[325] S.M. Fischbach 94 mit P. Fiebig, Jüdische Wundergeschichten 72.

[326] Vgl. die Analyse S.M. Fischbach 93–97.

[327] G. Stemberger, Talmud 179; vgl. allgemein B.M. Bokser 44 (zum Bild der Rabbis in der
amoräischen Periode): „Because of their devotion to and excellence in Torah, rabbis
were believed to be wise and to have special intimacy with God, and, frequently, won-
drous qualities."

Eine Totenerweckung findet Hermann Gunkel auch hinter der allegorisch ausgelegten Geschichte von der Mutter, die ihren einzigen Sohn in dessen Hochzeitsnacht verliert und schließlich Esra begegnet, der sie zurückschickt (4 Esra 9,43–10,4.16f). Gunkel ergänzt „daß der Prophet den Sohn der unglücklichen Mutter wieder erweckt habe: als die Mutter, nichtsahnend, sich schweren Herzens, aber doch gefaßt, endlich entschließt, ins Haus zurückzukehren, findet sie ihren Sohn – am Leben!".[328] Ohne bestreiten zu wollen, daß das Potential solch glücklicher Wende in der Geschichte angelegt ist, wird aber Zurückhaltung gegen die Aufnahme dieser Geschichte in die Gattung Totenerweckung geübt werden müssen, da das entscheidende Geschehen eben gerade nicht erzählt wird, sondern nur erschlossen werden kann.[329] Zudem ist die Geschichte völlig in die geschichtstheologische Vision ihres literarischen Kontextes[330] integriert und nicht mehr von ihr zu trennen.

Im Neuen Testament lassen sich neben Joh 11,1ff vier Überlieferungen von Totenerweckungen nachweisen; zunächst sind zwei Jesusüberlieferungen zu nennen, die Auferweckung der Tochter des Synagogenvorstehers Jaïrus, die in Mk 5,21ff[331] mit seinen Parallelen in Mt 9,18ff und Lk 8,40ff erzählt wird, sowie die Erweckung des Jünglings zu Nain, die dem lk. Sondergut entstammt (Lk 7,11–17).[332] Daneben werden zwei weitere Auferweckungen in der Apostelgeschichte berichtet: die Auferweckung der aus Joppe stammenden Jesusjüngerin Tabitha durch Petrus in Apg 9,36–42 und die Erweckung des verunglückten Predigthörers durch Paulus in Apg 20,7–12. Daneben sind auch antike Totenerweckungen als Hintergrund der joh. Tradition wahrzunehmen.[333]

In solchen Geschichten erkennt oftmals ein Arzt kraft seiner medizinischen Kenntnisse, daß der ‚Hilfsbedürftige‘ keineswegs tot ist, sondern ein Zustand des Scheintodes vorliegt: *Apuleius von Madauro*, Florida 19,1–6; hier 4: *diligentissime quibusdam signis animadversis, etiam atque etiam pertractavit corpus hominis et invenit in illo vitam latentem*.[334] Mit

---

[328] H. Gunkel, 4Esra 344.

[329] Das Entscheidende hat S.M. Fischbach 89–92 ausgeführt.

[330] Hierzu z.B. E. Brandenburger 74ff.

[331] Auch wenn A. Lindemann, Erzählung 200ff, das Wort Jesu vom Schlafen der Tochter gegen die Todesnachricht 5,35 zu betonter Geltung bringt und daher meint, der Erzähler lasse „den Leser offenbar ganz bewußt in der Schwebe, ob da Mädchen wirklich tot gewesen war" (202), scheint die erstgenannte Aussage mit ihrer Signalwirkung für das Verständnis der Geschichte als Totenerweckung keine wirkliche Alternative zu sein.

[332] Manche Exegeten (z.B. W. Grundmann, Lk 159; jetzt auch B. Kollmann, Jesus 267) erwägen eine Wanderlegende, die auf Jesus übertragen wurde; andere bringen die strukturierende Wirkung von 1Kön 17,17ff ins Gespräch (H. Schürmann, Lk I, 405). M.E. liegt eine ursprüngliche Jesuserzählung vor, die allerdings an hellenistische Erzählgewohnheiten anknüpft und sich atl. Sprache und Motivik (bes 1Kön 17,17ff; s.a. Kollmann, ebd.) bedient.

[333] Anders J. Kremer, Lazarus 39 Anm. 25, der die Bedeutung der antiken Totenerweckungen bestreitet und unter formalem Aspekt einzig die biblischen Erzählungen für relevant erachtet.

[334] Hierzu s.a. S. 437 Anm. 335. Die Version der Begegnung des berühmten Arztes Asklepiades mit dem Trauerzug durch *Apuleios* ist die Ausgestaltung der Varianten bei *Plinius d.Ä.* und *A.C. Celsus* (II,6) zu einer Wundergeschichte (vgl. hierzu auch O. Weinreich 173; anders S.M. Fischbach 133–135, die die wunderhaften Züge bestreitet). Ein ähnlicher Bericht begegnet in der ‚*Geschichte des Apollonios, des Königs von Tyana*' I 190–193, die zwar nur in einer lateinischen Nachdichtung aus dem 4. oder 5.

Hilfe medizinischer Mittel schenkt er dem Scheintoten das Leben zurück: *confestimque spiritum recreavit* (aaO. 6); letzteres klingt nach der Erzählung wunderbarer Restituierung des Lebens, ist aber als ein medizinisches Handeln erzählt. Der erzählerische Rahmen erinnert vor allem in der Darstellung der Begegnung des Arztes mit dem Leichenzug an die Gattung Totenerweckung, auch Äußerungen des Vertrauens und Skepsis[335] lassen m.E. erkennen, daß es sich um Erzählmotive der antiken Wundergeschichten und besonders der Totenerweckungen handeln.

Teilweise berichten antike mythische Texte von Rückführungen Verstorbener aus dem Hades wie auch von Erweckungen Verstorbener (z.B. *Pindar*, Pyth III 54–58; *Diogenes Laertius* VIII 67[336]; *Plinius*, Nat Hist VII 52 [174]; *Lukian*, Philopseudes 13).[337] Diese eher summarischen Erwähnungen lassen erwarten, daß zeitgenössisch ausgeführte Totenerweckungen erzählt wurden, und es finden sich tatsächlich eine Anzahl solcher Berichte. Vor allen anderen ist die berühmte Erzählung über Apollonius' Begegnung mit einem Trauerzug zu erwähnen: Ganz Rom trauert, als eine junge Frau, die unmittelbar vor der Hochzeit gestorben ist, zu Grabe getragen wird (*Philostratus*, Vita Apollonii IV 45).[338] Die erzählte Geschichte setzt eine ältere Fassung voraus, in der das Scheintodmotiv noch keine tragende Rolle spielte.[339] Eine andere Erweckungsgeschichte läßt sich hinter *Apuleios von Madaura*, Met II 21–30,[340] bes. II 28–30 eruieren. Die Begebenheit ist fest in den Roman integriert und von anderen Zaubermotiven flankiert. Die Totenerweckung geschieht durch einen Ägyptischen Propheten (*Aegyptius propheta*) lediglich als eine zeitweilige Wiederbelebung (*reducere paulisper ab inferis spiritum corpusque istud postliminio mortis animare* [Met II 28,1]), die der Totenbefragung[341] in einem Mordfall dient.

Im jüdischen Kontext hat es im fraglichen Zeitraum trotz der Vorbilder aus dem Elia-Elisa-Überlieferungskreis kein besonders starkes Interesse an Toten-

---

Jh. n.Chr. vorliegt, aber wohl auf ein Original zurückgeht, das nicht später als das 3.Jh. n.Chr. datiert (vgl. A. Dihle 247f.377); hier tritt ein tüchtiger Arztschüler auf, erkennt den Scheintod, und eine Wiederbelebung folgt (vgl. wiederum Fischbach 149–152).

[335] S.a. S.M. Fischbach 132f, die aber vor allem an den unbestritten vorhandenen Differenzen Interesse zeigt.

[336] Bei *Herakleidos* heißt es in dessen Ausführung über den Tod des *Empedokles* „Herakleidos nämlich, nachdem er die Geschichte von der Atemlosen vorgetragen, wie Empedokles sich einen großen Namen machte dadurch, daß er die für Tod gehaltene lebend entließ (ἀποστείλας τὴν νεκρὰν ἄνθρωπον ζῶσαν), erzählt …" (Übers. O. Apelt, Leben II, 143).

[337] S.a. E. Koskenniemi 195f

[338] Hierzu S.M. Fischbach 118ff; H.-J. Klauck, Umwelt I, 143f; s.a. D. Esser 80–82; J.-M. van Cangh 272. Der Text ist auch in der Sammlung *Antike Wundertexte* Nr. 11 (ed. G. Delling) abgedruckt.

[339] S.o. S. 435 mit Anm. 314.

[340] Vgl. hierzu S.M. Fischbach 136–142.

[341] Vgl. S.M. Fischbach 140.

erweckungen durch einen Menschen gegeben, so daß die Vorstellung von Jesu Totenerweckungen eher eine Nähe zur hellenistischen Welt aufweist.[342]

Die rabbinischen wie die hier betrachteten hellenistischen Totenerweckungen sind mehrheitlich wahrscheinlich rezipierte Einzelgeschichten, die in einen erzählerischen Kontext hineingestellt und auf diesen hin orientiert sind. Diese Beobachtung trifft auch auf die untersuchte Totenerweckung in Joh 11 zu. Die Geschichte ist stärker als die anderen Wundertraditionen in den Erzählkontext integriert und nimmt hier – anders allerdings als in den rabbinischen Geschichten – nicht eine episodische Funktion, sondern eine Funktion in der Gesamterzählung wahr. Die Integration der Erweckung des Todkranken erinnert unter diesem Blickwinkel an die Rezeption der Totenerweckung in der zeitgenössischen Romanliteratur.

Vergegenwärtigen wir uns nunmehr die Struktur der rekonstruierten Totenerweckung.[343] Stilgerecht steht in der Exposition die Nennung des Hilfsbedürftigen. Sogleich folgt die Bitte der Stellvertreter, die oft aus dem Bereich der Verwandten des Verstorbenen stammen. Dies zeigt zugleich an, daß der Wundertäter nicht am Ort ist. V.3a läßt eine Gesandtschaft erkennen, mit der zusammen der Wundertäter zu dem Hilfsbedürftigen eilt. Aufgrund des Herbeiholens des Wundertäters aus der Entfernung ist nicht die Gestaltung einer Szene notwendig, bei der der Wundertäter seinem Klienten unterwegs begegnet;[344] ein Motiv, das auch den ntl. Totenerweckungen eigen ist: Lk 7,12–14. Das *Zuspätkommen des Wundertäters* und das Eintreten des Todes vor seiner Ankunft entsprechen nicht nur Analogien in Totenerweckungen: so vor allem in Mk 5,21ff.

Im mk. Doppelwunder wird Jesus zunächst zur Heilung gerufen, und erst der Verzug, der durch die eingefügte zweite Heilung der an unstillbarer Menstruation leidenden Frau entsteht (Mk 5,25–34), führt schließlich zum Tod der Tochter des Synagogenvorstehers Jaïrus. So entsteht eine ganz analoge Folge wie in Joh 11: Einführung der *Krankheit* (Mk 5,23b; Joh 11,1) – *Herbeirufen des Helfers* (Mk 5,23c–d; Joh 11,3; s.a. V.21)[345] – *Verzug* (5,25ff; Joh 11,[6.]17)[346] – *Tod* (Mk 5,35; Joh 11,17) – *Auferweckung* (Mk 5,40ff; Joh 5,38bff). Der Verzögerungscharakter wird durch die redaktionelle Gestaltung des Textes von Joh 11 noch verstärkt. Zugleich gehen die Erzählungen dort auseinander, wo es die theologische Gestaltung will; die Verzögerung des Kommens Jesu führt in der joh. Erzählung den Tod – dies muß mit aller Deutlichkeit in seiner Anstößigkeit festgehalten werden

---

[342] Vgl. B. Kollmann, Jesus 270.

[343] Als Basis dient die Übersicht über das Motivinventar der Gattung Totenerweckung, die Stephanie M. Fischbach in ihrer Dissertation vorgelegt hat: 22ff (Tabellarische Übersicht: 26–28); sie selbst analysiert den Text von Joh 11,1–44 gattungskritisch: aaO. 239–244, so daß diese Beobachtungen auch für die rekonstruierte Tradition aufgenommen werden können. Vgl. auch die Bemerkungen von J. Wagner 344–346.

[344] Hierzu O. Weinreich 171ff; s.a. W. Schottroff 258.

[345] Als Motiv in Heilungsgeschichten bekannt (vgl. G. Theißen, Wundergeschichten 59), aber vor allem in Totenerweckungsgeschichten zu finden; vgl. S.M. Fischbach 12, die dies Motiv aus dem ärztlichen Milieu abzuleiten sucht.

[346] Vgl. hierzu auch S.M. Fischbach 247.

– geradezu künstlich und bewußt herbei; die mk. Geschichte erzählt hingegen eine Abfolge, die sich völlig natürlich ergibt. Der Helfer oder Arzt wird herbeigerufen und durch einen anderen Fall an der raschen Hilfe gehindert, so daß ein gewisser Verzug eintritt. Solches Zuspätkommen des Helfers hat eine Analogie, vielleicht sogar ein Vorbild in der Beobachtung einer Zeit, in der die ärztliche Versorgung noch längst nicht für alle und überall gewährleistet war: Im Falle ernster Erkrankungen bestand die wohl häufiger eingetretene Möglichkeit, daß das Kommen des Arztes nicht mehr rechtzeitig erfolgte und dieser den Kranken verstorben vorfand. So besagt es die Parenthese, die in der *hippokratischen* Schrift *Prognostikum* dem Gedanken, daß Menschen sterben müssen, angefügt wird: „(D)ie einen (sterben; Vf.) infolge der Heftigkeit der Krankheit, noch bevor sie den Arzt gerufen haben; andere sterben bald nachdem sie ihn gerufen haben, zuweilen nach einem einzigen Tag, zuweilen nach etwas längerer Zeit – *jedenfalls bevor der Arzt mit seiner Kunst die Krankheit bekämpfen konnte*".[347]

Die Verzögerung führt zu der Abfolge Krankheit – Tod. Diese Reihenfolge hat Parallelen bei anderen Auferweckungsgeschichten (Apg 9,37 ἐγένετο … ἀσθενήσασαν αὐτὴν ἀποθανεῖν, Mk 5,23.35 ἐσχάτως ἔχει[348] … ἀπέθανεν). Die Abfolge hängt am Verzögerungsmotiv und läßt sich nicht etwa als Hinweis auf eine ältere Heilungsgeschichte verstehen.

Eine große Trauergemeinde befindet sich in der Nähe des Toten, zumeist als Begleiter des Trauerzuges.[349] In Joh 11,33 handelt es sich um die Leichenklage. Die Schwestern und die Klagegemeinschaft bilden die Zeugen für das Wunder, das somit in der Öffentlichkeit geschieht (s.a. Lk 7,11; anders Mk 5,40; 1Kön 17,19; 2Kön 4,33; Apg 9,40). Zum Motiv des Niederfallens und zu der auf die Situation der verzögerten Ankunft zugeschnittenen Vertrauensäußerung, die als indirekte Bitte interpretiert werden kann, ist bereits das Wesentliche gesagt worden.[350] Die Schilderung der *Durchführung* berichtet, wie sich der Wundertäter in pneumatische Erregung versetzt,[351] um schließlich die notwendigen Anordnungen für das Wunder zu treffen: die Öffnung des Grabes. Die Wiederbelebung des Toten findet *allein* aufgrund des Machtwortes Jesu statt.[352] Eine Berührung oder Annäherung Jesu an den To-

---

[347] *Hippocrates*, Progn 1. Der hervorgehobene Text lautet griechisch πρὶν ἢ τὸν ἰητρὸν τῇ τέχνῃ πρὸς ἕκαστον νόσημα ἀνταγωνίσασθαι. Übers. nach *Der Arzt im Altertum* (ed. W. Müri 107). Diese Befürchtung steht auch hinter der Bitte zu umgehender Hilfe bei der Heilung des Sohnes des Königlichen Joh 4,47: Die Todesgefahr duldet keinen Aufschub. Beispiele für das Sterben vor dem Rufen des Helfers mit folgender Totenerweckung: 2Kön 4,20; Mt 9,18; Apg 9,37; vgl. S.M. Fischbach 14.

[348] Über dieser Wendung liegt schon der Hauch des Todes (verstärkt noch bei Lk 8,42; Mt 9,18 meldet bereits den Tod), allerdings formuliert der Vater im Blick auf seine Tochter eine Hoffnung: ἵνα σωθῇ καὶ ζήσῃ. Dabei spiegelt diese Hoffnung den bedrohlichen Zustand der Tochter, obgleich beide Verben, für sich genommen, die Erwartung der Genesung auch im ärztlichen Kontext anzeigen können (Belege bei W. Bauer/K. u. B. Aland, Wb 680 [ζάω 1αβ]. 1592 [σῴζω 1c]).

[349] Zu diesem Motiv vgl. W. Schottroff 259.

[350] S.o. S. 419 und S. 424 Anm. 251.

[351] Hierzu s.o. S. 425.

[352] Vgl. N. Zwergel 111.

ten wird nicht berichtet.[353] Medizinische Praktiken (so im Falle des Scheintodes der Arzt *Asklepiades*[354]) sowie magische Riten und Worte (z.B. *Philostratus*, VitAp IV 45[355]) und körperliche Berührungen (1Kön 17,21; 2Kön 4,34; Mk 5,41parr [Berührung mit der Hand]; Apg 20,10; *Philostratus*, VitAp IV 45; s.a. Lk 7,14: Anrühren des Sarges)[356] werden nicht berichtet, wenngleich das Machtwort eine Parallele in den Erweckungen durch magische Worte hat. In den rabbinischen Geschichten spielt das Gebet auch bei Totenerweckungen eine besondere Rolle (s.a. Apg 9,40); dieses Motiv kann in der Gestaltung des Evangelisten wiedergefunden werden, allerdings ist es derart transformiert, daß es wohl allein aus der Kompositionsabsicht des Evangelisten und nicht durch gattungsspezifische Parallelen erklärt werden kann. Abschließend wird die *Demonstration* des Wunders erzählt. Findet sich oft das Sprechen des/der Erweckten als Zeichen der wiedererlangten Lebendigkeit,[357] so nimmt diese Funktion in der joh. Geschichte einerseits das eigenständige Heraustreten aus dem Grab wahr. Andererseits ist aber auch der Befehl zum ‚*Befreien*' des Erweckten von seinen Leichentüchern als Übergabe des ehemaligen Toten wieder zum Leben zu interpretieren.[358] Eine ausdrückliche Reaktion, eine Akklamation des Wundertäters bzw. ein Chorschluß (vgl. Mk 5,42 par Lk 8,56 [auf die Eltern eingeschränkt]; Lk 7,16f; Apg 9,42), als Abschluß des Wunders konnte nicht mehr rekonstruiert werden und könnte somit gefehlt haben.

In der gegenwärtigen Diskussion ist die formale Klassifizierung einer Auferweckungsgeschichte umstritten. Dennoch sollte die Lazarusgeschichte nicht als Heilungsgeschichte[359] klassifiziert werden; solche Einordnung hätte sich

---

[353] Dem Machtwort in Lk 7,14 geht eine Berührung des Sarges (zum Sarg H. Schürmann, Lk I, 401f Anm. 100) voraus; ein Motiv, das schwerlich von den Berührungen des Leichnams in anderen Totenerweckungen zu trennen ist (s.a. B. Kollmann, Jesus 266; G. Petzke 179; anders Schürmann, aaO. 401, der eine „hoheitlich gebietende[.] Geste" findet, die den Leichenzug zum Stehen bringt).

[354] S.o. S. 434 Anm. 311.

[355] Vgl. G. Petzke 179.

[356] Diese Berührungen sind nicht als medizinische Analysen zu deuten (so S.M. Fischbach 293), sondern stehen für die Übertragung der Kraft des Wundertäters auf den Kranken oder Toten (vgl. O. Weinreich 14ff; s.a. R. Bultmann, Geschichte 237f; G. Theißen, Wundergeschichten 71f, der die körperliche Berührung als Kraftübertragung in engem Zusammenhang mit der Gattung ‚Therapie' interpretiert [aaO. 72]).

[357] Hierzu W. Schottroff 259; B. Kollmann, Jesus 266f Anm. 13. Vgl. das Sprechen der wiedererweckten Braut in *Philostratus*, VitAp IV 45 (φωνήν τε ἡ παῖς ἀφῆκεν); vgl. Lk 7,15; das Umhergehen der Tochter des Jaïrus (Mk 5,42). Der Befehl, der Tochter zu Essen zu geben, unterstreicht die Lebendigkeit der Erweckten (Mk 5,43) und ist zugleich eine formale Parallele zur Aufforderung zum Abnehmen der Grabbinden in Joh 11,55.

[358] S.a. N. Zwergel 111.

[359] Mit H.K. Nielsen 154. Anders W. Schottroff 257, der Totenerweckungen formal dem weiteren Bereich der Heilungswunder zuordnet; dies läßt sich damit begründen, daß antike Totenerweckungen oft Wiedererweckungen Scheintoter und damit zugleich Heilungen sind (aaO. 260), indem sie gegen das Symptom, das für den Scheintod verantwort-

durch die verschiedenen Hinweise im vorliegenden Kontext, daß Lazarus
krank war, nahelegen können. Allerdings geht die Abfolge Krankheit – Tod
mit dem Verzögerungsmotiv überein. Da die Grabszene konstitutiv zum Wunder gehört, handelt es sich um eine Erweckungsgeschichte, für die es genug
Parallelen gibt, um sie als eigenständigen Wundertypus ‚Auferweckungswunder' anzusehen.[360] Dabei ist freilich zu bedenken, daß jede Differenzierung der
Wundergeschichte eine inhaltliche Differenzierung ist und Inhalt und Form
nicht zu trennen sind. Zudem hat die Gattung ‚Totenerweckung' wie Stephanie M. Fischbach in ihrer Dissertation gezeigt hat, eine eigenständige Motiv-
struktur entwickelt. Näherhin handelt sich bei der joh. Tradition um eine Totenerweckung vom ‚Herholungstyp'.[361]

7.3.5 Das Verhältnis der johanneischen Auferweckungsgeschichte zu der Auferweckung eines reichen Jünglings in Bethanien (‚Geheimes Evangelium des Markus')

Im ‚Geheimen Evangelium des Markus' (‚The Secret Gospel of Mark'), von
dem ein Bruchstück 1958 durch Morton Smith in einem anscheinend von
Clemens von Alexandrien stammenden Brief gefunden wurde,[362] findet sich
eine von Jesus berichtete Totenauferweckung; sie steht zwischen 10,34 und

---

lich ist, vorgehen. Die ntl. Totenerweckungen hingegen setzen die Faktizität des Todes
voraus und bieten damit ein inhaltliches Differenzkriterium.

[360] M.W.G. Stibbe, Tomb 39.41; anders z.B. N. Zwergel 110, der sich der Terminologie
von Martin Dibelius bedient und entsprechend die Tradition von Joh 11 als Novelle bestimmt.

[361] Zur Differenzierung zwischen Herholungs- und Begegnungstyp vgl. S.M. Fischbach 28f.

[362] M. Smith, Clement *passim*; von diesem Werk erschien auch eine populärwissenschaftli-
che Fassung, die ins Deutsche übersetzt wurde: ders., Suche; zur Diskussionslage um die
Authentizität des Clemensbriefes und um den Charakter des *Geheimen Markus-Evangeliums* vgl. H. Merkel, Evangelium 90f; kritisch urteilt bes. W.G. Kümmel, Jesusforschung 74 (vgl. die referierten Bedenken Hans von Campenhausens; zur Diskussionslage um den Clemens-Brief zwischen der Annahme einer antiken oder modernen Fäl-
schung und der der Authentizität vgl. S. Levin 4272–4275; sowie zur Authentizität des
GEvM: aaO. 4275–4277). Wesentlich zuversichtlicher im Hinblick auf die Authentizität
dieses Briefes und den authentischen und frühen Charakter des darin zitierten Evangeliumstextes äußert sich H. Koester, Gospels 293f.295. Dies zeigt sich in jeweils unterschiedlichen Datierungsansätzen; Merkel, aaO. 92: „nicht vor der Mitte des 2. Jahrhunderts", Koester, aaO. 295: „the date of composition of *Secret Marc* should not be too far
removed from the date for the writing of the Gospel of Mark". Die abweichende Datierung impliziert, methodisch gesehen, noch keine Entscheidung über eine eventuelle direkte literarische oder traditionsgeschichtliche Abhängigkeit der beiden Evangeliumsbe-
richte. Jüngere Texte mögen bisweilen ältere Traditionen bewahrt haben, wie umgekehrt
ein älterer Text nicht in der Überlieferungslinie eines vermeintlich jüngeren Textes stehen muß. Die Datierungsfrage kann also hier offen gelassen werden, da sie die Entscheidung über das Verhältnis vergleichbarer Texte nicht vorab klären kann.

10,35 des Textes des kanonischen Markusevangeliums (GEvM Frgm. 1).[363]
Daß die weitreichenden historischen Schlußfolgerungen und literarhistorischen
Erwägungen zur Entstehung und zum Verhältnis der vier kanonischen Evangelien, die Smith mit seiner Entdeckung verbindet, keineswegs diskutabel sind,
ist von verschiedenen Seiten bemerkt worden und muß hier nicht wiederholt
werden.[364] Aber die Frage nach dem Verhältnis der apokryphen Auferweckungstradition, die selbst von Kritikern von Smith in das zweite Jh. datiert
wird,[365] bleibt gestellt. Für die Beantwortung dieser Frage ist zunächst der
Text zu bringen:

(23) καὶ ἔρχονται εἰς βηθανίαν καὶ ἦν ἐκεῖ μία γυνὴ ἧς ὁ ἀδελφὸς αὐτῆς ἀπέ:	„(II,23) Und sie kommen nach Bethanien. Und dort war eine Frau, deren Bruder gestorben war.
(24) θανεν· καὶ ἐλθοῦσα προσεκύνησε τὸν ἰησοῦν καὶ λέγει αὐτῷ· υἱὲ δα	(24) Und sie kam und fiel vor Jesus nieder und spricht zu ihm: Sohn Davids,
(25) βὶδ ἐλέησόν με· οἱ δὲ μαθηταὶ ἐπετίμησαν αὐτῇ· καὶ ὀργισθεὶς ὁ	(25) erbarme dich meiner. Die Jünger aber tadelten sie. Und erzürnt
(26) ἰησοῦς ἀπῆλθεν μετ' αὐτῆς εἰς τὸν κῆπον ὅπου ἦν τὸ μνημεῖον· καὶ	(26) ging Jesus mit ihr weg in den Garten, wo das Grabmal war; und
(III,1) εὐθὺς ἠκούσθη ἐκ τοῦ μνημείου φωνὴ μεγάλη· καὶ προσελθὼν ὁ ἰησοῦς ἀπ	(III,1) sogleich hörte man aus dem Grabmal eine laute Stimme; und Jesus trat hinzu und
(2) εκύλισε τὸν λίθον ἀπὸ τῆς θύρας τοῦ μνημείου· καὶ εἰσελθὼν εὐθὺς ὅπου	(2) wälzte den Stein von der Tür des Grabmals weg. Und sogleich ging er hinein, wo
(3) ἦν ὁ νεανίσκος ἐξέτεινεν τὴν χεῖρα καὶ ἤγειρεν αὐτόν· κρατήσας:	(3) der Jüngling war, streckte die Hand aus und richtete ihn auf, indem er ihn
(4) τῆς χειρός· ὁ δὲ νεανίσκος ἐμβλέψας αὐτῷ ἠγάπησεν αὐτὸν καὶ:	(4) an der Hand faßte. Der Jüngling aber blickte auf zu ihm und liebte ihn und
(5) ἤρξατο παρακαλεῖν αὐτὸν ἵνα μετ' αὐτοῦ ᾖ· καὶ ἐξελθόντες ἐκ	(5) begann ihn zu bitten, er möge bei ihm bleiben. Und als sie herausgegangen waren aus

---

[363] Vgl. z.B. H.-M. Schenke, Konflikt 302f; M. Smith, Suche 51–71; J.D. Crossan, Gospels
111–121; Jesus 434–439 (Gemeinsame Wunderquelle von MkEv und JE, an deren Ende
die Auferstehung des Jünglings steht; das ursprüngliche MkEv [= GEvM] habe die
Initiation, das JE das Gespräch über die Auferstehung ergänzt.); M.-É. Boismard/A.
Lamouille, JE 277; D.M. Smith, Theology 35.

[364] Vgl. W.G. Kümmel, Jesusforschung 74f.

[365] S.o. S. 442 Anm. 362.

(6) τοῦ μνημείου ἦλθον εἰς τὴν
οἰκίαν τοῦ νεανίσκου· ἦν γὰρ
πλούσιος· καὶ μεθ'
(7) ἡμέρας ἓξ ἐπέταξεν αὐτῷ ὁ
ἰησοῦς· καὶ ὀψίας γενομένης
ἔρχεται ὁ
(8) νεανίσκος πρὸς αὐτόν· περι-
βεβλημένος σινδόνα ἐπὶ γυμνοῦ·
καὶ
(9) ἔμεινε σὺν αὐτῷ τὴν νύκτα
ἐκείνην· ἐδίδασκε γὰρ αὐτὸν ὁ
(10) ἰησοῦς τὸ μυστήριον τῆς
βασιλείας τοῦ θεοῦ· ἐκεῖθεν δὲ
ἀναστὰς·
(11) ἐπέστρεψεν εἰς τὸ πέραν τοῦ
ἰορδάνου· ...[366]

(6) dem Grab, gingen sie in das Haus
des Jünglings; denn er war reich. Und
nach
(7) sechs Tagen beauftragte ihn
Jesus, und am Abend kommt der
(8) Jüngling zu ihm, nur mit einem
Hemd auf dem bloßen Leibe bekleidet. Und
(9) er blieb bei ihm jene Nacht; denn
es lehrte ihn
(10) Jesus das Geheimnis des Reiches
Gottes. Und von dort ging er weg
(11) und kehrte an das andere Ufer
des Jordans zurück."[367]

Ein Vergleich mit der Auferweckungstradition hinter Joh 11 und der joh
Erzählung selbst ist nahegelegt. Verschiedene Motive der Auferweckungsgeschichte in GEvM gehen parallel mit der Lazaruserweckung im vierten Evangelium und mit seiner Tradition.

Parallel zu der Erzählung im vierten Evangelium ist vor allem die Lokalisierung der
Auferweckung in Bethanien. Eine Schwester des Toten[368] als Stellvertreterin bittet indirekt
Jesus für den Verstorbenen (ihren Bruder). Es ertönt eine laute Stimme. Die Grabsituation
(Höhle mit Verschlußstein) geht parallel mit der joh. Szenerie. Auch das Liebesmotiv und
die Proskynese fehlen nicht.
Den Parallelen stehen aber auch namhafte Differenzen gegenüber. Allen voran ist die
wesentlich kürzere Erzähleinheit auffällig. Aber auch die Analogien entsprechen weder in
Anordnung noch in Zuordnung der Form der joh. Auferweckung. So ist es nicht die anfangs
genannte Liebe Jesu zum Sterbenskranken, sondern die Liebe des Jünglings, die nach dessen Auferweckung genannt wird. Jesus hebt den Stein des Grabes selbst zur Seite. Es fehlen
die (indirekt geschilderte) joh. Gesandtschaft und die zweite Schwester. Auch das Motiv der
souveränen Verzögerung der Hilfeleistung fehlt. Schwer wiegt aber die Abwesenheit der Dialogpassagen, die weder formal noch inhaltlich in der Geschichte des GEvM widergespiegelt
sind. Diese Gespräche aber enthalten vor allem das, was die joh. Geschichte von der Auferweckung des Lazarus ausmacht und im vierten Evangelium charakterisiert.

Der Befund des Vergleiches stellt sich also diffizil dar. Es nötigt sich die
Frage auf, ob wirklich dasselbe Erzählgeschehen berichtet wird. Letzte Sicherheit läßt sich nicht gewinnen. Immerhin spricht für diese Annahme, daß

---

[366] Der griechische Text des GEvM ist abgedruckt bei M. Smith, Clement 446ff; und wiederum bei H. Merkel, Spuren 125ff; die zitierte Passage bietet auch S. Levin 4271.
[367] Übers. H. Merkel, Evangelium 92.
[368] Allerdings ist in GEvM nicht von der Schwester die Rede; vielmehr wird der Verstorbene als Bruder einer anonymen Frau vorgestellt. Entscheidend ist das Verwandt-
schaftsverhältnis. Vom Bruder spricht auch Joh 11,2 (Glosse).32 (Tradition).

die joh. Geschichte wie die des GEvM die Auferweckung eines Verstorbenen aus einem mit einem Grabstein verschlossenen Grab berichten. Die Bitte wird von einer bzw. den Schwestern vorgetragen, und ein Agape-Verhältnis markiert die Relation zwischen Wundertäter und Auferwecktem. Die Bittstellerin(nen) bitten den Wundertäter durch den Vollzug der Proskynese. Überraschend fehlt der Name des Auferweckten, wie er in Joh 11 berichtet wird, Lazarus. Dies erschwert es, der Schlußfolgerung insbesondere von Raymond E. Brown und Helmut Merkel, die das GEvM als ein auf der Grundlage der kanonischen Evangelien kompiliertes Apokryphon ansehen, im Blick auf den Vergleich mit Joh 11 zuzustimmen.[369] Würde die Verkürzung des joh. Berichtes allein noch nicht gegen diese These sprechen, so ist das Auslassen des Namens einer bekannten Größe der kanonischen Schriften, die als Grundlage gedient haben sollen, verwunderlich.[370] Aber nicht nur Lazarus wird nicht namentlich identifiziert, auch Maria und Martha sind nicht genannt (GEvM Frgm. 1 [II,23] spricht lediglich von *einer* Frau: μία γυνὴ ἧς ὁ ἀδελφὸς αὐτῆς ἀπέθανεν). Da keine überzeugenden ideologischen Gründe angeführt werden können,[371] die die Rückversetzung der handelnden Personen in die Anonymität begründen, kommt traditionsgeschichtlich der Anonymität die Priorität gegenüber der namentlichen Identifizierung zu.

---

[369] H. Merkel 92; Spuren 136 u.ö. (vgl. den Versuch, diese Abhängigkeit sprachlich zu belegen: aaO. 131ff); s.a. B. Kollmann, Jesus 268f mit Anm. 22; J. Kremer, Lazarus 117; F. Neirynck, Gospels 760–762, bes. 762; J. Wagner 356. R.E. Brown, Secret Gospel *passim*, hinsichtlich der Abhängigkeit des GEvM von JE; vgl. zur Beurteilung auch W.G. Kümmel, Jesusforschung 74.

[370] Vgl. etwa die gegenläufige Tendenz, anonyme Protagonisten der ntl. Wunderüberlieferung mit Namen zu versehen; so die Identifizierung der Blutflüssigen von Mk 5,25ff als Bernike im *Nikodemusevangelium* VII; über die Herkunft der ,Blutflüssigen' (Caesarea Philippi) erfahren wir Legendarisches aus *Euseb*, HistEccl VII 18 (vgl. J. Kremer, Lazarus 52); NazEv Nr. 10 (Ntl. Apokr I, 134 [P. Vielhauer/G. Strecker]) identifiziert den Mann mit der verdorrten Hand (Mt 12,9ff parr) als Maurer, der die Heilung begehrt, um weiterhin seinem Beruf nachgehen zu können. Auch das vierte Evangelium bietet ein Beispiel sekundärer Identifizierung; so geschieht es in der Passionserzählung, wenn Petrus mit dem Schwertstreich und Malchus als der betroffene Knecht identifiziert werden (Joh 18,10 gegen Mk 14,47parr. M. Lang 59 wendet sich gegen die Annahme ,novellistischer Präzisierungstendenzen' [z.B. R. Bultmann, JE 496 Anm. 1], sieht aber joh. Redaktion am Werk; sie sucht bewußt an 13,37 anzuknüpfen und sei zugleich im Licht von 18,17f.25–27 zu lesen.). Allerdings ist die Eliminierung eines Namens in der frühchristlichen Tradition auch nicht analogielos, wie die Streichung des Jaïrus in Mt 9,18 gegen Mk 5,22 zeigt.

[371] Die Überlegungen von R.E. Brown, Secret Gospel 480, verhelfen nicht zu großer Sicherheit. Zu Lazarus stellt er fest: „One can only guess at possible reasons; but, since SGM (das Geheime Evangelium nach Markus; Vf.) was presumably used in a ritual of initiation into the mystery of the kingdom of God and the initiate was to identify himself with the youth whom Jesus loved, it may have served the author's purpose to leave that subject unnamed and thus more generally applicable." Hinsichtlich der Frauen nimmt Brown ein distanziertes Verhältnis des Verfassers zu Frauen an (ebd.).

Auch die direkte umgekehrte Abhängigkeit, also die Benutzung des Textes von GEvM im JE, läßt sich nicht behaupten. Neben der Erwähnung des Ortes – an dieser Stelle stellt die Nennung des Ortes im GEvM unsere Analyse der Topographie der alten Wundergeschichte in Frage – ist vor allem das Ende, d.h. die Totenerweckung selbst, so abweichend, daß beide Texte nicht direkt voneinander abhängig sein können. Vor allem fehlt in Joh 11 der Bericht über das weitere Schicksal des Auferweckten. Könnte sich letzteres dadurch erklären, daß es dem erzählerischen Interesse des vierten Evangelisten, der auf die Spaltung unter den Wunderzeugen und auf den Todesbeschluß zielt, widerspricht, so bleibt die Differenz in der Grabszene. Joh. Gestaltung kann zwar nicht ausgeschlossen werden; wahrscheinlicher ist aber aufgrund der Differenzen auch die direkte Abhängigkeit des JE von GEvM zu bestreiten.

Möglich ist jedoch, daß als Quelle der Totenerweckung des GEvM eine Auferweckungstradition zur Verfügung stand, die der Tradition von Joh 11 nahesteht.

Um die Fragestellung zu illustrieren, ist es hilfreich, die beiden Texte durch eine Gegenüberstellung zu vergleichen. Der Text der joh. Tradition entspricht dem zuvor erarbeiteten Rekonstruktionsvorschlag; dabei ist zu bedenken, daß dieser Text sprachlich hypothetisch bleibt. Um diese Unsicherheiten zu beachten, werden die Übersetzungen verglichen. Der Text des GEvM ist in der Übersetzung von Helmut Merkel gegeben. Dabei wurde auf den Versuch, Tradition und Redaktion in GEvM zu scheiden, verzichtet.

A. Auferweckung

1	Es war aber jemand krank.	
2	Seine Schwestern sandten zu Jesus:	
3	Herr, siehe, der, den du liebst, ist krank.	Vgl. Zeile 18.
4	Als dies nun Jesus hörte, sprach er: Laßt uns zu ihm gehen.	Und sie kommen nach Bethanien. Dort war eine Frau,
5	Als nun Jesus hinkam, fand er ihn schon vier Tage im Grab liegend.	deren Bruder gestorben war.
6	Die Schwestern kamen dorthin, wo Jesus war. Und die Juden (/das Volk [?], das), die bei ihnen waren, um sie zu trösten, folgten ihnen.	Und sie kam
7	Und wie die Schwestern Jesus sahen, warfen sie sich nieder zu seinen Füßen und sprachen:	und fiel vor Jesus nieder und spricht zu ihm:
8	Wenn du hier gewesen wärest, wäre der Bruder nicht gestorben.	Sohn Davids, erbarme dich meiner.
9		Die Jünger aber tadelten sie.
10	Da nun Jesus sah, wie sie weinten, und die, die mit ihnen gekommen waren, weinten, geriet er in Erregung.	Und erzürnt ging Jesus mit ihr weg
11	Dort befand sich aber eine Höhle, und ein Stein befand sich davor.	in den Garten, wo das Grabmal war; und
12	vgl. Zeile 14	sogleich hörte man aus dem Grabmal eine laute Stimme.
13	Jesus sagte: Hebt den Stein weg! Und sie hoben den Stein weg.	und Jesus trat hinzu und wälzte den Stein von der Tür des Grabmals weg.
14	Und er rief mit lauter Stimme:	Vgl. Zeile 12

15	Komm heraus.
16	Der Verstorbene, an Händen und Füßen mit Binden umwickelt und das Antlitz mit einem Schweißtuch bedeckt, kam heraus.
17	Und Jesus sprach zu ihnen: Macht ihn frei und laßt ihn hinweggehen.
18	Vgl. Zeile 3.

Und sogleich ging er hinein, wo der Jüngling war, streckte die Hand aus und richtete ihn auf, indem er ihn an die Hand faßte.

Der Jüngling aber blickte auf zu ihm und liebte ihn

B. Schlußszene: Einweihung

19	
20	Für das Verlassen des Grabes vgl. Z.15 und 16.
21	
22	
23	
24	
25	

und begann ihn zu bitten, er möge bei ihm bleiben.

Und als sie herausgegangen waren aus dem Grab, gingen sie in das Haus des Jünglings; denn er war reich.

Und nach sechs Tagen beauftragte ihn Jesus,

und am Abend kommt der Jüngling zu ihm, nur mit einem Hemd auf dem bloßen Leibe bekleidet.

Und er blieb bei ihm jene Nacht;

denn es lehrte ihn Jesus das Geheimnis des Reiches Gottes.

Und von dort ging er weg und kehrte an das andere Ufer des Jordans zurück.

Der Vergleich der joh. Tradition mit dem Text des GEvM belegt beides, Parallelen wie Differenzen. Allerdings ist zu unterscheiden zwischen dem Auferweckungswunder, zu dem Parallelen der joh. Tradition vorhanden sind, und der Abschlußszene, die ohne Parallele in der joh. Tradition ist. Diese Abschlußszene setzt zwar in der Agape des Jünglings zu seinem Wundertäter das Auferweckungswunder voraus, greift aber weder thematisch noch sprachlich darauf zurück. So ist diese Schlußszene als eine sekundäre Ergänzung der Auferweckung des Jünglings zu verstehen.[372] Deshalb ist allein von Interesse, welche synoptischen und joh. Elemente in der Auferweckungsgeschichte ausgemacht werden können. Bedeutsam ist, daß dort, wo die größte Abweichung zu Joh 11 und seiner Tradition zu beobachten ist, Parallelen zu den synoptischen Evangelien vorliegen.[373]

So gilt es für Z.9,[374] die literarische Vorbilder in Mk 10,48; 10,13 par Mt 19,13 hat;[375] aber auch die Formulierung Z.8 hat eine wesentliche Parallele in Mt 15,22 und Mk 10,48. Das Anfassen der auferweckten Person findet sich auch Mk 5,4.

---

[372] Vgl. auch die Beurteilung der Abschlußszene durch H. Koester, Gospels 297; Einführung 604; Koester sieht den Einweihungsritus in der Nähe von gnostischen Sekten Ägyptens.

[373] Die Analyse greift hier auf das von H. Merkel, GEvM 92 Anm. 1–25, aufgelistete Parallelmaterial zurück und bewertet dies; auch die Beobachtungen von R.E. Brown, Secret Gospel 471–474, werden beachtet.

[374] Die Zeilenangaben beziehen sich auf die vorstehende Tabelle.

Einige vergleichbare Passagen stehen in Joh 11 und seiner Tradition einerseits sowie in GEvM andererseits an anderen Stellen und/oder sind jeweils verschiedenen Protagonisten zugeordnet. Dies gilt für die ‚laute Stimme' wie für das Öffnen des Grabes durch das Entfernen des Steines; solche Variationen der Motive in ihrer Erzähltopographie können der Entwicklung einer Form in der mündlichen Transmission zugetraut werden.[376] Insofern diese Zeilen Parallelen im joh. Stoff haben, sollten sie nicht durch synoptische Parallelen, die dem Text des GEvM nicht näherstehen, weginterpretiert werden.[377]

Raymond E. Brown entdeckt verschiedene sprachliche Berührungen zum joh. redaktionellen Text und schließt daraus die Abhängigkeit des GEvM von Joh 11 und wehrt sich gegen die Rückführung auf einen gemeinsamen älteren Erzählursprung.[378] Angesichts der vorliegenden Analyse von Joh 11 ist Browns Argumentation m.E. nicht zwingend. Das Liebesmotiv ist nicht erst redaktionell eingefügt worden, sondern haftet schon an der älteren Überlieferung der Auferweckung. Das Kommen nach Bethanien steht sprachlich Mk 8,22D näher als Joh 12,1. Daß diese Ortsangabe ursprünglich zur Auferweckungstradition von GEvM gehört, ist nicht zwingend. Die Aussagen von Joh 11,32 wurden als Bestandteil der Tradition angenommen und können daher nicht für den Ausweis joh-red. Gutes verwendet werden; unabhängig von der Entscheidung über diesen Vers ist der Hinweis auf den Tod ein formspezifischer Bestandteil einer Erweckungsgeschichte und wenig signifikant. Die Proskynese wiederum wurde als traditionell ausgemacht. Die anderen joh. Sprachmerkmale wie ‚die Mutter' und das Bleiben (hier im profanen, nicht im joh. Sinn) verlieren demge-

---

[375] S.a. H. Merkel, Spuren 132.

[376] Auf den Einfluß mündlicher Tradition auf die Begrifflichkeit der Auferweckungsgeschichte macht vor allem R.H. Fuller 6f, aufmerksam; er selbst versucht diese mündliche Fassung mit Hilfe des GEvM zu rekonstruieren (aaO. 7f) und findet Spuren palästinischer Christologie (aaO. 8). Seine Rekonstruktion sieht weitgehend von einem Vergleich mit dem Text oder der Überlieferung von Joh 11 ab.

[377] Z. 7 steht sprachlich synoptischen Berichten nah (Mt 15,25; 20,20), variiert aber den Gedanken der joh. Tradition, ohne daß dies notwendig auf die synoptischen Texte zurückgeführt werden muß (zu R.E. Brown, Secret Gospel 481; den Rückgriff auf JE nimmt auch H. Merkel, Spuren 132, an).
Z. 10: Daß die heftige Gemütsbewegung ὀργισθείς mit der Bekanntschaft von Mk 1,41D erklärt werden soll (H. Merkel, Spuren 133), ist eher unwahrscheinlich. Das Weggehen fügt sich in den Erzählrahmen ein und muß keineswegs Mk 5,24 entnommen sein. Z.10 reagiert auf Z.9 und überwindet das Erschwernismotiv, durch das der Wundertäter am Wunder gehindert werden soll. Wie in der joh. Tradition wird Jesus zum Grab geführt.
Z. 12: Die laute Stimme ist in der joh. Tradition nicht auszuscheiden, so daß eine Variation vorliegt, die den Rückgriff auf synoptische Tradition (Mk 5,7) nicht nahelegt.
Z. 13: Das Wegwälzen des Steines durch Jesus entspricht dem Befehl zum Wegräumen des Steines sowie dessen Ausführung in Joh 11,39. In der Parallele der Auferweckungsgeschichte handelt Jesus ein Angelos (Mt 28,2; in Frageform auch Mk 16,3; doch die Frage der Frauen eignet sich noch weniger zur Erklärung der Passage im GEvM); diese Phrase steht GEvM ferner als Joh 11,39 (anders Merkel, aaO. 133).
Z.14 entspricht der Erzählperspektive des GEvM, die eine gegenteilige Richtung und andersgeartete Aktivität als in Joh 11 entwickelt. Daß speziell an Mk 5,41 oder 16,5 zu denken ist, kann nicht gesagt werden.

[378] R.E. Brown, Secret Gospel 477–483; anders H. Koester, History 41, der keine Nachweise des joh. Vokabulars findet.

genüber an Gewicht, so daß der sprachliche Nachweis joh. Einflusses nicht mit hinreichender Sicherheit erbracht werden kann.

Der Vergleich der apokryphen Auferweckungsgeschichte mit Joh 11 und seiner Tradition ist durch vielerlei Unsicherheiten belastet. Sie setzen mit der Frage nach der Echtheit des dieses Fragments überliefernden Clemensbriefes ein, fahren fort mit dem Problem, ob beide Texte dasselbe Erzählereignis berichten und führen schließlich in die komplexe Einzelanalyse hinein. Ein Lösungsvorschlag ist folglich über alle Gebühr hypothetisch. Dennoch beansprucht die Annahme einige Wahrscheinlichkeit, daß die Traditionen hinter GEvM und Joh 11 ihren Ursprung in einer Auferweckungsgeschichte haben, die bei einer mit einem Stein verschlossenen Grabkammer spielt.[379] Verstorbener und Bittstellerin(nen) stehen in einem Bruder-Schwester-Verhältnis; die Bitte wird indirekt vorgetragen, aber durch ein Niederfallen vor dem Wundertäter begleitet. Wer das Grab öffnet, ist nicht sicher zu entscheiden; möglicherweise ist das selbständige Öffnen durch Jesus älter. Das Liebesmotiv dürfte allerdings in der joh. Tradition besser belegt sein, da die vorliegende Plazierung im Text des GEvM die Abschlußszene vorbereitet, die m.E. am besten als sekundäre Ergänzung des GEvM mit Motiven der kanonischen Evangelien verstanden werden kann. So spricht der Vergleich mit GEvM zugleich für die Annahme einer älteren Tradition, in der sowohl die Überlieferung von GEvM wie auch die hinter Joh 11 ihren Ausgangspunkt haben. Eine exakte Bestimmung der Gestalt dieser Tradition ist nicht mehr möglich.

7.3.6 Überlegungen zum ‚Sitz im Leben‘ der Auferweckung

Welche Funktion hatte die Erweckung des Lazarus in der erzählenden Gemeinde?

Für Wilhelm Wilkens liegt der „kerygmatische Gehalt" der Auferweckung darin, daß „vor der Majestät (sc. Jesu; Vf.) ... der Tod weichen" muß. In welchem Kontext dies in der erzählenden Gemeinde zum Tragen kommt, erklärt Wilkens nicht.[380] Interessant ist der Vorschlag von Gerhard Saß, der den Trost der durch den Tod angefochtenen christlichen

---

[379] Daß die in GEvM enthaltene Auferweckung eindeutig eine ältere Form gegenüber der Tradition hinter Joh 11 repräsentiert, erscheint zu einfach (zu M. Smith, Clement 156; Suche 63f; H. Koester, History 41, urteilt ohne weitere Differenzierung in Relation zu Joh 11); beide Traditionen sind dann, wenn sie wirklich auf dasselbe Erzählgeschehen zurückgehen, Fortentwicklungen eines älteren Stoffes.

    G. Theißen/A. Merz 59 identifizieren die Auferweckungsgeschichte des GEvM als eine „unabhängige Traditionsvariante". K. Berger, Theologiegeschichte 727 mit 728, rechnet diese Geschichte zu den im Vergleich mit dem JE „ähnlich geformte(n) Jesusüberlieferungen" und ordnet dies zusammen mit *P. Egerton* 2 „einem zusammenhängenden Evangelium" zu. Zu einer Abhängigkeit von GEvM und Joh 11 oder ihrer Traditionen äußert sich Berger nicht.

[380] W. Wilkens, Erweckung 29.

Gemeinde als *„Sitz im Leben"* der joh. Auferweckungsgeschichte wie auch der synoptischen Geschichten der Auferweckung der Tochter des Jairus (Mk 5,22ffparr) ausmacht. Sein wichtigster Vergleichstext ist 1Thess 4,13ff, der die Anfechtung durch den Tod der Gemeindeglieder reflektiert.[381] „In dieser Lage bleibt der Gemeinde nur das Vertrauen auf Jesus Christus."[382] Zweifelsohne impliziert die Erzählung der Auferweckung eines Toten das Vertrauen der Christen in den Lebensspender,[383] allerdings dürfen die Linien nicht zu direkt gezogen werden. Die Bestärkung der Gemeinde in der Hoffnung auf die Auferweckung kann einen Nebenaspekt der Totenerweckungen markieren. Wundergeschichten haben immer auch einen gemeinschaftlichen Binnenaspekt, der durch den Hinweis auf den mächtig wirkenden Wundertäter die Gemeinde parakletisch betreut; andererseits zeigen die paulinischen Briefe andere Formen frühchristlicher Tröstung angesichts des Sterbens von Gemeindegliedern, so daß die Entstehung der Auferweckungsgeschichten nicht durch die seelsorgerliche Problematik allein beantwortet werden kann.

Die Zentrierung auf den Wundertäter läßt andere Aspekte im Vordergrund stehen. Genannt wird der Hinweis auf Wundergeschichten als Teil der Missionspropaganda der Gemeinden;[384] in der Totenerweckung zeigt sich der Wundertäter in seiner Mächtigkeit für die Seinen (der vorstehende parakletische Aspekt) und wirbt damit für sich und die ihn bekennende und verkündende Gemeinde. Der Wundertäter zeigt sich durch die Erweckungen von Toten als Herr über Leben und Tod. Damit wird im jüdischen und frühchristlichen Kontext ein Thema berührt, das in den Macht- und Verfügungsbereich des lebendigen und lebendigmachenden Gottes gehört (für das Lebendigmachen vgl. vor allem Ez 37 und Jes 26,19).[385] Ntl. Wundergeschichten rezipieren atl. Gottesaussagen und Verheißungen, die teilweise eher geistig gemeint gewesen sein mögen, und tragen sie Jesus an. Er wird darin zur Antwort der atl. Hoffnungen, wenn er den Blinden das Augenlicht gibt, die Lahmen gehen läßt oder den Verstorbenen aus dem Reich des Todes wieder zum Leben herausruft. So wird die göttliche Autorität Jesu[386] im Lichte des Alten Testaments gelesen, und die atl. Aussagen werden transponiert, unabhängig von der hinter dieser Transponierung nicht immer exakt auszumachenden historischen Basis.[387] Für die Übertragung solcher göttlichen Machtfülle sind formal helle-

---

[381] An diese Situation erinnert auch J.P. Martin 334ff: „The death of believers before the Parousia had raised doubts and questions. ... the Lazarus narrative is directed to this problem" (334). S.a. S.M. Fischbach 308.

[382] G. Saß 27f, bes. 28.

[383] S.a. J. Wagner 347, der seinerseits auf E. Haenchen, Mk 211f, verweisen kann.

[384] Z.B. J. Becker, JE [1]348. [3]409, für die mündliche Tradition der Auferweckung; s.a. W. Stenger, Auferweckung 191.

[385] S.a. J. Wagner 346.

[386] Daß hinter der Tradition von Joh 11 eine Prophetenchristologie steht, ist angesichts der Unterstreichung göttlicher Machtfülle in der Erweckung Toter eher weniger wahrscheinlich, zumal der Titel selbst fehlt (zu J. Wagner 346).

[387] Verschiedentlich wurden auch hinter der Lazaruserzählung alte, historische Nachrichten vermutet: z.B. B. Schwank, JE 299; dies scheint mir jedoch nicht erkennbar zu sein. Anders als bei den Exorzismen Jesu gibt es nur eine schmale Überlieferungsbasis für Jesu Totenerweckungen (noch Mk 5,21ff und Lk 7,11–17). Dies zeigt, daß die frühchristliche Theologie keine breite Auferweckungstradition entwickelte. Zudem haben die To-

nistische Parallelen von Bedeutung, da sie unmittelbarer die Macht zur Lebensspende im Wundertäter präsent wissen als beispielsweise die biblischen Texte des Elia-Elisa-Zyklus; allerdings zeigen auch diese Erzählungen, daß die Wundermacht erst sekundär durch das Gebet domestiziert wurde. *Der mit göttlicher Machtfülle ausgestattete Totenerwecker Jesus ist der die atl. Lebensverheißung Gottes für die Seinen erfüllende und die Macht hierzu in sich vereinende Gottesmann, dem alle Hörer Glauben zollen sollen und von dem die Gemeinde Trost angesichts des Todes annehmen soll.* Der Erzählkontext dieser Wundergeschichte ist am ehesten in hellenistisch-jüdischen Kreisen zu suchen, die eine ausgesprochene Herrlichkeitschristologie vertreten. Neben atl. Traditionen, jüdischen Trauersitten und frühchristlichen eschatologischen Erwartungen wurden auch Anleihen an den Geschichten vom leeren Grab genommen.

7.4 Der ‚arme Lazarus‘ und der lebendiggemachte Lazarus.
Der Schritt aus der Anonymität

Es fällt auf, daß der Name ‚*Lazarus*‘ in den ntl. Schriften nur in zwei Evangelien begegnet (in der Beispielerzählung vom Reichen und dem armen Lazarus, Lk 16,19–31: V.20.23.24.25; sowie dem joh. Lazaruserzählkreis: Joh 11,1.2. 5.11.14.43; 12,1.2.9.10.17).[388] Diese zweifache Erwähnung ist insofern bedeutend, da einerseits bestritten werden kann, daß es eine weitreichende frühchristliche Lazarus-Überlieferung gegeben hat, andererseits will in dieser Überlieferungssituation die zweifache Nennung dieses Namens erklärt werden.[389] Daß die Bedeutung des Namens Lazarus ‚*Gott ist meine Hilfe*‘ die Namengebung des Auferweckten entscheidend beeinflußt hätte, ist nicht hinreichend abzusichern, da weder eine direkte noch eine indirekte Anspielung in der Erzählung auf diese Bedeutung zu finden ist.[390] Beide Textkomplexe verbinden den Namen Lazarus mit dem Tod dieser Erzählfigur und wissen dabei von einer positiven Wendung seines Geschicks zu berichten. In der lk. Beispielerzählung findet diese Wendung durch die Bettung des toten Lazarus im

---

tenerweckungen durch Jesus offenbar keinen Anhalt in der ältesten Jesusüberlieferung (vgl. hierzu z.B. J. Kremer, Lazarus 97). Die Erzählung hinter Joh 11 ist erst spät unter Einfluß hellenistischer Erzählparallelen, der Auferweckungstradition von Jesus selbst und der atl.-jüdischen Hoffnung auf Gottes erweckende Lebensmacht entstanden (s.a. z.B. A. Weiser, Bibel 133).

[388] Interessant ist auch das Fehlen dieses Namens in der Schilderung der Auferweckung in Bethanien im GEvM Frgm. 1; dazu s.o. S. 445f.

[389] In der Wirkungsgeschichte dieser Texte ist die Identität beider Personen schon frühzeitig belegt und mit weitreichenden Konsequenzen ausgeführt: vgl. die Hinweise bei J. Kremer, Beobachtungen 572.

[390] S.a. die Kritik von B. Schwank, JE 298; dessen historisierende Sichtweise aber ebenfalls nicht ohne Probleme ist.

Schoß des Ahnvaters Abraham, im vierten Evangelium durch die Auferweckung des bereits im Prozeß der Verwesung befindlichen Freundes Jesu (vgl. 11,5.11) statt. Die Bitte des Reichen, Lk 16,30, einer von den Toten möge seine Brüder vor den kommenden Konsequenzen ihres irdischen Handelns warnen, deutet die Auferweckung an. Die Auferweckung von den Toten wird ausdrücklich genannt in der Ablehnung dieser Bitte durch Abraham (V. 31: τις ἐκ νεκρῶν ἀναστῇ).[391] Die abweisende Antwort Abrahams hat eine Parallele in der letztendlich negativen Reaktion der jüdischen Opponenten, die trotz des Glaubens in 11,45 gerade aufgrund der Auferweckung des Lazarus den Tod Jesu betreiben: 11,46ff.[392]

Andere Erzählmotive der joh. Lazarus-Perikope haben ebenfalls Parallelen im dritten Evangelium. So weiß der dritte Evangelist von der Auferweckung des Jünglings von Nain zu berichten, Lk 7,11–17; ebenfalls ein Stück aus dem lk. Sondergut.[393] Die Gesandtschaft der beiden Schwestern, Maria und Martha (11,3), hat eine Parallele in der Gesandtschaft des Hauptmanns von Kafernaum, die nur das dritte Evangelium berichtet (Lk 7,3ff). Daß die Schwestern Martha und Maria ebenfalls nur in diesem Evangelium (Lk 10,38–41) und im Lazaruserzählkreis des vierten Evangeliums begegnen, ist ein überraschendes Faktum.[394] Zudem hat Joh 11,2 eine terminologisch nahestehende Parallele in Lk 7,38;[395] allerdings handelt es sich, literarhistorisch betrachtet, hierbei um eine Glosse.[396] Die Anzahl der Berührungen der joh. Lazarus-Perikope mit dem Lukasevangelium bzw. seinem Sondergut ist beachtenswert und verlangt

---

[391] Diese Beobachtung verfolgt U. Busse, Johannes 290 Anm. 28, zurück bis auf E. Evanson, einem der frühesten Kritiker der apostolischen Verfasserschaft des vierten Evangeliums.

[392] S.a. H. Thyen, Erzählung 2039; U. Busse, Johannes 291; E. Haenchen, JE 415; W. Heitmüller, JE 132; U. Schnelle, Christologie 142.

[393] Daß die urchristliche Wunderüberlieferung Totenauferweckungen Jesu kannte oder wenigstens für möglich erachtete, zeigt Q 7,22. Mk 5,35ffparr berichtet von der Auferweckung der Tochter des Synagogenvorstehers, so daß für die Erweckung eines Toten mehrere Erzählmodelle als Vorbild zur Verfügung standen.

[394] Auf sprachliche Berührungen zwischen Lk 10,39 und Joh 11,20 sowie 11,32 verweist J. Wagner 369f; allerdings sind diese nicht eng genug. Das Sitzen Marias zu den Füßen Jesu im lk. Text (hier wird das Kompositum παρακαθεσθεῖσα verwendet gegen Joh 11,20) erklärt schwerlich das Sitzen der Maria im Haus (Joh 11,20) noch ihr Niederfallen zu den Füßen Jesu (11,32).

[395] Über Maria wird jeweils erzählt:
Joh 11,2: ...ἡ ἀλείψασα τὸν κύριον μύρῳ καὶ ἐκμάξασα τοὺς πόδας αὐτοῦ ταῖς θριξὶν αὐτῆς.
Lk 7,38: ...ἤρξατο βρέχειν τοὺς πόδας αὐτοῦ καὶ ταῖς θριξὶν τῆς κεφαλῆς αὐτῆς ἐξέμασσεν καὶ κατεφίλει τοὺς πόδας αὐτοῦ καὶ ἤλειφεν τῷ μύρῳ.
Die Parallele gewinnt deshalb an Gewicht, da in der entsprechenden Schilderung der Salbung in Mk 14,3ff nicht von der Salbung der Füße, sondern des Hauptes gehandelt wird.

[396] S.o. S. 399.

nach einer Erklärung,[397] da die parallelen Züge mehrheitlich aus dem Sondergut des Lukas stammen und sich nicht aus einer breiten urchristlichen Tradition speisen. Dies ist Urteilen entgegenzuhalten, die eine Bedeutung der lk. Parallelen aufgrund der Häufigkeit des Namens Lazarus[398] in Abrede stellen.[399]

Ein mögliches Erklärungsmodell ist das der literarischen Abhängigkeit oder einer Berührung während der mündlichen Überlieferung der Auferweckungsgeschichte mit der aus dem lk. Sondergut stammenden Beispielerzählung.

An eine Berührung in der mündlichen Tradition denkt beispielsweise Udo Schnelle.[400] Daneben findet sich auch die Annahme direkter Abhängigkeit vom *Lukasevangelium*. Für die ältere kritische Forschung kann das Urteil von Heinrich Julius Holtzmann exemplarisch vorangestellt werden: Lazarus sowie Maria und Martha sind dem dritten Evangelium entnommen; zugleich bildet Lk 16,19–31 die erzählerische Basis für die Auferweckungsgeschichte.[401] Diese genetische Ableitung führt zu einer Interpretation der joh. Lazarusgeschichte als eine schriftstellerische Symbolerzählung, wie es in der Auslegung von Hermann Strathmann geschieht; es handelt sich bei dieser Erzählung „um eine unter Verwendung und Ausgestaltung synoptischer, besonders lukanischer Überlieferungselemente freigestaltete symbolische Erzählung, welche mit Hilfe dieses einzigartigen ‚Zeichens‘ die Wahrheit des die exklusive Heilsbedeutung Jesu auf knappsten Ausdruck bringenden Verheißungswortes an Martha (V. 25.26) ... noch einmal einprägen und zugleich zeigen will, daß er als Opfer grade dieser seiner Sendung und Bedeutung gestorben ist".[402] Verbunden mit dem methodischen Paradigmenwechsel hin zur synchronen Fragestellung wird auch in der gegenwärtigen Johannesexegese die Abhängigkeit als Ausgangspunkt der Analyse gewählt. So spricht Hartwig Thyen im Rahmen seiner Analyse von Joh 11,1–12,19 von Anleihen beim dritten Evangelisten; dem seien nicht nur die Hauptakteure (Maria, Martha,

---

[397] Anders die beiden Arbeiten über die joh.-lk. Parallelperikopen von A. Dauer, Johannes (hierzu äußert sich U. Busse, Johannes 281 Anm. 1) und J. Schniewind, Parallelperikopen. Wenn die joh. Lazarusperikope in diesen Arbeiten bestenfalls am Rande des Gesichtskreises begegnet, so liegt es daran, daß diese Exegeten die lk. Parallelen nicht als Parallelperikopen („geschlossene[.] Perikopen, in denen Lk. und Joh. notorisch parallel gehen"; Schniewind, aaO. 6) betrachten.

[398] J.A. Fitzmyer, Lk II, 1131. A. Schlatter, JE 246, stellt fest, die „Kürzung לְעָזָר hatte weite Verbreitung". Entscheidend sind die Nachweise für die Verbreitung der griechischen Namensform Λάζαρος. Hier finde ich bei W. Bauer/K. u. B. Aland, Wb 939, lediglich zwei Hinweise.

[399] Z.B. J. Becker, JE I, ¹346. ³406, der analog das Namenspaar Maria und Martha als „typisch für Geschwister" bezeichnet (aaO. ¹352. ³414); eine kaum belegbare Behauptung.

[400] U. Schnelle, Christologie 143.

[401] H.J. Holtzmann/W. Bauer, JE 213f. Auch W. Heitmüller, JE 127; s.a. 131, führt diese Protagonisten auf die lk. Überlieferung zurück. Diese Annahme findet sich auch schon in der älteren Forschung, die nicht mit historischer Erinnerung, sondern mit inventorischer Gestaltung rechnet: z.B. D.F. Strauß, Leben Jesu II, 171ff; Strauß findet das literarische Vorbild allerdings nicht in Lk 16, sondern neben 1Kön 17,17ff und 2Kön 4,18ff besonders in 2Kön 13,21. Wenigstens den Namen ‚Lazarus‘ findet G.H.C. MacGregor, JE 244, dem LkEv entnommen. S.a. W. Schmithals, Johannesevangelium 378, für die Geschichte in der vom ihm angenommenen GS: „Der Evangelist benutzt frei das aus Lk 10,38–42 bekannte Geschwisterpaar Maria und Martha ... und den kranken Lazarus (Lk 16,19–31)."

[402] H. Strathmann, JE 181.

Lazarus) entnommen, sondern auch die Szenerie, die mit diesen Personen dort verbunden ist (Lk 10,38–42; 7,36–50; 7,11–17; 16,19–31).[403] Der Ortsname *Bethanien* wird unter Zuhilfenahme von Mk 14,3–9 identifiziert.[404] Der das Lukasevangelium derartig rezipierende vierte Evangelist läßt sich als „Kenner des lukanischen Werkes" feiern.[405] Ähnlich analysiert auch Ulrich Busse; hier ist die Auferweckung des Lazarus ebenfalls eine literarische Fiktion aufgrund einer Reihe von ntl. *Prae-Texten*, deren „inhaltliche Aussagen ... aber in der Theologie des Autors vorgegeben (sind; Vf.) und ... deshalb nur daraus abgeleitet" werden sollten.[406] Ähnlich weit faßt auch Keith Pearce das Abhängigkeitsverhältnis zwischen der Auferweckung des Lazarus im vierten Evangelium und dem dritten Evangelium: „He (der vierte Evangelist; Vf.) presupposes the stories rather than directly using them".[407] Geht Thyen bei seiner Analyse von der Endgestalt des vierten Evangeliums, d.h. Joh 1–21, aus, so könnte man ihn auch in die Nähe der Forscher rechnen, die die Kenntnis des Lukasevangeliums im Zuge der redaktionellen Erweiterung des vierten Evangeliums annehmen.[408]

Auch das Alternativmodell, das eine *Abhängigkeit des Auferstehungsthemas in der lk. Beispielerzählung von der joh.* Lazarusgeschichte oder wenigstens die *Ergänzung des Lazarusnamens in der Beispielerzählung aufgrund der Lazaruserweckungsgeschichte* annimmt, findet sich in der Literatur entfaltet.[409] Dieser Vorschlag ist in der neueren Forschung vor allem von Josef Wagner vorgebracht worden: Die „singuläre namentliche Benennung der Kontrastfigur im Gleichnis" lasse sich „gut verstehen, wenn man von einem auferweckten Lazarus wußte. Im Gleichnis ist zugleich die Erfahrung, daß selbst Jesu eigene Auferstehung (!) nicht zum Glauben seines Volkes führte, reflektiert."[410] Allerdings wird die Abhängigkeitsfrage noch differenzierter beantwortet. Als Erklärung der erzählerischen Parallelen wird von Jacob Kremer eine historische Erinnerung genannt, die auf eine einmalige Begebenheit zurückgeht, eine ursprüngliche Krankenheilung. Diese wäre entweder unmittelbar als Totenerweckung erzählt oder aber erst später zu einer solchen Form weiterentwickelt worden und hätte sekundär auf die lk. Beispielerzählung eingewirkt, wie sie auch der joh. Auferstehungsgeschichte ihr Gepräge gegeben hat.[411] Dies setzt freilich voraus, daß der Name ‚*Lazarus*' und der Dialog des Reichen mit Abraham in Lk 16,27–31 erst eine sekundäre Ergänzung bilden.[412]

---

[403] K. Pearce 359.360 erwägt neben diesen Stellen zudem eine Beeinflussung der joh. Darstellung durch das Weinen Jesu über Jerusalem, Lk 19,41–44.

[404] H. Thyen, Erzählung 2034ff.

[405] H. Thyen, Erzählung 2047.

[406] U. Busse, Johannes, bes. 293ff (Busse begründet dies vornehmlich auf der Grundlage seiner Interpretation von 11,2 [!]). Zitat: aaO. 293; Vorgänger dieser These von der Invention der Lazarusperikope auf der Grundlage ntl. Motive nennt Busse, aaO. 293 Anm. 41.

[407] K. Pierce 359; entsprechend dieser Voraussetzung versucht Pierce den Nachweis der direkten Abhängigkeit der Auferweckung des Lazarus vom dritten Evangelium zu führen (Pierce *passim*).

[408] Z.B. F. Spitta 231.

[409] Vgl. R.E. Brown, JE I, 429; C.H. Dodd, Tradition 229; B. Schwank, JE 299; S.M. Fischbach 266; für das Schwesternpaar Maria und Martha nimmt Fischbach an, daß die Redaktoren der SQ Zugang zur vorlk Tradition von Lk 10,38ff hatten und deshalb auf dieses Namenspaar zurückgriffen (aaO. 267). Mit historisch kaum haltbaren Rekonstruktionen s.a. R. Dunkerley 325f, die Parabel weist auf das ungläubige Verhalten, das bei der Auferweckung des Lazarus zu beobachten ist.

[410] J. Wagner 367.

[411] J. Kremer, Lazarus 104–108; Beobachtungen 581f.583.

[412] So allerdings schon A. Jülicher, Gleichnisreden II, 634. Anders G. Saß 22f (s.a. 17), der den Schluß der Beispielerzählung vom armen Lazarus dem dritten Evangelisten zu-

Neutraler formuliert es Klaus Berger, wenn er annimmt: „Was über Lazarus berichtet wird, kann man gut auf eine gemeinsame Tradition zurückführen: Lazarus lebt – Lazarus stirbt – Rückkehr von den Toten/Auferstehung – keine Änderung bei den Juden. Bei beiden Autoren ist auch der Horizont der Erzählung unzweifelhaft das Judentum. Als Elemente einer mündlichen Tradition sind diese Punkte gut denkbar."[413] Da es Berger vor allem um die Unabhängigkeit des vierten Evangeliums von der lk. Fassung der Lazarus-Story und um die konventionellere und damit wohl ältere Fassung im vierten Evangelium geht,[414] reicht ihm diese allgemeine Darstellung aus. Offen bleibt, in welche Gattung die vorgeschlagene Erzählstruktur geformt ist und ob sie einem historischen Ereignis zuzuordnen ist.[415]

Wer die traditionsgeschichtliche oder literarische Abhängigkeit des Gleichnisses und der Erzählung bestreitet,[416] muß den Namen ‚Lazarus' anders erklären. So denkt Bernd Kollmann ebenfalls an historische Erinnerung und meint, daß dieser Name „… in Verbindung mit der Herkunftsbezeichnung ἀπὸ Βηθανίας auf eine historische Person hindeutet, der durch Jesus vielleicht in Form einer später zur Totenerweckung gesteigerten Krankenheilung Hilfe zuteilwurde".[417] Dies geschieht bei Kollmann nicht, ohne daß gleichzeitig der historische Wert grundsätzlich hinterfragt wird.[418] Allerdings muß sich Kollmann nicht allein aufgrund dieser Inkonsequenz kritisch anfragen lassen, wichtiger ist, daß kaum begründet eine Krankenheilung als Wurzel der Auferweckungsgeschichte hinter Joh 11 ermittelt werden kann.

Da die französischen Exegeten Marie-Émile Boismard und Arnauld Lamouille nicht nur hinsichtlich ihrer Rekonstruktion der joh. Vorgeschichte eigene Wege gehen, sondern auch in charakteristischer Weise von der Kontroverse über das Verhältnis ‚Johannes und die Synoptiker' abweichen,[419] können sie nicht unmittelbar in den vorhergehenden Positionen verortet werden; dennoch berühren sich ihre Vorstellungen im einzelnen mit genannten Beobachtungen. Lazarus und Maria werden bereits für die älteste Traditionsstufe festgehalten, aber die Person der Martha wird in Jean II-B nach dem synoptischen Kontext (Lk 10,38–42) gestaltet.[420]

Es ist kaum zu bestreiten, daß die Konzeption der Lazaruserzählung im JE Parallelen zu den lk. Texten aufweist. Die Ablehnung Jesu durch die Juden trotz der Auferweckung des Lazarus hat ihre Parallele in der Schlußpointe des lk. Gleichnisses. Allerdings ist die Tendenz der Ablehnung des Offenbarers aus der erzählerischen und der theologischen Konzeption des vierten Evangeliums zu erklären. Hierin einen bewußten Anschluß an praesynoptische Tradition oder den synoptischen Text zu sehen, ist eine entbehrliche Hypothese.

---

schreibt und darüber eine Kenntnis von Joh 11 beim Verfasser von Lk 16,30f erwägt; dies ist sicherlich nicht mehr als eine kurios zu nennende Variante des vorgenannten Lösungsmodells zu bewerten. Gegen diese Lösungsrichtung schon Jülicher, aaO. 622.

[413] K. Berger, Anfang 206.

[414] K. Berger, Anfang 207.

[415] S.a. K. Berger, Anfang 207: „Wir wissen nicht mehr genau, was am Anfang stand, das heißt, wie die Johannes und Lukas gemeinsamen Elemente ursprünglich vernetzt waren."

[416] Z.B. auch P. Gardner-Smith 49.

[417] B. Kollmann, Jesus 270, mit Hinweis auf J. Kremer, Lazarus 105–108, und R. Schnackenburg, JE II, 433.

[418] B. Kollmann, ebd.

[419] Neben der Darstellung der Überlegungen von Boismard/Lamouille eingangs dieser Arbeit (→ B 3.2.2) ist vor allem auf den kritischen Bericht von D.M. Smith, John among the Gospels 141ff, zu verweisen.

[420] M.-É. Boismard/A. Lamouille, JE 290.

Anders ist m.E. hinsichtlich der Lazarus-Figur zu urteilen. Daß dieser Name erst sekundär in die Auferweckungstradition eingedrungen ist, kann aufgrund der Nennung zunächst eines unbenannten Kranken und der Parallele hierzu im GEvM Frgm. 1 angenommen werden.[421] Die Decodierung des Namens als „Gott ist meine Hilfe" ist eher unwahrscheinlich, da solche Anspielung griechisch-sprachigen Hörern, denen diese Geschichte zweifellos erzählt wurde, uneinsichtig ist und jeder direkte Hinweis unterbleibt. Dann bietet sich eine Aufnahme des Namens aus Lk 16,20.23.25 an und zwar in der mündlichen Tradition.[422] Die auf den Wundertäter ausgerichtete Geschichte wird ergänzt und legendarisch verbreitet durch die Einfügung eines in der urchristlichen Geschichte bekannten Namens, Lazarus. Jesus wirkt die Auferweckung, aber sie bewirkt keine Bekehrung aller Zeugen. Die Erzähler der erweiterten Geschichte beantworten durch die Einfügung des Namens zugleich die Frage, wem die Zuneigung Jesu gegolten hat (Joh 11,3). Es ist ein Mensch, der in Armut und Leiden lebte, aber, wie das Gleichnis lehrt, der als gottgefällig in Abrahams Schoß gelangt. Zunächst ist diese Identifikation des anonymen Kranken mit Lazarus eine Befriedigung legendarischen Interesses. Aber mehr noch wird durch die konkrete Identifikation auch eine Annahme und Zuwendung Jesu zu den Armen festgehalten, die das Auditorium erkennen kann, die das Spiel mit dem Prae-Text versteht. D.h. im innergemeindlichen Kontext wird Jesus mit der Einfügung des Lazarusnamens auch zu einem ethischen Vorbild. So, wie sich Jesus durch seine Liebe dem armen, leidenden und sozial ausgeschlossenen Menschen Lazarus zuwendet, ist dies zugleich ein Anspruch für die christliche Gemeinde, ihre Liebestätigkeit auf die Armen auszurichten. Dies bestätigt wiederum die These einer innergemeindlichen paränetischen Funktion, mit der die Erzählung von Wundergeschichten verbunden sein kann. Der Zuwendung und Liebe Jesu zu dem notleidenden Lazarus, die in seiner Auferweckung einen weiteren Ausdruck neben der Liebe Jesu (κύριε … ὃν φιλεῖς; Joh 11,3) erhält, ist von der Gemeinde nachzueifern.

Gefragt werden kann, ob auch die zweite Spitze der lk. Beispielerzählung nachwirkt. Wird das Wunder erzählt, um Glauben zu wecken, so geschieht dies vor dem Hintergrund von Lk 16,19ff im Gerichtskontext. Die Glaubensverweigerung, die in der Tat auch eine Erfahrung frühchristlicher Gemeinden gewesen ist, wird zugleich mit einer impliziten Drohung versehen. Dieser Gerichtshintergrund kann mit der joh. Konzeption von dem Gerichtetsein des den Glauben verweigernden Kosmos zum Ausgleich gebracht werden. Dies wäre eine weitere Motivation für die Identifizierung des vormals anonymen Kranken mit Lazarus in der joh. Gemeinde.

---

[421] S.o. S. 445.
[422] Vgl. J. Blank, JE 1b, 259. S.a. aaO. 257: „Die Übernahme der Lazarus-Gestalt sowie die Gestaltung der ‚Auferweckung des Lazarus' kann durchaus … an die lukanische Gleichniserzählung ‚Vom Reichen und dem Armen' (Lk 16,19–31) angeknüpft haben."

Nun verbleibt aber noch die Frage, welche Basis für diese erzählerische Fortentwicklung anzunehmen ist. Das lk. Sondergut oder der Text des dritten Evangeliums selbst? Die Antwort ist eng mit dem Problem verbunden, ob die Beispielerzählung ursprünglich zweigipfelig angelegt war und ob der Name Lazarus erst sekundär, möglicherweise mit der Ergänzung des zweiten Erzählgipfels eingefügt wurde. Josef Ernst wehrt sich mit Hinweis auf Lk 15,11–32 (der verlorene Sohn) gegen einen formkritischen Purismus.[423] Dennoch kann man sich nicht der Überlegung entziehen, daß der Schlußteil Lk 16,27–31 eine sekundäre Erweiterung darstellen kann, die lk. Motive und Sprachelemente enthält (διαμαρτύρομαι,[424] μετανοεῖν; Mose und die Propheten).[425] Im Rahmen solcher Erweiterung könnte der für die Gleichnisüberlieferung überraschende Name eingefügt worden sein.[426]

Im Falle einer sekundären, möglicherweise lk. Erweiterung der Beispielerzählung um das Gespräch des Reichen mit Abraham sowie etwas unsicherer um den Namen ‚Lazarus' wäre von einem relativ sicheren Rückgriff von der Lazaruserweiterung hinter Joh 11 auf das redaktionelle dritte Evangelium auszugehen. Zwar ist die literarische Beurteilung nicht völlig sicher, aber die Identifizierung der Schwestern des Kranken als Maria und Martha ist ein weiteres Indiz für diese Abhängigkeit. Es ist wohl nur eine freiere Kenntnis, die zu dieser recht souveränen Kombination der Namen zu einem familiären Zusammenhang geführt haben mag. Dennoch ist die lk. Beispielerzählung als ein möglicher Schlüssel für das Verständnis der Identifikation des anonymen Auferweckten zu beachten.

7.5 Jesus, die Auferstehung und das Leben, als Handelnder und Zu-Glaubender. Überlegungen zur Erzählung von der Auferweckung des Lazarus durch den vierten Evangelisten

> „Wenn der Zeitungsbote morgens zwischen vier und fünf auf dem Weg zum Briefkasten des Nachbarn für einen Augenblick mit dem Fahrradlenker dagegenstieß, durchlief es den ganzen Zaun wie ein Zimbelschlag; Bergman haßte diesen Laut, der ihm jeden Morgen die Notwendigkeit ins Bewußtsein rief, *aufzustehen und wieder zu leben.*" (Lars Gustafsson)[427]

Ähnlich positiv wie das literarische Schaffen des Evangelisten für die Szene vom Blindgeborenen bewertet wird, so wird auch seine gestalterische Qualität in Zusammenhang der Auferweckung des Lazarus herausgestellt.[428] Bedeut-

---

[423] J. Ernst, Lk 472

[424] J. Jeremias, Sprache 261, der auch auf εἶπεν δέ verweist.

[425] Vgl. J. Kremer, Beobachtungen 580f; Lazarus 104f.

[426] Vgl. J. Kremer, Lazarus 104.

[427] L. Gustafsson, Nachmittag eines Fliesenlegers. Roman. Deutsch von V. Reichel, dtv 11774, München 1993, 7f (Hervorhebung v.Vf.).

[428] Vgl. z.B. M.W.G. Stibbe, Tomb 38: Die Erzählung stelle den Höhepunkt ntl. Erzählkunst dar. „It is a tale artfully structured, with colourful characters, timeless appeal, a sense of progression and suspense, subtle use of focus and no little sense of drama." S.a.

sam und unter hermeneutischen Gesichtspunkten sehr beachtenswert ist die Wirkung dieser Erzählung in der Auslegungsgeschichte und hier besonders in der Kunst.[429]

Ein Blick in die moderne Literatur lehrt, wie inspirierend die Erzählung von Lazarus hier gewirkt hat.[430] Die Ausführungen von Jakob Kremer und von Leslie M. Thompson nennen eine Reihe beachtlicher und prominenter Beispiele für die literarische Verarbeitung des Lazarus-Motivs.[431] Es zeigt sich, daß dem Urteil der Exegeten, die die literarische Qualität dieser Geschichte goutieren und sich damit zugleich auch inhaltlich beeindruckt zeigen, keineswegs uneingeschränkt zugestimmt wird. Die Erfahrung des Grauens des Todes, die Angst vor Tod und vor lebenszerstörenden Katastrophen, aber auch das Erlebnis des Grauens des Lebens, eine in ihm gesehene oder erfahrene Sinnlosigkeit,[432] die Kritik an kirchlicher und religiöser Überlieferung und kirchlich-religiösem Machtanspruch, teilweise selbst ideologisch begründet, führen zu einer kritischen Distanz gegenüber dem Lazaruswunder. Besondere Sensibilität erfährt die Person des Lazarus, der als das ungefragte Objekt fremden Handelns und fremder Bestimmung über sein ureigenes Schicksal, des Todes, verstanden werden kann.

Betrachtet man den Erzählgang des Wunders, so wird man sich der geäußerten Kritik gegenüber der joh. Erzählwelt nicht völlig entziehen können. Jedes der Glieder dieser Erzählung spielt zwar seine formkritische Rolle und läßt sich mit der kerygmatischen Absicht des joh Wunders der Tradition wie auch der Erzählung im Evangelium erklären. Nicht nur die Radikalität der Darstellung des Todes als endgültige Trennung von Leib und Seele und als ein Zerfallsprozeß, der in der Hitze Palästinas schnell einsetzt, sondern auch das auf Verherrlichung und Glauben hin orientierte Verzögerungsmotiv haben hier ihren Ort und dienen einer Erzählung, die Menschen zum Glauben und zu neuem Leben einladen soll. Aber dennoch ist eine Geschichte entstanden, bei der die Hörer und Leser sich nicht dem eigenartigen Schicksal des Lazarus, der zum Leben gebracht dennoch nur chiffrenhaft erscheint, entziehen können. Angesichts der Inszenierung des Wunders droht die den Tod negierende Kraft des Lebens, die dieses Wunder als von Jesus gegeben aussagt, in der ge-

---

C.H. Dodd, Tradition 228; B. Lindars, Spirit a 183; J. Kremer, Lazarus 80; S. Schulz, JE 155.

[429] Vgl. vor allem J. Kremer, Lazarus 111–328; s.a. z.B. D.-R. Moser/S. Tegeler; H. Meurer; W. Braunfels. Einige interessante Beispiele vorkonstantinischer Darstellungen der Auferstehung druckt J.D. Crossan, Essential Jesus, plate 18–22, ab (vgl. die Erläuterungen aaO. 191ff n° 49–53).

[430] L.M. Thompson 306: „...literature during the past hundred years abounds with Lazarus motifs, allusions, and symbols. This current outcropping of interest in Lazarus most assuredly bespeaks of the modern consciousness about death, religion, and the meaning of life."

[431] J. Kremer, Lazarus 289ff; L.M. Thompson *passim*. Auf den australischen Schriftsteller Morris L. West verweist jetzt M.W.G. Stibbe, Tomb 54.

[432] Als Beispiel kann auf den Roman von L. Gustafsson hingewiesen werden, dessen bewußte oder unbewußte Anspielung auf das Auferweckungsthema zu Beginn dieses Abschnitts zitiert wurde. Das Leben, zu dem der Fliesenleger Torsten Bergman allmorgentlich aufsteht, wird dargestellt als eine fremde Größe, in die er gleichsam ohne sein Zutun hineingeworfen wird: „Wenn die Menschen selbst entscheiden könnten, wo und wann sie geboren wurden, dann würde vielleicht gar niemand mehr geboren? Das Leben diente offenbar überhaupt nicht den Zielen des Menschen, soviel stand fest. Man fand es, wo man es fand, und machte daraus, was man konnte. ... Das war das ganze Problem: man hatte nicht darum gebeten." (Gustafsson 96f). In solchem Blickwinkel kann das Wiedererwachen wie das Erwecken des Lazarus aus dem Grab als ein Ausgeliefertsein empfunden werden.

genwärtigen Betrachtung verlorenzugehen. Das Wieder-Zurückkommen des Toten ins Leben kann so nicht als Ausdruck dieser Macht verstanden werden, sondern als widernatürliche und auch widermenschliche Verkehrung physischer Notwendigkeiten, die kaum ertragbar für den einzelnen, den Auferweckten, sind. Dabei ist es eigenartigerweise der Autonomiegedanke, der sich dem religiösen Anliegen als Fremdbestimmung des Auferweckten widersetzt, aber das Recht des Sterbens anmahnt.

Neben kritischer Distanz gegen kirchlichen Einfluß und religiöse Willkür wird hier auch ein Moment der Elendigkeit des Lebens zu beachten sein, das wohl von Lk 16,20f her in Joh 11 eingetragen wird. Diese Sicht von der Elendigkeit des Lebens kann gleichermaßen sozial wie philosophisch oder politisch motiviert sein. Aus dem Blickwinkel moderner Gerätemedizin könnte in der Tat auch mit Kremer an das Schicksal von Menschen erinnert werden, die nach einem Herzinfarkt, nach schweren Unfällen, im Koma liegend, auf medizinischem Wege wieder zum Leben gebracht sind, dieses Leben aber kaum als Gabe, sondern als Last empfinden.[433] Alles in allem ist die Lazarusgeschichte eine religiöse Erzählung, die Anstoß und Nachdenklichkeit erzeugt, weil sie von einem sehr eigenen Blickwinkel her erzählt wird; so ist sie ein eigenartiges Kunstwerk, dessen zwiespältiger Erzählgang auch Unbehagen bereitet, so daß nicht völlig zu Unrecht auch von dem „fragwürdigsten Wunder des Neuen Testaments" gesprochen werden konnte.[434]

Zu bedenken ist jedoch, daß in Joh 11 nicht ein historisches Ereignis und in diesem Sinne auch nicht Lebenswirklichkeit mit Interesse an Charakteren und Einzelschicksalen geschildert wird. Der Evangelist sucht vielmehr die sich in der Geschichte ereignende eschatologische Offenbarung des gesandten Gottessohnes zu erzählen. Der Blickwinkel haftet an dem Gekommen-Sein dieser letztgültigen Offenbarung. Zielpunkt ist die Annahme dieser Offenbarung, um ein Leben zu gewinnen, das jede menschliche Lebenserfahrung transzendiert.[435] Letzteres will besagen, daß das Leben im joh. Sinn ein anderes Verständnis von Leben reflektiert als die kritische neuzeitliche Rezeption des Lazaruswunders. Auch steht der Evangelist religiöser Autorität, die er als eschatologische Gabe Gottes für das Wohl der Menschheit versteht, in anderer Weise gegenüber als eine neuzeitliche Religionskritik – aber wohl auch distanzierter als eine kirchliche Tradition, die um Mißbrauch und Fehlentwicklungen religiöser Autoritätsansprüche weiß. Es ist einerseits die Bewertung des Lebens, die sich durch die Jahrhunderte wandelte und die einem Pessimismus immer mehr Raum einräumt. So wird der Dialog über die Lazarusgeschichte am Verständnis von ‚Leben' einzusetzen haben; hier liegt in der zentralen Selbstoffenbarung 11,25 ein Kern, der zusammen mit dem erzählten Wunder wahrzunehmen ist und der auch auf der Erzählebene mit dem Sterben(-Lassen) des Lazarus konkurriert.

Welche Bedeutung diese Selbstoffenbarung für die Lazaruserzählung hat, in welchem Verhältnis das Wunder dazu steht und wie die Lebensgabe für die Menschen dem Leser der Lazarusgeschichte als nacherzählende Deutung im Kontext des Evangeliums vorgestellt wird, ist nun zu entfalten. Durch einen lesersteuernden Kommentar erzeugt der Erzähler eine positive Spannung. Wird einerseits ein gutes Ende angedeutet,[436] so stellt sich der Leserin und dem Leser zugleich die Frage, wie solche soteriologisch qualifizierte Wendung vollzogen werden kann. Welche Machttat wird das Schicksal wenden und zu-

---

[433] J. Kremer, Lazarus 314.
[434] S.M. Fischbach 237.
[435] S.a. F. Porsch, JE 120: es geht in der Lazarusgeschichte „um den Ursprung und den Sinn des Lebens überhaupt …, nicht nur um Leben im biologischen Sinn".
[436] Vgl. W. Stenger, Auferweckung 188, der diese Andeutung einer Lösung allerdings bereits für die Vorlage reklamiert.

gleich eine neue christologische Kennzeichnung des Offenbarers geben? Die
Dialoge zwischen Jesus und den Jüngern sowie mit den Schwestern bauen die
Spannung auf. Ebenso trägt die Nachricht vom Tod des Lazarus dazu bei.

Neben der Einbindung in den Kontext, mit der der Evangelist die traditionelle Geschichte seinem Erzählkonzept eingliedert und zu einem neuen Erzählgeschehen umbildet, verdankt die Darstellung ihre Umprägung und veränderte Erzählperspektive vor allem der Einfügung des Dialogs zwischen Jesus
und Martha, Vv.20–27. Dieser Dialog ist erzählerisch derart beherrschend, daß
Julius Wellhausen prägnant das Auferweckungswunder nach Joh 11,25–27 als
„überflüssig" charakterisierte.[437]

Erzählerisch ist die Unterordnung des Wunders unter den Anspruch des Wundertäters,
am Leben Anteil zu gewähren, in Acta Ioannis 47 vollzogen; die geschehene Auferweckung
wird hier ausdrücklich von der Teilhabe am wirklichen Leben unterschieden; die Glaubens-
frage folgt der Distanzierung vom Wunder und der christologischen Selbstvorstellung, der
die letztgültige Lebensverheißung zur Seite gestellt wird. Hier ist deutlich eine andere explizite Verhältnisbestimmung zwischen dem durch das Wunder vermittelten Leben und
dem durch den Glauben an den Täter verheißenen wirklichen Leben vorgenommen. Die
Differenzierung der beiden Lebensgaben fehlt in Joh 11, ebenso die explizite und subordi-
nierende Verhältnisbestimmung von Wunder und von der auf den Offenbarer bezogenen
Glaubensforderung.

In Joh 11 werden beide Erzählelemente, Dialog über den Offenbarer als
Auferstehung und Leben sowie das Auferweckungswunder, nebeneinander
dargeboten, so daß ein Überlesen des Wunders kaum in der Absicht des Erzählers steht. Es ist angemessen, *beide* Elemente der Interpretation als ‚Höhe-
punkte' der Geschichte zu werten; dabei wirft der vorausgehende Dialog Licht
auf das im folgenden erzählte Wunder.[438] Der Dialog bildet wiederum das
Phänomen der Leseanweisung ab,[439] wie es im Zusammenhang der anderen
Wundergeschichten verschiedentlich beobachtet wurde. Wie aber ist die Wundergeschichte im Gefolge des Dialogs zu lesen?

---

[437] So J. Wellhausen, JE 47; J. Becker, Wunder 459 (= NTS 147): „nachhinkende(.) Sinnlosigkeit"; s.a. N. Walter, Auslegung 102: „(F)ür den Evangelisten ist die Überlieferung
nur der Anlaß, Jesus als die Auferstehung ... und das Leben zu bezeugen"; J. Gnilka, JE
92. Auch C.H. Dodd, Tradition 228, hebt die Bedeutung des Dialoges hervor und ordnet
die Erzählpassagen diesem völlig unter. Wunder und Selbstoffenbarung separiert in kaum
zu überbietender Schärfe H. Strathmann, JE 176: V.25f „hat mit dem Fall ‚Lazarus'
überhaupt nichts zu tun, wenn nicht insofern, als es die Gedanken gerade von dieser
Erwartung (der Erweckung des Lazarus; Vf.) löst." – Anders jedoch C.F.D. Moule, der
in der Auferweckung des Lazarus die joh. Verbindung erkennt zwischen physischem
und spirituellem Leben; in dem Jesus sich nicht allein als die Auferweckung und das
Leben vorstellt, zeigt sich „that *Jesus is himself alone the Mediator of both physical and
spiritual life*" (122).

[438] Vgl. W. Stenger, Auferweckung 192.

[439] Vgl. W. Stenger, Auferweckung 194: „Textsemantisch bringt die Vorschaltung des
Martha-Gesprächs eine strukturelle Wertung und kontextuelle Interpretation des nachfolgenden Wunders der Totenerweckung mit sich."

„Wenn sie dennoch berichtet wird, dann als ein Zeichen, ein *Symbol* der durch den Glauben geschehenden Auferstehung. Die Wundergeschichte hat ihren Sinn nicht in sich, sie weist auch nicht einfach auf den Wundertäter, sondern verweist sie auf Jesus als den, an den zu glauben schon jetzt Auferstehung und Leben bedeutet."[440]

Ähnlich befand schon Ferdinand Christian Baur, daß das Lazaruswunder „nur die thatsächliche Darstellung der Wahrheit ist, die Jesus selbst 11,25" ausspricht. Die Wunder sind Illustrationen und Veranschaulichungen der Idee:

„So betrachtet sind seine Werke nichts anderes als die Selbstdarstellung seiner Person, und eben darin besteht seine erlösende Thätigkeit, dass seine Werke ihn als den, der er an sich ist, dem Bewusstsein der Menschen gegenüberstellen."[441]

Andere plädieren wiederum für ein metaphorisches Verständnis der gesamten Lazarusgeschichte.[442] Noch weiter limitiert Rudolf Bultmann das Eigengewicht des Wunders. Für ihn ist das Wunder nicht allein Symbol des Jesuswortes in 11,25f. Vielmehr wird „der primitive Glaube derer ... gezeichnet, die des äußerlichen Wunders bedürfen, um Jesus als den Offenbarer anzuerkennen".[443] Deutlich spricht sich hier Bultmanns These von der Konzession des Wunders an die Schwachheit des Menschen aus.[444] Damit wird das Wunder aber anders als in der symbolischen Deutung seiner christologischen Bedeutung völlig beraubt, die aber gerade für die Erzählung des Wunders verantwortlich ist. Es sagt nur etwas aus für und über den schwachen Anthropos, nicht aber über das Leben-Sein des Offenbarers. Die Auferweckung wird zu einem verzichtbaren Anhang, bei dem in der Tat gefragt werden kann: Mußte er erzählt werden?

Gegen eine Marginalisierung des Wunders von der Auferweckung spricht nicht nur, daß gerade dieses Wunder es ist, das sich derart umwälzend auswirkt, daß die jüdischen Opponenten Jesus nun endgültig den Prozeß machen. Dieser Beschluß hat in der Darstellung sein Gegenüber im Einverständnis Jesu und in der gekommenen Stunde (12,27f). Auch dies mag ein Hinweis auf eine besondere Wertung dieses Auferweckungswunders sein. Wichtig ist zunächst die Bewertung in 11,40, die einerseits V.4 aufnimmt, dann aber auch eine gewisse *inclusio*[445] mit 2,11 bildet. Das Wunder läßt die Doxa Gottes (in 2,11 die Doxa Jesu) sichtbar werden und zwar als „eine den gläubigen Augen die himmlische Herrlichkeit offenbarende irdische Wirklichkeit".[446] Mehr noch,

---

[440] A. Smitmans, Exegese 76, Hervorhebung v. Vf.; s.a. S.M. Fischbach 268.
[441] F.C. Baur, Vorlesungen 371f (Zitat: 372).
[442] U. Busse, Johannes 302.
[443] R. Bultmann, JE 309.
[444] R. Bultmann, Theologie 409.
[445] S.a. W. Stenger, Auferweckung 198: „textsemantische Inclusio".
[446] W. Stenger, Auferweckung 197. Auch E. Haenchen, JE 419, macht deutlich, daß eine nur symbolische Deutung des Wunders nicht ausreicht: „Dem Evangelisten war nicht daran gelegen, eine Reihe von Szenen zu dichten, sondern wirklich geschehene Ereignisse zu erzählen. Für ihn war das Erdenleben Jesu die Erscheinung des unsichtbaren Vaters

was im irdischen Zusammenhang an dem einen als Wunder geschieht, ist für den Evangelisten ein Abglanz von Gottes Lebenswillen für die Menschheit in Jesus insgesamt.[447]

Zu bedenken ist zudem die Stellung der Lazaruserzählung im Kontext des gesamten Evangeliums. Sie ist keineswegs einlinig den vorangehenden Wundergeschichten zuzuordnen. Die Einfügung der Auferweckung in die Gesamterzählung des vierten Evangeliums zeigt eine fortgeschritten-literalisierte Bewältigung des Traditionsmaterials.[448] In narrativer Hinsicht ist aber vor allem zu beachten, daß diesem Wunder mit den Rückblicken eine zentrale Bedeutung für den Fortgang des Geschicks Jesu zugemessen wird; der daran anschließende Todesbeschluß und der Rückblick beim Einzug Jesu in Jerusalem ordnet die Auferweckung den Passionsereignissen und damit der Rückkehr des gesandten Sohnes zum Vater zu.[449] Die Zweiteilung des vierten Evangeliums in ein Wunderbuch und die Passion reißt den Spannungsbogen auseinander, den der vierte Evangelist durch die Scharnierstellung von Joh 11 aufgebaut hat. Die Rede von Zeichen im Schlußwort des Evangeliums 20,30f muß nicht über Passion und Abschiedsworte zurückgreifen, weil dieser zweite Teil eine Fortsetzung der Sendung des Gottessohnes ist, die als Ganzes, Wunderwirken, Offenbarungsreden sowie Passion und Auferstehung, den Willen des Vaters erfüllt, der den Menschen das schlechthinnige Leben zu vermitteln sucht.

In gewisser Hinsicht kann gesagt werden, daß die Lazarusgeschichte die bisherigen Wundergeschichten in sich zusammenfaßt und sie zugleich beinhaltet, indem Jesu lebensspendende Mächtigkeit in Joh 11 direkt zum Ausdruck kommt.[450] So ist Joh 11, wie verschiedene Rückverweise zeigen, Aufnahme und Höhepunkt der vorhergehenden Wunderberichte. Zugleich ist aber zu erkennen, daß das Passionsszenarium bereits die Bühne für das Erzählte bildet. Der, der hier heilt, und die, die es sehen, spielen in einem Drama eine Rolle, das Tod und Auferstehung Jesu beinhaltet. Udo Schnelle stellt fest: „In der Auferweckung des Lazarus werden Jesu Tod und Auferweckung vorweggenommen".[451] Es manifestiert sich in der Auferweckung des einen Lazarus die

---

in seinem sichtbaren Sohn. Die wahre Jesusbotschaft war für ihn und alle, denen der Geist zuteil wurde, verborgen – offenbar in diesem Erdenleben Jesu: verborgen für den, der diesen Hinweis nicht verstand (auch wenn er fest geglaubt hätte, daß Jesus einen verwesten Lazarus wieder lebendig gemacht hatte), offenbar für den, welchem der Geist die Augen öffnete für diesen Hinweis auf den jenseitigen Sinn des diesseitigen Geschehens."

[447] Ähnlich N. Zwergel 202: für ihn zeigt „die Erweckung des Lazarus in einem konkreten Fall den Erweis der vorher verkündeten allgemeinen Wahrheit".

[448] So vor allem das Urteil von R.A. Culpepper, Anatomy 73; ob dieses Urteil freilich in Relation zu den anderen Wundern gesetzt werden kann und damit auf einen Gewinn literarischer Fertigkeit auszudehnen ist, ist ein anderes Problem.

[449] S.a. U. Busse, Johannes 291.

[450] Zu Joh 11 auch J.J. Bridges 250; D.M. Smith, Theology 35f; N. Zwergel 204 u.ö.

[451] U. Schnelle, Christologie 143.

Macht Jesu, den Tod zu entmächtigen und den Gang an das Kreuz zu einem Durchgangstor für die Rückkehr zum Vater und zu einem Machterweis des Lebendigmachens werden zu lassen, der allen, die an ihn glauben, das Leben zusprechen läßt.[452] Die Aufnahme traditioneller Sühneterminologie im joh. Kreis stellt den Charakter dieses Kreuzestodes als eines Geschehens heraus, das anderen unverdient zugute kommt; als Voraussetzung ist lediglich der sich in der Liebe zu Gott, seinem Offenbarer und seiner Gemeinde verwirklichende Glaube an diesen Gott und seinen Offenbarer genannt.

Der Evangelist zeichnet wie die Tradition Jesus mit den Zügen der göttlichen Macht, Anteil am Leben zu gewähren; dies führt den dargestellten Jesus in die Nähe des souveränen über die Erde schwebenden Gottes. Siegfried Schulz meint daher, sich gegen die Marginalisierung des Wunders wendend, die „Erzählung predigt die Glaubensgewißheit von der Totenauferstehung des über die Erde schreitenden Gottes".[453] Tatsächlich unterstreicht das Verzögerungsmotiv diesen göttlichen, weltabgewandten Zug. Andererseits aber zeigt der solchermaßen souveräne Offenbarer auch Züge extensiverer Menschlichkeit.[454] Hier scheint in der Tat ein absichtsvolles Korrektiv gegen eine Überbewertung der herrlichkeitschristologischen Züge der Tradition vorzuliegen, ohne daß die Alternative doketisch – antidoketisch die Dialektik dieses Bildes hinreichend beschreiben kann. Die Leserin und der Leser, die von 1,14 her Joh 11 lesen, wissen um die Dialektik göttlicher Doxa und menschlicher Existenz des Offenbarers. Nur in dieser Dialektik kann der Evangelist das eschatologische Leben, das in die Historie gekommen ist und wirklich unter den Menschen wirkt und sie vor die Entscheidung stellt, aussagen.

Wo aber liegt der textpragmatische Zielpunkt der Erzählung? Wie bei den ersten beiden Wundern ist dies ausgesprochen, und zwar durch die Verbindung von Glaube und Wunder. Die Erzählung zielt auf den Glauben der Leser (vgl. 11,42).[455] Das Wunder als Offenbarungsgeschehen der Doxa Gottes und Jesu will Glauben freisetzen. Freilich nicht einen ‚primitiven' Glauben an einen Thaumaturgen, sondern einen qualifizierten Glauben an den gesandten Gottessohn. Die differente Reaktion 11,45f zeigt bereits an, daß unterschiedliche Antworten auf das Wunder möglich sind. Auch 11,37 zeigt, wie ein am Irdischen verhaftetes Sehen der Wunder zu kurz greift. Der vom Erzähler erwünschte Glaube erkennt den Wundertäter als den, der er sich in 11,25f selbst zu erkennen gegeben hat, an. Er spricht das Bekenntnis von V.27 mit und glaubt dem Offenbarer und damit dem, der ihn gesandt hat. Er läßt sich ein auf

---

[452] Vgl. auch J. Beutler, Stunde 319, dessen Argumentation allerdings 11,25f in das Zentrum stellt: „Die ... spektakuläre Auferweckung des Lazarus hat dann nur noch den Sinn, diese hier und jetzt lebenschaffende Macht Jesu anschaulich vor Augen zu führen". S.a. D.M. Smith, Theology 121.

[453] S. Schulz, JE 159.

[454] Bes. betont z.B. bei W.G. Kümmel, Theologie 241.

[455] Vgl. J. Kremer, Lazarus 37.80.

den, der ihm das Leben zusagt, als eine Größe, die auch die Schrecklichkeit des irdischen Todes nicht negieren kann.

7.6 Zusammenfassende Bemerkungen zu Wachstum und Wandel der Auferweckung eines verstorbenen Kranken

Das Wunder der Auferweckung des Lazarus gehört zu den bekanntesten ntl. Wundergeschichten, das eine reiche Wirkung in Theologie und Liturgie sowie in christlicher und nichtchristlicher Kunst entfaltet hat. Kritische Rückfragen in der Moderne zeigen, daß der Hinweis auf literarische Gestaltungskunst uns den Blick für die theologischen Schwierigkeiten wie auch literarischen und formkritischen Härten nicht versperren sollte; immerhin kann solche Geschichte mit der ihr eigenen Wirkungsgeschichte einen kritischen Dialog zwischen Kirche und Kunst ermöglichen, von dem Kirche lernen kann und muß.

Schon die älteste Tradition kann ihre Entstehung kritischer Aufarbeitung zeitgenössischer Probleme der christlichen Gemeinde verdanken. Die älteste Form ist aus einem Vergleich der aus Joh 11 rekonstruierten Fassung und der GEvM Frgm. 1 enthaltenen Erzählung zu ermitteln. Ein anonymer Kranker verstirbt und wird begraben; die Schwester(n) wendet bzw. wenden sich an Jesus, der den Kranken kannte und ihm zugetan war. Eine Auferweckungsszene mit Öffnung des Grabes schließt sich an.

Wurde oben eine Rekonstruktion des wahrscheinlichen Wortlautes dieser Form vermieden, so steht die Version, die aus Joh 11 rekonstruiert werden konnte, der ältesten Form der Auferweckungsgeschichte noch sehr nah. Vermutet wurde, daß Todesfälle in der Gemeinde, atl. Verheißungen und missionarische Interessen für die Bildung der Geschichte verantwortlich waren. Der in der Gemeinde als lebendig und wirksam erkannte Auferstandene wird mit Hilfe hellenistischer Auferweckungsgeschichten bereits vorösterlich als mit göttlicher Kraft bedachter Wundermann verstanden. Zugleich mischt sich in diese Erzählweise die Erwartung und Hoffnung der nachösterlichen Gemeinde. Wie der Kyrios schon während seines Erdenwirkens Tote erweckte und damit die atl. Hoffnung individuell erfüllte, so ist die Hoffnung der Gemeinde ein gewisses Glaubensgut. Auf diese Erzählung dürften die Berichte vom leeren Grab Jesu ebenso eingewirkt haben wie frühchristliche eschatologische Erwartungen (der laute Befehlsruf der Toten zur Auferweckung).

Unter dem Einfluß des Lukasevangeliums werden die anonymen Gestalten identifiziert; so wird einerseits legendarisches Interesse durch die Beantwortung der Frage, wem die Liebe gegolten hat, befriedigt und zugleich eine ethische Vorbildfunktion eingefügt. Diese zielt auf die Solidarität der Gemeinde mit den Armen und Elenden der Welt. Zugleich kann gefragt werden, ob in der gemeindeexternen Funktion der Wundergeschichte der Missionsgedanke durch den Gerichtshintergrund verschärft und die als möglich erachtete Ablehnung des Wundertäters als ein Gerichtet-Sein interpretiert wurde.

Der Evangelist verändert die Geschichte entscheidend, so daß von einer Nacherzählung gesprochen werden kann, die die Tradition zwar nicht völlig der Rekonstruktion entzieht, ihr Erzählgerüst aber massiv verändert. Eingefügt werden vor allem Dialogpassagen, die das Bild der Geschichte nunmehr prägen und wesentliche Deutungssignale geben. Ein erstes wichtiges Deutungssignal der Auferweckungsgeschichte stellt der Ort der Einfügung im Erzählkontext selbst dar. Der Evangelist gibt damit zu erkennen, daß die Auferweckung des Lazarus einerseits die bisher auf der Erzählebene geschehenen und erzählten Wunder als Abbildungen und Aktualisierungen von Jesu Macht, am Leben Anteil zu geben, zusammenfaßt. Andererseits wird der Leserin und dem Leser durch die Umklammerung der Auferweckung des Lazarus mit der Auferstehung Jesu zu erkennen gegeben, wie Jesus und das Leben miteinander zu identifizieren sind und wie das Kommen des Offenbarers mit seiner Rückkehr zum Vater zusammengesehen werden muß. Erst in der Vollendung der Sendung auch in der Rückkehr kommt das Ganze der soteriologischen Konzeption zur Erfüllung. Die herkömmliche Differenzierung zwischen einem Zeichenbuch/einer Offenbarung vor der Welt und der Passion/Offenbarung vor den Jüngern erweist sich vor diesem Spannungsbogen zumindest als hinterfragbar. Der ursprüngliche Abschluß des Evangeliums, der in 20,30f auf die Zeichen rekurriert, ist durch die Scharnierfunktion, die Joh 11 im Gesamtkontext des Evangeliums spielt und damit Wunderhandeln sowie Passion und Auferstehung verbindet, womöglich neu zu bewerten. Erreicht die Leserschaft erst mit der Auferstehung Jesu in Joh 20 das Ziel, das in Joh 11 durch die entstandene Spannungslinie angezeigt wird, so ist auch der Schlußsatz mit seinem Hinweis auf die weiteren Zeichen, die Jesus getan hat, nicht vom ersten Abschnitt des Evangeliums zu isolieren. Hier bringt der Verfasser die für ihn wichtige Auswahl der Zeichen; diese bleiben aber als Voraussetzung auch im Passionskontext relevant. Gegen eine statische Zweiteilung des Evangeliums, die zwischen öffentlichen Zeichen und Jüngerunterweisung mit Passion und Auferstehung unterscheidet, plädiert die Scharnierfunktion von Joh 11 für ein stärkeres Ineinander dieser beiden Abschnitte und relativiert die Isolation des Zeichenbegriffs in 20,30 von Joh 2–11.

D Zusammenfassung und Ausblick

1 Vorbemerkungen zur Bewährung der historischen und methodischen Arbeitshypothesen durch die erfolgten Analysen der johanneischen Wundergeschichten

In einem ersten Schritt sind die Eingangsüberlegungen und die Ergebnisse der Analysen zu vergleichen und zu diskutieren. Zwar sind jene Überlegungen im Dialog mit der Einzelanalyse aktualisiert worden, aber abschließend ist noch einmal vor dem Hintergrund der Einzelergebnisse die Tragfähigkeit des Arbeitsansatzes darzulegen.

Die Wundergeschichten, die der vierte Evangelist erzählt, lassen sich nicht unmittelbar als Berichte eines Augenzeugen lesen. Dagegen spricht schon die Beobachtung, daß allein Joh 4,46ff und 6,1ff Parallelen in den synoptischen Evangelien haben, aber sehr plastische und massive Wunderberichte wie das Weinwunder, Joh 2,1ff, und die Auferweckung des Kranken/des Lazarus, Joh 11,1ff, Sondergut des vierten Evangelisten sind (s.a. Joh 5,1ff und 9,1ff). Handelte es sich beim vierten Evangelium und/oder bei den in ihm berichteten Wundergeschichten unmittelbar um Augenzeugenberichte, so wäre das Schweigen der synoptischen Evangelien trotz verschiedener Einzelversuche, eine bewußte Auslassung dieser Geschichten bei ihnen zu begründen, schwierig. Deshalb erweist es sich als methodisch sichererer Weg, jedes Wunder für sich auf seinen historischen Kern zu befragen. Solcher historischer Kern im Leben des historischen Jesus läßt sich m.E. für keine der im vierten Evangelium berichteten Wundererzählungen festmachen. Allerdings werden die Erinnerung an Jesu Heilungen (und Exorzismen) ebenso wie das Andenken an Jesu Mahlgemeinschaft mit den Sündern[1] eine Verantwortung für die Bildung dieser Erzählung haben.

Tatsächlich unterstützen die Einzeluntersuchungen der joh. Wunder mehrheitlich die späte Datierung des vierten Evangeliums. Die Wundertraditionen (6,1ff; 4,46ff) setzen wenigstens teilweise die Synoptiker voraus (MkEv und LkEv), teilweise erscheinen sie überhaupt als Spätphänomene der frühchristlichen Tradition. So konnte insbesondere die Nähe der Erzählung von der wunderbaren Weinwandlung (2,1ff) zu den erst gegen Ende des 1.Jh. greifbar

---

[1] So ist es in bezug auf die älteste Tradition des Speisungswunders anzunehmen (s.o. S. 282), auf die aber der joh. Wunderbericht nur mittelbar zurückgreift.

werdenden Kindheitsgeschichten festgestellt werden. Aber auch die Gattung der frühchristlichen Totenerweckungen weist nicht in die Frühphase der urchristlichen Traditionsbildung. Einzelne Wundertraditionen weisen hingegen gerade vor diesem Horizont ein überraschendes Alter auf. Die Erzählung von der Heilung des bereits 38 Jahre lang Gelähmten wie die Heilung des von Geburt an Blinden zeigen mit hoher Wahrscheinlichkeit palästinisches Lokalkolorit, so daß ein griechischsprachiges palästinisches Judenchristentum für diese Erzählungen verantwortlich zeichnen kann.

Als fruchtbar für das Verständnis der Entwicklung der joh. Wunderüberlieferungen erwiesen sich die Erwägungen zu den theologiegeschichtlichen und soziologischen Voraussetzungen der joh. Evangelienschreibung. Zu nennen sind in diesem Kontext einerseits die Auseinandersetzungen jüdischer Autoritäten um die Person Jesu, die insbesondere seit J. Louis Martyns bahnbrechender Untersuchung nicht als Reflex der Auseinandersetzung des irdischen Jesus, sondern als ein Konflikt der Tradenten der joh. Überlieferung verstanden werden.[2] So lassen die entwickelteren Traditionen in Joh 5,2ff (→ C 4.3) und 9,1ff (→ C 6.3) erkennen, daß ihre Tradenten in einem zunehmend gefährdeten Dialog mit einer Heimatsynagoge standen.

Die in der Forschung vielfach angestellten Überlegungen zum Evangelium als einer apologetischen Kampfschrift[3] oder zu einer Krisensituation, näherhin dem Synagogenausschluß als archimedischem Punkt der Johannes-Interpretation,[4] haben hinsichtlich dieser beiden Überlieferungen also eine partielle Berechtigung; nur partiell deshalb, weil in den Überlieferungen nicht nur konfliktorientiert agiert und reagiert wird, sondern durchaus auch konfliktüberschreitend christologisch argumentiert wird und diese christologischen Aussagen die Weitertradierung der Überlieferungen über die konkrete Auseinandersetzung

---

[2] Vgl. im einzelnen S. 34ff.

[3] W. Wrede, Charakter 208.228 (= SgV 40.67): „Apologie"; s.a. 227 (= SgV 66) u.ö. Richtig ist, daß nach der konkreten historischen Situation gefragt wird, die für die Abfassung der Schrift verantwortlich ist. Wie schon E. Schneider 160f, gegenüber Ferdinand Christian Baurs Johannesexegese feststellte, ist zu beachten, daß das vierte Evangelium als „ein geschichtliches Dokument" verstanden wird, und nicht – wie bei Baur oder später Rudolf Bultmann – als eine übergeschichtliche Darstellung einer Idee stilisiert wird (vgl. wiederum das hier zutreffende Urteil Schneiders 161: Baur postuliert eine „ideelle" Tendenz, „hinter welcher das Geschichtliche ganz verschwand"; zum Problem s.a. H.J. Holtzmann/W. Bauer, JE 28; K. Wengst, Gemeinde [2]29ff. [4]42ff).
Zum Verständnis des JE als Polemik gegen Täuferkreise vgl. K. Backhaus, Jüngerkreise 3–5; Täuferkreise 282f. Auch Backhaus, der viel zur Korrektur des gängigen Bildes einer geschlossenen, der christlichen Gemeinde entgegenstehenden Täufersekte, von der eine Linie bis auf die Mandäer gezogen werden könne, beiträgt, sieht einige wesentliche Passagen des vierten Evangeliums als Auseinandersetzung, allerdings „als Auseinandersetzung des Christentums mit seiner eigenen Ursprungsgeschichte" (Täuferkreise 288; Praeparatio 210). Ein anderes Beispiel für eine apologetische Interpretation der Abfassung des JE: T.M. Dowell, Jews; John, versteht das die synoptischen Evangelien revidierende vierte Evangelium als Reaktion auf Juden, die gegen die joh. Christen ein aus den synoptischen Evangelien rezipiertes Jesusbild verwenden.

[4] K. Wengst, Gemeinde [2+4]*passim*; vgl. hierzu Anm. 38; dies entspricht dem durch D. von Oppen 185 formulierten Ansatz, die ntl. Schriften aus Krisensituationen zu verstehen.

hinaus garantieren. Eine partielle Berechtigung kann auch deshalb nur abgeleitet werden, da der jeweils auf der Erzähleben gespiegelte Konflikt in die Vorgeschichte des Evangeliums gehört und möglicherweise auch nicht dem joh. Kreis insgesamt, sondern nur einer Gruppe im joh. Gemeindekreis widerfahren ist. Die Konfliktstruktur des Evangeliums insgesamt ist m.E. eine literarische und theologische Fiktion, in die sich die Konflikttraditionen gut einfassen lassen.

Der zweite Konflikt, den die joh. Schriften erkennen lassen, ist eine *interne christologische Auseinandersetzung*; sie zeigt sich vor allem im 1JohBr: dort stellt eine Gegnergruppe die Identität des irdischen Jesus mit dem Christus in Frage. Diese Gruppe wurde als ein (proto-)doketisches Phänomen verstanden.[5] Die Wundergeschichten des vierten Evangeliums zeigen ihrerseits weitgehend eine ,hohe' Christologie, d.h. eine die göttliche Wirkmacht des Wundertäters unterstreichende Christologie. Dies zeigt sich in der Souveränität des Wundertäters, der allein aus seiner Initiative und durch sein mächtiges Wort (etwas anders Joh 9,1ff) das Wunder schafft. Gebet und Bittgestus fehlen als Ausdruck einer Herrlichkeitschristologie, wie sie ähnlich auch den synoptischen Wundergeschichten eigen ist. Immerhin wurde insbesondere für Joh 2,1ff gefragt, ob hier das Wunder als das Epiphaniegeschehen eines Gottes mit Hilfe dionysischer Erzählmotive erzählt wird.[6] Trifft diese Annahme zu, so gehört diese Wundergeschichte auf die Seite der im 1Joh bekämpften christologischen Lehre. Die Entstehung solcher protodoketischen Christologie läuft folglich dem vierten Evangelium voraus. Die Abfassung des 1Joh vor dem Evangelium[7] würde sich gut in dieses Bild einpassen. Aber auch bei anderer Entscheidung in dieser einleitungswissenschaftlichen Fragestellung bleibt die Beobachtung zur Christologie des joh. Wunders gültig; wichtig ist vor allem, daß die christologischen Auseinandersetzungen ihre Wurzeln vor der Abfassung des Evangeliums und nicht im Verständnis des Evangeliums selbst haben.

Soweit es die Untersuchung der Wundergeschichten erkennen läßt, bildet weder der Stoff der Kap. 1–20 noch eine hypothetische Größe dahinter eine literarische Einheit im Sinne eines unabhängig von Überlieferung arbeitenden Schriftstellers ab. Der bewußte Einsatz dieser Arbeit bei der synchronen Analyse, ohne dem Text selbst ein Postulat der Einheitlichkeit oder Uneinheitlichkeit anzutragen, hat sich als fruchtbar erwiesen. Kohärenzstörungen, Brechungen und Wachstumsringe ließen sich ebenso freilegen wie Beobachtungen zur Komposition und Gesamtintention des Erzählers des Evangeliums. Ersteres zeigt eine historische Tiefendimension der ntl. Texte, die sich nicht nur ihrer Entstehungssituation verdanken, sondern auch einer historischen Tiefe, indem sie ein zurückliegendes und in ihren Gemeinden und Kreisen verkündigtes und diskutiertes Geschehen, Verkündigung, Tod und Auferstehung Jesu Christi, durch die Aufnahme von Überlieferung aktualisierend reflektieren. Der

---

[5] Vgl. im einzelnen S. 33.

[6] S.o. S. 146ff; vgl. bes. S. 157.

[7] S.o. S. 18.

Rückbezug auf das christliche Grunddatum des Auftretens Jesu, seiner Kreuzigung und der Auferstehungserfahrung ist eine das Selbstverständnis und die Lebenserfahrung der Gemeinde aufnehmende Reflexion. Der Autor nimmt in diesem Ringen Bezug auf eine Gemeinschaft, deren Exponent und Glied er selbst ist. Dies zeigen Anreden (z.B. Joh 4,48[8]), das ekklesiale ,wir' (Joh 1,14) und die Hinweise auf die textexterne Lesergemeinde. Ihre Selbstwahrnehmung sowie ihr Schicksal und ihre Geschichte fließen ein in den Text, der zunächst an diese Gemeinschaft gerichtet ist und nicht an *jeden Leser/Leserin zu jeder Zeit*. Die Abfassung des Evangeliums ist gleichsam eine Selbstwahrnehmung der Gemeinschaft, für die das Werk primär intendiert ist, durch einen Exponenten aus ihrem historischen, sozialen und gemeinschaftlichen Kontext. So entsteht ein Text mit einer relativen Geschlossenheit, der als Phänomen in seiner Gesamtheit wahrgenommen werden kann und muß, aber sich nicht trennen läßt von seinem historischen Ort und seinen Rückbezügen;[9] zugleich ist er Wahrnehmung wie auch Antwort und Aussage an diesem historischen Punkt und nicht zunächst als eine autosemantische Größe Wahrnehmung, Antwort und Aussage im Hinblick auf jeden Leser/Leserin zu jeder Zeit.

Eine Reihe signifikanter Spannungen und Brüche, die bei einer synchronen Analyse der Kontexteinbindung, des Erzählablaufs, der zeitlichen und geographischen Struktur sowie der handelnden Personen auffielen, konnte teilweise aus sprachlichen Gründen, teilweise aufgrund inhaltlicher oder erzählerischer Brechungen als Wachstumsindizien gewertet werden.[10] Somit kann eine Vorgeschichte für die joh. Wundergeschichten angenommen werden. Nur für jeweils zwei dieser Erzählungen wurde eine vorredaktionelle Verbindung einsichtig: die Verbindung von Joh 2,1ff und 4,46ff durch 2,12a und die Einheit bestehend aus Speisung der 5000 und Seewandel mit anschließender Wunderfeststellung in Joh 6. Die drei weiteren Wundergeschichten stellen Einzelüberlieferungen dar, die der vierte Evangelist aus seinen Gemeinden übernommen hat. Gegen die Annahme einer Semeia-Quelle sprechen die eingangs genannten Überlegungen,[11] die hier nicht im einzelnen wiederholt werden müssen. Vor allem die Differenzen zwischen den Wundergeschichten hinsichtlich ihrer

---

[8] Vgl. oben S. 178 mit Anm. 58.

[9] Wenn Hans Hübner in Auseinandersetzung mit Rolf Rendtorff formuliert, daß der Bezug auf die (kanonische) Endredaktion ein „geschichtlicher Wirklichkeitsverlust" darstellt und daß ein *„geschichtlicher Wirklichkeitsverlust ... aufgrund der Verflechtung von geschichtlichen und theologischen Aspekten auch ein *theologischer Wirklichkeitsverlust*" ist (Hübner, *textus receptus* 243), so gilt dies *mutatis mutandis* auch in der ausgeführten Fragestellung.

[10] Der Hinweis auf Spannungen und Brüche allein reicht nicht als Indiz für den Rückgriff auf Tradition aus; erst wenn das Verhältnis zum Kontext diese Dissonanzen nicht mehr einer Hand zuweisen läßt, kann von Wachstumsindizien gesprochen werden. Um die methodischen Prämissen für die Entscheidungen freizulegen, ist der relativ lange Vorgang von Abschnitt B in dieser Arbeit gerechtfertigt.

[11] Vgl. Abschn. B 3.2.3.2.

Provenienz, ihrer formgeschichtlichen Entwicklung und ihres traditionsgeschichtlichen Hintergrunds sprechen gegen eine vorevangeliare Verbindung. Zudem konnten außer 2,12a keine weiteren vorredaktionellen Bindeglieder ausgemacht werden. Das letztere Kriterium gilt analog für die Frage einer Grundschrift. Sind in der Überlieferung der Wundergeschichten Entwicklungen zu erkennen, so lassen sich diese der vorredaktionellen Überlieferung zurechnen. Umstellungen oder sekundäre Einfügungen (erwogen für Joh 6 und 11) sind nicht zwingend zu begründen, so daß die sieben untersuchten Wundergeschichten, trotz im einzelnen differenter Erzähltechniken, durch eine Hand und als integraler Bestandteil des Evangeliums aufgenommen worden sind. Einzelne spätere Einfügungen (4,50b; 6,15*.23–24b; 7,22*; 11,2) widersprechen diesem Ergebnis nicht, sondern gehören in den Kontext der Überlieferung der Evangeliumsschrift im joh. Kreis; sie verdanken sich nicht einer sukzessiven verkirchlichenden Redaktion, sondern bewahrender Tradierung. Solcher Tradierung mögen sich auch die Ergänzungen, die in Joh 15–17 und 21 vorliegen, verdanken. Dabei fällt auf, daß jeweils nicht der Erzählkontext durchbrochen, sondern den Erweiterungen bewußt additiv an ein Abschlußsignal angehängt (14,31;[12] 20,31) wird. Die Aktualisierungen lassen sich als solche erkennen, wollen aber nicht das Gesagte korrigieren, sondern das Verstehen des Tradierten fördern und seine Aktualität unterstreichen.

Das Verhältnis des vierten Evangeliums zu den Synoptikern ist als ein offenes Problem anzuerkennen.[13] Die Überlieferungslage bestätigt das differente Bild der Forschung insofern, als kein allgemeingültiger Lösungsansatz formuliert werden kann. Synoptischer Einfluß wurde für Joh 2,1ff; 5,1ff und 9,1ff ausgeschlossen. Diese Wunder sollten als joh. Sondergut betrachtet werden, was keinesfalls ausschließt, daß sich diese Wunder mit vorsynoptischen oder synoptischen Motiven berühren; dies ist jedoch leicht aufgrund der gemeinsamen Gattungen zu begründen.

Eine unabhängige Entstehung konnte auch für Joh 11,1ff festgestellt werden, allerdings wurde hier lk. Quereinfluß als wahrscheinliche Option kenntlich gemacht: Die Identifikation des auferweckten Kranken mit Lazarus und die seiner Schwestern als Maria und Martha können in einem Kontext entstanden sein, in dem das LkEv bekannt war.[14]

Ein noch anderes Bild ergibt sich für Joh 4,46ff und 6,1ff. Ein wichtiger methodischer Schritt besteht in der Feststellung des redaktionell geprägten Textzusammenhangs, um zu einer gesicherten Grundlage des Vergleichs auf der literarische Ebene zu gelangen. Wichtig für die Entscheidung ist, ob im vierten Evangelium Tradition vorliegt. Letzteres ist sowohl für die Heilung des Sohnes des Königlichen als auch für die Sequenz aus Speisung, Seewandel

---

[12] Hierzu s.o. S. 52.
[13] Vgl. z.B. J. Beutler, Methoden 193–198; bes. sein Urteil: aaO. 197f.
[14] S.o. S. 456ff.

und Wunderfeststellung wahrscheinlich, so daß kein literarisch redaktioneller Rückgriff vorliegt. Allerdings knüpfen beide Wunderpassagen am redaktionellen synoptischen Text an. Die großen Differenzen sprechen gegen eine direkte Abhängigkeit vom synoptischen Text, daher ist eine erneute, wohl mündliche Überlieferungsphase anzunehmen, die ihrerseits mit für die Differenzen verantwortlich gemacht werden kann. Für den Zusammenhang Speisung-Seewandel mußte zudem das Problem der *minor agreements* zwischen MtEv und LkEv gegen MkEv beachtet werden. In Mt 14,17 par Lk 9,13 scheint eine ältere Traditionsstufe als in Mk 6,37 vorzuliegen. Wenn Joh 6,7 die 200 Denare nennt, so liegt bereits die Fassung des Speisungswunders bei DtMk zugrunde, wahrscheinlich als eine Ergänzung des vierten Evangelisten.[15]

Die Ergebnisse lassen erkennen, daß sich die Entscheidung, die joh. Wundergeschichten formgeschichtlich zu analysieren, bewährt hat. Die Untersuchung hat die in der Forschung, auch bei den literarkritisch arbeitenden Exegeten, geteilte Sicht erneut bestätigt, daß der vierte Evangelist in der Erzählung seiner Jesus-*vita* Wundertraditionen benutzt. Allerdings verdichtet sich diese Erkenntnis nicht zu einer umfassenden Wunderquelle. Nur zwischen Joh 2,1ff und Joh 4,46ff konnte eine literarische Brücke sichtbar gemacht werden, die zur Annahme einer diese beiden Wunder umfassenden Quelle berechtigt (→ C 2.1; eine vorredaktionelle Verbindung ist auch für 6,1ff.16ff anzunehmen). Für diesen Komplex aus Weinwunder und Heilung des Sohnes des Königlichen wurde Schriftlichkeit angenommen,[16] andernfalls wurde aufgrund nur unzureichender Entscheidungskriterien auf eine Entscheidung verzichtet (möglich noch für 6,1ff) oder die Mündlichkeit des Traditionsgutes als mögliche Option angenommen.

Auch unter Berücksichtigung der Einwände gegen die klassische Formgeschichte (→ B 4.3), die verschiedene Probleme der Kontinuität bei der oralen Inszenierung der Erzählung wie auch bei der Verschriftlichung thematisiert, sind diese Wunderüberlieferungen weitgehend, d.h. in ihrem erzählerischen Grundgerüst, aus dem schriftlichen Korpus des Evangeliums isolierbar. Mehr noch, es sind durchaus Züge ihrer Entwicklung und ihrer Geschichte zu erkennen und darzustellen, ohne eine wörtliche Rekonstruktionen zu erreichen.

In methodischer Hinsicht ist zu konzedieren: Wer die Geschichte der Formen der joh. Wunder zu untersuchen hat, wird feststellen, daß auch die formgeschichtliche Methode allein den Stoff des JE nicht insgesamt erklären und sein Werden transparent machen kann. Vielmehr müssen unterschiedliche methodische Ansätze und Orientierungen berücksichtigt werden. Die synchrone Untersuchung des vorliegenden Textes und die Auskunft über die Ergebnisse können zu einem diskutablen Analyseergebnis der Vorgeschichte führen. Zugleich stärken diese Arbeiten aber auch die Einsicht in die prägende Absicht

---

[15] S.o. S. 276.
[16] S.o. S. 122.

des (vorläufig) letzten Erzählers dieser Wundergeschichten, des Evangelisten. Auch das Recht literarkritischer Überlegungen sollte nicht grundsätzlich bestritten werden; so jedenfalls ist es der Analyse der Wundergeschichten einerseits und der Kritik der gegenwärtigen literarkritischen Überlegungen andererseits zu entnehmen. Der Evangelist, der mündliche und (seltener) schriftliche Traditionen aufnahm, hat den Stoff seinem Evangelienaufriß eingegliedert und angepaßt.

Fassen wir die Überlegungen im Blick auf die Endform der Wundergeschichten als Teil von Joh 1–20 zusammen, so ist zu bemerken, daß sich der vierte Evangelist als theologisch denkender, seelsorgerlich aktualisierender und hermeneutisch interpretierender Erzähler seiner Tradition durch Integration, Komposition und Interpretation bewährt. Er ist aber keineswegs ein Erzähler, der diese Geschichte *de novo* bildet oder aufgrund vorhandener Geschichten, beispielsweise bei den Synoptikern, diese frei nacherzählt. Vielmehr stellt er sich in eine Reihe mit anderen Erzählern dieser Wunder, indem er ihre Überlieferung z.T. mit großer Treue aufnimmt (vgl. vor allem Joh 2,1–10 und 4,46–53; stärkere Eingriffe sind zu erkennen in 5,2ff und 6,5–21). Er erweist sich aber zugleich als ein eigenständiger Erzähler, indem er der Wunderüberlieferung einen neuen Kontext gibt, sie kommentiert und bisweilen durch die Gestaltung des Kontextes und Neuformulierungen ihnen neue, auch andersartige Facetten beifügt. Als eigenständiger Denker zeigt er sich bei diesem Werk, indem er den Wundern ein eigenes Gepräge gibt. Die Reinterpretation und hermeneutische Veränderung der Tradition erlauben, von einer Nacherzählung der Wunder zu sprechen, auch wenn ihre Gestalt teilweise (bes. 2,1ff und 4,46ff) deutlich erhalten geblieben ist. Erst das Verständnis der gesamten Erzähleinheit erschließt dem Leser die Intention des Erzählers und die Bedeutung der Wundergeschichten im Kontext des Evangeliums.

2 Überlieferung und Bildung von Wundererzählungen im johanneischen Kreis

Gaben die verschiedenen Ausformungen der klassischen Semeia-Quellen-Hypothese für das vorjoh. literarische Niveau jeweils eine relativ konsistente Antwort hinsichtlich der literarischen Form, der religionsgeschichtlichen Ableitung, der textpragmatischen Intention wie auch der christologischen Aussage, so weist das Ergebnis dieser Arbeit in eine andere Richtung: Jede der Wundergeschichten muß für sich als eine eigene Form analysiert werden. Die Beantwortung der geschichtlichen Fragen hat getrennt für jede Wundererzählung zu erfolgen. Es ist nicht möglich, eine Hypothese zu formulieren, die die Entstehung, Tradierung und Form *aller* joh. Wundergeschichten in eine analoge Abfolge und Entwicklung stellt. Diese Beobachtung schließt nicht aus, Parallelen zwischen den Wundern zu benennen und im Einzelfall auch analoge Entwicklungslinien aufzuzeigen.

Kommen wir zunächst zu den formalen Aspekten. Trotz der formgeschichtlichen Entwicklung, der unterschiedlichen verwendeten Gattungen und des differenten religions- und traditionsgeschichtlichen Hintergrunds lassen sich – auch im Vergleich mit den synoptischen Wundergeschichten – einige *formale Parallelen* der joh. Wundertraditionen untereinander erkennen. Das heißt nicht – zunächst mit Blick auf die Tradition –, daß von der Form der joh. Wundergeschichte gesprochen werden kann.[1]

Ein gemeinsames Motiv der joh. Wundertradition besteht in der Unterstreichung der Souveränität Jesu als Wundertäter.[2] Diese Souveränität, die den Wundertäter in Joh 5,1ff; 6,1ff und 9,1ff die Aktivität ohne jede Bitte übernehmen läßt, wird nicht ausdrücklich auf Gott zurückbezogen.[3] Dieses Element begegnet auch dort, wo der Wundertäter durch seine Mutter (2,1ff), den Vater des Todkranken (4,46ff) oder die Geschwister eines Kranken (11,1ff) um ein Eingreifen gebeten wird. Jesus handelt machtvoll ohne Gebet und Rückbezug auf Gott[4] bzw. joh. gesprochen den Vater. Daneben wird als Unterstreichung dieser Souveränität des Wundertäters zumeist auch ein Zurücktreten des Motivs der Notlage identifiziert:

---

[1] So auf der synchronen Ebene bei C. Welck 239ff; vgl. dagegen z.B. B. Byrne 36.

[2] Vgl. z.B. J. Becker, Wunder 447 (= NTS 138). Eine interessante Interpretation dieser Souveränität bietet H. von Lips, Anthropologie 306, indem er die joh. Wunder hinsichtlich ihres anthropologischen Verständnisses befragt: Die „Herausstellung der Souveränität des Schöpfers (bedeutet; Vf.) nicht eine Abwertung des Menschen. Vielmehr wird seine Geschöpflichkeit betont, die volle Angewiesenheit auf den Schöpfer bedeutet und dem Menschen keine Initiative gegenüber dem Leben schenkenden Schöpfer läßt."

[3] Z.B. H.-J. Kuhn 452ff; s.a. H. von Lips, Anthropologie 303.

[4] Joh 11,41f ist eine redaktionelle Formung, die die Souveränität des Wundertäters unterstreicht; sie ersetzt auch kein Gebet der Tradition, in der der Wundertäter wie Elia oder Elisa Gott um seine Macht zur Errettung bittet; hierzu s.o. S. 430ff.

„Bei den Synoptikern handelt es sich um Akte der Hilfsbereitschaft in den täglichen Nöten der Menschen. ... Auch wird alles Aufsehen möglichst vermieden. Ganz im Gegensatz hierzu handelt es sich bei Johannes fast durchweg um mächtige messianische Demonstrationen, zu denen die menschlichen Nöte, bisweilen erst absichtlich herbeigeführt (Lazarus), sozus. nur die willkommene Gelegenheit bieten, und die dazu bestimmt sind, Aufsehen zu erregen."[5]

Die Untersuchung hat diese Beobachtung im Grundsatz bestätigt, zwingt aber auch zur Differenzierung. Besonders deutlich zeigt sich das Fehlen einer Notlage in der joh. Speisung der 5000.[6] Daß aber andererseits der Bericht vom Seewandel Jesu nicht wirklich auf das Notmotiv verzichtet, konnte ebenfalls gezeigt werden;[7] allerdings fehlt als Motivierung des Seewandels das Mitleidsmotiv, zu dem Jesus durch das Sehen der Not der Jünger veranlaßt wird: Mk 6,48 (≠ Mt 14,24). Das Motiv der Notlage fehlt auch in den anderen traditionellen Wundergeschichten nicht völlig; das Ausgehen des Weines ist eine Mangelsituation (2,1ff). Krankheit (5,2ff; 9,1ff), Todesnähe (4,46ff) und das Gestorben-Sein (11,1ff) sind konkrete Nöte, in denen das Handeln des Wundertäters Abhilfe schafft. Erst die redaktionelle Technik der Abwehr der Bitte und des folgenden Vertrauens, dem schließlich aus eigenem Antrieb entsprochen wird,[8] verstärken das Bild des souverän Handelnden, der sich gerade nicht von den Nöten des Diesseits beeinflussen läßt. Aber auch hier gilt, daß die Zuwendung zur Welt und ihre Befreiung von den Nöten wenigstens exemplarisch vollzogen wird; bildet dies das soteriologische Lebensangebot Gottes im gesandten Sohn ab, so interpretiert es die Unterstreichung der Souveränität des Wundertäters und nicht umgekehrt.

Die traditionellen joh. Wundererzählungen verzichten folglich nicht völlig auf das Motiv der Not und auch nicht auf die Zuwendung Jesu zu den Notleidenden. Teilweise wird aber die Erzählung stärker auf den Wundertäter fokussiert, indem er es ist, der diese Not erkennt (5,6; 9,1; vgl. 6,5); dort, wo er um Hilfe gebeten wird, handelt er als Souverän. Wunderbares (Voraus-)Wissen kennzeichnet vor allem die Tradition hinter Joh 5,1ff und 9,1ff; dies Wundermotiv gliedert sich ein in das Herausstellen des souveränen Handelns des Wundertäters, wie es allen Geschichten gemein ist.

---

[5] H. Strathmann, JE 1 = Geist 3; s.a R.T. Fortna, Predecessor 48 Anm. 99 (für das Gospel of Signs); J. Grill, Untersuchungen I, 45; H. von Lips, Anthropologie 303; E. Käsemann, Wille [1]44. [3]52: „Menschliche Not ist zwar ihr Anlaß (der Wundergeschichten bei Johannes; Vf.), deren Beendigung aber bestenfalls nur ein Nebenziel."

[6] Damit ist aber eine Tendenz aufgenommen, die schon in der traditionsgeschichtlich jüngeren Speisung der 5000 Mk 6,35ff gegenüber der älteren Form Mk 8,1ff ausgeführt ist. Auch wenn in der vorliegenden mk. Form das Jüngergespräch redaktionell ist, so ist deutlich, daß Jesus das Volk entlassen könnte und Nahrung und Unterkunft auch ohne ein Wunder ohne Schaden für die Menschen zu erhalten wäre.

[7] S.o. S. 284.

[8] S.o. S. 138.

Die stärkste formale Parallele zwischen den einzelnen joh. Wundertraditionen besteht aber in einem anderen Element. Als Charakteristikum der joh. Wunderüberlieferung wurde immer wieder auf die Steigerung der mirakulösen Züge eines Wunders gewiesen.[9] Es reicht nicht etwa aus, daß Wasser in Wein gewandelt wird, vielmehr geht die gewandelte Menge des Weines über die vorgestellte Situation der Hochzeit weit hinaus; bei diesem Motiv handelt es sich allerdings wohl um ein sekundär hinzugewachsenes Motiv.[10] Dennoch erzählt die Erzählung, indem sie eine Distanz zwischen Wundertäter und zu wandelnder Substanz hält, aus einer das Wunder steigernden Perspektive.[11] Der Seewandel erhält eine neue Spitze in der Versetzung des Bootes an das Ufer. Weniger kräftig sind die Farben bei der Speisung der Fünftausend, die ihre Steigerung aus dem Vergleich mit den bekannten synoptischen Berichten erhält, indem die dort genannten Quantitäten nicht mehr ausreichen, um das Wunderwirken Jesu auszusagen: Joh 6,9; die Aussage über die unzureichenden 200 Denare in 6,7 wurde als Replik des Evangelisten interpretiert, dessen Steigerung hier aber blaß bleibt.[12] Fabulierkunst läßt sich bei der Erzählung von dem Lahmen erkennen. Die Dauer seines Leidens (Joh 5,5) ist eine mögliche, aber erzählerisch eher blasse Steigerung des mirakulösen Aspekts, die eine Parallele in der Blindenheilung hat (Joh 9,1). Einschneidender ist, daß dem Lahmen, so nah er seine Heilung vor Augen hat, immer jemand zuvorkommt; dies schildert zwar vordergründig die einschneidende Notlage, doch mit der Aussichtslosigkeit, die dieser Lahme auf der Ebene der innerweltlich gesetzten Heilungs(-wunder-)möglichkeiten hat, steigert es in markanter Weise die Macht des Wundertäters. Erwägenswert ist außerdem, ob Jesus, insofern er dem Lahmen die Heilung gewährt, die ihm das Heilwasser nicht bieten kann, „als noch größerer Wundertäter... die Kräfte des Heilwassers überbietet"[13]. Man wird dies zwar nicht in Opposition mit einem bestimmten Heilkult deuten können,[14] aber doch als eine christologische Aussage, die das exklusive Selbstverständnis des frühen Christentums erkennen läßt. Das ‚Stinken' (ἤδη ὄζει; Joh 11,39), d.h. der Verwesungsgeruch des Lazarus hebt seine Auferweckung auch erzählerisch von den synoptischen Wundern ab, denen andererseits auch hinsichtlich der behutsamen Steigerung (wohl schon in der Tradition scheint eine größere Entfernung Jesu zum Aufenthaltsort des Kranken vorausgesetzt) die Heilung des Sohnes des Königlichen nahesteht.

---

9   Darüber geben die Einzelanalysen Auskunft; von den exegetischen Arbeiten zu joh. Wundergeschichten nenne ich hier nur wenige Beispiele: J. Becker, Wunder 445f (= NTS 137f); H. von Lips, Anthropologie 302f; J.P. Meier 942; A. Smitmans, Weinwunder 274; Exegese 74f; W. Wrede, Charakter 183 (= SgV 7).

10   S.o. S. 140. 166.

11   S.o. S. 144.

12   S.o. S. 276.

13   W. Lütgehetmann, Wundererzählung 201.

14   S.o. S. 225.

Der Vergleich der steigernden Motive zeigt die gemeinsame christologische Motivation, keineswegs aber eine einheitliche Erzähltechnik. Die Macht des Wundertäters wird eindrücklich unterstrichen. Krankheitsdauer, Mengenangaben, ja auch der Hinweis auf die begonnene Verwesung sind als Motive zur Zeichnung seiner großen Macht eingebracht.

Als eine weitere Analogie zwischen einem Teil der joh. Wundererzählungen konnte das auffällig große Gewicht auf das Wunderfeststellungsverfahren ausgemacht werden.[15] Die Faktizität suchen mit unterschiedlichen literarischen Techniken und argumentativen Entwicklungen Joh 2,9f; 4,51–53; 6,22–25a und 9,8f.18–23 zu unterstreichen. Die einzelnen Durchführungen sind derart different, daß hier weder eine Hand noch ein gemeinsames gestaltendes Gefälle ausgemacht werden kann. Gemeinsam ist sicherlich eine Notwendigkeit, das faktische Wunder auszuweisen. Joh 2,9f gehen wahrscheinlich gegen Manipulationen, die in der Antike im kultischen Rahmen durchaus nicht unbekannt waren (vgl. z.B. *Lukian*, Alexander *passim*). Das Feststellen der Identität der Stunde zwischen heilsmächtigem Wort in Joh 4 und Heilung macht den Zusammenhang zwischen beidem deutlich und haftet an der Gattung Fernheilung. Auf äußere Kritik könnten 6,22ff und 9,8f.18ff reagieren; d.h. diese beiden Aussagen lassen am ehesten an eine wirkliche Auseinandersetzung denken, in der möglicherweise gegen christologische Vorbehalte vorgegangen wird. Im Kontext der Tradition von Kap. 9 ist an die Synagoge zu denken, möglicherweise gilt dies auch für Kap. 6.

Neben analogen Erzählmotiven sind umfassendere Parallelen zwischen Joh 5 und 9 zu erkennen; sie gehen auf einen vergleichbaren Wachstumsprozeß zurück, in dem den Geschichten das Sabbatthema hinzuwuchs; in diesem Sabbatkonflikt reflektiert der Erzähler die Situation seiner Gemeinde, indem ihr Erleben auf die Ebene des historischen Jesus zurückprojiziert wird (Joh 9) bzw. dieser den gemeindlichen Gegnergruppen begegnet und sich als vollmächtig erweist (Joh 5,1ff und 7,21ff). Die sekundäre Anbindung des Sabbatthemas entspricht erzählerisch einem formgeschichtlichen Prozeß, den Rudolf Bultmann als „Vorgang des Wanderns und Austauschens der Motive"[16] bezeichnete.

Als weiteres Beispiel für dieses Phänomen verwies Bultmann auf die ‚Kindheitserzählung des Thomas‘ (KThom 2,2ff). Hier wurde die Formung der Sperlinge aus Lehm durch den jungen Jesus und ihr lebendiges Davonflattern (sekundär?) mit dem Thema der Sabbatverletzung verbunden. Der Unterschied zwischen der apokryphen Geschichte[17] und den joh. Wundererzählungen liegt in der Durchdringung des Wunders mit dem fremden Motiv der Sabbatheilung. In der joh. Erzählung wird das Motiv noch angehängt, in der Kindheitser-

---

[15] S.a. A. Smitmans, Exegese 79.
[16] R. Bultmann, Geschichte 242.
[17] Über die Abfassungszeit der Kindheitserzählung lassen sich nur Vermutungen anstellen; O. Cullmann, Kindheitsevangelien 352, rechnet mit einer Abfassung des Werkes noch im 2. Jh.

zählung ist die Verquickung vollständig, wenngleich das Wunder auch ohne das Problem der Sabbatentweihung verständlich und geschlossen wirkt.

Die Erzählung der Geschichten ist also durchweg herrlichkeitschristologisch motiviert. Im einzelnen sind aber die christologischen Aussagespitzen nicht völlig kongruent. So lehrte der religionsgeschichtliche Vergleich, das Weinwunder als eine Epiphaniegeschichte zu lesen, in der die Epiphanie Jesu mit analogen Erzählzügen zu der Epiphanie des Dionysos ausgesagt wird. Daß dieses Epiphan-Werden als Gott eine soteriologische Qualität hat, wurde ebenfalls nachzuweisen gesucht.[18] Eine solche christologische Orientierung hebt so entscheidend auf die göttlichen Züge des Epiphanen ab, daß hier Spuren einer protodoketischen Christologie zu finden sind.

Die Heilung des Sohnes des Königlichen in Joh 4,46ff zeigt im Begriff der ζωή ihre Formung im Kontext der joh. Lebensaussagen, so daß hier eine Linie vorbereitet ist, die der vierte Evangelist wohl auch in den anderen Wundergeschichten wiederfindet; die Wundergeschichte zeichnet Jesus als den Spender der ζωή aus. Denkbar ist, daß im analogen Kontext auch die dem vierten Evangelisten vorliegende Form der Auferweckung des Lazarus entstanden ist. Ihre älteste Schicht, die wahrscheinlich im Vergleich mit der Tradition hinter GEvM Frgm. 1 zu eruieren ist,[19] verdankt ihre Entstehung hellenistischen Erzählparallelen. Auch wenn nicht jeglicher Einfluß der atl. Auferweckungen zu leugnen ist, so ist es sicherlich theologisch bedeutsamer, daß die Auferweckungstradition in der Erweckung des Verstorbenen durch Jesus die Erfüllung atl. Weissagungen zu erweisen sucht. Motivation ist nicht, wenigstens nicht allein die Mission, sondern Bedürfnisse der urchristlichen Gemeinde, deren eschatologische Vorstellungen ebenfalls in die Bildung dieser Geschichte einfließen.[20] Möglich ist, daß dies in einer älteren Phase der joh. Gemeinde geschah, aber jeder weitergehende Rekonstruktionsversuch droht an der schmalen Quellenlage zu scheitern.

Ohne christologische Hoheitstitel lassen sich keine speziellen christologischen Konzeptionen der beiden Heilungswundergeschichten hinter Joh 5 und Joh 9 auf ihrer ältesten Stufe ausmachen. Sie scheinen vor allem *missionarische Absichten* zu tragen; allerdings ist eine parakletische Funktion im Kontext der Erzählgemeinde aufgrund von 5,14 möglich, ja wahrscheinlich.[21] Im Blick auf Joh 9,1ff könnte an eine implizite Übertragung des Arzt-Epithetons auf Jesus gedacht werden, doch ist nicht mehr als eine positive Bewertung des Ärztehandwerkes durch die Tradition hinreichend sicher auszumachen.[22] Palästinisches Lokalkolorit läßt an eine judenchristliche Christologie denken;

---

[18] S.o. S. 154.
[19] S.o. S. 449.
[20] S.o. S. 432.
[21] S.o. S. 243.
[22] Zur Diskussion s.o. S. 336.

durch die Fortentwicklung zu einer Konfliktgeschichte, in der der Prophetentitel auf Jesus übertragen (9,17) wird, werden die Umrisse einer Prophetenchristologie deutlich. Jesus als der messianische Prophet[23] ist zugleich der eschatologische Toragelehrte, der in vollmächtiger Weise die Intention der Tora zur Geltung bringt (vgl. 7,21–24).

Der Prophetentitel (6,14) im Kontext der Sequenz aus Speisung und Seewandel wurde aufgrund der Untersuchung der Relation der Titel zum Kontext des Evangeliums dem Evangelisten zugeordnet,[24] der sich hier sicherlich in den Zusammenhang seiner Traditionen stellt, wenn er diesen Titel einfügt. Ist der Königstitel traditionell, so liegt auch hier eine Spur judenchristlicher Messiaserwartung vor, die in Jesus als erfüllt bekannt wird.

Die Heilung des Lahmen, die Heilung des Blindgeborenen und die Sequenz Speisung-Seewandel gehören gemeinsam in einen judenchristlichen Vorstellungsrahmen. Die Überlegungen, daß die joh. Gemeinde ihre Traditionen von Palästina über den Konflikt mit einer jüdischen Synagoge im syropalästinischen Raum schließlich nach Kleinasien brachte,[25] beanspruchen somit für einen Teil der Wunderüberlieferung große Wahrscheinlichkeit und können an ihr nachvollzogen werden.

Bemerkte Jörg Frey für den Hintergrund der Adressaten des vierten Evangeliums, daß diese nicht allein auf einem jüdisch-judenchristlichen Hintergrund verstanden werden können,[26] so gilt dies *mutatis mutandis* auch für die Wundertradition dieses Evangeliums. Die Traditionen hinter Joh 2,1ff; 4,46ff und 11,1ff sind nicht notwendig in den gleichen Rahmen zu stellen. Die Herrlichkeitschristologie des Kanawunders wie auch die Totenerweckung weisen auf einen hellenistischen Kontext; für das Kanawunder ist der Rückgriff auf eine hellenistisch-jüdische Tradition nicht notwendig und auch für die älteste Stufe von 11,1ff nicht zwingend. Joh 4,46ff gehört in das originäre Gefälle des joh. Kreises, zeigt aber keine Spuren des Konflikts mit der Synagoge.

Daraus verdichtet sich die These, daß die joh. Gemeinde, für die der vierte Evangelist schreibt, nicht allein aus der Fluchtbewegung syro-palästinischer Judenchristen zu verstehen ist. Vielmehr kann angenommen werden, daß diese judenchristliche Bewegung aufgrund von Affinitäten, die in ihrer hohen Christologie zu einer von θεῖος-ἀνήρ Zügen mitbeeinflußten Herrlichkeitschristologie bestehen, mit einer kleinasiatischen, eher hellenistisch-heidenchristlichen Gemeinde verschmolzen sind. So lassen sich palästinisch-judenchristliche, hellenistisch-jüdische und hellenistische Tendenzen im Evangelium und seiner Tradition am ehesten erklären, die auch durch die Untersuchung der christo-

---

[23] Hierzu s.o. S. 351.
[24] S.o. S. 279.
[25] S.o. S. 29.
[26] J. Frey, Heiden 232.

logischen Konzeptionen und des Erzählhintergrundes der joh. Wunderüberlieferung offen gelegt werden konnten.

Diese Überlegungen werden durch Beobachtungen an den *geographischen Angaben der Wundergeschichten* gestützt. Aufgrund palästinischen Lokalkolorits (vgl. 5,2–3a; 9,7) läßt es sich wahrscheinlich machen, daß die ältesten Formen der Heilung des Lahmen und des Blindgeborenen je durch einen palästinischen Kontext geprägt sind; eine Entstehung in diesem Raum ist wahrscheinlich. Für die Ausweitung der Wundergeschichten zu Konfliktgeschichten mag man weitergreifen und von einem syro-palästinischen Zusammenhang sprechen, in dem der Konflikt zwischen Judenchristentum und Synagoge geographisch denkbar ist. Wesentlich unsicherer sind die Überlegungen für die übrigen Wunderüberlieferungen. In den syrischen Raum könnte die Sequenz Speisung-Seewandel weisen.[27] Dafür sprechen die wahrscheinliche Abhängigkeit der Sequenz vom MkEv und zwar in einer älteren Form des MkEv, in der es vom MtEv aufgenommen wurde (ohne das Wort von den 200 Denaren: Mt 14,16; anders das kanonische MkEv: Mk 6,37).[28] Aufgrund der hellenistischen Prägung der anderen Wundergeschichten und der vermuteten Abfassung des JE in Kleinasien[29] kann ihr Entstehungsort hier vermutet werden.

Die Einzelanalyse belegt eine Differenz hinsichtlich der *historischen Herkunft* der joh. Wunder. Zwei der Wundertraditionen zeigten in der Konsistenz, in der sie vom vierten Evangelisten rezipiert wurden, ihren Wurzelgrund im Konflikt mit dem synagogalen Umfeld ihrer Tradenten; dies gilt für die Traditionen hinter Joh 5 und 9.

Die Wurzeln eines anderen Konflikts im Hintergrund der joh. Schriften konnten hinter dem Weinwunder zu Kana freigelegt werden. Hier ließen sich herrlichkeitschristologische Züge nachzeichnen, die Jesus als epiphanen Gott darstellen. Dabei wurde zudem ein gewisses Desinteresse an der durativen personalen Anwesenheit des Wundertäters festgestellt, so daß gefragt wurde, ob das Datum der Inkarnation im Gegenüber zur Betonung der Göttlichkeit in der Gefahr steht, vergessen zu werden.[30] Dies erinnert an doketische Christologien und damit an die Auseinandersetzung um die Interpretation des Christusgeschehens im Spiegel der joh. Schriften selbst.[31]

Allerdings werden wir an diesem Punkt der Diskussion mit einer Auseinandersetzung um das rechte Verstehen der Christologie des vierten Evangeliums selbst konfrontiert. Das für die joh. Theologiegeschichte relevante Problem[32]

---

[27] S.o. S. 294.
[28] S.o. S. 275.
[29] S.o. S. 28ff.
[30] S.o. S. 159.
[31] S.o. S. 31–33.
[32] Damit wird ein Problem berührt, das die Frage und die Behandlung der joh. Christologie in der gegenwärtigen Forschung herausfordert und polarisiert (vgl. M.J.J. Menken, Christology 293). Diese Hauptfrage stellt sich nicht nur angesichts von Joh 1,14, son-

beachtet in Hinsicht auf die joh. Wunder besonders die Göttinger Habilitationsschrift von Udo Schnelle. Dieser meinte, in den joh. Wundererzählungen ein durchgehend *antidoketisches Interesse* eruieren zu können, das sich durch die Massivität der Wundererzählung, in der die Bedeutung der Inkarnation deutlich werde, auszeichne.[33] Zuletzt ist dieser Gedanke besonders von Roland Deines wieder aufgenommen worden: „Das historisierende Erzählen der Geschichte Jesu hat jedoch keinen bloß antiquarischen Charakter, sondern ist bewußt gewähltes Stilmittel, um die Faktizität des irdischen Jesus und seiner Taten gegenüber *allen* doketischen Christologien zu bezeugen."[34] Im Blick auf die gesteigerten herrlichkeitschristologischen Züge der joh. Wundergeschichten befriedigen diese Aussagen nicht völlig. Im hellenistischen Kontext ist einer herrlichkeitschristologischen Aussage der Gedanke inhärent, daß sich im Wunder die Gottheit zeige.[35] Tatsächlich scheint ein Teil der Wundertradition der doketisierenden Gefahr erlegen zu sein; hierfür ist die Tradition von Joh 2,1ff ein anregendes Beispiel.

Bevor dieser Vorschlag beurteilt werden kann, muß zunächst angezeigt werden, ob Wunder und Wunderüberlieferungen eine Bedeutung für doketische Christologien haben. Drei Hinweise mögen genügen, um zu zeigen, daß frühchristliche Exponenten einer doketischen Christologie durchaus die Wunderüberlieferung übernehmen und vielleicht mehr noch, daß die Wunderüberlieferung eine entscheidende Rolle in ihrer Jesusdarstellung bilden könnte.

Aufschlußreich ist, daß nach *Irenäus*, Adversus Haereses, sowohl bei *Kerinth* als auch bei *Basilides*, zwei Theologen des 2.Jh., deren Christologie doketische Züge trägt, Wundertaten das irdische Auftreten des Christus prägen. Zu *Kerinth* vgl. I, 26,1: „Nach der Taufe ist der Christos von der Gewalt, die über alles herrscht, in Gestalt einer Taube auf ihn herabgekommen. Da verkündete er den unbekannten Vater und tat Wunder (… *et tunc adnuntiasse incognitum patrem et virtutes perfecisse*/καὶ τότε κηρύξαι τὸν ἄγνωστον πατέρα καὶ δυνάμεις ἐπιτελέσαι[36]). Zu guter Letzt hat der Christos aber Jesus wieder verlassen."[37] Ähnlich klingt es im Zeugnis über den Doketen *Basilides*:[38] „Deren Völkern ist er auf der Erde als Mensch erschienen und hat Wunder getan (… *et virtutes perfecisse*)"

---

dern in besonderer Weise auch bei der Wunderthematik der joh. Tradition; vgl. z.B. E. Käsemann, Wille [1]43ff. [3]51ff („Gott offenbart sich auf Erden nicht ohne Wunderglanz, der ihn als Schöpfer charakterisiert": aaO. [1]44. [3]52) mit U. Schnelle, Christologie *passim*, bes. 194.

33 U. Schnelle, Christologie 194 u.ö. S.a. W. Wilkens, Evangelist 89 (der „antidoketische Charakter" werde in „antidoketischer Einstellung so hervorgekehrt"); Zeichen 30; differenzierend D.M. Smith, Theology 166, der den massiven Charakter der Wunder nicht als Ausdruck der Menschheit des Offenbarers bewertet, sie zugleich aber auch nicht als Ausdruck einer „sort of naive, superhuman christology" werten will.

34 R. Deines 248 (Hervorhebung v.Vf.); s.a. 274f.

35 Vgl. Zum Gedanken der in Menschengestalt auftretenden Götter U.B. Müller, Menschwerdung 10f; zum Problemkreis Menschwerdung: D. Zeller, Menschwerdung *passim*.

36 Frg. 19 (Hippolyt, ref 7,33f. 10,21f).

37 Zitat und Übers. nach *Irenäus von Lyon*, Gegen die Häresien (ed. N. Brox I) 314–317.

38 Zur Beschreibung der Lehre des Basilides bei *Irenäus*, Haer I,24,3–7 vgl. W.A. Löhr 256ff.

(I,24,4).[39] Eine gewisse Formalisierung ist diesen beiden Belegen nicht abzusprechen, dennoch spricht nichts dagegen, daß die christologischen Vorstellungen korrekt referiert worden sind. Auch in den Johannesakten, deren doketische Züge nicht zu übersehen sind, findet sich nach einem Speisungswunder in Kap. 93 die summarische Feststellung „seine Groß- und Wundertaten freilich sollen für jetzt verschwiegen sein, da sie unaussprechlich sind und wohl weder erzählt noch gehört werden können"[40]. Die Wendung belegt gerade kein Desinteresse an der Wunderüberlieferung, sondern sucht sie, indem sie als unaussprechlich qualifiziert werden, zu steigern; die Wunder Jesu sind so *unfaßbar*, daß sie sprachlich nicht artikulierbar und damit auch nicht hör- und verstehbar sind. In einem doketisierenden Erzähltext ist also Interesse am *Christus* als Wundertäter erkennbar; zudem läßt sich auch die Tendenz zur Steigerung seines Wunderhandelns finden.

Weder die Tradition noch die evangelischen Wundererzählungen lassen sich allein mit dem Schema doketisch-antidoketisch verrechnen. Auch der Evangelist selbst steigert das Wunderhafte seiner Tradition.[41] Läßt schon die Tradition keine antidoketische Absicht erkennen, vielmehr ist eine – allerdings nicht unreflektierte oder naive – Herrlichkeitschristologie, die den Wundertäter mit joh. theologischen Konnotationen versieht, vorauszusetzen, so gilt dies ebenfalls für den Evangelisten, allerdings ohne daß seine Christologie exklusiv als eine θεῖος-ἀνήρ-Konzeption interpretiert werden kann.[42] Zwar weist er den Leser an, wie die von ihm berichteten Wunder christologisch und nicht mirakulös zu deuten sind, dennoch reduziert er nicht das Wunderhafte. Eine ausdrückliche Verknüpfung der Wundertradition mit der Inkarnation gegen eine doketische Interpretation vermag ich z.B. in Joh 4,46ff nicht zu erkennen.[43] Eine zu einseitige Position wird vielleicht in Joh 2,1ff korrigiert.[44] Die Wundererzählungen im vierten Evangelium sind folglich nicht einseitig dem Verdikt eines ‚naiven Doketismus' auszusetzen,[45] dennoch partizipieren sie an herrlichkeitschristologischen Zügen, die dem Inkarnierten die göttliche Dynamis und Doxa zuschreiben. Das Gesamtbild der Wunderüberlieferung zwingt die Elemente der Göttlichkeit und der Menschheit des Gesandten zusammenzudenken, ohne daß eine doketische oder antidoketische Tendenz die

---

[39] Zitat und Übers. nach *Irenäus von Lyon*, Gegen die Häresien (ed. N. Brox I) 300f.

[40] Übersetzung nach K. Schäferdiek, Johannesakten 165.

[41] S.a. z.B. J. Konings, Sequence 174f. Damit befindet er sich in einer Entwicklung, die von Mk bis zu den apokryphen Evangelien hin reicht; vgl. P. Vielhauer, Geschichte 304.

[42] Vgl. die Überlegungen zur joh. Christologie bei H.D. Betz, Jesus 30: „... according to John, too, the earthly Jesus is Divine Man. ... By this means (Betz weist auf den Logos-Hymnus; Vf.), he combines the Divine Man Christology with the two concepts of the preexistent mediator of creation and of the Logos-revealer."

[43] Anders allerdings E. Schweizer, Heilung 411.

[44] S.o. S. 162.

[45] Beachtet man, daß in hellenistisch-griechischem Denken der ‚Semeia'-Begriff in besonderer Affinität zum Handeln der Götter steht (in der Klassik gar Zeus allein vorbehalten; vgl. hierzu R. Formesyn 877), so könnte unabhängig von der Frage nach dem primären Hintergrund des joh. Zeichenbegriffes gefragt werden, ob, insofern im Zeichen die göttliche Doxa des Logos durchscheint (vgl. 2,11), in der Konzeption der joh. Semeia der joh. Jesus göttlichen Charakter trägt.

Überhand gewinnt.[46] Man kann also mit Hans Dieter Betz betonen, daß die Wundertradition „provides the possibility for John's presenting the earthly Jesus as the divine Revealer and Redeemer".[47] Doch zeigt die ungekürzte Übernahme der wunderhaften Elemente, daß nicht nur ein symbolisches Verständnis intendiert ist. Auftreten und Fleischwerdung des eschatologischen Offenbarers sind für den vierten Evangelisten nicht anders darstellbar und verstehbar als so, daß in diesem Auftreten die göttliche Doxa des Präexistenten durchscheint; solches geschieht in den Wundern, in denen sich das Ziel der Sendung aktualisiert, die Gabe des Lebens für die Seinen.

Der Vergleich der joh. mit den synoptischen Wundergeschichten ist zunächst in formaler Hinsicht fruchtbar gemacht worden. Nun soll er noch einmal im Blick auf die Rezeption der Wunderüberlieferung durch den vierten Evangelisten angewendet werden. Dabei fällt auf, daß das vierte Evangelium nur eine begrenzte Zahl von ausgeführten Wundergeschichten, sieben (eine weitere, den wunderbaren Fischfang, erzählt 21,1ff als nachösterliche Erscheinungsgeschichte), berichtet. Das kürzere Markusevangelium bietet mehr als die doppelte Anzahl. Daneben finden sich im vierten Evangelium summarische Hinweise auf geschehenes Wunderhandeln (2,23–25; 6,2; 12,37; s.a. 10,41). Diese Bemerkungen verweisen teilweise auf die Erzählebene des vierten Evangeliums,[48] sprengen diesen Horizont aber auch auf. So zeigt es vor allem der Hinweis auf die nicht erzählten Jerusalemer Wunder in Joh 2,23–25. Aber auch die ,*vielen Zeichen*' von 12,27 transzendieren die sieben erzählten Wunder; der Erzähler weiß, wie es sich durch 20,30 wahrscheinlich machen läßt, von weiteren Wundergeschichten.

Auch wenn Joh 20,30, ein Vers, der als genuiner Bestandteil des ursprünglichen Schlusses des vierten Evangeliums zu verstehen ist,[49] eine breit belegte rhetorische Konvention, den Topos *pauca e multis*, widerspiegelt,[50] so besagt dies weder positiv noch negativ etwas

---

[46] Mit Udo Schnelle ist aber herauszustellen, daß sich der vierte Evangelist nicht mit einer (naiven) doketischen Christologie verrechnen läßt. Doch das Problem der Darstellung des von Gott stammenden Gesandten, dessen Offenbarung eschatologische Krisis auslöst, in einer historischen ,vita', läßt den vierten Evangelisten auch doketische Traditionen aufnehmen (ähnliche Überlegungen auch bei M.J.J. Menken, Christology 319: „John can give the traits of the glorified Christ to the earthly Jesus without merging them."). In gewisser Weise kämpft der vierte Evangelist mit einem Problem, das die Kirche in den christologischen Streitigkeiten noch ausführlichst beschäftigen sollte: diesen Jesus Christus als Gott und Mensch darzustellen.

[47] H.D. Betz, Jesus 31.

[48] Zu Joh 6,2 s.o. z.B. S. 265.

[49] S.o. S. 75.

[50] Hyperbolisch gesteigert wiederholt in Joh 21,25. Die von M. Wolter 138 Anm. 25 zu diesem Text beigebrachte Parallele paßt auch zu Joh 20,30: *Aelius Aristides*, Or 45,30 sieht sich nicht in der Lage, sämtliche Taten des Sarapis aufzuzählen (s.a. aaO. 45,16). S.a. die Darstellung von W.J. Bittner 202f, dessen ablehnendes Urteil gegenüber einer Aufnahme des rhetorischen Topos (vor allem auch 201f) sich vornehmlich auf die unterschiedliche Stellung dieses Topos in literarischen Werken bzw. in Reden berufen kann.

über den genauen Umfang und Charakter der vorliegenden Jesustradition. Immerhin sollte jedoch nicht ausgeschlossen werden, daß der vierte Evangelist auf weiteres Jesusmaterial, vor allem auch auf Wundergeschichten hätte zurückgreifen können.[51]

Die im vierten Evangelium aufgenommene Wunderüberlieferung repräsentiert nur ein Segment der joh. Wunderüberlieferung, das der vierte Evangelist exemplarisch[52] aufgenommen hat. Aus diesem Sachverhalt ergeben sich zwei weitere Fragen: erstens die Frage nach der Art der Wundertradition und zweitens die Frage nach den Gründen für die Auswahl.[53] Zwar handelt es sich bei dieser Problemstellung um eine zugegebenermaßen spekulative Frage, dennoch sind einige vorsichtige Erwägungen möglich, die sich auf Beobachtungen stützen, die anhand der benutzten Wundertraditionen gemacht werden können.

Vielfach ist das Fehlen von Exorzismen gegenüber den Synoptikern aufgefallen;[54] fehlten diese in der joh. Tradition bzw. in der dem vierten Evangelisten zugänglichen Tradition?[55] Kannte der vierte Evangelist eines oder mehrere synoptische Evangelien, so waren ihm auch die Exorzismen bekannt. Auch die oben angestellten Überlegungen zu den dem vierten Evangelisten vorgegebenen Wunderüberlieferungen und ihrem Auswahlcharakter lassen die Vorgabe von Exorzismen nicht ausschließen.

In der Rhetorik ist diese Konvention im Proömium und in der *captatio benevolentiae* zu finden (dies gilt vor allem für den Topos „Unsagbarkeit"; K. Thraede, Untersuchungen 119f), im JE am Ende; allerdings ist mit Abwandlungen zu rechnen. Zudem kann in Katalogen der Topos zu Beginn oder am Ende stehen (Thraede, aaO. 120 Anm. 46; Beispiele für vergleichbare Schlußstellung in erzählenden Werken bietet M. Lang 263f). Der Hinweis von Bittner ist also keineswegs zu pressen. Zum Topos *pauca et multis* vgl. Thraede, aaO. 119ff sowie die Beispiele bei O. Weinreich 199–201.

D.M. Smith, Rez. Dunderberg 152, hält 21,25 für einen möglichen Reflex anderer Evangelienschriften. Es ist jedoch keineswegs zwingend, daß allein an schriftliche Jesustraditionen gedacht ist. Ebenso wahrscheinlich ist es, daß an das dem joh. Christentum zugängliche Jesusmaterial überhaupt gedacht ist.

[51] S.a. H. von Lips, Anthropologie 297.

[52] Vgl. R. Bultmann, JE 540, zu Joh 20,30; jetzt U. Schnelle, Christologie 152; vor allem H. von Lips, Anthropologie 297; s.a. aaO. 298.

[53] Der Frage einer exemplarischen Aufnahme seiner Wundertradition durch den Evangelisten stellt sich auch R. Schnackenburg, JE I, 53, der im ersten Band seiner Kommentierung des vierten Evangeliums mit einer Wunderquelle rechnet, die mehr als die sieben in Joh 1–20 rezipierten Wunder enthalten haben soll. Gründe hierfür sind die häufigen summarischen Hinweise auf das Wunderwirken Jesu, die Rolle dieses Wirkens in der Diskussion mit ‚den Juden' und die Notiz Joh 20,30 (aaO. 53f).

[54] Z.B. E. Käsemann, Wille [1]44. [3]53; E. Thraede, Exorzismus 55; E. Plumer *passim*, bes. 350; D.M. Smith, Theology 108. S.a. H. von Lips, Anthropologie 299, der auch das Fehlen von Aussätzigenheilungen unterstreicht (s.a. J. Wilkinson 442 mit weiteren Differenzen: keine Heilung durch Handauflegung Jesu; keine Heilung durch Berührung Jesu oder seiner Kleidung; keine Gruppenheilungen).

[55] So hält es J. Becker, Wunder 446f (= NTS 138), pointiert als Spezifikum der Semeia-Quelle fest.

Hermann von Lips, der sich explizit mit der Motivation für die Auslassung von Exorzismen (und Aussätzigenheilungen) beschäftigt, sieht diese in der abweichenden Anthropologie: „...für ihn (sind; Vf.) die Voraussetzungen für die in diesen Wundern implizierte Sicht des Menschen nicht bzw. nicht mehr gegeben".[56] Diese Voraussetzungen sind die Fremdbestimmung des Menschen durch äußere Mächte, sc. die Dämonen bzw. die Reinheitsproblematik des jüdischen Gesetzes.[57] Daraus ergibt sich: „Wichtig sind sie (die Wunder; Vf.) für ihn (den vierten Evangelisten; Vf.) nur, wenn sich auch ihre gegenwärtige Relevanz deutlich machen läßt. Wichtig sind für ihn solche Wunder, die Aussagen über die bleibend gültige Relation von Schöpfer und Geschöpf machen können."[58]

Wenn mit den formal analog strukturierten Heilungen des Gelähmten und des Blindgeborenen (→ C 6.6) Heilungen erzählt werden, die nach antikem Verstehen Ausdruck göttlicher Intervention sind,[59] und wenn dies durch eine Auferweckungserzählung flankiert wird, so erinnert dies an die atl. Heilshoffnung Jes 26,19, die in Q 7,22 (Mt 11,5 par Lk 7,22) aufgenommen und aktualisiert wird. Auch wenn diese Texte nicht ausdrücklich zitiert werden, so kann die Erfüllung dieser Hoffnungen in den ausgewählten Wundererzählungen kaum als zufällig gelten. So läßt sich auch im Blick auf die Wunder formulieren, daß sich für das vierte Evangelium „im Christusgeschehen die alttestamentliche Verheißung eines Retters erfüllt".[60]

Dieses Kommen des erwarteten Retters findet nicht mehr als ein Kampf mit dämonischen Mächten statt; diese Mächte sind vielmehr mit dem *Archon* des Kosmos bereits durch das Kommen des Retters und in seinem Gang zum Kreuz gerichtet und damit entmachtet (Joh 12,31). Dieser Retter kommt, so besagen es die Wundergeschichten, in göttlicher Doxa in die Welt, d.h. sein Handeln ist ein Wirken in göttlicher Macht und Herrlichkeit mit dem Ziel, der Menschheit Anteil zu geben am göttlichen Leben. Geschieht dies auch im Gebundensein an den väterlichen Willen und an das väterliche Vorbild (Joh 5,19), so ordnet der Evangelist die θεῖος-ἄνθρωπος-Vorstellung der Sendungschristologie und der Einheitsvorstellung zwischen Vater und Sohn zu. Dieser theologische Kontext interpretiert die Herrlichkeitschristologie, wie sie sich in je eigener Weise in den Wundergeschichten ausspricht, ohne sie freilich grundlegend zu problematisieren (s.a. oben die Überlegungen zum Verhältnis von doketischer und antidoketischer Tradition).

---

[56] H. von Lips, Anthropologie 301.
[57] H. von Lips, Anthropologie 300f; s.a. aaO. 308f.
[58] H. von Lips, Anthropologie 309. Eric Plumer sucht das Fehlen der Exorzismen im vierten Evangelium anders zu begründen; dabei geht er zwar von einer Kongruenz zwischen dem Fehlen der exorzistischen Tradition und der theologischen Darstellung und Argumentation des Evangelisten aus (vgl. bes. 367f), erklärt die Absenz jedoch primär „apologetic and pastoral" (354ff; Zitat: 363). Die Auslassung der Exorzismen nimmt Rücksicht auf den Vorwurf der Magie gegen Jesus und auf Empfindlichkeiten seiner Nachfolger (hierzu 361f).
[59] S.o. S. 308. 328.
[60] T. Söding, Probleme 175.

Zuletzt sind noch die form- und literargeschichtlichen Beobachtungen, die bei der Analyse der joh. Wundergeschichten gemacht werden konnten, hinsichtlich des Problems der Entstehung des gesamten vierten Evangeliums zu entfalten. Es ist m.E. kaum zu bestreiten, daß der vierte Evangelist für die Abfassung seines Evangeliums auf mündliche Traditionen und schriftliche Einzelquellen zurückgreift. Eine traditionsgeschichtliche Erklärung, die die Entstehung der joh. Wundergeschichten allein dem Gestaltungswillen des Evangelisten auf der Basis vor allem der Synoptiker zuschreibt, kann weder vorhandene Kohärenzstörungen noch Inkonsistenzen hinsichtlich der erzählten Inhalte erklären. Die Traditionen selbst haben zumeist gestaltende Veränderungen erfahren, die sich an ihren Erzählstrukturen noch deutlich ablesen lassen. Hier führt die form*geschichtliche* Methodik im Sinne einer diachronen Definition zu interessanten und diskutablen Ergebnissen. Wie mehrfach betont, widerspricht die Differenz der Traditionen eher der Ableitung aus einer geschlossen Quelle, vielmehr sind Auswahl und Prägung dem Evangelisten zuzuschreiben. Der Evangelist prägt die Erzählungen bisweilen eher konservativ redigierend, bisweilen innovativ umgestaltend auf seinen Erzählkontext hin und läßt sie so zu einem integralen Bestandteil seines Werkes werden.

Aufgrund der Beobachtungen an den untersuchten Texten ist die Annahme einer extensiven, literarkritisch nachweisbaren Nachgeschichte des Evangeliums eher eine unwahrscheinlichere Hypothese. Dennoch warnen der Nachtrag Joh 21 einerseits und die begründete Annahme der Abfassung des Evangeliums auf einen bestimmten Kreis hin vor einem vorschnellen Ausgrenzen dieser Option. Der vierte Evangelist hat mit seinem Werk einen Text für seine Gemeinschaft geschaffen, den diese als Ausdruck ihrer Glaubenswelt und ihres theologischen Denkens anerkennt und in diesem Sinn bewahrt. Das schließt nicht aus, daß sie in bewahrender Anerkennung einzelne Passagen ergänzt; solche finde ich im untersuchten Textbereich vor allem in Joh 6,51–58; hier wird das sakramentale Denken des joh. Kreises, das hinter der Formulierung der Brotrede steht, noch einmal ausdrücklich thematisiert.[61] In analogem Sinn der anerkennenden Bewahrung des Evangeliums sind m.E. auch die wahrscheinlich sukzessiven Ergänzungen von Joh 15–17[62] und Joh 21 zu verstehen. In den Zusammenhang der Bewahrung des Evangeliums durch Abschreiben des Evangeliums mögen die einzelnen Glossen gehören, die kurze Anmerkungen und Erklärungen zu seinem Text beinhalten.[63] Solche Anmerkungen

---

[61] Vgl. hierzu die geplante Monographie zu Joh 6.

[62] Die Konzeption der ‚relecture‘ bildet für diesen Problemhorizont eine Verstehenshilfe, die die Überarbeitung und Ergänzung in das Verstehen des literarischen Gesamtwerkes einordnet. Ohne daß hier auf die Argumentation und die Deutung im einzelnen eingegangen werden kann, ist für die Abschiedsreden auf die Durchführung diesen Programms durch A. Dettwiler *passim* zu verweisen; zur Grundlegung vgl. J. Zumstein, Prozeß *passim*.

[63] S.o. S. 470.

sind in der Überlieferung antiker Schriften nicht selten[64] und können für das vierte Evangelium das intensive Interesse und die Bedeutung aufzeigen, die diese Schrift für seine Gemeinde hatte.

---

[64] S.o. S. 55.

3 Der Evangelist als Erzähler der Wundergeschichten

Nunmehr ist der Ertrag aus den analytischen Beobachtungen für die Interpretation der Wundergeschichten im Kontext des vierten Evangeliums zu gewinnen. Nach wie vor ist der Streit darüber aktuell geblieben, ob der Evangelist die Wundertradition eher unwillig aufnimmt, sei es, weil sie ihm als schriftliche und autoritative Schrift seiner Gemeinde vorliegt, oder als ein Zugeständnis an die Schwachheit seiner Gemeinde, oder ob sie ein integrierter und positiver Bestandteil seiner Schrift ist. Auf diese Frage kann auch im Rahmen einer primär form*geschichtlich* fragenden Studie nicht verzichtet werden. Einerseits konnte gezeigt werden, daß der Evangelist sich in den Fluß seiner Tradition stellt, andererseits, daß die Wunder durch ihre Integration in das vierte Evangelium auf eine neue Kontinuität und Diskontinuität zeigende Ebene gehoben werden. Die Überlegungen zur Auswahl seiner Wundertradition legen es nahe, mit einer absichtsvollen Gestaltung zu rechnen, die über ein bloßes Zugeständnis an eine Überlieferung, einen überlieferten Glauben oder die schwache menschliche Imagination hinausgeht. Zudem zeigt die Einzelanalyse, daß die Aufnahme der Überlieferung oft mehr den Charakter einer *Nacherzählung* trägt, auch wenn die Spuren der überkommenen Tradition erkennbar bleiben. Sieht man von der eher konservativen Bearbeitung des Weinwunders Joh 2,1ff und der Fernheilung Joh 4,46ff ab, so kann man mit Howard Clark Kee zur joh. Rezeption der Wunderüberlieferung feststellen: „he (the Fourth Evangelist; Vf.) has so thoroughly integrated his material as to present a remarkably consistent point of view, particularly in relation to the miracles of Jesus".[1] Diese Beobachtung macht deutlich, daß der vierte Evangelist nicht nur durch die Auswahl, sondern auch bei der Nacherzählung die Überlieferung auf sein Werk hin gestaltet und damit auch daß die Wunder eine wichtige Rolle in diesem Evangelium spielen. Die Überlieferung wird in den Dienst der Gesamterzählabsicht des Werkes integriert und aktualisiert. Eine Geschichte der Formen beginnt und endet bei der Analyse des Aufgehens der Tradition in die Erzählwelt des vierten Evangeliums.

Entsprechend der formgeschichtlichen und formkritischen Fragestellungen sind es zunächst die kompositionsgeschichtlichen Beobachtungen und die stilistisch-literarischen Mittel des vierten Evangelisten, die zusammengefaßt werden sollen. Das Wunderverständnis des vierten Evangelisten ist in Kohärenz zur Überlieferung aber auch in Abgrenzung zu entfalten; also haben sich synchrone wie diachrone Beobachtungen zu einem Gesamtbild zu ergänzen.

Es konnte festgestellt werden, daß der vierte Evangelist Wundergeschichten aus der Tradition aufnimmt und sie in seinem Sinne deutet.

---

[1] H.C. Kee, Miracle 226.

Hans Dieter Betz fordert zu unterscheiden zwischen Wunder*ereignis* und Wunder*erzählung* (miracle event und miracle story).[2] Als Ertrag dieser Differenzierung hebt Betz heraus, daß die Wundererzählung immer mit Interpretation verbunden ist.[3] So ist die Wunderinterpretation des vierten Evangelisten in eine Linie mit der der Synoptiker zu stellen; allerdings repräsentiert jene ein entwickelteres Stadium.[4]

Konkret sind drei Linien literarischer Interpretation zu unterscheiden. Zunächst, und darin weitgehend mit den Synoptikern parallel, sind *Kontextstellung* und *interpretierende Einfügungen* (in dieser Arbeit zumeist als „Leseanweisungen" bezeichnet) zu nennen. Auffälligstes Element der Wunderinterpretation ist jedoch die Deutung durch ausführliche *Dialoge* und *Reden*. Die ersten beiden Wunder des vierten Evangeliums, die Wandlung von Wasser in Wein (Joh 2,1–11) und die Heilung des Sohnes des Königlichen (Joh 4,46–54), sind dadurch gekennzeichnet, daß sie eine Art geographischer Ringkomposition bilden, die von Kana nach Kana zurückführt (Joh 2,1 → 4,46).[5] Die durch Zählung und das geographische Merkzeichen ‚Kana in Galiläa' verbundenen Wundergeschichten sind so in einen Interpretationskontext eingefaßt. Die Mehrzahl der im vierten Evangelium erzählten Wunder ist aber – wie bereits erwähnt – mit Hilfe einer anderen narrativen Strategie in die *vita* Jesu eingebunden. Sie bilden den ersten Akt einer Komposition, deren letzter Abschnitt in einer Jesusrede besteht.[6] Diese Technik der Kombination von Wunder und Rede ist im Vergleich mit den Synoptikern eine deutliche Eigenheit des vierten Evangelisten, so daß von einer *literarischen Technik* gesprochen werden kann, mit der der Evangelist einen Teil seiner Wundertraditionen im Kontext der von ihm gestalteten vita Jesu zu erzählen sucht. Unterschieden werden muß noch einmal zwischen der Heilung des Paralytischen (Kap 5) und der Heilung des Blinden (Kap. 9) sowie andererseits der Wundersequenz aus Speisung und Seewandel (Joh 6); in Kap. 6 wird an die Offenbarungsrede Jesu eine weitere Konfliktsituation angeschlossen.

Verschiedentlich konnten in der Analyse sogenannte „Leseanweisungen" des Erzählers festgestellt werden; sie sind Teil eines Kommunikationsgeschehens, in dem der Autor mit einer pragmatischen Absicht eine Lesesteuerung verbindet. Diese Leseanweisungen lassen sich als „implizite Rezeptionsanweisungen" verstehen und suchen „die Kommunikation mit den intendierten Lesern zu steuern und die angestrebte Wirkung zu gewährleisten".[7]

‚Leseanweisung' ist dabei sicherlich nicht die glücklichste Bezeichnung, da die Erzählung des Evangeliums wohl zunächst für den mündlichen Vortrag bestimmt war. Allerdings wurde jüngst von Dieter Müller die Bedeutung der Schriftlichkeit für das vierte Evangelium

---

2   H.D. Betz, Miracle Story 70.
3   H.D. Betz, Miracle Story 71.
4   So zu Recht H.D. Betz, Miracle Story ebd.
5   S.o. S. 170 u.ö.
6   S.a. J.W. Holleran 9f hinsichtlich Joh 5; 6 und 9–10.
7   J. Frey, Leser 281; zum Phänomen: aaO. 281ff.

gewürdigt,[8] das sich in 20,30 betont als Buch vorstellt. Dieser Hinweis berechtigt ebenso wie die Tatsache, daß die Schrift bald auch zu einem Lesewerk wurde, dazu, von einer Leseanweisung zu sprechen, zumal auch der Vortrag die Verlesung voraussetzt.

Neben direkten Leseanweisungen, die gelegentlich in direkten Anreden der zweiten Person Plural auf die textexterne Lesergemeinde zielen (z.B. 4,48), werden unter dieser Chiffre kurze, erzählerisch aufbereitete Signalaussagen verstanden, die das Erzählte deuten bzw. bei der Leserschaft oder dem Auditorium ein bestimmtes Verständnis zu präparieren suchen, wie das Gelesene oder Gehörte zu verstehen ist.[9] Hierzu ist das narrative Strukturschema ,Bitte – Zurückweisung – (Fortdauer des Vertrauens –) Erfüllung der Bitte' zu rechnen,[10] das die Einfügung einer Aussage in den Text eine bestimmte Deutung des folgenden Geschehens beim Leser vorbereitet.

Bei der Gestaltung und Integration der Wundergeschichten bedient sich der Evangelist unterschiedlicher Techniken. Besonders auffällig, auch gegenüber den synoptischen Evangelien, ist das Verhältnis zwischen dem Erzählstoff und den verwendeten Redeformen. R. Alan Culpepper spricht von einer fortschreitend enger werdenden Verbindung zwischen Zeichen- und Redestoff („progressive conjunction between sign and discourse material") und erkennt hierin „some technical development".[11] So stellt Culpepper fest:

> „The first and the second signs (2:1–11 and 4:46–54) are about the length of synoptic miracle stories and not greatly dissimilar from them. The next three miracle stories (5:2–9; 6:2–21; 9:1–7) each have extended discourses attached to them (5:10–16, 17–47; 6:22–65; and 9:8–41). … With the last sign, the raising of Lazarus, the progressive conjunction of sign and discourse reaches its zenith: the two cannot be separated successfully."[12]

So reizvoll dieser Gedanke einer zunehmenden Bewältigung der gestellten narrativen Aufgabe durch den Evangelisten auch ist, so stellt sich doch die Frage, ob er der Gesamtkomposition des Werkes, aber auch der Integration der beiden ersten Wunder in Kap. 2–4, gerecht wird. Auch die beiden ersten Wunder des vierten Evangeliums sind als eine Ringkomposition absichtsvoll in den Text eingebaut. Dabei ist beachten, daß diese beiden Geschichten bereits schriftlich auf den Evangelisten gekommen sind. Er baut sie zu einem ersten Erzählkreis aus, der durch die Position eines Wunders am Anfang wie am En-

---

[8] D. Müller *passim*.

[9] Im Sinne der Abschlußbemerkung Joh 20,30f ist das Ziel der textöffnenden Kommentare der in der Lebenszusage sich bewegende Glaube oder in der Verweigerung des Glaubens das Gericht. Durch die Kommentare, die die textexternen Leser im Blick haben, wird der Text zugleich zu einer existentiellen Aktualisierung der Scheidung, die von dem Gekommenen ausgegangen ist. Zur Technik der kommentierenden Bemerkungen im vierten Evangelium s.a. R.A. Culpepper, Anatomy 17f; F.J. Moloney, Reader 23f.

[10] Hierzu s.o. S. 138.

[11] R.A. Culpepper, Anatomy 73.

[12] R.A. Culpepper, Anatomy 73. Culpepper hebt einen weiteren literarischen Fortschritt von Joh 9 gegenüber Joh 6 und 5 hervor; dazu s.u.

de diesem eine besondere Bedeutung in dem Wirken Jesu zumißt.[13] Daraus entwickelt sich ein erstes exemplarisches Bild vom Wirken des Offenbarers, das sich bis hin zur Heidenwelt öffnet (vgl. später wieder 12,20) und die grundlegende Funktion des Offenbarers, Sōter des Kosmos zu sein (4,42), abbildet.[14] Zwar findet dieses Wirken nicht in einem konfliktfreien Raum statt (vgl. 2,13ff und 2,23ff),[15] aber diese Auseinandersetzungen tragen noch keineswegs die tödlichen Züge, die ab Kap. 5 an die Darstellung des Wirkens des Offenbarers herangetragen werden. So wurde – vielleicht etwas zu weitgehend – von Kana als dem „positive(n) Gegenort zu Judäa und seiner Hauptstadt Jerusalem" gesprochen, „an dem Jesu Offenbarungshandeln Glauben findet".[16] Diese Wirkung wird durch die redaktionelle Zählung gesteigert.[17] So läßt sich zeigen, daß der Evangelist in 2–4 seine Erzählung anders strukturiert als in Kap. 5ff. Der Evangelist hat als Schriftsteller beiden Abschnitten der Wunderüberlieferung seinen Willen aufgeprägt, wenngleich er mit der schriftlichen Quelle in 2,1ff.12; 4,46ff konservativer umgegangen ist als bei der Bearbeitung der anderen Wundergeschichten.

Redestoff und Erzählstoff kombiniert der vierte Evangelist bei der Gestaltung der Wunderepisoden ab Kap. 5; dabei bildet der Erzählstoff zumeist die Basis des Redestoffes, was aber nicht im Sinne einer theologischen Unterordnung zu interpretieren ist. Auch der Vergleich zwischen Joh 9 und 11 läßt sich nicht im Sinne einer sukzessiven Steigerung der literarischen Kunstfertigkeit des Evangelisten auswerten; die Betrachtung der folgenden Konfliktszene, 9,8ff, zeigt eine ähnliche Durchgestaltung des Traditionsstoffes und eine Bewältigung der narrativen Aufgabe wie in Joh 11; die zugrundeliegende narrative Struktur läßt sich durch Spannungen an der Oberfläche noch wahrscheinlich machen, zeigt aber doch einen durchgehenden Gestaltungswillen.[18] Dennoch hält der Evangelist bei der Blindenheilung an der Abfolge zwischen Erzähl- und Redestoff fest, die er bei der Auferweckung des Lazarus eigentümlich verändert hat. Die Episode von der Heilung des Lahmen endet mit der Jesus-Rede, die Speisungssequenz mit einer Konfliktszene. Die Heilung des Blindgeborenen schließt mit einer Dialogpassage (9,35–38), die aber wiederum in ein Jesuswort mündet. In den Wundererzählungen von Joh 5–11 kombiniert der Evangelist Erzähl- und Redestoff in je eigener seiner Intention entsprechender Weise. Joh 5 bildet für sich betrachtet ebenso wie Kap. 6 eine geschlossene Episode. Erst der sich verschärfende Konflikt mit den Juden erlaubt es, Kap. 5 mit 7–10 zusammenzulesen, so daß eher Joh 6 zusammen mit

---

13 So zu Recht U. Schnelle, Christologie 105.
14 Hierzu s.o. S. 170.
15 S.o. z.B. S. 170.
16 So H.-C. Kammler 201.
17 Hierzu s.o. S. 70ff.
18 Vgl. die Überlegungen S. 341.

dem Übergangsstück 7,1ff als Exkurs im Erzählgefälle interpretiert werden könnte. Joh 11 hat seinerseits eine starke Affinität zur Passion erhalten, wofür die Rückverweise in 12,9.17 ein wichtiges Indiz sind. Auch ist die Auferweckung des Lazarus mit der Reaktion des Volkes der unmittelbare Anlaß für den formellen Todesbeschluß (11,47ff), dem die Einwilligung in sein Todesgeschick durch Jesus in Joh 12,27f; 18,11 entspricht. Die Annahme einer fortschreitenden Stoffbewältigung gibt diese kompositorische Linie nur unzureichend wieder.

In den Lauf der Erzählung werden die Wunder durch Einleitungen von unterschiedlicher Länge integriert (vgl. z.B. 2,1*; 4,46a; 5,1 mit 6,1–4*; anders 9,1; 11,1). Dabei nimmt der vierte Evangelist Begriffe seiner Vorlagen auf und bereitet damit die Überlieferung vor. Möglicherweise appelliert diese Technik an die Kenntnis der Leser, die das im folgenden Erzählte aus seinem Traditionsschatz kennen und nunmehr die Interpretation des Erzählers im Vergleich mit dem Bekannten noch deutlicher erfassen können.

Joh 6,1–4 geht mit den Sammelberichten über Jesu Wunderwirken in 2,23–25 und 4,45 parallel; allerdings ist ein kritischer Unterton nicht zu verifizieren. Das Volk, das aufgrund der getanen Zeichen zu Jesus kommt, wird als *nachfolgender Ochlos* charakterisiert (6,2).

Damit wird aber eine Vokabel verwendet, die das Sammeln der ersten Jünger in Joh 1,37.38 kennzeichnet. Die Nachfolge aber nähert das Volk der Lern- und Sehgemeinschaft des Offenbarers an. Eine Kritik ihrer Rezeption der Zeichen erfolgt erst in 6,14f. Joh 6,26ff differenziert noch einmal zwischen rechtem und falschem Sehen der Zeichen. Ein sich dem Sehen der Zeichen verdankender Glaube ist nicht *per se* negativ belegt. Führt das Sehen der Zeichen zum christologisch qualifizierten, verstehenden Glauben, so ist das Zeichen in seiner wahren Absicht zum Ziel gekommen.[19] Wer hingegen der irdisch-materiellen Schale des Wunders anhaftet und über das Mirakel staunend allein einen göttlichen Abglanz zu sehen meint, ohne die eschatologische und soteriologische Krisis zu erfassen, steht unter der Kritik des Mirakelglaubens.

Die Auswertung der literarischen Beobachtungen und der Vergleich mit den synoptischen Wunderberichten führt zur Feststellung, daß die Wundertraditionen des vierten Evangelisten ein fortgeschrittenes Stadium in der frühchristlichen Literaturgeschichte beschreiben. Dies zeigt neben dem zum Teil sehr differenzierten Ineinander von Rede- und Erzählstoff die Durchdringung der Wunderberichte mit ursprünglich fremden Motiven und Formen; für diese Durchdringung kann auf die apokryphe frühchristliche Literatur als Parallele verwiesen werden, in der sie bisweilen geradezu barocke Ausmaße erreicht. Eingeflochten werden in die apokryphen Erzählungen des Wunders vielfältige andere Formen. Dies ist im JE nicht in gleicher Weise ausgeprägt. Aber in Joh 11 werden schon kurze Reden, Gebete, Bekenntnisse, Wanderbewegungen

---

[19] S.a. K. Berger, Anfang 166f, der das Angewiesen-Sein des Glaubens auf das Sehen herausstellt; aber bei solchem Sehen zugleich das „Begreifen" oder das ‚Wahrnehmen' des Gesehenen bedenkt.

und Jüngerdialoge eingefügt, so daß Situationsschilderung, Durchführung und Demonstration unterbrochen werden. Hans Windisch bezeichnete diese Darstellung formkritisch nicht unproblematisch, doch hinsichtlich des literarischen Duktus nicht zu Unrecht als ‚dramatisch ausgestaltete Erzählung‘.[20]

Der vierte Evangelist verwendet Wundergeschichten, die ihm für seine Darstellung des von Gott gesandten, göttlichen Offenbarers während seines Offenbarungsweges in der Historie nützlich sind. Wie auch immer man sein Verhältnis zu den Synoptikern beschreibt, das Verständnis des vierten Evangelisten wird nicht durch einen postulierten direkten Rückbezug auf die Synoptiker gefördert. Das Verständnis der joh. Wunder ist dem Erzählkontext des vierten Evangeliums zu entnehmen. Auch gilt, nicht die Korrektur der synoptischen Wunder[21] ist sein Interesse, sondern prägend ist das eigene Darstellungsinteresse.

Zahl, Auswahl und Anordnung der sieben Wundererzählungen im vierten Evangelium (Joh 1–20) haben die Frage nach Kompositionsanalogien, literarischen und theologischen Vorbildern stellen lassen. Angeboten hat sich der Vergleich mit atl. Zeichen- und Wunderzyklen.

Werden im Buch Exodus die ägyptischen Plagen, die den Auszug der Israeliten unter der Führung des Mose ermöglichen sollen, in der LXX auch als Zeichen benannt (σημεῖα: Ex 7,3.9; 10,1f u.ö.), so sah sich R.H. Smith deshalb ermächtigt, den Plagenzyklus Ex 7,14–12,32 mit den sieben joh. Wundern zu parallelisieren. Daraus ergibt sich das Konzept einer ausgeführten Exodustypologie.[22] Dies Projekt scheitert bereits in seinem Ansatz. Die Zahl der Plagen und der Wunder stimmt nicht überein, so daß sich entsprechend für drei Plagen keine joh. Analogie bieten läßt. Aber auch die angeführten vermeintlichen Parallelen überzeugen keineswegs.[23] Wenn Jürgen Becker zur Parallelisierung der Tierplagen (Frosch, Stechmücken, Ungeziefer) mit der Heilung des Königlichen (Joh 4,46ff) feststellt, dies sei „uneinsichtiger Nonsense", so ist dies Urteil barsch, aber treffend.[24] Das Modell der sieben joh. Wunder läßt sich nicht befriedigend als Exodustypologie erklären. Ebenfalls aus dem Motivkreis der Exodusgeschichte heraus argumentiert Georg Ziener. Die joh. Wunderkomposition der SQ habe ihren ‚Sitz im Leben‘ in der urchristlichen Passafeier. Sie feiert „die Heilstat Jesu als die Vollendung und Erfüllung der Erlösung aus Ägypten".[25] Als literarisches Modell gilt die Reihe der Exodus-Erzählungen, wie sie in der *Sapientia Salomonis* geboten werden (Weish 10,1–19,22): „Die Wunderberichte des Johannesevangeliums entsprechen der Darstellung des Exoduswunders in der Passa-Haggada des Weisheitsbu-

---

[20] H. Windisch, Erzählungstil 183–186 (Style 34–38). Hierzu rechnet Windisch auch das Gespräch Jesu mit der Samaritanerin (Joh 4,4ff) und den Wunderbericht von der Heilung des Blindgeborenen (Joh 9) sowie den wunderbaren Fischfang bei der Erscheinung des Auferstandenen in Galiläa (Joh 21,1–15; Erzählungstil 176 mit 175 [Style 27]); zur Charakterisierung von Joh 11 s.a. B. Byrne 70. Unter formalem Gesichtspunkt bewertet Windisch die Auferweckung jedoch als Epiphaniegeschichte, unter stilistischem als Familiennovelle (Erzählungstil 185; Style 37).

[21] So H. Strathmann, JE 5 = Geist und Gestalt 9.

[22] R.H. Smith *passim*.

[23] Zur Kritik s.a. J. Becker, Wunder 453f Anm. 52 (= NTS 141 Anm. 5); W. Berg 10f.

[24] J. Becker, Wunder ebd.

[25] G. Ziener *passim*; Zitat: 266; die Relation des JE zum Weisheitsbuch verhandelt Ziener, aaO. 266ff, zur urchristlichen Passafeier: aaO. 270ff.

ches".[26] Diese Parallelisierungen sind nicht ohne Künstlichkeit und nicht für jedes der joh. Wunder durchführbar. Trotz verschiedener Hinweise auf das Passafest (z.B. Joh 2,13.23; 6,4; 11,55; 12,1) oder Passamotive (z.B. Joh 19,36) lassen sich aber weder die joh. Überlieferungen noch das vierte Evangelium selbst in die Nähe einer Passahaggada bringen.[27] In Verbindung mit der Siebenzahl steht der Hinweis auf den biblischen Elia-(Elisa-)Zyklus. Wie dem joh. Jesus sind auch dem atl. Elia sieben Wunder[28] zugeschrieben worden;[29] allerdings kann dieses Zahlenspiel nicht überzeugen, da die Siebenzahl in JE unbetont ist und zudem die Vergleichszahl der Elia-Elisa-Wunder sich nicht treffend auf sieben begrenzen läßt. Zudem wurden bereits in der Einzelanalyse eine Reihe möglicher Bezüge zu einzelnen Wundern aus dem Elia-Elisa-Erzählkreis kritisch diskutiert, denen verschiedene Exegeten Modellcharakter für die Traditionen der joh. Wunder zubilligten.[30] Elia und Elisa spielen im zeitgenössischen Judentum eine prominente Rolle. Besonders ihre Wundertaten sind in der jüdischen Volksfrömmigkeit beliebt,[31] dennoch ist ihr Einfluß nicht überzubewerten.

Die Siebenzahl der aufgenommenen Wunder ist auffällig;[32] dies könnte Beachtung verdienen, da diese Zahl im Griechentum und im Judentum, wie in dem von diesem abhängigen Christentum immer wieder zu Zahlenspekulationen Anlaß gegeben hat.[33] Andererseits erinnert Johannes Beutler daran, daß die Zahl „sieben" im JE gegenüber 50 Belegen im gesamten NT nicht einmal begegnet: „Schon allein diese Tatsache muß vor einer voreiligen Übertragung der Zahlensymbolik ins Joh warnen."[34] Die abgebrochene Zählung der beiden ersten Wunder ist kein Signal an den impliziten Leser weiterzuzählen, sondern ein Strukturelement zu Beginn der Erzählung. Die Bedeutung der Siebenzahl in der Apk, einem Buch, das wieder stärker in das Gefälle joh. Gemeinde- und Theologiegeschichte gestellt wird, kann den Einzelnachweis für die Bedeutung dieser Zahl im JE nicht ersetzen. Dies gilt analog zu den anderen Versuchen, atl.-jüdische Vorbilder für Zahl, Darbietung und Gestaltung der joh. Wunder darzubringen. Vor allem die Hinweise auf den Elia-Elisa-Zyklus, die in der

---

[26] G. Ziener 269f.

[27] S.a. die Kritik von J. Becker, Wunder 435 Anm. 52 (= NTS 141 Anm. 5).

[28] A. Heising 33f (Referat von G. Hartmann 146f) und G.W. Buchanan 167 zählen sieben Wunder, allerdings gehen diese beiden Listen nicht überein. Andere nennen acht Wunder: R.E. Brown, Jesus 88 (mit kritischer Auseinandersetzung der beiden vorstehenden Listen: aaO. 94) und M. Öhler 246 Anm. 665. Aufgrund von 2Kön 2,9 und Sir 48,12 läßt sich eine Tendenz finden, die eine Verdoppelung der Zahl der Elia-Wunder bei Elisa findet: z.B. Sanh 47a; hierzu Heising, aaO. 32f.

[29] Zu vergleichen ist G.W. Buchanan 171f, der allerdings auf Elisa als Modell der Wunder verweist und daher seine Überlegungen mit weiteren schwerlich überzeugenden Hypothesen belastet. So gehe die Siebenzahl der joh. Wunder auf eine 14 Jesus-Wunder umfassende Quelle zurück, die der Evangelist auf sieben reduziere; die notwendige Kritik bei R.E. Brown, Jesus 93f.

[30] A. Mayer *passim*; H.P. Heekerens 98f; s.a. R.E. Brown, Jesus 98.

[31] Eine rigidere Haltung wird bei Josephus gefunden, dessen Darstellung der Geschichte Israels nicht nur eine Anzahl von Wundern Elisas ausläßt, sondern andere mit rationalisierenden Zügen versieht oder direkt mit Gottes Handeln identifiziert (hierzu jetzt L.H. Feldmann 20–24. 27f).

[32] Vgl. M. Girard, La composition *passim*.

[33] Vgl. z.B. K.H. Rengstorf, ἑπτά 623ff

[34] J. Beutler, Johannesevangelium 13.

Analyse vielfach diskutiert und besprochen wurden, lassen zwar einzelne Einflüsse auf die Bildung der Tradition annehmen, sind aber nicht als strukturierende Vorbilder für den vierten Evangelisten anzusprechen. Zudem dürfte das Urteil von Markus Öhler zutreffen, „daß es keinerlei Hinweise im Johannesevangelium gibt, daß Jesus als Elia anzusehen ist".[35]

Kommen wir zur Frage nach der theologischen bzw. der christologischen Bedeutung der joh. Wundergeschichten, so ist der Terminus σημεῖον/ σημεῖα zu beachten. Es ist in dieser Abschlußbetrachtung nicht der Ort, dem gesamten Problemkreis dieser Terminologie und ihrer Verwendung im vierten Evangelium nachzugehen.

Umstritten ist vor allem, ob sich im Zeichen-Begriff das Denken der Tradition oder des Evangelisten ausspricht. Nach Jürgen Becker ist die Interpretation der Wunder als Zeichen das Werk des Verfassers der SQ.[36] Walter Lütgehetmann urteilt, „daß der Zeichenbegriff offensichtlich erst im Laufe eines traditionsgeschichtlichen Prozesses auf Jesu Wunder bezogen wurde".[37] Den Ausgangspunkt sieht er in der Tradition von Joh 2,1ff. Aufgrund der dionysischen Motive dieser traditionellen Wundererzählung erklärt er die Herkunft daher, daß die Taten des Dionysos auch als Zeichen bezeichnet werden konnten.[38] Daneben sei alttestamentlicher Einfluß spürbar.[39] Udo Schnelle hat in seiner Göttinger Habilitationsschrift hingegen den Evangelisten für die Zeichenbelege verantwortlich gemacht.[40] Soweit dieser Problematik in der vorliegenden Arbeit nachgegangen wurde, hat sich die Überlegung von Schnelle bestätigt, so daß im folgenden der Zeichenbegriff als ein wichtiger Deutungsbegriff für die joh. Wunder im JE zu beachten ist.

Wir konzentrieren uns daher auf Beobachtungen, die das joh. Wunderverständnis, wie es in dieser Arbeit entwickelt wurde, illustrieren und ergänzen. In seiner semantisch vergleichenden Studie über den joh. Sēmeia-Begriff resümiert R. Formesyn: „le terme johannique est complexe et doté d'une sorte d'élasticité".[41] Diese Beobachtung trifft im Blick auf die untersuchten Wunderberichte durchaus zu. Der besondere Charakter des Weinwunders als erstes anfängliches Zeichen wurde bereits in der Auseinandersetzung mit der Hypothese einer Semeia-Quelle und bei der Analyse des Wunders selbst unterstrichen. Hier ist noch einmal der Signalcharakter für das joh. Wunderverständnis herauszustellen, den „Joh 2,11 mit dem Zusammenhang von Zeichen – Offenbarung der Herrlichkeit – Glaube" hat.[42] Wir werden im folgenden diesen drei Stichworten und ihrer Bedeutung für das joh. Wunderverständnis nachgehen.

Die charakteristische Bezeichnung der Wunder im vierten Evangelium lautet σημεῖα.[43] 17 der 77 ntl. Belege entfallen auf das vierte Evangelium.

---

[35]   M. Öhler 247.
[36]   J. Becker, JE I, [1]117f. [3]140.
[37]   W. Lütgehetmann, Anfang 179.
[38]   W. Lütgehetmann, Anfang 196f; Wundererzählung 225–227.
[39]   W. Lütgehetmann, Anfang 197.
[40]   U. Schnelle, Christologie 161–166.
[41]   R. Formesyn 882.
[42]   H. von Lips, Anthropologie 301
[43]   Vgl. auch die Aufstellung bei R. Formesyn 882f.

Dies wäre möglicherweise im Vergleich mit den Zahlen der Synoptiker oder der Apostelgeschichte[44] noch nicht einmal besonders verwunderlich, handelte es sich bei diesem Terminus nicht um die nahezu ausschließliche Kennzeichnung der Wunder im JE; die Ausnahme Joh 4,48, wo dem Zeichenbegriff die Vokabel τέρας beigeordnet ist, ist demgegenüber erklärungsbedürftig. Auch ist natürlich nicht zu übersehen, daß die Synoptiker die Wunder Jesu nicht mit dem σημεῖα-Begriff belegen.[45] Nur in der Auseinandersetzung mit seinen Gegnern werden von Jesus σημεῖα (Mt 12,38 par Lk 11,16; s.a. Mk 8,11ff par Mt 16,1ff) gefordert; dieser Forderung stellt Jesus einzig das Jona-Zeichen gegenüber (Mt 12,39 par Lk 11,29f). Lediglich Apg 2,22 spricht von den δυνάμεσι καὶ τέρατι καὶ σημείοις οἷς ἐποίησεν δι᾽ αὐτοῦ ὁ θεὸς ἐν μέσῳ ὑμῶν.

Vier Belege beziehen sich auf ein einzelnes der berichteten Wunder (2,11 [ἀρχὴ τῶν σημείων]; 4,54 [Sing.]; 6,14 [Sing.].26 [Pl., da wohl ein Bezug auf Vv.5ff und 16ff vorliegt]; 12,18 [Sing., der sich auf Kap. 11 bezieht]; im Textzusammenhang mit berichteten Wundern stehen auch 9,16 und 11,47 [jeweils Pl.], die allerdings über das vorher berichtete Wunder die gesamte Wundertätigkeit reflektieren und hinsichtlich der Signifikanz des Täters bedenken [so 9,17]). Zweimal begegnet der Terminus in einer Zeichenforderung bzw. in einer Diskussion um die Legitimität des Handelns des Offenbarers (6,30 – 2,18). In diesen Textstellen stehen Spekulationen über die Person des Wundertäters aufgrund der Zeichen nahe: 3,2 (Nikodemus ‚weiß‘, daß Jesus ein von Gott kommender διδάσκαλος ist, οὐδεὶς γὰρ δύναται ταῦτα τὰ σημεῖα ποιεῖν ἃ σὺ ποιεῖς); 7,31; 9,16. Fünfmal läßt sich der Semeia-Begriff in summarischen Referenzen auf das Wunderwirken Jesu nachweisen, (2,23; 6,2; 11,47; 12.37; 20,30), wobei zwischen 2,23; 12,37 und 20,30 ein Spannungsbogen liegt. Ist der Glaube aufgrund der Zeichen in 2,23 zweifelhaft, so stellt 12,37 fest, daß die Zeichen keinen Glauben (im Sinne des Evangelisten gefunden haben); für die Gemeinde, die sein Evangelium hört oder liest, erwartet der Evangelist mit 20,30f Glauben, der christologisch konkret gefüllt wird. Eine besondere Stellung nimmt 4,48 ein, dessen Wunderkritik allerdings Parallelen im Summarium 2,23 hat. Die Mehrzahl der Belege bringt den Zeichenbegriff in Verbindung mit dem Verb ποιεῖν.

Auffällig ist, daß der Zeichenbegriff der Heilung des Lahmen vorenthalten wird; diese Schwierigkeit ist in der Tat nicht zu übersehen. Ob von dieser Beobachtung her die Definition: „Das Johannesevangelium nennt jene Wunder ‚Zeichen‘, deren Heilsgabe/Wundermaterie explizit oder implizit mit Jesus identifiziert wird", die eine Sonderstellung von Joh 5,1ff (und 6,16ff) postuliert,[46] wirklich greift, ist fraglich; fraglich vor allem dann, wenn die Definition die Heilung am Teich und den Seewandel[47] ausklammern soll. Nimmt man keine Umstellung der Kapitel 5 und 6 vor, so ergibt sich ein vergleichbarer Textbefund wie in 9,17; Lahmenheilung und Blindenheilung werden in summarischen Voten, die jeweils die Erzählhandlung vorantreiben, als ‚Zeichen‘ benannt (6,2; 9,17). Eine „implizite" Angabe der „Heilsgabe" ist im unmittelbaren Kontext der Lahmenheilung genannt; auch geht es um die Gabe des Lebens (vgl. 5,21.24).[48]

Das Wunder als Zeichen hat in zweierlei Hinsicht eine Heilsbedeutung. Es aktualisiert das Ziel der Sendung des Offenbarers durch Gott auf die eine kon-

---

[44] MtEv: 13; MkEv: 7; LkEv: 11; Apg: 13 Belege.
[45] S.a. W.J. Bittner 45f.
[46] W. Lütgehetmann, Anfang 196.
[47] Die Bezeichnung als ‚Zeichen‘ ist m.E. jedoch in 6,26 gegeben (s.o. S. 300).
[48] Zur Interpretation s.o. S. 261.

krete Notsituation hin. Jesus als die Lebensgabe Gottes gewährt Anteil an seiner lebensspendenden Macht. Insofern sind die Wundergeschichten zugleich
eine Aussage darüber, wer Jesus ist, d.h. eine christologische Aussage, wie
auch ein Hinweis, was Jesus ist, also eine soteriologische Aussage.

Karl Ludwig Schmidt stellte 1921 in seinem Beitrag zur *Harnack-Ehrung* fest, daß Jesus
in den joh. Wundern mit dem, was er jeweils spendet, Leben (4,46ff auch 5,2ff) bzw. Auferstehung und Leben (11,1ff), Brot des Lebens (Kap. 6) sowie Licht (9,1ff), identifiziert
wird.[49] Daraus schließt er eine „symbolische Bedeutung" der Wundererzählungen, so daß
es sich nach Schmidt bei diesen um *„Allegorien"* handele.[50] Zutreffend wird in dieser Deutung der christologische Aspekt der Wundererzählungen erkannt, nicht zutreffend ist es jedoch, wenn die Wunder allegorisch gedeutet ihren Charakter als Wunder verlieren, die den
Weg des Offenbarers und das Wirken Gottes an ihm während seines irdischen Wandels be-
gleiten.[51]

Wenn also Jesus in den Wundern seine Doxa offenbart, wie es 2,11 für das
Verständnis des vierten Evangelisten programmatisch voranstellt, so offenbart
er darin auch anschaulich seine Heilsbedeutung.[52]

Eine geläufige Verbindung ist der Zusammenhang von Sehen, Zeichen und
Glaube.[53] Dies macht, auch im Kontext von 2,11 und 20,30f deutlich, mit welchem Ziel die Wundererzählungen berichtet werden, die ihrerseits den Leser
mit dem Handeln des Wundertäters und dadurch mit ihm selbst konfrontieren.

Hans-Christian Kammler sucht in Joh 2,11 den Zusammenhang zwischen dem Sehen
der Offenbarung der Doxa im Wunder und dem Glauben der Jünger zu unterbrechen. Er
bindet 2,11 zurück an 1,51 und erklärt damit das Wort von 1,51 Jesu als Schlüssel für das
Glaubenswort. Durch den inhaltlichen Rückbezug von 4,46ff auf 2,1ff können dann auch
die Worte von dem durch das Wunder freigesetzten Glauben in 4,53 an die Aussagen von
1,50f angehängt werden; allerdings wertet er auch 4,50 als Hinweis auf den Wortglauben
aus,[54] so daß er für 4,46ff ein weiteres Kriterium gewinnt.[55] Die Linienführung in dieser
Argumentation ist beeindruckend, doch stellt sich die Frage, ob der Rückbezug von 2,11 auf
1,51 wirklich den Sinn des Verses trifft; daher kann der Glaube der Jünger nur auf die beiden ersten Glieder von 2,11 bezogen werden, und das ist das Tun der Zeichen und die sich
darin offenbarende Doxa.

---

[49] K. L. Schmidt, Charakter 39f.
[50] K. L. Schmidt, Charakter 40.
[51] Kritisch zum allegorischen und symbolischen Verständnis der Wunder auch E. Lohse,
      Miracle 53.
[52] Vgl. H. von Lips, Anthropologie 302.
[53] Vgl. die tabellarische Übersicht bei L. Erdozáin 4f. Vgl. auch den interpretierenden Hin-
      weis auf die Vokabelstatistik bei R. Formesyn 883: „Selon les contextes, le σημεῖον est
      accompli (ποιέω 14 fois) dans le but de provoquer un acte de foi (πιστεύω 10 fois) chez
      ceux qui en sont les témoins oculaires (ὁράω 6 fois)." S.a. z.B. U. Schnelle, Christologie
      186ff, H. von Lips, Anthropologie 302; P.P.A. Kotzé 59.
[54] Daß sich bei diesem Vers literarkritische Probleme ergeben, wurde oben gezeigt; in die-
      ser Arbeit wurde der Wortglaube als eine sekundäre Glosse identifiziert; zur Begrün-
      dung s.o. S. 184.
[55] H.-C. Kammler 197ff.

Den unterschiedlichen Wunderüberlieferungen des joh. Kreises ist gemeinsam, daß sie Jesus als den Wundermann bekennen, der aufgrund seines Wunderhandelns zu einer diesem Handeln sachgemäßen Haltung gegenüber seiner Person nötigt; diese Haltung hat für den einzelnen eine soteriologische Bedeutung. Dies gilt auch für den Evangelisten, der allerdings im Unterschied zur Überlieferung die Krisis-Situation, die durch das Kommen Jesu sich im Kosmos ereignet, auch auf die Wunder ausdehnt. Die vollführten Zeichen wollen als Antwort einen Glauben freisetzen, der im Zeichen das soteriologische Ziel der Sendung Jesu erkennt;[56] wer durch das Sehen des Wunders zu solchem Glauben geführt wird, hat Anteil an dem Leben, das der Offenbarer ist und im Wunder für den einzelnen aktualisiert hat. Die joh. Wunder haben insofern einen soteriologischen Charakter, den sie allerdings mit dem gesamten Auftreten Jesu teilen: Führt den einzelnen die Konfrontation mit dem vollmächtig Redenden und dem vollmächtig Handelnden zum Glauben, so hat er oder sie das Leben, das es zukünftig zu bewähren gilt.

An dieser Stelle ist noch einmal auf das Verhältnis von Erzähl- und Redepassagen einzugehen. Helge Kjær Nielsen meint „Die Heilung ist ein Zeichen, und sie wurde vorgenommen, um als ein Zeichen dienen zu können".[57] D.h. Zeichen, oder allgemeiner, Wunder haben keine Eigenbedeutung, sondern dienen lediglich zur Illustrierung eines tieferen zeichenhaften Sinnes, der sich aus den Verkündigungspassagen erschließen lasse. Die „johanneischen Heilungsberichte sind ... Teile der Verkündigung", die man „sich nur sehr schwer ohne den engen Zusammenhang mit der Verkündigung vorstellen kann".[58] Damit wäre die joh. Wunderüberlieferung der Redeüberlieferung untergeordnet. Diese Hermeneutik, die sich schwerlich völlig von einer reformatorischen Worttheologie und dem aufklärerischen Vorbehalt gegen das Wunder[59] trennen läßt, wird m.E. so nicht dem Erzählkontext des Evangeliums gerecht, wie es verschiedentlich in der Einzelanalyse bereits entfaltet wurde. Richtig ist daran allerdings, daß die Wunder einer christologischen Hermeneutik unterzogen werden wollen.[60] Als Wunder sind sie wie Jesu Wort auch dem Mißverstehen eines irdisch-immanenten Kosmosbezuges ausgeliefert. Wer nach dem vierten Evangelisten in diesem Kosmosbezug steht, erkennt das Wunder nicht in seiner christologischen Tiefe. Er oder sie versteht aber auch das Wort des

---

56 Pointiert anders H.-C. Kammler 195: „Die Kraft, den Glauben zu wecken und zu erhalten, hat nach dem Zeugnis des Johannesevangeliums allein und ausschließlich das *Wort* Jesu ...; der Christusglaube ist deshalb vom Evangelisten streng als *fides ex auditu* bestimmt und qualifiziert".
57 H.K. Nielsen 160f; vgl. aaO. 159.
58 H.K. Nielsen 162.
59 Vgl. z.B. die Darstellung bei B. Bron 28ff.
60 Vgl. L.L. Johns/D.B. Miller 533: „...the signs as well as the works of Jesus are witnesses in the strategy of persuading the characters, and ultimately the reader, of Jesus' identity." Nach P.P.A. Kotzé 59 sind die joh. Zeichen „viewfinder on christology".

Offenbarers nicht. Wer im irdisch-immanenten Zusammenhang des Kosmos verbleibt, lehnt sich selbst zum Gericht den Offenbarer ab, indem er oder sie sich seinem Anspruch entzieht. Doch ist es für den vierten Evangelisten in gleicher Weise richtig, daß Jesus als Lebensspender in seinem lebensspendenden Handeln, also den Wundern, transzendent und sichtbar wird.

Da den Wundern eine eschatologische Offenbarungsqualität eignet, sind sie menschlich *unverfügbar* und werden durch die Einfügung der Abweisung (2,4; 4,48; s.a. 11,6) an den Offenbarer zurückgebunden. Die neuerliche Bitte (4,49) dient nicht so sehr dazu, den Wundertäter zu erweichen, sondern stellt ihm die Sache anheim (vgl. 2,5: ὅ τι ἂν λέγῃ ὑμῖν ποιήσατε).

Die Wunder haben einen Hinweischarakter und können somit Glauben wecken (2,11; 4,53; 9,38; 11,27.40), da sie transparent sind für das eschatologische Offenbarungsgeschehen (vgl. 2,11; 11,4). Transzendieren sie die Historie auf die im Wundertäter sich ereignende Offenbarung Gottes, so kann das Zeichen Glauben wecken. Dieser Glaube ist jedoch kein Zeichenglaube, sondern Erkenntnis des Offenbarers und seiner Sendung durch Gott als einer Sendung, die auf das Leben der Glaubenden zielt. Als Zeichenglaube würde der Glaube der Kontingenz der Geschichte verhaftet bleiben und, am Mirakulösen bzw. an der Historie hängend, nicht den eschatologischen Offenbarer erkennen.[61]

Kann das Wunder zugleich Glaube wie auch Unglaube freisetzen,[62] so zeigt dies, wie sehr der Evangelist die Zeichen als Taten des Offenbarers in sein Verständnis der sich in Jesus ereignenden Offenbarung Gottes eingetragen hat. Als Elemente des irdischen Weges des Offenbarers sind Wunder und Reden Jesu gleichermaßen der zweifachen Reaktion auf die Offenbarung überantwortet:[63] dem Glauben zum Heil, dem Unglauben zum Gericht des jeweiligen Menschen. Insofern sollten die Wunder nicht als ergänzungsbedürftig durch das Wort verstanden werden, sondern je als ein Aspekt des Offenbarungsweges Jesu, der zur Erkenntnis des Sendenden im Gesandten führen soll. Zwar mißt der vierte Evangelist den Wundern einen Hinweischarakter zu, doch kann daraus andererseits noch nicht deduziert werden, daß die Wunder „indispen-

---

[61] Hierzu s.a. U. Schnelle, Christologie 189, der den Unglauben allerdings als bewußte Ablehnung eines objektiv im Zeichen erkennbaren Sachverhaltes deutet.

[62] Zu Recht spricht O. Betz 403 in seiner Analyse der Zeichen bei Josephus davon, daß das Zeichen „eine *Scheidung* bei den Zeugen hervorruft, die das σημεῖον in Glaubende und Ungläubige gruppiert"; s.a. zum JE: 411; ob der Begriff der „Entscheidung" adäquat ist, muß eine Untersuchung des joh. Glaubensbegriffes zeigen.

[63] Vgl. E. Lohse, Miracles 54: „... Jesus' miracles ..., *like his preaching*, consistently provoke a double reaction ..." (Hervorhebung v. Vf.). Dies ist auch bei A. Smitmans, Exegese 76, treffend herausgestellt. Dem Handeln aber ein Prae gegenüber dem offenbarenden Reden zuzumessen, die „rather as comments and expositions" fungieren (B. Olsson, Structure 66), scheint mir jedoch den Sachverhalt ebensowenig zu treffen wie eine Abwertung des Handelns und der Wunder des Offenbarers auf der anderen Seite.

sable in order to come to true faith" sind.[64] Auch hier ist der Zusammenhang der Wunder mit der Sendung und damit mit der Person des Offenbarers selbst zu beachten. Nicht die Wunder, sondern der Offenbarer und sein Kommen sind das entscheidende Moment.

An verschiedenen Stellen der Analyse wurde das Problem der Legitimierung des Gesandten berührt und dabei auf die Bedeutung der Wunder für diese Legitimierung hingewiesen. Besonderes Gewicht legt Walter Lütgehetmann in seiner Interpretation von Joh 2 auf diesen Aspekt: Der Zeichenbegriff wird so vom AT her aufgegriffen, daß „ein Wunder im Sinne eines Legitimationswunders" begriffen wird.[65] Die Wunder weisen den Gekommenen in der Tat als den eschatologischen Gesandten Gottes aus, insofern der Erzähler in diesen Wundern den Abglanz seiner göttlichen Herkunft vorscheinen findet. So wird die Zeichenforderung ‚der Juden‘ (2,18; 6,30) nicht wie im Vorbild der Synoptiker abgelehnt, sondern auf das Kommen und das Wirken des Offenbarers hin orientiert. Es ist die Christologie, die als hermeneutischer Schlüssel der Zeichen dient.

Die joh. Christologie, wie sie in der Betrachtung der Wunder gewonnen werden kann, ist „zugleich Soteriologie, indem sie Jesu Gabe und ihn als Gabe glaubt (6,68; 9,39; 11,27). Die σημεῖα zeigen Jesus als Gabe an die Welt – nicht nur, daß er diese Gabe ist, sondern auch inwieweit er es ist."[66] Die Wunder sind also in der Interpretation des Evangelisten auch Zeichen, insofern sie nicht lediglich eine einmalige rettende Funktion haben. In dem einmaligen Handeln zeigt sich die Macht dessen, der dazu gekommen ist, die Rettung des Kosmos zu sein; der, der für die, die an ihn glauben, die Rettung ist. Soteriologie konkretisiert sich hierbei auf die Lebensgabe. Die joh. Zeichen als Wunder sind also nicht, wie man es für *Josephus* gezeigt hat, „Hinweis auf das von Gott beabsichtigte, noch bevorstehende Heil".[67] Sie sind auch nicht Symbol für die soteriologische Bedeutung des als den Offenbarer Gottes geglaubten Jesus. Sie sind Antizipation des Heils an denen, denen das Wunder zugute kommt, und an denen, die aufgrund des Wunders zum Glauben kommen. Die Zeichen sind aktualisierte und je angewandte Potenz der soteriologischen Gabe Gottes, die der Sohn selbst ist (vgl. vor allem Joh 6,32f.35). Der Zeichenbegriff läßt sich somit nicht auf eine Alternativformel christologisch – soteriologisch pressen. Der Christus, an den die Zeichen zu glauben mahnen, ist der, der Soter der Welt ist (4,44), weil er zum ewigen Leben führt.[68]

---

[64] So M.J.J. Menken, Christology 320.
[65] W. Lütgehetmann, Wundererzählung 297; s.a. R. Formesyn 884: Hierin sieht er ein Proprium des joh. Zeichenbegriffs, das dieses mit der atl.-jüdischen Tradition teile.
[66] A. Smitmans, Exegese 81.
[67] O. Betz 403.
[68] Insofern formuliert W. Lütgehetmann, Anfang 183, zu schmal, wenn er die „Aussageabsicht *aller* Zeichen" bestimmt, „Jesus als den Messias und Sohn Gottes zu erweisen".

Ein letzter noch zu bedenkender Aspekt führt wiederum zurück zur literarischen Gestaltung der Wunderüberlieferung im Erzählwerk des JE. Das Auftreten des Offenbarers auch und zunächst in seinen Wundern ist Offenbarung im Konflikt.[69] Die judenchristlichen Sabbatkonfliktgeschichten (Joh 5,2ff und 9,1ff) werden durch den vierten Evangelisten ins Grundsätzliche gekehrt. Der in die Welt kommende Offenbarer als Gabe Gottes zum Leben der Welt wird von dieser Welt abgelehnt; darin bewahrheitet sich die programmatische Formulierung des Logoshymnus: *,Das* (sc. das Licht, von dem der Täufer Zeugnis ablegte) *war das wahre Licht, das jeden Menschen erleuchtet, indem es in den Kosmos kommt. Es war im Kosmos, und die Welt ist durch ihn geworden* (sc. den Logos [vgl. V.3], der das wahre Licht ist), *aber der Kosmos erkannte ihn nicht. Er kam in sein Eigentum, aber die Seinen nahmen ihn nicht an* (Joh 1,9–11). Der Konflikt um den Offenbarer zeigt sich auch in Joh 6; hier steigern sich Mißverständnis und Unverständnis zu ablehnendem Murren und schließlich zum Schisma im Jüngerkreis selbst. Wenn schließlich nach (!) dem joh. Petrusbekenntnis, das den Glauben und das Hoffen der Zwölf als Repräsentanten des joh. Kreises ausspricht (vgl. das kollektive ,Wir'), Judas als Verräter auftritt (εἷς ἐκ τῶν δώδεκα; V.71), so zeigt dies zweierlei. Zunächst nimmt es auch die gegenwärtige Gemeinde nicht aus der Gefahr des Anstoßnehmens heraus; dies heißt, daß auch sie ihre Christusnachfolge im Gehorsam gegen den Offenbarer bewähren muß. Dieses Motiv stellt aber zugleich die Gefahr des Abfalls in die grundlegende Ablehnung des Offenbarers hinein. Der Jesus Ablehnende tut das, wessen ,die Juden' ebenfalls bezichtigt werden. Hier liegt eine Gefahr des Rigorismus vor.

Daß in der Erwähnung des Schismas (6,60ff) die historische Erfahrung der eigenen christologischen Streitigkeiten gespiegelt wird, sollte nicht bestritten werden. Der Verfasser des 1JohBr löst diese Konflikterfahrung durch den Hinweis, daß seine Opponenten *coram deo* nie wirklich Mitglieder der Gemeinde gewesen sind (1Joh 2,19). Für den vierten Evangelisten gehört der Konflikt zur Offenbarung des Gottessohnes wesensmäßig hinzu. So jedenfalls lassen es die Konflikte, die sich in den Wundergeschichten in Kap. 5–11 finden, erkennen. Wirken und Botschaft des Offenbarers sind skandalös, sie erregen Anstoß bei der ,Welt' und im Jüngerkreis selbst (Joh 6,61).

,Die Juden' bzw. deren Repräsentanten, die der vierte Evangelist als Opponenten des Offenbarers mit dem diesen nicht akzeptierenden Kosmos identifiziert und so als Gegner des göttlichen Willens stigmatisiert, suchen den

---

[69] Das sich steigernde Konfliktpotential der Zeichen Jesu hebt auch Wolfgang J. Bittner hervor; vgl. z.B. 120 sowie die Einzelanalysen. S.a. D.M. Smith, JE 33f; Theology 110. Besonders deutlich ist das strukturierende Element des Konfliktes und seine Bedeutung für die joh. Erzählung durch J. Zumstein, Johannesevangelium 352, herausgearbeitet. Als pragmatisches Ziel dieses bis in die einzelnen Szenen hinein transponierten Konfliktes gibt Zumstein die Gewinnung des Glaubens der Leserschaft an.

Gottessohn zu töten (5,18; 11,47–53). So treiben nicht nur die Reden, sondern auch das Handeln des Offenbarers[70] die Erzählung im Evangelium zur Tötung des Offenbarers voran. Hier verbindet der Evangelist den Tadel am ablehnenden Handeln des Kosmos mit der Betonung der Souveränität seines Jesus. Geht es doch in der Tötung um die Erhöhung und Rückkehr zum Vater, die unausgesprochen der Höhepunkt des Handels des Offenbarers ist. Er ist das Leben schlechthin, so daß ihn der Tod nicht in seiner Lebensmöglichkeit beschränken kann. Der Lebensspender gibt nicht nur anderen das Leben, sondern er bewahrt sich selbst durch den Tod hindurch als Lebender; daran bewährt sich auch seine Zusage, daß Anteil an ihm Anteil am ewigen Leben, am Leben durch den Tod hindurch bedeutet.

Damit sind wir bei einem entscheidenden Aspekt der joh. Wunderzählungen angelangt. Die These, die bereits bei der Analyse der verschiedenen Wunderkompositionen erprobt wurde, lautet demnach: Der vierte Evangelist stellt den wunderwirkenden Jesus gelegentlich mehr implizit, häufig aber explizit als den Lebensspender schlechthin dar.[71] In ihm kommt, wie besonders die Lebensbrotrede Joh 6 entfaltet, Gott selbst den Menschen zum Leben nahe. Die irdischen Wunder lassen die himmlische Doxa insofern durchscheinen, als sie ein Zeichen sind für das lebensvermittelnde Potential dieses Gottessohnes. Wer durch das Sehen der Zeichen zum erkennenden Glauben gelangt, was ein von Gott gegebenes Erkennen ist (6,44), dem ist das durch Jesu Sendung und seine Rückkehr zum Vater in der Hingabe seines Lebens der Welt vermittelte Leben[72] für sich selbst zugesagt; dies gilt es durch das ‚Bleiben‘ zu bewahren, wie es besonders deutlich die Weinstockrede aussagt, 15,4. Dieses Motiv der Mahnung ist m.E. aber auch mit der Erzählung der Wundergeschichten selbst verbunden.[73]

Der vierte Evangelist schreibt „*das* Evangelium des johanneischen Kreises"[74] als ein Dokument der Reflexion des Glaubens in der eigenen Gemeindesituation,[75] welche auf ein andauerndes Suchen und Streiten um die Wahrheit dieses Glaubens zurückgreift und die gemachten Erfahrungen in ihrer

---

[70] Der Sabbatkonflikt in Kap. 5, der das Tötungsbegehren in V.18 motiviert, ist Ergebnis des Wunderhandelns Jesu. Ähnlich wiederum der endgültige Tötungsbeschluß in 11,47ff; wiederum ist es das Auferweckungshandeln Jesu, das das Volk (Πολλοὶ … ἐκ τῶν Ἰουδαίων … ἐπίστευσαν εἰς αὐτόν: V.45; vgl. V.47f) zu ihm zieht und die Repräsentanten zu ihrem Todesbeschluß führt.

[71] Vgl. auch D.A. Lee 99: „The ‚signs‘ are miraculous events that relate to material and physical reality and, through the narrative, become symbols of eschatological life". S.a. schon J. Beutler, Angst 49: „Taten des Lebensspendens"; ähnlich J.P. Meier 799; M.M. Thompson, Signs 97.

[72] S. auch oben S. 403.

[73] Dazu s.o S. 302.

[74] G. Strecker, Art. Literaturgeschichte 348; s.a. J. Blinzler 68.

[75] Vgl. z.B. auch J. Weiß/R. Knopf 617.

Schilderung des Lebens Jesu historisierend[76] zu integrieren sucht. Zugleich aber holt er den irdischen Jesus in der Schilderung als den erhöhten Christus in seine Gegenwart herein und stellt so seine Bedeutung für den Glauben ‚hier und jetzt' heraus. Andererseits, wenn nach August Neander im JE das „versöhnende Element johanneischer Contemplation den Schlußpunkt in dem Bildungsgange der apostolischen Kirche"[77] bildet, so bezeichnet der Begriff der Kontemplation wohl eher seinen eigenen theologischen Standpunkt als den des JE.[78] Richtig ist jedoch, daß der Verfasser des JE in der Spätphase der uns bekannten, von Konflikten um die wahrheitsgemäße Christusverkündigung geprägten Geschichte der joh. Gemeinde so etwas wie einen ‚versöhnenden Schlußpunkt' setzt: Nicht ohne eigene theologische Intention nimmt er divergente Traditionen dieser Geschichte auf, um die in ihnen bewahrte Wahrheit für eine sich in der Welt befindende, aber nicht von der Welt seiende Gemeinde neu zur Geltung zu bringen. Konnte ein Wachstum der Überlieferung festgestellt werden, so sind Aktualisierungen, Konkretionen angesichts des Streites um die christologische Deutung des Offenbarers oder gewandelte Situationen der Schule bzw. der Gemeinde(n) verantwortlich zu machen; weder das JE noch seine Tradition wollen eine zeitlose Dogmatik schreiben, vielmehr geht es um das Bekenntnis zum Glauben an den Offenbarer, der sich in der Geschichte durch die ἀγάπη je und je neu zu bewähren hat.

---

[76] Vgl. z.B. W. Klaiber, Aufgabe 307; schon H.J. Holtzmann/W. Bauer, JE 3f u.ö.

[77] A. Neander 703.

[78] Zu Neander vgl. K. Scholder 1388; A. (von) Harnack, Neander *passim*. Nicht mit Kontemplation, aber mit „Entweltlichung" bezeichnet Rudolf Bultmann das Wesen joh. Christentums (Schriften 236); demgegenüber sieht G. Strecker, Chiliasmus 45, richtig, daß im joh. Schrifttum sowohl „eine recht verstandene Entweltlichung als auch die Weltzuwendung des christlichen Glaubens" umschlossen sind.

Abkürzungen

1. Die Abkürzungen sind dem Abkürzungsverzeichnis von Siegfried Schwertner, Internationales Abkürzungsverzeichnis für Theologie und Grenzgebiete, Berlin · New York ²1992, entnommen.
außer:

ABD	Anchor Bible Dictionary
ABRL	Anchor Bible Reference Library
CBET	Contributions to Biblical Exegesis and Theology
GBSNTS	Guides to Biblical Scholarship. New Testament Series
GöLXX	Septuaginta Auctoritate Academiae Scientiarum Gottingensis editum (s.u.)
IrBS	Irish Biblical Studies
NW	Neuer Wettstein (s.u. S. 509)
Ntl Apokr I/II	Neutestamentliche Apokryphen Band 1 bzw. 2 (s.u. S. 507)
Tusc	Tusculum Bücherei bzw. Sammlung Tusculum
WBC	Word Biblical Commentary

2. Die Abkürzungen der biblischen und der außerkanonischen Schriften sowie der antiken und der altkirchlichen Schriftsteller wurden dem Exegetischen Wörterbuch zum Neuen Testament (EWNT) 1, ²1992, XIIff, bzw. dem Kleinen Pauly (KP) 1, ND 1979, XXI–XXVI, entnommen, die für das rabbinische Schrifttum (H.L. Strack/)G. Stemberger 330–332 bzw. G. Stemberger, Judentum 257–259.

3. Abweichend von diesen Abkürzungsverzeichnissen wurden in der vorliegenden Arbeit die folgenden Abkürzungen verwendet:

bes. besonders	Frgm. Fragment
GS Grundschrift	JE Johannesevangelium
joh. johanneisch(e)	JohBr Johannesbriefe
KR Kirchliche Redaktion[1]	LkEv Lukasevangelium
MkEv Markusevangelium	MT Masoretischer Text
MtEv Matthäusevangelium	P Papyrus
SQ Semeiaquelle	trad. traditionell, d.h. den vor-
liegenden Text bzw.	vorliegende Tradition

    * steht dafür, daß nur auf Teile eines Verses bzw. Abschnittes angespielt ist.

4. Die in den Anmerkungen ausgewiesene Literatur wird dort nur unter dem Verfassernamen angegeben. Bei Benutzung verschiedener Werke desselben Verfassers werden diese zusätzlich durch einen Kurztitel gekennzeichnet.

---

[1] Hierzu s.o. S. 54.

4a. Bei Kommentaren besteht der Kurztitel aus der Abkürzung für das kommentierte Buch (z.B. Mt, Mk, Lk etc.; aber JE und JohBr; für die Logienquelle: Q; für Holzmann, Die Synoptiker [s.u. s.v. III.2]: Syn), wenn benötigt, einer römischen Ziffer zum Ausweis des Bandes.

4b. Sonst besteht der Kurztitel aus dem ersten Substantiv des Titels der zitierten Arbeit. Sollte hierbei die Möglichkeit zu einem Mißverständnis bestehen, so wird das Werk bzw. die Reihe angegeben, dem die Arbeit entnommen wurde. Die vollständigen bibliographischen Angaben finden sich im Literaturverzeichnis (Iff).

5. Eingeklammerte Zahlen im Text verweisen auf einen Abschnitt dieser Arbeit. Gelegentlich wurde zwecks besserer Erkennbarkeit ‚Abschn.‘ hinzugefügt.

Literaturverzeichnis

I. Quellen und Übersetzungen

I.1 Textausgaben der biblischen Schriften

LA BIBLE D'ALEXANDRIE. La Genèse. Traduction du texte grec de la Septante, Introduction et Notes par Marguerite Harl, Paris 1986.

BIBLIA HEBRAICA STUTTGARTENSIA, editio funditus renovata cooperantibus H.P. Rüger et J. Ziegler ed. K. Elliger et W. Rudolph, Stuttgart 1977.

BIBLIA SACRA iuxta Vulgatam versionem adiuvantibus Bonifatius Fischer, Iohanne Gribomont, H.F.D. Sparks, W. Thiele recensuit et brevi apparatu instruxit Robertus Weber, 2 Bde., Stuttgart 1969.

HUCK, Albert/GREEVEN, Heinrich, Synopse der drei ersten Evangelien mit Beigabe der johanneischen Parallelstellen, Tübingen [13]1981.

HÜBNER, Hans, Vetus Testamentum in Novo 2. Corpus Paulinum, Göttingen 1997.

NEIRYNCK, Frans, The Minor Agreements in Horizontal-Line Synopsis, SNTA 15, Leuven 1991.

THE NEW TESTAMENT IN GREEK IV. The Gospel According to St. John, ed. by the American and British Comittees of the International Greek New Testament Project. Vol. I. The Papyri, ed. by W.J. Elliott and D.C. Parker, NTTS 20, Leiden · New York · Köln 1995.

THE NEW TESTAMENT IN THE ORIGINAL GREEK. The Text is revised by Brooke Foss Westcott and Fenton John Anthony Hort, 2 Bde., Cambridge and London 1881f.

NOVUM TESTAMENTUM GRAECE, post Eberhard Nestle et Erwin Nestle ed. Kurt Aland et al., Stuttgart [26]1979.

NOVUM TESTAMENTUM GRAECE, post Eberhard Nestle et Erwin Nestle communiter ed. Barbara et Kurt Aland, Johannes Karavidopolus, Carlo M. Martini, Bruce M. Metzger, Stuttgart [27]1993.

NOVUM TESTAMENTUM GRAECE. Ad antiquissimos testes denuo recensuit apparatum criticum omni studio perfectum apposuit commentationem Isagogicam praetextuit Constantinus Tischendorf, vol. I, Leipzig [8]1869.

SEPTUAGINTA, Id est Vetus Testamentum graece iuxta LXX interpretes edidit Alfred Rahlfs, 2 Bde., Stuttgart 1935/1982.

SEPTUAGINTA. Vetus Testamentum Graecum. Auctoritate Academiae Scientiarum Gottingensis editum. Vol. VIII,5: Tobit (ed. Robert Hanhart), Göttingen 1983; Vol IX/1: Maccabaeorum liber I (ed. Werner Kappler), Göttingen [2]1967; Vol IX/2: Maccabaeorum liber 2 (copiis usus quas reliquit Werner Kappler ed. Robert Hanhart), Göttingen [2]1976; Vol. X: Psalmi cum Odis (ed. Alfred Rahlfs), Göttingen [3]1979; Vol XI: Iob (ed. Joseph Ziegler), Göttingen 1982; Vol. XII/1: Sapientia Salomonis (ed. Joseph Ziegler), Göttingen [2]1980; Vol. XII/2: Sapientia Iesu filii Sirach (ed. Joseph Ziegler), Göttingen [2]1980; Vol. XIII/2: Esdrae liber II (ed. Robert Hanhart), Göttingen 1993; Vol. XIV: Isaias (ed. Joseph Ziegler), Göttingen [3]1983.

SYNOPSIS QUATTUOR EVANGELIORUM. Locis parallelis evangeliorum apocryphorum et patrum adhibitis edidit Kurt Aland, Stuttgart [13]1985.

THE TEXT OF THE FOURTH GOSPEL IN THE WRITINGS OF ORIGEN. Volume I. Bart D. Ehrman, Gordon D. Fee, Michael W. Holmes, SBL The New Testament in the Greek Fathers 3, Atlanta, Georgia, 1992

I.2 Intertestamentarische Literatur

DIE APOKRYPHEN UND PSEUDEPIGRAPHEN DES ALTEN TESTAMENTS in Verbindung mit Fachgenossen übers. u. hg. v. E(mil) Kautzsch, 2 Bde., ND Darmstadt 1975.
BECKER, Jürgen, Die Testamente der zwölf Patriarchen, JSHRZ III/1, Gütersloh 1974.
BURCHARD, Christoph, Joseph und Aseneth, JSHRZ II/4, Gütersloh 1983.
FRAGMENTA PSEUDEPIGRAPHORUM QUAE SUPERSUNT GRAECA una cum historicorum et auctorum Judaeorum Hellenistarum fragmentis collegit et ordinavit Albert-Marie Denis, PVTG III, Leiden 1970, 45–246.
GEORGI, Dieter, Weisheit Salomos, JSHRZ III/4, Gütersloh 1980.
JANSSEN, Enno, Testament Abrahams, JSHRZ III/3, Gütersloh 1979, 193–256.
SCHALLER, Berndt, Das Testament Hiobs, JSHRZ III/3, Gütersloh 1979.
SCHWEMER, Anna Maria, Vitae Prophetarum, JSHRZ I/7, Gütersloh 1997.

I.3 Jüdisches Schrifttum

ARISTOBULOS, in: Walter, Nikolaus, Fragmente jüdisch-hellenistischer Exegeten: Aristobulos, Demetrios, Aristeas, JSHRZ III/2, Gütersloh 1975, 257–299, 261–279.
DISCOVERIES OF THE JUDEAN DESERT OF JORDAN III. Les ‚petites grottes‘ de Qumrân par M. Baillet, J.T. Milik et R. de Vaux avec une contribution de H.W. Baker, Oxford 1962.
GARCÍA MARTÍNEZ, Florentino, The Dead Sea Scrolls Translated. The Qumran Texts in English, Leiden · New York · Cologne 1994.
JOSEPHUS, Jewish Antiquitates, with an English Translation by H.J.S. Thackeray, Ralph Marcus, Josephus in nine Volumes IV–VIII, LCL, London · Cambridge, Mass. ND 1991. 1988. 1987. 1986. 1990.
DERS., De bello Judaica. Der jüdische Krieg. Griechisch und deutsch. Hg. u. m. einer Einleitung sowie mit Anmerkungen versehen v. Otto Michel u. Otto Bauernfeind, Bd. I–III, München 1959–1969.
PHILO VON ALEXANDRIEN, Die Werke in deutscher Übersetzung, 7 Bde. Hg. v. Leopold Cohn, Isaak Heinemann (ab Bd. 5), Maximilian Adler (ab Band 6) und Willy Theiler (ab Band 6), Breslau 1909–Berlin (Band 6+7) 1964.
DERS., Opera quae supersunt, 7 Bde., ed. Leopold Cohn et Paul Wendland, Berlin 1896–1930.
DER BABYLONISCHE TALMUD. Nach der ersten zensurfreien Ausgabe unter Berücksichtigung der neueren Ausgaben und handschriftlichen Materials neu übertragen von Lazarus Goldschmidt, 12 Bde., Darmstadt [4]1996.
DIE TEXTE AUS QUMRAN. Hebräisch und Deutsch mit masoretischer Punktation, Übersetzung, Einführung und Anmerkungen hg. v. Eduard Lohse, Darmstadt [2]1971.
Rabbinische WUNDERGESCHICHTEN des neutestamentlichen Zeitalters in vokalisiertem Text mit sprachlichen und sachlichen Bemerkungen von Paul Fiebig, KIT 78, Bonn 1911.

I.4 Neutestamentliche Apokryphen und frühchristliche Literatur

ACTA IOHANNIS, Preafatio – Textus cura Eric Junod et Jean-Daniel Kaestli, CChr.SA 1.2, Tornhout 1983.
APHRAHAT, Demonstrationes. Unterweisungen. Aus dem Syrischen übersetzt und eingeleitet von Peter Bruns, 2 Bde., FC 5, Freiburg · Basel · Wien · Barcelona · Rom · New York 1991.

DIE ÄLTESTEN APOLOGETEN. Texte mit kurzen Einleitungen, hg. v. Edgar J. Goodspeed, Göttingen 1984 = 1914.

DIE APOSTOLISCHEN VÄTER, eingel., hg., übertr. und erl. von Joseph A. Fischer, SUC 1, Darmstadt [9]1986.

DIDACHE (APOSTELLEHRE), BARNABASBRIEF, ZWEITER KLEMENSBRIEF, SCHRIFT AN DIOGNET, eingel., hg., übertragen u. erläutert v. Klaus Wengst, Schriften des Urchristentums 2, Darmstadt 1984.

DIDYMOS der Blinde, Kommentar zum Ekklesiastes (Tura Papyrus) IV. Kommentar zu Kap. 7–8,13, ed. Johannes Kramer/Bärbel Krebber, PTA 16, Bonn 1972.

EUSEBIUS von Caesaraea, Die Kirchengeschichte, hg. i. A. der Kirchenväter-Kommission der königl. Preussischen Akademie der Wissenschaften v. Eduard Schwartz. Die lateinische Übersetzung des Rufinus bearb. im gleichen Auftrage von Theodor Mommsen. 3 Teile, GCS 9.1–3, Eusebius, Werke II, Leipzig 1903.1908.1909.

DERS., Kirchengeschichte, hg. v. u. eingel. v. Heinrich Kraft, 2. Auflage München 1981.

DERS., Das Onomastikon der biblischen Ortsnamen, hg. v. Erich Klostermann, ND Hildesheim 1966 (= GCS 11,1, Eusebius, Werke III,1, Leipzig 1904).

EVANGELIA INFANTIAE APOCRYPHA · Apokryphe Kindheitsevangelien. Griechisch, lateinisch, deutsch. Übers. u. eingel. v. Gerhard Schneider, FC 18, Freiburg · Basel · Wien · Barcelona · Rom · New York 1995.

IRENÄUS von Lyon, Epideixis. Adversus Haereses/Darlegung der apostolischen Verkündigung. Gegen die Häresien I. Übers. u. eingel. v. Norbert Brox, FC 8/1, Freiburg · Basel · Wien · Barcelona · Rom · New York 1993.

DERS., Adversus Haereses. Gegen die Häresien. III. Übers. u. eingel. v. Norbert Brox, FC 8/3, Freiburg · Basel · Wien · Barcelona · Rom · New York 1995.

DERS., Contre les Hérésies III, édition critique par Adelin Rousseau et Louis Doutreleau, SC 211, Paris 1974.

Die drei ältesten MARTYROLOGIEN, hg. v. Hans Lietzmann; KlT 2, Bonn [2]1911.

NEUTESTAMENTLICHE APOKRYPHEN in deutscher Übersetzung, hg. v. Wilhelm Schneemelcher, 2 Bde., Tübingen I [6]1990. II [5]1989.

NONNUS, Nachdichtung des Johannesevangeliums, in: ders., Werke in zwei Bänden. Aus dem Griechischen übertr. v. Dietrich Ebener, Bd. 2, Bibliothek der Antike. Griechische Reihe, Berlin · Weimar 1985, 283–411.

DERS., Paraphrasis S. evangelii Ioannei, ed. Augustinus Scheindler, Leipzig 1881.

ORIGENES Werke I. Die Schrift vom Martyrium. Buch I–IV gegen Celsus. Hg. i. A. der Kirchenväter-Comission der königl. Preussischen Akademie der Wissenschaften v. Paul Koetschau, GCS 2, Leipzig 1899.

PAPIAS von Hierapolis, Fragmente,[1] in: Die Apostolischen Väter. Griechisch-deutsche Parallelausgabe auf der Grundlage der Ausgaben von Franz-Xaver Funk/Karl Bihlmeyer und Molly Whittaker mit Übersetzungen von Martin Dibelius und Dietrich-Alex Koch neu übers. u. hg. v. Andreas Lindemann u. Henning Paulsen, Tübingen 1992.

---

[1] Die Zählung der Fragmente bzw. der Nachrichten über Person und Werk des Papias richtet sich nach der benutzten Ausgabe, der auch die Zählung bei W.R. Schoedel 238ff entspricht; daneben wird auf die Nummerierung der Fragment–Sammlung von U.H.J. Körtner, Papias 50ff verwiesen (dort auch eine Synopse der Zählung der Fragmente in anderen Ausgaben: aaO. 48f).

I.5 Antike und hellenistische Texte und Schriften[2]

ACHILLEUS TATIUS, Leucippe and Clitophon, ed. by Ebbe Vilborg, SGLG 1, Stockholm 1955.

DERS., Leukippe und Kleitophon. Eingel., übers. u. erl. v. Karl Plepelits, BGrL 11, Stuttgart 1980.

APULEIUS, Metamorphosen oder Der goldene Esel. Lateinisch und deutsch von Rudolf Helm, SQAW 1, Berlin [7]1978.

DERS., Verteidigungsrede. Blütenlese. Lateinisch – deutsch, hg. v. Rudolf Helm, SQAW 36, Berlin 1977.

PUBLIUS AELIUS ARISTIDES, Heilige Berichte. Einleitung, deutsche Übersetzung und Kommentar von Heinrich Otto Schröder, WKLGS, Heidelberg 1986.

DERS., The Complete Works II. Orations XVII–LIII. Translated into English by Charles A. Behr, Leiden 1981.

DERS., Quae supersunt omnia II. Orationes XVII–LIII, ed. Bruno Keil, ND Berlin 1958.

ARISTOPHANES Comoediae. Ed. Theodorus Bergk, 2 Bde., BSGRT, Leipzig [2]1903. [2]1900.

DER ARZT IM ALTERTUM. Griechische und lateinische Quellenstücke von Hippokrates bis Galen mit der Übertragung ins Deutsche. Hg. v. Walter Müri, Tusc, München · Zürich [5]1986.

A. Cornelii CELSI quae supersunt recensuit Fridericus Marx, Corpus Medicorum Latinorum I, Leipzig · Berlin 1915.

DERS., Über die Arzneiwissenschaft in acht Büchern. Übersetzt und erklärt Eduard Scheller. Nach der Textausgabe von Daremberg neu durchgesehen von Walther Frieboes, Braunschweig 1906.

DIO CHRYSOSTOM. With an Englisch Translation by J.W. Cohoon, H. Lamar Crosby, in five volumes, LCL, Cambridge, Mass. · London 1932–1951 (in Nachdrucken).

DIOGENES LAERTIUS, Vitae philosophorum, ed. H.S. Long, Oxford ND 1966.

DERS., Leben und Meinungen berühmter Philosophen. Übers. aus dem Griechischen von Otto Apelt, 2 Bde., Philosophische Studientexte, Berlin 1958.

DITTENBERGER, Wilhelm, Sylloge Incriptionum Graecarum I–IV, ND Hildesheim · Zürich · New York 1982 (= Leipzig [3]1921–1924).

The EPIDAURIAN MIRACLE INSCRIPTIONS, Text, Translation and Commentary by Lynn R. LiDonnici, SBL.TT 36, Atlanta, Georgia, 1995.

EPIKTET. TELES. MUSONIUS, Ausgewählte Schriften. Griechisch – deutsch. Hg. u. übers. v. Rainer Nickel, Tusc, Zürich 1994.

Antike HEILKUNST. Ausgewählte Texte aus den medizinischen Schriften der Griechen und Römer. Hg. v. Jutta Kollesch u. Diethard Nickel, Reclam Universal-Bibliothek 9305, Stuttgart 1994.

HOMER, Ilias. Griechisch und deutsch hg. v. Hans Rupé, Tusc, Düsseldorf [10]1994.

HORAZ, Sämtliche Werke. Lateinisch und deutsch: Oden und Epoden hg. v. Hans Färber; Sermones et Epistulae übers. u. zus. m. Hans Färber bearb. v. Wilhelm Schöne, Tusc, München [11]1993.

ISOKRATES with an English Translation of George Norlin, LaRue van Hook, LCL, Cambridge, Mass. · London 1991. 1992. 1986.

JULIAN, The Works of Julian with an English Translation by Wilmer Cave Wright, LCL, 3 Bde., London · Cambridge, Mass. ND 1962/1959/1961.

LUCK, Georg, Magie und andere Geheimlehren in der Antike, KTA 489, Stuttgart 1990.

LUKAN, Der Bürgerkrieg. Lateinisch und deutsch von Georg Luck, SQAW 34, Berlin 1985.

---

[2] Ein Quellennachweis wird im folgenden nur für die Schriften geführt, aus denen im vorstehenden Text wörtlich zitiert wurde. Genannte und eingesehene Schriften, die nicht besonders zitiert sind, wurden, um das Verzeichnis nicht unnötig zu verlängern, nicht angegeben.

LUKIAN. With an English Translation by A.M. Hermon, K. Kilburn, M.D. Macleod, LCL, Cambridge, Mass. · London 1913–1967 (in Nachdrucken).

DERS., Werke. Aus dem Griechischen übersetzt von Christoph Martin Wieland. Hg. v. Jürgen Werner u. Herbert Greiner-Mai, Bibliothek der Antike. Griechische Reihe, 3 Bde., Berlin · Weimar ²1981.

MAXIMUS TYRIUS, Dissertationes. Ed. Michael B. Trapp, BSGRT, Stuttgart · Leipzig 1994.

The GREEK MAGICAL PAPYRI in Translation including the Demotic Spells. Ed. by Hans Dieter Betz, Chicago · London 1986.

PAPYRI GRAECAE MAGICAE. Die griechischen Zauberpapyri, hg. u. übers. v. Karl Preisendanz, 2 Bde., Sammlung wissenschaftlicher Commentare, 2., verbesserte Auflage mit Ergänzungen v. Karl Preisendanz durchges. u. hg. v. Albert Henrichs, Stuttgart 1973/74.

PAUSANIAS, Description of Greece. With an English Translation by W.H.S. Jones in four volumes, LCL, London · Cambridge, Mass. ND 1964–ND 1965.

PETRONIUS, Satyrica. Schelmenszenen. Lateinisch – deutsch hg. v. Konrad Müller u. Wilhelm Ehlers, Tusc, Darmstadt ⁴1995.

PHILOSTRATUS, The Life of Apollonius of Tyana. With an English Translation by F.C. Conybeare, 2 Bde., LCL, London · Cambridge, Mass. ND 1969.

DERS., Das Leben des Apollonius von Tyana. Griechisch – deutsch. Hg., übers. u. erläutert v. Vroni Mumprecht, Tusc, München · Zürich 1983.

PLATON, Werke in acht Bänden. Griechisch – deutsch. Hg. v. Gunther Eigler (mit den Übersetzungen von Friedrich Schleiermacher, Hieronymus Müller u. Klaus Schöpsdau), Sonderausgabe Darmstadt 1990.

PLINIUS, Naturkunde. Lateinisch – deutsch. Unter Mitwirkung namhafter Fachgelehrter hg. v. Roderich König und Gerhard Winkler, Tusc. Buch II: Kosmologie, hg. v. Gerhard Winkler, o.O. 1974; Buch XXVIII: Medizin und Pharmakologie: Heilmittel aus dem Tierreich, hg. u. übers. v. Roderich König in Zusammenarb. m. Gerhard Winkler, München · Zürich 1988; Buch XXXI: Medizin und Pharmakologie: Heilmittel aus dem Wasser, hg. u. übers. v. Roderich König in Zusammenarb. m. Joachim Hopp u. Wolfgang Glöckner, Zürich 1994.

PLUTARCH, Moralphilosophische Schriften. Ausgew., übers. u. hg. v. Hans-Josef Klauck, Reclam Universal-Bibliothek 2676, Stuttgart 1997.

RHETORICA AD HERENNIUM. Lateinisch–deutsch. Hg. u. übers. v. Theodor Nüßlein, Tusc, Zürich 1994.

SOLON von Athen, in: Frühgriechische Lyriker I. Die frühen Elegiker. Deutsch von Zoltan Franyó, griechischer Text bearb. v. Bruno Snell, Erläuterungen besorgt v. Herwig Maehler, SQAW 24,1, Berlin 1971.

STRABO, The Geography of Strabo with an English Translation by Horace L. Jones in eight volumes, LCL, London · Cambridge, Mass., ND 1959–1961.

SUETON, Kaiserbiographien. Lateinisch und deutsch von Otto Wittstock, SQAW 39, Berlin 1993.

TACITUS, Historien. Lateinisch–deutsch ed. Joseph Borst unter Mitarb. v. Helmut Hross u. Helmut Borst, Tusc, München ²1969.

P. VERGILI Maronis Opera, Recognovit brevique adnotatione critica Friedrich Artur Hirtzel, OCT, Oxford 1938.

DERS., Werke in einem Band. Aus dem Lateinischen übertr. v. Dietrich Ebener, Bibliothek der Antike. Römische Reihe, Berlin · Weimar 1984.

Neuer WETTSTEIN. Texte zum Neuen Testament aus Griechentum und Hellenismus. Band II. Texte zur Briefliteratur und zur Johannesapokalypse, hg. v. Georg Strecker u. Udo Schnelle unter Mitarbeit von Gerald Seelig, Berlin · New York 1996.

Antike WUNDERTEXTE. Zusammengestellt von Gerhard Delling, KIT 79, Berlin ²1960.

XENOPHON, Anabasis, with an English Translation by Carleton L. Brownson, Xenophon in seven volumes III, LCL, London · Cambridge, Mass., ND 1968.

XENOPHON d'Éphèse, Les Éphésiaques ou le roman d'Habrocomès et d'Anthia, ed. G. Dalmeyda, Paris ND 1962.
Antike ZAUBERSPRÜCHE. Zweisprachig. Hg. v. Alf Önnerfors, Reclam Universal-Bibliothek 8686, Stuttgart 1991.

I.6 Sonstige Quellentexte

BERGER, Klaus/COLPE, Carsten, Religionsgeschichtliches Textbuch zum Neuen Testament, TNT 1, Göttingen 1987.
HELLENISTIC COMMENTARY TO THE NEW TESTAMENT. Ed. by M. Eugene Boring, Klaus Berger, Carsten Colpe, Nashville, TN, 1995.
ZANGENBERG, Jürgen, ΣΑΜΑΡΕΙΑ: Antike Quellen zur Geschichte und Kultur der Samaritaner in deutscher Übersetzung, TANZ 15, Tübingen · Basel 1994.

II. Hilfsmittel

BAUER, Walter, Griechisch-deutsches Wörterbuch zu den Schriften des Neuen Testaments und der frühchristlichen Literatur, völlig neu bearb. hg. v. Kurt Aland u. Barbara Aland, Berlin · New York [6]1988 [zitiert als „W. Bauer-K. u. A. Aland, Wb"].
Herders großer BIBELATLAS (The Times Atlas of the Bibel, ed. by James B. Pritchard, London 1987), deutsche Ausgabe hg. u. bearb. v. Othmar Keel u. Max Küchler, ND Darmstadt 1989.
DALMAN, Gustaf, Grammatik des jüdisch-palästinischen Aramäisch nach den Idiomen des palästinischen Talmud des Onkelostargums und des Prophetentargums und der jerusalemer Targume, Repr. ND Darmstadt 1981.
GESENIUS, Wilhelm, Hebräisches und aramäisches Handwörterbuch über das Alte Testament, in Verb. m. H. Zimmern, Max Müller u. O. Weber bearb. von Frants Buhl, ND Berlin · Göttingen · Heidelberg 1962 (= [17]1915).
HATCH, Edwin/REDPATH, Henry A., A Concordance to the Septuagint and the other Greek Versions of the Old Testament (Including the Apocryphal Books), 2 Bde. ND Graz 1954.
KONKORDANZ ZUM NOVUM TESTAMENTUM GRAECE von Nestle-Aland, 26. Auflage und zum Greek New Testament, 3rd Edition, hg. v. Institut für neutestamentliche Textforschung und vom Rechenzentrum der Universität Münster, Berlin · New York [3]1987.
KÜHNER, Raphael/GERTH, Bernhard, Ausführliche Grammatik der Griechischen Sprache. Satzlehre 1. u. 2. Teil, Hannover [4]1955.
MENGE, Hermann, Langenscheidts Grosswörterbuch Griechisch – Deutsch unter Berücksichtigung der Etymologie, Berlin · München · Wien · Zürich [24]1981.
MOTIV-INDEX OF FOLKLITERATURE. A Classification of Narrative Elements in Folktales, Ballads, Myths, Fables, Mediaeval Romances, Exempla, Fabliaux, Jest-Books, and Local Legends. Revised and Enlarged Edition by Stith Thompson, Vol. 2, Copenhagen 1956.
MOULTON, James Hope, A Grammar of New Testament Greek I. Prolegomena, Edinburgh 1906.
DERS./MILLIGAN, George, The Vocabulary of the New Testament. Illustrated from the Papyri and other Non-Literary Sources, London 1914–1929.
PALÄSTINA. Historisch-Archäologische Karte. Blatt Nord, bearbeitet von Ernst Höhne. Kartograph: Hermann Wahle, BHH 4, Göttingen 1979.
REPERTORIUM DER GRIECHISCHEN CHRISTLICHEN PAPYRI I. Biblische Papyri: Altes Testament, Neues Testament, Varia, Apokryphen. Im Namen der patristischen Arbeitsstelle Münster hg. v. Kurt Aland, PTS 18, Berlin · New York 1976.

O'SULLIVAN, J.N., A Lexikon to Achilles Tatius, UaLG 18, Berlin · New York 1980.
WETTSTEIN, (Johann) Jakobus, Novum Testamentum Graecum, Tomus I, ND Graz 1962 = Amsterdam 1752.

III. Kommentare

III.1 Kommentare zu den johanneischen Schriften (JE und 1–3 Joh)

BALZ, Horst, Die Johannesbriefe, in: ders./Wolfgang Schrage, Die „Katholischen" Briefe. Die Briefe des Jakobus, Petrus, Johannes und Judas, NTD 10, Göttingen [12(2)]1980, 156–222.
BARRETT, Charles Kingsley, Das Evangelium nach Johannes, KEK-Sb., Göttingen 1990.
BARTH, Karl, Erklärung des Johannes-Evangeliums (Kapitel 1–8). Vorlesung Münster Wintersemester 1925/26, wiederholt in Bonn, Sommersemester 1933. Hg. v. Walther Fürst, Gesamtausgabe II/9, Zürich 1976.
BAUER, Walter, Das Johannesevangelium, HNT 6, Tübingen [3]1933.
BEASLEY-MURRAY, George R., John, WBC 36, Waco (Texas) 1987.
BECKER, Jürgen, Das Evangelium nach Johannes. 2 Bde. ÖTBK 4, Gütersloh/Würzburg 1979/1981.
BERNARD, J.H., A Critical and Exegetical Commentary on the Gospel according to St. John, 2 Vol., ICC, ND Edinburgh 1953.
BLANK, Josef, Das Evangelium nach Johannes. 1. Teil a, GSL.NT 4/1a, Düsseldorf 1981.
DERS., Das Evangelium nach Johannes. 1. Teil b, GSL.NT 4/1b, Düsseldorf 1981.
BOISMARD, M(arie)-É(mile)/LAMOUILLE, A(rnaud) avec la collaboration de G(érard) Rochais, Synopse des quatre évangiles en français. tome III. L'évangile de Jean, Paris 1977.
BROOKE, A.E., A Critical and Exegetical Commentary on the Johannine Epistles, ICC, Edinburgh 1948.
BROWN, Raymond E., The Gospel According to John (i–xii), AncB 29, Garden City, N.Y., 1966.
DERS., The Gospel According to John (xiii–xxi), AncB 29A, Garden City, N.Y., 1970.
DERS., The Epistles of John, AncB 30, Garden City, N.Y., 1982.
BULTMANN, Rudolf, Die drei Johannesbriefe, KEK 14, Göttingen [7(1)]1967.
DERS., Das Evangelium des Johannes, KEK 2, Göttingen [20]1985.
DERS., Das Evangelium des Johannes. Ergänzungsheft, Göttingen ND 1966.
CALVIN, Johannes, Auslegung des Johannes-Evangeliums. Übers. v. Martin Trebesius u. Hans Christian Petersen, Auslegung der Heiligen Schrift NF 14, Neukirchen-Vluyn 1964.
CARSON, D.A., The Gospel According to John, Reprint Leicester · Grand Rapids, Michigan, 1982.
DODD, C(harles) H(arold), The Johannine Epistles, MNTC, London [3]1953.
ELLIS, Peter F., The Genius of John. A Composition-Critical Commentary on the Fourth Gospel, Collegeville, Minnesota, 1984.
GNILKA, Joachim, Johannesevangelium, NEB.NT 4, Würzburg 1983.
GRAYSTON, Kenneth, The Gospel of John, Narrative Commentaries, Philadelphia, 1990.
HAENCHEN, Ernst, Das Johannesevangelium. Ein Kommentar aus den nachgelassenen Manuskripten hg. v. Ulrich Busse, mit einem Vorwort von James M. Robinson, Tübingen 1980.
HEITMÜLLER, Wilhelm, Johannes-Evangelium, in: SNT 4, [3]1920, 9–184.
HOLTZMANN, Heinrich Julius, Evangelium des Johannes, besorgt von Walter Bauer, HC 4/1, Tübingen [3]1908 [zitiert als „H.J. Holtzmann/W. Bauer, JE"].

HOSKYNS, Edwyn Clement, The Fourth Gospel, ed. by. Francis Noel Davey, Reprint of the second revised edition London 1956.

KLAUCK, Hans-Josef, Der erste Johannesbrief, EKK XXIII/1, Zürich · Braunschweig/ Neukirchen-Vluyn 1991.

DERS., Der zweite und dritte Johannesbrief, EKK XXIII/2, Zürich/Neukirchen-Vluyn 1992.

KYSAR, Robert, John, ACNT, Minneapolis, Minnesota, 1986.

LAGRANGE, M(arie)-J(oseph), Évangile selon Saint Jean, EtB, Paris [5]1936.

LANGE, J.P., Das Evangelium nach Johannes, THBW 4, Bielefeld [2]1862.

LIGHTFOOT, R(obert) H(enry), St. John's Gospel. A Commentary, ed. by. C.F. Evans, OPB 5, Oxford 1960 (= ND Oxford 1957)

LINDARS, Barnabas, The Gospel of John, NCeB, Softback edition Grand Rapids/London ND 1992.

LOISY, Alfred, Le Quatrième Évangile. Les épitres dites de Jean, Paris [2]1921.

MACGREGOR, G.H.C., The Gospel of John, MNTC, London [12]1959.

MALINA, Bruce J./ROHRBAUGH, Richard L., Social-Science Commentary on the Gospel of John, Minneapolis 1998.

MOLONEY, Francis J., Belief in the Word. Reading John 1–4, Minneapolis 1993 [zitiert als „JE I"].

DERS., Signs and Shadows. Reading John 5–12, Minneapolis 1996 [zitiert als „JE II"].

MORRIS, Leon, The Gospel according to John, NICNT, Grand Rapids, Michigan, [2]1995.

PAULUS, Heinrich Eberhard Gottlob, Commentar über das Evangelium des Johannes, Commentar über das neue Testament IV/1, Lübeck 1804.

PORSCH, Felix, Johannes-Evangelium, SKK.NT 4, Stuttgart 1988.

SANDERS., J.N./MASTIN, B.A., A Commentary on the Gospel according to St. John, BNTC, London 1968.

SCHLATTER, Adolf, Der Evangelist Johannes. Wie er spricht, denkt und glaubt, Stuttgart 1930.

SCHNACKENBURG, Rudolf, Das Johannesevangelium. 3 Bde., HThK IV, Freiburg · Basel · Wien I [2]1967 ([7]1992). II 1971 ([5]1990). III [6]1992.

DERS., Die Johannesbriefe, HThK XIII/3, Freiburg · Basel · Wien [7]1984.

SCHNEIDER, Johannes, Das Evangelium nach Johannes. Aus dem Nachlaß hg. unter Leitung von Erich Fascher, ThHK-Sb, Berlin 1976.

SCHNELLE, Udo, Das Evangelium nach Johannes, ThHK 4, Leipzig 1998.

SCHENKE, Ludger, Johannes: Kommentar, Kommentare zu den Evangelien, Düsseldorf 1998.

SCHULZ, Siegfried, Das Evangelium nach Johannes, NTD 4, Göttingen [14(3)]1978.

SCHUNACK, Gerd, Die Briefe des Johannes, ZBK.NT 17, Zürich 1982.

SCHWANK, Benedikt, Evangelium nach Johannes erläutert für die Praxis, St. Ottilien 1996.

SMITH, D. Moody, John, Proclamation Commentaries, Philadelphia, Pennsylvania, [3]1979.

DERS., First, Second, and Third John, Interpretation, Louisville 1991.

STIBBE, Mark W. G., John, Readings: A New Biblical Commentary, Sheffield 1993.

STRATHMANN, Hermann, Das Evangelium des Johannes, NTD 4, Göttingen [9(4)]1959 ([11[6]]1966).

STRECKER, Georg, Die Johannesbriefe, KEK 14, Göttingen 1989.

TALBERT, Charles H., Reading John. A Literary and Theological Commentary on the Fourth Gospel and the Johannine Epistles, Reading the New Testament, New York ND 1994.

THOMPSON, Marianne Meye, 1–3 John, The IVP New Testament Commentary Series 19, Downers Grove, Illinois · Leicester 1992.

VOGLER, Werner, Die Briefe des Johannes, ThHK 17, Leipzig 1993.

VOIGT, Gottfried, Licht – Liebe – Leben. Das Evangelium nach Johannes, BTSP 6, Göttingen 1991.

WEISS, Bernhard, Das Johannes-Evangelium, KEK II, Göttingen [9]1902.

WELLHAUSEN, Julius, Das Evangelium Johannis, Berlin 1908 (= ders., Evangelienkommentare. Mit einer Einleitung von Martin Hengel, Berlin · New York 1987, 601–746 [zitiert nach der Originalpaginierung]).

WENGST, Klaus, Der erste, zweite und dritte Brief des Johannes, ÖTBK 16, Gütersloh/Würzburg 1978.

DE WETTE, W(ilhelm) M(artin) L(eberecht), Kurze Erklärung des Evangeliums und der Briefe Johannis, Kurzgefaßtes exegetisches Handbuch zum Neuen Testament I/3, Leipzig ⁵1863.

DERS./BRUCKNER, Bruno, Kurze Erklärung des Evangeliums und der Briefe Johannis, Kurzgefaßtes exegetisches Handbuch zum Neuen Testament I/3, Leipzig ⁵1863.

WIKENHAUSER, Alfred, Das Evangelium nach Johannes, RNT 4, Regensburg ²1957.

WILCKENS, Ulrich, Das Evangelium nach Johannes, NTD 4, Göttingen ¹⁽¹⁷⁾1998.

WITHERINGTON, III, Ben, John's Wisdom, A Commentary on the Fourth Gospel, Louisville, Kentucky, 1995.

ZAHN, Theodor von, Das Evangelium des Johannes, KNT 4, Leipzig/Erlangen ⁵⁺⁶1921.

III.2 Kommentare zu den übrigen neutestamentlichen Schriften sowie dem frühchristlichen Schrifttum

AUNE, David E., Revelation 1–5, WBC 52, Dallas, Texas, 1997.

BAUER, Walter, Die Briefe des Ignatius von Antiochia und der Polykarpbrief, HNT.-ErgBd. II, Tübingen 1920.

BOUSSET, Wilhelm, Die Offenbarung Johannis, KEK 16, Göttingen ⁶1906.

BOVON, François, Das Evangelium nach Lukas (Lk 1,1–9,59), EKK III/1, Zürich/Neukirchen-Vluyn 1989.

CHARLES, R(obert) H(enry), A Critical and Exegetical Commentary on the Revelation of St. John, 2 Bde., ICC, ND Edinburgh 1950.

ERNST, Josef, Das Evangelium nach Lukas, RNT, Regensburg ¹/⁵1977.

FIEGER, Michael, Das Thomasevangelium. Einleitung, Kommentar und Systematik, NTA. NF 22, Münster 1991.

FITZMYER, J.A., The Gospel According to Luke (I–IX), AncB 28, Garden City, New York, 1981.

DERS., The Gospel According to Luke (X–XXIV), AncB 28A, Graden City, New York ³1986.

GIESEN, Heinz, Die Offenbarung des Johannes, RNT, Regensburg 1997.

GNILKA, Joachim, Das Evangelium nach Markus. 1. Teilband Mk 1–8,26, EKK II/1, Zürich · Einsiedeln · Köln/Neukirchen-Vluyn 1978 (²1986).

DERS., Das Matthäusevangelium. I. Teil. Kommentar zu Kap. 1,1–13,58, HThK I/1, Freiburg · Basel · Wien 1986.

GOULDER, Michael D., Luke. A New Paradigm. 2 Vol., JSNT.S 20, Sheffield 1989.

GRUNDMANN, Walter, Das Evangelium nach Markus, ThHK 2, Berlin ¹⁰1989.

DERS., Das Evangelium nach Lukas, ThHK 3, Berlin ¹⁰1984.

GUELICH, Robert A., Mark 1–8:26, WBC 34A, Dallas, Texas, 1989.

GUNDRY, Robert H., Matthew. A Commentary on His Handbook for a Mixed Church under Persecution, Grand Rapids ²1994.

HADORN, W(ilhelm), Die Offenbarung des Johannes, ThHK 18, Leipzig 1928.

HAENCHEN, Ernst, Der Weg Jesu. Eine Erklärung des Markus-Evangeliums und der kanonischen Parallelen, GLB, Berlin ²1968.

HOLTZ, Traugott, Der erste Brief an die Thessalonicher, EKK XIII, Zürich · Einsiedeln · Köln/Neukirchen-Vluyn 1986.

HOOKER, Morna D., The Gospel According to Saint Mark, BNTC 2, Peabody, Massachusetts, 1991.

KERTELGE, Karl, Markusevangelium, NEB.NT 2, Würzburg 1994.

KRAFT, Heinrich, Die Offenbarung des Johannes, HNT 16a, Tübingen 1974.

LOHMEYER, Ernst, Die Offenbarung des Johannes, HNT 16, Tübingen ²1953.

DERS., Das Evangelium des Markus, KEK I/2, Göttingen ¹²1953.

LOHSE, Eduard, Die Offenbarung des Johannes, NTD 11, ¹³(⁶)1983.

LÜHRMANN, Dieter, Das Markusevangelium, HNT 3, Tübingen 1987.

LUZ, Ulrich, Das Evangelium nach Matthäus 1, EKK I/1, Zürich · Einsiedeln · Köln/Neukirchen-Vluyn 1985.

DERS., Das Evangelium nach Matthäus 2, EKK I/2, Neukirchen-Vluyn/Zürich · Braunschweig 1990.

MÜLLER, Ulrich B., Die Offenbarung des Johannes, ÖTBK 19, Gütersloh/Würzburg 1984.

NIEDERWIMMER, Kurt, Die Didache, KAV 1, Göttingen 1989 (²1993).

PAULSEN, Henning, Die Briefe des Ignatius von Antiochien und der Brief des Polykarp von Smyrna, HNT 18, Zweite, neubearb. Auflage der Auslegung v. Walter Bauer, Tübingen 1985.

PESCH, Rudolf, Die Apostelgeschichte. 1. Teilband Apg 1–12, EKK V/1, Zürich · Einsiedeln · Köln/Neukirchen-Vluyn 1986.

RENGSTORF, Karl Heinrich, Das Evangelium nach Lukas übersetzt und erklärt, NTD 3, Göttingen ⁴1949.

RITT, Hubert, Offenbarung des Johannes, NEB.NT 21, Würzburg 1986.

ROLOFF, Jürgen, Die Offenbarung des Johannes, ZBK.NT 18, Zürich ²1987.

SAND, Alexander, Das Evangelium nach Matthäus, RNT, Regensburg 1986.

SCHMID, Josef, Das Evangelium nach Markus, RNT 2, Regensburg ⁴1958.

SCHMITHALS, Walter, Das Evangelium nach Markus. 2 Bde., ÖTBK 2, Gütersloh/Würzburg 1979.

SCHNACKENBURG, Rudolf, Matthäusevangelium 1,1–16,20, NEB.NT 1, Würzburg 1985.

SCHNEIDER, Gerhard, Das Evangelium nach Lukas. Kapitel 1–10, ÖTBK 3/1, Gütersloh/Würzburg 1977 (³1992).

SCHÜRMANN, Heinz, Das Lukasevangelium. Erster Teil. Kommentar zu Kap. 1,1–9,50, HThK III/1, Freiburg · Basel · Wien 1969 (³1984).

SCHWEIZER, Eduard, Das Evangelium nach Markus, NTD 1, Göttingen ¹⁶(⁶)1983.

DERS., Das Evangelium nach Lukas, NTD 3, Göttingen ¹⁸(¹)1982.

DERS., Das Evangelium nach Matthäus, NTD 2, Göttingen ¹⁵(³)1981.

SICKENBERGER, Joseph, Erklärung der Johannesapokalypse, Bonn ²1942.

TANNEHILL, Robert C., Luke, Abingdon New Testament Commentaries, Nashville, TN, 1996.

TAYLOR, Vincent, The Gospel According to St. Mark. The Greek Text with Introduction, Notes, and Indices, London · Melbourne · Toronto/New York ²1966.

WEISER, Alfons, Die Apostelgeschichte. Kapitel 1–12, ÖTBK 5/1, Gütersloh/Würzburg 1981

DERS., Die Apostelgeschichte. Kapitel 13–28, ÖTBK 5/2, Gütersloh/Würzburg 1985.

WEISS, Johannes/BOUSSET, Wilhelm,[3] Das Markus-Evangelium, in: Die drei älteren Evangelien, SNT 1, Göttingen ³1917, 71–226.

WELLHAUSEN, Julius, Das Evangelium Marci, Berlin 1909 (= ders., Evangelienkommentare. Mit einer Einleitung von Martin Hengel, Berlin · New York 1987, 321–457 [zitiert nach der Originalpaginierung]).

WIEFEL, Wolfgang, Das Evangelium nach Lukas, ThHK 3, Berlin 1988.

WOLLENDER, Gustav, Das Evangelium nach Markus, KNT 2, Leipzig ¹⁺²1910.

---

[3] Zur Mitverantwortlichkeit von Wilhelm Bousset vgl. die Einleitung zur dritten Auflage der SNT IV.

ZELLER, Dieter, Kommentar zur Logienquelle, SKK.NT 21, Stuttgart 1984.

III.3 Kommentare zum alttestamentlichen und zum jüdischen Schrifttum

DOMMERSHAUSEN, Werner, 1 Makkabäer. 2 Makkabäer, NEB.AT 12, Würzburg 1985.
FOHRER, Georg, Das Buch Hiob, KAT XVI, Gütersloh ²1989.
GOLDSTEIN, Jonathan A., II Maccabeens, AncB 41A, New York · London · Toronto · Sydney · Auckland 1983.
GUNKEL, Hermann, Genesis, HK I/1, Göttingen ⁴1917.
HENTSCHEL, Georg, 2Könige, NEB.AT 11, Würzburg 1985.
HÖFFKEN, Peter, Das Buch Jesaja. Kapitel 1–39, Neuer Stuttgarter Kommentar.AT 18/1, Stuttgart 1993.
HORST, Friedrich, Hiob I. Hiob 1–19, BK XVI/1, Neukirchen-Vluyn 1968.
KAISER, Otto, Der Prophet Jesaja. Kapitel 13–39, ATD 18, Göttingen ³1983.
von RAD, Gerhard, Das erste Buch Mose. Genesis, ATD 2–4, Göttingen ¹¹1981.
SEEBASS, Horst, Numeri. 2. Teilband: Numeri 10,1ff, BK IV/2. 2. Lieferung, Neukirchen-Vluyn 1995.
WILDBERGER, Hans, Jesaja. 1. Teilband. Kapitel 1–12, BK X/1, Neukirchen-Vluyn ²1980.
DERS., Jesaja. 2. Teilband. Kapitel 13–27, BK X/2, Neukirchen-Vluyn 1978.
DERS., Jesaja. 3. Jesaja 28–39. Das Buch, der Prophet und seine Botschaft, BK X.3, Neukirchen-Vluyn 1982.
WILLIAMSON, H.G.M., Ezra, Nehemiah, WBC 16, Waco, Texas, 1985.
WOLFF, Hans Walter, Dodekapropheton 1. Hosea, BK XIV/1, Neukirchen-Vluyn ³1976.
DERS., Dodekapropheton 2. Joel und Amos, BK XIV/2, Neukirchen-Vluyn 1969 (³1985).
WÜRTHWEIN, Ernst, Die Bücher der Könige. 1.Kön. 17 – 2.Kön. 25, ATD 11,2, Göttingen 1984.

IV. Aufsätze, Monographien etc.

ABRAHAM, Werner, Terminologie zur neueren Linguistik, 2 Bde., Germanistische Arbeitshefte. Ergänzungsreihe 1, Tübingen ²1988.
ABT, Adam, Die Apologie des Apuleius von Madaura und die antike Zauberei. Beiträge zur Erläuterung der Schrift de magia, RVV 4,2, Gießen 1908.
ACHTEMEIER, Paul J., *Omne verbum sonat*: The·New Testament and the Oral Environment of Late Western Antiquity, in: JBL 109, 1990, 3–27.
AKURGAL, Ekrem, Ancient Civilizations and Ruins of Turkey. From Prehistoric Times until the End of the Roman Empire, Istanbul ⁴1978.
ALAND, Kurt, Der Text des Johannesevangeliums im 2 Jahrhundert, in: Studien zum Text und zur Ethik des Neuen Testaments. Festschrift Heinrich Greeven, hg. v. Wolfgang Schrage, BZNW 47, Berlin · New York 1986, 1–10.
DERS./ALAND, Barbara, Der Text des Neuen Testaments. Einführung in die wissenschaftlichen Ausgaben sowie in Theorie und Praxis der modernen Textkritik, Stuttgart ²1989.
ALMQUIST, Helge, Plutarch und das Neue Testament. Ein Beitrag zum Corpus Hellenisticum Novi Testamenti, ASNU 15, Uppsala 1946.
ALTANER, Bertold/STUIBER, Alfred, Patrologie. Leben, Schriften und Lehre der Kirchenväter, Freiburg · Basel · Wien ND 1993 (= ⁸1978).
AMIRAN, R., The Water Supply of Israelite Jerusalem, in: Jerusalem Revealed. Archaeology in the Holy City 1968–1974, Jerusalem 1975, 75–78.
ANDERSEN, Øivind, Oral Tradition, in: Jesus and the Oral Gospel Tradition (s.u.), 17–58.

ANFÄNGE DER CHRISTOLOGIE. Festschrift für Ferdinand Hahn zum 65. Geburtstag. Hg. v. Cilliers Breytenbach u. Henning Paulsen u. Mitwirkung v. Christine Gerber, Göttingen 1991.

ASHTON, John, The Identity and Function of the Ἰουδαῖοι in the Fourth Gospel, in: NT 27, 1985, 40–75.

DERS., Understanding of the Fourth Gospel, ND Oxford 1993.

ASPECTS ON THE JOHANNINE LITERATURE. Papers presented at a Conference of Scandinavian New Testament Exegetes at Uppsala. June 16–19, 1986, Ed. by Lars Hartman & Birger Olsson, CB. NT 18, Uppsala 1987.

ASSMANN, Jan, Das kulturelle Gedächtnis. Schrift, Erinnerung und politische Identität in frühen Hochkulturen, München 1992.

ATTRIDGE, Harold W., Thematic Development and Source Elaboration in John 7:1–36, in: CBQ 42, 1980, 160–170.

AUNE, David E, The New Testament in its Literary Environment, ND Cambridge 1988 (= LEC 8, Philadelphia, Pennsylvania, 1987).

DERS., Prolegomena to the Study of Oral Tradition in the Hellenistic World, in: Jesus and the Oral Gospel Tradition (s.u.), 59–106.

DERS., Oral Tradition and the Aphorisms of Jesus, in: Jesus and the Oral Gospel Tradition (s.u.), 211–265.

AURENHAMMER, Maria, Sculptures of Gods and Heros from Ephesos, in: Ephesos: Metropolis of Asia (s.u.), 251–280.

AUS, Roger, Water into Wine and the Beheading of John the Baptist. Early Jewish Christian Interpretation of Esther 1 in John 2:1–11 and Mark 6:17–29, Brown Judaic Studies 150, Atlanta, Georgia, 1988.

AUSTIN, J(ohn) L(angshaw), How to do Things with Words, Reprinted Second Edition Oxford · New York 1990.

BAARLINK, Heinrich, Anfängliches Evangelium. Ein Beitrag zur näheren Bestimmung der theologischen Motive im Markusevangelium, Kampen 1977.

BACKHAUS, Knut, Die „Jüngerkreise" des Täufers Johannes. Eine Studie zu den religionsgeschichtlichen Ursprüngen des Christentums, PaThSt 19, Paderborn · München · Wien · Zürich 1991.

DERS., Praeparatio Evangelii. Die religionsgeschichtlichen Beziehungen zwischen Täufer- und Jesus-Bewegung im Spiegel der sog. Semeia-Quelle des vierten Evangeliums, in: ThGl 81, 1991, 202–215.

DERS., Täuferkreise als Gegenspieler jenseits des Textes. Erwägungen zu einer kriteriologischen Verlegenheit am Beispiel der Joh-Forschung, in: ThGl 81, 1991, 279–301.

BALLA, Peter, The Melchizedekian Priesthood, Budapest 1995.

BALZ, Horst, Art. ὕπνος, ἀφυπνόω, ἐνύπνιον, ἐνυπνιάζομαι, ἔξυπνος, ἐξυπνίζω, in: ThWNT 8, 1969, 545–556.

DERS., Art. πτύσμα, in: EWNT² 3, 1992, 465.

BARNETT, P.W., The Jewish Sign Prophets – A.D. 40–70. Their Intentions and Origin, in: NTS 27, 1981, 679–697.

BARTH, Gerhard, Art. πίστις, πίστευω, in: EWNT² 3, 1992, 216–231.

BARTH, Markus, Die Juden im Johannesevangelium. Wiedererwägungen zum Sitz im Leben, Datum und angeblichen Antijudaismus des Johannes-Evangeliums, in: Teufelskinder oder Heilsbringer (s.u.), 39–94.

BAUER, Walter, Johannesevangelium und Johannesbriefe, in: ThR.NF 1, 1929, 135–160.

BAUR, Ferdinand Christian, Ueber die Composition und den Charakter des Johanneischen Evangeliums, in: ThJb(T) 3, 1844, 1–191. 397–475. 615–700.

DERS., Vorlesungen über neutestamentliche Theologie. Hg. v. Ferdinand Friedrich Barth, Leipzig 1864.

BECKER, Heinz, Die Reden des Johannesevangeliums und der Stil der gnostischen Offenbarungsrede, hg. v. Rudolf Bultmann, FRLANT 68, Göttingen 1956.

BECKER, Joachim, Erwägungen zu Fragen neutestamentlicher Exegese, in: BZ.NF 13, 1969, 99–102.

BECKER, Jürgen, Untersuchungen zur Entstehungsgeschichte der Testamente der Zwölf Patriarchen, AGJU 8, Leiden 1970.

DERS., Wunder und Christologie. Zum literarkritischen und christologischen Problem der Wunder im Johannesevangelium, in: Der Wunderbegriff im Neuen Testament (s.u.), 435–461 (zuerst: NTS 16, 1969/70, 130–148 [zitiert als „NTS"]) mit einem Nachtrag: 461–463.

DERS., Die Abschiedsreden Jesu im Johannesevangelium, in: ZNW 61, 1970, 215–246.

DERS., J 3,1–21 als Reflex johanneischer Schuldiskussion, in: Das Wort und die Wörter. Festschrift Gerhard Friedrich, hg. v. Horst Balz u. Siegfried Schulz, Stuttgart · Berlin · Köln · Mainz 1973, 85–95.

DERS., Aus der Literatur zum Johannesevangelium (1978–1980), in: ThR 47, 1982, 279–301. 305–347.

DERS., Ich bin die Auferstehung und das Leben. Eine Skizze der johanneischen Christologie, in: ThZ 39, 1983, 139–151.

DERS., Das Johannesevangelium im Streit der Methoden (1980–1984), in: ThR 51, 1986, 1–78.

DERS., Paulus. Der Apostel der Völker, Tübingen 1989 ([2]1992).

DERS., Jesus von Nazareth, GLB, Berlin · New York 1996.

BECKER, Ulrich, Jesus und die Ehebrecherin. Untersuchungen zur Text- und Überlieferungsgeschichte von Joh 7,53–8,11, BZNW 28, Berlin 1963.

BEILNER, Wolfgang, Art. σάββατον, in: EWNT[2] 3, 1992, 523–529.

van BELLE, Gilbert, De Semeia-Bron in het vierde evangelie. Ontstaan en groei van een hypothese, SNTA 10, Leuven 1975.

DERS., Les parenthèses dans l'évangile de Jean. Aperçu historique et classification. Texte grec de Jean, SNTA 11, Leuven 1985.

DERS., Johannine Bibliography 1966–1985. A Cumulative Bibliography on the Fourth Gospel, BEThL 82, Leuven 1988.

DERS., The Signs Source in the Fourth Gospel. Historical Survey and Critical Evaluation of the Semeia Hypothesis, BEThL 116, Leuven 1994.

DERS., L'accomplissement de la parole de Jésus. La parenthèse de Jn 18,9, in: The Scriptures in the Gospels (s.u.), 617–627.

DERS., The Faith of the Galileans: The Parenthesis in Jn 4,44, in: EThL 74, 1998, 27–44.

BEN-DAVID, Arye, Talmudische Ökonomie. Die Wirtschaft des jüdischen Palästina zur Zeit der Mischna und des Talmud 1, Hildesheim · New York 1974.

BENGTSON, Hermann, Die Flavier. Vespasian. Titus. Domitian. Die Geschichte eines römischen Kaiserhauses, München 1979.

BERG, Werner, Die Rezeption alttestamentlicher Motive im Neuen Testament – dargestellt an den Seewandelerzählungen, HochschulSammlung Theologie. Exegese 1, Freiburg 1979.

BERGER, Klaus, Exegese des Neuen Testaments. Neue Wege vom Text zur Auslegung, UTB 658, Heidelberg 1977.

DERS, Die impliziten Gegner: Zur Methode des Erschließens von „Gegnern" in neutestamentlichen Texten, in: Kirche (s.u.), 373–400.

DERS., Hellenistische Gattungen im Neuen Testament, in: ANRW II 25.2, 1984, 1031–1432. 1831–1885.

DERS., Formgeschichte des Neuen Testaments, Heidelberg 1984.

DERS., Einführung in die Formgeschichte, UTB 1444, Tübingen 1987.

DERS., Art. Form- und Gattungsgeschichte, in: HRWG 2, 1990, 430–445.

DERS., Manna, Mehl und Sauerteig. Korn und Brot im Alltag der frühen Christen, Stuttgart 1993.

DERS., Theologiegeschichte des Urchristentums. Theologie des Neuen Testaments, UTB. GR, Tübingen · Basel [2]1995.

DERS., Im Anfang war Johannes. Datierung und Theologie des vierten Evangeliums, Stuttgart 1997.

BERNARD, Jacques, La guérison de Bethesda. Harmoniques judéo-hellenistiques d'un récit de miracle un jour de sabbat, in: MSR 33, 1976, 3–34. 34, 1977, 13–44.

BERTRAM, Georg, Neues Testament und historische Methode. Bedeutung und Grenzen historischer Aufgaben in der neutestamentlichen Forschung SgV 134, Tübingen 1928.

DERS., Art. θεοσεβής, θεοσέβεια, in: ThWNT 3, ND 1967 = 1938, 124–128.

BETZ, Hans Dieter, Lukian von Samosata. Religionsgeschichtliche und paränetische Parallelen. Ein Beitrag zum Corpus Hellenisticum Novi Testamenti, TU 76, Berlin 1961.

DERS., The Early Christian Miracle Story: Some Observations on the Form Critical Problem, in: Semeia 11, 1978, 69–81.

DERS., Art. Gottmensch II (Griechisch-römische Antike u. Urchristentum), in: RAC 12, 1983, 234–312.

DERS., Jesus as Divine Man, in: ders., Synoptische Studien. Gesammelte Aufsätze II, Tübingen 1992, 18–34.

BETZ, Otto, Das Problem des Wunders bei Flavius Josephus im Vergleich zum Wunderproblem bei den Rabbinen und im Johannesevangelium, in: ders., Jesus – Der Messias Israels. Aufsätze zur biblischen Theologie, WUNT 42, Tübingen 1987, 398–419.

BEUTLER, Johannes, Martyria. Traditionsgeschichtliche Untersuchungen zum Zeugnisthema bei Johannes, FTS 10, Frankfurt am Main 1972.

DERS., Die paulinische Heidenmission am Vorabend des Apostelkonzils, in: ThPh 43, 1968, 360–383.

DERS., Rez. Olsson, Birger, Structure and Meaning in the Fourth Gospel (s.u.), in: ThPh 53, 1978, 422–425

DERS., Habt keine Angst. Die erste johanneische Abschiedsrede (Joh 14), SBS 116, Stuttgart 1984.

DERS., Literarische Gattungen im Johannesevangelium. Ein Forschungsbericht 1919–1980, in: ANRW II 25.3, 1985, 2506–2568.

DERS., Art. μαρτυρέω, διαμαρτύρομαι, μαρτύρομαι, in: EWNT^2 2, 1992, 958–964.

DERS., Das Johannesevangelium (Kap. 9–12), Skript für Hörer/Hörerinnen der Vorlesung, Frankfurt am Main 1994.

DERS., Art. Johanneisches Schrifttum II. Johanneische Briefe, in: LThK^3 5, 1996, 865f.

DERS., Art. Johannes, Apostel u. Evangelist, in: LThK^3 5, 1996, 866–868.

DERS., Art. Johannes-Evangelium (u. -Brief) A–C, Sonderdruck aus: RAC 18, 1998, 646–663.

DERS., Studien zu den johanneischen Schriften, SBAB 25, Stuttgart 1998. Daraus:
– Psalm 42/43 im Johannesevangelium, 77–106.
– Die Johannesbriefe in der neuesten Literatur (1978–1985), 121–140.
– Griechen kommen, um Jesus zu sehen (Joh 12,20f), 175–189.
– Methoden und Probleme heutiger Johannesforschung, 191–214.
– Der alttestamentlich-jüdische Hintergrund der Hirtenrede in Johannes 10, 215–232.
– Johannesevangelium und Rhetorikkritik. Zu einem neueren Buch, 233–246 [zitiert als „Rhetorikkritik"].
– Zur Struktur von Johannes 6, 247–262.
– Frauen und Männer als Jünger Jesu im Johannesevangelium, 285–293.
– Der Gebrauch von „Schrift" im Johannesevangelium, 295–315.
– Die Stunde Jesu im Johannesevangelium, 317–322.

EINE BIBEL – ZWEI TESTAMENTE. Positionen Biblischer Theologie, hg. v. Christoph Dohmen/Thomas Söding, UTB 1893, Paderborn · München · Wien · Zürich 1995.

BIELER, Ludwig, ΘΕΙΟΣ ΑΝΗΡ. Das Bild des „Göttlichen Menschen" in Spätantike und Frühchristentum, reprographischer ND der Ausgaben Wien 1935/36, Darmstadt 1967.

BIENERT, Wolfgang, A., Dionysius von Alexandrien. Zur Frage des Origenismus im dritten Jahrhundert, PTS 21, Berlin · New York 1978.

BILANZ UND PERSPEKTIVEN GEGENWÄRTIGER AUSLEGUNG DES NEUEN TESTA-MENTS. Symposion zum 65. Geburtstag von Georg Strecker. Hg. v. Friedrich Wilhelm Horn, BZNW 75, Berlin · New York 1995.

BINDER, Gerhard/LIESENBORGHS, Leo, Einleitung, in: Didymos der Blinde, Kommentar zum Ecclesiastes (Tura Papyrus) Teil I.1. Kommentar zu Eccl. Kap. 1,1–2,14 (Einleitung, Text, Übersetzung, Indices), in Zusammenarbeit mit dem Ägyptischen Museum zu Kairo hg. und übers. v. Gerhard Binder u. Leo Liesenborghs, PTA 25, Bonn 1979, IX–XVII.

BITTNER, Wolfgang J., Jesu Zeichen im Johannesevangelium. Die Messias-Erkenntnis im Johannesevangelium vor ihrem jüdischen Hintergrund, WUNT II/26, Tübingen 1987.

BJERKELUND, Carl J., Tauta Egeneto. Die Präzisierungssätze im Johannesevangelium, WUNT 40, Tübingen 1987.

BLACKBURN, Barry, Theios Anēr and the Markan Miracle Traditions. A Critique of the *Theios Anēr* Concept as an Interpretative Background of the Miracle Traditions Used by Mark, WUNT II/40, Tübingen 1991.

BLANK, Josef, KRISIS. Untersuchungen zur johanneischen Christologie und Eschatologie, Freiburg im Breisgau 1964.

BLANK, Reiner, Analyse und Kritik der formgeschichtlichen Arbeiten von Martin Dibelius und Rudolf Bultmann, ThDiss 16, Basel 1981.

BLIGH, John, Jesus in Jerusalem, in: HeyJ 4, 1963, 115–134.

DERS., Four Studies in St John, I: The Man Born Blind, in: HeyJ 7, 1966, 129–144 [zitiert als „The Man Born Blind"].

BLINZLER, Josef, Johannes und die Synoptiker. Ein Forschungsbericht, SBS 5, Stuttgart 1965.

BOCKMUEHL, Markus N.A., Das Verb φανερόω im Neuen Testament. Versuch einer Neuauswertung, in: BZ.NF 32, 1988, 87–99.

BÖCHER, Otto, Das Neue Testament und die dämonischen Mächte, SBS 58, Stuttgart 1972 [zitiert als „Dämonische Mächte"].

DERS., Das Verhältnis der Apokalypse des Johannes zum Evangelium des Johannes, in: L'Apocalypse johannique et l'Apocalyptique dans le Nouveau Testament, par J(an) Lambrecht, BEThL 52, Leuven 1980, 289–301.

DERS., Johanneisches in der Apokalypse des Johannes, in: ders., Kirche in Zeit und Endzeit. Aufsätze zur Offenbarung des Johannes, Neukirchen-Vluyn 1983, 1–12.

BOEDEKER, Deborah, Amerikanische Oral-Tradition-Forschung, in: Vergangenheit in mündlicher Überlieferung. Hg. v. Jürgen von Ungern-Sternberg und Hansjörg Reinau, Colloquium Rauricum 1, Stuttgart 1988, 34–53.

de BOER, Martinus C., The Death of Jesus Christ and His Coming in the Flesh, in: NT 33, 1991, 326–346.

DERS., Narrative Criticism, Historical Criticism, and the Gospel of John, in: JSNT 47, 1992, 35–48.

BÖSEN, Willibald, Galiläa als Lebensraum und Wirkungsstätte Jesu. Eine zeitgeschichtliche und theologische Untersuchung, Freiburg · Basel · Wien 1985.

BOISMARD, Marie-Émile, Du Baptême a Cana (Jean 1,19–2,11), LeDiv 18, Paris 1956.

DERS., Saint Luc et la rédaction du quatrième évangile (Jn. IV, 46–54), in: RB 69, 1962, 185–211.

DERS., Jean 4,46–54 et les parallèles synoptiques, in: John and the Synoptics (s.u.), 239–259.

BOKSER, Baruch M., Wonder-Working and the Rabbinic Tradition: The Case of Hanina ben Dosa, in: JSJ 16, 1985, 42–92.

BONNER, Campbell, Traces of Thaumaturgic Technique in the Miracles, in: HThR 20, 1927, 171–181.

DE BOOR, C., Neue Fragmente des Papias, Hegesippus und Pierus in bisher unbekannten Excerpten aus der Kirchengeschichte des Philippus Sidetes, TU 5/2, Leipzig 1888, 165–184.

BORG, Marcus J., Jesus. Der neue Mensch, Freiburg · Basel · Wien 1993.

BORGEN, Peder, Creation, Logos and the Son: Observations on John 1:1–18 and 5:17–18, in: Ex Auditu 3, 1987, 88–97.

DERS., John and the Synoptics, in: The Interrelations (s.u.), 408–437.

DERS., The Independence of the Gospel of John. Some Observations, in: The Four Gospels (s.u.), 1815–1833.

DERS., John 6: Tradition, Interpretation and Composition, in: From Jesus to John (s.u.), 268–291.

DERS., The Gospel of John and Hellenismus: Some Observations, in: Exploring the Gospel of John (s.u.), 98–123.

BORNKAMM, Günther, Das Bekenntnis im Hebräerbrief, in: ders., Studien zu Antike und Urchristentum. Gesammelte Aufsätze II, BEvTh 28, München ²1963, 188–203.

DERS., Die Heilung des Blindgeborenen. Johannes 9, in: ders., Geschichte und Glaube II. Gesammelte Aufsätze IV, BEvTh 53, München 1971, 65–72.

DERS., Jesus von Nazareth, UB 19, Stuttgart · Berlin · Köln · Mainz ¹³1983.

BORSE, Udo, Die Entscheidung des Propheten. Kompositorische Erweiterung und redaktionelle Streichung von Joh 7,50.(53)–8,11, SBS 158, Stuttgart 1994.

BOUSSET, Wihelm, Der Verfasser des Johannesevangeliums, in: ThR 8, 1905, 225–244. 277–295.

DERS., Ist das vierte Evangelium eine literarische Einheit?, in: ThR 12, 1909, 1–12.39–64.

DERS., Jüdisch-Christlicher Schulbetrieb in Alexandria und Rom. Literarische Untersuchungen zu Philo und Clemens von Alexandria, Justin und Irenäus, FRLANT 23, Göttingen 1915.

DERS., Die Religion des Judentums im späthellenistischen Zeitalter. Hg.v. Hugo Gressmann, HNT 21, Tübingen ³1926 [zitiert als „W. Bousset/H. Gressmann"].

DERS., KYRIOS CHRISTOS. Geschichte des Christusglaubens von den Anfängen des Christentums bis Irenaeus, Göttingen ⁶1967.

BOVON, François, Strukturalismus und biblische Exegese, in: WPKG 60, 1971, 16–26.

BOWMAN, John, The Identity and Date of the Unnamed Feast of John 5:1, in: Near Eastern Studies in Honor of William Foxwell Albright, ed. by Hans Goedicke, Baltimore London 1971, 43–56.

BRANDENBURGER, Egon, Die Verborgenheit Gottes im Weltgeschehen. Das literarische und theologische Problem des 4. Esrabuches, AThANT 68, Zürich 1981.

BRAUNFELS, Wolfgang, Art. Lazarus von Bethanien 17.12. (L.-Tag), in: LCI 7, 1974, 384f.

BRENNECKE, Hanns Christof, Heilen und Heilung in der Alten Kirche, in: Eschatologie und Schöpfung. Festschrift für Erich Gräßer zum siebzigsten Geburtstag. Hg. v. Martin Evang, Helmut Merklein und Michael Wolter, BZNW 89, Berlin · New York 1997, 23–45.

BREUSS, Josef, Das Kanawunder. Hermeneutische und pastorale Überlegungen aufgrund einer phänomenologischen Analyse von Joh 2,1–12, BiBe 12, Fribourg 1976.

BREYTENBACH, Cilliers, Das Problem des Übergangs von mündlicher zu schriftlicher Überlieferung, in: Neotest. 20, 1986, 47–58.

DERS., Zeus und der lebendige Gott: Anmerkungen zu Apostelgeschichte 14.11–17, in: NTS 39, 1993, 396–413.

BRIDGES, James J., Structure and History in John 11. A Methodological Study Comparing Structuralist and Historical Critical Approches, Lewiston, New York, 1991.

BRINKER, Klaus, Zur Gegenstandsbestimmung und Aufgabenstellung der Textlinguistik, in: Text vs Sentence. Basic Questions of Text Linguistics. First Part, ed. by János S. Petöfi, Papiere zur Textlinguistik 20,1, Hamburg 1979, 3–12.

BRODIE, Thomas Louis, Jesus as the New Elisha: Cracking the Code, in: ET 93, 1981/82, 39–42.

DERS., Not Q but Elijah: The Saving of the Centurion's Servant (Luke 7:1–10) as an Internalization of the Saving of the Widow and her Child (1 Kgs 17:1–16), in: IrBS 14, 1992, 54–71 [zitiert als „Elijah"].

DERS., The Quest for the Origin of John's Gospel. A Source-Oriented Approach, New York · Oxford 1993.

DERS., Intertextuality and Its Use in Tracing Q and Proto-Luke, in: The Scriptures in the Gospels (s.u.), 469–477.

BROER, Ingo, Noch einmal: Zur religionsgeschichtlichen „Ableitung" von Jo 2,1–11, in: SNTU.A 8, 1983, 103–123.

DERS., Art. ἀγγέλλω κτλ., in: EWNT² 1, 1992, 29–32.

BRON, Bernhard, Das Wunder. Das theologische Wunderverständnis im Horizont des neuzeitlichen Natur- und Geschichtsbegriffs, GTA 2, Göttingen ²1979.

BROWN, Raymond E., Jesus and Elisha, in: Perspective 12, 1971, 85–104.

DERS., The Relation of „The Secret Gospel of Mark" to the Fourth Gospel, in: CBQ 36, 1974, 466–485.

DERS., The relationship to the Fourth Gospel shared by the author of 1John and by his opponents, in: Text and Interpretation. Studies in the New Testament presented to Matthew Black, ed. by Ernest Best and R(obert) McL(achlan) Wilson, Cambridge · London · New York · Melbourne 1979, 57–68.

DERS., The Community of the Beloved Disciple. The Life, Loves, and Hates of an Individual Church in New Testament Times, New York · Mahwah 1979.

DERS., An Introduction to New Testament Christology, New York · Mahwah 1994.

BUCHANAN, George Wesley, The Samaritan Origin of the Gospel of John, in: Religions in Antiquity. Essays in Memory of Erwin Ramsdell Goodenough. Ed. by Jacob Neusner, SHR 14, Leiden 1970, 149–175.

BÜHNER, Jan-A., Der Gesandte und sein Weg im 4. Evangelium. Die kultur- und religionsgeschichtlichen Grundlagen der johanneischen Sendungschristologie sowie ihre traditionsgeschichtliche Entwicklung, WUNT II/2, Tübingen 1977.

BULTMANN, Rudolf, Das Johannesevangelium in der neuesten Forschung, in: ChW 41, 1927, 502–511 [zitiert als „Forschung"].

DERS., Rez. Fascher, Erich, Die formgeschichtliche Methode (s.u.), in: ThLZ 50, 1925, 313–318.

DERS., Zur johanneischen Tradition, in: ThLZ 80, 1955, 521–526.

DERS., Art. Johannesbriefe, in: RGG 3, ³1959, 836–839.

DERS., Art. Johannesevangelium, in: RGG 3, ³1959, 840–850.

DERS., Das Urchristentum im Rahmen der antiken Religionen, Rowohlts deutsche Enzyklopädie 157/158, Hamburg ²1963.

DERS., Jesus, Siebenstern-Taschenbuch 17, München · Hamburg ²1965.

DERS., Exegetica. Aufsätze zur Erforschung des Neuen Testaments, hg. v. Erich Dinkler, Tübingen 1967. Daraus:
– Die Bedeutung der neuerschlossenen mandäischen und manichäischen Quellen für das Verständnis des Johannesevangeliums, 55–104.
– Analyse des ersten Johannesbriefes, 105–123.
– Johanneische Schriften und Gnosis, 230–254.
– Die kirchliche Redaktion des ersten Johannesbrief, 381–393.

DERS., Die Geschichte der synoptischen Tradition, FRLANT 29, Göttingen ⁹1979.

DERS., Die Geschichte der synoptischen Tradition. Ergänzungsheft. Bearb. von Gerd Theißen u. Philipp Vielhauer, Göttingen ⁵1979.

DERS., Theologie des Neuen Testaments, durchg. u. erg. v. Otto Merk, UTB 630, Tübingen ⁹1984.

BURCHARD, Christoph, Εἰ nach einem Ausdruck des Wissens oder Nichtwissens Joh 9²⁵, Act 1⁹², I Cor 1¹⁶, 7¹⁶, in: ZNW 52, 1961, 73–82.

DERS., Formen der Vermittlung christlichen Glaubens im Neuen Testament, in: EvTh 38, 1978, 313–340.

DERS., The Importance of Joseph and Aseneth for the Study of the New Testament: A General Survey and a Fresh Look at the Lord's Supper, in: NTS 33, 1987, 102–134.

DERS., Zu Matthäus 8,5–13, in: ZNW 84, 1993, 278–288.

BURKERT, Walter, Griechische Religion der archaischen und der klassischen Epoche, RM 15, Stuttgart · Berlin · Köln · Mainz 1977.

DERS., Antike Mysterien. Funktionen und Gehalt, München 1990.

BURKETT, Delbert, Two Accounts of Lazarus's Resurrection in John 11, in: NT 36, 1994, 209–232.

BUSE, Ivor, John V. 8 and Johannine-Marcan Relationships, in: NTS 1, 1954/55, 134–136.

VAN DEN BUSSCHE, Henri, Guérison d'un paralytique à Jérusalem le jour du Sabbat. Jean 5, 1–18, in: BVC 61, 1965, 18–28.

BUSSE, Ulrich, Die Wunder des Propheten Jesus. Die Rezeption, Komposition und Interpretation der Wundertradition im Evangelium des Lukas, fzb 24, Stuttgart ²1979.

DERS., Ernst Haenchen und sein Johanneskommentar. Biographische Notizen und Skizzen zu seiner johanneischen Theologie, in: EThL 57, 1981, 125–143.

DERS., Metaphorik in neutestamentlichen Wundergeschichten? Mk 1,21–28; Joh 9,1–41, in: Metaphorik und Mythos im Neuen Testament, hg. v. Karl Kertelge, QD 126, Freiburg · Basel · Wien 1990, 110–134.

DERS., Open Questions on John 10, in: The Shephard Discourse (s.u.), 6–17. 135–143.

DERS., Johannes und Lukas: Die Lazarusperikope, Frucht eines Kommunikationsprozesses, in: John and the Synoptics (s.u.), 281–306 [zitiert als „Lazarusperikope"].

DERS., The relevance of social history to the interpretation of the Gospel according to John, in: Skrif en Kerk 16, 1995, 28–38.

DERS., Die Tempelmetaphorik als ein Beispiel von implizitem Rekurs auf die biblische Tradition im Johannesevangelium, in: The Scriptures in the Gospels (s.u.), 395–428.

DERS./MAY, Anton, Das Weinwunder von Kana (Joh 2,1–11). Erneute Analyse eines „erratischen Blocks", in: BN 12, 1980, 35–61.

BYRNE, Brendan, Lazarus: A Contemporary Reading of John 11:1–46, Zachaeus Studies. New Testament, Collegeville, Minnesota, 1991.

VON CAMPENHAUSEN, Hans, Kirchliches Amt und geistliche Vollmacht in den ersten drei Jahrhunderten, BHTh 14, Tübingen ²1963.

DERS., Zur Perikope von der Ehebrecherin (Joh 7,53–8,11), in: ZNW 68, 1977, 164–175.

CANCIK, Hubert, Art. Epiphanie/Advent, in: HRWG 2, 1990, 290–296.

VAN CANGH, Jean-Marie, Santé et salut dans les miracles d'Épidaure, d'Apollonius de Tyane et du Nouveau Testament, in: Gnosticisme et monde hellénistique. Actes du Colloque de Louvain-la-Neuve (11–14 mars 1980) publiés sous la direction de Julien Ries avec l collaboration de Yvonne Janssens et de Jean-Marie Sevrin, PIOL 27, Louvain-la-Neuve 1982, 263–277.

DERS., La multiplication des pains dans l'évangile de Marc, in: L'évangile selon Marc (s.u.), 309–346 [zitiert als „La multiplication"].

CARSON, D.A., Current Source Criticism of the Fourth Gospel: Some Methodological Questions, in: JBL 97, 1978, 411–429.

CATCHPOLE, David R., The Quest for Q, Edinburgh 1993.

CAVALLIN, Hans C., Leben nach dem Tode im Spätjudentum und im frühen Christentum, in: ANRW II 19/1, 1979, 240–345.

CHARLESWORTH, James H., Qumran, John and the Odes of Salomon, in: John and the Dead Sea Scrolls, ed. James H. Charlesworth, New York 1990, 107–136.

CLEMEN, Carl, Religionsgeschichtliche Erklärung des Neuen Testaments. Die Abhängigkeit des ältesten Christentums von nichtjüdischen Religionen und philosophischen Systemen, Berlin · New York 1973 = Gießen 1924.

CLEMENTS, Ronald E., Patterns in Prophetic Canon: Healing the Blind and the Lame, in: Canon, Theology, and Old Testament Interpretation. Essays in Honor of Brevard S. Childs. Ed. by Gene M. Tucker, David L. Peterson and Robert R. Wilson, Philadelphia 1988, 189–200.

COLLINS, Adela Yarbro, Crisis and community in John's gospel, in: ThD 27, 1979, 313–321.

DIES., Rulers, Divine Men, and Walking on the Water (Mark 6:45–52), in: Religious Propaganda and Missionary Competition in the New Testament World (s.o.), 207–227.

COLLINS, John J., The Scepter and the Star. The Messiahs of the Dead Sea Scrolls and Other Ancient Literature, ABRL, New York · London · Toronto · Sydney · Auckland 1995.

COLLINS, Matthew S., The Question of *Doxa*: A Socioliterary Reading of the Wedding at Cana, in: Biblical Theology Bulletin 25, 1995, 100–109.

COLLINS, Raymond F., These Things Have Been Written. Studies on the Fourth Gospel, LThPM 2, Louvain 1990. Daraus:
– Representative Figures, 1–45.
– Proverbial Sayings in John's Gospel, 128–150.
– Cana (John 2:1–12) – the First of His Signs or the Key to his Signs?, 158–182.

DERS., From John to the Beloved Disciple. An Essay on Johannine Characters, in: Interp. 49, 1995, 359–369.

COLPE, Carsten, Die religionsgeschichtliche Schule. Darstellung und Kritik ihres Bildes vom gnostischen Erlösermythos, FRLANT 78, Göttingen 1961.

DERS., Art. Bethesda, in: BHH 1, 1962, 232f.

DERS., Art. Bethania, in: KP 1, ND 1979, 876.

DERS., Art. Johannes 1., in: KP 2, ND 1979, 1428.

DERS., Art. Dusares, in: KP 2, ND 1979, 184f.

LA COMMUNAUTÉ JOHANNIQUE ET SON HISTOIRE. La trajectoire de l'évangile de Jean aux deux premiers siècles, Ed. par Jean-Daniel Kaestli, Jean-Michel Poffet et Jean Zumstein, Le monde de la bible. Genève 1990.

THE CONVERSATION CONTINUES. Studies in Paul & John. In Honor of J. Louis Martyn. Ed. by Robert T. Fortna and Beverly R. Gaventa, Nashville 1990.

CONZELMANN, Hans, Art. φῶς κτλ., in: ThWNT 9, 1973, 302–349.

DERS., Theologie als Schriftauslegung. Aufsätze zum Neuen Testament, BEvTh 65, München 1974. Daraus:
– Paulus und die Weisheit, 177–190.
– „Was von Anfang war", 207–214.

DERS., Geschichte des Urchristentums, GNT 5, Göttingen [3]1976.

DERS., Die Schule des Paulus, in: Theologia crucis – Signum crucis, Festschrift Erich Dinkler, hg. v. Carl Andresen u. Günter Klein, Tübingen 1979, 85–96.

DERS., Heiden – Juden – Christen. Auseinandersetzungen in der Literatur der hellenistisch-römischen Zeit, BHTh 62, Tübingen 1981.

DERS., Grundriß der Theologie des Neuen Testaments, bearb. v. Andreas Lindemann, UTB 1446, Tübingen [5]1992.

DERS./LINDEMANN, Andreas, Arbeitsbuch zum Neuen Testament, UTB 52, Tübingen [9]1988.

COPE, Lamar, The Earliest Gospel was the "Signs Gospel", in: Jesus, the Gospels, and the Church. Essays in Honor of William R. Farmer, ed. by E. P. Sanders, Macon, GA, 1987, 17–24.

CROSSAN, John Dominic, It is Written: A Structuralist Analysis of John 6, in: Semeia 26, 1983, 3–21.

DERS., Four Other Gospels. Shadows on the Contours of Canon, Minneapolis 1985.

DERS., The Essential Jesus. Original Sayings and Earliest Images, New York 1994.

DERS., Der historische Jesus, München 1994.

CULLEY, Robert C., Oral Tradition and Biblical Studies, in: Oral Tradition 1, 1986, 30–65.

CULLMANN, Oscar, Urchristentum und Gottesdienst, AThANT 3, Zürich [2]1950.

DERS., Der johanneische Kreis. Zum Ursprung des Johannesevangeliums, Tübingen 1975.

DERS., Kindheitsevangelien, in: Ntl. Apokryphen (s.o. s.v. I.4) I, 330–372.

CULPEPPER, R. Alan, The Johannine School. An Evaluation of the Johannine-School Hypothesis Based on an Investigation of the Nature of Ancient Schools, SBL.DS 26, Missoula (Montana) 1975.

DERS., Anatomy of the Fourth Gospel. A Study in Literary Design, ND Philadelphia 1987.

DERS., L'application de la narratologie à l'étude de l'évangile de Jean, in: La communauté Johannique (s.o.), 97–120.

DERS., Un exemple de commentaire fondé sur la critique narrative: Jean 5,1–18, in: aaO. 135–151.

DERS., John, the Son of Zebedee. The Life of a Legend, Studies on Personalities of the New Testament, Columbia, South Carolina, 1993.

DERS., The Plot of John's Story of Jesus, in: Interp. 49, 1995, 347–358.

DAHL, Nils A., Julius Wellhausen on the New Testament, in: ders., Jesus the Christ. The Historical Origins of Christological Doctrine, ed. by Donald H. Juel, Minneapolis 1991, 217–243.

DALMAN, Gustaf, Orte und Wege Jesu, SDPI 1 = BFChrTh II/1, Gütersloh [3]1924.

DAUER, Anton, Die Passionsgeschichte im Johannesevangelium. Eine traditionsgeschichtliche und theologische Untersuchung zu Joh 18,1–19,30, StANT 30, München 1972.

DERS., Johannes und Lukas. Untersuchungen zu den johanneisch-lukanischen Parallelperikopen Joh 4,46– 54/Lk 7,1–10 – Joh 12,1–8/Lk 7,36–50; 10,38–42 – Joh 20,19–29/Lk 24,36–49, fzb 50, Würzburg 1984.

DERS., Schichten im Johannesevangelium als Anzeichen von Entwicklungen in der (den) johanneischen Gemeinde(n) nach G. Richter, in: Die Kraft der Hoffnung. Gemeinde und Evangelium. Festschrift Josef Schneider. Hg. v. Fakultät Katholische Theologie der Universität Bamberg durch Alfred E. Hierold u. a., Bamberg 1986, 62–83.

DAVIES, W.D., The Gospel and the Land. Early Christianity and Jewish Territorial Doctrine, Berkley · Los Angeles · New York 1974.

DEINES, Roland, Jüdische Steingefäße und pharisäische Frömmigkeit. Ein archäologisch-historischer Beitrag zum Verständnis von Joh 2,6 und der jüdischen Reinigungshalacha zur Zeit Jesu, WUNT II/52, Tübingen 1993.

DEISSMANN, Adolf, Licht vom Osten. Das Neue Testament und die neuentdeckten Texte der hellenistisch-römischen Welt, Tübingen [4]1923.

DEKKER, C., Grundschrift und Redaktion im Johannesevangelium, in: NTS 13, 1966/67, 66–80.

DELLING, Gerhard, Art. νύξ, in: ThWNT 4, ND 1966 (= 1942), 1117–1120.

DENIS, Albert-Marie, Jesus' walking on the waters. A contribution to the history of the pericope in the Gospel Tradition, in: Louvain Studies 1, 1967, 284–297.

DERRETT, J. Duncan M., Miracles, Pools, and Sight: John 9,1–41; Genesis 2,6–7; Isaiah 6,10; 30,20; 35,5–7, in: BeO 36, 1994, 71–85.

DETTWILER, Andreas, Die Gegenwart des Erhöhten. Eine exegetische Studie zu den johanneischen Abschiedsreden (Joh 13,31–16,33) unter besonderer Berücksichtigung ihres Relecture-Charakters, FRLANT 169, Göttingen 1995.

DEWEY, Kim E., Paroimiai in the Gospel of John, in: Semeia 17, 1980, 81–99.

DI LELLA, Alexander A., Art. Wisdom of Ben-Sira, in: ADB 6, 1992, 931–945.

DIBELIUS, Martin, Die Formgeschichte des Evangeliums, hg. v. Günther Bornkamm, Tübingen [6]1971.

DERS., Zur Formgeschichte der Evangelien, in: Zur Formgeschichte der Evangelien (s.u.), 21–52 [zitiert als „Zur Formgeschichte der Evangelien"].

DERS., Joh 15,13. Eine Studie zum Traditionsproblem des Johannes-Evangeliums, in: ders., Botschaft und Geschichte I: Zur Evangelienforschung. In Verb. m. Heinz Kraft hg. v. Günther Bornkamm, Tübingen 1953, 204–220.

DERS., Geschichte der urchristlichen Literatur, hg. v. Ferdinand Hahn, TB 58, Neudr. der Erstausgabe von 1926 unter Berücksichtigung der Änderungen der englischen Übers. von 1936 München 1975.

DIETZFELBINGER, Christian, Sühnetod im Johannesevangelium?, in: Evangelium – Schriftauslegung – Kirche (s.u.), 65–76.

DIHLE, Albrecht, Die griechische und lateinische Literatur der Kaiserzeit. Von Augustus bis Justinian, München 1989.

DILLON, M.P.J., The Didactic Nature of the Epidaurian Iamata, in: ZPE 101, 1994, 239–260.

DOBSCHÜTZ, Ernst von, Probleme des Apostolischen Zeitalters, Leipzig 1904.

DODD, C(harles) H(arold), The First Epistle of John and the Gospel of John, in: BJRL 21, 1937, 129–156.

DERS., The Interpretation of the Fourth Gospel, ND Cambridge 1955.

DERS., Historical Tradition in the Fourth Gospel, Cambridge 1963.

DONAHUE, John R., Redaction Criticism: Has the Hauptstrasse became a Sackgasse?, in: The New Literary Criticism and the New Testament, ed. by Elisabeth Struthers Malbon and Edgar V. McKnight, JSNT.S 109, Sheffield 1994, 27–57.

DORMEYER, Detlev, Das Neue Testament im Rahmen der antiken Literaturgeschichte. Eine Einführung, Die Altertumswissenschaft, Darmstadt 1993.

DOWELL, Thomas M., Jews and Christians in Conflict. Why the Fourth Gospel Changed the Synoptic Tradition, in: LouvSt 15, 1990, 19–37.

DERS., Why John rewrote the Synoptics?, in: John and the Synoptics (s.u.), 453–457.

DRESSLER, Wolfgang, Einführung in die Textlinguistik, Konzepte der Sprach- und Literaturwissenschaft 13, Tübingen 1972.

DU TOIT, David, THEIOS ANTHROPOS. Zur Verwendung von θεῖος ἄνθρωπος und sinnverwandten Ausdrücken in der Literatur der Kaiserzeit, WUNT II/91, Tübingen 1997.

DUKE, Paul D., Irony in the Fourth Gospel, Atlanta, Georgia, 1985.

DUNDERBERG, Ismo, Lasaruksen kuolleistaherättäminen. Kirjallisuuskriittinen analyysi jaksota Joh 11,1–46 [Die Auferweckung des Lazarus. Eine literarkritische Studie zu Joh 11,1–46], Lizenziatsarbeit masch., Universität Helsinki 1990.

DERS., Johannes und die Synoptiker. Studien zu Joh 1–9, AASF.DHL 69, Helsinki 1994.

DERS., Johannine Anomalies and the Synoptics, Helsinki 1994 (unveröffentlichtes Manuskript).

DERS., John and Thomas in Conflict?, in: John D. Turner/Anne McGuire (Edd.), The Nag Hammadi Library After Fifty Years. Proceeding of the 1995 Society of Biblical Literature Commenmoration, NHMS 44, Leiden · New York · Kön 1997, 361–380.

DUNKERLEY, R., Lazarus, in: NTS 5, 1958/59, 321–327.

DUNN, James D.G., Let John be John. A Gospel for Its Time, in: Das Evangelium und die Evangelien (s.u.), 309–339.

DERS., Paul's Knowledge of the Jesus Tradition. The Evidence of Romans, in: Christus bezeugen. Für Wolfgang Trilling. Hg. v. Karl Kertelge, Traugott Holtz und Claus-Peter März, Freiburg · Basel · Wien 1990, 193–207.

DERS., John and the Oral Gospel Tradition, in: Jesus and the Oral Gospel Tradition (s.u.), 351–379 [zitiert als „Tradition"].

DUPREZ, A., Art. Probatique (Piscine), in: DBS 8, 1972, 606–621.

DERS., Jésus et les dieux guérisseurs. A propos de Jean V, CahRB 12, Paris 1970.

ECO, Umberto, Zwischen Autor und Text. Interpretation und Überinterpretation, dtv 4682, Taschenbuchausgabe, München 1996.

EGGER, Wilhelm, Frohbotschaft und Lehre. Die Sammelberichte des Wirkens Jesu im Markusevangelium, FTS 19, Frankfurt am Main 1976.

DERS., Methodenlehre zum Neuen Testament. Einführung in linguistische und historisch-kritische Methoden, Freiburg · Basel · Wien ³1993.

EISENHUT, Werner, Art. Liber. Libera. Liberalia, in: KP 3, ND 1979, 620f

EKKLESIOLOGIE DES NEUEN TESTAMENTS. Für Karl Kertlege. Hg. v. Rainer Kampling u. Thomas Söding, Freiburg · Basel · Wien 1996.

ELBOGEN, Ismar, Der jüdische Gottesdienst in seiner geschichtlichen Entwicklung, Olms Paperbacks 30, 2.ND Hildesheim · Zürich · New York 1995 (= Frankfurt am Main ³1931).

ELIADE, Mircea, Geschichte der religiösen Ideen 2. Von Gautama bis zu den Anfängen des Christentums, Herder Spektrum 4200, Freiburg · Basel · Wien 1993.

ELLIGER, Winfried, Ephesos. Geschichte einer antiken Weltstadt, UB 375, Stuttgart · Berlin · Köln · Mainz 1985.

ELLIS, E. Earle, New Directions in Form Criticism, in: ders., Prophecy and Hermeneutic in Early Christianity. New Testament Essays, Grand Rapids (Mich.) 1980 (= WUNT 18, Tübingen 1978), 237– 253.

DERS., Background and Christology of John's Gospel, in: Perspectives on John (s.u.), 1–25.

ENGEMANN, Josef, Art. Hirt, in: RAC 15, 1991, 577–607.

EPHESOS. Der neue Führer, hg. v. Peter Scherrer, Wien 1995.

EPHESOS: METROPOLIS OF ASIA. An Interdisciplinary Approach to its Archaeology, Religion, and Culture. Ed. by Helmut Koester, HThS 41, Valley Forge, Pennsylvania, 1995.

Desiderii ERASMI Opera Omnia 6: Novum Testamentum, ND Hildesheim 1962 (= Leiden 1705).

ERDEMGIL, Selahattin/BÜYÜKKOLANCI, Mustafa, Die Johannesbasilika, in: Friedmund Hueber, Ephesos. Gebaute Geschichte, Zaberns Bildbände zur Archäologie, Mainz am Rhein 1997, 104–107.

ERLEMANN, Kurt, Papyrus Egerton 2: 'Missing Link' zwischen synoptischer und johanneischer Tradition, in: NTS 42, 1996, 12–34.

ERNST, Michael, Hellenistische Analogien zu ntl. Gleichnissen. Eine Sammlung von Vergleichstexten sowie Thesen über die sich aus der parabolischen Redeweise ergebenden gesellschaftspolitischen Konsequenzen, in: Friedrich V. Reiterer (Hrsg.), Ein Gott, eine Offenbarung. Beiträge zur biblischen Exegese, Theologie und Spiritualität. Festschrift für Notker Füglister zum 60. Geburtstag, Würzburg 1991, 461–480.

ESSER, Dietmar, Formgeschichtliche Studien zur hellenistischen und zur frühchristlichen Literatur unter besonderer Berücksichtigung der vita Apollonii des Philostrat und der Evangelien, Diss. Theol. Masch. Bonn 1969.

L'ÉVANGILE DE JEAN. Sources, rédaction, théologie par M. de Jonge, BEThL 44, Leuven 1977.

L'ÉVANGILE SELON MARC. Tradition et rédaction, par M(aurits) Sabbe, BEThL 34, Leuven ²1988.

DAS EVANGELIUM UND DIE EVANGELIEN, hg. v. Peter Stuhlmacher, WUNT 28, Tübingen 1983.

EVANGELIUM – SCHRIFTAUSLEGUNG – KIRCHE. Festschrift für Peter Stuhlmacher zum 65. Geburtstag hg. v. Jostein Ådna, Scott J. Hafemann u. Otfried Hofius in Zusammenarbeit mit Gerlinde Feine, Göttingen 1997.

EVANS, Craig A., Jesus and His Contemporaries. Comparative Studies, AGAJ 25, Leiden New York · Köln 1995.

EXPLORING THE GOSPEL OF JOHN. In Honor of D. Moody Smith. Ed. by R. Alan Culpepper and C. Clifton Black, Louisville, Kentucky, 1996.

FASCHER, Erich, Die formgeschichtliche Methode. Eine Darstellung und Kritik. Zugleich ein Beitrag zur Geschichte des synoptischen Problems, BZNW 2, Gießen 1924.

FAURE, Alexander, Die alttestamentlichen Zitate im 4. Evangelium und die Quellenscheidungshypothesen, in: ZNW 21, 1922, 99–121.

FEE, Gordon D., On the Inauthenticity of John 5:3b–4, in: EvQ 54, 1982, 207–218.

FELDMANN, Louis H., Josephus' Portrait of Elisha, in: NT 36, 1994, 1–28.

FELDMEIER, Reinhard, Die Syrophönizierin (Mk 7,24–30) – Jesu „verlorenes" Streitgespräch, in: Die Heiden (s.u.), 211–227.

FERRARO, Guiseppe, La gioia di Cristo nel quarto vangelo, StBi 83, Brescia 1988.

FEUILLET, A(ndré), La signification théologique du second miracle de Cana (Jn. IV,46–54), in: ders., Études Johanniques, ML.T 4, (Brüssel) 1962, 34–46.

FIEBIG, Paul, Jüdische Wundergeschichten des neutestamentlichen Zeitalters unter besonderer Berücksichtigung ihres Verhältnisses zum Neuen Testament. Ein Beitrag zum Streit um die „Christusmythe", Tübingen 1911.

FINNEGAN, R., What is Oral Literature Anyway? Comments in the Light of Some African and Other Comparative Material, in: Oral Literature and the Formula, ed B.A. Stolz and R.S. Shanon, Ann Arbor, Michigan 1976, 127–166.

FISCHBACH, Stephanie M., Totenerweckungen. Zur Geschichte einer Gattung, fzb 69, Würzburg 1992.

FISCHER, Joseph A., s.o. s.v. Die apostolischen Väter (S. 507).

FITSCH, W.O., The Interpretation of St. John 5,6, in: StEv IV = TU 102, Berlin 1968, 194–197.

FLEDDERMANN, Harry, „And He Wanted to Pass by Them" (Mark 6:48c), in: CBQ 45, 1983, 389–395.

FLUSSER, David, Das Schisma zwischen Judentum und Christentum, in: EvTh 40, 1980, 214–239.

FOERSTER, Werner, Art. σωτήρ A. σωτήρ im Griechentum, in: ThWNT 7, 1964, 1004–1012.

FOHRER, Georg/HOFFMANN, Hans Werner/HUBER, Friedrich/MARKERT, Ludwig/WANKE, Gunther, Exegese des Alten Testaments. Einführung in die Methodik, UTB 267, Heidelberg ⁴1983 (⁶1993) [zitiert als „Fohrer et al."].

ZUR FORMGESCHICHTE DES EVANGELIUMS. Hg. v. Ferdinand Hahn, WdF 81, Darmstadt 1985.

FORTNA, Robert Tomson, The Gospel of Signs. A Reconstruction of the Narrative Source Underlying the Fourth Gospel, MSSNTS 11, Cambridge 1970 [zitiert als „Gospel"].

DERS., The Fourth Gospel and its Predecessor. From Narrative Source to Present Gospel, Edinburgh 1989 [zitiert als „Predecessor"].

DERS., Art. Signs/Semeia Source, in: ABD 6, 1992, 18–22 [zitiert als „Source"].

FRANCK, Eskil, Revelation Taught. The Paraclete in the Gospel of John, CB.NT 14, Lund 1985.

FRANKEMÖLLE, Hubert, Exegese und Linguistik – Methodenprobleme neuerer exegetischer Veröffentlichungen, in: ThRv 71, 1975, 1–12.

FREED, Edwin D., John iv.51 ΠΑΙΣ or ΥΙΟΣ, in: JThSt 16, 1965, 448f.

FREY, Jörg, Der implizite Leser und die biblischen Texte, in: ThBeitr 23, 1992, 266–290.

DERS., Erwägungen zum Verhältnis der Johannesapokalypse zu den übrigen Schriften im Corpus Johanneum, in: Hengel, Martin, Die johanneische Frage (s.u.), 326–439.

DERS., Heiden – Griechen – Gotteskinder. Zu Gestalt und Funktion der Rede von den Heiden im 4. Evangelium, in: Die Heiden (s.u.), 228–268.

DERS., Die johanneische Eschatologie. Band I. Ihre Probleme im Spiegel der Forschung seit Reimarus, WUNT 96, Tübingen 1997.

FRITZ, Volkmar, Amosbuch, Amos-Schule und historischer Amos, in: Prophet und Prophetenbuch, Festschrift für Otto Kaiser, hg. v. Volkmar Fritz, Karl-Friedrich Pohlmann u. Hans Christoph Schmitt, BZAW 185, Berlin · New York 1989, 29–43.

FUHRMANN, Manfred, Die antike Rhetorik. Eine Einführung, München · Zürich ³1990.

FULLER, Reginald H., Longer Mark: Forgery, Interpolation, or Old Tradition?, in: The Center for Hermeneutical Studies in Hellenistic and Modern Culture. Protocol of the 18th Colloquy, Berkeley, California, 1975, 1–11.

GAGNON, Robert A.J., Statistical Analysis and the Case of the Double Delegation in Luke 7:3–7a, in: CBQ 55, 1993, 709–731.

DERS., The Shape of Matthew's Q Text of the Centurion at Capernaum: Did it Mention Delegations, in: NTS 40, 1994, 133–142.

DERS., Luke's Motives for Redaction in the Account of the Double Delegation in Luke 7:1–10, in: NT 36, 1994, 122–145.

GALLING, Kurt, Art. Ackerwirtschaft, in: BRL², 1977, 1–4.

DERS./RÖSEL, Hartmut, Art. Dach, in: BRL², 1977, 54.

GARCÍA MARTÍNEZ, Florentino, Messianische Erwartungen in den Qumranschriften, in: JBTh 8, 1993, 171–208.

GARDNER-SMITH, Percival, Saint John and the Synoptic Gospels, Cambridge 1938.

VON GEISAU, Hans, Art. Abaris, in: KP 1, ND 1979, 3f.

GEORGE, Augustin, Miracles dans le monde hellénistique, in: Les miracles de Jésus (s.u.), 95–108.

GERHARDSSON, Birger, Memory and Manuskript. Oral Tradition and Written Transmission in Rabbinic Judaism and Early Christianity, ASNU 22, Lund · Kopenhagen ²1964.

DERS., Die Anfänge der Evangelientradition, Glauben und Denken 919, Wuppertal 1977.

DERS., Der Weg der Evangelientradition, in: Das Evangelium und die Evangelien (s.o.), 79–102.

DERS., The Gospel Tradition, CB.NT 15, Gleerup 1986.

GEVA, Hillel, Art. Jerusalem, in: The New Encyclopedia of Archaeological Excavations in the Holy Land 2, New York · London · Toronto · Sydney · Tokyo · Singapore 1993, 745–749.

GIBLIN, Charles H., Suggestion, Negative Response, and Positive Action in St John's Portrayal of Jesus (John 2. 1–11.; 4. 46–54.; 7. 2–14.; 11. 1–11.), in: NTS 26, 1980, 197–211.

DERS., The Miraculous Crossing of the Sea (John 6. 16–21), in: NTS 29, 1983, 96–103.

GIESEN, Heinz, Art. ἐπιτιμάω, in: EWNT² 2, 1992, 106–108.

GIRARD, Marc, La composition structurelle des sept „signes" dans le quatrième évangile, in: SR 9, 1980, 315–320.

DERS., L'unité de composition de Jean 6, au regard de l'analyse structurelle, in: EeT(O) 13, 1982, 79–110.

GLASSON, T(homas) F(rancis), Moses in the Fourth Gospel, SBT 40, London 1963.

GNILKA, Joachim, Jesus von Nazareth. Botschaft und Geschichte, Sonderausgabe, Freiburg · Basel · Wien ³1994.

DERS., Theologie des Neuen Testaments, HThK.S 5, Freiburg · Basel · Wien 1994.

GÖRG, Manfred, Betesda: „Beckenhausen", in: BN 49, 1989, 7–10.

GOLDHAHN-MÜLLER, Ingrid, Die Grenze der Gemeinde. Studien zum Problem der Zweiten Buße im Neuen Testament unter Berücksichtigung der Entwicklung im 2. Jh. bis Tertullian, GTA 39, Göttingen 1989.

GOLTZ, Dietlinde, Über die Rolle des Arzneimittels in antiken und christlichen Wunderheilungen, in: SAGM 50, 1966, 392–410.

THE GOSPEL OF JOHN AS LITERATURE. An Anthology of Twentieth-Century Perspectives. Selected and Introduced by Mark W.G. Stibbe, NTTS 17, Leiden · New York · Köln 1993.

THE FOUR GOSPELS 1992. Festschrift Frans Neirynck, ed. by Frans van Segbroeck, Christopher M. Tuckett, Gilbert van Belle, J. Verheyden, 3 Bde., BEThL 100, Leuven 1992.

GOULDER, Michael D., John 1,1–2,12 and the Synoptics. Appendix: John 2,13–4,54, in: John and the Synoptics (s.u.), 201–237.

GOURGUES, Michel, Cinquante ans de recherche johannique. De Bultmann à la narratologie, in: „De bien des manières". La recherche biblique aux abords du XXIe siècle, ed. par Michel Gourgues et Léo Laberge, LeDiv 163, Paris 1995, 229–306.

GRÄSSER, Erich, Die antijüdische Polemik im Johannesevangelium, in: ders., Der Alte Bund im Neuen. Exegetische Studien zur Israelfrage im Neuen Testament, WUNT 35, Tübingen 1985, 135–153.

GREWE, Klaus, Licht am Ende des Tunnels. Planung und Trassierung im antiken Tunnelbau, Sonderhefte der Antiken Welt = Zaberns Bildbände zur Archäologie, Mainz am Rhein 1998.

GRIGSBY, Bruce, Washing in the Pool of Siloam – A Thematic Anticipation of the Johannine Cross, in: NT 27, 1985, 227–235.

GRILL, Julius, Untersuchungen über die Entstehung des vierten Evangeliums. Erster Teil, Tübingen · Leipzig 1902.

DERS., Untersuchungen über die Entstehung des vierten Evangeliums. Zweiter Teil. Das Mysterienevangelium des hellenisierten kleinasiatischen Christentums, Tübingen 1923.

GRILLMEIER, Alois, Jesus der Christus im Glauben der Kirche. Band 1. Von der Apostolischen Zeit bis zum Konzil von Chalcedon (451), Freiburg · Basel · Wien ³1990.

GRONEWALD, Michael, Unbekanntes Evangelium oder Evangelienharmonie (Fragment aus dem Evangelium Egerton 2), in: Kölner Papyri (P. Köln) Bd. 6, bearbeitet v. dems. u.a., ARWAW. Sonderreihe Papyrologica Coloniensia VII, Opladen 1987, 136–145.

GÜTTGEMANNS, Erhardt, Offene Fragen zur Formgeschichte des Evangeliums. Eine methodologische Skizze der Grundlagenproblematik der Form- und Redaktionsgeschichte, BEvTh 54, München 1970.

DERS., Linguistische Analyse von Mk 16,1–8, in: LingBibl 11/12, 1972, 13–53.

GUILDING, Aileen, The Fourth Gospel and Jewish Worship. A Study of the Relation of St. John's Gospel to the Ancient Jewish Lectionary System, Oxford 1960.

GUNKEL, Hermann, Elias, Jahve und Baal, RV II/8, Tübingen 1906.

DERS., Das Grundproblem der israelitischen Literaturgeschichte, in: ders., Reden und Aufsätze, Göttingen 1913, 29–38.

DERS., Formen der Hymnen, in: ThR 20, 1917, 265–304.

DERS., Das vierte Buch Esra. Einleitung, in: Die Apokryphen und Pseudepigraphen des Alten Testaments II (s.o. s.v. Quellen I.2), 331–352 [zitiert als „4Esra"].

DERS., Das Märchen im Alten Testament. ND mit einem Nachwort hg. v. Hans-Jürgen Hermisson Frankfurt am Main 1987.

GUNTHER, John J., The Alexandrian Gospel and Letters of John, in: CBQ 41, 1979, 581–603.

GUTTMANN, Alexander, The Significance of Miracles for Talmudic Judaism, in: HUCA 20, 1947, 363–406.

GYLLENBERG, Raffael, Die Anfänge der johanneischen Tradition, in: Neutestamentliche Studien für Rudolf Bultmann, BZNW 21, Berlin [2]1957, 144–147.

DERS., Johannesevangeliet som historik källa, in: SEÅ 43, 1978, 74–86.

HAACKER, Klaus, Die Stiftung des Heils. Untersuchungen zur Struktur der johanneischen Theologie, AzTh I/47, Stuttgart 1972.

DERS., Leistung und Grenzen der Formkritik, in: ThBeitr 12, 1981, 53–71.

HABERMANN, Jürgen, Präexistenzaussagen im Neuen Testament, EHS.T 362, Frankfurt am Main · Bern · New York · Paris 1990.

HAENCHEN, Ernst, Gott und Mensch. Gesammelte Aufsätze, Tübingen 1965. Daraus:
– Johanneische Probleme, 78–113.
– „Der Vater, der mich gesandt hat", 68–77.

DERS., Neuere Literatur zu den Johannesbriefen, in: ders., Die Bibel und wir. Gesammelte Aufsätze II, Tübingen 1968, 235–311.

HAHN, Ferdinand, Christologische Hoheitstitel. Ihre Geschichte im frühen Christentum, FRLANT 83, Göttingen [3]1966.

DERS., Die alttestamentlichen Motive in der urchristlichen Abendmahlsüberlieferung, in: EvTh 27, 1967, 337–374.

DERS., Die Bildworte vom neuen Flicken und vom jungen Wein (Mk. 2,21f parr), in: EvTh 31, 1971, 357–375.

DERS., Das Glaubensverständnis im Johannesevangelium, in: Glaube und Eschatologie. Festschrift für Werner Georg Kümmel zum 80. Geburtstag. Hg. v. Erich Gräßer und Otto Merk, Tübingen 1985, 51–69.

DERS., Vorwort, in: Zur Formgeschichte des Evangeliums (s.o.), VII–XI.

DERS., Die Formgeschichte des Evangeliums. Voraussetzungen, Ausbau und Tragweite, in: Zur Formgeschichte des Evangeliums (s.o.), 427–477.

DERS., Einige Überlegungen zu gegenwärtigen Aufgaben der Markusinterpretation, in: ders. (Hrsg.), Der Erzähler des Evangeliums. Methodische Neuansätze in der Markusforschung, SBS 118/119, Stuttgart 1985, 171–197.

DERS., Zur Verschriftlichung mündlicher Tradition in der Bibel, in: ZRGG 39, 1987, 307–318.

DERS., Art. υἱός, in: EWNT[2] 3, 1992, 912–937.

HAINTHALER, Theresia, Art. Doketismus, in: LThK[3] 3, 1995, 301f.

HAINZ, Josef, Joh 21 im Makrotext des vierten Evangeliums, in: ThGl 81, 1991, 302–322.

DERS., Neuere Auffassungen zur Redaktionsgeschichte des Johannesevangeliums, in: Theologie im Werden (s.u.), 157–176.

HALL, Stuart G., Art. Aloger, in: TRE 2, 1978 = ND 1993, 290–295.

HALVERSON, John, Oral and Written Gospel: A Critique of Werner Kelber, in: NTS 40, 1994, 180–195.

HAND, Wayland D., The Curing Of Blindness In Folk Tales, in: Volksüberlieferung. Festschrift für Kurt Ranke zur Vollendung des 60. Lebensjahres. Hg. v. Fritz Harkort, Karel C. Peters u. Robert Wildhaber, Göttingen 1968, 81–87.

HANSON, Anthony Tyrell, The Prophetic Gospel. A Study of John and the Old Testament, Edinburgh 1991.

HARE, D.R.A., The Lives of the Prophets. A New Translation and Introduction, in: Old Testament Pseudepigrapha. Volume 2. Expansions of the "Old Testament" and Legends, Wisdom and Philosophical Literature, Prayers, Psalms, and Odes, Fragments of Lost Judeo-Hellenistic Works. Ed. By James H. Charlesworth, Garden City, New York, 1985, 379–399.

HARL, Marguerit, La Bible d'Alexandrie. La Genèse (s.o. s.v. Quellen I.1).

(VON) HARNACK, Adolf, Geschichte der altchristlichen Litteratur bis Eusebius I. Die Chronologie der altchristlichen Litteratur bis Eusebius 1, Leipzig 1897.

DERS., August Neander, in: ders., Reden und Aufsätze I, Gießen ²1906, 193–218.

DERS., Sprüche und Reden Jesu. Die zweite Quelle des Matthäus und Lukas. Beiträge zur Einleitung in das Neue Testament 2, Leipzig 1907.

DERS., Die Entstehung des Neuen Testaments und die wichtigsten Folgen der neuen Schöpfung, Beiträge zur Einleitung in das Neue Testament 6, Leipzig 1914.

DERS., Die Mission und Ausbreitung des Christentums in den ersten drei Jahrhunderten. 2 Bde., Leipzig ⁴1924.

DERS., Das „Wir" in den johanneischen Schriften, in: ders., Kleine Schriften zur Alten Kirche. Berliner Akademieschriften 1908–1930, Opuscula IX. 2, Leipzig 1980, 626–643.

HARTMANN, Gerhard, Der Aufbau des Markusevangeliums mit einem Anhang: Untersuchungen zur Echtheit des Markusschlusses, NTA 17/2–3, Münster i.W. 1936.

HARTMANN, Gert, Die Vorlage der Osterberichte in Joh 20, in: ZNW 55, 1964, 197–220.

HARTMAN, Lars, An Attempt at a Text-Centered Exegesis of John 21, in: StTh 38, 1984, 29–45.

HARVEY, A.E., Jesus on Trial. A Study in the Fourth Gospel, London 1976.

HASITSCHKA, Martin, Befreiung von Sünde nach dem Johannesevangelium. Eine bibeltheologische Untersuchung, IThSt 27, Innsbruck · Wien 1989.

HAUFE, Günter, Die Mysterien, in: UUC I, 101–126.

HEEKERENS, Hans-Peter, Die Zeichen-Quelle der johanneischen Redaktion. Ein Beitrag zur Entstehungsgeschichte des vierten Evangeliums, SBS 113, Stuttgart 1984.

HEIDEGGER, Martin, Sein und Zeit, Tübingen ⁹1960.

DIE HEIDEN. Juden, Christen und das Problem des Fremden, hg. v. Reinhard Feldmeier und Ulrich Heckel mit einer Einleitung von Martin Hengel, WUNT 70, Tübingen 1994.

HEIL, John Paul, Jesus walking on the Sea. Meaning and Gospel Functions of Matt 14:22–33, Mark 6:45–52 and John 6,15b–21, AnBib 87, Rome 1981.

HEINZE, André, Johannesapokalypse und johanneische Schriften. Forschungs- und traditionsgeschichtliche Untersuchungen, BWANT 142, Stuttgart · Berlin · Köln 1998.

HEISING, Alkuin, Die Botschaft der Brotvermehrung. Zur Geschichte und zur Bedeutung eines Christusbekenntnisses im Neuen Testament, SBS 15, Stuttgart 1966.

HEITMÜLLER, Wilhelm, Zur Johannes-Tradition, in: ZNW 15, 1914, 189–209.

HELD, Heinz Joachim, Matthäus als Interpret der Wundergeschichten, in: Günther Bornkamm/Gerhard Barth/Heinz Joachim Held, Überlieferung und Auslegung im Matthäus-Evangelium, WMANT 1, Neukirchen-Vluyn ⁷1975, 155–287.

HENAUT, Barry W., John 4:43–54 and the ambivalent narrator. A response to Culpepper's Anatomy of the Fourth Gospel, in: SR 19, 1990, 287–304.

HENGEL, Martin, Die Zeloten. Untersuchungen zur jüdischen Freiheitsbewegung in der Zeit von Herodes I. bis 70 n. Chr., AGSU 1, Leiden 1961.

DERS., Probleme des Markusevangeliums, in: Das Evangelium und die Evangelien (s.o.), 221–265.

DERS., The Interpretation of the Wine Miracle at Cana: John 2: 1–11, in: The Glory of Christ in the New Testament. Studies in Christology in Memory of George Bradford Ciard. Ed. by L.D. Hurst and N.T. Wright, Oxford 1987, 83–112.

DERS., Einleitung zu J. Wellhausen, Evangelienkommentare, in: Julius Wellhausen, Evangelienkommentare (s.o. s.v. III.1 Kommentare zu den joh. Schriften) V–XII.

DERS., Judentum und Hellenismus. Studien zu ihrer Begegnung unter besonderer Berücksichtigung Palästinas bis zur Mitte des 2. Jh.s v. Chr., WUNT 10, Tübingen ³1988.

DERS., The Johannine Question, London · Philadelphia 1989.

DERS., Die Schriftauslegung des 4. Evangeliums auf dem Hintergrund der urchristlichen Exegese, in: JBTh 4, 1989, 249–288.

DERS., Reich Christi, Reich Gottes und Weltreich im Johannesevangelium, in: Königsherrschaft Gottes und himmlischer Kult im Judentum, Urchristentum und in der hellenistischen Welt, hg. v. Martin Hengel u. Anna Maria Schwemer, WUNT 55, Tübingen 1991, 163–184.

DERS., Die johanneische Frage. Ein Lösungsversuch mit einem Beitrag zur Apokalypse von Jörg Frey, WUNT 67, Tübingen 1993.

DERS., Die Ursprünge der Gnosis und das Urchristentum, in: Evangelium – Schriftauslegung – Kirche (s.o.), 190–223.

HENGEL, Rudolf und Martin, Die Heilungen Jesu und medizinisches Denken, in: Der Wunderbegriff im Neuen Testament (s.u.), 338–373.

HENRICHS, Albert, Die beiden Gaben des Dionysos, in: ZPE 16, 1975, 139–144.

DERS., Changing Dionysiac Identies, in: Jewish and Christian Self-Definition. Volume Three (s.u.), 137–160. 213–236.

HENTSCHEL, Georg, Die Elijaherzählungen. Zum Verhältnis von historischem Geschehen und geschichtlicher Erfahrung, EThSt 33, Leipzig 1977.

HERZOG, Rudolf, Die Wunderheilungen von Epidauros. Ein Beitrag zur Geschichte der Medizin und der Religion, Ph.S XXII/3, Leipzig 1931.

HINRICHS, Boy, „Ich bin". Die Konsistenz des Johannes-Evangeliums in der Konzentration auf das Wort Jesu, SBS 133, Stuttgart 1988.

HIRSCH, Emanuel, Das vierte Evangelium in seiner ursprünglichen Gestalt verdeutscht und erklärt, Tübingen 1936.

DERS., Studien zum vierten Evangelium (Text/Literarkritik/Entstehungsgeschichte), BHTh 11, Tübingen 1936.

DERS., Frühgeschichte des Evangeliums. Erstes Buch: Das Werden des Markusevangeliums, Tübingen 1941.

DERS., Stilkritik und Literaranalyse im vierten Evangelium, in: ZNW 43, 1950/51, 128–143.

HOEGEN-ROHLS, Christina, Der nachösterliche Johannes. Die Abschiedsreden als hermeneutischer Schlüssel zum vierten Evangelium, WUNT II/84, Tübingen 1996.

HOFBECK, Sebald, Semeion. Der Begriff des „Zeichens" im Johannesevangelium unter Berücksichtigung seiner Vorgeschichte, MüSt 3, Münsterschwarach ²1970.

HOFFMANN, Paul, Die Toten in Christus. Eine religionsgeschichtliche und exegetische Untersuchung zur paulinischen Eschatologie, NTA.NF 2, Münster ²1969.

HOFIUS, Otfried, Art. βλασφημία/βλασφημέω/βλάσφημος, in: EWNT² 1, 1992, 527–532.

DERS., Art. ὁμολογέω/ὁμολογία, in: EWNT² 2, 1992, 1255–1263.

DERS., Versprengte Herrenworte, in: Neutestamentliche Apokryphen 1 (s.o. s.v. I.4), 76–79.

HOFRICHTER, Peter, Joh 21 im Makrotext des Vierten Evangeliums, in: ThGl 81, 1991, 302–322.

HOLLERAN, J. Warren, Seeing the Light. A Narrative Reading of John 9, in: EThL 69, 1993, 5–26.

HOLTZMANN, Heinrich Julius, Das Problem des ersten johanneischen Briefes in seinem Verhältnis zum Evangelium, in: JPTh 7, 1881, 690–712. 9, 1882, 128–152.316–342. 460–485.

DERS., Lehrbuch der neutestamentlichen Theologie, hg. v. Adolf Jülicher und Walter Bauer, 2. Bde., Sammlung Theologischer Lehrbücher, Tübingen ²1911.

HOMEYER, H. (s.o. s.v. I.5. Quellen).

HORN, Friedrich Wilhelm, Glaube und Handeln in der Theologie des Lukas, GTA 26, Göttingen ²1986.

DERS., Christentum und Judentum in der Logienquelle, in: EvTh 51, 1991, 344–364.

DERS., Rez. Schwankl, Otto, Licht und Finsternis (s.u.), in: Bib. 77, 1996, 442–445.

HORN, Heinz Günter, Mysteriensymbolik auf dem Kölner Dionysosmosaik, BoJ.B 33, Bonn 1972.

HORSLEY, Richard A., "Like One of the Prophets of Old": Two Types of Popular Prophets at the Time of Jesus, in: CBQ 47, 1985, 435–463.

DERS., Galilee. History, Politics, People, Valley Forge, Pennsylvania 1995.

DERS., Archaeology, History, and Society in Galilee. The Social Context of Jesus and the Rabbis, Valley Forge, Pennsylvania, 1996.

DERS., Social Conflict in the Synoptic Sayings Source Q, in: Conflict and Invention. Literary, Rhetorical and Social Studies on the Sayings Gospel Q, ed. by John S. Kloppenborg, Valley Forge, Pennsylvania, 1995, 37–52.

VAN DER HORST, Pieter, Aelius Aristides and the New Testament, SCHNT 6, Leiden 1980.

DERS., Ancient Jewish Epitaphs. An introductory survey of a millenium of Jewish funerary epigraphy (300 BCE – 700 CE), CBET 2, Kampen 1991.

HÜBNER, Hans, Rez. Franck, Eskil (s.o.), in: ThLZ 114, 1989, 519–521.

DERS., Glossen in Epheser 2, in: Vom Urchristentum zu Jesus. Für Joachim Gnilka, hg. v. Hubert Frankemölle und Karl Kertelge, Freiburg · Basel · Wien 1989, 392–406.

DERS., Biblische Theologie des Neuen Testaments 1. Prolegomena, Göttingen 1990.

DERS., Biblische Theologie des Neuen Testaments 2. Die Theologie des Paulus und ihre neutestamentliche Wirkungsgeschichte, Göttingen 1993.

DERS., Biblische Theologie des Neuen Testaments 3. Hebräerbrief, Evangelien und Offenbarung. Epilegomena, Göttingen 1995.

DERS., Der Heilige Geist in der Heiligen Schrift, in: ders., Biblische Theologie als Hermeneutik. Gesammelte Aufsätze. Zum 65. Geburtstag hg. v. Antje Labahn und Michael Labahn, Göttingen 1995, 202–228.

DERS., New Testament Interpretation of the Old Testament, in: Hebrew Bible/Old Testament. The History of its Interpretation. Volume I. From the Beginnings to the Middle Ages (Until 1300). In Cooperation with Chris Brekelmans and Menahem Haran ed. by. Magne Sæbø, Göttingen 1996, 332–372.

DERS., Ein neuer *textus receptus* und sein Problem. Synchronie als Abwertung der Geschichte?, in: Jesus Christus als die Mitte der Schrift. Studien zur Hermeneutik des Evangeliums. Hg. v. Christof Landmesser, Hans-Joachim Eckstein u. Hermann Lichtenberger, BZNW 86, Berlin · New York 1997, 235–247.

HUNGER, Herbert, Zur Datierung des Papyrus Bodmer II (P 66), in: AÖAW.PH 97/1960, 1961, 12–23.

DERS., Antikes und mittelalterliches Buch- und Schriftwesen, in: ders. u.a., Geschichte der Textüberlieferung der antiken und mittelalterlichen Literatur Bd. 1: Antikes und mittelalterliches Buch- und Schriftwesen. Überlieferungsgeschichte der antiken Literatur, Zürich 1961, 25–147.

HUNZINGER, Claus-Hunno, Art. Bann II. Frühjudentum und Neues Testament, in: TRE 5, 1980 = ND 1993, 161–167.

THE INTERRELATIONS OF THE GOSPELS. Ed. by David L. Dungan, BEThL 95, Leuven 1990.

VAN IERSEL, B(as), Die wunderbare Speisung und das Abendmahl in der synoptischen Tradition (Mk vi 35–44 par., viii 1–20 par.), in: NT 7, 1964/65, 167–194.

ISER, Wolfgang, Indeterminacy and the Reader's Response in Prose Fiction, in: Aspects of Narrative. Selected Papers from the English Institute. Ed. by J. Hillis Miller, New York · London 1971, 1–45.

JACOBY, Adolf, Zur Heilung des Blinden von Bethsaida, in: ZNW 10, 1909, 185–194.

JEREMIAS, Joachim, Jesus als Weltvollender; BFChrTh 33/4, Gütersloh 1930.

DERS., Johanneische Literarkritik, in: ThBl 20, 1941, 33–46.

DERS., Heiligengräber in Jesu Umwelt (Mt. 23,29; Lk 11,47). Eine Untersuchung zur Volksreligion der Zeit Jesu, Göttingen 1958.

DERS., The Rediscovery of Bethesda. John 5:2, New Testament Archaeology Monograph 1, Louisville, KY. 1966.

DERS., Neutestamentliche Theologie. Erster Teil. Die Verkündigung Jesu, Gütersloh ³1979.

DERS., Die Sprache des Lukasevangeliums. Redaktion und Tradition im Nicht-Markusstoff des dritten Evangeliums, KEK-Sb, Göttingen 1980.

DERS./SCHNEEMELCHER, Wilhelm, Papyrus Egerton 2, in: Neutestamentliche Apokryphen 1 (s.o. s.v. I.4), 82–85.

From JESUS TO JOHN. Essays on Jesus and New Testament Christology in Honour of Marinus de Jonge ed. by Martinus C. de Boer, JSNT.S 84, Sheffield 1993.

JESUS AND THE ORAL GOSPEL TRADITION, ed. by Henry Wansbrough, JSNT.S 64, Sheffield 1991.

JOHANNES UND SEIN EVANGELIUM, hg. v. Karl Heinrich Rengstorf, WdF 82, Darmstadt 1973.

JOHN AND THE SYNOPTICS, ed. by Adelbert Denaux, BEThL 101, Leuven 1992.

JOHNS, Loren L./MILLER, Douglas B., The Signs as Witnesses in the Fourth Gospel: Reexamining the Evidence, in: CBQ 56, 1994, 519–535.

JONES, John R., Narrative Structures and Meaning in John 11:1–54, Ph.D. Dissertation Vanderbilt University, Vanderbilt 1982.

DE JONGE, Marinus, Christelijke Elementen in de Vitae Prophetarum, in: NedThT 16, 1961/62, 161–178.

JOSUTTIS, Manfred, Die Praktische Theologie vor der religionsgeschichtlichen Frage, in: ders., Der Kampf des Glaubens im Zeitalter der Lebensgefahr, KT 7, München 1987, 122–192.

JUDGE, Peter J., Luke 7,1–10. Sources and Redaction, in: L'Évangile de Luc. The Gospel of Luke. Revised and Enlarged Edition of L'Évangile de Luc. Problèmes littéraires et théologiques. Ed. by F(rans) Neirynck, BEThL 32, Leuven 1989, 473–490.

JÜLICHER, Adolf, Die Gleichnisreden Jesu, 2 Bde., ND Tübingen 1910.

DERS./FASCHER, Erich, Einleitung in das Neue Testament, GThW III/1, Tübingen ⁷1931.

KÄSEMANN, Ernst, Rez. Bultmann, Rudolf, JE (s.o. s.v. III.1 Kommentare), in: VF 2, 1942–46, 182–202.

DERS., Die Anfänge christlicher Theologie, in: ders., Exegetische Versuche und Besinnungen 2, Göttingen 1964, 82–104.

DERS., Jesu letzter Wille nach Johannes 17, Tübingen ¹1966. ³1971.

KAISER, Otto, Die mythische Bedeutung des Meeres in Ägypten, Ugarit und Israel, BZAW 78, Berlin 1959.

KAMMLER, Hans-Christian, Die „Zeichen" des Auferstandenen. Überlegungen zur Exegese von Joh 20,30+31, in: Otfried Hofius/Hans-Christian Kammler, Johannesstudien. Untersuchungen zur Theologie des vierten Evangeliums, WUNT 88, Tübingen 1996, 191–211.

KARRER, Martin, Jesus Christus im Neuen Testament, GNT 11, Göttingen 1998.

KARWIESE, Stefan, Groß ist die Artemis von Ephesos. Die Geschichte einer der großen Städte der Antike, Wien 1995.

KATZ, Steven T., Issues in the Separation of Judaism and Christianity After 70 C.E.: A Reconsideration, in: JBL 103, 1984, 43–76.

KEE, Howard Clark, Aretalogy and Gospel, JBL 92, 1973, 402–422.

DERS., Self-Definition on the Asclepius Cult, in: Jewish and Christian Self-Definition. Volume Three (s.u.), 118–136. 211–213.

DERS., Miracle in the Early Christian World. A Study in Sociohistorical Method, New Haven · London 1983.

KEHL, Alois, Der Psalmenkommentar von Tura Quaternio IX (Pap. Colon. Theol. 1), WAAFLNW. Sonderreihe Papyrologica Coloniensia I, Köln · Opladen 1964.

KELBER, Werner H., The Kingdom in Mark. A New Place and a New Time, Philadelphia 1974.

DERS., Markus und die mündliche Tradition, in: LingBibl 45, 1979, 5–58.

DERS., Die Anfangsprozesse der Verschriftlichung im Frühchristentum, in: ANRW II 26.1, 1992, 3–62.

KELLERMANN, Ulrich, Auferstanden in den Himmel. 2 Makkabäer 7 und die Auferstehung der Märtyrer, SBS 95, Stuttgart 1979.

KENNEDY, George A., New Testament Interpretation through Rhetorical Criticism, Studies in Religion, Chapel Hill · London 1984.

KERÉNYI, Karl, Die Griechisch-Orientalische Romanliteratur in religionsgeschichtlicher Beleuchtung. Ein Versuch, Tübingen 1927.

DERS., Dionysos. Urbild des unzerstörbaren Lebens, hg. v. Magda Kerényi, Werke in Einzelausgaben VIII, München · Wien 1976.

KERTELGE, Karl, Die Wunder Jesu im Markusevangelium. Eine redaktionsgeschichtliche Untersuchung, StANT 23, München 1970.

KILPATRICK, G.D., John iv.51 $\Pi AI\Sigma$ or $YIO\Sigma$, in: JThSt 14, 1963, 393.

KIMELMAN, Reuven, *Birkat Ha-Minim* and the Lack of Evidence for an Anti-Christian Jewish Prayer in Late Antiquity, in: Jewish and Christian Self-Definition. Vol. II. Aspects of Judaism in the Graeco-Roman Period. Ed. by. E.P. Sanders with A.I. Baumgarten and Alan Mendelson, London 1981, 226–244. 391–403.

KIRCHE. Festschrift Günther Bornkamm, hg. v. Dieter Lührmann u. Georg Strecker, Tübingen 1980.

KLAIBER, Walter, Die Aufgabe einer theologischen Interpretation des 4. Evangeliums, in: ZThK 82, 1985, 300–324.

DERS., Der irdische und der himmlische Zeuge. Eine Auslegung von Joh 3. 22–36, in: NTS 36, 1990, 205– 233.

KLAUCK, Hans-Josef, Hausgemeinde und Hauskirche im frühen Christentum, SBS 103, Stuttgart 1981.

DERS., Herrenmahl und hellenistischer Kult. Eine religionsgeschichtliche Untersuchung zum ersten Korintherbrief, NTA.NF 15, Münster 1982 (^{2}1986).

DERS., Gemeinde ohne Amt? Erfahrungen mit der Kirche in den johanneischen Schriften, in: BZ.NF 29, 1985, 193–220.

DERS., Brudermord und Bruderliebe. Ethische Paradigmen in 1Joh 3,11–17, in: Neues Testament und Ethik. Für Rudolf Schnackenburg, hg. v. Helmut Merklein, Freiburg · Basel · Wien 1989, 151–169.

DERS., Zur rhetorischen Analyse der Johannesbriefe, in: ZNW 81, 1990, 205–224.

DERS., Die Johannesbriefe, EdF 276, Darmstadt 1991.

DERS., Neue Zugänge zur Bibel. In Auseinandersetzung mit Eugen Drewermann, in: Heinz-Josef Fabry, Karl Kertelge, Hans-Josef Klauck, Jacob Kremer, Otto Hermann Pesch, Udo Schnelle, Bibel und Bibelauslegung. Das immer neue Bemühen um die Botschaft Gottes, Regensburg 1993, 89–116.

DERS., Die religiöse Umwelt des Urchristentums I. Stadt- und Hausreligion, Mysterienkulte, Volksglaube, Studienbücher Theologie 9,1, Stuttgart · Berlin · Köln 1995.

DERS., Die religiöse Umwelt des Urchristentums II. Herrscher- und Kaiserkult, Philosophie und Gnosis, Studienbücher Theologie 9,2, Stuttgart · Berlin · Köln 1996.

DERS., Magie und Heidentum in der Apostelgeschichte des Lukas, SBS 167, Stuttgart 1996.

DERS., Die antike Briefliteratur und das Neue Testament. ein Lehr- und Arbeitsbuch, UTB 2022, Paderborn · München · Wien · Zürich 1998.

KLEIN, Günter, Art. Eschatologie IV. Neues Testament, in: TRE 10, 1982 = ND 1993, 270–299.

KLOPPENBORG, John S., Tradition and Redaction in the Synoptic Sayings Source, in: CBQ 46, 1984, 34– 62.

DERS., The Formation of Q. Trajectories in Ancient Wisdom Collections. Studies in Antiquity and Christianity, Philadelphia 1987.

KLOS, Herbert, Die Sakramente im Johannesevangelium. Vorkommen und Bedeutung von Taufe, Eucharistie und Buße im vierten Evangelium, SBS 46, Stuttgart 1970.

KNÖPPLER, Thomas, Die theologia crucis des Johannesevangeliums. Das Verständnis des Todes Jesu im Rahmen der johanneischen Inkarnations- und Erhöhungschristologie, WMANT 69, Neukirchen-Vluyn 1994.

KOCH, Dietrich-Alex, Die Bedeutung der Wundererzählungen für die Christologie des Markusevangeliums, BZNW 42, Berlin · New York 1975.

KOCH, Klaus, Was ist Formgeschichte? Methoden der Bibelexegese, Neukirchen-Vluyn [4]1981.

KÖRTNER, Ulrich H. J., Papias von Hierapolis. Ein Beitrag zur Geschichte des frühen Christentums, FRLANT 133, Göttingen 1983.

DERS., Das Fischmotiv im Speisungswunder, in: ZNW 75, 1984, 24–35.

KOESTER, Craig R., "The Savoir of the World" (John 4:42), in: JBL 109, 1990, 665–680.

Ders., Symbolism in the Fourth Gospel. Meaning, Mystery, Community, Minneapolis 1995.

KÖSTER, Helmut, Synoptische Überlieferung in den apostolischen Vätern, TU 65, Berlin 1957.

DERS., Dialog und Spruchüberlieferung in den gnostischen Texten von Nag Hammadi, in: EvTh 39, 1979, 532–556.

DERS., Apocryphal and Canonical Gospels, in: HThR 73, 1980, 105–130.

DERS., Einführung in das Neue Testament im Rahmen der Religionsgeschichte und Kulturgeschichte der hellenistischen und römischen Zeit, GLB, Berlin · New York 1980.

DERS., Art. Formgeschichte/Formenkritik II. Neues Testament, in: TRE 11, 1983 = ND 1993, 286–299.

DERS., History and Development of Mark's Gospel (From Mark to *Secret Mark* and "Canonical" Mark), in: Colloquy on New Testament Studies. A Time for Reappraisal and Fresh Approaches. Ed. with an Introduction by Bruce Corley, Macon, GA, 1983, 35–57.

DERS., Überlieferung und Geschichte der frühchristlichen Evangelienliteratur, ANRW II.25.2, 1984, 1463– 1542.

DERS., Gnostic Sayings and Controversy Traditions in John 8:12–59, in: Nag Hammadi Gnosticism and Early Christianity, ed. by Charles W. Hedrick/Robert Hodgson, Peabody (MA) 1986, 97–110.

DERS., Ancient Christian Gospels. Their History and Development, Cambridge, Massachusetts, 1990.

DERS., Written Gospels or Oral Tradition?, in: JBL 113, 1994, 293–297.

DERS., Ephesos in Early Christian Literature, in: Ephesos: Metropolis of Asia (s.o.), 119–140.

KOLLMANN, Bernd, Ursprung und Gestalten der frühchristlichen Mahlfeiern, GTA 43, Göttingen 1990.

DERS., Göttliche Offenbarung magisch-pharmakologischer Heilkunst im Buch Tobit, in: ZAW 106, 1994, 289–299.

DERS., Jesus und die Christen als Wundertäter. Studien zu Magie, Medizin und Schamanismus in Antike und Christentum, FRLANT 170, Göttingen 1996.

KONINGS, J, The Pre-Markan Sequence in *Jn.*, VI: A Critical Re-Examination, in: L'évangile selon Marc (s.o.), 147–178.

DERS., The Dialogue of Jesus, Philip and Andrew in John 6,5–9, in: John and the Synoptics (s.o.), 523–534.

VAN DER KOOIJ, Arie, Zur Theologie des Jesajabuches in der Septuaginta, in: Theologische Probleme der Septuaginta und der hellenistischen Hermeneutik. Hg. v. Henning Graf Reventlow, VWGT 11, München 1997, 9–25.

KOSCH, Daniel, Q: Rekonstruktion und Interpretation. Eine methodenkritische Hinführung mit einem Exkurs zur Q-Vorlage des Lk, in: FZPhTh 36, 1989, 409–425.

KOSKENNIEMI, Erkki, Apollonius von Tyana in der neutestamentlichen Exegese. Forschungsbericht und Weiterführung der Diskussion, WUNT II/61, Tübingen 1994 [zitiert als „Forschungsbericht"].

DERS., Apollonius of Tyana: A Typical ΘΕΙΟΣ ΑΝΗΡ?, in: JBL 117, 1998, 455–467 [zitiert als „ΘΕΙΟΣ ΑΝΗΡ"].

KOTILA, Markku, Umstrittener Zeuge. Studien zur Stellung des Gesetzes in der johanneischen Theologiegeschichte, AASF.DHL 48, Helsinki 1988.

KOTZÉ, P.P.A., John and reader's response, in: Neotest. 19, 1985, 50–63.

KOWALSKI, Beate, Die Hirtenrede (Joh 10,1–18) im Kontext des Johannesevangeliums, SBB 31, Stuttgart 1996.

KRATZ, Reinhard, Der Seewandel des Petrus (Mt 14,28–31), in: BiLe 15, 1974, 86–101.

KRATZ, Reinhard Gregor, Kyros im Deuterojesajabuch. Redaktionsgeschichtliche Untersuchungen zu Entstehung und Theologie von Jes 40–55, FAT 1, Tübingen 1991.

KRAUS, Wolfgang, Johannes und das Alte Testament. Überlegungen zum Umgang mit der Schrift im Johannesevangelium im Horizont Biblischer Theologie, in: ZNW 88, 1997, 1–23.

KREMER, Jacob, Jesu Wandel auf dem See nach Markus 6,45–52. Auslegung und Meditation, in: BiLe 10, 1969, 221–232.

DERS., Der arme Lazarus. Lazarus, der Freund Jesu. Beobachtungen zur Beziehung zwischen Lk 16, 19–31 und Joh 11, 1–46, in: À cause de l'évangile. Études sur les Synoptiques et les Actes offertes au P. Jacques Dupont à l'occasion de son 70e anniversaire, LeDiv 123, Paris 1985, 572–584 [zitiert als „Beobachtungen"].

DERS., Lazarus. Die Geschichte einer Auferstehung. Text, Wirkungsgeschichte und Botschaft von Joh 11,1–46, Stuttgart 1985.

DERS., Auferstehung der Toten in bibeltheologischer Sicht, in: Gisbert Greshake/Jacob Kremer, Resurrectio mortuorum. Zum theologischen Verständnis der leiblichen Auferstehung, Darmstadt 1986, 5–161.

KREUZER, Siegfried, „Wo ich hingehe, dahin könnt ihr nicht kommen". Johannes 7,34; 8,21; 13,33 als Teil der Mosetypologie im Johannesevangelium, Die Kirche als historische und eschatologische Größe. Festschrift für Kurt Niederwimmer zum 65. Geburtstag. Hg. v. Wilhelm Pratscher u. Georg Sauer, Frankfurt a. M. · Berlin · Bern · New York · Paris · Wien 1994, 63–76.

KRIEGER, Klaus-Stefan, Die Zeichenpropheten – eine Hilfe zum Verständnis des Wirkens Jesu?, in: Von Jesus zum Christus. Christologische Studien. Festgabe für Paul Hoffmann zum 65. Geburtstag. Hg. v. Rudolf Hoppe u. Ulrich Busse, BZNW 93, Berlin · New York 1998, 175–188.

KRUG, Antje, Heilkunst und Heilkult. Medizin in der Antike, Beck's Archäologische Bibliothek, München [2]1993.

KUBCZAK, Hartmut, Was ist ein Soziolekt? Überlegungen zur Symptomfunktion sprachlicher Zeichen unter besonderer Berücksichtigung der diastratischen Dimension, Sprachwissenschaftliche Studienbücher I, Heidelberg 1979.

KÜGLER, Joachim, Der Jünger, den Jesus liebte. Literarische, theologische und historische Untersuchungen zu einer Schlüsselgestalt johanneischer Theologie und Geschichte. Mit einem Exkurs über die Brotrede in Joh 6, SBB 16, Stuttgart 1988.

KÜHSCHELM, Roman, Verstockung, Gericht und Heil. Exegetische und bibeltheologische Untersuchung zum sogenannten „Dualismus" und „Determinismus" in Joh 12,35–50, BBB 76, Frankfurt am Main 1990.

KÜMMEL, Werner Georg, Das Neue Testament. Geschichte der Erforschung seiner Probleme, OA III/3, Freiburg · München [2]1970.

DERS., Die Theologie des Neuen Testaments nach seinen Hauptzeugen Jesus · Paulus · Johannes, GNT 3, Göttingen [4]1980,

DERS., Einleitung in das Neue Testament, Heidelberg [21]1983.

DERS., Dreißig Jahre Jesusforschung (1950–1980). Hg. v. Helmut Merklein, BBB 60, Königstein · Bonn 1985.

KUHLI, Horst, Art. Ἰουδαῖος, in: EWNT ², 1992, 472–482.

KUHN, Hans-Jürgen, Christologie und Wunder. Untersuchungen zu Joh 1,35–51, BU 18, Regensburg 1988.

KUHN, Heinz Wolfgang, Ältere Sammlungen im Markusevangelium, StUNT 8, Göttingen 1971.

KUHN, Karl Georg, Giljonim und Sifre minim, in: Judentum, Urchristentum, Kirche. Festschrift für Joachim Jeremias, hg. v. Walther Eltester, BZNW 26, Berlin 1960, 24–61.

KUNDSIN, Karl, Topologische Überlieferungsstoffe im Johannes-Evangelium. Eine Untersuchung, FRLANT 39, Göttingen 1925.

KVALBEIN, Hans, Die Wunder der Endzeit. Beobachtungen zu 4Q521 und Matth 11,5p, in: ZNW 88, 1997, 111–125.

KYSAR, Robert, The Fourth Evangelist and His Gospel. An examination of contemporary scholarship, Minneapolis, Minnesota, 1975.

DERS., John's Story of Jesus, Philadelphia 1984.

DERS., The Fourth Gospel. A Report on Recent Research, in: ANRW II 25.3, 1985, 2389–2480.

LABAHN, Antje, Wort Gottes und Schuld Israels. Untersuchungen zu Motiven deuteronomistischer Theologie im Deuterojesajabuch mit einem Ausblick auf das Verhältnis von Jes 40–55 zum Deuteronomismus, BWANT 143, Stuttgart · Berlin · Köln 1999.

LABAHN, Michael, Rez. Rein, Matthias (s.u.), in: ThRv 92, 1996, 414–418.

DERS., Eine Spurensuche anhand von Joh 5.1–18. Bemerkungen zu Wachstum und Wandel der Heilung eines Lahmen, in: NTS 44, 1998, 159–179.

LAMBRECHT, Jan, Rhetorical Criticism and the New Testament, in: Bijdr. 50, 1989, 239–253.

LAMPE, Peter, Art. βασιλεύς 6, in: EWNT² 1, 1992, 498.

LANDIS, Stephan, Das Verhältnis des Johannesevangeliums zu den Synoptikern. Am Beispiel von Mt 8,5–13; Lk 7,1–10; Joh 4,46–54, BZNW 74, Berlin · New York 1994.

LANG, Manfred, „Mein Herr und mein Gott" (Joh 20,28). Aufbau und Struktur von Joh 18,1–20,31 vor dem Hintergrund von Mk 14,43–16,8 und Lk 22,47–24,43, Diss. masch. Halle (Saale) 1997.

LANGBRANDTNER, Wolfgang, Weltferner Gott oder Gott der Liebe. Der Ketzerstreit in der johanneischen Kirche. Eine exegetisch-religionsgeschichtliche Untersuchung mit Berücksichtigung der koptisch-gnostischen Texte aus Nag-Hammadi, BET 6, Frankfurt am Main · Bern · Las Vegas 1977.

LATTE, Kurt, Römische Religionsgeschichte, HAW V/4, München 1960.

LATTKE, Michael, Joh 20,30f als Buchschluß, in: ZNW 78, 1987, 288–292.

LAUSBERG, Heinrich, Die Verse J 2,10–11 des Johannes-Evangeliums. Rhetorische Befunde zu Form und Sinn des Textes, NAWG I. 1986/3, Göttingen 1986, 115–125.

LAWLER, Edwina G., David Friedrich Strauss and His Critics. The Life of Jesus Debate in Early Nineteenth-Century German Journals, AmUSt.TR 16, New York · Berne · Frankfurt am Main 1986.

LEE, Dorothy A., The Symbolic Narratives of the Fourth Gospel. The Interplay of Form and Meaning, JSNT.S 95, Sheffield 1995.

LEIDIG, Edeltraud, Jesu Gespräch mit der Samaritanerin und weitere Gespräche im Johannesevangelium, ThDiss 15, Basel 1979.

LEIPOLDT, Johannes, Geschichte des neutestamentlichen Kanons II. Mittelalter und Neuzeit, Leipzig 1908.

LEMONON, Jean-Pierre, Chronique johannique (1981–1992), in: LV(L) 41 n° 209, 1992, 95–104.

LEROY, Herbert, Rätsel und Mißverständnisse. Ein Beitrag zur Formgeschichte des Johannesevangeliums, BBB 30, Bonn 1968.

DERS., Diskussionsbeiträge zur Exegese von Joh 2,1–11, in: Versuche mehrdimensionaler Schriftauslegung. Bericht über ein Gespräch. Hg. v. Gerhard Voss u. Helmut Harsch, Stuttgart/München 1972, 86–88.

DERS., Art Βηθζαθά (Βηζαθά)/Βηθεσδά, in: EWNT^2 1, 1992, 512f.

LESKY, E., Art. Blindheit, in: RAC 2, 1954, 433–446.

LEVIN, Saul, The Early History of Christianity in Light of the 'Secret Gospel' of Mark, in: ANRW II 25.6, 1988, 4270–4292.

LEWANDOWSKI, Theodor, Linguistisches Wörterbuch, 3 Bde., UTB 200.201.300, Heidelberg 1 ^{4}1984. 2–3 ^{4}1985.

LEWIS, Jack P., What Do We Mean By Jabneh?, in: The Canon and Masorah of the Bible. An Introductory Reader. Ed. by Sid Z. Leiman, LBS, New York 1974, 254–261.

LICHTENBERGER, Hermann, Messianische Erwartungen und messianische Gestalten in der Zeit des Zweiten Tempels, in: Messias-Vorstellungen (s.u.), 9–20.

LIEU, Judith M., The Second and Third Epistles of John, ed. by John Riches, Studies of the New Testament and Its World, Edinburgh 1986.

DIES., Blindness in the Johannine Tradition, in: NTS 34, 1988, 83–95.

DIES., The Theology of the Johannine Epistles, New Testament Theology, Cambridge · New York · Port Chester · Melbourne · Sydney 1991.

DIES., The Mother of the Son in the Fourth Gospel, in: JBL 117, 1998, 61–77.

LINDARS, Barnabas, John, New Testament Guides, ND Sheffield 1994.

DERS., Essays on John. Ed. by Christopher M. Tuckett, SNTA 17, Leuven 1992. Daraus:
 – Two Parables in John, 9–20.
 – Traditions behind the Fourth Gospel, 87–104.
 – Discourse and Tradition: The Use of the Sayings of Jesus in the Discourses of the Fourth Gospel, 113–129.
 – Rebuking the Spirit. A New Analysis of the Lazarus Story of John 11, 183–198 [zitiert als „Spirit a"].
 – Capernaum Revisited. John 4,46–53 and the Synoptics, 199–214.

DERS., Rebuking the Spirit. A New Analysis of the Lazarus Story of John 11, in: John and the Synoptics (s. o.), 542–547 (kürzere Version des vorgenannten, gleichnamigen Essays. [Zitiert als „Spirit b"]).

LINDEMANN, Andreas, Die Erzählung der Machttaten Jesu in Markus 4,35–6,6a. Erwägungen zum formgeschichtlichen und zum hermeneutischen Problem, in: Anfänge der Christologie (s.o.), 185–207.

DERS., Literatur zu den synoptischen Evangelien 1984–1991, in: ThR 59, 1994, 41–100. 113–185.252–284.

LINK, Andrea, Kritische Bestandsaufnahme neuer methodischer Ansätze in der Exegese des Johannesevangeliums anhand von Joh 4, in: ThGl 81, 1991, 253–278.

DIES., Botschafterinnen des Messias. Die Frauen des vierten Evangeliums im Spiegel johanneischer Redaktions- und Theologiegeschichte, in Theologie im Werden (s.u.), 247–278.

LINNEMANN, Eta, Die Hochzeit zu Kana und Dionysos oder das Unzureichende der Kategorien Übertragung und Identifikation zur Erfassung der religionsgeschichtlichen Beziehungen, in: NTS 20, 1974, 408–418.

VON LIPS, Hermann, Weisheitliche Traditionen im Neuen Testament, WMANT 64, Neukirchen-Vluyn 1990.

DERS., Anthropologie und Wunder im Johannesevangelium. Die Wunder Jesu im Johannesevangelium im Unterschied zu den synoptischen Evangelien auf dem Hintergrund des johanneischen Menschenverständnisses, in: EvTh 50, 1990, 296–311.

LOADER, William, John 1:50–51 and the "Greater Things" of Johannine Christology, in: Anfänge der Christologie (s.o.), 255–274.

LÖHR, Winrich A., Basilides und seine Schule. Eine Studie zur Theologie- und Kirchengeschichte des zweiten Jahrhunderts, WUNT 83, Tübingen 1996.

LOFFREDA, Stanislao/TZAFERIS, Vassilios, Art. Capernaum, in: The New Encyclopedia of Archaeological Excavations in the Holy Land 1, New York · London · Toronto · Sydney · Tokyo · Singapore 1993, 291–296.

LOGOS UND BUCHSTABE. Mündlichkeit und Schriftlichkeit im Judentum und Christentum der Antike, hg. v. Gerhard Sellin/François Vouga. Unter Mitarbeit von Stefan Alkier, Anja Cornils und Krischan Heinemann, TANZ 20, Tübingen · Basel 1997.

LOHFINK, Gerhard, Das Weinwunder zu Kana. Eine Auslegung von Joh 2,1–12, in: GuL 57, 1984, 169–182.

LOHFINK, Norbert, Gab es eine deuteronomistische Bewegung?, in: ders., Studien zum Deuteronomium und zur deuteronomistischen Literatur II. SBAB 20, Stuttgart 1995, 65–142.

LOHSE, Eduard, Art. σάββατον κτλ., in: ThWNT 7, 1964 = ND 1966, 1–35.

DERS., Jesu Worte über den Sabbat, in: ders., Die Einheit des Neuen Testaments. Studien zur Theologie des Neuen Testaments, Göttingen [2]1976, 62–72.

DERS., Miracles in the Fourth Gospel, in: ders., Die Vielfalt des Neuen Testaments. Exegetische Studien zur Theologie des Neuen Testaments, Göttingen 1982, 45–56.

DERS., Die Entstehung des Neuen Testaments, ThW 4, Stuttgart · Berlin · Köln · Mainz [4]1983.

DERS., Umwelt des Neuen Testaments, GNT 1, Göttingen [6]1983.

DERS., Johannes 4,46–54. Predigtmeditation zum 3. Sonntag nach Epiphanias – 25.1.1987, in: GPM 41, 1986/87, 103–109.

DERS., Wie christlich ist die Offenbarung des Johannes?, in: NTS 34, 1988, 321–338.

DERS., Grundriß der neutestamentlichen Theologie, ThW 5,1, Stuttgart · Berlin · Köln [4]1989.

LONG, Burke O., 2 Kings, FOTL 10, Grand Rapids, Michigan 1991.

LONGENECKER, Bruce W., The Unbroken Messiah: A Johannine Feature and Its Social Functions, in: NTS 41, 1995, 428–441.

VAN DER LOOS, H., The Miracles of Jesus, NT.S 9, Leiden 1965.

LORD, Albert Bates, A Singer of Tales, Cambridge 1960.

LORENZEN, Thorwald, Der Lieblingsjünger im Johannesevangelium. Eine redaktionsgeschichtliche Studie, SBS 55, Stuttgart 1971.

LORENZINI, Ezio, La problematicità dell'unità linguistica Giovannea secondo il methodo dello Schweizer, in: VetChr 18, 1981, 453–469.

LÜHRMANN, Dieter, Die Redaktion der Logienquelle, WMANT 33, Neukirchen-Vluyn 1969.

DERS., Glaube im frühen Christentum, Gütersloh 1976.

DERS., Die Geschichte einer Sünderin und andere apokryphe Jesusüberlieferungen bei Didymos von Alexandrien, in: NT 32, 1990, 289–316.

DERS., Das neue Fragment des P Egerton 2 (P Köln 255), in: The Four Gospels (s.o.), 2239–2255.

DERS., Neutestamentliche Wundergeschichten und antike Medizin, in: Religious Propaganda and Missionary Competition in the New Testament World (s.u.), 195–204.

LÜTGEHETMANN, Walter, Die Hochzeit von Kana (Joh 2,1–11). Zu Ursprung und Deutung einer Wundererzählung im Rahmen johanneischer Redaktionsgeschichte, BU 20, Regensburg 1990. [zitiert als „Wundererzählung"]

DERS., Die Hochzeit von Kana – Der Anfang der Zeichen Jesu, in: Theologie im Werden (s.u.), 177–197 [zitiert als „Anfang"]

LUZ, Ulrich, Markusforschung in der Sackgasse, in: ThLZ 105, 1980, 641–655.

DERS., Gesetz III. Das Neue Testament, in: SMEND, Rudolf/LUZ, Ulrich, Gesetz, BiKon = KTB 1015, Stuttgart · Berlin · Köln · Mainz 1981, 58–144. 149–156.

DERS., Wirkungsgeschichtliche Exegese. Ein programmatischer Arbeitsbericht mit Beispielen aus der Bergpredigtsexegese, in: BThZ 2, 1985, 18–32.

LYONS, John, Einführung in die moderne Linguistik, München [2]1972.

MACK, Burton L., A Myth of Innocence: Mark and Christian Origins, Philadelphia 1988.

DERS., Rhetoric and the New Testament, GBSNTS, Minneapolis 1990.

DERS., The Lost Gospel. The Book of Q & Christian Origins, San Francisco 1993.

MACKOWSKI, Richard M., "Scholars' Qanah". A Re-examination of the Evidence in Favor of Khirbet-Qanah, in: BZ.NF 23, 1979, 278–283.

MADDEN, Patrick J., Jesus' Walking on the Sea. An Investigation of the Origin of the Narrative Account, BZNW 81, Berlin · New York 1997.

MAGIE, David, Roman Rule in Asia Minor to the End of the third Century after Christ, 2 Bde., New Jersey 1950.

MAIER, Gerhard, Johannes und Matthäus – Zwiespalt oder Viergestalt des Evangeliums?, in: Gospel Perspectives. Studies of History and Tradition in the Four Gospels II, ed. by R.T. France and D. Wenham, Sheffield 1981, 267–291.

MAIER, Johann, Jüdische Auseinandersetzungen mit dem Christentum in der Antike, EdF 177, Darmstadt 1982.

DERS., Zwischen den Testamenten. Geschichte und Religion in der Zeit des zweiten Tempels, NEB. Ergänzungsband zum Alten Testament 3, Würzburg 1990.

MAISCH, Ingrid, Die Heilung des Gelähmten. Eine exegetisch-traditionsgeschichtliche Untersuchung zu Mk 2,1–12, SBS 52, Stuttgart 1971.

MALATESTA, Edward, St. John's Gospel 1920–1965. A Cumulative and Classified Bibliography of Book and Periodical Literature on The Fourth Gospel, AnBib 32, Rome 1967.

MALHERBE, Abraham J., The Inhospitality of Diotrephes, in: God's Christ and His People. Studies in Honour of Nils Alstrup Dahl. Ed. by Jacob Jervell, Wayne A. Meeks, Oslo · Bergen · Tromsö 1977, 222–232.

MANNS, Frédéric, Traditions Targumiques en Jean 2,1–11, in: Marianum 45, 1983, 297–305.

MARCHADOUR, Alain, Lazare. Histoire d'un récit. Récits d'une histoire, LeDiv 132, Paris 1988.

MARGUERAT, Daniel, Strukturale Textlektüren des Evangeliums, in: Methoden der Evangelien-Exegese. ThBer XIII, 1985, 41–86.

DERS., La „Source des Signes" Existe-t-elle? Réception des récits de miracle dans l'évangile de Jean, in: La communauté Johannique (s.o.), 69–93.

MARKSCHIES, Christoph, Art. Gnosis/Gnostizismus, in: NBL I, 1991, 868–871.

MARTIN, James P., History and Eschatology in the Lazarus Narrative John 11.1–44, in: SJTh 17, 1964, 332–343.

MARTIN, Luther H., Hellenistic Religions. An Introduction, New York · Oxford 1987.

MARTYN, J. Louis, History and Theology in the Fourth Gospel, New York · Evanston 1968.

DERS., The Gospel of John in Christian History. Essays for Interpreters, Theological Inquiries, New York · Ramsey · Toronto 1978. Daraus:
  – "We Have Found Elijah". A View of Christ Formulated Very Early in the Life of the Johannine Community, 9–54.
  – Glimpses into the History of the Johannine Community. From its Origin Through the Period of Its Life in Which The Fourth Gospel Was Composed, 90–121.

MARXSEN, Willi, Einleitung in das Neue Testament. Eine Einführung in ihre Probleme, Gütersloh [4]1978.

MATSUNAGA, Kikuo, Galileans in the Fourth Gospel, AJBI 2, 1976, 139–158.

MATTILL, A.J., Johannine Communities Behind the Fourth Gospel: Georg Richter's Analysis, in: TS 38, 1977, 294–315.

MAURER, Christian, Steckt hinter Joh 5,17 ein Übersetzungsfehler?, in: WuD 5, 1957, 130–140.

MAYEDA, Goro, Das Leben-Jesu-Fragment. Papyrus Egerton 2 und seine Stellung in der urchristlichen Literaturgeschichte, Bern 1946.

MAYER, Allan, Elijah and Elisha in John's Signs Source, in: ET 99, 1987/88, 171–173.

McCASLAND, S. Vernon, The Asclepios Cult in Palestine, in: JBL 58, 1939, 221–227.

McGINTY, Park, Dionysos's Revenge and the Validation of the Hellenic World-View, in: HThR 71, 1978, 77–94.

McKAY, Heather A., Sabbath and Synagoge. The Question of Sabbath Worship in Ancient Judaism, Religions in the Graeco-Roman World (vormals EPRO) 122, Leiden · New York · Köln 1994.

MEAD, A. H., The βασιλικός in John 4.46–53, in: JSNT 23, 1985, 69–72.

MEALAND, D.L., John 5 and the Limits of Rhetorical Criticism, in: Understanding Poets and Prophets. Essays in Honour of George Wishart Anderson ed. by. A. Graeme Auld, JSOT.S 152, Sheffield 1993, 258–272.

MEEKS, Wayne A., The Prophet-King. Moses Traditions and the Johannine Christology, NT.S 14, Leiden 1967.

DERS., Die Funktion des vom Himmel herabgestiegenen Offenbarers für das Selbstverständnis der johanneischen Gemeinde, in: Zur Soziologie des Urchristentums. Ausgewählte Beiträge zum frühchristlichen Gemeinschaftsleben in seiner gesellschaftlichen Umwelt. Hg. v. dems., TB 62, München 1979, 245–283.

DERS., Equal to God, in: The Conversation Continues (s.o.), 309–321.

MEES, Michael, Die Heilung des Kranken vom Bethesdateich aus Joh 5,1–18, in frühchristlicher Sicht, in: NTS 32, 1986, 596–608.

MEIER, John P., A Marginal Jew. Rethinking the Historical Jesus. Volume Two: Mentor, Message, and Miracles, ABRL, New York · London · Toronto · Sydney · Auckland 1994.

MENDNER, S., Zum Problem ‚Johannes und die Synoptiker‘, in: NTS 4, 1957/58, 282–307.

MENKEN, Maarten J.J., Some Remarks on the Course of the Dialogue: John 6,25–34, in Bijdr. 48, 1987, 139–149.

DERS., De genezing van de Lamme en de omstreden christologie in Joh 5, in: Collationes 18, 1988, 418–435.

DERS., The Christology of the Fourth Gospel: A Survey of Recent Research, in: From Jesus to John (s.o.), 292–320.

DERS., "He Has Blinded Their Eyes …" (John 12:40), in: ders., Old Testaments Quotations in the Fourth Gospel. Studies in Textual Form, CBET 15, Kampen 1996, 99–122.

DERS., The Use of the Septuagint in Three Quotations in John: Jn 10,34; 12,38; 19,24, in: The Scriptures in the Gospels (s.u.), 367–393.

MEREDITH, Anthony, Art. Johannes-Evangelium (u. -Brief) D, Sonderdruck aus: RAC 18, 1998, 646–663.

MERK, Otto, Art. Literarkritik II. Neues Testament, in: TRE 21, 1991, 222–233.

MERKEL, Helmut, Auf den Spuren des Urmarkus? Ein neuer Fund und seine Bedeutung, in: ZThK 71, 1974, 123–144.

DERS., Das „geheime Evangelium" nach Markus, in: Neutestamentliche Apokryphen 1 (s.o.) s.v. I.4), 89–92.

MERKELBACH, Reinhold, Die Hirten des Dionysos. Die Dionysos-Mysterien der römischen Kaiserzeit und der bukolische Roman des Longus, Stuttgart 1988.

MERKLEIN, Helmut, Gott und Welt. Eine exemplarische Interpretation von Joh 2,23–3,21; 12,20–36 zur theologischen Bestimmung des johanneischen Dualismus, in: Der lebendige Gott. Studien zur Theologie des Neues Testaments. Festschrift für Wilhelm Thüsing zum 75. Geburtstag. Hg. v. Thomas Söding, NTA.NF 31, Münster 1996, 287–305.

THE MESSIAH. Developments in Earliest Judaism and Christianity, ed by James H. Charlesworth with J. Brownson, M.T. Davis, S.J. Kraftchick, and A.F. Sigal, Minneapolis 1992.

MESSIAS-VORSTELLUNGEN BEI JUDEN UND CHRISTEN, hg. v. Ekkehard Stegemann, Stuttgart · Berlin · Köln 1993.

METTINGER, Tryggve N.D., Fighting the Powers of Chaos and Hell – Towards the Biblical Portrait of God, in: StTh 39, 1985, 21–38.

METZGER, Bruce M., A Textual Commentary on the Greek New Testament. A Companian Volume to the United Bible Societas' Greek New Testament (Third Revised Edition), London · New York 1971.

DERS., Manuscripts of the Greek Bible. An Introduction of the Greek Palaeography, New York · Oxford 1981.

DERS., A Textual Commentary on the Greek New Testament. A Companian Volume to the United Bible Societas' Greek New Testament (Fourth Revised Edition), Stuttgart ²1994.

MEURER, Heribert, Art. Lazarus von Bethanien, in: LCI 3, 1971, 33–38.

MEYER, Rudolf, Art. περιτέμνω κτλ., in: ThWNT 6, 1959 (=ND 1965), 72–83.

MICHEL, Otto, Zur Lehre vom Todesschlaf, in: ZNW 35, 1936, 285–290.

DERS., Der Anfang der Zeichen Jesu (Joh 2,11), in: ders., Dienst am Wort. Gesammelte Aufsätze. Hg. v. Klaus Haacker, Neukirchen-Vluyn 1986, 148–153.

MILIK, J.T., Le Rouleau de cuivre de Qumrân (3Q 15). Traduction et commentaire topographique, in RB 66, 1959, 321–357.

DERS., DJD 3 (s.o. s.v. I.: Discoveries of the Judean Desert of Jordan III).

MINEAR, Paul S., The Original Function of John 21, in: JBL 102, 1983, 85–98.

DERS., John. The Martyr's Gospel, New York 1984.

LES MIRACLES DE JÉSUS SELON LE NOUVEAU TESTAMENT par Jean-Noël Aletti et al. sous la direction de Xavier Léon-Dufour, Parole de Dieu 16, Paris 1977.

MIRANDA, Juan Peter, Der Vater, der mich gesandt hat. Religionsgeschichtliche Untersuchungen zu den johanneischen Sendungsformeln. Zugleich ein Beitrag zur johanneischen Christologie und Eschatologie, EHS.T 7, Bern / Frankfurt am Main 1972.

MLAKUZHYIL, George, The Christocentric Literary Structure of the Fourth Gospel, AnBib 117, Roma 1987.

MÖLLER, Christa/SCHMITT, Götz, Siedlungen Palästinas nach Flavius Josephus, TAVO 14, Wiesbaden 1976.

MOLONEY, Francis J., The Johannine Son of Man, BSRel 14, Roma ²1978.

DERS., From Cana to Cana (John 2:1–4:54) and the Fourth Evangelist's Concept of Correct (and Incorrect) Faith, in: Studia Biblica 1978 II. Papers on The Gospels, ed. by E. A. Livingstone, JSNT.S 2, Sheffield 1980, 185–213.

DERS., Mary in the Fourth Gospel: Woman and Mother, in: Sal. 51, 1989, 421–440.

DERS., Who is "the Reader" in/of the Fourth Gospel, in: ABR 40, 1992, 20–33.

DERS., The Faith of Martha and Mary. A Narrative Approach to John 11,17–40, in: Bib. 75, 1994, 471–493.

MONTEFIORE, Hugh, Revolt in the Desert? (Marc VI.30ff.), in: NTS 8, 1961/1962, 135–141.

MORELAND, Milton C./ROBINSON, James M., The International Q Project. Work Sessions 23–27 May, 22–26 August, 17–18 November 1994, in: JBL 114, 1995, 475–485.

MORENZ, Siegfried, Vespasian, Heiland der Kranken. Persönliche Frömmigkeit im antiken Herrscherkult?, in: Würzburger Jahrbücher für die Altertumswissenschaft 4, 1949/50, 370–378.

MORETON, M.J., Feast, Sign, and Discourse in John 5, in: StEv IV = TU 102, Berlin 1968, 209–213.

MORITZ, L.A., Art. Gerste, in: KP 2, ND 1979, 774f.

MOSER, Dietz-Rüdiger/TEGELER, Stefanie, Art. Lazarus von Bethanien, in: Enzyklopädie des Märchens 8, 1996, 809–812.

MOULE, C.F.D., The Meaning of "Life" in the Gospels (sic) and Epistles of St. John. A Study in the Story of Lazarus, John 11:1–44, in: Theology 78, 1975, 114–125.

MÜLLER, Hans-Peter, Art. Formgeschichte/Formenkritik I. Altes Testament, in: TRE 11, 1983 = ND 1993, 271–285.

MÜLLER, Karlheinz, Joh 9,7 und das jüdische Verständnis des Šiloh-Spruches, BZ.NF 13, 1969, 251–256.

MÜLLER, Mogens, ‚Have You Faith in the Son of Man' (John 9.35), in: NTS 37, 1991, 291–294.

MÜLLER, Paul Gerd, Art. νύξ, in: EWNT², 1992, 1181–1185.

MÜLLER, Peter, „Was ich geschrieben habe, das habe ich geschrieben". Beobachtungen am Johannesevangelium zum Verhältnis von Mündlichkeit und Schriftlichkeit, in: Logos und Buchstabe (s.o.), 153–173.

MÜLLER, Reimar, Die epikuräische Ethik, SGKA(B) 32, Berlin 1991.

MÜLLER, Ulrich B., Die Bedeutung des Kreuzestodes Jesu im Johannesevangelium. Erwägungen zur Kreuzestheologie im Neuen Testament, in: KuD 21, 1975, 49–71.

DERS., Die Geschichte der Christologie in der johanneischen Gemeinde, SBS 77, Stuttgart 1975.

DERS., Die Menschwerdung des Gottessohnes. Frühchristliche Inkarnationsvorstellungen und die Anfänge des Doketismus, SBS 140, Stuttgart 1990.

DERS., Zur Eigentümlichkeit des Johannesevangeliums. Das Problem des Todes Jesu, in: ZNW 88, 1997, 24–55.

MÜLLER-SCHWEFE, Hans-Rudolf, Art. Apologetik III. Praktisch-theologisch, in: TRE 3, 1978 = ND 1993, 424–429.

MÜRI, Walter (s.o. s.v. Quellen I.5).

MUIR, Steven C., Touched by a God: Aelius Aristides, Religious Healing, and Asclepius Cult, in: SBL.SP 34, 1995, 362–379.

MURPHY-O'CONNOR, The École Biblique and the New Testament: A Century of Scholarship (1890–1990). With a Contribution by Justin Taylor, NTOA 13, Freiburg (Schweiz)/Göttingen 1990.

MUSSIES, G., Dio Chrysostom and the New Testament. Collected Parallels, SCHNT 2, Leiden 1972.

NEANDER, August, Geschichte der Pflanzung und Leitung der christlichen Kirche durch die Apostel, Gotha ⁵1862.

NEIRYNCK, Frans, De Semeia-bron in het vierde evangelie. Kritiek van een hypothese, in: MAVW.L 45, 1983, 1–28.

DERS., Evangelica II. 1982–1991. Collected Essays. Ed. by. F(rans) van Segbroeck, BEThL 99, Leuven 1991. Daraus:
– John 21, 601–616.
– The Sign Source in the Fourth Gospel. A Critique of the Hypothesis, 651–678 (überarbeitete englische Übersetzung von dems., Semeia-bron [s.o.]).
– John 4,46–54. Signs Source and/or Synoptic Gospels, 679–688.
– John 5,1–18 and the Gospel of Mark. A Response to P. Borgen, 699–712.
– The Apocryphal Gospels and the Gospel of Mark, 715–772.
– Papyrus Egerton 2 and the Healing of the Leper, 773–783.

DERS., The Minor Agreements (s.o. s.v. Quellen I.1)

DERS., John and the Synoptics: 1975–1990, John and the Synoptics (s.o.), 3–62. [zitiert als „John and the Synoptics 1975–1990"]

DERS., Jean 4,46–54. Un leçon de méthode, in: EThL 71, 1995, 176–184.

DERS., Q 6,20b–21; 7,22 and Isaiah 61, in: The Scriptures in the Gospels (s.u.), 27–64.

DERS. avec la collaboration de Joël Delobel, Thierry Snoy, Gilbert van Belle, Frans van Segbroek, Jean et les Synoptiques. Examen critique de l'exégèse de M.-É. Boismard, BEThL 49, Leuven 1979 [zitiert als „F. Neirynck et al."].

NESTLE, Eberhard, Bethesda, in: ZNW 3, 1902, 171f.

NEUES TESTAMENT UND KIRCHE. Festschrift Rudolf Schnackenburg, hg. v. Joachim Gnilka, Freiburg · Basel · Wien 1974.

NEUGEBAUER, Fritz, Die wunderbare Speisung (Mk 6, 30–44 parr.) und Jesu Identität, in: KuD 32, 1986, 254–277.

NEUSNER, Jacob, A History of the Mishnaic Law of Appointed Times. Part Five The Mishnaic System of Appointed Times, Leiden 1983.

NICOL, W(illem), The Sēmeia in the Fourth Gospel. Tradition and Redaction, NT.S 32, Leiden 1972.

NIEBUHR, Karl-Wilhelm, Die Werke des eschatologischen Freudenboten (4Q521 und die Jesusüberlieferung), in: The Scriptures in the Gospels (s.u.), 637–646.

NIELSEN, Helge Kjær, Heilung und Verkündigung. Das Verständnis der Heilung und ihres Verhältnisses zur Verkündigung bei Jesus und in der ältesten Kirche, AThD XXII, Leiden · New York · København · Köln 1987.

NILSSON, Martin P., Griechische Feste von religiöser Bedeutung mit Ausschluss der attischen, Leipzig 1906.

DERS., The Dionysiac Mysteries of the Hellenistic and Roman Age, Skrifter utgivna av Svenska Institutet i Athen. Acta Institui Atheniensis Regni Sueciae V, Lund 1957.

NOACK, Bent, Zur johanneischen Tradition. Beiträge zur Kritik an der literarkritischen Analyse des vierten Evangeliums, LSSk.T 3, København 1954.

DERS., Tegnene i Johannesevangeliet. Tydning og brok av Jesu undere, København 1974.

NOETZEL, Heinz, Christus und Dionysos. Bemerkungen zum religionsgeschichtlichen Hintergrund von Johannes 2,1–11, AzTh 1, Stuttgart 1960.

ODEBERG, Hugo, The Fourth Gospel. Interpreted in its Relation to Contemporaneous Religious Currents in Palestine and the Hellenistic-Oriental World, ND Amsterdam 1968 (= Uppsala 1929).

ÖHLER, Markus, Elia im Neuen Testament. Untersuchungen zur Bedeutung des alttestamentlichen Propheten im frühen Christentum, BZNW 88, Berlin · New York 1997.

ØSTENSTAD, Gunnar, The Structure of the Fourth Gospel: Can it be Defined Objectively?, in: StTh 45, 1991, 33–55.

OLSSON, Birger, Structure and Meaning in the Fourth Gospel. A Textlinguistic Analysis of John 2:1–11 and 4,1–42, CB.NT 6, Lund 1974.

DERS., The History of the Johannine Movement, in: Aspects on the Johannine Literature (s.o.), 27–43.

ONG, Walter J., Oralität und Literalität. Die Technologisierung des Wortes, Opladen 1987.

VON OPPEN, Dietrich, Die Schrift und die Bewältigung menschlicher Situation, in: Sola Scriptura. Ringvorlesung der theologischen Fakultät der Universität, hg. v. Carl-Heinz Ratschow, Marburg 1977, 178–192.

OSTER, Richard E., A Bibliography of Ancient Ephesus, ATLA.BS 19, Metuchen · London 1987.

DERS., Art. Ephesus, in: ABD 2, 1992, 542–549.

OVERBECK, Franz, Das Johannesevangelium. Studien zur Kritik seiner Erforschung. Aus dem Nachlaß hg. v. Carl Albrecht Bernoulli, Tübingen 1911.

OVERBECKIANA. Übersicht über den Franz-Overbeck-Nachlaß der Universitätsbibliothek Basel II: Der wissenschaftliche Nachlaß Franz Overbecks beschrieben von Martin Tetz, Studien zur Geschichte der Wissenschaften in Basel XIII, Basel 1962.

PAINTER, John, Tradition and Interpretation in John 6, in: NTS 35, 1989, 421–450.

DERS., Text and Context in John 5, in: ABR 35, 1987, 28–34.

DERS., Quest and Rejection Stories in John, in: JSNT 36, 1989, 17–46.

DERS., The Quest for the Messiah. The History, Literature and Theology of the Johannine Community, Edinburgh ²1993 (zitiert als „Messiah").

PANCARO, Severino, The Law in the Fourth Gospel. The Torah and the Gospel, Moses and Jesus, Judaism and Christianity According to John, NT.S 42, Leiden 1975.

PANIER, Louis, Cana et le Temple: la pratique et la théorie. Une lecture sémiotique de Jean 2, in: LV(L) 41 n° 209, 1992, 37–54.

PANIMOLLE, Salvatore, Identità e storia della comunità giovannea: „status quaestionis", in: RStB 3, 1991, 37–57.

PARK, Tae-Sik, ΟΧΛΟΣ im Neuen Testament, Diss. theol. Göttingen 1994.

PARKIN, V., „On the third day there was a marriage in Cana of Galilee" (John 2.1), in: IrBS 3, 1981, 134–144.

PARSONS, Mikeal C., A Neglected ΕΓΩ EIMI Saying in the Fourth Gospel? Another Look at John 9:9, in: Perspectives on John (s.u.), 145–180.

PATSCH, Hermann, Abendmahlsterminologie außerhalb der Herrenmahlberichte. Erwägungen zur Traditionsgeschichte der Abendmahlsworte, in: ZNW 62, 1971, 210–231.

DERS., Art. εὐχαριστέω, in: EWNT² 2, 1992, 219–221.

PAX, Elpidius, ΕΠΙΦΑΝΕΙΑ. Ein religionsgeschichtlicher Beitrag zur biblischen Theologie, MThS.H 10, München 1955.

PERELMAN, C(haim)/OLBRECHTS-TYTECA, L., The New Rhetoric. A Treatise on Argumentation, Notre Dame · London [2]1971.

PERLITT, Lothar, Julius Wellhausen, in: Tendenzen der Theologie im 20. Jahrhundert. Eine Geschichte in Portraits, hg. v. H. J. Schultz, Berlin/Olten · Freiburg i. B. 1966, 33–37.

DERS., Deuteronomium 1–3 im Streit der Methoden, in: Das Deuteronomium. Entstehung, Gestalt und Botschaft, hg. v. Norbert Lohfink, BEThL 68, Leuven 1985, 149–163.

PERSPECTIVES ON JOHN. Method and Interpretation in the Fourth Gospel, ed. by Robert B. Sloan and Mikeal C. Parsons, NABPR.SS 11, Lewiston · Queenston · Lampeter 1993.

PERVO, Richard I., Panta Koina: The Feeding Stories in the Light of Economic Data and Social Practice, in: Religious Propaganda and Missionary Competition in the New Testament World (s.u.), 163–194.

PESCH, Rudolf, Das Weinwunder bei der Hochzeit zu Kana (Joh 2,1–12). Zur Herkunft der Wundererzählung, in: ThG(B) 24, 1981, 219–225.

DERS., Über das Wunder der Brotvermehrung oder Gibt es eine Lösung für den Hunger in der Welt? Frankfurt am Main 1995.

PETZKE, Gerd, Die Traditionen über Apollonius von Tyana und das Neue Testament, SCHNT 1, Leiden 1970.

PIERCE, Kieth, The Lucan Origins of the Raising of Lazarus, in: ET 96, 1984/85, 359–361.

PIERSON, Parker, Two Editions of John, in: JBL 75, 1956, 303–314.

PLÜMACHER, Eckhard, Lukas als hellenistischer Schriftsteller. Studien zur Apostelgeschichte, StUNT 9, Göttingen 1972.

PLUMER, Eric, The Absence of Exorcisms in the Fourth Gospel, in: Bib. 78, 1997, 350–368.

POLAG, Athanasius, Die Christologie der Logienquelle, WMANT 45, Neukirchen-Vluyn 1977.

POLLARD, T.E., The Raising of Lazarus (John xi), in: StEv VI = TU 112, Berlin 1973, 434–443.

POPKES, Wiard, Art. πειράζω κτλ., in: EWNT[2] 3, 1992, 155–158.

PORTER, Calvin L., John ix. 38, 39a: A Liturgical Addition to the Text, in: NTS 13, 1966/67, 387–394.

PREUSS, Horst Dietrich, Deuteronomium, EdF 164, Darmstadt 1982

PREUSS, Julius, Biblisch-talmudische Medizin. Beiträge zur Geschichte der Heilkunde und der Kultur überhaupt, ND Wiesbaden 1992 (= Berlin 1911).

RELIGIOUS PROPAGANDA AND MISSIONARY COMPETITION IN THE NEW TESTAMENT WORLD. Essays Honoring Dieter Georgi. Ed. by Lukas Bormann, Kelly del Tredici, Angela Standhartinger, NT.S 74, Leiden · New York · Köln 1994.

PRYKE, E.J., Redactional Style in the Marcan Gospel. A Study of Syntax and Vocabulary as Guides to Redaction in Mark, MSSNTS 33, Cambridge · London · New York · Melbourne 1978.

DER VOM INTERNATIONALEN Q-PROJECT REKONSTRUIERTE Q-TEXT. Eine Werkstattübersetzung, in: Stefan H. Brandenburger, Thomas Hieke (Hrsg.), Wenn drei das Gleiche sagen. Studien zu den ersten drei Evangelien. Mit einer Werksattübersetzung des Q-Textes, Theologie 14, Münster 1998, 103–120 [zitiert als „Q-Text"].

QUESNELL, Quentin, The Mind of Mark. Interpretation and Method through the Exegesis of Mk 6,52, AnBib 38, Rome 1969.

DU RAND, Jan A., A Syntactical and Narratological Reading of John 10 in Coherence with Chapter 9, in: The Shephard Discourse (s.o.), 94–115. 161–163.

DERS., Johannine Perspectives. Introduction to the Johannine Writings I, Doornfontain 1991.

RAUSCHENBACH, B., Art. Betesda, in: NBL 1, 1991, 282f.

REBELL, Walter, Gemeinde als Gegenwelt. Zur soziologischen und didaktischen Funktion des Johannesevangeliums, BET 20, Frankfurt · Bern · New York · Paris 1987.

REEG, Gottfried, Die Ortsnamen Israels nach der rabbinischen Literatur, BTAVO.B 51, Wiesbaden 1989.

REHKOPF, Friedrich, Die lukanische Sonderquelle. Ihr Umfang und Sprachgebrauch, WUNT 5, Tübingen 1959.

REIM, Günter, Jochanan. Erweiterte Studien zum alttestamentlichen Hintergrund des Johannesevangeliums, Erlangen 1995. Daraus:
 – Studien zum alttestamentlichen Hintergrund des Johannesevangeliums, xi–315.
 – Joh 9 – Tradition und zeitgenössische messianische Diskussion, 321–330.
 – Zur Lokalisierung der johanneischen Gemeinde, 410–424.
REIN, Matthias, Die Heilung des Blindgeborenen (Joh 9). Tradition und Redaktion, WUNT II/73, Tübingen 1995.
REINBOLD, Wolfgang, Der älteste Bericht über den Tod Jesu. Literarische Analyse und historische Kritik der Passionsdarstellungen der Evangelien, BZNW 69, Berlin · New York 1994.
REISER, Marius, Die Wunder Jesu – eine Peinlichkeit?, in: EuA 73, 1997, 427–437.
REITZENSTEIN, Richard, Hellenistische Wundererzählungen, Leipzig 1906.
RENGSTORF, Karl Heinrich, Art. δώδεκα κτλ., in: ThWNT 2, ND 1967 (= 1935), 321–328.
DERS., Art. ἑπτὰ κτλ., in: ThWNT 2, ND 1967 (= 1935), 623–631.
DERS., Art. πηλός, in: ThWNT 6, ND 1965 (= 1959), 118f.
DERS., Die Anfänge der Auseinandersetzung zwischen Christusglaube und Asklepiosfrömmigkeit, Schriften der Gesellschaft zur Förderung der Westfälischen Landesuniversität zu Münster 30, Münster 1953.
Graf REVENTLOW, Henning, Rationalistische Exegese. Am Beispiel des Heinrich Eberhard Gottlob Paulus (1761–1851), in: Gottes Recht als Lebensraum, Festschrift für Hans Jochen Boecker. Hg. v. Peter Mommer, Werner H. Schmidt, Hans Strauß unter Mitarbeit von Eckhart Schwab, Neukirchen-Vluyn 1993, 211–225.
RESSEGUIE, James L., John 9: A Literary-Critical Analysis, in: The Gospel of John as Literature (s.o.), 117–122.
RICHTER, Georg, Studien zum Johannesevangelium. Hg. v. Josef Hainz, BU 13, Regensburg 1977. Daraus:
 – Zur Formgeschichte und literarischen Einheit von Joh 6,31–58, 88–119.
 – Fleischwerdung des Logos im Johannesevangelium, 149–198.
 – Der Vater und Gott Jesu und seiner Brüder in Joh 20,17. Ein Beitrag zur Christologie im Johannesevangelium, 266–280.
 – Zur sogenannten Semeia-Quelle des Johannesevangeliums, 281–287.
 – Zum sogenannten Taufetext Joh 3,5, 327–345.
 – Zur Frage von Tradition und Redaktion in Joh 1,19–34, 288–314.
 – Zu den Tauferzählungen Mk 1,9–11 und Joh 1,32–34, 315–326.
 – Präsentische und futurische Eschatologie im 4. Evangelium, 346–382.
 – Zum gemeindebildenden Element in den johanneischen Schriften, 383–414.
RICHTER, Wolfgang, Formgeschichte und Sprachwissenschaft, in: ZAW 82, 1970, 216–225.
DERS., Exegese als Literaturwissenschaft. Entwurf einer alttestamentlichen Literaturtheorie und Methodologie, Göttingen 1971.
RIEDL, Hermann, Zeichen und Herrlichkeit. Die christologische Relevanz der Semeiaquelle in den Kanawundern Joh 2,1–11 und 4,46–54, RStTh 51, Frankfurt am Main · Berlin · Berlin · Paris · New York · Wien 1997.
RIEDWEG, Christoph, Mysterienterminologie bei Platon, Philon und Klemens von Alexandrien, UaLG 26, Berlin · New York 1987.
RIESENFELD, Harald, The Gospel Tradition and Its Beginnings, in: ders., The Gospel Tradition. Essays, Philadelphia 1970, 1–29.
RIESNER, Rainer, Jesus als Lehrer. Eine Untersuchung zum Ursprung der Evangelien-Überlieferung, WUNT II/7, Tübingen 1981.
DERS., Der Ursprung der Jesus-Überlieferung, in: ThZ 38, 1982, 493–513.
DERS., Fragen um „Kana in Galiläa", in: BiKi 43, 1988, 69–71.
RINGGREN, Helmer, Israelitische Religion, RM 26, Stuttgart 1963.
DERS., Art. םׄי jām, in: ThWAT 3, 1982, 645–657.
RINIKER, Christian, Jean 6,1–21 et les évangiles synoptiques, in: La communauté Johannique (s.o.), 41–67.

RISSI, Mathias, Die Hochzeit in Kana (Joh 2,1–11), in: OIKONOMIA. Heilsgeschichte als Thema der Theologie. Hrsg.: Felix Christ. Oscar Cullmann zum 65. Geburtstag gewidmet, Hamburg-Bergstedt 1967, 76–92.

RITT, Hubert, Der „Seewandel Jesu" (Mk 6,45–52 par). Literarische und theologische Aspekte, in: BZ.NF 23, 1979, 71–84.

ROBERTSON SMITH, William, The Religion of the Semites. The Fundamental Institutions, Dritter ND der Ausgabe Edinburgh [2]1894, New York 1959.

ROBINSON, James M., Die johanneische Entwicklungslinie, in: Helmut Köster/James M. Robinson, Entwicklungslinien durch die Welt des frühen Christentums, Tübingen 1971, 216–250.

DERS., Vorwort, in: Ernst Haenchen, Johannesevangelium (s.o. s.v. Kommentare III.1), V–IX.

DERS., Der wahre Jesus? Der historische Jesus im Spruchevangelium Q, in: Protokolle zur Bibel 6, 1997, 1–14.

ROBINSON, John A.T., Wann entstand das Neue Testament?, Paderborn/Wuppertal 1986.

ROCHAIS, Gérard, Les récits de résurrection des morts dans le Nouveau Testament, MSSNTS 40, Cambridge · London · New York · New Rochelle · Melbourne · Sydney 1981.

RÖSEL, Martin, Übersetzung als Vollendung der Auslegung. Studien zur Genesis-Septuaginta, BZNW 223, Berlin · New York 1994.

ROHDE, Erwin, Der griechische Roman und seine Vorläufer, ND Darmstadt [4]1960 (= [3]1914).

ROLOFF, Jürgen, Das Kerygma und der irdische Jesus. Historische Motive in den Jesus-Erzählungen der Evangelien, Gütersloh 1970.

DERS., Neues Testament, Neukirchener Arbeitsbücher, Neukirchen-Vluyn [4]1985.

RUCKSTUHL, Eugen, Die literarische Einheit des Johannesevangeliums. Der gegenwärtige Stand der einschlägigen Forschungen, NTOA 5, Freiburg (Schweiz)/Göttingen 1987.

DERS., Johannine Language and Style. The Question of their Unity, in: L'évangile de Jean (s.o.), 125–147; jetzt übers. und überarb. in: ders., Einheit (s.o.), 304–331.

DERS., Zur Antithese Idiolekt – Soziolekt im johanneischen Schrifttum, in: ders., Jesus im Horizont der Evangelien, SBAB 3, Stuttgart 1988, 219–264.

DERS., Die Speisung des Volkes durch Jesus und die Seeüberfahrt der Jünger nach Joh 6,1–25 im Vergleich zu den synoptischen Parallelen, in: The Four Gospels 1992 (s.o.) 2001–2019.

DERS./DSCHULNIGG, Peter, Stilkritik und Verfasserfrage im Johannesevangelium. Die johanneischen Sprachmerkmale auf dem Hintergrund des Neuen Testaments und des zeitgenössischen hellenistischen Schrifttums, NTOA 17, Freiburg (Schweiz)/Göttingen 1991.

RUDOLPH, Kurt, Die Mandäer I. Prolegomena: Das Mandäerproblem, FRLANT 56, Göttingen 1960.

SABBE, M(aurits), The Arrest of Jesus in Jn 18,1–11 and its Relation to the Synoptic Gospels. A Critical Evaluation of A. Dauer's Hypothesis, in: L'évangile de Jean (s.o.), 203–234.

SÄNGER, Dieter, „Von mir hat er geschrieben" (Joh 5,46). Zur Funktion und Bedeutung Mose im Neuen Testament, in: KuD 41, 1995, 112–135.

SASS, Gerhard, Die Auferweckung des Lazarus. Eine Auslegung von Johannes 11, BSt 51, Neukirchen-Vluyn 1967.

SATO, Migaku, Q und Prophetie. Studien zur Gattungs- und Traditionsgeschichte der Quelle Q, WUNT II/29, Tübingen 1988.

SCHÄFER, Peter, Studien zur Geschichte und Theologie des rabbinischen Judentums, AGJU 15, Leiden 1978. Daraus:
– Die sogenannte Synode von Jabne. Zur Trennung von Juden und Christen im ersten/zweiten Jh. n. Chr., 45–64.
– Die Torah der messianischen Zeit, 198–213.

DERS., Geschichte der Juden in der Antike. Die Juden Palästinas von Alexander dem Großen bis zur arabischen Eroberung, Stuttgart/Neukirchen-Vluyn 1983.

SCHÄFERDIEK, Knut, Herkunft und Interesse der alten Johannesakten, in: ZNW 74, 1983, 247–267.

DERS., Johannesakten, in: Neutestamentliche Apokryphen II (s.o. s.v. I.4), 138–190.

SCHELBERT, Georg, Wo steht die Formgeschichte?, in: Methoden der Evangelien-Exegese (s.o. s.v. D. Marguerat) 11–39.

SCHENK, Wolfgang, Die Aufgaben der Exegese und die Mittel der Textlinguistik, in: ThLZ 98, 1973, 881– 894.

SCHENKE, Hans-Martin, „Er muß wachsen, ich aber muß abnehmen". Der Konflikt zwischen Jesusjüngern und Täufergemeinde im Spiegel des Johannesevangeliums, in: Loyalitätskonflikte in der Religionsgeschichte. Festschrift für Carsten Colpe. Hg. v. Christoph Elsas und Hans G. Kippenberg in Zusammenarbeit mit Hubert Cancik, Burkhard Gladigow und Kurt Rudolph, Würzburg 1990, 301–313.

DERS./FISCHER, Karl Martin unter Mitarbeit von Hans-Gebhard Bethge u. Gesine Schenke, Einleitung in die Schriften des Neuen Testaments II. Die Evangelien und die anderen neutestamentlichen Schriften, Gütersloh 1979.

SCHENKE, Ludger, Die Wundererzählungen des Markusevangeliums, SBB, Stuttgart 1974.

DERS., Die formale und gedankliche Struktur von Joh 6, in: BZ.NF 24, 1980, 26–58.

DERS., Das Szenarium von Joh 6,1–25, in: TThZ 92, 1983, 191–203.

DERS., Die wunderbare Brotvermehrung. Die neutestamentlichen Erzählungen und ihre Bedeutung, Würzburg 1983.

DERS., Der ‚Dialog Jesu mit den Juden' im Johannesevangelium: Ein Rekonstruktionsversuch, in: NTS 34, 1988, 573–603.

DERS., Die literarische Entstehungsgeschichte von Joh 1,19–51, in: BN 46, 1989, 24–57.

DERS., Joh 7–10: Eine dramatische Szene, in: ZNW 80, 1989, 172–192.

DERS., Die Urgemeinde. Geschichtliche und theologische Entwicklung, Stuttgart · Berlin · Köln 1990.

DERS., Das johanneische Schisma und die „Zwölf" (Johannes 6,60–71), in: NTS 38, 1992, 105–121.

DERS., Das Johannesevangelium. Einführung – Text – dramatische Gestalt. Übersetzung aus dem Griechischen von Ludger Schenke, Reiner Feige und Johannes Neugebauer, UB 446, Stuttgart · Berlin · Köln 1992.

SCHILLE, Gottfried, Zur Relation von Linguistik und Formgeschichte, in: ThLZ 115, 1990, 87–93.

SCHLATTER, Adolf, Die Sprache und Heimat des vierten Evangelisten, in: Johannes und sein Evangelium (s.o.), 28–201.

SCHLESIER, Renate, Art. Dionysos (Διόνυσος). I. Religion, in: Der Neue Pauly 3, Stuttgart · Weimar 1997, 651–662.

SCHMIDT, Andreas, Zwei Anmerkungen zu P. Ryl. III 457, in: APF 35, 1989, 11f.

SCHMIDT, Karl Ludwig, Der johanneische Charakter der Erzählung vom Hochzeitswunder in Kana, in: Harnack-Ehrung. Beiträge zur Kirchengeschichte ihrem Lehrer Adolf von Harnack dargebracht von einer Reihe seiner Schüler, Leipzig 1921, 32–43.

DERS., Der Rahmen der Geschichte Jesu. Literarkritische Untersuchungen zur ältesten Jesusüberlieferung, Darmstadt 1969 = Berlin 1919.

DERS., Formgeschichte, in: Zur Formgeschichte des Evangeliums (s.o.), 123–126.

SCHMIDT, Siegfried J., Texttheorie. Probleme einer Linguistik der sprachlichen Kommunikation, UTB 202, München ²1976.

SCHMIEDEL, Paul Wilhelm, Das vierte Evangelium gegenüber den drei ersten. Johannesschriften des Neuen Testaments. H. 1 (= RV I.8/10), Halle a. S. 1906.

DERS., Evangelium, Briefe und Offenbarung des Johannes nach ihrer Entstehung und Bedeutung. Johannesschriften des Neuen Testaments. H. 2 (RV I.12), Halle a. S. 1906.

SCHMITHALS, Walter, Der Prolog des Johannesevangeliums, in: ZNW 70, 1979, 16–43

DERS., Kritik der Formkritik, in: ZThK 77, 1980, 149–185.

DERS., Art. Evangelien, *Synoptische*, in: TRE 10, 1982 = ND 1993, 570–626.

DERS., Einleitung in die drei ersten Evangelien, GLB, Berlin · New York 1985.

DERS., Der Konflikt zwischen Kirche und Synagoge in neutestamentlicher Zeit, in: Altes Testament und christliche Verkündigung. Festschrift für Antonius H.J. Gunneweg zum 65. Geburtstag. Hg. v. Manfred Oeming u. Axel Graupner, Stuttgart · Berlin · Köln · Mainz 1987, 366–384.

DERS., Paulus als Heidenmissionar und das Problem seiner theologischen Entwicklung, in: Jesu Rede von Gott und ihre Nachgeschichte im frühen Christentum. Beiträge zur Verkündigung Jesu und zum Kerygma der Kirche. Festschrift Willi Marxsen, hg. v. Dietrich-Alex Koch, Gerhard Sellin, Andreas Lindemann, Gütersloh 1989, 235–251.

DERS., Rez. Georg Strecker, Literaturgeschichte (s.u.), in: RKZ 133, 1992, 343f.

DERS., Johannesevangelium und Johannesbriefe. Forschungsgeschichte und Analyse, BZNW 64, Berlin · New York 1992.

DERS., Die Bedeutung der Evangelien in der Theologiegeschichte bis zur Kanonbildung, in: The Four Gospels (s.o.) 129–157.

DERS., 7. Sonntag nach Trinitatis – 13.7.1997. Johannes 6,1–15, in: GPM 86, 1997, 325–330 [zitiert als „Johannes 6,1–15].

DERS., Vom Ursprung der synoptischen Tradition, in: ZThK 94, 1997, 288–316.

SCHNACKENBURG, Rudolf, Das Johannesevangelium IV. Teil. Ergänzende Auslegungen und Exkurs, HThK IV/4, Freiburg · Basel · Wien 1984. Daraus:
– Entwicklung und Stand der johanneischen Forschung seit 1955, 9–32.
– Zur Redaktionsgeschichte des Johannesevangeliums, 90–102.
– Die Hirtenrede Joh 10,1–18, 131–143.

DERS., Das erste Wunder Jesu (Joh. 2,1–11), Die biblische Schatzkammer, Freiburg 1950.

DERS., Die Erwartung des „Propheten" nach dem Neuen Testament und den Qumran-Texten, in: StEv 1 = TU 73, Berlin 1959, 622–639.

DERS., Zur Traditionsgeschichte von Joh 4,46–54, in: BZ.NF 8, 1964, 58–88.

DERS., Die bleibende Präsenz Jesu Christi nach Johannes, in: Praesentia Christi. Festschrift Johannes Betz, hg. v. Lothar Lies, Düsseldorf 1984, 50–63.

DERS., Ephesus: Entwicklung einer Gemeinde von Paulus zu Johannes, in: BZ.NF 35, 1991, 41–64.

SCHNEEMELCHER, Wilhelm, Art. Bibel III. Die Entstehung des Kanons des Neuen Testaments und der christlichen Bibel, in: TRE 6, 1980 = ND 1993, 22–48.

SCHNEIDER, Ernst, Ferdinand Christian Baur in seiner Bedeutung für die Theologie, München 1909.

SCHNEIDER, Gerhard, Einleitung zu *Evangelia Infantiae Apocrypha* (s.o. s.v. Quellen I.4), 7–93.

SCHNEIDER, Johannes, Art. στενάζω κτλ., in: ThWNT 7, ND 1966 (= 1964), 600–603.

SCHNEIDERS, Sandra M., Death in the Community of Eternal Life: History, Theology and Spirituality in John 11, in: Interp. 41, 1987, 44–56.

SCHNELLE, Udo, Antidoketische Christologie im Johannesevangelium. Eine Untersuchung zur Stellung des vierten Evangeliums in der johanneischen Schule, FRLANT 144, Göttingen 1987.

DERS., Paulus und Johannes, in: EvTh 47, 1987, 212–228.

DERS., Die Abschiedsreden im Johannesevangelium, in: ZNW 80, 1989, 64–79.

DERS, Wandlungen im paulinischen Denken, SBS 137, Stuttgart 1989.

DERS., Perspektiven der Johannesexegese, in: SNTU.A 15, 1990, 59–72.

DERS., Johanneische Ekklesiologie, in: NTS 37, 1991, 37–50.

DERS., Neutestamentliche Anthropologie. Jesus · Paulus · Johannes, BThSt 18, Neukirchen-Vluyn 1991.

DERS., Johannes und die Synoptiker, in: The Four Gospels 1992 (s.o.), 1799–1814.

DERS., Rez. Schmithals, Walter, Johannesevangelium und Johannesbriefe (s.o.), in: ThLZ 118, 1993, 840–842.

DERS., Einleitung in das Neue Testament, UTB 1830, Göttingen 1994.

DERS., Die johanneische Schule, in: Bilanz (s.o.), 198–217.

DERS., Art. Taufe 1. Biblisch, in: EKL^3 4, 1996, 663–665.

DERS., Auf der Suche nach dem Leser, in: VF 41, 1996, 61–66.

DERS., Die Tempelreinigung und die Christologie des Johannesevangeliums, in: NTS 42, 1996, 359–373.

DERS., Neutestamentliche Anthropologie. Ein Forschungsbericht, in: ANRW II 26.3, 1996, 2658–2714 [zitiert als „Forschungsbericht"].

DERS., Johannes als Geisttheologe, in: NT 40, 1998, 17–31 [zitiert als „Geisttheologe"].

SCHNIDER, Franz, Jesus der Prophet, OBO 2, Freiburg, Schweiz/Göttingen 1973.

DERS./STENGER, Werner, Johannes und die Synoptiker. Vergleich ihrer Parallelen, BiH IX, München 1971.

SCHNIEWIND, Julius, Die Parallelperikopen bei Lukas und Johannes, Darmstadt ^{3}1970 = Leipzig 1914.

SCHOEDEL, William R., Papias, in: ANRW II 27.1, 1993, 235–270.

SCHÖLLGEN, Georg, Didache, in: Didache, Zwölf-Apostel-Lehre, übers. u. eingel. v. Georg Schöllgen. Traditio apostolica. Apostolische Überlieferung, übers. u. eingel. v. Wilhelm Geerlings, FC 1, Freiburg · Basel · Wien · Barcelona · Rom · New York 1991, 23–129.

SCHOLDER, Klaus, Art. Neander, 1. August, in: RGG^3 4, 1960, 1388f.

SCHOLTISSEK, Klaus, Ironie und Rollenwechsel im Johannesevangelium, in: ZNW 89, 1998, 235–255.

SCHOTTROFF, Luise, Der Glaube und die feindliche Welt. Beobachtungen zum gnostischen Dualismus und seiner Bedeutung für Paulus und das Johannesevangelium, WMANT 37, Neukirchen-Vluyn 1970.

SCHOTTROFF, Willy, Conclamatio und Profectio: Zur Veranschaulichung neutestamentlicher Wundergeschichten, in: Religious Propaganda and Missionary Competition in the New Testament World (s.o.), 258–281.

SCHRAGE, Wolfgang, Das Verhältnis des Thomas-Evangeliums zur synoptischen Tradition und zu den koptischen Evangelienübersetzungen. Zugleich ein Beitrag zur gnostischen Synoptikerdeutung, BZNW 29, Berlin 1964.

DERS., Art. ἀποσυνάγωγος, in: ThWNT 7, ND 1966, 845–850.

DERS., Art. τυφλός κτλ., in: ThWNT 8, 1969, 270–294.

SCHRAMM, Tim, Der Markus-Stoff bei Lukas. Eine literarkritische und redaktionsgeschichtliche Untersuchung, MSSNTS 14, Cambridge 1971.

SCHUBART, Wilhelm, Das Buch bei den Griechen und Römern, Handbücher der Staatlichen Museen zu Berlin XII, Berlin · Leipzig ^{2}1921,

SCHÜRER, Emil, Über den gegenwärtigen Stand der johanneischen Frage, in: Johannes und sein Evangelium (s.o.), 1–27.

SCHÜRMANN, Heinz, Die vorösterlichen Anfänge der Logientradition. Versuch eines formgeschichtlichen Zugangs zum Leben Jesu, in: ders., Traditionsgeschichtliche Untersuchungen zu den synoptischen Evangelien, Düsseldorf 1968, 39–65; jetzt unter der Überschrift „Versuch eines formgeschichtlichen Zugangs zum Leben Jesu" und „Jesus bringt Gottes letztes Wort in letzter Stunde" in: ders., Jesus. Gestalt und Geheimnis. Gesammelte Beiträge hg. v. Klaus Scholissek, Paderborn 1994, 380–397. 85–104.

SCHÜSSLER-FIORENZA, Elisabeth, The Quest for the Johannine School. The Apocalypse and the Fourth Gospel, in: NTS 23, 1977, 402–427.

DIES., Apocalypsis and Propheteia, in: L'Apocalypse (s.o.), 105–128.

DIES., Zu ihrem Gedächtnis ... Eine feministisch-theologische Rekonstruktion der christlichen Ursprünge, Gütersloh ^{2}1993.

SCHULZ, Siegfried, Untersuchungen zur Menschensohn-Christologie im Johannesevangelium. Zugleich ein Beitrag zur Methodengeschichte der Auslegung des 4. Evangeliums, Göttingen 1957.

DERS., Komposition und Herkunft der Johanneischen Reden, BWANT 81, Stuttgart 1960.

DERS., Q. Die Spruchquelle der Evangelisten, Zürich 1972.

DERS., Die Mitte der Schrift. Der Frühkatholizismus im Neuen Testament als Herausforderung an den Protestantismus, Stuttgart · Berlin 1976.

SCHWANK, Benedikt, Rez. Hengel, Martin, Question (s.o.), in: ThBeitr 22, 1991, 340f.

SCHWANKL, Otto, Licht und Finsternis. Ein metaphorisches Paradigma in den johanneischen Schriften, Herders Biblische Studien 5, Freiburg · Basel · Wien · Barcelona · Rom · New York 1995.

SCHWARTZ, Eduard, Über den Tod der Söhne Zebedäi. Ein Beitrag zur Geschichte des Johannesevangelium, in: Johannes und sein Evangelium (s.o.), 202–272.

DERS., Aporien im vierten Evangelium, in: NGWG, 1907, 342–372. 1908, 115–148. 149–188.497–560.

SCHWEIZER, Alexander, Das Evangelium Johannes nach seinem inneren Werthe und seiner Bedeutung für das Leben Jesu kritisch untersucht, Leipzig 1841.

SCHWEIZER, Eduard, EGO EIMI. Die religionsgeschichtliche Herkunft und theologische Bedeutung der johanneischen Bildreden, zugleich ein Beitrag zur Quellenfrage des vierten Evangeliums, FRLANT 56, Göttingen ²1965.

DERS., Neotestamentica. Deutsche und englische Aufsätze 1951–1963, Zürich · Stuttgart 1963. Daraus:
– Das johanneische Zeugnis vom Herrenmahl, 371–396.
– Die Heilung des Königlichen: Joh. 4,46–54, 407–415.

DERS., Art. σάρξ E. Das Neue Testament, in: ThWNT 7, ND 1966 (= 1964), 123–145.

DERS., Zur Entstehung der Evangelien, in: EvTh 30, 1970, 624–626.

DERS., Joh 6,51c–58 – vom Evangelisten übernommene Tradition?, in: ZNW 82, 1991, 274.

SCHWEMER, Anna Maria, Studien zu den frühjüdischen Prophetenlegenden. I. Die Viten der großen Propheten Jesaja, Jeremia, Ezechiel und Daniel. Einleitung, Übersetzung und Kommentar, TSAJ 49, Tübingen 1995.

DIES., Vitae Prophetarum (s.o. s.v. I.2. Quellen).

THE SCRIPTURES IN THE GOSPELS. Ed. by C.M. Tuckett, BEThL 131, Leuven 1997.

SEGOVIA, Fernando F., The Tradition History of the Fourth Gospel, in: Exploring the Gospel of John (s.o.), 179–189.

JEWISH AND CHRISTIAN SELF-DEFINITION. Volume Three: Self-Definition in the Greco-Roman World. Ed. by Ben F. Meyer and E.P. Sanders, Philadelphia 1983.

SELLIN, Gerhard, „Gattung" und „Sitz im Leben" auf dem Hintergrund der Problematik von Mündlichkeit und Schriftlichkeit synoptischer Erzählungen, in: EvTh 50, 1990, 311–331.

SEVRIN, Jean-Marie, L'écriture du IVe Évangile comme phénomène de réception. L'exemple de Jn 6, in: ders. (ed.), The New Testament in Early Christianity. La reception des ecrits neotestamentaires dans le christianisme primitif, BEThL 86, Leuven 1989, 69–83.

THE SHEPHERD DISCOURSE OF JOHN 10 AND ITS CONTEXT. Studies by Members of the Johannine Writings Seminar. Ed. with introduction by Johannes Beutler, SJ, and Robert T. Fortna, MSSNTS 67, Cambridge · New York · Port Chester · Melbourne · Sydney 1991.

SIEGERT, Folker, Unbeachtete Papiaszitate bei armenischen Schriftstellern, in: NTS 27, 1981, 605–614.

SIEGMAN, Edward F., St. John's Use of the Synoptic Material, in: CBQ 30, 1968, 182–198.

SKEAT, T(heodore) C., 3523. Gospel of John 18:36–19:7, in: The Oxyrhynchus Papyri Volume L = Graeco-Roman Memoirs, No. 70, London 1983, 3–8.

SMEND, Rudolf, Rez. Wolfgang Richter, Exegese als Literaturwissenschaft, Entwurf einer alttestamentlichen Literaturtheorie und Methodologie (s.o.), in: EvTh 31, 1971, 704f

DERS., Beziehungen zwischen alttestamentlicher und neutestamentlicher Wissenschaft, in: ZThK 92, 1995, 1–12.

SMITH, D(wight) Moody, The Composition and Order of the Fourth Gospel. Bultmann's Literary Theory, YPR 10, New Haven · London 1965.

DERS., Johannine Christianity. Essays on its Setting, Sources, and Theology, Edinburgh 1987. Daraus:
– The Sources of the Gospel of John, 39–61.
– Johannine Christianity, 1–36.
– The Setting and Shape of a Johannine Narrative Source, 80–93.
DERS., Judaism and the Gospel of John, in: James H. Charlesworth, Frank X. Blisard, Jeffrey S. Siker (Ed.), Jews and Christians. Exploring the Past, Present, and Future, Shared Ground among Jews and Christians 1, New York 1990, 76–96.
DERS., The Contribution of J. Louis Martyn to the Understanding of the Gospel of John, in: The Conversation Continues (s.o.), 275–294.
DERS., John Among the Gospels. The Relationship in Twentieth-Century Research, Minneapolis 1992.
DERS., The Theology of the Gospel of John, New Testament Theology, Cambridge 1995.
DERS., Rez. Dunderberg, Ismo, Johannes (s.o.), in: JBL 115, 1996, 150–153.
SMITH, Morton, Clement of Alexandria and a Secret Gospel of Mark, Cambridge, Mass. 1973.
DERS., Auf der Suche nach dem historischen Jesus. Entdeckung und Deutung des geheimen Evangeliums im Wüstenkloster Mar Saba, Frankfurt/M. · Berlin · Wien 1974.
DERS., On the Wine God in Palestine (Gen. 18, Jn. 2, and Achilles Tatius), Salo Wittmayer Baron Jubilee Volume an the Occasion of his 80th Birthday. 2 English Section, Jerusalem 1974, 815–829.
SMITH, Robert Houston, Exodus Typology in the Fourth Gospel, in: JBL 81, 1962, 329–342.
SMITMANS, Adolf, Das Weinwunder zu Kana. Die Auslegung von Jo 2,1–11 bei den Vätern und heute, BGBE 6, Tübingen 1966.
DERS., Exegese von Joh 2,1–11 im Zusammenhang des Johannesevangeliums, in: Versuche mehrdimensionaler Schriftauslegung. Bericht über ein Gespräch. Hg. v. Gerhard Voss, Helmut Harsch, Stuttgart · München 1972, 72–85.
SNOY, Thierry, La rédaction marcienne de la marche sur les eaux (Mc., VI, 45–52), in: EThL 44, 1968, 205–241. 433–481.
SNYDER, Graydon, The Interaction of Jews with None-Jews in Rome, in: Judaism and Christianity in First-Century Rome. Ed. by Karl P. Donfried & Peter Richardson, Grand Rapids, Michigan · Cambridge 1998, 69–90.
SÖDING, Thomas, Glaube bei Markus. Glaube an das Evangelium, Gebetsglaube und Wunderglaube im Kontext der markinischen Basileiatheologie und Christologie, SBB 12, Stuttgart 1985.
DERS., Probleme und Chancen Biblischer Theologie aus neutestamentlicher Sicht, in: Eine Bibel – zwei Testamente (s.o.), 159–177.
DERS., Die Macht der Wahrheit und das Reich der Freiheit. Zur johanneischen Deutung des Pilatus-Prozesses (Joh 18,28–19,16), in: ZThK 93, 1996, 35–58.
SOWINSKI, Bernhard, Textlinguistik. Eine Einführung, UB 325, Stuttgart · Berlin · Köln · Mainz 1983.
SPITTA, Friedrich, Das Johannesevangelium als Quelle der Geschichte Jesu, Göttingen 1910.
STAATS, Reinhart, Art. Hauptsünden, in: RAC 13, 1986, 734–770.
STALEY, Jeffrey Lloyd, Stumbling in the Dark, Reaching for the Light: Reading Character in John 5 and John 9, in: Semeia 53, 1991, 55–80.
STEGEMANN, Ekkehard, „Kindlein, hütet euch vor den Götterbildern!" Erwägungen zum Schluss des 1. Johannesbriefes, in: ThZ 41, 1985, 284–294.
DERS., Die Tragödie der Nähe. Zu den judenfeindlichen Aussagen des Johannesevangeliums, in: Kirche und Israel 4, 1989, 114–122.
DERS./STEGEMANN, Wolfgang, König Israels, nicht König der Juden? Jesus als König im Johannesevangelium, in: MESSIAS-VORSTELLUNGEN BEI JUDEN UND CHRISTEN (s.o.), 41–56.
STEGEMANN, Hartmut, Die Essener, Qumran, Johannes der Täufer und Jesus. Ein Sachbuch, Herder Spektrum 4128, Freiburg · Basel · Wien ²1993.

STEINIG, Wolfgang, Soziolekt und soziale Rolle, Sprache der Gegenwart 40, Düsseldorf 1976.

STEMBERGER, Günter, Das klassische Judentum. Kultur und Geschichte der rabbinischen Zeit, Beck'sche Elementarbücher, München 1979.

DERS., Der Talmud. Einführung, Texte, Erläuterungen, München [2]1987.

DERS., Art. Auferstehung I/2. Judentum, in: TRE 4, 1979 = ND 1993, 443–450.

DERS., Art. Dämonen III. Judentum, in: TRE 8, 1981 = ND 1993, 277–279.

DERS., Pharisäer, Sadduzäer, Essener, SBS 144, Stuttgart 1991.

STENGER, Werner, Die Auferweckung des Lazarus (Joh 11,1–45). Vorlage und johanneischer Redaktion, in: ders., Strukturale Beobachtungen zum Neuen Testament, NTTS 12, Leiden · New York · København · Köln 1990, 181–201.

STIBBE, Mark W.G., John as Storyteller. Narrative Criticism and the Fourth Gospel, MSSNTS 73, ND Cambridge 1994.

DERS., A Tomb with a View: John 11.1–44 in Narrativ-Critical Perspective, in: NTS 40, 1994, 38–54.

STIMPFLE, Alois, Blinde sehen. Die Eschatologie im traditionsgeschichtlichen Prozeß des Johannesevangeliums, BZNW 57, Berlin · New York 1990.

STOEBE, Hans Joachim, Art. Siloah, in: BHH III, 1966, 1795 und 1796 (Karte).

STRACK, Hermann L./BILLERBECK, Paul, Kommentar zum Neuen Testament aus Talmud und Midrasch
Band 1. Das Evangelium nach Matthäus, München 1922.
Band 2. Das Evangelium nach Markus, Lukas und Johannes und die Apostelgeschichte, München 1924.
Band 4. Exkurse zu einzelnen Stellen des Neuen Testaments. Abhandlungen zur neutestamentlichen Theologie und Archäologie, 2 Bde., München 1928.
Band 5. Rabbinischer Index hg. v. Joachim Jeremias bearb. v. Kurt Adolph, München 1956.

DERS./STEMBERGER, Günter, Einleitung in Talmud und Midrasch, Beck'sche Elementarbücher, München [7]1982.

STRANGE, James F., Art. Beth-Zatha, in: ABD 1, 1992, 700f.

STRATHMANN, Hermann, Geist und Gestalt des vierten Evangeliums. Fünf Lehrbriefe zur Einführung, Göttingen 1946.

STRAUSS, David Friedrich, Das Leben Jesu kritisch bearbeitet, 2 Bde., Tübingen 1835/36

STRECKER, Georg, Der Weg der Gerechtigkeit. Untersuchung zur Theologie des Matthäus, FRLANT 82, Göttingen [3]1971.

DERS., Eschaton und Historie. Aufsätze, Göttingen 1979. Daraus:
– Redaktionsgeschichte als Aufgabe der Synoptikerexegese, 9–32.
– Die Makarismen der Bergpredigt, 108–131.

DERS., Charles Harold Dodd. Person und Werk, in: KuD 26, 1980, 50–58.

DERS., Judenchristentum und Gnosis, in: Altes Testament – Frühjudentum – Gnosis. Neue Studien zu „Gnosis und Bibel", hg.v. Karl-Wolfgang Tröger, Gütersloh 1980, 261–282 [zitiert als „Judenchristentum und Gnosis"].

DERS., Die Bergpredigt. Ein exegetischer Kommentar, Göttingen [2]1985.

DERS., Die Anfänge der johanneischen Schule, in: NTS 32, 1986, 31–47.

DERS., Neues Testament, Neues Testament, in: ders./Johann Maier, Neues Testament – Antikes Judentum, GKT 2 = UB 422, Stuttgart · Berlin · Köln · Mainz 1989, 9–136.

DERS., Chiliasm and Docetism in the Johannine School, in: ABR 38, 1990, 45–61.

DERS., Art. Literaturgeschichte, Biblische II. Neues Testament, in: TRE 21, 1991, 338–358 [zitiert als „Art. Literaturgeschichte"].

DERS., Chiliasmus und Doketismus in der Johanneischen Schule, in: KuD 38, 1992, 30–46 (übers. u. leicht überarb. Fassung von dems., Chiliasm [s.o.]).

DERS., Literaturgeschichte des Neuen Testaments, UTB 1682, Göttingen 1992.

DERS., Rez., François Vouga, Die Johannesbriefe (Handbuch zum Neuen Testament 15/III), Tübingen, J.C.B. Mohr (Paul Siebeck), 1990. xiv – 92p., in: Biblica 73, 1992, 280–286.

DERS., Schriftlichkeit oder Mündlichkeit der synoptischen Tradition? Anmerkungen zur formgeschichtlichen Problematik, in: The Four Gospels 1992 (s.o.), 159–172.

DERS., Theologie des Neuen Testaments. Bearb., erg. u. hg.v. Friedrich-Wilhelm Horn, GLB, Berlin · New York 1995.

DERS./LABAHN, Michael, Der johanneische Schriftenkreis, in: ThR 59, 1994, 101–107.

DERS./SCHNELLE, Udo, Einführung in die neutestamentliche Exegese, UTB 1253, Göttingen ⁴1994.

STROBEL, August, Art. Maße und Gewichte, in: BHH 2, 1964, 1160–1169.

STUHLMACHER, Peter, Zum Thema: Das Evangelium und die Evangelien (s.o.), 1–26.

DERS., Wie treibt man Biblische Theologie?, BThSt 24, Neukirchen-Vluyn 1995.

DERS., „Aus Glauben zum Glauben" – zur geistlichen Schriftauslegung, in: ZThK.B 9, 1995, 133–150.

SUHL, Alfred, Die Wunder Jesu. Ereignis und Überlieferung, in: Der Wunderbegriff im Neuen Testament (s.u.), 464–509.

TAEGER, Fritz, Charisma. Studien zur Geschichte des antiken Herrscherkultes, 2 Bde., Stuttgart 1957. 1960.

TAEGER, Jens-W., Einige neuere Veröffentlichungen zur Apokalypse des Johannes, in: VF 29, 1984, 50–75.

DERS., Der konservative Rebell. Zum Widerstand des Diotrephes gegen den Presbyter, in: ZNW 78, 1987, 267–287.

DERS., Johannesapokalypse und johanneischer Kreis. Versuch einer traditionsgeschichtlichen Ortsbestimmung am Paradigma der Lebenswasser-Thematik, BZNW 51, Berlin · New York 1989.

DERS., „Gesiegt! O himmlische Musik des Wortes!". Zur Entfaltung des Siegesmotivs in den johanneischen Schriften, in: ZNW 85, 1994, 23–46.

TALBERT, Charles H., Literary Patterns, Theological Themes and the Genre of Luke-Acts, SBL.MS 20, Missoula, Montana 1974,

DERS., Worship on the Fourth Gospel and in its Milieu, in: Perspectives on John (s.o.), 337–356.

TEEPLE, Howard M., The Oral Tradition that Never Existed, in: JBL 89, 1970, 56–68.

DERS., The Literary Origin of the Gospel of John, Evanston 1974.

TEUFELSKINDER ODER HEILSBRINGER – die Juden im Johannes-Evangelium, hg. v. Dietrich Neuhaus, ArTe 64, Frankfurt am Main 1990.

THEISSEN, Gerd, Urchristliche Wundergeschichten. Ein Beitrag zur formgeschichtlichen Erforschung der synoptischen Evangelien, StNT 8, Gütersloh ⁶1990.

DERS., Lokalkoloritforschung in den Evangelien. Plädoyer für die Erneuerung einer alten Fragestellung, in: EvTh 45, 1985, 481–499.

DERS., Lokalkolorit und Zeitgeschichte in den Evangelien. Ein Beitrag zur Geschichte der synoptischen Tradition, NTOA 8, Freiburg (Schweiz)/Göttingen 1989.

DERS./MERZ, Annette, Der historische Jesus. Ein Lehrbuch, Göttingen 1996.

THEOBALD, Michael, Der Primat der Synchronie vor der Diachronie als Grundaxiom der Literarkritik. Methodische Erwägungen anhand von Mk 2,13–17/Mt 9,9–13, in: BZ. NF 22, 1978, 161–186.

DERS., Im Anfang war das Wort. Textlinguistische Studie zum Johannesprolog, SBS 106, Stuttgart 1983.

DERS., Die Fleischwerdung des Logos. Studien zum Verhältnis des Johannesprologs zum Corpus des Evangeliums und zu 1 Joh. NTA.NF 20, Münster 1988.

DERS., Gezogen von Gottes Liebe (Joh 6,44f). Beobachtungen zur Überlieferung eines johanneischen „Herrenwortes", in: Schrift und Tradition. Festschrift für Josef Ernst zum 70. Geburtstag. Hg. v. Knut Backhaus und Franz Georg Untergaßmair, Paderborn · München · Wien · Zürich 1996, 315–341.

DERS., Häresie von Anfang an? Strategien zur Bewältigung eines Skandals, in: Ekklesiologie des Neuen Testaments (s.o.), 212–246.

THEOLOGIA CRUCIS – SIGNUM CRUCIS, Festschrift Erich Dinkler, hg. v. Carl Andresen u. Günter Klein, Tübingen 1979.

THEOLOGIE IM WERDEN. Studien zu den theologischen Konzeptionen im Neuen Testament. In Zusammenarbeit mit dem Collegium Biblicum München hg. v. Josef Hainz, Paderborn · München · Wien · Zürich 1992.

THIEDE, Carsten Peter, Papyrus Magdalen Greek 17 (Greogory-Aland P[64]). A Reappraisal, in: ZPE 105, 1995, 13–20. Tafel IX.

THOMAS, John Christopher, The Fourth Gospel and Rabbinic Judaism, in: ZNW 82, 1991, 159–182.

DERS., The Order of the Composition of the Johannine Epistles, in: NT 37, 1995, 68–75.

DERS., ,Stop Sinning Lest Something Worse Come upon You': The Man at the Pool in John 5, in: JSNT 59, 1995, 3–20.

THOMPSON, Leslie M., The Multiple Uses of the Lazarus Motif in Modern Literature, in: CScR 7, 1977, 306–329.

THOMPSON, Marianne Meye, Signs and Faith in the Fourth Gospel, in: Bulletin for Biblical Research 1, 1991, 89–108.

MIT THORA UND TODESMUT. Judäa im Widerstand gegen die Römer von Herodes bis Bar-Kochba, hg. v. Hans-Peter Kuhnen unter Mitarbeit von Frank Unruh und Ellen Riemer, Stuttgart [2]1995.

THRAEDE, Klaus, Untersuchungen zum Ursprung und zur Geschichte der christlichen Poesis I, in: JAC 4, 1962, 108–127.

Ders., Art. Exorzismus, in: RAC 7, 1969, 44–117.

THÜSING, Wilhelm, Die Erhöhung und Verherrlichung Jesu im Johannesevangelium, NTA 21/1–2, Münster [3]1979.

THYEN, Hartwig, Entwicklungen innerhalb der johanneischen Theologie und Kirche im Spiegel von Joh. 21 und der Lieblingsjüngertexte des Evangeliums, in: L'Évangile de Jean (s.o.), 259–299.

DERS., Aus der Literatur zum Johannesevangelium, in: ThR 39, 1974, 1–69.222–252. 289–330; 42, 1977, 211–270; 43, 1978, 328–359; 44, 1979, 97–134 [= ThR + Jahrgang].

DERS., „Niemand hat größere Liebe als die, daß er sein Leben für seine Freunde hingibt" (Joh 15,13). Das johanneische Verständnis des Kreuzestodes Jesu, in: Theologia crucis – Signum crucis (s.o.), 467–481.

DERS., „Das Heil kommt von den Juden", in: Kirche (s.o.), 163–184.

DERS., Art. Johannesbriefe, in: TRE 17, 1988 = ND 1993, 186–200.

DERS., Art. Johannesevangelium, in: TRE 17, 1988 = ND 1993, 200–225.

DERS., Johannes und die Synoptiker. Auf der Suche nach einem neuen Paradigma zur Beschreibung ihrer Beziehungen anhand von Beobachtungen an Passions- und Ostererzählungen, in: John and the Synoptics (s.o.), 81–107.

DERS., Johannes 10 im Kontext des vierten Evangeliums, in: The Shepherd Discourse (s.o.), 116–134. 163–168.

DERS., Art. Ἰωάννης, in EWNT[2] 2, 1992, 517–524.

DERS., Die Erzählung von den bethanischen Geschwistern (Joh 11,1–12,19) als „Palimpsest" über synoptischen Texten, in: The Four Gospels 1992 (s.o.), 2021–2050.

DERS., Noch einmal: Johannes 21 und „der Jünger, den Jesus liebte", in: Texts and Contexts. Biblical Texts in Their Textual and Situational Contexts. Essays in Honor of Lars Hartman edited by Tord Fornberg and David Hellholm assited by Christer D. Hellholm, Oslo · Copenhagen · Stockholm · Boston 1995, 145–189.

DERS., Art. Ich-Bin-Worte, in: RAC 17, 1996, 147–213.

TILLY, Michael, Art. Kafernaum, in: NBL 2, 1995, 424.

TIMMER, John, Julius Wellhausen and the Synoptic Gospels. A Study in Tradition Growth, Rotterdam 1970.

TRÖGER, Karl-Wolfgang, Das Christentum im zweiten Jahrhundert, KGE I/2, Berlin 1988.

TRUDINGER, Paul, The Ephesus Milieu, in: DR 106 n° 365, 1988, 286–296.

TUCKETT, Christopher M., Thomas and the Synoptics, in: NT 30, 1988, 132–157.

TURNER, E(ric) G., Greek Manuscripts of the Ancient World, Oxford · Princeton 1971.

TURNER, John D., The History of Religions Background of John 10, in: The Shepherd Discourse (s.o.), 33–52. 147–150.

UMWELT DES URCHRISTENTUMS, hg. v. Johannes Leipoldt und Walter Grundmann, Berlin I ³1971; II 1967; III ²1967.

URO, Risto, "Secondary Orality" in the the Gospel of Thomas? Logion 14 as a Test Case, in: Foundations & Facets Forum 9, 1993, 305–329.

UTHER, Hans-Jörg, Art. Blind, Blindheit, in: Enzyklopädie des Märchens 2, 1979, 450–462.

VANNI, Ugo, L'Apocalypse johannique. État de question, in: L'Apocalypse johannique et l'Apocalyptique dans le Nouveau Testament, ed. par Jan Lambrecht, BEThL 53, Leuven 1980, 23–46.

VANSINA, Jan, Oral Tradition as History, London 1985.

VEERKAMP, Ton, Auf Leben und Tod. Eine Auslegung von Joh 10,40–11,54, in: TeKo 14 Nr. 49, 1991, 16–44.

VERHEYDEN, J., P. Gardner-Smith and "The Turn of the Tide", in: John and the Synoptics (s.o.), 423–452.

VERMES, Geza, Hanina ben Dosa. A controversial Galilean Saint from the First Century of the Christian Era, in: JJS 23, 1972, 28–50. 24, 1973, 51–64.

DERS., Jesus der Jude. Ein Historiker liest die Evangelien. Bearb. v. Volker Hampel, Neukirchen-Vluyn 1993.

VIELHAUER, Philipp, Geschichte der urchristlichen Literatur. Einleitung in das Neue Testament, die Apokryphen und die Apostolischen Väter, GLB, Berlin · New York 1985 = ²1978.

DERS., OIKODOME. Das Bild vom Bau in der christlichen Literatur vom Neuen Testament bis Clemens Alexandrinus, in: ders., Oikodome. Aufsätze zum Neuen Testament, hg. v. Günter Klein, TB 65, München 1979, 1–168.

DERS./STRECKER, Georg, Judenchristliche Evangelien. Einleitung: Die altkirchlichen Zeugnisse über judenchristliche Evangelien, in: Neutestamentliche Apokryphen 1 (s.o. s.v. I.4), 115–128.

DERS./STRECKER, Georg, Apokalypsen und Verwandtes. Einleitung, in: Neutestamentliche Apokryphen 2 (s.o. s.v. I.4), 491–515.

DERS./STRECKER, Georg, Apokalyptik des Urchristentums. Einleitung, in: Neutestamentliche Apokryphen 2 (s.o. s.v. I.4), 516–547.

VOLZ, Paul, Die Eschatologie der jüdischen Gemeinde im neutestamentlichen Zeitalter nach den Quellen der rabbinischen, apokalyptischen und apokryphen Literatur, Tübingen ²1934.

VORSTER, W.S., The Growth and Making of John 21, in: The Four Gospels (s.o.), 2207–2221.

VOUGA, François, Geschichte des frühen Christentums, UTB 1733, Tübingen · Basel 1994.

WACHSMUTH, Dietrich, Art, Wunderglaube, -täter, in: KP 5, ND 1979, 1395–1398.

WAGNER, Josef, Auferstehung und Leben. Joh 11,1–12,19 als Spiegel johanneischer Redaktions- und Theologiegeschichte, BU 19, Regensburg 1988.

VON WAHLDE, Urban C., The Terms for Religious Authorities in the Fourth Gospel: A Key to Literary-Strata, in: JBL 98, 1979, 231–253.

DERS., The Earliest Version of John's Gospel. Recovering the Gospel of Signs, Wilmington, Delaware, 1989.

WALLACE, Daniel B., Reconsidering 'The Story of Jesus and the Adulteress Reconsidered', in: NTS 39, 1993, 290–296.

WALTER, Nikolaus, Der Thoraausleger Aristobulos. Untersuchungen zu seinen Fragmenten und zu pseudepigraphischen Resten der jüdisch-hellenistischen Literatur, TU 86, Berlin 1964.

DERS., Die Auslegung überlieferter Wundererzählungen im Johannes-Evangelium, in: ThV 2, 1970, 93–107.

DERS., 2. Sonntag nach Epiphanias. Johannes 2,1–11, in: EPM 1, 1972/73, 69–73 (zitiert als „Johannes 2,1–11").

DERS., Art. ἑρμηνεύω κτλ., in: EWNT² 2, 1992, 133–137.

DERS., Zum Problem einer „Biblischen Theologie", in: Eine Bibel – zwei Testamente (s.o.), 307–317.

WANDER, Bernd, Trennungsprozesse zwischen Frühem Christentum und Judentum im 1.Jh. n.Chr. Datierbare Abfolgen zwischen der Hinrichtung Jesu und der Zerstörung des Jerusalemer Tempels, TANZ 16, Tübingen · Basel 1994.

WATSON, Francis, Text and Truth. Redefining Biblical Theology, Edinburgh 1997.

WEDER, Hans, Einblicke ins Evangelium. Exegetische Beiträge zur neutestamentlichen Hermeneutik. Gesammelte Aufsätze aus den Jahren 1980–1991, Göttingen 1992. Daraus:
– Wunder Jesu und Wundergeschichten, 61–93.
– Die Menschwerdung Gottes. Überlegungen zur Auslegungsproblematik des Johannesevangeliums am Beispiel von Joh 6, 363–400 (zuerst: ZThK 82, 1985, 325–360 [zitiert als „ZThK"]).

DERS., Von der Wende der Welt zum Semeion des Sohnes, in: John and the Synoptics (s.o.), 127–145.

DERS., Gegenwart und Gottesherrschaft. Überlegungen zum Zeitverständnis bei Jesus und im frühen Christentum, BThSt 20, Neukirchen-Vluyn 1993.

WEGENAST, Klaus, Art. Lukianos 1, in: KP 3, ND 1979, 772–777.

WEGNER, Uwe, Der Hauptmann von Kafarnaum (Mt 7,28a; 8,5–10.13 par Lk 7,1–10). Ein Beitrag zur Q-Forschung, WUNT II/14, Tübingen 1985.

WEHR, Lothar, Arznei der Unsterblichkeit. Die Eucharistie bei Ignatius von Antiochien und im Johannesevangelium, NTA.NF 18, Münster 1987.

WEINREICH, Otto, Antike Heilungswunder. Untersuchungen zum Wunderglauben der Griechen und Römer, RVV VIII/ 1, Gießen 1909.

WEISER, Alfons, Was die Bibel Wunder nennt. Ein Sachbuch zu den Berichten der Evangelien, Stuttgart 1975.

WEISS, Herold, The Sabbath in the Fourth Gospel, in: JBL 110, 1991, 311–321.

WEISS, Johannes, Das Urchristentum. Nach dem Tode des Verfassers hg. u. am Schlusse erg. v. Rudolf Knopf, Göttingen 1917 [zitiert als „J. Weiß/R. Knopf"].

DERS./BOUSSET, Wilhelm,[4] Die drei älteren Evangelien. Einleitung, in: SNT³ 1, Göttingen 1917, 31–71.

WEISS, Konrad, Art. πυρέσσω κτλ., in: ThWNT 6, ND 1965 = 1959, 956–959.

WEISS, Wolfgang, „Zeichen und Wunder" Eine Studie zu der Sprachtradition und ihrer Verwendung im Neuen Testament, WMANT 67, Neukirchen-Vluyn 1995.

WEISSE, Ch. Herrmann, Die evangelische Geschichte kritisch philosophisch bearbeitet, 2 Bde., Leipzig 1838.

DERS., Die Evangelienfrage in ihrem gegenwärtigen Stadium, Leipzig 1856.

WEIZSÄCKER, Carl, Das apostolische Zeitalter der christlichen Kirche, Freiburg i. Br. ²1892.

WELCK, Christian, Erzählte Zeichen. Die Wundergeschichten des Johannesevangeliums literarisch untersucht. Mit einem Ausblick auf Joh 21, WUNT II/69, Tübingen 1994.

WELLHAUSEN, Julius, Erweiterungen und Änderungen im vierten Evangelium, Berlin 1907.

DERS., Einleitung in die ersten drei Evangelien, Berlin ²1911.

WENDLAND, Ernst R., A Tale of Two Debtors: On the Interaction of Text, Cotext, and Context in a New Testament Dramatic Narrative (Luke 7:36–50), in: Linguistics and New Testament Interpretation. Essays on Discourse Analysis, ed. by David Alan Black with Katharine Barnwell and Stephen Levinsohn, Nashville 1992, 101–143.

WENDLAND, Paul, Σωτήρ. Eine religionsgeschichtliche Untersuchung, in: ZNW 5, 1904, 335–353.

---

[4]   S.o. S. 514 Anm. 3.

DERS., Die urchristlichen Literaturformen, HNT I/3, Tübingen 1912.

WENDT, Hans Hinrich, Das Johannesevangelium. Eine Untersuchung seiner Entstehung und seines geschichtlichen Wertes, Göttingen 1900.

DERS., Die Lehre Jesu, Göttingen ²1901.

DERS., Die Schichten im vierten Evangelium, Göttingen 1911.

DERS., Die Beziehung unseres ersten Johannesbriefes auf den zweiten, in: ZNW 21, 1922, 140–146.

DERS., Die Johannesbriefe und das johanneische Christentum, Halle (Saale) 1925.

WENGST, Klaus, Christologische Formeln und Lieder des Urchristentums; StNT 7, Gütersloh 1972.

DERS., Bedrängte Gemeinde und verherrlichter Christus. Der historische Ort des Johannesevangeliums als Schlüssel zu seiner Interpretation, BThSt 5, Neukirchen-Vluyn ²1983 [zitiert als „Gemeinde²"].

DERS., Didache (Apostellehre), in: Didache (Apostellehre), Barnabasbrief, Zweiter Klemensbrief, Schrift an Diognet (s.o. s.v. Quellen I.4), 1–100.

DERS., Die Darstellung „der Juden" im Johannesevangelium als Reflex jüdisch-judenchristlicher Kontroverse, in: Teufelskinder oder Heilsbringer (s.o.), 22–38.

DERS., Bedrängte Gemeinde und verherrlichter Christus. Ein Versuch über das Johannesevangelium, KT 114, Gütersloh 1992 [zitiert als „Gemeinde⁴"].

WENNING, Robert/MERKLEIN, Helmut, Die Götter in der Welt der Nabatäer, in: Petra. Antike Felsstadt zwischen arabischer Tradition und griechischer Norm. Thomas Weber · Robert Wenning (Hrsg.), Zaberns Bildbände zur Archäologie, Mainz am Rhein 1997, 105–110.

WERNLE, Paul, Die synoptische Frage, Freiburg i. B. · Leipzig · Tübingen 1899.

WESTCOTT, Brook Foss/HORT, Fenton John Anthony, Selected Notes, in: The New Testament in the Original Greek (s.o. s.v. Quellen I.1), Appendix 1ff.

WHITTAKER, Molly, ‚Signs and Wonders': The Pagan Background, in: StEv V, ed. by F.L. Cross, TU 103, Berlin 1968, 155–158.

WIEAND, David J., John V.2 and the Pool of Bethesda, in: NTS 12, 1965/66, 392–404.

WIESNER, J., Art. Wein 1, in: LAW, ND 1995, 3263f.

WILCKENS, Ulrich, Der eucharistische Abschnitt der johanneischen Rede vom Lebensbrot (Joh 51c–58), in: Neues Testament und Kirche (s.o.), 220–248.

DERS., Die Missionsreden der Apostelgeschichte. Form- und traditionsgeschichtliche Untersuchungen, WMANT 5, Neukirchen-Vluyn ³1974.

DERS., Maria im Neuen Testament, in: ThRev 91, 1995, 215–220.

WILCOX, Max, The Prayer of Jesus in John XI. 41b–42, in: NTS 24, 1977/78, 128–132.

WILKENS, Wilhelm, Die Entstehungsgeschichte des vierten Evangeliums, Zürich 1958.

DERS., Das Abendmahlszeugnis im vierten Evangelium, in: EvTh 18, 1958, 354–370.

DERS., Die Erweckung des Lazarus, in: ThZ 15, 1959, 22–39.

DERS., Evangelist und Tradition im Johannesevangelium, in: ThZ 16, 1960, 81–90.

DERS., Zeichen und Werke. Ein Beitrag zur Theologie des 4. Evangeliums in Erzählungs- und Redestoff, AThANT 55, Zürich 1969.

WILKINSON, John, A Study of Healing in the Gospel According to John, in: SJTh 20, 1967, 442–461.

WILLIAMS, Ritva H., The Mother of Jesus at Cana: A SocialScience Interpretation of John 2:1–12, in: CBQ 59, 1997, 679–692.

WINDISCH, Hans, Die johanneische Weinregel (Joh. 2,10), in: ZNW 14, 1913, 248–257.

DERS., Der Johanneische Erzählungsstil, in: ΕΥΧΑΡΙΣΤΗΡΙΟΝ. Studien zur Religion und Literatur des Alten und Neuen Testaments, Festschrift Hermann Gunkel, Hg. v. Hans Schmidt, II. Zur Religion und Literatur des Neuen Testaments, FRLANT 36, Göttingen 1923, 174–213.

DERS., Art. ζύμη κτλ., in: ThWNT 2, ND 1967, 904–908.

DERS., John's Narrative Style, in: The Gospel of John as Literature (s.o.), 25–64.

WITKAMP, L. Th., The Use of Traditions in John 5.1–18, in: JSNT 25, 1985, 19–47.

DERS., Some Specific Johannine Features in John 6.1–21, in: JSNT 40, 1990, 43–60.

WÖLLNER, Heinz, Zeichenglaube und Zeichenbuch. Ein literarkritischer Beitrag zur Entstehungsgeschichte des Johannesevangeliums, Diss. masch. Leipzig 1988.

WOLTER, Michael, Inschriftliche Heilungsberichte und neutestamentliche Wundererzählungen. Überlieferungs- und formgeschichtliche Beobachtungen, in: Klaus Berger/François Vouga/Michael Wolter/Dieter Zeller, Studien und Texte zur Formgeschichte, TANZ 7, Tübingen · Basel 1992, 135–175.

WREDE, W(illiam), Das Messiasgeheimnis in den Evangelien. Zugleich ein Beitrag zum Verständnis des Markusevangeliums, Göttingen 1901 ([4]1969).

DERS., Charakter und Tendenz des Johannesevangeliums, in: ders., Vorträge und Studien, Tübingen 1907, 178–231 (zuerst: SgV 37, Tübingen und Leipzig 1903 [= „SgV"]).

WUELLNER, Wilhelm, Putting Life back into the Lazarus Story and its Reading: The Narrative Rhetoric of John 11 as the Narration of Faith, in: Semeia 53, 1991, 113–132.

DER WUNDERBEGRIFF IM NEUEN TESTAMENT. Hg. v. Alfred Suhl, WdF 295, Darmstadt 1980.

WURM, Alois, Die Irrlehrer im ersten Johannesbrief, BSt(F) 8/1, Freiburg i. Br. 1903.

WYLLER, Egil A., In Solomon's Porch: A Henological Analysis of the Architectonic of the Fourth Gospel, in: StTh 42, 1988, 151–167.

ZANGENBERG, Jürgen, ΣΑΜΑΡΕΙΑ (s.o. s.v. Quellen I.6).

ZELLER, Dieter, Wunder und Bekenntnis. Zum Sitz im Leben urchristlicher Wundergeschichten, in: BZ.NF 25, 1981, 204–222.

DERS., Paulus und Johannes. Methodischer Vergleich im Interesse einer neutestamentlichen Theologie, in: BZ.NF 27, 1983, 167–182.

DERS., Elija und Elischa im Frühjudentum, in: BiKi 41, 1986, 154–160.

DERS., Die Menschwerdung des Sohnes Gottes im Neuen Testament und die antike Religionsgeschichte, in: ders. (Hrsg.), Menschwerdung Gottes – Vergöttlichung des Menschen, NTOA 7, Freiburg (Schweiz)/Göttingen 1988, 141–176.

ZIENER, Georg, Johannesevangelium und urchristliche Passafeier, BZ.NF 2, 1958, 263–274.

ZIMMERLI, Walther, Art. Ezechiel/Ezechielschule, in: TRE 10, ND 1993 (= 1983), 766–781.

ZIMMERMANN, Albert F., Die urchristlichen Lehrer. Studien zum Tradentenkreis der διδάσκαλοι im frühen Urchristentum, WUNT II/12, Tübingen 1984.

ZIMMERMANN, Heinrich, Neutestamentliche Methodenlehre. Darstellung der historisch-kritischen Methode. Neubearb. von Klaus Kliesch, Stuttgart [7]1982.

ZUMSTEIN, Jean, Der Prozeß der relecture in der johanneischen Literatur, in: NTS 42, 1996, 394–411.

DERS., Zur Geschichte des johanneischen Christentums, in: ThLZ 122, 1997, 417–428.

DERS., Das Johannesevangelium: Eine Strategie des Glaubens, in: ThBeitr 28, 1997, 350–363.

ZUNTZ, Günther, Papiana, in: ZNW 82, 1991, 242–263.

ZWERGEL, Norbert, Die Erweckung des Lazarus Johannes 11,1–44. Wachstumsprozeß und Sinn der johanneischen Darstellung, Diss. masch. Fulda 1973.

Eschatologie und Schöpfung

Festschrift für Erich Gräßer zum siebzigsten Geburtstag

Herausgegeben von Martin Evang, Helmut Merklein und Michael Wolter

1997. 23 x 15,5 cm. XI, 451 Seiten. Mit einem Frontispiz.
Leinen. DM 198,–/öS 1445,–/sFr 176,–/approx. US$ 124.00
• ISBN 3-11-015545-1
(Beihefte zur Zeitschrift für die neutestamentliche Wissenschaft 89)

Aufsätze zu neutestamentlichen Endzeitvorstellungen und zur Albert-Schweitzer-Forschung. Die Schwerpunkte der neutestamentlichen Aufsätze liegen bei Paulus und im Hebräerbrief.

Der Jubilar war zuletzt Professor für Neues Testament an der Evangelisch-Theologischen Fakultät der Universität Bonn.

Jesus Christus als die Mitte der Schrift

Studien zur Hermeneutik des Evangeliums

Herausgegeben von
Christof Landmesser, Hans-Joachim Eckstein und Hermann Lichtenberger

Otfried Hofius zum 60. Geburtstag gewidmet.

1997. 23 x 15,5 cm. XII, 1.000 Seiten.
Leinen. DM 298,–/öS 2175,–/sFr 265,–/approx. US$ 186.00
• ISBN 3-11-015388-2
(Beihefte zur Zeitschrift für die neutestamentliche Wissenschaft 86)

Aufsätze aus allen Bereichen der Theologie zur fächerübergreifenden hermeneutischen Diskussion.

Aufsätze zu den Gebieten:
I. Erkenntnis und Gewißheit - II. Diskussion um die Mitte - III. Exegetische Perspektiven - IV. Wirkungen des Evangeliums.

Die Herausgeber: *Christof Landmesser*, Assistent im Fach Neues Testament, Universität Tübingen - *Hans-Joachim Eckstein*, Professor für Neues Testament, Universität Heidelberg - *Hermann Lichtenberger*, Professor für Neues Testament und antikes Judentum, Universität Tübingen.

Preisänderungen vorbehalten

WALTER DE GRUYTER & CO
Genthiner Straße 13 · D–10785 Berlin
Tel. +49 (0)30 2 60 05–0
Fax +49 (0)30 2 60 05–251
Internet: www.deGruyter.de

de Gruyter
Berlin · New York

FRIEDRICH DANIEL ERNST SCHLEIERMACHER

Über die Religion

Reden an die Gebildeten unter ihren Verächtern (1799)

Herausgegeben von Günter Meckenstock

1999. 20,5 x 13,5 cm. IV, 194 Seiten. 2 Abb.
Broschiert. DM 24,80/öS 181,–/sFr 23,–/approx. US$ 15.00
• ISBN 3-11-016355-1
(de Gruyter Studienbuch)

Das klassisch gewordene Jugendwerk Schleiermachers zur Religions-
thematik wird hier in einer Studienausgabe der maßgeblichen kritischen Edition vorgelegt.

Die Studienausgabe präsentiert die Erstauflage von Schleiermachers
Reden (1799) in der Textgestalt der Kritischen Gesamtausgabe (KGA
I/2). Sie wird durch eine ausführliche "Historische Einführung" des
Herausgebers eingeleitet.

Der Herausgeber ist Professor für Systematische Theologie und
Direktor der Schleiermacher-Forschungsstelle der Universität Kiel.

*Schleiermacher's early work on the theme religion, which has become a
classic, is presented here in a study edition based on the authoritative critical edition.*

*The study edition presents the first edition of Schleiermacher's Speeches
(1799) in the text found in the Critical Complete Edition (KGA I/2). It
is introduced by an extensive "Historical Introduction" written by the
editor.*

Preisänderungen vorbehalten

WALTER DE GRUYTER GMBH & CO KG
Genthiner Straße 13 · D–10785 Berlin
Tel. +49 (0)30 2 60 05–0
Fax +49 (0)30 2 60 05–251
Internet: www.deGruyter.de

de Gruyter
Berlin · New York